2019年度国家出版基金资助项目"中国农村调查（村庄类）·黄河区域"的成果之一。

教育部人文社会科学重点研究基地华中师范大学中国农村研究院2016年基地重大项目"作为政策和理论依据的深度中国农村调查与研究"（16JJD810004）的成果之一。

华中师范大学中国农村研究院"2015版中国农村调查"的成果之一。

中国农村调查

徐勇 邓大才
主编

江苏人民出版社

- 总第 57 卷

- 村庄类第 26 卷

- 黄河区域第 7 卷

- 深县 · 洛龙区

图书在版编目(CIP)数据

中国农村调查. 总第57卷，村庄类. 第26卷，黄河区域. 第7卷 / 徐勇，邓大才主编. — 南京：江苏人民出版社，2023.3

ISBN 978-7-214-26489-3

Ⅰ.①中… Ⅱ.①徐… ②邓… Ⅲ.①农村调查—研究报告—中国 Ⅳ.①F32

中国版本图书馆CIP数据核字(2021)第164158号

出 版 人	王保顶
出版统筹	杨建平
策划编辑	杨　健　陈俊阳

书　　　名	中国农村调查（总第57卷·村庄类第26卷·黄河区域第7卷）
主　　　编	徐　勇　邓大才
责 任 编 辑	魏　冉
装 帧 设 计	姜　嵩
出 版 发 行	江苏人民出版社
出版社地址	南京市湖南路1号A楼，邮编：210009
照　　　排	江苏凤凰制版有限公司
印　　　刷	江苏凤凰数码印务有限公司
开　　　本	787毫米×1092毫米　1/16
印　　　张	50.75　插页6
字　　　数	930千字
版　　　次	2023年3月第1版
印　　　次	2023年3月第1次印刷
标 准 书 号	ISBN 978-7-214-26489-3
定　　　价	790.00元（精装）

（江苏人民出版社图书凡印装错误可向承印厂调换）

《中国农村调查》编辑委员会

主　　编　徐　勇　邓大才

编辑委员会成员　（以姓氏笔画为序）

丁　文	马　华	万婷婷	王　勇	王　静
王义保	邓大才	石　挺	卢福营	冯春凤
朱敏杰	任　路	刘义强	刘金海	刘筱红
汤晋苏	李华胤	李海金	肖盼晴	吴晓燕
何包钢	应小丽	张大维	张向东	张利明
张晶晶	陆汉文	陈军亚	郝亚光	胡平江
姚锐敏	徐　剑	徐　勇	徐小青	徐增阳
黄振华	彭正德	董江爱	詹成付	熊彩云

本卷编辑整理　李华胤

总　序

2015年是华中师范大学中国农村研究院历史上的关键一年。在这一年，本院不仅成为完全独立建制的研究机构，更重要的是进一步明确了目标，特别是进行学术整合，构建了一个全新的调查研究计划。这一计划的内容包括多个方面，其中，中国农村调查是基础性工程。从2015年开始出版的《中国农村调查》便是其主要成果。

学术研究是一个代际接力、不断提升的过程。农村调查是本院的立院之本，兴院之基。本院的农村调查经历了三个阶段。

第一阶段主要是基于项目调查基础上的个案调查（1985—2005年）。

20世纪80年代开启的中国改革开放，起始于农村改革。延续20多年的人民公社体制废除后，农村的生产功能由家庭所承担，社会管理功能则成为一个新的问题。这一问题引起我院学者的关注。1928年出生的张厚安先生是中国政治学恢复以后较早从事政治学研究的学者之一。他与当时其他政治学者不同，比较早地关注农村政治问题，并承担了农村基层政权方面的国家研究课题。与此同时，本校其他学者也承担了有关农村政治研究的课题。1988年，这些学者建立起以张厚安先生为主任的农村基层政权研究中心，由此形成了一个自由结合的学术共同体。

作为一个学术共同体，农村基层政权研究中心有其研究宗旨和方法。在学术共同体建立之初，张厚安先生就提出了"三个面向，理论务农"的宗旨。"三个面向"是指面向社会、面向基层、面向农村。"理论务农"是指立足于农村改革实践，服务于农村改革实践。这一宗旨对于政治学者是一个全新的使命。政治学研究政治价值、政治制度与政治行为。传统政治学更多研究的是国家制度和国家统治，以文本研究为主要研究方法。"三个面向"的宗旨，必然要求方法的改变，这就是进行实地调查。自学术共同体形成开始，实地调查便成为我们的主要研究方法。

自 20 世纪 80 年代中期，以张厚安先生为领头人的学者就开始进行农村调查。最初是走向农村，进行全国性的广泛调查，主要是面上了解。1995 年，在原农村基层政权研究中心的基础上，成立了农村问题研究中心，由张厚安先生担任主任，由 1955 年出生的中年学者徐勇教授担任常务副主任。新的中心的研究重点仍然是基层政权与村民自治，但领域有所扩大，并将研究方法概括为"实际、实证、实验"，更加强调"实"。这种务实的方法开始引起了学术界的关注，并注入国际学术界的一些研究理念和方法。我们的农村调查由面上的了解走向个案调查。年届七旬的张厚安先生亲自带领和参与个案村庄调查，其代表作是《中国农村村级治理——22 个村的调查与比较》。这一项目在全国东、中、西三个地区选择了 6 个重点村和 18 个对照村进行个案调查，参与调查人员数十人，并形成了一个由全国相关人员参与的学术调查研究团队。

第二阶段主要是基于机构调查基础上的全面调查（2005—2015 年）。

1999 年，国家教育部为推动人文社会科学研究，启动了教育部人文社会科学重点研究基地建设。当年，华中师范大学农村问题研究中心更名为"华中师范大学中国农村问题研究中心"，由徐勇教授担任主任。2000 年，中心成为首批教育部人文社会科学重点研究基地。在基地成立之前，以张厚安教授为首的研究人员是一个没有体制性资源保障，纯因个人兴趣而结合的学术共同体，有人坚持下来，也有人离开。成为教育部基地以后，中心仍然坚持调查这一基本方法，并试图体制化。其主要进展是在全国选择了 20 多家机构作为调研基地，以为全国性调查提供相应的保障，并建立相互合作关系。

作为教育部重点基地，中心是一个有一定资源保障的学术共同体，有固定的编制人员，也有固定的项目经费，条件大为改善，但也产生了新的问题。这就是农村调查根据各人承担的研究项目而开展。这不仅会造成研究人员过分关注项目资源分配，更重要的是造成调查研究的"碎片化"和"片断化"，难以形成整体和持续性的调查。同时，研究人员也会因为理念和风格不同而产生分歧，造成体制性的学术共同体动荡。为了改变调查研究项目体制引起的"碎片化"倾向，2005年，徐勇教授重新规划了基地的发展，提出"百村观察计划"，计划在全国选择100多个村进行为期10年、20年、30年以至更长时间的调查和跟踪观察。目标是如建立气象观测点一样，能够及时有效地长期观测农村的基本状况及变化走向。这一计划得到时任华中师范大学社会科学研究处处长的石挺先生的鼎力支持。2006年，计划得以试行，主要由刘金海副教授具体负责。最初的试点调查村只有6个，后有所扩展。2008年，在试点基础上，由邓大才教授主持，全面落实计划，调查团队根据严格的抽样，确定了200多个村和3000多个农户的调查样本。

"百村观察"是一项大规模和持续性的调查工程，需要更多人的参与。同时它又是一项公共性的基础工程，人们对其认识有所不同。因为它要求改变项目体制造成的调查"碎片化"和研究"个体化"的工作模式。为此，学术共同体再次发生了有人退出、有人坚持、有人加入的变化。

2009年正式启动的"百村观察计划"，取得了超出预想的成绩：一是从2009年开始，我们每年都要对样本村和户进行调查，调查内容和形式逐步完善，并形成相对稳定的调查体系。除了暑假定点调查，还扩展到寒假专题调查。每年参与调查的人员达500人左右，并出版《中国农村调查》等系列著作。二是因为是大规模的调查，可以进行分析，并在此基础上形成调查报告，提供给决策部门，由此也形成了"顶天立地"的理念。"顶天"就是为决策部门服务，"立地"就是立足于实地调查。这一收获，使中心得以在教育部第二次基地评估中成为优秀基地，并于2010年更名为"华中师范大学中国农村研究院"，由徐勇教授担任院长，邓大才教授担任执行院长。三是形成了一支专门的调查队伍并体制化。起初的调查者有相当部分是没有受到严格专业训练的志愿者。为了提高调查质量，自2012年起，研究院将原来分别归于导师名下指导的研究生进行整合，举办"重点基地班"。基地班以提高学生的调查研究能力为导向，实行开放式教学、阶梯性培养、自主性管理，形成社会大生产培养模式，改变了过往一个老师带三五个学生的小作坊培养方式。至此，农村调查完全由受到专门调查和学术训练的人员承担，走向了专业化道路。四是资料数据库得以建立并大大扩展。过往的调查因为是项目式调查，资料难以统一保管和使用。2006年，我们启动了中国农村数据库建设。随着"百村观察计划"的正式实施，大量数据需要录入，并收集到许多第一手资料，资料数据库得以迅速扩展。

第三阶段主要是基于历史使命基础上的深度调查（2015年至今）。

农村调查的深入和相应工作的扩展，势必与以行政方式组织科研的现行大学体制产生碰撞。但是，已经有一个良好开端的调查不可停止。适逢中国的智库建设时机，2015年，华中师范大学中国农村研究院成为完全独立建制的研究机构，由1970年出生的邓大才教授担任行政负责人。

中国农村研究院独立建制，并不简单是成为一个独立的研究机构，而是克服体制障碍，进一步改变学术"碎片化"倾向，加强整合，提升调查和研究水平，目标是在高等学校中建设适应国家需要的智库。实现这一目标有五大支撑点：一是大学术，以政治学为主，多学科参与，协同研究；二是大服务，继续坚持"顶天立地"的宗旨，全面提高服务决策的能力，争取成为有影响力的决策咨询机构；三是大调查，在原有"百村观察计划"基础上构建内容更加丰富的农村调查体系，争取成为世界农村调查重镇；四是大数据，收集和扩充农村资料和数据，争取成为最为丰富的农村资料数据库；五是大平台，吸引全校、全省、全国，乃至全球的农村研究学者参与到农村研究院的工作中来，争取成为世界性的调查研究平台。这显然是一个完全不同于以往的宏大计划，也标志着中国农村研究院的全新起步。

独立建制后的中国农村研究院仍然将农村调查作为自己的基础性工作，且成为体制性保障的工作。除了"百村观察计划"的持续推进，我们重新设计了2015版的农村调查体系。这一体系包括"一主三辅"："一主"即以长期延续并重新设计的"中国农村调查"为主体；"三辅"包括"满铁农村调查"翻译、"俄国农村调查"翻译和我们团队到海外农村进行实地调查的"海外农村调查"，目的是完善农村调查体系，并为中国农村调查提供借鉴。

现代化是一个由传统农业社会向现代工业社会转变的过程，这一转变是从农村开始的。农村和农民成为现代化的起点,并规制着现代化的路径。19世纪后期,处于历史大转变时期的俄国,数千人参与对俄国农村的调查,持续时间长达40多年。20世纪上半叶,日本在对华扩张中,以南满洲铁道株式会社为依托开展对中国农村的大规模调查,持续时间长达40多年,形成著名的"满铁调查"。进入21世纪,中国作为一个世界农业文明最为发达的大国,正在以超出想象的速度向现代工业文明迈进。中国需要也应有能够超越前人的大规模农村调查。"2015版中国农村调查"正是基于这一历史背景设计的。

"2015版中国农村调查"超越过往的项目或者机构调查体制,而具有更为宏大的历史使命:一是政策目的。智库理所当然要出思想,但"思想"除了源自思考,更要源自可供分析的实地调查。过往的调查虽然也是实地调查,但难以对调查进行系统化的分析,并根据调查提出有预见性的结论。在这方面,19世纪的俄国农村调查有其长处。"2015版中国农村调查"将非常重视实地调查的可分析性和可预测性,以此提高决策服务成效。二是学术目的。调查主要在于知道"是什么"或者"发生了什么",是事实的描述。但是,这些事实为什么发生?其中存在什么关联?这是过往调查关注比较少的。以致大量的调查难以进行深度的学术开发,学术研究主要依靠的还是规范方法,实地调查难以为学术研究提供必要的基础,由此会大大制约调查的影响力。"2015版中国农村调查"特别重视实地调查的深度学术开发性,调查包含着学术目的,并可以通过调查提炼学术思想。其作为一种有实地调查支撑的学术思想也可以间接影响决策。为此,"2015版中国农村调查"在设计时,除了关注"是什么"以外,也特别重视"为什么",试图对中国农村社会的底色及其变迁进行类似于生物学"基因测序"的调查。三是历史传承目的。在现代化进程中,传统农村正在迅速消逝。"留得住乡愁"需要对"乡愁"的记录和保存。20世纪以来,中国农村发生了太多的变化,中国农民经历了太多的起伏,农民的历史构成了国家历史不可或缺的部分。"2015版中国农村调查"因此特别关注历史的传承。

基于以上三个目的,"2015版中国农村调查"由四个部分构成:

其一,口述史调查。主要是通过当事人的口述,记录20世纪上半期以来农村的变化及其对当事人命运的影响。其主体是农民个人。在历史上,他们是微不足道的,尽管是历史的创造者,但没有历史记载他们的状况与命运。进入20世纪以后,这些微不足道的人物成为"政治人物"，尽管是"小人物"，但他们是大历史的折射。通过他们自己的讲述，我们可以更加充分地了解历史的真实和细节，也可以更好地"以史为鉴"。口述史调查关注的是大历史下的个人行为。

其二，家户调查。主要是以家户为单位的调查，了解中国农村家户制度的基本特性及其变迁。中国在历史上创造了世界最为灿烂的农业文明，必然有其基本组织制度支撑。但长期以来，人们只知道世界上有成型的农村庄园制、部落制和村社制，而没有了解研究中国自己的农村基本组织制度。受20世纪以来的革命和现代化思维的影响，人们对传统一味否定，更忽视对中国农村传统制度的科学研究，以致我们在否定自己传统的同时引进和借鉴的体制并不一定更为高明，使得中国农村变迁还得在一定程度上向传统回归。实际上，中国有自己特有的农村基本组织制度，这就是延续上千年的家户制度。家户调查关注的是家户制度的原型及其变迁，目的是了解和寻求影响中国农业社会变迁的基因和特性。

其三，村庄调查。主要是以村庄为单位的调查，了解不同类型的村庄形态及其变迁、实态。农村社会是由一个个村庄构成的。与海洋文明、游牧文明相比，农业文明的社会联系更为丰富，"关系"在中国农村社会形成及演变中居于重要地位。中国在某种意义上说是一个"关系国家"，但是作为一个历史悠久、人口众多、地域辽阔、文明多样的大国，关系格局在不同的地方有不同的表现，由此形成不同类型的村庄。国家政策要"因地制宜"，必须了解各个"地"的属性和差异。村庄调查以"关系"为核心，注重分区域的类型调查。通过不同区域的村庄形态和变迁的调查，了解和回答在国家"无为而治"的传统条件下，一个超大的农业社会是如何通过自我治理实现持续运转的；了解和回答在国家深度介入的现代条件下，农业社会是如何反应和变化的。

其四，专题调查。主要是以特定的专题为单位的调查，了解选定的专题领域的状况及其变化。如果说前三类调查是基本调查的话，专题调查则是专门性调查，针对某一个专题领域，从不同角度进行广泛深入的调查，以期获得对某一个专门领域的全面认识和把握。

"2015版中国农村调查"是一项世纪性的大型工程，它是原有基础的延续，也是当下正在从事，更是未来需要长期接续的事业。这一事业已有数千人参与，特别是有若干人在其中发挥了关键性作用；当下和未来将有更多的人参与。历史将会记录下他们的功绩，他们的名字将与我们的事业同辉！

2016年6月，教育部公布了对人文社会科学重点研究基地的评审结果，我院排名全国第一，并再获优秀。这既是对过往的高度肯定，也是对进一步发展的有力鞭策。为此，本院再次明确自己的目标，这就是建设全球顶级农村调查机构、顶级农村资料数据机构，并在此基础上，形成自己的学术领域和学术风格，而达到这一目标，需要一代又一代人克难攻坚，不懈努力！

徐　勇

2015年7月15日初序

2016年7月15日补记

凡 例

作为教育部人文社会科学重点研究基地，华中师范大学中国农村研究院历来重视农村调查与研究，《中国农村调查》（村庄类）是基地新版"中国农村调查"项目的重要成果，在付梓之际，特做以下说明。

1. 根据徐勇教授提出的"中国农村七大区域学说"，即华南区域、长江区域、黄河区域、西南区域、西北区域、东北区域、东南区域，本项目在借鉴日本满铁调查的基础上，按照七大区域的次序，进行村庄形态与实态的调查。这也是整个项目实施所遵循的技术路线。

2. 在村庄调查点的选取上，结合"中国农村七大区域学说"，依据每个区域所辐射的省、市、县，一是按照每个地级市两个县、每个县一个村的标准，二是按照典型点与普遍点结合的原则，三是按照中心与边缘结合的原则，随机抽样选点。每个村庄一位调查员，在调查之前均受过严格的学术培训，每个村的调查时间为60天以上。

3. 每一篇村庄调查报告的写作分为村庄由来与形成、自然、经济、社会、文化、治理六章，以"传统形态—变迁—当下实态"为主线，进行写作。在每篇报告的后面附有调查员的调查小记、调查日记等，以供读者了解调查员的心路历程。

4. 在报告的写作中，县名、镇名、村名、人名、部门单位等均为实名。但是，报告中所出现的照片、人名、数据等信息，均得到了访谈对象或数据提供对象的口头授权或书面授权。另外，档案材料、政府部门提供的资料、历史材料等，在写作中均做了详细的引用说明。

5. 农村传统形态的调查，主要靠老人口述来获取信息、数据，因而报告中的数据可能不甚精确，仅供参考，也请各位读者、学者在引用、使用的过程中，酌情处理。

6. 农村变迁调查会涉及土地改革、"文化大革命"、"四清"等内容，但是，调查者均怀揣学术研究之心，从农村变迁与发展的历史视角去调查与写作，力求客观、真实地再现中国农村的历史变迁。

7. 在出版方面，项目组组建了审稿与编辑小组，严格审查、校审每一篇村庄调查报告，并从中挑选优秀报告，分七大区域，集结成卷出版。

8. 《中国农村调查》（村庄类）的重点在于传统形态的调查，是一项抢救历史的学术工程。由于时间仓促，其中不免有错漏，也希望海内外学术界、读书界提出批评、建议，帮助我们提高这套丛书的质量。

《中国农村调查》编辑组

2016 年 12 月 19 日

目录

村庄类分序　质性研究视角下农村区域性村庄分类 ·· 1
   一、"因地"与"分类"：质性研究方法 ·· 1
   二、"分"与"合"：维度与条件 ·· 3
   三、作为农村研究对象的区域 ·· 6
   四、作为农村研究对象的村庄 ·· 8
   五、作为农村研究对象的区域性村庄分类 ·· 12

水井社会：平原干旱村落的社会底色与治理
——黄河区域清辉头村调查

第一章　村落的由来与发展 ·· 23
  第一节　村落的形成 ·· 23
    一、"清辉头"村名的由来 ·· 23
    二、村庄形成与家户姓氏 ·· 25
    三、村庄世居村民与迁入 ·· 26
  第二节　村落的建制 ·· 27
    一、历史上的深州市建制 ·· 27
    二、传统时期的村落建制 ·· 28
    三、1949 年后的村落建制 ··· 29
  第三节　村落的现状 ·· 30
    一、清辉头村基本村情 ··· 30
    二、清辉头村发展实况 ··· 32

第二章 村落自然形态与实态 ······ 34

第一节 自然环境形态 ······ 34
一、地理环境 ······ 34
二、气候环境 ······ 35
三、土壤特征 ······ 38
四、资源禀赋 ······ 40

第二节 平原水井社会 ······ 41
一、干旱自然底色 ······ 41
二、村落水井社会 ······ 43
三、干旱与储备水 ······ 47

第三节 平原旱作体系 ······ 48
一、平原旱作田块 ······ 48
二、旱作生产过程 ······ 51
三、旱作生产关系 ······ 55

第四节 村落集居空间 ······ 57
一、民居空间 ······ 57
二、神居空间 ······ 59
三、集市空间 ······ 61
四、公共空间 ······ 62
五、集聚关系 ······ 64

第五节 村庄自然变迁与实态 ······ 65
一、集体化时期的自然环境改造 ······ 65
二、土地承包后的自然环境变迁 ······ 68

第三章 村落经济形态与实态 ······ 70

第一节 人与土地及其生产能力 ······ 70
一、人与土地的关系 ······ 70
二、人与生产能力的关系 ······ 75

第二节 产权及产权关系 ······ 87
一、土地产权概况 ······ 87

二、土地买卖关系 ··· 92
　　三、土地租佃关系 ··· 100
　　四、土地典当关系 ··· 106
　　五、土地置换关系 ··· 110
第三节　经营及经营关系 ··· 112
　　一、公私经营主体 ··· 112
　　二、家户分工经营 ··· 115
　　三、家户合作经营 ··· 118
　　四、家户雇佣经营 ··· 121
　　五、公共土地经营 ··· 131
第四节　交换与交换关系 ··· 131
　　一、村落集市构成 ··· 131
　　二、村内赶集交易 ··· 138
　　三、村外交易市场 ··· 141
　　四、村落借贷关系 ··· 144
第五节　分配与分配关系 ··· 149
　　一、分配单元 ··· 149
　　二、分配内容 ··· 150
　　三、分配关系 ··· 154
第六节　消费与消费关系 ··· 156
　　一、家户消费主体 ··· 156
　　二、家户生产消费 ··· 157
　　三、家户生活消费 ··· 161
　　四、社会公共消费 ··· 166
第七节　继承与继承关系 ··· 168
　　一、继承主体 ··· 168
　　二、继承过程 ··· 170
　　三、继承内容 ··· 173
　　四、继承关系 ··· 177

第八节　村落经济变迁	178
一、1949年前传统经济形态	178
二、1949年后传统经济形态变迁	180
第九节　村落经济实态	184
一、小农经济实态概况	184
二、承包土地产权与规模	185
三、土地耕作与产业经营	187
四、家户生活与市场依赖	191

第四章　村落社会形态与实态　193

第一节　血缘与血缘关系　193
　　一、家庭成员及关系　193
　　二、亲属类别及关系　199
　　三、拟血缘及其关系　203

第二节　地缘与地缘关系　204
　　一、"一湾人"及关系　205
　　二、乡亲交往及关系　209
　　三、熟人交往及关系　212

第三节　业缘与业缘关系　214
　　一、庙会业缘关系　214
　　二、师徒业缘关系　216
　　三、副业业缘关系　219

第四节　信缘与信缘关系　220
　　一、信缘活动基本概况　221
　　二、村落信缘主体及关系　221
　　三、庙会信缘活动及关系　224

第五节　交往与交往关系　225
　　一、亲戚交往及关系　225
　　二、邻居交往及关系　229
　　三、朋友交往及关系　231

第六节　流动与流动关系 ································· 233
一、民国时期流动家户概况 ····························· 233
二、商业经营与流动 ································· 234
三、土地买卖与流动 ································· 236

第七节　分化与群体关系 ································· 238
一、阶层分化及关系 ································· 238
二、职业分化及关系 ································· 241
三、血缘分化及关系 ································· 251

第八节　冲突与冲突关系 ································· 252
一、家户内部冲突及关系 ······························· 253
二、家户之间冲突及关系 ······························· 255
三、官司对抗及关系 ································· 257

第九节　保护与保护关系 ································· 258
一、家庭保护及关系 ································· 258
二、亲族保护及关系 ································· 260
三、村落保护及关系 ································· 261

第十节　村落社会变迁 ································· 262
一、1949年前传统社会形态 ····························· 262
二、1949年后社会形态变迁 ····························· 264

第十一节　村落社会实态 ································ 266
一、社会关系复杂多元 ································ 266
二、社会流动纵横深广 ································ 267
三、社会保护体系提升 ································ 267

第五章　村落文化形态与实态 ······························· 269

第一节　崇拜与崇拜关系 ································ 269
一、先人崇拜观念 ·································· 269
二、先人崇拜关系 ·································· 273

第二节　信仰与信仰关系 ································ 274
一、家神信仰及其关系 ································ 274

二、庙神信仰及关系 …………………………………………………… 277
第三节　思维与思维的关系 ………………………………………………… 280
　　一、经验思维及关系 …………………………………………………… 280
　　二、务实思维及关系 …………………………………………………… 282
　　三、平均思维及关系 …………………………………………………… 283
　　四、循环思维及关系 …………………………………………………… 284
　　五、中庸思维及关系 …………………………………………………… 285
第四节　态度与态度的关系 ………………………………………………… 286
　　一、生育态度及关系 …………………………………………………… 286
　　二、生产态度及关系 …………………………………………………… 289
　　三、生活态度及关系 …………………………………………………… 290
　　四、社会态度及关系 …………………………………………………… 291
　　五、政治态度及关系 …………………………………………………… 292
第五节　习俗与习俗的关系 ………………………………………………… 293
　　一、婚姻习俗及关系 …………………………………………………… 293
　　二、丧葬习俗及关系 …………………………………………………… 304
　　三、节庆习俗及关系 …………………………………………………… 309
第六节　规训与规训关系 …………………………………………………… 316
　　一、家庭规训及关系 …………………………………………………… 316
　　二、学校规训及关系 …………………………………………………… 318
第七节　文娱与文娱关系 …………………………………………………… 321
　　一、节日文娱及关系 …………………………………………………… 322
　　二、革命文娱及关系 …………………………………………………… 325
　　三、业余文娱及关系 …………………………………………………… 327
第八节　村落文化变迁 ……………………………………………………… 328
　　一、1949年前传统文化形态状况 ……………………………………… 328
　　二、1949年后传统文化形态变迁 ……………………………………… 329
第九节　村落文化实态 ……………………………………………………… 331
　　一、村落文化实态概况 ………………………………………………… 331

二、村落文化信仰实态 ··· 332
　　三、村落娱乐文化实态 ··· 333
　　四、村落婚嫁习俗实态 ··· 336

第六章　村落治理形态与实态 ··· 338
　第一节　政权治理与治理关系 ··· 338
　　一、政权治理主体及关系 ··· 338
　　二、政权治理内容及关系 ··· 344
　　三、政权治理方式及关系 ··· 347
　第二节　村落治理与治理关系 ··· 348
　　一、村落治理主体及关系 ··· 348
　　二、村落治理内容及关系 ··· 357
　　三、村落治理方式及关系 ··· 359
　　四、两类治理主体关系 ··· 359
　第三节　家户治理与治理关系 ··· 360
　　一、家庭治理主体及关系 ··· 360
　　二、家户治理内容及关系 ··· 361
　　三、家户治理规则及关系 ··· 364
　第四节　亲族治理与治理关系 ··· 366
　　一、亲族治理单元及关系 ··· 366
　　二、亲族治理主体及关系 ··· 367
　　三、亲族治理内容及关系 ··· 368
　　四、亲族治理规则及关系 ··· 369
　第五节　信缘治理与治理关系 ··· 370
　　一、信缘治理单元及关系 ··· 371
　　二、信缘治理主体及关系 ··· 371
　　三、信缘治理内容及关系 ··· 373
　　四、信缘治理方式及关系 ··· 375
　第六节　业缘治理与治理关系 ··· 375
　　一、业缘治理单元及关系 ··· 375

二、业缘治理主体及关系 ·· 376
　　三、业缘治理内容及关系 ·· 378
　　四、业缘治理过程及关系 ·· 380
第七节　村落治理变迁 ·· 381
　　一、1949年前传统治理形态状况 ·································· 381
　　二、1949年后传统治理形态变迁 ·································· 382
第八节　村落治理实态 ·· 383
　　一、清辉头村当下治理框架 ··· 384
　　二、清辉头村当下治理主体 ··· 386
　　三、清辉头村当下治理制度 ··· 388
　　四、清辉头村当下治理特征 ··· 393

附录一　清辉头村调查小记 ··· 396

附录二　清辉头村调查日记（节选）··································· 400

官推民治：平原易涝村落的治理与秩序
——黄河区域石罢村调查

第一章　村庄的由来与演变 ·· 425
第一节　村庄的形成 ·· 425
第二节　村庄的建制 ·· 430
第三节　石罢村的现况 ·· 432

第二章　自然形态与实态 ··· 435
第一节　自然形态概况 ·· 435
第二节　干旱与水利 ·· 442
第三节　平原与麦作 ·· 449
第四节　集居与空间 ·· 459
第五节　村庄自然变迁与实态 ·· 474

第三章 村落经济形态与实态 ··· 480

第一节 人与土地及其生产能力 ··· 480
第二节 产权及产权关系 ··· 499
第三节 经营及经营关系 ··· 526
第四节 交换与交换关系 ··· 530
第五节 分配与分配关系 ··· 544
第六节 消费与消费关系 ··· 560
第七节 继承与继承关系 ··· 570
第八节 村落经济变迁与经济实态 ··· 573

第四章 村落社会形态与实态 ··· 578

第一节 血缘与血缘关系 ··· 578
第二节 地缘与地缘关系 ··· 591
第三节 业缘与业缘关系 ··· 597
第四节 信缘与信缘关系 ··· 602
第五节 交往与交往关系 ··· 607
第六节 流动与流动关系 ··· 619
第七节 分化与群体关系 ··· 621
第八节 冲突与冲突关系 ··· 626
第九节 保护与保护关系 ··· 633
第十节 村落社会变迁 ··· 639
第十一节 村落社会实态 ··· 642

第五章 村落文化形态与实态 ··· 644

第一节 崇拜与崇拜关系 ··· 644
第二节 信仰与信仰关系 ··· 650
第三节 思维与思维关系 ··· 656
第四节 态度与态度关系 ··· 664
第五节 习俗与习俗关系 ··· 674
第六节 规训与规训关系 ··· 693

  第七节 文娱与文娱关系 ································· 698
  第八节 村落文化变迁 ····································· 700
  第九节 村落文化实态 ····································· 704

第六章 村落治理形态与实态 ··· 706
  第一节 政权治理与治理关系 ································· 706
  第二节 村落治理与治理关系 ································· 719
  第三节 家户治理与家户关系 ································· 725
  第四节 亲族治理与治理关系 ································· 734
  第五节 信缘治理与治理关系 ································· 746
  第六节 业缘治理与治理关系 ································· 750
  第七节 村落治理变迁与治理实态 ························· 754

附录一 石罢村调查小记 ·· 758

附录二 石罢村调查日记（节选） ································· 761

本卷后记 ·· 785

村庄类分序

质性研究视角下农村区域性村庄分类

徐 勇

在我国，经历了数十年的艰苦探索，且付出了沉重代价，才得以形成农村基本的经营制度及相应的基本政策和基本方法，即以家庭经营为基础，统分结合，双层经营，宜统则统，宜分则分，因地制宜，分类指导。但在实际进程中，为什么和怎么样才能做到"宜统则统、宜分则分"，"因地制宜"，进行"分类指导"，还有待继续深入探讨。在实践中往往出现的是"统得过死，分得过多"，或者"一刀切"，很难因地制宜，分类指导做出决策。其重要原因之一就是对"地"的属性和"类"的区分缺乏深入调查和研究，对整个农村实际情况的认识更多的是片断的、零碎的、表层的。这就需要学界对中国农村进行深入调查和深度研究，以为因地制宜、分类指导的国家决策提供依据。而"区域性村庄"，则是农村研究的重要内容。自2015年，华中师范大学中国农村研究院开启大规模的"2015年版中国农村调查"工程，其中包括对中国七大区域的村庄进行调查。为什么要进行区域性村庄调查，为什么要分为七大区域进行村庄调查？以下就此做出说明。

一、"因地"与"分类"：质性研究方法

社会科学是现代社会分工的产物。作为一种社会科学研究，重要的不是发表政策言论，而是为制定政策提供理论与实际依据，供决策者参考和选择。这是现代社会分

工的要求。学者只有寻找到最适合于自己的位置,才能发挥自己独特的优势。长期以来,从事农村研究的学者不少,发表的成果更是浩如烟海,但是能够对决策层产生直接或间接、短期或长期影响的成果却少之又少。作为学人,我们可以对政策发表意见,乃至评头论足,但最重要的是要反思,学者对政策的制定提供了什么有独特价值的贡献?

中国是一个历史悠久、地域辽阔的大国,地区发展不平衡。因此,"因地制宜与分类指导"成为制定农村政策的基本原则,也是农村研究的重要目标。所谓"因地制宜",就是根据各地的实际情况,制定适宜的办法。这就意味着此"地"与彼"地"不同。所谓"分类指导",就是根据事物的类型状况进行有针对性的指导。这就意味着此"类"与彼"类"不同。因此,"地"和"类"是在比较中界定的,具有一种区别于其他"地"和"类"的特质或特性。农村研究最重要的是准确把握"地"和"类"的属性和特质,政策制定者才有可能"因地"和"分类"做出决策。

社会科学研究不同一般的言论发表,特别需要方法论的自觉,并选择最为适合的方法达到自己的研究目的。农村研究要准确把握"地"和"类"的属性和特质,需要研究者在学术目标指导下,进行实地调查,收集资料,通过分析来完成,因此特别适合于"质性研究"(又被称为"质化研究""质的研究")方法。这一方法被认为是"以研究者本人作为研究工具,在自然情境下采用多种资料收集方法对社会现象进行整体性探究,使用归纳法分析资料和形成理论,通过与研究对象互动对其行为和意义建构获得解释性理解的一种活动"[1]。质性研究方法为什么是最为适合的方法呢?

首先在于以实际调查为基础的多种资料的收集。农村研究要了解"地"和"类"的属性,需要直接面对"地"和"类"加以认识,而不能凭空想象。即使是文学作品特别强调想象力,也有必要的实体基础。正如鲁迅所说,"燕山雪花大如席"尚属正常的夸张,而说"广州雪花大如席"就太离谱了。正因为如此,做农村研究的,一开始就将实地调查作为首要方法。人类学、民族学、社会学等重视实地调查的学科成为农村研究的重要支撑。实地调查的目的是认识对象,收集资料,但收集资料不仅仅依靠实地调查,还需要其他方法加以补充,如历史文献资料的收集等。

其次在于整体性探究。农村研究要了解"地"和"类"的属性,需要在整体比较中发现。换言之,农村研究不能仅仅只是对某一个"地"和"类"进行了调查便可以得出结论,它需要对构成"地"和"类"的范围进行整体比较才能发现此"地"与彼"地"、此"类"与彼"类"的不同。在农村研究中,我们经常会看到对村庄的分类,

---

[1] 陈向明:《质的研究方法与社会科学研究》,教育科学出版社2000年版,第12页。

但这种分类大多属于研究者对某一个地方和类型进行调查后得出来的结论，而不是整体内相同维度中的差异比较，因此很容易产生一村一类型的轻率结论。所以，为了在普遍性中发现差异性，质化研究并不排斥量化研究。只是量化研究很容易采用他人资料和数据，往往会造成资料来源的同质性而无法发现"地"和"类"的差异性。

再次在于通过归纳产生理论。农村研究要了解"地"和"类"的属性，调查和比较是基础，最后要产生结论和理论，即通过调查和比较，我们能够做出什么判断，并提供给他人。从提供理论的角度看，质性研究与其他研究没有区别，区别在于如何得出理论。质性研究是通过归纳的方法产生理论的，这不同于理论演绎和量化假设。为了得出准确的判断，质性研究要求在自然情境下，而不是人为制造的场景下，通过客观中立的调查，获得完整准确的材料，然后对材料加以归纳，最后得出结论。只有这样，我们对"地"和"类"的界定才是可供参考和验证的。

第四在于与对象的互动。农村研究要了解"地"和"类"的属性，要在与对象互动中发现。因为，农村研究的"地"和"类"与一般自然界的"地"和"类"有所不同，它是自然—社会—历史交互作用的产物。研究者在进行调查时，不仅要把握自然环境，而且要掌握人文社会和历史，调查中要与人交往和互动，才能发现"地"和"类"的属性及其与他"地"和"类"的区别。如在调查中，我们可以通过方言发现某"地"和"类"的属性及其区别，但方言只有在与对象互动中才能意识到。

二、"分"与"合"：维度与条件

农村研究关注"因地"与"分类"，均涉及整体与部分的关系。"因地"通常是指在一个国家整体内，由于条件不同而形成不同地方的特点；"分类"通常是指对一个事物整体内的不同要素区分为不同类型。如何界定农村研究中的整体与部分的关系呢？这就需要寻找统一的维度。这一维度就是"分"与"合"。

"分"是由整体中分化或产生出部分，包括分开、分散、分化、分离等。"合"是指各个部分合为一个整体，包括合作、合成、整合、结合、联合等。"分"在于个别性、部分性，"合"在于一般性、整体性。

"分"与"合"是人类社会一般的表现形态。中国著名小说《三国演义》开篇就表达："话说天下大势，分久必合，合久必分。"现代社会科学通过不同的科学概念对"分"与"合"的状态进行概括，如经济学领域的"分工"与"合作"，社会学领域的"社会分化"与"社会整合"，政治学领域的"分权"与"集权"等。

人类是作为个体的"人"与作为整体的"类"共同构成的。从人类社会的发展看，"分"通常意味着变化，由一个整体向不同部分的变化过程。如在中国，由"天下为公"分裂为"天下为家"，由"天下为家"分裂为"天下为人"，整体社会不断裂变为一个一个独立的个体，先是家庭，后是个人。"合"通常意味着秩序，由不同的部分通过一定方式形成一个有序的整体。整体尽管会裂变为个体，但个体不可能脱离整体而存在，任何个体都是相对整体而言的。将不同的个体结合为整体就会形成一种秩序。有序，整体就会存在；无序，整体就会解体。"天下为公"尽管会裂变为"天下为家"，但是一个个"家"又会结合成为"国"和"天下"。如"齐家治国平天下"，"齐""治""平"就是结合的机制与手段。"分"与"合"是相对而言的，是部分与整体的关系。这一关系是农村研究中的"因地"和"分类"的基本维度。

人类社会的"分"与"合"不是无缘无故发生的，必然受条件的制约。马克思说："人们自己创造自己的历史，但是他们并不是随心所欲地创造，并不是在他们自己选定的条件下创造，而是在直接碰到的、既定的、从过去承继下来的条件下创造。"[1] 构成农村研究中的"地"与"类"的条件并影响农村社会"分"与"合"的条件主要有：

（一）自然条件

自然是指人所面对的宇宙万物，是宇宙生物界和非生物界的总和。对于农村来说，自然具有十分特殊的意义。这在于农村是农业产业为基础的，而农业与工业相比，对自然具有高度的依存度。自然条件为人们的生存设置前提条件，构成人们生存的自然环境。愈是人类早期，受自然条件的制约愈大；愈是农业社会，对自然条件的依赖愈大，甚至赋予其神圣价值，如"风水"。

自然条件是由各种自然因素（包括人化自然）构成的自然环境系统，主要包括：天（气候）、地（地形）、水、土、区位等，形成了所谓的"一方水土"，即"地"，并分为不同的类型。而"一方水土养育一方人"，不同地方会产生不同人的特性和行为。法国启蒙学者孟德斯鸠认为，气候是人的品性和行为的决定因素，"气候的权力强于一切权力"。酷热有害于力量和勇气，寒冷赋予人类头脑和身体以某种力量，使人们能够从事持久、艰巨、伟大而勇敢的行动，因此，"热带民族的懦弱往往使他们陷于奴隶地位，而寒带民族的强悍则使他们保持自由的地位。所有这些都是自然原因造成的"。[2] 孟德斯鸠可能言过其实，但自然条件对人类社会的影响无疑具有重大作用，并制约着"分"与"合"。一般来讲，在自然条件比较适宜的地方，"分"的可能性更大；而为了

---

[1] 《马克思恩格斯选集》第1卷，人民出版社1995年版，第585页。
[2] 参见［法］孟德斯鸠《论法的精神》（上卷），许明龙译，商务印书馆2013版，第321页。

应对恶劣的条件,"合"的可能性更大。

(二)社会条件

社会是人们通过交往形成的社会关系的总和,是人类生活的共同体。社会是由各种要素构成的社会环境系统,主要包括:以物质生产为基础的经济要素、以人口生产为基础的社会因素、以观念生产为基础的文化因素和以治理生产为基础的政治因素。不同性质的要素,决定了社会分为不同的形态。而人类社会形态又是在一定的空间里存在的。法国学者列斐伏尔认为:"社会生产关系仅就其在空间中存在而言才具有社会存在;社会生产关系在生产空间的同时将自身投射到空间中,将自身铭刻进空间。否则,社会生产关系就仍然停留在'纯粹的'的抽象中。"[1] 因此,不同的社会条件便造成不同的"地"和"类",对人的行为产生直接的作用,并成为造成人类社会"分"与"合"的直接因素。如在自然经济条件下,"合"的可能性更大,最小的经济单位也是作为共同体的"家";在商品经济条件下,"分"的可能性更大,最小的经济主体可以是作为个体的个人,商品经济伴随着社会分化,当然也意味着更高层次的社会整合。

(三)历史条件

人类社会是一个不断生长、发展、演化的漫长进程。无论是自然,还是社会,都是在历史进程中变化并构成人类存在条件的,由此构成由不同文明断层组合的历史形态。只有将自然和社会条件置于不同的历史形态中才能发现其动态演化的过程,也才能更准确理解"地"与"类"的特性和对人的行为的制约。如人类社会就是共同体裂变为个体,分化为不同个体的过程,同时也是一个由不同个体结合为新的共同体的历史演变过程。"分"与"合"贯穿于整个历史过程之中,但在不同的历史时空里表现形式则不一。德国社会学家滕尼斯在其《共同体与社会》一书中便表达了这一思想。马克思更是从自由的角度论述了个人与共同体("类")结合的演变及其不同类型,指出:"从前各个人联合而成的虚假的共同体,总是相对于各个人而独立的;由于这种共同体是一个阶级反对另一个阶级的联合,因此对于被统治的阶级来说,它不仅是完全虚幻的共同体,而且是新的桎梏。在真正的共同体的条件下,各个人在自己的联合中并通过这种联合获得自己的自由。"[2] 人类社会是一个过程,形成不同的层面,有的进化时间长,层面多,有的反之。因此,对农村研究中的"地"与"类"及其"分"与"合"的考察,要十分注意历史条件。

历史是一个过程。这一过程是由不同阶段与节点构成的。中国农村研究的历史维

---

[1] 转引自[英]德雷克·格利高里、[英]约翰·厄里编《社会关系与空间结构》,谢礼圣、吕增奎等译,北京师范大学出版社2011年版,第95页。
[2]《马克思恩格斯选集》第1卷,人民出版社1995年版,第119页。

度主要有两个：一是传统与现代。一般来讲，人们将农业社会称为传统社会，将工业社会称为现代社会。由此，现代工业社会之前的社会都可以称之为农业社会。现代化就是由传统农业社会向现代工业社会转变的过程。传统性与现代性是了解作为农村研究对象的区域性的重要历史维度。二是形态与实态（1949年前后）。在传统农业社会，由于各种条件的制约，区域的异质性差别非常突出，并构成不同区域的传统形态。而现代国家则是一个由多样性向一致性、一体性变迁的过程。但是这一过程正在变化之中，尚未完全定型，因此构成当下的研究者着手研究时的实际状态。在中国，形态与实态的分界线可以1949年为界。尽管1949年前，中国的传统形态已有些许变化，但由"改朝换代"的高层变动到"改天换地"的全面变革则在1949年以后，且这一变革尚处于了而未了的过程之中。

只有在充分了解自然、社会和历史条件的基础上，我们才能有效地"因地"和"分类"，了解人为何而"分"，因何而"合"，其内在的机理如何。

三、作为农村研究对象的区域

"因地"着重于整体中不同部分，"分类"也在于对整体中不同类型加以区分。就整体和类型单位而言，国家是整体，"地"和"类"分别是国家整体之下的不同部分。换言之，国家是由不同的部分构成的。农村研究要通过调查和归纳方法，研究一个国家的"地"和"类"的特性，但我们不可能穷尽所有对象，而且也没有必要。如中国有数十万个村庄，数亿农村人口，我们不可能，也没有必要都进行调查，再归纳出"地"和"类"的属性。这就需要寻找合适的研究单位。而区域是重要的研究单位。

区域是一个地域空间概念。一定地域总是由不同的区域所构成的。农村研究要了解的"地"和"类"，总是存在于一定的区域空间内。在农村研究中，引进"区域"单位是非常必要的。

从农村研究传统看，主要有两种研究单位。一是整体国家的视角，即将全国整体作为研究对象，是一种宏大叙事式的宏观研究。这种研究的资料来源主要是档案文献，或者理论建构，其成果甚多。代表性著作有费孝通的《乡土中国》等。这种研究将国家作为一个整体研究，具有高度的概括性，但也存在相当的局限。例如，《乡土中国》一书就主要是基于中国核心区域的研究，而许多次生区域或边缘区域的现象就被忽视。

二是个案社区，即将某一个个案作为研究对象，是一种微小叙事式的微观研究。目前，这种研究日益增多。可以费孝通的《江村经济》为代表。这种研究主要是基于实地调查，其优点是可以进行深入的挖掘。但其也有一定的限度：一是在社会多样化的条件下，一个案例很难解释一类现象；二是因为选取的案例不同，一个地区可以得出完全不同，甚至自相矛盾的结论。

因此，为了弥补现有研究的不足，需要借助于其他学科在研究方法上的进展。近些年来，历史学界开始注意寻找新的研究视角，也就是区域性研究。傅衣凌先生提出："由于生产方式、社会控制体系和思想文化的多元化，由于这种多元化又表现出明显的地域不平衡性和动态的变化趋势，中国传统社会产生了许多西欧社会发展模式所难以理解的现象。"[1] 而杨念群则从方法论的角度提出了"中观"理论。由于区域社会研究进展较快，产生了不少区域性研究成果，它们开始被视为某种"学派"。其中，山西大学和南开大学对华北农村的研究被视为一派，而基于对华南农村的研究也出现了所谓的"华南学派"等。

与中国学界的情况类似，国外对于中国问题的研究视角也经历了一个由整体到部分的变化过程。在早期，比较多的研究是国家整体研究，以美国学者费正清的《美国与中国》一书为代表。后来，随着美国学者柯文《在中国发现历史》一书的问世，区域社会研究开始迅速增多，其代表性著作有美国学者裴宜理（Elizabeth J. Perry）的《华北的叛乱者与革命者：1845—1945》、美国学者黄宗智的《长江三角洲的小农家庭与乡村发展》和《华北的小农经济与社会变迁》、美国学者濮德培（Peter C. Perdue）的《榨干土地：湖南的政府与农民，1500—1800》等。

现有的区域社会研究无疑大大弥补了原有学术传统的不足。但是，对于"地"和"类"的农村研究来说，它们仍然不够理想。其主要在于：相当多数的区域研究，只是对某一个地区的某一现象的研究，更多属于国家整体之下的地方性研究，如华南的宗族研究，华北的水利社会研究，湖南的土地、农民与政府研究，等等。有学者甚至将区域史与地方史加以等同，认为"区域史，又称地方史"[2]。

严格来说，区域研究不能等同于地方研究，区域社会研究的价值不仅仅在于对某一个地方的现象的研究，更重要的是寻求造成区域性特性的构成要素，从而形成区别于其他区域的特质。因此，区域研究至少有两个基本特征：一是同质性，即同一区域具有大体相同的特质，正因为这一特质而导致该区域相类似的现象较多，具有区域普遍性。当然这种同质性并不是区域现象的绝对同一性，主要在于其规定的现象多于其他区域。二是异质性，即不同区域具有比较明显的差异性特征，正因为这一特质促成

---

[1] 傅衣凌：《集前题记》，收于《明清社会经济史论文集》，人民出版社1982年版。
[2] 李玉：《中国近代区域史研究综述》，《贵州师范大学学报（社会科学版）》2002年第6期。

该区域同类现象不同于其他区域的同类现象。无论是同质性,还是异质性,都需要经过比较才能体现。而比较则需要有确定的标准。因此,区域研究与地方研究都属于国家整体的部分研究,但又有不同。地方研究可以不用比较,是某个地方就是某个地方,其研究限定于某个地方。而区域研究一定要发现该区域与其他区域所不同的特质,一定是在比较中才能发现其特质,且这种特质是内生的、内在的,而不只是外部性的现象。

作为农村研究对象的区域性,主要是指某类现象在某个区域内更为集中,并因此与其他区域不同。在中国,最大的区域差异是北方与南方。中国地理分布的分界线之一是秦岭—淮河一线,以北为北方区域,以南为南方区域。费正清曾描述道:"凡是飞过大陆中国那一望无际的灰色云天、薄雾和晴空的任何一位旅客,都会显眼地看到两幅典型的画面,一幅是华北的画面,一幅是华南的画面。"[1] 在世界上,很难找到有中国这样南北差异之大,并对经济社会政治产生巨大影响的国家。中国历史上就曾数度出现过南北分化、分裂、分治时期,如南朝、南宋。南北差异也给政治决策和走向带来影响,如开辟大运河,首都东移和北进,政治过程中的南巡和北伐等。这都表明中国北方和南方有着不同的自然—社会—历史土壤,会生长出不同的结果。如我国农村合作化起源于北方,而分田到户则发源于南方。因此,将区域性作为农村研究的对象,有利于根据区域性特质,"因地制宜"和"分类指导"。

四、作为农村研究对象的村庄

国家是由不同区域构成的空间单位。一般来讲,区域的范围比较大。要对区域内的所有对象进行调查研究,不可能也无必要。由此需要进行二次分类。村庄则是农村研究的基本单位,也是发现区域特性的重要基础。只有通过对村庄性的深刻把握才能深入把握区域性。

农村社会由一个个村庄构成。村庄是农村社会成员的地域聚落。农民的生产、生活和社会交往都是在村庄内完成的。对于传统社会的农民来说,村庄就是其世界,人的终生都可能在村庄内度过,因此有所谓"十里不同音,百里不同俗"的说法。愈是进入现代社会,村庄的地位愈是重要。1949年以后,伴随着集体化,村庄成为具有明确和固定边界的单位,集体经济以村庄为单位组织,即"村集体"。同时,村庄也成为国家治理的基本单位,即"行政村"。

---

[1] [美]费正清:《美国与中国》,张理京译,世界知识出版社1999年版,第4页。

更重要的是，村庄不仅仅是农业空间聚落，而且是人与人的结合，并形成人与人之间的关系及其相应的意识形态。透过村庄这一微观的社会组织，我们有可能发现整个农业社会及其区域性特质的构成要素。法国学者列斐伏尔认为："社会生产关系仅就其在空间中存在而言才具有社会存在；社会生产关系在生产空间的同时将自身投射到空间中，将自身铭刻进空间。否则，社会生产关系就仍然停留在'纯粹的'的抽象中。"[1] 农业社会关系及其区域性特质都将通过一个个村落空间体现出来。换言之，没有村庄载体，农业社会及其区域性就无从充分展示出来。因此，村庄是农村社会一个完备的基本组织单位，亦成为农村研究的基本单位。

将村庄作为农村研究的基本单位，并通过村庄性把握区域性，对于运用质化研究方法把握农村研究中的"地"与"类"具有重要价值。

与量化研究强调普遍性相比，质性研究更强调深度性，即通过深度调查，"将一口井打深"，来获得对对象特性的深入理解。因此，质性研究十分强调"扎根理论"和"深描"。

"扎根理论"是质性研究的一种重要方法。"扎根理论方法包括一些系统而又灵活的准则（guideline），让你搜集和分析质性数据，并扎根在数据中建构理论。"[2] 这一方法要求：第一，进入现场搜集和分析，这是前提；第二，数据是质性数据，得是最能反映对象本质特征的数据；第三，扎根于所搜集的数据之中建构理论，而不是在数据之外推导出来理论。因此，运用扎根理论方法，进入村庄现场调查，是了解村庄特性的有效方法。

"深描"作为质性研究方法，是相对"浅描"而言的，特别强调互动性、过程性、细节性和情境性。[3] "深描"最早用于人类学研究，是基于一种异文化的调查研究方法，用此方法可以更好地发现和比较不同对象的特质，也是发现村庄特性的有效方法。尽管"深描"注重细节，甚至微不足道的小事，但是决不是什么小事都要进行研究，恰恰相反，对对象必须有所取舍，以选择最能达到研究目的的对象。[4] 这种研究显然有助于在比较取舍中把握村庄的特性。

质性研究的"扎根理论"和"深描"都特别强调研究者的亲身调查与经验。但是，要让调查者对调查区域的所有村庄进行调查，然后产生结论，是不可能，也没有必要

---

1 转引自［英］德雷克·格利高里、［英］约翰·厄里编《社会关系与空间结构》，谢礼圣、吕增奎等译，北京师范大学出版社2011年版，第95页。
2 ［英］凯西·卡麦兹：《建构扎根理论：质性研究实践指南》，边国英译，重庆大学出版社2009年版，第3页。
3 参见陈向明《质的研究方法与社会科学研究》，教育科学出版社2000年版，第347页。
4 参见澜清《深描与人类学田野调查》，《苏州大学学报（哲学社会科学版）》2005年第1期。

的。村庄在英文中为"village"。有一句西方谚语说,"Every village has its idiosyncrasy and its constitution",就是说每一个村庄,都有自己的特性和脾气。但每一个村庄也有其同类型的共同性。我们可以通过寻找其共同性把握某区域的村庄性。这就需要寻找符合区域理想类型的村庄。

理想类型研究是德国社会学家韦伯所创立的研究方法。这种研究将事物的本质特性抽象出来,加以分类,如韦伯将统治合法性的类型分为三类。在农村研究中,可以借用这一研究思路和方法,选择最符合区域性特征的村庄进行深度调查。区域性特征就是研究者的目标和理想类型。只要选择若干最能体现区域性的村庄进行调查研究,就有可能从总体上把握该区域类似村庄的共同特征,而不必要对所在区域的所有村庄都进行调查研究。因此,村庄性与区域性是相联系的。只有从区域性整体特征出发,才能选择最能反映区域特征的村庄;只有深度把握村庄特性,才能充分说明区域特性。

相对区域而言,村庄的范围小得多,更容易做深度调查基础上的质化研究,将区域性具体化、实证化、动态化。"因地制宜"的"地"和"分类指导"的"类"最具体和最终体现在村庄属性上。由此要根据不同的标准对村庄加以分类。在对村庄性研究中,以下标准及其分类非常重要:

1. 以村庄名称为标准的分类。村庄名称是一种符号,通过这一符号,可以发现某类村庄的特质。在中国,村庄的"姓"以人的姓命名的非常多,反映了血缘关系与农耕社会同一体的特质。但在不同区域,村庄的"名"却有区别。如在黄河区域,村庄更多是以庄、寨、营、屯、卫等冠名,村庄的建构性、群体性强;在长江区域,村庄更多是以村、冲、湾、垸、岗、台等冠名,村庄的自然性、个体性强,与水相关。

2. 以居住状态为标准的分类。村庄是农村社会成员的居住聚落。村庄名称是一个村庄的标识和指称。这种标识和指称并不是随心所欲的想象,而有其内在的含义,反映了一种居住状态。根据居住状态,可以分为"集居村"和"散居村"。庄、寨、营、屯、卫、店等,更多的是一个人口居住相对集中的农村聚落,集居、群居,集聚度高,属于集居型村庄,即"由许多乡村住宅集聚在一起而形成的大型村落或乡村集市。其规模相差极大,从数千人的大村到几十人的小村不等,但各农户须密集居住,且以道路交叉点、溪流、池塘或庙宇、祠堂等公共设施作为标志,形成聚落的中心;农家集中于有限的范围,耕地则分布于所有房舍的周围,每一农家的耕地分散在几个地点"[1]。村、冲、湾、垸、岗、台等,更多的是人口居住相对分散的农村聚落,主要是散居,

---

[1] 鲁西奇:《散村与集村:传统中国的乡村聚落形态及其演变》,《华中师范大学学报(人文社会科学版)》2013年第4期。

甚至独居，分散度高，属于散漫型村庄，即"每个农户的住宅零星分布，尽可能地靠近农户生计依赖的田地、山林或河流湖泊；彼此之间的距离因地而异，但并无明显的隶属关系或阶层差别，所以聚落也就没有明显的中心"[1]。鲁西奇认为，传统中国的农村聚落状态，"从总体上看，北方地区的乡村聚落规模普遍较大，较大规模的集居村落占据主导地位"；而在南方地区，"大抵一直是散村状态占据主导地位；南方地区的乡村聚落，虽然也有部分发展成为集村，但集村在全部村落中所占的比例一直比较低，而散村无论是数量，还是居住的人口总数，则一直占据压倒性多数"[2]。

3. 以村庄形成为标准的分类。无论是集村，还是散村，都是历史进程中形成的。根据村庄形成的标准，可以分为自然村和行政村。自然村是由村民经过长时间聚居而自然形成的村落。其语音相对独立统一，风俗习惯约定俗成，以家族为中心。自然村数量大、分布广、规模大小不一，有仅个别住户的孤村（如在山区），也有数百人口的大村（如在人口稠密的平原地区）。自然村是农民日常生活和交往的单位，但不是一个社会管理单位。为便于国家管理，国家建构了农村社会管理单位，即行政村。行政村是为实现国家意志而设立的，是一种体制性组织，又称为"建制村"。在不同的时代，行政建制名称不一样。如秦汉时期的乡里、明清时期的保甲。自然村与行政村有可能相重合，也有可能不一致。在南方散村区域，自然村一般较小，通常是若干个自然村合为一个行政村。在北方集村区域，自然村较大，往往是一个自然村为一个行政村。显然，自然村与行政村的合一，有助于国家意志的贯彻实施，村与户的关系更为紧密。

4. 以血缘关系为标准的分类。无论是自然村，还是行政村，其基本组织单元都是由血缘关系构成的家庭。血缘关系是农村村庄存在的基本关系。在中国，血缘通常以姓氏加以表征。根据血缘关系，村庄可以分为"单姓村"和"多姓村"。单姓村指一个村一个姓氏。如宗族社会的村庄通常是单姓村，自然村往往是单姓村。多姓村指一个村庄由多个姓氏的人构成，意味着村庄成员来自不同的血缘家庭，村庄的因地缘结合的特征突出。而"多姓村"又可以进一步分类："主姓村"和"杂姓村"。前者意味着以一个，或者若干个姓为主，后者看不出明显的主姓。

根据不同标准，村庄还可以进一步细化，如根据经济水平分为贫困村和富裕村；根据产业类型，可以分为农业村、牧业村、农工商合一村；根据村庄成长历史，可以分为历史名村、移民新村；根据民族归属，可以分为汉族村、少数民族村，等等。但

---

[1] 鲁西奇：《散村与集村：传统中国的乡村聚落形态及其演变》，《华中师范大学学报（人文社会科学版）》2013年第4期。

[2] 鲁西奇：《散村与集村：传统中国的乡村聚落形态及其演变》，《华中师范大学学报（人文社会科学版）》2013年第4期。

就作为农村研究对象的村庄性而言,村庄的分类不是随意和无限的,而要与区域性的理想类型关联起来,寻找村庄分类对于理解区域性和村庄性的价值与意义。比如,集聚和散居不仅仅是一种居住形态的差异,同时也蕴育着人与人之间的结合关系及其意识形态,从而建构起"村庄性"。鲁西奇就认为:"采用怎样的居住方式,是集中居住(形成大村)还是分散居住(形成散村或独立农舍),对于乡村居民来说,至关重要,它不仅关系到他们从事农业生产的方式(来往田地、山林或湖泊间的距离,运送肥料、种子与收获物的方式等),还关系到乡村社会的社会关系与组织方式,甚至关系到他们对待官府(国家)、社会的态度与应对方式。"[1] 而在法国学者阿·德芒戎看来:每一居住形式,都为社会生活提供一个不同的背景;村庄就是靠近、接触,使思想感情一致;散居状态下,"一切都谈的是分离,一切都标志着分开住"。因此,也就产生了法国学者维达尔·德·拉·布拉什所精辟指出的村民和散居农民的差异:"在聚居的教堂钟楼周围的农村人口中,发展成一种特有的生活,即具有古老法国的力量和组织的村庄生活。虽然村庄的天地很局限,从外面进来的声音很微弱,它却组成一个能接受普遍影响的小小社会。它的人口不是分散成分子,而是结合成一个核心;而且这种初步的组织就足以把握住它"。[2] 所以,村庄分类不是为了分类,更主要的是通过分类,更好地把握村庄性乃至区域性。

五、作为农村研究对象的区域性村庄分类

"分"与"合"是对人类社会的存在状态,也是农村研究的基本标准。由于自然—社会—历史的条件不同,"分"与"合"在一个国家内不同农村区域的表现形式不一样,使得某些村庄在一定区域存在多一些,某些村庄在一定区域存在少些,由此构成不同的区域性村庄。

根据"分"与"合"的维度与自然—社会—历史条件,执照典型化分类的标准,我们可以将中国农村分为以下七大区域性村庄:

1. "有分化更有整合"的华南宗族村庄

"聚族而居"是华南宗族村庄的存在状态。血缘关系是人类最原始、最基本、最古老的关系。人类最初是以"群"("类")的方式生存,早期传统农村实行"聚族而居",通过一个个由血缘姓氏结合而成的宗族将农村社会成员组织起来,形成"家族同构、

---

[1] 鲁西奇:《散村与集村:传统中国的乡村聚落形态及其演变》,《华中师范大学学报(人文社会科学版)》2013年第4期。
[2] [法]阿·德芒戎:《人文地理学问题》,葛以德译,商务印书馆1993年版,第192页。

族高于家"的宗族村庄。宗族村庄普遍存在于早期中国农耕区域。在漫长的历史长河里，由于多种原因，"聚族而居"的宗族村庄社会四分五裂为一个个个体家庭构成的分散型村庄。但在中国的南方，特别是赣南、闽西南、粤东北、浙南、皖南、湘南、鄂南、四川等区域尚存在比较完整的宗族村庄。这类宗族村庄因集中存在于赣南、闽西南、粤东北等地，所以以"华南宗族村庄"加以概括，其最典型的特征就是保留了完整的传统宗族社会，构成了中国传统农村的历史底色。

需要说明注意的是，华南是一个区域性概念，并不是所有的华南区域的农村都是以宗族村庄的形式加以体现，也不是只有华南才有宗族村庄，而是指宗族村庄在华南区域更为集中，保存得更为完整。我们通过对华南区域的宗族村庄的了解，则基本可以把握宗族村庄的整体状况。

华南宗族村庄的气候环境和水利条件适宜于农耕，属于水稻产区。许多村庄交通便利，有一定的商业，但总体来看，地理位置偏僻，处于国家地域中的边缘地带。与南方区域的散村形态不同，宗族村庄通常为集居形态。这与宗族村庄大多因战乱迁移，特别注重整体安全有关。

"有分化更有整合"是宗族村庄的鲜明特征。宗族与氏族不同，它是以个体家庭为基本单位的。如果说宗族是"大家"，那么，个体家庭则是"小家"，只是"小家"是由以共同的祖宗为纽带的宗族"大家"分化出来的。"小家"尽管有相对独立性，但是与宗族"大家"有紧密的联系，宗族村庄通过共同的血缘关系、财产关系、社会关系、文化关系和治理关系将各个小家和个人结合或者整合在一起，形成以血缘关系为基础的共同体。这类村庄有"分"，但更有"合"，或者更强调"合"，并有促进"合"的机制。因此，宗族村庄以宗族整体性为最高标准，其内部存在差异性，但更有将差异性抑制在整体性框架内的机制，从而形成宗族村庄秩序。

宗族村庄在"因地"和"分类"的农村研究中具有重要价值。其核心是整体性与差异性、"分"与"合"的并存，特别是在如何"分"与"合"方面有诸多机制。如通过适度的"分"获得宗族竞争活力，通过公共财产形成维系宗族共同体的财产基础。中国农村改革权威杜润生就在论证"分田到户"的合理性时指出："所有权和使用权的两权分离，过去在中国社会也曾经存在过，但不是很普遍，比如，村庄的祠堂地、村社土地一类。"[1] 当下，许多地方以行政村为基础的村民自治陷入困境，而在广东清远市农村的村民自治却十分活跃，其重要原因是以宗族为基础的自然村作为自治载体，并以自然村的自治推动着土地的整合。

---

[1] 杜润生：《杜润生自述：中国农村体制变革重大决策》，人民出版社2005年版，第153页。

正因为宗族村庄存在久远,至今仍然有很大影响,且内在机理仍然有重要价值,所以成为农村研究中的重要对象,产出的成果也较多。只是对这类村庄为何存在,如何存续还有许多未解之谜,也还存在许多问题需要通过调查进一步探讨。如研究中国宗族村庄的权威专家弗里德曼将水稻种植作为宗族村庄存续的理由之一,但是我们如果进一步追问,同样是水稻区,为什么有的宗族村庄未能存续呢?显然,宗族村庄还有许多问题有在充分调查基础上进行研究的必要。

2."有分化缺整合"的长江家户村庄

"随水而居"是长江家户村庄的存在形态。气候与水对于农业具有至关重要的影响。以秦岭—淮河为界,中国形成南北两大区域,分别有两大水系,即南方的长江与北方的黄河,由此构成南北两大农村核心区域,并具有各自的特质。在长江流域,特别是长江中上游,即四川、重庆、湖北、湖南、江西、安徽等地,主要为平原与丘陵,主产水稻,属于稻作区,人们随水而居。自然村和散居村多,村名大多与水相关,如冲、湾、垸、岗、台等。一个个家户星罗棋布,散落于平面形态的小块水田旁,形成最为典型的传统小农经济,即一家一户、农业与手工业结合、自给自足的自然经济。在自然经济形态占主导地位的传统社会,小农经济状态决定着国家的兴衰,所谓"湖广熟,天下足"。长江中上游区域最为典型的特征是家户小农经济基础上的家户社会。家户社会以血缘关系为基础,以裂变的个体家庭为中心和本位,不同于宗族社会。

"有分化缺整合"是长江家户村庄的鲜明特征。如果将"聚族而居"的宗族村庄视为大树的话,那么,"随水而居"的家户村庄则是大树的枝丫和树叶。只是与宗族村庄不同,家户村庄的个体家户与远祖缺乏内在的联系,犹如脱离了树干,散落在各地的枝叶。个体家户及其相近的亲族在日常生活中占主导地位,近亲愈近,远亲愈远,缺乏共同祖宗崇拜、共同地域、共同财产、共同社会关系、共同价值、共同治理等机制将一个个个体家户联结起来,形成具有整体性的共同体。家户本位的私人性、差异性、竞争性强,村庄联系和合作的整体性、共同性弱。

家户村庄是最为典型的中国农村底色。毛泽东在 1940 年代就指出:"在农民群众方面,几千年来都是个体经济,一家一户就是一个生产单位,这种分散的个体生产,就是封建统治的经济基础,而使农民自己陷于永远的穷苦。克服这种状况的唯一办法,就是逐步地集体化;而达到集体化的唯一道路,依据列宁所说,就是经过合作社"[1]。由分散的个体家户生产走向农民合作的集体生产,是中国农业社会主义改造的基本前提。只是这种改造带有很强的国家整合的特点,换言之,农村的"合"主要是外部力

---

[1] 《毛泽东选集》第 3 卷,人民出版社 1991 年版,第 931 页。

量推动，由此形成的人民公社统一经营体制缺乏必要的农村社会基础。而对公社统一经营最不适应且率先对这一经营体制进行挑战，探索包产到户（民间习称"分田单干"）的则集中于长江中上游区域。民间一度流行"要吃粮，找紫阳；要吃米，找万里"[1]的说法。邓小平就表示：以包产到户为主要内容的农村改革"开始的时候，有两个省带头。一个是赵紫阳同志主持的四川省，那是我的家乡；一个是万里同志主持的安徽省"[2]。

当然，家户村庄也有其限度。一家一户为单位的家户村庄将个体家户的私人性激发出来，分化带来了活力，但由于缺乏必要的横向机制将一家一户联结起来，形成有机的整体，只能依靠政府的纵向整合，而这种整合往往会进一步弱化家户村庄的公共性。在当下的新农村建设中，人们会经常发现，由于一家一户分散的原因，造成道路难修、水管难通等。因此，对于"有分化缺整合"的长江家户村庄而言，在私人性基础上发育和形成公共性，还有大量问题需要研究。而这对于全国也具有普遍性价值。

3. "弱分化强整合"的黄河村户村庄

"集村而居"是黄河村户村庄的存在形态。黄河区域主要指黄河中下游区域，包括陕西、山西、河南、河北、山东等地。这一区域本是中华农业文明的主要发源地。农业文明最早就是以人们群居的村庄聚落形态表现出来的。同时，黄河区域紧邻北方游牧区域，长期是国家的政治中心地带，受战乱的影响深远。黄河区域农耕的自然条件与长江区域截然不同，属于干旱区，主产小麦等旱作物，地势平坦。一个个村庄聚集在一大块农田麦田旁边。村庄大多以庄、寨、营、屯、卫等命名，属于人口集居村庄。本来，宗族社会最早起源于黄河区域，后因为战乱、灾害等原因，南移到华南。黄河区域由宗族社会而裂变为个体家户社会。但因为自然—社会—历史原因，黄河区域村庄的存在形态在于其集聚性、集体性，个体家户集聚、集中在一个空间领域，村庄群体与家户个体具有紧密的依赖关系，由此构成村户社会，与长江区域的分散性、个体性的家户村庄形成鲜明的差别。

"弱分化强整合"是黄河村户村庄的鲜明特征。自然条件、社会条件和历史境遇的同一性，使得黄河区域村庄内部的分化程度不高，或者分化比较简单。同时，黄河区域的农村社会成员的集聚度高，人与人之间的联系紧密，村民之间的横向联系较强，特别是由于外部自然条件恶劣（如缺水）和社会条件严酷（如经常性战乱）而产生的强制性整合，导致村庄的集体依赖性和整体性强。如果说，在中国，少数民族进入中

---

[1] 赵紫阳于1975—1979年间担任中共四川省委书记，万里于1977—1979年间担任安徽省主要领导。他们在任职期间都积极支持以家庭为生产经营单位的农村改革。
[2] 中共中央文献研究室：《十二大以来重要文献选编》（下），人民出版社1988年版，第1443页。

原地区后会"汉化",那么,中原地区也会"胡化"。其游牧民族的部落群体对于中原,尤其是黄河区域有很大影响。这也是黄河区域村庄整体性强的重要原因。总体上看,黄河区域的村庄地域整体的地位高于血缘家户个体,集体意识和行动能力强。

黄河区域的村户村庄在中国农村社会变迁中有其特殊地位。在 20 世纪,中国共产党改造传统个体家户社会的依据是一家一户小农经济,通过集体合作的集体化,避免社会分化。但集体化最早起源于黄河区域。例如,山西的张庄早在 1940 年代后期土地改革刚结束时,就开始了集体互助。1950 年代农业集体化进程中的模范典型也大多产生于黄河区域。例如,山东的厉家寨就被视为合作化的典范。人民公社最早发源于河南和河北。在人民公社化的进程中,最早实现人民公社化的 9 个省,有 8 个在黄河区域。[1] 到六七十年代,作为全国集体经营旗帜的大寨则位于山西。直到 1980 年代后,黄河区域还有一些村庄仍然在坚持集体统一经营。

当然,黄河区域的集体化在相当程度上是特定的自然—社会—历史条件造就的,具有强大外部整合的特点,村庄缺乏个体性和差异性,也缺乏竞争和活力。随着社会发展,家户在农村社会的地位愈益突出,社会分化、分离性增强。但是,其集体性、整体性、共同性的历史底色仍然存在,且还会发挥作用。如在黄河区域的山东、河南、山西、河北等地,以行政村为单位的农民股份合作、农村城镇化、农村社区建设、农村村民代表会议等发展较快。因此,对于"弱分化强整合"的黄河区域村庄来说,如何在社会分化日益突出的基础上,推进自愿基础上的社会联合、社会合作,具有重要价值,也具有普遍意义。

4."小分化大整合"的西北部落村庄

"逐草而居"是西北部落村庄的存在形态。中华文明是在农业文明与游牧文明互动中形成的。游牧文明主要发生和存在于西北区域。游牧是一种不同于农耕的生产方式,具有很强的流动性和不可控性。以游牧为生的人通过一个个部落群体组织起来,共同应对外部挑战。一个个部落逐草而居,分布于茫茫草原上。在农业文明与游牧文明互动中,游牧部落会受到农耕家户的影响,农耕家户也会受到游牧部落的影响。如黄河区域的集体性既有古典的宗族社会影响,也有游牧部落的影响。西北区域主要包括新疆、内蒙古、西藏、甘肃、青海、宁夏等牧区,其典型特征是部落村庄。

"小分化大整合"是西北部落村庄的鲜明特征。家庭是部落构成的微小单元,但家户寓于部落之中,部落的地位远高于家户,其内部的分化程度非常小。同时,为了应

---

[1] 参见《当代中国农业合作化》编辑室编《建国以来农业合作化史料汇编》,中共党史出版社 1992 年版,第 501 页。

对恶劣的环境，部落之间还会形成联盟，由此形成大整合。这种整合不同于黄河区域以村庄为单位的整合，而经常会超越一个个部落单位，从而获得更为强大的整体性和集体行动能力。传统游牧部落以"十户长""百户长""千户长"作为组织建制，便反映了大整合的特点。这也是游牧民族得以经常战胜农业民族的重要组织原因。

西北部落村庄在中国农村社会变迁中有其独特地位，并形成鲜明特色。农村村庄本来是固定在一个地域上的农民聚落。而部落村庄的特点是流动性，并在流动中形成整体性和共同性。长江区域家户村庄因"随水而居"产生的是分散性、个体性，西北区域部落村庄则因"逐草而居"产生的是集聚性和整体性。同时，西北部落村庄位于国家边陲的浩瀚草原中，流动性强，其特点突出，治理难度大。如何针对这一特点，"因地制宜"进行"分类指导"，是国家治理的重大问题。如在流动性的西北区域，实行与内地"包产到户"类似的农业政策，其难度就较大。

5. "低分化自整合"的西南村寨村庄

"靠山而居"是西南村寨村庄的存在形态。中华文明是在由核心向边缘不断扩展中形成的。除了黄河、长江等核心区域，还有广阔的边缘区域。与茫茫草原和沙漠地带的西北边缘区域不同，处于崇山峻岭之中的西南边缘区域与核心区域的互动较少，相对封闭，主要包括广西、贵州、云南，以及四川、重庆、湖北与湖南部分被称为少数民族地区的区域。这些区域远离政治中心，自然条件恶劣、文明发育进程较缓，有自己独特的自然、社会、文化与政治形态。为了应对环境，人们大多"靠山而居"，以山区村寨的小集居、大散居的方式居住、生活，村庄大多以"寨""屯"之类的集居聚落命名。尽管家庭是基本单元，但村寨共同体的地位高于个体家户。因此，西南区域村庄组织形态是村寨社会。

"低分化自整合"是西南村寨村庄的鲜明特征。由于自然、社会和历史条件的同一性，西南村寨的社会分化程度很低，人们世世代代过着相同的生活，与外部交往很少。正是在封闭的生活空间里，形成了独特的习俗，人们根据世代传承的习俗进行自我调节，其自我整合的自治性强。与此同时，由于位置偏远，中央政府对于这些地区实行"因俗而治"的政策，村庄自我调节得以长期存续。

与黄河区域村户村庄的集体性主要是外力推动不同，西南村寨的合作与集体性主要源于内在的动力与机制，是人们长期共同生活中获得的一种自我认同。这种基于村民自我认同的集体性比较容易达成一致，进行有效的自我治理。人民公社体制废除以后，中国在村一级实行村民自治，其制度来源于广西壮族自治区的合寨村。在西南区域，实行自治更多带来的是团结，而不像社会分化程度比较高的地方，实行自治往往带来的是进一步的分裂、分散。当然，西南区域村寨的"低分化自整合"与其地理位置和交通条件相关，随着交通和通信条件的改善，其对外开放程度提高，"低分化自整合"的形态也在悄然发生变化。

6. "高分化高整合"的东南农工村庄

"逐市而居"是东南农工村庄的存在形态。文明可以分为原生、次生、再生等不同层次。再生即在原生文明基础上再生出一种新的文明形态。中国的东南区域，包括江苏、浙江、福建、广东等地本属于南方农耕区域，具有农业社会底色，且属于农业文明非常发达的地区，如长江三角洲和珠江三角洲，曾经有"苏常熟，天下足"之说，江苏和浙江更号称"天下粮仓"。但这些地方属于沿海地带。随着文明的进步，人们除了以农业获得生存资料以外，还试图通过工业和商业获取生存和发展，而东南沿海赋予这一地带优越的条件，使得这一区域的人们率先挣脱土地和农业的束缚，形成农业与工业、商业相结合的村庄。工商业与市场和城市相关。人们"逐市而居"，尽管仍然是农村聚落，但与城市和市场联系非常紧密。这与"小村庄小集市"的长江家户村庄形成明显的差异。

"高分化高整合"是东南农工村庄的鲜明特征。农工村庄的商品经济较为发达，开放度高，与市场和城市联系紧密，社会分化程度高。这种分化不再限于农业村庄，而是跨越村庄，与城市和市场相关。如1949年前，东南区域出现许多城居地主和工商业地主，这与其他区域主要是在村的"土地主"有所不同。伴随高分化的是高整合，这种整合也不再只是局限于村庄内部，而是跨城乡，以市场为中心的整合。人们之间的横向联系不仅仅限于乡土人情，更重要的是市场理性网络。村庄只是整个市场社会之中的一个环节。

东南农工村庄在整个中国农村变迁中处于领先地位。除了领先于农业文明以外，也领先于工业文明。在中国由农业社会向工业社会转变中，率先崛起的就是东南农工村庄。费孝通先生在其著名的《江村经济》中提出了通过"草根工业"解决中国农村农民问题的超前思路，得益于他在其家乡——江苏吴江的调查。改革开放以来领先于中国的"苏南模式""温州模式"和"珠三角模式"都位于东南区域。只是随着工业化、城镇化，这一区域的农业底色逐渐消退，但其底色规制着这一区域的工业化和城镇化道路，如"小城镇大市场"。

7. "强分化弱整合"的东北大农村庄

"因垦而居"是东北大农村庄的存在形态。包括黑龙江、吉林、辽宁及部分内蒙古地方的东北区域，原属于非农耕区，且是满族圈禁的地带。只是在数百年前，这一地方因为地广人稀，土地肥沃，导致大量来自山海关内的农民迁移到那里开荒垦殖，将其变为农耕区，俗称"闯关东"。在金其铭看来，"东北的农村聚落实际上是华北聚落的一个分支"[1]。这一地带是狩猎、游牧、农耕的混合文明区域，又属于边疆地区，具有晚开发、跳跃性、移动性特性，农耕文明的历史短暂，但地域辽阔，人少地多，与核心地带的"人多地少"形成鲜明的区别。广阔的大平原、广袤的大草原、广大的大森林，使这里以"大"为特（当地称"大"为"海"），并为"大农业""大农村""大农民"提供了基础，与长江地带的小农有着明显的区别。农村社会成员"因垦而居"，属于集居村庄，大多以"屯""堡"之类的集聚村落命名。

"强分化弱整合"是东北大农村庄的鲜明特征。开荒垦殖意味着原地荒无人烟，人们依靠强力获得土地而定居，并产生社会分化。这种分化不是经长期历史自然形成的，而具有很显著的突然性、人为性和强力性。同时，国家治理的缺失，也造成了社会的强力占有和争夺，"匪气"和"匪患"严重。正因为如此，尽管东北村庄以集居方式存在，但相互间的横向联系纽带缺失，村庄犹如一个"拼盘"，人虽在一起，但缺乏共同财产和共同心理认同，村庄整合度弱。

由于优越的自然地理条件，东北可以在大农业发展方面发挥重要作用。如中华人民共和国建立以后，东北的"北大荒"成为"北大仓"。改革开放以来，东北成为村民自治"海选"的发源地。但是，"人心不齐"的弱整合也制约着东北大农村庄的发展。人们难以通过村庄提供大农业发展需要的社会服务。一家一户的生产经营方式仍然占主导地位。而东北的"海选"恰恰是因为缺乏村庄共同性而产生的不得已的行为，也正因为缺乏共同的心理基础，"海选"之后的治理仍然困难。

---

[1] 金其铭：《中国农村聚落地理》，江苏科学技术出版社1989年版，第137页。

水井社会：
平原干旱村落的社会底色与治理
——黄河区域清辉头村调查

王章基*

* 王章基，贵州剑河人，贵州师范学院副教授，政治学博士，研究方向主要为国家理论、基层治理、乡村振兴。

第一章 村落的由来与发展

清辉头村坐落在华北平原的中部，地势平坦，当下人口约 5 000 人，家户有 1 300 多户，总耕地面积为 6 500 多亩，是一个家户集居、人口稠密的大型村庄。相传清辉头村起源于东汉时期，拥有 2000 多年的历史。

第一节 村落的形成

在民国时期，清辉头村拥有 39 个家户姓氏，是一个多姓氏家户集居的村庄，其中阎、郭、李三姓为土著世居，李、孟、张三姓氏的人口最为庞大。

一、"清辉头"村名的由来

"清辉头"村名的由来众说纷纭，没有定论。总的来说，"清辉头"的村名有两种版本的传说，其中一个是"请回头"谐音说，另一个是"青灰头"演化说。两个版本均有口口相传的传说，为清辉头人们所相信。

（一）"请回头"谐音说

清辉头村人们都确信村庄起源于东汉初年，至今有 2 000 多年的历史。因为人们相信清辉头村起源与东汉皇帝刘秀（象征着权力）有莫大渊源。相传汉朝光武皇帝刘秀在登基之前，被敌对势力追杀，从蓟县向南逃跑，从饶阳逃向衡水深州，最终逃到清辉头村现址。关于刘秀的传说分为两种，其一，刘秀逃到清辉头的时候，前面的"尖兵"向刘秀报告说，已经走错路了，"请回头"；其二，刘秀逃到清辉头的寺庙（古名为大寺，现名为兴隆寺）的一处残垣遮挡的地方藏了起来，刚好有蜘蛛在刘秀藏身的地方织上蜘蛛网。追兵到此，见到到处都是蜘蛛网，不可能为刘秀刚刚藏身的地方，向同伴呼喊追踪有误，向别处追寻而去。刘秀因此而躲过一劫。

> 西汉末年，天下大乱，刘秀被王郎追赶，只身逃至深州清辉头村东，追兵将至，无处藏身，只见一座破旧小庙断壁残垣，庙门结满蜘蛛网，危急之际，刘秀顾不得灰尘污垢，一头钻进破庙躲藏，情急之下，暗自祷告：若能躲过此劫，将来得天下，定重修庙宇，再塑金身。说来也巧，墙壁上的大蜘蛛见网损坏，随时吐丝补网，刚刚补好，追兵到了，见庙门蛛网罗布，灰土满墙，没有入门撞网的痕迹，便向别的地方追去。这就是历史上广为流传的"蜘蛛结网，刘秀脱险"的故事。刘秀登基称帝后敕命重修此庙，名为"兴隆寺"，以示光武中兴之意。传说因当时的庙内桌案似有"请回头"字样，这个村就叫了清辉头。[1]

现在清辉头村的老人比较相信第二种说法，第二种说法也符合皇帝尊贵的身份得到上天眷顾的理念，充分说明了清辉头村是东汉皇帝刘秀的一处福地。关于光武皇帝刘秀的两个版本，无论是前者，还是后者，都道出了"请回头"，差异在于前者是刘秀的下属尖兵所说，后者是追兵所说。两种传说的"请回头"谐音是"清辉头"，这成为清辉头村名的来源之一。"请回头"谐音说的村名起源，暗喻着人们对于皇权的崇拜与向往。

（二）"青灰头"演化说

"青灰头"演化说可能更加接地气，接近村名起源的客观事实。相传，清辉头村原名"青灰头"，因为古寺兴隆寺而得名。清辉头村东一里的地方，有一座古刹，宏大壮丽，相传为东汉光武帝所建。明代成化二十年（1484年）重建兴隆寺，其重建寺碑记载：

> 尝闻如之道，教化装大，恩惠极引弘……华夷无不尊礼，乡间无不奉事，而朝廷亦为之崇重焉。此京都所以有庆寿隆福琼宫瑶台之宝殿，而五台亦有佛光万寿金身大像之诸佛，不有山门削发僧人，竖志苦修而为佛家弟子，则

---

[1] 来自拟编撰《清辉头村志》的草稿材料（手写版），此段内容为张群福所撰写。

释氏之教，或几乎陨矣。故此村名曰青灰头村。[1]

通过兴隆寺寺碑的内容，可知"清辉头"一名来源于"青灰头"的演化。"青灰头"原是形容兴隆寺古刹的房顶青灰瓦，村子因为古刹的青灰色屋顶而得名。笔者认为，"青灰头"村名演化说，更加具有现实性。

二、村庄形成与家户姓氏

相传，清辉头村虽然有2 000多年的历史，但由于处于华北腹地，成为草原游牧民族与汉族多年战争拉锯的所在地。清辉头古老的土著居民在历史长时间的漫长战争中或被屠戮殆尽，或者迁移南方。据清辉头村人们代代相传的传说，现在的清辉头居民，是明代从山西洪洞县迁移而来居民的后裔，并非东汉初期的土著居民。

> 村里大部分人是从山西洪洞县过来的。从宋朝时期开始，深州一带向来是兵家必争之地，战争频繁。深州处于中原汉族势力和北方游牧民族势力长期拉锯的地方，今天是汉族占据了，明天是游牧民族占据了。无数次战争，老百姓死得太多了。到了明朝，深州原来的老百姓死太多了，很多村都绝户了，朱棣皇帝为了增加人口，发展经济，发动人员大迁徙，从人口较多的地方迁移人口到人烟稀少的地方。他从山西洪洞迁徙人口到深州来，但谁都不愿意离乡背井到这来。朱棣就采取了一个愚民政策。在山西洪洞的时候，朱棣的官员说，"谁愿意到山西洪洞老槐树来，就奖给谁银子；谁带的人最多，可以授予秀才、进士、官员等学位和官位"。朱棣按照允诺给了聚集在大槐树下的人的钱和官位，但不允许他们留在山西，得带着人迁徙到河北一带。谁愿意迁呢？没人愿意迁，谁愿意抛家舍业，离乡背井呢？传说他就用军队把这些人归拢起来，凡是重劳力、男丁都捆起来，捆起来还是担心这些人逃跑，就用锤子把他们的脚的小指头砸裂了。上头捆着，下头砸了脚。这些被捆起来的壮汉就这样携妻带儿、扶老携幼地，一天走七里八里，慢慢往深州一带迁徙。现在村里有一个传统，看你是不是洪洞人，就看你的脚趾头，凡是小脚趾现在还分成两半的，就是山西洪洞人。现在还是这样。现在村里说一个词"解手"，即上厕所的意思。为什么把上厕所叫作"解手"呢？就是迁徙过程中，人们的手都被捆起来了，当人们需要方便的时候，就把手解开，单独

---

[1] 此段内容来自2018年初病故的张群福先生提供的复印材料，一段关于介绍清辉头公社的文字，但不知是哪一本书所引，特此说明。

在一边进行方便。[1]

从以上内容可知,相传清辉头村现居居民是明朝永乐年间从山西洪洞县迁徙移民的后裔。在传说中,他们是明朝永乐皇帝为了充盈华北腹地连年被消耗的人口,派遣官员采用威逼利诱等方式,从山西洪洞县捆绑着壮劳动力人口,扶老携幼、一步一步地从山西迁移至河北深州。即使是当下,清辉头人仍然保持着辨认小脚趾是否为两小瓣,来断定是否为山西洪洞县后人的习俗。《深县志》记载了这一次移民事件,"永乐五年,迁山西榆、汾等处民入籍深州、饶阳"[2]。山西洪洞县在永乐年间属于汾地。民国时期,清辉头的村民姓氏,如图1-1所示。

> 邱、张、李、刘、杨、芦、魏、牛、孟、种、宋、蔡、何、吴、王、耿、白、雷、孙、祖、郭、高、郑、程、曹、阎、黄、郗、常、崔、单、田、强、冯、田、赵、邹、肖、贺

图1-1　民国时期清辉头村的家户姓氏

从图1-1可以看出,民国时期清辉头村的家户姓氏有39个,说明清辉头村是一个多姓氏共同居住的村庄,而非一两个家族单姓氏村庄。

三、村庄世居村民与迁入

根据传说,清辉头村的村民都是明朝永乐年间迁入村庄居住,但迁入的村民有先后,迁入较早的家族成为村庄的世居土著,还有一些村民则是晚近迁入者。"该村之民,阎、郭、李三姓为土著,世居于此。李、孟、张三姓为大户,还有高、牛、杨、程等三十余姓。"[3]

由此可见,阎、郭、李三姓是清辉头村世居的土著居民,其他30余姓氏是在明清时期以及民国时期迁入清辉头村。郭氏家族是清辉头村世居的土著家族之一,其祖先是元末的丞相郭庸,官至元朝末期的中书参政,被明兵徐达部下所俘,后被杀害,葬于清辉头村,现清辉头村仍然有"元故丞相郭公允中之墓",郭氏后人每年都还祭拜郭丞相。李氏家族也是清辉头村世居的土著家族之一,其后世子弟李绍宗撰写李氏家族的坟墓材料中提及李氏家族迁入清辉头村的情况,他说:"据祖坟最南端的一块碑记

---

[1] 清辉头村李志勋老人的口述内容。
[2] 深州市地方志编纂委员会编:《深县志》,中国对外翻译出版公司1999年版,第9页。
[3] 《深县地名资料汇编》,1983年版。

载，李氏之祖自山西洪洞县搬来河北深州清辉头村，祖碑李公之跃的墓碑年号为明代万历三年所立，碑文已不清。"[1]

通过李绍宗的撰文可知，李氏家族在明朝万历三年以前就迁入清辉头村一代人以上，是世居清辉头村的土著家族。因为找不到合适的采访对象，阎氏家族具体情况不得而知。清辉头村的其他姓氏在明清至民国时期几百年的时间内陆续迁入，迁入的原因也多种多样。

第二节 村落的建制

村落建制是国家对村落治理建立行政区划。国家在所属的行政区划范围内进行编户齐民，便于纳入统治和治理范畴。历史上，清辉头村隶属深州，其建制在历史上也屡有变迁。基于清代以来史料，可逐渐明晰深州下辖清辉头村的建制过程。1949年以后，清辉头村的建制经过几次变迁后才趋于稳定。

一、历史上的深州市建制

清辉头村与深州只有8公里的距离，自古以来归深州统辖。深州历史上的国家建制几经变迁，春秋时期，深州属晋。战国初期，深州属魏，后来归赵国所有。西汉时期，深州隶属信都国，东汉时期隶属安平国，直到魏晋时期不变。隋朝始设深州，"以州西故深池为名"，大业二年州废，其土地分入博临、河间两郡。唐朝期间则先置深州，经历后废再置深州。从五代十国后撤销深州建制，元朝复置深州。明朝永乐十年，深州府迁至吴家庄，即今地。清朝时期，深州升为直隶州。民国二年，深州改为深县，抗日战争时期，将深县先后划分为保定道、真定道管辖。1952年，深州划归石家庄管辖，直到1962年划归衡水市至今。历史上的深州建制，如表1-1所示。

表1-1 历史上的深州建制情况表

历史朝代或时期	建制名称	建制隶属
春秋	—	晋
战国	—	先属魏，后属赵
秦	—	上谷、巨鹿两郡
西汉	先下博县、后桃县	信都国

---

[1] 清辉头村李绍宗撰一篇短文《李氏祖坟与家谱》手抄版，未出版。

续表

历史朝代或时期	建制名称	建制隶属
东汉	下博县	安平国
魏晋	下博县	安平国
北魏	下博县	长乐郡
隋朝	始设深州,后废	—
唐朝	复设深州,下辖五县	河北道
五代	下博县	静安军(军管)
宋	深州,下辖五县	河北西路
金	深州	河北东路
元	深州	先隶河间府,后隶真定路
明	深州	真定府
清	直隶州	正定府
民国	深县	隶属变动频繁
1952年—1961年	深县	石家庄市
1962年	深县	衡水市
1994年	深州市	衡水市

资料来源：深州市地方志编纂委员会编：《深县志》，中国对外翻译出版公司1999年版，第59—60页。

二、传统时期的村落建制

由于史料缺失，清辉头村在清代乾隆以前的村落建制无从考证。明朝洪武二年（1369年）设置27个社对村庄进行管辖。清代乾隆时期以前延续了明代的做法，为了派征徭役方便，将几个自然村庄设置为一个官村，因此深州500多个自然村，分为260个官村。为了建制管理，将260个官村按照"社"进行划分管理，一个社管理9—11个官村。清代初期，深州管理村落的社有27个，其中每9个社分别编制为上九社、中九社、下九社。清辉头属于中九社中的阳台社。

根据《深县志》记载，清代乾隆时期，深州共设524个村庄，分为四路进行管辖，其中东南路管辖239个村庄，西南路管辖143个村庄，西北路管辖75个村庄，东北路管辖67个村庄。清辉头村属于西北路管辖。民国二年（1913年），深州改称深县，延续着清代的建制。民国九年（1920年）设置12个镇，12个镇分别为唐奉、穆村、阳台、魏家桥、王家井、磨头、陈二庄、护驾池、榆科、辰时、北溪村、大冯营等，管辖260个官村，513个自然村，其中清辉头村隶属阳台镇。民国二十年（1931年）进行大乡制建制，清辉头村始设清辉头乡，换言之，清辉头人口较多，原来的一个村建制为一个乡，管辖面积不变。民国二十二年（1933年），全县7个区，辖305个乡，18个镇，2 746个闾，13 383个邻[1]。换言之，民国二十二年，清辉头乡下设闾、邻两级管理单位。民国二十七年（1938年），深县抗日民主政府将全县划分为5个区，其中清辉头村隶属第二区，区驻地在东魏家桥。民国二十八年（1939年），深县划分为13个区，清辉头村隶属第二区，区驻地在东魏家桥的情况不变。民国三十四年（1945年），全县划分为10区，深县隶属第七区，区驻地在东魏家桥。民国三十七年（1948年），全县划分为19个区，清辉头隶属第十一区，区驻地在东阳台。清辉头村1949年以前的建制，如表1-2所示。

表1-2 清辉头村1949年以前的建制

时　间	建制名称	建制隶属
明代	—	27个社之一
清代顺治至康熙时期	清辉头官村	阳台社
清代乾隆时期	清辉头村	西北路
民国二年（1913年）	清辉头村	西北路
民国九年（1920年）	清辉头村	阳台镇
民国二十年（1931年）	清辉头乡	县辖管
民国二十二年（1933年）	清辉头乡	二区，区驻地东魏家桥
民国二十七年（1938年）	清辉头乡	二区，区驻地东魏家桥
民国二十八年（1939年）	清辉头乡	二区，区驻地东魏家桥
民国三十四年（1945年）	清辉头乡	七区，区驻地东魏家桥
民国三十七年（1948年）	清辉头乡	第十一区，区驻地在东阳台

资料来源：深州市地方志编纂委员会编：《深县志》，中国对外翻译出版公司1999年版，第62—63页。

三、1949年后的村落建制

1949年10月，中华人民共和国深县人民政府将全县划分为10个区，清辉头乡（沿用民国时期的小乡制，一村一个乡）隶属二区，区驻地为穆村。1953年，深县划分为8个区，设置116个乡，清辉头乡仍然隶属二区。1956年，撤销区级建制，将116个小乡合并为35个大乡，下辖438个行政村。清辉头村是清辉头乡的乡政府驻地。1958年8月，撤销乡建制，建立8个人民公社，清辉头生产大队隶属第七人民公社，公社驻地东魏家桥村。1965年12月，全县共设35个人民公社，468个生产大队，清

---

[1] 深州市地方志编纂委员会编：《深县志》，中国对外翻译出版公司1999年版，第63页。

辉头为其中一个公社，下辖8个生产大队。1984年1月，撤销人民公社建制，恢复乡镇建制，清辉头公社建成清辉头乡，辖清辉头、西康庄、小康庄、西辛庄、小寺家庄、大寺家庄、柳庄、吴家庄等8个行政村。1996年，清辉头乡并入东安庄乡，清辉头建制为行政村，隶属东安庄乡。清辉头村1949年以后的村落建制如表1-3所示。

表1-3 清辉头村1949年以后的村落建制

时　间	建制名称	建制隶属
1949年10月	清辉头乡	二区
1953年	清辉头乡	二区
1956年	清辉头村	清辉头乡
1958年8月	清辉头生产大队	第七人民公社
1965年12月	清辉头人民公社	深县政府
1984年1月	清辉头村	清辉头乡
1996年至今	清辉头村	东安庄乡

资料来源：深州市地方志编纂委员会编：《深县志》，中国对外翻译出版公司1999年版，第66页。

第三节　村落的现状

当下的清辉头行政村坐落在河北省中南部，隶属深州市东安庄乡，距离县城9公里，距离东安庄乡12.5公里。清辉头村随着当下的经济产业发展和每年举办有闻名附近县市的"万亩桃花节"，兴建有规模宏伟的兴隆寺，成为当下深州市的"经济村庄"和人们在阳春三月欣赏万里桃花的著名景区。

一、清辉头村基本村情

清辉头村坐落于深州市与辛集市的接壤处，东临大、小寺家庄村，南抵牛家庄、曹家庄两个村庄，西靠小康村、石碑村，北接307国道和黄石高速公路。从降水量来说，清辉头村是半干旱气候，一年的降水量主要集中在春夏，几乎没有地表水，人们都使用地下水用于生产和生活。清辉头村地势平坦，没有任何山丘与高地。如果从上空俯瞰，人们的房屋以东西大街和南北大街作为横纵轴线，以横纵轴线的交叉点为中心原点，整齐划一地向东西方向和南北方向分布。作为横纵轴的东西大街和南北大街，宽度为10米左右，是当下清辉头村的交通要道。此外，清辉头村还有几条东西方向、南北方向的小街道，其宽度6—8米，任何一条房前屋后的小巷道能够通行三轮车。从家户的居住格局来说，清辉头村是完全集居的状态，家户之间相邻很近，最近距离为十几厘米,最远的距离则是相隔一条街道或者巷道。

2016 年,清辉头村有人口 4 843 人,家户 1 260 户,8 个生产队[1],总耕地面积为 6 517.94 亩,是一个人口数量和土地面积的大村庄。根据 2013 年 12 月 31 日统计的数据,清辉头村的基本情况如表 1-4 所示。

表 1-4 清辉头村 2013 年基本情况统计表

队　别	总面数	总户数	总人口
一生产队	766.60	137	504
二生产队	747.12	136	538
三生产队	687.72	123	543
四生产队	711.50	140	512
五(东)生产队	550.60	108	412
五(西)生产队	542.40	109	413
六生产队	674.80	144	547
七生产队	936.50	193	733
八生产队	900.70	170	641
总　计	6517.94	1260	4843

资料来源:清辉头村村委会 2013 年的村庄统计表。

表 1-4 显示清辉头村的耕地面积、家户数量、总人口数、生产队情况。清辉头村的家户的平均耕地 5.17 亩,人均耕地面积为 1.35 亩。清辉头村如果按照五生产队分为东西两个生产队,那么实际拥有 9 个生产队。清辉头村延续了传统历史时期的多姓氏村庄的特点,当下家户的姓氏如图 1-2 所示。

门、于、王、牛、仁、尹、支、白、包、代、付、户、田、史、石、艾、刘、马、乔、任、孙、邢、许、朱、陈、谷、何、李、吕、吴、杨、严、肖、沈、张、庞、冯、罗、孟、单、苏、尚、周、封、郝、贺、胡、柳、郗、屈、姚、赵、郑、种、祖、祝、高、郜、耿、侯、贾、梁、涅、秦、唐、袁、曹、崔、常、郭、黄、景、康、程、焦、彭、强、谢、董、靳、蒋、雷、路、裴、翟、能、蔡、潘、薛、魏、瞿、欧阳

图 1-2 清辉头村当下的家户姓氏

---

[1] 实际上是土地承包到户的村民小组。清辉头村沿用集体化时期的生产队称呼用来指称"村民小组"。

从图1-2所示，当下的清辉头有92个姓氏，是一个多姓氏的村庄，而且是民国时期的39个姓氏的两倍有余。换言之，清辉头村自民国时期至今，家户流动较为频繁，且流入的家户较多。

二、清辉头村发展实况

当下清辉头村根据产业化的经济发展方式，以水果种植业为主，多种产业发展并存，从二十世纪九十年代就成为周边村庄出了名的经济发展"龙头村"。水果产业是清辉头村当下主要产业，也成为深县具有特色的村庄经济。

> 改革开放春风暖，政策归心宏图展。农村实行生产责任制，智慧的农民利用沙壤土地栽种果树。在保留深州蜜桃的同时，引进和选育深州仙桃，包括春蜜、雨花露、早生、秋红、二十一世纪红、保护地大棚桃、胭脂蜜，做到四季有鲜果、月月有贡品。清辉头果区地理位置优越，果农管理科学，栽种出来的水果硕大鲜艳，香甜可口。栽种的蜜桃多次在深州蜜桃节获奖，其中1995年选送的"秋红"获得金奖，"二十一世纪红"获得银奖。清辉头水果区被河北省政府评为无公害优质水果生产基地。[1]

水果种植成为清辉头村家户的主要收入来源之一，亩产一年的经济收入从6 000元人民币至1万元不等，有10多亩地的家庭在价格较好的情况下年收入20万，多数家庭在2011—2015年间的每年果树收入在4万至8万元之间。清辉头的水果种植以桃树、苹果、梨子为主要品种，其中夏季出产鲜桃、梨子，秋季出产苹果。此外，清辉头村的家禽养殖业也十分发达，建立了系列配套产业链，为家户进行创业、就业提供了良好的产业环境，带动人们发家致富。

> 清辉头是星火畜禽事业有限公司起源地，带动了农村猪牛羊鸡的产业发展，为养殖户提供产前产后服务，提供管理技术，防疫灭病等。清辉头的畜禽养殖业配套饲料厂、纸箱厂、畜禽兽药服务厂、生物有机肥厂，实现了种植促养殖，养殖带加工等产业链的良性循环。清辉头设有多家蛋禽收购站，从事养殖业的收购和运输。清辉头果品、蛋禽市场是华北农村最大果品、鸡蛋集散地。全村拥有栽种的重型汽车30余辆。鲜果、禽蛋销往北京、上海、

---

[1] 来自拟编撰《清辉头村志》的草稿材料（手写版）。

广州、大连、佳木斯等大中小城市,甚至还销往俄罗斯、新加坡等国外市场。[1]

养殖业是清辉头村的主要产业之一。最大的养殖业公司,即星火畜禽事业有限公司,年产值为十几亿元以上,能够带动起其他产业链发展。2016 年,清辉头村党支部书记孟亚玺、冯谦妹等人是村庄中的致富能手,从事养殖业及其收购、加工等产业经营。

总之,清辉头村作为地处华北平原腹地的村庄,拥有 1 000 多户家户,人口数近 5 000 人,耕地总面积为 6 500 多亩,历史上长期以来家户居住格局是集居模式,当下经济发展状况良好。笔者在以下的章节中探索清辉头村现状背后的历史根基,分别从自然环境、经济、社会、文化、治理方面予以考察。

---

[1] 来自拟编撰《清辉头村志》的草稿材料(手写版)。

第二章 村落自然形态与实态

平原地形与干旱缺水是清辉头村作为河北平原村庄的自然底色，勤劳与智慧的清辉村人世世代代在这片土地上从事生产生活，并且形成了独具地域特色的生产方式和生活方式。本章将介绍河北平原腹部清辉头村的自然环境形态、平原水井社会、平原旱作体系、村落集居空间与当下村落自然实态。

第一节 自然环境形态

自然形态是1949年以前的传统历史时期清辉头村的人们从事生产生活、从事交换活动、文化活动、治理活动的自然基础条件。自然形态有地理环境、气候环境、土壤环境、自然禀赋等要素构成，直接影响清辉头村人们的生产生活环境以及产生的社会关系。

一、地理环境

清辉头村属于我国黄河以北的华北村庄，地处河北平原腹地，地势平坦，一望无垠，无任何山丘，整体地势是西高东低，由西南至东北微微倾斜。根据《深县志》记载："黄河古称为河水。西周时期，由西南入深县境，分为两股：一股向北，一股向东北。春秋时期，仅存东北一股。"[1]

根据曾经担任过深县县委书记的清辉头人杨占恒老人的考察，古黄河曾经从清辉

---

[1] 深州市地方志编纂委员会编：《深县志》，中国对外翻译出版公司1999年版，第95页。

头边上流过，古黄河的冲积沙导致清辉头的北边土地多为沙土。清辉头村的老人杨栋才指出，清辉头的北部，也即当下村委会办公楼的附近为滹沱河的故道，老人孩提时期还能看见河道旧址。清辉头村曾经因为滹沱河而修建有码头。《深县志》记载：

> 滹沱河发源于山西省五台山东北泰戏山，穿过太行山，向东流入河北平原。上流流经黄土高原，携带大量泥沙，下游淤浅，常溃决成灾……隋朝时期始由西流入深州腹部，于今西蒲疃村附近流向东北。明代正统四年（1439年），滹沱河、漳河并溢，淹深州田百余里。清朝乾隆十九年（1754年），滹沱河水溢，深州数十村受到严重威胁。[1]
>
> 清辉头村地处河北平原中部，地处古滹沱河古冲积扇的前沿，滹沱河与滏阳河沉积的交错地带，地势西高东低，滹沱河层曾南北滚动经过此地。村落分布着东西方向的故河道，有的地方残留河堤缓岗，亦有些残留沙丘、岗、坡、低洼地貌。[2]

滹沱河在历史上几易河道，清辉头村滹沱河故道的土壤几乎都是滹沱河冲积而成的沉积土。清辉头村的地理特征对村民的生产生活、市场交易等活动的关系主要体现如下：其一，清辉头地势平坦，没有高山，特别利于村民在传统历史时期发展牲畜拉车，诸如牛拉车、马拉车、骡子拉车、驴拉车，便于运输各种货物。其二，根据老人介绍，滹沱河流经清辉头的时候，清辉头建设有码头，便于人们用于水运运输货物。其三，无论是黄河古道，还是滹沱河故道，其共同特征是将原来土壤层冲击而走，在河道淤浅过程中，将上流的沙土在河道附近沉积，形成了清辉头村北部沙质土壤。沙质土壤的主要特征是没有涵水层不易于涵水，雨水下渗后不适合栽种庄稼，适合栽种树木。其四，平坦的地势便于人们耕种土地和架设房屋，进行农业生产。

二、气候环境

清辉头村处于暖温半湿润区，四季分明，夏冬时间长，春秋时间短，冷暖显著，干湿鲜明，光照充足，是典型的大陆性季风气候。

（一）气候概况及作物生长

气候由日照时间、降水、温度、四季变化等要素构成，它们均对清辉头人从事生产生活活动产生重大影响。

---

[1] 深州市地方志编纂委员会编：《深县志》，中国对外翻译出版公司1999年版，第95页。
[2] 来自拟编撰《清辉头村志》的草稿材料（手写版）。

1. 日照时间

根据《深县志》记载,清辉头"年平均日照为2 600.6小时,年平均日照百分比为59%。5月份日照时数最多,为276.9小时;11月份日照时数最少,为175.4小时。日照百分率最高的是5月的64%,最低的是7月的50%……适宜农作物生长发育"[1]。日照时间如表2-1所示。

表2-1 清辉头日照时间表　　　　　　　　　　　　　　　　　（单位:小时）

年总量	春	夏	秋	冬
2 600.6	729.7	709.1	620.3	541.5

资料来源:深州市地方志编纂委员会编:《深县志》,中国对外翻译出版公司1999年版,第88页。

2. 降水情况

清辉头村的年平均降水量为500毫米左右,春夏秋冬的降水分配并不均匀,其中夏季的降水量最多,占一年降水量的七成左右。冬季的降水量占比为2%左右,为一年中降水量最少的一个季节。春秋两季的降水量分别占一年中的一成左右,其中春季的降水量略高于秋季。年降水量最多的月份为5月至9月,其中7月的降水量最多。每年5月至9月也是农作物的生长期。

3. 温度情况

清辉头村的年平均气温为13℃左右,年最低温度时间段为11月至2月份,年最高气温时间段为5月至7月。清辉头的温度从每年3月以后高于0℃,从4月以后高于10℃,从5月以后高于20℃。因此,从农作物耕种来说,每年的5月份以后才适合棒子、谷子、高粱等作物的耕种。清辉头村各界限的温度开始日和终结日如表2-2所示。

表2-2 清辉头村各气温段（每5℃）初日和终日情况　　　　　　（单位:日/月）

项目＼温度	≥0℃	≥5℃	≥10℃	≥15℃	≥20℃
初日	1/3	17/3	5/4	27/4	20/5
终日	30/11	14/11	26/10	5/10	11/9
间隔日数	274	241	204	161	114

资料来源:深州市地方志编纂委员会编:《深县志》,中国对外翻译出版公司1999年版,第89页。

4. 四季情况

清辉头村的四季气候变化明显,温差较大,干湿感受明显,气候的变化呈现一定的规律性,如表2-3所示。

---

[1] 深州市地方志编纂委员会编:《深县志》,中国对外翻译出版公司1999年版,第88页。

表 2-3 清辉头村四季日期情况表

气候要素	春	夏	秋	冬
起止日期	4月3日—5月26日	5月27日—9月9日	9月10日—11月1日	11月2日—4月2日
天数	54天	106天	53天	153天
节气	清明—立夏	小满—白露	秋分—霜降	立冬—春分
平均温度	13.7℃	25.9℃	13℃	—2.5℃

资料来源：来自拟编撰《清辉头村志》的草稿材料（手写版）。

表 2-3 体现了清辉头村一年四季的基本情况。《深县志》描述说"当日平均气温达到 10℃，即进入春季。一般年份春旱，最小降水量仅为 8 毫米左右，不能满足小麦生长和春播所需的水分"[1]。1949 年以前，清辉头村由于没有地下水灌溉设施，不具备春播的条件。耕种基本是立夏以后才能够进行。夏季时间较长，为一年农作物耕种和生长的时间。秋季则为收割和冬小麦栽种的时间。冬季漫长，为人们生活冬藏的时候。

5. 气候与作物关系

气候与作物耕种存在极大的关系，因为作物的生长不但需要充足的日照、雨水、温度，还需要相适应的其他气候条件。清辉头村民在忙成的历史过程中，总结出了作物的生长规律，作物耕种讲究农时，而不是凭借个人的喜好违反气候规律进行耕种。而且每种作物对气候的要求均有不同，例如冬小麦是入了秋才进行播种，能够承受华北严寒的冬天天气，而棉花、春花生、谷子、棒子、高粱等作物，必须要到立夏之后才能够耕种。换言之，这些作物必须在一年中气温最高、雨水最多、日照最足的时间段才能够进行耕种。清辉头村主要农作物生长周期如表 2-4 所示。

表 2-4 清辉头村主要农作生长周期

冬小麦	发育期	播种	出苗	分蘖	返青	拔节	抽穗	开花	乳熟	成熟
	平均日期	10.8	10.17	11.1	3.2	4.19	5.6	5.10	5.23	6.8
棉花	发育期	播种	出苗	三叶	五叶	现蕾	开花	裂铃	摘花	
	平均日期	5.2	5.9	5.31	6.6	6.17	7.22	9.5	10.22	
春花生	发育期	播种	出苗	三叶	分支	开花	下针	结荚	成熟	
	平均日期	5.20	5.29	3.6	6.16	7.1	7.19	8.4	9.29	

资料来源：深州市地方志编纂委员会编：《深县志》，中国对外翻译出版公司 1999 年版，第 93 页。

（二）气候灾害与作物耕种

传统历史时期，清辉头村遭受的气候灾害主要是洪涝与干旱。气候灾害如果是洪

---

[1] 深州市地方志编纂委员会编：《深县志》，中国对外翻译出版公司 1999 年版，第 87 页。

涝，水退了以后侥幸的情况下还有部分收益，但是严重干旱所造成的影响往往是颗粒无收。清辉头上历史发生的气候灾害如表2-5所示。

表2-5　清辉头历史上遭受的气候灾害

时　间	气候灾害	灾害后果
明永乐四年（1406年）	大旱	民乏食
明正统四年（1439年）	洪涝	淹没农田
明弘治八年（1495年）	大旱	民多饥死
明嘉靖八年（1529年）	大旱	民大饥，父食子，夫食妻
明万历四十二年（1614年）	洪涝	麦子绝收
明崇祯十四年（1641年）	大旱	人相食，死人达80%以上
清康熙二十五年（1686年）	大旱	民乏食
清乾隆三十九年（1774年）	秋旱	饥
清光绪年间	洪涝	共十七年洪涝
民国六年（1917年）	洪涝	水深七八尺，死人很多
民国三十二年（1943年）	大旱	饿死人

资料来源：深州市地方志编纂委员会编：《深县志》，中国对外翻译出版公司1999年版，第1—28页。

表2-5显示，洪涝与干旱的气候灾害产生的社会后果十分严重，使得农民根本无法种植庄稼，即使种庄稼也颗粒无收，饿殍遍野，人与人相食，严重的年份如明崇祯十四年（1641年），死者达人口总数的八成以上，民生多艰。

三、土壤特征

土壤是清辉头村民从事农业和建造房屋的基础。土壤的类型和特征直接影响着农作物类型以及收获情况。土壤类型可以根据土壤的形成来分类，也可以根据土壤的使用来分类。

（一）按照土壤形成分类

按照土壤的形成，可以将土壤分为风化土与冲积土。风化土是岩石、土壤经过自然风化过程形成。冲积土是经过河流携带的沙石冲积而成。

1. 风化土壤及特征

风化土是自然形成的土壤，其主要特征是土壤地下五六厘米以下有一层红壤或者黄壤，该层土壤具有保水功能。降水渗透到了这一层以后，下渗的速度变得十分缓慢，能够保持土壤土层的水分便于农作物的吸收，因而是种植庄稼的理想土壤。清辉头也有部分风化土，主要分布在南边和西边。

2. 冲积土壤及特征

冲积土是河流冲积而成的土壤，其主要特征是保水层在地表一米以下，地表土层不涵水，不适合种植小麦、谷子、高粱等庄稼，因为它们的根系不长，无法到一米以下的保水层吸收水分，但可以种植柏树、杨树等，树木根系长，可以深入地下几米吸收水分。

曾经担任过深县县委书记的杨占恒老人介绍说："原来黄河古道从河南小浪底、开封往北来，经过深州，到山海关入海。我们清辉头往西是氧化土壤，清辉头是冲积土壤。按照地质现状，黄河从清辉头流过，清辉头西边是自然土壤，不是冲积土壤，而清辉头北边是冲积土壤。束鹿这一代都是自然土壤，束鹿一条线，深县一大片，束鹿的土地没有深县多。但束鹿这条线是风化土，是自然土壤，深县这边是冲积土。为什么说这个，因为风化土打井不需要砖就能打下去，打出水了在边上贴上砖。在清辉头这边打井就成不了，得使用砖。以这个为标准，就是风化土与冲积土的区别。"

从杨占恒老人的介绍中，风化土是大地原本就有的自然土壤。冲积土则不同，冲积土是河流携带泥沙淤积而成，所携带的泥沙将原来风化土覆盖在底下，冲积土淤积在其上，距离底下风化土有一至二米的距离。清辉头村的冲积土壤主要集中在北部和东北部。

（二）按照土壤使用分类

李志勋老人长期在清辉头村担任村干部，也是种地的"老把式"，对清辉头的土地如数家珍，根据他介绍，土地土壤按照农民耕种使用可以分为沙土坡、老碱窝、蒙金地、窑坑地、老门地等。

1. 沙土坡及特征

清辉头沙土坡，也即上面论述的"冲积土壤"。李志勋老人说："沙土坡在大村北一片，留不住水"，因而不适合种植庄稼。因此，清辉头北部的沙土坡在传统历史时期有三个用途：其一，用于栽种树木，树木根系可以从一至二米以下的保水层吸水存活；其二，栽种花生，根据村民介绍，沙土坡适合种花生，不适合栽种小麦、棒子（玉米）、谷子（小米）、高粱；其三，用于修建坟墓。

2. 老碱窝及特征

老碱窝，又名芦苇地，顾名思义是洼地，土地碱性较重，长不出庄稼，只能长出芦苇，是一片芦苇地。"老碱窝的特点是下雨不渗水，在村里遍地都有，比平地略洼的地方；早先还有一片地叫芦苇地，这个地不长粮食，碱性严重。芦苇地，不管是雨天还是干天，不管施什么粪便，它只长草，不长粮食。地底下的草根盘根错节，根本弄不了。"[1]

从上述可知，老碱窝土壤的特征是地势低，不渗雨水，因而长期是一片湿地，不长

---

[1] 李志勋老人的口述内容。

粮食。老碱窝在传统时期的清辉头基本是废弃不使用，成为一片芦苇地。

3. 蒙金地及特征

蒙金地土壤是清辉头村最适合耕种庄稼的好地，因而广受村民的喜爱。蒙金地30厘米下面是一层保水层红壤。红壤其色状如"黄金"，上面覆盖一层土，将"黄金"蒙在地底，因而被形象地称为"蒙金地"。"早先的好地分布在东南方一带，叫蒙金地，为什么叫蒙金地呢？因为这个地在30厘米以上是沙壤地，30厘米以下是红土，这个红土能够隔水，下雨的时候，雨水就不往下渗透，能够保水保肥，有利于棒子、谷子的生长。蒙金地就好在这，因为上面是沙壤，下面是红土，适合种庄稼。如果下面不是红土，就留不住雨水。"[1]

根据以上所述，蒙金地土壤的最大特征是保水保肥，有利于棒子、谷子、小麦等作物的生长，被称为清辉头村最受欢迎的土地类型。因而蒙金地几乎都是种植庄稼的土地。蒙金地主要分布在清辉头村西南方向一带。

4. 窑坑地

窑坑地，根据李志勋老人的介绍也是"好地"。窑坑地实际上也是蒙金地，不同在于窑坑地是村民取土用于"扣坯"或"制砖"后复耕的土地。"窑坑地是老百姓用来扣坯的地，老百姓把地面30厘米的土取了之后，就用下面的土壤来扣坯，这个地也保水保肥，是取土之后又复耕的土地。这个地在西南方向。"[2]

根据上述所言，窑坑地是改造过的土地，也具有保肥保水的功能，利于作物的生长。

5. 老门地

老门地是以家户姓氏命名，据传这块土地原来属于姓"门"的一家人，但后来这家人搬走了，村民仍然以"老门地"来命名此块土地。这一块地也是蒙金地，坐落在东北方。现在村里没有姓门的了，但是原来村里有一户姓门的地，他们家地的特点上面是沙壤地，下面是红壤地，这种地便于耕种和锄苗。如果是纯红土地，红土地的特点是湿了泥条，干了硬，不湿不干弄不动。

老门地实际上是冲积土覆盖了沙化土以后的结果，但冲积土较薄，大约有二三十厘米，下面是红壤地，仍然具有保水保肥的作用，利于作物的生长。

四、资源禀赋

清辉头村的土地位于河北平原腹地，土地经过了几千年的开发利用，已经成为

---

[1] 李志勋老人的口述内容。
[2] 李志勋老人的口述内容。

"熟地",主要是生产庄稼粮食。河北平原因为缺乏河流灌溉和地表水灌溉,只能生产旱作物,包括小麦、棒子、高粱、谷子、花生、棉花、地瓜、大豆。此外,沙地上还盛产柏树、杨树、果树等木头,用于构建房屋、制作家具等。清辉头村还不具备完全使用木头构建的房屋,多数房屋是土木结合,少数房屋是砖木结合。因此需要取土建造房屋,人们还从蒙金地中取土扣坯或者烧砖用于建造房屋,取土的窑坑地用于积水,当地人称之为"囿",其积水用于洗衣和饮牲口。

第二节 平原水井社会

黄河以北河北平原腹地的清辉头村,由于地理纬度较高,降水量较少,干旱成为这个村庄的自然底色。但勤劳智慧的清辉头村人为了应对干旱的自然环境,掘土凿井,获得了生活所需的水源,并且在凿井、护井、用井过程中形成了各种社会关系,构成了独具地域特色的北方村落水井社会。

一、干旱自然底色

传统社会时期,干旱是清辉头村的自然底色。清辉头村的干旱自然底色主要体现在"靠天吃饭"、频繁大旱、严重缺水三个方面。

(一)"靠天吃饭"

我国长江以南地区能够从事稻作体系的农村年平均降水量达到1500毫米左右,清辉头村年平均降水量只有500毫米左右,只是长江以南很多地区降水量的三分之一。民国时期,清辉头村已经没有任何河流,清代中期以前存在滹沱河,不但河道经常变动,在清辉头村的河道历史也不长,且携带大量泥沙,不能够灌溉耕地和用于生活。滹沱河仍然未能改变清辉头村干旱的自然底色,至今村民长期从事旱作,不能从事需要水量众多的稻作,而且还"靠天吃饭"。"我们原来种谷子(小米)比较多,我们这里是旱地,没有水可以浇,靠天吃饭。原来种的是谷子、高粱、豆、小麦。"[1] "地里种都是普通营生[2],靠天吃饭,又没有井,俺爹要等到下雨后,地里湿润了才能耩地,因为地里干就不长营生。"[3] "原来人们靠老天爷吃饭,遇到风调雨顺就多收入一些,遇到旱涝就少收入一些。"[4]

"靠天吃饭"成为村庄老人叙述传统历史时期农业耕种频繁出现的话语。因此,春

---

[1] 何小忙老人的介绍内容。
[2] "营生"是清辉头村的地方话语,代表各种物质,如庄稼等。
[3] 何运章老人的介绍内容。
[4] 李志勋老人的口述内容。

天降水不稳定且相对较少,村民都不敢从事旱作。芒种前后,只有大雨将土地浇灌透彻以后,村民才从事春耕。在传统历史时期,有些年份雨水来得晚,村民也须等到雨水来了以后才能从事旱作。以清朝康熙年间为例,有些年份雨水来得迟,村民仍然有秋收,但是来得过晚则歉收,甚至绝收。

> 康熙二十六年(1687年),五月尽始雨,仍丰收……康熙三十年(1691年),旱,七月始雨,民乏食……康熙三十八年(1699年),六月尽始雨,仍丰收……康熙四十二年(1703年),春夏大旱,人多流亡,至六月始雨,田禾尽收,人获安业……康熙六十年(1721年),春旱,至五月始雨,随又旱,闰六月雨方足,禾大熟。[1]

《深县志》记录的以上气候大事件说明了清辉头村作为河北平原"靠天吃饭"的情形,由于人们在传统历史时期还没有掌握地下水灌溉或干渠灌溉方法,完全依赖雨水才能种植庄稼,才能有庄稼收获。雨水来得过晚,则歉收或绝收。

(二)频繁大旱

清辉头村的人们"靠天吃饭",苍天却不能时常体恤民生艰难,有些时段频繁大旱,导致民间乏食,生存艰难。以清朝乾隆年间(1743—1794年)为例,如表2-6所示。

表2-6 清辉头清朝乾隆年间旱灾情况

时　　间	气候灾害
清乾隆八年(1743年)	夏旱
清乾隆十年(1745年)	夏旱
清乾隆十九年(1754年)	夏旱
清乾隆三十九年(1774年)	秋旱
清乾隆五十七年(1792年)	秋旱
清乾隆五十九年(1794年)	夏旱

资料来源:深州市地方志编纂委员会编:《深县志》,中国对外翻译出版公司1999年版,第15—16页。

清乾隆八年至乾隆五十九年,共51年的时间中,共发生了6次大旱,发生的频率大约10年一次大旱。大旱造成的结果是歉收或绝收。

---

[1] 深州市地方志编纂委员会编:《深县志》,中国对外翻译出版公司1999年版,第13—14页。

（三）较为缺水

传统历史时期，清辉头的干旱自然底色还表现为较为缺水，主要表现为三个方面：其一，没有水灌溉庄稼。清辉头村因为缺水，人们在长期的农业生产过程中，甚至都没有灌溉土地的意识。何小忙老人介绍说，"以前靠天吃饭，天上下雨，人们也不知道要浇水。后来人们为了种植山药，就是用水桶提水后用马车拉着去浇地。从那时候开始，人们才开始学会浇地"[1]。人们学会浇地是民国时期的事情，人们为了山药的产量，从水井中用牲口车拉运水进行浇地。其二，一户家户根据人口的多少，一天的生活用水 60—240 升水不等。生活用水的来源从水井中取得，主要用于日常洗漱、烹煮伙食、牲口喂养。一家 5—7 人的家户一天的用水为 100 升左右，完全是依靠肩挑背扛的方式从水井取水使用。其三，清辉头村没有可饮用和灌溉的清洁地表水，即使是地下水，离地表也较深，打井较为困难。

二、村落水井社会

"水井社会"是泛指传统历史时期北方农村社会，人们汲水都来源于水井，围绕水井的使用、淘井、管理等事务，构成了一定的社会关系。清辉头村的水井通常为深水井，为人们提供了生产生活的用水所需。

（一）村落水井概况

清辉头村的水井分为公井和私井。清辉头的公井，根据调查有两口，一口是村庄最大的洋井，一口是北头的北井。私井为家族的水井，多为苦水井。

1. 洋井

洋井是清辉头村最大的甜水井，为全村共同所有，洋井是人们合作，往下打出来的，打得很深，可供全村家家户户用水。洋井分为母井和子井两个，母井从地下水汲水满后溢出子井，清辉头人就用子井汲水。子井的井口很大，可以容纳五六只水桶同时汲水。

> 洋井属于官井，即产权归全村人共有。洋井修建于民国时期，以前没有这个井。这个井来源于官司诉讼的赔偿。在 1912 年左右，清辉头村里有一个张家大户，以前的政策是盐铁官营，张家大户有一个盐店，贩卖官盐，但他也卖私盐。咱们村里有一个姓孟的，孟喜酒，在天津学法律的，回家后看到张家卖私盐，就告官了，得这款来打井，打了 30 丈，100 米。[2]

---

[1] 何小忙老人的口述内容。
[2] 杨占恒老人的口述内容。

根据以上所述，清辉头村最大的水井，即全村使用的洋井，来源于张姓大户输了官司后赔偿钱款修建而成，修建的时间是1912年左右。洋井位于清辉头的中心，村民大都来这里汲水，人数很多，担水需要排队。

2. 北井

北井位于清辉头村的北头，也是一口官井，因为地理位置偏北，村里只有北头的人们才会来这里汲水，其他头的人们很少来这里汲水。北井是一口公共水井，产权归北头人们所有，其他头的人们也可以用水，但鉴于距离远一般不去北井担水。何运章老人介绍了北井产权的由来：

> 我听老人们讲，原来这块地属于我家这个院子的，建这个井之前，有一户人家生活挺幸福，日子过得挺好，喂养有骡子，但这北头没有水井，需要到西头饮牲口。人家西头的人不愿意，不让北头的人去，拿着棍子绑骡子腿。从那以后，这户人家就琢磨着自己打一口井，家里经济条件也不错，就请人挖了这口井。这口井还不赖，井水是甜的，不苦。但后来发生了一件事，有一个人死在井里面了，也没有凶手。那时，死一个人很严重，得见官，死在谁的地里谁负责。这口井死了人，主家得负责，一切的摊派由这块地主家出。老人们说，死了这个人以后，主家就拿这块地出来赔偿，此后这口井就是官井了，大伙就在这口井担水了。从我记事开始，这口井就是官井了，不再说是谁的了，大家都可以担水。这口井的水质好，北头和西头半个村的村民都来这里吃水了。原来地里想种植点山药，但没有水浇地，无论多远，人们还来这口井提水浇山药。[1]

根据以上所述，北井原来是一口私井。何姓家户的人家到西头的水井饮牲口，被刁难之后自己修建了一口水井，但后来因为有人跌落井中致死，使得何姓家户吃了官司，被迫将私井转让成为官井供大家使用。除了北井，村庄的西头、南头、东头各有水井，但有些水井为私井，具体使用情况不详。

3. 苦水井

清辉头的水井水质分为两种，一种是甜水井，一种是苦水井。前面所述的洋井和北井都是甜水井。苦水井实际上又分为两种，一种是囤里苦水井，另一种是坑井。村里有很多井，但大多是苦水井，南头有一个苦水井，用来饮耕牛；大囤有一个井，也

---

[1] 何运章老人的口述内容。

是用来饮耕牛。

"一般的苦水井，是人们挖圃，或者大水坑，挖出来的苦水井。这样的苦水井的产权一般也不哪家的，而是家族的。"[1] 根据李建文所述，苦水井的产权不属于家户，而是家族共有。清辉头村的苦水井一般在圃中。

"从地理位置分布来说，东头有一个孟家圃，姓孟人家的；南头的是李家圃，姓李人家的；西南角还要一个曹家圃。这个圃是怎么形成呢？就是用来取土搞建筑，使土的时候，搞房舍的时候，没有砖，土得是黏土，搞得土坯也是黏土，取久了就成为一个大坑了，里面就有水，冬天可以吃。一个宗族也不只有一个坑，这个坑也能起到减轻洪涝灾害的作用，下雨大，呼啦啦都到坑里去了。老百姓看到这还有水，就取了出来，就可以取水来洗衣服、饮牲畜。"[2] 按杨占恒老人所述，苦水井来源于村民从土地中挖土制坯或砖头，日长月久就逐渐成为占地面积较大的土坑，清辉头的人们将这样的土坑称为"圃"。由于圃离浅地下水层较近，村民就继续往下挖井，清辉头村的地下潜水层多为苦水层，因而形成苦水井。

另一种水井为"坑井"，也是苦水井，一般为家户私人挖的井。"坑井也是饮耕牛的井，是私人挖的坑，挖一个坑，丈二八尺的，挖出水来饮耕牛，井的四周垒上砖，坑井垒砖两米多深。"[3]

坑井的形成与圃井的原理相似，只是前者是专门挖的井，而后者是取土日久后挖的井。坑井的产权归挖井的家户所有，家户所挖的坑井必须在自己拥有产权的土地上，不能在他人土地上挖坑井。

(二) 水井使用关系

村落水井社会关系主要体现在水井的使用关系中，水井使用关系包括水井产权关系、看护关系、淘井关系等。

1. 水井产权关系

水井的产权决定了水井的使用人群。清辉头的水井分为官井、家族私井、家户私井等三种类型。官井即为村庄公共产权的水井，均来源于官司后的赔偿。洋井是一口100米左右的深井，分为子母井，产权归全村共有，村落的任何人均可至洋井汲水，但不允许村外的人进行汲水。北井也是一口官井，来源于官司赔偿，将私井变为官井，产权归村庄所有，供所有人进行使用。家族私井是家族共同购置的土地长期取土后变成了圃，从圃往下打井变成的苦水井，其产权归家族共同所有，一般位于家族聚居区，

---

[1] 李建文老人的口述内容。
[2] 杨占恒老人的口述内容。
[3] 李建文老人的口述内容。

没有经过允许，不许外人进行使用。家户私井一般为坑井，其在自己的土地上开挖的水井，多为苦水井，产权归家户所有，不经允许，其他家户不能使用。

2. 水井看护关系

清辉头村的官井，其上都建有井房，是为了防止灰尘、石头、下雨等弄污了水井的井水。以清辉头村最大的水井洋井为例，洋井分为子母井，母井从 100 米左右的地下往上渗水，人们从子井汲取多少井水，母井则给子井灌进多少井水，保持水位平衡。清辉头的人们不但在母井上面盖了一幢井房，而且用巨石将母井井口封住，必须有几个人才能将巨石搬动，最后还在井房上锁，确保无人破坏母井。子井上面也建有一幢井房，井房房顶盖瓦，但下面只有房柱，没有围墙，便于人们取水。子井平时无人看守，但汲水的人络绎不绝，相互监督，并制止在周围玩耍的小孩子投石进入子井，凡是发现有人往水井投掷石头或者其他杂物者，由乡公所罚款 500 文钱。

3. 水井淘洗关系

清辉头每年都需要淘井，淘井由受益者进行参与。淘井过程主要分为三个部分：其一是出钱，其二是出人，其三，如果不愿意出钱出人者，将受到处罚。淘井的第一步是敛钱，即各家各户都需要捐钱请人淘井。

> 淘井的钱不归村里管，谁吃这个水，谁就交这个钱。不是村里，而是管事的人动员大家敛钱淘井。爱管事的好人们去敛钱，他们不是村里当官的人，是庄稼人。这人一般在这一湾有威信，说话人们都听。敛钱的人，不一定是巷口管红白事这俩人。爱管闲事的人，其实也是做好事，乡亲们都同意他的做法，比如敛钱淘井，谁不吃水呢？大家就商量着挖井，请人挖井，大伙摊钱，摊钱没有规矩，就是随便多少。有一个村叫孟丘，离这里有六里地，有一伙人专门淘井。淘井给他们多少钱，我不知道，但是得管饭管酒。[1]

根据何运章老人的以上所述，淘井的第一阶段由村里"爱管事的好人们"挨家挨户进行敛钱，敛钱没有具体的派款要求，各家户交钱多少各凭心意，敛到的钱用来请人淘井。民国时期，清辉头村的人不会淘井，须请相距六里地孟丘村的专业淘井人进行淘井。

淘井的第二环节是各家户出人进行拉井绳。淘井是一份体力活，雇请的孟丘人只能在井底作业，需要人们在陆地上拉井绳，将水井清理出来的淤泥用滑轮拉上来，并

---

[1] 何运章老人的口述内容。

运到规定的地方进行倾倒。拉井绳需要水井的受益户，每户都必须出人出力。"吃水的人们都有义务，拿着滑车用三根腿架起来，用滑轮一斗一斗地把淤泥拉起来。"[1] "原来村里的洋井是全村的，人们淘井靠拉滑车，齐喊着'拉起来吧，拉起来，回来吧'。谁吃这个井的水，谁就要去淘井拉滑车。"[2]

固定水井的吃水家户，淘井的时候需要出人出力进行淘井，主要是拉井绳。实际上，拉井绳并不需要太多人，但每个家户出人表示意在参与的"出人头"。即使在一边看着，家户也必须出"人头"。如果家户敛钱的时候既不愿意捐款，也不愿意出"人头"者，将受到村民的惩罚。"淘井由片长敛钱，或者由管闲事的人敛钱。怎么是管闲事的人呢？就是有威信的人，说了算，大家有什么事都爱找他。没有威信的人，敛钱，别人不拿。能够压得住别人的人，我们称为'棍'，东头的刘永霖就是这样。没有交淘井钱的人，'棍'看见他去担水，直接说没有交钱，把水倒了。别人不敢干这种事，只有'棍'才敢干这种事。下次敛钱，还这么干，就是给他一个眼，让他看看。"[3]

4. 水井用水关系

清辉头人兴建水井、维护水井的主要目的在于汲水。清辉头村的大多数人到洋井进行汲水，洋井中的子井是人们汲水的水井，其井口非常宽大，可满足六个人同时进行汲水。洋井没有为人们提供井绳，因此每家每户需要自己准备井绳，按照六个方向进行排队汲水，汲水按照每个队的先来后到顺序进行，不允许插队。家户如果提一只桶则提水，如果准备两只桶则担水。人们在汲水过程中，也会相互交流，聊一些家长里短的话题，有些则交换生产的经验。

三、干旱与储备水

清辉头村干旱的自然底色使得水源十分珍贵，村民们不仅去水井汲水用于生活，而且想尽办法储备水源以备不时之需。

（一）储备雨水

传统历史时期，人们取水较为困难，即使清辉头村最大的水井即洋井，是民国时期才兴建，意味着明清时期的水井更少，人们十分珍惜水源。雨水成为人们可利用的水源之一，不但可以浇灌种庄稼的土地，而且可以成为饮牲口、洗衣服等生活用水。因此很多家庭用水缸、水桶等方式承接房檐的雨水。因为传统历史时期清辉头村的房屋屋顶多数没有瓦，而是用泥土压制而成。下雨的时候，雨水冲刷房屋顶的泥土，使得家户承接的雨水较为浑浊，因此常常需要放置至水中的

---

[1] 何运章老人的口述内容。
[2] 李建文老人的口述内容。
[3] 李建文老人的口述内容。

污浊泥土沉淀以后，水质变得清亮，才能让牲口饮用，或者作洗衣之用。

（二）储备囿水

前文已经叙述，"囿"是村民取土制作土坯和土砖之后形成的大土坑，由于地势低洼，成为雨水流向之所在，因而成为蓄水的大水塘。清辉头人将这种大水塘称为"囿水"。囿储备雨水的效率和体量明显大于家户使用工具承接的雨水。由于囿基本归家族所有，因此囿水的使用权限具有排他性。换言之，家族拥有的囿，非本家族族人不能取水，不能使用该水源。在家族内，家族成员可以自由去囿地取水，按照先到先得的原则，只有早去的族人才能取到水。根据老人们介绍说，囿水是积水，只有早晨去才能取到水，到了下午水就基本被取完了。囿水主要用于喂养牲口、洗衣服等。

第三节　平原旱作体系

清辉头村作为黄河以北的村庄，纬度较高，雨量较少，在传统历史时期不适合用水量较高的稻作体系，只适合用水量较少的旱作体系。旱作体系由平原旱作田块、平原旱作生产过程、旱作生产关系等相关环节和要素构成。

一、平原旱作田块

清辉头村的人们将耕种庄稼的土地称为"田"，由于长期生活在华北平原的清辉头人依靠东西南北的方位来辨别方向，按照东西南北方位的思维将种植庄稼的土地边界切割为直线，而不是如山区的田土那样一味依山就势，很多土地的边界由曲线构成。清辉头村人将直线切割的田土称为"田块""庄稼田"，全部为旱地。

（一）田块分布

传统历史时期，清辉头村家户的田产分布比较分散，不但在村内东西南北头到处都有，而且村外也有。传说中清辉头大户张千顷家的田块甚至分布至河南省。整体来说，每个家户的田产分布都是分散的，没有任何家庭的田块完全集中在一起。"咱们这里的农户种的地是一块一块的，土地不是一整块的，哪里都有一块，分散的。没有说这一户人家的土地都在这里这一块，没有这种事情。"[1] "人家不管这个，人家有地，即使一亩地打一布袋粮食，人家的家庭也吃不完，所以不在乎。这个村的地不少，有两个大财主，还买了外村的土地。村里富人，有好几十户喂大骡子的。"[2]

在1949年以前清辉头村家户的田块没有一整块的情况，土地越多的家庭，其田块

---

[1] 何运章老人的口述内容。
[2] 李建文老人的口述内容。

分散越严重。有部分家庭的田产分布在外村，特别是与外村落的交界处，村落双方的田坎呈"插花"式分布，外村有田块分布在清辉头村，清辉头村也有田块分布在外村。田块的分散式分布，来源于历史上田坎自由买卖的传统。贩卖粮田不能确定在哪个方位，甚至分布在外村，扩大生产的家户不管在哪里，只要在自己能够经营得到的地方都可以购入。

"张（千顷）家家大业大，但不开银号，不经商，有了钱就买地。从河北至河南两百里地，张家的土地无处不在。每逢秋后至年底，张家便差人到各庄子收地租，多年形成的不成文规矩，如果遇到荒年，佃户交不起地租则当场减免。"[1] 根据清辉头人口口相传，明朝正德丙子科举人张巍就被朝廷封为"千顷之家"，后人称之为"张千顷"，其家庭资产用于购置土地，因而其田块分布更加广泛。

（二）田块边界

田块成为清辉头村人在传统历史时期最为昂贵的财产，也是最为看重的资产。因此，田块设置着边界，保护自己的土地不受侵犯。清辉头的地界有三种形式，分别为树界、灰眼界、土堋界等。

1. 田块树界

清辉头村有些家户在田块的边界两头栽种小树为界，两棵树连成一线就是田块的地界。田块树界栽种的树种一般为樟树，也可以为其他树种，但均以幼苗为主。

"老百姓土地之间的界线，一般种植一棵小树，要么是樟树，要么是其他树。种树是两头各种植一棵树。土地中间没有道路，只有耩地的界线，你耩过人家的地，人家不干。土地中间得拉一根杆，拉得笔直了再耩地，你耩过人家地里去，那不咋（行）。在地契中，表明四至是谁，打官司的时候，要叫上四至的人作为证人。"[2] 栽种树界其目的是明确田块边界，以免发生边界纠纷。村民每年耕地都需要耩地，耩地需要处置好边界，以免占界后引发冲突。因此村民在耩地的时候，需要用一个杆子横在两棵树界的中间作为耩地的边界，以免耩地的时候越过边界。

2. 灰眼边界

田块的另一种边界形式就是栽种灰眼。村民在边界的两端以及中间使用木桩往地下打一个深洞，然后从家中的灶台中取柴火灰填埋深洞。由于深洞中柴火灰烬的颜色为白色，与沙土的暗褐色形成鲜明的对比，因而可以作为土地边界的"灰眼"。"土地的边界是四至，每一至都有主，都有姓名。边界有的埋灰眼，有的以碑石为界，有的

---

[1] 张群福老人的口述内容。
[2] 何小忙老人的口述内容。

以种树为界，有的种白灰眼为界。"[1]

土地边界栽种的灰眼分为两种，一种为明界，另一种为暗界。明界，即土地栽种的灰眼故意让土地相邻的邻居能够看见，提醒邻居不要犯界。栽种暗界的目的在于"找地"，村民将白灰栽种以后，用泥土覆盖，以后发现自己田块面积少了，可以通过暗藏的灰眼边界找回土地。

3. 土埂为界

土埂为界是清辉头村最为常见的田块边界形式。相邻的两块田块之间留有一块巴掌大的土埂作为界线。南方稻田因为蓄水的原因，田界堆砌而成田坎，清辉头的田块都是旱地，土埂界线则是凹陷的形状。

> 土地中间的地界是耩地的时候，你甩这么一溜，他甩这么一溜，约一脚宽，约一尺二、一尺的，就是地界了。这个界需要锄，你锄半边，他锄半边，否则容易长草，长草了，苗就完了。[2]

> 土地的一般界线有两家达成的埂，有些人破坏了埂，就引起了纠纷。解决方式是重新量一量，就重新找回了界线。有些打灰眼为界，有些栽一棵树。现在的土地界线纠纷少了，因为大家都种植果树了，多少年都没动地，界线分明。不像早先那个，每年都要翻一遍土地，界线容易出问题。[3]

> 每块地中间隔了一个埂，用来分割土地。这是个人的事了，你在这块地栽棵树也好，弄个土埂也好，形式不统一。[4]

一尺见宽的土埂成为清辉头村在传统历史时期土地界线的形式之一，但其有一个缺陷是村民在翻弄土地的时候，土埂界线不稳地，容易被移动，导致土地纠纷。

（三）田块距离

田块离家户的距离不一，有些田块离家户比较近，有些则较远。家户离田块最近的距离为一百米左右，最远的距离则在每个历史时期均不同，例如明代时期的张千顷在河南省都有部分土地。在民国时期，清辉头村最远的土地是在外村，相隔七八里路左右。一般来说，家户的土地田块多数位于三百米至四华里路的区间范围。家户与田块的距离，与家户亲自耕种该田块与否存在一定的关系。如果家户的土地数量较少，

---

[1] 杨占恒老人的口述内容。
[2] 何小忙老人的口述内容。
[3] 何小忙老人的口述内容。
[4] 何运章老人的口述内容。

只要是清辉头村范围内以及村落交界的土地，一般情况下都会亲自耕种。如果家户的土地较多，超出了家庭劳动力的耕种能力范围，那么距离较近的田块，家户一般亲自耕种，距离较远则采取租佃经营的方式出租给其他家户耕种。

二、旱作生产过程

历史传统时期，耕作制度为"一年一熟旱作半休闲制"[1]。清辉头村人将粮食分为粗粮与细粮，按粮食等级进行排序，其中麦子作为唯一的细粮，在粮食等级中的级别最高，成为富裕家庭的食物和中等层次家庭过节的食物。粗粮依照等级分别是谷子、棒子、高粱。因此，清辉头村种植的粮食分别为麦子、谷子、棒子、高粱等旱作作物。旱作生产过程分为拉粪土、翻耕土地、耩地、作物管理、收割五个过程。

（一）拉粪土

传统历史时期，中国南北方都有自己的方式获得农家肥。南方因为草料充足，农村农民通过收割易于腐烂的植物来垫牲口圈，几天便更新一次牲口圈垫草，还可以获得足够多的牲畜肥料。清辉头村处于华北腹地，野生植被不如南方丰茂，因此使用土地上的干燥的泥土给牲口垫牲口圈，牲口拉的粪便在牲口圈的干土上形成农家肥。喂养牲口的家庭一至两天左右需要更换一次牲口圈的泥土，从沙土地拉土去垫牲口圈，一天后再将牲口圈清理出来的泥土运至庄稼地。这成为传统时期清辉头村农家肥的主要来源。人们一年四季都通过这样的方式获得农家肥，并且运到每一块田块上，以便于栽种庄稼。"因为牲口拉屎拉尿，你不能让牲口躺在肮脏泥土里，每天都得更换干土，把牲口圈里的湿土拉回地里，这样既让牲口圈干净，地里也有了肥料。每天都这样，回来拉土，回去拉粪。"[2]

（二）翻耕

传统历史时期，因为春天不下雨，那时又不浇地，所以不能耕地，清辉头村的村民没有农活干。如果你要去耕地，地里干巴，耩不成地，播不成种子，因为春天没有雨，所以没活。农历五月芒种后下了雨，村民才开始在旱地上翻地。耕种的首要环节是锄地和耕地。锄地的时候，有一个人在前面领着锄。大户人家就是大把式的长工当领青人，他在前面领着锄地，开出一条道来，清辉头村把这种领头锄地打开一条道的方式叫作"打夹弄"，其他人跟在后面，成"人"字形往前开进。锄地领青人得在中间，锄地有两个眼，一个眼是左拉的，一个眼是右拉的，领青的人得领着这两个眼，后面的人在后头跟着。锄地也是翻地的一种，翻地有用铁锨和牛犁两种方式，但一定

---

[1] 深州市地方志编纂委员会编：《深县志》，中国对外翻译出版公司1999年版，第119页。
[2] 李建文老人的口述内容。

要保墒。

翻地颇有讲究，主要是为了保住墒情，墒是土壤的湿度，墒情是土壤湿度的情况，即河北平原因为干旱的自然底色，需要在耕地时保护墒情，才能够保证下种的时候，种子能够发育。"旧时种小块地是用铁锨翻地，边翻边平，为了保墒也用镐刨地。大块地用牲畜拉犁，如果犁没有颈子的叫作撺地，安上颈子的为耕地。耕地时候要打开墒。何谓打开墒？即先耕中间的叫作辅墒，如果先从两边开始叫作搅墒，耕完一墒盖一墒是为了保墒情。一块地全部耕完后再耙地、盖地，以保住墒情。这些都是为下种做的准备。"[1]

（三）耩地

耩地是旱作的一种方式。耕种土地从犁地开始，其次是用牲口耙地，再次是盖地，最后才是耩地，耩地就是用耧边翻耕土地边播种边覆土的过程。耩地使用的工具是耧，劳动力需要三人，每人的分工都不同。耩地需要耩得直，需要一个劳动力傍牲口，即一人牵着牲口按照规定的直线行走，或者土地到头后转弯；一个劳动力掌握耩地的技术，例如要播种多少种子，种子之间的距离以及翻耕土地的薄厚；第三个劳动力在后面拉砘子，把播下的种子压实。"我父亲是庄稼汉，耩地也是一把好手，在这北头也是有名，我就是跟他学的。我学的时候套着牛，拉着耧，俺爹帮我牵着牛，这个叫傍耧，要我学着耩地。俺爹傍着几次耧，我就学会耩地了，耩出来的地直，在村里耩地算是好的。"[2]

耩地讲究直，这是清辉头耩地的最基本要求，此外还得讲究技巧，特别是种子之间的套种，如何运章老人年轻时是耩地的一把好手，在一片很长的土地上耩地，耩12摞谷子接1摞高粱，长出粮食以后错落有致、十分美观，这就是耩地的技巧。由于清辉头村的一年一熟旱作半休闲制，对于富人来说，田块有半年是空闲的，如果耕种冬小麦，那么夏播就不进行，其目的是炕地，使得冬小麦的产量更高。但以民国时期为例，亩产100斤即为小麦高产量。富户如果不种冬小麦，就进行夏播，冬天的土地闲置。穷人家户为了获得更多粮食养家糊口，耕作制度一年两熟，但地力有限，产量更低。不同旱作的播种时间不同，耩地的时间也不一样。清辉头村的俗语"白露早，寒露迟，秋分麦子正当时"，表明了人们一般在秋分前后才会耩麦子。由于传统历史时期，清辉头村的旱作靠天吃饭，需要等到下雨后，地里湿润以后才能耩地，如果不是雨后才耩地，土地缺少水分，种子发不了芽。

---

[1] 拟撰写的《清辉头村志》2016年手写草稿。
[2] 何运章老人的口述内容。

谷子、棒子、高粱的耩地时间在芒种前后，当然如果春天的雨水较好，也可以在春天里耩谷子、棒子、高粱。雨水充足情况下，春天里能够耩地为最优选择，因为这样可以抢农时。"每年谷雨以后种谷子，收谷子是秋分时候。如果春天有雨，早早种上谷子、豆子，豆子又分为好几种，如黄豆、白豆、黑豆。年头好，有雨水，庄稼人收入不少。如果不是丰收年，人们就受罪。有一年不下雨，到了六月了才下雨，人们耩地晚，地里谷子没有成熟，天气就冷了，粮食没有收成等于荒了一年地。"[1]

谷子如果能够在谷雨时候种上是最好的，前提是有雨。耩棒子的时候，可以与豆子一起套种。高粱因为成熟期比较短，四个月便可成熟，即使六月份耩高粱，仍然可以有收获。耩地具有一定的诀窍，清辉头村的谚语说"稀谷子、密高粱，棒子一锄杠"，即耩谷子的时候要稀松一些，耩高粱的时候间距可以密一些，耩棒子的时候，间距是锄头杠子的距离。

(四) 作物管理

传统历史时期，清辉头村人进行耩地后，作物有几个月的生长时间。在此期间，庄稼人不可能不管不顾作物的生长，而是随时观察作物的生长。等到庄稼出苗以后，需要锄地。"锄地分三遍，锄地第一遍需要用小锄，叫刀苗；锄第二遍要用大锄，叫漫荒；第三遍用二锄，叫找眼。必须锄干净。俗语有'旱锄田，涝浇园，没风没火等着天'的说法。"[2]

由于传统历史时期没有化肥，因此中间催肥只能用农家肥。此外，家户还要进行看青等田间管理工作。"麦子不用看青，看青一般看玉米、山药，还有水果，一般是秋季后。看青为什么看玉米呢？因为那时候人们喜欢用火烧玉米，人们把棒子秸秆掰下来，用茅草点着火，就能够烧玉米。所以，玉米就需要看青，因为有些人家里没有吃了，就到地里去掰玉米来烧着吃，被人逮着也没事，因为我吃你的，又没有偷你的，吃了不算偷，不在乡俗的惩罚之内。"[3] 看青也成为清辉头村田间管理的一种方式，就是防止有人偷吃土地上的庄稼，保证家庭户能够多收获一些粮食。

(五) 收割

"谷打三千，麦打六十"，意思是高产的谷子有3 000粒，如果一棵麦苗能够结出60颗麦粒，预示着麦子将高产。夏天棒子和豆子套种，棒子能亩产200斤，豆子能亩产100斤。中华人民共和国成立前那几年，因为雨水充足，小麦亩产200多斤，棒子亩产300斤。作物管理另一个任务是观察作物的成熟期，因为作物收割时间十分讲究。每种

---

[1] 何运章老人的口述内容。
[2] 拟撰写的《清辉头村志》2016年手写草稿。
[3] 李志勋老人的口述内容。

作物的收割方式也不一样。

1. 拔麦子

清辉头有俗语说"蚕老一时,麦熟一晌",一个晌午麦子就能够由青到黄成熟了。谚语说"芒种三天见麦茬",芒种的时候三天内就能看见麦茬出来了,麦子也快进入收割的日子了。收麦子是"宁收青稍,不收毛腰",意思是麦子青时收,不要等到麦子秸秆都"毛腰"、枯萎了再收。从清辉头村人总结的以上收割经验可知,麦子的收割时间十分讲究,一般在麦子黄了之后就要抢收,而麦子往往一个晌午就黄了。人们收麦子的方式不是"割麦",而是"拔麦",正如俗语说的那样"女怕卸崽,男怕拔麦",拔麦子是一项十分辛苦的庄稼活。"拔麦子是累活,力气活,但只有力气也不行。有的人看上去身强力壮,但拔麦子也跟不上趟,有些人身小力薄,拔麦却很快。这是为什么呢?拔麦子要科学用力,讲方法:一是要手头利索,手把干净;二是要手脚并用;三是不怕腰酸。我村有一个瘦小伙,一弯腰干到头,从不喊腰疼,而且边拔边捆,可谓干净利索。"[1]

麦子拔完后用牲口车运至家里的场房,交给家庭妇女进行脱粒和处理秸秆、根茎。秸秆是牲畜的草料,根茎则是家庭烹煮的柴火。

2. 割谷子

1949年以前,妇女不能上地里充当劳动力工作,只能在家里从事各种农活生产。家户男性劳动力用镰刀割谷子,连同秸秆一起送至家庭场房中供给家庭妇女脱粒。妇女们就在场房碾谷子和脱谷粒。有地的家户都有碌碡,她们用牲口拉碌碡压谷子,谷粒便脱落了。

> 旧社会,草料就是地里的庄稼,谷子、高粱的秸秆,山药的藤蔓,大豆的叶子、花生的叶子。如果这些都不够了,就打地里的草来补充。谷子的秸秆叫黄草,这是最好的草料。家里如果因为穷困养不起牲口,需要向亲戚家借牲口。秋收以后,把谷子的秸秆即黄草都给了借牲口给自己的亲戚,有一个好处是再往后借牲口也好借。如此说来,借亲戚牲口不用给钱,秋后给黄草,算互惠互利了。

家户之间收割庄稼的时候相互合作,主要表现在牲口使用与牲口草料的交换。收割谷子的时候,谷子用于食用,秸秆用于喂牲口,根茎也被称为"茬子",用于家庭烹

---

[1] 拟撰写的《清辉头村志》2016年手写草稿。

煮，谷粒外面的壳就是糠，平时用来喂养牲口，但是在灾荒年月，谷糠被磨碎了以后和着高粱粉、谷粉、地瓜粉一起吃。

3. 掰棒子

棒子，也即通常所说的玉米。秋收的时候，家庭男性劳动力赶着牲口车去掰棒子，也有人力肩挑背扛的情况。传统历史时期，清辉头缺水，没有灌溉系统，老百姓种庄稼"靠天吃饭"，而棒子耐旱，成为能"填饱肚子"就行的人们的普遍种植选择。"早先的棒子，最高能产500多斤，在原来人们没有吃的情况下，人们最喜欢种植高粱、棒子，此外才是谷子。"[1]

男性劳动力将棒子收割结束，放置在场房，交由家庭妇女进行晒干、脱粒、储存、磨面等。

4. 摘高粱

高粱又被称为救命粮，虽然不好吃，但既抗旱，又抗涝，还抗虫。另外，高粱还被称为"粮疙瘩"，每年十月份，村民便可以摘高粱。"高粱可以晚种，生产周期短，不像麦子，麦子秋分种上了，第二年的芒种才能收，生长周期长。高粱是今年的六月份种，十月份就可以收，四个月的生长周期，十分短。高粱不但生长周期短，而且产量高。早先，人们吃不起麦子，可以种高粱，可以把它当成救命粮。"[2]

高粱也是由男性劳动力在土地上收割，妇女在家庭中进行脱粒，这种收割模式是家庭分工的结果。

三、旱作生产关系

旱作生产是系列的生产劳动环节相互衔接的体系，自然条件对旱作的影响十分重大，以至于传统历史时期清辉头村的旱作生产完全是"靠天吃饭"。为了能够"吃饭"，村民世世代代总结对自然的认知，按照农时进行生产，并且积极追加家庭的生产要素投入。

（一）旱作对自然的依赖关系

华北平原天气干旱，旱作基本"靠天吃饭"，这里"天"就是气候。气候成为影响清辉头旱地耕种的主要因素之一，例如1943年，天气大旱，清辉头村土地颗粒无收，饿殍遍野，有些家庭依靠卖儿女来生存。鉴于自然气候对旱作生产的重要性，村民一代代人逐渐总结对自然气候的认知。"头伏里冷，一棵豆子打一捧；头伏里热，一棵豆子打一捏"，总结的是每年头伏天气的冷热程度对一年种植豆类的影响。黄豆在华北地

---

[1] 李建文老人的口述内容。
[2] 李志勋老人的口述内容。

区是杂粮,可以碾碎了和面做饽饽吃。如果头伏天气冷,就预示着一年的黄豆有好产量,一棵豆苗可以产出双手一捧的黄豆;如果头伏天气热,就预示着今年黄豆产量不好,一棵豆苗只能产一只手可以捏的几粒。农谚"东绛云彩西绛雨,北绛出来闹灾荒,南绛出来卖儿女",总结了彩虹的天气预示功能,东彩虹预示着要出云彩,西彩虹预示着天气有雨,南北彩虹预示着天气灾难,民不聊生。农谚"七月十五定旱涝,八月十五定收成",表明了人们根据这两天的天气情况来预示来年的旱涝情况,今年八月十五的月亮可以预示明年的庄稼收成情况。

为了适应自然环境,村民学会掌握农时,不掌握好农时,庄稼耕种将受到很大影响。清辉头有很多农谚,例如"谷雨前后,种瓜点豆",说明了谷雨前后时期是种瓜和点豆的农时。农谚"枣芽发,种棉花",说明了人们根据枣树发芽的时机来掌握播种棉花的农时。农谚"头伏萝卜二伏菜,三伏有雨种荞麦",说明了萝卜、菜和荞麦的播种农时。村民不但总结各种播种需要把握的农时,也总结了许多收割需要把握的农时,例如"立冬不起菜,必定要受害","小雪起白菜,处暑烂瓜秧","霜降不起葱,必定内得空"等。

(二)旱作与家户投入的关系

清辉头的旱作体系有一个各种资源投入的过程,特别是在劳动力、生产工具、畜力、肥料等方面的投入。在劳动力投入方面,旱地耕种需要根据土地数量投入一定数量的劳力。何运章老人的家庭是一个中农之家,拥有30亩旱地。1949年以前,他家只有两个壮劳动力。那时候妇女不上地,只有男人才上地,何运章的爹和叔是家里的两个主要劳动力。过秋后,家里劳动力不够,解决的办法分为两个方面:其一是雇工,何家往往通过雇佣月工的方式解决劳动力不足的问题;其二是换工,换工的家户之间关系一般是处得比较好的,有兄弟、亲戚、邻居、朋友等。特别是芒种前后的农忙时期,村民需要拔麦子,还得晒麦子,做麦子脱粒等工作,收割麦子时间短,任务重。李志勋老人将芒种前后收割麦子的农忙收割,形容为"虎口夺粮",因为这时候容易遇到下雨和刮风的天气,甚至阴雨连天,麦子就收不了。这段时间是家户一年中最忙的日子,也是劳动力投入最多的日子,家里无论老弱妇孺都行动起来,妇女和老人在家里做饭和脱麦粒,小孩们往土地里送饭、送水。

在畜力投入方面,家户旱作过程中耕地、耙地、耩地都需畜力才能够进行,畜力包括骡子、马、牛等。富户一般养着骡子来耕地,喂养马进行拉车,中农的户一般喂养牛,中农以下的户一般是伙养耕牛或者没有牲口。民国时期,何运章老人的家中喂养着一头耕牛,后来何父和其叔分家后,耕牛是两家伙养着,耕地、耙地、耩地不但全靠这头耕牛，而且拉车也靠这头耕牛。在肥力投入方面，清辉头有谚语说"一家生活过得好不好，就看他家粪堆有多高"。牲口粪便和人类粪便是1949年以前土地能够获得的主要肥力。牲口粪有两种来源：其一是喂养牲口所得的牲口粪便，为了土地能够增加肥力投入，家户购买牲口来养以获得牲口粪；其二是小孩一早起来到野外捡拾牲口粪便。人类粪便通过家庭集中收集获得，每家每户都有一个旱厕，旱厕收集人类粪便。另外一种增加土地肥力的办法是暴晒土地。清辉头人们为了增加土地的肥力，还有一个办法就是秋分收完庄稼以后，赶快翻耕土地，便于让阳光暴晒，第二年增加肥力。努力收集和增加肥料，成为家户旱作投入的一个重要部分。

在生产工具投入方面，旱地的生产工具有犁、耙、耧、盖、锄头、镰刀、碌碡、风车、木锨等。犁是用来耕地的，把土地上的沙壤翻耕起来。土地被犁过之后，还有很多土疙瘩。耙就是用来碰碎土疙瘩的工具。耙地之后就开始盖地，盖地的工具是盖。盖地完后才是耩地。耧是耩地播种的工具。还有收割粮食的镰刀、锄地的锄子、归拢庄稼的木锨，这些是十分常见的农具。风车和碌碡，这种工具用得少，一年才用一回两回的，一般是大家伙凑钱买的，或者是借。你要耧地，不但要借耧，还得请人，开工钱。工具如果借去使，坏了得原样修好。借工具不能借十天半个月，而是只能借半天，或者几个小时。借耧，耩地完了就马上还，不能拖，因为有人等着耩地用。

第四节　村落集居空间

传统历史时期，清辉头村的村落集居是平原地区、干旱社会、旱作体系的整体空间安排。平原地区和干旱社会的特定地理环境，使得无高山、湖泊、河流的阻隔，可以安排集居的居住格局，并且按照东南西北中的空间方位安排集居的空间秩序。村落集居空间格局可以细分为民居空间、神居空间、集市空间和公共空间等，具有一定的地理环境和生产方式的空间特征。

一、民居空间

清辉头村的民居空间，从总体来说，呈现出集居空间形式。村落由于身处平原地区，一望无垠的空间没有高山、湖泊、峡谷作为方向的参照物，人们利用太阳东升西落的轨迹来辨别东西南北方向，因而村落民居空间在整体布局上也分为"东头、南头、西头、北头"。"东西南北头"的空间分布，不但是民居空间的整体居住格局，而且也是传统历史时期村里治理、家户日常生产生活、红白事务协作的空间格局。"东西南北头"的空间分布以清辉头村的东西大街与南北大街及其交会点作为划分的界线。在旱作土地的生产中,村民为了明确各自土地的界线,即使在栽种界树和灰眼的情况下,仍然留着土埂作为土地泾渭分明的界线,土埂通常是直线。与此土地划分相似,民居空间也按照东西南北的方向划分为一条条巷道,巷道类似耕种土地上的"土埂",成为分割一个个民居空间的界线,也是进入家户的通道。

巷道成为进去家户的固定道路,家户民居沿着巷道两边分布。民居在巷道内整体"一排排"整齐分布,民居的大门朝向巷道修建。巷道不但是房屋之间的分界线,也是两边家户共有的土地。但家户大门的朝向并不统一,家户房屋的大门需要根据风水先生"看风水"后安排朝向,每个房屋的大门朝向存在差异。家户大门基本由"门楼"作为呈现形式,其富裕情况由门楼进行体现。有权势和有地位的家户的门楼修建"高门大户",而穷人家庭的门楼修建成为"小门小户"。门楼成为识别家户的标准,通常情况下,连成一排的房屋有几个门楼,代表着有几个家户。门楼基本由木柱子修成,基本高于房屋的高度,有些门口上悬挂着匾额,表明了家庭的社会地位或者家中有高寿老人的情况。

> 老房屋大门口当时有一块匾额,写着"耋寿增辉",因当时家里有一位老人庆祝自己90岁,旧社会很少有人能活到90岁,有来往的乡亲们商量着捐了这么一块匾。但何父告诉何运章,那些人写错了,庆祝90岁不是"耋",而是"耄",匾额应该是"耄寿增辉"。"耋"应该是庆祝80岁的,"耄"才是庆祝90岁。送匾的人们都在那块匾上签字,有好几十人。[1]

门匾是一个家庭荣誉的一种彰显。有90岁高寿老人的家庭,被人赠送悬挂门楼上的"耋寿增辉"的匾额,是福寿家庭的寓意。而有的家庭则悬挂着诸如"进士府"的门匾,彰显其功名地位。家户内部的空间结构,以何运章家户为例,如图2-1所示。

---

[1] 何运章老人的口述内容。

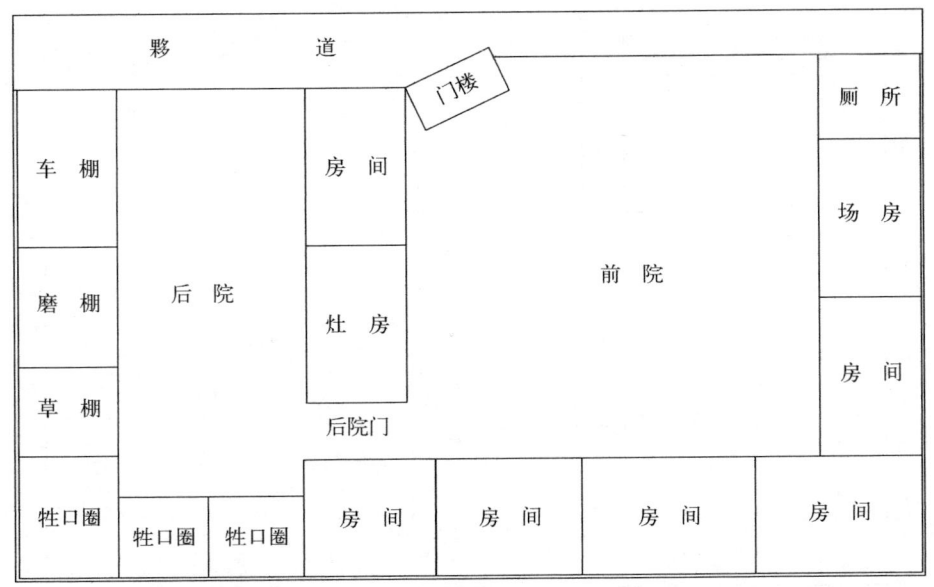

图 2-1 民国时期何运章家户内部平面示意图

何运章老人在民国时期的房屋分为前后院。前院为家庭成员生活的院子，由房间、灶房、场房、厕所等构成。后院则由喂养牲口的牲口圈、草棚、车棚、磨棚等组成。传统历史时期，清辉头村的房屋多数由土坯建成，房顶通常也没有瓦，由房梁和木板钉制而成，在其上抹上搅拌的泥土，然后使用碌碡压紧。通常来说，房顶的泥土每年都需要修补一次。

通常情况下清辉头的家族房屋相隔较近，因此人们将同一个家族的人称为"一个院子"的人。家族的民居通常集中在一个巷道两旁，或者相近的几个巷道范围内。但多数家族没有祠堂，只有南头的李氏家族、东头的张氏家族有祠堂。张氏家族的祠堂在家族集居范围内的中心。李氏家族的祠堂由李氏大户李大田修建，也位于李氏家族集居的范围内，因为民国时期才建立，并非李氏家族集居区的中心地带。

二、神居空间

民国时期，清辉头村神灵居住的庙宇分别为七座庙和兴隆寺遗址，七座庙分别为三官庙、药王庙、老母庙、土地庙、关帝庙、真武庙、双庙，兴隆寺是最大的寺庙，历史最为悠久，相传清末被烧毁。神居空间如图 2-2 所示。

从以下神居空间示意分布图来看，三官庙居最北方，居于民居范围以外。百度百科显示，三官庙供奉神祇为上元天官、中元地官、下元水官。但根据清辉头村部分老人的介绍，三官庙供奉着尧、舜、禹三位神祇，因为禹能够治水，能够保佑村庄免于

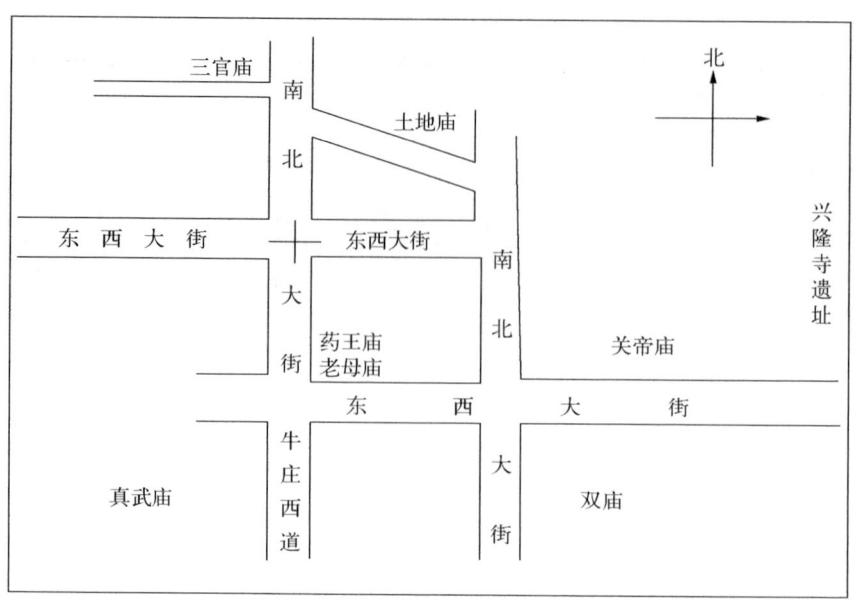

图 2-2 民国时期清辉头村神居空间平面示意分布图

水患。综合以上两种不同的说法,在村民的信仰关系中,三官庙的神祇侧重于治水。土地庙也位于北面,但位于村庄民居范围内,管辖着家户老人过世后的灵魂。药王庙与老母庙相邻,并且相对守望,位于村庄的中心,距离集市很近,是每年三月十五至二十的庙会祭祀之地,方圆几十里的村民都来参加祭祀,三月十五至二十也是一年中最集中的农产品市场交易时间。兴隆寺,位于东方民居的外围,在民国时期清辉头村的人们称之为"大寺",供奉如来佛、观音等,但晚清时期已经被毁。关帝庙,也位于东方,坐落于民居范围内,供奉着关二爷,代表着忠义精神。双庙位于南头,相传供奉张巡、许远两位神祇,但老人已经不能描述双庙的具体情况。真武庙供奉着真武大帝,传说中的北方之神,也是水神,形象孔武有力,是尚武文化的象征。清辉头村神居空间格局如表 2-7 所示。

表 2-7 民国时期清辉头村神居空间格局

庙 宇	方 位	教 别	民居范围内外	神祇及象征意义
三官庙	正北	道教	民居以外	尧、舜、禹或天官、地官、水官
土地庙	正北	道教	民居以内	土地神,管辖村庄逝者的魂魄
药王庙	村落中心	不详	民居以内	主管健康、寿命的神
老母庙	村落中心	不详	民居以内	主管送子嗣的神
兴隆寺	正东	佛教	民居以外	诸佛
关帝庙	东方	不详	民居以内	关二爷,象征忠义的神祇

续表

庙　宇	方　位	教　别	民居范围内外	神祇及象征意义
真武庙	西方	道教	民居以内	真武大帝（北方之神、水神）
双庙	南方	不详	民居以内	张巡、许远，因平定唐安史之乱中有战功而被封神

资料来源：笔者在清辉头村2016年下半年的村庄调查。

从上表可知，三官庙与真武庙有两个共同特征：其一，都跟北方有关，三官庙居北，真武大帝是北方之神，体现了崇北文化；其二，都兼具治水的功能，反映了历史上村民对水患的焦虑。从神居空间与民居范围的内外关系来看，三官庙与兴隆寺位于民居范围以外，土地庙、药王庙、老母庙、关帝庙、真武庙、双庙均在民居范围以内，显现了神居空间的不同。

三、集市空间

集市往往不是单独存在，而是由大型市场、中型市场、小型集市共同构成。清辉头的集市空间同样如此，最小的集市是清辉头的集市，稍大的集市是阳台集市，再大的集市是深县集市，比深县集市更大的是磨头集市，比磨头集市更大的是辛集市场，最大的是旧城市场。

> 我们这一片最大的市场就是束鹿县旧城，这是集贸市场，比较大，是华北地区的农贸市场。山东德州一带的粮食都往旧城拉，沧州的农产品也往那里集中，山东、河北的农产品都往这里集中，从清朝就有这个集贸市场了。原来我们这边是官道，处于交通枢纽中心，除了道路，人脉也是长期往这一带积累。如果你拿农产品去卖，卖不了还有人收市，就是收购你手里的农产品。想买的，什么时候买什么时候都有卖。一品一市，例如黑豆有黑豆市、白豆有白豆市、绿豆有绿豆市，又如棉花，有棉籽市场、棉花市、棉品市。芝麻、小麦、谷子都有市场。旧城的牲畜市场按照动物种类又进一步分市，例如牛市、马市、兔市。这个市场是隔日集。除了旧城，还有辛集市、深县、磨头等市场。[1]

传统时期，华北平原的集市是地缘经济发展的结果，商品以农产品和牲口为主，是农民从事物质交换的主要场所。清辉头村有着一定的地缘经济优势，除本身是一个

---

[1] 杨占恒老人的口述内容。

集市所在地以外，还与华北地区的各大中小集市的地理距离比较近，便于从事商贸往来和交换。民国时期，清辉头村人参加的主要集市的空间分布如表2-8所示。

表2-8 民国时期清辉头村人参加的集市空间分布

集市名称	距 离	市场规模	集市概况
清辉头集市	本村内	小型集市	有粮食市、菜市等
阳台集市	7公里	小型集市	有牛市，买卖耕牛
深县集市	9公里	中型集市	有牲口市，买卖牛、骡子、马、驴等
前磨头市场	25公里	中型集市	农产品交易
安平县集市	34公里	中型集市	位于滹沱河边，荒年时候采购粮食
旧城市场	15华里	大型集市	地处束鹿县，华北最大农贸市场，批发贸易

资料来源：笔者在清辉头村2016下半年的村庄调查。

表2-8表明了清辉头村的集市空间概况。日常生活用品，村民基本在本村进行市场交换，而大宗物品交易则需要到其他市场从事市场交换。市场的空间分布从零距离至几十公里不等。在市场空间分布上，以旧城集市为例，它是一个大型市场，华北地区的农产品越是流向集中，其聚集化程度越高。清辉头村本村的细分市场如图2-3所示。

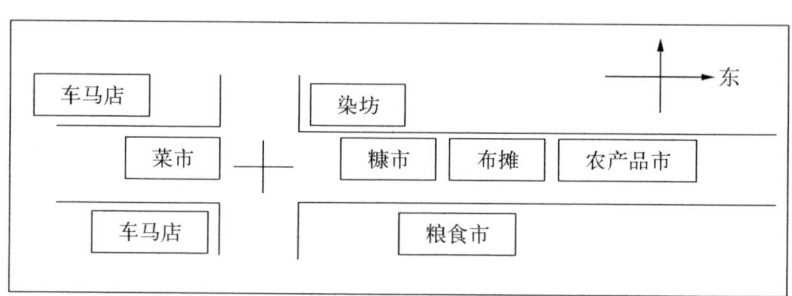

图2-3 民国时期清辉头村集市部分细分市场示意分布图

从图2-3可知，粮食市、糠市、菜市、农产品市、布摊、车马店、染坊等细分市场在清辉头村集市的空间分配。集市成为清辉头村及其周边村庄人流、物流、货币流的集散地。到清辉头村赶集的分别有辛庄、康庄、牛家庄、曹家庄、柳家庄、大寺家庄、小寺家庄、吴家庄、吕家庄等村庄村民。

四、公共空间

与当下实态不同，传统历史时期的清辉头村的公共空间分为两种类型，其中一种类型为公共产权的公共空间，另一种类型为私有产权提供的公共空间。前者包括乡公所和公共水井，后者包括大碾、集市等。公共水井包括洋井、北井。

情况在前文已述,不再赘述,乡公所情况在后文第六章治理部分需重点介绍,暂且不表。集市的土地属于私人所有,但约定俗成的做法,拥有集市土地产权的家户不能改动集市土地作其他用途。集市成为清辉头村赶集、交易、闲聊、休憩的公共空间。

石碾和磨盘使用地也是清辉头村的重要公共空间之一。石碾和石磨置办费用较高,并非所有家户都置办。因为置办石碾,特别是大碾占地面积较大,如果自己家户单独使用,石碾的使用效率也不高,收益不能最大化。为了使得石碾使用效率最大化,拥有石碾产权的家户一般将石碾供村庄人使用。

> 碾子不是每家都有,一湾的才有一个,一条街才有两三个。整个村有多少个,我就不知道了。碾子用来推高粱棒子。四五斤的高粱棒子,用碾子推;如果多了就用磨子磨。碾子都是私人的,但都是大伙使用。最早的碾子有一个砘子,凹形的,用于盛放高粱棒子,还有一个杵子,杵子镦镦谷子,就出来米了。我小时候,这种碾子当街就有,后来就不用了,换成了大碾子。大碾就光碾米,全村数量有十来个。大碾和磨都是私人的,置办碾子和磨供大伙使用的目的在于收取粪便。无论是碾还是磨,都要套耕牛才能使用,耕牛在拉磨或碾子的时候,拉的粪便就归主家所有,由主家捡取。其他人使用碾子和磨,都不用付报酬了,牲畜拉的粪便就是使用碾子和磨的报酬。一趟街有三四个大碾,可以碾米。碾米得拿套子去,使用套子套耕牛。谁去得早就可以先使用碾子,去得晚了,人家碾完了,你才能使。如果不等人家碾完,就去使用碾子就要"吵包子"(方言:吵架),我都还没有碾完呢,你就争着使。[1]
>
> 第一个到的人把耕牛套放在碾子上,证明碾子被占用了,他再回去牵耕牛来碾米。如果是人力拉的小碾,就是棍子,因为小碾又叫推碾,是人工使用棍子推着碾子转动。谁先到,谁就先把棍子插进碾子表示已经占得使用权,后面来的人就使用推碾的棍子排队。磨子安装的位置很讲究,当地话讲碾子为青龙,磨为白虎,碾子在哪儿安装都没事,但磨需要看风水。碾子要多少钱,我就不清楚了,花不了多少钱,就是从山上拉来的,是石匠从200里外的山上杵,杵了卖给买家。原来磨子用久了,石头被磨平了,不锋利了,就需要石匠来凿,使之锋利便于碾米。石匠一天能修理两个碾子,一天挣个两

---

[1] 李建文老人的口述内容。

三毛。村里磨子很多，磨也是耕牛来拉，主家可以赚粪便。小碾子也放在当街，什么都不能赚，大伙使用，不会有人破坏。[1]

传统时期的清辉头村具有公共生产空间。但与现代中国社会区别的是，华北的这种公共生产空间是由私有财产提供的，本质上是一种传统生产的经营场所。清辉头村的石碾或石磨的生产场所便是一种这样的公共生产空间，是家庭购置的石碾或石磨发挥效用最大化的一种体现。私有产权的石碾或者石磨变成公共设施，构建村庄的公共空间，须具备一定的机制：其一，石碾或者石磨由大户进行筹备，放置其房屋附近的街道旁或交通要道旁，其目的是方便乡亲使用；其二，因为传统历史时期"庄稼一朵花，全靠粪当家"，家户经营石碾或石磨是为了赚取牲口粪便，即石磨或者石碾主家"下了本"，乡亲使用石碾或石磨过程中，牲口所拉的粪便全归该石磨或者石碾主家所有；其三，石碾或者石磨的空间安排不是一个村只有一个，而是按照"湾"为单位进行置办，一个石碾，另外加一个石磨，"湾"是一个近邻地理空间单位，是红白事共同体人群单位；其四，石碾主家负责看守石碾或者石磨，与此同时捡拾粪便，通常情况下，乡亲们不会破坏公共空间的公共设施；其五，乡亲们按照先来后到的顺序使用公共空间的石碾或者石磨，人们使用耕牛套或磨柄进行排队。

五、集聚关系

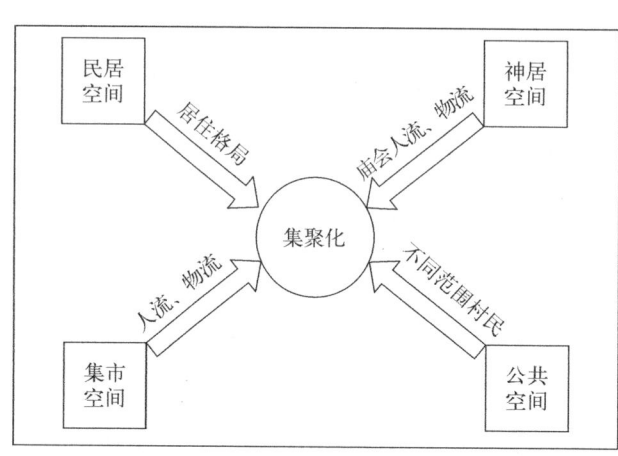

图2-4 村落各种空间的关系示意图

清辉头村的民居空间、神居空间、公共空间以及清辉头人参与集市空间，都体现了华北平原的聚集关系。民居空间是房屋在平原地区居住形态上的集居，聚集的目的在于村落治理和抗击匪患。每年庙会的时候，神居空间横跨周围几十里村庄的人流、物流，往清辉头村进行集聚。多个公共空间也有着不同范围人群的集聚。清辉头村人参与的集市空间，是不同集期的人流和物流的集聚化。清辉头村的以上四个空间集聚关系如图2-4所示。

---

[1] 李建文老人的口述内容。

第五节 村庄自然变迁与实态

中华人民共和国成立后的初期，村庄自然环境仍然保持着传统历史时期的形态。但1958—1977年集体化时期，清辉头村的自然环境在人工改造情况下发生了极大变迁。1978年以后，村落逐渐发展水果种植等产业，采用现代科技水利灌溉，实现了人与自然环境的和谐发展。

一、集体化时期的自然环境改造

1958年以后，清辉头村在国家的号召下，发挥"与天斗、与地斗、与人斗"的革命精神，对大自然环境进行"改天造地"，采用人工的方式改造自然环境，主要表现为改造土地和修建水渠。

（一）改造土地

1958年，清辉头村成立清辉头人民公社，组织社员们改造土地，主要包括两项任务，其一是改造盐碱地，其二是整平土地。

1. 改造盐碱地

传统历史时期，清辉头村的盐碱地数量并不多，只有东北方的芦苇地，那是一片洼地，长年有积水，盐碱性很重，无法种植庄稼，基本被弃之不用。1963年，海河河流溃堤，清辉头村的所有土地连续十几天积水几十厘米深，造成了清辉头村盐碱地扩大。李建文老人回忆说：

> 大水过后，人们发现庄稼长势不好，或根本活不了。后来公社就想办法改造盐碱地，主要的办法有两个：一个是挖沟漫灌后排水；另一个是将原来盐碱地用新土覆盖。人们在那时候，在人民公社的领导下，干得热火朝天。[1]

土地是传统农村获取生产生活资料的主要来源。盐碱地是制约华北作物生产的一个重要影响要素。勤劳智慧的农民为了能够生产生活，除了适应自然环境外，也基于探索的经验改造环境。改造盐碱地便是这样一种体现，《深县志》对这种改造实践有着详细的记载。

> 1963年，通过采取围埝打埝、平整土地、增施有机肥、深耕翻晾、种植

---

[1] 李建文老人的口述内容。

抗碱作物等措施，当年即取得重大成效，过去拿苗六七成的轻碱土地基本保住了全苗，过去拿苗四五成的中碱地保苗达七八成，重碱地保苗达五成以上。1963—1965年，开挖了龙治河、朱家河、小西河、天平沟、刘官屯排干、狼窝排干等排水渠道，并完成了一些配套工程，实行了科学用水，使得盐碱地面积减少，粮食产量增加。[1]

可以说，清辉头村改造盐碱地是在河北省、市、县三级推动下开展的项目，而且效果显著。清辉头村的盐碱地不算严重，改造后基本达到全苗收获的程度。

2. 平整土地

传统历史时期清辉头村的土地并非像当下所看到的一律平整，而是有沟壑、坑道、大坑，高矮不平。当下土地高地基本齐平的实态来源于集体化时期的土地平整运动。

> 我们当地有俗话，"多年的媳妇熬成婆，多年的道路变成河"，道路是低洼的，有的道路低洼到有一个人高的深度，还有各种取土的深坑。庄稼土地也有高有矮，并非完全一样平。公社时期，乡亲们共同挖土、运土填埋低洼的道路、土坑，把土地变成今天这样到处都差不多齐平。[2]

> 1964年，由各生产队在本生产队范围内平土岗，填道沟，整平土地，发展生产。人们还编写了民谣"炉糕锅，搭拉坡，沙土岗子光碱窝；高处下种不长苗，洼处蛤蟆哇哇叫"，20世纪70年代清辉头村的干部村民团结一心，战天斗地，平沙岗造良田。[3]

传统历史时期，清辉头村的自然环境基本是原生的自然形态，虽然被耕种和部分改造，但基本保持着自然形态原有面貌。集体化时期的自然环境改造运动，填平了沟壑，平整了土地，更加方便人们进行耕种，极大地提高了土地生产效率。

(二) 修渠搭桥

干旱是传统历史时期清辉头村的自然底色。中华人民共和国成立以后，随着农业科技的日新月异和人们接受教育的普及率提高，清辉头村民逐渐认识到灌溉对于农业

---

[1] 深州市地方志编纂委员会编：《深县志》，中国对外翻译出版公司1999年版，第120页。
[2] 李志勋老人的口述内容。
[3] 《清辉头村志》2016年的手写草稿资料。

生产的重要意义。在集体化时期，清辉头公社发挥着无私精神和革命精神，大兴水渠建设和桥梁建设。

1. 修建沟渠

修建沟渠不仅是为了引渠灌溉，而且是为了解决洪涝排水等问题。清辉头村修建的沟渠主要是石津四干渠，在集体化时期发挥了重要农田灌溉作用。

> 石津四干渠是河北省南部石津总干渠的第四分干，由石家庄市平山县岗南水库和黄壁庄水库供水。石津四干渠北起和乐寺南口三门闸，经西康庄、清辉头、牛家庄、白宋庄、梁家庄、常头、赵王庄至马家庄，全长17.5公里，配水灌溉面积59 820亩，共涉及25个村，下游通龙治河归海河流域。石津四干渠是1958年"大跃进"时期人工开挖。1964年挖大渠东岸，在清辉头西街口相连，现今为村环南路，石津灌区在清辉头设渠道管理所至今。[1]

修建沟渠是清辉头村在集体化时期改造自然环境的成果，在干旱的环境下引渠灌溉庄稼，较之传统时期能够大幅度使粮食增产。例如小麦在民国时期的通常亩产量为100—120斤，但在水渠灌溉后能达到亩产1 200斤左右。

2. 搭建桥梁

清辉头村在集体化时期开建灌溉和排水的沟渠，使得清辉头形成了阻碍交通的地形环境。在这种情况下，1958—1978年，清辉头村搭建了两座桥梁。

> 石津四干渠的四座水泥石桥，第一座桥为清辉头西街口桥。20世纪70年代初新修建了东西大街，村党支部决定在村西街口修建水泥混凝土浇筑的石桥。此工程自行设计、自行施工，民办公助，发挥"自力更生，艰苦奋斗"的精神，先用土将渠填平，再浇筑桥面。发动全村能工巧匠在水泥板和桥梁杆雕刻韶山、井冈山、遵义、瑞金、延安、西柏坡等革命圣地图景，并进行彩绘。桥身上由当时老秘书王海池书写了"红雨随心翻作浪，青山着意化作桥"的毛主席诗句，至今清晰可见。此桥70年代初修建，已经使用了40多年。这座桥是深州市与辛集市村通村的桥，干群同心建造，共同行走，又叫

---

[1]《清辉头村志》2016年的手写草稿资料。

"同心桥",依据此桥的位置将周边的地址称为桥西、桥南、桥北。[1]

第二座桥是石津渠清辉头村南段占恒路上的一座石桥,是原来修建四干渠在原西街的一座木桥退役后将桥板、桥桩整体迁移至此,后使用了十几年,随后修筑了水泥浇筑桥,但村民仍然将其称为木桥至今。[2]

清辉头村有四座桥,两座是集体化时期的建设成果,另外两座桥是20世纪80年修建。搭建桥梁是为了克服石津四干渠带来的地形阻碍,便于村民行走。

二、土地承包后的自然环境变迁

集体化时期,清辉头村人改造自然环境采取"惊天动地"的方式,使得清辉头村的自然环境较之于传统历史时期发生了较大的变迁。土地承包到户以后,清辉头村对自然环境的改造采取以家户自主为主,公私结合的方式,主要表现为大力种植"万亩果林"、升级水利建设、拓建街道和道路等方面。

(一)"万亩果林"

正如在本章的第一节所阐述的那样,清辉头村的部分土壤为河道冲积土,冲积土为沙土,由于保水层较深,不能够种植庄稼,却适合种植树木。1983年以后,清辉头村因地制宜鼓励村民变土壤劣势为优势,大力种植苗木。当下,清辉头村的土地较少有庄稼种植,几乎成为苗木种植,其中大部分苗木为果树。

> 党支部、村委会1983年以后将集体果林划分为56大片承包给村民,到了1986年以后承包户得到了实惠。党支部为了能够使得村民早日富起来,通过召开会议,做好宣传引导工作,号召村民在承包的责任田内种果树。每栽种一棵果树,奖励二角钱,又给村民讲述了种植苗木的好处,充分调动了村民种植果树的积极性,当年种植果树达1000多亩,苗木为26 000多棵。村落又搞立体种植,苗木间搞粮食种植,增加村民的收入。村委举办各种类型的学习班,邀请省市各级林果专家给村民讲课,传授栽种、施肥、防病等知识,传授群众各种果树管理技术。[3]

1983年,清辉头土地承包到户以后,党支部和村支委发动群众栽种树木,仅1986

---

[1]《清辉头村志》2016年的手写草稿资料。
[2]《清辉头村志》2016年的手写草稿资料。
[3]《清辉头村志》2016年的手写草稿资料。

年就栽种 1 000 多亩，从 1986 年至今不断栽种树木，直到 2016 年清辉头村 6 000 多亩土地全部栽种树木，并且带动周边村庄也栽种果树，形成了万余亩"桃林"的规模，春天时候更形成了"万亩桃花海"的景观，吸引周边群众进行观光。

（二）兴修水利

清辉头村民将水源形容为发展农业的"命门"，也是生活之源。土地承包到户以后，村民仍然积极拓宽水源渠道，除了石津四干渠的灌溉用水外，积极探索开采地下水资源。

> 1970 年代后期，清辉头村为了争取农业大丰收，大搞农田水利基本建设，规划了灌渠，又开挖排渠。南大方、东大方各有一口铁管井，后来又各打了一眼。西大方、北大方又各打 2 眼。清辉头的东南西北各大方有 2 眼铁管井。村委会又组建打井队，在各方田打灰管井 46 眼。各井都能安上电，也能用柴油机抽水浇地。这样使得我村形成了旱能浇、涝能排、机电双配套、渠井双保险的水利系统。[1]

水源是农业耕作的基础，能够决定作物的产量。在党的领导下，清辉头村组织大规模的水利设施建设，集中解决华北半干旱社会的生产生活用水问题，初步形成满足生产生活的水利系统。

（三）拓建街道

清辉头村拓宽街道，升级道路设施，便于人们能够更加方便地从事生产生活和出行。

> 1989 年，清辉头村建成宽 15 米的街道。1990 年，村落筹资 20 多万元修成 6 米宽、15 厘米厚，高标准的东西大街水泥公路，大大方便了村民出行，改善了村内交通条件。2001 年打通了东西南北大街，2004 年在东西大街修成了 6 米宽、15 厘米厚、1 200 米长的高标准水泥公路，大大方便了村内交通。2003 年，修建了村庄东环、南环水泥公路。[2]

乡村现代化的重要体现之一在于基础设施建设。改革开放以后，清辉头村的基础设施建设水平逐年提升，采取拓宽街道公路、建设高标准的道路和修建环村公路等方式，大大方便了村民的生产生活。

---

[1]《清辉头村志》2016 年的手写草稿资料。
[2]《清辉头村志》2016 年的手写草稿资料。

第三章 村落经济形态与实态

经济形态是村落社会、文化、治理形态的重要基础。传统历史时期，清辉头村经济形态以家户经营为基础，村民从事着"靠天吃饭"的平原旱作经营。土地、生产工具、劳动力是清辉头村传统经济形态的基本生产要素。土地作为基本生产要素以产权为基础，家户之间围绕着土地产权发生了土地买卖、土地典当、土地抵押、土地租佃等交易行为。家户劳动力也发生最优的生产配置，以雇工的形式进行自由流动，雇工分为扛长活儿、月工、打短儿等三种基本形式。生产工具基于需要也存在共同置办、伙养牲口的情况。本节从生产能力、土地产权、家户经营、分配、消费、继承等方面介绍传统历史时期的经济形态。

第一节 人与土地及其生产能力

传统历史时期，农业生产经营是清辉头村的主要经济形态。人（劳动力）和土地构成这种经济形态的主要生产要素。土地分为哪些类型，人地关系又如何体现，清辉头村人关于人作为劳动力的观念如何，人与土地的生产能力如何形成，成为本节要考察的内容。

一、人与土地的关系

清辉头村处于河北平原的腹地，其土地全部为旱地，其粮田可以按照种地经验、土壤特征划分为不同的种类。土地是清辉头村人在传统历史时期的"衣食之源",人均土地需要 2 亩才能够维持基本生存,但因家户占有的不平衡,人地关系在村落社会底层较为紧张。

(一)土地类型

民国时期,清辉头村土地全部为旱地,没有水田、滩涂、湖泊、江河、高山等土地类型。土地根据使用类型可以分为宅基地、农田、坑洼道地(道路用地)、坟地、树地、老碱窝地(芦苇地)等。

1. 按照种地经验分类

清辉头人根据平日种地的经验,将土地总分为好地、玄(差)地两种类型。两种土地的划分依据有三个:其一,是否能种植小麦,其二是否能种庄稼,其三是否能种地。越能够满足前一个标准,其土地的等级越高。[1]

好地的特征是不但能够种植其他庄稼,还能够种植小麦,在清辉头村的所有土地中,种植小麦的产量最高的土地是"好地",每亩地均值 100 块现大洋,甚至能够卖到 120 块现大洋的高价,除了好地,其他土地都是"玄地"。但根据庄稼种植情况,又可以分为三个等级:第一等级的玄地,其特征是除了能够种植谷子、棒子、高粱外,也具备种植小麦的能力,但是产量略低,售价为七八十块现大洋;第二等级的玄地,能够种植谷子、棒子、高粱,且产量不高,不具备种植小麦的土地生产能力,售价为五六十块现大洋;第三等级的玄地为村落东北方向的沙地,只能种植果树,不能种植庄稼,每亩均价在二三十元左右。"土地的价格跟土地好赖有关系,好地在事变[2]以前 100 块现大洋,玄地就是七八十、五六十、二三十块。不长麦子的玄地五六十块一亩,东北的那块沙地二三十块钱一亩,沙地多少年不长粮食,种了树,放在那里就不管了,村民多少年都不愿去看一次,因为那时候没有化肥。"

2. 按照土壤特征分类

事实上,上述的土地是按照土地耕种经验为基础进行划分的,因此清辉头村不能耕种的芦苇地没有划分进入以上的分类中。清辉头村有些种地的"老把式"根据土壤的类型,将土地分为五类。

> 我们村的旱地等级分为五个等级。第一等级旱地是蒙金地,自然形成、保水保肥,最适合种植庄稼。第二等级是窑坑地和老门地,也都是保水保肥,

---

[1] 李建文老人的口述内容。
[2] 指"七七事变"。

但窑坑地是复耕的，老门地沙化稍微严重些。第三等级是沙土坡地，不保水、不保肥，能够种植树木。第四等级是坑洼道地，能够排水和走道。第五等级是老碱窝地和芦苇地，因为是盐碱地，不能种植庄稼。[1]

李志勋老人所说的上述土地分类，是根据土地的保水、保肥能力和盐碱性程度为依据进行划分的。保水保肥效果最好的非盐碱性土地，自然最适合种植庄稼，因而土地分类的等级高，保水保肥效果稍差的非盐碱性土地次之，完全不能够耕种的盐碱地最次。

（二）人地关系

人地关系主要体现在历史传统时期人均到底需要多少土地才能够维持基本的生存，家户占有的土地为多少，所在的地理位置如何。

1. 人均土地需求

传统历史时期，清辉头村多数村民依靠农业经营获得生存资料，因而土地成为村民的"衣食父母"。根据清辉头村土地粮食产量情况，"小麦亩产 80 斤至 300 斤之间，谷子亩产 100 斤至 360 斤之间，棒子亩产 200 至 400 斤之间，高粱产量是 200 斤至 500 斤之间"[2]，家户人均需要两亩地才能够维持最基本的生存问题。因干旱，清辉头村的庄稼亩产产量较低，正常年份好地小麦亩产 120 斤左右，谷子亩产 180 斤左右，棒子亩产 300 斤左右，高粱亩产 350 斤左右，人均两亩地才能够维持基本的生活。

土地不足的家庭可以通过做一点小生意、"打短儿"[3]、打月工、打长工、租佃土地等方式谋求家庭的生存。如果家户租佃土地，家庭人均需要租佃 4 亩土地以上，才能够生存，因为每亩土地需要交租 5 块现大洋，相当于 10 斗小麦或小米[4]，16 斗多棒子或高粱[5]，一年中租佃的土地种植两季，还能够剩下一些粮食维持家庭生存。清辉头村的土地在明朝中后期就已经开垦完毕，没有土地的家户不能通过"开荒"的方式获得土地，只能够通过做生意、雇工的方式获得生活资料。

2. 家户土地占有

传统历史时期，清辉头村人计算土地的亩数有两种方式，一种计算方式是按照"大亩"进行计算，另一种则是按"小亩"计算。换言之，民国时期，清辉头村全村土

---

[1] 李志勋老人的口述内容。
[2] 李建文老人的口述内容。
[3] 雇工中的一种，即打零工，报酬一天一结算。
[4] 一斗小麦为 15.5 斤，一斗小米为 16 斤。
[5] 一斗棒子、高粱约为 17 斤。

地拥有 5 530.106 大亩，按照 0.625 的比例折算为当下市亩，则为 8 848 亩地。清辉头村的老百姓习惯性将大亩称为"大地"，将小亩称为"小地"。"土地分为两种，一种是大地，即亩数按照十分地算的地；另一种是小地，按照七分地进行计算，就是我们现在的市亩面积。"[1]

清辉头人同时使用"大亩"和"小亩"两种计算方式，对外说婚、土地买卖则以小亩进行计算，盘算自己的粮田则以大亩计算。中华人民共和国成立初期，曾经当过村庄党支部书记的杨占恒介绍说："我们清辉头村在旧社会，多数家庭都有土地，但土地占有量悬殊，富裕者的土地上千亩，除了不到两成比例的雇农外，贫农拥有的土地一般为 1—5 亩之间。"[2]

根据以上所述，清辉头各家户占有土地数量不均衡，但多数家庭都占有土地。笔者根据清辉头村大亩计算公式，列举清辉头村部分家户的土地占有情况，如表 3-1 所示。

表 3-1 民国时期（1948 年）清辉头村部分家户的人口及土地数量

户　主	家庭人口	家庭土地数量（大亩数）	家庭土地数量（市亩数）	土地位置
何洛波	6	18.358	29.37	村内
何根长	7	18.365	29.38	村内
刘玉珍	5	13.586	21.73	村内
郭洛于	7	13.279	21.24	村内
何运章	2	6.439	10.30	村内
郭焕章	3	5.566	8.90	村内
郭际昌	5	15.259	24.41	村内
郭思明	6	17.75	28.40	村内
郭老墨	5	20.956	33.53	村内

资料来源：根据清辉头村委会提供的材料整理。

按照当下市亩测算，表 3-1 中家户土地都在 8 亩以上，最高为 33.53 亩，其土地位置都坐落于村内。就整个村庄来说，清辉头村在传统历史时期（以 1948 年为例）有 8 848 亩土地，2 768 人，人均土地为 3.196 5 亩，满足人们基本生存土地需求的 2 亩以上条件。

---

[1] 李建文老人的口述内容。
[2] 杨占恒老人的口述内容。

（三）生产规模

民国末期，清辉头村500多户，8 848亩土地，如果计算平均数则为户均17亩左右的土地占有量，但在实际中，家户的土地占有量并不均衡，地主和富农的土地占有量占比为27%左右，中农占有的土地占很大部分，贫农占有部分土地。

> 咱们土地占有不平衡。当时清辉头有500多户，2 000多人，8 848亩地，3家地主，其中少鹤堂兄弟3人占了1 000多亩地，其他两家每户占有300多亩地，8家富农共占800多亩地。富农和中农是按照剥削量定的，不完全是按纯粹土地拥有量，上中农有地五六十亩至100亩之间。上中农占有土地相对较多，但划分阶级是按照剥削量来划分的，不够剥削量就构不成富农。要按照家庭人口数量来说，还要按照家庭劳动强度来说。上中农有一个特点就是自己劳动，有时候也雇农人，比如两个劳动力是一家的，比如有些人参加工作了，但也不算工资啊，这也算一个劳动力，劳动力多，生产资料多不能算富农，只能算上中农。按照阶级划分，就这么来，中农就是自己耕种，不雇佣劳动力，有时候也雇佣"打短的"，中农一般有二三十亩地。贫农土地少，一般平均五六亩地。雇农就是给人扛活的，雇农所占的比例在17%—20%之间，他们什么都没有，就靠打工，雇农建立一个工会，有工会主席。[1]

杨占恒老人因为从1961年至1973年当了12年的清辉头村党支部书记，对村庄在民国末期的土地占有情况比较熟悉。根据他的介绍，土地改革运动划分成分并非完全按照土地占有量，而是按照剥削量，那么土地占有量较多，但劳动力也多的家庭不被划为地主、富农。清辉头村在民国末期的阶层占有土地规模如表3-2所示。

表3-2 民国时期（1948年）清辉头村阶层占有土地规模

阶 层	家户数量或占比	家户占有土地亩数	阶层占有土地亩数	阶层占有土地比例（%）
地主	3	300—1 000	1 600	18
富农	8	100	800	9
上中农	—	50—100	880	10
中农	—	20—30	3 540	40

---

1 杨占恒老人的口述内容。

续表

阶　层	家户数量或占比	家户占有土地亩数	阶层占有土地亩数	阶层占有土地比例（％）
贫农	—	1—10	2 028	23
雇农	17％—20％	0	0	0

资料来源：根据清辉头村杨占恒、何运章、李建文等多个老人的口述内容整理。

土地改革运动时期，清辉头村有"三大地主，八大富农"的说法。表3-2显示，清辉头村在土地改革运动时期，地主阶层拥有的土地占比18％，富农阶层土地占比9％，上中农占有土地10％，中农阶层占有土地40％，贫农阶层占有土地23％，雇农家庭占有土地为零。其中三大地主中经营钱铺少鹤堂的李书田三兄弟鼎盛时期占有土地为1 000亩左右，至民国末期变卖了300亩左右，还剩下700亩左右。少鹤堂的土地虽然规模可观，但从未实现农场经营。

二、人与生产能力的关系

传统历史时期清辉头村以经营农业为主，并且以家户为基本经营单位，其生产能力由劳动力、劳动分配和劳动工具及其关系进行体现。劳动力是生产能力的主体要素，劳动工具是生产能力的客观要素，劳动分配是生产能力的统筹安排。

（一）劳动力

劳动力是传统历史时期清辉头村农业生产的基本生产要素，但人们对劳动力的观念认识受制于生产力发展水平和时代的认知水平，例如"妇女不下地"等迫使只有满了18岁的男子成为家庭主要壮劳动力。家庭的劳动力需求也受到家庭土地存量、劳动力数量等要素的影响。

1. 劳动力观念

传统历史时期，平原旱地的庄稼耕种需要大量的劳动力，大到耕地、锄地、耙地、耩地、盖地、墩地、收割等，小到铡草、拌草料、洗衣、做饭、扫地、汲水、纺织等，都需要劳动力的劳作。家户成员除了小于10岁的小孩，行动不便的老人，生重病的病人以外，凡是能够劳动的人都算劳动力。清辉头村人根据年龄的老中青少分为壮劳动力、小劳动力，根据性别分为男劳动力、女劳动力。1949年以前的传统历史时期，"男女授受不亲""男女大防"的性别观念和道德伦理，几乎将女劳动力限定在家里。

> 那时候的妇女和现在不同，她们大门不出二门不迈，光在家里。那个社会是封建社会，妇女不下地。二哥跟着二叔，他们家就俩劳动力。俺爹这边有俺爹、俺大哥和俺，但大哥又干不了农活，实际上就俺爹和俺两个劳动力。

俺大哥一出学校就是干会计，不会干农活。[1]

妇女被传统村落社会限制在家庭，成为"大门不出二门不迈"，"妇女不下地"的性别角色，不能参加土地上的劳作。加之妇女都被缠足，也不便下地劳作，只能在家庭从事房屋范围内的劳作。家庭也会根据儿子的数量和经济情况，安排劳动力的行业分配，例如何运章的大哥被安排到学校学习会计知识，不从事农活劳作。

> 俺这一家就是一个农民户，没有做买卖的，俺大哥不上学校后到旧城找事做，在一家花店做事，旧城的南边是束鹿，那边兴种棉花。农民摘了棉花就拿到旧城去卖，俺哥哥所在的花店就是买卖棉花的，他做会计。那时我小，没有问哥哥收入多少钱。1937年日本人来了以后，旧城就被占领了，哥哥就回来了。他回来后在家里呆了几年，他不会做农活，后来就上城里合作社当会计去了，当了10多年。[2]

2. 劳动力需求

从劳动协作的劳动需求来看，清辉头村在传统历史时期的旱作需要三个以上的劳动力，特别是耩地的时候，一个在前"傍牲口"，一个在中间掌耧并且播种，另一个在后面拉砘子压实土地，以"保墒"。但从家庭土地数量来说，土地越多的家户需要越多的劳动力。因为家户土地占有的数量不均衡和家庭劳动力数量的不同，使得土地多的家庭往往劳动力不足，而很多无地或者少地的家庭出现了劳动力的剩余。

土地占有量多但劳动力少的家庭往往采取雇佣经营和租佃经营两种模式经营土地，换言之，清辉头村最大的钱铺少鹤堂原本拥有1 000多亩地，家庭无论有多少劳动力都不够耕种，为此这个家庭采取雇请其他家庭的剩余劳动力从事耕种，并且将一部分土地租佃给劳动力剩余但土地存量不足的家庭进行耕种。富户雇请的劳动力不分村内村外，但需要有中人进行介绍和做担保，基于一定的地缘关系，雇请本地的剩余劳动力概率要大一些。富户雇请劳动力的方式分为"打短儿（短工）"、月工、长工三种形式，报酬计算方式也不同，"打短儿"当日结算工钱，月工则一月结算一次，长工则一年结算一次。中等经济条件的家庭如果劳动力剩余，则会被安排从事当学徒，从事其他行业的学习和经营，例如学习经商、抓药，做木匠、裁缝、铁匠等。贫穷家庭的富

---

[1] 何运章老人的口述内容。
[2] 何运章老人的口述内容。

余劳动力一般从事雇工。民国时期,李建文家庭就是这样的家庭,他介绍说:"我头一次出门做长工,那年我 15 岁,俺村里有一个人在西北 100 多里地的一个村子种菜。他是俺村人,在那里租地,同五六个人开了一个菜园子,这些人都是咱村的人。我跟着那个人去的,他帮我找了第一个主,因此我与介绍人是同乡。干了一年后,我就不愿意去了。因为冬天我回来的时候,从滹沱河过来,几十米的河面一片雪茫茫,一个人都没有,前不着村后不着店。我那时候还小,一天需要走 100 多里路,就害怕了,不敢去了。"[1]

李建文家庭是一个无地的家庭,租种了族中的一亩四分地,其父亲与叔叔分家后,租佃的土地只剩下七分地了,家中兄弟三人因为无地可耕都成了富余劳动力。在这种缺地背景下,他 15 岁就开始当长工,赚取粮食养家糊口。雇工是无地或者少地家庭富余劳动力的通常流向,也是传统历史时期清辉头村生产要素配置的方式之一。

(二)劳动分配

劳动分配以家庭为单位,按照性别和生产协作进行分工,其中"男主外,女主内"的家户分工成为村落家户分工的惯例。村民一年中只有五个月的时间可以从事土地上的农业经营,而长达五个月的农闲时间,村民通过其他方式的经营来补贴家用。

1. 劳动分工

传统历史时期,清辉头村的生产经营以家户为主体,因此劳动分工主要体现为家庭内部的分工。家庭的分工中,男性壮劳动力承担着家庭的主要劳动项目,包括旱地的锄地、运输肥料、耕地、耙地、盖地、耩地、砘地、除草、拔麦、收割、收拾庄稼"叉根子"、做生意等房屋以外的一切农活。女性劳动力则负责家庭房屋内的各种劳作。

> 最先的时候,女的裹小脚,不能到外面干农活,但这个时间比较早,比我出生还早。我出生后,有一个同辈女性裹过几天脚,后来就不裹了。有一段时间剪辫子,放小脚。如果你不剪辫子,有人拿剪刀帮你剪。女的裹小脚,不上地里去,不上集上去。我小的时候,有少数女的上地里干活了,大部分女的在家里,纺棉花、织布、弄锅头。妇女用织布机用棉花织粗布衣。[2]

民国中后期家庭的女性劳动力不再裹小脚,但还是"不能上地里干活",主要负责家庭内部的所有农活,包括洗衣、做法、扫地、喂养牲口、喂养家禽,将男劳动力运

---

[1] 李建文老人的口述内容。
[2] 王庚凯老人的口述内容。

输到家庭场房的庄稼晒干、脱粒、存储。此外，女性劳动力还有专属的农活，包括纺棉花、织布、制作衣裳、缝补衣裳、制作鞋帽、照顾家庭的老人等各种劳作。

> 我小时候，衣服是俺娘洗，后来大嫂来了，全家的衣裳是大嫂洗。当时人多，家里活是大嫂做得多。那时候洗衣服都是手洗，没有洗衣粉、洗衣液，用做饭的灰做成灰水，用来洗衣服。再一个是碱水，就是发酵面粉的碱性水。碱性水花费大，也不大使用。俺这个家人不少，10来口人，俺娘和俺大嫂都会干家务。[1]

家庭女性分工具有辈分接替的秩序，从长辈逐渐过渡到晚辈，反映了家庭内部地位。家庭中的小孩也不能闲着，满了8岁以上的男孩、女孩都要开始帮家庭做力所能及的农活，例如男孩子帮着捡拾狗粪、牛粪等粪便，女孩学做纺织棉花、扫地等轻便农活。

> 小孩的活分家庭情况，9岁小孩就可以给家里担水了，从土井里担水。北头的井叫北井，其他头也有井。土井水可以饮牲口，有时候人也可吃。哪头都有井。村里当时的甜水井就两个，一个是北井，一个是洋井。[2]

家庭生产是全面参与的过程，老人和小孩也分饰着不同的生产角色。老人在健康状态下，也不会坐着等人伺候，也在家庭中从事力所能及的事务，包括收拾家务、指导治家、帮衬农活等。小孩则根据能力承担着一定的家庭生产任务。

2. 劳动时间

传统历史时期清辉头村没有通电，夜幕降临的时候，家家户户依靠灯油从事家户内部的日常活动。但多数家庭为了节约灯油费用，按照大自然规律"日出而作，日落而息"。由于清辉头村的冬天时间较长，春天少雨也不能耕作，因此，清辉头村人能够耕种的时间一般是二十四节气的小满至霜降，即五个月的时间。换言之，民国及以前时期，清辉头村人有七个月的时间不需要从事土地上的劳作，但这也不意味着人们在这七个月的时间完全处于休息状态。

---

[1] 何运章老人的口述内容。
[2] 李志勋老人的口述内容。

农闲的时候，人们总不能都闲着，要从事其他事情。例如剃头匠从事剪头发、做小生意、做木匠、跑牲口车拉运货物。春天来了，人们使用碌碡压实房顶，补漏房顶防止漏水。[1]

自然环境使得村民在一年中大多数时间不能在土地上进行劳作，但人们不愿意闲置时间，想尽一切办法从事各种形式的生产经营活动，以补充家庭的收入。男性劳动力从事的经营主要是做小生意，有手艺的从事手艺活，有牲口的家户还可以从事"拉脚儿"。妇女更是一年四季都闲不了，农闲时候从事纺织粗布、缝制衣裳等工作。

（三）劳动工具

传统历史时期，清辉头村的生产工具根据大小、特性可以分为大型工具、小型工具和牲口工具。在生产过程中，人们发生劳动工具的置办、使用、借用等关系。

1. 大型工具

传统历史时期，清辉头村的大型工具主要有犁、耙、耧、盖，并非每个家户都能置办，需要具备一定经济条件的家庭才能置办，没有大型生产工具的家户可以通过互助、借用、雇请等方式完成生产。

（1）犁及购置关系

犁是村民用犁套上牛、骡子、驴、马等牲口，在大块土地上进行耕地的生产工具，一般用于面积较大粮田的翻耕。犁作为大型工具，也非任何家庭都置办，有些家庭置办不起，采取人工的方式进行耕种。"如果家里地少的，只有3—5亩土地的家庭，什么大型农具都没有，没有犁耙，耩地的耧也没有，只能靠借，但中农以上的家庭一般置办有犁、耙、耧等部分大型生产工具。"[2]

家户置办犁需要具备一定的条件，分别是：其一，拥有土地15亩以上的家户才会置办犁，不足15亩土地的人家有的依靠人力，有的依靠换工、借用等方式来完成犁地；其二，喂养有牲口，或者曾经喂养有牲口的家庭才会置办犁；其三，拥有男性劳动力的家庭才会置办犁，因为女性不出家门参加土地劳动，不能够使用大型工具。

（2）耙及使用关系

耙是用犁耕地之后，用于碎土和平地的工具。农民用牲口套着耙，把刚刚犁过的土地整平，便于播种。耙是与犁配套的生产工具，合称犁耙。一般来说，购置有犁的家庭也同时购置有耙，使之成为一套大型生产工具。耙作为大型劳动工具，在生产过

---

1 李志勋老人的口述内容。
2 李建文老人的口述内容。

程中所产生的社会关系如下：其一，犁耙是配套工具，只有当家庭土地达到一定数量规模后才置办。家户的土地达不到一定数量规模（10亩以上），则会选择人力等方式耕种土地，例如有1—6亩地的家户，人工就能完成耕种，因此也不需要购置犁耙等大型生产工具。其二，耙与外借关系。耙是大型生产工具，对一个家庭来说所购置的成本很大，因此不轻易外借。如果有人来借，双方关系十分亲密是基本前提，还要看是否正在使用。外借的时候，只有当家人才对耙的外借具有决定权，其他家人不能答应外借。其三，耙与生产协作的关系。清辉头使用耙的时候，一般不是一个人在操作，而是两个人在协同，即前面有一个人牵着牲口走道，后面有人掌着耙平地。因此，用耙平地涉及生产协作问题，如果家庭劳动力不够，还得找人要么串忙，要么换工，否则一个人不能完成。

（3）耧及使用关系

耩地需要用到耧，耧是耩地过程中把种子播在土地的工具。如果说耕地、耙地所匹配的犁耙是具有一定规模土地的家户常备的大型生产工具，那么耧则是少数耩地的"老把式"家庭才会置办的大型生产工具。因为很多人会耕地、耙地，但不会耩地。耩地是干农活大把式才会的手艺。

购置耧的家庭需要具备的条件：第一，家庭一定拥有土地20亩以上，没有这个数量的土地一般可能购置有犁耙，但不会购置耧，因为耧这个大型工具不但昂贵，操作起来也需要技艺。耩地是犁地、耙地之后的第三道工序，也是清辉头耕种旱地农活时的耕、耙、耩、盖四个中最繁复的工序，很多农民都不会耩地。很多土地少的家户要么选择请工，要么选择换工，但不是购置耧进行耩地。第二，家庭有干农活老把式成员。经济富裕的家庭，要么有干活的老把式，要么雇请农活老把式，才会置办耧。但一般的家庭，如果当家人就是农活老把式，家庭有20亩地以上一定会置办一套耧，不但满足自己家庭农业生产的需求，而且被人请工的时候还有工具可以劳作。第三，家庭有耕地的牲口。牲口是衡量一个家庭财富的象征。没有牲口的家庭，不会选择购置耧这样的生产工具。

耧在生产过程中的使用关系如下：其一，耧与生产协作的关系。何运章老人说，耩地需要三个人，一人傍牲口、一人拿耧耩地、一人拉砘子盖地，有时候两个人也可以，但这时候就没有人拉砘子了，砘子系在耧上。一个人也可以耩地，要求牲口必须是熟使的牲口。一个人耩地的很少，大部分是两人。"我父亲是庄稼汉，耩地也是一把好手，在这北头也是有名，我就是跟他学的。我学的时候套着牛，拉着耧，俺爹帮我牵着牛，这个叫傍耧，要我学着耩地。俺爹傍着几次耧，我就学会耩地了，耩出来地直，在村里耩地算是好的。我有个后邻家，他要我跟他耩地。他家在村北的那片地挺长，耩谷子，耩12 撅谷子接一撅高粱，地里十分好看。人家都评价这户耩这个地真好。"[1] 耧所需的劳动力多，需要村民之间进行劳动协作才能够完成。耩地是一门技术活，因为涉及套种、间种，需要农活老把式手把手教才能够学会。其二，耧一般不外借，因为是贵重生产工具，没有耧的家户需要耩地的时候，不但需要借耧，还需要请人，所一般直接雇请拥有耧的老把式耩地。

(4) 盖及购置条件

"盖"是一种由木头制成，上面有很多树条编织而成的工具，用于耕地、耙地之后整平土地。村民用牲口套着"盖"把粮田土地梳理平整。盖是一种辅助工具，如果说耙能够大体整平土地的话，那么盖能够在细节上整平。购置盖的家庭条件：其一，家中有犁耙大型工具之后才会置办"盖"，因为"盖"是一种辅助工具，如果家中没有犁耙，单独置办"盖"的作用不大。其二，家中有牲口。有牲口的家庭才会使用到"盖"，没有牲口的家庭很少会购置盖这种生产工具。

(5) 风车及使用关系

风车是秋收时候使用的生产工具，其作用在于扬尘、净谷。风车的一个主要特点是造价高，使用少，不是常备生产工具。风车使用的频率少，一年才用一回两回的，但收割庄稼的时候又必须使用。鉴于风车的特性，风车的置办正如李志勋老人所述："购置风车的家庭分为两种情况：一种是大户人家单独置办，因为大户人家经济实力强，土地数量多，因此选择购置风车；另外一种是家户共同购置风车，风车不经常用，但收割庄稼时候又需要使用，为了节约成本，大伙共同购买。"[2]

根据以上所述，风车置办分为家户单独置办和共同置办两种置办关系。土地不多的家庭要么与兄弟、族人、邻里共同置办风车，要么借用风车。购买风车需要一定的经济能力，即使共同购置，家户也需要分担一部分钱，因此拥有10亩地以上的家庭才会愿意共同分担购买风车的费用。土地不足5亩的家庭一般不会选择购置风车，往往借用其他家户的风车，或者采取其他方式为庄稼除尘。

风车在使用过程中产生的使用关系：其一，风车使用与季节关系极大，大部分集中在春收和秋收的时候使用，其他时间长期闲置。其二，与犁耙耧盖等生产工具相比，风车对劳动力没有特别多的要求。家户中使用风车的多为家庭妇女，因为她们负责麦子、谷子、高粱的收拾、扬尘等工作。其三，几个家庭共同购买风车，其产权是按照

---

[1] 何运章老人的口述内容。
[2] 李志勋老人的口述内容。

比例进行分配，一般为共同均摊购买费用，产权也按照比例分配。

(6) 碌碡及使用关系

碌碡就是一个四方架，固定着一个圆形的石头，用牲口来拉着碾压谷粒使谷粒脱落的生产工具。碌碡是一块被石匠雕刻成为圆柱状的巨大圆石，其使用的场地是每家每户都置办的场房。清辉头村在房屋建造过程中专门建了一处场房，场房一般置于后院，其上有房顶，四周有院墙，大门可以供牲口拉车出入。场房面积较大，平时用于盛放牲口车，秋收时候场房主要用于晾晒小麦、棒子、谷子、高粱。谷子、高粱的颗粒脱粒工作通过碌碡在场房中进行。此外，碌碡还有一个功能，就是用泥土抹房顶的时候，可以用碌碡压房顶上的泥土。碌碡的使用特征：其一，碌碡不是常用的工具。一般来说，碌碡和风车一样，其特点都是闲置时间长、使用频率少，所以置办碌碡的家户不多。其二，碌碡一般只有在场房中才会被使用，没有场房，碌碡则没有场所施展其功能。其三，碌碡比较笨重，需要牲口拖着滚动，有牲口的家庭才会购置。

碌碡在生产过程中的使用关系：其一，在生产使用过程中，由女劳动力使用牲口拖着碌碡碾压谷子、麦子、高粱，进行收拾、扬尘等工作。其二，大多家户不购置碌碡，外借碌碡的人一般是关系紧密的邻居、亲人、朋友，只要当家人同意，碌碡可以外借，因为碌碡这种巨石做成的生产工具不易损毁，外借过程中不需要担心损毁问题。

2. 小型工具

清辉头村的小型工具有锄头、镰刀、平耙、木锨、砘子等。小型生产工具几乎家家都配备，其使用不需要借畜力，人力便可。

(1) 锄头及使用关系

锄头是家户最基本的生产工具之一，用于锄地，几乎家家都备有，而且按照家庭的劳动力配备。农业生产是在土地上从事耕耘，锄头就成为不可或缺的生产工具，也是清辉头村民使用频率最高的生产工具，它不但可以用来锄土，还可以从事锄草、清理土地等相关工作。锄头在生产过程中的使用关系：其一，锄头与打短工的关系。清辉头没有土地的家户依靠打短工补贴家用。这样的打短工的人天微微亮就要到人市进行集合，等待雇主的雇佣，一般需自带锄头。如果有人自带锄头，有人不带锄头，雇主优先雇佣带生产工具的人。其二，锄头与换工的关系。每个家庭的锄头数量有限，一般是按照壮劳动力匹配的，换工时候两家或者两家以上的壮劳动力在一起做工，当事家庭的锄头不够使用，要么依靠借，要么需要各自携带锄头。其三，锄头与外借的关系。锄头这样的生产工具，临时相互借用十分正常，但借期均为一天，即要求当天借当天还。外借锄头的多为附近的邻居，住处相隔较远一般不外借锄头，除非是儿女亲家等关系紧密的人。

(2) 镰刀及使用关系

镰刀也是清辉头农民常备的生产工具之一，几乎家家备有，秋收时候使用最多，是收割庄稼必须使用的工具，一般家庭也是按照劳动力数量，人人配有一把。镰刀的用途十分广，除了每年收割庄稼，还用于收割猪草、牲口草料，野外采集草药等。镰刀在生产过程中产生的使用关系：其一，镰刀与雇工的关系。清辉头雇工市场十分发达，雇工分为长工、月工、短工。穷人如果被主家雇佣为长工、月工的话，一般是主家为雇工准备镰刀等生产工具，但是如果穷人为打短儿，有时需自带镰刀等小型生产工具。其二，镰刀与外借的关系。镰刀虽然是家户常备的小型生产工具，但遇到农忙抢收或者其他情况，也常常发生镰刀外借的事情。只有关系紧密的人，家户才会外借镰刀，因为镰刀的锋刃特别薄，遇到硬物容易出现缺口，损坏镰刀。其三，镰刀与生产的关系。秋收忙的时候，亲友、乡亲之间需要相互换工或者串忙，但当事家庭没有那么多镰刀，那么换工的邻居或者串忙人自己带镰刀，或者向附近邻居借用。

(3) 木锨及使用关系

木锨就是收割庄稼用的，用于归拢庄稼，几乎家家有。木锨制作十分简易，使用木头制作而成，对木锨质量要求高一些的家庭或是从每年三月庙会以及集市购买，或者找木匠制作，贫困家庭使用一根木棒和板子简易制作而成。木锨对于清辉头村人来说主要特点是制作简易、价格低廉、家家拥有。木锨的主要用途是归拢庄稼、杂物、细碎柔软的物品。木锨在生产过程中的使用关系：其一，木锨与家庭劳动分工的关系。多数情况下，木锨几乎是小孩和妇女使用的生产工具，她（他）们在家庭生产中属于辅助关系，使用木锨在土地上归拢庄稼秸秆，特别是谷子秸秆、高粱秸秆等。其二，木锨与外借的关系。家户几乎都具备木锨，木锨外借的情况不多，但有些家庭没有木锨或者木锨损坏了，也需要借，外借木锨不一定需要家长同意，家庭成年成员都可以同意外借木锨。其三，木锨与家庭土地的关系。木锨与家庭的经济状况的关联性不大，任何家庭都可以置办。

(4) 平耙及使用关系

平耙由铁制成的钉耙与木棒制成的手把构成，平耙不能够由家户自己制作，需要到市场上购置，或者需要购置钉耙，村民自己制作手把。平耙是一种小型生产工具，类似于锄头，几乎家家都备置。平耙的特点主要是价格便宜、使用频率高。平耙是清辉头家户从事农业生产不可或缺的生产工具。

平耙在生产过程中的使用关系：其一，平耙与家庭劳动分工的关系。在家庭劳动分工中，平耙几乎成为男性劳动力的专属劳动工具，女性劳动力几乎不使用平耙。家庭的男性劳动力使用平耙完成的工作主要是平整土地、清理牲口圈的脏土等。其二，土地不多的家庭使用平耙平整土地，因为他们不能置办犁耙，平耙则成为代替耙。其三，平耙与家庭土地数量的关系。如果说拥有20亩土地以上的家庭大多数使用畜力和大型生产工具从事农业生产的话，那么拥有10亩地以下的家庭大多使用人力和小型生产工具从事农业生产，平耙是少地家庭经常使用的生产工具。

（5）砘子及使用关系

砘子是一种用石材制作而成的生产工具，是清辉头村民耩地播种时候的辅助性生产工具。砘子的用途在于压实土地，换言之，土地经过犁地、耙地、盖地之后，村民开始进行耩地。耩地的过程是一个人在前面拉着牲口，一个人在后面掌握着耧进行播种和翻土覆盖种子，一个人在后面拉石砘子压实土壤，其目的在于保留土壤的水分不散失。清辉头有一句嘲讽的话："傻子拉砘子"，说明了拉砘子是一件相对容易操作的耕种方式。购置砘子的家庭条件：第一，家中有牲口。石砘子是耩地的辅助工具，前面有牲口拉车，后面才能够使用砘子压实土地。因此，砘子是喂养牲口的家庭才会准备的生产工具，没有喂养牲口的家庭很少愿意准备这样的工具。第二，耕种土地。砘子是旱地耕作的辅助性生产工具，只有家庭自己耕种土地或者租佃土地，才会使用砘子。第三，家庭有劳动力。劳动力是从事农业的基本要素之一，清辉头原来只有男性劳动力才会从事土地耕种，因此使用砘子的必须也是男性劳动力。如果家庭男性劳动力不足，可以通过请工、换工、帮工等方式，换取拉砘子的人手。

砘子在生产过程中的使用关系：其一，砘子与石匠的关系。砘子是石匠雕刻制作而成的生产工具。在清辉头村，石器生产地与村庄相距几十里，村民需要赶着牲口车到两百里的山脚下购买石器。从这个意义上说，购买砘子实际上是村民与石匠跨村庄的一种交换方式。其二，砘子与旱地耕作的关系。稻田耕作方式与旱地耕作方式差别很大，稻田耕作方式不需要砘子，但旱地耕作方式则需要，只有用砘子压紧了播种后的土壤才会使得水分不散失，种子才能够发芽。

3. 牲口工具

华北平原的牲口使用与南方不同，南方多数地区以养耕牛为主。清辉头村作为华北平原的村庄，较之南方村庄来说，喂养牲口种类较多，包括马匹、骡子、耕牛、驴等牲口。村落里的人们在置办、喂养、使用牲口工具的时候形成了一定的社会关系。

（1）马匹及使用关系

传统历史时期的清辉头村，置办马匹基本是土地在60亩以上的"高门大户"，马匹善于奔跑且奔跑速度较快。"高门大户"拥有马匹的产权，但使用马匹的人通常并非完全是家庭成员，有些家户是由常年雇请的长工进行使用。

马匹在日常使用过程中形成了一定的使用关系：

其一，马匹与长工的关系。富裕的大户专门雇请赶马车的长工，其主要任务是喂养马匹和赶马车。赶马车的长工长期与马相处，包括住在离马圈不远的地方，便于喂养马匹，"马无夜草不肥"，长工半夜需要给马匹喂草料。平时，赶马车的长工等候掌柜的召唤，为其赶马驾车。

其二，赶马车与掌柜的面子的关系。喂养马匹在清辉头村象征着社会地位，因为只有"好户"即土地在60亩以上的家户才能喂养得起马匹。老人介绍说，赶车的长工如果拉着马车在路上为掌柜的驾车赶路，被后面赶来的马车飞驰超越的话，掌柜的觉得自己没有面子，也认为赶车的长工赶车技能不好，长工因此面临着被辞退的可能。

其三，马匹运输与家庭经济的关系。马匹虽然是"面子工程"，但会精打细算的好户绝不会让马匹和赶车的长工长时间的歇息，因此马匹实际上长时间地从事着生产活动。例如，清辉头村最大的富户李书田雇请的赶马车长工，除了为掌柜的驾车出行外，还从事着粮食、药材等货物的运输工作。

在清辉头村，很少发生马匹的借用，有三个主要原因：其一，马匹买卖价格十分昂贵，主家担心马匹在使用过程中发生意外伤害，借用人赔偿不起，借用人基于同样的原因不会借用马匹。其二，驾驭马匹需要一定的技艺，没有马匹的家庭一般不会使唤，就得连同人带马一起借用，对于产权人来说，通常情况下都不情愿无偿借用。其三，马匹拉车可用牛车、驴车、骡子车进行代替，对于没有马匹的人来说也没有必要借用。

（2）骡子及产权关系

骡子的特性则是气力大，耐力好，耕地效率高。因此骡子的置办价格相对昂贵，甚至与马匹的价格相同，只有土地较多的富户才喂养骡子。清辉头村的富户李书田，不但喂养了两匹马，还喂养了四五头骡子，因为其土地较多，需要多头骡子才够进行春耕、夏种、秋收、冬藏等工作。家户拥有骡子的产权主要表现为以下方面：第一，骡子的支配权。家户拥有自己购得或者继承而得的骡子的全部产权，主要表现为支配权。支配权意味着家户拥有骡子的处置权，包括赠送、买卖、宰杀等，其他家户不得干涉。第二，骡子的使用权。民国以前的清辉头，家户置办骡子主要是为了取得骡子的使用权。一般而言，家户对骡子的使用主要有两个方面:一个方面是骡子用于耕地,骡子的气力大,耐力好,是耕种土地比较好的选择。另一个方面是骡子用于拉车。骡子耕地一年只有两段时间,分别是芒种时期和秋分时期,芒种耕地是为了耕种,秋分时期耕地是为了来年土地更加肥沃,便于耕种。除了这两个时期外,骡子也不能闲着,平时用于拉车,包括拉运货物、请医生看病、接送亲戚等。第三,骡子的外借决定权。在清辉头,亲人、族人、邻居之间也会发生互相借牲口的情况,当有人来借骡子的时候,有产权的家户具有是否外借骡子的权利。

清辉头人在骡子喂养过程中形成的关系如下:其一,喂养骡子与家庭经济情况的关系。在清辉头村,喂养牲口的方式分为伙养牲口和自养牲口。但伙养牲口不包括马和骡子,因为这两种牲口的购买价格相对高昂,对于本来就买不起牲口的农民来说,不会选择骡子作为伙养的牲口。因此,骡子的喂养方式基本是家户自养。其二,喂养骡子与土地占有量的关系。骡子的食物来源于庄稼秸秆,包括小麦秸秆、谷子秸秆、玉米叶、高粱秸秆和叶子等。骡子需要较多的秸秆作为草料,因此土地比较多的家庭才能够获得足够的草料喂养骡子。换言之,土地比较少的家户不但没有足够的本钱,而且因为土地存量较少,土地上产不出足够的庄稼秸秆来喂养骡子。其三,喂养骡子与家庭分工的关系。骡子的价钱较为昂贵,占据家户收入的较大比重,因此家户比较重视,会专门安排一个人用大部分的时间来喂养牲口,包括闸草、拌料、喂料、每天更换牲口圈的垫土等。

(3)耕牛及伙养关系

清辉头村中等经济水平的家庭一般喂养耕牛。根据何运章老人介绍,在他父亲与叔叔分家之前家里有二十几亩地,便喂养了一头耕牛。耕牛分为自养和伙养两种方式。土地在20亩以上的家庭能够单独喂养,如果只有十几亩地,往往采取伙养耕牛的方式。清辉头人把伙养耕牛称为"搭伙","搭伙"按照比例分担购置费用,有五五分、四六分、三七分,也按照比例来分担喂养任务,比例多的喂养就多一些,比例少则承担的喂养任务少,但不能不养,"因为别人也不愿意伺候人"[1]。何运章的父亲与叔叔分家之后,原来的耕牛变成了伙养关系。

> 俺家和俺叔家伙养着一头耕牛,谁使就商量着来。如果这个半月轮到俺叔喂着耕牛,俺爹需要使用耕牛,就得跟俺叔商量,反之也是一样。谁喂着耕牛,就喂谁的草,喂谁的料。草料都是地里的庄稼,谷子、高粱的秸秆,

---

[1] 何运章老人的介绍内容。

山药的藤蔓，大豆的叶子、花生的叶子。如果这些都不够了，就打地里的草来补充。[1]

限于家庭财力，合伙喂养耕牛是华北传统农村的一种常态。"搭伙"喂养耕牛的形式多样，其中一种形式是家户按照比例进行喂养，按照比例分担费用和责任、权利；另一种伙养形式是一方出资，一方出力，其权利分配是出力方获得部分使用权，但耕牛的产权和粪便全部为出资家户所有。

(4) 驴及使用关系

由于经济条件有限，清辉头拥有土地较少的家庭选择喂养购置费用较低的驴。传统历史时期，驴在清辉头村喂养的所有牲口中采购费用最低，土地不多的家户能够承受。驴的特性是耐性好，力气相对小，不仅能够耕地，还能够拉车。驴也分为单独喂养和伙养两种方式。驴的伙养方式与耕牛的上述伙养方式相同。驴的使用关系主要如下：其一，家户对单独购置的驴拥有完全产权，不但自己喂养，而且也享有全部的粪便收益和驴的使用权，外人需要借驴的时候，需要经过喂养家户当家人的同意；其二，如果是几个家户伙养的驴，则需要根据议定的比例分担购置费用、喂养义务和使用权利，如果外人借用驴需要征得所有伙养家户当家人的同意。

第二节 产权及产权关系

产权是清辉头村家户经营的基础。清辉头村的人们在传统时期，基于土地产权从事土地买卖、土地典当、土地租佃、土地置换等交易活动，并形成特定产权关系和生产生活关系。

一、土地产权概况

1949年以前，清辉头村的土地产权分为村落公地产权、家族义地产权和家户土地产权等三种类型。无论哪一种土地类型，土地产权需要经过民间论证和官方认证两个步骤。土地产权边界是土地产权的重要构成要素，包括"四至边界"和"长活、横活、中活"等土地尺寸。如果土地产权边界发生纠纷，可以通过"找地"的方式平息纠纷。

(一) 土地产权类型

传统历史时期清辉头村的土地作为生产资料，成为众多家户获得粮食以供生存和繁衍的来源。

---

[1] 何运章老人的口述内容。

1. 村落公地产权

清辉头在民国末期以村公所的名义拥有一亩多地的产权，分为两处，一处坐落在村西口，另一处坐落在村北口，具体如表3-3所示。

表3-3 民国末期清辉头村公所公地产权情况

土地位置	土地种类	亩数
村西口真武庙空地一段	旱地	0.439
村北口三官庙一段	旱地	0.576

资料来源：根据清辉头村村委会提供的资料整理。

上述所示，清辉头村以村公所的名义拥有的两处土地均为公地，可以耕种粮食。该土地位于真武庙和三官庙原有的空地。

2. 家族义地产权

清辉头村与华南地区的宗族村落不同，也与部分家族聚落不同，没有为了进行家族的公共祭祀活动而建立家族公共土地产权。但清辉头村的家族为了解决族人逝后的安葬问题，共同置办了"义地"，也即家族坟地。义地一般具有固定的边界和亩数，由于坟墓是逐渐增多的，部分义地没有安葬族人的时候，可以用于耕作经营。

> 我们家属于少鹤堂，这一家大，坟地都有好几十亩，往南走都是我们的坟地，现在都盖房了，把墓给平了盖房。[1]
>
> 原来一个族，一个姓有自己的坟地，这个族有一块坟地。但有些姓不是，例如东头一个孟，西头一个孟，他们不是一个家族，不是一个坟地。族地多少没准，族大（坟地）就大，族小（坟地）就小。如果是十户百户的大族，坟地就大。[2]

家族义地的土地规模与家族势力和财力的大小存在密切关系。李建文所在的李氏属于清辉头村最大的"南头李"，家族势力大，义地因而相对较多。家族义地的产权归家族所有，土地产权登记于家族公推出来的族长名下，并且要标注土地性质。例如，清辉头村张氏的家族义地共有27.358亩，登记在民国末期公推的族长张雅堂名下，如表3-4所示。

---

[1] 李建文老人的口述内容。
[2] 李志勋老人的口述内容。

表 3-4 民国末期清辉头村张氏家族义地情况

产权户名	土地坐落位置	土地种类	亩数	备注
张雅堂（族推公名）	辛庄至康庄道南北坟地一段	旱地	1.669	
同上	二、三两段	旱地	4.144	
同上	四、五两段	旱地	4.901	
同上	六段	旱地	1.030	
同上	七段	旱地	3.100	
同上	八段	旱地	1.150	
同上	九段	旱地	3.000	以上九段相连
同上	村北辛庄道之西东两地三段	旱地	6.971	
同上	村北辛庄道之西东两地一段	旱地	1.393	

资料来源：根据清辉头村村委会提供的资料整理。

27.358 亩义地用于家族修建坟地，整体可以种植树木，未修坟茔的地方则可以耕种庄稼。

3. 家户土地产权

土地根据用途的不同，可以分为养老地和自耕地两种产权类型。养老地是家户分家时候单独划分出来用于供老人养老的土地。自耕地为家户用于生产劳作获取粮食的土地，属于清辉头村在传统历史时期最为常见的一种土地形式。

（1）养老地

村里有些老人说有养老地，但十分少，且每个家庭都不一样。因为清辉头贫富分化相对严重，大部分是贫农，没有土地，当然也没有养老地。只有中农以上的家庭分家时候才会留出养老地供养老使用，但并非每个家庭都留出养老地，很多家庭选择把土地全部按比例分给儿子，采取轮流养老。养老地的产权分为两种形式：其一，养老地的产权登记在被养老的老人名下；其二，老人有意愿指定由谁养老，养老地则登记在哪个儿子的名下。

（2）自耕地

自耕地是家户产权土地最为常见的使用形式，为家户共同拥有，但土地产权往往登记在户主的名下。自耕地多数为祖祖辈辈相传而来，很多家户的土地是通过世代的购置积累而成。鉴于自耕地的世代积累性，每个家户的自耕土地数量并不均同，总体来说，八成家户都拥有土地，且土地数量在 10—30 亩之间的家户为大多数，但自耕土地悬殊，有些家户的土地上千亩，有些家户土地拥有量较少。但家户自耕土地多少则可以通过租佃经营的形式调剂，即自耕土地较多的家户将土地对外租佃，少地或者无地的家户则租入土地，以此实现生产要素的优化组合。

(二)土地产权认定

土地产权的来源分为开荒、买卖、典当、继承等多种方式,因而土地的产权认证也不同。

1. 土地开荒与产权认证

传说中明朝永乐皇帝朱棣把人们从山西洪洞县一带迁往清辉头村,当时清辉头村长期遭受战火早已荒无人烟,迁入的移民可以占地建造房屋和开荒土地。

> 根据老人传说,祖先被朱棣皇帝从山西迁往到深县的时候,到处有荒地。朝廷也鼓励人们开荒,谁开荒的土地就是谁的。当时每个村庄人口都少,清辉头村也一样,有足够的土地供人口开荒。朝廷规定,人们开荒以后要到衙门登记,前三年不收税,三年以后向朝廷领取土地证书,开始交田赋。[1]

土地开荒仅限于明朝中期以前,明朝后期以后土地被开荒完毕。清朝至民国时期,清辉头村再无荒地可以开荒。村民开荒后先到衙门进行登记产权,三年期满后才能去认领产权,土地产权才最终被国家承认。

2. 土地买卖与产权认证

传统历史时期,清辉头村的土地买卖自由。人们在土地买卖过程中的产权认证分为两个步骤,其一是民间买卖土地先签订白契,在衙门规定的一段时间内换领红契。清辉头村民间买卖土地是经过中人介绍,土地买卖双方协商好土地价格、丈量好土地后,在中人的见证下签订土地买卖白契(又称为"草契")。传统历史时期的衙门规定,买家拿着白契、土地原契便可换领红契。

> 买卖量好算好亩数以后,就签白契,协商买方是谁,卖方是谁,就盖村公所里的戳,村里有一个公证人。白契要写上四邻的名字,顶着什么道。时间长了,就拿着白契去村里交换税契,即红契。红契就是经过县政府的,就是公家盖了那个大戳(公章)。你拿着个白契,就不如红契硬实。白契只写一份,叫上四邻、中人、大队的人,买地人请吃一顿饭,那叫"摆佫食"。这个白契就交给买地人。没有发生强卖强买。

土地买卖的产权认证过程,是一个有着严格程序的认证过程。它先得经过村落民间社

---

[1] 李志勋老人的口述内容。

会的认可,也即白契的签订过程,然后才是官方的认可,也即红契的签订过程。白契遵守的地方民俗,红契遵守的政权法律,相辅相成,构成了传统清辉头村的产权认证系统。

3. 土地典当与产权认证

土地典当期间不能进行土地产权认证,但很多土地在典当期间,出典人不能在规定时间内赎当。换言之,土地典当超出了典当时段后,承典人才具备土地产权认证的资格。总体来说,土地虽然是典当关系,但是超出土地典当日期,承典人有权拿着土地原契和土地典当契约到县衙门进行土地产权认证,土地产权归承典人所有。在传统历史时期,村民为了逃避产权认证过程中缴纳的契税,也存在承典人不换领土地红契的情况,在这种情况下,土地产权虽然没有得到国家的承认,但实际控制在承典人手中。

4. 土地继承与产权认证

土地继承是家户获得土地来源的主要方式,多数家户从原生家庭中分家继承土地而获得土地,少部分从无子嗣的近亲或者有族亲关系的家户继承部分土地。无论是哪种土地继承方式,在相关权利主体的认可和中人的认证下,签订分单或者继承契约,拿着原契和分单或者继承契约的情况下,土地享受人也可以到县政府换领土地红契。但土地享受人在换领红契的时候,同样需要缴纳手续费和契税。换领土地红契后,土地产权则被国家正式承认。

(三)土地产权边界

传统历史时期,清辉头村每个家户的土地都有清晰的产权边界,而且产权边界得到乡邻的认可。

1. 产权边界概况

任何一块土地都有边界,传统历史时期清辉头的土地亦然。具体每一块土地都有"四至边界",而且"四至边界"并非产权人随意标注,不但需要标明土地长、横各自尺寸,而且"四至边界"需要相邻土地业主的确认。以民国时期清辉头村张士俊家庭的土地为例,其土地产权"四至边界"如表3-5所示。

表3-5 民国时期清辉头村张士俊家庭的土地产权边界情况

土地坐落位置	土地亩数	四至边界
大寺小道东西地一段	2.11	东至刘顺;西至刘山昆;南至张秋;北至徐地
孟家坟南北地一段	3.04	东至刘顺;西至道;南至孟相花、杨老清;北至张士端
辛庄道东西地一段	2.15	东至大道;西至辛庄;南至王驮;北至张老弓
城里道东西地一段	1.61	东至下头;西至道;南至何老游;北至杨占锁

资料来源:根据清辉头村村委提供的资料整理。

从表3-5可以看出，每一块土地都有四至边界，而且在土地买卖、继承、典当等过程中签订的分单、契约上面都标注"四至边界"，特别是在土地买卖的契约上有邻居作为中人的签字确认。村民还在粮田边界上栽树、种"灰眼"，栽种石头等明确界线。

2. 边界纠纷与"找地"

传统历史时期，清辉头村的粮田多数种粮食。种粮食有一个程序就是耩地，耩地过程容易引起土地边界之一土塎的变动，有些家户发现自己的土地面积变小。在这种情况下，拿着地契去村公所，或者去找本家族的族长等，恳请他们帮助主持公道。

> 他们老百姓之间土地的界线，一般种植一棵小树，要么是樟树，要么是其他树。土地经常得量，我家土地不够了，就去"找地"，把周围有土地的人都叫过去，看谁占多了，通过量地来找回"不够的土地"。有时候量隔壁找不出来，要多量几家。多量几家就量出来了。[1]

"找地"是解决土地边界纠纷的通常模式。它需要寻求"有权威的人士"，包括清辉头乡的乡长、族长等人，将周围土地的户主都叫在一起，各自携带地契，按照地契的尺寸进行量地，找回"丢失"的土地。

二、土地买卖关系

土地买卖是明清至民国时期的清辉头村各个家户最为重要的大事，因为土地成为衡量家庭经济地位主要评判标准，也是家庭衣食住行的主要来源。清辉头的土地买卖关系由土地买卖规则、土地买卖程序、土地买卖频率与规模、土地买卖契约等要素构成。

（一）土地买卖规则

传统历史时期，清辉头村各家户的土地属于家庭私有财产，允许自由买卖，但土地买卖需要遵循一定的秩序与规则。

1. 土地买卖自由

传统时期，清辉头村的土地买卖自由，各家户可以根据家庭的具体情况决定贩卖土地或者购入土地。

> 土地买卖自由，谁愿意买就买，谁愿意卖就卖。我想去（卖）点地，几

---

[1] 李建文老人的口述内容。

亩几亩，在哪里，就去告诉村里那几个管事（中人），他们专门从事土地买卖交易。你想去（卖）地，你就告诉他们呗，他们管着这个事，一个村的就那么几个人管着这个事。[1]

传统历史时期华北地区的土地买卖全凭家户当家人的意愿，当家人形成土地买卖意愿，便可自由地进行土地贩卖或者购入。国家也允许土地买卖，但需要收取土地交易后换取官契的契税以及手续费。

2. 中人说合见证

清辉头村的土地买卖并非买卖双方的事情，需要中人进行说合与见证。通常情况下，中人只愿意为产权无纠纷的土地买卖进行说合与见证，换言之，买卖的土地必须有原来的白契和官契，产权清晰完整，不存在纠纷，才能买卖交易。中人说合是土地买卖的关键。

> 如果你想要（买）地，或想去（卖）地，发布消息可以找当街的介绍人，兴去地，兴要地。庄客地（庄基地）可以自由买卖，找介绍人，要给钱，如果你要去地，你找他需要给佣金。你买地，要找他找地，也要给佣金。买卖文书里面，要写介绍人的名字。[2]

根据以上所述，中人是土地买卖的关键角色，只有在中人说合的前提下，土地才能进行买卖。除了以上的介绍中人，见证中人也十分关键，由近亲、族亲、乡长、闾长、四至边界的邻居担任。

3. 广而告之乡亲

传统历史时期，土地买卖不是秘而不宣的事情，相反土地买家努力广而告之乡亲，让更多村落乡亲知道土地买卖的事实。这实际上是建立一种舆论机制来保护自己的利益，以免卖家反悔或者不认账，陷入土地买卖纠纷的泥沼。"买地要想办法让乡亲们都知晓，能够防止卖家耍赖不认账。因此，买地的家庭要请卖家的族亲、土地的四邻户主、丈量人、代字人、见证中人、乡长、闾长以及相关人吃饭，并且在吃饭之前，当着众人的面签订土地买卖契约，并且付清土地购买款项。"[3]

---

[1] 何运章老人的口述内容。
[2] 何运章老人的口述内容。
[3] 李志勋老人的口述内容。

（二）土地买卖程序

传统历史时期，清辉头村的土地买卖程序包括形成意愿、中人说合、磋商价格、丈量土地、中人见证、"摆侉食"、换领红契等环节。

1. 形成意愿

土地买卖的最基本前提是形成土地买卖意愿。根据清辉头众多土地买卖契约，土地贩卖的主要原因是"因钱使用不便"。对于土地买家来说，扩大生产成为家户购入土地意愿的主要原因。

> 土地买卖首先要有意愿，比如大户有扩张意愿，或者有的人在外面做买卖有钱了，想回来置地，或者有的勤劳致富的，想买土地，就得找地啊。那么谁卖地呢？基本上是病人卖地、死了人卖地、天灾卖地，再一个是遇事了、出事了才会卖地，这是正常卖地情况，还有赌博卖地的，打官司卖地的，被罚款的、抽鸦片的、好吃懒做的卖地，总之是生活遇到困难了才卖地。[1]

根据杨占恒老人的以上所述，家庭"遇到事"成为家户卖地意愿的主要原因。买地的家庭往往做买卖发财了想置地，或者有了世代积累的财富，"想买"构成了买地的主要意愿。

2. 中人说合

土地买卖的一方形成意愿以后，便通过中人或者身边人发布土地买卖信息，之后信息在乡亲之间扩散。

> 土地怎么卖呢？有人专门打听谁要卖地，谁要买地，他就去搞串通去了。这有地你买不买，或者这有地你卖不卖，原来谈价格通过中间人，通过幕后，在买卖双方之间来回地说。[2]

介绍中人成为土地买卖双方进行信息沟通的枢纽和桥梁。土地买卖双方依靠介绍中人从中说合，才能达成交易意愿。买卖双方在没有确定买卖意愿、交易价格等前提下，一般不选择见面，由中人"搞串通"，便于达成交易共识。

---

[1] 杨占恒老人的口述内容。
[2] 杨占恒老人的口述内容。

3. 磋商价钱

买卖双方通过中人磋商单位价格,即一亩多少价钱,每亩土地价格由土地用途、肥沃程度、远近程度、市场价格等众多因素决定。传统历史时期,清辉头村的土地价格如表3-6所示。

表3-6 民国时期清辉头村土地买卖价格情况

土地等级	土地特征	每亩地价格(现大洋)
一等地	保水、保肥,能够种植小麦、谷子、棒子、高粱等所有华北旱作物	100
二等地	保水、保肥,能够种植小麦、谷子、棒子、高粱等所有华北旱作物,但产量略低于一等地	70—80
三等地	保水保肥性不好,不能种植小麦,但能种植谷子、高粱、棒子,产量较之于一、二等地低	50—60
四等地	不具备保水保肥能力,不能种植庄稼,但能够种植树木,种完树木后放在那里,几年不看一次	20—30

资料来源:根据李建文老人口述内容整理。

表3-6反映了1937年七七事变以前,清辉头村土地的整体价格状况。1937年以后,清辉头村受到日军侵略,导致的土地摊派负担过重,后又因民国政府的金圆券改革,土地买卖价格大量降低,最大贬幅达到七成左右。土地买卖双方在这个基础上,由介绍中人协商土地成交价格。

4. 丈量土地

丈量土地首先看土地文书(官契),有文书才能量地,按照文书上的尺寸量看对不对,通过中间人、经纪人来回串通。家户有文书才有权利卖土地。红契文书是出卖的权限和资格。

> 地不是自己量,村公所管量地。他们有专门的尺子量了以后,还负责写尺寸。村里有尺,别人没有那个大丈杆。[1]
>
> 如果谈成了,就拿量地的尺子到地里量去,长的有多长,宽的有多宽,量个尺寸。量了个尺寸,就写证明,我们现在说米,那个时候说步,不是我们走路迈的步,而是一把尺子。一步是两米一(可能但不确定),这个步和咱现在的米一样,就是一个名称,量了看有多少步,长的有多少步,宽的有多少步,240步算一亩。你量完后,就除以240步,就知道有多少亩了。关于土

---

[1] 李建文老人的口述内容。

地的价格,具体多少闹不清,但地有好有赖,有的离村近,有的离村远,价格也不一样。[1]

从以上两位老人的口述内容可知,传统历史时期清辉头村丈量土地是一门专业的手艺,村公所配备有专门的"大丈杆"和专门的丈量人。人们也逐渐总结出计算土地面积的知识,并且采用这种知识计算土地面积。

5. 中人见证

传统历史时期,清辉头村的土地买卖需要中人进行见证,这里的中人并非上述的"介绍中人",而是"见证中人"。通常来说,介绍中人的作用在于说合,且有佣金,见证中人的作用在于作为"第三方"见证,是免费的人情帮助关系。

中人一般找三至五人,预备有人捣乱,当证人。中人不能找老好人,得找正直的,能说道的人,胆子大的,遇到官司了能够帮着作证的人。老好人,遇到事情不能帮你说话,不咋。一般找会计啊文书啊当中人最好。中人都是免费的,但是遇到写文书,主家要招待中人一顿饭,特别是土地买卖。文书的中人,相当于证人,不需要承担风险,只要作证就可以了。写文书的时候把四邻都写上。写文书,现在就是大队的人,以前就是官面上的人,就是村里面管事的人,写个中人的名就可以了,就是那么个意思。[2]

见证中人是土地买卖的重要参与者,土地买卖一旦发生纠纷,见证人能够充当见证和作证的角色。

6. 摆佲食

"摆佲食"是民间土地买卖的最后仪式,一般选择在买方家庭举行。双方经过中人多次协商后进入了最后的交易过程,买方要邀请买卖土地的四至邻居、日后能够作证的二至五中人、卖方、介绍人、写契约的人等来家中,见证签约交款全过程,其中中人还需写入买卖契约待日后为凭。买卖双方签约交易之后,买方请家中的这些人吃一顿酒,称为"摆佲食"。

7. 换领红契

土地买卖双方摆佲食时候签署的契约是民间的"白契",但土地产权变化了,买方

---

[1] 何运章老人的口述内容。
[2] 何运章老人的口述内容。

需要持有土地的旧红契到县里换取"新红契"。红契文书有法律效应，受到法律保护。

"每一年有一回，城里不知道是什么机关下来，你的白条不咋（算数），国家那个戳给你盖上才算，就是红契了。白契没有上税，上税要钱啊，城里人说你上税去，上完税后人家给你盖个戳，就是红契了。"

换领红契需要土地买卖的白契和原来的老地契，两种同时具备才能够换领红契，也即官契，土地产权才能够被国家认可和保护。

（三）土地买卖频率与大小规模

传统历史时期，清辉头的家户土地买卖较为频繁。根据李建文老人介绍，他家在民国时期发生过几次土地买卖情况。李志勋的祖上从清朝末期至民国时期，多次发生过土地买卖，其祖上用一个记录本记录，如表3-7所示。

表3-7 清辉头村李志勋祖上家庭土地买卖情况

土地买卖时间	卖主	土地位置	土地面积
嘉庆七年（1802年）十一月廿日	王永	村东北，东西地一段	粮尺二亩三分七厘
道光十年（1830年）十一月廿二日	杨文方	村东，南北地一段	粮尺八分整
道光十年（1830年）十二月十二日	李文成	村北，东西地一段	粮尺三亩六分一厘
同治元年（1862年）六月廿六日	范长青	村中，庄基地一段	粮尺二分七厘二毫
光绪三十年（1904年）二月廿五日	孟福成	村西南，东西地一段	粮尺三亩五分六厘九毛
—	—	村东北，东西地一段	粮尺六分八厘九毛五系
宣统二年（1910年）十二月廿一日	白修己	村东北，东西地一段	粮尺四亩九分二厘五毛
宣统三年（1911年）三月初三日	李祭田	路南庄基一所	粮尺五分九厘六毫三系
民国时期	张占乡	村东北，东西地二段	粮尺五亩二分六厘四毛
民国二十三（1934）年三月十二日	李敬业	村北，东西地一段	粮尺二亩□□七五
民国二十三（1934）年十二月二日	李二起 李三耦	东西地一段（村警李岭梅）	东长活七步二尺 西长活五步三尺五寸 北横活四步零六寸 南横活三步三尺五寸

资料来源：根据李志勋老人提供资料进行整理。

从1802年至1934年，李志勋的祖上家庭在这132年间共11次购买土地，平均每12年购入一次土地。据李志勋介绍，他曾祖父、祖父、父亲等世代都是从事木工，积累了部分财富，用于购置土地。李志勋的祖上家庭在晚清时期大致间隔30年才购入一次土地,进入民国时期后则每 20 年购买一至两次土地。土地买卖以块数为单位,换言之,土地买卖是双方指定某一块土地进行交易,请人对该块土地进行丈量,再按照具体的面积计算土地价格。从李志勋祖上购买的土地来看,土地规模从"粮尺二分七厘二毫"至"粮尺五亩二分六厘四毛"不等。

(四)土地买卖契约

清辉头的土地买卖契约,由白契、红契构成。白契又被称为草契,由村民之间进行签订。红契,又称为官契,由县级国家机关进行核发。

1. 白契

清辉头村的土地买卖是民间相互协商的过程,双方将介绍中人、买卖双方、买卖理由、土地位置、土地面积、土地四至、土地价格、见证中人、买卖时间、夥道尺寸等相关信息写入契约中。由于多数契约用白纸进行撰写,成为"白契"一词的由来。官方核发的契约盖戳为红色,为了与白契相区别,又称"红契"。清朝道光年间,村民孟群仙把土地卖给杨体学所签的白契,内容如下:

> 立卖契人孟群仙因无钱使用,今将自己道南庄基二段粮尺四分四厘六毛,东至夥道,西至孟英俊,南至李之明,北至大道,凭官尺李明山说合,卖与杨体学永远为业,言明共卖价钱一百一十五千九百六十文,其钱当日交足,外无欠少,恐后无凭,立字为证。
>
> 道光九年正月二十六日立[1]
>
> 南北长活八步四尺一寸二分五厘,东西横活九步一尺二寸,二活同。
>
> 乡地[2] 孟昆化、李秉乾、何际盛
>
> 东边北走夥道一条,长八步四尺一寸二分五厘,横活一步一尺,二活同。
>
> 西小段长活八步四尺,横活三步二尺五寸,二活同。

从以上的白契中可以看出,白契注明了相关要素,例如买卖缘由是"孟群仙因无钱使用",土地买卖价钱是"一百一十五千九百六十文",土地买卖双方分别是杨体学与孟群仙,买卖中人是"乡地"三人,还标明土地的面积尺寸等。

---

[1] 李建文老人提供的契约材料,其照片如图 3-1 所示。
[2] 注:乡地是乡约、地保的合称。

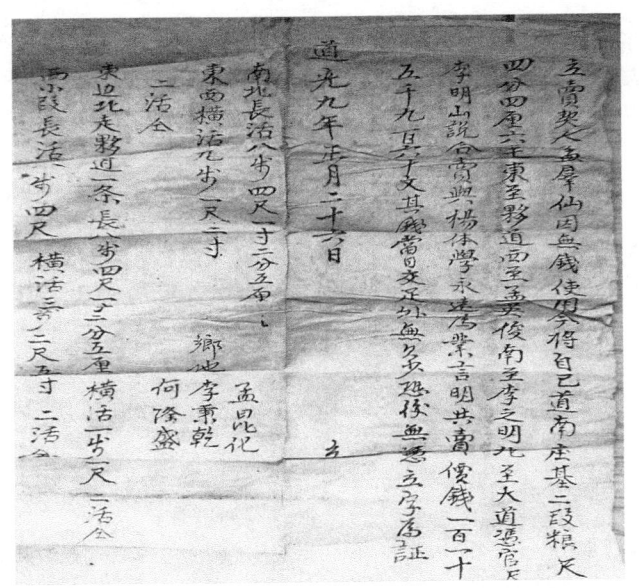

图 3-1 道光年间清辉头村的土地买卖白契

2. 红契

村民买卖土地以后，在规定的期限内，拿着民间签订的白契，到县级政权机关换领红契。只有换领国家印发的红契，交易后的土地产权才被国家所承认。红契的内容要素包含了白契的基本要素，增加了税收等内容。红契是传统历史时期国家与家户土地所有权之间关系的建立，国家承认家户的土地所有权，但家户也需要为国家缴纳契税、手续费，与此同时，国家按照红契规定的土地面积每年向清辉头村的户主收取当年的田赋税。清辉头村一张土地买卖红契由三个部分构成，分别是白契、契税单以及红契，如图 3-2 所示。

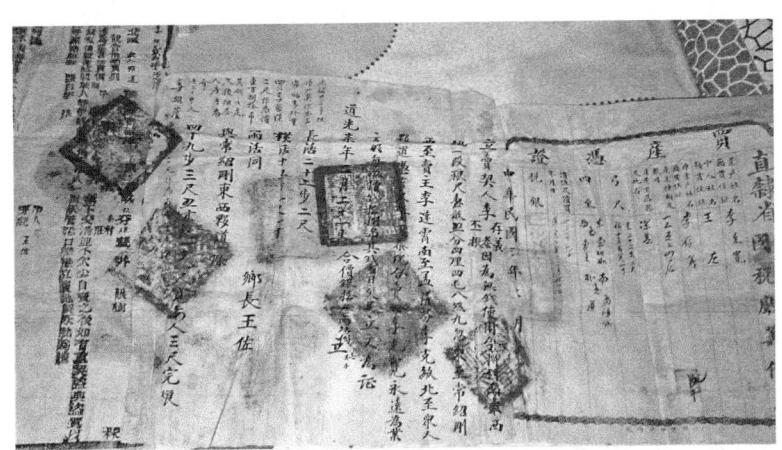

图 3-2 清辉头村白契、契税单、红契相连的地契

白契是中间部分。左边部分为契税单,说明红契的合法性。右边为红契,即买产凭证。白契的内容如下:

立卖契人李存义、李恭、李丕振因为无钱使用,今将村南东西地一段,粮尺壹亩五分四厘四毛八丝九忽,东至常绍刚,西至卖主李连宵,南至孟清芬,北至众人夥道。凭借官尺李逊恭说合,卖予李克宽永远为业,言明每亩卖钱十八吊,其钱当日交足(合卖银十三两),立文为证。

长活二十二步二尺

横活十三步一尺一寸

两活同

与常绍刚东西夥道一条四十九步三尺五寸,长一步,一尺宽,每人三尺完粮

中人　乡长王佐

道光七年二月二十一日[1]

左边的契税单由于文字不能全部辨明,故此不抄录其文字,但其显示白契中的中人角色,也即清辉头乡乡长,在契税单还多了一个身份,即牙纪。道光年间的白契于民国三年换领红契。红契在图片3-2的右侧,其内容如表3-8所示。

表3-8　民国政府红契样表

买产凭证									
中华民国三年月六日	税银	价值及买卖年月	四至	弓尺	产业种类及数目	原业户姓名	中人姓名	业户姓名	直隶省国税厅筹备处
	已付	十三吊道光七年二月二十一日	东至常绍刚,西至卖主李连宵,南至孟清芬,北至众人夥道。	长活二十二步二尺横活十三步一尺一寸	壹亩五分四厘四毛	李存义	王佐	李克宽	

资料来源:根据清辉头李伦提供资料整理。

三、土地租佃关系

华北平原清辉头村在传统历史时期的租佃关系,包括了土地租佃规则、土地租佃

---

[1] 由清辉头村李伦提供。

程序、土地租佃双方关系等。

（一）土地租佃规则

清辉头村租种土地在长期历史过程中形成了一些租佃规则，其中最为显著的是租佃理性原则、固定货币地租原则、"当家子"优先原则。

1. 租地理性原则

富户和租户在租佃土地方面都会精细计算，表现出高度理性原则。对于富户来说，他们占有的土地较多，在生产经营方面可以有两条选择，其一是雇工经营；其二是租佃经营。

> 如果地主有 100 亩地，会往外租出 20 亩。因为这 20 亩他自己种不过来，地就荒了，请人也不划算，请一个长工一年最少要花费 60 块钱工钱，还得管饭一年。如果产量好，每亩一年产 300 斤谷子，20 亩土地约 6 000 斤，按照斗进行计算，约为 400 斗粮食，每斗 5 毛，一年的收入是 200 块，除去了长工钱和饭钱，一年就得 100 块，但遇到有雨水的年份，亩产谷子 120—200 斤之间，地主挣得更少。如果出租土地，一亩一年 5 块，一年就可以挣 100 块大洋，不需要承担风险。[1]

根据以上所述，富户充分计算租佃经营与雇工经营的利弊，以占有 100 亩地的富户为例，对外出租 20 亩地最为划算，因为能够保证其旱涝保收 100 块大洋，但是雇工经营不能够保证其利益的最大化。

2. 固定货币地租

清辉头村土地的租佃地租不是粮食，而是货币。货币地租是固定额度，根据李建文老人的介绍，一亩好地的地租是每年 5 块大洋，其他土地根据等级递减。家族义地对本族无地的家户进行出租，每亩家族义地的地租是每年 2 块现大洋。清辉头村租佃的租金不但是固定货币地租，而且是先交租后种地，不像华南地区、长江流域地区一带那样先种地后交租。

> 那时候，家庭遇到困难了，不但可以当地，还兴去地（卖地），去地就是土地永远不是你的了，卖给别人了。租地是提前给钱，即使遇到天灾大旱，没有收成，也不能减免地租。地分好地、玄地，好地收粮食多。这个地有沙、

---

[1] 李建文老人的口述内容。

有碱，收成就不好，就是玄（差）地。租地，价格要看好地、玄（差）地。那时候，钱实惠，一块钱能买好几十斤白面，那时候兴小斗，高粱、棒子一斗3毛钱，麦子、小米一斗5毛钱，早前那个斗大，中华民国改的那个斗小了。早前是16两的秤，16两一斤，后来改10两一斤。租地那会使的是铜子和洋钱。[1]

原来只有家里要用钱了，才往外租地，富裕点的人才想多种点地，才会租别人家的地。穷人啊，你想租地也拿不起那个钱，租不起地。家里富裕了，要置办营生（东西），才租别人的地。[2]

固定货币地租是清辉头村的地租形式，这种地租形式实际上增设了租佃的门槛，换言之，贫困户因为没有现大洋提前缴纳地租，因此租不到土地进行耕种，加剧了贫困群体的生存问题。

3. "当家子"优先原则

富户的土地优先向自己亲族出租，只有亲族不租的情况下土地才向外人出租。人们基于血缘关系考虑，遵循优先近亲、再族亲、后远亲的原则。

有地的人要出租，如果有一个湾当家子（本家）问，就先租给当家子；当家子不租，就租给别人。原来租地的人也不多，因为租地得先拿钱后租地，不是所有人都有钱。那时候打短儿也不容易，有劳力想打一个工，没有人用，收入不多。[3]

（二）土地租佃程序

清辉头村的土地租佃需要依据一定的程序才能够完成，这些程序包括满足租佃条件、中人介绍、先交租后种地、议定口头协议等。

1. 满足租佃条件

家庭生产要素配置不平衡是清辉头村租佃发生的基本条件。佃主的租佃条件一般是家庭劳动力少、土地多、想挣钱。就佃户来说，家庭劳动力富余、土地少、粮食不够吃，但家中有一些钱能够缴纳地租。民国时期，李建文家庭属于无地的佃户。

---

[1] 王庚凯老人的口述内容。
[2] 李建文老人的口述内容。
[3] 李建文老人的口述内容。

那时候不容易啊，没井、没河，老天不下雨，一年就什么都没有了。我爹和我叔弟兄俩租种了族地一亩四分地，肯定不够吃，遇到好年岁，小麦能够产一二百斤，年岁不好就一小撮，也就二三十斤、三四十斤。[1]

那时候出租土地的家庭不见得是地主，按照土改时期的标准，就是中农以上的家庭，可能是中农家庭、上中农家庭、富农家庭。这些家里缺钱了，租出几亩地出去挣点小钱，所以我们租种土地也经常变换佃主，可能一年一换，或者两三年一换，是因为清辉头大地主不多，土改时候能评上地主的只有三家，土地拥有数量不大，另外就是八富农，土地数量也有限。[2]

清辉头村"靠天吃饭"的农业生产方式导致产量有限。土地分配不均匀，少地的家庭需要想办法谋生，地多的家庭想出租一点土地赚钱。租佃别人土地的家户还要具备两个条件：一是家里有钱交地租，二是家庭具备基本的生产工具。

2. 中人介绍

土地租佃都是从中人介绍开始，每年秋收完成后到过年之前，是土地租佃的联系、洽谈、交租的时间。过完年后就逐渐进入耕种时间，不适合进行租佃的洽谈事宜。"租地有租本村的，有租外村的。租地需要有中人，有当街的介绍人。他管这活，得个佣钱。你不找介绍人，你不知道人家要租地，你一找他，就知道了。租地的介绍人没有固定的，相信谁就找谁，就是有纠纷的时候，找他做个证人。"[3]

中人介绍是租佃信息沟通的关键环节。家户如果不找中人，则"你不知道我要租地，我也不知道你要出租地"[4]，难以达到有效的沟通。李建文家原来承租土地找的中人是一个叫"拐子"的老人，他是专门的土地"经纪人"，很多家庭买卖土地一般也要找他。中人为承租方找到出租方，或者为出租方找到承租方后，需要为双方协商租佃价格。清辉头村的土地租佃的中人不是固定的，除了负责买卖土地的固定经纪人当中人，很多中人都是由邻居、亲戚、朋友等"知己人"担任。如果是街道上的专门经纪人则需要收取佣金，但是由邻居、亲戚、朋友担任的中人则不收取任何佣金。

3. 先交租后种地

清辉头村的旱作体系与南方地区稻作体系的地租形式存在很大差别，南方地区的稻作体系多数都是先耕种土地，后收取地租，但作为华北平原的清辉头村的旱作体系

---

[1] 李建文老人的口述内容。
[2] 李建文老人的口述内容。
[3] 王庚凯老人的口述内容。
[4] 李建文老人的口述内容。

则是先交租后种地。"清辉头的租佃规矩是先交租后种地。租种私人土地，租金是一亩地 5 块钱，一年一租，等到过年时候你不交钱就代表着你不租了。"[1]

地租形式是货币地租，都是在过年之前要将下一年的地租交完后才能够种地。佃户在过年之前要把 5 块现大洋交给主家，如果不交钱，土地佃主就不让佃户耕种了。因为"先交租后种地"的规矩，清辉头村的土地不存在"缴纳押租""减租""欠租""免租"等相关问题。"租地就是先给别人钱，遇到灾年，租金退不回来，只能自认倒霉了。"[2]

先缴纳租金后种地的租佃模式使得佃户要自己承受"靠天吃饭"的风险，换言之，土地村庄歉收、绝收等情况完全由佃户进行承担，佃主不承担任何耕种风险。"七七事变之前，清辉头租佃完全是货币地租，土改之后有'二五地租'，即出租土地的人家把土地租种给佃户租种，佃户扣除劳动力的 25 斤粮食，剩下的粮食是地主和佃户平分，即分成地租。"[3] 清辉头村 1947 年进行土地改革运动，1948 年结束。换言之，土地租佃实行了两年的"二五地租"和分成地租。

4. 口头协议

"先交租后种地"的地租形式，使佃主的利益得到了保障，因而不需要签订纸质协议，双方之间议定口头租佃内容便可。口头协议的内容包括地租的数量和缴纳时间、续租的方式、退租等内容。

> 清辉头土地出租不需要签订契约，都是口头协议，先交租后种地。每年交租的时间限定于大年三十以前，佃户每年年前准时交租就可以继续租种土地，直至出租一方拒绝收取其租金，并不打算出租土地给其为止。1937 年以前，出租土地有两个价格，一个是租私人的好地，租金是一年一亩地 5 块大洋；另一个是承租本族族地，租金是一年一亩 2 块大洋。[4]

清辉头村的土地租佃关系较为松散，双方随时可以变更租佃关系。它与我国东南一代的传统农村注重纸质契约形成鲜明对比，以口头约定为主。这种地租形式使得佃农的权益得不到有效的保障，某种程度上也是地租经济不完善的体现。

---

[1] 李建文老人的口述内容。
[2] 李建文老人的口述内容。
[3] 李建文老人的口述内容。
[4] 李建文老人的口述内容。

(三）租佃双方关系

清辉头村的土地租佃关系主要有续租关系、转租关系、租佃解除、主佃关系等。

1. 续租关系

1949 年以前，清辉头的租佃关系很松散，存续一至三年的占较大的比例。因此，清辉头续租十分简单，因为没有文字契约，佃户过年之前把下一年的租金交了，就是完成续租了。按照李建文老人的说法，租佃关系可以一直维持到"他不想让咱租了，或者咱不想种了为止"。佃户如果想继续租种土地，每年大年三十之前把租金送到佃主家中，如果佃主拒绝接受租金，则表示双方租佃关系终止。反之，如果佃户不想续租了，大年三十之前不缴纳来年的租金，双方的租佃关系终止。

2. 转租关系

转租关系在清辉头的土地租佃关系中也时有发生，佃户因为无力预先支付租金或者其他原因，不能继续租种土地了，但他知道自己的亲朋需要租种土地。秋后，佃户转变为中人的身份去跟佃主说明转租请求，表达其将土地转租给他人的意愿。经过佃主同意后，转租的亲朋年前去佃主家预先支付来年的土地租金，便形成转租关系。

3. 租佃解除

清辉头的租佃关系松散，租佃双方是口头协议，如果佃户年前不把来年的土地租佃租金交付，租佃关系自然解除。如果佃主不接收佃户来年的租金，租佃关系也解除了。因为缺乏纸质协议，任何一方都可以终止土地租佃关系，且无须给予对方任何经济赔偿。一般情况下，佃户要终止租佃关系，会在过年之前告知佃主，便于其另外寻找佃户。但如果佃主想终止租佃关系，则等到佃户上门缴纳来年地租的时候，拒绝接收的同时告之对方自己的意图。

4. 主佃关系

清辉头村的租佃关系无须像南方稻作体系的租佃关系一样需要佃户主动维护和经营。在租佃双方不具备血缘关系、邻居关系、亲戚关系的前提下，互相不参加对方家庭的红白事。"佃户和主家没有任何人情关系，红白事不需要去参与和串忙，因为你租他的地，又不欠他的情，你给钱了。"[1]

这样不具人情关系的租佃关系是因为"先交租后种地"的地租形式，佃主不能给予佃户的任何优惠，不能减免地租、不能暂缓缴纳地租，因此佃户也无须经营双方关系。

---

[1] 李建文老人的口述内容。

四、土地典当关系

土地典当是清辉头村最为常见的土地交易形式之一,包含了土地典当规则、土地典当程序、土地典当契约等,以及在土地典当过程中产生的社会关系。

(一)土地典当规则

清辉头村土地典当的规则包括土地典当自由、中人说合见证、收益归承典人等,人们基本依照这些规则从事土地典当。

1. 土地典当自由

清辉头村家庭在传统历史时期具有典当土地的自由,因为土地归私人所有,家庭在遇到困难或者急用钱的情况下,可以自愿典当名下的土地。家族、亲友和乡(村)公所不能干涉家庭的典当自由。

> 那时候土地典当自由,但在家庭中不是人人都有典当权,儿子典当土地要询问父母,如果土地是几家共有,也要商量好。土地典当给谁,也不能随便,一般是先问自己的当家子(本家)、再问亲戚、邻居等,之后才能是外人。[1]

土地是传统农村家庭最为贵重的财产,也是家庭赖以为生的生活资料来源。因此,土地典当一定程度上是家庭最重要的决策,也遵循血缘和地缘逻辑的内在秩序。

2. 中人说合见证

土地典当也需要中人的说合与见证。土地出典方发布典当消息后,需要倚靠中人寻找承典方,并在双方之间说合以能达成交易。此外,还需中人见证,见证的中人一般为2—5人。中人不但要见证双方签约交易,还需将名字写入典当契约,如以后有典当方面的纠纷,作证的2—5个中人将秉持公正、客观的原则作证。

3. 收益归承典人

清辉头村在传统历史时期的土地典当价格略高于其他区域的土地典当价格,据了解,很多地区在民国时期的土地典当价格为土地买卖价格的50%—60%,但王庚凯老人介绍说,清辉头村的土地典当价格略低于买卖价格,甚至完全齐平,绝少发生典当价格低至土地买卖价格一半的情况。土地典当以后,土地由承典人接管、使用。典当期间,土地产生的收益归承典人所有。有些典当双方协商,承典方每年付一定的地租给出典方,但租金远远低于市面的租金价格。

---

[1] 何运章老人的口述内容。

(二)土地典当程序

清辉头村的土地典当程序如下:第一,出典人发布消息。出典人发布典当消息,邻居、亲友等人帮忙传递消息给其他人,传递消息的人可能成为中人或介绍人,因为他们在传递消息的过程中训导承典人。第二,中人说合。经过中人说合,典当双方确定典当关系。第三,土地估价。土地典当价格按照土地买卖的价格进行估价,估价受到土地肥沃程度、使用类型、距离远近等诸多要素的影响,经过中人的说合,确定典当价格。第四,丈量土地。清辉头村丈量土地不是由典当双方、中人丈量,而是在出典人出具土地官契的情况下,村庄有一把官尺,有专人负责丈量土地,并且登记在簿。如果土地面积与官契相符合,则按照官契的土地面积进行典当;如果不相符,则以丈量的土地面积为准。第五,签订典当契。典当双方确定单位价格、丈量完土地之后,邀请中人至家中见证典当交易,并请人拟定典当契约,双方及中人在典当契约上签字画押,交付钱款,典当交易完毕。第六,移交典当红契。双方签订完典当契约后,出典人需将土地红契移交给承典人保管。

(三)土地典当契约

典当双方都要签订契约,契约的内容涉及典当因由、典当双方姓名、典当土地的位置、四至边界、面积、中人、介绍人、典当时间、典当金额、赎回方式、典当期内土地收成归属、如果到期不赎回的土地产权归属问题等。杨占恒老人介绍:"典当期限一般为3、5、10年,最长时间为30年。土地典当得有文书,也就是合同呗,要写明年数、多少钱。"[1]

清辉头村北头郭氏家族保留了一张清光绪年间的当契,如图3-3所示。

图3-3 清辉头村光绪年间的当契

---

[1] 杨占恒老人的口述内容。

立当契人郭洛帅同嫂因钱使用不便,将村西北南北地一段,粮尺一亩有余,树木相连,西至何洛怀,东至郭洛周,北至顶头,南至大道,四至明白,今凭中人说合,当于张美粮耕种,三年为满,钱到赎回,言明共作当价京钱叁拾千[1]整,其钱当日交足,空口无凭,立文为证。

光绪二十八年九月初七日[2]

可能因为双方的关系密切,以上当契没有写中人的姓名。由于村西北的土地均为沙地,保水保肥能力差,因为土地贩卖价格便宜,在这里典当价格也便宜,一亩多地只典当了三十千文铜钱。

(四)土地典当涉及的关系

清辉头村人基于"典在千年,卖在一朝"的观念,在事情有转机的情况下往往选择典当土地,而不是贩卖土地。在土地典当过程中,典当双方要处理好出典与赎当、转典等相关社会关系。

1. "典在千年,卖在一朝"

土地典当与土地买卖的关系也是家户需要处理的重要关系。清辉头村的俗话说"典在千年,卖在一朝","一卖千休,寸土不留",通常情况下,人们倾向于典当土地,虽然价值比"去地"要少,但好在可以赎回。出典人因急用钱才不得不寻求解决筹钱的途径,却又不想承担"变卖祖产"的骂名,典当土地既能筹到钱,土地产权典当期满后还可以赎回来。承典方也有利,即能用闲钱换来土地的使用权,期满后原来的本钱通过出典人赎地的方式取回,中间没有损失,即使土地没有被赎回变成自己的产业,变卖了也可以换回本钱,所以出典人与承典人事实上是互利关系。出典人将土地出典以后,将土地红契交给承典人,意味着土地产权发生了临时变化,但可以赎回。

穷人才当地,富人不当地,穷人急着用钱,没有别的财产,就把这个地当给别人,等有了钱再赎回来。双方写典当契约,才能种地,要写上期限,3年、5年。那时候,家庭遇到困难了,不但兴当地,还兴去地(卖地),去地就是土地永远是别人的了。我们有租地,有当地,租地和当地不一样。租地,就是先给别人钱,种了一年,那个钱不能往回要。当地可不一样,就是我给你钱,我种你的地,等到你回收地的时候,你还得给我这个钱,这就是当地。

---

[1] "叁拾千"的"千"为清代的"一千文铜钱"。
[2] 清辉头村郭书强老人提供的文书资料。

你借我的钱,我种你的地不交租,这叫当。租地就是先交钱(租金),交了钱种人家地,你不种,钱也要不回,这叫租。[1]

清辉头村土地典当的出典方一般是穷人。1949年以前,出典人因为急用钱把土地典当给承典人,土地典当的价格略低于土地买卖的价格。在典当期内,承典人无偿使用典当的土地。典当期满后,出典人原价从承典人那里收回土地,如果不收回土地,土地产权就变更了。

2. 土地典当与赎当的关系

土地典当期满后,出典人如果筹集够典当钱,可以在中人的见证下赎回典当土地。赎当的钱与原来典当的钱一样,不需要额外添加钱。土地赎当的时候,承当人收到典当议定的款项后,将典当契归还给典当人。土地赎当一般在秋收以后、惊蛰之前完成。李建文老人家庭在1949年以前典当过别人家的土地,他介绍典当关系说:

> 当地是有啊,你100块钱当的,你赎当也是100块钱。当期内,地里长的粮食就是租赁费。如果典当方把土地典当给了承典方,典当费的价格是土地贩卖的价格,在典当期内,承典方在典当土地上种植的收成相当于出典人支付的利息。我家庭在事变以前,别人典当给我家一亩地,80块大洋,事变以后闹票色,钱变成票子了,人家就是80块票子来赎回土地,那时的80块票子只够买两个烧饼。如果不是闹票色,他们家永远赎不起土地,我们家的80块钱(大洋)白养(人家)了。[2]

土地典当是华北传统农村非常普遍的一种土地权益交易方式,但受到民国政府币值改革的影响,尤其是通货膨胀程度较大,严重冲击了土地典当的市场秩序。民国政府推行金圆券以后,货币剧烈贬值,出典人仍然按照当契的货币金额进行赎当,造成了出典人用"两个烧饼"的钱就可以赎回土地。

3. 土地转典关系

典当土地的再次典当,称为转典,即承典人从出典人那里承接典当土地,在典期未满的情况下,将土地转典给第三人的典当行为。转典当期须与原当期相一致。第三方与承典人签订典当契约所议定的当期,须与原典约的截止日期相一致,原出典人在

---

[1] 王庚凯老人的口述内容。
[2] 李建文老人的口述内容。

土地典当期满后可以拿着典当契约赎回原有土地。转典价格与原典价格相一致。转典价格不能高于原典价格以致妨碍原出典人按照原典价格赎回土地，即转典价格要么与原出典价保持一致，要么低于原典价格。转典地契必须包含立转典人、承典人、中人、转典价格、转典事由、土地亩数、土地四至边界、日期等。转典时候可将原典的部分土地或者全部土地转让，但转典地契要标明原典约的面积和本次转出的实际面积。转典需要移交原典约一张、土地红契一张。

五、土地置换关系

土地置换也是清辉头村在传统历史时期的土地交易形式之一，有些人将土地根据便利耕种的原则进行互换，有些则用粮地换房基地。土地置换关系包括土地置换原则、土地互换程序、土地互换契约等。

（一）土地置换原则

清辉头村在传统历史时期的土地置换主要遵循两条基本原则，分别是平等自愿原则和价值相等原则。

1. 平等自愿原则

清辉头村土地置换的情况有两种：其一，建造房屋需要房基地，但自家没有房基地，需要与人进行土地置换，一般来说三亩粮地换一亩房基地；其二，两个家户的土地离自己的家庭太远，但又离对方的家庭很近，因此进行兑换。无论哪一种情况，双方一定是通过中人沟通协调，在平等自愿的基础上达成的土地置换意愿，不能通过强迫的方式逼迫对方进行土地置换。

> 土地置换是为了解决屋基、便利等问题，讲求你情我愿，例如三亩粮地换一亩屋基地，愿意就换，不愿意就算了。置换土地基本上是为了屋基地，其他土地置换的情况不多。[1]

清辉头村人集中居住的习惯，使得人们都倾向于置换一块土地在村中或者外围建造房屋，但外围的房屋一般也紧紧挨着村庄，不像长江流域一带村落的散居格局那样与住处相隔甚远。因此，清辉头的房屋地基价格是粮地价格的三倍。

2. 价值相等原则

传统历史时期的清辉头村，家户之间置换土地讲求土地价值相等原则。清辉头村将土地划分为几个等级，每个等级的土地价值均不相同。

---

[1] 杨占恒老人的口述内容。

有时候要建房子要庄基地，就需要置换土地。有些地好，有些地次，次地粮食产量低，就是薄地、盐碱地。一亩好地可以换次地三亩。有些人有能力改良次地。清辉头的土地分等级，最高的地亩产两石四，有的地就只产二斗，最低是一亩只产一斗，还有不产土地的地。一亩最好的地是最差地的24倍。[1]

粮地买卖的价值计算不是依据面积，而是依据土地产量。单位面积的粮食产量区别是粮地买卖价值的基础。极端情况下，最好的土地与最差的土地价值悬殊。

（二）土地置换程序

传统历史时期，清辉头村的土地置换程序大致包括形成土地置换需求、寻找中人说合、丈量土地、签订置换契约等内容。

1. 形成需求

清辉头村的有些家庭随着儿子们逐渐长大，需要修建房屋，但是祖上传下来的屋基地不够建造房屋。为此，家户只有通过置换土地或者购置土地两种方式取得建造房屋的屋基地。购置土地的方式上面已述，不再赘述。置换土地一般是使用粮地置换屋基地，按照土地价值相等的原则，进行差额补偿。

2. 中人说合

置换土地与土地买卖、土地典当一样，也需要寻找中人进行说合，确定土地置换意向，协商土地的具体事情。寻找中人的一方一般是土地置换的需求方，寻求的中人一般要与两方的人都认识，最好是亲戚、朋友等关系。中人要根据土地用途、距离、肥沃程度、土壤等条件不同，进行土地的买卖价格估值。在充分估值和协商的情况下，双方讨论土地价值补偿情况。一亩庄基地的价值是最好的庄稼土地价值的三倍，甚至可以置换十多亩沙地。

3. 丈量土地

家户双方在讨论土地置换的各种事宜后，雇请乡（村）公所的丈量手为双方丈量土地。雇请的费用一般由主动提出土地置换的需求方进行支付。丈量手还要为双方提供土地丈量尺寸，并且在最后的契约上签章。

4. 签订契约

土地置换双方在作证中人、土地四邻的见证下签订置换契约，双方互换地契，土

---

[1] 杨占恒老人的口述内容。

地置换正式完成。事后,土地双方拿着土地旧契和土地置换契约到县衙领取新的红契,并且需要缴纳契税。

(三)土地置换契约

土地置换双方需要签订契约,包含的内容如下:1.写明置换土地双方的姓名。如果土地置换双方是家族,则在契约的开头强调家族的姓氏,如"立李孟兑茔地……",表明了李氏和孟氏两族置换坟茔地。即使是两族之间置换土地,也要在契约中写明两氏族人代表的姓名。2.写明双方土地的坐落位置。任何土地都是不动产,土地置换契约要写明土地东西南北四至地界,并且每个边界都要有见证中人。3.写明土地的面积。置换的土地面积包括亩数、长活、横活、多少步。4.写明置换的意愿。要在土地置换契约中表明"两相情愿互不反悔"等类似的表明意愿的词语。5.写明国家的税赋关系。土地置换契约要写明土地置换之后的赋税问题,表明交税的责任。6.写明契约的份数。土地置换契约有多少份、由谁执掌都要表明。7.写明契约时间、中人、执笔人。土地置换契约要表明订立契约的时间、中人的姓名和执笔人的姓名等。

第三节 经营及经营关系

农业生产经营是清辉头村的家户、家族和公共事务在传统历史时期能够有效运行的基本经济活动。传统历史时期,清辉头村逐渐形成以家户经营为主体,公共经营为补充的生产经营格局。生产经营形式,包括家户内部的分工经营,家户之间合作经营,以家户为单位的雇工经营,以及家族、村落的公共土地经营。它们各自的经营方式如何,有哪些经营关系是本节对传统历史时期清辉头村的考察内容。

一、公私经营主体

清辉头村的生产经营主体分为家户经营主体、公共经营主体。但家户经营主体的土地占有量占全村土地的95％以上,占据绝对主体地位。公共经营主体的土地占有量占比很小,却能够维持公共所需。

(一)家户经营单位及其关系

家户是各种经营活动的产权单位、决策单位、劳动单位,因土地数量、从业行业不同,经营方式不同。

1. 家户经营行业及关系

清辉头村的多数家庭基本以经营农业为主,但不同阶层的家户经营行业不完全相同。民国时期清辉头村的李书田(人们习惯称其小名"大田")三兄弟,为村落第一大户,相传未分家之时拥有土地1000亩。这个家庭的经营行业则较具有综合性,整体来说囊括了传统社会"士农工商"。从"士"的角度来说,家户讲究"学而优则仕"的传统,其叔伯李维第是晚清的进士,当过知县,三兄弟除了老大大田在家中经营产业以外,老二老三及其姐妹均受过民国时期的高等教育,部分家庭成员为国共两党的官员。从"农"的角度来说,大田通过雇工经营、租佃经营等方式耕种着其家庭的1000亩地,成为清辉头村最大的粮食大户。从"工"的角度来说,这个家庭经营清辉头村最大的药铺,因乐善好施至今仍为清辉头村的老人称道。从"商"的角度来说,李书田经营着村落唯一的钱铺,即"少鹤堂",成为当地有名的商号。

民国时期,何运章老人的家庭是一个中层家庭,其父亲和叔叔分家之前家里有二十四大地,按照当下的市亩计算则为38亩。何家平时大部分时间从事农业耕种,但由于华北平原在传统历史时期一年只有5个月的时间耕种庄稼,家庭成员就从事一些副业经营。

> 俺家人多,条件又不行。五谷杂粮收完后就入冬了,农民冬天没事做。俺爹和村里三四个人凑足了资金,就出去买树(如杨树、柏树等)。他们在树地里把树刨了拿回来,放在俺家东边的院子里。我们把那个地方叫木场子。俺爹把木材买回来后,就雇工人用锯子锯成板子,板子是棺材板,就这么捣鼓一个冬天,剩余木料做成椽子、檩子。村东有一座庙叫东庙,位于深县城西,这种庙正在上檩条、椽子、梁。俺爹买树有大有小,有合适做这些用途的树子就往那里拉,撂在那里。俺爹也就在那里住着卖树子,卖完了才回来。[1]

何运章老人以上所述,反映了一个中农家庭的行业经营情况。土地数量有限和产量不高,使得一个中农家庭需要通过从事副业收入来补充家庭的开支。实际上,贫农的副业是农闲时期出卖劳动力。较为富裕的家庭才具备本钱从事副业,而越富有的家庭从商的情况愈盛。

2. 家户经营权力及关系

家户作为生产经营的决策单位,家户成员在生产经营过程中是相互协作关系,但生产经营的决策权力和生产资料的支配权力主要集中在当家人手中。由于清辉头村的家庭分为核心家庭和扩大家庭两种,经营权力大小和作用方式也不同。在核心家庭,由于孩子均没有成婚,男性家长是天然的当家人,在家庭的生产经营活动方面具有完

---

[1] 何运章老人的口述内容。

全的决定权和生产资料、劳动力的支配权,根据家庭情况进行生产经营的安排,例如分配给家庭成员的生产任务以及生产资料的投入等。扩大家庭因为家庭经济条件、人口情况的不同,生产经营权力也不同。

民国时期,清辉头村最富有的大户李书田家庭,由于两个弟弟在外求学最后也在外工作,家庭基本由李书田安排生产经营。他雇请王掌柜当管家,还有几个"扛长活"的长工。李书田是家庭生产经营活动的最后决策者和家庭生产资源的支配者。

> 大部分的当家人是干活连带管家。只有进士爷那样的家庭,雇着管家了,就不需要那么操心了。我们西头有一个姓王的人,人们叫他王掌柜,就在进士爷家里当管家,出入钱财、地里的活,都是他经管。他有一本账,出入都登记好跟主家汇报。[1]

李书田将部分生产经营的决策权和生产资料的支配权授予自己的管家王掌柜进行管理,王掌柜只有遇到大事、新事不决的时候,才需要请示主家,生产经营的日常惯例活动则由管家王掌柜负责安排,事后向主家李书田汇报。王掌柜也不能时常到土地上管理生产经营活动,因此又将部分生产经营权力授予"领青长工"。

何运章老人的家族在1937年以前其父亲和叔叔没有分家,当时由奶奶当家。但是奶奶作为"妇道人家"按照习俗不能下地进行生产经营的管理,实际上土地的生产经营活动由其父亲和叔叔共同进行商量和管理。"父母和叔婶都是农民,没有做买卖,家庭由奶奶当家。家庭的事情商量着干,爹和叔管事,地里的活都是爹和叔安排,大的事情是老的做主。"[2] 换言之,对于何家的生产经营活动,扩大家庭的两位男性子嗣需要相互协商,任何一人没有绝对的决定权和支配权。女当家人因为不了解土地情况,往往将生产经营权下放给实际从事生产经营的男性子嗣共同协商决策。

(二)公共经营单位及其关系

如果说家户经营单位是"私"领域的经营主体,那么家族经营单位与村落经营单位则为"公共"领域的经营主体。清辉头村的家族并没有像华南地区宗族社会的宗族那样拥有庞大的粮田作为"公田",其拥有的"公产土地"仅仅用于安葬族人。家族的公地尚未建立坟墓的地段则处于空闲,为了更好利用空闲的公地,家族也开始进行经营。

---

[1] 何运章老人的口述内容。
[2] 何运章老人的口述内容。

> 我们李家有族地,就是族里的坟地,埋坟头后剩下10亩的、20亩的,对外租,租给一家子(本族人),族里谁比较穷,就租给谁,看着你不咋,弄一亩吧,他不咋,弄一亩吧。族里要个1块、8毛的,就照顾他了。我也种过一亩二,没地的,就种上,(地租)弄上1块2块就行了,后来因为死了一个,就埋一个,地就短了,比正常地租5块钱便宜很多,这个才需要2块钱。那个坟地好几百年了,大得多了,咱们老李家也有几百年了。[1]

家族公地的经营主体主要是族长和家族长老。经营的方式实际有两种:其一是将空闲的公地租佃给族人,以收取低廉的地租作为家族的生产经营收入;其二是家族雇请人在公地上种植杨树、柏树等树木,等到树木能够制作棺材的时候,将其砍伐贩卖换取银钱。

民国时期,清辉头村公所占有一亩多粮地,其经营单位是村公所,而村(乡)公所的决策者是乡长或者村长。村落的土地分为两处,一处位于三官庙,一处位于真武庙。两处粮地的经营方式均是租佃经营,村公所则按年收取地租。

二、家户分工经营

传统历史时期的清辉头村,家户是最为普遍的生产经营单位,也是总占有土地数量最高的经营单位。但"家长制"是清辉头村家户的主要决策制,因此家户分工经营仍然以"家长"作为当家人,负责家庭生产经营的总体安排,家户按照内部的分工惯例进行生产经营。

(一)当家人总安排

总体来说,家户的当家人是家庭的主要劳动力,也是家庭生产经营的总决策者,但并非每个家庭都千篇一律。有些家庭辈分最高的男性老人过世后,由女性老人担任当家人,但"女性足不出户"的传统使得女性不能下地劳动,因而不了解土地的具体生产情况。这种家庭的生产经营一般由女性当家人的儿子自己安排生产经营或者儿子们协商安排生产经营。村落中有些富裕的大户,例如首户李书田家庭,作为当家人的李书田虽然也是男性主要劳动力,但一般不下地,只负责安排总的生产经营计划,其他的事项由忠诚的管家和能干的长工负责具体安排。在多数家庭中,当家人是家户生产经营活动的直接经营者,也是家庭生产经营活动的总安排。他负责生产经营事务主要包括畜力的购置喂养、生产工具的置办与借用、劳动力的分配、生产资料的支配、生产农时的把握、生产方式的组织、生产合作的安排等相关事务,如表3-9所示。

---

[1] 李建文老人的口述内容。

表 3-9 民国时期清辉头村家户当家人安排的生产经营

生产要素	当家人负责安排的生产经营活动
牲口	家户是否购置牲口，购置哪种牲口，是单独购置，还是与人搭伙购置，如果与人搭伙购置的比例如何，怎么喂养，谁喂养，草料来源如何，谁使用牲口
生产工具	犁、耙、耧、盖、锄头、木锨、碾、磨、碌碡、风车等众多生产工具中是否都要置办，如果置办部分生产工具，则置办哪些生产工具。是否与人搭伙置办生产工具，如果搭伙置办则比例怎么分配
劳动力	是否让小劳动力当学徒或读书，农业生产经营过程中家户的劳动力怎么分配，各自负责什么工作，怎么进行协作，劳动力不够如何处理
生产资料	家户中的土地、粮种、肥料如何进行生产经营分配，土地是自耕、租佃抑或买卖、典当，粮种如何获得，是自留、换种还是借种，肥料如何获得，怎么在土地上分配
农时把握	家庭经营哪种作物，农时怎么把握和安排，抢农时的时候怎么安排生产协作
生产方式	家户生产方式包括"读书入仕"、农业经营、商业经营、手工业经营等，其中最为普遍的农业经营包括自耕经营、租佃经营、公共经营等
生产合作	家户在土地农业经营是否与其他家户进行合作，如共同置办牲口，共同置办生产工具、家户之间进行换工、借种、换种等

资料来源：根据何运章、李建文老人的口述内容整理。

从表 3-9 中可知，当家人在家户生产经营的角色至关重要，是家庭生产经营的总决策人，负责家庭生产经营的方方面面，包括各生产要素的投入分配、各生产环节的衔接、劳动力之间的协作等。

（二）户内分工经营

传统历史时期，清辉头村家户在每年的耕种、收割时候动员家庭的一切劳动力，甚至包括 10 岁以上的小孩、身体还健康的老人进行农业劳作。但不同经济条件的家庭的户内分工不同，例如村落最富的大户李书田家庭，因为其实施雇佣经营，土地上生产经营户内分工则包含了管家、长工等人在内。李建文老人介绍说，李书田（小名"大田"）雇请的长工均是干活的"大把式"，都是"领青长工"，人数为数人。其户内分工如表 3-10。

表 3-10 民国时期清辉头村首户李书田的生产经营户内分工

家庭成员及雇工	生产经营分工情况
李书田（小名"大田"）	清辉头首户的当家人，负责家庭生产经营方面的计划、决策或者审批计划，审批钱粮开支申请，筹划家庭成员的职业等
家庭成员	李书田的二弟、三弟民国时期均在外求学，其他家庭成员协助其经营药铺"博文堂"和钱铺"少鹤堂"

续表

家庭成员及雇工	生产经营分工情况
王掌柜（管家）	首户管家，为村落西头人，负责家户的钱粮进出账簿管理，筹划家庭的生产经营活动，报当家人同意后，安排领青长工进行土地上的农业生产经营
数名领青长工	领青长工基本由管家进行管理，每人负责几十亩地的耕种任务，并且负责一头牲口的喂养，领着农忙时期的月工、短工干活
一名赶马长工	负责喂养几匹马，并且负责为家户赶车，属于专职喂马和养马的长工
农忙雇请的月工、短工	每年农忙的时候，通过雇请月工、短工等形式来补充劳动力。月工和短工由领青长工带领进行耕种

资料来源：根据李建文老人的口述内容整理。

清辉头村的首户家庭户内分工基本是依照雇工的等级进行。因为其家庭占有千亩土地，户内分工基本是基于雇佣关系的分工。

多数普通家庭生产经营活动的户内分工与首户家庭的户内分工存在很大的不同。因为普通家庭的户内分工基本是家庭成员的分工协作，也基本遵守着"男主外，女主内"的传统。在1937年以前，何运章家庭是一个扩大家庭，由奶奶、父母、叔婶和三兄弟、三姐妹构成，何运章老人在兄弟姐妹中排行最小，奶奶是当家人。何家生产经营方面的户内分工如表3-11所示。

表3-11 清辉头村何运章家庭1937年以前的户内分工

家庭成员	家庭经营角色	家庭分工情况
奶奶	当家人	奶奶是家庭的当家人，负责家庭重大事务的决策，掌管钱财，但并不负责生产经营的具体决策
父亲	壮劳动力	父亲是粮田劳作的壮劳动力，在生产经营中具有更高比重的决策权，但也要与叔叔进行商量。农忙时期雇请月工补充劳动力不足
叔叔	壮劳动力	叔叔也是粮田生产的壮劳动力，与父亲一起协同劳动。两人共同商量家户生产经营的事务，并且共同决策
母亲和婶婶	壮劳动力	母亲和婶婶都是家内生产的主要劳动力，平时在家中打理家务，免除两位在外劳作壮劳动力的后顾之忧。庄稼收割时候，母亲和婶婶在家庭场房的负责脱粒、晒干、风谷、储藏等劳动
大哥	小劳动力	大哥从小在学校读书，稍微长大一些被父亲安排当学徒学做会计，不从事农业生产经营
二哥	小劳动力	二哥是小劳动力，主要负责担水，协助父亲和叔叔在土地上拉盖等
三个姐姐	小劳动力	三位姐姐也是家庭小劳动力，农忙时期辅助母亲和婶婶在场房中劳作脱粒、风谷等，平时在奶奶的带领下织布、制作衣裳
何运章老人	小劳动力	家庭中最小的人，八岁开始帮着家庭成员到户外捡拾牛粪、狗粪、马粪等粪便，筹集粪便做肥料

资料来源：根据何运章老人的口述内容整理。

表3-11反映了民国时期清辉头村一个中农家庭生产经营的户内分工在农忙时期采取雇工分方式补充男性壮劳动力短缺的问题。家庭中的每个成员根据年龄、性别、职业进行分工。少地或者无地的家庭则主要依靠"扛长活"、打月工、打短儿等从事雇工的形式获得生存资源。

三、家户合作经营

传统历史时期，有些家庭由于占有生产资料有限，不具备完全自主的农业生产经营能力，需要与其他家户合作，才能进行生产经营。家户之间的合作经营包括伙养牲口、伙办工具、换工劳动等。

（一）伙养牲口

伙养牲口是家户之间合作经营的一种方式。民国时期，作为耕作畜力使用的牲口对于很多家庭来说是昂贵的生产工具，很多"小门小户"无力承担购置牲口的费用。牲口使用却成为农业生产经营过程中的"刚需"，为了解决这一需要，很多家庭采取伙养牲口的方式。在牲口价值的等级序列中，马匹和骡子最为昂贵，一般是大户喂养的牲口。为了节约成本，家户伙养牲口一般选择耕牛和驴子。

> 大户都是自己置牛、置车，小户就伙着养。自家没有的就得借，我们当地叫请。合伙养的牛、驴，按比例计算，有的按照人口来分，有的按照地来分，有些论户说的，即两家不分人口和土地，单纯按照户与户伙养。伙养的情况不是千篇一律的。还有一种伙养模式，就是甲方光使用，不养，另一方养和使用同时进行。如果按照比例，我家是10亩地，你家是1亩地，那么我家就按三条牛腿比例，你家只占一条腿比例；还有一种情况是出钱与出力的合作，甲家富裕，乙家很穷，甲方出资买了两头耕牛，还买了草料，乙方出力负责喂养。甲方不但拥有耕牛的使用权，而且耕牛的粪便也归甲方所有。如果户与户之间条件差不多，那么每户各养相同的天数，谁养耕牛，其间产生的粪便就归谁。如果是出钱和出力两户的结合，出力的户不但要养好耕牛，而且要负责清理粪便，且粪便归出钱的户所有。原来的草料不用买，用庄稼的秸秆截成寸以后就可以喂耕牛了，拥有土地的大户出的秸秆自然也多，所以粪便就是出钱人家的。人力不值钱，光出人力的人分不到粪便。如果是伙养的耕牛生下来的小耕牛，按照原来议定的比例分配。[1]

---

[1] 李志勋老人的口述内容。

伙养牲口是"小户"之间的事情，按照比例进行，但是比例计算的依据各不同，有的按照人口，有的按照家户，有的按照土地。伙养的模式也有两种：其一，按照议定的依据和比例，出资购置费用，履行喂养义务获得分享粪便、使用畜力的权利；其二，购置资金与喂养劳动力的结合，出资的一方不但要出资金，还要出草料，但享有粪便和畜力优先使用的权利，出劳力的一方就是喂养牲口，获得畜力使用的资格，但不能获得牲口的占有权和处置权。"出钱的户和出工的户一起合伙喂养牲口，出钱的人有优先使用权，这个是确定无疑的。如果户与户之间伙养牲口，一般不涉及优先使用权，都是商量着来的，这种合伙方式一般是弟兄们，或者一湾的户与户之间，其中弟兄占多数，其他就是关系比较紧密的户与户之间。大户一般自个置牛置车，但是小户置牛置车的不太多。有些小门小户，既没有亲戚，也没有朋友，就只能自个人工耕地。"[1]

一般情况下，伙养牲口的多为亲兄弟、堂兄弟、族亲等。换言之，血缘关系是伙养牲口的社会关系基础。

（二）伙办工具

伙办工具也是家户之间进行合作经营的一种方式。民国时期，清辉头村伙办工具有两种情形：其一，家户没有足够资金购置大型生产工具，与其他家户合作共同置办；其二，为了节约置办成本，与邻居家户共同置办少数平时不大使用的生产工具。就前者来说，几个家户共同置办的大型工具，包括犁、耙、耧等。家户在伙养牲口的同时共同置办大型生产工具，这样好处在于大型生产工具能够连同牲口一起使用，而且能够节约置办成本。

另一种情形是置办平时不大使用的生产工具，包括风车和碌碡。风车是每年庄稼收割的时候用一两天。碌碡是庄稼收割的时候使用半个多月，平时基本闲置。"风车和碌碡，说不定哪家才有，这种工具用得少，一年才用一回两回的，一般是大家伙凑钱买的，或者是借。"[2]

多数情况下，居住地临近的兄弟、堂兄弟、亲戚、邻居等家庭共同筹资置办碌碡、风车等少数生产工具。这样的好处是各个家庭需要使用的时候，能够获得工具，以免到很远的地方去借用，而且置办的成本费用较低。换言之，伙办风车、碌碡等平时少用的生产工具，不但能节约成本，而且能提高使用效率。

---

[1] 李志勋老人的口述内容。
[2] 李志勋老人的口述内容。

（三）换工劳动

换工劳动也是家户之间在劳动力方面的合作经营。换工有两种情形：其一，家户农时时间差的换工合作。每个家户播种的作物不完全相同，农时也不完全相同，有的户早，有的户晚，这样可以在时间差别互相调剂的基础上换工；其二，劳作手艺上的换工合作。以播种庄稼的耩地为例，其中甲户是耩地的能手，乙户不会耩地；乙户就要求甲户先帮其耩地，等到甲户需要的时候，乙户又以所擅长的活去帮甲户。

> 换工，谁也不吃谁的饭。如果你给我干的是技能活，我给你干的是体力活，你给我耩了地，当你家要拖粪，又脏又累，我给你干去。这些换工都不需要吃对方的饭，干完活就各自回家。我不忙的时候，你正忙呢，我帮你干去。这种情况非常多。如果是这种换工方式，就需要吃饭。为什么呢？因为你家干活可能忙着赶工，中午也不休息，需要人给地里送饭，或者回家吃点饭就赶快回去干活。吃饭的菜品没有规定，随主人家安排而定，不做强求。相互换工的家户之间关系一般是处得比较好的，有兄弟、亲戚、邻居、朋友等。一般是主家准备工具，为什么呢？因为你明天让我去干活，我不一定知道你具体是什么活，需要什么工具，要多少人，干多长时间。[1]

> 我大伯在家的时候，稍带着干点，爷爷奶奶干点，没有换工。但别人家有换工。什么时候换工，农忙时候，你帮着我干干，我帮你干干。比如咱俩，你有车有牛，我什么都没有，我帮着你干，然后，我也使使你的车和牛。农忙是收秋，那时候麦子少，没有收割麦子，春天种的时候也算农忙。换工在自己家里吃，人家不给你饭吃。只有关系相当不错，人家才给你饭吃。换工干活，你使用的营生（工具）也是自己，除非你没有，就想法子借。一般女的不上地干活，不换工。[2]

家庭之间的劳动换工能够有效地提升劳动效率，弥补家庭生产的不足。换工的方式，可以分为劳动技艺的换工、抢农时的换工、生产资料的换工等。清辉头村十分讲究降低换工成本，因此互相不请吃、各自拿自己的生产工具。当然，抢农时的换工可能是一种例外，这种例外实际上也是为了节约时间成本。

---

1 李志勋老人的口述内容。
2 张祥老人的口述内容。

四、家户雇佣经营

传统历史时期，由于土地、劳动力、劳动工具等生产要素在各家户的分配情况不平衡，加之民国晚期清辉头村的人口为 2700 多人，因而清辉头村的雇佣经济较为发达。清辉头村的集市每天清晨还有"人市"，即村落内的雇工市场，提供短工的雇工需求。整体来说，家户雇佣经营包括雇佣长工、月工、短工三种类型。

（一）雇佣长工

长工，在清辉头村又被称为"扛长活"，即一年到头在主家从事雇工的做工形式。扛长活的人，一般是少地或者无地家庭的壮劳动力，从事雇佣劳动是他们获得生存资料的主要方式之一。

1. 雇佣长工的条件

土地较多的大户劳动力不足，需要雇佣长工进行家庭的生产经营。大户雇请长工既可以请本村的，也可以请外村人，扛长活的人要具备一定的条件：

其一，拥有"让人放心"的人品。让人放心的人品是大户雇请长工的基本条件。人品也成为长工在清辉头村的"硬通货"，因为长工一旦有偷懒、耍滑、偷盗等人品的原因被解雇，则很难再在村内找到雇工的机会。扛长活的人必须是"吃紧"、老实、不滑溜的人。主家非常在意长工的品行，因为长工要在主家扛长活一年以上，干活的时候一般没有人进行监督，靠长工自觉、主动地去干。"人品不好的人在干活的时候可能会偷懒，如耕地的时候，要求一寸一犁，但是人品不好的长工一尺一犁，主家也看不出来。长工就省活了，这叫"耍滑"。长工都是领青的，如果人品不好，领着短工还干不了多少活。加上人品不好的长工会偷奸耍滑，偷鸡摸狗，主家家里有馒头、有包子、有饽饽，有卷子。长工一般只能吃饽饽的，却去偷人家卷子去了。如果长工被主家开除了，那么他去哪里找活，别人都不要了。因为那时候交通不方便，旧的财主不要你了，你的名称就臭了，新的财主知道了，也不敢要你。[1]

其二，中人介绍和担保。在民国时期的清辉头村，雇主与其说信任"扛长活"的长工，不如说更加信任与其具有一定社会关系的介绍人和担保人。"有需要的主告知中间人给找一个长工，本村有就本村找，本村没有就外村找，但须有介绍人（中间人），否则长工把骡子、马牵走了，损失很大。如果有了介绍人，那么发生这种事情，介绍人得赔。"[2] 根据以上所述，介绍人从中牵线搭桥是富户雇佣长工的基本前提条件。介绍人和长工的关系很好，因为介绍人不但不收取任何费用，而且可能要承担一定的担

---

[1] 李建文老人的口述内容。
[2] 李建文老人的口述内容。

保风险。

其三，长工须是具备劳作技艺的壮劳动力。大户雇请长工倾向于会全活的"庄稼老把式"，越能干的老把式越能够领着月工、短工干活。"长工要会的活：一是会耕地；二是会使车；三是会耩地。那么他一年能多赚一二十块现大洋。如果活不全，如不会耩地或者使用牲口车，则会少赚二三十块。旧社会，请人的家庭少，用人少，找到一份活也不容易。扛长活的人是壮劳动力，人家才要，如果不是壮劳动力，做工的价钱就要少得很多。"[1] 根据以上所述，越能干的长工，越受到雇主的欢迎，而且长工的工钱与他的农户技艺成正比例关系。

2. 雇佣长工的"工眼"

雇主家庭雇请"扛长活"的人，要求其做工有"工眼"，即每日干活的标准。换言之，长工干活不能随性子，而是每天都有一定的工作量。

> 每天干什么，去哪里干，都给安排好了。人家不让长工休息，一天也不能歇，没有半年歇一天、一个月歇一天的说法。旧社会，干活有工眼，即有标准的，不是干多少就是多少。当时锄地的工眼是每人锄地第一遍一天要锄一亩、第二遍一天要锄二亩、第三遍一天要锄三亩；人家二十几亩地，问你在计算天数内锄完了没有，你说没有就是没有达到标准。耕地的标准是一个长工一头牲口一天耕二亩地。耩地的标准是一个长工半天要耩五六亩。除草的工眼是第一遍一人一天要除草一亩，包括连钉苗，就是给土地上的苗培土；第二遍除草的时候就不需要培土了；第三遍光搂，一回一个样。主家不让长工歇着，刮风下雨都有活干，如操磨磨面，磨面的工眼是一天磨二斗，如果大的磨能磨多一点。闸草也有工眼，一天需要闸500斤，比现在的机子弄还细。弄茬子（柴火）的工眼是一天二亩茬子。春天的活就是抹房，那时候没有洋灰，没有钉子，就是在房顶抹一遍泥土，然后用碌碡压一遍，这样做是为了防止房顶漏水。每年需要抹一回。长工冬天的活就是喂养牲口，闸闸草。在地主家，冬天闸草得两个长工，一个是递草的，一个是用刀闸闸草的，两人的工钱都不同，递草的长工干的是一件轻松活，拿的工钱却要高于闸草的人，因为是技术活，要保证所递送的草必须长度相等，且寸草闸三刀，要把握这个长度相对较难。草闸得越烂，牛马吃得越多，牛马也越肥。如果不会递草，一刀下去就是一寸，牛马食用不消化，则不肥。递草的长工工钱较高。

---

[1] 李建文老人的口述内容。

使用力气闸草的人，工资相对较低，因为只使用力气把闸刀往下摁就行了。[1]

长工雇工劳作具有一定的"工眼"标准，如果达不到这个"工眼"标准，就是不合格的长工，第二年则不被雇佣了。好的长工耕地、锄地、耩地、刨地样样活都能干，此外还能驾车，三头、两头牲畜的车都能驾起来。长工分为大把式、二把式。大把式需要干全活，即样样农活都会干。二把式只要耕地、锄地都会就可以了。富农的"扛长活"的人不需要派工，由主家带着干，但地主家需要派工。"扛长活"的工作量繁重，清辉头人编写了民谣："早饭东南，午饭西南，晚饭半夜三更子时夜，一天一夜三顿饭，两头日不见"，形容那时候长工劳动的任务重，时间长。

"当长工闹鬼（狡猾）不行，得实在，我帮主家卖粮食，挑出去的时候主家已经打好算盘了。卖米的时候，还得讲方法，不能缺斤少两，称完后还得多给客人一捧米，否则人家下次就不来你这里了。量米的时候有技巧，有商人来买米，要多大斗，盛米的口袋有两个人掌着，商人快速往下压，压力大，大斗压紧一些，就能多半斤。粮食贩子给人量斗的时候，使用一点技巧又少了半斤。"[2] 长工不但要能够完成土地上"苦力"，还要学会买卖的"巧活"。例如李建文当买米长工的时候，使用"多给客人一捧米"的方法来赢取顾客的信任，便于有回头客。

除了土地生产，长工还承担着家庭内部的劳作任务。他们每天起来的工作就是担水、打扫院子、喂牲口，把活干完了就吃早饭，饭后下地。长工天明（天刚刚擦亮）就起床，每天得把牲口喂饱了，才能够使唤。长工下地的时候，掌柜也要下地，因为小业主也得干。如果是地多的，有一顷地、两顷地以上的业主就不用自己干了。大主不出工。如果过了秋，农忙的时候，一般由领青的长工到人市上请"打短儿"以度过农忙时间，请"打短儿"，不需要掌柜出面。由领青长工干活或者领着其他雇工一起干活。春天虽然地里不能动土，但也有活干，一般是抹房子和拉土拉粪。抹房子是指和土抹房顶，使房屋不漏雨。拉土拉粪是指清理牲口圈，长工每天给牲口换干净的土，同时将牲口的脏土拉到土地上。

3. 雇佣长工的待遇

传统历史时期，"扛长活"的长工以年为时间单位在主家进行劳作与生活，因此也能够享受到主家给予的生产生活待遇，包括工资、住宿、仪式、福利。

---

[1] 李建文老人的口述内容。
[2] 李建文老人的口述内容。

（1）工资待遇

传统历史时期的清辉头村，雇主通常情况是年底给长工发放工资，即长工的工资是"年薪制"。长工工钱的结算方式包括现金、粮食两种类型。

> 长工工资，小主用你给不了那么多钱，给的钱相对少，用粮食结算较多。大主给的钱相对多一些，粮食的比例较少。但长工工资一年能领到15块至30块的现大洋，会全活的老把式才能拿到30块大洋，一般的长工就是15块大洋一年。什么是全活呢？就是耕耩锄耪，扬场握锨，时有赶车，时有转磨，还有锄地、赶车。耕地和耩地都是使用牲口，那时候木匠一个月6块钱，我刚开始出去当童工时候，一年得两斗米。那时候打工是为了挣口饭吃。[1]

> 我干长工的第二家主家在深县西边，离清辉头村有12里地的一个村。他家有三四十亩地，给我工钱一年3石粮食，一石10斗，一斗15斤，共450斤粮食。原本还可以干一年，日本人把我抓走了，那人害怕了，就不敢让我做了。我的第三家主家也是给我3石粮食。我扛长活的第四家是清辉头村东南方的30里地的一家榨油坊，每年给我500斤粮食。[2]

长工一年的工钱是3石粮食左右，折合为现大洋则是15块现大洋至20块大洋之间。但长工之间的工钱也有差别，会全活的"老把式"一年的工钱是30块现大洋，折合谷子大约有900斤。除了一年的工钱外，长工每年上工的时候，主家不安排上工酒，平时也没有给长工发放衣裳和蓑衣。有些长工喜欢抽烟，可以在主家的土地上种烟，一般种一二十棵。

（2）生活待遇

传统历史时期，清辉头村的房屋结构如第二章的图2-1所示，分为两个"四合院子"，人们将房屋整体内的每一个四合院子称为"节"，越富有的房屋"节"数越多。但整体来说，有一个专门的"小四合院"，如何运章老人家的后院是牲口圈、磨棚、草棚、车棚。大户人家在牲口圈的"四合院"安置有房间，和主人的房间不在一个四合院内，但能够连通。长工住宿的地方有两个地方，多数住在有牲口圈的房间中，少数住在大院门旁。

---

[1] 李建文老人的口述内容。
[2] 李建文老人的口述内容。

长工一般不和东家住在一栋房子中，而是牲口棚，或者其他房子。原来的好户房子多，有好几节，就是有好多个连在一起的四合院。家属专门在一节，不和长工在一块。长工一般住在质量玄（差）一点的房子。原来的规矩多，越是大主越分得清。扛长活的（人）一般住两个地方，一个地方是门房，白天干活，晚上可以看门。另一个地方是牲畜棚，就是挨着牲畜棚住，晚上可以喂牲口。[1]

长工能否进主家的屋子？这个一家有一家的家法，家法严格的家庭就不让进。比方说，俺爹那会做活做不过来，也雇佣了一个人，他在外面牲口棚里喂着牲口，有那么一间屋子住着。吃饭的时候，我们家里妇女煮熟了饭，把饽饽、小米和咸菜给人家预备着，用条盘（木头做的，四方形）装着饽饽、饭（粥），喊着"熟饭了，吃饭吧"，人家就在锅里盛着饭（吃多少，盛多少），端着盛放饽饽、咸菜、饭的条盘拿到人家住那屋子去吃了。一天三顿饭老是这么着，就喊人家一声。[2]

俺这头有一个人，阶层划分时候，他被评为富农了，土地平分的时候，那个做活的（人）还在，就封了他的家门。主家家人住在街里，做活的人住在西边，离得挺远。人家在北墙弄一根棍子，上面有一颗铃铛，铃铛上绑着一根绳子。主家家里煮熟了饭，一拽那铃铛，做活的人听见了，就上家去。做活的人从主家提溜一个罐子、一个篮子、饽饽、饭（粥），就上他自己的屋子去吃。一天三顿饭，早饭吃的很早。为什么大家知道这么早呢？因为有一个铃铛，一拽铃铛，隔壁邻居都听见了。[3]

长工、月工、短工等雇工，被传统清辉头村称为"做活的"人。他们的居住地通常也是其工作职能的体现，基本上住宿条件较差。伙食待遇的好坏要视家户的经济情况来定，例如"好户家不如赖铺家"，玄（差）买卖也比种庄稼户强，长工在从事买卖的家庭，伙食比从事庄稼种植的家户要好。在民国时期的清辉头村，主粮分为等级，其中白面等级最高，可以做成饺子、卷子、面条、馒头，其次是谷子（小米），可以做烧饼、米粥等，再次才是棒子（玉米）和高粱。而"饽饽、饭（粥）"，加上一点咸菜成为长工伙食的标准，也是多数中层以下家户成员的食物。"长工不逢年不过节没有肉吃，能够吃饱就行。原来大家吃的都是粗粮，谷子和着糠烙饼子吃，没有白米面，有

---

[1] 李志勋老人的口述内容。
[2] 何运章老人的口述内容。
[3] 何运章老人的口述内容。

吃的就不错了。这都算是好的了，这种饭食我们称之为吃糠咽菜。一说饼子就是最好了，一般不过节、不过年，是不吃卷子。一般是条件好的，当家的，才能吃卷子。"[1]

  长工不跟主家一起吃饭，端着一碗饭就去牲口棚吃了。掌柜的捏饺子的，不给长工吃，就给下碗面。长工在小户主家一般吃棒子饽饽，在买卖人家就是米饼子，七天能吃一回卷子。[2]

  我当长工，没有上工酒、下工酒，过年时候也没有跟主家吃过团圆饭，但能吃饺子。平时吃饭，长工吃得差一些，比如人家吃饺子，能给长工下点杂面。饺子分为两种，一种是白米面做的，一种是杂面做的，过年时候主家吃白米面做的饺子，长工吃用高粱面、棒子面做的咸饺子。有一个有趣的事，有一个长工看见了主家吃饺子，长工假装不小心把盛面的碗扣在地上了，主家只能给他端来一碗饺子。主家觉得没有必要对长工好，因为人家有地，即使一亩地打一布袋粮食，人家家庭粮食也吃不完，所以不在乎长工做工好坏。[3]

  清辉头村家庭的伙食存在一定的等级，当家人吃得最好，其次是家庭成员，最后才是长工。但在两种情况下，长工能够改善伙食，其一是在富裕的主家，例如在小户主家一般吃棒子饽饽，在买卖人家就能吃米饼子，七天还能吃一次卷子；其二是节日的时候，主家一般会改善长工的伙食，提高伙食的等级。清辉头村人编写民谣："棒子饼子不做熟，老咸菜一柱（筷子）头，还是不犒油，做活要做到地头"[4]，来形容长工的伙食不好。长工的日常生活是自理，自己洗衣服和收拾个人卫生，"衣服是自己洗，且没有像现在一样有洗衣粉、肥皂之类的洗涤工具，那个时候就是把衣服在水里涮一涮就可以了，都是破烂衣服，也没有什么讲究的"[5]。

（3）医疗待遇

  看病需要花本钱，主家所以不愿意给生病的长工抓药看病。长工生病的情况下通常跟主家赊钱看病，所赊看病钱从一年的工钱中扣除。

  "主家不给看病。咱这就有个人家，他去那个村，那个村叫木卓村，那个时候正是

---

[1] 何小忙老人的口述内容。
[2] 李建文老人的口述内容。
[3] 李建文老人的口述内容。
[4] 李志勋老人的口述内容。
[5] 李建文老人的口述内容。

热天,是谷子收获的时候,他上地里收谷子去了。家里人都不知道,到处找都找不着他,都不知道干吗去了。家人后来收到信了,才知道死在那里了,他家里去用棺材装着就回来了。"[1] "我还见到一个长工,主家不给他看病,死在地主家了。死去的长工是旧州的,家里没人,也是他孑然一人。主家买了一个小匣子装下他,他们村里人去拉他去,离他给人干活的地方有100多里地。我跟他一起干活,我也一起送他去,后来这个村的人留我在那里干,我在那里干了两年,但日本人来了后,我被日本人抓去安平五六天。后来,这户人家不敢用我了。"长工不享受主家给予的医疗待遇,即使受雇于主家,仍然是自己掏钱抓药看病。长工在受雇期间因病死亡,主家一般愿意出一份"小匣子"(很差的棺材)作为安葬的棺材。

4. 雇佣长工的社会关系

长工在"扛长活"的过程中与主家形成了雇佣关系,但还衍生了其他关系,包括与主家的尊卑关系、认可关系、借贷关系、与介绍人的关系等。

(1) 长工与介绍人的关系

介绍人是民国时期劳动雇佣关系的中人,也是担保人。换言之,如果没有介绍人,则建立不起雇佣关系。只有长工与介绍人具备一定的社会条件,且介绍人与雇主具备一定的信任关系的前提下,雇主才会雇佣长工。

> 当长工需要介绍人,没有介绍人,人家不敢接受,也找不到活。我头一次出门做长工,那年我15岁,俺村里有一个人在西北100多里地的一个村子种菜。他是俺村人,在那里租地,伙同五六个人开了一个菜园子,这些人都是咱村的人。我跟着那个人去的,他帮我找了第一个主,因此我与介绍人是同村。干了一年后,我就不愿意去。因为冬天我回来的时候,从滹沱河过来,几十米的河面一片雪茫茫一个人都没有,我那时候还小,前不着村后不着店,我一天需要走100多里路,就害怕了,不敢去了。第二次就到深县西边,离这里12里地的一个村里。这个介绍人是我的旧伴,他在那个村里,就介绍我去了另一户人家。他得病死了,我给他家里捎信,他家里只有一人,捎信后,人家就来了,找不到玩伴干活的村,我就领着他去了。这人说要我跟他干,就自由结合了,就跟他做了二年。第三次是我自个找的一个村,那个村有我一个旧伴,我让他给我找一个户,那户人家离玩伴那个村有五六里地,我干了一年就不咋了。第四次是那户不用我后,其东南30里地有一个油坊,我就

---

[1] 李建文老人的口述内容。

上油坊干了。我到油坊，工作是赶车，工钱是一年500斤粮食，干了5年。这家是干买卖的，实力强。我看看碾子，压花生，榨油。我负责喂着几头骡子，赶车去拉面和油菜籽，明天拉花生，天天出车拉，哪里都去，包括衡水、旧城，干了5年。[1]

李建文老人有四次找主家当长工的经历。介绍人因为与长工具有一定的社会关系，因此帮助其寻找雇主的时候，不收取任何费用，属于人情帮忙。

（2）长工与主家的关系

长工在主家"扛长活"的过程中，与主家建立了一定的尊卑、契约等各种社会关系。从尊卑关系来说，"主家尊，长工低"，主要表现在三个方面，其一是在住房方面，长工需要与牲口住在一个小四合院中，没有资格与主家住在一个"大院"中，其二在饮食方面，长工吃着主家家庭中最为普通的饭菜。

"住牲口棚附近""拉铃铛叫唤吃饭""领饭食回自己屋里吃"等细节体现了长工处于从属和卑微的地位，不能与主家成员在饭桌上"平起平坐"。长工第一次去上工的时候，主家也没有为长工举行任何特别的仪式，诸如"上工酒"等。

长工称呼主家为"掌柜的"，大门大户的儿子为"小掌柜"。但小家主的孩子，长工不会这么称呼，例如有三五十亩地的家庭，一般也不兴这个规矩，可直接称呼主家的儿子姓名。主家称呼长工可以直呼其名，无论其年龄是十四五岁，还是四十几岁，"掌柜的"都称呼名，很少尊称为叔伯之类。[2]

从契约关系来说，主家一般与长工有口头协议，而且是一年一次协议，内容包括工作量、工钱、请假、借贷等。

如果长工家里有事，可以跟掌柜的讲，耽误几天，一般掌柜都允许，也不刨工钱，原来每天挣不了多少钱。长工如果生病或者家里急着用钱，可以向掌柜借钱，借了的钱从年底的工钱中扣除，不计算利息。如果借的钱超过了年底结算的工钱，过年后还得给掌柜继续干，直到还满工钱为止，或者再干一年。[3]

---

[1] 李建文老人的口述内容。
[2] 李建文老人的口述内容。
[3] 李建文老人的口述内容。

长工的农活数量和质量让雇主满意，主雇之间的关系则相对缓和，甚至还产生一定的人情关系。在这种人情关系中，长工可以借贷、请假、续工等。

（二）雇佣月工（季工）

家户雇佣经营需要考虑成本，全部雇佣长工的成本可能过重，不仅支付的工钱总量较多，而且还需要长工的"口粮"。大户的雇佣经营策略是雇佣一至几个长工，农忙时候雇佣月工，再忙不过来雇佣短工。中等层次的家户在劳动力不足的情况下不雇佣长工，只雇佣月工，例如何运章老人的家庭在民国时期只雇佣月工。月工，有些地方称之为"季工"，是指干几个月的雇工，在相关干活"工眼"、待遇、其他社会关系与雇佣长工相似。

"过秋的时候，这样的家庭做不过来，就请工帮着做，过了秋，耩完了麦子，就不用人了，用了两个月，这样的叫月工。"[1] 月工是土地在30至50亩左右的家庭，家里劳动力少，秋分过后，帮着收割谷子、棒子、豆子之类的庄稼，之后如果这户还想耩麦子，就干到主家耩麦子后结束。

> 雇工分为长工、月工、打短。我15岁就出去，离我们这里100多里地，我还小，打一年工才得两斗米，人家不给钱，就白使人，就是得吃饭。有些人用你两个月，等过了秋就不用你了，一个月给你6块8块的，两个月十几块现大洋，剩下的10个月很难混。与月工相比，长工长年有吃的，长工工钱加上一年的饭食，就比月工划算多了，月工看起来平均工资比长工的平均工资要高点，但是剩下10个月要自己去找吃的。[2]

月工一般按季算，过秋了收割庄稼用一个月；过秋后农产品加工用一个月；再之后收花生用一个月，共3个月。月工的住宿地点也是牲口棚，被子都是自己的，主家不提供这个。一般月工、长工叫主家为"掌柜的""东家"和"当家的"，叫主家的小孩直接叫名。主家的小孩也可以称呼长工的名。主家对外把长工和月工都叫"做活的"，平时主家很少叫长工、月工的名字，一般直接说事，例如"盛饭去""耕地去""吃饭了"。

（三）雇佣短工

清辉头村的短工，俗称"打短儿"。传统历史时期的清辉头村，有短工需求的家户

---

[1] 李建文老人的口述内容。
[2] 李建文老人的口述内容。

更多。凡是拥有 10 亩地以上的家户都可能雇佣短工。基于短工的用工普遍性，清辉头村在民国时期形成"人市"。

> 请工不用合同。打短工才有人市，打长工的没有人市。人市就是在人多的地方，想打短工的人到那里去一歇，用人的主家到人市去叫，一个或者几个，到家里干一天活去。请工还有请手艺工，不是到人市请。主家觉得谁手艺好，就上门去请。请工一般管饭，一天管三顿饭。[1]
>
> 打短儿就是什么时候忙，什么时候用你。贫农、中农地少，麦子几天就收完了，而富农地主土地比较多，只有一两个长工，忙不过来就请贫下中农没事干的人来做短工。拔麦子、干农活的时候，地主富农家的长工就成为带短工干活的领青人，即长工领着短工干活，相当于现在的"领班"。长工在旧社会不但自己会干活，还要能够领着别人干活，所以地主都喜欢年轻力壮、会干全活的长工。拔麦子得有人带头着拔，他得是头一个，短工在后面跟着。所以，干活多少，关键取决于领青的人。旧社会劳动强度大，锄地时候"前头的堋，后头的拱"。拔麦子拔得好的人，被人们叫作"火车头"。[2]

相较来说，家户雇佣短工，要么像何运章老人的家庭一样，由男当家人带领短工劳作，要么由大门大户的领青长工带着短工一起劳作。短工一天的工钱是 3 毛至 5 毛，或者一斗（5 斤）粮食。"我们就叫短工为'打短儿''做活的'，也没有别的名。有些人他地多人少做不过来，就得雇工，雇一年的叫长工，另外一种叫打短儿，工钱到时候再商量，有 3 毛的，2 毛的，1 毛的。做活的时候管饭。"[3] "打短的人给东家干活，如果按照市场价格干一天活得一升谷子，东家只给半升，或者一升不足，久而久之这个东家的名声就臭了，就没人伺候他了。有时候别人家麦子都收了，他的麦子都还在地里。"[4]

何运章与李建文两位老人的以上所述内容，说明了短工一天的粮食是一斗，一般为棒子、高粱，少数能得到谷子，基本得不到小麦，如果按照钱算的话，那么工钱多数为 3 毛钱，也即一斗高粱、棒子的价格。打短儿的人基本是清辉头人，不需要主家安排住宿，但需要管饭，一天三顿饭，标准也根据以上所述的长工标准一样，基本是饽饽（高粱、玉米做成），加上一点咸菜和小米粥。好一点的粮食有谷子饼，但没有

---

[1] 李志勋老人的口述内容。
[2] 李建文老人的口述内容。
[3] 何运章老人的口述内容。
[4] 李建文老人的口述内容。

肉，更没有酒。

五、公共土地经营

清辉头村的公共土地数量较少，种类主要包括族地和村落公地，两种土地的经营方式均为租佃经营。家族公地基本上是坟地，没有家族祠堂的粮地。坟地的主要功能是保障族人逝世后的土地安葬问题，因为部分家族公地没有建立坟墓，不能因此而荒废，才产生了家族公地的经营。家族公地的经营有两种方式，其一是全部栽种树木，家族花钱购买柏树、杨树树苗以后，组织本族的成年男子集体栽种树木，树木的间距有些大，所以在栽种的前几年，土地仍然可以租种给族人，直到树木长出树冠遮挡作物成长为止，当然租金较为便宜，为每亩土地1—2元现大洋，较之私人土地的5元现大洋便宜很多。其二，家族坟地的空地全部租佃给贫困族人的家庭，每年收取1—2元现大洋的地租，也是先收取地租后种地。以上两种经营方式都有收益，家族在公地上栽种树木，十年以后树木可以售卖，所得的金钱为家族所有，第二种经营方式可以每年都有地租收益，也归家族集体所有。村落公地只有一亩多的粮地，都采取租佃经营的方式。经营主体村公所几乎不需要管理，每年在年底的时候预先收取次年的地租，就不再过问土地经营情况，不予减租、不予免租。

第四节　交换与交换关系

清辉头村是周围村庄中最大的村庄，也是一个乡土集贸市场，成为本村以及周围村庄人们进行物质交换的中心。清辉头集市具有一些内在的分集市，包括粮食市、菜市以及各种商品市。清辉头集市的集期怎么安排，人们在村内怎么交易，什么情况到村外进行交易，借贷关系如何，将成为本节的考察内容。

一、村落集市构成

传统历史时期，清辉头集市不是一个大集，按照老人的说法只是"一小溜"的小集市，但它总体由分集市和店铺构成。

（一）分集市

清辉头集由于较小，分市场只有菜市、粮食市、花生市、农具市等，它们属于清辉头村较为集中的分市场。

1. 菜市

清辉头集市的街道虽然小，但有菜市。菜市是清辉头集市的一个子市，平时也开张，位于清辉头十字街的西头，规模十分小，有几个人在那里摆摊卖菜。菜的品种也不多，仅为白菜、韭菜、葱等寥寥几种。何运章老人说："菜市也有类似的中间人，他们拿着秤，买卖双方说定以后，他就去过过秤，要个手续费。菜市不用写账。"[1]

清辉头菜市所面对的顾客是本村庄的村民，但是1949年以前清辉头的村民所需蔬菜不多，他们的饮食习惯是饽饽加咸菜、腌菜，平时基本不需要蔬菜。那时候蔬菜的主要用于制作白菜馅饺子、韭菜馅饺子、葱花肉饼等，蔬菜还有一个用途是招待客人。清辉头村民虽然平时所需的蔬菜不多，但还是有少数家庭购买，而清辉头人口基数不小，导致蔬菜相对稳定。清辉头由于没有河流，也没有灌溉的水井，天气干旱不适合种植蔬菜，因此大多数蔬菜是从外村采购。清辉头一些没有土地的农民，为了养家糊口，从外地购买蔬菜到清辉头集市贩卖。清辉头的菜市有经纪专门负责过秤，买家买蔬菜后，由经纪给买家称量，买家付费给经纪，经纪扣除百分之二的费用后，将钱给卖家。菜市属于小本买卖，卖家少，卖菜数量少，所以不需要向国家缴税。

2. 粮食市

粮食市是清辉头集"大行""大市"，成为传统历史时期物质缺乏的年代最受欢迎的分市场。粮食市在民国时期被国家承包给指定的经纪，他们需要向国家缴纳粮食交易税。粮食市主要是出卖小米、棒子、高粱、小麦等粮食，有专门的经纪负责管理、过斗、登记入账。"村里有市场，分为农产品市、人市、粮食市、花生市；粮食市主要贩卖谷子、玉米、高粱、豆。清辉头最发达的是粮食市和花生市。"[2]

粮食市对清辉头的村民至关重要。相对而言，粮食市是清辉头集市最大的分类市场。缺衣少粮的贫下中农通过打短儿、变卖土地等方式获得钱到粮食市买粮食来供一家人吃饱肚子。土地多的家庭把吃不完的粮食拿到粮市上贩卖以换取银钱作为他用。粮食市有四五个是经纪，有人负责记账，有人负责过秤。过秤的经纪拿着两样工具，一样工具是秤，另一样工具是笸箩。笸箩的用途是称量粮食的时候防止粮食撒在地上。称粮食过斗的单位是十升为一斗，十斗为一石。有买家称粮食的时候，经纪人唱着"谁谁的粮食多少斗"，经纪会计就写上，买粮食的就到账房算账去，把钱摆给账房。买卖粮食的手续费是"二分用"，即每一块钱要扣两分钱作为集市监管和过斗的费用，分别是税钱和佣钱。粮食市面对买家是完全开放的，不管是本村人，还是外村人，都可以进入粮食市进行交易。当然任何卖家也可以进入卖场，但与买家不同的是卖家把所有的粮食都交给粮食市的经纪，由经纪统计贩卖。买家要买粮食的时候，把款全部交给账房，卖家到粮食市的账房结算资金。贩卖的粮食由粮食市统一负责贩卖，所有

---

[1] 何运章老人的口述内容。
[2] 杨占恒老人的口述内容。

售出的粮食都登记在账簿。

3. 花生市

清辉头村及周边村庄有沙壤，盛产花生。因为榨油坊需要大量的花生榨油，因而各个榨油坊成为花生市的主要采购商。

> 地里出产的花生，有的晒干了，有的还是刚出土的，有几个人组织在一个院子里，有人管着。卖花生就在那个院子一摆，买家一般是油坊和卖熟花生的店家。花生市也有账房，需要入账和收手续费，手续费也是"二分用"。说是二分用，但有些做买卖大的，也有多给他们一点的。粮食市和花生市是大市，其他都是小市场了。[1]
>
> 清辉头最发达的是粮食市和花生市。原来我们这里的花生就有出口的，从天津上船出口到日本。我们这里还生产鸭梨，也出口，但量不大。花生和鸭梨是清辉头的主要产品。谷子、玉米、豆主要是市场交换。[2]

华北集市的情况，取决于当地物产的情况。清辉头村及周边的土地属于沙地，适合于花生、果树的生长，因此这两者的分市场相对发达。花生市是清辉头集市的大市，较为成熟。和粮食市一样，政府也将花生承包给经纪，他们作为过秤的中人，也收取交易总价的2%作为国家税收和承包商的费用。

4. 农具市

农具市是赶集的时候，周边的人们和商贩共同摆放农具的地方。农具市出售的商品包括锄头、犁、耙、耧、盖、碌碡、磨、碾、木锨、笸箩、簸箕、箩筐等农用工具。农具市的卖家既有商贩，也有擅长制作工具的小家户，但其不需要向国家缴纳税收。农具市只有在赶集的时候才会存在，闲日没有农具市。实际上，清辉头村每年三月的庙会是村落最大农具交易市场。

(二) 店铺

传统历史时期，清辉头的店铺主要是油坊、钱铺、茶馆、赌场、染坊、轿行、车马店等，它们各自承担着村民的交换需求，成为村民交换的固定场所。

1. 油坊

清辉头有油坊，大油坊有两个，小油坊有两个。大户张炳然开了一家大油坊，家

---

[1] 何运章老人的口述内容。
[2] 杨占恒老人的口述内容。

庭十分富有。清辉头的老百姓都得依靠油坊产的油生活,何运章老人说:"那时候家里一年连20斤油都没有,很多家庭一年到头都少油水。清辉头的沙土比较多,不适合长粮食,却适合生长花生,能够为油坊提供原料。"[1]

家户获得花生油的方式有两种:一种是家户把自己土地上生产的花生交由油坊榨油,支付榨油的费用,获得食用油;另一种是从油坊购买食用油。无论哪种方式,村民和油坊的关系密切,油坊是村民获得食用油的地方,村民是油坊的主要顾客和原料的提供方。油坊成为清辉头的主要店铺之一,每年的交易数额较大,承包经纪每年向国家缴纳税收。

2. 钱铺

民国时期,清辉头开办一家供民间借贷的钱铺,其名为少鹤堂。晚清时期少鹤堂是进士李维第开铺营业,民国时期由李书田继承经营,其主要功能就是向急需用钱的村民发放高利贷,利息为三分利,三年后本利相清,即借贷三年后的本钱翻一番。根据老人介绍,很多做生意的人、家中紧急用钱的人,在借钱无门的情况下会向少鹤堂钱铺借贷。

> 咱们村就李维第是进士出身,有钱铺,在城里的县馆做傍身,那时候的傍身,就是副差。人家也不暴躁,反正有钱有势,咱也不知道他有多少地。[2]
>
> 原来我们村有绅士,分为开明士绅和不开明士绅,李维第就是我们村的绅士。[3]
>
> 少鹤堂就在隔壁的街上,共有10顷地。少鹤堂是一个钱铺。旧社会是有钱人就越有钱,因为借钱的利率高。事变前,他们家很富裕,但一事变他们都走了,土地和房屋都不要了,他们的房屋后来变成上学的地方。[4]
>
> 没钱都去钱铺贷,那时候贷款厉害,利息很高,三分利,三年本利相清,原来借的100就成200了,那个日子不好混啊。如果借钱了,还不了,他就把地去了,用土地偿还。后来革命清算的时候,对别人过于刻薄的债主,受到了清算。村里东头有一家,姓张,被打了。李进士的家庭,事变以后,土地全部不要了,还有3顷50亩大地,都不要了。大田也是3顷多,一家分了350多亩大地。李书凯他爹抽大烟,3顷多地全部去了,一亩都不剩。后来李书凯开玩笑说"要命的爷爷,救命的爹",因为原来他家是地主,后来成贫农

---

[1] 何运章老人的口述内容。
[2] 何运章老人的口述内容。
[3] 杨占恒老人的口述内容。
[4] 李建文老人的口述内容。

了。他们有这么多地，是因为家里有人当过官，李维第，是一个进士。事变以后，他们全家都走了，房屋后来改建成为学校，后来又被村里给"去"了。几十年后，房屋倒了，村里就卖给户里盖房了，那地方大得多了，一大片都是他们家的。[1]

少鹤堂的经营者李氏家里有10顷地，是清辉头村最大的富户。少鹤堂通过高利贷进行经营，缺钱的家户可以向少鹤堂借贷，但一个基本前提条件是必须使用相同价值的土地进行抵押，期满不能偿还，土地归少鹤堂所有。

3. 茶馆

清辉头集市只有一个茶馆，茶馆的功能与其说是为人们提供茶水，不如说是提供开水。传统历史时期，清辉头家庭没有开水保温的设备，当家里来了客人没有开水倒给客人喝，很多家庭就去茶馆提水。"南方人喜欢喝茶，北方人喜欢喝水"似乎成为传统时期茶馆经营业务的不同。在清辉头的传统习惯中，人们更加喜欢喝白开水。茶馆还跟餐馆一样做日常饮食给客人吃。"茶馆在十字街往西，可以卖水。茶馆除了卖水外，还卖吃喝。""茶馆是卖水的地方，我还上那里去提过水。原来家里不方便，来了客人，没有热水，我就提着茶壶去那里提水，提回来给客人喝。那时候到茶馆喝水的人少。"[2]

茶馆坐落在清辉头街道十字街西面，是街道上的一个店铺。掌柜使用自己的房屋开办茶馆，因为长期需要烧柴火烧水，茬子（柴火）不够烧，需要向邻居购买部分茬子。

4. 赌场

民国时期，清辉头的赌场数量未能确认，有部分人依靠赌钱为生。杨占恒老人介绍了一个赌场的概况。这个赌场规模不大，是一个平时游手好闲却心机深沉的人开办的。

> 有一个家族，姓张，其中一家日子过得挺好，有50多亩地，家庭殷实，另外一家不但穷，还酸，但辈分大，是殷实那家的叔叔辈，摆了一个（赌）局。摆局的这个叔叔，他不干活，还想吃好喝好，就得盘算弄谁的钱。他有几个牌友，经常打牌，不劳动、不生产。他在门口摆了一个茶炉，这个炉有一个好处，就是玩牌的时候有水喝，打完牌了还可以煮挂面，煮鸡蛋。这个

---

[1] 李建文老人的口述内容。
[2] 李建文老人的口述内容。

张姓叔叔就安排人在门口等着,当侄子路过的时候,就喊到家里来。侄子回答说:"不、不,回去了。"一回两回不去,三回还不去,就是不给面子的事了。吃了面,侄子就看叔叔他们玩钱,看见有人赢很多钱了,侄子说,"我也押一点"。叔叔就说他,"你来看,你押这个干什么"。侄子说,"我试试","试试就试试吧,你自己愿意",叔叔回答道。侄子一押钱,还赢了不少。侄子尝到了甜头,就要掌局,掌锅,坐庄,叔叔拦着,侄子执意如此,叔叔就允许了,这次赢了不少钱,抵上地里半年的收成。侄子就跟家里说又要去,家里人拦着。这次又去,把前两天赢的钱都输了,侄子就把他妈妈的红契文书都拿来了,玩了一宿,50亩地全部输光了。这是实事。这个穷叔叔通过赌博把生产力破坏了,把劳动力和生产资料分开了,这是要批评的资本主义东西。[1]

杨占恒讲述了传统历史时期一个关于赌场的案例。开办赌场的叔叔设局来骗取同族侄子的地产,一定程度反映了传统华北乡村社会的乱象。

5. 染坊

民国时期,清辉头村开办有染坊,给每家每户妇女纺棉花织成的布染颜色。民国时期清辉头村染坊有几家,已经无法考察,但家户与染坊经常打交道是事实。"每家每户的妇女做好布以后,送去染坊,按照意图染成各种颜色,那时候的颜色只有灰色、黑色、绛红色等少数颜色,不像现在的颜色这么多。"[2]

家户把白布送到染坊后,染坊造册登记在簿,标明家户白布的尺寸和要染的颜色。染坊染好后就给各家各户送过去,等到年底腊月的时候集中结算染布钱。1949年以前,清辉头村纺线织布的工作是妇女的活计,女孩从七八岁开始学习针线活,直至老妪眼盲仍然凭着感觉在纺线织布。

> 旧社会,没有现成的衣服,街上卖布的店子也少,买布的人也少,家家户户都是自己做。妇女都会做衣服。那时候,家家户户都种点棉花,妇女把棉花压制后就纺织成为棉线,做衣服。小姑娘学习干活就是从纺织棉花开始,老太太眼睛瞎了,也纺棉花,织成白布,到时候想要什么样衣服,就染成什么衣服。家里不能染布,村里专门有染布的买卖,家家户户做成白色棉布后

---

[1] 杨占恒老人的口述内容。
[2] 何运章老人的口述内容。

就拿去染布店染颜色。染布店从各家各户收了白布，各自写成名字后，就拿去染，染好就送回来，送回来的时候敲着小钵，一敲就知道是染布的来了，染布的家家户户就去取了，合多少钱就给多少钱。小钵就是染布人的唤头。衣服都是由针线做成的，不是买现成的。那时候去哪里赶集都是走着，不像现在都是汽车。人们买卖点东西要么挑着担子，要么推着小推车。[1]

  我这个家庭的零用多，除了人情招待外，还有染布，穿衣裳的人多，无论染成什么颜色，这部分的开支比较大。染布费，一到了腊月就得备着，人家来要了，得给人家。药钱和染布钱，都是快过年了统一结账，也即腊月结账，一年的全部费用结账给人家。旧社会，药钱和染布钱平时就是记账，到了腊月人家来结算，统一结账给钱。那时候就是这个规矩。[2]

传统华北农村的衣物依靠自给自足。家家户户都需要纺线织布，但各自不具备染布的技能和设备，染坊应运而生，成为清辉头村生产生活的一个构成要素。

6. 轿行

  轿行指红喜的时候抬轿的行当，在新婚中，新郎聘请轿行用花轿迎娶新娘。阴历中的黄道吉日，是轿行最忙的时候，甚至一天要抬多家新迎娶的新娘。因此，新郎家在迎娶日的很早以前就给轿夫下帖，没有帖子轿夫不会去抬轿子。新郎家给轿夫下帖子之后，轿行根据所接收帖子的情况安排接送新娘的具体时间。轿行是从新郎家出发，轿夫抬着新郎到新娘家，新娘下轿后，轿夫从闺房中接新娘上轿子回新郎家。花轿需要用钱，得下帖去请，帖子上写着什么日子，给人那么一个帖，人家就按照这个日子给准备着。钱多少需要双方商量。有红喜的家庭，得提前好几个月给轿行下帖子，不能晚了，晚了人家就没空了。"我结婚那天，轿行抬花轿一天要抬三四家，我家收了5块钱，抬一趟来回（抬新郎去，抬新娘回），当然价格根据抬的距离远近来决定，抬轿人是抬回来后才要钱。"[3]

  轿行抬花轿一般有8人，4人抬，路上轮流更换。花轿有一个人高，有一个小屋，娶媳妇必须要使用花轿。轿行抬花轿从新郎家出去抬的是新郎，花轿至新娘家，新郎下轿。新娘在娘家做完各种仪式后从闺房门口上轿，新娘上轿后，女方还用锁锁住，直到新郎家才能解锁。

---

1 何运章老人的口述内容。
2 何运章老人的口述内容。
3 李建文老人的口述内容。

7. 车马店

车马店位于山东省至华北最大粮食批发市场，即束鹿县旧城的官道上，距离旧城不到 15 公里。长途跋涉的粮食运输队需要在旅店休憩，车马店应需而生，与旅店区别在于车马店不但能够住人，还可以住牲口和停放马车。

> 原来有车马店，主要是住宿的，顺带买吃的。来大车的，半路的就住店，就是冯老同，他小名叫冯堂，大号是冯老同，他院子大，就开了一个车马店。咱们这里有山东到旧城的道路，山东产粮食，通过咱们这拉到旧城，从咱这里路过。那里是个大集，逢双就是集市。咱们这离旧城不到 15 公里。[1]

> 十字街的西边南北各有一个饭店，又叫车马店，赶车都能进去。车马店很大，车马可以进出，赶远处集市的人在这里住下，人马都可以在这里歇息，一早起来就走。人住需要一毛钱，人和马都住店，需要两毛。[2]

车马店是华北传统经济的产物。与我国南方地区山高水深的地形构造相比，华北平原地势平坦，在没有现代交通工具的时代，马拉车能够在华北平原起着运输的作用。清辉头利用地理要道的优势，形成为商旅服务的车马店。

二、村内赶集交易

清辉头村是自晚清开始就存在的村内集市。女性"足不出户"的习俗，导致了赶集主体基本是男性，而且是一个家庭的当家人。赶集交易活动主要包括买卖货物、打探行情、会见亲友等。

（一）集市集期及关系

传统历史时期，清辉头集是一个小集，其十字街口的东西街，大约 300 米。清辉头的集期为四、九集。换言之，阴历每旬的四日、九日赶集，分别是阴历每月的初四、初九，十四、十九、二十四、二十九。每个集期相隔四天，符合中国"天干地支"中地支十二数的三次均等分配的计算法则。村民每次赶集之后，相隔四天便再能够补给采买一次，便于调剂有余，能够维持家庭以及商铺的正常运转。清辉头集的四九集要与周边其他集市的一六、二七、三八、五十集相区别，便于商贩在不同集期的集市轮流售卖，也便于不同集期人们的跨集市流动与采购。清辉头集及其周边不同集期安排

---

[1] 何运章老人的口述内容。
[2] 李建文老人的口述内容。

如表 3-12 所示。

表 3-12 清辉头集及周边不同集市的阴历每旬集期安排

集市名称	集期安排
羊窝集	每旬一、六日
白宋庄集	每旬二、七日
前磨头集	每旬三、八日
清辉头集	每旬四、九日
深县集	每旬五、十日

资料来源：根据清辉头村 2016 年底调研资料整理。

表 3-12 所示，清辉头集的集期与周边集期存在差异化，便于有不同需要的人在不同集期的集市进行流动与采购。普通家户如果不是采购大宗商品或者牲口，清辉头集市就能够满足日常需要物质的交换需求。

（二）赶集主体及关系

传统历史时期，清辉头集市的赶集交易主体主要是各家户的当家人，特别是男性当家人，只有少数的妇女到集市从事针线、布帛等特定货物的交易。家户的多数赶集交易均由男性当家人操作，有部分交换由非当家人的其他男性进行。

1. 当家人

家户的当家人是清辉头集市的主要交易主体，多数当家人均为男性。"从我记事起，村里就有这个集市了，原来也没有像现在这么多的买卖人。原来集市上赶集的人基本上是男人，妇女很少去赶集，不像现在街上尽是妇女，男人逛集的非常少。赶集都是当家男人去，家里有需要的货品，家人都告知当家男人，他去负责统一购买。赶集一大早，当家人就得到集上去了。清辉头的集市上除了本村人还有附近村庄的人，如大寺庄、牛家庄、辛庄、柳庄等村民都到清辉头来赶集。"[1]

当家男人负责了整个家庭所需物质的采购，家庭成员有任何需要告知当家男人，由当家男人斟酌后集中采购。有的当家男人为了让儿子长长见识，见见世面，愿意带儿子去赶集，儿子跟在身后观看父亲怎么挑选货物，辨别货物的好坏，怎么跟人说话、讨价还价。作为奖励，来赶集的父亲允许儿子买一样自己需要的便宜的东西，多为食物。当家男人通过这样的方式让儿子学会集市的买卖技能，为以后成家当家做好准备。外村庄人到清辉头赶集，有些是步行，有些是赶着牲口车来赶集。

家户当家人作为集市主要交易主体，不但是购买的角色，还是卖方市场的参与者。

---

[1] 何运章老人的口述内容。

家户根据自己家庭的手工艺情况和粮食情况，在集市上出卖手工艺品（诸如笸箩）、粮食、水果、花生、芝麻等。

2. 摊贩

清辉头村的集市参加主体中，除了商铺外，当家男人和摊贩都是流动的赶集人。摊贩是根据集期在周边的几个村庄来回流动，有布摊、农具摊、干货摊、水果摊、补锅摊、理发摊等。

"街当中有一个糠市，就是碾谷子后的那种糠，糠主要用于喂养耕牛，用于拌着草料喂养耕牛。有两个剃头摊，是外村人来开的，他们摆摊子理发。有做洋货的小买卖，摆着摊子卖一些洋货。有菜市，也就来个三车、两车的白菜，没有其他菜，那时候人们自己种主食了，不怎么买菜。有布摊，集市没有布店，但赶集的时候有布摊。有车马店，南北街各有一家。有一个茶馆，位于十字街往西，可以卖水。集市没有抽大烟的烟馆。"[1] "原来村里只有一个剃头匠，也是赶集，挑着担，一天能挣个一毛两毛的。他挣三毛五毛就能弄一斗粮食，养住家了。"[2] 剃头匠也是每个赶集日来摆摊，其他摊贩也是如此，随着集期在不同集市流动，其主要目的是在集市交换中赚取利润以能够养家。

（三）交易活动及关系

传统历史时期，清辉头村及其周边村庄人们赶集的主要活动是买卖交换、打探行情、小贩交易。

1. 买卖交换

买卖交换是人们赶集的主要目的。买卖交换包括买和卖两个内容。从"买"的主要活动来说，家户主要是购买粮食、农产品、农具、水果、食用油、布帛等各种商品，其目的是补充家庭的"匮乏"，保障家庭的基本需求能够得到满足。从"卖"的主要活动来说，当家男人将家庭多余的粮食、农产品、制作的农具等进行贩卖，以获得部分金钱用于采购家庭所需的货物或者进行扩大再生产的投资。但摊贩作为卖方的主要目的是盈利，以获取资金用于采购粮食补贴家用。

> 人们早上起来吃过早饭就出门赶集了，一天的集日并不长。在十字街的西边，就是一阵子的事，人们买完日用品就各自回去了。人们出门赶集的时候，邻里的关系是交往多，关系熟，买东西时候什么东西好、颜色好、式样

---

[1] 李建文老人的口述内容。
[2] 李建文老人的口述内容。

好,能够提建议。有时候在一起赶集的人们,身上的钱款不够,可以相互借,解燃眉之急。[1]

由于市场规模小,传统时期清辉头集市的赶集时间并不长,集中在上午。对于时间"非常稀罕"的村民来说,希望赶集时间尽量缩短。赶集活动体现了一定的社会关系,表现为邻里关系、亲朋关系等。

2. 打探行情

当家男人有时候赶集不是为了买卖交换,而是为了集市上的行情。清辉头村内各种商品在不同时间阶段的货量、价格各不同。有些家户当家男人赶集就是根据家庭需要购置或者出卖货物,了解该商品的价格、货物质量、货物的供求关系等行情。由于赶集的时候,也是周边村民会聚的时候,人们碰面的时候还可以相互打听外面集市的行情情况。

3. 小贩交易

清辉头村无论在赶集日,还是非赶集日,都有小商小贩挑着箩筐走街串巷。村民与小商贩之间进行小商品的买卖,例如韭菜贩卖。

> 那时候,家家吃饭基本没有什么菜,人们脑筋比较老,不学所以不会。但有商贩推着小车贩卖蔬菜。他们都是从别处来的,在村里小巷道卖,"小葱哩、韭菜哩"。村民可以从小贩手里买一些。那时候家家喂鸡下有鸡蛋,没有钱买,人们就用鸡蛋换小葱、换韭菜。那时候我还是一个小孩,家里大人就说"去,换个韭菜去",我就拿个鸡蛋跟小贩换韭菜和小葱。平时就吃点咸菜。[2]

除了集市上的货币交易,清辉头村还存在与小贩的物与物交易方式。这种交易方式为家庭购置小物品提供了方便,也为小贩提供了谋生的空间。

三、村外交易市场

清辉头集是一个小的乡村集市,无论商品的品种,还是一种商品的总数量都有限,无法满足家户的特定需求。村民需要从村外的大中型集市买卖牲口、大宗交易、赚取差价等。

---

[1] 李建文老人的口述内容。
[2] 何运章老人的口述内容。

（一）买卖牲口及关系

清辉头集虽然也存在很小的牲口市，但买卖牲口的数量十分稀少。多数村民选择到村外的大中型集市，例如深县、辛集、旧城等大的集市，换言之，需要选择较大规模的牲口市从事牲口的买卖。清辉头村人们买卖的牲口主要是牛、驴、马、骡子，其中"大门大户"人家买卖马匹和骡子，中等家户买卖牛，"小门小户"人家买卖驴。大集才有牲口市，小集形成不了市。牲口市的买卖人不限于一村一域，他们来自周边村庄和集市。大部分人购买耕牛是为了自用，其中马拉车、骡子和牛耕地、驴拉磨和耕地。传统历史时期，深县县衙（民国时期称政府）将牲口市承包给经纪进行管理和经营。

> 1949年前，耕牛市离不开经纪，经纪负责说合双方买卖。当有人牵着耕牛进入耕牛市进行贩卖的时候，经纪率先与其对接好，如果有买家看中耕牛后就与经纪进行对接，经纪负责对接双方需求，协调价格，达成交易。经纪与买卖双方通过衣袖里摸价来决定交易。袖子里摸价是行规。如果双方价格合适，就成交了，耕牛买卖不是当时付钱，而是事后才给，但也不给欠条，买家就直接牵走了。买家说什么时候给钱，准给，时间不超过一个月。买家把钱交给经纪，卖家到时候来找经纪拿钱。牛、驴、骡、马的买卖都是这样子。[1]

清辉头村周边牲口市场又进一步细分为牛市、马市、兔市。经纪是牲口市交易的必备中间人，也是连接集市与国家的重要中间人。因为买卖耕牛需要向国家交税，在耕牛市主要是向国家缴纳牙税。这种税收由经纪收取后，再向国家缴纳。

（二）大宗交易及关系

清辉头村与束鹿县（当下辛集市）旧城，即华北最大的商品集散地相距15里。旧城的集贸市场十分发达，而且分类十分精细，例如豆类市场分为黄豆、黑豆、白豆、红豆等市场。清辉头村的人们无论往旧城拉多大量的粮食、花生等，旧县都能够进行收购，而且无论清辉头村人需要多少数量的农产品，旧城集贸市场都能够提供。

> 村民除了到本村的小集市赶集，还到外面的大集市去赶集，例如到上辛集赶集，到磨头去赶集。过去没有车，村民都是走路去赶集，上辛集，50里

---

[1] 何运章老人的口述内容。

地，一天只能走一个来回；上磨头也是，40里地，一天一个来回，早去晚回。那时候没法就得走着，那里有买的卖的，缺什么，去哪里买去。这些集市都是大的集市。[1]

清辉头村民根据需要，选择不同类型的大中小市场从事交换活动。整体来说，清辉头集市能够满足家户的日常需要，但越对商品的数量、价格、质量要求高的家户，越是选择大中型市场。清辉头村所在的地区最大的市场就是束鹿县旧城，山东、河北的农产品都往这里集中，从清朝就一直存在。

（三）赚取差价

清辉头村民需要打探不同地区集市的行情，便于在7个月不能务农前提下做一点"小生意"，以便于赚取一点钱补贴家用。

> 原来安平的五里桥，按照现在来说是南郭的地界，是一个四九集，俺就上哪里去买蒜来赶集，出去40里地去买，到南边的四五十里地去卖去，南边有一个地叫磨头。买卖大蒜论裹，100蒜头算一裹。蒜头长着蒜苗，用蒜苗编成一辫，一辫有50个蒜头，两辫就是一裹。俺拉这个蒜头去磨头卖。那时日子不好混，地里长一些粮食，再做一些买卖，就这么过日子。[2]

农闲时间是清辉头村村民做副业补贴家用的时间。村民根据自己的家庭情况选择适合的副业，何运章老人的家庭选择贩卖蒜苗。或者可以进一步说，传统华北农村家庭单独依靠农业获得的收入不能满足家庭所需，农业与手工业、商业、打短工等结合成为谋生的重要来源。

清辉头村因为有沙地适合种植果树，在民国时期主要是梨树，但因为盛产，梨在清辉头并不能卖出好价钱。但在相距五六百里地的天津，可以卖出高于清辉头2—3倍的好价钱。有的村民为了赚取2—3倍利润，筹资收购梨到天津进行贩卖。

> 俺们村有一家收梨子的来走天津，一收就是上万斤，通过水路运到天津，可是那年的河冻了一冬天，上万的梨子烂了，本都亏了。如果河流没有冻冰，就通过船走，要走五六百地才到天津。那时候没有柴油机，就是通过人在岸

---

[1] 何运章老人的口述内容。
[2] 何运章老人的口述内容。

上拉，拉了好几天才能到天津。[1]

四、村落借贷关系

传统历史时期，各个家户对借贷持十分谨慎的态度，一般情况下不轻易借贷。民国时期，清辉头村的借贷一般分为无息借贷、担保借贷、抵押借贷三种形式。

（一）无息借贷及关系

借贷要么存在欠人情，要么存在"利滚利"的巨大债务压力。何运章老人介绍说，"借钱不一定非得当家人去，家庭成员得到当家人授意后也可以去借钱，只要关系到位，都能够借到钱"。

> 借贷人如果缺钱就借，缺多了就置卖营生（财产），有卖树的，去（卖）地的，去（卖）庄客地（屋基地）的，出了大事要用钱多的时候，才去庄客地。有些卖树上的果子，如杏、枣、桃等。另一个途径是向钱铺借贷，借贷要三分利。[2]

在多数情况下，村民通过贩卖粮食、水果、财物、土地等方式进行筹资，只有少数情况下才通过借贷解决困难。李建文老人介绍说："你没有钱，就向亲朋借。亲朋借不到，就向钱铺借。钱铺是三分利，三年就本利相清"，反映了村民借贷顺序，先倾向于借无息款，后借有息款。无息借贷通常是基于亲朋、邻居、雇主等社会关系的借贷。

> 七七事变以前的事情我不记得了，但是借钱的前提是你平时有钱，如果你没有钱，别人知道你还不了，就不借给你了。如果你家里需要紧急用钱，你只能去地（卖地），把地去完，就完了。如果你有钱就好借，过一二年你就能还上了。家里越穷越不咋，家里有钱，你借了不够还可以再借。如果你要钱没有，要命有一条，谁也不愿借钱给你。你借了，到时候能还上，借粮食的情况就有。有一年我就借出去了8布袋的谷子，每一布袋120斤，结果借我谷子的人不种地。这种情况，借出去就毁了，他不还你了。我借给一个名为孟振国的人，借了不少，今天借一块，明天借两块，借了800斤渣子，一点没有还。一定要和关系不赖的人借粮食，否则的话别人有也不借。比如，

---

[1] 李建文老人的口述内容。
[2] 李建文老人的口述内容。

咱俩关系不赖，我没有吃了你借我点，这种事情很多。借粮食的人还不了，你不能怎么着，因为关系不赖你还能怎么着。如果借贷两方的关系不好，借出方就去弄借方的营生（土地、房屋等货物）；如果都是一湾的，关系还不赖就算了，因为你出门就见面，弄别人营生不咋。在那个年代，借了一二百，还不了，借就是要，他跟亲戚借了，他那么穷，什么都没有，亲戚怎么好意思跟他要。我们当地话讲，是亲不同财，同财两不来，亲戚不能同财，同财就有仇了，两方不来往了。亲戚之间最好不要相互借贷。借粮食不需要利息，借了能还就不赖。越不咋，就越没有人借给你，有些人说秋后还，你都没有地，秋后还什么呢？两人关系不赖，借粮食不需要中人和担保人。但也有通过中人介绍借粮食了，到期了，借出方问中人要借方还，借方没有，中人也为难。[1]

无息的借贷取决于两个条件：其一是紧密的社会关系；其二是具有一定还债能力。就前者而言，无息借贷通常是先向父亲、兄弟姐妹、堂兄弟姐姐、邻居、朋友借贷。长工向雇主借贷。借贷的内容包括钱粮、油盐等财物。还债能力是无息借贷的基本条件。清辉头村有俗话"是亲不同财，同财两不来"，表达了尽量少跟亲戚借钱，因为跟亲戚借钱却长期不还，亲戚不好催账，久而久之亲戚之间反目成仇。

> 如果弟弟找哥哥结婚借钱，也得还，但没有利息，时间不限，三年你没有我也不跟你要，你什么时候有什么时候给，实在没有就算了。如果兄弟没有分家，弟弟结婚要钱，一家人伙着给凑钱，但不用还。[2]
>
> 锅里没有油盐柴米，可以向邻居借，一般不需要欠条，因为借的数量不多。两人关系不赖，什么时候有什么时候还，如果没有就不咋了。邻居之间可以借钱、借粮，不需要利息，但都是小额借贷，例如今天我借了你一碗米，明天我有了就还给你；今天我借了你一块大洋，明天我有了也还给你。邻居借贷都是临时的帮助，不需利息，不需借条。[3]
>
> 亲戚朋友借钱不要利钱，因为关系不赖，但有时候不但不要利，本钱也要不回，因为对方没有能力偿还。要利的人是村里的少数人，他们专门往外放钱，收取利钱。外村的人来借，一般要点利钱。[4]

---

1 李建文老人的口述内容。
2 李建文老人的口述内容。
3 李建文老人的口述内容。
4 李建文老人的口述内容。

李建文老人的以上口述内容反映了兄弟、邻里、朋友的借贷关系。这种借贷带有人情关怀，不需要利息，不需要借条，不规定还钱的时间，但借贷人欠下一个人情债，如果以后借贷方有所求，通常情况下要予以满足。

长工如果生病或者家里急着用钱，可以向掌柜借钱，借了的钱从年底的工钱中扣除，不计算利息。如果借的钱超过了年底结算的工钱，过年后还得给掌柜继续干，直到还满工钱为止，或者再干一年。[1]

长工可以向掌柜借钱，但所借的钱数一般情况下要低于自己的工钱，高于工钱，则雇主不愿意借贷。长工借贷同样不需要利息，但要从一年的工钱中扣除。

（二）担保借贷及关系

清辉头村的有些民间借债，需要有保人担保才能够进行。换言之，10块大洋以上的借贷基本上需要保人进行担保。担保借贷需要计算利息，通常是三分利。

我们村有两人是酒友，关系还不赖，其中一个人借了几百块现大洋啊，拿去做买卖，要他的酒友帮他做保人，结果赔了。后来，借出方应该去找保人，保人没有办法就去地（卖地），去了3亩帮他的朋友（借方）还上了。3亩地就是300块大洋，去了地生活就困难了。咱俩是朋友，关系不赖，我当保人帮你借了300块，你做生意赔了，债主找我要借方还钱，我没有办法就把自己的庄基地卖了帮你还钱，从此一家生活艰难。这两人是喝酒的朋友，还是老相识。那时候借的这300块大洋也有利息。借钱没有抵押，有地的借方，到期不还，债主可弄他的地。这种事，在我们村比较多。[2]

保人是传统华北清辉头村担保信贷的信用中介，在缺乏现代信贷机制的传统社会，起到了搭建信用桥梁的作用。保人不是固定的机构或自然人，而是镶嵌在传统社会关系中的不固定的人情纽带。通常来说，保人没有金钱报酬，但可能获得人情上的宴请或礼品回馈。老人的口述证明，保人存在很大的担保风险，只有存在较为紧密的社会关系才愿意担当借债关系中的保人。

---

1 李建文老人的口述内容。
2 李建文老人的口述内容。

(三)抵押借贷及关系

抵押贷款也是清辉头村在民国时期的主要借贷方式之一。抵押贷款与担保贷款不同,并非需要保人,但需要中人和借贷抵押物,抵押物一般为土地、房屋等。抵押借贷需要立字据为证,如图 3-4 所示。

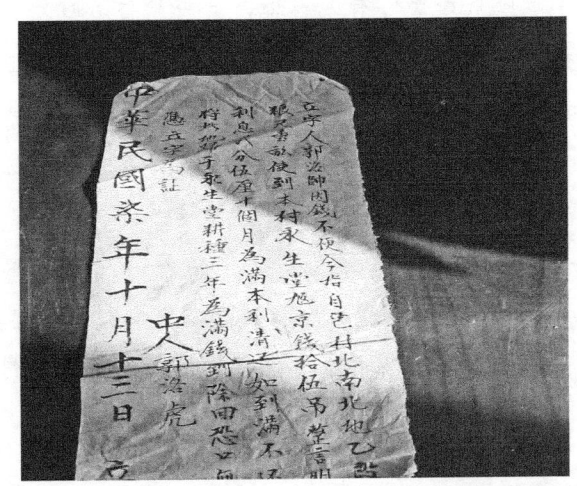

图 3-4 清辉头民国七年郭洛帅的抵押借贷字据

立字人郭洛帅因钱不便,今将自己村北南北地乙段粮尺一亩使到本村永生堂,返京钱十五吊整,言明利息二分五厘,十个月为满本利清,还如到满不还将此地归于永生堂耕种,三年为满钱到除田,恐口无凭,立字为证。

中人:郭洛虎

中华民国七年(1918 年)十月十三日立[1]

以上抵押借贷的字据,是清辉头村郭洛帅所立,他将自己村北的一块南北地作为抵押,借本村永生堂的京钱 15 吊,议定的利息为"二分五厘",借期为 10 个月,逾期不还,永生堂享有抵押土地耕种三年的权益。

> 原来借钱需要利钱,时间短就利息少,时间长就利息多。原来我们这个院(本家)有一个人,没有钱了向别人借钱使用,满了"一个满"(议定期限),如果还不起利钱,利钱就回加进本钱里面,时间久了就还不起了。那时候家里人多,花销就多,地里又不咋,就去贷款或者借。当时也不说借,就说使个钱。借钱人经人介绍后找到有钱的户,写一个帖,兴个

---

[1] 该份抵押借贷字据由清辉头村郭书强老人提供。

利钱,还得有保人和中人。但和亲戚朋友借少数钱,不要利钱。[1]

我们村有一个案例,假如咱俩关系不赖,你借个钱给我使使,我去办牲口(买卖),他一下去(卖)了40亩地,后来就赔了。他的这些地,大田(大地主的名)要了盖家庙。就是西边崔家,他赔了四五千大洋,被迫去了地了,一家就困难了。原来如果你有5亩地,就贷给你500块,没钱没地就不容易借到钱。借钱需要写文书,写明中人是谁,还不上怎么怎么着,都得写上。一般还不上钱,就可以用地抵押。如果牵涉到官司的时候,一般写明官人怎么说的,中人怎么说的,都得写。崔家出去办牲口都是去外地,一买就是几十上百头,买一个不能买贱,买得多价格才贱。借钱的期限一般在文书上写着,一般为一年半、两年的,还不了还可以续期,但要拿利息,利息大。那时候借贷是三分利,三年不还就本利相清(本钱加利钱,翻倍),三年不还借100就成了200了。借贷的期限靠两方商量,逾期不还,利钱就变成了本钱,利滚利。[2]

清辉头村作为一个传统社会的集镇,在清末和民国时期已经形成了抵押借贷的金融机制。抵押借贷的构成要素,包括中人、抵押物、利息、期限等。金融机制将这些要素联结在一起,形成了当地抵押借贷的规矩。但清辉头村并非无休止地盘剥借贷人,而是有一个"倒锅不记账"抵押借贷保护机制。

借贷还有一种关系叫作"倒锅不记账",就是借贷人亏损了,什么都没有了,倒锅了,干锅了,就不记账了,意思是不还了。例如,张三向李四借了500块大洋,张三做生意亏损了,借的钱又到期了,张三还不上就把所有的土地给李四,但这个土地只值钱300大洋,这是张三的全部家产了,李四就只收回300大洋,剩下的200属于倒锅不记账,就不还了。倒锅不记账,又叫"包估",把土地等财产都卖了,还不上的账就不算数了。日本人来那年,俺们村里有五六家"包估"了。借钱写合同的人,有的是一湾的人写,有的是村里的会计写,写这个不要钱,但也不承担责任。写文书的人,可以吃顿饭,喝点酒。[3]

---

[1] 何运章老人的口述内容。
[2] 李建文老人的口述内容。
[3] 李建文老人的口述内容。

"倒锅不记账"的机制是借贷关系中,借贷方为了还账将所有田产、房产、财产都用于还账之后,还不够的"债务"自动清零。债主不得再向债务人讨要剩余的欠债。

第五节 分配与分配关系

传统历史时期,清辉头村的分配以家户为主,兼以家族分配、村落分配。家户依照家庭再生产和维持生活正常运转的目的进行分配,当家人是分配的主要决策者。族长和家族长老是分配方案的主要制订者。村落也是一个分配单位,其分配目的是维系村庄的正常运转。本小节分为分配单位、分配内容、分配关系三个部分,每个部分都反映了家户、家族、村落的特定关系。

一、分配单元

清辉头村以家户为主要社会单元进行生产经营,同时家族、村落也是生产经营的次要单位,与此同时也形成了以家户为主,以家族和村落为辅的生产经营成果的分配单位。

(一)家户分配单元

家户是传统历史时期的基本分配单元。当家人是主要的分配决策者,根据家庭的土地、劳动工具、人口、房屋、劳动力、钱粮等各种要素,妥当地进行家户生产投入分配、生活物资分配、国家税收分配、人情分配等内容,如表3-13所示。

表3-13 清辉头村当家人家户分配情况

家户分配类型	分配比例及关系	分配结果
生产投入分配	每年庄稼收割后,家户需要计划好来年的生产投入分配,包括土地耕种面积、种子保留的数量、生产工具维护和更新的投入等	如果不投入,来年将没有粮食为生。如果投入少了,来年可能粮食不足
生活资料分配	生活资料分配在家庭分配中的比重最大	维持家庭生存繁衍
国家税收分配	属于家庭优先分配的类型,国家税收占经营成果的10%左右	如果不分配,则会受到国家强制力的惩处

资料来源:根据清辉头村2016年底调研资料整理。

家户作为独立的生产经营成果分配单位,当家人需要处理好表3—13中四种分配类型的比例及其关系,分配不当则可能导致家庭运行的异常艰难。在家户分配权力格局中,当家男人是分配主体,但女当家人也有部分权力,因为她是户内的主要劳动者,每顿饭每个人的饭食多少,均由女当家人进行分配,此外衣物也是由女当家人进行分配。

(二)家族分配单元

传统历史时期的清辉头村,家族也是一个生产经营单元。有些家族的坟地在使用之前可以从事生产经营,因而也获得了生产经营成果。家族是生产经营成果的分配单元,其分配目的是凝聚家族的血脉联结,以及家族祭祀。族长和家族中的长老是分配方案的制订者和决策者。通常情况下,家族的经营成果并非分配至每个家户,也是以集体消费的形式为主。特殊情况下,家族才会将经营成果一次性分配至所有家户,例如清辉头村南头的李氏家族在1943年将所有树木贩卖所得的钱款分配至各户。

(三)村落分配单元

村落也是一个重要分配单元。村集体有一亩多地的租佃收入,也有家户摊派的捐款。在村落这个分配单元中,一切收入所得不是平均分配到各户,而是用于村庄集体的公共开支。清辉头的村(乡)长是村落分配单元的决策者,通常情况下,村(乡)长依据村庄的惯例分配村落集体的收入,其主要目的是维护公共秩序的运转,处理好与国家政权机构的关系等。

二、分配内容

清辉头村以家户分配单元、家族分配单元、村落分配单元进行分配。

(一)家户分配内容

家户生产经营成果主要用于生活资料分配、生产投入分配、国家税收分配等。这些分配内容是每个家户能够正常运行的物质基础,也是处理家户与外部关系的基础。

1. 生活资料分配

自古以来,家户都是清辉头村的主要生产经营单位,也是主要的分配单位。一般情况下,家庭的经营成果除了衣服都是共同消费。当家人是家户内部分配原则的制订者,具有家户内部分配的决策权,特别是家户重大经济分配由当家人决定。何运章老人口述说:"旧社会,家庭土地出产的粮食归家庭所有,没有分配到个人,一家共同消费。"[1]

家庭最主要的经营成果粮食的分配是共同消费,家庭不会将粮食分配至具体家庭成员手里面,但在每一次烧制饭菜的时候,女当家人都要精打细算。

> 家里的粮食,粗粮有一些,但细粮没有。麦子种一亩地才打四五十斤,种2亩麦子才有100斤,都不敢用来吃,得留着招待高客。只有到过年的时候,起五更,才能吃顿白面饺子。小时候吃白面不多,平时尽吃杂面,黄豆、

---

[1] 何运章老人的口述内容。

> 绿豆磨下来就是杂面,还有高粱面,这个叫熟面,吃这个熟面饺子。等到招待客人,俺这户是奶奶掌握着,来了高客,弄上一锅盖板(盖锅的锅盖)白面给女婿们吃。剩下就是红的,高粱米磨成面,这个就是家里人们吃。等到三十这天,上午这顿菜是卷子肉菜,一个人一个卷子,这是有的户,像我这个户。[1]

粮食分配需要精打细算,为此逐步建立家庭消费分配等级体系。例如细粮多数用来招待"高客"。家庭自身粮食消费的"豪华套餐"是年三十的一顿饺子,因此可以留足部分细粮用于年三十的分配。诸如何运章这样的中等家庭,平时吃都是粗粮,粗粮有棒子(玉米)、高粱、黄豆、绿豆等,例如每个人两个饽饽,但壮劳动力可以多吃一个饽饽,因为其体力消耗大。

> 旧社会,没有现成的衣服,街上卖布的店子也少,买布的人也少,家家户户都是自己做。妇女们都会做衣服。那时候,家家户户都种点棉花,妇女把棉花压制后就纺织成为棉线。衣服都是做成的,不是买现成的。[2]

家户的衣服具体分配到每一位家庭成员,但由于家户制作衣服的速度较慢,一年只能有一至两套衣服可以在家庭内分配。家庭女性一针一线制作的衣服,都是按"需"分配。衣物极少,女当家人考虑到某个家庭成员需要衣服,才会根据具体情况专门制作一套衣服予以防寒。

家户的房间数也有限,穷人往往两三个人挤在一屋,但较为富裕的家户,房间数能够满足需要。何运章老人的家庭是一个中等富裕的家庭,根据他的说法,房间基本够住。前院的房间是家人居住地方,后院的房间是空的,只有家里雇请月工的时候,月工才会居住。

> 那时候房子条件不行,又没有条件盖房,沿着南北街那边的住房,东屋三间、北屋三间(此外有两耳房)、西屋三间,南边一个大门。后头一个院空着。房屋基本够住,奶奶有一个间,此外是爹娘一间、叔婶一间,小孩们跟着爹娘。小伙子结婚以前没有独立的房间,有些跟着父母在一块。结婚要用

---

[1] 何运章老人的口述内容。
[2] 何运章老人的口述内容。

房了,家里专门给安排一个房。[1]

2. 生产投入分配

通常情况下,家户在庄稼收割完后,首先将粮种晒干,使用风车风干净后单独存放,以备来年的播种。清辉头人在世代积累的经验中得出,同一地段不能连续两年以上耕种同一种粮种,这样会导致土地减产。因此,很多家户在庄稼收割以后,联系其他家户互换粮种,以便提高土地产量。家户在生产投入的分配,除了粮种,还包括生产工具维护与更新、扩大生产的投入、副业的投入等,如表3-14所示。

表3-14　清辉头村家户生产投入分配情况

生产投入分配项目	生产投入分配内容
粮种投入	家户根据耕种土地的数量,按照经验进行粮种数量的投入分配
生产工具维护与更新	家户根据具体情况决定是否需要进行生产工具的投入与更新,特别是畜力牲口的投入
扩大生产的投入	家户根据情况决定是否增加购置、典当、租佃土地的投入,如果增加这方面的投入,需要投入多少
副业的投入	家户是否增加副业的投入,例如何运章老人的家庭在从事蒜头、树木等方面副业生意经营

资料来源:根据清辉头村2016年底调研资料整理。

表3-14是多数家户在生产投入分配方面的反映。当家人根据家庭情况在生产投入方面的分配,其主要目的是获得更高收益。

3."破差"分配

传统历史时期,清辉头将税收、摊派等各种向国家公权力缴纳的费用称为"破差"。"破差"分配是国家政权对清辉头村民的强制性要求,主要分为田赋、契税、警费等,其中土地的田赋费用是每亩地一毛三。契税是土地、房屋贩卖、赠送、继承等换红契时候需要缴纳的税收。警费是省、县两级政权设置的警察维护社会秩序的摊派费用。

> 白契换红契每一年有一回,城里不知道是什么机关下来,你的白条不咋,国家那个戳给你扣,就是红契了。白契没有上税,上个税要钱啊,你上税去,人家给你盖个戳,就是红契了。[2]

---

[1] 何运章老人的口述内容。
[2] 李建文老人的口述内容。

"破差"是传统时期华北农村农民履行国家税费义务的统称。传统国家对税费的收取具有强制性,因此家庭需要将"破差"的份额放到优先分配的位置。但缴纳契税也使得农民的权益更好地受到国家认可和保护。

> 执令,特授直隶州正堂陈,为征钱粮事××社甲花户郭修吉完纳同治三年上忙地粮银零两零钱五分八厘。同治三年××月××给,凡花户完粮如有舛错,限五日来州禀明更正,如迟查究。[1]

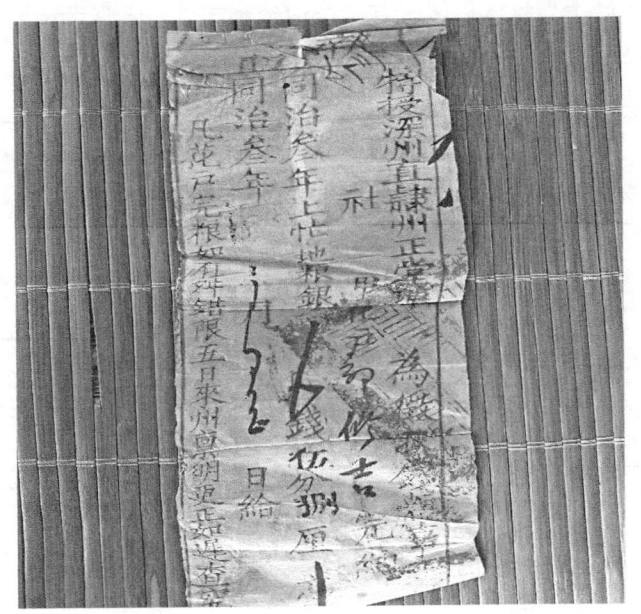

图3-5 清辉头村同治三年田赋税单

(二)家族分配内容

家族每年的经营成果,一般是清明节进行分配,其目的是鼓励族人给先人上坟培土,祭祀祖先。传统历史时期,清辉头村家族分配内容主要是分钱。有些家族生产经营的成果比较丰厚,不仅能够供家族消费,而且每个家户能够分到一定数量的钱粮。

> 我们村原来有个姓郭的,就是元朝出丞相的那个郭家,原来有些人搬到其他村或者做官去了。郭家原来有坟茔地,坟茔地不是租给别人种吗?不能让人白种,他们要来分点好处。清明节时候,他们都来,男的来吃顿饭,上坟添点土,地租分点钱。可是后来,年数久了,关系不亲热了,以后他们就

---

[1] 郭书强老人提供的资料,笔者拍照留证。

不来了。那时候我还小,也不知道,听人这么说。[1]

家庭基于血脉的联合构成了传统乡土社会的家族。家族是传统华北乡土社会抵御外在风险和处理公共事务的血缘组织。它需要一定的公共财产予以维持,在清辉头村,这种公共财产集中体现在家族公共墓地。闲置的公共墓地成为家族分配的主要来源。

(三)村落分配内容

村落作为一个分配单元,只有一亩多地的租佃经营所得,其余来自对各个家户的摊派缴纳。清辉头村作为村落集体,其分配内容如表3-15所示。

表3-15 清辉头村公共收入的分配情况

分配项目	分配内容
薪水分配	清辉头无论作为乡建制,还是作为村建制,乡(村)长及其公职人员都需要薪水,薪水分配成为村落分配的重要内容
公务分配	1937年日本侵华以后,日伪军附近村庄值守的哨所需要清辉头村每人送"报告钱",以保村庄"平安"。"报告钱"属于公务分配内容
节日分配	过年时候,清辉头村的街道挂满灯笼,并且要燃放炮仗,灯笼和炮仗费是节日分配支出
村公所维修分配	村公所有两栋办公场所,一栋10间房屋,另一栋5间房屋,均是转房,每年均需维修房顶,维修费也是村落分配的内容

资料来源:根据清辉头村2016年底调研资料整理。

表3-15所示,村落分配的内容主要包括村公所的薪水分配、公务分配、节日分配、村公所维修分配等内容。

三、分配关系

传统历史时期,清辉头村的分配关系,主要包括分配次序以及所产生的结果。

(一)分配次序

清辉头村的分配次序,根据单元的不同,可以分为家户分配次序、家族分配次序、村落分配次序等内容。每个单元的分配次序,均有内在位序及其关系。

1. 家户分配次序

传统历史时期的家户分配具有一定的次序性。首先,最优先的是"破差"分配,即缴纳税收和各种摊派。李建文老人说,"纳了粮,自在王",村民只有缴纳了税收和政府的摊派费用,才不受到政府强制力的影响,过上"自在王"的日子。其次,生产投入分配为次要分配位序。家户的生产投入分配主要是保障来年的生产经营成果,没

---

[1] 何运章老人的口述内容。

有这方面的分配，也即没有来年的家户收入，家庭生活则无法保障。再次，生活资料分配位列家户分配的第三位序，但也是最为主要的分配，其目的是保障家庭生活的物质需要。最后才是其他分配，例如人情交往分配等。

2. 家族分配次序

家族分配的主要目的是凝聚血脉，认祖归宗，理清辈分，因此家族分配的优先次序是聚会方面的钱粮分配。家族聚会的钱粮分配是为了保障清明节在墓地的聚会，一是为了祭祀祖宗，二是为了家族内部交流感情，互相认识。家族分配的第二次序是直接分配到各家户，例如南头李氏当家在1943年采取这种分配方式，此后再无家族聚会。

3. 村落分配次序

村落分配也是为保障村落的公共安全和利益，因此首要的是公共事务的分配，特别是缴纳公共权力委派的各种摊派。村落只有履行公共事务的分配，才能够不受到公权力的"查究"，保障村落安全。其次，薪水分配。发放给村落公职人员相应的薪水，能够保障村落事务的有效推进。再次，村公所的维修费用分配。这方面的分配是保障村公所不漏雨，不坍塌的物质基础。

（二）分配结果

清辉头村的三个分配单元，其分配结果根据公共性与私有性又可以分为家户分配结果和公共分配结果，因为家族、村落均属不同范围的公共范畴。

1. 家户分配结果

家户完成田赋、摊派、地租等各种分配以后，家庭所剩粮食因土地数量、富裕情况而不同。例如清辉头的大户李书田有千亩土地，家庭完成所有分配后还有很多富余，用于钱铺、药铺等商业经营，赚取利润后则又用于购置土地，扩大生产规模。中等家庭，如何运章老人的家庭，除去田赋、摊派等分配以后，粮食刚好够吃，能够维持一个家庭的温饱。但少地的家户即使不缴纳税赋，摊派，其粮食也不够吃，他们依靠打短儿（短工）、扛扛活（长工）、借粮食甚至偷青苗等方式过活。

2. 公共分配结果

公共分配分为家族分配和村落分配两种类型。家族分配能够起到家族团结的作用，因为村庄大了，很多家户没有交往，家族用于聚餐的分配提供了家族交往的机会。如果没有家族作为公共组织的分配，很大的家族则少了聚会交往的机会，族内则根据血缘较近原则和邻居进行小范围的交往。村落分配作为一种公共分配形式，能够保障村落公共事务的运行，对内保持村落秩序，对外与国家和其他社会势力进行对接交往，维护村落的公共安全利益。

第六节 消费与消费关系

消费是清辉头村公共机构、家户能够有效运行的重要基础。家户是清辉头村传统历史时期的主要消费主体,其消费按照领域可以分为生产消费和生活消费两个部分,其中生产消费是家庭再生产的需求,生活消费是家庭成员吃饭、穿衣、住房、结婚生子、维系社会交往等内容的基础保障。本节从家户消费主体、家户生产消费、家户生活消费、社会公共消费四个方面介绍消费与消费关系。

一、家户消费主体

家户是消费单元,主要体现在家庭的共同消费。当家人是家户的代表,对外进行消费活动。消费方式分为现金消费与物物消费两种方式。

(一)家户消费单元

传统历史时期,家户是一个整体,共同消费生活物资,共同消费生产投入,共同消费人情往来,共同消费婚丧嫁娶,共同消费看病治病。当家人是家庭中的父亲或者母亲,具有消费决策权,负责安排家庭消费情况。如表3-16所示。

表3-16 清辉头村家户的消费安排

家户消费项目	消费内容
牲口消费	家户考虑是否购买牲口,单独购买还是伙同购买,购买哪一种牲口
工具消费	家户是否购置全套工具,包括生产工具与生活工具,单独购置还是伙同购置,如果只购置部分工具,工具不足如何处理
土地消费	家户是否需要购置、典当和租佃土地,需要消费多少
治病消费	家人生病后,去哪个药铺看病,计划治病的花费是多少
教育消费	儿子读书计划花费多少,读几年
结婚消费	婚事消费需要多少,彩礼和嫁妆钱各多少,婚宴费用多少
丧葬消费	棺材需要花费多少,墓葬怎么安排,丧宴花费多少
人情消费	人情送往需要消费多少
节日消费	每个节日花费多少

资料来源:根据清辉头村2016年底调研资料整理。

家户当家人需要根据家庭收入情况"量入为出",安排好家庭的消费计划。家庭消费单元又分为核心家庭消费单元和扩大家庭消费单元。在核心家庭消费单元中,当家人享有更多的消费决策权,无须征求子女的消费意见,完全自主决定。在扩大家庭消费单元中,当家人需要考虑成婚子女的消费意见,综合考虑家户的消费计划。

(二)家户消费方式

1949年以前,清辉头村家户消费方式分为现金消费与物物消费两种类型,总体来说,现金消费占家户消费的绝大多数比例。根据清辉头村遗留的各种文书,现金主要包括晚清的京钱、银两,民国初期的大洋,民国后期的纸币等,如表3-17所示。

表3-17 清辉头村家户现金消费事例

现金项目	时间	户主	事例
购置土地	道光年间	杨体学	买价京钱一百一十五千九百六十文
购置土地	光绪年间	杨书德	买银12两
购置土地	民国十五年	杨元凯	买价大洋41元

资料来源:根据清辉头村李建文老人提供的地契整理。

清辉头村在清朝时期使用现金包括京钱(铜钱)、银两,在民国时期使用大洋,但在1943年的民国晚期则使用纸币,老百姓形容其为"闹票色"。现金消费主要是用于集市交易和多数家户之间的交易。

二、家户生产消费

生产消费是家户生产的基本前提。家户的生产消费主要体现在购置牲口消费、购置工具消费、扩大大生产消费等方面。

(一)购置牲口消费

牲口是清辉头村的重要生产工具,提供畜力耕种。清辉头村的家户喂养的牲口包括牛、驴、骡、马等。牲口均是家户从牲口市消费所得。在清辉头村,牲口消费与家庭的经济阶层存在一定的关系,正如李建文老人所说的那样,"好主喂养骡子马,中等的户喂养牛和驴,玄户没有牲口",10亩地、20亩地的单家独户养不了牲口,只有三四十亩地才能养牲口,只有养这么多地,草料才够吃。

1. 马匹

因为马匹的价格昂贵,一般家户消费不起马匹,消费马匹成为"大门大户"的经济特权。清辉头村只有很小的、临时的牲口集,没有马匹贩卖,人们要到深县集市、束鹿县旧城集贸批发市场、磨头等大中型市场购买马匹。大户一般情况下购买两匹马,两匹马同时拉车。民国时期,消费马匹与当下有很大不同,人们去大集上置办马匹,不是与贩卖马匹的人直接交易,而是通过牲口市的交易员中人与卖家协商来达成交易。买家也不直接把钱交给卖家,而是通过交易员转给卖家。在这过程中,实际发生了两次交易,第一次是买家与牲口市交易员的交易,第二次是交易员与卖家的交易,两次交易价格不是透明的,买卖价钱只有交易员才完全掌控。清辉头村购买马匹的家户不多,一般为清辉头村的几个富裕家庭,因为马匹的主要功能不是耕地,而是拉车从事运输。马匹消费不但体现在购置费上,而且家庭还可能需要专门雇请一名长工从事马匹的喂养、日常管理、拉车运输等事项。

2. 骡子

清辉头的骡子基本通过购买得到。消费骡子的基本关系如下:第一,骡子属性与置办的关系。牲口属性各不相同,马的属性是擅长奔跑,速度快,而骡子的属性则是气力大,耕地效率高。因此,骡子的置办价格相对高于牛和驴,价钱偏贵,小土地者多数选择经济实惠的牛和驴,只有40亩土地以上拥有者才会购买骡子。第二,置办骡子与市场的关系。清辉头村本身就是一个集市,但是由于这个农场集市比较小,没有牲口市,只有零散的牲口在出卖,因此"好户"必须到较为发达的有牲口市的集贸市场才能购买到骡子。在市场上有交易员,清辉头人需要通过交易员作为"中间人"进行讨价还价才能买到牲口,骡子交易成功后还需要向交易员付酬劳费用。第三,置办骡子与家庭土地的关系。骡子的价格较之于牛驴偏贵,但其耐力好,气力大,因而受到土地多的家户欢迎,他们经济较为丰厚,能够承担买骡子的费用。因而,这样的家庭更加倾向于购买骡子进行耕地。

清辉头人在生产过程中喂养骡子的关系如下:第一,喂养骡子与家庭经济情况的关系。在清辉头村,喂养牲口的方式分为伙养牲口和自养牲口。但伙养牲口不包括马和骡子,因为这两种牲口的购买价格相对高昂,对于本来就买不起牲口的农民来说,不会选择骡子作为伙养的牲口。因此,骡子的喂养方式基本是家户自养。第二,喂养骡子与土地占有量的关系。喂养骡子的草料来源于庄稼秸秆,包括小麦秸秆、谷子秸秆、玉米叶、高粱秸秆和叶子等。骡子需要较多的秸秆作为草料,因此只有土地比较多的家庭才有足够的草料喂养骡子。第三,喂养骡子与家庭分工的关系。骡子的价钱较为昂贵,占据家户收入的较大比重,因此家户比较重视,会安排一个人用大部分的时间来专门喂养,包括闸草、拌料、喂料、每天更换牲口圈的垫土等。

3. 耕牛

消费耕牛需要到有耕牛市的集市采购,甚至还有人到外省去置办耕牛,村里流传一个清辉头村民到河南购置耕牛的故事。

民国时期张仿春和村里的三人到河南置办耕牛,买到耕牛后把耕牛拴在赵村的道上，几个人去饭店找吃住，耕牛因为饥饿而啃了道路旁的麦苗，被当地村民发现了就要求赔偿现大洋。张仿春一行三人刚买了耕牛，身上只有几枚铜钱，再三赔礼道歉却没有用。三人被带到村庄管事的长者那里，长者得知三人是河北清辉头村的村民时说，"深州清辉头村有个张千顷，可否知道？"张仿春连忙说自己是张千顷的子孙，长者说，"俺村里有一半的土地是张千顷的地，这么多年也没有人来收地租"。张仿春说，那是因为地太多给忘记了。这样张仿春耕牛啃麦苗的事，对方不再提了，还热情款待了三人，准备足够的草料给仿春等三人喂牛。[1]

村民为了选购"物美价廉"的耕牛，不惜长途跋涉，跨省购置。村民去大集上置办耕牛，交易员拿着鞭子，看见有耕牛上市，就去交接，得个佣钱。如果交易不了，交易员拿不到佣钱。耕牛交易，由买方掏佣钱。交易员的职能是在买卖方之间充当价格协调员，分别问卖家要多少价，买家愿意出多少，他在中间协调。假如卖家要100，买家愿意出100，这个就容易说合；因为买的和卖的不碰头，交易员容易"吃价"，如卖家要100，买家愿意出120块，中间人就吃这20块钱，还收取佣钱。何运章老人介绍说，不大赶集的人，被他们吃的可不少，买卖两家不通气。买卖耕牛要讲价，但1949年以前清辉头及周边的议价方式与现在不同，原来集市上有行话，比方说，550块，行话是"两拐"，12块是"六尺"，13块是"一品"。问价不用嘴说，靠手摸。即使有人问"你这个多少钱"，卖方也不说。如果都说出来了，中间人就吃不到"价"了。原来的耕牛市场讲究诚信，通过衣袖里摸价来决定卖不卖，这是行规。如果双方价格合适，就成交了，但不是交易现场付钱，而是事后才给，也不打欠条，买家事后将钱款交给牛市的交易员，交易员转交给卖家。

(二) 购置工具消费

生产的大型工具有犁、耙、耧、盖，如果家里只有3亩、5亩地，就不会置办大型农具，主要原因是家里没有钱置办不起，次要原因大型工具使用次数少，不划算。家庭占有土地5—15亩之间，会置办部分大型生产工具，例如犁耙，但很少置办耧，因为多数人不会使用耧耩地，要么换工、要么请工。锄头、镰刀、木锨、平耙这种平常的、简易的生产工具，几乎家家都有。家庭平时不使用，但有一段时间必须使用的生产工具，诸如风车、碌碡，造价成本相对较高，清辉头的人们有两种方式置办这类生产工具，一种方式是富裕的家庭独立置办一份，另一种方式是几户共同置办一份，需

---

[1] 张群福老人的口述内容。

要用时轮流使用。有些工具是由有专业专长的人才置办,例如木匠使用的工具、剃头匠使用的工具、铁匠的工具、衣匠的工具。耩地的耧虽然是农忙从事农业生产常常使用的工具,但是村庄只有少数人会耩地,一般只有会耩地的人家才置办耧。有些家户私人置办可以公共使用的生产工具。家户购置工具的消费方式如表3-18所示。

表3-18 清辉头村家户购置工具的消费方式

消费方式	具体内容
整件购置	家户从市场上整件购置某种生产工具,特点是消费价格相对较高,购买就能够使用
部件购置	家户从市场上购置部分零件,例如锄头只购置铁具,剩下的自己制作或者请人制作,特点是价格便宜一些,但相对费事
伙同购置	一些不常用或者较昂贵的生产工具,由几个邻近的家庭伙同购置,这样能够节约购置成本

资料来源:根据清辉头村李建文老人提供的地契整理。

家户购置生产工具的消费分为整件购置消费、部件购置消费、伙同购置消费等三种类型。每个家庭都要根据自己的经济情况,选择不同的消费方式。

(三)扩大生产消费

扩大生产消费主要表现为购置土地、典当土地、租佃土地以及从事副业生产,无论是哪一种形式,都需要投入一定数额的资金,特别是购置和典当土地所需的资金较多。笔者将一些家庭扩大生产消费的事例列举如表3-19所示。

表3-19 清辉头村家户扩大生产消费的部分事例

扩大生产类别	家长	时间	扩大生产消费数额
购置土地	郭永丰	民国二十四年(1935)二月二十九日	面积四亩,每亩卖价大洋五十五元整
购置土地	郭柱廷	同治六年(1867)正月二十七日	面积十亩一分四厘四毫九系八忽,每亩价钱京钱三十三千二百文
典当土地	张美良	光绪二十八年(1902)九月初七日	面积一亩有余,典当价格京钱三十吊整

资料来源:根据清辉头村郭书强老人提供的地契整理。

表3-19为郭永丰、郭柱廷、张美良三个家户扩大生产的案例,主要是购置土地和典当土地两种类型。此外,李建文老人的父亲租佃土地进行扩大生产,私人土地每亩租佃费五块大洋,家族土地租佃费每亩二块大洋。何运章老人的父亲在农闲的时候还从事副业生产,诸如贩卖木材,需要消费一定数量的本钱。

三、家户生活消费

生活消费是家户能够有效运行的重要基础，能够取得相应的生活服务与生活物资。传统历史时期清辉头村的家户生活消费包括零用消费、教育消费、治病消费、结婚消费、丧葬消费、养老消费等。

（一）零用消费

零用消费是除了大数额消费和专项消费的各种家庭零散消费，诸如买菜、针线、水果、食盐、礼盒，染布等各种小额零散的消费。

> 我这个家庭的零用多，除了人情招待，还有染布，穿衣裳的人多，这部分的开支比较大。置房子和要（买）地是家庭开支的大头。俺从记事开始没有置房子和要地，就是买卖牲口，另外是零用钱。俺家零用开支多，兄妹多，仨姐姐，俩哥哥和我，那时候旧社会兴这个，姑娘出嫁，回娘家后返回婆家需要拿礼盒，也就是礼物呗，礼盒里装着包子、卷子。无论是多大的妇女到婆家去，都得拿这个。平常过节，生活得改善改善。过年了，家里闺女带着女婿来拜年了，为了招待女婿，得花钱。家庭条件越好，在这方面的开支越大，如果不随着社会那么办，就对不住人。即使当时家里没钱，借钱都得那么开支。药钱和染布钱，都是快过年了统一结账，也即腊月结账，一年的全部费用结账给人家。那时候就是这个规矩。[1]

零用消费是家庭日常运行和社会交往的开支部分。由于传统华北农村，普通家庭的钱粮都比较有限，因此零用消费尽量控制到最低。家庭零用消费按照用途，主要分为日常零用消费和人情消费两部分。

（二）教育消费

学费是家户生活消费的重要部分，主要是给家庭中的子女缴纳。学费一年缴纳两次，春季缴纳一块大洋，秋季缴纳一块大洋，中等以上的家庭才能负担得起学费。两块大洋购买三斗高粱棒子，大约有45斤，够一个家庭一个多月的口粮，也够李建文这样的家庭支付家族义地的租佃地租。民国时期富人家庭儿子和女儿可以都上学，村里的首户甚至将儿子送到深县读最好的中学，但穷户的孩子则上不了学。除了学费外，上学的学生还要出笔墨纸砚费用。

---

[1] 何运章老人介绍说。

(三) 治病消费

治病消费是家庭生活消费的构成部分。家庭成员生病后，家户请郎中看病，"抓药"治病成为治病消费的主要支出。民国时期，清辉头村有郎中，是私人药铺的大夫，连卖药带看病，看病要请到家里去。看病请大夫不是哪个近就请哪个，而是哪个大夫水平好就请哪个。那时候，郎中看病挣不了钱，基本属于义诊，因此家户看病消费的钱基本用于抓药。

> 病人吃药，这部分也是比较大的开支。家人生病后，跟当家人讲，请先生上门来看，先生上家来号脉、开方、抓药。我们这一家的药费，一到了腊月就得备着，人家来要了，得给人家。[1]

> 大夫给穷主看病没什么钱，但给大主看病，大主给送点礼钱，所以大主比较好请大夫。大夫看完病后，主家得套骡子车把大夫送走。西头有一个看小孩长疹子的大夫。那时候小孩长疹子，发高烧，就烧死了，春天里发疹子和高烧死的人不少，很多人都来请他看，有些时候他能够治得好。很多人没有钱抓药，可以到博文堂药铺赊欠。年底腊月博文堂药铺来结账，有钱就给，没有钱来要两趟，没有就算了。[2]

大夫看病不收钱，但看病钱都在药里面。李建文老人表示，药铺是一本万利的生意，一块钱本钱的药，能卖出一千块钱的利。治病消费不但体现抓药治病的消费上，而且还有招待大夫的"隐形成本"。

> 请看病大夫要套马车去接，还得管饭、请喝酒。不能光用饼子招待，得到街上去买鸡蛋、卷子，得炒点菜。郎中看病后，主家留他在炕上吃饭。老百姓这样做是为了让先生能够尽心尽力地看病。请大夫要套马车，但不带礼物，如果不套马车，大夫就跟别人走了，耽误事。[3]

传统华北清辉头村的看病大夫分为两种：一种是店铺里面明码标价的坐诊大夫；另一种是农民兼职的义诊大夫。前者是病人到药铺诊断抓药，病人付费消费，但基于熟人社会的规则，部分药铺允许赊欠消费。后者更多是基于人情的义诊，甚至低廉药

---

[1] 何运章老人的口述内容。
[2] 李建文老人的口述内容。
[3] 何运章老人的口述内容。

费都可以减免,但存在"邀请"方面的条件竞争。因此大夫看病后,家庭一般会使用最好的伙食招待大夫。例如何运章记忆中的招待大夫的菜品,包括"菜有一盘咸鸡蛋,家里自己腌制的;另一盘是豆豉腌制的咸菜,烙几张饼。这是拿来待先生的"[1],另外加上一点酒。民国时期的条件有限,何运章的家庭招待大夫的菜品,很多贫困家庭都不具备这个条件。如果遇到不要钱的郎中,过年过节,要给他送点礼。有些人到药铺看病,等看好了,过年过节也给大夫点小礼物,如包个粽子,送份月饼等。

(四)结婚消费

结婚是每个家庭子女的大事,包括儿子娶媳妇,女儿出嫁等,都需要家户花费一笔钱财。传统历史时期,清辉头村嫁娶不需要彩礼钱。家户结婚消费主要包括陪送钱、酒席钱、抬轿钱等。

1. 陪送钱

"陪送",也即俗话中的嫁妆。传统历史时期,因清辉头村"男尊女卑"的观念,女方不但不收男方的彩礼,而且陪送嫁妆。

> 旧社会,娶媳妇不需要交聘礼,但有的户陪送嫁妆。嫁妆要看结婚双方的家庭条件,有条件的家庭才能陪送嫁妆,没有条件的家庭也不陪送。原来结婚讲究门当户对,富户与穷户不可能结婚。按照当地习俗,结婚的头一天,女方使用车拉嫁妆到男方家。[2]

陪送嫁妆没有硬性规定,完全根据家庭的经济情况自己决定。

2. 酒席钱

民国时期,清辉头村不会大办宴席,通常情况结婚的酒席只有2—5桌左右。但在物资较为缺乏的年代,酒席也需要很大的家庭花费。

> 那时候不像现在这样办酒席,就是女方的婚房内有一桌酒席,叫内上席;外面有一桌酒席,叫作外上席,外上席基本就是男性。酒席就这两桌。串忙的人和其他人没有酒席,就是大锅的饭,大锅的菜。那时候婚宴一般一天就结束了,不像现在闹腾几天。旧社会婚宴,没有特别安排陪席的人,即使有

---

[1] 何运章老人的口述内容。
[2] 何运章老人的口述内容。

也是一两个,不像现在陪席的人比较多。谁家要办红喜酒席,筹备的时候,主家一般要请管事的、厨房的、本房的和知己的人先吃一顿饭,商量结婚事宜。虽然结婚没有大办酒席,但串忙的人、抬轿的人、管事人等都需要吃饭喝酒,因此事主需要准备卷子、馒头、凉肉菜、面食、酒、好烟,这些都需要一定的消费。结婚时候,厨师也是过来串忙的人,但与其他串忙的乡亲不同的是事主家庭会给厨师一些酒和烟以表示感谢。[1]

结婚酒席分为几桌,除了内外上席外,还有串忙人的酒席、抬轿人的酒席、此外还有一桌晚上供邻居吃的流水席。在清辉头的习俗中,邻居们吃过晚饭后,到结婚家庭随礼道贺,在流水席上喝一杯酒,吃一点菜。实际上,邻居们是为了不增加结婚事主家庭的经济负担,没有去吃酒席正餐,只是自家吃晚饭后象征性地吃"酒席"。这样便于住家减少开支。

3. 抬轿钱

传统历史时期,清辉头人娶媳妇需要抬花轿去迎接。清辉头村专门开办轿行,为婚事当事家庭提供服务。凡是确定结婚黄道吉日的家户,需要提前一个月以上预定,轿行派八个轿夫随同新郎迎接新娘。新郎是坐着花轿去迎接新娘,迎娶新娘的时候由新娘坐花轿。轿行根据迎亲距离的远近收取费用。

(四)丧葬消费

丧葬是任何家庭的重大事件,以至于有部分穷困家庭为了解决丧葬事务,不惜借债办理。丧葬消费主要体现在棺材消费、建坟消费、伙食消费三个方面。

1. 棺材消费

棺材消费占整个丧葬费用的较大比例。民国时期,清辉头村的棺材分为若干等次,每个等级的价格均不相同,但整体来说相对昂贵。

> 棺材分等级,最差的棺材就是很薄的木板做的,没有条件的人只能这样。最好的棺材是柏木材、杨木材、柳木材,且是独棺、独底、独帽,意思是全部由一根木材做成的,不是拼凑成的。每一种等级的棺材所需花费各不相同。[2]

---

[1] 何运章老人的口述内容。
[2] 李志勋老人的口述内容。

棺材消费是家庭财力的重要体现。它的价格从 15 块大洋至 100 块大洋不等，越殷实的家庭在这方面的消费越高。

2. 建坟消费

与棺材消费类似，传统历史时期清辉头村修建坟墓的消费也分为几个等级，每个等级所花费的材料、工艺均不同，消费的费用也自然相异。

> 坟墓分为几个等级，最差的等级就是土坑，刨个坑就埋了。再其次是档次高一点的，这个坟墓就要动砖了，用砖砌成"老牛套"，砌坟头；最好的坟墓是船棺，就是在地里盖一间屋子，里面放着棺木。条件好点的人家，就埋好点；条件差点的人家就埋玄一点，当地人叫"有钱的埋钱，无钱的埋人"。因为坟墓级别不同，花费差异也很大，最好的船棺需要买砖修砌，还要用石灰刷白，而最差的土坑几乎不需要任何费用。[1]

不同等级的坟墓修建标准不同，越高等级的坟墓不但要动用砖头，而且相当于在地下盖一幢"房子"，还要刷白，花销自然就较大。每个家庭修建坟墓的花销要根据自己家庭的经济情况来确定。

3. 伙食消费

丧葬伙食消费通常情况下是不讲究，但根据主家办理丧葬的等次而不同。主家举办丧葬的等级越高，伙食消费越大。

> 有丧事的家庭如果使用柏木材安葬死者，并且坟墓垒砖，那么串忙的人必须喝酒，吃肉，吃卷子。如果有丧事的家庭只挖土坑埋葬死者，那么只吃米饭就可以了。[2]

丧宴的酒席也是一样，主家举办丧事的层次越高，对伙食的要求也越高。

（五）养老消费

有些家户赡养老人，需要消费一些粮食和资金。传统历史时期，清辉头村的养老方式存在两种，一种是轮流养老，一种是养老地养老。

---

[1] 李志勋老人的口述内容。
[2] 李志勋老人的口述内容。

清辉头分家时候土地是按照兄弟人头数来分配，只有少部分家庭刨出地来作为养老地。平时，兄弟养老一般是共同居住伙着养老或者分家轮流养老。分家养老就是提供给父母一日三餐的饭食。老人还分能否自理，不能自理就由儿子料理。身体好的老人自己居住，儿子们按月或者年提供面粉、小麦，一般是先商量好的，每个儿子一年给多少面粉，多少小麦。这个一般是分家的时候，由比较体己的长辈来定，这个长辈一般是叔叔。叔叔把各位小侄子叫在一起，商量着赡养父母的方式和每个人的责任，最后由叔叔定下每个月的量，小侄子们按月交粮食给父母养老。如果是轮流养老，老人在哪一家住房，住几年或住几个月，都要规定好。有些家庭就一个儿子，那只能跟儿子住了。[1]

　　传统清辉头村的家庭财产由诸子均分，因此养老通常也由诸子均担。依照传统，清辉头村伙着居住共同养老的家庭占据多数，很多家庭在老人还在世的时候，维系着扩大家庭的规模，即所有儿子与老人共同居住，直到两位老人均逝世后才分家，老人的生活所需由儿子们共同承担。有少数家庭在分家的时候，给老人划拨养老地。

　　有一户寻了这房媳妇养活了几个小子，又寻了另一房媳妇养活几个小子，等分家的时候就留出养老地来。大婆和小婆一辈子都是靠着养老地，谁种养老地，谁就管到死。其他不种养老地的小子对老人生不养，死不葬，这种情况有的是。[2]

　　养老地是包干制，即获得养老地的儿子负责养老的所有消费。但基于孝道，所有的儿子都要担负丧葬的费用。

四、社会公共消费

　　传统历史时期，清辉头村除了家户消费单元，还存在以家族、村落为代表的公共消费单元。一个消费单元是基于血脉关系形成的，另一个则是基于地缘关系形成的。

（一）家族消费

　　家族消费主要体现为家族内的聚餐。传统历史时期，清辉头村的部分家族有未被使用的坟地，或家族坟墓的储备地。这些土地上经营所得用于家族内部的消费，即家族聚餐。家族聚餐只有男性族人才能参加，而且参加的基本前提是男性族人必须参加祭祖活动。

---

[1] 何运章老人的口述内容。
[2] 李建文老人的口述内容。

族里出大事，不用开会，就是管事的人要参加，打官司，管事的人得去。族里聚会，一般是清明节吃顿饭，老辈的就向其他人介绍介绍，相互认识一下。聚会的钱来自坟地的卖柏树、杨树的钱。柏树、杨树很高，能够做棺材，"七手一个，八手俩，够了九手就出仨"，七手能够出一个棺材的木料，达到八手能够出两个，九手就能够出三个。这个指的是树的粗细。1943年，柏树、杨树全部锯掉，属于这个族的每家每户都分钱了。

清辉头村比较大，住户较多。家族通过经营所得组织族人在祭祀先祖的时候共同聚会，其目的是让大家相互认识，分清辈分，理清血脉关系。

（二）村落消费

村落为了维护公共需要也存在公共消费，分为两个部分，其一是村落安全消费；其二是公共服务消费。

1. 村落安全消费

1937年以后，日本全面侵华。深县的政府、监狱全面失控，社会失序。监狱里面的犯人由于无人监管，则逃狱。清辉头村在这种社会背景下，各种盗窃、抢劫等情况多有发生。为了震慑各路盗匪，清辉头村组织一群人在晚上打更值守，晚上轮流在村落里进行巡逻。

这个说来话长，日本人走后，这个地面就没人管了，不法分子抢、夺。以后村里成立打更的，在街里转悠。以后就有了县政府了，有了区了。

打更人是一个团队，村庄需要给他们发放工资，这方面的消费属于村落安全消费。费用由村落经营和摊派支出。

2. 公共服务消费

传统历史时期清辉头村过年过节的时候有些公共服务消费，诸如大年三十放炮仗、正月十五挂灯笼，鬼节点灯等。

过年的时候，村里有人上户里来敛挂灯笼钱。正月十五敛路灯钱，鬼节也是一样。这个敛不多，都靠自愿，不强制，不咋的户不给也没有关系。三月庙会敛戏钱，做买卖的愿意多给钱。[1]

---

[1] 李建文老人的口述内容。

村落公共服务消费的资金来源于上户敛钱，由人们自愿捐献，一些大户捐献较大比例的公共服务费用。

第七节 继承与继承关系

继承是传统历史时期清辉头村家户"薪火相传"的一种方式。原生家庭通过分家继承、死亡继承等方式将财产传递到次生家庭。继承由继承主体、继承过程、继承内容、继承关系等要素构成，继承主体享有继承资格，继承过程是继承的基本程序，继承内容是继承的财产形式，继承关系是社会继承机制的体现。

一、继承主体

传统历史时期，清辉头村财产继承主体分别是子嗣、女儿、侄子、族亲后辈等。

（一）继承序列一：子嗣

在所有继承主体中，子嗣位于继承主体的第一序列。换言之，家户有子嗣存在，后面继承序列的主体则没有继承资格。传统历史时期的清辉头村，子嗣作为家庭继承主体的资格情况如表3-20所示。

表3-20 清辉头村家户子嗣继承资格情况

子嗣类别	是否具有继承权	继承理由
亲生儿子	是	基于血缘关系自然获得继承资格
过继子嗣	是	过继子嗣因为拟血缘关系获得继承资格
抱养子嗣	是	因为拟血缘关系获得继承资格
干亲子嗣	否	基于"仪式"上的子嗣，未获得继承资格
出继子嗣	否	过继出去的子嗣，被认为是别人子嗣，丧失继承资格
迁出子嗣	是	迁出本村落的子嗣，被视为自动放弃继承资格，但如果其主动要求继承，也会给予其相应的资格
过世子嗣	是	死亡了的子嗣，如果其留下后代，由其后代代替其获得继承资格
妾生子嗣	是	与妻生子嗣获得同样继承资格
非婚生子嗣	视情况而定	非婚生子嗣如果认祖归宗，则获得继承资格，否则没有继承资格

资料来源：根据清辉头村李建文老人的口述内容整理。

凡是第一继承序列的子嗣，在同等资格下，获得家户财产的"诸子均分"资格。如表3-20所反映的那样，家户所有子嗣中，认"干亲"的子嗣和已经出继的子嗣没有继承资格,非婚生的子嗣如果没有认祖归宗,获得当家人的认同,也没有继承资格,迁出外地的子嗣如果长期不回乡,被视为主动放弃继承资格。除了以上这些情况,亲生子嗣、过继子嗣、抱养子嗣、已经死亡但有后人的子嗣、妾生子嗣均是继承主体,具有继承家户财产的资格。"老话说'小子的江山,闺女的吃穿',小子才能分财产,闺女在娘家只能吃穿。闺女分不了家产。"[1] 男性子嗣是"江山"的继承者,闺女一般情况不被允许继承家产,只能在未出嫁的时候享受家庭的"吃穿",出嫁之后连"吃穿"都不再方便。

(二)继承序列二:女儿

传统历史时期的清辉头村,如果第一序列继承的子嗣均不存在,则位于第二继承序列的女儿自动获得家户财产继承资格。女儿作为家户继承主体的情况如表3-21所示。

表3-21 清辉头村家户子嗣继承资格情况

子嗣类别	继承理由
未出嫁的女儿	未出嫁的女儿均有继承资格,可以招夫上门
已出嫁的女儿	如果家中有未出嫁的女儿,则已出嫁女儿没有继承资格。如果家中所有女儿都已出嫁,则享有继承资格
抱养的女儿	如果没有姐妹,抱养的女儿则享有继承资格
妾生的女儿	如果未出嫁,愿意招夫上门的女儿享有继承资格
非婚生的女儿	如果能够认祖归宗,获得其他姐妹同等条件下继承资格

资料来源:根据清辉头村李建文老人的口述内容整理。

传统历史时期的清辉头村,因为"男尊女卑"的观念和男性继承的观念根深蒂固,使得女儿继承具有很多限定条件。女儿招夫上门成为家户财产继承中最被认可的方式。出嫁的女儿,除非家中无人继承财产才获得同等条件下的继承资格,例如李建文的妻子娘家没有兄弟,她出嫁在本村,父母过世后,其财产由其进行继承。

(三)继承序列三:侄子

在家户继承序列一的子嗣、继承序列二的女儿都缺失的情况下,侄子们才能够成为继承主体。子嗣作为继承主体,继承家户财产按照"诸子均分"的原则,但侄子继承则不是。如图3-6所

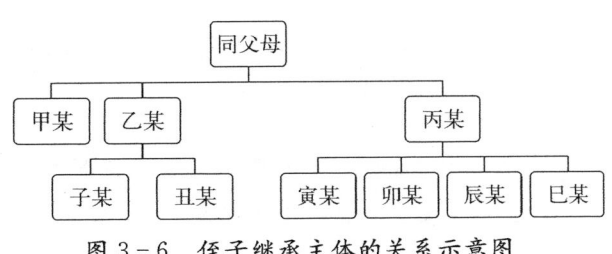

图3-6 侄子继承主体的关系示意图

---

[1] 李建文老人的口述内容。

示,例如甲某有两个兄弟乙、丙,乙有两儿子,丙有四个儿子,均是甲某的侄子。甲某过世后因为无任何子女,也没有过继、抱养子嗣,则六位侄子享有甲某家户财产的继承资格,成为其家户的继承主体,但并非按照六位侄子进行"诸侄均分",而是梳理到父辈的血脉丙丁两人,因此侄子辈按照各自的血缘源头,进行两个等份继承。

(四)继承序列三:族人

传统历史时期,清辉头村的家户在没有亲生子女,没有过继和抱养的子嗣,也没有侄子的情况下,则具有血脉关系最近的族亲后辈享有继承权。

> 如果是单身汉或者鳏寡孤独人员,他们死后,由关系近的人继承财产。如果同等关系的人都享有继承权利,一个人享受财产,则付钱给其他同等权利人。同时,要安葬死者。我们村这种情况比较多,有一个人叫孟排,他死了,六家具有同等权利,最后两家要了,给了另外四家的钱。死者去世了,他们也负责埋。[1]

家族从血缘最为亲近的关系中挑选继承主体,再协商继承方案。根据李建文老人的所述,孟庚海、孟继权连同其他四户与孟排有同等亲近的血缘关系。他们商量的继承方案是孟庚海、孟继权各自出一份钱给其他四户,最后平分孟排的家产。

二、继承过程

分家继承和死亡继承是传统历史时期清辉头村的主要继承方式,其中多数家庭采取分家继承,即父母两方都在世,或者一方在世时商量着分家情况,少数家庭是父母都去世以后才开始继承家户财产。

继承程序是家户财产继承的基本环节,主要包括继承发生、邀请参与人、商议继承方案、签订"分单"等环节。

(一)继承发生

家户发生继承行为的原因很多,包括家庭闹纠纷、老当家人过世、子女都已成婚、有人主动提出分家、家庭经济困难、无子女的家户成员全部过世等。

> 俺爹和俺叔分家之前,俺爹这边有6个小孩,俺叔那边没有小孩。零用钱,俺爹这边是8个人的调配[2],俺叔那边才2人的调配。这就是有矛盾的地

---

[1] 李建文老人的口述内容。
[2] "调配",其意是生活花销。

方，当然俺家这边比较文明，没有因为这个发生冲突。俺叔不计较这个。俺叔当时没有后人，做点小买卖挣点私房钱，俺爹也没有说这个。当家人办事公平、合理，家庭就和睦。当家人如果"兴我不兴你"，就容易出现矛盾。[1]

何运章老人家庭分家原因在于两个核心家庭人口差别大，导致两方的人口消费悬殊。清辉头村人将继承行为称为分家，但"分家"分为两种，一种是分自己的家，另一种分别人的家（绝户家庭的继承关系）。家户继承一旦被某件事情触发，则需要启动继承过程。

（二）邀请参与人

继承行为绝非一个家庭就能够简单完成，因为一个家庭难以调和因分家观点不同而引起的争端与冲突。家户继承的参与人通常情况下包括男女当家人、继承主体、见证人、代字人，其中见证人与代字人都需要当家人邀请。通常情况下，绝大多数家庭的继承主体都是家户子嗣和女儿，只有绝户家庭的继承主体是侄子和家族后辈。在继承主体是女儿的情况下，一般由当家人处置，无须邀请其他见证人。只有在多位子嗣继承的情况下，家户才需要邀请见证人、代字人。家户子嗣作为继承主体参与分家的时候，一般不允许其妻子和子女参加。换言之，子嗣继承过程中的参与人，只有男性子嗣以及他们的父母，其他人不能参与。

> 过去，家庭分家一般有族长或者辈分大且管事的人主持，如舅舅、叔叔、伯伯，那时候分家，媳妇和闺女都不能参与。[2]

分家需要邀请见证人，见证人是与家庭成员关系紧密的中间人，通常由三方构成：一方为族亲，最好是由族长参与，族长不能参与的，则由其他族人参与；一方是亲戚，通常情况下由舅舅作为代表，因为舅舅在继承主体中具有较大的权威；一方是邻居。

> 以往分家，舅舅是必须参加的，因为舅舅是外人，有些家庭分了家后反悔了，舅舅要管这个。"舅是阎王爷"，分家谁反悔，舅舅揍他。[3]

舅舅在分家继承中起着关键作用，能够威慑不服继承安排的外甥们。如果舅父过

---

[1] 何运章老人的口述内容。
[2] 李志勋老人的口述内容。
[3] 李志勋老人的口述内容。

世了，或者不方便参加，姑父也可以作为亲戚的代表。何运章老人的家庭就是姑父参与分家。

> 俺和俺哥分家的时候，族里有一个人来见证，是当家子，还有俺姑父，是穆村人。俺爹掌握着，没有闹意见。俺俩分家的时候，土地是按人分的，但家具和财产是按股分。分家的时候，当时写了分单，上面除了土地外，还有家具的分配内容。闹纠纷的时候，分单是调解的重要依据。[1]

邻居中关系较好的男性当家人也是继承过程的重要见证人。此外，家户还需要邀请代字人参与继承过程，以便于最后草拟分家协议。

（三）商议继承方案

当家人与参加分家的继承主体、见证人、代字人共同商讨分家继承的方案，包括继承的方式、财产搭配、养老与嫁妆问题、继承股份问题、继承主体资格问题等。

> 分家是按股分，有几个弟兄就分为几股。分家的形式有几种，其一是抓阄的形式，前提条件是弟兄们都结婚了，生活条件都差不多。其二是非抓阄的形式。如果弟兄俩，一个已婚，一个未婚，已婚的兄弟要求分家，父亲也同意了，这时候分家不能以抓阄的方式进行，因为未婚的兄弟还需要结婚，需要置办房产、家具等物资。如果还有一处旧房子就给未婚的人留下了，大财产不能抓阄，而桌椅等家具可以平分。这种不抓阄的形式，有时候已婚的兄弟媳妇不同意，就由族长、舅舅等人劝说，舅舅这时候起着威慑作用。[2]

> 如果两间房产被分给两个人，中间墙体的分割，有的家庭按照地皮来分，即中间那堵墙在谁的地皮上，这堵墙就归谁。也有按照房产来分的，这种情况就是平分。[3]

（四）签订分单

清辉头人将继承契约称为"分单"。"分单"包括了分家继承的具体明细，包括立分单人的继承主体的姓名、分家继承原因、财产分割明细、中人、日期等系列内容。分单一般采取"骑缝"的形式，防止任何一方造假。各继承主体在分单上签字画押予

---

[1] 何运章老人的口述内容。
[2] 李志勋老人的口述内容。
[3] 李志勋老人的口述内容。

以确定。

分单具有民间的权威效力,一旦继承的时候发生冲突,仲裁主体可以根据分单予以最后的裁决。

三、继承内容

传统历史时期,分家继承是清辉头村多数情况下的继承方式,分家继承的内容主要包括不动产、家具、现金与债务等。

(一)不动产继承

不动产包括房产和地产,"分单"中将土地、房屋两项不动产列入其中。不动产无疑成为传统历史时期清辉头村各家户最为重要的财产,也是家户生存最为依赖的财产。

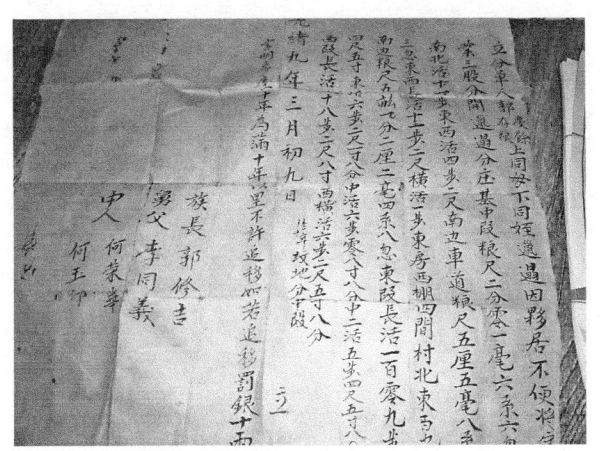

图3-7 清辉头村光绪年间郭庆余、郭存粮、郭邋遢的分单

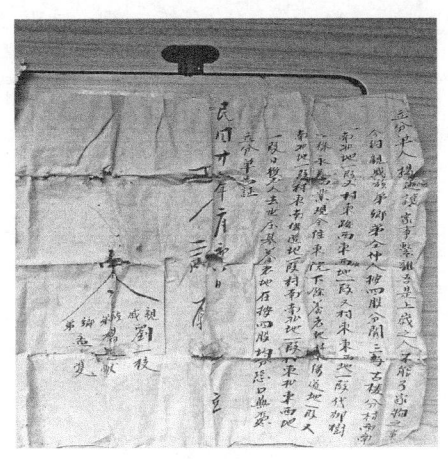

图3-8 清辉头村民国时期杨逊让家庭的分单

笔者将图3-7的分单内容,抄录如下:

> 立分单人郭庆余、存粮上同母,下同侄邋遢,因伙居不便将家业三股分开。邋遢分庄基中段,粮尺二分零一毫六系六忽,南北活十一步东西活四步二尺。南边车道,粮尺五厘五毫八系三忽,长活十三步二尺,横活一步。东房西棚四间。村北东西地南边粮尺五亩一分二毫四系八忽,东段长活一百零九步四尺五寸,东活六步二寸,中活六步零八寸,中二活五步四尺五寸八分,西段长活八十八步二尺八寸,西横活六步二尺五寸八分,坟地分中段。
>
> 言明房产十年为满十年以里不许追移,如若追移罚银十两
>
> 族长郭修吉
>
> 舅父李同义

中人何荣华何玉印

光绪九年（1883年）三月初九日

（分单骑缝）[1]

笔者将图3-8的分单内容，抄录如下：

立分单人杨逊让，家事繁杂，吾是上岁之人，不了家物（原稿字错，应为"务"）之事。今约亲戚、族亲、乡亲同（为）仲人，按照四股分开，三子古楼分村西南南北地一段，又村东路西东坟地一段，又村东东西地一段代（应为"带"）柳树一棵，永远为业。现今住东院，下余养老地村北条道地一段，又南北地一段、村东南条道地一段，村南南北地一段，村东北东西地一段。日后老人去世，庄基地、养老地再按四股均分，空口无凭，立分单为证。

亲戚　刘一枝

中人　族弟　杨×献

乡弟　孟双

民国廿七年二月初六日

以上两份分单反映了传统历史时期家户分家继承的情况。图3-7显示的分单由郭邋遢所掌管。分家的原因是"伙居不便"，郭邋遢分得庄基地中段，车道一处，房产"东房西棚四间"，粮地一处，坟地一处，皆属于不动产的继承。图3-8所示的分单显示分家继承的原因是当家人杨逊让说"吾是上岁之人，不了家务之事"，该分单为其三子杨古楼所掌管。分单显示杨古楼分家继承所得的不动产分别是村西南南北地一段，村东路西东坟地一段，村东东西地一段带柳树一棵，房产为东院，分单议定日后老人去世后，其名下的庄基地、养老地再按照四股均分。

通常情况下，养老地的继承关系依据经营方式分为两种情况，其中一种情况是双亲老人自己经营的养老地，如果一方过世了，养老地归另一方继承并经营；如果双亲都过世了，老人原来自己经营的养老地归其名下的所有儿子共同继承。因为双亲的养

---

[1] 清辉头村郭书强老人提供的资料。根据清辉头村郭建佳考证，该分单是郭邋遢（即郭永丰）和他的两个叔叔在分他爷爷的地，因为倘若地是郭邋遢的父亲所购置，他的两个叔叔参与分这个地的可能性不大，买地时郭永丰的父亲20岁左右，而且是次子，假如此时郭永丰的爷爷已经去世了，买地应该以郭永丰的大伯名义购置，因此推测郭柱廷为郭永丰的祖父。此时郭柱廷已经去世，郭永丰的父亲也已经去世，郭永丰的奶奶给郭永丰和他的大伯、三叔分家。郭永丰此时16岁，郭奇能9岁，郭庆余大概45岁，郭存粮约为35岁。

老地数量一般不多，其名下的儿子经过协商后，养老地归其中一个或者几个儿子占有。另外一种情况是老人以养老地作为股份入股，其中一个儿子养老，养老地归该儿子经营耕种，老人过世后归该儿子继承。这种养老地的继承关系，须在老人生前表达意思后得到所有儿子的同意。

（二）家具继承

家具也是传统历史时期生产生活的重要用具，包括生产工具、生活工具、牲口、衣柜、床、桌椅等财产形式。家具可以采取平均分配的形式，例如碗筷可以分为按照股份进行平均分配。

> 分家过程中家具的分配，每个家庭都不一样，我爹跟我两个叔分家的时候，两个叔经常在外，所以土地就少给他们，但家具多分给他们。很多家庭的家具都是按照股进行平均分配。[1]

每个家庭的情况不同，分配的原则和方式也不同。多数家庭采取平均分配的方式。但大型生产工具基本每样只置办一份，只能协商分配。一般来说，家庭大型生产工具通常是按照件数继承，即一个新家庭如果分家继承了大型工具，其他新家庭也分到相同价值的大型生产工具，如果价值少于最好的大型生产工具，则通过搭配小的其他劳动工具进行补偿。另外一种方式是共同继承，分享使用。能够共同继承的大型生产工具自身具有分享价值，例如风车、碌碡等，因为这些生产工具不经常使用，共同继承能够保障需要时使用，产权归分家的兄弟共同拥有。

牲口属于家具的一种类型。在清辉头村，马匹养在"好户"中，而"好户"往往也是大户，家庭人口众多，几代同堂。马匹的继承情况如下：第一，平等分家继承。如果所喂养的马匹与分家继承的户数刚刚相等，在牲口分配中，刚好可以每户继承一匹马。第二，差别分家继承。"好户"喂养的马匹不够分，可以分得其他牲口作为代替，然后按照价值补偿其他财产。第三，贩卖后货币继承。有些家户为了方便财产分割，将家庭喂养的马匹售卖后，兑换成为货币继承。

骡子是耕地和拉车的牲口，当家户分家的时候，骡子主要的继承方式有：第一，骡子按户继承。如果原来的家户养有两匹骡子，恰好有两个儿子分家，通常采取均等分配的原则进行家户继承，一人分得一匹骡子，但根据骡子的年龄、大小等情况进行部分财产补偿。第二，骡子抽签继承，其余财产补偿。除了特别富裕的几户家庭会喂

---

[1] 李志勋老人的口述内容。

养几匹骡子之外,其他家庭多半只喂养一匹,但儿子不止一个,这样的家庭在分家的时候多半是抽签,没有抽中签的家户通过分配其他财产进行补偿。第三,骡子共同继承。分家后,骡子不能按照家户数量各自分得一匹的话,有些家户采取伙养的方式继承骡子产权。通常情况下,中间如果发生矛盾,则会通过变卖的方式来调解矛盾。

(三) 现金与债务继承

现金和债务都是金钱关系的继承,但一个是权益的继承,另一个则是义务的继承。通常情况下,现金与债务都是平均进行分配。但有些家户可以根据自己的情况作适当的调整。

1. 现金继承

分家的时候,家户一般将现金分配给儿子,但也并非完全分配,有些当家人留取部分现金作为自己养老所用,剩余部分按照公平原则分配给相应的继承主体。有些家庭分家继承的时候,现金也与其他财产进行整体分配,例如要现金多的一方则要房产少一些,反之要房产多的一方,则要现金少一些。

> 我爹和叔共有三间房,一人一间,中间的屋子留作过道。如果想盖新房,三间房不能在原来的地方上盖,因为没有过道了,只有另外想法。如果有五间六间,可以分开来,一人一半,可以在原来庄基上盖新房。如果你要了别处地(买地),就把这个地让给他(兄弟),反之一样。当然,需要补偿庄基地费用。你要了这块地,你就拿另一半的钱,你就住着;他要了,他就给你另一半钱,他就住着。咱们这个,原来一人住着一间,不用抓阄。[1]

有些庄基地的地产连同房产继承,由于不便建造两栋房屋,则采取现金继承的方式予以调配,即少得房产的人则多得现金。有些时候,老人藏私房钱,不让儿子知晓。老人过世后,儿子发现老父亲的私房钱后,其继承情况比较微妙。

> 继承的情况也有啊,有些老头有钱没有分,自己掌握着,又不知道自己什么时候死,死了后人就找不着了,这种情况很多。他有一口气的时候,他也不说钱放在哪里。村里有一个人,他把钱放在土坯里,等他死后,家人砸开土坯才找到现大洋。如果发现老人藏的钱,继承分为两种情况:一种是只有一个孩子发现,则会悄悄私自藏匿起来;另一种情况是所有孩子都发现老

---

[1] 李建文老人的口述内容。

人的遗产，会平分。原来地比较多的家庭，会有一些遗产用于继承。咱们村北头有一个姓白的，1949年以前的票他存了很多，后来使用人民币了，他的票就作废了。刚开始发票的时候，票和大洋都是一样的，你要票也可以，要大洋也可以，后来票就贬值了。[1]

私房钱的继承不一定平均分配，哪个儿子发现则归谁所有，前提条件是不被其他兄弟知晓。如果被其他兄弟知晓，则需要平均分配。

2. 债务继承

还债除了通常情况下借什么还什么，还有劳动力偿还的方式。在还债关系中，父债子还，祖债孙还。

> 小子跟爹要钱，不需要还。自己人借钱，借就是要。过去，父债子还。我们村有一个案例，有一个人生前借钱来吃好的、喝好的，他死了怎么办呢，小子们帮他还呗。他吃好饭，抽好烟，等他死了，人家来说那里多少账，最后两个小子把他的账给分了。人家和他小子要，但也不能空口无凭，需要有一个凭据，上面写着谁谁，借谁谁的钱，借了什么，借了多少，此外还有中人。没有中人，你说我借了，我说没借，这个不咋。

传统历史时期，清辉头的债务是谁借谁还，如果借债人死了，由儿子还，儿子如果也不在世了，则由孙辈偿还。换言之，债务具有血脉延续性。

四、继承关系

分家继承是原生家庭解体，核心家庭产生的过程。人们在分家继承的过程中呈现出一定的继承关系，分为家户内继承、家户外部继承。

（一）家户内部的继承关系

分家过程中，当家人（即父母）是分家继承的主要决策者，能够决定分家的具体时间，分家的方式，分家的内容。当家人需要思考分家继承以后，各家庭成员日子怎么过的问题，据此规划分家继承方案。通常来说，具有土地30亩以上的家庭，其当家人在分家的时候一般要预留一部分土地作为养老地。如果家庭中还有未婚的儿子，当家人一般需要将家庭中较好的房间留作未婚儿子的婚房。如果家庭中还有未出嫁的女儿，分家继承之前需要留取部分资金作为嫁妆，穷人家庭则无须为未出嫁女儿准备嫁

---

[1] 李建文老人的口述内容。

妆钱。

扩大家庭的分家继承并非所有财产都可以分配，首先，个人的衣物不能分家继承。衣物属于个人财产，家庭成员个人享有所有权。其次，娶媳妇的陪送嫁妆不能分家继承。儿子娶媳妇的时候，老丈人陪送的柜子、被子、木盆等家具属于该儿子所有。再次，私人物品不能分家继承。有些家庭成员有属于自己的私人物品，诸如烟枪、女性佩戴的首饰等物品，都属于该家庭成员所有。

通常情况下，扩大家庭分家以"分灶"为标志，但多数情况下家庭成员仍然居住在一个院落内。分家的初期，兄弟之间也仍然认为大家是一家人，但随着时间推移，"一家人"认同的观念逐渐淡薄。分家后的有些家庭则搬出院落，在外面另立新宅，原来的家人关系逐渐演变为亲戚关系。

（二）家户继承的外部关系

传统历史时期，清辉头村家户通常是内部继承，只有在"绝户"的情况下才会发生家户外部继承。家户内部继承也不能由当家人"一言堂"。有些当家人担心分家继承之后，兄弟之间闹分家纠纷，责怪分家的不公正。因此，家户虽然是内部继承，但需要家户外部的人员参与。当然外部人员需与分家继承的家户存在密切的血缘、地缘关系，或是娘家人，或是外嫁女儿的家人，或是族亲，或是邻居。清辉头村家户内部继承，通常需要三方的外部人员参与，他们分别是族亲、亲戚（舅舅或姑父）、邻居，但通常不邀请乡（村）长、闾长、警长等官方人员参与。如果因为分家继承而引发矛盾纠纷，也不在家庭内部解决，参与分家的族亲、亲戚、邻居以及家族族长、长老等家庭外部的人，成为调解和处置继承纠纷的重要人士。

第八节　村落经济变迁

20世纪是中国社会急剧变革的百年，当然也是清辉头村的经济形态变迁极大的百年。特别是1949年以后，清辉头村经历了土地改革运动的土地"平分"，并快速变为"大集体"生产经营的经济形态。

一、1949年前传统经济形态

1949年以前，清辉头村传统经济形态是家户小农经济，与西方农场经营相比，其"小"体现在土地数量少、经营人数少、产值数量少，并且生产以家户的吃穿为主要目的。

（一）以家户为小农经济单元

在清辉头村，家族并非严格意义的经济单元，其拥有的公地不是以生产经营为主要目的，而是以保障家庭的坟墓用地为主要目的。村落也不是生产经营的经济单元，而是维护村落公共利益的治理单元。家户作为基本的小农经济单元，具有土地数量规模小，土地经营人数少，土地经营产值少的特征。

1. 土地数量规模小

传统历史时期，清辉头村除了"三大地主"的土地规模勉强达到农场经营的规模标准外，其余家户均不具备现代农村的土地规模。即使清辉头村的"三大地主"家户，其土地也不具备农场经营的土地经营条件，因为其土地并非集中在一起，而是零散分布在村内外的不同区域，单块最大的土地不超过10亩。零散分布的土地形态，不具备集中、高效经营的条件。多数家庭土地数量为1亩至30亩不等，更加不具备农场规模经营的条件。

2. 土地经营人数少

传统历史时期在农业科技落后的情况下，农场经营需要人数较多的农场产业工人。与农场经营相比，清辉头村基本是家户经营，经营人数以家户的壮劳动力作为计算依据。根据何运章老人介绍，其父亲与叔叔的扩大家庭，总人口规模21人，拥有20亩大地（折合为当下32亩土地），但家户生产经营人数只有父亲和叔叔，即两个生产劳动力。何家只有在农忙的时候雇佣一名月工补充家庭劳动力的不足，进行生产经营。其他家庭也与何家相似，家户的土地经营人数以自身的劳动力作为基础，不足的情况下以雇工形式作为补充。家户劳动力经营不了的土地，则通过租佃的方式进行经营。

3. 土地经营产值少

清辉头村家户的土地数量规模小、土地经营人数少，加上普遍缺乏肥料和土地浇灌技术，导致清辉头土地的产量普遍较低。

> 一亩四分地肯定不够吃。原来遇到好年岁，小麦能够产一二百斤，年岁不好就一小撮，也就二三十斤、三四十斤。刚解放那几年，雨水多了，收成好了，一亩地能产两布袋粮食了，一布袋120斤，过了几年好日子。[1]

家户的土地数量偏少，加上土地产值极低，只能"养家糊口"，不能赚取大规模利润，成为家户小农经营的一大特征。

---

[1] 李建文老人的口述内容。

（二）以吃穿为目的

清辉头村的俗话讲"儿子的江山，闺女的吃穿"。实际上，家户小农经营的主要目的就是"养家糊口"，解决家庭成员的吃穿问题。传统历史时期，清辉头村的多数家户均不以赚取利润为生产经营目的，其主要目的是家户自供自给解决吃穿问题。为了解决吃穿问题，不同家户的小农经营采取了不同的经营策略。土地较多的家庭采取的经营策略是劳动经营、租佃土地和雇佣经营相结合，基本能够解决家庭吃穿的自供自给。人均三亩土地的家庭，则基本能够解决温饱问题，通常采取劳动经营方式。部分少地或者无地的家户，则需要通过做工的方式获取生存资料，解决家庭的吃穿问题。

传统历史时期，清辉头村以吃穿为目的的家户小农经济对市场的依赖程度并不重，主要体现两个方面：其一，家户的多数生活物资诸如粮食、咸菜、衣服等，并不从集市采购，而是家户自己生产；其二，家户自己生产的多数物资也不以向市场出售为目的，只有在家庭消费不了的前提下，或者家户紧急用钱的前提下，才会向市场出售物资。例如何运章老人介绍说，在灾荒年月，很多家庭将家具等物资运到安平县城等较远的市场出售，换取当地产的粮食，以解救家庭的饥荒。

二、1949年后传统经济形态变迁

清辉头村从1947年底就开始进行土地改革运动，土地改革运动带来土地产权的变化，清辉头老人将这一运动称为"平分土地"，这个时候小农经济的变迁主要体现在生产资料和地位的平等性。1958年进入"大集体"生产经营以后，彻底改变了过去家户小农经济的经济形态，变为村落"大农"经济。

（一）土地改革运动时期的小农经济

土地改革运动实际上是改变传统历史时期生产资料分配不均衡的问题，使得"耕者有其田"，生产关系发生了变迁，但家户小农经济的格局没有得到根本改变。生产关系变迁主要体现在划分阶级成分上，租佃与雇工关系与传统经济形态有极大不同。

> 土改时期，评阶级成分并非完全按照土地数量来评，而是根据土地数量、雇佣工情况和家庭牲口情况来综合评定的。比如，你有10亩地，我有15亩地，我不雇工，我就是中农或者上中农，你置牛置车，雇了一个长工，再雇一个短工，你就是富农。贫下中农协助委员会给定成分。你有100亩地，还喂马，雇长工就是地主。评价成分根据剥削量。[1]
>
> 我们这里土改是根据剥削量来的，上中农土地也很多，但是劳动力壮，

---

[1] 李志勋老人的口述内容。

少有或者没有雇工，就没有剥削量，上中农和富农的土地差不多。上中农劳动工具齐全，有些是做买卖，赚了钱后就买了地。[1]

我们村地主和富农都不多，中农比较多。以我家来说，我们有3口人，原来我们有3亩地，分了人家4亩地。土改后，家里有7亩多地。土改那会，我姐姐都嫁人了，我们家实际有9口人参与分地。[2]

土地改革运动时期，清辉头村根据土地数量、雇佣工情况、家庭牲口和剥削量来划分阶级成分。当时农会（后来改为"贫协会"）是土地改革运动时期的治理主体，根据家户人口、原来土地情况等重新划分土地。土地改革运动时期，清辉头村家户租佃经营方式已经不再是传统经济形态的货币地租，而是变迁为分成地租。

土改之后有"二五"地租，即出租土地的人家把土地租种给佃户，佃户扣除劳动力的25斤粮食，剩下的粮食由地主和佃户平分，即分成地租。[3]

传统历史时期，佃户先要向地主缴纳货币地租，第二年才能够租佃土地。租佃土地过程中，佃户需要承担着"靠天吃饭"的风险。但土地改革运动过程中，地租形式发生了变化，租佃关系偏向于佃户。因为佃户可以在收成的时候扣除劳动力要素的产值，即每亩地扣除25斤粮食，然后租佃双方再平均分配土地收成。这样的土地租佃关系，相较于传统经济形态，佃户能够拿到更高的土地分成。以小麦耕种为例，1947年至1951年间大丰收，亩产小麦达到240斤左右，佃户能够从每亩产值中获得55%的收益。传统经济形态按照正常雨水年月进行核算，每亩小麦产量不高，夏麦收割每亩约120—160斤，可以再种植一季夏种玉米套种大豆，亩产200斤玉米和100斤大豆，当时小麦5毛钱一斤，大豆和玉米3毛钱一斤，佃户最多可获得每亩土地产值的50%—55%的收益。

土地改革运动时期，家户雇工经营的工钱标准也有很大的提高。根据李建文老人从事长工经历，传统经济形态时期，他一年工钱最多是500斤粮食，一天不到两斤粮食。

1949年后，出工、派工、派活都是8斤米的标准，就是给你一张条，你

---

[1] 杨占恒老人的口述内容。
[2] 张祥老人的口述内容。
[3] 杨占恒老人的口述内容。

可以领8斤米。如果是短工，可领5斤米或者只吃饭。短工有些是童工，有些不是童工，就得五六斤小米。[1]

传统经济形态，短工的日平均工钱高于长工的平均工钱，长工胜在"一年每天都有饭吃"。土地改革运动过程中，在中国共产党的领导下，家户之间成立"互助组"，在经营上进行生产互助。

民国三十三年（1944年），人民在大生产运动中积极开展生产互助，许多村成立了由三四户或五六户组成的互助组，这些互助组不断发展壮大，到年底，80%的村庄普遍成立了互助组。这些互助组形式多种多样，主要有3种：其一，人工换人工（也有叫插伙、拨工、帮工的），即在农忙季节组织起来，互助换工，以不误农时。其二，合犋，因牲口小合起来耕种土地，以解决畜力不足问题。其三，人工换畜工，有人工无畜力或有畜力无人工的互相搭伙耕种和收割。参加劳动互助的阶层大多数是贫农或下中农，基本上是一种"穷帮穷"的互助合作组织，互助成员一般是青壮年。民国三十七年（1948年）11月，全县共有农业互助组5 051个，包括14 260户、31 046人。[2]

在土地改革运动中，清辉头村人们开展多种形式的生产互助，提高了生产要素的效率。

（二）集体化时期村落经济状况

土地改革运动结束后，清辉头村进入农业合作化运动，1956年以后开始进入高级生产合作社。

1956年1月，在全国农业合作化运动超高速发展的猛烈浪潮中，深县仅用20天左右的时间就骤然完成了社会主义农业合作化。县内的初级社全部扩大、合并为高级社，原来未加入初级社的农户直接加入高级社，全县共成立高级社298个，入社农户94 686户，占全县总农户的99.7%。1957年，调整了社队规模，划分24个联村社，将生产队划分为3 247个，平均每队28户左

---

[1] 杨占恒老人的口述内容。
[2] 深州市地方志编纂委员会编：《深县志》，中国对外翻译出版公司1999年版，第111页。

右，使生产组织适应了生产发展。同时完成了社民主选举，改进了生产管理，全县98%的高级社实行了包工、包产、包财物的"三包制"，广泛推行了"队包产、组包工、田间管理包到户"和"组包块、户包垄"的集体动分工负责制，大大提高了劳动生产率。是年底，全县共有高级社393个，其中联村社18个、单村社375个。[1]

1956年深县开始了"高级合作社"的进程。农户将土地、生产工具、肥料、劳动力等各生产要素全部交由高级社进行统一管理经营。清辉头村同样在县领导和推动下，开始了集体大生产的进程，彻底改变了原来的家户小农经济形态。

> 1955年我村成立农业互助合作社，成立了34个初级社，后成立高级社。高级社为大社，设社长、副社长、会计、记工员、连长、治安员、保管员各一人。从那时起，农业合作社代替了村政管理委员会行使职权，村民改叫社员。1961年，我村高级社实现政社合一，实行军队片制。清辉头乡成立人民公社，清辉头村为生产大队，民兵连设大队长一名，副队长两名，民兵连长一名，会计、出纳、妇联主任、治保主任各一人，委员若干名。生产大队下设19个生产小队，小队有队长、副队长、妇女队长、民兵排长、记工员、保管员、出纳员。1966年，"文化大革命"开始，有红卫兵、造反团等造反、夺权组织，冲击大队管理委员会。后来，上级提倡一手搞革命，一手搞生产。为了恢复生产，又成立了生产班，设班长、副班长、委员若干。[2]

集体化生产时期，家户将土地、农具、牲口、劳动力等生产要素全部交给人民公社以后，家户小农经济便从历史上消失了，变成了集体大生产。集体大生产主要体现在两个方面：其一，土地规模大，清辉头生产大队掌管着全村的8 000多亩土地，下面生产队也掌握着几百亩生产土地；其二，劳动数量多，全村的劳动力全部集中进行劳动，劳动人口在生产队层面从几十人至几百人不等。但清辉头生产大队的产值并不高，不是以营利作为目的，仍然摆脱不了吃穿问题、自供自给的小农经济宿命。

---

[1] 深州市地方志编纂委员会编：《深县志》，中国对外翻译出版公司1999年版，第112页。
[2] 《清辉头村志》2016年手写草稿。

第九节　村落经济实态

自土地承包到户后，清辉头村村支两委因地制宜，利用土壤适合长树的特征，鼓励村民进行果树栽培，经过几年的致富示范，当下清辉头村的粮田基本变成了果树林地。村民基于果树林经济发展了产业链，包括水果包装，冷库冷藏，销售等，还利用果树叶发展养殖业。村民在养殖业方面也建立起了一条更长的产业链，包括饲料加工、温控养殖、肥料加工、销售等。清辉头村形成服务于家户生产生活的产业链。本节从经济实态概况、土地承包权、产业经营、市场发展等方面考察清辉头村的当下村落经济实态。

一、小农经济实态概况

当下的清辉头村对于周边村庄来说是一个有名的"致富带头村"。清辉头村自实行土地承包责任制之后，就利用其沙壤的特征大力发展水果种植，家家户户逐渐发家致富起来。家庭的经济收入水平普遍提高，农业种植年收入3万—10万元成为很多小农家户经营的常态，还不包括富余劳动力在城市的就业、经商所得收入，也不包括村民发展企业经营所得。村庄也发展得越来越交通便捷、美丽，在周边地区享誉较高的知名度。

> 东西大街两头有标志性建筑大牌坊、村名石。环村有东南西北四环公路。村内街道宽15米，东西南北横贯整个村庄。三横东西街连通东西二环，各条大街小巷，纵横交错，相互连通。[1]

清辉头村占地2160亩。在每一条大街小巷，整齐地建设有四合院房屋，每栋房屋都有高门大户。这里的"高门大户"是指房屋构建的样式，而不是经济阶层的代名词。清辉头当下的房屋建造仍然保持着历史时期的传统。所有四合院沿着东西南北主道和小道整齐划一地分布，四合院的大门便是村民常说的"门户"，大门都修得很宽大，基本上由两扇构成。大门宽1.5米至2.05米，高2.05至2.85，其尺寸都需要留一个"五"作为尾数，代表着五福临门，五谷丰登之意。家户大门基本可以出入电动三轮车。

从出行方面来看，清辉头村几乎每家每户都有一辆三轮车、一辆自行车、一辆电

---

[1]《清辉头村志》2016年手写草稿。

动车,已经解决了出门代步的问题。电动三轮车成为村民劳动的运输工具,代替了传统历史时期的牲口车。部分家庭在生产经营中发家致富,购置了机动车。截至2015年,清辉头村购置的机动车如表3-22所示。

表3-22 当下清辉头村部分家户的机动车数量情况

户 主	车 数	户 主	车 数	户 主	车 数	户 主	车 数
张越超	1	孟跃恒	1	孟小八	1	李书良	1
张浩请	1	孟佳飞	1	种中才	1	白 奇	1
刘完明	1	孟林林	1	孟艳飞	1	耿秋生	2
张白明	1	孟 聊	1	何东强	1	李德宁	2
杨新市	2	刘 兵	1	孟 平	2	李志栓	2
孙 佳	1	孟庆田	1	雷永兵	1	何小虎	2
张青余	1	种少谦	1	王计江	2	李华维	2
张郡朋	1	孟登高	2	祖庆彬	2	曹英江	2
刘 健	1	孟二忙	2	刘 军	2	强甘露	2

资料来源:根据清辉头村委会提供的材料整理。

据不完全统计,清辉头村截至2015年底,家户拥有机动车为312辆,分别是小轿车183辆,占机动车总数比重为58.65%;面包车为45两,占机动车总数比重为14.42%;大货车为40辆,占机动车总数比重为12.82%;小货车为43辆,占机动车总数比重为13.78%;皮卡车为1辆,在机动车中占比极低。清辉头村2015年有家户1332户,意味着中每4.3户有一辆机动车。

当下清辉头村的家户小农经济,不再是解决吃穿问题。这个困扰着清辉头村上千年的传统经济问题,早已经被改革开放以来的村庄经济发展成就所破解。当下家户所追求的是获得更加美好的生活水平,包括将子女送到大城市接受很好的教育,在深州市及其他城市购置楼房,发展更高水平的企业,营造村庄更加美好的环境等。

二、承包土地产权与规模

改革开放以后,深县废除人民公社制度,开始探索大包干的制度,但1978至1980年之间这种探索遇到了各种疑虑而进展缓慢。1982年后,深县的家庭大包干责任制得到广泛推广,土地生产权从生产队下放至家户。

> 1981年上半年,深县被确定为河北省5个农业生产责任制重点县之一。7月中央召开河北工作会议后,大包干生产责任制迅速而广泛地在全县发展起

来。1982年9月，全县实行大包干的生产队增至2888个，占全县总队数的98%。1983年8月，全县农村土地全部以大包干的形式承包到户。1984年，大包干责任制进一步完善，延长了土地承包年限，调整合并了过于分散的地块，改林果分散、平均承包为专业户专业队承包。家庭联产承包责任制的普遍推行，克服了农村集体经济长期存在的"大呼隆"和"大锅饭"等弊病，调动了广大农民的积极性，促进了农村生产力的发展。[1]

清辉头村的家户土地承包规模如表3-23所示。

表3-23 2016年清辉头村部分家户土地承包产权面积统计 （单位：亩）

姓名	田	姓名	田	姓名	田	姓名	田	姓名	田
杨玉祖	2.5	刘玉宗	7.6	张瑞善	7.1	张志军	11.5	孟立民	6.3
孟繁辉	7.6	张同生	5.3	张瑞广	2.2	张勒	6.5	孟文利	5.6
靳虎	5.8	张铁堆	7.6	张郡豹	2.2	张响明	3.5	张青松	6.4
靳峰	5.8	张青丰	4.7	张艳超	5.5	王运转	3.7	孟加飞	7.9
程保存	8.1	张郡川	7.4	张艳辉	7.7	靳文广	5.1	张玉省	8.1
张国民	9.42	孟跃恒	7.5	张郡廷	5.5	李艳娥	2.2	王满仓	8.8
张国兴	7.0	田文娟	8.0	张郡朋	3.8	程新争	10.1	杨玖如	7.4
张国军	7.9	张郡凯	9.6	孟强	9.3	程保占	7.1	杨玖旺	5.2
张郡通	3.9	张艳会	1.1	刘旭初	4.6	张杏捷	1.4	张坤兴	8.6
孟永呈	9.1	张郡超	6.0	刘旭光	4.8	张万民	7.0	杨松岩	2.9
张宗会	2.5	李喜兰	7.6	刘东白	7.9	孙佳佳	5.8	刘丙军	6.8
刘凤青	6.0	杨朝	6.8	刘东桥	7.7	孟葵杰	8.8	刘小网	8.8
孟跃生	6.0	程小者	6.8	孟庆秋	7.9	张云省	4.3	刘灵凯	7.7
张振迎	13.0	孟海潮	4.5	刘东群	11.3	张响亮	3.0	李凯雄	8.4
张中学	6.4	孟海江	5.5	代会尊	3.4	张郡普	7.3	李小欢	6.3
张郡怀	8.6	孟海涛	8.0	刘东亮	6.4	张群福	7.2	李会来	8.6
张小哲	6.1	赵顺才	9.1	靳志明	2.1	张郡峰	7.1	李增玉	6.4
张郡表	7.8	孟佳崎	6.1	孟占库	8.1	张郡双	7.6	何东强	8.0
张忠伏	2.5	张郡会	6.2	孟占运	5.1	吴艳顺	8.6	种少谦	6.0
张郡繁	3.2	孟树根	5.9	吴平安	9.6	程新春	6.0	刘勤暖	5.8
杨建辉	8.0	孟艳玲	1.6	刘建朝	4.7	张华	6.1	刘涛	9.5
杨占银	2.7	孟庆虎	3.0	孟占库	8.1	吴大民	4.6	刘奎网	4.7
孟卿	8.0	刘金龙	4.1	刘红寨	5.1	孟小柱	8.9	刘小乐	8.0

资料来源：2016年清辉头村农业支持保护补贴表公示栏。

---

[1] 深州市地方志编纂委员会编：《深县志》，中国对外翻译出版公司1999年版，第113页。

从表 3-23 可知，经过将近 40 年的人口自然发展和家户分家等，家户承包到户的土地规模不尽相同。多数家户土地都在一亩以上，其中承包 3 亩至 8 亩土地的家户占六成以上的比例，少数家户还有 10 亩以上的土地。与传统形态相比，清辉头村当下家户的平均土地占有量均不高，是因为村落人口比 1949 年几乎翻了一番。但当下家户利用土地的效率更高，土地的亩产产值较之于传统经济形态提高了六倍以上，最高的产值甚至是传统历史时期的二十几倍。除了土地承包到户的部分外，村落还保留几百亩地集体土地。

三、土地耕作与产业经营

土地承包到户以后，清辉头村发挥村集体领导的治理权威优势与家户协作的模式，以村支两委带动，家户参与的方式共同发展农业产业，包括水果种植和发展养殖业，并在此基础上形成配套产业链，多产业协调发展。

（一）水果种植与产业经营

自古以来农业都是清辉头村的主要产业。当下清辉头村仍然主要以发展农业为主，富余的劳动力到城市参与其他产业发展。但清辉头村当下的农业发展与传统历史时期的农业形态有着明显的差别，主要体现在不再种植传统经济形态的作物，包括小麦、谷子、棒子、高粱、大豆、花生，而改种更具经济价值的水果。清辉头村在传统时期一直保持有种植果树的习惯，特别是在东北片土地上种植水果，因为这片土壤不能长庄稼。1983 年，村委会实行土地承包到户，将原来的果林划分为 56 片承包给家户，三年以后果林收入优势凸显出来，承包户尝到了承包果林的"甜头"。村委会也鼓励村民栽种果树，并且种植一棵果树奖励两毛钱。由于果树栽种较为稀疏，果树苗小的时候可以间种粮食，两不耽误。村委会除了动员奖励外，还邀请专家为讲授种植的知识，还为果农寻找销路。

> 为了解决卖水果难的问题，村支两委干部四处奔走，找销路，还邀来外贸公司和其他商贩收购村民水果。村民筹资建成了一个可以储藏 35 吨水果的冷风库，又发动主要村干部建成了两座冷风库，后又建成了 20 多个果品站，基本解决了水果的销路问题。[1]

2006 年以来为了发展我村的支柱产业，促进果品生产的发展，引进先进的管理技术，党支部和村委派人走出去，把优秀的品种引进来。我村引进的苹果达十几种，桃的品种达三十几种，并与石家庄果研所、山西运城果研所

---

[1]《清辉头村志》2016 年手写草稿。

挂上匀,请来专家给果农上课,传授果树种植、修剪、施肥、除虫等管理技术。利用测土技术,土地缺什么元素就施什么肥,做到合理施肥。这样果农通过引来的果树优良品种,合理施肥,高标准管理,取得果品大丰收,提供果农的收入。[1]

根据以上所述,村支两委通过动员、寻找市场,与研究机构合作,寻求新技术与品种等方式,大力发展水果种植,培育出了水果种植出产、储藏、销售等产业链条。清辉头村围绕着水果、产、购、销成立了系列经济合作社,如表3-24所示。

表3-24 当下清辉头村关于水果经营的部分经济组织情况

经济组织	法人代表	参加农民数(人)	注册资金(元)
宏柏果品合作社	粟阔	1	20万
诚然果品合作社	王建广	1	50万
鑫腾果品合作社	李树谦	1	100万
李兵果品合作社	李兵	2	50万
鑫农果品合作社	李树春	15	900万
诚泰家庭农场	孟浩	2	200万

资料来源:根据清辉头村委会提供的材料整理。

这些经济合作社成为清辉头村水果收购的主要经济组织,将水果收购后贩卖至国内的东北三省,北京、天津、香港等城市,甚至东南亚等地。与此同时,清辉头村利用万亩桃花林的规模以及村落文化资源,成立了旅游开发公司。村落通过挖掘村落古文化、民俗文化,结合现代休闲文化、农家体验、文学艺术创作等途径发展乡村旅游业。

(二)发展养殖与产业经营

清辉头农业发展的另一项是发展养殖业。清辉头村利用"集体大生产"经济转型的时机,充分发挥集体统合的地方治理优势,从20世纪80年代初就开始探索养殖业。村民从养鸡开始,逐渐探索养牛、羊等其他牲口。

1982年,清辉头村为了发展多种经营,搞养鸡试验,以后才有养鸡业的发展。1983年村里实行责任制以来,在养殖业方面,党支部、村委会引导群众大力发展养殖业,家庭以养鸡为主,养牛、养羊为辅,抽出一名干部组建

---

[1]《清辉头村志》2016年手写草稿。

养殖业公司。村委会筹建加工厂厂房，出资两万元办饲料加工厂，并且多次邀请专家讲解病虫防疫知识，传播养鸡技术。1990年，我村养殖鸡达到30万只规模，并且推动养猪、养牛、养羊事业的发展。1994年，村支两委为了使得村民尽快富起来，号召村民养鸡，引导有才干的人办饲料厂，寻找客服收村民的鸡蛋。当时办起饲料厂20多家，收购鸡蛋点有几家，养殖家户达60%以上，养殖规模达到80多万只。[1]

截至2016年，除了公司大规模养殖外，清辉头村还有家户办理的小规模养殖。清辉头村中小规模养殖情况，如表3-25、表3-26、表3-27所示。

表3-25　2016年清辉头村家户进行的小规模养鸡情况

序　号	家户姓名	养鸡数量（只）
1	赵志海	4 000
2	尹坤牡	8 000
3	李　松	3 000

资料来源：根据清辉头村委会提供的材料整理。

表3-26　2016年清辉头村部分家户进行的小规模养羊情况

序　号	家户姓名	养牛数（头）	序　号	家户姓名	养牛数（头）
1	曹贵成	15	12	李三坏	30
2	王冲洲	18	13	崔宗仁	15
3	王冲宗	15	14	李占彬	8
4	刘乱群	30	15	李树连	10
5	王计波	20	16	李光亮	6
6	冯小五	30	17	李占为	10
7	李些	10	18	李占兴	20
8	严树英	20	19	李新民	6
9	李大德	8	20	李大君	5
10	严树单	25	21	李彦普	50
11	王小云	8	22	李尖辉	8

资料来源：根据清辉头村委会提供的材料整理。

---

[1]《清辉头村志》2016年手写草稿。

表 3-27 2016 年清辉头村家户进行的小规模养牛情况

序号	家户姓名	养牛数量
1	曹贵成	35 头
2	李士闯	4 头
3	李占兴	8 头
4	李彦苗	25 头

资料来源：根据清辉头村委会提供的材料整理。

表 3-25、表 3-26、表 3-27 的家户养殖属于小规模的养殖，是传统历史经济形态小农经济在当下的延续。但是当下，清辉头村的一些养殖业已经进入了公司经营阶段，好几家公司养殖的蛋鸡在 30 万只以上，其中最大的养殖企业即星火禽业有限公司在 2016 年建成了智能化的大型养殖厂房，能养殖 500 万只以上蛋鸡。

深州市星火禽业有限公司是河北省农业产业化经营龙头企业，是冀东南较大的蛋鸡养殖基地，总资产达 5 亿元。深州市星火畜禽专业合作社是全国农民专业合作社示范社，近年来带动 2 600 个养殖户走上致富路。1988 年，率先在全市发起了"星火计划"，推广养鸡技术，帮助农民致富、促进农村经济发展。2003 年，星火禽业有限公司走上了农工贸一体化、产供销一条链的发展道路，实行基地协会带农户和"统一雏鸡品种、统一防疫程序、统一饲料配方、统一产品收购、统一销售产品"的五统一管理模式，发展社员 3 000 多名，公司辐射面积达 12 个市、县，85 个乡村，3 000 多个专业户，1 200 万只蛋鸡，实现社会效益数千万元。公司成为拥有种鸡场、饲料厂、孵化场、禽病检测中心、鲜蛋集散中心、生物有机肥厂、科技食品公司等机构的集禽业食品科研、生产、加工、销售于一体的民营企业。星火禽业有限公司于 2007 年注册成立了深州市星火畜禽专业合作社，现有社员 162 人（户），总资产 1 405 万元，年销售收入 6 000 万元，实现利润 340 万元。2012 年、2013 年，先后荣获衡水市农民专业合作社示范社、河北省十佳农民专业合作社、河北省农民专业合作社示范社、全国农民专业合作社示范社等称号。组建了鲜蛋集散中心和销售公司，鲜蛋主要销售给省内及北京、天津等全国 48 个大中城市，1 500 家超市，年销售鲜蛋 7 000 吨，年销售收入 18 500 万元，利润 1 760 万元。

星火禽业有限公司采用现代养殖技术和管理技术，实现大规模的养殖，成为清辉头村养殖产业发展的翘楚。除了星火公司，清辉头村还有几个养殖规模为30万只至100万只之间的养殖业公司，而且形成了饲料加工、病虫防疫、鲜蛋销售等产业链，产业生态基本形成。

四、家户生活与市场依赖

当下清辉头村的家户只种植果树，已经不像传统经济形态那样自供自给，对市场形成了双向依赖：其一，家户生产经营的水果与养殖业均依赖市场进行销售，其二，家户生活日常所需的物资也依赖于市场采购。清辉头村对市场的高度依赖，促使集市和店铺发展较为兴旺。当下清辉头村的店铺如表3-28所示。

表3-28 2016年清辉头村部分店铺情况

姓　名	店铺/经营范围	从业数（人）	姓　名	店铺/经营范围	从业数（人）
张超	门厂、农资	—	孟艳飞	家电厂	1
孟佳飞	门厂	—	孟艳超	加工油坊	1
张郡怀	料厂	—	孟大白	超市	1
张郡怀	水暖	—	孟宗元	烟酒百货	1
张向明	商店	—	种中才	建筑材料	1
孟旭	电脑店	—	李大榜	蛋点	10
吴艳威	电气焊	—	大扣	蛋点	10
张郡宝	电车维修	—	孙占怀	门市	3
刘旭光	理发店	—	李小谦	纸箱厂	5
孟向	建筑钢筋	—	李小孔	纸箱厂	6
刘建	蛋糕房	—	刘兵	电工	3
孟林林	浴室、电焊	1	刘馨月	理发店	2
张英普	五金店	1	孟茂	地摊	2
种少谦	百货	1	郭战潮	养猪场	2
李俊辉	铝合金店	1	李近领	养牛场	2
孟新住	电气焊	1	何思朋	电气焊	1
孟二忙	鸡原料	1	郭志合	玻璃厂	2
孟登高	鸡料厂	1	郭连生	养猪场	2
张耀成	门厂	1	张群福	科飞电脑店	2
张耀威	文化茶社	2	刘容	商店	1
李志勋	服装店	1	高翠笼	养猪场	2
郭近学	养猪场	2	李振奇	养牛场	2

续表

姓　名	店铺/经营范围	从业数（人）	姓　名	店铺/经营范围	从业数（人）
王荃河	手机店	2	李少文	超市	2
向小江	农资门市	2	王荃锁	摩托修理店	1
白计良	农资门市	2	李二广	蛋品贸易公司	4
李永祥	豆糕店	2	李近春	电气焊	1
种纪云	机油店	1	曹韦东	饭店	4
李月学	小卖部	2	严金乙	修车店	1
杨红伟	小卖部	2	王建厂	超市	2
王进付	商店	2	李伟	灯具商店	3
李阔	粮油商店	1	孟运涛	永强塑料	20
李宗权	饲料厂	10	李坤水	医院	7
孟力顶	建材站	4	孟浩	鸡蛋收购站	14

资料来源：根据清辉头村委会提供的材料整理。

从表3-28可知，清辉头村的商业较为发达，商铺林立，基本能够满足家户建造房屋、生产生活、医疗等各种需要。家户几乎每天需要从店铺采购粮食、用具等，对市场极其依赖。此外，清辉头村还有每旬的四九大集，周边的商贩也到这个集市贩卖商品，进一步丰富了商品的供给，满足人们的日常所需。家户也需要通过蛋点、果品收购站等店铺实现农产品的分销，赚取利益。清辉头村当下的生产生活已经实现产业化、市场化，家户生活与市场密切相关。

第四章 村落社会形态与实态

社会形态是传统历史时期社会主体之间构成的社会活动与社会关系。清辉头村传统社会形态以家户为基本单元。个体、家户、组织、村庄相互之间,以及与其他社会主体之间构成丰富多彩的社会联系。本章从血缘关系、地缘关系、信缘关系、业缘关系、社会交往、社会流动、社会分化、社会分化等方面介绍清辉头村的传统社会形态,并考察其变迁和当下实态。

第一节 血缘与血缘关系

传统历史时期,血缘关系是清辉头村最为重要的社会关系,也是社会交往关系中重要纽带。从某种程度来说,清辉头村人们的社会关系认同先从血缘关系认同开始,继而才是地缘关系、信缘关系、业缘关系。血缘关系根据血缘远近又分为至亲、近亲、姻亲、远亲、干亲等。

一、家庭成员及关系

家庭是最核心的血缘关系,也是最为亲近的血缘关系。每个村民都从家庭中孕育,并在家族中成长,受到家庭的关爱。家庭关系对于每个人来说是最亲密的社会关系,包括夫妻、父母与子女、兄弟、妯娌、婆媳、姑嫂等关系。

(一)核心家庭关系

核心家庭关系是最为亲近的血缘关系,由夫妻关系、父母与子女关系、兄弟姐妹关系构成。夫妻在家庭中是子女的父母，也是当家人和主要劳动力，掌握家庭的主要权力。子女是核心家庭的重要成员，其相互之间构成了兄弟姐妹关系。

1. 家庭夫妻关系

传统历史时期，夫妻关系是家庭的核心关系，构成了核心家庭的基本关系架构。在核心家庭的伦理关系中，"妻以夫为纲"，丈夫是当家人和主要劳动力。丈夫的当家人角色决定了其在家庭中重要地位。

> 旧社会，父权是大事，父亲是当家人，掌握整个家庭的权力，包括吃喝、土地和财产。凡是出钱的事情都是当家人管。但倒插门（上门女婿）来了后不能做当家人，都是由女人说了算。[1]

丈夫在核心家庭中以当家人的地位掌管着家庭的一切。但夫妻关系主要是相互配合的关系，主要体现为"夫主外，妻主内"。换言之，家庭的事务分为内外，丈夫主管家户以外的所有事务，包括土地上的农活，土地买卖、租佃、典当，家户借贷、换种、借工具、换工、雇工、打短儿、扛长活等事务。妻子在家庭内部扮演的角色主要是"相夫教子"，抚养小孩，教育小孩，从事家庭内部的各种农活。在夫妻关系中，丈夫具有主导权，包括纳妾、休妻等，妻子一般处于服从地位，听从丈夫的安排。

2. 父母子女关系

子女由父母所生，天然地被认为是家庭中的一员。传统历史时期，很多家庭倾向于"多子多福"，能生养几个孩子就生养几个。父亲在核心家庭中的作用是"养家糊口"，为孩子提供成长所需的食物和服装，抚养和教育子女的负担基本由母亲承担。在核心家庭中，什么样的子女才被认同为一家人？何运章老人介绍说：

> 女儿嫁出去了，就不是家人了。过继的儿子也算家人，例如俺二哥过继给俺叔，就是俺叔家人了。俺二哥就不是俺家人了。外甥不算家人，小妾算家人。[2]

随着子女的过继、出嫁、分家，父母与子女的关系发生一些变化，父母虽然仍然承认他们是自己的子女，但不再承认与子女是一家人的关系。与子女还是一家人情况

---

[1] 李志勋老人的口述内容。
[2] 何运章老人的口述内容。

下，父母不但要抚养、教育孩子，还要为成年的子女保媒拉纤，促其成婚。父母老了以后，儿子要履行赡养老人的义务。

> 旧社会有父子决裂的现象。决裂后的儿子对父亲"活不养、死不葬"。这样的事大，是过不去的事。这种情况一般是分家以后，父子发生矛盾后决裂。[1]

父母与儿子矛盾比较大的情况下，儿子则会对父母"活不养、死不葬"，但这样的情况非常罕见。

3. 兄弟姐妹关系

兄弟姐妹是核心家庭的重要成员，自小在一起成长，一起劳动。通常情况下，成婚之前的兄弟一般挤在一间房屋睡觉。未成婚的姐妹也同样挤在另一个屋子里休息。兄弟姐妹从小就根据父母的安排，相互协作完成家里的各种农活。

> 我们兄弟还小，不能喂养牲口的时候，喂养的活基本是俺爹和俺叔干。俺兄弟们长大了，喂养牲口就是俺们的事了。[2]

兄弟姐妹按照父母的任务分配，完成自己的农活，也会相互协助。但随着儿子的成长，部分贫困的家庭不能满足每个儿子都成婚的条件，有些家庭的土地数量只能让其中一位儿子成婚。

> 没房、没地结不了婚，你自己都没吃的，人家来了吃什么呢？旧社会，弟兄好几个的娶不上媳妇，家里为了不绝门户，一般就允许一个兄弟娶媳妇。家里穷的人家，老大都过了年纪了，一般兴老小，老小娶媳妇了还可以管管其他没媳妇的兄弟，这种情况很多。要不说旧社会小子不少，但寻不上媳妇。不像现在，每一个人都能寻上媳妇。闺女多么差的，都剩不下。[3]

兄弟成年以后由于受到家庭生产资源的限制，结婚形成竞争关系。但是家长为了

---

[1] 李志勋老人的口述内容。
[2] 何运章老人的口述内容。
[3] 李建文老人的口述内容。

整个家庭考虑，一般选择让"老小"结婚，其目的是兄弟中"老小"能够照顾兄长[1]。条件稍微好的家庭，家里的兄弟每个人都能够结婚，结婚的兄弟相互借钱不需要利息。

> 如果弟弟结婚找哥哥借钱，也得还，但没有利息，时间不限，三年你没有我也不跟你要，你什么时候有什么时候给，实在没有就算了。如果兄弟没有分家，弟弟有结婚要求，一家人伙着给凑钱，但不用还。[2]

（二）扩大家庭关系

扩大家庭一般由父母、几个儿子的核心家庭、未成婚的兄弟姐妹共同构成。因此家庭人口、家庭关系相对于核心家庭来说则相对复杂。对于扩大家庭的成员关系，清辉头村有俗语"冤家赚夫妻，仇家成妯娌，对头是婆媳，混账是姑嫂"。夫妻关系在核心家庭已经叙述了，这里主要考察传统历史时期扩大家庭的妯娌、婆媳、姑嫂关系。

1."仇家成妯娌"

清辉头俗语"冤家赚夫妻，仇家成妯娌，对头是婆媳，混账是姑嫂"，源于他们相信佛教的前世今生说，村民认为前世的冤家变成了今世的夫妻，前世的仇家变成了今世的妯娌，前世的对头变成了今世的婆媳，前世的混账关系变成了今世的姑嫂。这句俗语关系并非说明了清辉头村的妯娌、婆媳、姑嫂的关系都很恶劣，而是一般情况下这三种家人关系容易产生矛盾。

妯娌是家户内部的主要劳动力，不但从事着纺织棉花、制作衣裳、缝补鞋帽等日常工作，而且分担着扩大家庭的洗衣、做饭、场房处置、庄稼脱粒等工作。但妯娌之间容易因为家务活、家庭利益分配而引发摩擦，甚至是矛盾。

> 妯娌之间吵架了，婆婆负责协调。当然也分事，小事不用劝，过几天就没事了，解决不了就找人。如果是妯娌之间不和，就分家。[3]

妯娌之间的摩擦或者纠纷，一般不是大的矛盾，处于"小摩擦不断，大矛盾没有"的状态。妯娌之间的矛盾，基本上由婆婆进行劝解，矛盾大到兄弟不和则分家。

---

[1] 传统历史时期，父母相信兄弟中的"老小"活得最久，能为长者养老送终。
[2] 李建文老人的口述内容。
[3] 何运章老人的口述内容。

2. "对头是婆媳"

婆媳关系也是扩大家庭的重要家庭关系。但妯娌之间的关系是平辈关系,婆媳关系是长辈与晚辈的关系。传统历史时期,清辉头村的婆媳也容易滋生矛盾,所以清辉头有俗语"对头是婆媳"。"多年的道成河,多年的媳妇成婆",婆婆经过多年的煎熬成了长辈,与媳妇之间的关系自然存在一定的等级制。

> 旧社会,新媳妇来到洞房之后的第二天,得早早地起来,上婆婆屋里提溜尿盆,这叫孝敬公婆,以后就不用干了。小时候,听老人说,新媳妇来家里后第二天,要上坟祭祖,但这个事早已经没有了。[1]

传统历史时期,老人晚上起夜不便,在房间中放置尿盆。新媳妇第二天一早帮着婆婆提溜尿盆,说明了媳妇在婆婆面前的"低姿态"。婆婆管教媳妇成为清辉头村的普遍习俗,媳妇做什么事一般需要向婆婆报告。

> 妇女回娘家不拿营生(礼物)。白事没有人送份子钱,红事就几分钱。媳妇回娘家需要得到当家人允许,媳妇走,婆婆得知道。还有这么一规矩,媳妇回娘家,车在外面等着,这时候媳妇得给爷爷奶奶、爹娘和婶子磕头。媳妇不管在娘家呆了多少日子,回到婆家得先给长辈磕头。为什么?媳妇回娘家前磕头代表着我在这里呆这么久,有什么不对的地方,磕了头"前头的勾后头的门——没事了",媳妇一回来就磕头,代表着我回来早晚请长辈不要计较。我为什么知道这个呢?俺哥哥去世早,嫂子的家人赶车在外面等,嫂嫂磕了头才走,回来了一进家先给我奶奶和娘磕头,我见到了。[2]
>
> 媳妇需要零花钱,可以向当家人提出来,当家人给多少就是多少,不能讨价还价。[3]

传统历史时期的扩大家庭,婆婆是媳妇的"上级",不但带领着媳妇从事家庭内部的农活,而且是媳妇的日常管理者。媳妇做什么事情都需要向婆婆说,经过婆婆允许才能够做。作为当家人的公公,一般不直接给媳妇安排农活或者事务,由婆婆代为转达。

---

1 王庚凯老人的口述内容。
2 何运章老人的口述内容。
3 王庚凯老人的口述内容。

> 公公一般不能进儿媳妇婚房里,婆婆可以进,但不能常去。儿媳妇可以到公婆房间,但也不能常去。[1]

在扩大家庭中,鉴于当家人公公性别的"大防",婆婆成为当家人与媳妇之间的"传话筒",婆婆可以进入媳妇的房间,但是需要有理由,无事也不得随意进入。婆媳之间关系恶化的时候,特别是婆婆时常对媳妇管教,引起有些媳妇的反抗,两者的矛盾则由此升级。

> 婆媳纠纷要分为大纠纷和小纠纷,涉及一个关键人,即妻子的丈夫和婆婆的儿子,他如果能力很强,则自己解决。如果这个关键人不能解决,则由叔伯婶子、大娘来处理。[2]
> 婆媳不和,一家不好混,如果能在一块就在一块,不能则能分就分。如果婆婆七八十岁了,没有办法自理,吵闹也不能马上分家。如果婆婆年轻,能够自理,婆媳不和能分则分。如果婆媳争吵,附近一家的、本院的、本族的会来劝解。[3]

婆媳矛盾也是婆媳关系中的一种,一般由中间人(媳妇的丈夫)进行劝解,本族的其他人也会进行劝解。婆媳矛盾如果化解不了,则分家解决。

3."混账是姑嫂"

传统社会中,姑嫂之间的关系也是扩大家庭的重要关系。如果姑姑还未出嫁的时候,姑嫂基本能够友好相处,不会发生大的矛盾。但姑姑出嫁后,如果经常回娘家,则会让姑嫂关系复杂化。传统历史时期,家庭生活的粮食本来就不丰富,按照当地习俗,姑姑回娘家后,娘家一般需准备一些礼品,包括细面面头、面条等,次数多了则嫂嫂不愿意,姑嫂矛盾由此产生。

> 姑嫂之间发生争吵和纠纷,老人说说就没事了。如果结婚的姑姑到婆家去了,争吵也不经常发生。[4]
> 姑嫂纠纷和妯娌纠纷一样,但数这个姑嫂纠纷不好闹,婆婆都管不了,

---

[1] 何运章老人的口述内容。
[2] 李志勋老人的口述内容。
[3] 何运章老人的口述内容。
[4] 何运章老人的口述内容。

因为一个是她的闺女，一个是她的儿媳。姑嫂纠纷一般是财产纠纷，一般是出嫁的闺女常常到娘家来要这个，要那个，有时候还长期赖着不走，旧社会吃的少，这种情况容易闹纠纷。[1]

传统历史时期扩大家庭中姑嫂矛盾的多发，使得人们认为姑嫂关系是前世混账关系在今世的重现。

二、亲属类别及关系

传统历史时期的清辉头村，亲属关系是家庭关系以外的血缘关系，根据血脉的远近可以分为近亲、姻亲、族亲、远亲四种类型。近亲是分了家的叔伯、兄弟姐妹、堂兄弟姐妹。姻亲是基于婚姻关系结成的亲属关系。族亲是基于父系血脉形成的家族血亲。远亲则是关系较远的血缘关系。

（一）近亲及其关系

传统历史时期清辉头村的近亲是直系血缘关系三代以内的亲属，包括兄弟姐妹、堂兄弟姐妹、叔（伯）侄、姑侄等。近亲关系是家庭自然分化后的结果，例如分家后的兄弟、叔伯，出嫁后的姑侄关系等。

1. "打虎亲兄弟"

兄弟姐妹是核心家庭的成员，长大后分家则变成了近亲关系。堂兄弟姐妹原本也是扩大家庭的成员，分家后则变为近亲。兄弟之间、堂兄弟之间基于近亲关系，在生产生活以及安全等方面构成了相互依赖关系。

旧社会牲口卖得贵，很多人如果自己一家一户买不起牲口拉犁拉车，就与自己兄弟搭伙养，一般亲兄弟最多，堂兄弟也有。[2]

兄弟或堂兄弟之间是传统历史时期生产合作最为常见的伙伴，诸如搭伙养牲口，还有农活上相互帮衬，相互换工等。在生活上，家户经济困难一般最先找亲兄弟、堂兄弟，然后才是叔伯等人。在安全方面，如果遇到外人的侵犯，一般"打虎亲兄弟"，共同对付外来的侵犯。

2. "叔是二号爹"

清辉头村的俗语"叔是二号爹，舅是阎王爷"，说明了叔、伯、姑等长辈与侄儿的

---

[1] 李志勋老人的口述内容。
[2] 李志勋老人的口述内容。

关系重要性。叔、伯、姑等长辈与侄儿基于直系血脉关系,成为侄儿"二号爹",不但能够对侄儿进行各种关心和帮助,也能够管教侄儿。大伯是长辈中的权威。因此,近亲家族每年正月初一上坟磕头的时候,侄儿都需要到大伯家集合。

> 大年初一有一个事,一家人在早上十点钟以后,就去上坟祭祖了。上坟不是全家都去,以男丁为主,同辈的聚到大哥家,侄辈的聚到大伯家,在上辈的领导下,各人各户拿着祭品去祭祖。[1]

大伯是近亲家族祭祀以及各种事务的领袖,带领侄儿等人进行祭祀活动,而且近亲家庭中分家、丧葬、婚嫁等事务,一般需要与大伯商量。

> 辈小的、岁数小的可以随便到辈大、岁数大的家里串门。侄子到大伯那里去,就得规矩很多,因为大伯代表着权威。侄子到叔叔家就可以很随意。为什么有着区别呢?叔叔叫大伯的妻子叫嫂子,叔嫂可以闹着玩儿,不怕别人说闲话。如果侄子犯错了,大伯则不能骂侄子,但叔叔可以骂。叔叔比父亲小,他骂侄子娘,也是骂他嫂子,这没有问题。大伯则不行,因为大伯比侄子的妈妈大,这个是规矩,村里人都知道。[2]

侄儿可以和大伯嬉闹,但大伯不可与侄儿嬉闹,得保持长辈的威严。叔叔与侄儿则可以相互嬉闹,感情密切。侄儿家里遇到什么困难,或者家庭纠纷,都可以向叔伯寻求帮助。两者可以相互合作,包括伙养耕牛、借用工具和钱粮、相互换工等。侄儿过年的时候,需要上门给叔伯和外嫁的姑姑磕头。

(二)姻亲及其关系

在传统历史时期的清辉头村,姻亲是家户最为重要的社会关系之一。基于婚姻,双方家庭结成了较为紧密的近亲关系,在生产与生活上相互帮助。姻亲按照辈分可以分为母亲娘家与妻子娘家。

1. 母系姻亲及关系

母亲一方的姻亲主要包括姥爷姥姥、舅舅、姨娘等亲戚,其中姥爷姥姥、姨娘等都给外孙、外甥十分多的关爱,包括出生的仪式、平时的照料、结婚时候的祝福等,

---

[1] 李志勋老人的口述内容。
[2] 李志勋老人的口述内容。

但舅舅才是母亲娘家的重要权威人。清辉头俗话讲,"舅是阎王爷"主要形容舅舅的权威。舅舅的权力主要体现在两个方面,其中一个方面是家庭分家继承的时候通常要请舅舅来当中间人,舅舅说话能够让分家的外甥们信服,李志勋老人说:

> 家庭分家一般有族长或者辈分大且管事的人,如舅舅、叔叔和伯伯,那时候分家,媳妇和闺女都不能参与。舅舅参与是必须的。[1]

一方面,舅舅具有较大的权威,传统历史时期的外甥都怕舅舅,分家等事邀请舅舅参与见证,外甥事后迫于舅舅的权威不敢无理取闹。另一方面,母亲去世的时候,舅舅具有较大的权力。

> 白事时,孝子必须到舅舅家磕头去,为什么呢?因为死女断亲戚,意思是女的死后,跟女方家的亲戚关系就渐渐断了。舅舅这时候就抖威风,孝子就跪着,闺女端着菜,让舅舅喝点酒,这样舅舅才能气顺了,才让出殡。[2]

娘亲病逝的所有事务都要请示舅舅,包括第一时间让舅舅知晓,孝子们用好酒好菜孝敬舅舅,让其同意出殡,并决定何时出殡。孝子们还需要不断地说好话,因为清辉头村有俗语说"姐死门槛断",丧葬过后外甥们还需要上舅舅家给舅舅跪着,告诉舅舅即使母亲不在了,外甥还会继续与舅舅保持亲戚往来,上门孝敬。

2. 妻系姻亲及关系

妻子一方的姻亲主要包括岳父岳母、大小舅子、大小姨子等。妻子娘家也是传统历史时期家户重要社会关系的构成部分。妻子娘家对于夫家的生产生活的帮助,成为夫家解决各种生产生活困难的重要助力之一。传统历史时期,清辉头村"男尊女卑"的观念,使得结婚娶妻的时候,妻子娘家并没有收夫家的"彩礼钱",而且还根据女方家庭情况陪送嫁妆。夫家日常生产生活遇到困难,妻子娘家给予很多的帮助。笔者采访一位小名叫作"大光"的奶奶,她在 2016 年已经是 88 岁的高寿,耳朵不好,需要大声喊叫才能够听见,其丈夫早年去世了。她介绍说:

> 我娘家是白宋庄村人,离这里有 16 里地。那时候娘家有 20 多亩地,我

---

[1] 李志勋老人的口述内容。
[2] 李志勋老人的口述内容。

嫁到清辉头村，大光他爷爷只有3亩地。粮食不够吃，每年从娘家背粮食到这个家来吃，背篓都背断了好多个。[1]

从以上内容可知，妻子娘家对夫家的支持力度很大，每年都无偿性地送给夫家很多粮食帮助其渡过生活上的难关。按照清辉头村的习俗，传统历史时期过年过节的时候妻子回娘家不带任何礼物，但从娘家回婆家得携带馒头、卷子、糕点等礼物。

（三）"当家子"及其关系

"当家子"在清辉头村是族亲的意思，即同一个血脉源头发展而来的分支。换言之，本家在清辉头被称为"当家子"，也是族人的意思。当家子是家户红白事的主要参与者。

> 结婚来串忙的人包括当家子、一湾的和乡亲们。婚事通知通过写帖给亲戚，一般是当家子去送。当家子送帖，但是要给个话，说小子娶媳妇了。当家子不用送礼，如果新人给当家子上拜，就得拿个拜钱。很少有当家子为了不给拜钱不让上拜的情况。[2]

"当家子"也是家户分家、土地租佃的重要参与者。

> 分家的时候，要请当家子作为见证人。租佃土地的时候，要先把土地租给当家子，当家子不租后，才能租给外人。[3]

> 有地的人要租佃，如果当家子问，就先租给当家子。他不租，就租给别人。原来租地的人也不多，因为租地你得拿钱，不是所有人都有钱。你说我有劳力，想打一个工，没有人用，因为五六十亩地，人家都自个种了，雇人得花钱，都舍不得花钱。[4]

（四）远亲及其关系

传统历史时期，远亲一般是不大走动的亲戚，诸如妻子娘家的家族、母亲去世后的姨表亲、姑姑去世后的姑表亲、舅舅去世后的表亲等。远亲关系是关系较远的血缘

---

[1] 大光奶奶（未能够知道老人的姓名）的口述内容。
[2] 王庚凯老人的口述内容。
[3] 李建文老人的口述内容。
[4] 李建文老人的口述内容。

关系，因为姻亲第三代以后，远亲不大走动。有些远亲在红白事的时候，作为"随礼"关系往来，平时几乎很少走动。

三、拟血缘及其关系

血缘关系是清辉头村在传统社会时期最为牢固的社会关系。有些家户原本没有任何血缘关系，但是建成一个拟血缘的社会关系，诸如干亲、盟兄弟。

（一）"认干娘，活得长"

"认干娘"是结干亲的一种方式。传统历史时期，清辉头村有些家庭只有一个孩子，父母担心养不活，就拜孩子多、比较有"福报"家庭的母亲作为干娘，其目的是"认干娘，活得长"。

> 早先，有人认干爹、干娘，下面就有干兄弟。怎么认呢？为什么认呢？认干娘这个户呢，他就一个孩子，是"剩孩子"，被认干娘这个户必定小子多，认她做干娘，就能够庇佑这个"剩孩子"，孩子就能够长大成人，就是这个意思。[1]

一个孩子的家庭"认干娘"后，能够借助干娘的"福气"庇护"干儿子"，让其健康成长，并且能够长寿。清辉头村的曹连虎老人便是一个"认干娘"的例子，其父亲在1949以前从事革命事业光荣牺牲了，他是烈士遗孤。曹连虎由母亲一手拉扯长大，但母亲担心自己的"独苗"不容易养活，就认了干亲。

> 我们老话说，"认干娘，活得长"，我也有干娘。干娘那边有4个孩子。认干娘的仪式和走亲戚一样，拿点礼物去，这个事情很重要，走动得好的，就像亲娘似的。[2]

"认干娘"需要举办一系列仪式，需要拿着礼物去认。两方如果经常走动的话，干娘和亲娘一个样。干娘一般会在干儿子结婚、生孩子等事务上出大力。

（二）"结拜盟兄弟"

缔结拟血缘关系在长辈方面是"认干爹干娘"，在同辈方面则是"结拜盟兄弟"。盟兄弟虽然是拟血缘关系，但由于有着共同爱好和兴趣，有些盟兄弟关系甚于亲兄弟。

---

[1] 何运章老人的口述内容。
[2] 曹连虎老人的口述内容。

结拜盟兄弟不是两个年轻人的事情,而是两个家庭的事情,需要双方或者多方家庭父母的认可。一旦结为盟兄弟以后,双方家庭就成为"亲戚"关系,任何一方的红白事,对方都要参与。

> 我们这边有结拜兄弟,我们叫作盟兄弟,原来刘备、关羽、张飞就是结拜的盟兄弟。盟兄弟分成两种,一种是生死盟兄弟,一种是一般盟兄弟。结拜盟兄弟的人很多,年轻人关系还不错,就拜盟兄弟,十个八个地拜。早先没有同时拜这么多。盟兄弟的家庭相互往来,红白事都走动。例如大才、栋才是盟兄弟,这些事早了,有点说不清楚。[1]

> 不具有血缘的关系之间,最好的关系是盟兄弟,盟兄弟又分为一般盟兄弟和生死兄弟,称呼相互父母为"叔婶"是一般盟兄弟,也跟着称呼"爹娘"的是生死盟兄弟。生死盟兄弟不多。小孩子们在一起玩得好,受到父母认可定下来盟兄弟的,红白事都互相来往。如果盟兄弟中一方父母去世,其盟兄弟来只随礼不送殡,送殡就是戴上孝帕,这样的兄弟就是一般盟兄弟。生死盟兄弟就是全部参与,和死者的亲生儿子一样。决定做哪一种盟兄弟是拜的时候跟双方父母协商好的。在生活中,盟兄弟比亲兄弟还亲,为什么呢?因为盟兄弟大部分是同岁,志同道合,并且没有经济纠纷。亲兄弟可能年龄相差甚大,还可能在继承上辈财产时发生纠纷。因为原来社会困难,财产和土地都十分稀少,没有了这些财产很难生活,继承越多的财产生活越好,反之则越差,造成了分家时候容易产生纠纷。[2]

第二节 地缘与地缘关系

清辉头村人在固定的区域建造房屋,比邻而居,相距比较近的家户构成"一湾人"的邻居关系。清辉头村比较大,在民国晚期家户达到 500 户左右,在一个村落内构成了乡亲关系。村民之间构成了社会交往圈的熟人关系,当然熟人关系圈还包括村外有社会交集的人群。

---

[1] 李志勋老人的口述内容。
[2] 李志勋老人的口述内容。

一、"一湾人"及关系

"一湾人"是清辉头老人用来称呼邻居的一个称谓。"一湾"是泛指一条街或几条街家户。邻居之间进行红白事、公共事务的协作,并开展日常交往。

(一)"一湾"邻居概况

传统历史时期,清辉头村人将村落按照方位分为东头、南头、西头、北头。基本上,每一"头"的人共享着一个水井,诸如北头的北井,西头的西井。清辉头村将相邻两三条街道内的家户称为"一湾"邻居。一般意义上,"一湾"邻居往往是红白事共同体意义上的邻居。换言之,除了闹冲突外,任何一家的红白事,大家都共同参加。通常来说,清辉头村的邻居多半由本家邻居和异姓亲戚构成。笔者以民国时期清辉头村北头何运章老人为例,他居住在北大街三官庙旁。何运章老人的"一湾"邻居情况如表4-1所示。

表4-1 民国时期北大街"一湾"邻居

户主姓名	户主职业	人口数(人)	土地亩数	与何运章的关系
何运章	种庄稼	3	6.439	本人
何洛波	种庄稼	6	18.358	本家
何根长	种庄稼	7	18.365	本家
刘玉珍	种庄稼	5	13.568	姻亲
郭洛于	种庄稼	7	13.279	姻亲
郭焕章	种庄稼	3	5.566	姻亲
郭际昌	种庄稼	5	15.259	—
郭思明	种庄稼	7	17.75	—
郭老墨	种庄稼	5	20.956	—
何根访	种庄稼	6	14.552	本家

* 此亩数为大亩,每亩土地比当下市亩面积的1.43倍。
** 何运章成家与哥哥分家后的人口数。
资料来源:根据清辉头村委会提供的土改材料整理。

表4-1是何运章老人居住在北大街三官庙"一湾"的邻居情况,其邻居的职业都是农民,基本属于中农家庭。邻居之间的关系要么是本家(包括近亲关系),要么具有姻亲关系,部分家户关系未能知晓。"一湾"邻居基本沿着一两条街道分布,最近的相隔一条夥道,夥道的宽度大约为两米,能通行牲口车。"一湾"邻居的数量从10至30户不等,大部分邻居耕种庄稼,少部分从事生意经营。何运章老人的邻居土地数量较

多，属于中等层次的经济家庭，能够养家糊口。农闲的时候，邻居家庭也会从事一些副业补贴家用。

(二)"一湾"邻居交往

清辉头村人将"一湾"邻居中关系较好的人，称为"知己"。知己在清辉头村民心中占有很重要的地位，是可以相互信任的人。知己之间的交往成邻居交往的重要内容。过完年后，村民要给知己的亲戚拜年。

> 个人给自己的知己拜年，大年初二开始，一直拜到正月十五。旧社会，过年走亲戚就是蒸点包子、卷子，提着给亲戚拜年。走亲戚不一定拿礼物，去给亲戚磕个头就可以了。[1]

知己不是特指朋友，包括邻居中的近亲、姻亲等。知己来往的方式是年后给对方拜年或者磕头。家庭的很多事务诸如分家、纠纷调解，都叫知己的邻居参与。

> 一个家庭和别的家庭有了纠纷，自个调解不了，就找外人了。一般找知己的，谁都有朋友。知己作为中间人，了解两边的情况，说说就和解了。婆媳、妯娌发生了纠纷，调解人一般是知己的、当家人、族人。实在不行就通官，再调解不了就分家。[2]

> 分家的时候，一般得找一个知己的人来当中间人，例如娘舅。娘舅来了后，会先照顾家中老人的利益，议定好赡养的职责，谁该留出一间房来给老人住，每人每月的养老费多少。[3]

> 一个湾的谁家有事，无论是红事还是白事，其他人都会来串忙，不需要叫的人一般是知己的，这就是人情了。你不常去别人家串忙，你有事也是一样，别人也很少来串忙。早先是这种情况，人家有事你不去，你有事人家也不来，这些都是人情。[4]

知己邻居多方面参与家户事务，包括家户内部闹矛盾，知己邻居当劝解人。家户分家的时候，知己邻居当中间人。红白事的时候，甚至其他需要劳动力的时候，邻居

---

[1] 何运章老人的口述内容。
[2] 李建文老人的口述内容。
[3] 李志勋老人的口述内容。
[4] 何运章老人的口述内容。

知己来当串忙人。何运章老人介绍说,"早先那会很少送礼,送礼就是亲戚或者知己的亲戚娶媳妇时,送钱的没有"。[1] 换言之,清辉头村在传统历史时期人情礼不多,但知己都送礼,知己送礼一般是被窝罩面、床单、布匹等,其他邻居随礼凑钱买一张便宜的"竹子瞪"[2]。知己邻居在家户帮忙的时候也特别卖力。

> 村里串忙的人有两种,一种需要上门去邀请;另一种人不需要邀请,自己知道事情后过来串忙,这种人就是知己。串忙多少天?这个要看情况,比如咱俩是知己,我就帮你做完这个活。不是知己的人一般就帮一两天,人家就不来了。知己帮忙是相互的,一般也不太计较。[3]

知己邻居帮忙干活不计报酬,不计较挑理,成为家户建造房屋、红白事的时候串忙最实在的人。知己邻居也是家户借钱的对象,以及家户想向外人借债的时候寻求的保人。李建文老人说:

> 向知己人借钱,借就是要。因为借钱的家庭与知己关系极好,如果没有钱还,或者不及时还,知己都不好上门去催促,本钱都不好要回,更加不计较利息了。但生活中,很多家庭遇到困难了,大部分选择向知己借钱。[4]
> 当保人需要条件,好主才能当保人。当保人有风险,不是知己,不当保人。你当了保人,借方不还钱,就由保人还。[5]

知己邻居成为家户遇到经济困难的重要依靠,要么借钱,要么求其当保人。鉴于此,知己邻居是家户日常生活中十分重要的社会关系之一,是社会交往的重要对象。

(三)"一湾"邻居事务

在清辉头村,称呼邻居范围的"一湾"还有其他名称,如"巷口的""一头的""一片的",都表达的相同的意思。邻居又分为近邻和一般邻居,近邻就是左右挨着的户。一般邻居就是"一湾的",即住在一片的人。"一湾"邻居长期居住在一起,有着共同的事务需要处理,其中又分为私事和公事两种。私事主要是指家庭的红白事,公

---

[1] 何运章老人的口述内容。
[2] "竹子瞪"是清辉头村的方言,"挂画"的意思。
[3] 何运章老人的口述内容。
[4] 李建文老人的口述内容。
[5] 李建文老人的口述内容。

事主要是指公共设施投入等。红白事虽然是家户的私事，但也是"一湾"邻居的共同事务。

> 丧葬并非所有人都来串忙，而是有大概固定人群，原来是同一个"巷口"的，现在称为一湾的人，一头的人。我们这里有管着红白事的监厨人。我们北头这两人，一个是李老庭，一个是李老会。他们已经有威望了，人家一说话就有人办事了，这个干什么，那个干什么。如果一个人威信不咋，就没有人听。老庭和老会管了多少年的事，一湾的事，他们都去。管事的不好做，得有威信。他们都是串忙，免费的，也不是村里雇的，一个湾的事，他们主动过去。[1]
>
> 婚宴有专门的主事人，是这个湾的红白事管事人。俺这一湾的，有一个叫老庭，一个叫老会。他们管理婚事的所有事务，遇事跟主家商量。一般是两个人管一个巷口，或者一个湾，管这个巷口或者这个湾的一至两个管事人一般不管其他巷口或者其他湾的红白事。[2]

在主事者的威望下，各个事务按照惯例进行。串忙的邻居依照惯例到主事手中领取事务。邻居之间在其他私人事务上，诸如串门、串忙、雇工等，也进行相互合作。

> 外人来了后，经过允许可以进入院子。例如生人要水、要馍馍吃、抽烟借个火。职业性乞丐一般不进入别人家院子。巷口（一湾的）熟人，可以在外叫唤后，推门就进来了，主人一般不介意。
>
> 相互串忙是一湾的多，远处的少，因为远处的人，他不知道情况，也没有人情关系。
>
> 请工一般先请近邻，再到邻居，再至一湾（巷口）的，直至一村的，外村的，如果时间上有冲突，再往外扩。如果是不同工种，近邻或者一湾的没有，再请其他片头的，或者外村的。[3]

"一湾"的邻居倾向于在生产生活等事务上相互合作，例如相互串忙，雇工上予以照顾，相互串门不见怪等。"一湾"邻居除了私事，还有共同的公事，主要是公共设施

---

[1] 李志勋老人的口述内容。
[2] 李建文老人的口述内容。
[3] 李建文老人的口述内容。

的投入。传统历史时期清辉头村,"一湾"邻居的公共设施投入主要包括碾子、磨,公共碗筷等。碾子和石磨都是大型生产工具,一般由某个邻居在交通要道处置办,供"一湾"所有乡亲使用,但牲口拉碾、拉磨所拉的粪便归碾和磨的主人所有。

> 每个巷口筹钱买一套碗筷,谁家有事就可以去借。这套碗筷有一个人管着。每一次借,都需要点数,破了需要赔偿。事变以前就有这个。[1]
>
> 村里每个巷口、每个湾都有一个杀猪点,如南头、东头都有,杀猪点配有一口大锅,有一个大板子。主家把猪赶到那里去,那个点的人就帮着杀了,杀猪是免费的,猪毛和猪鬃算是报酬。[2]

"一湾"的邻居通过共同筹资的方式购置公共碗筷,谁家遇到红白事就可以去借用。有人专门看守公共碗筷,借用的人需要给一点看管费用。公共杀猪点则是由私人提供。

二、乡亲交往及关系

传统历史时期,清辉头村人将本村落的所有人都称呼为乡亲。乡亲是家户以及村民个体在生产生活中的重要地缘关系。

(一)乡亲关系概况

传统历史时期,清辉头村有2 700多人,400多户人家,按照居住地域分为东头、南头、西头、北头。村民将居住在清辉头村的人都称呼为乡亲,但实际上很多村民认识的家户多数是"本头"的户,另外加上其他头"打过交道"的家庭。例如何运章老人居住在北头,北头的家户有很多要么是本家,要么是沾亲带故的家庭。整体来说,何运章老人与东西南北头的家户认识情况如表4-2所示。

表4-2 民国时期何运章家户认识"各头"乡亲情况

村落区域	地理距离	认识乡亲家户比例
东头	与何家距离大约为500米	5%
南头	与何家距离大约为400米	20%
西头	与何家距离大约为300米	50%
北头	何家居住的区域	100%

资料来源:根据2016年清辉头村调研材料整理。

---

1 何运章老人的口述内容。
2 李建文老人的口述内容。

从表 4-2 可知，传统历史时期何运章老人居住的村落区域是北头，他家与北头的人属于红白事共同体，世代交往，因而全部熟悉。西头与北头挨得比较近，何运章老人认识西头的一半家户。南头区域的家户临街，何运章家户赶集时与部分南头的人进行交易，认识南头五分之一的家户。北头与东头相距最远，何运章家户与东头的家户平时甚少交往，认识的家户比例最低。

（二）乡亲之间交往

传统历史时期，清辉头村的乡亲们基于共同的地缘关系，在多种事务诸如贺寿、互帮互助、人情往来等方面进行交往。与长江流域的部分乡村相比，清辉头村在交往过程中呈现出"重义气，轻物质"的特点。在长江流域的部分村庄，贺寿一般需要送礼物，清辉头村人虽然也送礼物，但礼物更加偏重于礼节性表达或者真情流露的表达。传统历史时期钱粮困难，乡亲们一般不会为六十大寿、七十大寿的老人祝寿，也即不会发生贺寿方面的交往，虽然人的平均寿命较短，但村庄满 70 岁的老人还是较多的。老人如果满了 80 岁，或者 90 岁，能够得到乡亲们的真心祝贺，无须家户通知，乡亲们会自发地给老人祝寿。

> 老房屋大门口当时有一块匾额，写着"耋寿增辉"，这块匾额是当时乡亲为一位 90 岁老人庆寿所赠。旧社会很少有人能活到 90 岁，乡亲们商量着捐了这么一块匾额。"[1]

并非所有乡亲都去贺寿，而是平时有来往的乡亲才为老人贺寿。乡亲贺寿并非送钱财等贺礼，而是送匾额。匾额后面有很多乡亲的签名，意味着他们都出了一份钱来制作匾额。此外，村民之间的来往都是红白事的人情交往。七七事变以前，清辉头村乡亲们也有红白事送礼情况，但送得少。家户去闺女[2]，乡亲们不用送礼。

> 人情关系在村里十分重要，人情是靠攒下来的，串忙是人情，送礼是关系。乡亲们你给我送，我给你送，就形成关系了。1949 年以前也讲人情，但那时候人们家庭情况都不咋，没有钱，随礼不像现在，谁家有事，买一幅"竹子瞪"（挂画）或者画，贴在那里，上面写着好多人的名，一人拿上一两分钱就可以了。[3]

---

[1] 何运章老人的口述内容。
[2] "去闺女"是嫁女儿的意思。
[3] 曹连虎老人的口述内容。

清辉头村乡亲们的人情通过红白事串忙、送小礼来体现。传统历史时期，人们随礼不是钱粮，而是一幅挂画，而且是由很多乡亲筹钱购置。

> 红事都是送喜帐，就是一块布，写上几十个人的名字，此外还有送"竹子瞪"的。结婚来串忙的人包括当家子、一湾的和乡亲们。串忙的人不用给新人"拜钱（磕头钱）"。亲戚不用给随礼，只给拜礼。乡亲们祝贺你娶媳妇，原来不拿钱，拿个帐子（布料、被面）、"竹子瞪"，写上很多人的名字。原来人们不兴送钱，大家的经济条件都不咋。谁家有红事，就到他家里贺喜去，家里摆着一桌菜，大概有十几个菜。大家贺喜一般是晚上，一块去的就凑份子钱，一人三毛两毛，坐着喝酒，耐喝的人们就喝两三杯，不耐喝的人们就坐一会就走了，因此都是流水席。那时候人们的生活情况相当艰苦，所以红事不吃饭。原来的红事早上就结束了，后来人们条件好点了，才吃中午饭。[1]

清辉头村乡亲们的人情往来，所随的礼不在于礼品的贵重，而是情义的表达。丧葬事务，乡亲们一般要主动去串忙，丧葬家庭因此欠下乡亲的一份人情，遇到相同的事情要去偿还。反之，缺少人情的家庭遇到红白事，则没有乡亲愿意帮忙。乡亲们还在其他事务上相互帮忙，例如理发。

> 村里有一个在街上摆摊理发的人，外村也有到清辉头集市上摆摊剃头发的，但大多数人剃头发是乡亲们互相帮忙。妇女头发长了自己就剪掉了，男的就找乡亲们剪剪。[2]

相互帮忙理发不但增加乡亲来往的频率，也加深了双方的感情。

（三）乡亲公共事务

乡亲是基于一个村落而形成的地缘关系，有着共同利益和公共事务，诸如村庄防御、过年时候挂灯笼和燃放鞭炮、淘井等。在村落防御方面，清辉头村没有防护的城墙，村落防御完全靠乡亲之间的协作。清辉头村是乡村集市所在地，所以村庄也向周边村民开放，但村民聚落的巷道则对生人进行防范。一旦生人进入巷口，周边居住的

---

[1] 何运章老人的口述内容。
[2] 何运章老人的口述内容。

乡亲则会对生人进行审查，直到确认巷道安全才能放心。乡亲们共同生活在清辉头村，在村庄防护方面尽可能相互合作，但这种合作是松散的。何运章老人介绍说：

> 我还小的时候，邻居是一家从事粮食贩卖的家庭，常年贩卖粮食，远近闻名。有一年土匪来抢劫邻居，父亲听到了动静，想去帮忙，但遭到站在高处的土匪警告，不敢去帮忙。另一次，土匪抢劫了大户严大川家，运着粮食从村中经过，一边走一边喊着"乡亲们，谁都不能动"，一边走一边放枪，乡亲们也不敢去帮忙。[1]

以上事例说明，乡亲们在共同防护上有合作的意愿，但没有专门的组织，一旦遭到土匪威胁，这种村庄防护合作就终止了。

三、熟人交往及关系

传统历史时期，清辉头村的社会流动性并不强，因此往往以清辉头村落及周边村落作为熟人的地理范畴。熟人不但包括本村庄的人，也包括其他村庄的人。熟人也是传统历史时期清辉头村的重要社会关系。

（一）熟人关系概况

清辉头村有俗话"一回生，两回熟，三回相交是朋友"，总结了人们交往的情况。熟人是相互认识，但并没有相互往来，特别是在红白事上相互来往的人。

> 红白事不一定要请熟人，请的人一般是朋友。有些熟人不是本村的，红白事不请，如果交往多了，变成朋友了，则可能请，或者对方主动来。熟人之间第一次参加红白事，一般是主动去，以后就相互往来，可以互请了。互请就是朋友了。即使是朋友之间，红白事一般也不下帖子。下帖，就是亲戚了。你帮了多大的忙，使了多大力气，我心里都记着的，等到你家有事的时候，我也对等地付出来回报你。成了朋友之后，虽然不下帖，但是可以相互口头通知。[2]

熟人属于点头之交，"打招呼"的交往关系。家户办理红白事一般不邀请熟人参加，但是有些熟人会觉得双方的关系可以进一步发展，则会主动参加红白事，如此你

---

[1] 何运章老人的口述内容。
[2] 李志勋老人的口述内容。

来我往，便成了知己关系了。

（二）熟人关系交往

传统历史时期清辉头村的熟人如果平时没有特定事务，基本不相互往来，但遇到特定的事情则相互帮助。民国时期，有"三抽一、五抽二"的征兵制度。何运章老人刚好有三兄弟，当其满18岁的时候被要求去当兵，但连年的战争使得村民并不愿意当兵。他讲述了自己在征兵过程中受到其他村庄熟人帮助的经历。

> 有一年招兵，我刚好到了年龄，村里有6个和我一起当兵的小伙子，村里套马车送我们去城里，城里不收，又送我们去城里东边的一个郎坞村。那里收兵，我们在那里呆了一宿，第二天验兵。验兵队伍里，有一个我的熟人，康庄人，我跟他搞了点关系，验兵的时候把我验回来了。征兵指挥部开了一个条，写着姓名，说这个人不够条件参军，将该人退回。我拿文书去找区长，区长看到文书了，我才没事了。"[1]

熟人在办事过程中能够相互关照。孟子阳是民国时期清辉头乡最后一届乡长，他也利用深县城里的熟人关系，为村民办事。

> 我记事时候的村庄管事的是李老正，事变以后是孟子阳，那时候我们称他为"乡长"。孟子阳上过学校，熟人多，日本人抓人后，他去和城里的绅士说，人就放出来了，但得拿谷子钱。

日本人将村民抓走后，孟子阳利用自己与城里绅士们的熟人关系，将被抓的村民放回来，村民只要出一些谷子钱就了事。从这个方面来说，熟人成为乡长为村民办事的一个主要关系资源。在村庄熟人交往的过程中，家庭院落是每一个家户的私人空间，是与社会相隔离的私人领地。一般情况下，生人不经过主人允许，不能进入别人的院子。但熟人则不同，熟人在门口直呼主人的姓名，不经过允许就可以推门而入，主人一般不介意。说明熟人之间大多数是相互信任的，在安全方面没有太多的防备心理。

---

[1] 何运章老人的口述内容。

第三节 业缘与业缘关系

业缘关系是传统历史时期清辉头村的人们在从业、买卖、授业等过程中形成的社会关系。清辉头村属于华北干旱地区，其业缘关系主要表现为庙会业缘关系、师徒业缘关系、副业业缘关系。

一、庙会业缘关系

传统历史时期，清辉头村的三月大庙会是信缘关系与业缘关系的高度重叠。庙会是每年大型的乡村集贸交易，来自各村庄甚至各地区的人们从事交易，形成了集贸交易的业缘关系。

（一）庙会大集贸概况

传统历史时期，华北平原的气候比较干旱，每年农历四月雨水充足以后，村民才敢在土地上从事耕作。清辉头三月庙会的时间是每年阴历三月十五至二十，共五天时间，是村民为即将开始的春耕进行各种采购的黄金时间。虽然清辉头村也是一个四九日的大集，但三月大庙会期间的大集贸规模远大于平日的集市规模。周围附近几十里的村子，以及安平县、束鹿县、武强县、武邑县等周边县的部分村庄也参加三月庙会，出现了人口聚集的大盛况，有"一京二卫三清辉头"的俗语。很少出远门的人们赶庙会来到清辉头，看见摊位众多，人山人海，在他们的印象中除了北京城、天津卫之外，清辉头村庙会聚集的人口能够排第三。

其他县以及周边村庄的人们参加庙会，行着祭祀神灵的名义，进行农贸交易和利益交换。"因利而聚"成为清辉头村三月庙会大繁荣的重要原因，也是业缘关系的体现。清辉头村三月份的大集贸，销售商品琳琅满目，但其中以农具和牲口为主。商贩将各种大型生产农具诸如犁、耙、耧、砘、盖、碾、磨、风车、碌碡等和各种各样的小型生产农具诸如锄头、平耙、镐子、镰刀、宰刀等拿到庙会大集贸上贩卖。清辉头村平时集市没有的牲口市也临时开市，提供牲口的买卖。三月庙会因为参加的地区和村庄较为广泛，因此产品也更加丰富，一些平时清辉头村村民没有见到、没有用过的农具、农产品也出现在庙会集贸上，大大丰富了集贸产品。

（二）大集贸组织及关系

传统历史时期，清辉头村一年一次的庙会大集贸虽然是按照惯例进行，但是有专门的机构进行组织，这个机构的名称为义和花会。义和花会实际上是一个民间文艺爱好组织，由愿意学习戏曲、表演的村民组成。这个组织机构在清辉头的历史较为久远，清朝中期就已经存在，由会头、副会头、各个文艺项目的骨干等构成，人数少则七八十人，多则一两百人。传统历史时期，清辉头乡公所村公所，根本无力承担三月庙会的组织活动。义和花会虽然是一个民间组织，但具备一些自治的雏形，不但筹备五天的庙会舞台节目表演，而且还负责组织庙会大集贸的秩序。

> 李老正是义和花会的头。义和花会是清辉头村最大的组织，李老正大约四五十岁，家里有几十亩地。他读过书，村里的习俗都懂，是人们询问婚丧嫁娶礼仪等事情经常找的人。李老正当义和花会的会头十几年，因为李氏是清辉头村最大的富户家庭，对义和花会的支助力度很大，不但提供供给义和花会训练戏剧节目的场所，也提供资金支持。李老正当会头，没有工钱，但有极高的社会声望。[1]

义和花会每年冬天农闲的时候开始组织庙会的舞台表演，他们在清辉头村首户李亚农提供的场地中进行各种排练。

> 清辉头每年三月庙会都是由民间组织义和花会组织的，庙会上的两台戏和跑马戏也是义和花会筹备排练的，唱的戏多为河北梆子、老调、京剧、评戏等。[2]

庙会戏剧是清辉头村三月庙会的必备内容，每年农历三月十六日表演至二十日，节目众多，事务繁杂。义和花会从冬天一直至次年三月上旬，一直在排练各种节目。各个成员都是凭着兴趣爱好和热情排练戏剧，没有任何报酬。庙会大集贸开始之前，义和花会还会向各家户敛钱，以便于香火、各种事务的花费。义和花会还在集市上划分集贸分市场，管理摊位组织，组织村民维持集贸的日常秩序。当然，义和花会向大集贸的每一个摊位收取少量的管理费，以维持组织的基本运行。

（三）大集贸交易及关系

传统历史时期，清辉头村庙会大集贸的业缘关系主要体现在农产品、农具的交易方面。清辉头村的庙会集贸规模极大，以至于方圆几十里村庄的人们都来参加庙会大集贸买卖。李建文老人介绍说："那时候人多啊，多远的人都来赶庙，摆摊做买卖，人

---

[1] 李建文老人的口述内容。
[2] 杨占恒老人的口述内容。

很多"[1]。凡是外来清辉头村摆摊的商贩、家户个体无须得到义和花会的允许，根据先到先得的原则摆摊，后来者没有摊点只能在外围摆摊。清辉头村义和花会组织有权利划分集市的分市场片区，例如街道的一段范围是生产工具市，另一段则是布摊市等，外来的商贩需要服从集市的管理安排，并且缴纳地摊管理费。人们在大集贸市场可以自由地交易，不存在特定的买家一定要购置特定卖家的产品。

> 你可以到任何一家货摊购买东西，并不一定要到某家买，原来不兴这种。买卖东西可以讨价还价，因为买卖的人多，你不在这家买，可以到下一家去买，这个是自由的。在街上，如果跟熟人买，价格也不能便宜多少，但关系好的熟人一般会多给一些。如果卖家是本村的熟人，关系好可以赊账。[2]

义和花会在集贸市场上只负责维持基本的市场秩序，不对货物价格等进行干预。根据李建文老人的介绍，七七事变以前部分货物的价格几十年不变，直到后来"闹票色"，即使用纸币以后，价格才波动严重，甚至后来人们直接使用粮食进行交易了。

二、师徒业缘关系

传统历史时期，师徒关系实际上是业缘关系。学徒因为想学手艺获得更高的工钱而拜师学艺。师傅想获得免费劳动力而接收学徒。学徒与师傅两者都能够各取所需，建立学徒期间的授业关系以及学满之后的从业关系。

（一）师徒业缘概况

传统历史时期，师徒关系是建立在手艺行业基础之上，特别是带有谋生和经营性质的行业。师徒关系的建立，需要一定的条件。从学徒自身条件来说，他的家庭必须具备人均两亩地以上，生产经营所得能够养家糊口。

> 无论是学手艺还是学买卖，都要家里劳动力多，能抽出一个人来学。一般来说，家庭经济差，没有收入保障的，劳动力需要去扛长活养家。[3]

换言之，学徒没有养家糊口的重担，可以从家庭劳动力需求中解放出来。行业师傅在从业过程中没有人打下手，或者比较忙，需要人手。学徒想拜师学艺，也并非直

---

[1] 李建文老人的口述内容。
[2] 杨栋才老人的口述内容。
[3] 李建文老人的口述内容。

接找上门，需要中人的介绍。多数是家庭安排，由当家人寻找中人向行业师傅"说说情"。如果没有中人（兼保人）的介绍，师傅一般不愿意轻易接收学徒。传统历史时期，清辉头村人拜师学艺的行业主要如表4-3所示。

表4-3 1949年以前清辉头村人师徒关系行业情况

分 类	学徒学习手艺内容	学徒待遇
木 工	木工分为多个系列，行业师傅往往只懂得本系列的活，例如车匠只传授制造牲口的木匠技艺	学习三年，不交学费，两年无工钱，第三年有一半工钱
泥水工	泥水工工作内容较为单一，行业师傅教授学徒农村建房所需的泥水技艺	不缴学费，无工钱
买卖行业	学徒跟着师傅学习如何买布、买衣裳、买粮食等各种买卖技艺	不缴学费，无工钱
中药铺	学徒学习如何辨认药材，了解药性，学习抓药技术	不缴学费，无工钱
裁 缝	学徒学习如何裁剪布匹，修编，量尺寸，做衣裳，特别是新样式的衣裳	不缴学费，无工钱
染布行	学徒学习制作燃料，颜料兑水，以及染布的程序与技艺	不缴学费，无工钱
榨油坊	学徒学习如何压榨花生油	不缴学费，无工钱
会 计	学徒学习如何制作账簿、记账和管账	不缴学费，无工钱

资料来源： 根据2016年清辉头村调研材料整理。

如表4-3所示，传统历史时期清辉头村的人们主要在木工、泥水工、买卖、中药铺、裁缝、染布行、榨油坊、会计等行业形成师徒业缘关系。

> 学徒是手艺行业的事。木匠、水泥匠、裁缝，在这些行业学习的人叫作学徒。买卖这个行业不是手艺，例如卖布、卖衣裳，你这学习叫作学买卖。学徒需要学三年。学买卖也要学三年。学买卖不容易，得学会怎么说，怎么卖。掌柜瞅着你，你要交易量多能帮掌柜赚到钱才行。[1]

学徒学习期间为三年，基本是包伙食，包住宿。师傅不收取学费，也不给学徒发放工钱。但木匠学徒在学习的第三年一般可得工钱。

---

[1] 何运章老人的口述内容。

（二）师徒授业关系

行业师傅或者店铺掌柜接收学徒之后，第一年基本上是让学徒打杂，哪里需要忙活就让学徒去干，甚少传授知识，美其名曰"磨性子"，如果学徒觉得没意思，放弃了学徒生涯，则第一年什么都没有学到。从第二年开始，行业师傅或者掌柜开始传授学徒手艺活，很多手艺活基本一年就能够传授完毕，但师傅往往不会这么做，最关键的手艺活要第三年才开始传授。

> 学徒不用给钱，但师傅白使唤你三年。师父不是很快就教给你，怕你学会了，跑了不给干活，都是一点一点地教给你，一般是最后一年才全部交给你，让你出徒。[1]

师傅一点点将手艺活传授给学徒，学徒把每一项手艺活练习熟络以后，师傅才传授下下一项技艺。传统历史时期，多数手艺师傅都是从当学徒开始。

> 村里年轻人学木匠，一个月能挣五六块、七八块。那个年代，学手艺赚不了什么大钱，就能够赚家里吃的，例如卖卷子，基本上卖一斤面粉就赚一两面粉回来，刚好能够养家。好多医生都是在药铺里当学徒抓药，时间久了就记住了药的性质和剂量，久而久之就成了医生了。学徒一般是年轻的、脑子好使的。

学了手艺也不能大富大贵，但与普通雇工相比，做工的机会要多一些，工钱也略微高一些，最起码能够"赚家里吃的"。学徒一般是年轻人，因为他们"脑子好使"，学得快。学徒一般与"扛长活"的上工时间差不多，年后正月十五去，腊月十八以后可以回家过春节。学徒过完年后一般要携带一些礼品给师傅拜年，其目的是让师傅能用心地传授手艺。有些行业诸如木匠涉及的类别过多，学徒即使拜师学艺只能学习其中一个类别，例如雕工匠、家具匠、车匠等。

> 木匠可以分为精细木匠、嫁妆木匠和大车库木匠等众多种类。木匠也是一门技艺活，手艺在一个家庭内代代相传，也可以向外人收徒传授。木匠根据自己所会的工类做活，例如大车库木匠主要给人制作耕牛车，主要工具是

---

[1] 李建文老人的口述内容。

斧子和锤子，精细木匠主要是给家具和房屋木板雕花，嫁妆木匠主要是制作家具。[1]

（三）师徒从业关系

学徒三年从业期满后，正式"出徒"了，可以独立从业。但通常情况下，即使学徒期满仍然名声不显，找不到雇主。多数情况下，木匠、泥水匠等行业的徒弟仍然要依靠师傅提携才能够有工做。雇请手艺人的家庭一般给师傅的是大工的工钱，给徒弟是小工的工钱。

> 过去，户里盖房子的时候，需要请木匠、泥水匠。无论哪一个工种，一般有师傅带着两三个徒弟过来做。如果没有徒弟帮衬，师傅什么工都要亲力亲为，速度就慢了。有时候师傅需要人配合，但又不好喊雇主配合，使唤自己的徒弟更为方便。[2]

行业徒弟是师傅一手带出来的，徒弟出徒了也特别尊重师傅，在从业过程中配合相对默契。行业师傅平均工钱大约每个月6块大洋，但徒弟的工钱只有3块或4块大洋。徒弟一般与师傅保持着密切的关系，过年过节经常走动。很多徒弟在跟着行业师傅从业的过程中，逐渐积累名声，最终可以独立从业。

三、副业业缘关系

传统历史时期华北平原较为干旱，且入秋后较为寒冷，一年只有5个月的耕作期，农民有六七个月的空闲时间。多数村民不愿意浪费这段时间，从事着一些副业赚取收入来补贴家用。副业包括木工、泥水工、裁缝、买卖行当、加工行当、拉脚（运输）行当等。副业可以分为个人从业或者几个人搭伙从业两种。个人从业即村民在集市提供技艺服务或者货物交易。

> 1949年以前，有人在街上吆喝，"磨刀子，戗剪子"。这些一般是本地人。那会赚得很少，就挣个一分两分钱。磨刀、戗剪是副业，农忙时候他们都干农活去了，冬天没事或者地头忙完了，才出来。[3]

---

[1] 李志勋老人的口述内容。
[2] 李志勋老人的口述内容。
[3] 李建文老人的口述内容。

村民在农闲的时候在集市上提供"磨刀子，戗剪子"的服务，甚至走乡串巷，不是义务服务，而是为了挣个"三瓜两枣"的小钱，实际上是与服务对象建立了业缘关系。有些村民农闲时期从事副业则是搭伙进行，即几个人合作从事买卖等。

那时候，农民一到冬天、春天，地里粮食收完了，家中无事，有牲口有车的人出去拉脚，按照现代话说就是搞运输，赚一点生活费。俺村有三人在一年冬天出去拉脚，拉了三车零件，说好了运费。这三个庄稼人拉着东西就走了，路程180里地，套着牛车走了好多天才走到。他们走到石家庄后，碰见"绷子手"[1]了，绷子手一看他们是从农村来的。有那么俩人，对一个人说"伙计，去看看是咱们的货不？"这个伙计模样的人就过去问了，先问是哪里的，拉脚的庄稼人说是深县的，那人又问拉的什么，庄稼人老实，就如实回答了。那俩绷子手说，"对了，伙计，这就是咱的货"，"走吧，跟俺走吧"。两绷子手就领着三人走进了他们的地，付了运费，卸了货。三个庄稼人又不懂行情，领了运费在石家庄呆了一天，就回家里来了。回来时间不久，县政府就派人把三人传到城里去了，询问三人把东西拉到哪里去了，三个人如实回答。这才发现遇见绷子手了，不是收货的本主。人家把他们告了，要他们三人赔钱，庄稼人哪里有钱赔偿人家啊，就在县里坐监，现在话叫坐牢。[2]

根据以上所述，民国时期清辉头村的三人在农闲时搞副业，从事拉脚运输，但对拉脚行业不熟悉而被"绷子手"骗，因而陷入牢狱之灾。国家将对业缘关系中的违规者进行惩处。

第四节　信缘与信缘关系

信缘关系与信仰关系不同，信仰关系强调人与神的关系，信缘关系则强调人与人的关系。人们在信仰神灵的过程中形成了什么样的社会运行机制或者社会关系，特别是信缘主体之间如何行动，是否存在共同行动，以及信缘圈的范围多广，如何组织是本节要考察的内容。本节分为村落信缘基本概况，村落信缘主体及关系，信缘圈活动及其关系三个方面的内容。

---

1 "绷子手"是骗子的意思。
2 何运章老人的口述内容。

一、信缘活动基本概况

传统历史时期，清辉头村从来没有出现单一神灵的信仰情况，村民基本上是多神信仰，信仰的神灵包括家神[1]、祖先、尧舜禹、土地神、药王爷、送子老母等。村落的家户根据所信仰的神灵开展各种信缘活动，如表4-4所示。

表4-4 民国时期清辉头村信缘活动内容

信仰的神及寺庙	信缘活动时间及内容
农神	人们认为有一个管农业的神，男劳力每年正月十五用"崩盾"的形式祭拜农神
家神	过年过节祭拜家神，包括财神、药王、观音、灶神等
祖先	家族每年正月初一、清明节、十月初一祭拜祖先，在祖先的忌日也要祭拜一次
三官庙	家户正月初一至十五祭拜三官庙
土地庙	家户中有人病逝的时候，家人祭拜土地庙
药王庙	每年三月十六至二十日进行祭拜
老母庙	每年三月十六至二十日进行祭拜
大寺（兴隆寺）	村民参加祭拜。寺庙晚清时期被战争所毁
关帝庙	村民过年过节以及关羽诞辰时候进行祭拜
真武庙	村民过年过节以及真武大帝诞辰的时候进行祭拜
双庙	民国时期已经破败，祭祀情况不详

资料来源：笔者2016下半年在清辉头村的村庄调查。

表4-4体现了清辉头村信缘活动的基本概况，村民是多神信仰，在不同时间段祭祀不同神灵，甚至祭祀的主体与形式也不同。村落根据信仰对象的不同，形成了不同信缘活动。在人们的信缘活动中，有些祭祀活动以家族进行组织，有些是当家人在家中祭祀，有些祭祀活动则是义和花会进行组织，有些祭祀活动是自发进行。

二、村落信缘主体及关系

传统历史时期，村落信缘主体是普通村民，通常情况下男女老幼都可以是信缘主体，但是从信缘活动的参加人数来看，可以分为单信缘主体活动或多信缘主体活动。

（一）单信缘主体活动及关系

清辉头村的有些信缘活动只能一个人参加，或者可以一个人参加。只能一个人参加的信缘活动是祭祀农神。每年正月二十五日，村民需要在这一天向农神祈祷一年的丰收。在家庭中，只有主要劳动力才能够祭祀农神，通常情况下是男当家人。传统历

---

[1] 传统历史时期，清辉头村信仰的家神不包括祖先在内。

史时期，村民祭祀农神以炮仗"崩盾"的形式进行。

> 正月二十五是一个节，这个节叫崩盾节，从正月十六到二十五这段时间，天还冷，地还没有化冻。过了二十五，就可以正式干农活了，崩盾这个节日，以男劳动力为主，在出太阳前起床，用锅底的黑灰在院子画五个盾，一个是画钱，其他是今年想种的粮食谷种，放炮仗崩开盾，寓意着今年日子过得越来越好，五谷丰登。[1]

"崩盾"作为祭祀农神的仪式，通常由男劳力兼当家人独自进行。这个祭祀活动从正月十六到二十五在自家的大院举行，信缘主体需要选择在凌晨天还未亮的时候，用平时烧饭菜的锅底黑灰在院子里画五个盾，一个钱币的样子，将今年要种植的谷种放入五个画盾中，最后用炮仗在画的盾上燃放，也即"崩盾"，寓意着炸开阻碍，迎来五谷丰登。

除了祭祀农神的"崩盾"仪式由一个人参加以外，还有些信缘活动也由一个人参加，例如祭祀土地庙、祭祀家神。土地庙又叫地王庙、阎王庙。在人们的观念中，土地庙掌管着死者的亡魂，因此只有家里有人过世的时候，人们才会去祭拜土地庙。

> 村里就有一个土地庙，人们平时不拜，就是死了人，人们才去那里烧香烧纸去，去土地庙里领魂。[2]

> 人死了后，他的家人提着壶子一天的早、中、晚要去土地庙浇姜水，"文革"时候，土地庙拆了。三官庙也是"文革"时候拆了，里面的三座神像也拆了。[3]

祭祀是传统华北乡村家庭的重要事务，通常由当家人操持。当家人不方便的情况下，才由其他家庭成员代劳。

（二）多信缘主体活动及关系

传统历史时期，清辉头村的多数信缘活动都是多信缘主体参加，诸如祭拜祖坟、三官庙、关帝庙、真武庙、老母庙、药王庙。在各种信缘活动中，清辉头村在祭拜祖坟的时候，其组织性最强。祭拜祖坟从来不是一家一户去上坟，而按照传统管理，如

---

[1] 李志勋老人的口述内容。
[2] 王庚凯老人的口述内容。
[3] 何运章老人的口述内容。

大年初一上坟，每家每户"找头"完了以后，兄弟集中大哥家，大哥率队集中到大伯家，再由大伯率队集中到族长家，共同上坟，其信缘主体组织如下图4-1所示。

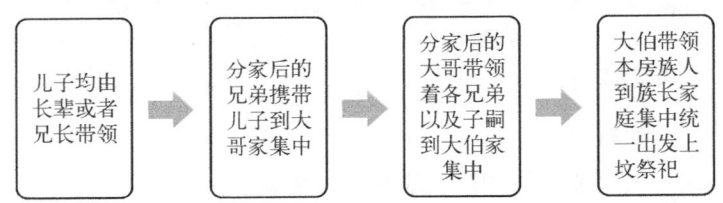

图4-1 传统历史时期清辉村正月初一上坟的信缘主体组织秩序

清辉头的多信缘主体参加的部分信缘活动组织性较强，按照户、房、族的血缘秩序进行组织。但庙宇信缘活动的组织性则较弱，三官庙、关帝庙、真武庙、老母庙、药王庙过节过年的祭祀，并不严格按照固定的秩序，人们进行信缘活动相对松散自由。家户作为信缘主体并非参加所有庙宇的信缘活动。以何运章老人家庭为例，他家居住在北头，与三官庙相距不足100米，距离药王庙、老母庙也比较近，相距不足200米，因此何运章老人的家庭在过年过节的时候一般只去三官庙、药王庙、老母庙，而甚少参加分布在东头的关帝庙（相距500米以外）、南头的真武庙（相距500米左右）、西头的双庙的信缘活动。

> 大部分人不去三官庙、药王庙烧纸，信神的人才去烧。当时三官庙的神像是三石头人，那个袖子垂下，穿着龙袍，跟真人一样。我小时候，经常去哪里玩，"文化大革命"破四旧，神像被推了，没了脑袋。信仰大的人每年会去，大部分不会去。七七事变以前，信神的人多，大部分人烧香拜佛。[1]

何运章老人说"信仰大"的人才去烧香拜神，实际上是有所需要的人去烧香拜神，拜神基本是从功利出发，例如生病的家庭会去祭拜药王庙，渴望子嗣的家庭会去祭拜老母庙，而祈求村落或者家庭在新的一年中风调雨顺会去祭拜三官庙。村民平时不祭拜庙宇神，只有在过年过节或者庙会的时候祭拜。多数庙宇平常的时间都是大门紧锁，不让人出入，以免露宿在外的乞丐或者为非作歹的人进行人为破坏。村民祭祀庙宇神灵所携带的祭品主要有馂馂、猪肉或者鸡肉、姜汁、纸钱、香等物品，基本上是家庭从集市上采购，一般不是临时购买。祭拜庙宇的人有男性，也有女性，对性别没有严格的限制，例如祭拜老母庙的多为求子的女性。多信缘主体信缘活动主要表现为两种，其一是多人参与不具有组织性，其二是人们自发结伴同行参与信缘活动，例如何运章

---

[1] 何运章老人的口述内容。

母亲邀请婶婶、周围邻居一起祭拜药王庙等。但传统历史时期，清辉头村村民的社会关系较少受到信缘关系的影响，换言之，家户之间并非因为都信仰药王爷而变得关系亲密。

三、庙会信缘活动及关系

传统历史时期，清辉头村每年农历三月份有一场大型庙会远近闻名。这场大型庙会是信缘活动，兼有集贸业缘活动以及庙戏娱乐活动。

（一）庙会信缘圈及关系

传统历史时期，清辉头村以老母庙（又名奶奶庙）、药王庙、三官庙为载体，兴办每年农历三月十六日至二十日为期五天的大型庙会，吸引了方圆50里左右的县城、村庄的众多信众参加，以至于清辉头村在庙会期间人山人海，香火兴旺。清辉头村信缘圈的范围如表4-5所示。

表4-5　民国时期清辉头村信缘圈范围

信缘圈范围主要地名	大致范围及村庄
深县	清辉头村所在县，以清辉头村为中心的30里范围内，多数村庄都有家户参与清辉头村的三月庙会，其中东安庄、西安庄、白家庄、徐家佐、枣科村、石槽魏、小魏、大魏、槐家洼、西阳台、东阳台、西庄、西康庄、小康庄、西辛庄、小寺家庄、大寺家庄、柳庄、吴家庄等村庄村民参加庙会的家户比例最高
束鹿县（今辛集市）	与清辉头村相距20里左右，来参加清辉头村庙会的村民有马乡、散思台、张家庄、双丘、贾辛庄、南周家庄、北周家庄、东理顺井、西理顺井、豆家庄、石槽李家庄、高家庄、大士庄、通士营、小士庄、双柳树、红旗营等村庄村民
安平县	距离清辉头有50里地，来参加清辉头村庙会的有东河疃、前赵疃、后赵疃、谷家佐、宅后寺、伍新村、庄火头、谢町、角北、角南、中角、李庄、后辛庄、前辛庄、南王宋、杏贡、野营、周大转、闫大转、李大转、西大转等村庄村民

资料来源：笔者2016下半年在清辉头村的村庄调查。

外村的信众到清辉头村参加三月庙会一般是赶着马车来，只有少部分周围村庄的人步行赶庙会。外村的信众由于路途遥远，担心路上有意外，多数情况是结伴而行，少则有五六人同行，多则十几个人同行。

> 烧香的，做买卖的，人很多。外面的人，到这天就来"叩棚"（搭棚）占地方，做生意。[1]

---

[1] 王庚凯老人的口述内容。

（二）庙会信缘活动及关系

传统历史时期，清辉头村三月份的庙会信缘活动，主要表现在祭祀神灵。老母庙和药王庙是最受欢迎的寺庙，信缘主体在老母庙进行求子，在药王庙虔诚祈求家人的病能够治愈。以药王庙为例，信缘主体参与的信缘活动主要分为三个内容，其一是烧香，其二是挂袍，其三是撂钱。

> 每年农历三月十五到二十是庙会，共五天，有两台戏，经管庙会的人叫会头。村里有名誉、有威信的人才能当会头。他不但要在村里搭起戏台，而且要派人到外村去请戏。三月十五所有准备工作都做好，三月十六开戏。我们小时候就在药王庙边上跑着玩，药王庙有三间，有几座神像。屋里到处都是烟，人们根本呆不了。还愿的人们买了布、红绸子给药王爷挂袍。药王爷一身挂了很多袍，等他们走了，管庙的人就把袍子取下来，撂在卖袍子的地方，再卖一次。很多信众烧香后往箱子里面撂香钱，如果是银元，就直接给账房。账房写下姓名和钱数。俺叔就在庙里帮着写账。每天下来，都要结算香钱，25个铜子为一吊，8吊为一块。还愿都是当家人。庙里烧香的女性较多，男的也有，毕竟是少数。[1]

清辉头村庙会在传统社会时期非常隆重。香燃烧成灰，三天后地上都还滚烫，足以可见当时庙会的兴盛。挂袍也是一种信仰方式，信缘主体在还愿的时候给药王爷挂红袍，层层叠叠。虔诚的信缘主体还给药王庙撂钱（捐钱）。

第五节 交往与交往关系

社会交往是传统历史时期清辉头村家户经营的重要内容。家户虽然是传统清辉头村独立生产经营的基本单位，但是一个家庭的力量过于弱小，需要与其他家户、社会组织建立良好的社会关系，以解决家户经营可能遇到的难题。清辉头村的社会交往主要分为亲戚交往、邻居交往、朋友交往，以及在交往过程中形成的社会关系。

一、亲戚交往及关系

亲戚关系无疑是除了近亲以外最为重要的社会关系。家户在与亲戚的社会交往过

---

[1] 何运章老人的口述内容。

程中,拉进了感情距离,为困难时期的相互帮助奠定了基础。

（一）亲戚等级关系

家户按照重要程度将亲戚分为等级,以核心家庭的当家人角度来说,亲戚的最高等级是女婿,第二等级是大小舅子、舅舅、姑父、姨丈等当家人同辈及父辈的姻亲,第三个等级是远亲、朋友,如图4-2所示。

图4-2 家户观念中的亲戚等级关系

> 女婿是高客。舅舅虽然辈分高,但待客的时候舅舅没有享受高客的待遇。舅舅、姑丈、姨丈都是一般的客人。经常来的客人,串门的人和沾亲的人,来了有点事就走的人,这样的人就算低等级了。串门的不是知己。朋友如果多年不见了,来走访,待起来就热情些。[1]

传统社会男尊女卑,老丈人将女婿奉为"高客",其主要目的是女儿能有一个好的家庭环境,不被粗暴对待。舅舅是名义上的贵客,但家户的招待级别达不到女婿的标准。远亲来串门,家户通常不招待,他们属于"来了有点事就走"的人。

（二）招待亲戚及关系

家户招待亲戚的方式分为两种:其一是主动招待,其二是被动招待。何运章老人在民国时期的家庭是一个中等经济的家庭,平时耕种的粮食基本能够满足家庭消费,但多数情况下家人吃都是粗粮。家户拥有一两百斤的细面,基本用于招待来往的亲戚。在主动招待方面,家户在过节的时候,派一位儿子赶着牲口车到女婿家接女儿、外孙和女婿一起来过节。

> 大哥大我12岁,但身子骨弱。我年龄小,因此俺爹都是派二哥去接我姐姐们来过节。在我们这里,头伏、端午、中秋都是吃节,家里派牛车去接姐姐们,后来我长大了就由我去。[2]

头伏、端午、中秋是传统历史时期清辉头村的吃节,家户主动派牲口车接女儿一

---

[1] 何运章老人的口述内容。
[2] 何运章老人的口述内容。

家回家过节。招待亲戚的另一种方式是被动招待,即亲戚自己来走亲。何运章老人介绍说,"年后,女儿女婿以及外甥等人要来拜年,平时有事他们也来。只要是亲戚来了,家里就得招待"[1]。

旧社会,吃饭就是饽饽加平常咸菜。地里种植萝卜和芥菜,立冬以后就把这些弄到家里来,剃了叶,切成丝,晒干了,等到正月的时候,就把萝卜丝和芥菜撒上盐,把它腌制成红咸菜。每到吃饭的时候,就把咸菜取出来,放在碗里,就这样吃。那时候还把葱叶、萝卜秸弄了。家里妇女们不上地,在家里把葱叶切了,撒上盐,放在瓮里腌着,这就是一冬天的菜。[2]

一个中等家户平时的饭菜,基本上是饽饽和咸菜。咸菜还需要经过多道程序制作而成,放在坛子里腌制,吃饭的时候取出一小点来。好的粮食留着招待亲戚和朋友。

家里的粮食,粗粮有一些,但没有细粮。种一亩麦子才打四五十斤粮食,都不敢用来吃,得留着招待高客。只有到过年的时候,起五更,才能吃顿白面饺子。小时候吃白面不多,平时尽吃杂面,黄豆、绿豆磨下来就是杂面,还有高粱面,这个叫熟面,吃这个熟面饺子。俺这户是奶奶掌握着,来了高客,弄上一锅盖板(盖锅的锅盖)白面给女婿吃。高粱米磨成面,这个就是家里人吃。[3]

有条件的人养着鸡,鸡下着鸡蛋。如果家里来了高客,想买咸菜都还没有买处。俺家是一个中农户,有一个姑、三个姐姐。俺爹招待女婿这些高客,就用韭菜花、豆豉、腌鸡蛋和腌制的蒜。那时候困难,没有条件,没有肉。[4]

原来村里没有酿酒人。农村人很少弄到酒,一年用不到一回,只有高客来了,才喝点酒。就我这个户来说,快过年的时候,有几个姑来拜年。家里要待高客,就搞点酒。那时候,人们喝酒也不多。[5]

在清辉头村的主食等级中,细面的等级最高,其次才是谷子(小米),再次才是高

---

[1] 何运章老人的口述内容。
[2] 何运章老人的口述内容。
[3] 何运章老人的口述内容。
[4] 何运章老人的口述内容。
[5] 何运章老人的口述内容。

梁、棒子（玉米）。家户平时甚至连高粱、棒子等粗粮都没有，要吃高粱棒子与大豆面磨成的杂面。那个年代很少有肉，鸡蛋炒韭菜花、腌鸡蛋、豆豉等都是招待客人较好的菜品。酒在传统历史时期的清辉头村，更是稀有，一年喝不到一回，只有女婿等高客来的时候，才购置一些衡水老白干。传统历史时期，清辉头村的家户不但用好酒好菜好粮食招待女儿女婿，而且女儿回夫家的时候，家户还要准备礼物相送。

> 俺家零用开支多，兄妹多，仨姐姐，俩哥哥和我，那时候旧社会兴这个，姑娘出嫁，回娘家后返回婆家需要拿礼盒，也就是礼物呗，礼盒里装着包子、卷子。无论是多大的妇女到婆家去，都得拿这个。[1]

> 那个时候麦子又少，两亩地产不了 100 斤麦子，没有麦子就没有面。那时候的规矩，女儿在娘家呆到了芒种节、清明节，你得回婆家，得拿营生。当街有卖烧饼、麻糖、油饼的，家里实在没有面食，就到街上买点麻糖、烧饼当作礼物。家里没钱付现，就记账。户大了得按规矩来。小户人家没有，不拿也没有办法。[2]

出嫁的闺女从娘家回婆家，家户无论如何都要准备礼盒给闺女带回去。因为闺女如果从娘家空手回婆家，婆婆不高兴，可能遭受到责骂。

（三）走亲戚及其关系

传统历史时期，走亲戚有规矩，例如新人走亲戚尤为讲究，"初五、十四、二十三，新人不走月忌天"。换言之，新婚夫妇在结婚当月或者次月，农历月份的初五日、十四日、二十三日不能回娘家，因为这些日子对于新婚夫妻来说是忌日。如果新婚夫妻在"月忌天"走亲戚，亲戚会不高兴，甚至将其赶回。平时，家户走亲戚也有讲究，"三六九，是亲不能走"，即在一个月每旬的三、六、九日，不走亲戚。

走亲戚是否需要带礼物，在清辉头村分为两种情况，其一是出嫁的闺女回娘家无须携带任何礼品，婆婆也不会给媳妇礼物带回娘家。从某种意义上讲，婆婆允许媳妇回娘家，本身就是恩泽。

> 初伏、端午、中秋都是吃节，娘家叫闺女回家里。那时妇女地位低，在婆家守规矩，做活在前头，吃饭在后头，没有家庭财产支配权和话语权，回

---

[1] 何运章老人的口述内容。
[2] 何运章老人的口述内容。

娘家一般不带任何礼物。有条件的户就去接闺女回来。我这户有个牲口有个车，套上牲口赶着车去把她们接回来过节。没有条件的户就不去叫闺女回来过节。[1]

妇女从娘家回婆家要携带礼物，礼物由娘家的父母准备。女婿陪着妻子到老丈人家走亲戚，则需要携带礼物。

> 女婿走老丈人家不好空着手，丈母娘走女婿家一般要带着礼物。通常来说，走亲戚带的礼物根据年代来，缺什么带什么，例如当下都带包装礼盒，过去二三年都是带肉，旧社会最缺的是粮食，走亲戚一般带糕点、卷子、馒头、面条等。[2]

清辉头村人将走亲戚所带的礼品称为"营生"。家家户户走亲戚都要带一点营生才好进家门。

二、邻居交往及关系

邻居交往与亲戚交往有很大的不同，亲戚社会交往的空间多数在房屋内部，内容主要是交流感情，但邻居交往的空间相对多元，交往的内容以利益为主。

（一）邻居交往空间及关系

家户与邻居的交往属于全方位的交往，社会交往的空间也相对多元，其交往空间分别有粮田、市场、房屋等。

1. 粮田的交往空间

粮田是邻居交往的重要空间。传统历史时期，因为请工、换工等关系，邻居之间便在粮田上交往。农忙期间，家户换工一般不到对方家庭吃饭，在家中吃早饭后顺便带一些饽饽和咸菜到粮田上干活，下工以后直接回家吃饭。清辉头村多数家庭不富裕，为了省去提高饭菜档次的消耗和麻烦，村落形成了换工互相不请吃饭的规矩。家户如果请邻居帮工，双方除了在粮田，还在房屋内进行社会交往，因为请工都要负责伙食。

2. 市场的交往空间

邻居还在市场上进行社会交往。村内赶集的时候，家户当家人相互吆喝一声，就一起去赶集了。邻居在集市上一起采购物资。家户如果要去村外的集市赶集，一般情

---

[1] 何运章老人的口述内容。
[2] 何运章老人的口述内容。

况下,都会约人一同前往,主要防止意外以便有人照料。这样的人多半是邻居关系,因为距离较远相约不方便。特别是在家户购买牲口的时候,通常邀两三个邻居陪同前往。市场成为邻居之间社会交往的重要空间。

3. 房屋的交往空间

家户的房屋由若干空间构成,分别是院坝、堂屋、炕上。邻居之间的社会交往要根据具体事宜选择不同的交往空间。邻居来借生产工具,几句话能够说清的事情,通常在院子里说就可以了。邻居上家户谈换种、买卖、请工、借钱、寻访事宜,则需要到堂屋去谈。

> 熟悉的人如果谈买卖,可以进屋。谈事的人一般就进外间屋谈事,即在堂屋谈事。只有知己的人才能上卧室去坐。[1]

炕是家户日常吃饭的地方,通常不邀请邻居上炕,只有在双方关系紧密,且有要事相谈或者酬谢之类,才邀请上炕。在这种情况下,炕上才能成为邻居之间的社会交往空间。

(二)邻居交往内容及关系

传统历史时期,清辉头村邻居之间社会交往的空间多元,社会交往内容也多方面。总体来说,邻居之间的社会交往体现在互帮互助和利益交换方面。红白事成为邻居社会交往的重要内容之一。俗语说"远水救不了近火,远亲不如近邻",特别是红白事对于任何一个家户来说都是大事,邻居都是主动过来帮忙。

> 1949年以前,串忙和红白事的交往都是一个湾的,远的就不去了。[2]

邻居的社会交往主要体现在相互串忙[3],基本以一个湾为单位。

> 中人有时是邻居、土地的四至人,中人不需要报酬,就吃顿饭。那时候不讲究钱,现在得有好处,净说钱了。[4]

> 锅里没有油盐柴米,可以向邻居借,一般不需要欠条,因为借的数量不

---

[1] 何运章老人的口述内容。
[2] 何运章老人的口述内容。
[3] "串忙"亦即乡亲之间相互帮工的意思。
[4] 李建文老人的口述内容。

多。两人关系不赖，什么时候有什么时候还，如果没有就算了。[1]

家里请工一般会先问近邻，如果在近邻找不到人，就直接到人市上，人市上的人多，可以随便挑。先问近邻是礼貌，之后也比较好处。[2]

请中人、借油盐柴米、雇工等是邻居之间社会交往的重要内容，例如邻居当中人，不收钱，酬劳就是一顿便饭。邻居之间互借油盐柴米更是经常的事情。家户雇工通常也优先雇佣邻居，特别是短工。此外，借债也是邻居之间社会交往的重要内容，小的借贷不需利息，但大的借贷需要收取利息。

三、朋友交往及关系

朋友是传统历史时期清辉头村家户社会交往的主要对象之一，但限于交通环境和地缘环境，村民的朋友圈多数限于村落内部，只有少数村民的朋友来源于村外。朋友社会交往也是家户获得社会支持的一种重要社会方式。

（一）朋友交往空间及关系

传统历史时期，人们根据不同的个人追求而选择不同朋友交往空间。

1. 市场交往空间

人们在市场交易活动中或从业交往过程中结识朋友，以后也经常在市场上进行交往。何运章老人的父亲在民国时期以种植庄稼为主，在外从事木材买卖过程中结识了朋友。根据何运章老人回忆，其父亲与朋友们的关系较为密切，交往空间基本以市场为主，例如在市场上搭伙吃饭，搭伙看守木材。何运章父亲的朋友只来过其家庭一次，儿子们称呼其朋友为伯、叔等。

2. 赌场交往空间

民国时期清辉头村有几个赌场，但规模都不大。一些游手好闲的人混迹于赌场，在赌场结识朋友。俗话说"物以类聚，人以群分"，赌场结识的朋友基本是赌友。赌场为了吸引赌徒，里面有着比较全面的"服务"，例如茶水、糖水、伙食等，当然这些都不是免费的。赌友们在赌场这个交往空间的活动主要是赌博、吃饭、闲聊，以及算计新人"下水"。

3. 家户交往空间

家户也是朋友交往的重要空间之一，清辉头村人将亲密的朋友称为"知己"，本村知己的朋友在家户内交往的频率稍微多一些。朋友交往，多数涉及家户的内部事务，

---

[1] 李建文老人的口述内容。
[2] 何运章老人的口述内容。

例如红白事、当保人、借贷、串忙等。家户如果遇到红白事,一般邀请知己参加。家户如果需要借贷,无论是向大户借贷需要朋友当保人,还是直接向朋友借贷,多数情况下都邀朋友至家户内边吃饭边商量。朋友之间的串忙,一般是串谁的忙,便在其家中吃饭。

(二)朋友交往内容及关系

传统历史时期,朋友交往与家户经济条件存在一定的关系,大门大户以及接受过教育年限较长的村民朋友比较多,"有些小门小户,既没有来往的亲戚,也没有朋友"[1]。清辉头村民国时期的最后一任村长孟子阳,不但村落中有较好的知己,在深县县城也有能够办事的朋友。如果朋友到家户中来,家户要招待来访的朋友。

> 朋友来了,家里另外安排在一个地方吃饭,招待朋友的伙食和户里吃的不一样,要预备高等的菜招待着,当家人陪着,没有跟其他家人在一起吃。因为那时候生活条件不行,如果家人都在一起吃,那么花费就大。[2]

家庭招待朋友,基本是"另开小灶",当家人陪着来访的朋友单独吃饭,节约家庭开支。"办招待"是朋友之间交往的重要方式之一,也是重要内容之一。此外,朋友之间的社会交往内容还包括红白事来往、当借贷保人、相互借钱、相互串忙等。

家户如果有子女结婚,一般会给朋友发请帖,但白事一般不邀请朋友,朋友听闻后自己前来吊唁。

> 朋友来吊唁,需要行礼。主家在门口设有席,来吊唁的人在门口跪下,跪拜磕三个响头,表示致哀,乡亲们吊唁也是这样。[3]

朋友吊唁后按照习俗随一些礼,但多数不是钱,就是一些白布和纸钱之类的东西。相互借钱也成为朋友交往的一个重要内容。

> 朋友借钱不要利钱,因为关系不赖,有时候不但不要利,本钱也要不回,因为还不了。[4]

---

1 李志勋老人的口述内容。
2 何运章老人的口述内容。
3 李志勋老人的口述内容。
4 李建文老人的口述内容。

朋友之间借钱基本数额不大，不需要收取利息，当然也存在收不回本利的风险。如果借大数额的钱，需要抵押与保人，借贷也计算利息。朋友互相做借贷保人的情况比较多。李建文介绍说："村里原来有一户人家，家里比较富裕，有一个经常吃喝的朋友，关系好了就帮朋友当保人，朋友去外面做生意亏了，无力还贷。这个人变卖自己的全部家产帮朋友还债，从此变成穷人。"[1] 当借贷保人存在一定风险，如果朋友借贷后丧失偿还能力，将其财产全部贩卖抵债后，不足部分由保人贩卖自家财产进行抵债。朋友之间的社会交往还体现在相互串忙方面。家户看见朋友有事情，需要劳动力，便主动到朋友家串忙。

> 朋友平时相互串忙，并且帮着做到完工。原来的朋友之间不太计较，那时候的劳力也不值钱，有些人就为一天三顿饭，愿意给不熟悉的人串忙。[2]

串忙是朋友之间关系好坏的见证方式之一，也是朋友社会交往的重要内容。当然相互串忙的基本是村落内的朋友。

第六节 流动与流动关系

家户流动或个人流动是传统社会清辉头村的常见社会现象。家户或者个体因为土地租佃、土地买卖、生意经营等方式进行地域之间的流动，并在新的住址落户从事生产经营。传统历史时期的社会流动主要分为流入和流出两种方式，在"皇权不下县"乡村自治环境下，村民具有迁徙流动的自由。

一、民国时期流动家户概况

传统历史时期，清辉头村迁徙流动的主体要么是家户，要么是个人。家户迁徙主要原因是生意经营与土地买卖，而个人迁徙主要是职业原因。家户是地域迁徙的主体。清辉头村有乡村集市，是一个做买卖的好地方，清辉头村位于山东德州通往华北大集贸市场即束鹿县旧城的路上，成为开办车马店的好地方。民国时期的冯堂，满了60岁以后有一个大号"冯大同"。他原本是来清辉头经营车马店（客栈），随着经营的稳定，举家迁徙到清辉头村，并且将赚得的钱用于购置土地，最后成为清辉头村人。有些流动主体是通过土地买卖进行迁徙流动，郭家有一支族人在外地购置土地后，迁出清

---

[1] 李建文老人的口述内容。
[2] 李建文老人的口述内容。

辉头村。根据杨占恒老人介绍，他们杨家的祖先从深县城北的冯漂村迁徙到清辉头村，祖先在清辉头村购置部分土地居住。李志勋老人的祖先原本是羊窝村人，祖上世代都为木匠，一次机缘到清辉头村从业，由于手艺较好，渐渐积累了声名，于是租房长期在清辉头村做木工。根据李志勋老人提供的资料[1]，李家在此后世代的木匠生涯中积累资金购置土地，便在清辉头村安家落户。李维第家族是清辉头村的首户，民国时期开始在天津做生意，逐渐迁往天津等地。很多村民个体也是地域迁徙流动的主体。清辉头村在传统历史时期地域迁徙流动的主体如表4-6所示。

表4-6 传统历史时期清辉头村流动主体情况

流动主体	流动单元	流动缘由	迁入（出）	流动距离（公里）
冯堂	家户	生意经营	迁入	—
郭洛平	家户	生意经营	从清辉头村迁至旧城东关	10
杨占恒的祖先	家户	购置土地	从冯漂村迁入清辉头村	35
李志勋的祖先	家户	从事木工	从羊窝村迁入清辉头村	12
李维第	家户	生意经营	从清辉头村迁至天津	240
李书同	个人	读书做官	从清辉头村迁往北京	265
李书庄	个人	读书做官	从清辉头村迁到重庆	1 573

资料来源：笔者2016年下半年清辉头村村庄调查。

二、商业经营与流动

生意经营是传统历史时期清辉头村家户流动或者个体流动的重要原因，清辉头村是乡村集市，具有手艺或者经营资源的人们流入清辉头村进行生意经营。

（一）商业经营流动过程

商业经营主要包括经营店铺、摊铺等，迁徙流动过程主要是入市经营、购置房产、迁入清辉头村、入籍登记。

1. 入市经营

入市经营是迁徙流动至清辉头的前提条件。有些掌柜为了使得自己经营良好的商业局面能够存续，逐渐将家庭成员搬迁至清辉头村租房居住。

2. 购置房产

榨油坊、染布店、铁匠铺、麻花铺等部分店铺的掌柜是外乡人，随着生意渐入佳境，他们就将自己的家人迁至清辉头村。清辉头村西街的冯堂便是其中的典型，他在清辉头集市经营饭店的生意逐渐营利，将几年的积蓄用于购置西街一处"庄客地"（屋

---

[1] 参见表3-7。

基地），面积大约为两亩，其购置费用大约为 400 块大洋。冯堂在自购的庄客地上建造了车马店（客栈）。

3. 迁入清辉头村

购置房产之后，搬迁至清辉头村的多数为核心家庭。冯堂在车马店内专门设置几间房作为家人生活所用，另外安排有专门的牲口圈，以备客人安置牲口，院坝也足够宽敞，能够停放一定数量的牲口车以及货物。冯堂的家人迁至清辉头村后，能够帮助其照料生意。

4. 入籍登记

民国时期，清辉头乡公所知晓冯堂在村内购置土地并新盖房屋后，便将其纳入税赋的对象，特别是知晓其迁家人至清辉头村后，乡长带人到冯堂经营的车马店登记人口数量。家户人口数与土地数量是缴纳国家税赋与服兵役的主要依据，乡公所需要按月更新家户人口变动情况，并且向县里呈报。

（二）商业经营流动关系

清辉头村村民在传统历史时期由于商业经营而产生迁徙流动，商业经营流动包括经营情况、土地和房屋不动产的购置、乡长接收登记等要素。

1. 流动与经营的关系

传统历史时期，到清辉头村从事商业经营的人数不胜数，但是做生意的外乡人能够迁徙流动至清辉头村只占很小的比例。迁徙流动不但与商业经营的利润情况有一定关系，也与商业规模存在一定的关系。掌柜如果没有稳定的商业经营利润，则不可能在清辉头村站稳脚跟，如果利润达不到一定规模，也不具备财力购置房产和扩大经营。

2. 流动与财产的关系

清辉头村人因为商业经营的原因而产生的地域迁徙，需要具备一定的财力。

> 李维第，清光绪三十年（1904）进士，李维第先后在河南桐柏、河北枣强、河北深州担任县令，民国年间定居天津，1947 年病故于天津。清代末年李维第曾出巨资令其后代在京、津两地开设银号，从事金融及贸易事业，并在家乡开设少鹤堂钱庄，这也是第七代多在京、津两地发展金融货栈行业的原因。[1]

清辉头村首富李维第迁徙至天津从事商业经营，需更多的财力才能够立足于城市。

---

[1] 清辉头村李伦提供的资料，由李绍宗撰写。

因为地域迁徙流动只有购置房产，才能登记入籍。

3. 流动与乡长的关系

购置房产是经营商铺的外乡人迁至清辉头村的标志性事件。外乡人到清辉头村从事商业经营需要具备一定的经济财力，才能够购置地产。例如从事饭店经营的冯堂，他每年需要赚取700吊左右的铜子，三年才能够购置一亩多的庄基地。家户购置土地以后，乡长才带人上门登记入籍。传统历史时期的户籍，不具有当下的权利功能，"编户入籍"的主要目的是履行税赋和兵役的国家义务，同时履行村庄治理的摊派、捐献义务。流动主体购置房产土地的时候一般需要邀请乡长进行见证。

三、土地买卖与流动

土地买卖是传统历史时期清辉头村人地域迁徙流动的另外一个重要缘由，购置土地（特别是屋基地）也是家户迁徙的必备条件。

（一）土地买卖流动过程

土地买卖影响村民地域迁徙流动的过程主要分为形成意向、中人介绍、土地交接、迁入村落。

1. 形成意向

传统历史时期，有些外乡人看重清辉头村的乡村集市环境、从业环境或者有亲戚在清辉头等，形成了迁入清辉头村的意愿。有些清辉头村村民也因为土地买卖而迁出。李志勋老人的祖先原本居住于相距村子11公里左右的洋窝村，一次到清辉头从业，看重了清辉头村较多的木工从业机会，便形成在清辉头购置房产的意向。根据李志勋老人介绍，有些外地女婿因为姻亲关系愿意迁徙到清辉头村居住。

2. 中人介绍

外乡人迁入或者迁出清辉头村，都需要中人介绍。李志勋的祖先到清辉头村从业一段时间后，拜托结识的雇主家户或者朋友作为中人联系土地卖家，或者拜托清辉头街上职业的土地买卖介绍人作为中人，最后付给中人酬劳。

3. 土地交接

土地买卖过程需要中人介绍，丈量土地、"摆佮食"、请见证中人、签订契约等。土地买卖只有通过了这些过程，才能够顺利办理土地交接。土地交接完成以双方签订的契约后，卖方将土地原契交给买方为标志。卖方得到土地草契和原契后，在政府规定的时限内领得红契，则土地产权完全受到国家保护。土地交接完成，流动主体则取得地域迁徙流动的条件。

4. 迁入村落

流动主体取得迁入地的土地产权后，才取得迁入村落的条件。土地是人们的情感依托和生产生活的保障，土地买卖后，最起码是房屋基地购置后，人们才开始举家迁徙流动。无论是李志勋的祖先，还是冯堂，其共同点是当家人先迁徙流动，购置土地后，全家才迁入清辉头村。当流动主体举家迁入清辉头村后，乡公所则派人进行登记人口，编入民籍。

（二）土地买卖流动关系

清辉头村在传统历史时期因为土地买卖而产生迁徙流动，与中人、邻居、乡长等关键人物存在密切关系。

1. 流动与中人的关系

中人扮演着很重要的角色，甚至可能是促使流动主体形成流动意向的主要原因。一些迁入清辉头村的流动主体，中人可能是他的岳丈或者其他亲戚，亲戚当中人自然格外卖力，为流动主体的迁徙流动创造了较好的条件。甚至可以说，一些流动主体是在具有亲友关系中人的鼓动下进行迁徙流动的。因为从业关系而迁徙流动的人，中人主要是帮其进行土地买卖，对流动动机的形成帮助不大。

2. 流动与邻居的关系

传统历史时期，流动主体迁徙至清辉头村以后，要与周围的邻居搞好关系，主要体现为两个方面：其一，尽快与周围邻居结识，并且赠送一些小礼物，诸如麻花糖等；其二，邻居家有红白事或者建造房屋等事务，流动主体在串忙方面比较积极。清辉头村有一个俗语："清辉头人不欺负外地人"，因为传统历史时期的清辉头村不但有集市，而且人口迁徙流动较为频繁。清辉头村人频繁与流动主体进行接触交流，形成了较为开放的心态，对新来的外乡人能够较快地接纳。

3. 流动与乡长的关系

民国时期，清辉头村经常是一个乡的建制，即一个村就是一个乡，其村治的首领为乡长。流动主体流入清辉头村并非需要乡长的允许，但作为外乡人购置土地一般需要乡长的见证。如果是本地人的土地买卖，可以邀请乡长作为见证人，也可以不邀请。清辉头人即使邀请乡长，也只是请其吃一顿"摆佫食"的饭局，没有另外的礼品。但流动主体作为外乡人，邀请乡长作为见证人，一般要拜托中人或者其他熟人进行邀请，并且要准备一份薄礼作为酬劳。

清辉头村人们的迁徙流动除了商业经营、土地买卖以外，读书当官也是主要原因之一，地域流动方式基本是流出村落，前往县城以上的城市，诸如李书同、李书庄两人,均是李维第的孙辈,其中李书同留学日本后任民国时期国民党稽查署北京分局局长,李书庄任民国时期重庆警察局警官。两人是迁徙流动中读书入仕的代表。

第七节 分化与群体关系

传统时期的清辉头村因阶层、职业、血脉分化为不同群体。不同群体并非毫无关联,而是在地缘关系、婚姻关系、职业关系、血缘关系等方面存在千丝万缕的交集,对相互之间的生产生活造成重大影响。本节从阶层分化及其关系、职业分化及其关系、血脉分化及其关系三个维度考察传统时期清辉头村的社会分化与群体关系。

一、阶层分化及关系

传统历史时期,清辉头村根据经济情况,尤其是根据家户土地数量的多少划分阶层关系。换言之,阶层分化也即家户经济的分化,总体可以分为"高门大户"的富户、"一般门户"的中户、"小门小户"的穷户。

(一)"高门大户"的富户

民国时期,清辉头村富裕阶层在土地改革运动时期被定义的三大地主,分别是李亚农(大田)、张炳然、孟树杰三家,其中张炳然拥有300多亩地和一个榨油坊,孟树杰占有300亩土地,占有土地最多的是李亚农家族。李亚农为晚清进士李维第的侄子,由于李维第已经迁至天津等,其家乡的田产、房产、店铺等均交由李亚农负责管理。李亚农经营的资产情况如表4-7所示。

表4-7 民国时期清辉头首户李亚农经营的财产情况

财产形式	数量	特征
土地	旱地1000余亩	土地没连成块,分布较散
药铺	1间,其名为"博文堂"	清辉头村最大的药铺
钱铺	1间,其名为"少鹤堂"	清辉头村最大的钱铺
骡子	5匹以上	用于耕地
马匹	2匹以上	用于套马车出行
房屋	占地面积630平方米	清辉头村最大房屋

资料来源: 笔者2016年下半年清辉头村村庄调查。

传统历史时期,清辉头村的房屋建筑有一个特点,越有钱的家户,其门户修得越高大,逐渐成为与其他家户区别甚为明显的"高门大户"。以首户李亚农的家庭为例,其门头修得十分高大,威严气派,挂有匾额"进士府"。

经济地位是阶层分化造成的结果，导致各阶层的生活资料与红白事的仪式等具有一定等级性。从日常生活来说，李亚农家族以食用细面为主，吃肉的频率比其他家户要高许多。从衣着来看，普通家户人们穿着纺织的粗布，但李亚农家族可以穿着城市购置而来的绸布大衫。从牲口使用来说，李亚农家族喂养5头骡子和2匹马以上，用于耕地和出行，但其他家户只能喂养耕牛和驴。丧葬用物、用料、礼仪的等级也存在较大的社会分化，在后文文化习俗方面再详细考察，不再赘述。

（二）"一般门户"的中户

根据杨占恒老人的介绍，清辉头村的社会分化基本是"中间大，两头小"的模式。换言之，较大的富户三大地主不但数量只有三户，而且土地总量占村庄土地总量的18%。贫农阶层占有土地数量大约是村庄土地总量的22%。中农和富农[1]占有的土地数量是村庄总数的60%。可以说，传统历史时期清辉头村中等家户的数量为多数，占的土地数量也为多数。何运章父亲与叔叔的扩大家庭便是"一般门户"的典型代表，其家庭财产情况如表4-8所示。

表4-8　民国时期清辉头村何运章的家庭财产情况

财产形式	数量	用途
土地	24亩大地（折合38市亩）	家庭的主要收入来源
副业	/	农闲时候从事贩卖木材、大蒜等经营，补贴家用
耕牛	1头	用于耕地和拉车
房屋	1处房屋2个院落	生活区与牲口生产区

资料来源：笔者2016年下半年清辉头村村庄调查。

表4-8所示，作为"一般门户"的典型代表，何运章小时候的家户财产有限，24亩耕地是家庭的主要财产，一头耕牛是主要畜力来源，一处房屋有两个院落，平时再从事一些副业以便补贴家用。根据何运章老人的介绍，父亲那一代基本"够吃"，但并不富裕。家户一般也盖有门楼，门楼大小需要耗费财力，因此富裕人家的门楼比较大，穷人家的门楼比较小，中等经济条件的门口看起来中规中矩，相比较而言门楼是中等大小。

经济阶层产生了消费层次的分化。与富户阶层和穷户阶层对比，中等家户的消费情况分为以下几个方面：其一，从家户主粮来说，何运章小时候的家庭是"一般门户"，家庭成员平时都吃棒子面、高粱面、杂面做成的饽饽，只有在过节、过年的时候才有细面吃。其

---

[1] 民国时期，清辉头村富农家庭只有8户，占地100亩，很多上中农家庭也占地100亩，只是劳动力多，雇工少，按照剥削量没有评上富农。

二,从家户衣服来说,衣服由家庭妇女的纺织布匹制作而成,基本为粗布衣裳。其三,从菜品来说,家庭一年到头除了过年和过节的时候能够吃一点肉馅饺子以外,平时很少能吃到肉,最好的菜品是韭菜炒鸡蛋,腌制的咸蛋等。

(三)"小门小户"的穷户

土地革命运动时期的贫雇农就是传统历史时期的"小门小户",其主要特征是家户所构建的门楼较小,由几根木架树立而成,门楼看起来十分简易。部分雇农家庭甚至没有门楼,只有房屋。"小门小户"生存十分艰难,主要通过出卖劳动力来补贴家用。民国时期的李建文家庭属于"小门小户"的代表,家户财产情况如表4-9所示。

表4-9 民国时期清辉头村李建文的家庭财产情况

财产形式	数 量	用 途
土地	无土地,租佃宗族一亩四分地	耕种粮食
副业	父亲从事贩卖蔬菜生意	补贴粮食来源
牲口	0	人工耕地
房屋	三间房屋	家庭居住

资料来源:笔者2016年下半年清辉头村村庄调查。

李建文家户没有土地,依靠租佃宗族土地和贩卖蔬菜获得粮食。李建文从15岁就开始长工生涯,一年到头只得两斗粮食。从家庭消费层次的分化来说,李建文的家庭食用的主粮基本是粗粮和杂粮,没有细面可吃,缺衣少食也是正常现象。在这样的家庭,人们只有依靠出卖劳动力获得生存资源,但在结婚等方面存在很大的困难。

(四)分化了的阶层关系

传统历史时期,经济分化造成了清辉头村家户的阶层分化,但阶层之间的关系并没有十分紧张,阶层之间的互动与交往十分频繁。清辉头的阶层关系主要体现在以下方面:

其一,生产要素的流动结合。清辉头村的富户土地占有量多而劳动力不足,中等家户有部分家庭劳动力不足,但无地家户则劳动力过剩,劳动力与土地的结合成为跨阶层互动的主要内容。穷户要么租佃富户和中等家户的土地,要么受雇于富户或者中等家户的家庭。

其二,丧葬事务的串忙。丧葬事务较为急迫,即使富户也不能依靠自己的力量解决,需要倚靠乡亲们。穷户的丧葬事务,富户也要参与,最起码要派人参与,例如长工、管家等。一湾的丧葬事务,富户与穷户的阶层分化在某种程度上可以拉平。

其三,富户向穷户的借贷与救济。穷户资金短缺可以向富户借贷,例如少鹤堂等钱铺以营业的方式向所有村民开放。另外，在李亚农的博文堂药铺，如果穷人实在没有钱付账，年底要过两次账以后，可以减免。

二、职业分化及关系

传统历史时期，清辉头村的人们多数从事农业生产，部分村民从事其他行业。人们从业不尽相同，根据职业不同而分化为若干职业群体。每个职业群体在生产生活中相互关联，形成了相互交织的社会关系。

（一）拉脚职业及关系

清辉头村地处华北平原，道路平坦的自然条件使得运输多用畜力，较少请人力。因此清辉头请"拉脚"，实际上是雇佣牲口车运输队。拉脚的人是种庄稼的农民，拉脚是他们在农闲时候从事的副业。从春天芒种以后到秋收完成之前，他们都在忙着种植庄稼。秋收完后，农民在土地上不能种植庄稼了，就出村去兼职拉脚工作，赚取一点工钱增加家庭的收入。

1. 拉脚人与雇主的关系

运输是乡村社会的生产活动。传统历史时期，南方多数地方水路运输较为发达，但因为山水阻隔，地势不平坦，使得部分地方的陆地运输只能限于人力运输或人力推动的鸡公车运输。清辉头村在华北平原地势平坦，且干旱的气候环境使得河流较少，山水阻隔的因素大为减少，可以大力发展牲口车运输，形成了拉脚人运输队。拉脚人运输与雇主是雇佣关系，往往按照趟次进程计算工钱，但是村内与村外存在区别。

> 有些户有耕牛和马车，爱干活的农民到冬天了没活干了，就到外面拉脚挣个钱。谁需要拉东西，他们就帮着拉运，一般不在村内拉，只有远处才能挣到钱。[1]

拉脚人一般不在村里拉脚，有两个因素：其一是村里拉脚运输距离短，运输费低，赚不到钱，而且活少，请的人不多；其二是清辉头的历史传统，村里拉脚的活多数算是串忙，即不收费的帮忙。清辉头村的拉脚人一般只有到村外去拉脚，才能够挣到工钱，拉脚的地方通常是集贸比较发达的城镇，例如旧城、衡水、石家庄、深县等。拉脚人受雇于雇主的方式是把货物拉到议定地点，由接收货的一方支付工钱。

2. 拉脚人之间的关系

传统历史时期，拉脚人为了生命和运输财物的安全，通常情况下结队进行拉脚运

---

[1] 何运章老人的口述内容。

输。拉脚人之间通常是基于地缘关系、血缘关系而形成的信任关系，要么是邻居、要么是朋友、要么是亲戚关系。

拉脚人之间的关系，既是地缘关系，又是业缘关系。他们能够在路上相互照料，遇到危险可以共同进退。

3. 拉脚人与村落地位的关系

拉脚人就是普通农民，在村里的经济地位属于中等水平。拉脚人必须配备一头或者两头牲口，显示了其"一般门户"的村落经济阶层。民国时期的清辉头村中等水平的经济地位有两种辨别方式：其一是土地数量，中等家户土地通常为10亩至60亩；其二是喂养牲口情况，家户能够单独喂养一头牲口。拉脚人一般是农闲时候利用牲口车从事运输活动。这群人的特征是文化水平不高或者基本没有文化，在村庄的声望普遍一般。

（二）石匠职业及关系

清辉头村地处华北平原腹地，地势平坦，没有高山供人们采石，因而清辉头村没有石匠，换言之，石匠都是外村人，但清辉头村对石器的需求量比较大，因而又与石匠发生千丝万缕的关系。石匠是与清辉头人生产和生活不可分割的重要职业之一。

1. 石匠与卖主之间的关系

清辉头人置办着很多大碾、小碾、磨等用石材制作而成的，这些石器不是清辉头村自产的，而是清辉头人到相距200多里地的山上请石匠雕刻而成。换言之，清辉头村的家户只能是卖主，不可能是石匠，因为清辉头村不具备生产石器的自然条件。清辉头村的卖主一般为中等经济水平以上的家户，因为一个大碾大约为五六十块大洋，小碾和磨在20块大洋至30块大洋之间，"小门小户"不具备消费能力。卖主需要赶着牲口车至两百里地去采购石碾或者石磨，人们赶着牲口车或者雇请拉脚人拉回清辉头村。

2. 石匠与石器维修的关系

石器包括大碾、小碾、石磨等，成为家户日常生活不可或缺的器具。石匠来到清辉头村做石活，有部分原因是村民托信请来的，有部分原因是石匠定期来为村民修理石器赚取工钱。石匠缺乏令人尊敬的社会地位，村民不需要专门派牲口车去请，只托口信便能把石匠请来。

碾子、磨子用久了，石头磨损了，不锋利了，就需要石匠来凿，使之锋利便于碾米。村里没有石匠，吕家庄有一个石匠。请的石匠都是外村人。碾子不太修，主要是磨，需要修理。人家买卷子、蒸包子的店铺需要石匠比较多，他们通过捎信的方式，请石匠过来。外地石匠来村里转悠，问户里"打磨呗？"，一天最多打两个磨，一般只吃中午饭，赶上谁家就算谁家，下午都回去了。石匠一天能修理两个碾子，挣个两三毛。[1]

（三）"烧厨"职业及关系

传统历史时期，清辉头村"烧厨"是本村乡亲兼职的厨师。"烧厨"的主要工作是红白事的时候，为主事家庭承担做饭、做菜等炊事工作。乡亲兼职烧厨是串忙，不收取事主家的任何费用。

1."烧厨"与村落的关系

清辉头村分为东西南北四个头，每"头"（片区）有几个巷道、街道。在村民的印象中，两三个巷道构成了乡亲们观念中的一个湾，这个"湾"便是清辉头村的红白事单元。

> 每个头有一至三个厨师。例如谁家有红白事，北头只能请北头的厨师串忙，请其他头的厨师请不到，因为过事的家庭没有到其他头人家帮过忙。一般来说，各头的家户请本头的厨师帮助操弄宴席，不请其他头的厨师帮忙。[2]

"烧厨"在村落中东南西北的各头均有专人兼任。在以"头"为红白事共同体的情况下，厨师与四邻的关系十分紧密。四邻家有红白事，厨师则会主动帮忙下厨烧菜。厨师家平时有什么事，四邻也会主动帮忙。如果双方发生了严重纠纷，厨师与四邻则失去了"相互串忙"的关系。"烧厨"是一种公益职业，但如果厨师与亲戚不居住在一个"头"的话，亲戚遇到红白事也不会请厨师亲戚做饭菜，因为这样做会抢了同一"头"厨师的事情，破坏当地的惯例。

"烧厨"平时与村落的乡长、闾长基本没有往来。在清辉头村，乡闾长都是由"好户"出任，因为穷人没有担任的能力，也还因为穷人没有时间用于村里公共事务。民国时期，乡村社会等级较为明显，厨师基本由中下层的人群担任，与"好户"出身的乡闾长来往不多。如果乡长家有红白事，居住在同一"头"的厨师会主动到乡长家帮忙。闾长与厨师基本是一个片头的，闾长家有红白事，厨师都会主动到家里串忙。

---

[1] 李建文老人的口述内容。
[2] 何运章老人的口述内容。

2. "烧厨"与地位的关系

作为一头的或一湾的邻居，家户可以请本头的"烧厨"过来帮忙办理炊事。1949年的清辉头红事有两桌上席，剩下都是大锅饭。白事全部是吃大锅饭，分为几个大锅。有多少锅，由厨师进行安排。

> 同样是串忙的人，厨师与其他人相比地位较高，主家有酒和烟，就给厨师撂下一些。谁家要办红喜酒席，筹备的时候，一般要先请管事的、厨房的、本房的和知己的人先吃一顿饭，商量结婚事宜。[1]

在清辉头村，厨师分为两种：一种是车马店"烧厨的"，通常由店主自己兼任，或者专门聘请一人；另一种则是红白事的厨师。前者请的较多是长工，按年领取工酬，在村庄中地位较低。红白事事主对厨师特别优待，需要给厨师专门备有烟酒，而抬轿子的、吹唢呐的人则没有这种优待。

（四）郎中职业及关系

清辉头的郎中分为两种，一种是坐在药铺诊断的郎中；另一种是在家等人上门来请的郎中。请郎中要上门，村民请本村的郎中可以步行去，有些户也套耕牛车去。清辉头人把请郎中看病称为"请先生"。郎中看病是先问诊，后开药方。如果吃药一段时间不见好，病人会另外请郎中。

1. 郎中与看病的关系

> 1949年以前，村里就有郎中，是私人药铺的大夫，连卖药带看病，看病要村民请到家里去。那时候看病挣不了钱，基本是免费的，但卖药就赚了。旧社会，村里南边有一个药铺，少鹤堂是一个药铺，北头也有一个药铺。药铺卖了药，得给开药方的人一点钱。[2]

药铺的郎中是免费，不收取就诊费用，或者说抓药费包含了就诊费。家户如果请没有药铺的大夫就诊，则需要付就诊费。有些郎中还会诊断专门的病症，例如有一位郎中专门看天花、麻疹等疾病。

---

[1] 何运章老人的口述内容。
[2] 李建文老人的口述内容。

> 那时候小孩长疹子，发高烧，就烧死了。春天里发疹子和高烧死的人不少，很多人都来请西北的郎中看。那时候卫生不咋，都是中医，没有西医。有一年"抽筋寒"死了不少人，人死了去报丧都要两个人，因为有时候在报丧的路上，有人一抽筋就死在路上了。那年，因为发生了这种可怕的病，都不让卖瓜的人进村来。人们认为吃瓜不利，容易染上"抽筋寒"。离现在有一百二三十年了。我是听老人说的。天花、麻疹，村里只有一个医生看，吃中药，合适能治好，不合适就发烧死了。村里不管这种事，政府也不管。有些家有两三个小子得病，一个传一个，都死了。[1]

清辉头村有诊断传染性疾病的专门大夫。他们采用中药疗法，少数病人能够抢救回来。

2. 郎中与家户的关系

家户如果不赶马车请郎中，则不容易请得到郎中，因为郎中跟别人走了；如果去的时间不早，按照先来后到的原则，也不容易请得到郎中。

> 我也请过医生。俺爹得了病，看了多少日子，都看不好，后来又去另一个村请医生，也是一个老先生。我套上车，去请他，七点才明，我五点六点就到他家了。先生有一个规程（规矩），谁去得早，就去谁家看病。那个先生叫陈树，我老早就在他家等着，天还黑呢，人家还没有起。如果没有人找，先生就上你的车跟你走，如果还有人去得比你早，那你就得跟着，等那边看完了，先生才去你家看。看病的先生还有一个规矩，孟邱村是一个小村，先生要出村了，还得在村里转一圈，看还有哪些病人没有好。看一个大夫不好的，另外找其他大夫看病。当块（地）的大夫，我们叫叔、叫大伯，外村的大夫，叫先生。[2]

清辉头村人对郎中十分尊重，给予郎中很高的招待待遇，体现在三个方面：一是用牲口车去请郎中，其他职业基本没有这个待遇；二是家户怀着很高的诚意，例如何运章老人天还未亮就到了郎中家门口等着，而且还不打扰郎中的日常休息；三是招待郎中的饭菜是最高规格。

---

1 李建文老人的口述内容。
2 何运章老人的口述内容。

（五）教书先生职业及关系

1949 年以前，清辉头的教育分为两种：一种是私塾教育，一种是小学教育。私塾的教书先生一般为秀才。经过了县州两级考试，取得功名的人，叫秀才；没有功名的，叫监生、贡生，但有些是捐出来的。我听说，我们村秀才是姓李的多。民国时期开办小学，是公办学校。有两位教书先生，一位是外村的，其名叫纪霖梦，深县城北新园村人；另一位是孟庭昌，清辉头本村人。

1. 教书先生与学生的关系

民国时期及以前，清辉头的主要教育形式是私塾教育。财主办私塾学校聘请教书先生教授孩子们读书，主要包括《百家姓》、《三字经》、《千字文》、《女儿经》、圣贤集，后面就是四书五经。那时候读书一直往上读，写文章，八股文。考秀才就在州里考，比如深州，当时一州管三县。私塾先生对于学生有很大的权力，学生背诵课文不好或者有些调皮，教书先生可以惩罚学生，惩罚方式是用教鞭进行抽打。

> 民国时期，一个教书先生是外地的，他就住在学校里，找学生给他做饭，一年级二年级的学生不咋，四五年级的学生就大了，他安排值日生，值日的学生中午就给他做饭，早上和晚上他自己做饭。[1]

> 我们村有一个人叫孟恒昌，在国民党那边做的官不小，他与俺哥哥同岁，俺现在 92 岁，俺哥哥比俺大一轮，104 岁。他和哥哥同校，那时候俺们村的学校出了这么一个当官的，他后来上台湾去了，在国民党那边当军长。[2]

清辉头村的私塾教育中，教书先生与学生关系较为和谐，年龄大的学生还给老师做中午饭。私塾教育也能够培养一定的人才，清辉头村的私塾教育在民国时期培养了一名军长。

2. 教书先生与地位的关系

传统历史时期的清辉头村，村民自古以来信奉"万般天下品，唯有读书高"的观念，人们对读书人很尊敬。教书先生因此在村庄中的社会地位较为显著，主要体现在以下两个方面：第一，教书先生的工资比其他职业平均工资高一倍。在清辉头村，如果长工一年的平均工钱是三石粮食，合计 450 斤（民国时期的斤数大于现在的市斤），那么教书先生一年的工钱则是六石粮食，合计 900 斤。民国时期的清辉头村，只有大

---

[1] 何运章老人的口述内容。
[2] 何运章老人的口述内容。

族才能够有实力办私塾教育,在私塾教育的经费开支中,先生的工钱开支占大部分经费开支。第二,安排人协助教书先生处理生活事务。一般由年龄大一些的学生照顾其生活,主要是帮其做饭,打扫卫生之类的。教书先生分为两种,一种是在清辉头村土生土长的教书先生,另一种则是请来的外地教书先生。如果是在清辉头村土生土长的教书先生,邻居家的土地买卖、房屋买卖、分家等事务,通常会邀请教书先生撰写分单、土地买卖契约、房屋买卖契约等文书。教书先生家如果有红白事,四邻也会积极帮忙。

民国时期的清辉头村有乡绅,即村中威望较大的知识分子。乡绅主要职能是为村民提供各种信息、协调村民之间的矛盾。老人介绍说,清辉头最大的绅士是李维第,是进士。本地的教书先生有些是乡绅,有些则不是,主要是根据教书先生对村庄事务参与的情况决定。如果教书先生在日常生活中经常参与村务,则渐渐成为乡绅。

(六)风水师职业及关系

传统历史时期,清辉头村把风水师称呼为"看风水的"。清辉头人一直有"阳宅看风水,阴宅看坟墓"的习俗,大部分家户会在新建房屋、新挖坟茔的时候请风水师。风水师会指出哪个地方不好,哪个地方有什么"妨碍",哪个地方需要"修改",以便于村民能够接纳天地灵气,获得生产生活的好运气。清辉头村里没有风水师,要到外村去请。

> 俺们村没有风水师,我知道东北角有一个村叫辛庄,有一个看阴阳、看风水的。阳宅看风水,阴宅看坟墓。[1]

清辉头村人们也相信风水与家庭财富的关系。传说清辉头村在明朝时期有人有一千顷地,成为当时赫赫有名的富户,还受到朝廷的封赏。他的财富与一名来自南边的风水师有关。

> 有一年春天,村里来了一个风水师,具有相面、卜卦、看风水的能力。他在城东大寺烧香拜佛,之后在庙里算卦相面,听说算得很准,有人叫他观宅子但他概不应酬,他在庙里上午摆摊算卦,下午到附近各村四处闲游,不知他是来寻风水宝地,还是闲游中观到了什么,他在清辉头村的东南角转来转去,就不见了。北头张家有个中年人听说风水师到自己的地里去看,第二

---

[1] 何运章老人的口述内容。

天到地里一转，发现地里有挖出的新土，他用铁锹在土里挖出一个红漆小木匣，就带回自己家中了。张家这个中年人一宿没睡着觉，天明到兴隆寺上香，并向师父讨教。师父问他木匣子是否打开过，这位中年人回答说，一点都没动。兴隆寺的师父说，"这就对了，你回家把木匣子供奉起来，以后有人来寻便原封不动地送出"。这位中年人再往下问，师父说你这块地是风水宝地，是自家受用为好。张家中年人让师父到自己地里去看看，师父说清辉头村的地都是宝地，自己的事还是自己去做吧。张家中年人虽识字不多，可不是榆木脑袋，清明节前，和自己的兄弟一块去找族长张良将自己父母的坟地迁到自己的地里，重新立了碑。几年后，他的两个儿子老大张巍、老二张载均考中生员，张巍后来又考取举人。风水师回家后几年没有来深州清辉头赶庙会，家境一直没什么变化，求功名只考取了个秀才，总觉得有些奇怪。为了探个究竟，他不顾路途遥远，有一年春天，在一个年轻人的陪同下到清辉头村赶庙会。看到有人立了坟茔，便一下子明白了。他忙打听这块地是谁的地，家境有什么变化，有人回答道，地是张家的地，家里有人考取了举人，在山西太原做了官。风水师后来到张府，张家人将风水师引进客房，沏上热茶，风水师问起是不是在十几年前见过地里有个木匣子。张家人毫不避讳，说木匣子被长年供奉着，风水师见张家人淳朴善良，内心有些苦衷也无法表白。张家人热情款待风水师，请他在清辉头住几天，赶几天庙会。风水师执意不肯，带着红漆木匣子说，还是听天由命吧，愿张家事业发达。张家给了风水师足够的盘缠银两，以后风水师再也没有来过清辉头村。张家祖祖辈辈以农耕为业，读书不忘耕田，做官不忘祖业，耕读传家，做官做的是清官，生活从不奢侈。耕田精耕细作，勤劳为本。张家家大业大，但不经商，有了积蓄就买地。但多年形成了一个不成文的规矩，如果农户交不起地租，就当场免去。这样的善举被当地的官员知道后上奏皇帝，据说后来张家土地扩展到千顷之多。[1]

（七）劁猪匠职业及关系

传统农业养殖方式中，家户喂养的猪都需要阉割才能够生长得更加肥壮，也能够避免生猪在生长过程中产生麻烦。阉割生猪的人就是劁猪匠。

---

[1] 张群福老人的口述内容。

村里有一个人叫"迷瞪",他是清辉头的劁猪匠,他劁猪好,大家都喜欢叫他劁猪。他劁猪不是专门到哪一家,一次出去劁猪把一个片区的猪都劁了。[1]

劁猪是一门手艺活,在家户里传男不传女。劁猪匠为家户提供劁猪服务后,能够取得工钱,一般是一毛左右。但家户如果留劁猪匠吃饭,劁猪匠就不收劁猪钱了。劁猪匠在村里有点声誉,因为他有时候给人劁猪不要钱,清辉头村的劁猪匠迷瞪死后得到人们由衷的怀念。

迷瞪有时候劁猪不收钱,积累了声名。他过世的时候,村里的白布和黑布都卖光了。乡亲们送的布匹堆满整个炕,最后他的子女用秤称量平分了,共60多斤布,6兄妹分,称量后分堆,写上1号、2号,最后抓阄。[2]

(七)木匠职业及关系

木匠是乡村社会常见的职业之一。清辉头村一直都有木匠,木匠可以分为精细木匠、嫁妆木匠和大车库木匠等众多种类。木匠也是一门技艺活,手艺在一个家庭内代代相传,例如李志勋老人的老太爷、爷爷、父亲和自己都是木匠。木匠根据自己所会的工类做活,例如大车库木匠主要给人制作耕牛车,精细木匠主要是给家具和房屋木板雕花,嫁妆木匠主要是制作家具。

1. 木匠与邻居的关系

家里盖房子需要请木匠,木匠来了也不挣钱,主要是串忙比较多。如果外村的请他们,就挣钱了。同一个村子里,如果人家住在南头,你是西头的,你去请人家,人家也不去。因为你没有给人家串过忙,人家也不给你串忙。

2. 木匠与雇主的关系

雇主需要加工木料的时候,上门邀请木匠至家中打造所需的木器。雇主按照天数支付木匠报酬。

事变以前,村里有嫁妆铺,可以购买嫁妆。我的这些柜子,用旧房子拆下来的门板做成,自己的旧料,请木匠给一点工钱就可以了。我是25岁娶的

---

1 李建文老人的口述内容。
2 李建文老人的口述内容。

媳妇，买的这个门橱 25 块，柜子 50 块。[1]

李建文老人介绍说，他请木匠来到家中把旧木料制作柜子，然后给木匠一点工钱。木工在雇主家中做工期间，雇主需要承担木匠一日三餐的伙食。

3. 木匠与同行的关系

木匠分为很多行当，有些行当毫无关联，例如精细木匠与大车库木匠几乎没有行业内的交流。但精细木匠与嫁妆木匠之间有一些联系，因为有些嫁妆需要雕工。关于木匠与同行之间的关系，李志勋老人介绍如下：

> 我们家是木匠，但平时交往什么人都有，因为木匠也分为很多种。一般木工就是上房开凿眼，就是使用斧子、凿子、锛等工具；大车库木工就是开锁和锚，把车轴辘做得硬实，得用大锤，叫"硬下三分"；嫁妆木匠就是在木板上开出榫来，合上缝，他使胶，用力，两张板子就合上了，是为了好看，并不是为了结实。我们家就是做精细雕工，比嫁妆木工还要细，主要是为了装饰和美观。我们家这样的精细木工因为与嫁妆木工有关联，联系稍微多一些，但是与大车库木工几乎没什么联系。社会交往也是一样，比如你是中农，我也是中农，咱俩种的庄稼不一样，咱俩交流就少。虽然你是贫下中农，我是中农，但咱俩都是种植棒子，交流就多一些。为什么呢？因为你的棒子产量高，我看着好，就跟你说，给我留点种，来年我也种。[2]

（八）屠夫职业及关系

传统历史时期，清辉头村村民杀猪不是每家每户自己杀，也不是请屠夫到家中来杀猪，而是把猪赶到固定的杀猪点。"杀猪的"免费为村里的人杀猪，但猪毛和猪鬃归"杀猪的"所有。

1. 屠夫与村落的关系

清辉头村并非整个村庄只有一个屠宰点，事实上村庄的各头均有自己的屠宰点。屠宰点由屠夫设立，并非公共设施。每一"头"的屠宰点以本"头"的乡亲作为服务对象，例如东头的屠夫只负责屠宰东头人家的猪，屠宰点的区域划分成为人们认可的规则。

---

1 李建文老人的口述内容。
2 李志勋老人的口述内容。

村里每个巷口、每个湾都有一个杀猪点,如南头、东头都有,杀猪点配有一口大锅,有一个大板子。主家把猪赶到那里去,那个点的人就帮着杀了。[1]

1949年以前,有条件的家庭喂养着猪,过年的时候要杀猪过年,但清辉头村大多数村民不会杀猪,杀猪成了少数人会的技艺。屠夫在自己的屠宰点准备有器具,包括大锅、刀具和案板等。

2. 屠夫与家户的关系

农户去屠夫开设的屠宰点宰杀猪,需要自带燃料用于烧水。对此,李建文介绍说:

事变以前,杀猪要抬到人家的地方去杀,有一个点。因为人家有一口大锅,一般的人家没有那口大锅,杀不了猪。[2]

乡亲们赶着猪到屠夫家中,屠夫使用乡亲们自带的燃料将水煮沸。乡亲们将剃好鬃和毛的猪抬回家自己做内脏的清理和肉类分割。

三、血缘分化及关系

血脉分化是乡村社会发展的自然规律。传统历史时期,清辉头村血缘分化主要体现在两个方面,其一,依据姓氏的不同分化为若干家族群体,甚至同一姓氏按照祖先的来源地也分为不同的家族群体;其二,家族内部血缘分化为不同的血脉分支。

(一)村落家族分化及关系

传统历史时期,清辉头村的血缘关系是村落的主要关系之一,人们依照血缘关系从事生产生活的各种事务,并且形成相互保护关系。民国时期,清辉头共有39个姓氏,甚至有些同姓氏的人并非同一个家族,因为没有任何血缘关系。村落姓氏的群体分化以及不同家族群体的分化主要体现在家族聚合与排他、家族之间竞争以及冲突等。

分化意味着不同群体具有鲜明的标签。姓氏及家族在清辉头村是不同的群体,例如孟氏家族、李氏家族、杨氏家族、郭氏家族、王氏家族等,李氏家族又分为北头李、南头李、西头李,不同的"李"是不同的家族。部分家族诸如南头李氏、北头郭氏家族在清明节通常要举行家族聚餐,聚餐通常只允许男性参加,女性不能参加,外人更不得参与。此外,家族遇到重大事件,例如官司案件,也会组织家族管事的进行商议,非族人不允许参加。每个家族都有族长、管事,他们负责家族的具体事务,但不管非

---

[1] 李建文老人的口述内容。
[2] 李建文老人的口述内容。

族人的事。鉴于家族群体的聚合性与排他性，清辉头村村民分为不同的群体。

家族群体之间还存在竞争性，甚至存在可能的冲突。每个家族都存在特定的利益，例如家族成员不能受到别的家族的侮辱、殴打、伤害，家族的公共财物不能受到损坏，家族的名声与面子不能受到损害、家族之间的势力对比等。外人殴打甚至杀害族人，损害家族的利益，家族则会在族长主持下进行报复，包括家族声讨、家族斗殴、家族诉讼等。家族之间竞争还体现在势力对比上，例如人口数量、组织能力、家族的经济能力、家族成员官职高低、家庭成员武术能力等。家族势力对比的结果是小家族不愿意与大家族发成冲突，在日常交往中谦让大家族的人。

（二）家族内部分化及关系

家族内部的血缘关系随着代系繁衍，发展为若干血脉分支，每支血脉分支即为房支，房支进一步分化为若干房族。传统历史时期，家族以及家户的不同事务在不同群体范围内部处置。

传统历史时期清辉头村房族群体范围内的事务主要包括家户分家、家庭的日常冲突、子嗣过继、过年时上坟等活动。正如前面章节所述，家户分家在清辉头村按照历史惯例需要家族、邻居、亲戚三方的代表进行协商，家族一般由二至五人参与，通常是五服以内的房族人。家庭的日常冲突，通常也会由五服范围的叔伯、婶娘等人进行劝解，只有较大的家庭冲突才扩散至房支进行处置，甚少涉及家族的范围。子嗣过继通常也在房族范围内处理。过年时上坟常以房族为群体范围，一同上坟。

清辉头村以房支为群体范围处置的事务主要包括家户较大的矛盾冲突、大家族中的家户结婚事务、建造房屋等。家户举办婚事时，家族群体的参与范围要视家族大小来决定，家族如果规模小，低于30户则全部参与；如果家族规模较大，例如清辉头南头的李氏家族，则由本房支范围内的家户串忙，旁支不主动串忙。家户建造房屋的串忙事务也是如此，南头李氏很庞大，因此家户建造房屋的时候通常由本房支的人串忙，而且还要按照血缘关系远近帮多帮少，即血缘关系越近的族人，能够串忙天数也越多。家族范围的事务一般为清明上坟的聚会，重大事宜的协商与处置。

第八节 冲突与冲突关系

冲突是传统历史时期乡村社会的常见形态，主要表现为家户内部冲突、家户之间冲突等多种形式，多数情况采取劝解的解决方式。家户之间冲突多数源于利益冲突，多数采取调解的方式，但矛盾冲突严重者，则通过打官司解决。

一、家户内部冲突及关系

家户是传统历史时期清辉头村最为基本的生产生活单元，分为核心家户与扩大的家户两种类型。家庭成员长期在一起生活，因为口角、家庭分配等原因产生冲突。家庭冲突有哪些类型呢？怎么化解呢？

（一）家户冲突的类型

家户因为口角、家庭分配等原因发生冲突，类型可以分为婆媳冲突、妯娌冲突、姑嫂冲突、兄弟冲突、父子冲突等。

1. 婆媳冲突

传统历史时期的清辉头村，婆媳冲突是扩大家户的冲突类型之一。清辉头村俗话说"年久的媳妇成婆"，婆婆在家庭中是长辈，对儿媳妇具有天然的管理权威。加之传统家庭伦理要求媳妇服从婆婆的管教，导致媳妇回娘家之前都需要跟婆婆磕头，从娘家回婆家也需要给婆婆磕头。有些婆婆过于苛刻的管教导致婆媳矛盾的爆发。婆媳冲突萌发的形态为冷对抗，即媳妇从行动上表现出对婆婆管教的不服。随着日子的积累，"冷对抗"变成"热冲突"，主要体现为口角争吵，严重的时候才会发生肢体拉扯，但肢体拉扯的情况极为少见。

2. 妯娌冲突

妯娌冲突也是扩大家庭常见的冲突类型。这种冲突通常因为家庭的家务分配、生活资料分配、财产分配等引起。扩大家庭的日常生产生活中，妇女都需要承担大量的家庭农活，包括纺织棉花、纺织布匹，制作衣裳、场房处置收割的粮食等。但妯娌之间的任务不尽相同，有些妯娌的任务可能轻一些，有些妯娌的劳动可能重一些，由此导致相互之间的埋怨。家庭的生产资料分配如果有任何的偏颇，则加剧妯娌之间的怨气，爆发冲突。扩大家庭分家的时候也是妯娌冲突爆发的高发期。

3. 姑嫂冲突

姑嫂冲突通常体现在小姑出嫁以后，换言之，小姑出嫁之前，两者极少发生冲突。小姑出嫁以后回娘家不带任何礼物，但从娘家回婆家，娘家都要为小姑准备回去的礼品，礼品是多数家户极为稀少的细粮。有些小姑的夫家如果经济条件不好，还得依靠娘家的帮助，例如大光奶奶介绍说，她每年都要从娘家背几百斤粮食回婆家养活一家人。嫂嫂作为娘家人，看见与自己没有任何血缘关系的小姑带着粮食和资源，心里不痛快，日子久了就爆发冲突。

4. 兄弟冲突

兄弟之间的冲突通常有两种情况，其一是家庭结构造成的，例如扩大家庭中同父异母的兄弟可能因为长期的恩怨而感情不和，其二是兄弟之间因为利益而发生的冲突。

兄弟之间小事争吵则不了了之,如果大事争吵则分家。兄弟闹矛盾一般是有媳妇掺和造成的,原来分家都不让女的参加,避免小问题引起矛盾。兄弟之间一般是相互谦让,但媳妇则不一样。弟兄纠纷过了时日,气消了就和好了,但是有些矛盾深的,我村就有一家兄弟四个互相不来往。[1]

5. 父子冲突

传统历史时期清辉头村的父权观念较为严重,父亲具有天然的权威,所以父子之间较少发生冲突。

旧社会,父亲是当家人,掌握整个家庭的权力和财产。家庭的全部活动由父亲安排,有谚语说百年的媳妇熬成婆,婆婆具有家庭的部分决定权。父子之间争吵,小事,当爹的训小子几句一般没什么事。如果父子争吵的事碍着媳妇了,这个事就复杂了。[2]

(二)冲突化解及关系

家户内部冲突一般在房族内部化解,少数家庭冲突才需要房支或者宗族力量进行化解。通常来说,冲突化解方式主要是:其一,家庭内部的化解;其二,房族范围的化解;其三,家族范围的化解。

1. 家户内部的化解

家户内部冲突一般在内部解决,因为"家丑不外扬",少部分冲突在家户外部进行化解。婆媳冲突,通常由两者的中间人即媳妇的丈夫(婆婆的儿子)调解。妯娌冲突通常先由婆婆进行调解,再由作为当家人的父亲找儿子谈话了解缘由,商量解决矛盾的办法,要求儿子各自去劝媳妇。姑嫂的矛盾对于公公婆婆来说是一个难题,通常解决的办法是要么减少对闺女的支持,要么暗中支持。兄弟矛盾通常由父亲劝解,劝解不了则通过分家的方式予以解决。父子冲突一般很少,如果存在冲突则由中间人即妻子(母亲)从中劝解,无法劝解也通过分家解决。

2. 房族范围的化解

家户内部有冲突,房族近亲知晓后一般上门进行劝解,家户也接受这样的劝解方式。家户主动寻求房族长辈帮助调解家庭冲突,例如婶娘、伯母等人帮着劝解婆媳冲

---

[1] 李志勋老人的口述内容。
[2] 李志勋老人的口述内容。

突。家户的兄弟冲突、父子冲突如果较大，无法自行化解的话，则由房族的叔伯在一起进行协商化解，无法化解则通过分家进行处置。

3. 家族范围的化解

如果无法化解内部冲突，或者经过房族的调解也不能得到有效解决，房族以外的房支势力或者家族势力则会介入。特别是父子矛盾中，儿子存在虐待父母的行为，家族的族长或者管事受到父亲的邀请后介入，对儿子进行训斥和警告，并且安排分家事宜。

二、家户之间冲突及关系

传统历史时期，清辉头村家户之间的冲突主要体现为粮地边界冲突、房屋基地边界冲突两种类型。清辉头村的土地是旱地，旱地与南方水田有所不同，水田有着保水的田坎，土地的边界不随意变动，但是旱地在使用过程中其边界容易发生变动，导致土地产权边界冲突频繁发生。

（一）粮地边界冲突及化解关系

传统社会人们在旱地上耕种，土块之间的界线并不明显，虽然部分人也会在土块边界的两侧栽种小树作为界线，但小树被悄悄移栽也十分容易，而且不易被察觉。有些村民以栽灰眼为界，灰眼虽然不容易被移栽，但是容易埋于土下，不容易被辨识。有些村民则以土塄作为界线，但农民耩地的时候，土塄十分容易变动，耩地的人把原来的土塄掩盖了，再新开出一条土塄也不容易被察觉。清辉头村在传统历史时期因为土块边界的不统一，以及便于移动，使得土地边界冲突频发。但是智慧的清辉头村人也有解决土地边界冲突的办法，化解纠纷的方式便是"找地"。当家户发现自己粮地面积少了，便找具有权威的人，这里的权威人包括"爱管闲事的人"、族长、闾长、村长及副村长、绅士等。家户在权威人士的主持下，把粮地相邻的几户人家全部叫在一起，展示自己土地官契或者私契上的亩数，亩数精确到长阔、横阔、中阔多少步、尺、分、厘、毫、系、忽，通过反复衡量确定该家户的面积确实少了之后，再衡量邻居宅基地的面积，如果邻居宅基地面积多了，则退回；如果邻居宅基地面积符合其地契上的面积，则寻找相邻的第二家、第三家，直至寻找到多的一家，找回失去的土地。

> 有人发现自己粮地面积少了，不够了，就要通过量地来找回土地，有时候量隔壁找不出来，要多量几家。[1]
>
> 土地得经常量，我家土地不够了，把周围土地的人都叫过去，看谁占多了，通过量地来找回不够的土地。土地中间没有道路，只有耩地的界线，得

---

[1] 李建文老人的口述内容。

拉一根杆，拉得笔直了再耩地，你耩过人家地里去，那不咋。在地契中，表明四至是谁，打官司的时候，要叫上四至的人，他们是证人。[1]

粮地边界发生矛盾冲突以后，通过"找地"的方式找回，即找人量地，在村官或者其他权威人的主持下，按照地契上的尺寸，找回失去的部分土地。

（二）屋基边界冲突及化解关系

房屋基地边界相对于粮地来说，没有经常发生变动，但因为房屋基地的价值比粮地贵三倍以上，村民对房屋基地更为重视。兴建房屋的邻居一旦越界，则发生冲突。此外，房屋基地边界纠纷还包括排水纠纷、树枝越界纠纷等。

1. 房屋排水纠纷

传统历史时期，房屋都有房檐滴水的地带，这个地带宽度不过一尺，但成为家户之间发生边界冲突的地带。传统历史时期，家户把滴水地带视为自己的房屋基地范围，属于专用地带，但是隔壁邻居也往这个地方排水，由此导致的边界冲突。如图4-3所示。

图4-3 房基地排水冲突示意图

甲乙两户相邻，甲户将中间的房檐雨滴处视为自己的土地，独自排水使用，不允许乙户往这个地带排水。但乙户地势较高，必须往这个地带排水，由此产生冲突。这种类型的冲突，通常由村公所调解会进行调解。民国时期，村公所调解会按照惯例承认房檐雨滴处是甲户的财产，乙户要重新寻找新的排水渠道，或乙户向甲户购置排水使用权。

2. 树枝越界纠纷

传统历史时期的清辉头村，甲户居北边，乙户相邻居南方，两户地界相邻，有清晰界线。乙户在图中黑点的地方栽种一棵树，随着树木的长大，树枝伸向甲户的院落。两家关系融洽的时候，并不因此而发生冲突，都能够允许树木自然生长。但是如果两家关系交恶，居于北面的家户不允许乙户的树枝伸向其院落，声称遮挡了院落的阳光，要求乙户砍伐该树，甲乙两户便因为边界问题发生冲突，如图4-4所示。

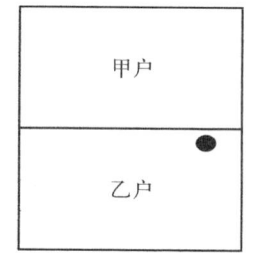

图4-4 房基树枝越界冲突示意图

甲乙两户的冲突需要村公所调解会进行调解。化解的方式一般是劝解双方缓和冲突，无法和解的情况下要求乙户移栽树木或者砍伐树木，最低限度要修剪树枝。

---

[1] 李建文老人的口述内容。

三、官司对抗及关系

村民有些冲突表现为官司对抗，但官司的结果受到多种因素的影响。打官司的种类有很多，在老人的记忆中，清辉头村贩卖私盐的公共官司和孟包家庭的人命官司影响较大。

（一）公共官司及其关系

清辉头村从清朝时期已经成为乡村集市的所在地，自然有商户贩卖各种商品。传统历史时期盐和铁都是官营。1912年，清辉头村有一户张姓人家承包官盐贩卖，但官盐贩卖的利润太低，私盐的利润很高。张姓人家开办的店铺在贩卖官盐的同时，也贩卖熬煮的私盐。清朝末期，清辉头村有一个人，叫孟喜酒，在天津学习法律毕业后回乡待业，发现了张姓人家贩卖私盐的事实。李建文老人介绍说，孟喜酒是一个打官司的高手，很善于写诉状。

> 写状纸的人和写文书的人不是同一个人，写状纸的人需要上学多的，能辩论的。咱们村早先有一个写状纸的人，姓孟，但早死了，事变以前就没他了。他能写这个状纸，还能赢了。[1]

李建文老人认为会写状纸是赢得官司的关键，因为官司不能完全根据事实，要具有"打官司"的技巧。

> 小时候听人说一个故事，一个人打了他后娘，后娘去告状，姓孟的这个人说要想赢官司也容易，但要受一点疼。你得找人在你背上弄一块伤。到衙门的时候，这个人对法官说，后娘的牙齿不是他打掉的，而是后娘咬其后背被硌掉的，这样就赢了这场官司。[2]

笔者不知道孟喜酒与上述"姓孟的"是否为同一个人，但毫无疑问孟喜酒具有高超的打官司技艺。他曾以清辉头村庄的名义状告张姓人家贩卖私盐，最后赢得了这场官司，张姓人家输掉官司后赔偿了很多钱财给村庄，村庄将这笔钱用于开凿清辉头村最大的水井，即洋井，由子母井构成，成为全村人取水的公井。

---

[1] 李建文老人的口述内容。
[2] 李建文老人的口述内容。

（二）人命官司及其关系

传统历史时期，人命官司是村落中最大的官司。当杀人害命的官司发生以后，被害者的家庭寻求伸张正义，但司法环境对没有钱财和权势的家庭不太友好。衙门奉行着"衙门口向南开，有理无钱莫进来"的原则，使得很多贫困家庭没法得到应有公道。

> 有一个李姓族人，把孟包媳妇、孟包闺女都杀了，孟包没有钱也没有去告状，你要去告你得拿钱。他没地，也没钱，他兄弟媳妇为打官司十几亩地去完了，也没赢，后来共产党来了，他告了。他说，李家依仗着李维第没有处理凶手，那死者没有埋，还放着。埋人了就不能打官司了，共产党来了，跟他说了说，他就埋了。[1]

李氏家族是一个大家族，且有着李维第等具有权势的人，使得杀害孟包媳妇和闺女的凶手没有被法办。孟包兄弟的弟媳卖了十几亩地，也没有将官司打赢，直到后来共产党来了并做思想工作以后，孟家才同意掩埋尸体。从这个意义来说，由于大势力家族的庇护，并非任何人命官司都得到应有的"正义"补偿。

第九节　保护与保护关系

生命和财产安全的保障是村落家户和个人能够生存和繁衍的基本条件。传统历史时期清辉头村根据当时社会和历史条件从家庭、亲族到村落构建了三个层次的社会保护体系，形成基于血缘关系、地缘关系为基础的社会保护关系。

一、家庭保护及关系

家庭是最基础的社会单元，也是血缘关系最亲密的共同体，更是清辉头村最基本、最核心的社会保护单元。家庭保护主要包括人身安全与财产安全两个部分。

（一）人身保护及关系

人身安全是人类最基本的安全需求。家庭不但是生产生活的基本社会单元，同时也是人身安全的社会保护单元。家庭成员凝聚成为一个整体，共同为家庭成员提供人身安全保护，其内容主要是提供食物安全需要、提供环境安全需要、提供心理安全需要。食物安全需求是满足家庭成员对"吃"的需求，由家庭生产和家庭消费分配两个方面提供保障。家庭组织10岁以上，80岁以下健康的家庭成员进行生产经营活动，利

---

[1] 李建文老人的口述内容。

用家庭的土地、店铺、劳动力、财产等各种资源获得生存粮食。粮地多的家庭通过种地就能解决家庭粮食所需的问题，少地或者无地的家庭则通过经商、出卖劳动力等方式提供食物安全。家庭生产经营是食物安全需求提供的保障方式，家庭消费分配是保障食物安全的重要途径。食物分配通常由女性提供，特别是女当家人掌握食物分配的权力。她根据家庭成员年龄、劳动情况、家庭地位等要素进行食物分配。

环境安全是家户满足食物安全之后的进一步安全需求，包括生命安全、保暖安全两个部分。笔者以民国时期的何运章家庭为例作分析。在其父亲和叔叔组成的扩大家庭中，父亲与叔叔是家庭环境安全的保护者。他俩通过修建房屋的围墙，将一般的盗贼阻挡在家门外。如果有盗贼来犯，在能够力敌的情况下，他们奋起击退，保证家庭的安全。如果不能力敌，则通过寻求帮助、赎买交易、事后"打官司"等各种途径保障家庭成员的安全。根据何运章老人介绍，其邻居是贩卖粮食的家户，家里比较富裕，有一年南边有的村庄遭遇洪灾后，灾民成为绑匪，劫持了邻居家的妻子和儿子，为了妻子和儿子的安全，他用牲口拉着粮食从绑匪处把妻子和儿子赎回。清辉头村位于华北平原，冬天的气温十分低，没得保暖方面的措施，人就会被冻伤、冻死。何运章老人的家庭在保暖上采取的措施主要包括建造房屋和暖炕，冬天的时候暖炕能够保证一家人不受到寒冷带来的生命威胁。老娘、婶婶、奶奶以及三个姐姐通过努力纺织棉线、棉布，制作衣裳帮助家庭抵制寒冷。

（二）财产保护及关系

财产包括土地、房屋、工具、用具、钱粮衣物等，均是家庭生产生活所必须依赖的资源。财产安全成为家庭的又一重要保护内容。家庭财产保护主要分为两部分内容：其一，财产的处置权设定；其二，财产安全的防护措施。

在家庭财产处置权方面，家庭建立了财产安全保护机制。清辉头村俗话说，"人为财死，鸟为食亡"，家户十分珍视财产安全。当家人是家庭财产安全的负责人，享有家庭财产大部分的处置权力。几乎每个家户的钱袋子都由当家人进行保管，虽然有些家庭管理得也不是很严格，但是使用都得经过当家人的允许。

> 家户里的钱、粮都有当家人管，即老人们管着钱，小孩们用了管他要；有些家是钱撂在一个地方，谁花谁去拿，但要跟当家人讲。要地去地，借贷等文书的签字，必须由当家人签。不是当家人签，人家不认。如果家里丈夫去世了，妇女当家，她也要签文书，但妇女不写名，只写什么门什么氏。[1]

---

[1] 何运章老人的口述内容。

当家人设定了家庭钱粮的使用规矩，钱袋子由当家人掌管着，谁需要花钱跟当家人商量，得到允许后可以拿，当家人对有多少钱心中有数。家庭"要地""去地"等，更加需要当家人的同意和签字才能算数。

在家庭财产的防护方面，家庭中一般随时有人看守财产，没有家人的同意，外人不能进入家庭院落。较为贵重财产的借用、放贷等事情，只有当家人才能有权限决定。因此，外人来借用犁、耙、耧、牲口车、牲口等，在家看守财产的妇女一般告诉外人，"你要找俺当家人，俺做不了主"。其他家庭成员只能决定少部分工具，诸如锄头、镰刀等价值低廉工具的临时外借。大户人家的财富防护更为严密，李建文老人介绍说，村里首户李书田的大家庭到了晚上，雇请的护卫端着枪轮流进行值岗，不允许无关人的靠近，守卫其财产安全。

二、亲族保护及关系

亲族是父系直系血脉关系的亲属与家族，按照血脉关系远近分为近亲与家族两个层次，近亲为爷爷血脉以下的亲属关系群体，家族为开基祖先以下的血缘关系群体。两个群体都能够提供对家户以及个人的保护。

（一）近亲保护及关系

近亲保护主要体现在对家户与个人人身的保护。传统历史时期，兄弟之间的房屋一般是抵近居住，因为分家继承的时候同一块屋基地划分为好几块，每个兄弟各自在其上建造房屋。当家庭遭受外人的殴打、欺辱的时候，近亲成年男子"群起而攻之"，共同进退。换言之，外人攻击一个家庭，实际上等于攻击一个近亲群体，甚至一个家族。因为近亲群体以及家族群体建立了相互保护关系。近亲群体通过建立基于血缘的攻守同盟关系，来达到家庭保护的目的。

如果有人被蓄意伤害，近亲首先组织人员与对方家庭进行强势交涉，要求严惩凶手并且作出赔偿，如果近亲觉得自己没有势力与凶手的家族进行对抗，则采取打官司的方式要求国家主持公道。传统历史时期，"有理没钱莫进来"的官司需要巨额的成本，近亲群体一般也会在官司费用上给予支持。例如民国时期清辉头村的孟包妻女被人杀害，孟包没有土地和钱粮打官司，其兄弟媳妇贩卖了十几亩土地帮其打官司。打官司的各方面支持是近亲群体攻守同盟关系的体现。

（二）家族保护及关系

家族是传统历史时期清辉头村的家户或者个人的重要保护力量。家户或者个人受到外人的殴打、杀害等，都会向家族寻求庇护。家族的力量越强，越能够给族人予以庇护。晚清至民国时期的清辉头村，南头李氏家族势力最为强大，族长李维第给了族人很多庇护。

> 打官司、出了人命，就得去找族长。没有大事，不去找族长。出了人命，县里得传消息，一般传给族长。有一年，我们一个族人杀了六七个人，因为有李维第，最后没有事。杀人者被关了几年，等到事变的时候就放了。但他不敢回来，他杀了人回来怕别人干他。[1]

家族对族人的保护还有一种方式是建立族人居住的圈的外墙，阻挡侵害者的来犯。清辉头村的东头张氏家族在传统历史时期为了达到自我保护的目的，组织族人将房屋的外墙连成一圈，即形成了人人都熟悉的"张家圈"。在区域范围内，外围的家户修建房屋一家挨着一家，有两个门供族人出入，白天敞开，可以随意出入，但是外人进出需要受到张家族人的盘问，晚上11点左右，两个房门均上锁，不再允许人们随意进出。

> 张家圈的中间是张氏祠堂，民国时期用来办学，我还在里面上过学，日本人来了后，看见里面有书，一把火把张氏祠堂给烧了。这个家族有一个规矩，就是不允许小贩进张家圈。张家圈有两个门出入，到了晚上子时，看守的人就落锁了，不让进出了。[2]

三、村落保护及关系

传统历史时期，清辉头村虽然没有城墙，但作为一个村落也为村民提供一些保护，这些保护措施包括村长对外进行斡旋，村庄交保护费，安排人晚上进行打更值守等。1937年，日本全面侵华，入侵我国华北地区，清辉头村成为日占区的范围。日本人三天两头到清辉头村收取各种摊派费用，有些不能及时征缴的人被日本人抓到县城进行关押。当时的村长孟子阳，在县城中认识一些绅士，经过斡旋后，日本人同意放人，但需要补缴摊派的费用。李建文老人介绍，村长孟子阳通过多次斡旋，救了很多被关押的村民。也在这个时期，清辉头村一带除了日本人，还有共产党领导的抗日游击队。抗日游击队多次在各个村庄打击日本人，但因此引起了日本人的报复性大扫荡。伪军利用这个机会大发国难财，搜刮民脂民膏，要求各个村庄汇报抗日游击队的情况，要

---

[1] 李建文老人的口述内容。
[2] 李建文老人的口述内容。

求缴纳"报告费"。

> 城里有日本人，阳台（区公所）有日本人，东北方向的常石路（常州通石家庄的路）有日本人岗哨。日本人每天都叫村里人去报告去，一天报告一次，报告人吃了饭就去，内容就是有八路军没有。谁也不说有八路军。伪军通过报告人要米要钱，不给钱就打村里的报告人。[1]
>
> 后来共产党来了，日本人来问有没有共产党的动向，老百姓说没有，但是日本人被共产党打了伏击后，就怒了，来村里杀、烧、抢。俺们村也被抢过。后来伪军来了，我们给他们吃饭，他们就到其他村去抢。吃了我们的饭，他们就不抢我们村了。吃饭的钱由村里给，村里按照土地"破差"筹集他们的饭钱。后来，村里每天都要去报告情况，也不能说有共产党，就拿钱给他们。[2]

1937年至1949年期间，村落组织打更队伍，安排每两个人一组拿着棍棒在街上边打更，边巡逻。李建文老人介绍说，打更队伍在街上打着灯笼进行巡逻，小偷有所顾忌，能够减轻很多偷盗案件。

第十节　村落社会变迁

传统历史时期清辉头村以家户为基础，以血缘关系为主要社会关系。1949年以后，特别是大生产集体化时期，社会运行基础和社会主要关系发生了极大的变迁，逐渐过渡到以生产队为基础，以业缘关系为主要社会关系的社会运行机制。

一、1949年前传统社会形态

1949年以前，清辉头村延续以家户为基本社会单位的历史惯性，与其他社会主体形成血缘、地缘、业缘、地缘等社会联系，并且从事着社会交往、社会流动、社会分化、社会冲突、社会保护等社会活动。

（一）以家户为基本社会单元

1949年以前，家户是清辉头村的基本社会单元，主要体现在两个方面，其一，家户是一个基本生产经营的社会单元；其二，以家户为单元形成社会联系以及开展社会

---

[1] 李建文老人的口述内容。
[2] 李建文老人的口述内容。

活动。清辉头村的多数家户拥有粮田，六成的家户所生产的粮食能够基本满足家庭成员的粮食供给。绝大多数家庭的服装、被褥等来源于自我生产，只有少数家庭以市场交换补充家庭所需的布料和棉花。家户之间根据家庭生产要素情况，进行生产要素的组合、流动与互换，例如地多的家户种不过来，可以通过雇佣劳动力、换工、租佃等方式进行生产经营，而地少劳动力多的家庭则通过扛活儿、做生意、做副业等方式获取家庭的所需。家户之间生产要素的交流，是传统历史时期社会交往形态的一种重要内容。清辉头村以家户为基本单元，在日常的生产生活中形成了血缘、地缘、业缘、地缘等社会联系。血缘是在传统历史时期中不但是自然关系，更是一种社会关系。在自然关系方面，血缘的关联是自然繁衍的结果，但它具有清晰的社会架构，例如家庭、房族、房支、家族等社会组织形式。地缘也是自然条件产生的社会联系，"远亲不如近邻"，家户基于地理关系与四邻、"一湾人"、乡亲开展各种各样的社会联系。业缘是家户主要劳动力在从业过程中结成的社会联系，例如师徒、行业等。信缘是家户基于信仰而产生的社会关系，例如庙会活动等。

家户作为基本社会单元，相互之间开展社会交往、流动、冲突、保护等社会活动。"一湾人"是家户最为亲近的地缘共同体，在一起筹备红白事等事务，并且在借贷、换工、换粮种等方面进行相互合作。社会流动在传统历史时期主要体现为区域流动，清辉头村的家户基于土地买卖、商业经营等原因产生家户或个人的区域迁徙流动。社会冲突也是家户之间社会交往的一种重要内容，主要呈现为负面的交往形态，分为家庭内部冲突、家户之间的冲突、"打官司"对抗等多种冲突形态。冲突意味着敌意与伤害，因此村落在传统历史时期以家户为基础形成不同层次保护关系，主要体现在家户保护、亲族保护、村落保护等方面。

（二）以血缘为主要社会关系

传统历史时期，由于交通条件的限制，家户除了与外村发生婚姻交往，且范围多数在30公里内外，跟村外的家户交往十分有限。由于社会分化关系中，血缘群体是传统历史时期清辉头村的主要社会群体，血缘关系更加优先于地缘、业缘、信缘关系，主要体现在社会交往、社会流动、社会保护等方面。传统历史时期的社会交往主要以血缘群体为主。对于部分家户来说，社会交往的血缘关系与地缘关系出现重叠，亦即周边的邻居是亲兄弟家庭和堂兄弟家庭，抑或是族人家庭。家户从事日常串门、借米借粮、换工、伙养耕牛、串忙等社会交往活动，均以血缘关系优先。传统历史时期，两个家户如果仅仅是邻居关系，那么平时也很少相互串门，只有在处置互借财物、红白事串忙、土地买卖、分家等各种事务时候才有互动和交往。

传统历史时期，清辉头村的迁徙流动以血缘关系为主要社会联系，因为社会区域流动甚少出现邻居一起迁徙的情况，基本以家户为主。家户便是血缘关系的典型代表。社会保护也以血缘关系为主，当个人或者家庭与其他人发生冲突的时候，能为个人或者家庭提供社会保护的多数是血缘群体，分别是家户、房族、房支和家族。家户是个人遇到社会伤害时候最为核心的保护力量，通常会不惜一切代价保护个人的安全，包括出卖田产、牺牲生命等。房族也是社会保护的主要力量之一，房族因为血脉关系较近，在社会保护方面是天然的共同体。房支和家族则根据自己的势力大小保护族人，如果家户遇到人命官司，县衙首先传讯的人不是家户长，而是族长。势力庞大的家族，例如清辉头村南头的李氏家族，为族人包括惹了人命官司的族人提供了很多保护。

二、1949年后社会形态变迁

随着中华人民共和国的建立，清辉头村的社会发生了千百年来从未发生的巨大变迁。笔者主要介绍土地改革运动时期与大生产集体时期的社会形态变迁情况，而改革开放以后的社会变迁将在本章的最后一节进行详细介绍。

（一）土地改革运动时期的变迁

土地改革运动时期，清辉头村的主题是"打土豪，分田地"，将土地重新按照人头进行分配，"耕者有其田"，财富重新分化的结果是经济意义上的社会阶层扁平化。与此同时，家户的农业生产也出现合作化现象。

1. 社会阶层扁平化

传统历史时期，清辉头村的乡村社会根据家户经济条件可以总体划分为富户、中户和贫困户。这些阶层的土地数量存在较大差别，富户家庭经济条件较为优越，首富拥有土地1 000亩，其他富户为100亩以上。按照土地改革运动时期的标准进行划分，清辉头村的富户便是"三大地主，八大富农"。清辉头村在传统历史时期的中等经济水平的家户较多，占据六成左右，土地从20亩至100亩不等。贫雇农家户则是无地或者少地的家户。整体来说，传统历史时期的清辉头村阶层分化较为严重。1947年至1957年是清辉头村的土地改革运动以及过渡时期，但土地改革运动主要是1947年和1948年这两年，清辉头村进行"平分土地"。

> 民国三十六年（1947年）6月15日，冀中区党委发布《关于开展土地复查运动的决定》，7月15日，全县13个区的61个复查示范重点村斗争开始，到8月15日胜利结束。据对其中24个村的统计，斗倒163个豪绅、恶霸、地主、奸特，割掉67户封建富农的封建尾巴，3 600余户农民获得土地4 986

亩，房屋 2 235 间，牲畜 160 个，粮食 19 000 公斤，白洋 5 508 元，铜元 265 公斤，其他浮财约值 5 亿元。1 200 余户贫农上升为中农，各阶层占有土地的差额大大缩小。[1]

根据以上所述，土地改革运动的直接结果是社会阶层扁平化，地主富农成为中农，甚至贫农，而贫农则上升为中农。从某种程度来说，土地改革运动缩小了阶层差异化距离。

2. 农业生产合作化

传统历史时期，清辉头村的家户在生产经营方面进行牲口的伙养现象较为常见，但在农业生产合作方面很少见，仅仅是少数家庭之间的换工，因为人们更加倾向于请工。土地改革运动之后，也即 1948 年至 1957 年之间，家户之间的农业生产合作化开始显现，并且不断加强。

> 80% 的村庄建立互助组，这些互助组的形式多样，主要有三种，分别是人工换人工，搭伙喂养耕牛，人工换畜工。1948 年 11 月，全县共有农业互助组 5 051 个，包括 14 260 户，31 046 人。1952 年 6 月，全县参加各种类型互助的共有 58 856 户，占全县总农户的 63%，逐渐形成初级农业生产合作社，1956 年演变为高级农业生产合作社。[2]

家户之间的社会结构发生了变迁，家户之间构成的农业生产互助组逐渐发展为农业生产合作社。

(二) 大生产集体化时期的变迁

1958 年，清辉头村进入大生产集体化时期，以所有生产资料收归人民公社为主要标志。所有村民在一起共同生产，共同分配，以生产队为基本社会单元，以业缘为主要社会关系。

1. 以生产队为基本社会单元

大生产集体化改变了传统历史时期以家户为基本社会单元的模式，改为以生产队为基本社会单元。家户虽然未消失，但是被置于次要地位。

---

[1] 深州市地方志编纂委员会编：《深县志》，中国对外翻译出版公司 1999 年版，第 110 页。
[2] 深州市地方志编纂委员会编：《深县志》，中国对外翻译出版公司 1999 年版，第 110—111 页。

1958年8月下旬，在高基生产合作社立足未稳之时，在全国农村一哄而起的大办人民公社浪潮中，全县413个高级社合并为8个政社合一的大型人民公社。各高级社的一切财产上交公社，在全公社范围内统一核算，统一分配。政府和公社经常无偿地调用生产队的物资和劳力，甚至动用社员的房屋、家具，使得农民感到惊恐和不满。浮夸风、瞎指挥和严重浪费造成生产力极大破坏。1959年对人民公社进行整顿，确定以生产队为基本核算单位。1961年，将人民公社的基本核算单位下放到相当于原来初级社规模的生产队，确立了农村人民公社以生产队为基础的三级集体所有制。[1]

1961年至1978年，清辉头村以"生产队"为基本核算和分配单位，也即基本社会单元。

2. 以业缘为主要社会关系

大生产集体化时期，以人民公社为主的业缘关系成主要社会关系，而传统历史社会形态的血缘关系被批判而置于次要地位。村民在集体化时期成为社员，在人民公社内部进行集体劳动，统一分配。村民按照公社自上而下的业缘关系进行组织安排、劳动分配，并且按照人头和劳动工分进行生活资料分配。

第十一节　村落社会实态

改革开放以来，清辉头村的社会形态较之土地运动时期和大生产集体化时期发生了巨大变迁。当下村落的社会实态已经不同于传统历史时期的社会形态，也不同于1949—1978年，主要表现为较为频繁的社会流动，更加丰富的社会交往，国家有力的社会保护。

一、社会关系复杂多元

传统历史时期，清辉头村的人们主要以血缘关系为主体，辅之地缘关系、业缘关系、信缘关系。但自改革开放以后，当下清辉头村的社会关系变得更加多元复杂，血缘关系虽然很重要，但已经不再是主要的社会关系。社会关系发生了深刻变革，清辉头村血缘、业缘、地缘关系并重，信缘关系逐渐退出历史舞台。随着生产力的进步，家户和个体获得自我保护能力、国家保护能力、经济发展能力等各方面能力的增强，对血脉群体的依赖不断降低。当下的清辉头村，个人和家户不再依靠家族进行庇护，

---

[1] 深州市地方志编纂委员会编：《深县志》，中国对外翻译出版公司1999年版，第110—112页。

更加无须家族救济，家族对于个体和家户的作用逐渐降低至红白事的来往。家族组织也失去了传统历史时期的组织性。传统历史形态家族的许多功能，在当下更多被国家和村支两委代替。

业缘关系在当下的清辉头村变得愈加重要，因为随着农业生产产业化，人们只有形成较为紧密的业缘关系，才能获得更多的经济资源。当下的清辉头村主要发展水果种植业和养殖业，无论哪一种，都需要村落作为一个组织整体进行合作与相互支持。从村落集体来说，村支两委是清辉头村农业产业化的推动者，其不断邀请各种农业科技专家为农民传授水果种植与养殖知识，并且培育产业链与市场，将各个家户融入水果种植与加工产业链、养殖产业链之中。家户在农业产业链中形成依赖关系。

地缘关系被拓展与延伸。当下我国交通条件发展日新月异，清辉头村自身建立了较好的交通条件，水果不但销往全国各大城市，甚至出口至东南亚的一些国家。这也意味着，清辉头村人的社会交往网络不但遍布国内，而且延伸至海外。村民的地缘关系不再局限于传统社会形态的本村及周边村庄范围内，而是拓展至全国各地开展各种业务合作、人际交往等。

二、社会流动纵横深广

传统社会中，清辉头村虽然也存在通过科举考试实现文武两途的社会纵向流动，但更多的是在社会区域的迁徙流动。当下清辉头村人不但流动更加频繁，流动的距离更远，而且社会纵向流动的渠道更多元，人数也更多。民国时期，一些村民已经能够借助于近代交通体系迁徙至北京、天津、重庆等地。当下的清辉头村人则流向全国各区域、各省，从事工作、生意经营，甚至安家落户等，迁徙流动的人口数量较为庞大。少部分村民迁徙流动至海外学习、工作、从事商业经营和结婚生子。

当下清辉头村村民的社会纵向流动也成效显著。社会流动主要是社会阶层的晋升，包括社会地位、经济势力的上升。村民社会流动的渠道主要有几个方面：其一，读书流动。根据清辉头村正在撰写的《村志》资料以及村头巨石的"名人榜"显示，村民通过读书后进入党政军机构和企事业单位，一些村民已经成为一些行业、地区、单位的领导。其二，商业流动。清辉头村自改革开放时期就大力发展农业产业化道路，当下已经呈现出一批企业、商铺、经营平台等，部分村民的家庭财产已经百万元以上，少部分村民的财产达到了亿元，是商业经营产生社会纵向流动的代表。其三，其他流动。一些村民通过掌握核心技术、获取社会资源等实现社会的纵向流动。

三、社会保护体系提升

传统历史时期清辉头村，由于"国家不在场"，基本依靠家庭、亲族、村落提供社会保护。当下，随着国家治理能力的现代化，国家机构特别是基层治理机构的发展，社会保护体系得到了极大的提升，改变过去社会自我保护的模式，形成了以国家保护为主，个人和家庭自我保护为辅的社会保护体系。

  国家不但通过完善治理体系，制订保护公民的相关法律，并且通过各种媒体尤其是电视媒体和网络媒体向村民宣传国家对公民保护政策。村民通过不断地学习刑法、治安条例和人身保护、财产保护的知识，进行自我保护和家庭保护，与此同时规范自己的意识和行为。村民不但学会了利用法律来保护自己，而且学会了制止他人的社会侵害行为，保护其他人的人身财产安全。与此同时，国家还构建了执法体系保护村民。深州市建立有公安队伍、武警部队，清辉头村民至今保留着民兵建制，成立了治保队，保护村民的人身财产安全。根据清辉头村治保主任李兵的介绍，主要街道、巷道、公共场所等安装了监控系统，每天晚上均有人值守。换言之，清辉头村当下已经建立了以国家为主要核心力量的安全网，保护村民的各方面安全。

第五章 村落文化形态与实态

传统历史时期清辉头村的小农经济生产方式和生产力水平制约着其文化形态，主要表现在浓厚的祖先崇拜与神灵信仰，村民的经验思维方式等。此外，村民的人生态度和行为习惯、村落文化都具有祖先传承性特征。本章考察清辉头村人们的崇拜观念、信仰观念、态度和习俗以及规训的村落文化形态。

第一节 崇拜与崇拜关系

崇拜观念是传统历史时期清辉头村人的重要观念构成。先人崇拜是村民对血缘关系重视和衍化的逻辑体现。先人崇拜观念有助于村民理解人的起源问题，以及人与人的关系问题。在传统历史时期，清辉头村村民的先人崇拜观念主要表现为对祖坟、祠堂、族谱、老辈子的崇拜。

一、先人崇拜观念

先人崇拜是传统历史时期清辉头村人对血缘关系重视的结果和从祖先继承而来的观念，在日常生活中主要体现为对祠堂、祖坟、族谱的重视，对老人的尊敬与爱戴。

（一）祠堂

传统历史时期，祠堂成为一个家族势力的体现，因此在明清时期只有东头的张氏家族有祠堂，因为"张家第三代出了个副将教练张汝桢，贡生张汝梅，举人张汝松，第四代出了个河南开封知府张云鹏,还有另一个生员,到清初第八代,出了武进士张端时,生员张端昕"[1],家族的显赫是祠堂兴建的主要原因。南头的李氏家族在晚清时期出现了一位进士李维第,因而在民国也兴建李氏祠堂。这两个家族先出人才,后兴建祠堂,主要有两个原因:其一,"光宗耀祖"观念在人们心目中根深蒂固,一旦有人在朝廷为官,子孙为显耀祖宗功绩,便兴建祠堂;其二,只有为官后才具有财力捐献祠堂,也才更具有号召力号召族人捐献钱财修建祠堂。关于张氏家族的祠堂情况,李建文老人介绍说:

> 张家的祠堂在张家圈的中心,里面摆放有他们祖宗的牌位,并且摆放着很多书。那里起先是张家人请私塾老师在祠堂办私塾的地方,后来就成为族人举办丧事的地方。张家人将棺椁摆放在祠堂。七七事变以后,日本人来了,看见里面有书就一把火烧掉了。烧掉之前,我还在里面读过书。[2]

祠堂是先人崇拜观念的产物。它被置于整个家族圈的中心,成为家族神圣事务的处置场所。在传统社会,华北农村家庭的神圣事务有二:一是读书考科举,二是办理丧葬事务。

> 李氏家庙即李氏宗祠,系李氏第五代族裔李维第在清光绪年间考中进士后所建,总体设计施工由李维第的岳父所主管和监制,总占地630平方米,均系砖瓦结构,主要由正殿、左右厢房组成,庙内松柏相映。正殿(北房)设有一条长20米的屏风,打开屏风即见祖先和先辈们的牌位,正中墙壁悬挂祖宗彩色绘像。正殿上方悬挂三块匾额,正中一块即"李氏宗祠",由山东籍状元潘希(字敬书)所写。西侧匾为"桑梓保障"。东侧匾为"进士",由李维第所写。大殿屏风前放置一红色长条桌案,为祭祀时摆放贡品所用。东西厅各有匾额一块,东厅房悬挂的匾额为"进士及第",西厅房悬挂的匾额为"德泽旁敷"。通过隔墙门楼则是前大厅,厅内两头各有一块石碑,碑额有龙雕,各自记载李氏现在励精图治的内容。前厅临街一侧有木栅栏所阻隔,正门上悬挂一个金字大匾"李氏宗祠",系秀才牟启敬所写,庙侧大门各有石狮一尊,庙内松柏数株。李氏家庙正前500米是祖坟。[3]

---

1 张群福老人的口述内容。
2 李建文老人的口述内容。
3 李绍宗老人的撰文材料(未发表)。

李绍宗老人的以上撰文内容说明祠堂修得十分气派，庄严肃穆，显示着李氏家族在村落的显赫地位，也说明了家族对祠堂的重视，以便于供奉祖先。

（二）祖坟

传统历史时期清辉头村族人对祖坟十分重视，祖坟成为家族的核心要地，不允许任何人侵犯。在明清时期，任何一个迁入清辉头村的家户发展几代人之后，就开始筹资购买坟地。

> 旧社会每个姓氏都有祖坟，杨氏祖地占地 30 亩，李氏的祖地大概有 50 亩。[1]

传统时期的清辉头村多数家族都有自己的坟地，但家族人口众寡不同，家族势力情况不同，导致祖坟地面积也不同。同一家族在长期发展下分为不同支脉，支脉发展新的坟地。

> 原来一个族、一个姓有自己的坟地。但有些姓不是一块坟地，例如东头一个孟，西头一个孟，他们不是一个坟地，不是一个家族。族地多少没准，族大（坟地）就大，租小（坟地）就小。如果是十户、百户的大族，坟地就大。坟地谁管？原来兴族长，这个姓属谁辈分大，年龄大，就是族长。[2]
>
> 清辉头姓何的人不少，但不在一个坟里埋。人家的坟我不知道。我这一支何姓，是从东北方向的李麻（离这里有五六里地）搬来的，搬来后有一片坟茔，在村东边，时间久了就迁了坟地，我这一家的坟就迁到进村路口附近，另一户坟在老坟的前面。俺这一片坟，在平坟以前埋了七辈人。我们家总共两片坟，但现在都没有了。[3]

宗族祖坟的面积多少总体上跟家族户数的多少成正比，家族的户数越多，其坟地的面积越大。有的家族拥有多片坟地，是在其迁徙过程中购置的。

（三）族谱

传统历史时期，清辉头村是否保留有族谱不得而知，因为当下在世的老人均表示没有见过自己家族的族谱，这也有历史原因。民国时期他们年龄还较小，后来经历

---

[1] 杨占恒老人的口述内容。
[2] 王庚凯老人的口述内容。
[3] 何运章老人的口述内容。

"破四旧"等运动,很多传统痕迹在清辉头村消失了。当下的各个家族竭尽全力制作自己的家谱,但由于缺乏历史族谱文献,他们通过回忆而制作的家谱均简易。李氏家族的后人李绍宗试图还原本家族的历史,他撰文整理家族的历史发展。

> 根据笔者多方走访考证,明确了明朝以来李氏家族的10代家谱。因历史久远,墓地碑文流失无从查找,至今在世的八九十岁老人虽然提供了大量资料,但不甚系统。据李氏碑文和老者口述,李氏祖上在明代由山西洪洞迁徙至河北深州,祖上务农为本而发家。精于耕种,勤俭持家是李氏家族的传统。据长者说,李族虽有大量囤粮而不大肆挥霍,同其他灾民一起吃糠菜共度灾年。据家乡老者们的回忆,李氏家族注重人才的培育,多人为国尽忠。据祖碑记载,明代战乱中李氏家族共有18位秀才被杀,祖坟中曾有18个砖石供桌,供后代祭祀(因尸骨未归故里,未留坟头)。历经300多年的沧桑岁月,李氏家族人丁兴旺,人才辈出,为家乡增彩。因年代久远,又因家谱被毁,虽在祖籍的李氏后裔有数百人之众,宗系情况实难核对理顺,因此只能从李氏家族先祖碑文了解,以备后代寻根和延续。[1]

族谱是家族的血脉历史。家族通过不断修族谱,追问"我从哪里来",本质上是一种先祖崇拜的体现。

(四) 敬老

清辉头村民具有祖先崇拜观念,因而也形成敬老观念,主要体现在两个方面:其一,过年的时候晚辈均要给长辈磕头,以表示尊敬;其二,家户基本由长辈当家,并且日常生活中处处以长辈优先为原则。

> 家里的大事跟老人商量着办。但小事就不商量了,如谁家过事了随个份子、地里的活就不商量了,全是俺爹和叔决定。[2]

> 吃饽饽的时候,小孩比较调皮,一个饽饽吃了一口就扔了,大嫂主动捡着这些饽饽来吃。咸菜都是差不多,但稍微好的部分分给老人。[3]

敬老是华北的传统伦理观念,主要有两种体现,一种是精神的体恤,即凡事与老

---

[1] 李绍宗老人的撰文材料。
[2] 何运章老人的口述内容。
[3] 何运章老人的口述内容。

人商量；另一种是物质的给养，即把较好的伙食让给老人。

二、先人崇拜关系

清辉头村人们的先人崇拜观念在日常生活中主要表现为一系列行为。这些行为包括祠堂祭祖、家庭祭祖、祖坟祭拜，在这些行为的过程中体现了优先性、差等性的崇拜关系。

（一）祠堂祭祖及其关系

清辉头村只有两个祠堂，一个张氏祠堂，一个李氏祠堂。家族把始祖的生日作为祠堂祭祖的时间。"张家圈"的祠堂在清朝时期的祭祖活动能够正常开展，到了民国时期，集体祭祖活动就很少了，但是家户有红白事需要到祠堂祭祖。

李氏宗祠于民国初期建成，有一段时间祭祀活动能够正常开展，但进士李维第迁移至天津以后，祭祀活动出现中断，1946年以后被改成学校。

> 李氏宗祠是进士这一支的祠堂，不是整个李家，我也属于这一支。祠堂祭祖不是所有人都参加，是进士一家的男人和这一支的族长，辈分较高的叔伯们参加。那时候，我还小嘞，没有见过。[1]

祠堂的祭祖活动具有资格限制性，且规模较小，参加的人数也不多。祠堂祭祀更多成为标榜家族显赫的一种象征性活动。

（二）上坟祭拜及其关系

上坟是清辉头村极为隆重的祭拜活动，而且一年有五次给祖先上坟祭拜活动，频率较高，彰显了传统历史时期清辉头人对祖先的崇拜。

> 人们到坟地烧纸去，给祖宗点灯、磕头，这个是有时间的。清明节、七月十五、十月一（阴历）、祖先忌日要去、正月初一给死了的人拜年去。一年要去五回。[2]

华北清辉头村的上坟祭祀次数明显高于南方。频繁的墓祭体现了浓重的先人崇拜观念。但与我国东南一代的元祖崇拜相比，这里的墓祭更多倾向于临近时代的先人。

---

1 李建文老人的口述内容。
2 王庚凯老人的口述内容。

我们这里不兴供奉祖宗的牌位，家里没有这个。我们供奉祖宗都上坟里去。原来很穷，人们也不怎么烧纸。[1]

因此，上坟祭祀祖宗具有区域特征，添土和磕头成为实实在在的祭祀内容。但并非什么坟都可以添土。

如果是刚刚死了三年的人，清明节时坟上不能添土，"添土不成人"，如果添了土说明没有后代。旧坟添的土越多，证明后代越旺。[2]

上坟也不是家户自己去，而是具有一定的组织性。

大年初一，辈小的上辈大的那里去磕个头。磕头完后，一家人在十点钟以后就可以去上坟祭祖了。上坟不是全家都去，以男丁为主，同辈的聚到大哥家，下辈的聚到大伯家，在上辈的领导下，各人各户拿着祭品去祭祖。这样初一就过完了。[3]

第二节 信仰与信仰关系

传统历史时期，清辉头村人们的耕作完全是"靠天吃饭"，但旱涝都比较频繁，使得村民的生活并无保障。生活中人们会遇到各种灾厄病痛、生老病死等。这两个方面的问题在人力无法解决时，村民转向于向神灵进行祈求，形成了神灵信仰及其信仰关系。村民信仰的神灵主要包括家神信仰、庙神信仰、鬼怪信仰三个部分。

一、家神信仰及其关系

清辉头在华北腹地，人们祭拜的家神和华南的宗族村庄、长江流域的小农村庄差别很大。祭拜的家宅六神分别是观音天地、财神、菩萨、灶王爷、门神、宅神等。

（一）"家宅六神"

1. 天地

天地是清辉头村人们在传统历史时期信仰的家神之一。清辉头人自祖先始，就开

---

[1] 何运章老人的口述内容。
[2] 李志勋老人的口述内容。
[3] 何运章老人的口述内容。

始供奉天地，祈求风调雨顺，五谷丰登。家户供奉天地主要有两个原因：其一是"靠天吃饭"的自然条件，人们希望天降甘雨，地育万物，五谷丰登；其二是源于祖先的信仰传承。

> 人们信仰天地，在当院打一个棚，这个棚不在房檐内，能够日晒雨淋，象征着天地。奶奶过年的时候在这里祭拜天地。[1]

2. 财神

财神，顾名思义就是掌管一个家户财运情况的神明。传统历史时期的清辉头村，几乎每个家庭都供奉着财神。过年过节的时候，当家人要向财神烧香，因为人们相信一个家庭的财运情况与财神的保佑密切相关。人们只有对财神较为虔诚，财神才能够保佑家户，使之能够财运亨通。

3. 观音菩萨

观音菩萨也是传统历史时期家庭内部经常供奉的神灵之一。清辉头村的医疗条件十分落后，病人完全依靠中药才能够减轻病痛，此外，家户成员还遭遇婚姻不顺，子嗣难继等各种问题。人们认为供奉观音菩萨能够去除灾厄与苦难。

4. 灶王爷

清辉头每家每户都供奉着灶王爷，灶王爷属于"家宅六神"之一，摆放在家庭的北面。有些家庭在每月初一、十五的时候，烧纸、烧香供奉。

> 每年腊月二十三，灶王要上天，上天言好事，回家抱吉祥；每年腊八，灶王爷奶奶要上天，汇报家里的事，如果说不好，你一年的日子不好过，所以人们煮着腊八粥，就用黏的粥黏住她的嘴巴。[2]

灶王爷负责向上天汇报家庭情况，村民要想生活过得幸福，必须要把灶王爷供奉好，灶王爷向上天说好话，上天才能够降下福瑞使其家庭幸福。

5. 门神

门神，顾名思义就是守卫大门不让邪祟鬼怪侵犯的神明。传统历史时期，清辉头村人信仰的门神分别是秦琼、尉迟敬德。

---

[1] 何运章老人的口述内容。
[2] 何运章老人的口述内容。

相传李世民老睡不着觉，就叫把秦琼、尉迟敬德叫来守着。后来他们死了，就把他们的石像搬过来，搬来后，李世民也睡着了。这个传说是对这两人的尊崇，他们能打，能够除妖怪。[1]

以上所述说明了清辉头人门神信仰的依据。

6. 宅神

宅神是守护整座家宅平安的神明。如果说门神守卫着大门，不让邪祟鬼怪进入，那么宅神则建立一个防护圈，能够保护家庭人畜平安，不受到邪祟鬼怪的侵犯。传统历史时期，当家人在过年过节的时候，虔诚地供奉宅神。

（二）家神信仰关系

清辉头的家庭祭拜有六位家神，在村民的观念意识中自然可以分为先后顺序：第一位神是天地，天地是人类的载体，是家户的载体、是人们信仰的首位神；第二位神是财神，财是清辉头家户生存繁衍的物质基础，特别是在物质普遍匮乏的传统社会，人们信仰财神，期望财神能够带来财运，获得更多的收入和食物；第三位神是灶王爷，灶王爷是家户烧火做饭的神，掌握着家户的所有情况，是沟通天庭与家户的神，每年都要将家户的生活情况向天庭做汇报。老人说，灶王爷是一家之主，过年过节的时候，家人要向灶王爷磕头；第四位神是南海观音，南海观音是人们信仰中的大慈大悲、救苦救难的神；第五位神是有人说是宅神，有人说是牛马王，即管理牲畜的神；第六位神是尉迟敬德、秦琼，是门神。祭拜家神的事务由当家人负责，但基本上由女当家人从事祭拜活动。

男人不管过年祭拜神灵的事情，基本上是妇女们在管。俺这户就是奶奶管，没了奶奶就俺娘管，要祭拜灶王、天地、财神，主要是这仨。祭拜家宅六神要烧半月的香，从腊月三十到正月十五，从早到晚烧三回。我记事时候，俺奶奶70多岁，一到过年就买纸，烧纸，家里的神有宅神、天地、财神、灶王、菩萨，一个地方有一个香炉。宅神就是一个庄基地、一个宅子的神，在大门下，树立一个牌屋，就烧纸。迷信大的人，初一、十五也有烧的。过年的时候，烧纸有贡品，就是卷子，平时的时候就没有贡品了，就是烧香。[2]

---

[1] 何运章老人的口述内容。
[2] 何运章老人的口述内容。

家户如果有病人，则供奉药王爷，没有病人的家户供奉观音菩萨、财神、灶神、天地，但不供奉祖宗。谁都可以拜家神，过年的时候一般为家庭妇女烧香烧纸。

二、庙神信仰及关系

庙神，顾名思义就是供奉在寺庙中的神明。清辉头村的寺庙有三官庙、土地庙、药王庙、老母庙、关帝庙、真武庙、双庙。

（一）七座庙神

民国时期清辉头村仍然存在的寺庙有七座，它们各自供奉不同的神灵。村民在庙会或者过年过节的时候都会祭祀庙神。

1. 三官庙

根据清辉头村老人的叙述，处于村北的三官庙供奉着尧、舜、禹三位神祇，它们是掌管着大自然的神，特别是管着水的神明，"大禹治水"成为三官庙神明的价值所在。王庚凯老人介绍说：

> 中华民国时期有关帝庙、药王庙、三官庙、老母庙，三官庙在"破四旧"时候被拉倒了，药王庙在"文革"时候被拆了。[1]

三官庙平时落锁，只有在过年和过节的开门。每年快要过年的时候，三官庙的看管者还上各家户敛钱，即各家户全凭自愿捐献，用于购置灯油点灯和烧纸以及维修寺庙。

2. 土地庙

土地庙位于村北。清辉头村人平时不去土地庙进行祭祀，只有有人去世的时候才去祭祀土地神。

> 村落里就一个土地庙，人死了后，其家人提着壶子，一天的早、中、晚要去土地庙浇姜水。[2]

3. 药王庙

药王爷的祭祀一般是在每年的三月庙会进行。通常来说，村民只有家中有病人才会祭祀药王爷。药王庙的祭祀香火十分旺盛。

---

[1] 王庚凯老人的口述内容。
[2] 何运章老人的口述内容。

> 药王庙有三间，有几座神像。庙里到处都是烟，人们根本呆不了，庙会过了几天后，药王庙周围一圈土地还在发烫。[1]

人们通过烧香点蜡、捐献钱财、挂袍等方式向药王爷表达信仰，祈盼着药王爷护佑。

4. 老母庙

清辉头的老母庙，又称为观音庙、娘娘庙。清辉头村民以及外来赶庙会的信众到老母庙中参拜观音像，祈祷大慈大悲、救苦救难的观音菩萨能够赐予人们子孙、婚姻、幸福，免去灾难、病痛。

> 村里有一个菩萨庙（娘娘庙），和药王庙挨一起的，供奉南海观音，供人们求子、求婚、排忧解难、免灾、去病。[2]

5. 关帝庙

关帝庙供奉的神祇是三国时期的历史人物关羽，他是义气的化身。传统历史时期，清辉头村祭拜关公，其主要目的在于祈求消灾以及家庭和睦等。每年农历六月二十四以及过年过节的时候，清辉头村的村民到关帝庙祭拜关公。

6. 真武庙

真武庙供奉的神祇是道教中的真武大帝，是一位北方的神，也是一位掌管水的神，还是掌管"放火"功能的神。村民也是在过年或者过节的时候祭拜真武大帝。

7. 双庙

根据传说，清辉头村的双庙供奉着唐代功臣张巡、许远的塑像，因为他们在唐朝安禄山叛乱过程中抵抗叛军。村民因其英勇和忠诚而祭祀他们。但双庙在民国时期的香火不旺，祭拜者较少。

（二）庙神信仰关系

传统历史时期，清辉头人信仰寺庙供奉的神灵，在供奉的过程中形成了一定的信仰关系，体现在家户需要捐献香油钱，信仰无性别差异、信仰具有需求性等方面。

1. 家户捐献香油钱

民国时期，清辉头村还存世的寺庙，基本上没有自己的粮地，寺庙的服务费、看

---

[1] 何运章老人的口述内容。
[2] 何运章老人的口述内容。

守人员的管理费、日常消耗的香油费、香纸费等都需要倚靠各个家户的捐献。寺庙到家户化缘收取捐献钱，清辉头村人称之为"敛钱"。

> 这个庙，过了大年三十就点灯。庙里负责添油的人，就敲着鼓，嘴里喊着"添油"。我知道的三官庙，一年要添两回油。过了正月十五后，添油的人就上户里来敛一次钱，喊着"油钱"，多少不计数，钱多就多给，钱少就少给。添油的人就是一般的庄稼人，敛钱没有账本，敛多敛少，没有人知道，也不去追究。如果敛多了，添油的人自己留着用了，这事没有人管。我们那时候又不出门，就知道老人说，"添油的人来了"。[1]

根据何运章老人所述，清辉头村人一年需要为每座寺庙"敛钱"两次。寺庙敛钱基本以就近的"头"为主，例如村北的三官庙，主要以北头和西头为主，兼之村里的大户，其他各头的寺庙也同样如此。家户是否捐献香油钱全凭自愿，捐献的数量也全凭自愿。

2. 信仰无性别差异

传统历史时期，清辉头村"男主外，女主内"的观念十分浓厚，以至于家庭妇女基本上足不出户，集市上很少看到女性的身影。但在信仰方面，性别差异好像消失了，家庭妇女不但可以信仰各种庙神，甚至祭拜各个庙神的时候，妇女人数几乎占一半左右。

> 俺们村的三月庙会，烧香拜神的人，男的女的都很多。妇女平时不出门，但烧香拜佛可以出门，她们比男的迷信大，愿意相信那些神。[2]

清辉头村人在信仰神灵方面没有差异，男女都可以信仰神灵，而且还可以参加各个寺庙神灵的信仰活动。

3. 信仰具有需求性

1949年以前，清辉头村人信仰神灵具有一定的需求性，或者说，人们相信神灵能够解决各种困难。这样的信仰观念导致家户在有需求的时候祭拜神灵，如果没有需求则不祭拜神灵，例如家人病了，则祭拜药王庙；家人想求子，则祭拜老母庙；家人不

---

[1] 何运章老人的口述内容。
[2] 李建文老人的口述内容。

和则祭拜关帝庙。村民这样的信仰观念，使得与家户密切相关的老母庙、药王庙、关帝庙的香火特别旺盛，与家户生活不太紧密的三官庙、真武庙、双庙的香火不旺，只有家里有人病逝，村民才去祭祀土地庙。

第三节　思维与思维的关系

传统历史时期，清辉头村的旱作方式和家户耕作单元决定着人们的思维习惯。村庄世世代代都从事家户的小农生产，耕作知识与经验都源于祖先的传承。农业经营"靠天吃饭"，多劳多得，少劳少得，人不能欺骗土地，使得人们形成了务实的思维方式。相同等级的土地平均产量基本相同，世代耕作的村民因此形成了平均的思维。清辉头村人们的经验思维、务实思维、平均思维成为本节要探讨的内容。

一、经验思维及关系

人们在从事生产、生活的过程中，各种经验知识不是来源于书本知识，而是来源祖祖辈辈总结的经验的传承，以及生产生活主体在日常生活中总结的经验。

（一）生产的经验思维及关系

传统历史时期，清辉头村村民世世代代在耕种过程中不断地总结耕作经验，并且将这些经验传承给子孙后代，代代相传。村民的耕种方式在传统历史时期长达几百年都无太大的变化。智慧的清辉头人为了能将生产经验传授给子孙后代，编撰了很多民谚。

> 头伏里冷，一棵豆子（黄豆）打一捧。头伏里热，一棵豆子（黄豆）打一捏。谷雨前后，种瓜点豆。枣芽发，种棉花。棉花不害羞，沥沥拉拉出到秋，形容一般的棉花是三天出，如果六七天才出棉花，说明泡种没有泡好。稀不了横头，密不了的边，这个谚语是说早先使用耧进行耩地，一般下种粮在边上要稀着点，但在横头的时候得重复来，所以比较密。深栽茄子，浅栽葱，这个谚语说明茄子长得比较高，越往上长，越容易倒，栽得深一些，能够保证其不倒；葱不怕旱，浅栽了也没有事。晒不死的葱，饿不死的僧，这个谚语说明葱比较耐旱。头伏萝卜，二伏菜，三伏有雨种荞麦，这个说明了种萝卜、种菜、种荞麦的各自季节。桃三杏四梨五年，枣树当年就见钱，这个谚语说明桃树、杏树、梨树、枣树各自生长结果的周期。一亩园顶十亩田，这个谚语形容粮地、菜园地的价值。[1]

---

[1] 李志勋老人的口述内容。

> 霜降不起葱，必定内得空，形容霜降时要收割葱，否则影响食用。立冬不起菜，必定要受害，这里是指立冬要起有根茎的大菜，包括麻秸、芥菜、蔓菁。小雪不封地，不过三五日，这谚语的意思是封地就不能耕地了，每年七五耕地，小雪以前就得把地耕好，第二年好耕种，再一个养分也多，成了熟地。小雪起白菜，处暑烂瓜秧，这个谚语的意思是平时吃的大白菜，冬天可储藏；一到处暑这个节气，瓜秧就烂了。谷雨麦怀胎，立夏麦龇牙，这个谚语的意思是谷雨时候麦子开始孕育麦粒，立夏的时候谷粒开始冲破麦穗外漏了，麦粒出来了。桃花开，杏花谢，梨管桃花叫姐姐，这个谚语的意思是杏花第一个开，桃花晚于杏花，梨子是最后开花的。六月六，看谷秀，这个谚语的意思是六月六以后，谷物就要抽穗了。[1]

传统清辉头村的农业生产，不是基于科学研究，而是基于世代的经验总结。文字普及率在传统乡土社会较低，为了便于口口相传，人们将生产经验编撰成为通俗易懂的农谚。因此，农谚成为农耕经验的一种重要传承方式。

（二）生活的经验思维及关系

传统历史时期，村民不但在农业生产方面积累了大量的经验，运用这些经验从事耕作，而且也在生活方面积累丰富经验，在日常生活中进行运用。家户按照积累的经验安排具体生活。

> 大部分家庭是每日三餐，小部分家庭是每日两餐或者四餐的饮食安排。谚语说，"早晚瞎胡混，就等中午那一顿"。另一谚语说，"早胡混，午丰盛，晚上来点就高兴"。[2]

以上内容说明了家户一日三餐安排的经验，清辉头村家户的日常生活制度是早晚的伙食随便吃点，中午的伙食要丰盛一些。

> 谚语"少吃一口，活到九十九；多吃一勺，晚上睡不着"，是村民的养生经验，饭食不能吃得太饱，才能有助于养生。"穷长虱子富长疮"是村民关于贫富阶层各自特征的总结。"着急吃不了煤火饭"，说明煤火烧燃不易，需要

---

[1] 李志勋老人的口述内容。
[2] 《清辉头村志》手写草稿部分。

保持耐心，也告诫人们做事需要一定的耐心才能够完成。"一辈子不盖房，是个自在王"，这个谚语说明旧社会盖房十分不容易，即使有房屋基地，盖房也需要很大的花费。"三翻六坐八爬爬，十个月上会喳喳"，这个谚语总结了未满周岁婴儿的成长规律，三个月会翻身，六个月能够坐了，八个月会爬了，十个月会开口学说话了。[1]

生活经验也依靠谚语的形式进行传承。由于缺乏对新事物的研究，华北农民基本依靠先人总结好的经验进行生活。因此生活谚语也涉及生活的方方面面，包括盖房、养娃、养生、修身养性等方面。

二、务实思维及关系

务实思维是村民具有的基本思维方式，因为跟土地"要花招"，只有自己吃亏。清辉头村人务实的思维方式主要体现在"省了盐酸了酱，省了柴火睡凉炕"，"要吃应心饭，还得自己盛"等。

（一）"省了盐酸了酱，省了柴火睡凉炕"

传统历史时期，清辉头村缺水，很少能够产蔬菜。村民平时的生活多数食用腌菜，例如腌制芥菜、腌制萝卜、咸菜以及各种酱等。酱需要大量盐巴进行腌制，如果采取"自欺"的方式少放一点盐，则制作的酱成为酸浆，便不算成功的酱。清辉头村一到了冬天家庭的温度都比较低，家家户户都通过烧炕来取暖。家户少放了柴火，那么到了晚上则需要睡冷炕，严寒天气中受冻必然容易生病。

务实的思维体现在人们日常的生产生活中，例如"样子家家有，替了样子替不了手"，说明在人们的生产生活中家户和个人均有独特性，不是任何人都能够"替手代劳"，往往只能替个样子。从财产占有方面来说，"娘有不如己有，怀揣不如手拿"，说明了人们对于财产的务实思维，即使是父母的财产，如果不分配到自己的家户，就不能算是自己的财产，怀揣的东西容易掉，不如自己手拿得稳当。传统历史时期，村民务实的思维方式使得他们在耕种土地、日常做事中讲究多用一分力，则多得一分收入，凡事讲究实在的投入。

（二）"要吃应心饭，还得自己盛"

传统历史时期，务实的清辉头村人在生产生活中讲究亲力亲为。"要吃应心饭，还得自己盛"就反映了这样的思维方式。盛饭是人们一日三餐最正常不过的行为，但如果要别人盛饭，即使看起来一碗是满的，也比较蓬松。吃饭的人如果想吃一碗"应心

---

[1] 李志勋老人的口述内容。

饭"，需要亲自己动手盛饭将饭压紧。人们知道，只有亲力亲为的务实做法，才能够收获更多。如果不是亲力亲为，其他人不可能根据自己意图做到尽善尽美。

务实的思维方式使得村民一般不制定一些不切实际的目标，他们崇尚一步一个脚印的观念，保持"宁走十步远，不走一步喘"的务实作风，因为即使为了省事，走一大喘气的步，实际的距离还不如十步小步走的距离远。因此，传统历史时期清辉头村的村民依靠一步一个脚印的务实态度去实现目标，而从来不做"一口吃一个大胖子"的不切实际的做法。在日常耕地中，人们也崇尚"少耕二亩地，不跟牛喘气"，希望按照计划保持稳定的工作"定力"，按部就班地完成耕作任务。

三、平均思维及关系

平均思维也是村民常有的思维方式。在长期的土地生产过程中，自然雨水情况、旱涝情况，土地的平均产量都基本趋同。自然环境无差别对待每一个人，使得人们习得平均思维。

（一）"人心换人心，四两换半斤"

传统历史时期，清辉头村人的谚语"人心换人心，四两换半斤"便是村民的平均思维的体现。在日常的人际交往中，"人心换人心"是人们交往的基本原则，如果人心换不了对方的真心对待，则两人的交往终止。在市场交换中，传统历史时期清辉头村存在一种小秤，每斤为八两，因此"四两换半斤"属于公平交换。如果打破了公平交换的原则，人们则不会进行物质的交换。平均已经成为人们为人处世的基本原则。

平均思维在家户分家过程中体现得尤其明显。部分国家讲究"长子继承"，所有财产都给了长子，但在传统历史时期的清辉头村是"诸子均分"。清辉头村还在分家机制上设置了公平保障，即分家不是由父母说了算，因为父母可能喜欢其中一位儿子而有所偏向，为了体现公平原则，家庭通常邀请三方亲友参加，分别是直系近亲、旁系近亲、近处邻居。直系近亲通常是叔伯、堂叔伯、族长等，旁系近亲则为舅舅、姑父等，近处邻居则为关系较好邻里。由三方代表了解家庭情况后，综合权衡各方面要素，制订公平的分配方案，甚至最后还有儿子们抓阄选择，保证机会公平。

（二）"一样的客，不能两样待"

平均思维的原则还体现在家户的待人接物方面，家户讲究"一样的客，不能两样待"的原则，不搞特殊化。但客人被平等对待的基本前提是"一样的客"，在传统历史时期，家户的客人被分为三六九等，其中女婿为第一等级，舅舅、姑父、姨夫等为第二等级，远亲为第三等级，只有相同等级的客人才能够被平等对待。例如何运章老人的家庭，家里有三个姐夫作客，家里给予的招待级别是一样的。但是舅舅、姑父、姨夫等客人来了，则没有三个姐夫来到家里得到的招待级别。

清辉头村人虽然讲究"一样的客，不能两样待"的平等原则，但同样存在把客人区别为三六九等的差别原则。因为那个时候每个家庭的经济条件都有限，中下层的家庭并不富裕，资源有限只能"好钢用在刀刃上"，例如何运章小时候家庭用于招待客人和自己节日食用的细面只有100多斤，如果所有来访的客人都被同等对待，那么100多斤的细面也不够用。在资源有限的情况下，舅舅、姑父、姨夫等第二等客人来了，没有细面馒头与饺子，但在菜的品质上可以提高等级，例如韭菜炒鸡蛋、腌鸡蛋等。

四、循环思维及关系

循环思维是村民受到一年四季循环、昼夜循环以及在日常生产生活中的循环而形成的特定思维方式。这种思维方式影响着人们日常的生产生活以及社会交往。

（一）"二十四节气"与生产关系

一年分为四季、十二个月进行循环。但无论是四季划分的循环，还是十二月划分的时间循环，对于清辉头村村民来说都过于宽泛，使得村民不便于把握农时。中国老祖先根据天文观察以及物候经验，将十二个月划分为二十四节气，以便于人们按照二十四节气进行耕种。

> 惊蛰无地凌，寒食无老鸹。清明高粱谷雨谷，立夏芝麻小满黍。谷雨麦怀胎，立夏卖龇牙。处暑找黍，处暑倒栽。喝了白露水，（蚊子）就要抻腿。小雪不耕地，大雪不行船。[1]

根据以上所述，传统历史时期村民根据二十四节气来权衡耕作。哪一个节气可以干什么事，清辉头村的村民"心里都有谱"。清辉头人在特定的节气按照祖辈流传的经验从事生产，如清明前后种高粱，立夏前后种芝麻。北方的冬天很漫长，为了度过这难熬的季节，人们发明了"数九"的方式迎接春天，"数九"即每九天为一个小周期，九九八十一为一个大周期，大周期一过便是耕种时期。

> 一九二九不出手，三九四九凌上走，五九半凌水散，春到六九头，七九河开，八九雁来，九九对九九，遍地牛驴走。[2]

---

[1] 深州市地方志编纂委员会编：《深县志》，中国对外翻译出版公司1999年版，第551—554页。
[2] 何运章老人的口述内容。

数九是从冬至日开始算,几乎每九天出现一个变化,祖祖辈辈不断总结这种周期变化,年年周而复始,成为村民认识气候的循环思维方式。

(二)耕作与喂养牲口的循环思维应用

清代至民国时期,清辉头村已经没有草场,家户喂养牲口不可能使用放牧的方式,只能采取庄稼秸秆经过深加工,例如"一寸铡三刀"的方式,进行牲口饲料加工。换言之,庄稼秸秆成为牲口饲料的唯一来源。牲口吃了庄稼秸秆后拉出粪便,粪便又成为种植庄稼的养分。

> 我扛长活的时候,在主家一年四季都有活干,冬季的时候主要是铡草和换牲口圈的土。牲口拉尿拉粪把牲口圈的垫土弄脏了,我把脏土运到主家的粮田土地当肥料,把粮田的干土撮回来垫牲口圈,一天换一次,来回循环。[1]

传统时期的循环思维构成了生产生活的重要思维方式。村民利用庄稼生产所需的肥料以及牲口所需的饲料,建立了一个生产链条的循环,各取所需,循环反复。

五、中庸思维及关系

中庸思维是传统历史时期清辉头村人们惯常的思维方式,这种思维方式要求人们多一事不如少一事、和气生财等。

(一)多一事不如少一事

传统历史时期的家户抗风险能力十分弱小,特别是寻常的小门小户更是如此,使得家户不愿意沾惹事端。

> 我们村里有爱管闲事的人,但他们只管村里公家的闲事,比如说敛钱淘井、敛钱点灯等,不管别人的闲事,因为管公家的闲事有吃喝,管人家的闲事落闲事。别人的闲事大都不愿意管,只有家族的人、兄弟、亲戚等人才愿意管闲事。[2]

村落有"爱管闲事的人",但他们只管公家的闲事,是为了"做好事",有时候还能混吃喝,但管私人的闲事几乎没有落好。人的趋利避害的本性使得抗风险能力弱的人和家户远离是非,不惹祸事。

---

[1] 李建文老人的口述内容。
[2] 李建文老人的口述内容。

（二）和气生财

传统历史时期,清辉头村的中庸思维还体现在和气生财方面。清辉村俗话说,"多一个朋友多一条路,多一个敌人多一面墙","没有走不着的路,没有求不了的人"。与人相处和气,才能够做好买卖。

> 买卖人最讲究和气生财,在街上做买卖把人得罪了,人家就不来跟你做买卖了。我原来跟人扛长活儿,那家是开米铺的,"好庄家不如赖铺家"。我卖米时,为了生意好,给每个买家一捧米,下回他继续来跟我买。[1]

做买卖人非常重视和气生财的中庸思维。实际上,普通人家也同样看重和气生财,说话都注意语气,避免得罪人,引起不必要的麻烦,良好的社会关系还为村民求人办事的时候提供了便利。

第四节 态度与态度的关系

态度是人们对于世界、人生和事务的基本价值观和行为。传统历史时期,清辉头村人在特定的历史条件下形成了一系列的态度,包括生育态度、生产态度、生活态度与社会态度等。这些态度决定着人们在生产生活中的具体行为。

一、生育态度及关系

家户对生育十分重视,生育成为人们天然需求,是家庭继香火、后继有人的需要。重视生育是清辉头村每个家户基本的态度,具体体现为生育的性别差异、举办生育仪式、无生育家庭的补救举措等。

（一）生育性别差异

多子多福、儿孙满堂是传统历史时期清辉头村每一个家户的向往与渴望。富裕家庭具有条件养育孩子,倾向于多生孩子无可厚非,但即使穷人家庭,生养孩子的数量也比较多,几乎是能养几个便生育几个。通常来说,1949年以前的清辉头村家庭的孩子数量从1个至8个之间不等,其中2—4个孩子的家庭占整个村落六成以上。在生育性别上,家户"重男轻女"的态度十分明显,儿子和女儿的待遇也完全不同。清辉头村的谚语"儿子的江山,闺女的吃穿",反映了儿女不同的家庭地位,意思是儿子可以享受家庭财产的继承,而女儿只能享有吃穿的权利。

---

[1] 李建文老人的口述内容。

> 大部分人愿意要男孩,因为有男孩才能一辈一辈地往下传。事变以前的妇女在家做针线活,不需要上地里干重力活。[1]

重男轻女的主要根源在于"男孩才能一辈一辈地往下传",而女孩嫁人以后不能继承家族血脉。在家庭劳动的分工上,儿子上地里干体力活,对家庭的贡献更大,女儿只能在家做针线活,从价值来说,儿子的劳动价值比闺女大。正因为重男轻女生育态度的存在,孩子出生以后,家户在生儿子和生闺女方面的反应也不同。

> 家里如果生一个男孩,则向人介绍说生了一个"大胖小子",或者说"生了一个学生"。家庭如果生了一个闺女,则向人介绍说生了一个"小妮子"。[2]

生儿子则是"大胖小子",生闺女则是"小妮子",一"大"一"小"体现了家户重男轻女的生育态度。当然,传统历史时期的清辉头村人也并非认为生男孩越多越好,他们认为儿女双全最好。

> 过去,家里生孩子不是全部生儿子才是最好,最好的结果是儿子、闺女都有,例如儿子两个,闺女一个,较为理想的是先生儿子,再生女儿。家家户户谁不图一个儿女双全?[3]

儿女双全才是家庭追求的理想境界。这样的好处在于家庭不但有儿子继承香火,传承血脉,而且能够有儿女亲家可以走动,加强家庭对外联系与相互支持。

(二) 举办生育仪式

生育是一件大喜事。但是传统历史时期清辉头村的家户并不像一些村庄那样举办"献三酒""三日酒""满月酒""百日酒"。生育的妇女只是在家中坐月子,亲戚进行看望等。

> 旧社会,大部分接生都是自个在家就办了,结了婚的妇女都懂一些,一般不大请接生婆。[4]

---

1 何运章老人的口述内容。
2 《清辉头村志》的草稿资料。
3 李志勋老人的口述内容。
4 何运章老人的口述内容。

传统历史时期，清辉头村甚至没有专门的接生婆，接生靠有经验的婆婆婶婶等进行。有俗语说"女怕卸崽，男怕拔麦"，体现了生育接生的风险性极高。

  妇女生孩子后要"坐月子"，又叫"占房"。原来的孩子都是在家里接生，生完孩子后家庭在产妇的窗口上挂一张红布，以示驱邪之意。为了使得产妇奶水充足，家庭将鸡蛋、小米饭、挂面、红糖、芝麻盐、七星肘子给妇女吃。孩子出生的第四至六天，亲戚朋友不能进行看望，一般在十二天时（称"十二响"）看望，产妇一个月内选择黄道吉日回娘家。[1]

  早先生小孩没有满月酒。四邻关系好的人，送一点鸡蛋和挂面，有20—30个左右。满月酒姥姥家要来人，生完孩子后，给姥姥信。姥姥就来，一般一个人来，带100个鸡蛋，还有芝麻、挂面等。[2]

相较于南方村庄的生育仪式，传统时期清辉头村的生育仪式较为简单，没有举行酒宴，娘家人只要携带100个鸡蛋、挂面、芝麻等物进行看望，产妇满"十二响"以后在月子内的时间中到娘家居住一段时间。

（三）无生育与举措

生育对于每一个家庭来说都是渴望和喜事，但有些家庭在生育方面则遇到了挑战，因为有些家庭遇到长期不孕不育的情况。无生育则变成家庭的烦恼根源，家户则采取各种举措进行补救。

1. 向神灵求子

家庭中没有子嗣的妇女心里十分焦急，只好把希望寄托于神灵，通过神灵的帮助而获得子嗣。妇女在过年过节或者庙会的时候，去老母庙向观世音菩萨烧香磕头，并许下愿望，如果能够满足获得子女的愿望，则会还愿。部分妇女在家中供奉观世音菩萨，向其祈求生子的愿望。

2. 纳妾生子

如果没有子嗣，有些家庭则采取纳妾的方式。

  我们村也有娶小婆的情况，一般是大婆没有子女，特别是没有小子。我们村就有孟子阳、张文波两个人娶了小婆。孟子阳小婆生了三个小子。[3]

---

[1]《清辉头村志》的草稿资料。
[2] 李建文老人的口述内容。
[3] 何运章老人的口述内容。

传统历史时期的医疗条件不发达，家户通过纳妾的方式，解决不能够生育的问题。但并非任何家户都可以纳妾，需要具备一定经济条件的家户才能纳妾。

3. 过继子嗣

传统历史时期，有些夫妇没有子嗣，又不具备纳妾的条件，就采取过继的方式获得子嗣。

> 女孩不能过继给旁人，因为他们要嫁人，没有办法继承香火。过继时候，一般长子不过继。在俺家，俺叔没有孩子，俺爹就把俺二哥过继给俺叔。[1]

二、生产态度及关系

生产是每个家户的主要活动，没有生产就没有家庭消费，也就不能够维持基本的生存与发展。因此，村民对生产十分重视，主要体现在珍惜农时，深耕细作，做出好活等方面。

（一）人误地一晌，地误人一秋

清辉头村的谚语："人误地一晌，地误人一秋"，因此，珍惜农时成为传统历史时期清辉头村的农民最为基本的生产态度。耕种不同作物，有不同的农时，农时不得耽误，一旦耽误了就不能有好的收成。农事的谚语"清明高粱谷雨谷，立夏芝麻小满黍"，反映了播种作物的农时。清明节是进行高粱播种的时候，谷雨是播谷子的时候，立夏是播种芝麻的时候，小满是播种黍的时候。如果错过最佳的播种时机，等于耽误最好的农时，作物生长则不一定能有好收成。

清辉头村的农谚曰"头伏萝卜二伏菜，三伏有雨种荞麦"，"霜降不起葱，必定落场空"，"立冬不起菜，别把老天怪"，"四月里芒种熟了麦，五月里芒种麦不熟"，"八月八，大车小车往家拉"，"八月忙，谷子高粱都上场"，"小雪不耕地，大雪不行船"，都充分说明干各种农活的农时。农民珍惜农时，不违背农时从事生产，成为传统历史时期清辉头村农民对待生产的基本态度。

（二）"深耕加一寸，顶上一茬粪"

传统历史时期，粪便是农业耕种的资源，成为庄稼长得好坏的重要影响因素。清辉头村有谚语说"农业一枝花，全靠粪当家"，"种地不上粪，等于瞎胡混"，"谁家过得好，比家里粪堆大小"，说明了粪便对庄稼的重要性。总体来说，家家户户的粪便都有限，不能为庄稼提供足够的肥料，因此传统历史时期的清辉头人对待生产的另一态

---

[1] 何运章老人的口述内容。

度是精耕细作。谚语"深耕加一寸,顶上一茬粪"说明,村民通过深耕的方式来提高土地的产量。

深耕细作作为生产耕种的一种态度呈现,就是慢工出细活。正如清辉头农谚所述的那样,"慢工出巧匠,快了无好活",人们在土地上精细耕种,慢工出好活。深耕细作除了体现在庄稼上,还体现在喂养牲口方面。人们喂养牲口的材料都源于秸秆,整棵秸秆喂养牲口,牲口嚼不动,因此家户对秸秆进行深加工,讲究"寸草铡三刀"的精细制作,达到"无料也上膘"的效果,此外根据"有料无料,四角拌到"的原则,对草料进行搅拌均匀,便于牲畜吃了能够上膘。

三、生活态度及关系

勤俭持家和讲究信用是传统历史时期清辉头村的家户以及个人的基本生活态度。在勤俭持家方面,村民讲究"一天省一口,十年省一斗"的节约与精打细算,只有这样在物资困难的情况下才能够维持家庭的经营。讲究信用是家户日常的立身之本。

(一)"一天省一口,十年省一斗"

传统历史时期,清辉头村总体上生活物资比较稀缺,家户生活还比较困难,村民相信"一天省一口,十年省一斗",只有省下来口粮、零钱,才能够有积蓄,便于以备不时之需,也是家庭购买土地、扩大生产的条件。

> 张家圈的张家之前很穷,他们是勤俭持家,现在还流行这个传统风俗。我们这里大年初一不是吃饺子吗?他们不吃肉馅,只吃菜馅,这是他们祖上的传统。[1]

节俭不止是上述的张家,也包括各个姓氏的家户,包括有名的首富李亚农家庭,都崇尚勤俭持家。李志旭的祖上从事木匠,从清朝道光年间始,几代人几乎每十年购置一次土地,逐渐扩大家庭的生产规模。

(二)"还账如置家"

讲究信用也是清辉头村的人们对待生活的另一重要的生活态度。传统历史时期,清辉头村家户都普遍不太宽裕,家庭急用钱,除了贩卖财产和土地外,家户之间也经常发生拆借。但是诚实的村民不存在赖账不还的情况,除非是在"倒锅不记账"破产情况下,按照村落习俗可以免除不能偿还的部分债务。人们十分重视家户信用,在人们的观念中有借有还,再借不难,正如村谚形容的一样"还账如置家",意思是还清债

---

[1] 李志勋老人的口述内容。

务等同于置办一个家庭，实际是构筑一个"信用之家"。

谚语"酒要少吃，账要勤还"，"勤借勤还，再借不难"，体现了村民对于家户还钱信用的重视。清辉头村在传统历史时期是一个相对封闭的村落，村民向外流动性不强，几乎世代都在村落中繁衍生息，一旦惹上了"欠债不还"的坏名声，对家户来说是沉重打击。这有两个原因：其一，传统历史时期清辉头人十分爱惜名声，部分人将名声看得比生命还重要；其二，正如李建文老人叙述的那样，一个人"名声臭了，办什么事都不咋了"，很难在相互熟悉的村落中获得其他人的帮助。

四、社会态度及关系

在邻里交往过程中，家户基本态度是"远亲不如近邻，近邻不如对门"。在一般的社会交往过程中，家户的态度是"没有走不着的路，没有求不了的人"。

（一）"远亲不如近邻，近邻不如对门"

家户对社会的态度首先体现为对邻里的态度，清辉头村的谚语"远亲不如近邻，近邻不如对门"，反映了家户对于邻里关系的基本态度，即社会关系存在差别性，即远亲是血脉关系较远的亲戚，他们与家户的关系不如近邻的关系亲近，近邻与家户的关系不如对门的关系亲近。家户与邻居较为亲近是因为地缘关系较近，平时互动的机会和相互支持的机会较多，从地缘关系来看，对门关系交往起来更加方便。

> 邻居分为近邻和一般邻居，近邻就是门当户对的，房屋前后接壤、左右挨着的户。邻居就是相隔一家两家的，邻居以外就是"一湾的"，即住在"一头"的人。近邻之间支持多，过去人们请工、去地、借钱、借粮、串忙都是优先找近邻，再找其他家庭。[1]

家户之间因为存在请工、去地、借钱、借粮、串忙等事务，形成了较强的相互依赖关系。家户对邻里关系很重视，特别是对门关系，而血缘关系较远的亲戚与邻里关系相比相对弱化。

（二）"没有走不着的路，没有求不了的人"

传统历史时期，村民对待社会交往的基本态度是与人为善，用人所长，正如其谚语"没有走不着的路，没有求不了的人"，每个人都有长处，都能够帮助他人。鉴于这样的社会交往态度，清辉头村人奉行"多一个朋友多一条路，多一个敌人多一堵墙"，与人友好相处。一般情况下，清辉头村人不主动与人交恶，包括来往清辉头集做生意

---

[1] 何运章老人的口述内容。

的商贩，购置货物的赶集人，因此村落有一句脍炙人口的共识："清辉头不欺负外地人"。

"没有求不了的人"的关键在于人情。家户求人的重要基础是双方之间有人情，丧失了这个基础，即使求人，人也不会愿意帮忙。清辉头村的谚语说"害人如害己"，即个人蓄意损害他人利益则如同切断了自己求人之路。这样一种与人为善、用人所长的社会交往态度进一步发展为"没有不碰锅边的马勺，没有碰不上的亲家"，即在传统社会时期人与人之间不但是相互寻求帮助的关系，甚至还可能发展为儿女亲家关系。

五、政治态度及关系

政治态度是村民对待国家以及相关人和事务的态度。传统历史时期，资讯传播技术不发达，村民对国家的态度主要通过对皇帝、对官员、对权力等的认识进行反映。

（一）对皇帝的态度

传统历史时期清辉头村人对皇帝的态度通过两个方面体现出来，其一是关于皇帝的传说；其二是关于皇帝的认识。清辉头村有关皇帝的传说是东汉皇帝刘秀在清辉头村躲兵的故事。在这个传说中，还未称帝的刘秀被朝廷追杀，慌乱之中进入清辉头村的寺庙躲藏，得到蜘蛛的结网保护，逃过一劫。这个传说无法考证真伪，但传说本身体现了村民对"君权神授"的认识与态度，刘秀被认为是"真龙天子"，因而被蜘蛛结网保护。村民在观念上认同国家的代表，即历代王朝的皇帝。笔者在采访何运章老人的时候，他对清朝历代皇帝如数家珍，据他介绍，这种知晓来源于祖先对年号的运用，他是从祖辈那里得到关于皇帝的认知。

（二）对官员的态度

传统历史时期清辉头村民对于官员整体的态度是崇拜，从村庄一直保留着张氏家族培养的武官张提辖的传说，以及民国时期对晚清进士李维第的推崇中可以反映这一态度。家户以及亲族都渴望与自己具有某种血缘关系的人能够晋升为官员，例如李维第当知县以后，给李氏家族带来了极大的改变，李家成为首富。清辉头村在传统历史时期建设有两幢家族宗祠，因张家和李家分别培养出了官员。此外，官员能够给家族予以很大的庇护，成为村落中家族之间的化解竞争甚至冲突有效的借力。家户虽然可能自己有子弟当官，却普遍怕官。怕官有两个方面的原因，其一，家户对官员基本不熟悉，不了解，且官员通常呈现出威严感，让村民害怕；其二，在多数村民的观念中，官员具有较大的权力，能够派兵抓民，使人害怕。因此，传统历史时期村民对官员的态度既崇拜，又害怕。

（六）人生态度及关系

传统历史时期，清辉头村人们的人生态度是他们关于人生怎么度过以及与世界和他人的关系如何的一种稳定情感。根据清辉头人的俗语和老人们的介绍，村民在传统历史时期的人生态度倾向于"老实人常在"，"先小人，后君子"。

1. "老实人常在"

清辉头村俗语"老实人常在"，反映了传统历史时期村民的基本人生态度，即在于追求做老实人。老实人是指为人实在，不耍花招，待人诚恳，不欺瞒，不欺负弱小，有一说一。传统历史时期清辉头村人基本是老实人。村民一旦被认定为"奸人"，则在村庄的名声不好，受到乡亲的疏远。人们喜欢跟实在的人进行交往。此外，"老实人常在"表达了老实人平安，暗含着上苍眷顾老实人的意思。清辉头村的俗话"奸出人命赌出贼"，佐证了"老实人常在"现实逻辑。

2. "先小人，后君子"

传统历史时期清辉头村人们崇尚做人规则是"先小人，后君子"，其大意是明人不做暗事，丑话说在前头，好话留作最后。这样做事的好处在于双方交易或者相处时，先言明利害和规矩，使得对方知晓规则，避免事后因为规则不清楚而引起的纠纷。事实上，传统历史时期的清辉头村人十分讲究仁义，崇尚君子风尚，其俗语"只需你不仁，不许我不义"，"有理让三分"都充分说明了清辉头人的人生态度。

第五节　习俗与习俗的关系

习俗是清辉头村在世代生存繁衍过程中形成的通俗做法。通常来说，清辉头村的习俗分为婚姻习俗、丧葬习俗和节庆习俗三个方面。家户在操办结婚嫁娶、丧葬安排、节日庆祝的过程中，依照世世代代遗留下来的习俗开展各种活动安排。

一、婚姻习俗及关系

婚姻对于传统历史时期清辉头村的任何一个人来说都是人生大事，基本上是"父母之命媒妁之言"的婚姻形式，包含了一些相关构成要素及关系。

（一）婚姻半径与条件

传统历史时期，清辉头村的交通条件不发达，以马拉车为主，限制了人们的交往距离，包括婚姻结亲的距离。通常情况下，清辉头村的婚姻半径基本在 20 公里范围以内。

> 婶是康庄的，妈妈是当块南头的，大嫂是西南庄的，俺爱人是河栏井的，

> 早先那会没有远亲。老婆们都离得近，不像现在。俺二嫂也是大康庄的，俺姑嫁在穆村，近近的。咱们村媳妇最远的是城里的北杏园村，娶树魁他娘的时候是黑夜，人家有钱，使用13个灯笼。我们娶都在白天。再远的，我就不知道了。原来我们结亲远的不过十几里地，很少超过30里地的。当块也可以结婚，没有多少标准。[1]

何运章老人家庭的婚姻距离基本能够体现传统历史时期清辉头村婚姻半径的基本情况，如表5-1所示。

表5-1 民国时期清辉头村婚姻半径

娶来的媳妇	娘家地址	距离（公里）	出嫁的女儿	夫家地址	距离（公里）
何运章婶婶	康庄村	2.1	何运章姑姑	穆村	8.7
何运章妈妈	清辉头村南头	0.2			
何运章妻子	河栏井村	7.0			
何运章二嫂	大康庄	17.2			
树魁的母亲	北杏园村	17.3			

资料来源：根据2016年清辉头村何运章口述内容整理。

清辉头村的婚姻半径基本在20公里范围内，树魁的母亲是北杏园村的相距清辉头村17.3公里，属于表5-1中婚姻距离最远的人，何运章的母亲是本村人，两个家庭相距只有0.2公里，是上表距离最短的。多数家户的婚姻半径一般在10公里范围之内。

> 我们村子大，有当块结婚的，但是附近的村庄更多。比如辛集市，它比较发达，大家有一阵在那边结婚的比较多。西边比较发达，我们这里的人就往西边走，比如束鹿县等，但东南边的村里，往我们这里嫁的比较多。结婚最远超过30公里。[2]

张群福老人的以上口述内容，说明了清辉头村的婚姻半径基本在30公里范围内。传统历史时期，清辉头村的婚姻基本上是包办婚姻。

> 男女双方都不管自己婚姻事情，都是父母包办的，那时候结婚没有法定

---

[1] 何运章老人的口述内容。
[2] 张群福老人的口述内容。

年龄。成分高的好家庭，孩子13、14岁就结婚了。结婚都是大人安排的，不像现在得谈话、见面。旧社会，妇女就是嫁鸡随鸡、嫁狗随狗。男方也是娶什么样就算什么样的。娶媳妇不需要跟族长商量，各户自己做主，也不需要跟村公所的人讲。[1]

男女包办的婚姻成为传统历史时期清辉头村人主要婚姻模式，双方在结婚之前均不知道对方的具体情况。虽然是包办婚姻，但并非所有青年都能够结婚。"媒妁之言"的婚姻需要家庭具备一定的条件，家庭不具备条件，媒人也不愿意帮着介绍婚姻。基本上有十亩地以上，有三间房的家庭中，孩子才能娶媳妇。当时，清辉头穷户比较多，很多穷人家的男子娶不上媳妇，因此终生不结婚的男子为数不少。

没房、没地是结不了婚，你自己都没吃的，人家来了吃什么呢？旧社会，家里为了不绝门户，一般就允许一个兄弟娶媳妇。老大都过了年纪了，一般兴老小（即家庭想办法让小的孩子娶亲），老小娶媳妇了还可以管管其他没媳妇的兄弟，这种情况很多。要不说旧社会人少，小子不少，但寻不上媳妇。结婚不需要彩礼，但得有地有房。我原来家里兄弟仨，家里穷也寻不上媳妇，我就上我媳妇家里来了。我媳妇家的父亲有兄弟四人，老二是瘸子寻不上媳妇，老大生了4个闺女，老三生七八个，只活了一个闺女，老四得了一个小子，我的岳父是老三。那时候娶媳妇，什么都不用送给岳父。[2]

（二）婚姻缔结流程

传统历史时期，清辉头村人们的婚姻完全由家庭安排，结婚的男女甚至在双方家庭确定婚姻关系后都不一定知道自己马上要结婚的讯息。

1949年前，子女的婚嫁是父母定乾坤，名为"父母之命，媒妁之言"。男女结婚大多在十几岁、二十来岁。新娘新郎多是入洞房的时候第一次见面。[3]

"父母之命，媒妁之言"的婚姻模式包含着一系列完整的流程，分别是说亲、定亲、下婚帖、娶亲、谢亲等。

---

[1] 何运章老人的口述内容。
[2] 李建文老人的口述内容。
[3]《清辉头村志》的手写草稿资料。

1. 说亲

说亲是婚姻的第一个环节。媒人说亲成为婚姻的"敲门锤",媒人大部分为女性,少数为男性,能说会道的人才能当媒人。

> 家户一般不去找媒人,是媒人自己找上门来。媒人首先打听男女双方的年龄和家庭土地数量。土地分为十分的大地和七分的小地,如果谈买卖,说的是大地,如果是种地或者娶媳妇向外报的地是七分的小地。这个媒人要介绍人口、土地和人性(分为文明人和不文明人),文明人讲道理,不文明人不讲道理、不讲信用。[1]

> 旧社会,村里有媒婆,一般是五六十岁的妇女。一般不用请,她们自己上门来说媒。但如果家里有小子年龄到了,没有人来说媒,父母着急也会去找媒婆的。媒婆说媒成功后,男方一般会给媒人礼,也即跑腿钱。这个钱没有一个规定数。[2]

家户一般由媒人代为去说亲,媒人向女方说亲需要介绍男方的年龄和土地数量、人口情况。媒人介绍男方家庭的土地数量,一般报七分的小地,这样能够显得男方的土地数量较多。媒人向男方介绍女方家庭情况,通常包括年龄、家庭经济情况、人品等。媒人说亲,家户一般不会马上同意,通常情况下要暗中打听对方家庭的情况。

> 介绍人介绍了对方的家庭情况,不管是哪个村的,父母都找人去那个村调查,打听打听这户怎么样,是好户还是赖户,讲不讲信誉,谁都愿意找一个好亲戚。[3]

2. 定亲

媒人说亲以后,男方家庭便找人到对方家庭去定亲,一般是男方父亲连同家族中能言善道的男性长辈一同去。

> 旧社会定亲,家户要么通过媒人,要么通过族长,要么通过上辈去定亲。定亲需要换定亲礼物,原来的定亲礼物是"线提溜"。"线提溜"是平常说的

---

[1] 何运章老人的口述内容。
[2] 何运章老人的口述内容。
[3] 何运章老人的口述内容。

线球。男方拿着红色线提溜的意思是用线拴住女方，换一种说法是你答应嫁给我了，就不要反悔了。女方一般拿蓝色的线提溜。换完线提溜就表示定亲完毕，要定下结婚的日子。那时候妇女社会低，俗话讲"嫁个闺女满屋空，娶个媳妇满屋红"，那时候娶媳妇赚，嫁闺女赔陪送品。嫁闺女的嫁妆不是买的，而是现做的，做嫁妆需要涂大漆，这个漆南方才有，涂上去非常硬非常亮，漆是红色的。嫁妆有橱子、柜、门橱、炕橱、箱。那会做嫁妆的木头来源于旧木料，有榆木、槐木等木，这些木头做成嫁妆，上漆了在家里撂着。结婚的时候，得送嫁妆。怎么送呢？得用马车，抬着笸箩把嫁妆送到男方家去。[1]

3. 下婚帖

定亲之后就是下婚帖。婚帖就是庚帖，上面写着男方的生辰八字，由男方请人拿庚帖送到女方家，如果女方同意婚事就接收男方的庚帖，写一份女方庚帖给男方。双方一换庚帖，就算是订婚了。下婚帖一般是男方族人或者亲戚去送，有时候拜托媒人去送。婚帖的署名是家长，或是父亲，或是爷爷，不署新郎的名字。

> 结亲不需要村里管，那时候是写帖，帖外面有一个套，你家里有亲事了，就去买一个帖，写上八字，两头一换帖就成了。男家先写，然后让介绍人拿到女家，女家撂下男帖，写上八字帖给男家，就成了。女家如果不撂下帖，这事就不成。原来婚事就是靠下帖，帖上写着客气话，男家写着"久仰高门，愿结珠辰，倘蒙不弃，静候回音"，或者"久仰高门不敢攀，心诚月老凭经验，倘蒙不弃结亲戚，静等回音不拉咋"，女方回帖写着"久仰高门，愿结珠辰，倘蒙不弃，来命谨遵"。成了亲戚的称之为姻家，没成的称呼为添眷。不同意的不多，因为媒人去说了，八九不离十了。原来的妇女和现在不一样，胆子小多了，父母说了就算，在家从父，出嫁从夫。我们村南头有一家文明户，男方来帖了，女方拿着帖去找一个村里人，他叫耿老运，挺有文采的一个人，一看那个帖，下方写着是姻家，他说"这个不咋"，就在背面写了字"写帖之人太不咋，哪有庚帖写姻家，教授先生二五眼，文字秀才也是个混蛋"。[2]

---

[1] 李志勋老人的口述内容。
[2] 何运章老人的口述内容。

根据以上所述，婚帖上面除了写着生辰八字，还要有"久仰高门，愿结珠辰，倘蒙不弃，静候回音"等客气话。双方一旦交换婚帖，婚姻缔结过程便进入婚嫁迎娶环节。

4. 娶亲

娶亲环节是婚姻缔结过程中最隆重的一个环节。传统历史时期，清辉头村娶亲的一个月前，男方需要向女方下"月帖"，载明迎娶的黄道吉日，喜神方位、忌讳、交拜大典时辰等内容。

> 原先结婚要行大礼。婚前一个月，男方向女方下月帖，月帖的内容包括结婚吉日吉时、喜神面向何方，忌讳内容等。商定吉时的事情完成后，女方招待男方，一般吃饺子，以示圆满。[1]

男方下完月帖之后，女方准备"陪送"，也即嫁妆，并且在迎亲的前一天将嫁妆用车拉到男方家中。

> 娶亲前的一天女方要将嫁妆送到男方家，然后男方热情款待。[2]
>
> 结婚的头一天，女方使用车拉嫁妆到男方，又叫陪送。女方家庭有条件的才置办陪送，没有条件的家庭不办陪送。原来结婚讲究门当户对，富户与穷户不可能结婚。比如这个户条件好、家庭好，不会和穷户结婚的。我结婚的时候，什么都不知道，那时我才17岁，都是老人做主。原来结婚不需要聘礼，但偶尔也有拿钱给女方的户。这样的户是男方有一点钱，但一直寻不起媳妇，女方又很穷，男方就拿钱给女方，女方才同意婚事。这是个别的户，一般这种情况的男方不是老，就是丑，门当户对的不需拿钱。有少数家庭陪送嫁妆。娶亲需要贴喜联，迎亲放鞭炮。迎亲必须用大马车去，新郎必须去。陪嫁的物品提前送到男方家，这个叫作"送挑"。此外，新娘嫁过来，女方亲戚的姑、姨、姥姥要带着礼单，是男方要回礼。女方送来的卷子等，要剩一点回去，要么六个，或者盛点别的。[3]

女方将嫁妆送到后，当晚男方去迎亲。迎亲是天未亮就出发了，一般是抬轿子，

---

[1]《清辉头村志》手写草稿内容。
[2]《清辉头村志》手写草稿内容。
[3] 何运章老人的口述内容。

或者驾着筒子车，或者骑马，迎亲的场面较为隆重。

娶亲当日，天刚刚蒙蒙亮时，男方用轿子、娶亲专用筒子车或者骑马到女家迎娶，用三眼铳炮开道，吹鼓手奏乐。到女方家中后，女方摆宴招待高客，等待新娘梳洗打扮，穿上催丈衣，吃离娘饭，盖上蒙头。女方小辈给高客道喜，要求男方行求亲礼。上轿（车）后，女方用男方带来的酒围着轿车转一圈，以示嫁出去的女，泼出去的水，后新娘上车去婆家，从此闺女成媳妇。到婆家后，由迎亲者围着花轿（筒子车）转一圈，然后扶着新娘下轿（下车），前面有红毯铺地，"迈门槛"，拜天、地、神三全头。然后进屋，进屋后由新郎用杆秤挑下蒙头。由送亲、送女的女方人，迎亲、接媳妇的男方人共同将双方送入洞房。等女方送饭和架拜的人来后，在院内设置一天地桌，烧点上供，放一条盘，开始上拜，一人念亲戚名单，先给全人磕头，再按辈分大小、本家和亲戚的顺序进行磕头礼拜，磕一个头，（被拜的人）给一个礼。新娘在礼毕后，在放礼金的条盘中抓一把礼金，谓之"抓富"，新郎将剩余的礼金放在房屋的最高处，谓之"高富贵"，然后摆喜宴客，送媳妇入洞房。[1]

旧社会，新娘在轿子里面，蒙着红布，门口有一块石头，得迈步下石头。还有一个东西也得迈步，就是织布机上面的绳子。新娘的盖头不能解开，先到新房，等到所有亲戚、当家子都聚拢以后，走出新房，才能够掀开。先磕头三个全头，就是给辈大的"全人"磕头。然后给姨、姑、婶婶、姐姐等人磕头，拜完后，这些亲戚都给拜钱，新娘开始抓钱，不能抓完，要留点，然后回新房了。里面有一桌叫里上席，有一个小孩，这个小孩叫作背茶壶的，或是弟弟或者侄儿，给姐姐或者姑姑送水的。外面的一桌新娘娘家人叫外上席。新郎需要戴着礼帽。有一个引礼的人，这个人由辈大的，威望比较大的，年长的，有经验有能力的人担任，领着新郎上女方家去。家里面的公公、婆婆引领新郎新娘拜天地，说着吉祥的话。原来娶亲也有酒席，即内酒席、外酒席，娶亲酒席的"四冷四热"，就是四个冷菜，四个热菜，但盘子没有现在这么大，就是一个小菜碟，相当于我们现在吃饭小碗那么大，一盘只能装一点菜。肉菜有猪头肉、猪心等，有些没有肉菜的，就用面食做成了鸡鸭鱼肉的样子，此外还有茶果碟。现在的茶果碟就是盛放点心之类，早先茶果碟里放的是用面油炸成果子样子的东西，都是自制的，不是买的。四个热菜就是

---

[1] 《清辉头村志》手写草稿内容。

假鸡、假鱼（都是用面食制成）、拔丝山药等，都是我们当地的土特产，这是我们传统的菜品。原来四冷都是肉菜，一般为猪心、猪肝、猪肺等。[1]

以上内容介绍了传统历史时期清辉头村的娶亲经过，具体以分为轿子迎亲、新娘梳洗、上轿、下轿、迈门槛、拜天地神、掀盖头、入洞房、拜亲戚等流程。

6. 谢亲

谢亲就是新姑爷来到媳妇家，拿着一张"红毡子"，形状有点像地毯的一节（估计用于跪拜的）。新姑爷来了后，例如来到叔叔家就说，"叔、婶，门婿来给你们磕头了"，挨个介绍后，就坐下了。他来的时候需要携带笹箩，一种用柳条编制的食盒，里面放着卷子。如果新姑爷到亲戚家里拿笹箩，新亲戚不收笹箩，表示着"我不打算请你吃饭了，咱们这就见面了"。这种情况亲戚还照样走动，部分原因是亲戚岁数大了，没有办法请姑爷吃饭，所以就拒绝笹箩了。

（三）联姻关系

传统历史时期，有一些家户因为土地少或者其他原因，娶亲较为困难，但为了解决婚姻问题，有少数家户采取换亲、转亲、续亲等方式进行联姻。

1. 换亲

换亲是两家互换子女，就是联姻的两家都要有一儿一女，甲户的儿子娶乙户的女儿，乙户的儿子娶甲户的女儿。换亲的婚姻数量不多。

> 换亲不是亲戚之间，而是没有亲戚关系的两家之间换亲。我们这里不跟舅舅家换亲，因为我们这里讲究"姑血不倒流"，也就是说姑姑的闺女不允许嫁到姑姑的娘家去。姑姑的姑娘如果嫁回娘家，容易出现畸形孩子。正常的婚姻是通过媒人实现的。媒人要具备能说会道，了解两边情况的能力。[2]

换亲带来的问题是双方在称呼上的困难，因为每一对夫妻都面临着两重身份，双重身份带来了身份认定的困难。

2. 转亲

转亲分为甲乙丙三户，每一家都各有一对未婚子女，甲户的儿子娶乙户的女儿，乙户的儿子娶丙户的女儿，丙户的儿子娶甲户的女儿，结成三对夫妻，"转亲"模式避

---

[1] 何运章老人的口述内容。
[2] 李志勋老人的口述内容。

免了身份内亲和外亲双重性带来的尴尬。

3. 续亲

续亲就是姐姐嫁给了姐夫,但是姐姐中途生病去世了,由妹妹去继续姐姐的婚姻。还有一种形式是哥哥死了,弟弟和嫂嫂结婚。旧社会,妇女生孩子是一道鬼门关,俗话说"男的怕割麦,女的怕卸崽"。男的寿命长,女的寿命短,就是因为生子这一关对妇女的危险比较大。续亲的主要原因是女方家怕外甥随了后娘受委屈,找了姨就能够照顾好姐姐的孩子。

(四)婚姻类别

传统历史时期,清辉头村的婚姻种类包括明媒正娶婚姻、搭伙婚姻、屯乡媳妇婚姻、倒插门婚姻、续弦婚姻、阴婚等形式。明媒正娶婚姻,即通过媒人介绍、说亲、定亲、下聘、娶亲、谢亲等程序完成的初次婚姻。这种婚姻形式在清辉头占八成以上,是最为常见的婚姻类型,不再赘述。

1. 搭伙婚姻

搭伙婚姻也即寡妇婚。1949年以前,清辉头很多男子因为家庭贫困、土地少而娶不上媳妇,这样的男子与寡妇的婚姻被称为搭伙婚姻,即"搭伙过日子"的意思。

> 村里有一户人家,孩子还小的时候,父亲就去世了,孤儿寡母的,家里有几十亩地,没有劳动力,活不下去。这个寡妇找了一个"串忙的"[1],形成临时组合的家庭,族里不认,家人也不认这个男的。这个男的对妇女的孩子也很好,把小子养大了还给他取了媳妇,但孩子长大不认他。他和寡妇的关系就跟夫妇一样,但不是正式的,等他老了就搬出去了,生病了托中人要他养大的那两个孩子来看他,中人说"我不给你托这个信,你们不是正式的"。这个人73岁就死了。搭伙过日子的,不能生孩子。[2]
>
> 我叔因家里穷娶不上媳妇,也跟人搭伙过日子,帮人养大了儿子、孙子、重孙子。80多岁生病了,托人来要我去看他,我请了大夫给他看,三五天看好了。那边的人不给他看病。搭伙过日子不行,媳妇不是自个的,不咋。这种情况在村里很多。因为串忙的人和家里孩子的娘好上了,孩子们和家族早恨上了,串忙的人老了就没有人管了。[3]

---

[1] 串忙的人在清辉头指的是帮别人干活的人,这里指到寡妇家与之结成实际婚姻的未能娶媳妇的男子,他承担起寡妇家庭的农活并且不收工钱,类似于乡亲串忙。
[2] 李建文老人的口述内容。
[3] 李建文老人的口述内容。

传统历史时期，清辉头村的一些家庭因为土地占有量少，只能够让一个儿子结婚，甚至所有儿子都不能结婚，而有些家庭中妇女死了丈夫，没有"主外"的劳动力。这两种家庭的结合，被称为"搭伙婚姻"，属于有实无名，因为这种婚姻不被乡村社会承认，人们把这种婚姻形式的男人称为"串忙的"，意思是他是免费的劳动者。

2. 屯乡媳妇婚姻

屯乡媳妇婚姻，即常说的童养媳婚姻。传统历史时期，清辉头村把童养媳称为屯乡媳妇。大多数屯乡媳妇婚姻是因为女方家穷或者发生重大变故导致家里没吃的，养活不了女孩，有的娶不上媳妇的人家听说以后，就把女孩接去养活了，成了屯乡媳妇。女孩长大后，男方家告知家族和近亲，吃顿饭，举行一个简单婚礼，就算结婚了。屯乡媳妇不是买的，是女方生活条件不好，养不住被接来的。

> 俺村就有一个屯乡媳妇是牛家庄人，爹娘及以上的人都没有了。牛家庄的人与俺村这户人家联系好后，就把女孩送来了。女孩那边还剩下一个小兄弟，要饭吃，挨家挨户要着吃。北边有一个村叫赵宝庄，他在那个村要着吃，最后在那边落户了。我记得的是这户人家北边有一个小院，他们把女孩送到小院里去，然后从小院把女孩接到家里，就算结了婚。女孩结婚时候大概十五六岁，丈夫叫济昆。[1]

> 村里童养媳不多，有一家，曾言（音）家是童养媳，小时候没吃喝，就在这家养着，养大了就当媳妇。童养媳什么时候完婚，没有规矩，由其婆家自行决定。但女方穷大了，男方领养童养媳的时候，也要付一定的钱。童养媳一般与男方的年龄差距很大，童养媳长大后，可以回娘家看望。吴寿兴（音）他媳妇才16，他32了。孟老二62了，他媳妇31。赵尔庆（音）他爹40多才寻了个媳妇，养活俩小子，他媳妇有点俏，年龄小。娶童养媳不办婚礼，到年龄就可以了。童养媳的地位和正常媳妇的地位差别不大，那日子过得好，你立规矩可以，如果那日子不咋，你立规矩，人家不跟着你了。家里商量事情的时候，童养媳可以参加。[2]

3. 倒插门婚姻

倒插门婚姻，也即常说的入赘婚姻。清辉头的倒插门婚姻过去少，有些家庭生闺

---

[1] 何运章老人的口述内容。
[2] 李建文老人的口述内容。

女多了，生儿子少了，愿意找一个"倒插门"。

> 1949年以前，倒插门的情况少。村里有一户高姓人家，只有一个闺女，西边村的一个小子在他家住着，可呆了几年，那小子又走了。那时候我还小，我记得，旧社会人们对倒插门的评价是"无能无能太无能，随妻改姓，打幡摔瓦，送到坟茔"。我们村就这么一家。倒插门一般通过媒婆介绍，过来后需要改姓，随妻姓。旧社会需要改姓，共产党来后就不需要改姓了。丈夫不能是当家人，都是由女人说了算。他是否给生父母养老送终，我说不清楚。但他来这边倒插门了，就得给这边老人养老送终。[1]

倒插门婚姻不是传统历史时期的常见婚姻形式，而且倒插门的丈夫要随着妻子改姓，在家中不能做当家人，还经常被人讽刺为"无能"。

4. 一夫多妻婚姻

一夫多妻婚姻主要是纳妾的婚姻形式。传统历史时期，家户只有在正妻没有子嗣的情况下才会纳妾，人们一般不称之为妾，而是"小婆"。

> 清辉头也有娶小婆的情况，一般是大婆没有子女，特别是没有小子。我们村就有孟子阳、张文波两个人娶了小婆。孟子阳大婆没有小子，就娶了小婆，小婆生了三小子。娶小婆也需要和家里商量，主要是有土地，有买卖，家里没地没钱，谁跟着啊？大婆和小婆的礼遇不同。我们当地话说"狗肉上不了桌，小婆上不了桌"，小婆大部分是买来的。大婆和小婆分开居住，男人在这边住几天，在那边住几天，跟使用耕牛一个样。这里面的情况很复杂，大婆没有孩子，但有财产。东头那个大婆，没有子女，共产党来了，给她寻了一个新主，寻给广恒（人名）了。如果大老婆能养活（有子女），就不会娶小婆，这个事老难了，吵架的事就多了，大家一般不愿意寻小婆。村里人娶小婆以后，小婆的娘家也是亲戚。[2]

一夫多妻的婚姻不是传统清辉头村的常见婚姻形式。只有极少数人选择这种婚姻，其目的是繁衍子嗣。

---

1 曹连虎老人的口述内容。
2 何运章老人的口述内容。

5. 续弦婚姻

续弦即男人妻子去世后再续娶的妻子。清辉头村有一人曾经续娶了五位妻子。续弦婚姻是被道德习俗允许的,但要看个人是否能够寻得起(娶得了)。续弦的问题很复杂,有的家人不同意续弦。族长不管这个事,主要是一家的人管,有的家庭内部矛盾比较多,就有人不同意,就娶不了。家里协商同意了才行。如果丈夫死了,续弦的妻子可以分一部分财产和土地来养老。续弦妻子所生的孩子,家庭地位和前妻的孩子一样。续弦的媳妇都在一个坟头里埋,娶五六个都是一个坟头。续弦妻子死后,埋坟的顺序需要协商。有一种情况是并排着,男的在一头,女方紧紧挨着排,如果男的位置在中间,媳妇在两边,这个就得跟女方的家人商量。

6. 阴婚

当地的习俗是女儿的坟墓不葬在娘家的祖坟,所以未婚女儿如果病逝,得为其寻找一处坟茔埋葬。从男方的角度来说,一生未娶就死了也是遗憾,所以男方也愿意为死去的家人迎娶一位"媳妇"。男女双方各取所需成为清辉头阴婚的起源。

> 两个不相识的未婚男女因病或者意外死亡,有媒人从中撮合,死去的女方安葬在男方家族的地里,男方出一副棺材。[1]

阴婚是家户为死去的孩子进行的"婚姻",既遵守了闺女不安葬在祖坟的习俗,也解决了男方家庭一直未婚的生前遗憾。

二、丧葬习俗及关系

丧葬是每一个家庭的大事,按照清辉村在传统历史时期丧葬习俗,丧葬过程较为繁复,事务繁多,消费较大。笔者将清辉头村的丧葬习俗分为丧葬概况、丧葬流程与丧葬关系三个部分。

(一)丧葬概况

丧葬,又称为白事,是家户中成员逝世后举行的各种事项。传统历史时期,清辉头村的丧葬过程按照习俗举行,根据死者的辈分、年龄、家庭条件制订死者的丧葬规格。人们认为晚辈对死者的厚葬,才是"孝"的体现。因为厚葬的习俗,清辉头村也有"老人败家"之说。家户中如果死者年龄大,辈分最高,丧葬规格则也高,花费能够使得一个家庭破产,乡亲们把这样的丧葬盛况称为"孝"。死者如果是"老口长辈",要等后辈全部到齐后,才能封棺,条件好的家庭后辈们要喝"轮班酒","唱丧牌",棺

---

[1] 李建文老人的口述内容。

木在家里停放三五天,多则十几天,甚者30天左右。坟墓修建要根据家庭情况而定,棺材停放几天,坟墓就修建几天,其间要按照坟墓等级给修墓的人送饭菜、烟酒。出殡时间在午时,一般用"十六人抬"至坟墓。如果死者的年龄小,辈分低,一般在午前出殡。如果死者年龄未达到结婚年龄,则不举行丧礼,偷偷找人进行掩埋。

丧葬过程体现了村落内部一定的家户关系,即遇到红白事以后,部分家户会过来帮忙料理各种事务,这些家户包括房族、房支和部分家族成员,"一湾的"乡亲。换言之,家户在丧葬中的相互串忙,这种关系基于一定的血缘关系和地缘关系。人们串忙包括修建坟墓、丧事的厨事安排、料理各种事务等。传统历史时期,清辉头村的丧葬礼仪存在不同的规格和等级,等级越高则家户所需花费也就越高。

(二)丧葬流程

传统历史时期清辉头村的丧葬流程有装裹衣服、设灵堂、守灵、报丧、吊丧、入殓、出殡、安葬、"七七"等。

1. 装裹衣服

家人逝世以后,逝者的儿女需要为其洗澡净身,然后装裹衣服。装裹衣裳也有讲究。衣裳必须有袍子,病人重病的时候,亲人就把这个衣裳做好了,这个衣裳是一套的,内衣是内衣,外衣得带大襟,然后得穿袍子,戴帽子。

2. 设置灵堂

装裹衣服以后,逝者的儿女在近亲的协助下搭建灵堂,以便于安放逝者的尸身,也便于亲人、邻居和朋友进行吊唁。

> 穿好衣裳后,家庭把死者放置在堂屋,设灵堂烧香、点蜡,弄上打狗棒,弄上米。为什么要守灵呢,因为怕猫和狗过来吃,如果有蚂蚁,就只吃那个米,不要吃肉。亲人弄一块布把死者给挡起来,弄上一块幡,写着死者享年岁数。这些是灵堂的布置。[1]

> 死者的儿女等晚辈为死者净身,请帮忙的人给死者穿寿衣,将头蒙上烧纸,同时设床铺于堂屋,将死者抬上灵床,盖上蒙帘。口含金元宝,手握打狗棒,脚捆五色线,灵床前设置灵桌一张,桌上有长明灯(蜡烛)、香炉、打狗棒、咸食罐、米饭和盖罐用的火烧小饼,灵床下放一瓦盒,盒内放一把刀,房角内放一束"隐身草",死者的枕头、灵牌等,一切都设置完成后,孝子痛哭。[2]

---

[1] 李志勋老人的口述内容。
[2] 《清辉头村志》手写草稿材料。

3. 守灵

逝者的后辈需要进行守灵，守灵的人主要是孝子、孝媳、孝女、孝孙等人。如果亲朋好友来吊唁亡魂，守灵的孝子孝女孝媳需要给吊唁人还礼。此外，守灵人的主要任务是保证灵桌上的灯火长明，香火不断，并且需要隔一段时间撕一小块"门幡纸"烧掉，防止狗进入堂屋，叨扰亡灵等。

4. 报丧

老人快不行的时候，亲人们轮班守着，等到老人寿尽了，管事的人就安排报丧，报丧的人都是来串忙的，一般是乡亲。管事的人先写一张条子，根据亲戚的多少来安排人报丧，一般是两个人一组。报丧的人采取口头方式告知对方。

家人病故后，由监厨人（又称管事的）派人给亲戚报丧，报丧人不能说人死了，要说"老了""病故了"，孝子们要穿素衣，腰束麻绳，男东女西守在灵前。帮忙的人收拾需用的物品，包括买道钱、门幡纸。门幡纸按照岁数而定，按照男左女右的方式挂在大门口。点浆水，孝子每点上一次便撕下一小部分门幡纸烧掉，出殡前撕完。死者出殡前，要保证灵桌上的蜡烛不灭、香火不断。[1]

5. 吊丧

灵堂吊唁礼分为几种，一是吊唁人与死者同辈，不需要跪拜，就坐下哭，或者作揖哀悼。灵堂有一个门，凡是进入门的人都是内亲，得哭，得喊着"爷爷、奶奶、叔叔"等叫出声地哭，与死者是一辈的但不是直系亲属的人哭过三声后，其他亲戚就开始劝和拉他，小辈得哭四声以上，才会有亲人去拉。出了五服来吊唁的人，一般不进灵堂屋门了，而是在门外（院内，那里放着一个席）的席子跪着。吊唁人作揖跪拜，当俯身贴地上的时候，口中念"咳咳咳"三声，如此重复三次。这其中还分两种情况：一种是关系紧密，知己的人才跪下，行"咳咳咳"三声礼；另外一种是关系一般，诸如乡亲之类，就是作揖不跪拜，口中念"咳咳咳"三声。一般乡亲关系，谁家有老人过世后，都会来上礼，去世的人如果是女性则送盘缠，如果是男性则送钱纸。然后在门口咳咳咳三声，再随点礼。随礼一般为白布、灰布、黑布，又称为奠帐。

6. 入殓

传统历史时期，孝子们在出殡前的一天，将死者入殓，即通过"背魂"等仪式后，

---

[1]《清辉头村志》手稿部分。

装殓入棺材，盖棺、钉棺材。

清辉头村的习俗是傍晚入殓，先在棺材内放一些草木灰，后铺上白纸，管事的人合手将七个铜钱在白纸上摆成北斗七星的模样，接着孝子们放垫背钱，钱数可多可少，但需要剩下最后一个铜钱扔在房上，后把死者放入棺中，入殓完毕。晚饭后八点左右背魂，即主孝子把剩下的门幡纸盖在死者棉衣上，背至大门外，那里放有脸盆、镜子、香以及手帕，意在给死者梳洗打扮，然后把"死者"（魂魄）背到车上（纸糊成的马车），烧掉了事，最后回到灵前，将棺木封好，即"封口"。封口前，先让主孝子把盖在死者身上的蒙帘从棺内拽出二厘米左右，撕下收好，把死者喜好之物一同放入棺内，一切完毕后便开光。开光就是道士手持镜子，喊"开开嘴光"，孝子回应"吃四方"；"开开耳光"，"听四方"；"开开鼻光"，"闻四方"；"开开手光"，"拿四方"；"开开心光"，"亮四方"；"开开脚光"，"走四方"，封口时候需要木匠钉上钉子，孝子齐喊"躲钉"，钉上后，封口完毕。

7. 出殡

出殡的时候只有儿子有幡，其他的孙辈、侄子、外孙都没有幡拿，这些人拿着花棍，棍子上面涂抹红白点，棍子都是一米来高。幡有一米半高。幡的种类不同，长子拿的是龙头幡，次子拿的是虎头幡，三子拿的是其他动物幡。出殡前要敲钵、敲锣。

8. 安葬

16人抬棺材抬至坟墓以后，将棺材放入坟墓内。串忙的人一起盖土掩埋，垒土隆起。

9. "七七"

逝者安葬以后，其家庭在七七四十九天内，每隔七天要给死者烧纸，从"头七"烧至"七七"后方可停止。

（三）丧葬关系

传统历史时期，家户的丧葬仪式体现了不同的社会关系，例如孝亲的等级关系、男女丧礼的区别、坟墓修建等级等。

1. 孝亲关系

孝亲是所有佩戴孝帕的亲属，包括孝子、孝女、孝媳、孝孙、孝侄、孝玄孙、孝外甥等人。孝子分为长子、次子、三子，长期在这里跪拜着。孝子跪拜有顺序，孝子在灵床的东面，其中长子挨着灵床最近，其次是次子、三子，如此类推；孝女在灵床的西面，长女挨着灵床最近，依次是次女、三女，如此类推。直系的孝亲戴的孝帕又宽又长，血脉旁支的人孝帕就短、窄一些。孝子、孝女的孝帕都包耳朵，原来还用孝帕封鞋，如果父母一方死了，一方还在世，那么封鞋就留一个口子不封完，如果父母都去世了，整只鞋子都要封了。这些是主孝，其他次孝就要根据远近来封了。再一个，内亲和外亲也不一样，侄子和外甥的孝布不同，侄子是内亲，有一个"奄拉"，外甥就没有，光一个帽子。闺女和儿媳妇的孝帕也不一样，头上都缝着一朵棉花，儿媳妇的棉花缝在孝帽的正中间，闺女的棉花则缝在孝帽的边上。这反映出儿媳妇的地位比闺女的地位高。

2. 男女丧礼差异

传统历史时期，男女的丧礼存在一定的差别，男人的丧礼相对简单，女人的丧礼因为涉及娘家的关系变得相对复杂。

> 男的丧礼则相对简单，女的丧礼要通知娘家人。娘家人可不简单，前面不是讲报丧吗？首先得通知娘家人去，也即孩子他舅子。舅子的权势大，我们当地讲"叔是二号爹，舅是阎王爷"。娘的丧礼，正是显示出来舅是阎王爷的时候。报丧的时候首先给舅舅报，舅舅会问"什么时候病了？什么时候咽的气？"舅舅来了之后，会查看寿衣好不好，棺木怎么样，这些舅舅说了算，连什么时候出殡都由舅说了算。如果是男的死了，孩子他叔叔就给安排了，相对简单。女的死了，他叔还得跟他舅舅商量。出殡的这天，孝子们得摆上菜，弄上酒，得给舅舅跪下，舅舅才会吃。为什么呢？因为"死女断亲戚"，意思是女的死后，跟女方家的亲戚关系就渐渐断了。舅舅这时候就抖威风，孝子就跪着，闺女端着菜，让舅舅喝点酒，这样舅舅才能气顺了。等出殡的时候，舅舅一般套着车来，不进孝子的家，等死者埋了之后，舅舅就回他自己家了。这就涉及扶丧了，孝子们把娘埋了之后，孝子、孝女、孝媳拿着礼品、好菜和酒到舅舅家去，什么话都不能说先磕头，磕完头后说"俺虽然没有娘了，您还是长辈，还得管着俺"，"死女断亲戚"这个事就淡化了，拉近了距离。[1]

在传统清辉头村，"舅是阎王爷"的地位传统，使得母亲的丧礼事事都需要让舅舅

---

[1] 李志勋老人的口述内容。

满意才能够进行。舅舅如果"气"不顺,甚至还不能出殡,导致了丧礼的复杂化。

三、节庆习俗及关系

传统历史时期,清辉头村有很多节庆习俗,包括过年习俗、清明节习俗、端午节、中秋节、寒衣节、腊八节、初伏节、老鼠节等,并且在这些节日中形成了一定的社会关系。

(一) 过年习俗及关系

清辉头人一进入腊月初十就开始过年了,中等户以上喂养着猪的人家就开始宰猪过年。中农以下的人没有条件,到年三十那几天,就买一点面、肉,便于能够吃顿饺子。三分之二的人都过得不太好,因为家庭经济条件不好。

1. 过年内容

村民们过年的主要目的是辞旧迎新,家人团聚,包括准备年货、吃饺子、放炮、挂灯笼、给长辈磕头拜年等。

(1) 准备年货

家户准备年货包括准备肉类和蔬菜。过年的肉类来源于两个方面。一是自己杀猪。二是没有买点肉,条件实在差的家庭就买一些猪内杂。蔬菜也是过年要必备的,清辉头由于土地干旱,生产不出蔬菜,蔬菜要靠采买。清辉头离华北最大的粮食批发市场旧州很近,人们赶着耕牛车到旧州购买一些蔬菜回来过年。

(2) 拜神

清辉头村大年三十不吃团圆饭,早上五更的时候吃"起五更饺子"。但在吃"起五更饺子"之前,先要拜神。拜神的事情,由女当家管。何运章家庭由奶奶负责,后来奶奶病故了,则由其母亲负责。家宅六神中主要祭拜天地、灶王、财神等三神,拜神从大年三十一直拜到正月初五。部分家户还要到三官庙、药王庙、奶奶庙等寺庙进行祭拜。

(3) 吃"起五更饺子"

家户三十晚上开始敬神,大年初一的时候五更天就起床,叫"起五更",大概是凌晨四五点,人们起这么早的目的在于吃一年中最好的一顿饭,即"起五更饺子"。

> 家庭主妇先煮饺子,先给神上供,就是天地、灶王爷、财神。然后家里的下辈给上辈的磕头拜年,磕头拜年后,全家才开始吃饺子。我们村有句谚语,"五更吃饺子没外人"。只有到过年的时候,起五更,才能吃顿白面饺子。平时尽吃杂面,即黄豆、绿豆磨下来就是杂面,还有高粱面。[1]

---

[1] 何运章老人的口述内容。

（4）磕头

大年初一五更前，家人起来后，妇女在煮饺子，其他人起来后的第一件事就是给家庭长辈拜年，当地有句俗语"吃饺子不拜年，装什么没事人"。即吃饺子之前要给家中老人拜年，以何家为例，何父何母先给家中奶奶磕头，然后是何运章几个兄弟姐妹给奶奶磕头，后给爹娘磕头。天亮后，家庭的晚辈要到房族、房支、家族、邻居、亲戚家中给长辈磕头，清辉头人称之为"找头"。通常情况下，未成年的晚辈给长辈磕头，长辈要给压岁钱，一般为一个铜子。

2. 过年关系

过年是一年中最为隆重的节日，也是家户之间社会互动的主要时间节点，包含了丰富的乡村社会关系。

（1）"找头"的关系

"找头"就是关系不错、有来往的相互找。找头是年轻人给关系好的长辈磕头，你找人家，人家也到你家来找头。

> 人家如果找上来给我磕头了，我家的小子也得去人家家找头。[1]

村民找头有三个标准：一看关系，二看年龄，三看威信。主动去找头的人一般是15岁以上的，已经明白事理。找头的年龄不统一，五六十岁的人还去找头。但一般来说，满了50岁的，他们去找头的对象一般是一个湾的，和自己关系很不错的长辈，给长辈磕一个头。

> 找头主要看辈分，有些岁数小，但是辈分大，人家也来给他磕头。何小忙现在70多了，是我的亲侄子，每年还来给我找头。他身体不好，有气管炎，喘得厉害，我叫他不要来找头了，他老说不碍事，每年初一都来我这里找头。[2]

"找头"的顺序往往由至亲往外延伸。"找头"顺序依次为：第一，家中的长辈，从高至低分为家中的爷爷奶奶、爹、娘，没有分家的大伯、叔叔、婶婶；第二，已经分家了的大伯、叔叔、婶婶；第三，家族中具有崇高声望的长辈；第四，家族中辈分

---

[1] 何运章老人的口述内容。
[2] 何运章老人的口述内容。

较高的长辈；第五，年龄比较大的长辈；第六，关系比较好的邻居；第七，关系比较好的远处（村内）亲戚；第八，关系比较好的远处（村内）朋友；第九，别人来到家中给长辈"找头"了，去"换头"的人。

(2) 家户与亲戚的关系

家户大年初二开始拜年，各户给自己的舅家、姨家、姑家、娘家拜年，一直拜到正月十五。个人给知己的亲戚拜年。旧社会，就是蒸点包子、卷子，提着给亲戚拜年，但也不一定拿礼物，有些人不拿东西，给亲戚磕个头就可以了。

(3) 家户与郎中的关系

有些郎中看病不要钱，属于义诊。过年的时候，康复了的病人会给郎中带一些礼物，例如卷子、馒头等表示感谢。

(4) 家户与公共开支的关系

1949年以前，过年有几项公共开支。其一是放烟花、放炮、挂灯笼，需要筹集资金置办。其二是寺庙的添油灯钱。有人上家户去敛钱，家户捐钱靠自愿。一般来说村庄统筹集中放烟花、放炮、挂灯笼由较为富裕家族捐资，穷人家庭很少捐资。

(5) 过年社会救济关系

过年的时候，穷户实在吃不上的，有时候有人会给他几个饽饽过年，这种情况发生得少。看谁家穷，没有面包饺子，就给他送几个饺子过去，这种事情没有，本家的人都没有。那个社会，鳏寡孤独的人，也没有人管。

(6) 过年忌讳关系

过去过年有忌讳的事情不能做，例如大年初一不能扫地，因此大年初一起五更的时候，家户把扫帚藏起来。此外还有妇女们不动针，不动线。

(7) 化解纠纷关系

清辉头村如果两个人（家户）在一年内有过争执、纠纷和仇怨，过年是化解纠纷和仇怨的一个好时期。如果辈分小或者年龄小的一方主动到辈分大、年龄大的一方家里去拜年和磕头，两方的仇怨自然解开了。这是清辉头村历史形成化解纠纷和仇怨的一种惯例。

(8) 过年与邻居的关系

过年时候，家户如果与邻居关系好，则需要交代家中男性小孩在初一时候给邻居家庭的老人磕头。

(二) 清明节习俗及关系

家族如果有公共墓地，清明节这一天，家族的男性族人要到公共墓地去上坟，上坟的主要内容就是给坟堆添土，烧香烧纸，并给先祖磕头，然后家族聚餐。清明节这一天，是清辉头人祭扫先人的日子，也是家族显示人气和声望的日子，让人觉得"有面子"的日子。清辉头村人认为，如果是三年以后的老坟，上坟的人越多越好，坟堆上添的土越高越好，因为民国时期的清辉头村只有男性子嗣才能上坟，上坟的人越多，说明这个家族子孙后代兴旺，也越有面子。家族在上坟过程中形成了一定的规矩和关系。

1. 上坟秩序关系

清辉头人都要去给自己的祖先坟墓上坟添土。添土有规矩，三年内的新坟不能添土，但老坟添土越多越好，说明子孙兴旺。清明节上坟的组织是有秩序的，不是杂乱无章的聚集。首先，家族中凡是男丁都要参加祭祀活动。其次，父亲率领家庭到大伯家集中，如果父亲不在人世，则到兄长家集合；如果长兄不在世，则向次兄家中集合，如此类推。最后，大伯率领大家庭到家族分支中最高长辈家集合，家族分支中威望最高的人一般为家族长老，其率领家族向族长所在地集合，共同组成队伍参加祭祀。

2. 上坟与聚餐的关系

清辉头一些大的家族有公共坟茔地，面积从几亩至40亩不等，种植一些柏树、杨树等，每年砍伐一棵树卖钱，够一个家族清明节聚餐费用。有的家族是把族地（坟茔地）出租给佃客，地租也可以够一次家族清明节聚餐费用。

3. 上坟聚餐的座次

家族在上坟聚餐过程中有座次安排，族长和几位长老坐在中间，其他均按照辈分围坐在一起，分散于族长和长老的四周。众人聚餐所吃的食物一样，但族长和长老有少量的酒水。

（三）端午节习俗及关系

五月初五，家家包粽子，包粽子用黄米，即黍米去了皮，黄米包上枣子，用苇叶包上，放锅里煮。端午节也非常重要，涉及新订婚的男女，以这一天为契机。男的到女方家，吃点喝点，周围一湾的找机会到男方家来看看新媳妇，实际是一个认识的过程。女方回去的时候，男方就准备粽子和礼物给女方带走。端午节是农历五月初五，接着就是芒种收麦子时间了，粽子可以放到那时候充当粮食。粽子一个人还做不了，邻居的主妇们相互串忙，今天给我做，明天给你做，有人没有做粽子，就给他家送几个过去，这叫邻里相互帮助。家户在过端午节的时候形成一定的节日秩序和社会关系。

1. 家户与家户关系

端午节在清辉头又被称为"吃节"，在粮食普遍缺乏的民国时期，家户之间在端午节相互吃请的很少。有粮食的家户会包一些粽子，赠送给与自己家庭关系好但粮食困难的家户。有些家户在这个节日寻求媒人介绍婚姻。

2. 家户与亲戚的关系

端午节这一天，家户与亲戚之间没有走动。为了让出嫁的女儿能够吃好一点，有条件的家庭派遣耕牛车到女婿家接女儿回家过端午节。女儿的夫家也认可这种方式，女儿一般会在娘家呆几天，回去的时候要给公公婆婆携带一些粽子。

3. 家户与消费关系

用家里种植的黍米或者跟人换来的黍米包粽子就是端午节的消费，此外，娘家还要准备一些粽子作为礼物给闺女带回婆家。何运章老人说，并非每个家庭都叫闺女回来过端午，只有家里有不少于20亩土地的家庭才会套耕牛车去接闺女，因为低于20亩土地的家庭，自己家里都没有吃的。

4. 分食物的顺序

民国时期，即使是过节，家庭包的粽子也数量有限。包粽子基本由妇女完成。家庭妇女蒸煮完粽子后开始进行食物分配，分配食物从家长开始，如果除了家长，还有长辈，则从辈分较长的爷爷奶奶、父母等分配食物。总的来说，分配食物的顺序是：第一，家庭老人，包括爷爷奶奶、父母；第二，当家人；第三，当家人的兄弟；第四，家中小孩；第五，灶边的家庭妇女。

5. 吃饭的座次

家庭的座次分为两种，一种是八口以下的家庭，另一种是八口以上的家庭。八口以下的家庭端午节吃饭的座次一般是家长坐在炕上的最里面，家长往往也是家庭中年龄最长者，依次是当家人、家庭其他成员。八口以上的家庭端午节吃饭分为两桌，一桌由家长及其儿子们构成，家长坐在尊位；另一桌则由家庭儿媳和回娘家的女儿们、小孩子构成。

(四) 中秋节习俗及关系

八月十五中秋节，有条件的户吃包子、吃卷子。中秋节是团圆节，也是男女感情交流、结婚的重要契机。家户庆祝中秋节的时候形成一定的社会关系。

1. 中秋节与气候关系

清辉头村的俗语说："八月十五云遮月，正月十五雪打灯"，意思是如果八月十五赏月的时候，云遮住了月亮，正月十五一般会下雪。这反映了农民对气候的观察与总结，因为气候是影响农业生产的主要因素。

2. 家户与邻居关系

中秋节不隆重，男人常称中秋节是女人节。在这一天，关系比较要好的家户妇女们互邀在一起制作月饼，共同聊天增加感情。妇女们通过赠送月饼来表达友谊。

3. 家户与消费的关系

中秋节和初伏节、端午节一起被称为三个吃节。过去，家里的妇女们会用烧制成的模子制作月饼，一个妇女制作不了月饼，一般是妇女之间相互帮忙，共同制作。制作月饼就成为中秋节的节日消费。

（五）寒衣节习俗及关系

每月农历十月一日是寒衣节，清辉头的人们要去上坟。因为到了这一天，清辉头人开始添毛衣了，因此担心故去的老人在另一个世界受冷。人们心牵挂老人，给死去的老人烧五色纸的衣服，表示给故去的先人送衣服。这个节和清明节相对应。

1. 家户与先人关系

每年农历十月初一，华北腹地的气候开始急剧转冷，人人需添衣保暖。受到孝道文化的感染，村民觉得不能让故去的先人在"另一个世界"受冻，便给先人送"寒衣"，一种用彩色纸制作成的衣服，通过烧掉的方式送给先人。

2. 家户与家族关系

如果说清明节是族人共同祭祀先人的节日，那么寒衣节则与家族的关系不大，是家户自己的祭祀行为。家户祭祀的对象不是家族世代祖先，而只是三代以内自己能够遇见或者相处过的先人。从这个意义上说，家户在寒衣节中没有受到家族的组织和影响。

3. 送寒衣与性别关系

民国时期，清辉头人送寒衣的都是男性，女性不被允许到坟墓中送寒衣。可以说，送寒衣是男性的权力。

4. 家户与邻居关系

家户与邻居不串门，都是与自己家人在一起过这个节日。出门给死去的家人送寒衣，不与邻居结队成行，都是家中男性的老少几人。

（六）腊八节习俗及关系

腊八节吃腊八粥。人们吃着用粟子煮成的黏米，这是多年的传统。因为这个粥很黏糊，又称"年饭"。有条件的人才吃腊八粥，没有条件也吃不上腊八粥。家户庆祝腊八节形成一定的社会关系。

1. 腊八节与贫困关系

在清辉头人的口口相传记忆中，腊八节起源于贫困。传说，有一人到了腊八这一天，家里已经穷得没有粮食了，到处去家里扒拉出一丁点粮食，共有八种，全部用来熬粥。此人喝完最后一碗粥,几天后就饿死了。清辉头人用这个故事告诉人们,要懂得勤奋与节约,才不至于被饿死。

2. 家户与家户的关系

在清辉头,村民过腊八节的气氛并不浓重。据老人介绍,有条件的家庭在腊八节这一天用黍米、花生等各种粮食熬成八宝粥,便于一家人喝粥。没有条件的家庭,即粮食少的家庭连八宝粥都没有煮。民国时期,因为限于家庭条件和节日氛围,家户之间很少在这一天相互往来,多为家人一起过节。

3. 腊八节与女家长关系

腊八节,家庭煮好的八宝粥由女家长来分配,一人一碗。由于那时候粮食缺乏,即使熬粥也没有多余的,女家长一般保证大家所得的八宝粥量几乎都一样。

(七)初伏节习俗及关系

清辉头人把每年夏天入伏的第一个节日称为初伏节。俗话说"头伏饺子、二伏面、三伏烙饼摊鸡蛋",这是一个传统的话,实际上人们也没有这么干。初伏是一个"吃"的节日,娘家一般把出嫁的闺女们叫回家来"过初伏"。家户在过节中形成一定社会关系。

1. 家户与已嫁闺女的关系

娘家叫闺女回来家里过,别在夫家过,闺女来娘家不拿营生。那时妇女地位低,在婆家守规矩,做活在前头,吃饭在后头,没有家庭财产支配权和话语权,回娘家一般不带任何礼物(婆家也不打理任何礼品让其携带)。有条件的家户套上耕牛赶着车去把她们接回来过节。

2. 家户与亲戚的关系

自古以来,民以食为天。"吃"在民国时期乡村社会粮食贫乏的条件下显得尤为重要。家户觉得女儿在夫家吃不好,为了让女儿吃一天好的,就把已经出嫁的女儿接回家。初伏节,家户包饺子。饺子是民国时期清辉头村等级最高的食物,一年只能吃到几回。过完节了,家户一般包一些卷子、白面馒头给闺女带回夫家给公婆。

3. 初伏节与消费的关系

入夏之后有九伏天,初伏节是清辉头传统的吃节。1949 年以前,面粉很稀少,中农家庭一年只有 100 斤左右的面粉,因此初伏节的节日支出是一个家庭比较大的开支。

(八)老鼠节习俗及关系

正月十二是老鼠节,这个节日也吃饺子。还有一个娱乐活动,就是听"老鼠娶媳妇",人们把耳朵靠着磨眼,风一吹,发出吱吱的声音,就是老鼠娶媳妇。家户在过老鼠节形成一定社会关系。

1. 老鼠节与农业的关系

老鼠节本质上表达了农民希望老鼠不偷吃他们原本不多粮食的强烈愿望。每年过完年又是一年农业生产的开始，农民都希望五谷丰收，且不被老鼠偷吃。

2. 家户与四邻的关系

老鼠节这一天，家户与家户之间产生了互动，这种互动表现为家户与四邻的小孩共同背着筐子收集旧鞋子，堆在一起焚烧，寓意为除旧。

3. 吃饺子与属鼠家庭成员的关系

老鼠节这一天，家户也要包饺子，包饺子捏边牢实寓意着把老鼠嘴巴给封住了。但这一天，家户禁止属鼠的家庭成员吃饺子。因为清辉头村人相信，如果属鼠的人这一天吃了饺子，寓意着老鼠吃粮食。

第六节 规训与规训关系

规训是个人社会化的过程。传统历史时期清辉头村以传统价值体系在家庭、学校、社会三个层面对个人进行价值观教育，规训个人遵守家庭伦理规范、村落治理规则以及社会价值规则。个体在接收各种世界观、人生观、价值观规训过程中形成了一定的社会关系。

一、家庭规训及关系

传统历史时期，家庭对子女的规训教育总体可以分为两种方式：其一为言教，其二为身教。家庭在规训过程中形成了一定的社会关系。

（一）家庭言语规训

传统历史时期，个人接收规训教化是从家庭开始的。家庭开始对满周岁的婴儿进行规训教化，从家庭的称呼开始，教会其如何称呼家庭成员，如何辨别家人与外人的关系等。

> 爹娘对孩子的教育没啥，从小教他们哪个是爹娘，哪个是叔婶，哪个是哥哥姐姐、弟弟妹妹，让孩子分清家人都有谁。当小孩不懂事打人、骂人的时候，爹娘教孩子不能打骂长辈，要尊重家里的长辈。爹娘教会孩子爱惜粮食，不能乱扔不吃了的饽饽，要爱惜衣服，不能与人厮打撕烂衣服。孩子出门要称呼人，分清哪个是邻居，哪个是本家，谁怎么称呼。[1]

---

[1] 何运章老人的口述内容。

家庭对未满十周岁的孩子的教育，主要是家庭伦理关系的教育，以及对粮食珍惜的规训教育，对人际关系的称呼教育等。整体而言，爹娘是家庭言语教育的主体，通过言语引导、言语指示、言语禁止、言语说明等方式对孩子进行规训，让其形成基本行为和言语规范。

孩子满了十四周岁以后，爹娘对孩子进行人生观教育，特别是对孩子的一些行为进行言语纠正，例如爹娘在天刚蒙蒙亮就催促孩子起床。孩子与人打架斗殴，爹娘知晓后不但对孩子进行言语教育，甚至还进行棍棒教育。有些家庭可能利用家规对孩子进行教育。

> 俺不知道大户有没有家训，俺家里没有家训。老辈们就要求我们兄弟不惹事，细想着（省吃俭用），要作活，不要偷懒。[1]

家庭规训教育非常简单，朴实，只是对个体有大的框架约束，没有具体行为规范。个体对各方面规训知识的学习，源于老辈的言语教育，也源于爹娘的日常身教。

（二）家庭行为规训

家庭行为规训，也即常说的"身教"。在家庭的日常生活中，子女对成人的一言一行进行模仿，例如模仿成人劳动，模仿成人给年老者端饭、让坐、搀扶等，通过模仿成人的行为养成了孝道的价值规训。

> 老人一般不和年轻人在一起吃饭，都是做好饭了，给老人端过去。公公不和儿媳妇在一起吃饭，一般来说男的和女的分开吃。宴会的时候分为主客、陪客、主陪、副陪，请客也得分，尤其是红事。[2]

根据以上所述，家庭的通常做法形成惯例以后，就成为成长中子女的模仿对象。孩子们将父母习以为常的做法，作为自己行为的传承，达到某种规训的目的。

（三）家庭规训关系

在家庭规训过程中，爹娘对于子女具有绝对的权威。这种权威来源于两个方面：其一，爹娘是成人，身体力量和思维能力大大优于子女，因此可以对子女进行棍棒教育；其二，爹娘往往是家庭的当家人，掌握家庭经济大权，能够对子女进行经济上的

---

[1] 何运章老人的口述内容。
[2] 何运章老人的口述内容。

惩处。因此，爹娘基于家庭权威地位，对子女的言语教育，子女必须进行接受，否则可能遭到爹娘的惩罚，例如不让吃饭，打一顿等。但子女对爹娘行为规训方面的接受，取决于爹娘本身的素质，如果爹娘在家庭内部身体力行比较规范，子女深受影响，潜移默化中就会达到规训的效果。

二、学校规训及关系

传统历史时期，学校规训通常体现为私塾教育，在民国时期是私塾教育与国家开办的小学教育并存，在民国后期逐渐以小学教育为主。私塾教育与国家开办的小学教育可以统称为学校教育。学校教育由学校及规训内容、学生、教师等构成。

（一）学校规训概况

传统历史时期，学校规训主要是私塾教育，根据《深州风土记》记载，清朝光绪二十六年（1900年），清辉头村有两所义学，其一占地28亩，又一占地25亩，但没有详细介绍土地的使用情况、学生数量等相关内容。"凡学校之志有三，曰庙学，曰书院，曰义学。"[1] 民国时期，这两处义学是否存在，如果存在属于哪个姓氏的私塾教育，村中的老人已经不清楚具体情况了，但清辉头村有三处私塾，分别是李氏、孟氏、张氏三个家族开办。

> 李姓有私塾，其他姓氏的子弟如果有关系，也可以去读，但先生得有报酬，人家请的私塾先生，是花钱雇的。私塾先生的收入多少不知道，比扛活的强多了，但也是穷秀才。我们这里老话说，"穷秀才，富商人"。李姓大户有几个孩子读书，其他孩子去听得拿点。村里在民国以前的教育就是私塾。私塾是自己请先生教育孩子，教育的主要内容是为人之道。民国时候开始有小学堂了，中农、贫农读书的子弟都有了，是国家公办。[2]
>
> 1949年以前的教育主要是私塾，有经济势力的大户人家才有，教书先生一般是秀才，经过了县州两级考试，取得功名的人，叫秀才。我听说我们村秀才是姓李的多，李维第是进士，李家是大户。[3]

私塾教育只有具有一定经济实力的大户才能开办，雇请秀才进行教学。民国中后期开办了小学教育，小学教育开办至四年级。

---

[1]《深州风土记》清朝木刻印刷版，第二卷（共四卷）。
[2] 杨占恒老人的口述内容。
[3] 杨占恒老人的口述内容。

> 事变时候，村里的学校是公家管，有两个先生，一个是本村的，一个是外村的。过了年，新生就开始上学，割麦放一回假，过秋放一回假。[1]

小学教育一年开办两个学期，但假期放三个假期，分别是年假、麦假、秋假，其目的是适应清辉头的习俗和农作需要。

（二）学校规训内容

传统历史时期，私塾规训的内容主体是传统历史时期的儒家价值体系中最为基本的知识，例如《三字经》《女儿经》等。

> 私塾的课程包括《百家姓》《三字经》《千字文》《女儿经》、圣贤集，后面就是四书五经。最开始上学，教授《百家姓》《三字经》。那时候读书不毕业，一直往上读，写文章，作八股文。考秀才就在州里考，比如深州，当时一州管三县。[2]

根据以上所述，清辉头村的私塾教育基本为儒家价值观的启蒙教育，如果学生能够进一步深造，则学习四书五经，加上"六艺"等知识。

> 今上光绪廿六年，（深）州故城废学有朱瑛所刻碑，明初学校格式也。其文云洪武二年十一月左丞相宣国公奉旨台省部官议学校格式，中书省礼部尚书议上诏，在所学校镌之碑其法，凡府州县学手令躬相视民后秀及官子弟，年十五以上，已读论孟四子书者选入学。择儒有文学者，官与办装赴中书省考验充学官，分科教习礼、律、书三事为一科，乐、射、算为一科，皆训导掌之。府教授、州学正、县教谕讲明经史大义，令学生知孝悌礼义，通晓古今，达事务。手令月一考验。[3]

以上是明朝时期深州的学校规训内容。民国时期，清辉头村开办小学以后，主要教授国语与算术。

（三）规训师生及关系

根据在世老人所忆，小学由学董和教师构成，学董由村中大户人家的代表担任，

---

[1] 何运章老人的口述内容。
[2] 杨占恒老人的口述内容。
[3] 《深州风土记》清朝木刻印刷版，第二卷（共四卷）。

教师有两名，一位名叫纪霖梦，深县城北杏园村人，另一位是孟庭昌，清辉头本村人。

村长一般由地主、富农来担任。学董由大户来当，但是这个候选人得有才能，不但有经济能力，还要有文化。我分不清学董和学监，学监应该是上级派的。民国时期有两三个老师，有百十来人的学生，教授的内容是国语、数学。人们也讲究学以致用，上个一年二年的，认个"地头地脑"的，就可以了。原来那个学校叫作高小。[1]

学董能够给予学校一些钱粮方面的支持。教师就是教授学生知识。学生来源于村庄的农家子弟，多数为男生，少部分为女生，男女分开上学。每个学生都需要缴纳学费作为教师的俸禄。

每年的学费是两块大洋，春季交一块，秋季交一块。每年正月十六、十七，过完年老师就来了。我拿着一块大洋交给老师，老师写着一张条，谁谁的现大洋一块，证明你缴费了。一般穷户拿不出来，所以很多适龄孩子都上不了学。我家是中农，也不富裕，能吃得上饭，也能缴学费。好的家庭的孩子，则到城里去上学了，比如我们村地主家的孩子，一个名叫三田的人就到城里上学了。富裕家庭的女孩也可以上学。原来还有一个女校，在男校的后头，有墙隔开，女的不和男的掺合，教女校的也是男老师，是一个七老八十的老头子，但女生十分少。[2]

村里就有一栋房子三间屋作为学校。每个学生一年要两块大洋的学费，当时能买二斗小米、麦子，能买三斗高粱、棒子。二斗就是30多斤。学校的老师，本村有一个就是孟庭昌，另外一个老师姓纪。学生都是本村，没有外村的学生。谁去都得给学费，不管你是好户、赖户。学校在村中间。1949年以前，没有女生。1949年以后，有四个女生，都出去了。旧社会，上学的认识字多，但得有条件，须地多，有钱。[3]

贫困的家庭拿不出两块大洋，加之需要为家庭谋取食物而进行劳动，几乎就没有机会入学。

---

[1] 杨占恒老人的口述内容。
[2] 何运章老人的口述内容
[3] 李建文老人的口述内容。

什么样的子弟才能读书？一般来说要有经济实力，还要有兴趣，没有兴趣当官的人不读书。种地的人，认识几个字就算了。觉得没有意思的人，干脆都不上学。再一个也没有条件上，以前那个生活艰苦困难，连米面也没有，得去挖野菜，得拾柴火，有些人还得扛活去，那是童工。只有温饱的人才能读书。[1]

读书需要一定的家庭经济条件，因此杨占恒老人说"只有温饱的人"才能读书，家庭温饱成为孩子上学的经济底线。为了生存而劳作的贫困家庭子弟没有钱缴纳学费，也没有时间学习，他们需要从事挖野菜、捡拾柴火等各种劳作。读书的目的多数在于认识几个字，学会一点算术，在从事买卖与人打交道时更加便捷一些。

中午快要吃饭的时候，我们被老师排成四排，村里有东头、南头、西头、北头四个头，一头的站成一排。放学各人上各人家去。[2]

本村的先生不是秀才，文化比较高；外村的先生文化情况，我不知道。事变那年，我十二岁了，老师列出一个名单，年龄大的学生给他做饭，煮小米，他也没有菜。那时候下了课，老师说做饭，名单轮到谁，谁就去做饭。村里没有卖卷子的，卖卷子的是牛家庄人。牛家庄离这南边六里地，卖卷子的人一来到清辉头，把棍子一撂就吹呜子，大家就知道他来了。老师就找学生们去拿卷子，他不拿钱买，拿一个牌子，上面写着卷子一斤、卷子半斤，学生就拿着这个去帮他领卷子。[3]

教师依章程组织教学、散学，还组织按照东西南北各头的居住情况进行集中排队。在日常生活中，年龄大的学生轮流做饭，或者跑腿做一些力所能及的事务。

第七节 文娱与文娱关系

传统历史时期，清辉头村文娱气氛较为活跃，乡村社会自发形成了义和花会等文娱组织，开展各种形式的文娱活动。整体来说，清辉头村落的文娱活动可以分为节日文娱、革命文娱、业余文娱等三种类型。

---

[1] 杨占恒老人的口述内容。
[2] 何运章老人的口述内容。
[3] 何运章老人的口述内容。

一、节日文娱及关系

节日文娱,顾名思义是在各种节日中开展的文娱活动。传统历史时期,清辉头村的节日文娱活动,包括舞狮子、"十二美女"、"划旱船"与"行车"、"老鼠娶媳妇"等。

(一)舞狮子娱乐及关系

舞狮子是春节期间即从正月初一到十五,清辉头乡亲为了恭贺新年,营造良好的春节气氛,组织了两支以上的狮子队,进行舞狮子表演和争斗。

1. 舞狮组织

舞狮子的组织者是义和花会。义和花会是村庄一个非常古老也非常活跃的组织,有会头,组织成员较多。这个组织和清辉头首富李维第进士家庭的关系很好。李维第为舞狮子选手提供资金和训练场所。老人们说,李维第是村里最大的富户,房子很多,专门拿出一处房子来让舞狮人训练。舞狮人都是有功夫底子的人,身手十分矫健。

2. 舞狮表演

正月初一至十五,是清辉头舞狮表演的时间。因此,入冬没有多久,已经没有活干的农民在义和花会的组织下进行训练。正月初一一过,家家户户吃完"起五更饺子",拜过年了,就围拢在李维第的房子看舞狮子表演。舞狮子队从李维第房子出发,在街上进行花式表演,村民或围在街上,或跟在后面观看。狮子队沿街表演完毕后,回到冯家店的院子进行争斗表演,也是狮子队表演的高潮。义和花会在院落中间摆上一张八仙桌,在八仙桌上垒起二至三张八仙桌,八仙桌最顶部放着争斗的彩头。两支以上的狮子队就在垒起的八仙桌上争彩头,相互阻碍、相互竞争,最先争夺得彩头的一方为赢家。

> 原来村里的娱乐活动,都是大户给钱。李老郑就是义和花会的头,他斗狮子很厉害。听说有一次,清辉头和外村的人比狮子,舞狮子的俩人眼看着比不过人家了,一急眼从地上直接蹿到房顶上去了,就这样比赢了。[1]

传统清辉头村的公共娱乐活动,基本由大户捐献钱财,由义和花会进行组织。

3. 舞狮关系

(1) 舞狮活动与义和花会的关系

义和花会是舞狮活动的组织者、训练者,实际上这是一支村庄文艺活动的民间会

---
[1] 李建文老人的口述内容。

社，不但承担着清辉头的三月庙会等大型活动，而且是舞狮子、"十二美女"、"划旱船"等文艺活动的组织者。

（2）舞狮活动与财主的关系

舞狮活动需要耗费钱粮，虽然表演者不收取任何工钱，但舞狮训练需要道具、场地、器材，这些费用来源于村庄最大财主李维第以及其他富户的捐赠支持。财主们通过捐助舞狮等活动，获得社会威望。

（3）舞狮活动与表演者的关系

舞狮表演者本身是戏迷，他们不收取任何钱财费用，表演是为了村庄过年热闹，以及表演的成就感。

（4）文化活动与外来权力的关系

七七事变以后，日本人禁止这些文化活动的开展，清辉头村民在1937年以后就不敢组织舞狮子等文娱活动了。

（5）舞狮活动与外村的关系

正月里，附近村庄邀请舞狮队进行巡演，巡演是义务演出，没有演出费，但外村一般管饭。

> 正月里，外村都来邀请清辉头的狮子队、旱船队、"十二美女"队去演出，每天都来请。"十二美女"就是男扮女装，穿着高跷扭着舞姿，也唱着。我们村的狮子队很有名气，外村来请的时候，有骡子车拉着人去表演，去表演也不要人家的钱，都是义务。[1]

（二）"十二美女"娱乐及关系

1949年以前的清辉头，女性不允许抛头露面，基本呆在家中。春节期间，从正月初一到十五，清辉头村在义和花会的组织下由十二名男子男扮女装，穿着花红柳绿的服饰，脸上涂红施粉，踩着高跷在街上行走，营造一个荒诞、怪异、让人忍俊不禁的氛围。"十二美女"是村民们围着跟着看稀奇、看怪异、看搞笑的一种文化活动。"十二美女"表演免费，而且表演的场所均在街道，对所有公众公开，成为大家参与的一种娱乐方式，其在表演过程中也缔结了一定的社会关系。

义和花会负责组织排练，提供服饰、道具等物资支持。清辉头村的首户李维第家族对村落"十二美女"表演队的支持较大，资助其采购各种道具。

---

[1] 何运章老人的口述内容。

资助这些活动的是一位进士（李维第），他们家的屋子多，别人家没有那么多屋子，大家都在他家排练。狮子头、鼓、车子船都在李维第家搁着。过年的时候，人们（即演员）就到他家去扮上进行排练。[1]

从大年初一到十五，村里有娱乐活动，有"狮子""十二美女""车子船"，有的坐着"车"，有些坐上"船"，有人逗狮子。李维第家住在南头，这些演戏的人从他家出来，先上东头去耍，再到北头，最后是西头。在南头，有一个冯家店，冯老充的店，店的院子挺大。"车""船""狮子"不但在街上转悠，还转悠到冯家店里去，看热闹的人都跟着，一会冯家店的院子就满了。[2]

"十二美女"的表演者是一些戏迷，也是义和花会的成员。他们在冬天农闲的时候，以学习戏剧表演为乐趣。表演者不收取任何费用。他们不但在本村街道踩高跷表演"十二美女"，以惟妙惟肖为表演追求，娱乐村民，而且还被请到外村进行表演，外村如果请"十二美女"表演队，需要用伙食招待对方。

（三）"划旱船"与"行车"

清辉头的春节文化活动除了舞狮子、"十二美女"外，还有"划旱船""行车"等表演项目。各种表演者从李维第家中出发，从南头开始表演到东头，从东头到北头，最后到西头。整个表演队伍比较长，规模壮大。表演者身穿"旱船""汽车"在地上走着，从外观看起来如同船在地上移动、汽车在地上行驶。清辉头通过"划旱船""行车"的宏大表演，整体烘托出繁荣的节日盛况，表达了村民向往车水马龙、百舸争流的繁荣、富裕的愿望。"划旱船""行车"是一种形象性表演，表演者把"旱船""车"的道具戴在身上，"旱船"和"车"也随着脚步缓缓前行。

每一艘"船"都同时需要几个人同时"划"，划船者要做到动作整齐划一，呈现出拟真的表演效果。所有表演者都是清辉头的村民，平时在土地上劳作，冬天空闲了基于兴趣爱好并为了获得认同感，进行训练和表演，目的在于活跃村庄的节日氛围，让村民娱乐。外村邀请的时候，表演者也会出村演出，主要为了进行跨村交流，体现本村庄的文艺存在感。

---

[1] 何运章老人的口述内容。
[2] 何运章老人的口述内容。

(四)"老鼠娶媳妇"表演及关系

"老鼠娶媳妇"有两种表现形式:其一是群众参与的文化活动,在街上表演。即每年正月十二,吃过午饭,一个男人穿上戏装,脸上画着老鼠。俩人用两根棍子抬着,这个人就在上面坐着,有人敲着锣鼓在村里转悠,村民跟着后面,没有唱曲,该活动名字叫"老鼠娶媳妇"。其二是正月十二,这个节日叫老鼠节。人们把耳朵靠着磨眼,风发出吱吱的声音,就是"老鼠娶媳妇"。"老鼠娶媳妇"表演过程中形成了一定的社会关系。

其一,老鼠与农民的关系。传统社会农业靠天吃饭,土地产量低,很多农民粮食不够,老鼠肆虐偷吃粮食,使得粮食存储更加紧张。农民为了处理好与老鼠的关系,将每年正月十二定为老鼠节。这一天的中午过后,农民们通过为"老鼠娶媳妇"的表演,营造一种怪诞、搞笑的文化活动,表达了农民为老鼠娶媳妇后,老鼠能够不吃农民的粮食的愿望。

其二,老鼠与过节吃饺子的关系。老鼠节这一天,家家户户做饺子,把饺子皮边缘捏紧了,象征着把老鼠嘴巴捏紧了,让老鼠不能吃农民的粮食。

其三,老鼠与磨口声音的关系。农民的石磨是用来磨粮食的工具,老鼠节这一天,成年人教小孩去听磨口的声音,磨口由于风吹发出吱吱的声音,成年人便告诉小孩们,这是老鼠在娶媳妇。

二、革命文娱及关系

1937年七七事变以后,日本全面侵华,中国共产党积极在敌后开展抗日活动。在这种历史背景下,清辉头村形成特定历史时期的革命文娱形式。

(一)革命文娱表演

清辉头村业余剧团建于1943年下半年,当时正是"五一扫荡"过后,党的政权一时被敌人摧垮,群众情绪非常低落,为活跃农村的政治局面,鼓舞群众的斗志,在党支部的领导下成立了村业余剧团,起名为"晨声剧团"。当时由村党支部委员孟永驹任团长,主要成员有张士录、李振威、李登昌、李品顺、刘秋喜等18人。剧种是京剧、河北梆子。服装是由演员自制和摊钱购置的。排练剧目京剧《打渔杀家》《战长沙》《法门寺》《逼上梁山》,新编剧目《河北梆子》《血泪仇》《王秀恋》等,在本村演出后,又在王章市、和睦井等村演出。冀中军区前线剧社刚成立时,晨声剧团的演员们配合剧社在束鹿南部连续演出,宣传抗日方针政策,受到了冀中军区首长的表扬和奖励。业余剧团刚成立时,团长孟永驹组织杨远冬闲时在自己家里排戏,时间长了,演员们肚子饿了,就在香饽饽篮子里拿饼子烤着吃。为学好京剧《打渔杀家》这出戏,团长孟永驹演萧恩,他将自己的地卖了一块,变成银两做盘缠,组织几个主要演员到北京看马连良演的《打渔杀家》《叶劈叶子》,经过多次认真排练,达到了较高的演出水平,因此多年有"清辉头的戏不用夸,开场就是《打渔杀家》"的说法。演员李登昌在《血泪仇》当中扮演土豪,装扮得特别奸诈,在跟随冀中军区演出时,有个小战士端起了"三八大盖"要击毙渔霸吕子秋,首长上台阻拦,说明这是演员在表演,咱们有仇有恨战场上见。为了鼓励和赞扬演员,冀中军区前线剧社的领导为几个优秀的演员起了戏名,活曹操李登昆,活魏延李位章,武生刘秋喜叫英勇武生刘少楼,花旦黄大宅叫黄少仙。晨声剧团的演员们有才艺,演出认真,配合前线剧社一场场演出任务。

抗日战争胜利后,部队集中军区前线剧社组建成正式文艺团体,打算让清辉头村晨声剧团编入文工团,演员们觉得日军投降了,都愿意回家安心种地过日子,多数演员没有参加。当时集中军区经济条件差,拿不出铜钱犒劳演员们。在清辉头演出时,集中军区火线剧社的领导当众表扬清辉头晨声剧社的演员们一段时间以来配合前线剧社的演出,还把前线剧社用过的旧剧装、头带和几个旧箱皮留给清辉头业余剧团。清辉头业务剧团和演员们深感荣幸,旧皮箱使用多年,至今尚存。常言说"台上一分钟,台下十年功",晨声剧团的演员们个个认真,一个年轻小伙学旦角,常对着镜子练习面目表情,两条腿夹着棒槌练习台步,扮演的花旦美丽俊俏,清辉头的老年人说:"看了黄大宅,一宿睡不着"。这当然是一种玩笑话。演员们无论是主角还是配角,无论是演出还是排练,都非常刻苦。当然,偶尔失误也是有的,演员孟玉暑和一个演员练习武打,被扎瞎了眼,落得终生残疾。演员刘老坤在练习《白罗衫》中伤了另一演员姚达。有一场戏,姚达手托茶盘上场转汤碗,为了练习这出戏,他把媳妇出嫁时候送的汤碗都摔完了才把这个绝活练好。业余剧团的演员们无论是唱戏还是排戏,无论是在本村演出还是在外村演出,从来不讲报酬,甚至还得耽搁家里的活,演员们从来没有怨言。1949年前的晨声剧团为后来清辉头村的业务剧团打下了良好的基础。

(二)革命文娱关系

1938年至中华人民共和国成立的时候,中国共产党在清辉头村发动群众从事革命运动,革命文娱发挥了积极的作用,也形成了一定社会关系。

1. 文娱活动与革命的关系

1938年至1949年,中国共产党在清辉头村组建地下党组织开展革命宣传和革命动员活动,为了革命需要,组织村民编写、排练革命戏曲节目,戏曲节目丰富、表演效果较佳。这些文艺活动的目的在于宣传革命形势,动员农民参加革命运动。

2. 文艺活动与表演者的关系

表演者都是清辉头的农民,他们训练、排练文化活动完全是自愿的,不但不收取任何费用,革命热情高涨的农民甚至卖地来资助文艺活动,这一点在革命剧团团长身上体现十分明显。

3. 文艺活动与村庄的关系

很多表演者从事无偿的排练和革命文艺表演,在清辉头村表演之后,又无偿地到各个村庄去表演,宣传革命形势。文艺活动已经跨越了村庄的范畴,成为动员周边村庄革命共享的文艺资源。

三、业余文娱及关系

业余文娱是指没有固定的开展时间,根据活动主题自由开展的文娱形式。清辉头村的业余文娱活动主要包括放鹰抓兔和说书两项内容。

(一) 放鹰抓兔活动及关系

1937年以前,李维第家族在清辉头拥有崇高声望,有两个原因:其一,李维第是晚清进士,不但拥有极高的学识,而且还拥有朝廷官职;其二,李维第家族是清辉头最富裕的大户,常年捐助村里的公共活动,百姓信服。清辉头有一项文艺活动就是李维第家族主办的,即放鹰抓兔。何运章老人介绍说,七七事变以前,李维第说了算,有事能够出钱,比如花会、闹戏,他能够出钱。冬天里,人们到地里去赶兔子,放老鹰去抓。

村民在放鹰抓兔中形成了一定社会关系。其一,活动与举办者的关系。放鹰抓兔的组织者和举办者是李维第家族,也是村里唯一喂养老鹰的人家。李维第邀请乡亲去观看老鹰抓兔活动,行程有二三十里地,有些乡亲以没有鞋穿为由拒绝参加,李维第家族就为没有鞋的乡亲买一双鞋,以促使其能够参加放鹰抓兔活动。其二,活动与参加者的关系。参加者多为成年男性。放鹰抓兔活动在冬天举行,形成了人们在地上追,老鹰在天上飞的场面。他们本着热闹、看稀奇的态度自愿参加。

(二) 说书活动及关系

根据老人介绍,有时候清辉头村集市上有说书人,一说就是半个月到一个月,说书的内容是《薛仁贵征东》等民间流传的故事。说书人不是本村人,在街上找一块空地就开始说书,村里的乡亲们围拢着听书。说书活动是营利活动,说书人说到高潮处中断,用一个盘子向听书人敛钱,敛到钱了才往下说书。听书人给不给钱,给多少钱各凭自愿,但说书人敛不到钱坚决不往下说。

村民在说书中形成了一定社会关系。其一,说书与说书人的关系。说书人是到处行走的外地人，到清辉头说书是为了挣钱养家糊口。其二，说书与听书人的关系。听书人都是清辉头村的乡亲，在那个娱乐方式非常少的年代，他们通过听书来增长见识，愉悦精神。说书人在说书的过程中，向听书人索取报酬。其三，说书人与村庄的关系。说书人是外地人，村庄不收取说书人的任何费用，但说书人需要在清辉头村租用旅店、进行饮食消费，才能够进行一段时间的说书活动。

第八节　村落文化变迁

1949年中华人民共和国建立以后，清辉头村文化形态随着时代发展变化，发生了极大变迁，主要体现在传统文化形态的消融，新的文化样式不断产生。村落文化变迁主要分为两个重要时段，其一是土地改革运动时期，其二是集体化时期。政治形势发展是清辉头村在1949年以后发生变迁的重要原因。

一、1949年前传统文化形态状况

1949年以前清辉头村的传统文化形态是千年农耕文明发展演变的结果，以家户为中心，以农业为基础，尚义文化浓厚。

（一）小农文化的整体概况

1949年以前清辉头村是一个典型的旱作农业村庄，在此基础上发育的村落文化形态具有三个鲜明特征：其一，以家户为中心；其二，以农业为基础；其三，以尚义为美德。清辉头村传统文化形态基本以家户为中心，主要体现在重视血脉联系，血脉关系越近的人，其人际关系愈加紧密。原来即使是一家人，分家以后其相互关系也变淡。村落以家户为中心的传统文化形态体现为先人崇拜，家户重视祖坟、族谱、祠堂。家户一旦培养出了能人例如科举进士、富商等，便会修建宗祠以光耀门楣，光宗耀祖。普通家庭一年要在正月初一、清明、忌日、七月十五、十月一日上五次祖坟。在信仰方面，人们无论信仰家神，还是信仰庙神，祭拜神灵的目的都具有特定的祈盼，祈盼神灵能够给予或护佑家庭解决婚姻、病痛、长寿、发财、求子、平安、家和等各种问题。各种婚丧习俗、节日习俗基本也围绕家户的生产生活展开，体现了家户团聚和个人生老病死的仪式。

清辉头村的传统文化形态以农业为基础，村民在从事农业耕种的过程中，知道不能跟土地"耍花招"，"人哄地皮，地哄肚皮"，只有踏实进行农业投入，才能有好收成。因此，传统形态的村民形成了务实思维方式，亲力亲为。传统历史时期的科学文化不发达，人们耕种旱地庄稼的技能均来源于祖辈的经验传承和实际操作的经验，使得人们形成了经验思维。谁精耕细作，谁投入劳动和肥料，谁就能够获得更多的果实。土地的无分别对待，使得人们形成平均思维方式。此外，土地还教会了农民珍惜农时、节约粮食等生产生活态度。

清辉头村的传统文化形态以尚义为美德。村民爱好公义，特别体现在参与村落事务上，在诸如淘井、庙祭、过年挂灯笼、文娱表演、庙会等各种事务上十分积极。以淘井为例，如果哪一个家户在敛钱淘井的时候不愿意捐钱，甚至不愿意出工，热爱公义的人们看到这个家户去汲水，则会要求其把水桶的水当众倒掉，以示警告。家户如果在村落中进行违背公义的行为，则容易惹上坏名声，其他人不愿意对其进行帮助。尚义的村民崇尚与人为善，为人耿直爽快，见不得糟心事。

（二）小农文化的结果

传统历史时期清辉头的村落文化形态整体上为小农文化，即小家小户的文化形态，产生了以下的结果：其一，家户重视以血缘为基础的社会关系，并且以经营血缘关系为主。家户是最近的血缘关系，也是最为紧密的社会关系，以此为核心扩大到房族、房支、家族、姻亲等其他血缘关系。村民个体各种事务也基本来自具有血缘关系人群的帮助。其二，家户重视有利益往来的近邻及"一湾"关系，近邻成为家户在日常生活中换工、借贷、串忙的重要社会关系，特别是红白事的协作共同体。其三，先人崇拜观念使得家户重视生育，特别是生育儿子以便于传宗接代，才能对得起祖先。其四，村民尚义的文化形态使得村民热爱公共事务，愿意参与村落的各种事务，并且爱好行仗义之事，且这种参与均没有报酬。

二、1949年后传统文化形态变迁

1949年以后，中国社会发生了全方位的社会变革，清辉头村传统文化形态发生了巨大变迁，主要是土地改革运动时期和集体化时期的文化形态变迁。

（一）土地改革运动中小农文化状况

清辉头村的土地改革要早于南方地区的很多乡村，从1945年开始就通过"革命戏剧"的方式宣传土地改革运动，鼓动村民配合、支持和参与土地改革运动。这个时期在中国共产党的领导下开展反映土地改革运动题材的文艺演出。

> 民国三十四年（1945年）8月深县城解放后，深县县大队宣传队立即进城举行了庆祝演出，每逢集会，剧团和学校都参加，又唱戏，又赛歌，气氛十分活跃。民国三十五年（1946年），深县宣传界联合会抽专人培养西安庄村剧团，带动了全县乡村戏剧运动的开展。为动员群众参军支前，城内高小排

演了《反内战》《翻身剧》，北景萌村剧团排演了《王大回家》。为配合土地改革，西安庄、王家井、北麦洼等村剧团排演了《白毛女》，太古庄剧团演出了《逼上梁山》，东安庄剧团演出了《鬼子六》，北景萌剧团自编自演了河北梆子《苦中苦》，小枪林演出了《地头上拴当票》。10—12月间，全县人民为庆祝土地还家，赶排新戏，连日举行化装游行，到处大旗飘扬，锣鼓喧天。人们扭秧歌、推彩车旱船、耍狮子、踩高跷，欣喜之情溢于言表，连60多岁的老人也忘情地扭起了秧歌。民国三十八年（1949年）3月，教育科和乡艺联合会召集各区、村艺人34名研究了大生产运动中如何开展乡艺工作的问题。到年底，全县有经常活动的各类剧团16个、花会54个。[1]

清辉头村通过义和花会组织旱船、扭秧歌、耍狮子、踩高跷等形式动员村民参与土地改革运动。为了适应土地改革运动的需要，清辉头村还专门成立了业余剧团，通过编制京剧和河北梆子等文艺形式发动群众搞土地改革运动。清辉头村的业余剧团编写了《打渔杀家》《法门寺》《逼上梁山》，新编剧目《血泪仇》《王秀恋》等宣传土地改革运动。这些基本反映了传统历史时期家户被地主盘剥以及抗争的故事，仍然属于小农文化范畴。

（二）集体化时期村落文化状况

1958年，清辉头村进入集体化时期，为了适应集体化宣传的需要，村落戏剧文化不再反映家户的故事，而是变为宏大的革命叙事。

> 1964年，各剧团停演古装戏，一律上演现代戏，县剧团排演了《夺印》《南海长城》《会计站娘》《焦裕禄》《杜鹃山》《红灯记》等。农村俱乐部排演了相声、快板、小歌剧、小演唱等节目1 630个，1967年后，县内只演《红灯记》等革命样板戏，不准演其他剧目。1970年，在"批林批孔"运动中全县283个文艺宣传队和说唱队共编演文艺节目1 841个。[2]

"文革"期间，村里成立了毛泽东思想宣传队。县里也组织样板戏学习培训班，学演了京剧样板戏《沙家浜》《红灯记》，主要演员有刘艳芝、雷云娟、张计环、李振玲、吴春锁、吴李旨等人。乐队的成员张群柏、李言锁、何银东排练了《海岛娘子兵》《定投表》《审椅子》《摘棉舞》等小戏剧。毛泽东思

---

[1] 深州市地方志编纂委员会编：《深县志》，中国对外翻译出版公司1999年版，第401—402页。
[2] 深州市地方志编纂委员会编：《深县志》，中国对外翻译出版公司1999年版，第401—402页。

想宣传队由杨少谦挂帅,完全是年轻演员。年轻人演出的完全是样板戏和一些新剧。[1]

以上资料显示,集体化时期的村落文化不是小农文化的体现,而是革命需要的各种宏大叙事,反映了当时政治运动的特征。

第九节 村落文化实态

改革开放以来,清辉头村实行土地承包到户以后,经济得到了快速发展。文化生活也逐渐变得活跃,文化样式变得丰富多彩,村容村貌村风焕然一新。本节从村落文化实态、村落信仰文化、村落文化娱乐、村落教育发展等几个方面考察村落文化的当下实态情况。

一、村落文化实态概况

在 307 国道上的歧银线一段,路边有一排醒目的红色字样,上面写着"河北最美休闲乡村"。旁有一条分叉公路,立着一块巨大的黄瓦靛蓝色的牌坊,牌坊上是"兴隆寺"书法字样。行人沿着这条分叉公路驾车驶入,便是通往清辉头村的公路,一路驶入到村口将看见"万亩桃园观光台",观光台旁有一块浅黄色石头屏风,上面镌刻着一首崔护的诗:"去年今日此门中,人面桃花相映红。人面不知何处去,桃花依旧笑春风。"

图 5-1 清辉头村桃园入口的石碑

村东北入口还立着条形石柱,上面镌刻着"桃乡沧海清辉头"等字样。清辉头村村口村尾(东西大街两端)立着两块高大牌坊,分别镌刻有"清辉头"字样,村口还有一块大的石碑,也镌刻着书法大字"清辉头",石碑背后镌刻着清辉头村自中华人民共和国建立以后的名人名单。当下清辉头村各种各样的文化样式展现,是一种乡村文化自信的体现,反映了村落发展乡村旅游业的强烈愿望。清辉头村从 2015 年筹备桃花

---

[1]《清辉头志》手写草稿。

节后,因为其万亩桃园的规模,逐渐获得深州人们的认可。各种旅游文化氛围是当下清辉头村留给人的深刻印象。清辉头村宽大的街道、高大的房屋,以及崭新的小学校舍和幼儿园校舍以及积极向上的精神面貌让人印象深刻。北面的村委会建设有"社会主义核心价值教育基地",宣传党的政策与社会主义核心价值观。

清辉头村从历史文化和当下经济发展中培育了文化自信,编写自己的村歌,其名称为《清辉头,我可爱的家乡》,唱出了家乡的美丽,唱出了人们对家乡的心理认同和奉献。歌词如下文。

> 石津河畔花果乡,风景秀丽胜苏杭,
> 桃林绕村怀抱月,春华秋实吐芳香。
> 村外地平埂如线,好一片肥沃丰产方;
> 看来犹如一幅画,啊,清辉头我美丽的家乡!
> 这里的人民爱文化,老年人也要把歌唱,
> 姑娘小伙来跳舞,看书读报写文章。
> 尊老爱幼传美德,人人都争上光荣榜,
> 干群就像鱼和水,啊,清辉头我文明的家乡!
> 这里的人民爱科学,田间果园做课堂,
> 桃、梨、苹果压枝头,鸡鸣猪肥牛羊壮。
> 勤劳带来了新变化,人换思想地换装,
> 幸福的生活甜如蜜,啊,清辉头我富饶的家乡!
> 石津河畔花果乡,风景秀丽胜苏杭,
> 阳光沐浴新天地,新人新事谱新章,
> 再绘远景新蓝图,一代就更比一代强,
> 建设社会主义新农村,啊,清辉头我可爱的家乡![1]

清辉头村歌的歌词彰显了人们热爱家乡,对发展果树种植、牲畜家禽养殖、传统美德、经济发展等的自豪与自信。

二、村落文化信仰实态

由于当下清辉头村大部分村民受过学校科学教育,信仰神灵的比例极低。据不完全估计,当下清辉头村不到3%的人仍然信奉佛教,村庄有着千年历史的兴隆寺在

---

[1]《清辉头村志》手稿材料。

2010年重修,成为当下清辉村的一张靓丽名片。

2010年,在深州市佛教协会的支持下,成立了兴隆寺筹建委员会,通过不懈努力,迎来了兴隆寺的恢复重建。寺总建筑面积五十亩,一期工程为兴隆寺观音禅院,以露天汉白玉观音圣像、观音菩萨三十二化身为主题,观音殿建筑面积八百平方米。二期工程为兴隆寺主体建筑:天王殿、大雄宝殿、藏经楼、卧佛殿、五百罗汉堂、禅堂、舍利塔及相关配套设施。[1]

寺庙住持是东北人,寺内的僧人基本不是清辉头村人,但有少量清辉头村的在家居士到寺庙帮忙作一些义工,例如做饭、打扫卫生等。对于多数清辉头村人来说,兴隆寺与其说是一处信仰的朝圣之地,不如说是一张村落的名片,能够吸引其他地区的游客驻足参观,成为发展乡村旅游的重要资源。当下文化信仰与传统历史形态存在较大差异。传统历史时期,如果算兴隆寺在内,清辉头村有八座寺庙,人们十分虔诚地敬献香火,向神灵祷告。当下神灵信仰已经不是人们关注的所在,由信仰带来的人流量和乡村旅游经济的发展才是村落规划的发展目标。

图5-2 清辉头村兴隆寺观音殿

三、村落娱乐文化实态

娱乐文化是一种休闲文化,当下清辉头村文化娱乐主要体现在两个方面,其一是娱乐活动,其二是图书阅读。

(一)娱乐活动实态

清辉头村人自传统历史时期以来便喜欢娱乐活动,当下娱乐活动在村支两委和民间自由发展的情况下开展得正酣。村支两委支持发展的主要是义和花会与业余剧团两种组织。笔者2016年10月至12月在清辉头村做田野调查期间,有幸观赏了义和花会组织的舞台表演。2016年10月16日,清辉头村举行主题为"清辉头第二届'贤德之

---

[1]《清辉头村志》手写草稿部分。

家'好党员、好干部、好邻里、好夫妻、好村民、好儿女、好少年、好婆媳颁奖大会"暨清辉头文化大舞台演出。义和花会是这次演出的组织者。义和花会自晚清以来一直存在,至今有一百多年的历史了,仍然组织各种类型的舞台表演,但与传统历史时期不同是当下义和花会的舞台表演节目多为现代舞蹈、小品、"三句半"、演唱、河北梆子等。

图5-3 清辉头文化大舞台舞蹈表演

图5-4 清辉头文化大舞台的观众

业余剧团也是村支两委支持的娱乐组织。这个组织曾经组织了大量的舞台节目表演,因效果突出而受到县委宣传部的表彰。

改革开放以后,业余剧团每年参加全县的文艺演出,参加深州物资交流大会的演出,春节期间还应邀到石碑村、石家庄村、礼门寺等若干村庄友谊演出。1998年,剧团在前磨头镇礼堂售票演出,老演员新演员联合登台,各种优秀剧目轮流上演,观众座无虚席,赢得了前磨头镇和附近村庄干部村民的好评,清辉头村业余剧团的演出活动,达到了有史以来的最高峰。业余剧团连续几年受到深县文化局的表彰,这些成绩离不开党支部的重视和支持,同时也离不开县文化局老师、干部的耐心支持。农村每一项工作,都有高潮和低潮,业余剧团是一项群众生活文化活动,但是专业没有连续性,后来由于年轻演员纷纷出嫁,老演员患病不能登台,新演员接替不上等原因,能参加演出的演员越来越少,2000年的时候,就封了大衣箱。多年来几度兴衰的业余剧团,就成了清辉头村老百姓回忆和谈论的一段历史。[1]

---

[1]《清辉头村志》手稿资料。

村志资料显示，业余剧团也是清辉头村各种舞台表演的重要组织力量，不但在清辉头村搭台表演，而且还到各地参与演出，大大活跃了清辉头村的娱乐文化，丰富了村民的文化生活。

(二) 图书阅读实态

图书阅读也是当下清辉头村文化休闲活动的一种方式，但村民们的图书阅读是休息娱乐阅读与学习生产技能阅读相结合。为此，清辉头村在二十世纪七十年代为村民搭建了一个书屋，满足人们的日常学习需求。

清辉头图书室是1970年代初建立的，当时农村群众文化生活匮乏，"文革"后新组建的团支部号召爱看书的团员青年将自己看过的小说、传记等送到团支部，把图书集中在一起，建立一个读书角，供团员青年交换阅读。后来村里陆续补充了一部分图书，摆放了简易书架，由广播员代管，供全村村民借阅，农闲季节，茶余饭后，村民常到图书屋借书看。小小的图书，在当时农村文化生活很少的情况下，为农民提供了精神食粮。深县团委和武装部政工科还为图书馆赠送了多部图书。1980年代初，农村恢复俱乐部，乡村建立了文化站，制作了三个木制书架，补充了各类图书，并将原来的四青年送的图书补充到图书室，当时有3 000余册，制定了图书借阅制度，印制了借书证，供广大读者借阅阅读。1990年代初，清辉头村土地由集体管理变为以户为单位管理，农民在自己的责任田种植果树，并发展家庭养殖，渴望学习科学知识，原来的图书室远远不能满足广大读者的需要。图书室根据读者的需要，和县新华书店联系，将最新出版的实用科技图书及时购入。《北方果树病虫害防治理》通过村里油印后，发放到每家每户。2000年衡水开展"读书兴农"活动。农民致富需要文化科技知识，图书室帮助村民订阅读各种报纸杂志，诸如《新农民》《河北科技报》《河北农民报》《果农咨询报》，免费提供各种实用科技图书借阅。成立了桃乡新农民读书会，将爱好读书看报，常年订书订报的村民吸收为读书会会员，会员达200多人，包括本乡和临县市的部分会员。每逢四九大集为借书日、新农民读书会活动日。读者交流读书体会，讨论研究果树管理当中存在的问题。清辉头图书室在农村两个文明建设中，为三农服务做出了大量的贡献，得到各级政府的肯定，2000年被衡水市评为衡水市十佳图书室。为了开展读书兴农活动，2010年河北省农家书屋工程建设领导小组办公室确定清辉头图书室为第一批农村农家书屋，配送了成套图书，包括政治类、历史类、科技类、文学类、生活类、音像类图书以及儿童读物等。图书阅览室面积为32平方米，配有书架、书橱、书桌椅子。图书室挂有农家书屋的牌子，各类图书达万余册。[1]

以上内容介绍了清辉头图书室的发展历程以及服务功能，借阅管理以及与外界关联，该图书室成为民众获取知识特别是果林知识、养殖知识的重要窗口，也成为人们读书休闲娱乐的重要场所。

四、村落婚嫁习俗实态

改革开放以后，土地承包到户。各个家庭在自己承包责任制的土地上进行耕作，栽种果树，从事养鸡等养殖业，家庭经济条件得到了根本性的好转。人们的思想也发生了进步，当下的婚嫁习俗与传统历史形态相比，发生了极大变迁。

实行家庭联产承包责任制后，农民经济状况大为改善，国家实行计划生育，生育率下降。清辉头村婚嫁逐渐形成以女孩选择男孩为主流，择偶标准转化为看感情，看相貌，看工作，看钱财。媒人介绍常说男方人很帅，有汽车，城里有楼房，外出打工挣钱多等等。彩礼也逐渐增多，由原来的四色礼物即钢笔、手帕、毛巾、笔记本，到后来的六色礼、八色礼、十二色礼；直到20世纪八九十年代变为"三转一响"，即手表、自行车、缝纫机、收音机；再到后来，房子要四面砖墙，电视机要带色的，骑车要冒烟的，手表要挂星期天的，缝纫机挂锁边的。定亲之后结婚之前，婆媳见面，婆婆要给媳妇110元，称作一百一的婆婆要一百一的媳妇，定亲见面礼660元，彩礼过万。2000年以来，青年外出打工，男女见面渐少，电话、手机、电脑成为交流思想的主体，再因为男女比例严重失调，单身男人变多。在这种形势下，攀比之风盛行，彩礼迅速飙升，由财物变为现金，由1万升至10万之多，还要有结婚照，三金（金项链、金戒指、金耳坠），电动车，满屋新。结婚时由20世纪20年代的牛车、马车，到60年代的自行车，80年代的拖拉机，再到2000年以后的汽车、婚车。现在生活条件的富裕，男女思想的开放，异地联姻的增多，多处风俗习惯的融合，使婚嫁习俗形式多样化，复杂化，真可谓百花齐放。例如，结婚当日，男方在约定的时间由主持人带领车队，开着8—10辆名牌轿车，放鞭炮、音响带着鼓吹手、录像师。新郎由礼宾带领坐婚车，

---

[1]《清辉头村志》手稿资料。

其他有接亲、保镖、打灯人、抱红地毯的,真称得上是浩浩荡荡去迎亲。迎亲时,双方人数之和取偶数,以示成双成对。新娘由母亲陪伴,一路行程中,遇到拐弯处或十字路口放鞭炮。新娘见过亲戚朋友要上拜。婚宴开始了,宴席分女上席、男上席、近亲席、本家席。宴席桌上有鸡、鱼、肘子三大件,冷拼热炒十二盘,酒足饭饱后,婚礼基本结束。[1]

当下清辉头村婚礼习俗与传统历史形态相比发生了极大变迁。整体来说,当下婚嫁习俗十分重视经济条件,甚至还有攀比之风中的"面子"因素。

---

[1]《清辉头村志》手稿资料。

第六章 村落治理形态与实态

治理形态是清辉头村在传统历史时期能够有效维持社会秩序的活动与关系。清辉头村传统治理形态呈现出分圈层、分领域治理的特征。从圈层治理来说，家户治理是最小的圈层，扩大到以血缘关系为纽带的亲族治理单元，再扩大到以地缘关系为纽带的"一湾"或"一头"的红白事治理单元，再扩大至公共需求的村庄治理。从分领域来说，村庄按照业缘关系、信缘关系、组织关系划分为若干领域，不同治理主体只负责治理特定的领域。本章根据治理关系从政权治理、村落治理、家户治理、亲族治理、信缘治理、业缘治理考察清辉头村的传统治理形态，以及传统治理形态的变迁与现状。

第一节 政权治理与治理关系

清辉头村是一个人口大村，在清代与民国时期长期以乡作为建制，有时候也以村作为建制，交替反复。但无论是哪一种建制，村落都在国家控制之下，政权治理都是清辉头传统历史时期治理方式的一种重要构成。

一、政权治理主体及关系

传统历史时期，清辉头村政权治理主体服务于国家职能。从晚清至民国时期，清辉头村的政权治理主体由乡长、月头、闾长、支应夫、文书等构成，其办公地点是乡公所。乡公所的地理位置是清辉头村的中心地段。

（一）乡（村）长及其关系

晚清至民国时期，乡（村）长是清辉头村最高的政权治理主体，其产生需要经过一定的条件和程序，并享有一定的职权和待遇，承担着国家部分职能。

1. 乡（村）长概况

根据清辉头村目前部分存留的文书，特别是土地买卖契约的显示，从1867年至1937年期间，清辉头的最高政权治理主体是乡长。乡长情况如6-1所示。

表6-1 传统历史时期清辉头部分乡长的情况

时　间	姓　名	职　位
道光七年（1827年）	王佐	乡长
同治六年（1867年）	种玉华	乡长
光绪二十七年（1901年）	白成林	乡长
光绪年间（字迹损毁不能辨认时间）	孟持国	乡长
中华民国十五年（1926年）	李美玉	乡长
中华民国三十四年（1945年）	阎老瑞	乡长

资料来源：根据清辉头村保留的文契整理。

从道光七年（1827年）到中华民国三十四年（1937年）的110年间，清辉头的乡长负责落实国家政权赋予的治理责任。

> 七七事变后，村里有村长，村长有什么事就找闾长，闾长找各家各户"破差"。例如，村里要花什么钱，应付日本人，就得摊在农民身上，按照地亩破差。在我们这里，村长和乡长是一样的，都是村里的负责人。原来写文书，早先写乡长，以后就写村长。你要去地，要写上一个中人，一个官人，官人就写上乡长某某。那时候的乡长和现在的乡长不是一个事，现在乡长管着一个乡，级别高。那时候的乡长只管一个村。乡长是事变以前的名称，事变以后就成了村长。原来曹老乡当过乡长，我听人说过，我记事了，他就不当乡长了。乡长原来没有广播，村里有什么事就敲锣通知。[1]

1937年的七七事变是清辉头村行政设置的重要分水岭，即七七事变之前是乡制，之后是村制。两者治理范围都是清辉头村。

---

[1] 何运章老人的口述内容。

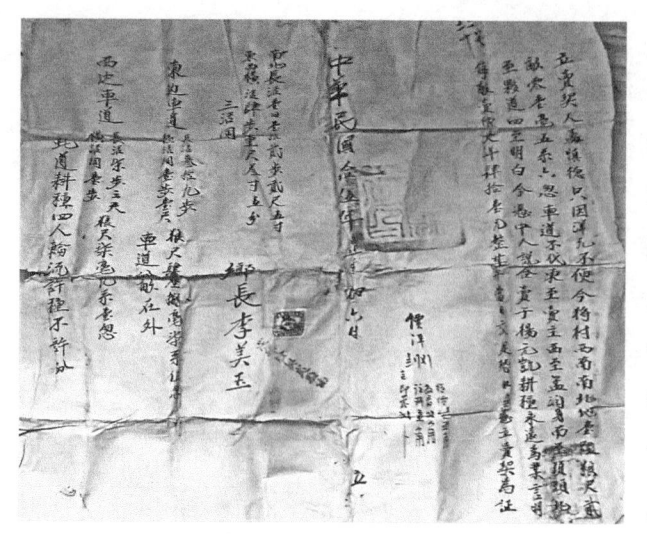

图 6-1 民国十五年（1926 年）乡长李美玉签字的地契

2. 乡（村）长产生

乡长产生需要一定的资格和条件，并非任何人都可以作清辉头的最高政权治理主体。其一，家庭较为富裕。乡长即使不是出身于村庄最富裕的几个家庭之一，也是中等偏上的家庭。如果家庭不富裕，则没有时间处理公务。李建文老人说："穷人最稀罕时间。"其二，本人读过书，能够识字和写字。在各种村庄事务中，乡长作为最高政权治理主体，需要与上级进行交往，通常的交往方式便是读公文和写公文。其三，具有一定的能力和威信。乡（村）长与上级机关、村庄民众打交道的过程中，需要处理各种复杂事情，没有能力则不能进行有效处理。何运章老人说，"当乡长，需要有威信，能管理人的人才能当"。

乡长产生源于村庄推荐与选举。热爱村庄公义的绅士、会头、族长等人商议，推荐出几个乡长的人选，然后发动乡亲进行投票，只有各户的户长才能投票，每一票以户为单位，不是以人为单位。家户当然也可以弃权。得票最多的人当选为乡长，然后报县里任命。乡长没有具体的任期，在不辞职或者病逝的情况下，可以继续干下去。1937 年七七事变以后，村长的产生与乡长相同。

3. 乡（村）长职权

清辉头乡长职权包括：第一，公正权力。清辉头很多家庭土地、房屋买卖的草契和官契都签署乡长的姓名。发生纠纷时候，乡长可以当公正人。第二，总裁权力。村里重要事务的处理，最后裁决权归乡长所有。第三，发布通知的权力。上级的文件，由乡长发布或者授权发布。第四，征缴税费、征收摊派费用的权力。虽然村庄的粮税并非由乡长征收，但乡长需要总体负责或者支持县里的征粮、征税工作。乡长的酬劳多少，没有老人能够说得清。酬劳不是由县里发的，而是由村庄摊派的款进行发放。乡长的家庭具有免除兵役的豁免权。1937 年七七事变以后，村长的职权与乡长相同。

（二）月头及其关系

从清朝至民国时期，村庄为了提高征收徭役、临时摊派钱款的征收速度，同时为了减轻乡长的压力，设置了月头。1949 年以前，清辉头衡量家庭富裕与否的标准是家庭拥有的土地数量,月头必须从清辉头最富裕的十二户家庭中选派。月头的产生比较简单,从村庄土地登记簿册中找出拥有土地亩数最多的十二个家庭,一般要求其男当家人担任月头。月头是一月一换,已经形成规制,下月第一天由下一个人担任月头。月头职权主要体现为两个方面:一个是负责征集徭役。征集徭役由谁去,清辉头的常规做法不是硬性安排,而是根据全村土地面积进行摊派,筹集钱后从村庄穷人中雇人去履行徭役。一个是负责临时摊派的征收。上级部门临时摊派一笔钱款,村庄也是按照土地进行摊派,按户筹集。1945年左右,农村政权在中国共产党的领导下,原来的月头制变成了"月例制",即清辉头的乡长按月由富人担任,听从农会的指挥。

> 共产党在村里成立农会以后,乡长施行"月例制",即富人按月轮值当乡长,但村里事务由农会会长做决策,村里的房屋买卖也必须盖农会的章才有效。[1]

月头在中国共产党进入清辉头村以后仍然存在,但需要按照中国共产党领导的农会进行形式。月头也能从村庄摊派中领到当月的俸禄,其主要工作职责是派收村庄赋税,如果村民不能按时缴纳,月头进行垫付,事后再进行催缴。月头职位的设置减缓了乡长的巨大税收征收压力。在清辉头村,谁都不愿意担任月头,因此每月轮流进行担任。根据土地买卖契约显示,光绪十七年(1891年)张云汉当过月头,如图6-2所示。

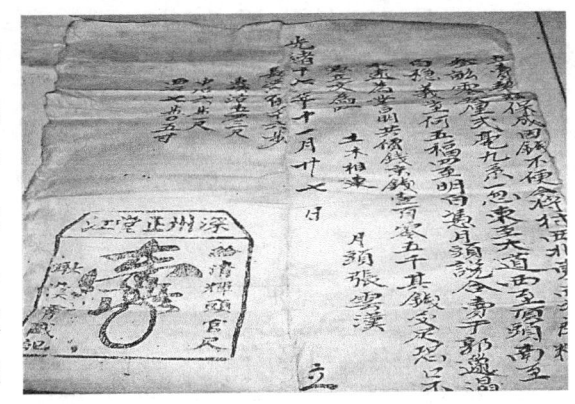

图6-2 光绪十七年(1891年)月头张云汉的地契签名

(三)间长及其关系

从清朝开始一直到1949年,间是清辉头村比较稳定的村内次级组织单位。因为清辉头的村级单位经历了变革,从原来的乡制改为村制,但村庄的次级组织单位——间一直没有改变过。

> 原来我们村有二十零八间,有五百户。村里有什么事,就叫村长间长一

---

[1] 何小忙老人的口述内容。

商量，就开始"破差"了。[1]

村庄次级单位间的建制是 25 户一间，村庄有 20.8 间，便是 520 户。间长管着 25 户，主要职责是"敛差"，即按照乡长或后来改制后的村长要求，对所管的 25 户家庭进行敛钱。

> 原来当村官的条件是土地多，因为地多的人耽误点工夫才不要钱，穷人最稀罕工夫。当间长的人，一般是好户，有几十亩地，才不怕耽误工夫。赖户可不咋，耽误了工夫就没有收入了，家里就没有饭吃。当村官都是义务的，好户他不在乎啊。当村官没有报酬，都是义务的。[2]

穷人不愿意当间长，因为穷人需要时间去"扛活"或者做其他副业来养家，因此，"好户才当间长"。间长基本是由乡亲推选产生，并且由乡（村）长任命。通常情况下，25 户人家根据家庭条件，推选土地比较多的户主为间长。

> 间长管着敛费用，敛差。大户钱多的当得了间长，小户钱少当不了间长，因为得先垫钱，小户没有钱垫，只有大户才有钱垫。[3]

由较为富裕的人当间长，还有一个重要原因：如果有的户不能缴纳赋税，需要间长进行垫付。何运章老人的叔叔担任过间长。他说，间长管一星半点的事，就是跑腿的人。乡长给间长下通知，间长再给户里说。敛破差钱，是按照土地来敛取，大户的土地多就拿得多。间长一般会多敛取一些，防止有人不交钱，造成钱粮数额少，交不上差。

（四）支应夫及其关系

支应夫就清辉头乡（村）从事跑腿工作的一群人，即从事下通知、传递消息、催缴物款、传递文件的一群人。支应夫这个职位从村庄产生后就存在，只是不同时期叫不同的名，例如清朝至中华民国前期，支应夫叫乡丁，七七事变后清辉头的乡制改为村制以后，改称"支应夫"。担任支应夫的要求总的来说包括以下几点：一是身体健

---

[1] 何运章老人的口述内容。
[2] 李建文老人的口述内容。
[3] 李建文老人的口述内容。

康，不能是残疾人，残疾人行动起来不方便。二是脑子灵活，愿意参与村里面的事务。总体来说，支应夫基本是穷人担任，穷人专职做支应夫能够换取一份报酬。村民向乡（村）长表达想干的意愿后，经乡（村）长同意后成为支应夫，还有一种情况是经常帮村里跑腿干事的人，在长期过程中成为支应夫。支应夫更换的情况一般有：第一，原来的支应夫因年龄大了，不能跑腿了就要更换；第二，支应夫生病了，不能继续干了要更换。第三，支应夫自己不想干了，提出辞职的。支应夫的职责：其一，传递通知。支应夫主要是向闾长、村民、文书等人传递上级文件通知、开会通知。其二，办理村事。支应夫按照乡长、副乡长、月头等人安排去办理村庄事务。其三，搬运货物。村庄需要人力搬运的货物，由支应夫承担。支应夫的酬劳都是年终发放，发多少未知，酬劳从村庄摊派中筹集，数量不多。

> 支应夫是农民担任，现在叫民兵，负责村公所的跑腿工作，支应夫就是孟子阳当村长的时候起的这个名，有这个人在村里当跑腿的。他们在村公所当差，给村里叫人、下通知，挣不了多少钱。[1]

（五）文书及其关系

文书是清辉头村专门从事公文、契约等文件的撰写人，是村庄治理必须配有的一种主体。文书自村庄建制开始就存在了。文书任职资格如下：第一，读过五年以上的书，能够用毛笔撰写文字；第二，家庭条件较好，能够有空闲时间从事村庄的文书撰写工作。第三，具有文书撰写经验。村庄经常邀请读书人协助撰写公文，在撰写过程中，有一人或两三人撰写文书表现比较突出，为人较好相处，逐渐成为村庄的文书。文书职责主要有：第一，根据上级的要求写上行公文；第二，根据上级的要求，撰写面向村民的布告；第三，为村庄家户撰写土地、房屋买卖契约，主要是白契。文书有微薄的津贴，从村庄摊派的办公公款中发放。文书为村民撰写房契、地契，所获得的酬劳就是主家请文书吃一顿饭。文书与其他主体的关系：第一，文书和乡（村）长的关系。乡（村）长是村庄最高的行政长官，文书根据乡（村）长的要求撰写上行公文以及面向村民的公告。第二，文书和村民的关系。大部分村民不识字，文书替村民撰写民间买卖的地契、房契。

（六）政权治理主体之间的关系

清辉头村传统历史时期的政权治理主体由乡长、月头、闾长、支应夫、文书等构

---

[1] 何运章老人的口述内容。

成,其中乡长最具有权威性,月头、间长、支应夫、文书均要服从其安排。乡长、支应夫与文书都是乡公所的常住治理主体,构成了治理主体的核心集团,其中文书配合乡长负责上传下达,支应夫在乡长的安排下要么鸣锣通知所有家户,要么通知间长在乡公所集中商议村务,要么专门通知或者责令某家户按时履行田赋征缴或征兵选派。在这三类治理主体关系中,乡长地位最高,文书地位其次,支应夫地位最低,文书也可以派遣支应夫处理村中事务,例如跑腿打杂等事务。

乡长与间长是政权治理主体之间的上下级关系。乡长从县里接收到的赋税和征兵任务,分发到各间,由间长负责安排。间长将下辖间的家户征缴赋税、征兵等事务向乡长汇报。间长对乡公所的文书和支应夫没有指挥权限,但文书能够根据乡长的意志向间长传达相关指令,不能直接命令间长。月头是一种特殊的职务,其主要职责是协助乡长履行村落缴纳赋税,平时并不负责村中事务。

二、政权治理内容及关系

传统历史时期,政权治理内容主要是履行国家职能,主要体现在"破差",征收村庄摊派、兵役和劳役的分派等。

(一)催收田赋

征收田赋是传统历史时期国家在村庄吸取资源的主要方式之一。清辉头人们将乡长、间长催收田赋的行为称为"破差"。破差还有收取摊派的意思。

> 按照现在的说法,农民给国家纳农业税,旧社会叫"破差"。户里按地亩数破差。破差多少钱,全在村长掌握,他和间长们商量,具体多少没有规定,按照需要破差。[1]

田赋是传统国家按照土地面积收取的土地税收。每个村庄需要缴纳多少税收,由县政府分派到村庄。1937年七七事变以前,清辉头村的好地,每亩地的田赋是一毛三,基本在人们承受范围之内,家户都倾向于"纳了粮自在王",纳税比较积极。但1937年七七事变以后,日本人和汉奸队伍横征暴敛,缴纳税收的次数很频繁,导致民不堪重负,纷纷卖地以应付"破差"。

(二)村庄摊派

村庄作为一个税赋单元,需要缴纳来自上级的临时摊派、村公所办公经费摊派、公共消费的摊派等。

---

[1] 何运章老人的口述内容。

村里的花销，老百姓就按地摊，管这个叫敛钱。敛了钱，就交到村委会那里去。原来我们村有二十零八间，有五百多户。村里有什么事，就找间长商量，就是破差，比如日本在城里要钱，谁出啊，村长就叫上间长们商量，收了钱就送到城里去。谁家地多就多摊一点，少地就少交。我们村有一个铜锣，有人就拿着铜锣敲，一响锣，大家就会仔细听，要通知干什么了，有人喊要破差了。[1]

七七事变以后，清辉头是村建制，村长和间长商量决定收取多少摊派，摊派是按照土地亩数。土地越多的家户，承担的摊派也就越多。间长是每25户的政权治理主体，成为征收税收的主力，对下辖的家户征收摊派。

七七事变后，村里有村长，村长有什么事就找间长，间长找各家各户破差。例如，村里要花什么钱，应酬日本人的开销，就得摊在农民身上，按照地亩破差。间长们下户来敛钱，谁有多少地，间长们有数。一年要敛几次，没准，村里什么时候缺钱，什么时候要交差破费了，就什么时候敛钱。日本人来之前，村里需要调配的费用也不多，就是一星半点的事花不了什么钱，日本人来了以后，"破费"就多了，日本人什么钱都往村里要，村里不给，伪军就来了，来了就烧杀抢。事变以前，村西都是树，日本人来后，年轻人能跑的，就跑到树地里去躲，就那么过日子。[2]

政权治理主体根据所需摊派开销的总数进行摊派。间长根据名册到本间的各家各户征收摊派钱款。

(三) 征兵和劳役分派

征兵和劳役是国家在传统历史时期的乡村社会汲取资源的另外一种形式。政治治理主体自然服务于这一重要国家职能。

1. 征收兵源

七七事变以后，日本控制华北地区，清辉头村自然也被纳入其控制和统治的范围。日本侵略者控制的伪军，大肆在各村庄征收兵源。

---

[1] 何运章老人的口述内容。
[2] 何运章老人的口述内容。

日本人来了，在周边屯了三个据点，向每个村要兵，村里不得不给，就派呗。如果实在派不动，就拿钱雇，雇的钱也是村里筹钱。日本那个差三天要、两天要啊，几下子那个地就贱得不行了。每天去报告得拿钱，不拿，日本人就来打。在村里，日本人来过两次，在街里呼呼地打枪[1]。

日本人在城里有伪军，要人去当兵。当兵不管"两个要一个，五个要两个"的规矩，家里一个孩子的也被要去当兵了。那时候为了躲当兵，很多家里弟兄仨都跑了，不在家了，找不着了。原来门市部鸭子大伯的小子二恒，就当兵去了。[2]

2. 分派劳役

民国时期，国家根据任务向村庄分派劳役名额。例如抗日战争时期，国民党的部队与日本侵华部队作战，就向深县辖内的村庄征收劳役运送物资。每个村庄需要出两个劳力，两头骡子拉的牲口车。

七七事变后，共产党还没有来，国民党的中央军跟日本人打仗，步兵、马队就跟县里要车，县里就管村里要。大家都不去，村里就花钱雇了两人去，买了俩骡子和一辆车。村里雇俩人的价钱高于平时扛活的钱。这俩人是穷人，没有吃喝，出这一趟差，顶上一年两年的收入。这俩人领了骡子和车就去了，走的时候村里交代，回来后牲口和车都归这两人。俩人这一去，到现在都没有回来。他们一去就在深县集合，隔壁有一个村叫于家庄，离这里三里地，有一个人叫节和，县里也往他村里要了车。他村子小，村里指定要他去，他们集合上束鹿旧城，军队交代他们拉一些子弹，沿常石路往西走。那一年的雨很大，但是地里不吃水，走到黄河的时候，牲口车被雨水和污泥陷住了。好几里地全部是车，日军飞行员看见这里全部是人，在飞机上使用机关枪扫射。大家都慌乱了，到处跑，很多人跑到牲口车底下躲避。天黑了，这个叫节和的人就不要车了，趁黑牵着三头骡子跑，他跑到一个村里，迷路了，村里有一户人听见动静出来看，一开门惊着三头骡子了，骡子就跑了。天黑了，他不能去找，就又返回车队。那时候是七八月，他牵着牲口走着，天明了，日本人看见他了，他撂下牲口就跑了。我们村雇的这俩人本来就穷，割舍不

---

[1] 李建文老人的口述内容。
[2] 李建文老人的口述内容。

下那骡子和车,不跑就死了。[1]

(四)调解纠纷

一些比较大的矛盾,特别是不同家族之间的矛盾,需要政权治理主体进行调解。传统时期的清辉头,其乡(村)公所有一个调解会,较小的纠纷由调解会进行调解,比较大的冲突由乡长或者村长进行调解。

> 1949年以前,争嘴或者吵架啥的,一般不去找村长,都是一个湾的,说说劝劝就化解了。事情大,化解不了,才会去找村长。房子地界、耕地地界的纠纷问题,就需要找村里,一个湾的劝不了。村里解决不了,找县里解决,也可以找区公所。[2]

> 族内的事情,由族长管。姓氏之间的事情就不是族长管了,就由乡长管了。原来买房、土地流转都是族里的事,乡亲的事,不经过乡长。[3]

家族在传统社会承担着大量的族内纠纷调解和族间沟通协调工作。只有超出血缘组织能力以外的冲突和纠纷,才由村级治理主体进行调解。

三、政权治理方式及关系

传统历史时期,清辉头村的政权治理方式有三种:其一,通知各户,其二,强制执行,其三,保障安全。

(一)通知各户

乡公所收到上级国家政权机关的指令,通过支应夫鸣锣沿着各条巷道叫喊通知各家各户,或者乡(村)长与各间的间长商量后,由间长通知其下辖的各户。通常来说,田赋的催缴一般由间长召集各户集中通知征缴,并且给各户预留一段时间进行准备和缴纳。其他临时性的摊派,则由支应夫沿街鸣锣叫喊通知各户知晓,再由间长进行征收。兵役和徭役的分配则是乡(村)长与各间的间长商量后,有针对性通知具体的家户,不是整体性通知。

---

[1] 何运章老人的口述内容。
[2] 李建文老人的口述内容。
[3] 李志勋老人的口述内容。

（二）强制执行

乡公所或者村公所通知各户以后，通常预留时间给各家户进行准备和执行。如果家户没有按照通知履行，乡（村）公所则强制性执行。以征收税收为例，乡（村）公所找月头与间长商量，安排征缴工作。通常情况下，月头和间长带领支应夫在临近截止日期的时候，对还没有完成征缴田赋的家庭进行催缴，对不认真履行田赋征缴的家户施加压力，如果再不履行则强制性执行。到了田赋上缴截止日期，各间不能完成征缴，所缺额部分由间长进行垫付，如果间长也垫付不了，则由月头垫付，事后再通过强制执行予以补充。

（三）保障安全

传统历史时期，清辉头村没有寨墙，面对盗匪的大肆入侵，乡公所也没有能力保障村民的安全。但是村庄配备有村警、打更的、看青的，能够防范部分小偷对家庭财产的侵犯，也能够对村民之间的冲突进行调解。如果村中有人因为犯法或者犯事被上级机关政权拘押，村庄政权治理主体特别是乡（村）长能够帮助其进行斡旋。换言之，政权治理主体履行国家职责，同时也能够为村民提供一些应对外部安全威胁的支援。

第二节 村落治理与治理关系

村落是乡村社会的基层治理单元。传统历史时期，政权治理主体的治理范畴局限于履行国家职能，对村庄的公共事务诸如淘井、庙会、公共娱乐、家庭和家族内部的纠纷调解、道路维修、过年过节的公共活动、家户红白事、土地典当、买卖与租佃等各种事务，却甚少涉及。这些村落公共事务成为村落治理的主要内容。

一、村落治理主体及关系

传统历史时期，清辉头村除了政权治理主体外，还有村落治理主体。两者的差别在于前者治理的目的在于履行国家在乡村社会的职能，但不对村落公共事务进行治理，而后者则没有国家政权的相关身份，治理目的在于处理村落公共事务。村落治理主体以非官方的形式存在，他们包括光棍、绅士、会头、中人、保人、写状人、代字人、好管闲事的人、监厨人等。

（一）光棍

光棍是传统历史时期的村落公益参与人，在清辉头村的公共事务治理中发挥了一定的作用。

1. 光棍概况

光棍是传统历史时期热心主持和参与村落公共事务，并且不惜得罪人，能够解决公共事务的人。

> 按理说，我们这里把没有结婚的人称为光棍。但以前，大家把那种喜欢办事出头、做事霸气的人，称作"光棍"。他们负责敛摊派，比如吃水淘井的摊派。[1]

光棍有以下特点：其一，喜欢参与村庄民间公共事务，例如修井，过年挂灯、放炮。其二，光棍多为穷人，生活穷苦，喜欢借村庄民间公共事务混吃混喝。其三，行事霸道，能够威慑人。其四，能够对村庄不配合的人和家户进行惩罚，不怕得罪人。

2. 形成原因

光棍是特定时代背景中产生的。其一，传统清辉头村较为贫困，大部分家庭生活十分艰难，没有土地的人通过主持和参与公共事务获得一些微薄的利益。其二，有些人在村庄中行事霸道、不怕得罪人却热衷于公共事务。其三，清辉头村庄比较大，光棍也是按"头"进行划分，东西南北各头均有一两个光棍。

> 有一种人叫"光棍"，爱当经纪人，不爱做活，通过管点闲事混吃混喝。过年了，放烟花、放炮仗、挂灯笼等活动的敛钱，都是他们去干。这种人哪头都有，我知道东头有两个，一个姓孟，小名孟大，一个姓刘，叫刘勇。我们大街的红白事也是这俩人管。[2]

3. 光棍职责

光棍是一种民间角色，不是村庄行政官方代表或者办事员。村庄建制机构一般与光棍没有太大联系。光棍的职责主要如下：第一，敛取庙会上戏钱。李建文老人说，"赶庙的时候，人多，什么都有卖的。每年三月十八日（农历）有两场戏。做买卖的，也要敛钱，因为你占地方呢！村里还向户里敛戏钱。光棍上户里来敛，不是家户自愿去交"。第二，敛取淘井钱。每年淘井，清辉头的光棍去各头家户敛取。第三，敛取过年的灯钱、炮钱。传统历史时期，光棍们所敛的钱除用于淘井、上戏、过年的街上挂

---

[1] 李建文老人的口述内容。
[2] 李建文老人的口述内容。

灯笼、放炮仗等公共事务支出外，剩下的钱用于光棍群体的消费，主要是混吃喝。李建文介绍说，东头有一个光棍叫刘永霖，家庭经济条件一般，没有读过书。

> 淘井要付挖井人多少钱，不清楚，但应该多不了。淘井由片长敛钱，或者由管闲事的人敛钱。怎么是管闲事的人呢？就是有威信的人，说了算，大家有什么事都爱找他。没有威信的人，敛钱，别人不拿。能够压得住别人的人，我们称之为"棍"，东头的刘永霖就是这样。没有交淘井钱的人，"棍"看见他去担水，直接说"没有交钱，把水倒了"。别人不敢干这种事，只有"棍"才敢干这种事。[1]

光棍能够对不遵守公共事务规则的人予以警告，并予以惩处，按照清辉头村民的话是"给点眼色看看"。

（二）绅士

绅士就是一个村的精英。清辉头村自明代开始就有了绅士，主要是指当时的秀才和富户人家的当家人。绅士由于具备文化资源、社会资源、经济资源而在村庄具有广泛的影响力，按照杨占恒老人的评述，清辉头村自古以来深受官权、绅权、族权三个方面权力的影响。

1. 绅士资格

清辉头的绅士需要一定的资格，首先，绅士需要具有广博的地方知识。这里的知识主要泛指婚丧嫁娶方面的礼俗知识、人情世故知识、官方行政知识等。何运章对一位他认为是绅士的人评价说：

> 那时候我还小，记不起来绅士的情况，但我听老人们讲，村长孟子阳的爷爷叫孟老寅，一般村民有什么事，有什么难题，诸如婚丧嫁娶的事，就去问他。[2]

除了能够依据当地风俗处理问题外，绅士的土地数量还需要在村庄处于中上等水平。家庭不殷实、不富裕的穷人在村庄没有话语权，绅士一般具备一定的经济影响力，家户最少得有一辆骡子拉的耕牛车或者马拉的耕牛车，来显示其在村庄的经济地位。

---

[1] 李建文老人的口述内容。
[2] 何运章老人的口述内容。

绅士还需具有一定的社会资源，凭借着这种社会资源能够为家族、村庄的人们排忧解难。

2. 绅士产生

在朝廷做官后告老还乡或者赋闲在家的人是最具有乡村威望的绅士。

> 原来我们村有绅士，分为开明士绅和不开明士绅，李维第就是我们村的绅士。他做官一任都没做完就退下来了，为什么呢？因为他的钱铺少鹤堂兑换官银的比例出问题了，有人就去告状，本来要处理的，但他找了李鸿章，没有正式处理。他原来是官吏，有差事就派他出来干差事，没有差事就在家歇着，成为员外了。[1]

考上秀才的人文化比较高，且家庭经济条件较好，他们往往知晓地理，熟悉农民的婚丧嫁娶、农业耕种、阴阳风水、天气规律等地方知识，经常参与村庄事务。

3. 绅士职责

绅士的主要职责如下：其一，为民办事。例如村长孟子阳本身也是一名绅士，村民被日本人抓走后，他能够通过社会关系将村民放出来，能为民办事即拥有崇高威望。其二，开化风俗。有些绅士见多识广，能够利用自己的知识转变乡村社会的风俗，例如改造当地婚丧嫁娶习惯。在开化风俗方面，清辉头村的进士李维第就引进了老鹰抓兔的活动，率领全村村民参加。其三，治理村庄。绅士是清辉头村十分重要的治理主体，他们或成为村庄建制的行政官员，或是凭借着自己的乡村影响力治理村庄。

（三）会头

会头是传统历史时期社会组织的领导人，因为动员组织村落公共事务而成为村落治理的重要参与者。

1. 会头概况

清辉头有义和花会、青苗会、香火会等众多社会组织，这些社会组织均有自己的会头。会头是一个民间社会组织名义上或者实际上的首领，对组织的影响十分大。

李老正是义和花会的会头，义和花会是清辉头村最大的公益性组织。民国时期，李老正大约四五十岁的时候，读过书，具有丰富的地方知识，成为人们问询婚丧嫁娶礼仪知识以及其他知识的对象。李老正当义和花会的会头十几年，因为其是李氏，得到清辉首户即李维第家庭的大力支持，不但提供给义和花会训练戏剧节目的场所，也

---

[1] 杨占恒老人的口述内容。

提供资金支持。李老正当会头也收获了极高的社会声望。

2. 会头产生

会头产生资格主要如下：第一，社会组织的创始人容易成为会头；第二，会头必须是该社会组织的成员，非组织成员不能成为会头。第三，社会组织的核心成员才能够成为会头。会头一般是社会组织创立之初经选举产生的。会头职责如下：第一，组织开展活动，例如义和花会开展娱乐表演活动、香火会开展拜佛求神活动等。第二，负责该社会组织人员和活动的管理，防止人员和活动发生失控的现象。第三，负责该社会组织与外面关系的衔接与协调工作。社会组织开展组织活动，涉及对外衔接和协调工作，一般由会头或者在会头授意下开展衔接和协调工作。

3. 会头待遇

会头酬劳要根据社会组织的活动宗旨和内容来定，例如香火会、青苗会等社会组织的会头能获得相应的物质酬劳和金钱酬劳，但是义和花会等组织主要从事社会娱乐表演活动，属于公益性组织，会头不但不获得酬劳，可能还会自己拿钱作为组织活动的贴补，但公益性社会组织的会头能够收获社会声望。

（四）中人

在1949年以前的乡村社会，为了解决信任问题，形成了中人制度。中人分为土地租佃中人、长工雇佣中人、土地买卖中人、房屋买卖中人、抱养孩子的中人等。中人的主要作用是作为第三者，为达成交易的双方提供一个诚信保障，防止交易后空口无凭的反悔。清辉头的中人制度历史久远，自明代开始就已经产生。

1. 中人资格

由于种类众多，每个类型的中人资格略有不同。其中土地租佃中人、雇工中人、抱养孩子中人、过继中人的资格基本相同。第一，中人不是职业的，是清辉头乡村社会中普通村民，但须与发生关联的双方，例如雇佣双方、交易双方、租佃双方、过继双方、抱养关系双方都很熟悉，大多数中人与双方关系十分紧密。第二，中人的个人品质必须诚实、刚正不阿，让双方都信得过。第三，中人与要与双方当事人无任何利害关系，即不会因为物质利益而偏袒一方。

2. 中人产生

中人产生有几种情况：其一，职业经纪人。职业经纪人当中人是清辉头的惯例。其二，土地边界相邻的邻居。这样的中人也是自然产生的。1949年以前，清辉头村无论是买卖庄基地，还是粮地，土地都有东西南北四至，四至邻居就成为买卖双方的中人。其三，买卖双方的介绍人。买方或者卖方发出买卖消息后，介绍人为对方找到买方或者买方，这样的介绍人也成为中人。其四，与买卖双方都有关系的亲友。这样的亲友就是被邀请到现场，见证事件发生。

3. 中人职责

中人职责主要表现为几个方面：其一，承担信用中介的角色。传统历史时期，清辉头村的中人具有信用中介的角色，中人不但是借钱粮时候的信用中介，而且还是还账时候的中介。双方都信任的人才能做中人，起到搭桥沟通的作用。其二，经济关系的证人角色。这种中人主要就是防止事后反悔发生纠纷打官司，便于做官司证明人。中人是借贷、土地买卖、租佃、典当等事件的重要构成部分。清辉头村曾经发生过一些父贷子还的案例，儿子承认父亲的债务除了因为有借条，还有中人作为见证。因为借贷发生的官司，如果没有中人，双方很难还原事实真相。其三，财产的担保人。1949年以前，清辉头村及周边地区发生雇佣长工、月工等现象，长工在雇佣过程中需要一个中人介绍，防止长工对主家财产的侵犯。中人能够为"扛长活"的雇佣双方提供信用保证，即使中人跑了，"跑得了和尚，跑不了庙"，即长工跑了，中人跑不了。其四，联系买卖。李建文老人说，"有中人，才能买卖。土地买卖，有中人介绍，才知道谁家要卖，谁家要买。村里长期有这样的人，给人介绍，挣点佣钱"。

4. 中人酬劳

中人酬劳要分两种情况：第一种情况是职业经纪人当中人，要从双方买卖中抽取佣金；另外一种是不收佣金的中人，这样的中人报酬就是吃一顿饭。

> 买卖土地，邻居就是中人，土地的四至人就是中人。中人不需要报酬，就吃顿饭。那时候不讲究钱，现在得有好处，净说钱了。我记事时候，我们家中人是一个老人，叫拐子，去地要地都去找他。如果第二年还种这户人家的土地，就不要找中人了，直接到主家给钱就可以了。中人不收费，没有人专门干这个，都是好心帮忙，关系好的人给帮忙。[1]

（五）保人

清辉头村借贷分为两种情况，一种是小额借贷，一般是跟亲戚、朋友、族人等关系紧密的，也即清辉头人常说的知己借贷，这样的小额借贷不需要保人和中人。另一种就是大额借贷，往往向放贷人和钱铺借贷，如果家庭没有土地，或者需要抵押借贷，就需要保人作为第三方担保才能够借贷。李建文老人曾说："借贷的中人（保人）需要

---

[1] 李建文老人的口述内容。

承担风险，关系不赖的人才能帮你。"

1. 保人资格

保人需要具备一定的资格：第一，保人需有与借贷等额价值的财产和土地。保人与中人不同，中人只需要打官司时候作证，但是保人需要承担风险，即借贷人到期不能还款，保人要替借贷人还款。第二，保人与借贷方关系紧密。老人介绍说，如果关系不紧密，一般人不愿意做担保。"当保人需要条件，好主才能当保人。当保人有风险，不是知己的，不当保人。"

2. 保人产生

保人的产生需要以下几个条件：其一，发生借贷关系。没有借贷关系，也即没有保人产生的土壤。其二，保人与借贷方私人关系紧密。私人关系紧密是保人产生的前提条件，如果私人关系不紧密，一般人拒绝为他人承担借贷的风险。其三，保人有担保的意愿。当保人需要承担很大的风险，只有在有担保意愿的前提下，保人才能够产生。

3. 保人职责

保人职责包括以下几个方面：其一，监督借贷人按期还款。因为借贷人不能按期还款，保人需要承担责任。其二，借贷逾期，保人替借贷人还款。李建文老人讲述了一个故事，清辉头村有两人因为喝酒结交，关系紧密，其中一人要做生意借贷了三百块大洋，其喝酒结交的好友替其作保人。做生意的这位因生意不佳，三百块大洋全部赔了。借款逾期，其好友用自己的三亩地替代其偿还。当保人不需要借贷人的任何酬劳，属于人情关系。

（六）写状人

写状人在清辉头由来已久，是会写打官司状纸的人。农村会写文书的人哪个时期都不缺，但会写状纸的人少，能够写打赢官司状纸的人更少。写状纸对于打赢一场官司太重要了，因此对写状人的素质要求很高，他不但要会相关的律法，而且还要会打官司的策略。

> 写状纸的人需要上学多的，能辩论。咱们村早先有一个写状纸的人，姓孟，但早死了，事变以前就没他了。[1]

李建文老人口述的"姓孟"写状人，便是孟喜酒，曾经打赢了贩卖私盐、殴打后

---

[1] 李建文老人口述内容。

娘等官司，在清辉头村老人的心目中还保留着较深的记忆。写状纸需要一定的资格。其一，写状人要上学多。按照老人的说法，不上学的人写不了状纸、上学少的人写不好状纸。其二，写状纸的人须具备辩论能力。老人们认为，写状人只有具备辩论能力，才能够洞悉对方状纸的漏洞和缺陷，才能够写好状纸。其三，写状人需要具备一定的法学知识，才能有所依据。

村庄发生了官司，打官司当事家庭亟需寻找写状人，有渠道的人可以在城里或者其他村找到最好的写状人，但是普通的村民往往"病急乱投医"般地在村里寻找文化较高的人写状纸。村庄有些文化人可能因为写过一份状告书赢得了一场官司，而奠定了其在村庄中写状人的身份。写状人还有一种产生方式，便是法律专业院校毕业的，例如清辉头村姓孟的写状人，就是在中华民国时期具有法律专业背景的高校毕业生，一毕业就可以成为村庄的写状人。

（七）代笔人

1949年以前，清辉头的代笔人的产生基于两个方面的原因：第一，议事双方为了能够保证契约内容的客观性和笔迹的独特性，防止任何一方在契约上面涂改，需要代笔人。第二，旧社会文字普及率较低，有些家庭无人识字，不能撰写契约，需要代笔人。代笔人要符合以下要求：其一，能够用文字概述双方议定的内容。在清辉头村，代笔人所撰写的文书并非村庄官方的，而是村民之间达成的契约。其二，代笔人一般跟当事双方的关系都很亲近，属于家族、亲戚、朋友、邻居等关系。一般是议事双方邀请亲朋到家中议事，选出立场中立、能够撰写文书的人担任代笔人。代笔人的职责主要分为两个方面：一是确保公正。二是撰写的契约文书内容必须完整。代笔人因为是当事双方的亲朋，没有单独酬劳，一般情况下是议事人请他吃一顿饭。

（八）"爱管闲事的人"

"爱管闲事的人"实际上是热心村庄公共事务的人，在清辉头，爱管闲事的人一直都存在。何运章老人曾经描述说，一个爱管闲事的人看见道路被冲毁，主动拉着自己的耕牛车拉土去填，其他人看见后纷纷效仿，这样的爱管闲事的人在村庄不少见。"爱管闲事"也是清辉头乡村文化的特点，通过"管闲事"把村庄的公共事务管理起来。李建文老人说，爱管闲事的人就是有威信的人，大家有什么事都爱找他。好管闲事的人往往只在村庄"一头""一湾"，即东头、西头、南头、北头等各头享有声望，在整个村庄都享有极高声望的好管闲事人较为少见。好管闲事的人是普通村民，他们扮演的角色也不是官方意义上的，而是乡村社会民间的自我组织和自我治理。他们管理的事务如下：第一，淘井。李建文老人介绍说，"爱管闲事的人，其实也是做好事，乡亲们都同意他的做法,比如敛钱淘井,谁不吃水呢?因而都同意了他的做法"。第二,当介绍中人。如果村民想买卖地,就跟这些人讲一声,不一定由当家人讲,家庭成员讲都可以,告知他地的位置和土地价格。等到有买家消息后,双方去量地,好管闲事的人当中人不收取酬劳。第三,调解家庭纠纷。老人介绍说,如果是一湾的,家庭内部发生了纠纷或者与人发生了矛盾,可以去叫他来评评理。好管闲事的人热心做村内公共事务,不收取任何报酬,如果说有酬劳的话,就是能够日渐积累民间声望。

(九)监厨人

监厨人是每个"湾"中一至两名负责红白事务的统领人。监厨人只负责本"湾"的红白事务,凡是其在红白事务的安排,没有人不服从。监厨人经验丰富,周到细致,是一种逐渐成长起来的村中公共事务治理者。

> 一个刚出来的新人做监厨人不咋,因为他没那人缘,威信不咋,说话没有人听。监厨得指使人,没有威信就没人听。老庭和老会管了多少年的事,一湾的事,他们都去了。[1]

从以上内容可知,监厨人具有一定资格,需要在"一湾"邻里单元内部具有较大的威望,说话得有人服从。

> 我住的地方叫作北头,有两个人专门管红白事,我们当地叫他们监厨人。我们村分为东西南北头,每一头都有这样的人,我知道我们北头有两个,南头有两个,东头和西头也有。红事娶媳妇,人家去主持事了。[2]

清辉头村分为东西南北头,各头均有监厨人。他们是各片区的权威人士,具有很高威望,主要职能是在片区的红白事中负责统领、调派。

(十)村落治理主体的关系

村落治理主体,包括光棍、绅士、会头、中人、保人、写状人、代字人、好管闲事的人、监厨人。绅士的社会地位最高,有两个原因:其一,部分绅士是隐退官员,李维第是典型的代表,其自身影响力和家族声望都很高;其二,绅士通常具有丰富的知识和高超的能力,能够帮助乡亲解决很多事务,形成的较高威望。会头、光棍、好

---

[1] 何运章老人的口述内容。
[2] 何运章老人的口述内容。

管闲事的人、监厨人的社会地位次之，他们各自在居住的"一头或一湾"、组织团体内部具有一定的社会威望，是各种民间社会活动的组织者和主事者。中人、保人、写状人、代字人的社会地位最低，但他们凭借自己所擅长的业务能力在业缘关系中享有一定的权威性，因而也成为村落治理主体之一。村落治理主体之间不存在等级隶属关系，却存在治理协作关系，例如清辉头村在传统历史时期的三月庙会，绅士李维第提供场所和部分钱粮供义和花会排戏，义和花会会头不但组织排戏，还组织社会秩序，而光棍、好管闲事的人负责敛上戏钱，代字人或者会计负责账簿。从这个事例中，村落治理主体之间基于内在驱动的自愿进行相互协作，依照约定俗成的惯例进行治理。

二、村落治理内容及关系

村落治理是站在乡村社会的角度，为村落共同需要提供公共设施、提供公共服务、组织公共活动等。

（一）提供公共设施

传统历史时期，清辉头村具有很多公共产品，其中分为收益性的公共产品和非收益性的公共产品。收益性的公共产品诸如大碾、石磨，其置办者可以收益牲口粪便，非收益的公共产品，诸如水井、道路等。正如前面章节所述的那样，清辉头村的北井、洋井均是全村公共的水井。北井是源于行人掉进水井被淹死，谁家水井谁负责，写状人为何家（北井的原来主人）建议捐献水井来换"平安"，此后北井由私井变为公井。洋井也源于官司，张姓大户卖私盐，被写状人孟喜酒所发现。他将张姓家户状告到县衙，要求赔偿一大笔钱用于修筑清辉头村的最大水井洋井。

传统历史时期，清辉头村道路、街道都属于私人所有，但是不同的道路具有不同的宽度，例如赶集的南北大街、东西大街街道较宽，进入家户的巷道较窄。任何道路地段都是两边的家户共同分担一半的土地产权。赶集的街道也是同理，具有部分地段一半产权的家户不能对该地段作出任何变更使用或者收取摊位的摆摊费。如果家户因为拥有道路的一半占有产权而任意占领道路土地使用，将受到绅士、光棍、爱管闲事的人等人制止。

（二）提供公共服务

传统历史时期，国家没有为乡村社会提供公共服务。公共服务需要乡村社会自己提供，村落治理主体的一项重要治理内容便是向村民提供公共服务，包括公共娱乐、节日庆祝活动、家户红白事、土地典当、买卖与租佃等。

1. 提供公共娱乐

传统历史时期，村落没有多少娱乐方式。晚清诞生的义和花会，民国时期诞生的业余剧团在其会头的带领下，为清辉头村的人们提供了公共娱乐活动。会头组织自己组织成员进行排练，尤其是舞狮子、划旱船、"十二美女"等。这些娱乐活动都是在集市的街道上进行表演，任何一位村民都可以参加。

2. 组织节日庆祝

民国时期，过年是清辉头村最为隆重的节日。为了庆祝节日，光棍和爱管闲事的人们到各家各户进行募捐，购置灯笼。集市街边挂着红彤彤的灯笼，营造过年的喜庆气氛。他们还购置炮仗，集中时间放炮仗，弄出一些"响动"，让村民感受过年的热闹氛围。

3. 主事红白事

监厨人是红白事的治理主体，在其长期养成的威望下，受邀或者主动参与家户的红白事活动，成为家户红白事的主事者。监厨人只负责自己"一湾"的红白事事务，实际上，这"一湾"的监厨人也使唤不了另"一湾"的串忙人，"一湾"的监厨人对应"一湾"的串忙人，两者之间构成了红白事的协作关系。

4. 参与土地典当、买卖与租佃

家户进行土地的买卖、典当与租佃，都需要村落治理主体的中人、保人参与。保人、中人的作用还体现在构建借贷的信用秩序上。

（三）组织公共活动

传统历史时期，清辉头村的公共活动，诸如淘井、庙会、道路维修是由村落治理主体组织和安排的。淘井组织者是光棍或爱好管闲事的人，他们都是一般的老百姓，只是爱好公义而在"一头"或"一湾"有些影响。"光棍"或"爱好管闲事的人"商议淘井事宜，与此同时上各家各户进行募捐，并且告知淘井的具体时间，组织人们自愿进行淘井。

庙会是一年一次的重大村落活动，由义和花会进行组织，义和花会的会头也是庙会的会头，不但要安排义和花会的成员准备五天的舞台戏剧，还要安排跑马戏、维护集市秩序等事情。各"头"的光棍或爱好管闲事的人以及乡亲们都积极参与三月庙会。传统历史时期，由于清辉头村的庙会参与人数太多，事务非常繁杂，义和花会进行牵头组织，村落中的其他村落治理主体例如绅士、代字人、光棍、爱好管闲事的人等进行协同治理，多数当家人参与具体的事务。

道路维修是自发组织的，村落从未集中组织过道路维修。何运章老人介绍说，他们家附近的南北大街由于地势低，被雨水冲洗而坑坑洼洼。邻居中爱做好事的人商量着拉土去填一下，便着手干了，其他户看见了也纷纷加入，赶着自己的牲口车运土填道路，使之变得整平。

三、村落治理方式及关系

村落治理方式与政权治理方式的强制性不同，主要是治理主体自发地形成意向，并且利用自己影响力动员村民参与。治理过程中，如果有的家户没有接受组织的安排，并且享受治理成果则会被舆论声讨，甚至被略微惩戒。

（一）自发与动员

公共娱乐是村落治理主体提供公共治理的重要内容，除了义和花会、业余剧团等，清辉头村的绅士李维第有些年份也自发地组织村民参与"鹰抓兔子"的娱乐活动。在诸如淘井、庙会等活动中，村落治理主体按照惯例或者需要，自发地组织活动，并且动员村民参与，具体如表6-2所示。

表6-2 传统历史时期清辉头村公共事务动员情况

公共事务	动员方式	治理主体
淘井	挨家挨户动员	光棍或爱管闲事的人
鹰抓兔子	放消息动员	李维第绅士及家庭
过年挂灯笼和放炮仗	挨家挨户募捐	光棍或爱管闲事的人
庙会	舆论动员	义和花会
红白事	邻居自发参与	监厨人
道路维修	自发组织	爱管闲事的人
土地买卖、典当等	邀请参与	中人、保人

资料来源：根据2016年清辉头村田野调查整理。

村庄很多公共事务的治理，基本是由治理主体自发组织，并且通过挨家挨户动员、舆论动员、自发组织、邀请参与、放消息动员等多种方式动员村民参与。

（二）组织与声讨

组织与声讨是传统历史时期村落治理主体治理村庄事务的另一种方式。清辉头村的任何公共事务的治理过程并非自发参与或动员民众便能够达到治理目的，还需要进行公共事务的组织，对不参与而享受治理成果的人予以舆论声讨。以淘井为例，光棍或者爱管闲事的人在挨家挨户募捐过程中，某家户不但不愿意募捐，而且淘井时候也不愿意出工，事后到刚刚淘洗的水井中取水。这样的家户则遭到人们的舆论谴责，甚至还会受到其他家户的疏远与孤立。

四、两类治理主体关系

政权治理主体与村落治理主体基于不同治理目的而产生，两者之间产生一定的社会关系，主要体现在产生机制、治理内容、治理方式等方面的关联与区别。

（一）政权治理主体与村落治理主体的产生机制关系

政权治理主体是村落为了解决与国家和其他外部势力的交往问题，特别是履行国家在乡村社会的资源汲取职能而形成的治理主体。从产生机制来说，乡长或者村长是村落在推荐的基础上选举产生，闾长是家户推选产生的。而村落治理主体是基于乡村社会的需要，凭借自身禀赋和民间威望累积而成。从治理层级来说，政权治理主体具有明显的层级关系，乡长或者村长是村落政权治理主体的最高等级，而闾长则是层级较低的治理主体。村落治理主体具有非正式性和多治理中心，通常情况下，每个治理中心只负责一个领域抑或相关领域的事务治理。

（二）政权治理主体与村落治理主体的治理内容关系

政权治理主体治理的内容较为集中，主要是是催缴赋税、征收摊派与劳役兵役分派，兼以部分冲突的调解，甚少涉及村落公共需求的治理。村落治理主体治理的内容刚好相反，基本不涉及国家层面的事务，主要是解决村落社会公共需求问题，诸如淘井、修路、娱乐活动、庙会、土地买卖信用问题等。以上两类治理也存在某种关联，例如三月庙会的动员与组织，需要得到政权治理主体的协作，才能够顺利开展。

（三）政权治理主体与村落治理主体的治理方式关系

政权治理主体治理的方式主要是先通知后强制，因为其有国家力量作为后盾，具有使用强制力的合法性，而且村落政治治理主体的强制力量不够，还可以请求县级政权机关的支援。村落治理主体却没有使用强制力的合法性，而是采取自觉、动员、舆论声讨、行为警告等方式进行治理。

第三节　家户治理与治理关系

家户是传统历史时期清辉头村的最小治理单元，其治理主要表现为家户自主生产经营，自主社会交往，自主家户管理。当家人是家庭的主要治理主体，其治理的主要内容是家庭的具体事务，有着一定的治理规则。

一、家庭治理主体及关系

家长（户主）是家庭的主要治理主体，对内是家长或者当家人，对外是户主。

（一）内外家长

家长形成需要具备一定的条件，分为外家长和内家长。外家长是家户对外交往、交换、赋税、履行兵役的负责人。内家长是管理家庭内部生产经营的主管人。家长又可以分为内家长和外家长，即一个主内，一个主外。

1. 外家长

家长的形成需要一定的资格，并非家庭成员都可以当家长，其资格主要包括：其一，是家庭中的成年人，通常情况下未满二十周岁的人不能成为家长；其二，是家庭中辈分最高或次高的人，通常情况下由辈分最高的人当家长，但如果辈分最高的人因为年老不愿意管事，可以交由下一辈的人担任家长；其三，具有管理家务的能力，换言之，脑子不大灵光的人即使辈分大也不能当家长。家长还分为"内外家长"，是清辉头村在传统历史时期的性别分工造成的。"男主外，女主内"成为家庭约定俗成的分工模式，男人成为外家长，女人成为内家长。由于"男尊女卑"的观念，通常情况下外家长具有家户治理的主要权力，内家长处于协助的附属地位。在扩大家庭中，如果辈分最长的人退让家长的地位，一般由长子接任。

2. 内家长

家户内部的男女性别分工，使得男人长期从事户外劳作，包括耕种土地、外出做生意、扛活儿等，呆在户内的时间通常情况下不长。家户内部的治理则由内家长进行。内家长的形成一般需要具有一定的条件，以民国时期何运章老人的家庭为例，其家庭分别有奶奶、母亲、婶婶、大嫂以及三位姐姐，共七位女性成员，当时的奶奶是总的当家人，也是内家长。奶奶去世后，母亲变成了内家长，通常情况下三位姐姐不能成为家庭的内家长。传统历史时期，清辉头村约定俗成的做法不允许闺女管家。内家长治理范围主要是家户内部的生产经营和生活资料的分配事宜。

（二）主体关系

家户治理以哪一个治理主体的意见为主，需要从辈分和性别进行统筹思考和分配。以何运章老人在民国时期的家庭为例，家户由辈分最长的奶奶，父母、叔婶等家庭的第二代，何运章兄弟姐妹六人的第三代构成。在这个家庭中，奶奶是家庭中的总家长，同时也是内家长。父亲和叔叔共同担任外家长，对家外的事情特别是农作物耕种的事情商量着决定，但以父亲的意见为主，因为他是长子，父亲外出不在家的前提下，叔叔独自决定土地上面的事务。奶奶过世后，父亲与叔叔两个家庭分家。在父亲的家庭中，父亲是总家长，同时也是外家长，掌管家庭的主要事务治理。母亲成为家庭内家长，负责家庭内部的生产经营与生活资料的具体分配。

二、家户治理内容及关系

家户治理内容主要是生产经营、分配、消费、交往等各种事务，但总的来说可以分为家户内部事务和扩大事务。

（一）家户内部事务

家户内部事务由于内容比较广泛，在前面章节均以考察论述，在这里重点考察与论述家户的钱箱子管理与社交关系管理两个方面。

1. 钱箱子管理

传统历史时期，清辉头村钱箱子管理和我国西南地区川西平原乡村相比较为宽松。川西平原的家户对钱箱子管理很严格，首先，家长不允许任何人进入其房间，其次，管钱家长也不告诉家户成员钱箱子具体放置的位置。可能源于家户的信任机制，清辉头村家长告知每个家户成员钱箱子位置，而且不上锁。家户成员需要花钱需请示掌管钱财的当家人，例如何运章小时候的扩大家户是奶奶在管理钱箱子，奶奶同意后自己去拿钱，一般不敢多拿，多拿将受到惩罚。

> 当家人支配着土地、牲口、财产、钱粮和劳动分配，但每家的情况不相同。钱都留着统一管理和分配，有些当家人也分给家里主要成员。但部分家庭的管理方式就是把钱统一放在一处，谁要用钱就从那里拿。90%的家户钱粮由当家人管着，家里有人有需要，就跟当家人开口要钱，得到当家人允许之后才拿到钱。[1]

何运章老人的家在奶奶病逝后分家，父亲成为新家户的家长，平时的钱箱子由父亲管，父亲不在家则由内家长的母亲管钱。父亲外出一段时间回家后，母亲需要向父亲说明这一段时间的钱财花费情况。有些家户的钱箱子的管理粗放程度很高，如李树凯家。

> 原来村里有一人叫李树凯，他们家是进士家庭，进士有弟兄仨，大哥哥的小子，叫靖桨，有的是钱，但钱没有数，他的钱都撂在炕上，摆了半截炕，家人需要就拿，从不计算。李靖桨的小子叫树开，共产党来后，他不错，搞地下工作。他说过"要命的爷爷，救命的爹"，他爷爷是进士的哥哥，挣了很多钱成了地主了，但他爹天天抽大烟，把家业都抽完了反而"土改"评成分的时候家户不是地主了。[2]

---

[1] 何运章老人的口述内容。
[2] 李建文老人的口述内容。

传统时期家庭经营往往需要精打细算，"不计算"的家户治理方式往往是导致家庭破产的原因。

2. 社交关系管理

社会交往是家户的一项重要职能，包括近亲交往、族亲交往、姻亲交往、邻里交往、朋友交往、婚姻等各方面的交往。家户对社会关系的管理主要体现在两个方面，其一是交往对象，其二是交往方式。首先从交往对象来说，家户需要跟哪些对象进行交往基本上由当家人决定，民国时期清辉村有三兄弟之间因为发生了冲突一生互不往来的情况。过年过节的时候，家户走访哪些亲戚，不走访哪些亲戚，平时借钱跟哪些家户借，借钱顺序如何，都由当家人决定。家里的儿子们跟哪些家户的孩子交朋友，特别是如果要结盟兄弟，一定要跟家长进行汇报，经过同意之后才能结成盟兄弟。子女的婚配是家户治理的主要内容，婚配对象自然有"媒妁之言"帮助从中牵线，但家长一般不放心，会悄悄地考察对方的人品与家教，只有对婚配对象家户认可之后，才决定让子女与婚配对象交往。

家长不但能决定与谁进行交往，而且还对交往方式进行设计。家户交往集中在过年过节的时期，首要问题在于过年的时候是否给家族长辈拜年，拜年以磕头为主，还是需要送一些礼物。家户是否需要给穷族人给予一些帮助，例如送一点粮食给其过年。家户走访亲戚是否携带礼物，如果携带礼物需要带多少，带什么样的礼品。如果家长接受儿子与其朋友结拜盟兄弟，需要准备多少东西作为礼物等，这些问题都需家长进行决定。家户对社会交往关系的治理还体现在人情关系的往来，包括送人情礼、串忙等。家户平时与邻居的交往方式比较随意，有一个交往方式便是"饭点"的交往。

> 村里的公共空间还有庙台和庙口，街口、巷口。很多不能劳动的老人都聚集在这些地方闲聊。原来还有一个地方就是饭场，大家都端着一个碗，出来聊天，其中最著名的饭场就是大槐树底下，一湾的，这一圈的，每人拿个碗，一根大葱。[1]

"一湾"邻居利用饭点的时间，蹲在大槐树、巷口或者庙台吃饭，可以进行交流，了解情况、获得讯息。

（二）家户外部事务

家户外部事务主要是指家户作为一个单元与村落、国家发生关联的各种事务，例

---

[1] 杨占恒老人的口述内容。

如摊派、田赋、征兵等。从家户与村落的关系来说，家户对外事务主要体现在敛钱和摊派方面。敛钱在传统历史形态的清辉头村主要含义是募捐，募捐是自愿关系，并不带有强制。敛钱的主体主要是村落治理主体，即光棍、爱管闲事的人、会头。家户在他们上门来敛钱的时候，决定是否进行募捐，或者募捐多少。家户一年需要募捐的钱如表6-3所示。

表6-3 传统历史时期清辉头村一年中家户募捐情况

募捐时间	募捐项目	募捐对象
腊月和正月	香油钱	寺庙
腊月	挂灯笼钱和炮仗钱	村落
正月元宵节	灯钱	村落
三月	庙戏钱	义和花会
夏季	淘井钱	村落
秋季	看青钱	看青会

资料来源：根据2016年清辉头村田野调查整理。

家户是否愿意募捐，以及募捐多少完全由家户决定，但有些募捐项目，诸如淘井，家户一般要募捐，否则容易招致舆论谴责，因为在人们观念中有"不能光打水，不出淘井钱""谁使用，谁出工出钱"的规矩。

摊派是家户必须承担的费用，具有强制性。但摊派基本是根据土地面积进行摊派费用，无地的家户不需承担摊派的费用。村庄摊派的时候，首先是支应夫沿着巷道鸣锣通知，然后各间的间长召集本间的25户户长开会，户长不能到会的家户可以选派能够管事的家人代替其参会，女家长一般会选派儿子代替户长参会。间长根据土地簿册宣布各户所需承担的费用，要求各户限期进行缴纳。

田赋与征兵是家户处理与国家关系的外部事务。田赋的收缴是支应夫鸣锣通知后，间长到自己负责的25户挨家挨户通知收缴数量，或者各户寻找自己的间长咨询。在传统历史时期，所需缴纳的田赋数量基本稳定，民国中后期才经常性发生变动。因此各家户基本做到"心中有数"，由家长自己或者指派家庭成员缴纳。征兵是家户的重要外部事务，名额由村庄根据家庭人口情况分配到各户，间长直接到家户进行通知。家户没有权利拒绝国家征兵的要求，但传统历史时期富裕家户可以花钱雇人当兵，或者通过一定的社会关系免除兵役。

三、家户治理规则及关系

传统历史时期，清辉头村各家户成文家规并不多见，但不成文家规几乎每个家庭都有，来源于家长的要求。与此同时，风土习俗或历史惯行也是家户治理家庭的重要规则。

（一）不成文家规

不成文家规是家长对每个家庭成员的口头要求或者家庭习惯性做法。以民国时期的何运章家庭为例，不成文家规主要体现在几个方面：其一，男女有别，主要体现在饭桌上，家庭分为两个饭桌，男人在一个饭桌，女人在一个饭桌，但是奶奶作为特殊人在男人这个饭桌吃饭；其二，长幼有序，主要体现在辈分上，然后体现在年龄上，奶奶是家里面辈分最长的人，因而地位尊贵，不但掌握家庭的当家大权，而且吃饭的时候被给予各种优待，家户将最好的食物让给奶奶；其三，干活有分工，根据何运章老人回忆，天刚刚亮，他就被爹娘叫起床，家里面的任何人都不能赖床，自己由于年龄小就被安排去捡拾狗粪和牛粪，家里每个人都有自己的活干；其四，家庭有爱，家庭成员相互帮助，相互协作，相互关心，对于欺侮家人的行为进行惩罚，家庭有爱的传统即使分家以后还能够保持，何运章介绍说，分家以后大哥身体不好，二哥腿不方便，自己每天早上需要为三个家庭担水，但无怨无悔。

（二）习俗与惯行

传统历史时期，很多村落的习俗与日常惯行做法也成为家户治家的重要规则。例如，一旦家户把娶亲日期通知给女方，婚期就不能变化，因为在清辉头有"动一动，死公公；错一错，死婆婆"的说法。娶亲的时候也有所忌讳，例如"娶亲忌走重道，忌出西街口"。新媳妇过门后的头一年，在哪里过节和过日子也有习俗的安排。

> 新媳妇正月十二、十五，二月初一必须在娘家过，正月十七至十九、正月二十五、清明节、芒种、七月十五、十月初一、腊八必须在婆家过。[1]

闺女出嫁后，不能在娘家生孩子也成为家户治理的规矩。出嫁的闺女如果回娘家，快到临产期的时候，娘家一定会送闺女回婆家待产。在清辉头村还不允许孕妇坐产妇的床，因为在人们的观念中，这样做孕妇会抢走产妇的奶水。村落里还有其他的习俗与惯行，成为家户日常治理的重要内容，并且这些治家的习俗与惯行还通过口口相传的方式代代继承。

---

[1] 深州市地方志编纂委员会编：《深县志》，中国对外翻译出版公司1999年版，第525页。

第四节　亲族治理与治理关系

亲族是传统历史时期家户依赖程度较高的血缘组织。家户对亲族的依赖主要体现在红白事协作关系、对外冲突后的庇护关系、家庭困难的救济关系等方面。亲族治理成为构建亲族秩序，为族内家户提供亲族支持的关键举措。本节从亲族治理单元、亲族治理主体、亲族治理内容、亲族治理规则、亲族治理过程五个方面考察亲族治理及治理关系。

一、亲族治理单元及关系

亲族治理按照治理内容以及与国家的关系，其治理单元可以分为亲族治理关系单元、亲族政治责任单元、亲族罪行责任单元。

（一）亲族治理关系单元

亲族分为姻亲和族亲两种类型，都是基于血缘关系而形成的。姻亲群体的治理在于家户相互经营，例如过年过节的走动，红白事的人情往来，以及遇到困难的相互帮助等。姻亲基本是两三代以内的交往关系，例如何运章老人有六兄妹，共同构成一个姻亲治理单元。换言之，每个家户基于不同的姻亲关系而划归于不同的治理单元，主要是爹娘为血缘中心的姻亲治理单元，岳父母为中心的姻亲治理单元，爷爷奶奶为血缘中心的姻亲治理单元，外公外婆为血缘中心的姻亲治理单元。

家族则根据血脉分支来划分治理单元。血缘关系最近的亲族是房族，即以爷爷为血缘源头的直系血缘关系群体，构成了房族治理单元。有些家族迁入清辉头村的时间较早，繁衍的血脉分支较多，家族人口比较庞大，这样的家族往往形成以先祖的某一分支作为治理单元，即房支治理单元。大家族在房支治理单元上面还存在家族治理单元。传统历史时期清辉头村有三十几个姓氏，家族大多为十户至五十户之间的中小家族。

（二）亲族政治责任单元

传统历史时期，国家征收田赋、苛捐杂税、兵源等，通常情况下是按照土地数量下配额到清辉头乡公所，再由乡长分配到各闾，由闾长通知户长进行缴纳。如果乡长和闾长找不到户长，则由其他家人进行缴纳，如果找不到其家户的成员，则由该家户占有土地的收益者进行缴纳，不存在由亲族代为缴纳的情况。乡长和闾长如果都能够找到家户的户长，但该户长不愿意缴纳，则采取强制力从其家庭中拿走田赋的粮食份额缴纳田赋。如果这样的家庭一贫如洗，无法缴纳，可由其亲族在自愿的情况下代为缴纳，事后由家户进行偿还。但是如果亲族不愿意代为缴纳赋税，乡长、闾长没有权力对其亲族采取强制措施。换言之，政治责任不能株连亲族，但是刑罚责任可以牵连亲族。

（三）亲族罪行责任单元

传统历史时期，亲族在某种意义上构成了罪行责任单元，但罪行责任单元是针对谋反作乱等而言，一般的罪行由个体自己承担。但重大官司案件，人命案件中，县衙传唤家属不是传唤家户长，而是传唤族长。

> 打官司、出了人命，就得去找族长。没有大事，不去找族长。出了人命，县里得传，一般传族长。[1]

亲族构成了一个罪行责任单元。族长是责任人，与国家机构打交道，负责协调国家义务与家族责任的事务。

二、亲族治理主体及关系

亲族治理根据不同的治理单元，划分为不同的治理主体，大致可以分为姻亲关系群体的治理治主体和直系血缘关系群体的治理主体。

（一）姻亲关系群体治理主体

姻亲关系群体根据不同的血缘关系，具有多个治理主体。其中在兄弟与姐妹家庭的姻亲关系中，爹娘是治理主体。在妻子与她的兄弟姐妹的姻亲关系中，岳父母是治理主体。如果以上两组姻亲关系扩展到第三代人，那么爷爷奶奶、叔伯、姥姥姥爷、舅舅分别是治理主体。

姻亲关系群体的治理主体发挥着极大的作用，是维系这个群体关系凝聚力的血缘关系枢纽。换言之，如果姻亲关系群体的治理主体逝世后，群体成员之间的交往就变少了，相互之间的来往更多在于红白事的人情往来。"姐死门槛断"在兄弟姐妹姻亲关系中更是普遍，即维系姻亲关系的血缘关系主体没了以后，相互之间就基本不交往了。

（二）直系血缘群体治理主体

直系血缘群体分为房族（本家）、房支、家族三个层次的治理单元，因而存在三个层次的治理主体，分别是房族长、房支长与族长。房族长由五服之内年龄最长的人进行担任。房支长只有一些较大的家族才有，一般以"叔伯公"的身份存在。族长由一个家族辈分最长者、年龄最大者进行担任。

---

[1] 李建文老人的口述内容。

我这一头的何家在1949年前有八九家，这一家是从李麻村搬来的，这是据老人说的。族长，就是由这个姓的岁数最大、辈分最高的人担任。族长就是这个名，也不起多大作用。[1]

按理说，原来都有族长，一个族的、同一个姓的，辈分最大的，岁数大的就是族长。懂事的人还去跟族长商量商量，比如分家啊。[2]

老族长没有什么权力，那个老族长穷得不行，也吃不上，喝不上，有四五个小子。他小子也寻不上人（娶媳妇），只有一个寻上了。寻上的这个媳妇不好，这一湾的他家寻不上，只有找远一点的，几十里的人家，那个女家摸不清我们这边情况，老族长家的小子就寻了一个，这算没黑了门户，一代代传下来了。族长没有工钱，都是义务，不像现在什么都是钱，现在不是那个社会了。旧社会，家里闹别扭了，发生争吵了，需要去找族长，一般不找村里面的人。族长也不是一个人管事，还有几个人陪着他一块管，都是大辈的，我叫爷爷的，叫叔的人。[3]

作为家族主要治理主体的族长，是按照辈分和年龄担任，而不是按照财富和能力担任。族长的产生就是"论资排辈"，谁的辈分最长，同辈分人中谁的年龄最长，自然成为一个家族的族长。

三、亲族治理内容及关系

亲族治理主体分为姻亲关系群体治理主体和直系血缘群体治理主体，两个治理主体的治理内容自然也不一样。前者治理的内容较为简单，主要是促进姻亲关系的来往与走动，化解姻亲之间的矛盾，对有困难的姻亲家户予以帮助，使其渡过难关，安排人参与姻亲家户的分家等事务。后者在亲族治理过程中能够发挥更大的作用。

（一）维护亲族秩序

正常有序的亲族秩序是传统历史时期任何一个亲族进行正常生产经营的保障，也是亲族治理主体所要达成的治理目标。亲族治理主体完成这个治理目标的方式分为两个：其一，做分家的见证人；其二，调解家户、家族矛盾与冲突。

族长主要负责调解本族内财产、兄弟、婆媳引起的隔阂，分家的时候由

---

[1] 何运章老人的口述内容。
[2] 何运章老人的口述内容。
[3] 李建文老人的口述内容。

族长加上娘家的舅舅一起主持。买卖土地，族长一般也参加。[1]

家里闹别扭了，去找族长，他是大辈，他说了算，你是小辈不听不行，调解调解就行了。如果只叫一个人不咋，就多找几个大辈，事情就解决了。[2]

亲族治理主体，包括族长、叔伯公、舅舅、叔伯等，他们是家户分家的见证人，与此同时也是家族内部、家族之间土地买卖、租佃、典当的见证人。他们的存在，使得分割财产、土地交易等行为的双方遵守契约精神，不敢胡乱反悔，扰乱秩序。

（二）提供公共设施

传统历史时期，公共设施几乎不由国家提供，而是由乡村社会自己供给。在村落层面，公共设施包括道路、寺庙、村公所等。清辉头村的部分亲族群体，特别是家族，要为亲族提供公共设施，主要是婚丧的用具。

族长下面有几个管事的人，还有各种设备，丧事和娶媳妇的托盘、碗筷、桌椅、孝衣都有，谁家过事直接到族里去领取，也不用花钱。不像现在，谁家过事还需要租用，一次三百块，那时候不需要花钱。[3]

家族通过义地经营所得，购置婚丧用具包括举办宴席所用的托盘、碗筷、桌椅、孝衣以及抬棺材的丧舆等物品。这些物品放置在族长家中，或者委托一位叔伯公进行管理，举办红白事的家庭申请领取使用。

（三）提供安全保护

亲族不但是一个血缘关系群体，也是一个刑罚责任单元，更是一个防卫共同体。在传统历史时期，村庄遭受外围盗匪的骚扰，亲族的某家户也可能遭受其他家族成员的杀害。一人一家的力量毕竟弱小，为此，亲族团结协作则为族人提供最大能力的安全保护。当家族遇到外族欺凌、打官司等事情的时候，往往能够相互协作进行应对。

四、亲族治理规则及关系

亲族治理以血缘关系为基础，依据一定的伦理规则，进行血脉关系群体的治理。这些规则包括辈分规则、议事规则等。

---

[1] 李志勋老人的口述内容。
[2] 李志勋老人的口述内容。
[3] 李建文老人的口述内容。

（一）辈分规则

辈分规则是基于血缘的世代关系而形成的，从血缘源头开始算，越靠近祖先的辈分越大。

1."论代排辈"

传统历史时期，亲族治理的重要规则之一就是"论代排辈"。直系血缘关系群体中，谁的辈分越大，年龄越大，便当选为直系血亲的治理主体。家族除了族长外，还从辈分较高的叔伯公中选拔一些能力较强的人协助族长治理家族，这些选拔出来的叔伯公是家族治理的实权人物，负责处理家族的具体事务，具有较高的家族内部话语权。在房族治理单位中，叔伯等人是爷爷以外的重要治理主体。姻亲关系群体中，除了外公外婆，舅舅也是重要的治理主体。亲族治理按照辈分、年龄进行资格排序。

2."论亲称呼"

辈分规则体现在亲族的日常生活的称呼中，亲族之间见面需要相互称呼对方，称呼规则来源于血缘亲属关系。房族治理单元中以爷爷奶奶、叔婶、大伯与大伯娘、爹娘、哥哥姐姐弟弟妹妹、姑姑等称呼较为常见，如果同辈的人比较多，则以兄弟排行继续称呼，例如大爷爷、二爷爷、三爷爷等。姻亲关系也按照亲属关系来称呼，例如姥姥姥爷、舅舅、姑父等。

（二）议事规则

家族面临着打官司，对抗外族的欺压、选举族长等事务的时候，需要议事。家族议事具有一定的规则：其一，只有男人才能参加。家族议事不允许女人参与，家族中的男人在一起商讨家族如何面对官司、欺压等挑战，以及选举族长等事务。其二，只有成年男子才能参与，小孩不能参与。通常情况下，一家一户只派一人参与家族议事。其三，辈分高的人才有发言权。家族议事并非所有人都能够发言，只有辈分高，而且能力较强的人才能提出解决方案。其四，由家族中具有威望的人进行召集。如果是辈分低，且没有威望的人召集，族人不会聚拢进行议事。通常情况下，家族议事具有一定的程序：其一，由族长或者具有威望的人说明所议事由；其二，由各血脉分支的主要叔伯公发表意见；其三，允许其他族人补充成熟的看法；最后，由几位掌管实权的叔伯公与族长一起商议具体方案，决定家族集体行动的方案。

第五节 信缘治理与治理关系

信缘关系是传统历史时期清辉头村的一种社会关系，基于一定的信仰观念和信仰行为而形成，信缘治理成为清辉头村治理的一种重要内容。本节将要介绍的信缘治理，包括信缘治理单元、信缘治理主体、信缘治理内容、信缘治理方式等内容。

一、信缘治理单元及关系

传统历史时期，清辉头村的治理单位由两个部分构成，其一是寺庙，其二是信仰组织。以寺庙为例，清辉头村的信仰单元如表6-3所示。

表6-3 民国时期清辉头村寺庙情况

信缘治理单元	信缘治理单元的民众构成
三官庙	信众很少，由村北头信众构成
药王庙	信众众多，跨附近村乡
老母庙	信众众多，跨附近村乡
兴隆寺	信众较多，晚清之前长期存在
关帝庙	信众一般，由本村部分民众构成
真武庙	信众不多，有本村部分民众构成
双庙	信众较少，有本村部分民众构成

资料来源：笔者2016下半年在清辉头村的村庄调查。

表6-3显示，各个寺庙成为信仰治理单元的中心，由各自的信众构成。各个寺庙的信众不完全相同。此外，清辉头村还有一种信缘治理单元的存在，即信缘组织。香火会是清辉头村最有影响力的信缘组织，根据李志勋等老人的介绍，至今还有这个信缘组织，只是很少组织活动了。传统历史时期，大部分人上不起学，妇女更是没有上学，人们寄希望于神灵能够护佑人们脱离苦难，因此很多人信仰神佛。在信众中，个别有威望的信徒组织信众成立香火会，其人数从十几个人到一两百人不等。香火会的主要活动是组织信众祭拜神佛和组织民间求雨等活动。

二、信缘治理主体及关系

信缘主体总体上可以分为寺庙的管理者与信仰组织的会头两种类型，他们在从事信缘治理过程中与其他治理主体之间存在一定的社会关系。

（一）信缘治理主体的类型

民国时期清辉头村的各个寺庙除了土地庙没有人看管外，其他寺庙如表6-3中的三官庙、药王庙、老母庙、关帝庙、真武庙、双庙均有人看守。但土地庙可能因为没有人看管的缘故，晚上住宿的流浪乞丐较多。兴隆寺在传统历史时期俗称"大寺"，里面居住有僧人。因而这些寺庙的治理主体也不相同，三官庙、药王庙、老母庙、关帝庙、真武庙、双庙等六所寺庙的治理主体是寺庙看守人，也被传统历史时期的清辉头人称为"看庙老道"。土地庙没有具体的看守人，其治理主体是爱管闲事的人。"大寺"，也即当下兴隆寺的前身，因为有僧人团体，其治理主体便是寺庙住持。

香火会作为一个信缘组织，其治理主体自然是会头。会头的产生不是通过推选，或者选举产生，而是自我任命。会头再招收信缘组织成员，发展信缘团体。香火会的会头一般是男性，均为四十岁以上，其家庭经济水平在中等以上，具有操作某种信仰仪式的能力。

（二）信缘治理主体与其他治理主体的关系

传统历史时期，清辉头村的信缘治理主体与其他治理主体之间存在着一定的治理关联，主要体现为信缘治理主体与组织主体、政权治理主体、村落治理主体、亲族治理主体等之间的关系。

1. 信缘治理主体与组织主体的关系

传统历史时期，有些组织本身便是信缘组织，其组织主体自然也成为信缘治理主体的重要构成部分。但有些组织不是信缘组织，其组织主体也与信缘治理主体存在密切的关系，诸如清辉头村的义和花会，这是一个有着百年传承的文化娱乐组织，主要承载着清辉头公共娱乐文化的供给。义和花会为清辉头村组织信缘关系的庙会奉献了大量精力，不但需要两三个月的戏剧排练为五天的庙会大戏做准备，而且要协调安排各个寺庙的信众祭拜活动的秩序，还包括庙会期间清辉头村最为隆重的大集会交易秩序。

2. 信缘治理主体与政权治理主体的关系

通常情况下，信缘治理主体与政权治理主体的关联性不大。政权治理主体一般不治理信缘关系的内容，也不负责对信缘活动的批准等事务，如东头的大寺（现在兴隆寺的前身）拥有一百多亩粮田，按照传统国家的规定不需缴纳税赋。但在日常生活中，政权治理主体需要监控信缘治理主体是否从事谋反活动或者危害社会秩序的活动，如果监控到其存在有损国家利益的活动，则需要向上级政权汇报情况。

3. 信缘治理主体与村落治理主体的关系

信缘治理主体与村落治理主体均是非官方的治理主体，基于乡村社会内部成长起来的治理权威，两者具有较强的治理协作关系。以传统历史形态清辉头村的求雨活动为例，信缘治理主体也即香火会的会头，与村落治理主体中爱管闲事的人联合在一起，组织求雨活动。求雨活动中，信缘治理主体主要负求雨仪式以及组织香火会的信众参与求雨，但实际上这是一个全村人都参与的活动，香火会组织根本无法完成，需要全村青壮年男子的通力合作才能完成。村落治理主体中各头爱管闲事的人组织本头的青壮年村民参与求雨活动。

4. 信缘治理主体与亲族治理主体的关系

通常情况，信缘治理主体与亲族治理主体不存在必然上的关联，因为两者产生的机制不同。信仰治理主体通过自我宣称、师傅传承等方式产生，而亲族治理主体则是在辈分与年龄都是长者的人中产生。在治理内容与治理方式上面，信缘治理主体与亲族治理主体也没有紧密的关联性，属于两个不同领域的治理主体，某人即使是信缘治理主体，在家族中如果辈分不高，仍然要接受亲族治理主体的治理。

三、信缘治理内容及关系

传统历史时期，信缘治理主体治理的内容主要包括经营管理寺庙、组织信仰活动、组织庙会等。

（一）经营管理寺庙

经营管理寺庙是清辉头村信缘治理主体的重要内容。三官庙、药王庙、老母庙、关帝庙、真武庙、双庙的治理主体均是看庙老道。看庙老道并非住在寺庙中，他们也是普通的家户，掌管着寺庙钥匙，只有在过年过节、庙会，神祇诞辰的时候才会打开寺庙让信众祭拜。过年过节的时候，看庙老道还会向各个家户敛油钱。

> 过年的时候，三官庙、药王庙敛油钱。敛钱的时候，大家随便拿，愿意给多少就给多少。[1]

> 有庙的地方，一到腊月三十，庙里就开门了，用蜡碗添上油，用棉花灯丝点上灯，并在庙里烧香。年初一以后，寺庙有一伙人就敲着鼓到各家各户敛油钱，他们喊"添油钱"，各户随便给，一个铜子两个铜子都可以。他们敛完油钱后，除去添油的本钱，剩下的就是他们自己的。[2]

敛油钱是经营管理寺庙的内容，也是寺庙信缘治理主体与家户的关系体现。有些家户并非一定信仰该寺庙的神，但是一般也会给寺庙敛油钱，钱多少不确定，但富裕的家户可能多捐赠一些。治理主体使用各家户募捐的钱购置灯油、香、纸等祭祀用品，能够保证节日期间灯火长明。一些多余的钱可以用于修缮寺庙，例如添砖加瓦等。

---

[1] 李建文老人的口述内容。
[2] 何运章老人的口述内容。

（二）组织信仰活动

组织信仰活动也是信众治理主体的重要内容。信缘治理主体通过组织信仰活动，达到凝聚信缘组织的向心力，增强组织的行动能力，同时服务公益的目的。1943年是清辉头的大旱之年，为了获得雨水，香火会组织全村求雨活动。

> 1943年大旱，香火会组织了村里的求雨活动。离咱这村七八里地有一个西魏村，有一个关老爷庙，关老爷是谁呀？就是关公关云长。西魏村有这么个庙，塑关云长像。庙里有人管着。哪里有求雨就把关公抬到哪里去呗！就把他抬到村里给供上了，他来了能下雨就下，下不了就再续上一天。这个是关云长，再一个是张飞，他的像在桃花山。村里去求雨，到山里去，那里也有老道管着。怎么去呢，派人去，拿着酒瓶子去一拨人，再派一拨人，因为离得老远，又没有车，走着，但又不能办不好事。如果你吃个梨啊，吃个枣啊，就是办事不咋。你要是办不好事啊，就求不下雨来。我们去了就跟老道说，咱们就烧个香。我也没去过。在那个洞里，那个洞顶多也就一人多高，拿个碗在洞壁上刮，刮的那个水就倒进瓶里，差不多了，老道就说你走吧，这个"气灵"收集的差不多了。人就开始往回走，不能等，你走的慢了，到半道就下雨了，就是那个意思。这就派好几拨人，第一拨走累了就交给下一拨，下一拨人又快速走，都累了，第三拨就接着走。水瓶子到村里面以后有人把它接到龙棚，供奉着。这样有时候下雨，有时候也不下，不下就继续续上一段时间，总会下的嘛。[1]

信仰组织是民间信仰活动的组织者，负责诸如求雨、公共祭祀等活动，一定程度上也发挥着村庄公共治理的职能。

（三）组织庙会活动

传统历史时期，信缘治理主体的另一项内容便是组织庙会活动。清辉头村的三月庙会是一场大型活动，义和花会所发挥的组织功能在于组织庙戏与组织市场秩序。寺庙内的祭祀活动秩序，主要依靠寺庙信缘治理主体进行。以药王庙为例，看庙老道在庙会之前，将寺庙打扫干净，并雇请会计、扛活的人帮忙收取香客捐献的香火钱，帮忙贩卖袍子等。换言之，寺庙内部的信缘治理主体负责庙会活动的所有事务治理，并且能够享有分配和使用香客捐赠所得的钱的权利。

---

[1] 何运章老人的口述内容。

四、信缘治理方式及关系

传统历史时期，清辉头村信缘治理主体的信仰治理方式主要表现为宣扬"善"理念，施行信仰戒律。

（一）宣扬善理念

传统历史时期，清辉头村无论是寺庙治理主体，还是信缘组织治理主体，都在宣扬善的理念。以香火会为例，会头给信众和村民教化理念的时候，其内容是如何通过供奉神祇来为众生谋福。在旱灾年月，香火会号召信徒开展求雨仪式，远赴几十里地通过人工传递雨水"气灵"的方式，祈求苍天"久旱降甘霖"以解救嗷嗷待哺的村民。老母庙是清辉头村信众较多的一座寺庙，信众遍及州县。庙会的时候，老母庙治理主体邀请一些道姑为求子的妇女们讲授"福报"信仰，即妇女们如果想得到子嗣，不但要内心虔诚地信神，而且要多行善举，积累福缘才能获得福报。总的来说，劝人行善是清辉头村信缘信仰主体的治理方式。

（二）施行信仰戒律

清辉头村东头的大寺，现已改名兴隆寺，相传建于东汉，到晚清被太平天国烧毁，是附近具有影响力的名寺。李建文老人介绍说，大寺不但拥有一百亩左右的土地，而且还有僧团居住在寺庙中进行修行。大寺佛教徒具有很强的信仰戒律，其中最基础的"五戒"分别为杀生戒、偷盗戒、邪淫戒、妄语戒、饮酒戒等，凡是新入寺修行的人违反以上五戒者，不但要被寺庙杖责，而且还被驱逐出寺。大寺不但施行信仰戒律，更加弘扬善行，佛教修行的基本功便从行善开始。

第六节 业缘治理与治理关系

业缘治理是传统历史时期清辉头村村落治理的重要内容。业缘是根据村民从事的行业存在的问题进行治理，例如农业生产中存在土地粮食偷盗、工商业生产中存在违反行规的问题，以保护主流行业成员的利益。本节从业缘治理单元、业缘治理主体、业缘治理内容和业缘治理过程四个方面介绍清辉头村的业缘治理。

一、业缘治理单元及关系

业缘是人们在生产生活中因为从业而形成的社会关系。传统历史时期，行业从业行为没有得到国家的治理，造成了行业从业者的利益得不到保障，从业者为了保障自己利益，自发形成治理行为。不同行业，甚至一个行业的不同种类均有不同治理单元。

（一）以村落为治理单元

农业是清辉头村最大的行业，九成以上的家户从事农业经营为生，但由于土地占有的不均衡，部分无地或者少地的家庭因为粮食不够吃而发生"偷青"的事件。有土地的家庭为了捍卫自己的庄稼不被偷窃，以看青为功能的青苗会应运而生。清辉头村家户的土地比较分散，并没有集中在一起，因此青苗会作为农业的治理主体并不能以"一头"作为治理单元，必须以村落作为治理单元。换言之，农业行业代表的治理单元是整个村落的土地。

（二）以集镇为治理单元

传统历史时期，清辉头村除了多数人从事的农业具有治理组织外，工商业中也有部分行业组织。当下缺少详细的各行业的行会组织材料，老人对行会组织的记忆呈现碎片性，只有药王会的记忆稍微清晰一些，是因为清辉头村是药王庙的所在地。药王会是看病郎中的行会组织。其治理单元是以清辉头集为中心，涵盖经常赶清辉头集的所有村庄的看病郎中，即清辉头集镇范围。

二、业缘治理主体及关系

在传统时期，清辉头村的业缘治理主体均以组织形式存在，其中农业的治理主体以功能性组织的形式存在，而工商业的治理主体则以行业组织存在。简言之，农业的治理主体是青苗会，工商业行业之一医疗行业的治理主体是药王会。

（一）传统农业治理主体：青苗会

青苗会作为一个农业功能性组织，也是清辉头村的农业治安问题的治理主体，由会头和成员构成，两者均来源于没有地的农民。

> 看青的人，是村里组织的，他们都是没有地的人。夏天时候村里组建那么一个组织，叫青苗会。庄稼快要熟的时候，他们就在地里面转悠，我们叫他们"看青的"。[1]

没地的穷人愿意当看青人，是因为看青有报酬，秋收看青的人到各户收看青费。各户所捐献的粮食分配到人，每个看青人都能够领到一定数量的粮食。

（二）医药行业治理主体：药王会

药王会是看病郎中自发组建的行会组织，其目的是维护师承从业者的利益。

---

[1] 李建文老人的口述内容。

药王会除了在药王孙思邈诞辰这一天祭拜行业神祇以外，还打击野路子郎中，除非野路子郎中请药王会的人吃一顿饭，并申请入会才能了事。[1]

药王会作为医药行业的业缘治理主体，实际上是为了维护具有师承关系郎中的利益，避免无师自通的野路子郎中抢他们的饭碗。

（三）业缘治理主体与其他治理主体的关系

业缘治理主体是在从业过程中逐渐形成的具有影响力的组织和个人，与其他治理主体在形成机制、治理内容、治理方式等方面存在一定社会关系。

1. 业缘治理主体与组织主体的关系

传统历史时期，清辉头村业缘治理主体与组织主体存在较为紧密的关系。实际上部分组织的主体便是业缘治理主体，例如青苗会是一个由无地村民构成的社会组织，这个组织成为民国时期清辉头村在夏季为有地家户看守庄稼的业缘组织，也是庄稼地防盗的唯一业缘社会主体。在有些行业，从业者为了保护自己的利益结成行业组织，诸如药王会等，保护自身的利益。

2. 业缘治理主体与政权治理主体的关系

清辉头村的业缘治理主体在传统历史时期与村落的政治治理主体存在一定的关联，主要体现在得到政治治理主体的支持。民国时期清辉头村有青苗会、打更组织，两者均是在政权治理主体的支持下成立的，其中青苗会是夏秋之际防止庄稼被偷的业缘治理主体，打更组织主要是冬季守护村庄防止家户被盗的业缘治理主体。

3. 业缘治理主体与村落治理主体的关系

业缘治理主体与村落治理主体均是非官方的治理主体，产生的机制基本相同，都是清辉头村民间社会基于公共需求而产生。在某种程度上，业缘治理主体与村落治理主体具有一定身份的重叠性，如中人、保人、代字人既是村落治理主体，是乡村信用秩序建设的重要参与者，也是市场买卖交易行业的重要参与人，兼任着村落治理主体与业缘治理主体双重身份。

4. 业缘治理主体与亲族治理主体的关系

业缘治理主体与亲族治理主体是两种不同领域的治理主体，前者依据业缘关系而形成，后者依据血缘关系而形成，因此两者并不存在紧密的内在联系。如果从血缘关系来看，清辉头村的任何一名业缘治理主体均是亲族的族人，都接受亲族治理主体的治理。如果从业缘关系来看，亲族治理主体都是从业人员，也得接受业缘治理主体的

---

[1] 张群福老人的口述内容。

治理，但通常情况下亲族治理主体往往是业缘治理主体的长辈，基于血缘关系而受到优待。

三、业缘治理内容及关系

业缘治理内容在传统历史时期因每个行业而不同，但总体上是为了保护行业内部多数从业者的利益，打击或者排斥非正规从业者，或者偷窃者等系列治理行为。业缘治理内容也与其他要素构成一定的业缘治理关系。

（一）业缘治理内容

药王会的业缘治理内容主要是在孙思邈诞辰，即阴历四月二十八日到药王庙祭祀药王爷，并且聚餐，行业师傅向同行介绍自己出师的学徒，并且登记入会，并对其范围内没有入会的野路子郎中的经营情况进行讨论，商讨限制其经营的措施等。如果有些没有师承的野路子郎中愿意申请入会，药王会同意吸纳，需要具备两个条件：其一，一位行业师傅愿意引荐其入会；其二，没有师承的郎中需要承担当年药王会聚会的伙食费用。

青苗会是一个农业保护组织。1937年七七事变以前，村里没地的户组织一部分人成立了青苗会。青苗会找在村里当差的人们，在街里敲锣喊，"谁入青苗会，你到自己地里封堆"。青苗会的人们就在地里转，看见地里的土堆封得差不多了，就弄点白灰水，在地里封的土堆上一浇，村民这就算正式入了青苗会了。等到庄稼长大以后，青苗会的人们就在地里转悠，封了堆入了青苗会的地，人家就负责帮你管。

> 入了青苗会，他们保证你的这块地粮食不丢失。这地里丢了东西，青苗会赔，他在地里垒一个土堆浇上石灰作为标记，村民按一定的数量交保护费。我跟你说一个典型例子，他叫赵宝进，是看青的，组织几个没有地的，好吃懒做的农民看青。青苗会属于半官方的社会组织。[1]

> 原来村里有一批人，他们组织到地里去转转，不论是谷子地、棒子地、高粱地，都去转转，直到各家各户收完庄稼。谁当头，我闹不清了，那时候我才十几岁，但知道这么一回事。属于青苗会看管的地，有标志，就是在地边上堆着一个土堆，要保证坚固不被风吹走。青苗会保护的田就以这个为记号。等到各家各户都收粮食后，他们去讨要报酬，各户愿意给什么就给什么，有给谷子的，有给玉米的，有给高粱的，数量也不确定，你愿意给多少就给

---

[1] 杨占恒老人的口述内容。

多少。青苗会是村里组织起来的，有管事的人。[1]

青苗会是一个民间自发组织，在粮食特别紧张的华北传统乡村起到一定的庄稼保护作用。他们承诺对入会的粮地进行保护，并且在庄稼丢失的情况下进行赔偿。但村庄有人抱怨说："很少看见他们在地里转悠"，"看青也治不了偷青的问题"。

（二）业缘治理关系

青苗会是清辉头村在传统历史时期具有代表性的业缘治理典范。笔者以青苗会为例，梳理业缘治理内容的相互关系。

1. 青苗会与土地的关系

1949年以前，清辉头的家户分为两种，一种是有土地的户，一种是没地的户。没有土地的人依靠加入青苗会获取一点粮食。为什么要成立青苗会呢？在旧社会，没有土地的人多，没有办法生存就要到土地里去偷粮食，为了维护自己土地的安全，需要成立青苗会。

2. 青苗会和会员的关系

清辉头并非所有有地的家户都是青苗会的会员，家户要根据青苗会的要求做好标志才能成为会员。青苗会是根据土地入会的，即某家户可以入会，也可以不入会，可以一部分土地入会，另一部分土地不入会。如果家户愿意加入青苗会就按照要求去自己的土地上建一个小土堆。青苗会接受会员的方式就是前往土地上的封堆浇灌石灰，使之醒目便于辨认。

3. 青苗会与报酬的关系

每年秋后，家户把土地的庄稼都收割了，青苗会开始收取报酬。通常情况下，青苗会提醒家户有多少处土地纳入青苗会的看青范畴，但也没有规定明确的看青费用，主要还是由家户斟酌决定。

> 他们（青苗会）去敛粮食的户都是有地的户，没有土地的户他们不去。大部分的家户给青苗会的报酬是谷子、高粱。家户给棒子的不多，因为秋后很多家户的棒子还来不及碎谷粒。家户给青苗会的粮食报酬多少随意，没有明确规定要给多少。他们敛了一批后就送到村公所去，敛齐了后就给青苗会组织成员分配，分配的人们只有青苗会的成员，其他人没有资格分。[2]

---

[1] 何运章老人的口述内容。
[2] 何运章老人的口述内容。

4. 看青与村落的关系

看青是以村长为首的官方支持和推动的，具有半官方的色彩，主要表现为看青人的资格要获得村庄的认可，而且看青人最后分报酬也是在村公所进行。青苗会看青源于村庄土地占有不均。地主、富农、中农占据了大多数土地，贫农占有土地很少，雇农没有土地。无地或少地的农民，为了生存而进行偷青，青苗会看青由此产生。青苗会的看青人全部来源于穷人，没有土地又找不到活干的穷人才会成为看青人，主要目的是获得部分粮食养家糊口。从某种意义上讲，青苗会是为村庄中农以上的家户看护庄稼。

四、业缘治理过程及关系

传统历史时期，业缘治理过程包含了治理内容的系列程序过程。笔者以青苗会为例，其业缘治理过程包括"封堆"入会、地里巡逻、收取报酬等过程。

（一）"封堆"入会

每年夏初，青苗会成员敲着锣告知村民，凡是有某处种粮食的土地欲要加入看青的范畴，必须在土地上封堆作为标志。村民听到通知后，在自己的土地建立一个封堆，表示愿意让青苗会看管该处土地。

青苗会的业缘治理有一个入会与认证的仪式，相当于契约，以此建立了保护与被保护关系。

（二）地里巡逻

等到庄稼出麦穗、谷粒后，看青人组织人们在庄稼地里巡逻，如果庄稼大面积被偷，青苗会要负责赔偿损失。但老人说看青也治不了地里偷粮食的，对此，李建文老人解释说：

> 看青治不了偷，因为穷人不偷就活不了，当地土话说"修田没罪"。"修田"是什么意思？就是穷人到地里偷点粮食，这种行为无罪。这种事看青人看见了，也当作没看见。[1]

看青人到土地上进行巡逻能够大大减少偷青苗问题，但是不能够杜绝偷窃，因为清辉头村存在"修田没罪"的观念。看青人在巡逻过程中，重点看玉米、山药、水果，因为这些粮食的形状比较大，便于偷采。

---

[1] 李建文老人的口述内容。

（三）收取报酬

过秋以后，村民们要付给看青人报酬，是按照土地主人的心意给，数量多少没有硬性要求。

青苗会是传统社会物资匮乏、治安不力的产物。但它面向农民的收费，是基于某种道义，没有具体的硬性要求。

第七节　村落治理变迁

传统治理形态是清辉头村在传统农业生产的经济基础上形成的治理机构与治理方式，随着1949年中华人民共和国的成立，随着政治制度和经济基础的改变而发生了极大变迁。本节在总结传统治理形态状况的基础上，考察清辉头村在土地改革运动时期和集体化大生产时期的治理形态的变迁。

一、1949年前传统治理形态状况

传统历史时期清辉头村的治理形态，整体上形成了以家户治理与亲族治理为基础，以政权治理和村落自治为主轴，以信缘治理与业缘治理为补充的特征。

（一）以家户治理与亲族治理为基础

家户始终是传统历史时期清辉头村的基本社会单元，也构成了最为基本的治理单元。"家丑不外扬"的乡土习俗和自足自给的家户经济惯行，使得家户的很多事务都在内部解决，包括家户分配、钱箱子管理、婚配管理、交往管理、纠纷协调等众多内容。多数家户内部不能够解决的事务，则在亲族治理中进行解决。亲族包括直系亲属和姻亲亲属帮助家户处置分家、过继、土地买卖、养老、婚丧等各种单凭家族力量无法治理的事务。此外，亲族本身也是基于血缘关系的重要治理单元，其按照血缘辈分关系和年龄大小产生治理主体，并且能够在亲族层面维护血缘关系、提供红白事的主要用具、提供必要的亲族保护等。家户治理与亲族治理密切相关，相互促进，构成了整个村庄范围治理的重要基础，解决了这两个层次的治理问题，就基本形成村落层面治理的较好社会环境。

（二）以政权治理和村落治理为主轴

清辉头村在传统历史时期的政权治理与村落治理是分离关系，换言之，因国家政权而产生的乡长、闾长等政权治理主体的治理形态与因乡村社会需求而产生村落治理主体的治理形态完全不同。前者治理的侧重点在于处理村落与国家的关系问题，后者在于解决家户与村落的关系问题；前者的权力来源于国家政权的授予，后者的权力来源村落社会生成。传统历史时期，清辉头村的政权治理内容主要以缴纳税收、吸收兵源、征派劳役为主要内容，与此同时在家户治理和亲族治理"失效"时提供治理支持，例如乡长被邀请调解纠纷等。村落治理内容主要是提供公共设施、提供公共活动、组织公共活动，满足村落层面的公共生活的基本需求。政权治理与村落治理是维系村庄正常运转的治理形态，能在一定程度上保障家户的安全等基本需求，维持村庄的存续，从某种意义上构成了清辉头村治理形态的主轴地位。

（三）以信缘治理与业缘治理为补充

信缘治理与业缘治理是清辉头村传统治理形态的重要补充。信缘治理通过寺庙管理经营、开展庙会活动、组织信仰活动等内容，营造形式多样的信缘活动，弘扬善念，宣传善举，坚守戒律，达到村落治理的辅助目的。业缘治理得到政权治理主体的支持，例如清辉头村的青苗会，便是在村公所的支持下开展的业缘治理过程。政权治理主体因为人数有限，不能提供庄稼看守这样的业缘治理。业缘治理主体的治理过程补充了村落治理的不足，甚至补充了国家在传统历史时期对行业治理的缺失。

二、1949年后传统治理形态变迁

1949年以后，清辉头村传统治理形态发生了巨大变迁，主要体现在三个时期，分别是土地改革运动时期、集体化大生产时期、土地承包到户以后的时期。由于土地承包到户以后的时期是下一节主要内容，在此不再赘述。该部分内容主要考察土地改革运动时期和集体化大生产时期的治理形态的变迁。

（一）土地改革运动时期的变迁

土地改革运动时期，清辉头村的治理形态发生了极大变迁，主要体现为村落治理主体、治理内容、治理方式的变迁。在村落治理主体层面，传统治理形态的治理主体由政权治理主体和村落治理主体两部分构成，但土改运动时期"农会夺权"，取代了传统治理形态的治理主体，农会成为清辉头唯一的治理主体。后来农会又改成贫雇农团体，或贫下中农协会。

> 据我所知，以前有事就是乡长和月委说了算，农会建立后就是农会说了算，婚丧嫁娶，土地税收征购、土地买卖，农会不盖章不算数。先有农会，还有工会、武装救国会、妇女救国会、儿童团，统一称为抗日救国会。那时候乡长施行月例制，即富人按月轮值当乡长，但村里事务由农会会长做决策，村里的房屋买卖也必须盖农会的章才有效。[1]

---

[1] 杨占恒老人的口述内容。

在中国共产党领导下，清辉头村的治理结构发生了很大变化。这时候是农会说了算，但富人仍然继续轮流出任月委，按月当值，主要是出钱修建公共设施等。村落治理的内容主要集中在"打土豪，分田地"，村庄将这场运动称为"平分土地"或"平分地权"，与传统治理形态的治理内容差异很大。传统历史时期的治理方式多数是按照传统惯例进行治理，但土地改革运动时期的治理方式主要是阶级斗争和政治革命。

（二）集体化大生产时期的变迁

1958年清辉头村进入集体化大生产时期，相对于土地改革运动时期，生产方式和治理形态都发生了较大变迁。从村落治理主体来说，集体化大生产时期的治理主体是政社合一的人民公社。人民公社具有极大的权力，家户将除了房产以外的财产、土地、工具等上交公社，由人民公社统一负责生产核算与生产资料分配。人民公社设立社长一名、副社长两名、会计一名、出纳一名、记工员若干名、连长一名、治安员和保管员各几名。

> 1958年实行总路线、"大跃进"、人民公社运动，我村是清辉头公社的清辉头大队，有14个生产队，实行一大二公。生产的粮食、棉花、油料统一由大队核算。后来改进生产规模，成立了28个生产队，成立了食堂，社员到食堂打饭回家吃。[1]

集体化时期，清辉头村治理的主要内容是集体化大生产。村庄生产的粮食、棉花、油料统一由大队核算，实行一大二公，统一生产，统一分配，包括吃食堂等。这个时期的治理方式采取类军事化管理，将家户划分为若干生产队进行治理，每个生产队设立一个治理主体，由队长、会计、出纳、记工员等人构成。人民公社是最高等级，次之是生产大队，最末是生产小队。

第八节 村落治理实态

改革开放以后，特别是土地承包到户以后，清辉头村的治理形态继土地改革运动时期、集体化大生产时期之后又一次发生较大的变迁，主要体现为治理权限下放、治理体制机制日趋健全，治理成效愈加明显。本节从治理框架、治理主体、治理制度、治理特征四个维度考察清辉头村当下治理实态。

---

[1]《清辉头村志》（未出版）草稿材料。

一、清辉头村当下治理框架

清辉头村当下治理框架是清辉头村治理的体制结构。笔者从当下治理主体框架和当下治理框架功能两个方面展开。

(一)当下治理主体框架

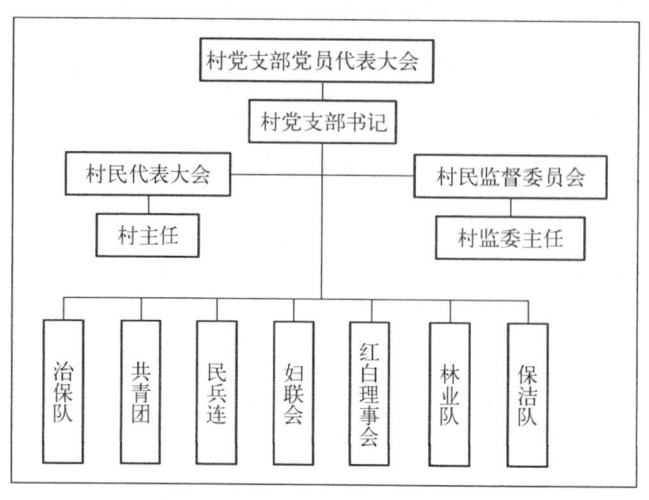

图6-3 清辉头村当下治理框架

图6-3基本上反映了清辉头村当下的治理框架,其主体结构是村党支部党员代表大会、村民代表大会、村监督委员会,各自产生村党支部书记、村主任、村监委主任,其中在清辉头村治理过程中,村党支部书记发挥更大作用,能够调动更多社会资源治理村落。村庄治理主体下辖各功能治理主体,分别是治保队、共青团、民兵连、妇联会、红白理事会、林业队、保洁队等。

(二)当下治理框架功能

1. 村党支部书记

村党支部书记由清辉头村党员代表大会选举产生,并由乡党委和乡政府进行任命,在当下村庄治理中发挥主导作用。村党支部书记主持全面工作,召集党员商议村庄治理的主要事务,对村庄治理的大部分事务具有定夺权,是村庄处理与国家关系的主要治理主体。村党支部书记领导村党支部工作。

2. 村委会主任

村委会主任由村民代表大会产生,同时兼任村党支部副书记,负责处理村庄的行政事务,包括村庄日常的治安、卫生、纠纷调解、物资采购等。

3. 村监委主任

村监委主任是随着村庄治理而增设的治理机构,由村民监督委员会选举产生,下设副主任一人、委员若干人,主要监督村支两委的村庄治理活动是否具有违规现象。

4. 治保队

治保队是村庄秩序的主要维护者,由青壮年几十人构成,尤其是吸纳退伍军人参与,设置有治保队队长一人,副队长两人,主要职能是维护村庄治理。

在新形势下，治保队积极配合支部做好各项工作，大力宣传法律知识，让村民学法、知法、守法，自觉维护公共秩序和社会安全，对打架斗殴、诽谤侮辱、搬弄是非、喝酒滋事给予坚决果断处理。全体成员平时值岗巡逻，遇到情况全员出动，对偷水窃电、偷果毁林、破坏环境、邻里纠纷起到很好的管控作用。[1]

5. 共青团

共青团是凝聚村庄青年人的队伍，发动青年参军，从事村庄的经济建设，作为村支两委干部培养的后备军。

中国共产主义青年团是共产党联系青年的纽带和桥梁。团支部积极响应党支部的号召，宣传党的方针政策，配合村委会的各项工作，支援生产，并经常开展文化娱乐活动，优抚军属烈属，搞科学试验，成为建设新农村尖兵。为促进农村发展起了很大的作用。[2]

以上所述说明了共青团在村庄治理中发挥的建设功能和得力助手作用。

6. 妇联会

妇联会，顾名思义就是妇女群众的社团组织，成为村党支部和村委会联系广大妇女的桥梁和纽带，能够积极动员妇女参与村庄治理工作。

1949年后，妇女搞科研，促生产，战斗在生产第一线，真正起到了半边天的作用。如今在改革开放新时代，妇女更是当家作主，在党支部的领导下，学科学、用科学，促生产，搞卫生，保环境，提高生活质量，为建设和谐美好家庭起到了至关重要的作用。[3]

妇联会随着妇女社会地位的提高而作用愈加显著，成为村庄治理的重要参与力量。

7. 红白理事会

传统历史形态，清辉头村的红白事都由邻居和亲族串忙处理，当下则是由红白理事会进行料理。换言之，红白理事会是当下清辉头村婚丧嫁娶事务的治理主体。

---

[1]《清辉头村志》（未出版）手写草稿。
[2]《清辉头村志》（未出版）手写草稿。
[3]《清辉头村志》（未出版）手写草稿。

红即红事，指各家各户的婚嫁。白即白事，指各家各户的丧事。红白理事会是专门管理村民各家各户婚丧嫁娶的机构组织。李世辉一改过去家长、家族制，以队为单位，选举出公道者担任理事。一般从俭办理丧事，避免大操大办，同时应与时俱进，办出时代特色，比如举行集体婚礼，这样既能体现新事新办，又深受群众欢迎。十八届三中全会以后，农村经济迅速发展起来，村民年收入大大提高，当然生活水平也大大提高，红白事大操大办有所抬头，我村红白理事会及时作出老百姓认可的可行规定，刹住了不正当风气。[1]

8. 林业队

当下清辉头村的主要经济基础是果林和养殖业，其中果林栽培几乎是所有家户都从事的经济活动，因为当下清辉头村已经不再种植庄稼。果林栽培，需要很多栽培技术的支持，林业队因此应需而生。土地承包到户的初期，清辉头村把村集体的果树林承包给林业队，让其先行先试，探索果树种植的技术，1983年以后，果树栽培在全村推广，林业队主要提供技术支持。

9. 保洁队

清辉头村在当下仍然保留动员村民搞卫生的传统，营造干净整洁的村容村貌，每月都有卫生日，保洁队是村庄打扫卫生的主力军，每人承包卫生区域。村支两委每年发放保洁劳动津贴。

为更好地做好保洁工作，使我们村越来越干净整洁，特制定以下几点：每月做到垃圾池及时清理，打扫干净；对村民在垃圾池倒建筑垃圾、粪便等不良现象及时劝阻制止；及时对垃圾围墙进行修复；做到保洁人员房前屋后干干净净；给村民起一个良好的带头作用；定期保养铲车和垃圾车辆。[2]

清辉头村建立了村庄环境卫生工作制度，督促保洁队认真履职，保证村庄的公共卫生。

二、清辉头村当下治理主体

治理主体除了治理框架以外，还包括治理框架中的每一个人。下面是1949年以来清辉头村的村支书、村主任，以及当下党支部委员分工情况。

---

[1]《清辉头村志》（未出版）手写草稿。
[2]《清辉头村保洁工作制度》公示牌。

(一) 1949 年后历届村支书、村主任

中华人民共和国成立以来，清辉头村形成了党政两套班子，实行党政联席的治理机制，既保证了党对清辉头村的领导地位，又能够充分发挥村落社会参与治理的积极性。这里的"党"是乡党委领导下的党支部，"政"是乡政府领导下的村委会。村党支部书记是村庄治理的政治领导，村委会的村主任是村庄治理的的行政领导，1949 年以来的任职人员如表 6-4 所示。

表 6-4 清辉村 1949 年以来村支书、村主任任职情况

村支书职序	历届村支书	任职年份	村主任职序	历届村主任	任职年份
第一任	白老忠	1948—1951	第一任	张子建	—
第二任	孟济川	1954—1958 1959—1960	第二任	张坤肖	—
第三任	张缓运	1958—1959	第三任	孟济川	1955—1967
第四任	杨占恒	1961—1973	第四任		1967—1969
第五任	李计拴	1974—1990	第五任	李计拴	1969—1973
第六任	张郡廷	1990—1994	第六任	王长锁	1973—1984
第七任	王海来	1994—1998	第七任	张计圈	1984—1990
第八任	杨义成	1998—2003	第八任	杨义成	1990—1992
第九任	杨少谦	2003—2011	第九任	杨少谦	1992—1994
第十任	刘保详	2011—2014	第十任	张计圈	1994—1998
第十一任	孟亚玺	2014—	第十一任	张郡怀	1998—2006
			第十二任	杨绍谦	2006—2008
			弟十三任	王海来	2008—2009
			第十四任	孟登高	2009—2011
			第十五任	孟浩	2011—

资料来源：《清辉头村志》（未出版）手稿资料。

村主任的名称历经多次变动，例如张子建、张坤肖、孟济川当时被称为"村长"，李计拴任职在集体化时期被称为"生产班班长"，而王长锁任职的称呼是集体化时期的"大队长"。1984 年以后，村行政主官变为村主任。

(二) 当下党支部班子分工

笔者于 2016 年下半年至清辉头村进行为期两个半月的田野调查，这一届村支两委的班子成员分工如表 6-5 所示。

表 6-5　清辉村 2014—2018 年 4 月党支部班子分工情况

姓　名	职　务	分工领域
孟亚玺	支部书记	主持全面工作
孟浩	副书记、村主任	主持村行政工作
李铁洲	组织委员、秘书	负责村两委办公室
刘兵	政法委员、治保主任	村庄治安维护
王海来	宣传委员	群团工作
何小江	纪检委员	财物监督
张郡怀	文化委员	文教卫生
杨义成	支委	民调
杨超	支委	民兵连长
孟大雷	支委	农林牧业
白计更	支委	基建
李志勋	支委	集市贸易
何小忙	支委	办公室

资料来源：《清辉头村志》（未出版）手稿资料。

党支部委员是当下清辉头主要治理主体，表6-5的支委分工体现了治理领域的分治问题，每个支委委员分工的领域均不同，但是又能够相互协作，共同治理当下的村庄事务。2014年至2018期间的村委委员选举，只产生了村主任和一名村委委员，班子不全，主要事务由党支部委员进行治理。

三、清辉头村当下治理制度

当下清辉头村除了具备治理框架、治理主体，还有一套相应的治理制度，他们分别是村规民约、红白理事会制度以及其他功能性机构的制度。

（一）村规民约

当下清辉头村基本依据法律法规进行治理，对于法律法规没有规定的事务，村民依照村规民约进行治理。

清辉头村村规民约[1]

第一章 总则

为贯彻落实村民委员会组织法，发扬社会主义民主，健全社会主义法制，教育村民遵纪守法，维护社会治安和社会秩序，实行村民自治，创建和谐宜居环境，特制本村规民约。

第二章 社会法制

一、每个村民都要学法、知法、守法，自觉维护法律尊严，积极同一切违法犯罪行为作斗争。

二、村民之间应团结友爱，品行端正，不打架斗殴，不酗酒滋事，严禁侮辱他人，诽谤他人，严禁造谣惑众，拨弄是非。

三、个人利益必须服从集体利益，爱护公共财产，不得损坏水利、道路交通、供电、通讯、生产等公共设施。

四、加强村民用电用火观念，提高安全意识，做到人走火灭，易燃易爆品禁止户内存放。户内户外定期检查，禁止乱接电线。

第三章 土地管理

五、农村所有土地属国家和集体所有，个人只有经营使用权，未经批准占用集体土地非法乱建的，村集体有权收回另行处理。

六、任何个人不得侵占、买卖、出租或者以其他形式非法转让和变更集体或他人的土地使用权。闲散地未经批准不得侵占。

七、建房应经上级有关部门批准，未经上级部门批准，不得擅自动工，土地部门批准后，经村委会测量后符合村庄规划方可建设。

第四章 环保卫生

八、积极加强村容村貌整治，落实门前"三包"制度，垃圾倒入指定垃圾池内，严禁随地乱堆放，严禁在水泥路上和灰。

九、树立环保意识，严禁焚烧农作物秸秆和垃圾，严禁肆意倾倒农药，严禁乱扔死禽死畜。

十、大街上不准乱排污水，不准晾晒农作物和树叶，遇到杂物随时捡起。爱护大街两侧的绿化带，不得破坏。

第五章 邻里关系

十一、村民之间要互尊、互爱、互助，和睦相处，建立良好的邻里关系。

---

[1]《清辉头村志》（未出版）手写草稿。

在生产、生活、社会交往过程中，应遵循平等、自愿互惠互利的原则，发扬社会主义新风尚。

十二、邻里纠纷，应本着团结友爱的原则平等协商解决，协商不成的可申请村调解委调解，也可依法向人民法院起诉，树立依法维权意识。

第六章　婚姻家庭

十三、遵循婚姻自由、男女平等、一夫一妻、尊老爱幼的原则，建立团结和睦的家庭关系。

十四、婚姻大事由本人作主，反对包办干涉，男女青年结婚必须符合法定结婚年龄要求，提倡晚婚晚育。

十五、自觉遵守计划生育法律、法规、政策，实行计划生育，提倡优生优育，严禁无计划生育或超生。

十六、夫妻地位平等，共同承担家务劳动，共同管理家庭财产，反对家庭暴力。

十七、父母应尽抚养、教育未成年子女的义务。子女应尽赡养老人的义务，不得歧视、虐待老人。

第七章　移风易俗

十八、提倡社会主义精神文明，反对封建迷信及其他不文明行为，积极开展"贤德之家"评选活动，树立良好的社会风尚。

十九、提倡、鼓励拾金不昧行为，不得挖苦、嘲笑好人好事。

二十、建立正常的人际关系，反对家族主义，不搞封建迷信活动，不听、看、不传淫秽书刊、音像，不赌博，不参加邪教组织。

二十一、在村支两委领导下建立红白理事会，破除婚丧嫁娶中铺张浪费、愚昧落后的陋习，做到婚事新办、丧事简办，提倡文明、健康、科学的生活方式。

二十二、红白理事会负责全村红白事的管理和监督，红白事统一管理、统一标准（参加人员烟、酒、桌次、鞭炮，白事着孝）等。

二十三、不支持村委会工作的，不支持村卫生治理工作的，有事不给盖公章。

（二）红白理事会制度

红白理事会是村庄为提倡新风、移风易俗而对红白丧事习俗的治理机构。治理的主导方向是减少婚丧事天数，简化婚丧事务环节，提倡勤俭节约，互帮互助。

清辉头红白理事会制度[1]

一、红白理事会成员

主任：刘青山

成员：张安宁、李小听、曹书学、强勋、王计增、赵书凡、杨大民、张万民。

二、红事

1. 缩短时间，根据实际情况，一般不得超过两天半。事前请管事人员后不得请客，干部党员一律不得参加。

2. 婚事标准：非请客日子，禁止动用鸡、鱼、肘，只允许6—8个菜，烟6元以内，酒20元以内。

3. 请客日子，取消鱼、肘、炸鸡柳、炸虾，总量不超过10个菜。烟10元以内，酒20元以内。

4. 嫁女一切从简。

5. 坚决制止红白事后，单独在其他地方安排请客，有干部参与的及时上报村委会。

三、白事

1. 除主孝可用白布外，其余一律动用黑臂章，一切从简。

2. 整个丧事期间，只允许出殡当天中午管一顿饭，其余时间不再安排。管账人员跟随主家用饭。烟6元以内，酒20元以内。

3. 事后不再安排请客。

四、要求

以上根据党支部村委会及各队红白理事会人员多次研究而定，各管理人员要以身作则，不能随意变更，望大家共同遵守和维护此规定。

清辉头红白理事会
2015 年 10 月 31 日

（三）专门组织治理制度

当下的清辉头村，在村党支部、村委会、村监督委员会下，设立了民兵连、联防

---

[1]《清辉头村志》（未出版）手写草稿。

队、妇联会、林业队等专门组织。

1. 民兵连工作制度

民兵连是清辉头村延续集体化时期的专门组织机构，其存在是为战争做好后备储蓄力量，其工作制度如下：

> 一、民兵连构成。连长：杨超，副连长：李特。委员：曹江涛、李库、郭建伟、李华维。二、每季度召开一次基干民兵会，学习上级指示，总结布置工作。三、对上级下达的紧急任务及时开会研究并明确任务扎好落实。四、每年结合重大节日和征兵工作组织青年民兵开展军事文体活动。经常促使民兵开展学雷锋做好事和拥军优属活动。五、组织民兵战备执勤，开展护村护路的自护活动。六、每季度一堂政治教育课，增强青年民兵的法制和国防观念。[1]

2. 联防队工作制度

联防队是清辉头村维护日常村庄治安的组织，由村中青壮年构成，有着一系列工作制度进行组织治理，其内容如下：

> 联防队队长：李库；副队长：冯拓、李小俊、曹连虎。一、宣传教育群众增强法制观念和安全防范意识，落实群众防盗、防抢、防火、防破坏及其他治安事故的防范措施。二、联防队所有成员二十四小时配备对讲机开展治安巡逻，维护本村的治安秩序。三、发生治安、刑事案件时，协助有关部门保护现场，及时地将掌握线索报告给公安机关；发现违法犯罪嫌疑人将其扭送当地公安机关。四、及时认真完成党支部、村委会交办的各项工作。五、定期在便民服务站派专人值班解决问题。[2]

3. 妇联会工作制度

妇联会是清辉头村的群团组织，在清辉头村动员广大女性参与村庄治理，其工作制度如下：

---

[1]《清辉头村民兵连工作制度》公示牌。
[2]《清辉头村联防队工作制度》公示牌。

妇联会主任：门贵平。为了进一步做好妇联会工作，特制定以下工作制度：一、为妇女同志们解纠纷，化解矛盾，切实维护妇女儿童的合法权益；二、宣传贯彻党的方针政策，教育引导妇女增强自尊、自立、自强的精神，成为有理想、有道德、有文化的社会新女性；三、宣传普及有关妇女儿童的法律法规知识，配合有关部门打击拐卖妇女儿童的不良现象，维护社会稳定；四、普及科学知识、环保知识、妇幼保健知识，宣传优生、优育、优教，提高妇女儿童健康水平和家庭教育水平[1]。

4. 林业队工作制度

林业队是当下清辉头村的一个专业队伍，为果农提供技术咨询和帮助服务，其工作制度如下：

主任：刘旭初；成员：杨超、张郡怀、杨义成、李志勋。为了更好地发展我村的林果技术，我们制定了以下工作章程：一、坚决服从党支部村委会的领导，加强村内外绿化，搞好环境卫生。二、积极引进推广果树的新品种，宣传管理技术。三、定期组织我村技术人员的学习和交流。四、搞好林果技术讲座的安排，提高我村果农的技术水平，使我村水果的质量越来越好。[2]

四、清辉头村当下治理特征

清辉头村当下的治理与传统意识形态相比，呈现出三个特征：其一，村庄治理主体专业化；其二，村长治理内容扩大化；其三，村中治理方式行政化。

（一）村庄治理主体专业化

清辉头村传统治理形态的治理主体往往是由村民兼任，村民把大部分的时间花费在家户农业生产、小手业业生产、商业经营上面，很少花时间对村落事务进行治理，只有在每年的田赋催缴和征兵的时候，才花一些精力进行村落治理，多数时候是"无为而天下治"的村治模式。以乡绅为主的村落治理主体也是在淘井、庙会、节日、纠纷的时候才治理公共事务，他们的多是从事家户的内部生产经营，不是专门的村庄事务治理专业人才。根据笔者的调查发现，当下，清辉头村的治理主体中，有一定比例的村民有20年以上的村政治理经历，例如何小忙当会计和秘书将近50年，李志勋做

---

[1] 《清辉头村妇联会工作制度》公示牌。
[2] 《清辉头村林业队工作制度》公示牌

治保主任和支委委员有 30 年以上的经历，杨义成当村干部也有 20 年以上的经历。2014 至 2018 年 4 月的这一届村支两委班子，八成以上的村干部有从事村政治理 10 年以上的经历。村民从事村政的时间越长，就说明村落治理愈加专业化。何小忙介绍自己作为村委的老秘书培养村委的新秘书，花了 10 年以上的时间，包括秘书与村支书协作的技艺，做好会议记录的技艺，特别是关于说话交流的技艺最考验秘书，该说什么和不该说什么需要把握好分寸，尤其需要守口如瓶的功夫。村庄治理主体专业化，也意味着任何一位村落治理主体从入职到胜任工作，需要大量的时间学习和适应。

（二）村庄治理内容扩大化

传统历史时期清辉头村的治理内容十分狭窄，从政权治理主体来说，治理内容主要包括催缴田赋、征兵、征派劳役、协调纠纷等；从村落治理主体来说，治理主要内容包括淘洗水井、过年时候挂灯笼、组织庙会等事务。清辉头村当下治理内容与传统治理形态相比较，内容呈现出扩大化的趋势，主要表现在果林栽培和养殖业等方面的技术支持，开拓市场找销路；在公共设施方面，规划街道，硬化道路，兴修水利，建设学校等；在民事方面，保障鳏寡孤独，解决民事纠纷，解决诸如煤炭等资源的市场供给问题；在村庄习俗方面，成立红白理事会，对婚丧嫁娶的习俗进行治理，移风易俗，提倡新风；在与政府的关系方面，承担了大量的数据统计分析，各种文书的上传下达，发放国家给村民的各种补贴费用等；在村庄公共安全方面，维护村民的生命财产安全，建立良好的生产生活社会秩序。村庄治理内容扩大化，导致村庄治理主体为了应对不同领域、不同行业、不同区域的治理问题，专门成立不同功能的治理组织，例如林业队、联防队、保洁队、妇联会等。

村落治理主体为了应对不断增加的治理内容，采取了两个策略：其一，增加功能性治理组织，例如林业队，机井队等。这些新增的治理组织的特点是其成员具有一定专业知识和丰富的从业经验，能够处理一般村民不能够处理的事务。其二，分流部分事务。一些生产经营领域不是采取增加组织的方式，而是鼓励有条件的村民成立公司，增强产业链的衔接，例如饲料公司、肥料生产公司、鸡蛋收购站。换言之，市场的事务交由市场处理，不再专设组织负责营运。村庄的一些治理事务，也承包给市场，例如村委会办公大楼的水电维修，就专门交由市场负责。

（三）村庄治理方式行政化

当下清辉头村的治理方式具有明显的行政化趋势，主要体现在以下几个方面：其一，村政办公网络化。村庄采用了电脑办公，一些家户的相关信息都录入特定的数据库。当家户需要办理业务的时候，只有数据库具有相关信息才能够予以办理，如果缺失相关数据，需要申请补录后才予以办理。其二，村政治理主体层级化。每一位村干部都有自己参与的职务，职务之间存在明显的层级现象。例如村庄发生盗窃案件，村民向治保队的人报告，该成员向治保队的队长汇报，治保队长请示村支书后着手侦查，并将侦查结果汇报村支书和村主任后，才能进行处置。其三，村政治理规范化。清辉头村大部分业务的办理都需要纸质文书，不能凭借口头交代就办理。纸质文书需要相关负责人签字，加盖公章后才能够顺利办理。当下随着清辉头村村政办公的网络化推广，村庄治理更加程序化、规范化。

总之，当下清辉头村的治理实态与传统治理形态相比已经发生了较大变迁，这种变迁是经济社会发展的结果，也是农村治理实践不断探索和创新的结果。

附录一

清辉头村调查小记

我是一个典型的南方人,见惯了云贵高原的崇山峻岭,峡谷深涧,也领略了江南水乡与天府之国,但北方的乡村社会对我来说始终是陌生的。华中师范大学中国农村研究院自 2015 年开展"深度认识中国"的新版乡村调查,我作为一名在读博士生,有机会走入华北村庄,去认识这片土地。我选择的村落是位于河北石家庄市以东 90 公里处的清辉头村。清辉头村属于衡水市的县级市深州市辖管,相传距今有 2 000 年的历史。我的调研任务就是走入这个村庄,扎根居住两个多月,去认识它在中华人民共和国建立以前的历史形态,寻找华北平原乡村社会的底色。

一、初识华北平原的乡村社会

2016 年国庆节刚刚结束,我便从武汉乘车北上,一路上平原的庄稼种植景况晃入眼界,我想到了华中师范大学中国农业研究院徐勇教授提出的调研问题,"中国农耕文明起源黄河流域,它与中国政治制度的形成有哪些内在的关联?黄河流域农村的底色是什么?"便是我这次华北村庄调研之旅需要找寻的答案,但多大程度上能够回答这个问题,车旅中的我依然犹如火车驶入的黑夜一样迷惘。第二天,我在衡水下火车,一路急行至深州,选择了一家酒店住下,次日拿着介绍函去民政局老龄办请求帮助。民政局老龄办李建忠主任、桂玲凤同志十分热情地接待我,根据我选择村庄的要求,推荐几个村庄让我挑选,最后我选择清辉头村。选村后的第二天,老龄办的李主任与桂玲凤同志驱车带我到清辉头村的村委办公楼,得到了时任村支书孟亚玺、时任秘书李铁洲的热情接待，安排我在村委会一楼的办公室住下，此后两个多月，我便在这里生活和进行村调调查之旅。

清辉头村是河北平原的腹部，清晨起来举目四望，天空灰蒙而看不到天青色，近处种植着树林，叶子枯黄，随着天气的转凉而每天为土地铺上一层黄叶，远处看见低矮的房屋整齐地排列着，从东边到西边有四华里的距离，从北面到南面有三华里的距离，让人感觉这个村庄很大。我所居住的村委办公楼已经远离清辉头聚落中心约有一华里的行程，我骑着自行车围着村落观察村庄的大致面貌，东边新修建兴隆寺，外观雕梁画栋，堂皇宏伟。兴隆寺门口有一条入村公路，可以观察到在路旁分布着各种"万亩桃园"的观光指示路标，东大门建有一座牌坊，作为村落迎来送往的门户，旁边有一座大石碑，镌刻着"清辉头"三个红色的雄浑的书法大字。村落东西南北都修建了环村路，而且每条道路都已经硬化，并且通往国道以及周边的村庄。

当下清辉头村在一望无际的平原上栽种了水果林，主要是鲜桃与苹果。果林约有一人的高度，在秋季的萧瑟中已经没有了树叶，但树枝如此繁茂、一眼望不到尽头的景象仍然给我深深的震撼。闲聊的时候，乡亲们告诉我清辉头村比其他种庄稼的村庄富裕，就是因为多年来的水果种植，一亩地水果在价格好的时候能赚到12 000元，近年来价格不再理想，一亩地能赚5 000元至8 000元，仍然比种庄稼强。清辉头村沿袭着祖祖辈辈的传统，仍然喜欢食用面食，已经不种庄稼的家户只有从商店购买馒头、面粉、蔬菜等。当下清辉头东西大街2 000米，分布着大大小小商店，凡是百货商店基本有家户日常所需的粮食和蔬菜出售。

二、探寻华北平原的村落底色

我此次调研之行，是来挖掘村庄的历史底色，即寻找它由什么样的历史形态发展而来。我所需的答案只有从饱经历史沧桑的老人那里才能得知，因此我开始两个月对村庄80岁以上老人的口述史调查，对他们见证民国时期及其所知道的历史形态进行抽丝剥茧，试图发现村庄的历史底色。通过口述史的调查发现，传统历史时期与当下村庄发展实态存在巨大的差异，特别是经济发展基础完全不同。村庄当下不种植庄稼了，以栽种果树和发展养殖业为生，形成了一条现代产业链，但传统历史形态是"靠天吃饭"的旱作农业，基于这种经济基础而形成特定的社会关系。

干旱平原是传统历史形态的自然底色。缺乏地表水是清辉头村的自然气候特征，也意味着村民不能发展灌溉农业，多数时候只能"靠天吃饭"，因而产量较低，是1949年以后发展渠水灌溉农业与地下水农业产量的一成左右。此外，100公里范围内的海河、滹沱河泛滥，导致村民被政府动员协力兴修水利，政府动员往往以村庄为单元，可能在历史上推动了村庄治理权力的集中化。家户旱作小农经营是传统历史形态的经济底色。这种经营方式导致了土地经营分散和村落家户力量弱小。力量较弱的家户在传统历史时期通过形成血缘关系的亲族群体对抗其他社会力量的威胁,并形成具有较强黏性的社会关系和治理关系。

在村落治理层面,传统治理形态中血缘亲族治理是基础。血缘关系成为传统历史时期人们最为重要的社会依赖关系,包括家庭内部的关系依赖与亲族之间的保护与互助依赖。基于这种依赖关系,家户与亲族都成为两个重要的治理单元,开展各种事务的治理。家户与个体在血缘关系之外还存在地缘关系、业缘关系、信缘关系,依据不同的关系而存在不同的治理单元和治理内容。但所有的这些治理活动都基于清辉头村在传统历史时期中平原干旱缺水的这一自然底色和协力凿井而饮这一相互依赖的社会底色。

三、收获满满感动的村调之旅

我在清辉头村为期两个多月的村庄调查得到了很多人的帮助。首先,要感谢深州市民政局李学勇局长,民政局老龄办李建忠主任、桂玲凤同志的支持与关心。俗话说"师傅领进门,修行在个人",民政局的领导及同志领我进村,让我得以顺利进行调研。没有深州市民政局的支持,我作为田野调研者估计是有村难入,遑论进门了。其次,要感谢时任清辉头村支书孟亚玺和村秘书李铁洲,在民政局引荐下,他们同意接收我到清辉头村进行调查,还给我安排住处,并帮助我解决一些调研和生活上的困难。在清辉头村,我想感谢冯谦妹和曹连虎,他们都是我调研的向导,是带我"入门"的人,这里的入门是指进入家户的房门。如果没有两位向导的帮忙,家户基于安全的考虑,我这个陌生人是不被允许进入家门,更不能接触老人的,在此感谢两位的引入门恩情。

我要感谢接受我采访的老人,他们分别是何运章、李建文、杨占恒、李志勋、王庚凯、张祥、张群福、何小忙、杨义成、杨栋才、王海波、曹连虎、孟大雷及他们家人,特别是何运章、李建文、杨占恒、李志勋四位老人分享了他们的过往经历以及个人感受与体会,对我的村庄调查作出了极大贡献,何运章老人还热情邀请我在其家中吃午饭,那是我吃过最美味的烧饼,也是吃过最好吃的河北乡村农家饭。李建文老人是我采访次数最多的老人,他极为丰富的人生过往,使得他见多识广,给我还原了民国时期的雇工情况以及村落的其他情况,还将祖上的老地契给我拍照。李志勋老人极富感染力的诉说往事能力给我留下极为深刻的印象,他还带来了老地契、祖上土地买卖的账本给我参详。杨占恒老人已经定居衡水市,在村委的帮助下,接受我的采访,由于他时间比较紧,我连续采访了两天,并且在其家中吃了晚饭,在此诚挚感谢杨占恒老人。这是一位中华人民共和国史上少数由村委书记一直做到县委书记退休的传奇老人。

我也要感谢张群福老人，在我调研期间，他是我在东北头居住的两位邻居之一。年轻时候的一场意外让他身体时常抱恙，他给我了很大的帮助。他在一场意外事故中加重病情，2018年我听闻了他的噩耗，在感谢的同时深感人生无常，愿他在天国安好。感谢在清辉头村因张群福介绍而结识的两位朋友，一位是李伦，一位是郭建佳，两位的共同点在于对村庄过往历史有着十分浓厚兴趣，并根据自己的研究主旨，收集了大量资料，与我分享。李伦大哥给我提供了清辉头村李氏家族的相关史料，并向我讲述了一些他知道的事情。郭建佳是一位有志青年，对家乡文化有着较深的造诣，在协调郭书强老人的老地契拍照等事宜上给予了我帮助，在此表示感谢。

总之，黄河流域清辉头村的调研之旅是一次经历各种考验的村调经历，也是一次收获满满的学术之旅，更是一次收获了各种感动的经历。我十分感谢华中师范大学中国农村研究院提供这次田野调查的机会，也十分感谢每一位给予我帮助的人。

附录二

清辉头村调查日记（节选）

笔者在2016年10月至12月中旬到河北省衡水市下辖的深州市东安庄乡清辉头村进行"深度认识中国"的田野调查，并且每天记录调查日记以记录自己的观察、感受以及遇到事情，节选部分日记如下。

2016年10月10日　星期一　晴　深州市

昨天是重阳节，我乘坐十几个小时的火车，在卧铺上一觉醒来，透过车窗望着平原上的景物，思绪万千。按理说我对北方平原不陌生，因为本科在济南读的书，每次往返济南与老家之间，在火车上看了无数遍眼前的景物。但眼前这宽阔的土地上留下标准划一的耕作痕迹，还是让我对北方的一切充满着困惑。北方村庄高权威性的管理，犹如河南小说家李佩甫撰写反映平原的小说《羊的门》一样。整齐划一的村庄管理权威是否跟平原上整体划一的土地耕作模式有着内在关联？中午十一点，火车到达衡水。在车上的时候看外面风和日丽，天气不冷，但一下火车，一身单薄衬衣的我在风中感受到寒冷，赶紧给自己套上一件外套。河北确实要比武汉冷一些，特别是感受到了在山东济南感受过的那种寒冷的感觉。吃过午饭后，我在衡水火车站门口乘坐107路公交车直奔深州市，下车后打的士到民政局附近住了一个酒店，名称叫作"牛得草大酒店"。我到酒店洗漱完毕，下午三点的时候去深州市民政局拜访老龄办李建忠主任，他对我的到来十分热情，说早已经安排好村庄。我说出自己的要求之后，他给我推荐了清河坊村庄，约好明天下村去看看。

2016年10月11日　星期二　晴　深州市

今早六点半准时起床,早起的原因有两个:一是昨天约好了与民政局老龄办李建忠主任和桂玲凤大姐一起下村;二是因为昨天本来约好下到清河坊村,后因民政局的补助名单显示,80岁以上男性老人只有18位,略少,不符合要求,请求李主任重新筛选村庄信息。李主任经过一个上午的信息筛选,筛选出白宋庄村33人,西阳台村27人,杜庄村27人,河兰井村26人,马兰井村31人,邵甫村27人,西位村19人,西马庄村18人,庄火头村21人,石像村26人,大流村26人,双井村35人,清辉头村26人,初步确定清辉头、白宋庄村、马兰井村为意向村,双井村因为正在并乡,因行政关系暂未确定被迫放弃。筛选信息十分复杂,临近民政局下班时间,我其实也才"下班"。我找了一家牛肉汤馆,在里面吃了两个烧饼和一碗牛肉汤,顿时觉得味道十分好。中午小憩一会,李主任和桂姐就开车来载我进村,还以为很近,最后绕了一些道,下午三点半左右才到村中,我们路上的行程花了一个多小时。李主任致电清辉头的村党支部书记,等了一段时间,孟书记因为公务才从外面赶来,安排我吃住在村委办公室。后村委会秘书李铁洲也相续会面,协调好了一切,天已经擦黑,我们一行三人只好返程回县城。在村中,我初步了解村庄情况,村庄的路是笔直

图1　深州市民政局老龄办李建忠主任(右一)、桂玲凤同志(左一)送我下村

的,街道是笔直的,土地是笔直的,树木是笔直的,好像只有横竖笔直才能够彰显北方村庄的秩序。房屋都是一层楼的院落,漂亮的门头。根据孟书记介绍,村中有4 000多人,2 000多户。

2016年10月12日　星期三　晴　清辉头村

今天七点半起床,到深州市广场的一家粥店吃早餐。如果要南北方对比的话,就早餐来说,南方注重品种而昂贵,北方注重量大而价廉。为了能够在村里安营扎寨,我在村委会居住,它是由一所已经荒废了学校改建而成。今天上午我的任务就是购买生活必需品,我到深州市最大的超市去采购,包括锅碗瓢盆,因为我需要自己做饭。民政局老龄办的桂玲凤同志答应今天送我到村里,她与孟亚玺书记、李铁洲秘书交接

完成后，我就搬入自己的小窝中。小窝还没有完全清扫完毕，村里热心人也即义务卫生员答应明天过来给我装上锁。孟书记跟我说，我们现在去给你买东西去。我也请求跟书记一起出发，跟桂玲凤同志道别过后，我和孟亚玺书记、李铁洲秘书一起到市场购买被褥和电饭锅等物品，两位领导的热情和帮助，让我十分感动。路上，跟孟书记聊起来，得知孟书记是2012年开始担任村支书，深州市的村干部工资很低，村支书和村主任一年有一万元。问及如何当村支书时，孟书记回答说，村支书是最难做的干部，原来公社时期由村干部记工分，那个时候村干部还有点权威，现在村民都不需要村干部了，村干部也没有了权力，唯一做的就是服务村民，主要职责是协调矛盾，解决矛盾。这一次进县城，两位村干部除了要为我采购被褥和被子之外，这个周末还要在颁奖仪式上给最好村民、最好党员、最好家庭以及参加活动的人发放纪念品和奖品。这个举动让我意识到孟书记当村支书已经深有心得，知道如何树立村庄管理权威。因为孟书记告诉我，村里没有一点经费，我问及采购的经费从哪里来，他说这些钱是我谈来的，是从我们村出去当大老板的人捐献的。简单的介绍村庄时候，孟书记油然升起了一股自豪感："我们村在元朝出过丞相，历史上也有过进士和武举人。我们村种植桃树，农民比较富裕，是周围村庄的龙头村，带动了周边村庄致富。"在我印象中，孟书记十分能干，是乡土精英，他为颁奖仪式采购的纪念品是一种新式手电，有台灯功能，这个我原来没有见过。他给最好村民、最好党员、最好家庭采购了平底锅。今天是进入村调的第一天。

2016年10月13日　星期四　晴　清辉头村

今天，早上起来停水，没有办法洗漱。村里人65岁以上的老人都来村委附近的农村医院进行免费体检。虽然头发蓬松，没有洗漱，但我还是厚着脸皮去采访了一个老人。老人说，村里原来有一口井，全村都从那里担水，问及地主情况，老人不愿意说，告诉我村里有档案，然后不再说话。中午的时候，自来水管有水了。我接着打扫卫生，采购些物品，但总觉得是过来调研的，内务只是小节，不要太过计较，应该把精力放在调研上。下午试调研一个老人，老人叫李铭，82岁。在试调研过程中，李铭老人与我之间存在语言障碍，他不大听得懂我的普通话，当他说到一些土话的时候，我又听不懂。我们聊了水利的情况。因为河北衡水关于水的内容十分简单，访谈约一个小时就结束了。我要求李铭老人带我去找李书军，听说他92岁了，当过县长秘书，是老党员。但路上碰见他儿子的时候，他儿子首先是显示出不愿意的表情，后面则说老人糊涂了。我还是找到了其家，先跟其爱人交换了意见。后来李书军的儿子回家了，看到我来到其家中，十分生气，责问是谁带我来的，要检查我的证件，然后让我离开。万事开头难，刚开始的访谈就是这个样子，说明文化差异导致的问题很大。

2016 年 10 月 14 日　星期五　晴　清辉头村

今天，村委治安管理主任刘兵同志帮我找了一位退休的老师，姓孟，今年 66 岁。他八点的时候把孩子送去学校上学，然后来我这里商讨访谈的事情。我把昨天访问李书军"碰钉子"的事情跟他讲了一下，孟老师马上变得有些顾虑，从言辞中体会到他不愿意蹚这趟浑水。我致电村委秘书李铁洲同志，李同志让孟老师接电话后，并承诺出问题村委负责，孟老师才最后答

图 2　清辉头村赶集情景

应带我去找老人访谈，但心中还是"压着一个巨大的石头"，多次表示我"需要找一个当官的"，他只是一个百姓。孟老师最后带我去找老孟家的叔伯，孟昭林（音）老人，老人今年 85 岁。听我说调查民国时期的历史，老师表示"那没劲嘞"，因为觉得我的调查"没有实际价值"。老人还要照顾年迈的老伴吃饭，对我的问题不是很明白，关于土地的情况很多都"闹不清咧"。访谈因为各种干扰，一会就停止了，使得昨天就碰钉子的我今天更加感到了调研的艰辛。

图 3　清辉头村家户的大门以及串门聊天的乡亲

2016 年 10 月 15 日　星期六　小雨　清辉头村

我来到村子以后调研十分不顺利，加上我的电脑系统崩溃了，忙于修理电脑，心情更是一落千丈。我感觉这是几次调研中，最不顺利的一次。村党支部书记孟亚玺介绍说，这是深州市最大的一个村庄，人口有 4 800 余人，村庄有 2 300 年的历史，是周边的龙头村，具有

代表性，可是调研却如此胶着。我向村委说明我的困难和要求，希望村委能够支持我的工作，村委领导表示这两天是上级来检查工作的关键时间，过完这两天后陪我去调研。我就寄希望于此后的村委能够帮助我打开局面。利用今天下雨没有出去的时间，我下载县志了解基本情况，同时熟悉访谈提纲。

2016年10月16日　星期日　阴　清辉头村

今天上午八点半，清辉头村举行主题为"清辉头贤德之家好党员、好干部、好邻里、好夫妻、好村民、好儿女、好少年、好婆媳颁奖大会暨清辉头文化大舞台"的活动。昨天，清辉头的李铁洲秘书邀请我参加今天的活动，还安排我坐在贵宾席，让我十分惶恐。这个活动整体还是十分成功的，采用了舞台表演和先进表彰交叉进行的方式。我在观看活动的时候，除了忧心调查的不顺利，还在以他者的身份在观察北方村庄的治理过程。下午，我试着去尝试北方村庄的学术调查，最近在网上看到一句话"你不会找到了同行者才上路，相反你上路了就会有同行者"，我总觉着自己顾虑太多，患得患失终究不好，所以应该行动在路上边走边解决问题。我从比较熟悉的张群福开始访谈，他今年只有63岁，孟亚玺书记说他懂得比较多，抱着试一试的态度，我去广播室找他。清辉头村的广播室算是一个公共场所，他每天除广播信息外，还代理了找工作、登记手续等杂事，所以我的访谈总是断断续续。一次我进到广播室时候，一位头发花白的老人坐在他的桌子旁边，他82岁，就开始问他1949年以前土地情况，但他好像一无所知。63岁的张群福大爷却能够说出一二。访谈围绕土地、水利两个话题展开。

图4　笔者采访91岁王庚凯老人（右一）及夫人（左一）

2016年10月17日　星期一　晴有霾　清辉头村

昨晚给村里孟书记发微信汇报了来村里调研的情况和遇到的困难，孟书记早上看到微信内容后，对我的支持力度十分大。他安排了村干部冯谦妹同志协助我开展调研，今天冯谦妹同志给我打电话，讲述了孟书记的安排，并且到村委会办公大楼与我会面，我介绍了自己此行的调研目的和目前遇到的困难。我们交换意见后,她带我去见广播室张群福同志,张群福同志向我们推荐了孟昭林(1949年前参加工作的老干部)、何运章、王庚凯(92岁)、张俊庭等老人。按照张群福的推荐,冯谦妹帮助我联系了王庚凯,预约下午进行访谈。今天下午在冯谦妹的帮助下,我的村调工作终于开张了,打开了工作局面。我们一行到王庚凯老人家中进行访谈,老人本来是想出去与同伴老人聊天的,得到其孙子王进良同志告知我们要来后,便在家中等。我们一进家门,便直奔主题,后来王进良对我说"王博士直奔主题的工作作风让我爷爷有压力啊",虽然是玩笑话,却也反映了工作的不足。李铁洲秘书也建议我要先说点家常,拉进与被访谈者的心理距离。王庚凯老人回忆了清辉头村在中华民国时期的土地情况。

2016年10月18日　星期二　晴有霾　清辉头村

冯谦妹同志昨天下午帮我联系了清辉头村的老秘书何小忙同志,何老秘书患有气管炎,对雾霾天气比较敏感。但何老秘书今天还是同意到村部与我会面,商讨关于村庄历史调查的内容。从形象上来说,他发丝和穿着一丝不苟,体现出工作作风十分严谨。何老秘书向我展现了1949年以后的村庄档案,包括清辉头村的土改档案,及此后的各种文书档案。我随即向何老秘书

图5　笔者采访村委老秘书何小忙老人(右一)

建议,为了更好地保存,可以把这些档案捐献给华中师范大学中国农村研究院的农村档案馆。今天没有开展实质性的访谈,何老秘书长却提出了访谈建议,他建议改进访谈方式:第一,访谈内容模块化,例如关于土地就专门形成一个模块,把其他专题的内容全部装入里面;第二,举行小座谈会,把几个老人叫到一起,互相补充。何老秘书的建议具有可行性,村干部冯谦妹同志帮忙协调。冯谦妹非常讲究工作效率,当即帮我安排了明天上午的调研座谈会。

2016年10月19日　星期三　晴有霾　清辉头村

今天上午如期举行了调研座谈会,共有四位老人参加,分别是何小忙老秘书、杨

图6 笔者采访92岁的何运章老人（左一）

艺增老书记、张群福老广播员，另有一位老人我还叫不出名字。村庄在中华民国时期比较繁荣，老人们介绍清辉头村历史上是山东到山西的官道，有两个车马大店，另外两个店，有钱铺，其中少鹤堂、华永堂比较出名。村中还有饭馆。此后，围绕着土地开展座谈，包括土地的租佃、长工、短工、土地类型等方面。这次调研打开了工作局面，但很多关系和细节还是无法具体还原。这次访谈中，老人们说土地有庙地、族地，地租有固定和分成两种。下午，冯谦妹由于有事情要忙，由张群福老人陪同我去参观兴隆寺，让我震撼的是兴隆寺历史悠久，且摆放着几块有历史痕迹的石碑，可惜无法抄录成册。

2016年10月20日　星期四　阴　清辉头村

今天，我的调研向导冯谦妹同志由于要进城办事，未能陪同我开展调研，为了不浪费时间，我搭着便车到深州市档案馆查阅清辉头村历史档案资料。村委孟书记开车把我送到档案馆楼下，我进到档案馆呈送上介绍信，还有全国老龄办的官方文件，开始被允许查阅重点档案。历史档案目录上显示有深县第一区至第十三区平分土地前的情况，我查阅了一遍没有找到清辉头村。后面经过查阅《深县志》，得知清辉头乡在1948年属于第十五区，但在1949年属于二区，这一份档案是1948年的档案。全部的文件只有从第一区到第十三区的文档资料，没有第十四、十五区的档案资料。中午打车回到清辉头村，下午两点半接到冯谦妹同志的电话，说我们可以去访问92岁的何运章老人。何运章老人92岁了，精神矍铄，但腿脚不太方便，据其家人介绍，是因为摔过一次。老人记忆良好，思路清晰，虽然有些事情记得不大清楚，但大抵是有印象的，能够基本还原那个时候的事情。今天的访谈比较顺利，虽然民国期间他年岁还小，很多细节记不住了，但是能够基本呈现清辉头在中华民国时期的形态。

2016年10月21日　星期五　小雨且冷　清辉头村

今天，没有约到老人，我在住处整理材料，阅读清辉头村1949年的土地档案。有一些十分有趣的发现：第一，档案区划落款日期为1948年，明确表明清辉头村是深县十五区，有的记载其是深县第二区的，估计是1949年整理的档案。第二，土地的面积的计量单位是步、尺、寸，不是现在的单位米。第三，发现了张氏的一处族产张雅堂，共有土地面积26亩。下午，接到张群福同志的电话，去村广播室。张群福十分好学，懂得的历史知识十分多，可惜的是年龄偏小，对民国以前的事情没有经历，大多数是听说，因此访谈起来缺乏细节。但他还是提供了明末清初大地主张千顷的历史材料和业余剧团的材料，能够起到丰富村庄历史的作用。晚上，我尝试在电脑上录入一些土地文书的数据，发现工作量十分大。另外，我在孔夫子旧书网发现了一本地契，可惜价格略有些昂贵，如果获得能够起到十分珍贵的史料作用。

2016年10月22日　星期六　有雨　清辉头村

今天，我在冯谦妹向导的带领下，来到了一位93岁老人的家中，冯谦妹也不认识她家，问了几人才找到。老人现在和孙子在一起居住，孙子叫大光，是一个收购和贩运鸡蛋的经商致富的能人，最近自费修了一条公路到自己门前，长约100米。我们来到老人家中，这是我目前进到的最豪华的家庭，有大沙发和茶几。冯谦妹向老人说明我的来意以后，我就开始采访，老人土改成分是贫农，但正如其孙介绍的一样，因为没有什么文化，对以前的事情都丧失记忆了。老人深刻的记忆就是原来生活十分苦，当问及原来家庭怎么生活的时候，老人回答说，原来娘家有十几亩地，但夫家是贫农，没有什么地，家庭十分困难。丈夫帮人做活，自己因为有三个孩子，可以帮助好户的孩子喂母乳，赚一点营养钱。老人1944年嫁到村里来，刚好是深州遇到连续两年大旱的时候，村里生活十分困难，老人回忆到经常从娘家去背负80斤粮食走十几里路来到夫家供养家庭。老人没有文化，缺乏历史记忆，叙述更是缺乏细节和必要逻辑，所以对老人的访谈大约半个小时就结束了。

图7　笔者采访大光89岁的奶奶（左一）

2016年10月23日　星期六　晴转阴　清辉头村

今天，没有外出采访，因为在采访中发现村庄的历史进程与我理解中的不一样，在访谈中出现了认知问题。所以，利用今天的时间恶补北方的历史知识。

2016年10月24日　星期一　晴转阴　清辉头村

今天，我跟冯谦妹联系后，第二次来到何运章老人家中，通过这么久的调查发现，何运章老人是村里历史记忆最好的，且语言表达能力也相对较好。

老人介绍了1943年的大旱灾。此外，我还与老人聊起地主、土地租佃、长工、集市等相关话题。

2016年10月25日　星期二　晴转阴　清辉头村

本打算今天再次去拜访王庚凯老人的，王庚凯老人92岁，但上次是初次访谈，很多东西都没有深入，欲想今天去了能够有所收获。上午整理清辉头村土地档案，等到中午时候，深州市民政局老龄办的桂玲凤发信息来说，局长要来看望我，我一下子不知道怎么面对民政局领导的关怀。

中午十二点半的时候，民政局李局长一行来看望我，询问是否习惯北方的饮食和天气，以及调研收获情

图8　集市上赶集的乡亲

况。我向李局长汇报了此次来调研的目的、目前已经取得的成果以及未来的计划，李局长听取后十分感兴趣，希望我再接再厉，争取更多的调研成果。

2016年10月26日　星期三　阴　清辉头村

今天上午，我去采访了张群福，围绕着婚配情况开展讨论。张群福今年六十几岁，年龄不大，确实是信息灵通、知识渊博的乡土精英，还在报纸上发表过介绍村庄情况的小文章。1998年《小康村庄他做过贡献》一文介绍了这位广播员的事迹。我就婚姻事宜与他进行探讨，他给出了20世纪50至60年代婚姻的总体情况，下午，我再次基础上用同样的问题咨询了王庚凯老人，就基本还原了清辉头村婚配情况。

图9　集市上卖东西的老人

2016年10月27日　星期四　多云转中雨　清辉头村

天气一直让我感到压抑，我不知道从什么时候开始害怕阴冷的天气。昨天，冯谦妹同志因为太忙，介绍曹连虎同志担任我的新向导。在清辉头村，如果没有向导，我根本不了村民的家门。一位乡亲说，"现在人们的警惕提高了，没有当块（地）的人带，人家不待见你"，反映了调研员的困境。我和曹连虎向导约好下午去访问老人，令人压抑的天气下午下起了雨，我冒着雨去到约定的地点，向导说咱们明天去吧，今天下雨就不去了。今天的访谈因为天气原因被迫中断一天。

2016年10月28日　星期五　晴　清辉头村

天气终于放晴了，一早洗漱完毕，我就去找曹连虎向导，今天安排比较顺利。上午，我们去访问了一位88岁的老人，张祥，他是一位华北平原上典型的村民，没有上过学。根据昨晚与陈军亚老师交流的经验，不能不顾访谈者的实际情况生搬硬套提纲进行访谈，相反应该问问访谈者的经历和家庭特点，有的放矢。我今天询问了张祥的家庭，他家1949年以前是一个大家庭，没有分家，家里有三个叔叔，但只有三亩多地，父亲和叔叔到东北和北京打工。根据张祥老人的特点，我围绕着怎么种地、换工、帮工、雇工等进行访谈。下午采访的王海波老人也是88岁，1928年生

图10　笔者采访王海波老人（右一）和曹连虎老人（左一）

人，在前磨头镇当过工人，访谈的时候，老人总不能正面回答问题，几乎让我想放弃本次访谈。我耐着性子听了老人的讲述，觉得老人也知道部分历史。

2016年10月29日　星期六　晴　清辉头村

我始终保持着一种信念，一个有文化底蕴的村庄，一定可以深入研究，挖出背后的"宝贝"来。今天调研进展不错，终于找到了一个老人，89岁的李建文老人。1949年以前，他一家7口人，原来父亲和叔叔共租用了1亩4分（本村的亩地分为大

图11 笔者多次采访具有丰富人生经历的89岁的李建文老人

亩、小亩）的大亩地，老人说一亩地一年的租金是5块钱，都是先给钱租金，后种地。每年过年，先给钱，第二年再种地。佃户和主家红白事和过年过节不再牵扯任何人情关系。土地可以自由买卖，土地分为好地和玄（差）地，好地可以卖七八十块大洋，玄地就卖五六十块大洋，沙地只能买二三十块大洋。土地还可以典当，典当价和买价基本相同，但不能办理红契，大部分典当土地的家庭不能赎回土地。

2016年10月30日　星期日　晴　清辉头村

今天去访问何运章老人，聊了关于中华民国时期家庭关于成员、过继、抱养等系列问题。清辉头的村史以1937年作为时间关键节点，1937年以前保持比较完好的村庄形态，1937年以后即农民口中的"事变以后"，局面变得复杂，村庄的形态遭到很大的破坏。过继是中国农村过去普遍存在的一种血脉维续，无男性子嗣的家庭从兄弟、堂兄弟、族兄弟或者其他族人的家庭中过继一个男性子嗣作为自己的子嗣。过继需要填写过继单，由双方当家的签字。过继子出继以后，不需要再承担原来家庭的责任。抱养的孩子与过继略有区别，抱养有时候需要付费，有时则不需要，但抱养的家庭一般选择在孩子不记事以前抱养，且改名换姓，避免与原来家庭的接触，相对于过继来说，执行更加"私性"一些。除了以上，还有盟兄弟、干儿子等社会拟血缘关系。

2016年10月31日　星期一　晴　清辉头村

关于土地的访谈总是不太顺利，或者说老人们的记忆是缺失的，这两天遇到了李建文老人，见他记忆比较好，就聊起来公共土地问题。清辉头没有太多的公共土地类型。李建文老人介绍，清辉头的公共土地类型包括庙地、族地、水井、养老

图12 笔者与李建文老人（左一）的合影

地。庙地就是村中寺庙所拥有的土地，例如三官庙、老母庙、药王庙都只够寺庙的地基，没有可供耕种的土地，只有兴隆寺有一百亩左右的耕地。族地是有些家族才拥有的，严格来说这边的家族人数虽然不少，但家族的组织能力和威望对个人影响不大，对家庭生活影响也不大。家族拥有的族地主要是墓地，未安葬人的地方可以耕种。村中公共水井，半径有两米，占地为全村公共用地。原来没有修筑道路，桥梁、水渠等公共用地的种类不多。养老地是家庭范围内的公共用地，划归哪个子女就由该子女为父母养老，其他子女"活不养，死不葬"，体现了权责明确。

2016 年 11 月 1 日　星期二　晴　清辉头村

今天，冯谦妹带我去访问了一位 78 岁的老人孟书明，我们聊怎么过春节的话题，但老人年龄偏小，访谈进行的时间比较短。下午，我独自去采访了王庚凯老人，他不擅长叙述，时间界限不是很清晰，经常用中华人民共和国成立以后的事情来回答我的问题，很多问题的回答也是模棱两可，参考价值不大。

2016 年 11 月 2 日　星期三　晴　清辉头村

下午采访李建文老人，他是我目前在清辉头村比较理想的访谈对象，今天主要围绕续弦、纳妾、童养媳、养老、分家、家庭纠纷处理等话题进行访谈。续弦需要经过家主的同意，当事人不能够完全做主，一般是有一定财产的家庭才能够续弦。纳妾的家庭很少，只有妻子生养不了孩子才会纳妾，目前所知道只有孟子阳、张某波（未能确实姓名）两人纳妾，纳妾后都生养了子女。有的家庭比较困难，会将女儿送与人当童养媳，一般对方需要付费。分家需要舅舅家来做主，才"压得住"。因为所有孩子都是一个娘生的，舅舅作为中间人，比较公平。家庭纠纷处理机制不发达，小事由"一个湾的（人）"劝解，大事要到村中或者县中进行调解。

2016 年 11 月 3 日　星期四　晴　清辉头村

曹连虎带我去何运章家中进行访谈，这是第四次到何家进行访谈了，今天围绕当家人、赶人情两个话题进行访谈。当家人在家中具有较为显著的地位，有时候比较能干的儿子也能够当家，有些家庭还有女当家人。当家人也不能完全决定家中事务，很多事情还需要与家人相商。很多事情，也并非需要当家人才能代表家庭，接待、请官家等事情，其他成员可以做代表。人情是农村生活的主要内容。曹连虎认为，人情就是人们有事相互"串忙"形成的社会关系，例如东头有一个人 72 岁，由于平时他不愿意串忙,他去世的时候,都没有人去他家串忙。关系是一个由亲戚、朋友构成社会网络,是一种相对稳定的人情关系。

2016年11月4日　　星期五　　晴　　衡水市

在清辉头村孟书记的帮助下,我今天联系好清辉头村到衡水的面包车,下午两点半到衡水。与清辉头老书记联系好后,我来到他家。老书记叫杨占恒,现年80岁,中华人民共和国成立初期在清辉头当村支书,后来表现优秀,一直当到县委书记。今天下午初次见面,杨老书记对我很客气,查看过我证件后,十分支持我的工作,本来想今天进行访谈,不巧的是访谈正在进行的时候,杨书记接到电话,说一位老领导过世,他要去慰问。就此别过,我只能去旅店歇息,约好明天下午再进行访谈。

图13　笔者采访的杨占恒夫妇

2016年11月5日　　星期六　　雾霾全天　　衡水市

昨日还是艳阳高照,今天就有些寒风瑟瑟。我如约来到杨占恒老书记家中,寒暄之后直接进入主题。今天围绕着土地进行访谈,杨老书记介绍到,原来村中有500多户人家,2000多人,土地总共有7000多亩,村里有3家地主,8家富农,20多户上中农。地主中李氏的少鹤堂占地700多亩,约占全村土地10%,其他两户各占地300亩左右,即地主耕地约占全村土地19%。20多户上中农,每户土地约50亩至60亩,共计1000亩至1500之间,约占土地14%至21%之间,中农的土地是每户20—30亩,贫农的土地是1—10亩,雇农没有土地。这些土地是户占有,此外还有公共占有的土地。公共用地有兴隆寺,约占地100亩,土地类型属于荒地,不需要上官府缴纳税款;学堂有土地,位置大约是现在村里的关沟。族(坟)地,由家族占有,晚清村中的望族即李、张两姓拥有量比较多,30多亩,其他小族的坟地很少。养老地,即用于家庭老人养老的土地,儿子如果耕种也需要缴纳地租用于养老。水井用地,包括族井和公共用井。道路用地,就是村中的道路,但实行谁挨着土地谁买道路,即实际是私人土地,公共用途。

2016年11月6日　星期日　雾霾全天　衡水市

今天一天都在杨老书记家进行访谈，杨书记还约我一起共进了午餐，但一天都在叨扰年纪已经80岁的老人，也感到惭愧。今天杨老书记聊了水井、土地等级、社会组织、市场、农村劳务等话题。老书记介绍说，全村共用的水井（洋井）是民国时期才建成的，原来的水井都是家族的，家族凑款修建，例如有杨家井、李家井、孟家井、赵家井等。井水分为苦水井和甜水井，苦水井比较浅，是硬水，喝起来比较硬和苦。甜水井则挖得比较深，是深水井，例如全村所用的洋井是深水井，深30丈（约100米）。此外，还有土坑，土坑的形成源于老百姓盖房子要取土，必须是黏土，一般一个湾或者一个家族在一个地方取土，久而久之就形成巨大的水坑，当下雨的时候，雨水流入巨大水坑，有蓄水的功能，缺水的时候人们取水来喝和灌溉土地。清辉头的土地分为很多等级，按照官府征收税收标准，最好的土地是每亩2石4，最差的土地是每亩1石。

2016年11月7日　星期一　多云　清辉头村

今天从上午搭乘面包车赶到清辉头村已是中午，得到信息，由张群福介绍认识的朋友李伦要回村，李伦是村中名人李维第的后人，喜欢历史和书画。稍事收拾和吃过午饭以后，下午的时候等到了李伦先生。他一下车就马不停蹄地赶来与我见面，让我深深感动。我们从村中名门望族李维第的家庭情况开始谈起，聊了李家后人情况，得知他们基本分散在全国各地，包括台

图14　为笔者提供史料帮助的李伦大哥

湾。李伦深深叹息地谈起了当年房子烧了两天才烧完，很多珍贵的图书和文物都无从寻找。晚饭后，他再次到我住处来，给我提供了《李氏家庙》以及深州《五言杂志》。

2016年11月18日　星期五　阴　清辉头村

家中有事，今天又回到清辉头村。经过几番折腾后，到达清辉头村已经是下午两点，车费也比面包车接送的费用高了很多。来到村里，跟认识的人纷纷打招呼，告知我来到村子了，天渐渐黑了。

2016年11月19日　星期六　晴　清辉头村

早上起来整理内务,联系了89岁的李建文老人下午进行访谈。我找到联系好的向导曹连虎叔叔,我们一起到李建文家,老人早已经等在路口。今天访谈关于民间借贷的问题。老人介绍说,过去越穷越难以借到钱,很多人都是家里急用钱只有"去地",即变卖土地来换取现金。人们对钱财借贷都十分谨慎,"借着容易要着闹",即你借钱给别人很容易,要对方还的时候却要"闹"才行。他介绍说,"是亲不同财,同财两不来",亲兄弟都难以借到钱。跟亲戚朋友借钱,可以不要利钱,李建文说亲戚能还你就不错了,怎么还指望着利息。但跟钱铺或者放贷的人,则要还利息即三分利。但当借贷人把所有土地房屋变卖后,仍然不够还的时候,则可以免除,李建文将这形容为"包鼓",或"倒锅不计账"。借贷需要写文书,借款的人需要请借方和中人吃顿饭。

2016年11月20日　星期日　晴　清辉头村

今天被张群福老先生叫去广播室。村老干部李志勋在,我们早已经是老熟人了,后来聊到"谢亲",即姑娘出嫁回门。李志勋口才很好,不但能够讲得深入,而且还能够用民间谚语进行高度概括,甚至还有笑点,我十分愿意听他的叙述。他60多岁了,但还是年富力强,前一段时间没有时间访谈,今天算是良好的开始,弥补了遗憾。

2016年11月21日　星期一　初雪　清辉头村

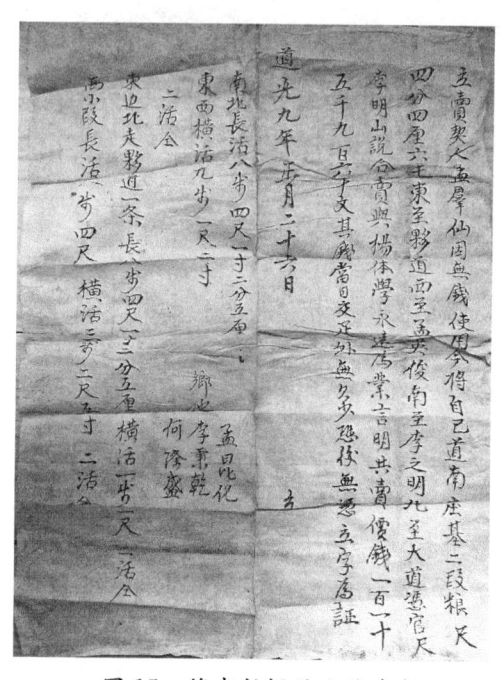

图15　笔者拍摄的土地卖契

今天,我与李志勋相约探讨清辉头村的丧事传统,在他娓娓道来的讲述过程中,我发现丧事最能够体现农村等级观念的习俗。清辉头的丧事等级观念明显,棺材分三个等级,第一级为柏树,用独木做成,好的棺木意味着丧事举行得最好,体现在帮工的待遇最好,有酒有肉有花卷,修建坟墓按照最高规格的船形坟墓修建,要砌砖。第二等级为杨树,帮工的待遇递减。最差的等级为拼接的棺木,不讲究饭菜质量,丧礼花费最少。舅舅在丧礼的地位十分特殊,老百姓用谚语"死女断亲戚""叔是二号爹,舅是阎王爷"来形容孝子与舅舅的关系,孝子要给舅舅磕头,供上好酒好菜,说好话,丧事要事事征求舅舅的意见。

2016年11月22日　星期二　晴　清辉头村

今天天空放晴,但天气依然冷,骑车的路上看见积水已经变成厚厚的冰块。我早上致电李志勋,就未完成的丧事习俗请教于他。他说今天县志办来人指导写村志。我一早就去了广播室等他,继续访谈,聊到十点半的时候,县志办来人了,来了一个严主任和另外一位同志。他们就村志撰写进行交流,我的访谈随之结束。下午我去何运章老人家,我很久没有去了,这次他见到我很高兴,问我怎么这么久没有来了,我说明了缘由,就村庄治理问题请教了他,但这一块的访谈没有实质性的进展,老人也不知道村庄的具体治理事情。

2016年11月23日　星期三　晴　清辉头村

今天上午我去寻访王庚凯老人,穿过街道的时候遇到赶集,路上拥堵不堪,街道两旁摆满商品,农村的商品十分便宜,一双棉鞋15元,甚至还有人叫价20元两双鞋。我甚至有些羡慕农村的人们生活在这样低物价的市场中,低物价伴随的也是低工资,听说公务员月工资才2 000多元,长期合同工才1 000多元,服务员的工资也是1 000多元。循着喧闹的市场,我购买了一把刷子和两双厚袜子,刷子两元,袜子三元一双。袜子作为礼物,送给王庚凯老人,今天围绕着我一直纠结的农村治理问题请教老人,从家长、族长问起。王庚凯老人介绍说,族长一定要辈分最大、年龄最长的人担任,但家长不讲辈分,只要年龄最长的人担任就可以。家里的大事要去知会族长一下,小事都是家长就处理了。如果家里遇到特大困难了,可以告知族长找各当家的去商量,不需要吃饭,不需要送礼。下午没有预约老人,准确说是没有合适的老人做访谈对象。闲着无事,时间又不能浪费,我想去兴隆寺抄残碑,途中接到广播室张群福的电话,叫我去。张群福告知我,他发现了村中还有老房子,带我去看看,其实就是30多年房龄的房子,不算老房子,是剁口房,感觉有陕北的风格。房子的砖头是房主人自己烧制的,原来一千砖十几块钱,现在300多元。简单参观完房子后,我去兴隆寺抄录残碑,张群福叫居士王大校帮我用水清洗了一下,但因为残碑上有冰,有些文字还是看不清楚,加之天气冷和天快黑了,没有抄完。

2016年11月24日　星期四　晴　清辉头村

今天上午电话邀请了李志勋访谈村庄管理的过程。李志勋虽然年龄只有60多岁,但确实比很多老人能讲述村庄治理的过程。他介绍说村庄有两个治理单位,一个是"一院的",即家族,家族有族长,由族中辈分最大的人担任,能够调节家族内部的矛盾。除此之外,"一湾的"在调解矛盾纠纷方面也起着重要作用,"一湾的"指的是相邻附近的人，是农村红白事共同体内部的人员，在清辉头起着十分重要的作用。"一湾的"有威望的人，能够在调解纠纷，促进和谐方面发挥着重要作用。李志勋道破了一句话，"现在乡亲们都和谐了，不像原来那样爱吵架了，都没有什么纠纷了，原来是穷吵，吵穷，现在大家日子好过了，就不吵架了"。这个现象说明致富是矛盾纠纷的最好润滑剂。他介绍家庭小矛盾时候说，"冤家赚夫妻，仇家成妯娌，混账是姑嫂"，贫困状态下小矛盾不断。

2016年11月25日　星期五　晴　清辉头村

目前挖不到太多关于清辉头的社会组织资料，除了青苗会，尚未获得其他社会组织的内容，听闻义和花会历史十分悠久，在晚清时期就已经存在。现在的会长李占峰60岁，传闻他爷爷也是这个组织的组织者，通过广播室张群福的介绍，联系到李占峰，跟他简单访谈了10余分钟。李占峰会长介绍说义和花会存续估计有200年了，由村中的绅士李维第资助钱财，李老正以及堂兄弟组织成立。义和花会开始的职能是组织耍狮子、十二美女（踩高跷）、车子船等民间活动，后来逐渐发展戏剧。下午拜访李建文老人，就村庄公共性、防卫性等话题进行探讨。清辉头村有公共的水井、公共的寺庙、公共村公所和学校，但没有公共防卫设施和团体。富裕的阶层参与比较多，穷人参与相对较少。村民参加最多的是淘井，淘井是请人下井下淘砂石，一般请外村人，本村人没有专门淘井的人，淘井费用不多，一天最多一元，淘井的钱由村民自愿筹集，有钱的"好主"多捐一些，没钱的人、贫困的人家就少捐一些。但是如果有威望的"一湾人"去筹集淘井款项，该人耍"光棍"不交的话，等到去井里打水的时候，则被有威望的人要求当场倒掉，主要是为了"打脸"，使其没有面子。村里原来没有水沟、河流，只有道路。原来的道路与现在的道路有很大不同，道路约有一人深，当地老话说："多年的道成了河，多年的媳妇熬成婆"，下雨的时候道路就成为排水的渠道。

2016年11月26日　星期六　晴　清辉头村

今天的阳光特别好，驱散了长期以来的寒冷，上午整理内务。清辉头村委大楼门前，有汽车贩运暖气炉过来，经过询问是政府为了贫困户购买的补贴暖气炉，贫困村民需要交100元和身份证复印件。

下午，我要村委请来老干部孟大雷同志，他从17岁当村干部，当了50年，今年67岁，长期做村中调解员，今天访谈的主要目的是了解村民纠纷的起源和产权意识。孟大雷介绍，老人们受1949年以前产权意识的影响，与1949年后产权意识的不同，产生了纠纷。如甲乙为相邻的两户，甲户的当家人为老人，具有强烈的传统产权意识，乙户的当家人为年轻人。乙户紧紧挨着甲户修建房屋，占据了甲户房檐滴水的位置，引起纠纷。甲户根据传统的房契认为，房檐滴水范围以内的土地均为他的地产，但乙户没有这种产权观念或者故意为之。

2016年11月27日　星期日　晴　清辉头村

今天在调研过程中，突然发现一种有趣的现象，就是传统历史时期集市上不同的买卖有不同的社会信号。例如敛油钱要敲鼓，如果不敲，人们就会问你凭什么敛油钱呢？送染好的布料，敲小钵；打更的，敲大梆；卖豆腐的，敲小梆；卖肉的，敲大梆；织袜子的，摇铃。这是一个小小的发现，感觉十分有趣。

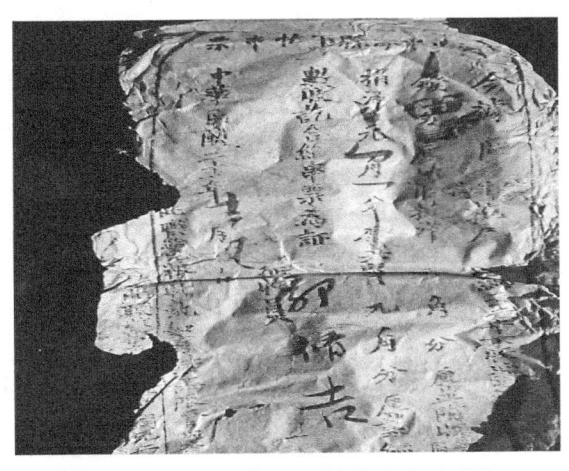

图 16　民国时期清辉头村赋税缴纳票据

2016年11月28日　星期一　晴　清辉头村

突然发现自己对于村庄的现状一点都没有开展调查。现状是调研报告写作的重要构成部分，应该抓紧时间做补充，所以一早我就来到村里的何小忙老秘书家中，他患有气管炎，天气不好不便出门。今天阳光很好，进到他房间比外面还暖和，原来是早已经供暖了。何老秘书说话十分谨慎，没有对访谈的话题进行展开，我问起其原因。他说，我在村里当干部50年，患上了职业病，村里有什么事，如果是从我嘴里说出去的，就代表村委的决定，人家说"这是何小忙说的"，日子久了反而小心谨慎，不该说的话绝对不说。我也能渐渐理解眼前老人不愿意展开聊的原因。我们还是在断断续续中诉说了村庄近几十年来发展的历程，也说起村中的一些历史趣事。

2016年11月29日　星期二　晴　清辉头村

村里李志勋是一个老干部，虽然年岁不大，但经历的事情特别多，我昨天就联系他进行访谈，可惜他昨天在石家庄，今天才顺利约到人。我们从生产工具、生产过程、生产用工开始聊起。他从小就从事农业生产，对生产过程如数家珍。从农业生产聊到农村地缘关系，李志勋介绍，地缘关系从"一家的"到"一院的"到"一湾的"到"一村的"。"一家的"是农村社会基本单元，是生产和生活的基本单位。"一院的"又被称为"当家子"，指的是家族关系，"一湾的"泛指红白事共同体，这里完全是基于地缘关系设定的，又分为近邻、邻居、乡亲。我请教其出殡时候为什么有些道不能走，李志勋介绍说村庄的道路分为官道和夥道两种，官道即村庄公共道路，例如集市街道，官府的官道等，但夥道被称为巷道，往往由居住在附近的几户共同购买。白事不吉利，所以不允许走其他人的夥道，只能走自己的夥道，进入官道。

2016 年 11 月 30 日　星期三　严重雾霾　清辉头村

今天的雾霾十分严重，能见度在 10 米左右，是我平生所见雾霾最严重的一天。由于雾霾严重，路上甚至没有行人和车辆，所以我上午没有出去访谈，整理些材料。中午过后，天气才逐渐好转，雾霾渐渐散去，开始有阳光，本来今天下午我打算去访谈家户制度。但是我的空调短路，我打电话给村领导李铁洲，他联系好了师傅帮我修电路，师傅修完电路，已经四点，天色渐晚。这边的天到五点基本擦黑了，我利用闲余时间整理访谈录音。

2016 年 12 月 1 日　星期四　晴　清辉头村

今天已经进入 12 月了，12 月 6—7 日，邓老师来衡水进行巡回田野教学，为此从今天开始需要准备些汇报材料。今天阳光十分好，我致电李建文老人，打算今天下午跟他访谈家户制度，我如约下午两点到其家中，从家庭人数开始问起，谈及家庭的一些经济惯行，老人说自己 15 岁就开始出外打工了，对家庭惯行知道不多，因此此次访谈就不能够深入了。我请求李建文老人让我阅览其家中的地契。他拿着一个古旧的匣子到我跟前，匣子很小，里面放有文书，我小心翼翼地打开文书，有清代道光、光绪年间的，有中华民国的，各种地契和分单书。这次又捡到宝了，更加丰富了关于村庄方面的调查，尤其是经济方面的调查。我仔细拍照后跟老人拜别。李建文老人是我十分崇敬的老人，从小就苦，但品质坚毅，他给我提供的土地、租佃方面的访谈十分宝贵。

2016 年 12 月 2 日　星期五　阴　清辉头村

昨天访谈存在小遗憾，今天把所有的精力都放在何运章老人的访谈上，一早就到其家中来了，从家户方面开始进行访谈。访谈相对顺利，何老从小在家里，没有长时间的外出，基本能够讲述家里惯行。今天主要聊家庭的结构、分家以及辈分等内容。

2016 年 12 月 3 日　星期六　阴　清辉头村

对何运章老人的访谈连续了三天，只完成了小部分，让我感觉进度很慢，今天又到老人家中，还好老人把我当朋友了，没有嫌弃我多次打扰。我见到老人说，"又来打扰了"，老人不高兴地说，"以后就不要说什么打扰、麻烦之类的，要来就来嘛，我反正又没有事"。

老人将村中的家庭防卫情况、当家人情况等惯行进行详细介绍，让我对传统家庭惯行的了解进一步加深。下午没有找到合适的访谈对象，心里十分着急，在整理材料中度过。

2016年12月4日　星期日　重度雾霾　清辉头村

我一早就来到何运章老人家中，就未完的家户制度内容进行访谈。今天老人发挥比较好，为我讲述了村庄借贷制度、卫生制度、养老制度、交换制度、消费制度等内容。中午老人留我在家中吃午饭，盛情难却，午餐吃的是烙饼，肉馅的，入口松软，是我目前吃过最好吃的烙饼，还有一碗地瓜小米粥，清辉头一直把"地瓜（红薯）"称为山药，山药在当地被称为"白山药"。在访谈的过程中，多次听到老人说起山药，一直误会至今，看来要吃了才知道是什么，此刻体会了"纸上得来终觉浅，但知此事要躬行"。吃饭的时候，何运章给我讲述了一个善有善报的故事，故事是他从广播听来的，却能够还原95%以上，逻辑清楚，讲述明确，让我十分赞叹。下午的时候，我约了李志勋老人访谈村落来源、地理、气候、节日，他谈起各种气候谚语来滔滔不绝，让人幡然醒悟。

2016年12月5日　星期一　晴　沧州

今天的雾霾减轻了很多，下午要去沧州与来开展田野调查的邓老师一行会合，跟随邓老师在徐亚楠、陈军亚老师的调查点进行现场教学。我知道自己调研初步结束，即将返程，所以今天上午抓紧最后的一点时间去何运章老人那里进行家户制度的最后访谈。吃过午饭，时间十分紧张，在匆忙中上车到衡水转车直赴沧州，由于路途遥远，直到晚上六点才到沧州。几分钟等待后，见到了邓老师一行，几个月没有见到老师和师兄、师妹，心里十分高兴，在饭桌中热烈地汇报了我的调研情况。

图17　华中师范大学中国农村研究院邓大才教授（左一）到清辉头村指导村庄调研

2016年12月6日　星期二　晴　东关村、常金村

今天上午，随着邓老师、陈老师一行来到沧州市沧县旧州镇东关村，这里是师妹徐娅楠的调研点，村庄分为东关村和北关村，是《水浒传》中林冲被发配的地方，村中有"沧州狮子"一处景观。传说，当年有一犯人关押在此地，沧州因为靠近渤海，被海啸引发的洪灾所害，此犯人为家中独子，心系家中老母，请求回家探亲，承诺回来后有办法治理海啸。他后来制作了沧州狮子，狮子吼震慑了海龙，止住了洪灾。今天是东关村赶集的日子，因为街道拥堵，车子过不去，我们把车停在街口，穿过拥挤的街道才到老人家中。老人已经在家中等候了，一位是89岁老人，是中农，另一位是给人印象深刻的马老爷子，他82岁，是地主的后人，具有敏锐的思维和丰富的村庄记忆。一个上午的访谈十分顺利。下午，我们驱车来到陈军亚老师调研的村庄，沧州市盐山县孟店乡常金村，这里聚集的老人更多，且访谈更加欢愉而热烈，老人回顾村庄的历史，娓娓道来，我得知中华民国时期，人们的修养十分好，村庄以德治村，且治理十分有效。

2016年12月7日　星期三　晴　清辉头村

昨晚我们长途驱车赶到深州市牛得草酒店，今早赶赴我调研的村庄进行现场教学，围绕着"六纵五横四关键"的方法进行，六纵分别是个人性、家庭性、家族性、社会性、村庄性、国家性；五横分别是长幼、男女、贫富、贵贱、高低；四关键是条件、资格、形式、顺序。主要由徐娅楠提问，邓老师和陈老师辅助提示，主要围绕着租佃、土地买卖、公共性等方面进行提问。李建文老人十分顺利地回答了所有问题，有些话甚至十分经典，例如"地多心里穷""政治就是用嘴说，说说就有钱"等语句。随后又到何运章老人家中进行访谈。访谈结束后，我送邓老师一行离开。

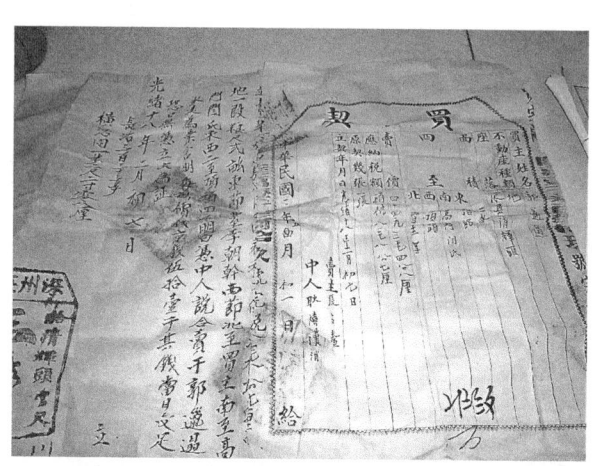

图18　民国时期清辉头村土地买卖地契

2016年12月8日　星期四　晴　清辉头村

今天阳光很好，能够明显感受到温暖，这样的天气真让人觉得惬意。上午都在扫描材料，下午去访谈李建文老人，主要围绕着村庄的公共性进行访谈，例如卫生、安全、道路等公共产品的提供。今天的访谈十分顺利，老人给我提供了十分珍贵的口述材料。

2016年12月9日　星期五　多云　清辉头村

今天我十分珍惜时间，因为即将要离开了，总感觉很多事情没有做完。上午吃过早饭，我又到了何运章老人家中，围绕着职业进行访谈，利用邓老师的田野调查方法，发现也有话可聊，问问每一个职业都由那些人构成，社会地位如何、是否参与公共活动、是否被村里尊重等内容。今天的访谈有一个重大突破是弄清楚了村庄私人关系的层级。

2016年12月10日　星期六　阴　清辉头村

今天我找到李建文老人，接着访谈村中职业的事情。我发现所有职业中，医生最受尊敬，请医生不但要上门去请，而且要用牛车或者马车去请，如果不这样做，人家拉着车去请，自己没有拉车，那么医生可能上别人家的车走了。请医生又被称为"请先生"。看完病后还要请先生上炕吃饭，按照最好客人的标准，好酒好肉伺候着，不这样做，担心医生不给好好治病。

老人表示，其他职业都是用钱雇佣的，社会地位都不高，他说"你是人家用钱请来的，你就是下人，哪来的受人尊敬"。

2016年12月11日　星期日　雾霾　清辉头村

今天雾霾，我没有外出，就去找村委秘书李铁洲了解关于现状的资料，他十分大方，把各种档案盒都给我，让我自己看看，有什么需要的就自己去复印。我找到了现在商店的名单，以及村中的地图，最让我高兴的是终于看到一张清晰的全村图了，这让我能够方便撰写村调报告。同时我想了解村庄娱乐方面的内容，央求李秘书给我介绍人选，他说原来的老书记即杨义成管理过剧团，比较清楚。我请求村治保主任帮我致电杨义成老书记，得到的答复是老书记最近时间不便，因为家中有事。

2016年12月12日　星期一　晴　清辉头村

今天没有找到合适的访谈对象，得知平时帮助我比较多的广播员张群福大伯昨晚去购买粮食,回来的路上三轮车发生了侧翻,身体不适。我去看望他。听人介绍,张大伯较有才学,发表过多篇文章,会写书法,但年幼体弱,11岁与人在一个深坑里洗澡,染上严重的风湿病,从此行动不便,此次发生事故,加重了病情。我因为马上要离开村庄了,孟书记、铁洲哥说一定要为我送行,今晚与平时关系比较好的同志在一起吃了一顿饭,相互话惜别之情。

2016年12月13日　星期二　晴　清辉头村

今天,又到何运章老人家访问家户的情况,先访问了妇女的平均结婚年龄。何老今天身体状态明显不好,呼吸急促,毕竟是上了年纪的人,隐隐让我担心,他呼吸比平时喘,但还是耐心跟我聊了一个多小时,十分感谢老人。

2016年12月14日　星期三　晴　清辉头村

我今天购买了火车票,预计后天返回武汉,北方的天气让我一直不大习惯,有些补充内容明显没有做完。今天约了李志勋聊庄稼的事情,不知道为什么,我最喜欢跟他访谈。他给我介绍了很多农谚,例如"桃三杏四梨五年,枣树当年就结钱""头伏萝卜二伏菜,三伏有雨种荞麦"。下午,我到王廷凯家中,本来想去采访奶奶,但家中只有廷凯爷爷,就与他谈了一个小时关于家户的话题。

2016年12月15日　星期四　晴　清辉头村

明天我就回去了,今天上午去向几位老人辞别,感谢他们一直以来的关心和支持,有些老人要求我留下联系方式,便于以后联系。下午我约好了李建文老人访谈雇工问题,就以前没有访谈的内容进行最后补充。晚上,民政局的李主任和桂姐知道我要回去了,一定要相送,盛情难却,两人在县城请我吃饭。

官推民治：
平原易涝村落的治理与秩序
——黄河区域石罢村调查

肖　静[*]

---

* 肖静，河南洛阳人，华中师范大学中国农村研究院博士研究生，洛阳师范学院讲师。

第一章　村庄的由来与演变

石罢村是河南省洛阳市李村镇下辖的行政村。村庄位于伊河下游较为平坦之地，成村时间久远，村名数度变更，至清代后定名为石罢，经历多次建制改革后，逐步稳定为石罢行政村。1949年前，石罢村隶属庞公乡，其管理地域包括石罢老村和新村两个自然村。1949年后，石罢村的行政区划基本没有发生变化，隶属关系多次发生变化，并最终形成2个自然村22个生产队的行政村格局。

第一节　村庄的形成

石罢村中最早聚落的形成时间已无据可考，只有杨柳沟和蔡状元桥的民间传说在诉说石罢村的久远历史。清乾隆年鉴编纂的《河南府志·疆域志·保里》中有关陈昌保所辖村庄的记载中有关于石壩（罢）村的记载。这说明石罢村隶属陈昌保的管理单元。伊河河床的滚动使得石罢村分裂为东石罢、西石罢和后石罢三个自然村，其中东石罢村在建制命名为石罢村。

一、村庄的起源

相传，杨柳沟村是石罢村的前身。由万安山向北而下的伊河出了许多条沟壑，杨柳沟就是这诸多沟壑中的一条。杨柳沟位于今石罢村的西边，与伊河相通。杨柳沟长约2.5公里，宽近百米，沟深约15米，沟内常年溪流潺潺。杨柳沟两侧杨树、柳树，郁郁葱葱，逐渐成为人们的集聚点，进而形成了杨柳沟村。杨柳沟村何时成村已无人知晓，根据后人在兴国寺内发现的前秦造像碑推测，杨柳沟村至少存在于1600年前。为村中老人津津乐道的是杨柳沟村的骡马大会。杨柳沟的骡马大会规模相当大，经营范围非常广。到了会期，周边各省的马帮赶着骡子、马、羊等牲口到此处进行交易。

村中关于蔡状元修桥的传说，也可窥见杨柳沟村的一斑。杨柳沟村东南处，有个叫蔡疙瘩的地方，住着几户姓蔡的人家。蔡员外就是其中之一，家境相当富裕，有田百亩，有全套农具。其三儿子因缘际会娶得辜家小姐，两人婚后育有一子，即是后来的蔡状元。蔡状元为官六年后，积攒数万两白银，在洛河上架起了一座石桥。同时蔡家也倾尽所有，在杨柳沟架起了一座石桥，方便村民过沟。

伴随着伊河河床的逐年抬高，杨柳沟内淤积大量泥沙，河沟慢慢变成平地。随着杨柳沟的消失，杨柳沟村名字也成为历史。石罢村是如何在杨柳沟村的基础上发展起来的，至今仍旧是个谜。由于村庄历史悠久，又经历数个朝代的兴废更迭，相关的历史痕迹无处可寻，其嬗变过程已无人知晓。

二、村名的由来

石罢村村庄名称在改朝换代中发生了多次的变化，村庄建制也发生了多次变更。从兴国寺内发现的不同历史时期的碑刻看，村名从金代的东十八里店到明代的偏桥保二里，最后演变成为石罢村。

1. 东十八里店——金代的记载

在兴国寺内发现的金代碑刻《尚书礼部牒》的碑文中，有"河南府洛阳县第十都十八里店"的字样。根据村中老人们的推测，石罢村在金代叫作"东十八里店"。"东十八里店"的来历与城角村有关，城角村之"城"是隋唐时期位于今安乐南的古城，石罢村距离城角村正好十八里。

2. 偏桥保二里——明代的印记

明朝时期石罢村又被称为"偏桥保二里"。兴国寺内的明代碑刻上刻着"兴国寺买地文契"，记载着"河南府洛阳县偏桥保二里住人周三今为缺少正统六年……债，凭保人将自己祖业院庄白地一段三间上下相连该地一并出卖于本县兴国寺常住永远为业……"的字样。兴国寺就在石罢村内，所以碑刻中的"偏桥保二里"就是当时石罢村的村名。

3. 石壩里——清代的记忆

到了清代，石罢村被称为"石壩"。乾隆年间编辑初印，同治二年重印的《河南府志》卷之四《疆域志·保里》篇记载陈昌保六里在县西南角内，有提家庄、慕家庄、下庄、南寨、吉家寨、欧家塞、李村、毛家村、上下油赵村、袁村、耿家沟、上下牛家沟、东西宋家沟、上门沟、康家沟、黑龙王庙、八羊坡、胡家瑶、石壩里、杨铁河、水磨头。其中石壩里就是当今的石罢村。

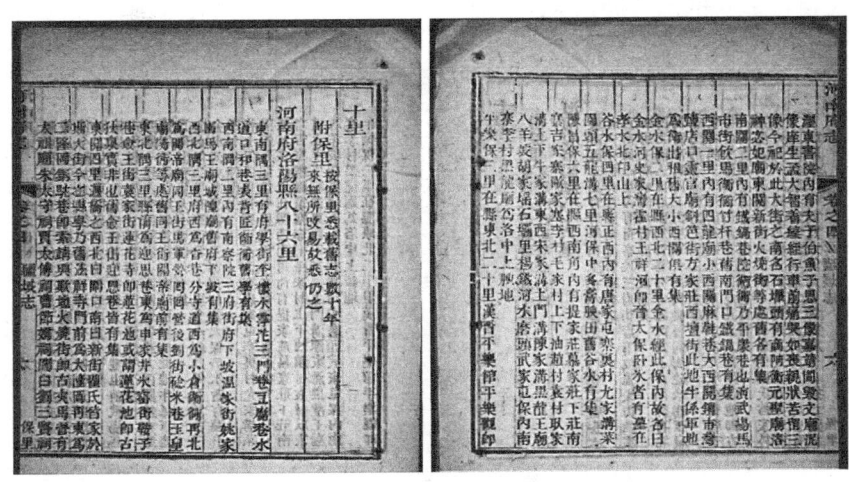

图1-1 《河南府志》卷之四 《疆域志》

4. 石罢村

关于"石罢"村名,村中流传着这样的解释:伊河出栾川,入嵩县到龙门口均在狭窄河道间流淌,携带的沙石走一路留一路,而自石罢起,河道宽敞,水速减缓,石子均沉落于石罢村之上,泥沙累积于此,故而得名石罢,即石头到伊河石罢段就不再往下流动了。

三、村民与村庄形成

(一)最早有传说或者历史记载的居民

最早居住于此的有记载的是周姓、秦姓、郭姓三大家族。石罢周姓源于石罢村内兴国寺发现的明文碑,此碑高1.62米,宽0.31米、厚0.23米,四面刻有碑文,其中右面刻有卖地文契。秦家鼎盛时期曾占地120顷(今12 000亩),囊括石罢村一半的耕地,其家主被称为"秦百二";郭家也曾是石罢大地主,占有石罢一半的土地,郭家英雄人物郭侯是威霸四方,因此有了"秦半边,郭半面"的说法。除了秦家外,其他姓氏均在村居住。根据现今居住在东柿园秦家的家谱记载,自二世家道败落搬出石罢至现今的东柿园外,与石罢村只有洛偃快速通道相隔,至今秦家人祭祖时仍回到石罢。据卖地文契内容,周三、周明于明正统元年(1436年)卖地给兴国寺。周姓是石罢最早有历史记载的姓氏,距今有600多年;目前尚在村的周姓人家有10户60人。

(二)1949年以前搬迁来的姓氏

之后陆续迁入的居民有秦姓、郭姓、姬姓、徐姓、李姓、张姓、甄姓、孙姓、王姓等,多数是明清时期从山西洪洞县移民至石罢村。秦郭两姓源于石罢村内"秦半边,郭半面"的说法。根据今东柿园村秦氏家谱的记载,"先祖们当年是从山西洪洞县移民中与郭氏家族手与手捆绑着来到东石罢村定居。明成祖年间,受官府移民政策影响,秦郭两家来到石罢并迅速发展起来。"[1]

表1-1 石罢村各姓氏情况

姓氏	迁入年份	祖籍	户数（1950年）	户数（2016年）
姬	1403年	山西省河东夏县	129	311
徐	1520年	山西省洪洞县	73	165
李	清乾隆年间	山西省洪洞县	37	96
孔	唐宪宗年间	山西省洪洞县	30	65
张	明末清初	山西省洪洞县	23	54
甄	清康熙年间	山西省洪洞县	15	24
孙	1450年	山西省洪洞县	11	32
宋	1900年	李村南街	14	16
郭		村内老坐地户	6	14
周		村内老坐地户	4	10
王	1920年	偃师县门庄村	2	13
丁	1750年	偃师老城南	4	11
马	1900年	洛阳马坡	5	9
卢	1860年	偃师董庄	3	9
吴	1620年	洛阳吴家街	4	8
左		村内老坐地户	3	5
石	1930年	偃师南寨	1	3
田	1900年	偃师袁付村	1	3
肖	无谱可考	无谱可考	1	2
杨	1900年	偃师柿园村	4	3
闫	1920年	偃师武屯村	2	5
胡	1920年	偃师西庞村	1	2
高	1880年 1930年	偃师高沟村 偃师掘山村	3	2
潘	1965年	南寨	1	1
武		无谱可考	1	
朱		无谱可考	1	

---

[1] 根据《石罢村志》与村中老人口述整理。

续表

姓 氏	迁入年份	祖 籍	户数（1950年）	户数（2016年）
褚	无谱可考		1	1
陈	无谱可考		1	1
杜	1964	常村		1
袁	1950	窑沟		1
邓	1977	四川		1
齐	1970	邙岭		1
梁	1970	宜阳		1

资料来源：根据《石罢村志》与村中老人口述内容整理。

姬姓是石罢村的大姓，根据《姬氏族谱》记载，祖先居住在陕西省河东夏县，迁居至永宁（今洛宁）张村，历四世。后于明成祖元年（1403年）迁至东石罢村至今。后来又有本族人迁居三门峡、栾川县。今东柿园、黑龙庙、袁付村、南寨村、杨湾村、东庞村、绝山村、寇店村、刘李村、九贤、千寨、高村等的姬姓都由石罢姬姓迁出。村内的徐姓是第二大姓，明嘉靖年间由山西省洪洞县迁入，当时是手捆着手来到洛阳石罢村。祖先徐天寿是石罢村的第一世，后来一直在石罢村开枝散叶，逐渐壮大起来。李村南街和草店徐姓均由石罢迁出。李姓是石罢村的第三大姓，有两支。其中一支由山西洪洞县迁入洛阳鼓楼西，传4世。清乾隆年间，四世祖一支由洛阳迁入石罢村。李宏要是第一世，至1949年前已经传10世。1880年左右，李姓一支从石罢迁入袁付村南村。第二支李由佃庄镇西大郊村欧庄迁入。孔姓是石罢村的第四大姓，均为孔子的后代。孔克符为石罢村第一世，系孔子的第38代孙，祖居山东曲阜阙里，唐宪宗年间为躲避东平兵乱，游学洛阳定居，后世遭元乱，由洛避兵，一支脉迁居石罢村居住，传至79代。其他姓氏中除了郭、周、左为村内老坐地户外，都来得比较晚，发展规模不大。到1949年前，全村共有27个姓氏，当时全村共有381户，1961人。村内各姓氏之间都存在姻亲关系，并且姻亲关系比较普遍。姓氏之间结成姻亲关系的有200—300对。根据村内徐建恒老人的不完全统计，1940年—1950年间石罢表亲结婚有9对。租佃关系较为普遍，土改前村中扛长工的村民26人之多，潘金和、姬遂中、姬永正、宋怀德、李双龙、徐聚业、徐进宝、孔庆福等。在这些长工中，有的在本村内做长工，有的在外地做长工。姬永重、甄大量在孟津县平乐做长工。

（三）1949年以后搬迁来的姓氏

1949年以后，杜姓、袁姓、邓姓、齐姓、梁姓从外地迁入石罢村。其中杜姓有1户，于1964年由常村迁入石罢；袁姓有1户，1950年从窑沟迁入石罢；潘姓于1965

年从南寨迁入石罢村；邓姓于 1977 年从四川三台迁入石罢村；齐姓于 1970 年从邙岭迁入；梁姓于 1970 年从宜阳县迁入石罢村。1949 年后新入村的姓氏多以姻亲方式进入村庄，且数量不多。

四、聚落与村庄形成

1949 年前，石罢村由老村和新村两个村自然聚落构成。老村成立时间久远，是古石罢村民最早聚集的地方。新村的形成时间比较晚，民国时期，因伊河洪水进村导致房屋倒塌，才陆续有村民搬至村庄东南方向居住，后来逐渐具有一定的规模。

1. 老村的变迁

早在 1600 年前石罢村已经形成了自然村落，村中已经没有关于原住民的历史记忆。1949 年以前的居民多是明清移民的时候从山西迁至石罢村，并在石罢村成长发展。随着河床的逐年抬高，每到汛期伊河便洪水泛滥。自清康熙年间以来，伊河洪水多次进村，致使房倒屋塌、良田被淹、庄稼绝收……迫于伊河水患威胁，古石罢随着村民向外迁徙，分裂为三个村庄。西迁的形成西石罢村，北迁的形成后石罢村，留在原地的称为石罢村。石罢村民数千年来一直居住在村庄的北边，具有悠久的历史。石罢村中，在原址上的部分被称为老村。

2. 新村的形成

1889 年以后，居住在石罢村的部分居民因水患将房屋毁坏，向村庄东南方向地势较高之处迁移。后来陆续迁去 36 多家，逐渐形成了新的聚落点，即为石罢新村。新村所在的位置被村民们称为南地。南地地势比较高，洪水再大，淹不住村东南的高地。于是人们在涨河时到南地躲避洪水，待洪水退后再回老村。一些村民的房屋倒塌，只能在村南高地的自家田地中搭个庵棚，作临时居住点。丁石头是最早从老村迁移到新村的农户，他将庵棚搭在自家田地中，后来就在自家田中建房定居。随后甄景升、甄为正、周太林、徐登蟾等农户也从老村搬到新村建房，陆续搬迁的农户多了，就初具规模，形成了南街、北街、西街。1949 年前，新村住户所居之地被称为"南地"，并不叫"新村"。直到 20 世纪 50 年代土改时，根据当时的需要，才有"新村"的名称。

第二节 村庄的建制

石罢村在东晋以前已经建村，村中的骡马大会、兴国寺使其远近闻名。到了明清时期，石罢村迁入了许多姓氏，村庄规模逐渐增加，繁荣集市、渡口以及伊河洪水的影响，使得石罢的行政建制发生了多次变动。

一、1949 年以前石罢村的建制沿革

金代时期,石罢村隶属于河南府洛阳县第十都,这一点可以从兴国寺内发现的《尚书礼部牒》的碑文中得到证明。明朝时期,行政建制发生变化,石罢村隶属于河南府洛阳县偏桥保。到了清朝,石罢村又被划归到河南府洛阳县陈昌保。

由于发达的集市和繁荣的渡口,石罢一度为镇。清乾隆六年,石罢村被称为"东十八里镇"。关于东十八里镇的记载可以从乾隆六年重修的火神殿的碑刻中看出。原碑文中有"今有东十八里镇孔君毓骏姬君文裔朱君佑甄拨粮僧隆奇同心始建庙宇耐功果浩大弱力难支于是募化四方贵管长者善男信女同献善心工程奇事于是大功告成勒碑先垂不朽"字样。根据姬氏家谱,姬文裔系姬元公第 75 代孙,系石罢定居的姬氏先祖姬炎祥的第 8 代孙。清光绪二年(1876 年),关帝庙被重新修缮,庙中有碑记载着关帝庙的重修经历,碑刻中有"洛城东南二十五里许东石罢镇东偏北有关帝庙一座"字样。

清朝末年,由于伊河经常发洪水,本地人无菜可卖,外地人不敢再来,石罢镇的集市逐渐没落。到了清朝末年,石罢镇的集市被"借到"西庞村。集市被借走后,每年的汛期,镇政府也迁到东庞村,设临时的镇衙处理日常事务。洛阳县令呈报户部核准撤销石罢镇,复建石罢村。

到了民国时期,在 1935 年实行保甲制后,石罢村归袁付自治乡管理。1940 年石罢村归庞公乡管理,设有九保、十保,其中九保为东保,十保为西保。到 1948 年,洛阳县划分为十个区,石罢隶属于洛阳县第九区,为石罢乡建制。

二、1949 年后石罢村的建制沿革

(一)土改时期

石罢乡成立以后,后来石罢与大庄合并为洛阳县第九区石罢乡。到了 1953 年,石罢、大庄分开,独立成乡。

(二)集体化时期

1953 年《关于农业生产互助合作的决议》发布后,在石罢乡的领导下,石罢村也开始成立互助组。在孙黑冬的带领下,石罢村成立了第一个农业生产合作社,下辖三个小组,共有 22 户参加。在合作化时期,石罢村与大庄、草店、门庄、彭店成为一个大乡。石罢村内成立了几个生产合作社。1955 年,国务院决定撤销洛阳县,将原来洛阳县下辖的十二个区,分别划给洛阳市、偃师市、孟津县和宜阳县。其中第八区(李村)、第九区(寇店)划归偃师县。所以在 1955 年以后,石罢村归偃师县寇店乡管辖。1957 年秋天,石罢农业生产合作管理委员会正式成立,主任孙黑冬、副主任姬石乐、张根成，会计徐聚堂，现金保管徐三保，实物保管李孝良。农业生产合作社下辖8个生产队。东大街为第一生产队，中街为第二生产队、西大街为第三生产队、西南街西半个街为第四生产队、西南街东半个街为第五生产队、东南街西半个街为第六生产队、东南街东半个街为第七生产队、新村为第八生产队。1958年，寇店人民公社正式成立。石罢村隶属于寇店人民公社（人民公社成立的时间），在公社的领导下成立了石罢大队，大队下设18个生产队。石罢村农业生产合作社管理委员会正式更名为寇店人民公社石罢大队管理委员会。到了1962年，石罢村从寇店人民公社分出，隶属于李村人民公社，称为石罢大队，下设18个生产队。

（三）改革开放后的建制

1983年全国统一废除人民公社，成立石罢村，归偃师县李村乡管辖。1987年以后，石罢村再次划归庞村管辖。这次调整遭到石罢干部、群众的集体抵制，当时村民们反对庞村乡乡政府由各村集资建设。由于石罢抵制被划归庞村乡，一段时间内石罢处于无人管的状态。几个月后，石罢村重新划归李村镇管辖。1994年到至今，石罢划归新成立的李村镇管辖。2000年后，李村镇划归洛阳市新成立的伊滨区管辖。2010年，石罢村改为石罢社区。

第三节 石罢村的现况

目前石罢村隶属于河南省洛阳市李村镇，村东西长3.64公里，南北最宽2.85公里，总面积为577.5万平方米。村庄人口稳步增长，到2016年村庄人口达到4 624人，比1949年增加了2 639人。村庄成员姓氏杂多，以姬徐李三大姓为主。石罢村一直以农业种植为业，20世纪80年代开始创办村庄集体企业。随着城市化的发展，村庄部分土地转为城市建设用地，耕地面积逐渐减少。

一、地理位置

石罢村以自然村为行政村，隶属于洛阳市伊滨区李村镇。石罢村位于李村镇的东北端，相距8.9公里，距洛阳市政府15公里，距偃师市27公里。目前石罢村包括老、新两个聚落点，石罢村东西长3.64公里，南北最宽2.85公里，总面积为577.5万平方米。在城市化进程中，2013年修建成的洛偃快速通道从新村南边穿过，为村民到洛阳市提供了极大便利。石罢村东临草店村，西边与袁付村相接，西北隔河的是西石罢村和东石罢村。村北边距离伊河河床有100多米，中间有伊河大堤相隔。因伊河水位下降，河道变窄，凸出了更多河滩地。近年来因村中青壮年劳动力不足，有很多河滩地已经废弃，荒草丛生。

二、村庄的人口：稳步增长

（一）人口规模：稳定增长

1949年，全村共有人口1 985人。1965年共有人口2 262人，1975年2 798人，1985年3 241人，1995年3 688人。2016年，石罴村有1 131户，共计人口4 624人，其中男性2 276人，女性2 348人。自1965年以后，村庄人口稳步增长，平均每年增加40—50人。石罴村共有20个生产队，各队的户数、人口数不一，其中人口最多的是16组，有92户，382口人；人口最少的是20组，只有21户，115人。各生产小组人口数见表1-3。

表1-2　不同时期石罴村人口统计

年　份	生产队（个）	人口（人）	净增人口（人）
1949	—	1 985	—
1965	18	2 262	277
1975	17	2 798	536
1985	20	3 241	443
1995	20	3 688	447
2016	20	4 624	936

资料来源：石罴村志、徐建恒老人保存的会计资料、石罴村委会提供资料。

表1-3　2016年石罴村不同小组人口统计

队别	户数	人口（人）	男	女	队　别	户　数	人口（人）	男	女
1	68	232	121	111	11	30	135	62	73
2	32	169	83	86	12	45	205	105	100
3	24	124	51	73	13	65	239	119	120
4	49	184	93	91	14	51	189	95	94
5	54	234	113	121	15	52	189	96	93
6	85	367	199	168	16	92	382	182	200
7	64	269	129	140	17	78	305	157	148
8	80	295	147	148	18	42	165	81	84
9	80	366	178	188	19	52	216	117	99
10	57	244	115	129	20	21	115	63	52

资料来源：石罴村志、徐建恒老人保存的会计资料、石罴村委会提供资料。

(二) 姓氏结构：姓氏杂多，大姓主导

石罢村内共有31个姓氏，其中姬、徐、李是村中的三个大姓氏，共有800户，2 971口人。有23个姓氏在1949年前居住在石罢村，另外有8个姓氏：杜姓、袁姓、潘姓、邓姓、褚姓、齐姓、陈姓、梁姓，在1949年后因各种原因而迁居到石罢村。

表1-4 2016年石罢村各姓氏家户、人口统计

姓 氏	户 数	人口（人）	姓 氏	户 数	人口（人）
姬	419	1 548	石	3	24
徐	265	1 001	田	3	18
李	116	422	肖	2	18
孔	75	323	杨	3	18
张	59	303	闫	5	18
甄	38	219	胡	2	12
孙	29	198	高	2	9
宋	21	102	杜	1	5
郭	16	85	袁	1	6
周	10	60	潘	1	5
王	13	55	邓	1	5
丁	11	55	褚	1	3
马	9	48	齐	1	3
卢	9	47	陈	1	2
吴	8	37	梁	1	2
左	5	27			

资料来源：石罢村志、徐建恒老人保存的会计资料、石罢村委会提供资料。

第二章 自然形态与实态

自然环境是人类生存的基本空间和基础条件，塑造着人类的生产、生活的同时也不断地卷入到人类社会体系的再生产中。在自然环境的适应过程中，地方社会运用自然环境中的各种便利条件创造人类自身的生活。石罢村地处伊河下游冲积平原地带，地势平坦。伊河丰富的地下水资源为农业生产提供了便利条件，也塑造了村庄的平原麦作体系。伊河的水患与水利是并存的，锻造了平原地区聚居的居住形态。本章将从自然形态、干旱与水利、麦作体系、居住格局等方面来呈现石罢村1949年前后的自然形态与实态。

第一节 自然形态概况

石罢村地处伊河下游平原，地势呈东南高，西北低，属于温带季风气候，四季分明，偏干旱。石罢村有丰富的土地资源、水资源和码头资源以及市场资源。村庄交通便利，村内外道路通畅，且水路交通便利。自然环境是石罢村民生产生活的基础，塑造着石罢村独特的生产、生活方式。

一、平原地形

（一）地形与作物

石罢村地势较为平坦，属于适合麦作的平原地区。伊河沿着村庄的西北边蜿蜒而来，到村北拐弯后，向东北流去，将石罢村的东西河滩与北河滩隔开。村内地势最高的地方是新村一带，最低的地方是西河滩一带，每逢伊河发洪水必先被淹没。由于村庄地下水源比较丰富，除河滩地外，全村田中有80多口井，几乎所有田地都能灌溉到，所以可以大面积种植小麦和玉米，少部分种植大麦、荞麦、高粱、豌豆、扁豆、蚕豆等杂粮作物。小麦于10月份种植，来年6月割麦。玉米则是6月份下地，10月份收；大豆则是在4月底至5月初播种，8月底至9月初成熟，与玉米间作。小麦、玉米、大豆主要种植在护村堤南的肥沃土地，能够旱涝保收。古语有称"石罢，石罢，种啥收啥，条件优越，变化巨大"。另外河滩地是沙土地，由于经常遭受水淹，基本上很少有人家种小麦，多以种植花生和豆类作物为主。

1942年河南大旱时，石罢村地势低的水井中有水，村民可以拉水灌溉。只要庄稼可以浇水，基本上还是能丰收的。即使伊河涨河淹没河滩地，也会给河滩地覆盖上厚厚的淤泥，这些淤泥就是庄稼的肥料，来年毕竟要大丰收。[1]

(二) 地形与居住

石罢地势平坦，临近伊河水源，耕作便利，旱涝保收，为人们积聚成村提供条件。石罢村内，老聚落点被称为老村，距离伊河比较近，方便取水和水运，最早的石罢人便在此建造房屋。平原地区的房屋布局多呈棋盘格式，房屋建造在东西方向与南北方向的道路交错的格子中，街道整齐，村内家户房屋彼此相连。由于中原地区人多地少，寸土必争，村民们建造房屋相互趁墙，较为普遍。房屋多南北朝向，便于通风采光；东西朝向房屋较少。石罢东大街东头的地势较低，住在此处的徐姓农户因房屋被洪水冲塌，就搬迁到村庄南地势较高的庄稼地中，搭庵棚居住。搬迁过去的人多了，就形成了新的聚落点，即为新村。新村形成后，与老村隔田相望，相距1里路。平原地区地势平坦，道路四通八达，没有任何天然屏障。外人容易进入村庄，尤其是在动荡年代，村民更容易遭土匪抢劫。为保护村民的生命、财产安全，村庄修建了东、西寨来防御土匪。后来在东西寨被土匪攻破后，村民在每条街道修建了栅栏门，来防御土匪。白天时，栅栏门打开，村民到田中耕作；黄昏时，村民回到村中，栅栏门关上。村庄的管事动员村民捐资购置武器，组织村民进行巡逻，以防土匪侵袭。

二、气候条件

(一) 四季分明

石罢村属于温带季风气候，具有春季多风，气候干旱，夏季炎热，雨水集中，秋季晴和，日照充足，冬季干冷，雨雪稀少的显著特点。全年四季分明，热量、降水量

---

[1] 根据李孝良老人口述内容整理。

随时间分布具有显著的季节性特点。全年日照时数达 2 141.6 小时。四季分布为夏多冬少，春秋居中。

在四季分明的气候条件下，石罢村特别适宜种植小麦、玉米、荞麦、大麦、豆类、谷子、红薯等粮食作物。石罢村的农作物是一年两熟制，每年 10 月 10 日左右播种小麦，第二年的 6 月 10 日左右收割麦子，需要经过 8 个月的生长期。麦收后立即在田中点播玉米，9 月中下旬就可以收玉米。一年两熟农作制，为石罢村民提供了充足的粮食资源。

（二）春旱秋涝

雨水主要集中在 7—8 月份，此时雨量充沛，有利于玉米、大豆等秋季作物的成长与丰收。由于石罢村水源丰富，堤南土地可以灌溉，所以民众对降雨并没有太多的渴望。然而，充足的雨水也会让村民担忧伊河水患。根据村内《徐君登蟾施路碑记》记载："伊河逐渐淤浅，廿（二十）余年来，秋潦水涨，滂伊村落。"在雨季到来之际，村民提前修整好排水沟，以便伊河洪水进村后及时排水。民国八年（1919 年），石罢村开始修建护村堤，以防洪水。由于护村堤既窄又低，无法抵挡伊河洪水。民国二十年（1931 年），全村人齐心合力，共同将护村堤修高到 2 米，以抵御洪水。伊河水患使河滩地出现歉收，这时来年的丰收也只能弥补水患带来的损失。

三、土壤特征

村中农田的土壤有三种类型：沙土地、沙壤土地和垆土地。所有的河滩地，包括河北、东滩、西滩的田地都是沙质土壤，其特征是沙多土少，适合种植花生和耐干旱的豆类作物。其中，花生每亩产量高达 500—600 斤。老村以东，东官路以北，一直到和草店交界处；林业坊以东，南北大堤以西的土地都是沙壤土。沙壤土主要种植小麦、玉米，也种植花生、豆类和棉花。沙壤土在 1949 年前也被称为盐碱地。每到冬天和春天，土壤上冒出一层盐。盐碱地不长庄稼，如果种小麦是"精稀不两根"，种植玉米是"窟窿秋"，都是"种一葫芦少两瓢"。盐碱地的小麦产量只有每亩 50—60 斤。玉米每亩产量达到 100—150 斤；棉花每亩产量 40 多斤。其余的田地包括老西寨周围，老东寨以东以及新村的田地，都是垆土地，主要种植小麦、玉米。这两种土地是石罢村的高产地，也被称为好地。好地种小麦每亩产量 150 斤左右，玉米产量达到 300 多斤。

1949 年前，各家各户都用人工粪肥改造沙土地、沙壤土地以及垆土地来提升肥力。农户家中的生活垃圾、人畜粪便是较为常见的人工粪肥。除此之外，有些有河滩地的农户，就在河滩地种植黑豆，然后将黑豆煮熟沤发制作成农家肥料，直接撒在麦田、红薯田中。

四、自然资源

石罢村有丰富的土地资源、水资源和码头资源以及市场资源。这些资源塑造着石罢村民的耕作方式和生活方式。

(一)土地资源

第一,土地资源的状况。石罢村土地资源近9 000亩,其中肥沃耕地3 980亩,河滩地有将近4 000多亩。石罢村的河滩地资源非常丰富,但不太稳定。由于伊河石罢段河床时而向北,时而向南滚迁,吞没或者吐出河滩地。1931年河道向南滚迁,东河滩大部分土地塌入河中。伊河河床的来回滚动,使石罢村的河滩地面积经常变动。

第二,土地资源的管理。石罢村中,农户所拥有的上头地多是从祖上传下来的、购买所得,有洛阳县政府颁发的地契为证。河滩地则是以先占先得的原则进行资源分配的。村民都是在洪水退潮后,到伊河河滩占地开荒。通常是地多的、有权势的家户在河滩地占有较多的土地。土地的耕种、租佃以及买卖等都由土地的所有者决定,土地上所获得的收益也都归土地所有者。

第三,土地资源的利用。石罢村上头地有水井灌溉,可以旱涝保收。地多的农户,交过差粮后,余粮也能维持家庭生活。河滩地是伊河给石罢村民的补偿。伊河水患冲堤毁房,给村民造成重大损失,但同时伊河水患带来的淤泥也为来年的丰收提供丰厚的肥料。由于河滩地收成没有保障,不用交差粮,故此,所有的收成都归农户所有。每次伊河洪水过后,在东河滩、西河滩、北河滩开荒种田是村民的首要事务。只要不涨河,河滩地都能丰收。石罢村丰富的土地资源所提供的粮食收益,能维持村民的基本生存之需,同时也将村民固化在土地上,使得村民一般情况下不愿意走出去。丰富的土地资源塑造了小农半自给自足的生活方式。他们可以通过在田地种植粮食作物、油料作物、经济作物、蔬菜作物等满足日常的衣食住所需。

(二)水资源

第一,水资源状况。石罢村靠近伊河,地下水层浅,下挖3米即可出水。在村庄的居民生活区内,每条街道都有水井1—2口,共有17口吃水井。1949年前,吃水井上没有辘轳,需要用扁担打水。农田中的水井也比较多,均为农户集资修建,共同使用。据村内老人不完全统计,村内共有水井70—80口。

第二,水资源的管理。石罢村地下水资源为全村人共同所有。没有农户会抢占水资源,或者自家打井不允许别人家挑水的。1949年前,由于打井非常方便,土地相邻的几家农户就会合伙打井,购置水车,共同灌溉,因此形成了合作互助的社会关系。但是丰富的水资源也影响了村民的婚丧嫁娶。受伊河水患侵袭,汛期时河水会冲进村庄，地势较低的房屋会被洪水冲塌；另外丧葬时，墓坑经常会渗水，棺材都泡在水里。外村人都称石罢为"活着水里跳，死了水里泡"，外村的姑娘一般不愿意嫁到石罢。

（三）渡口资源

石罢伊河渡口位于村北，是军事、交通、贸易的重要枢纽。首先，石罢渡口南望大谷关，北瞻洛阳汉魏故城，是南来北往的必经之地，是洛阳故城的重要门户。东汉末年，大将军何进在石罢渡口安排守军设防。隋末，李密义军驻军白马寺旁的李密城，设军马场于草店，看护石罢渡口。其次，洛阳城西迁后，伊河上游数十里处仅有此渡口，它是许昌、登封、伊川东段及偃师伊河南一带通往洛阳及白马寺的必经之路。另外，石罢渡口也是重要的商业码头，由下游巩义而来的日常生活品和由上游栾川、嵩县而来的木料、山货、皆在此交易，岸边设有木料厂、煤厂、盐场和其他必要的交易场所以及旅店、饭店等。

石罢村的渡口资源为石罢村带来贸易上的便利。根据村内老人的回忆，清朝时期，石罢渡口是"生意兴隆通四海，财源茂盛达三江"的黄金宝地。一方面，南来北往的货船带动了石罢村内粮食、蔬菜的外运，同时也带来了木材、煤炭等物资。另一方面，石罢渡口有20多条船，其中渡人船七八只，其余都是商船，通常称为买卖船，带动了石罢船运的发展，也推动了石罢的商业繁荣。

石罢渡口有相对松散的船帮组织，组织中有船老大。船老大通常是渡船时间最长，年龄最大，资格最老的李某。船老大是船帮组织的头头，但不是绝对的领导，只起协调作用，或者处理一些日常生活中的琐碎事务，如解决一些人际、船际之间的纠纷，安排一些并不十分难安排的活路，接送一些来往客商和造访者等，且没有固定的报酬，更不向各船主摊派。逢年过节，或点心几包，或者牛肉几斤，或者猪头一个，即为他的报酬。

五、交通状况

（一）村内道路

第一，村内道路的分布。1949年前石罢村中共有6条路，东大街、西大街、东南街、西南街、村中大道和河口大道。其中前四条街道的路都是东西走向，村中大道和河口大道的路都是南北走向。这6条街道都是按地理方位命名的。村中各条街的道路都是土路，没有石板路。路面基本上有五米多宽，能并行通过两辆大车。村中道路相连，而且道路中间高，两侧低，东南街、西南街、西大街和村中达到的路面都比较高，东大街和河口大道的路面都比较低，并且道路两侧都还有排水沟，以便排水。下雨天或者洪水进村时，各条街道的水都涌入东大街，然后沿着河口大道流入伊河。民居均在道路两侧，房舍相连，鳞次栉比。民房都要比道路略微高一点，并且家中都有排水通道，便于家中的积水排到街道上。

第二，道路的使用与维修。村中道路历史悠久，随着人口的增加和房舍的修盖逐渐形成。各条大街的土路都是公共的路，是村民们婚丧嫁娶必走之路。村民办白事过路时，可以在街道上哭丧，但不能在其他农户家门口哭丧。当时各条道路都是土路，每逢下雨排水沟中也会慢慢淤积泥沙，从而影响排水。为便于排水，保里会经常组织村民挖排水沟中的淤泥，每家每户都会派人把自家门口的排水沟挖通。

(二) 村外道路

第一，村外道路的分布。村民到田中做庄稼活所走的路，同时也是通向外村的道路。这些路分别有：从东南街沿着东南方向经过新村北边延伸到大庄村的路叫作大庄路，由西南街口向西南方向经西寨去袁付村的路称为袁付路，由中街口向南去柿园的路被称为柿园路，从兴国寺向北去船口的路称为船口路，从东大街向东直到草店村的路被称为东官路，从西大街西口向西去的路被称为西官路。其中大庄路、袁付路、船口路都是小路，东官路和西官路都是大路，笔直宽敞，能并排行走两个骡马车。

第二，村外道路的修建。村外道路基本上是历史悠久，何时成路已不可得知。通往村外的道路有官府出资修建，也有私人出资修建的。村中流传着东西官路修建的传说，东西官路的来历与唐太宗晚年出生的蔡姓农户有关。蔡姓农户家的儿子在高中状元后，经常回家省亲。地方官为迎接蔡状元，从蔡状元家门前向东方向修了一条通向草店村的土路，这条路被称为东官路。后来当地官府又修建了西官路，但1920年以来西官路都被淹没在河床之中。石罢新村形成以后，由于东官路和新村之间有没有道路，新村农户到村北种田非常不方便。村民徐登蟾将自家田地捐出长九十六弓、宽七尺（约0.6亩），由保长号召村民出义务工共同参与修路。道路修成后，新村住户为徐登蟾立了块施路碑以表感谢。

第三，道路的维护。农田中的道路和通往村外的道路都是土路，村民们都可以使用。保里没有派专人看管和维护。农户们都要顾面子，不想因为侵占一点道路而被地邻居们嗤笑。有许多农户的田地都与本门本家的"一自己"相邻，若是出现削占道路的情况，会由"一自己"出面规劝的。由于道路多是土路，下雨后比较泥泞，即使有坑坑洼洼的，走得人多了，也逐渐踩平了。有些农户常走某条路的，看到路不平的，也会自发地平整一下道路。保里一般不组织村民修缮道路。

(三) 村中胡同

石罢村还有两条私人修的路，一条是兴国寺后边通向东边的一条路，是由徐家的几位住户修的,这条路东西畅通;另外一条是宋家胡同,由姓宋的"一自己"住户修的。平时都是这两条路的住户们使用,外街的住户们基本上不使用。兴国寺北边的徐家人修的路,除了路两侧的住户使用外,其他村民也可以使用,他们到田地种庄稼、拉粮食、过红事可以使用这条道路,过白事不能用。宋家胡同是一条小路,比较窄,也不通车,是个死胡同。只有胡同两侧的住户使用,其他村民过红白事也不使用这条胡同。另外村民娶妻的时候,一般走大路,不走小路。

(四)桥梁

1. 蔡状元石桥

蔡状元修石桥的故事在村内代代相传。根据石罢村志中记载的村中老人姬学勤的讲述,蔡状元祖先居住在石罢村,蔡状元自小聪明,后来高中状元。后来在回家省亲时,为还愿在先后在洛阳、杨柳沟和伊河上建石桥。蔡状元自筹经费建桥,在建了洛阳桥后,在石罢村西侧的杨柳沟上搭建了石桥。几年后,蔡家又在伊河上建石桥。蔡家建伊河桥的经费大部分是自筹的,石罢村民也捐钱、捐工参与建桥。伊河搭桥建成以后,就成了公桥,石罢村村民以及邻近村庄村民过河时都可以使用,还不用付过桥费。

2. 木桥

第一,木桥的搭建。在蔡状元修的桥被伊河洪水冲垮后,每年汛期一过,在农历十月初十时石罢村就在渡口处搭建木桥,次年三月份就拆掉木桥。搭桥时,村民都云集到渡口参与搭桥,人山人海,非常热闹,因此后来就形成了十月十日的搭桥会。每年搭设木桥时由保里统一领导,由桥社承担搭桥具体事务。桥社中有桥首和执事,专门管理桥务,每年农历十月初十为搭桥大会,由桥首、执事、名流、绅士到岸边选定桥位,祭奠河神和桥神后开始搭桥。搭桥的材料和工具由桥社统一购买和管理。桥社有十多亩社地,所得收入用来解决桥务所需。桥社在兴国寺有三间桥房和五间走廊式水陆大殿一座,用于桥社以及船工议事和兴国寺和尚为超度亡灵做法事。参与搭桥的保长、桥首、执事、绅士、名流名义上都没有报酬,但实际上他们都可以从搭桥中获得实惠。保里向村民们摊工,并同意核算工分,凡是不能出工的农户就要出钱。保里出钱集体起火,负责搭桥的村民的伙食。十月十日的搭桥会上,有许多商贩前来赶会,保里向他们征收摊位费。外村的村民也前来赶会,购买生产、生活用品。

第二,木桥的看护。木桥建成后,保里安排看桥人负责看桥。看桥是个苦活,保里安排的看桥人都是穷人家,不论刮风下雨都要在桥头守着。看桥人主要负责收过桥费,本村人过桥不用付过桥费。邻村村民的过桥费由保里统一出,每年支付一次,由看桥人在每年麦收、秋收后到外村收粮食，基本上是一二百斤粮食。收回来后，看桥人要将粮食交到保里。远处人过桥时，每过一次就要付一次过桥费。看桥人还要负责维护木桥，木桥的桥面都是用原木铺设的，在原木间的缝隙处还要铺上玉米秆，随着风吹雨淋，玉米秆烂掉后，看桥人及时补上，确保行人过桥安全。看桥人的工钱由两部分组成，一部分是保里要付给看桥人的工钱，按季度支付，每季度三五块钱；另一部分是看桥人收远处人的过桥费。

第三，木桥的拆除与保管。过了冬季，到第二年开春，雨水增多，河水上涨后，木桥就要被拆除掉。每年4月12日是固定的拆桥日，保长派甲长从甲中抽调年富力强、经验丰富的村民，在桥首带领下拆掉木桥。参与拆桥的村民都出义务工，伙食由保里统一负责。拆桥非常快，基本上一天就可以完工。每年4月12日拆桥时，围观和参与的村民非常多，许多摊贩就在附近摆摊，逐渐形成了拆桥会。村民们可以在会上买卖商品。拆掉的木头全部放置到兴国寺的桥房中，并由桥社的桥首负责看管。桥首的报酬从每年收的过桥费中出。

第二节 干旱与水利

石罢村拥有丰富的地下水资源和较为发达的水利设施，能够应对农业生产中的干旱天气，由于地处伊河下游，地势较低，容易遭伊河洪水的危害。村庄在应对伊河水患中形成独特的社会组织、活动方式和社会关系。

一、干旱社会与自然底色

（一）旱灾

1949年前，石罢村遭遇大旱的次数比较少。即使洛阳地区有旱情，石罢村也有丰富的水井资源可以进行灌溉，总体上说，石罢村受旱灾的影响不大。1942年3月到8月，河南省发生特大旱灾，当时全省灾情非常严重，由于连续数月不下雨，小麦颗粒不收，早秋作物干枯，土地龟裂严重。石罢村以南坡上的许多村庄受旱灾影响非常大，许多村民外出逃荒，有些村民为了糊口，将家中的家具卖掉以换取粮食。

（二）以家户为单位组织抗旱

石罢村临近伊河，水层浅，可以用水井灌溉。有些水井打得浅的，缺水后，为了抗旱救庄稼，村民赶着车到有水的井中拉水浇地，有的到徐登蟾家双井地的南井拉水，有些跑到草店门庄村的井上去拉水。拉水时，先要等井地的集资户们先用水，他们不用后，再轮流拉水。

（三）以村庄为单位组织求雨

1949年前，石罢村中也有因天旱而求雨的。在三伏天，天气干旱，久不下雨。街道上的绅士们就会到兴国寺的火神大殿一侧有的龙王爷泥塑像前求雨，老头老太太也参与求雨，没有道士、和尚参与求雨。绅士和村中的老太太们到火神殿一侧的龙王爷塑像前烧香磕头，然后向白龙王许愿，若是能下雨，就在阴历的十月初十请戏班子到村中唱戏。绅士求雨许愿后，要向保长汇报，由保长出钱请戏班子到石罢村唱戏。

二、水利社会与村庄特色

（一）伊河大堤

第一，建堤原因。石罢村地处伊河沿岸，最近处距离伊河河床20多米，经常遭受水患。在1918年之前，伊河的石罢段是没有河堤的，河水离石罢村的护村堤的最近处有二三十米远。1918年伊河发大洪水，使石罢人深受其害，并且也波及下游的草店、门庄等村。其中门庄村地势低，洪水聚集难以排放，许多家庭房屋倒塌，灾情非常严重。为保护村庄的安全，石罢村民在保长带领下与下游的草店、门庄村联合修建河堤。

第二，大堤的修建。为保护村民生命、财产的安全，石罢、草店、门庄三村联合修建河堤。从石罢村到门庄村的河堤总共修了三次，屡毁屡修。河堤一般是上游出问题的多，下游的小店和门庄段一般不出问题。上游河堤一旦出问题，三个村都要遭水患，尤其是下游受害最严重。1921年，三村人第一次修建河堤，门庄人王柏川带领门庄、草店、石罢人修建伊河大堤，东至草店，西至后石罢村。当时的河堤有八九里长，有一两米高。由于当时技术、材质都不行，大堤抵挡不住洪水的轮番侵袭。到了1935年，伊河洪水将王柏川带头修的大堤全部冲毁，并且主河道向南迁移500米。当时门庄人王德福在洛阳县水利局工作，其父亲在石罢村开皮匠铺。在王德福父亲的倡议下，石罢、草店、门庄三村第二次修造大堤。王德福从洛阳县水利局争取到粮款作为三村修河堤的补贴。到了1940年后，第二次修造的大堤又一次被伊河洪水吞没。1940年王德福还在任上，石罢、草店和门庄的村民第三次修建伊河大堤。在这三次修堤中，庞公乡公所在石罢、草店和门庄村的负责人中指定对公共事业负责的人担任河堤长，协调石罢、草店和门庄三村河堤的修建。河堤长的工资由庞公乡乡公所支付，保里不再负责。在河堤长带领下，三村各负责一段，按村内人口多少分配修堤的长度。石罢村人口相对比较多，所以修的河堤要比其他两村长得多。各村保长要组织本村村民修建各自负责的堤坝段。在河堤长与各村保长分配完任务后，石罢村保长命令村中锣夫沿街敲锣，通知各家各户要出人到堤上修堤。村民们听到锣声后，都要带上自家铁锹到本村的河堤段修堤。保长不管村民伙食，村民需要伙食自理。小店和门庄村则要在河堤上集体起火，由保里派送粮食，派专人负责做饭。石罢村每次修河堤派工时，所有的农户都要出工，所有农户的出工量都由保里会计统一核算，凡是不能出工的农户，就要拿钱来折抵。

第三，伊河大堤的日常维护。伊河大堤建好后，石罢村还要负责河堤的日常管理工作，要及时检查河堤的情况。若是发现有地方出现小问题需要修补，石罢村保长派人给草店、门庄村送信，然由各村修补各村的漏洞；若是发现有大问题，三村要联合行动。每年七八月份伊河进入汛期，东西两保保长都要安排村中的青壮年们轮流到堤坝上看堤，既要防止牛羊扒堤，还要防止有人在堤坝上挖土，同时还要检查、修补河堤上的老鼠洞、蛇洞。大堤上每隔50米都有一个土牛（土台子），涨河时，看堤人每晚都要到土台子上观察河水以及大堤情况，及时向保长汇报情况。一旦发现有险情，就要鸣枪、敲锣。听到枪声后，保长要带着全村的青壮年劳动力带着铁锹到堤坝上护堤。看堤人以及到堤上护堤的村民都没有报酬，出的都是义务工。尽管大家出的都是义务工，但为了使村庄安全，村民们都积极参与。村民经常说，伊河发洪水时，别村人都向坡上跑，而石罢村民都向堤上跑。

（二）护村堤

第一，修建的原因。随着伊河河床逐年升高，每到汛期，河水经常出槽上岸，冲进村庄，房屋倒塌，良田被淹没。徐登蟾施路碑记载"伊河逐年淤浅，20余年来，秋潦水涨，滂伊村落多土圮于水，石罢亦然罹其害"。民国二年（1913年）洪水进村，集口处水深达两米，东北街、东大街、东南街受害更严重。民国七年（1918年）洪水又一次进村，这次洪水也冲塌了不少村民的房屋。正因为如此，为防止洪水再次进村，石罢村于民国八年（1919年）开始修建护村堤，以阻挡河水进村。

第二，护村堤的修建。村中负责人统一组织村民修建护村堤，各家各户都要出工。由于村民们深受伊河洪水的危害，都非常积极参与护村堤修建。为表示公正，撒灰线人需被蒙住双眼，绕村一圈，线洒到哪里堤修就到哪里。村民们拿自家工具去修建护村堤，他们还要回家解决午饭和晚饭。所有修建护村堤的村民都没有报酬。民国八年（1919年）修建的护村堤又低又窄，若遇连连暴雨，洪水仍然可以冲进村庄，损害庄稼和房屋。民国二十年（1931年）全村人再次出动，同时还雇用了四五十个黄河北岸的农民修建堤坝，最终将大堤加高到两米。保里要为雇工支付工钱，对于本村人则算是摊工，由保里统一记账核算。最终，修建好的护村大堤全长2358米，虽抵挡不住大洪水，但能起到抵御小洪水的作用。

（三）渡口

石罢渡口历史非常久远，曾经非常繁忙，来往的船只有二三十条，其中七八条是客船，其他的都是买卖船。石罢村的渡口比较简易，有码头嘴和引道两部分组成。由于伊河经常涨河，来往的船只也逐渐减少，渡口也曾被破坏过。后来谁家在河上撑船，谁家修码头嘴。若是村中两三家都有船，这两三家就在一起修。码头嘴都是木质的，修建起来也非常简单，用棍子支撑起来就可以。从河堤到码头的引道需要占用其他农户的河滩地，一般是船到哪里，引道就修到哪里，不管占谁家地，对方都会同意。船主要为被占用田地的农户们除荒，占多少地要补相应的麦子或者钱，具体补偿数额由双方协商。船主们共同建造渡口，就可以共同使用渡口。村民经常到渡口坐船过河种庄稼或者到洛阳县赶集，生活非常方便。一般有船的人家都是"刻意手"，他们不向保里交保护费等，所得收入都归自家所有。

三、水利灌溉与生产

石罢村的水利灌溉主要依靠水井，引地下水进行灌溉，基本上不引伊河水进村灌溉。水井的修建、维护与使用塑造了村民用水的行为规则与社会关系。

第一，水井类型。传统时期，石罢村的水井有生活水井和农用水井两种类型。石罢村的生活用水井基本上是3—5米的浅水井，几乎每条街道上都有一两孔水井，东大街在六喜、兴国寺门前，西大街在姬聚现家门前，西南街在姬全义、姬成乐、姬海朝门前，东南街在张志斌、张文兴门前，新村北街在陈壮门前。生活水井只有井眼，没有打水的辘轳。村民们打水时，只能用勾担挂着水桶去打水。1949年前，新媳妇入门要学习的第一件事就是"勾担打水"，巧手媳妇都能很快学会勾担打水，手脚笨拙的还会把桶掉进井中。

在庄稼地中，也有许多灌溉水井。除了河滩地外，在石罢村的上头地和下湿地都有农用水井，基本上是一二十亩田就有一孔水井。农户们可以在冬小麦和秋作物的成长期内，根据天气情况和农作物的生长情况及时给作物浇水，非常便利。农用水井也不深，都是浅水井，基本上也是3—5米深。石罢村坐落在伊河边，水资源非常丰富，地下水层也比较浅，基本上下挖3—5米就能出水。根据村中老人们的统计，1949年前村内河堤以南的耕地中有水井58孔。其中最古老的是村庄东地的孔家井，建于乾隆四十七年（1782年）三月。徐登蟾父亲家的田地中有两孔水井，他家的田地也被称为双井地。双井是洪水的界限，几乎每次涨河，河水都不会超过双井，所以双井以南的庄稼都比较安全，不会被洪水冲毁。

第二，水井的所有。在石罢村，水井产权有两种类型，私人所有和共同所有。就生活水井而言，有些水井是大户人家出资打的，有些水井则是由于一条街上的住户共同出资出力修建的。私人所有的生活水井，都是由街道中的大户出资购料，街上的其他住户出人工，这样街上的住户都可以到井上打水吃。共同所有的水井则是由街道上的住户共同捐资修建的，一般是大户人家多捐点，小户人家根据家庭情况捐，不对他们进行强制性摊派。

农业灌溉井由土地相连的农户集资共建，建成后归集资户共同所有，共同使用。一般一口水井能灌溉周边的20多亩田。那么在这片区域中，这20多亩田的农户们就"兑钱"（凑钱）挖井。若是离得太远，农户给田地浇水时，过水陇道太长，水流失太多，浇地就非常不划算，所以就不会参与对钱挖井。农户们对钱时，先估算一下挖井与水车的价钱，然后根据田地的多少按比例分摊，地多的家户多出点钱，地少的家户少出点钱。灌溉水井一般用井地主人的姓或名来命名，比如有杨家井、宋家井或以地主的姓命名，六三井、六四井是以地主的名字命名等；另外也有特殊标志命名的，比如核桃树井、柴房井等。

第三，水井的建造。1949年前，石罢村的水层浅，很容易打井，所以不用请专门的打井人挖井，村中有经验的打井人带着本街住户一起打成一孔井。先要请有打井经验的人根据地形、地貌选择井址。打井时除了请村中有经验的打井师傅外，也需要许多青壮年劳动力，几乎各家男性青壮年劳动力都要参与打井。打井师傅进行分工，指挥这些青壮年劳动力挖井、放磨盘、熬井。挖井师傅和参与挖井的人都没有报酬，挖井师傅由街上绅士或者街中热心人管饭，其他参与挖井的人都回自家吃饭。

挖农用灌溉井时，打井师傅一般把井打在高处、路头、和路边，一般不在田地的中间。打好井后，农户们要一起垫主陇道，然后由各家挖流入各家地的分支陇道。陇道所处的地势都比较高，这样水流速度就会快一点，更方便浇地。不管在谁家地头打井以及开挖主陇道，其他集资户要为其除荒，一般是每年一分地补50斤麦子，按各家田地比例分摊。主陇道上经常会长草，每次开始浇地时，谁家浇地谁去主陇道上割草。

不管是挖吃水井还是灌溉井，两三天就能挖好。打井时，井主或者是街中的绅士要带着人们祭祀土地和龙王，保佑工程能够顺利进行。挖井过程中，一部分人挖井、熬井，另一部分人还要敲锣打鼓，鼓励士气。另外，女性不能出现在打井现场。打井时，各家妇女一般不出门。若是妇女路过打井处，打井人就会觉得晦气，要放鞭炮驱晦气。

第四，水井的使用。（1）共用规则。不论是私人所有还是共同所有的水井，街上的住户们都可以去打水。首先，生活用水井由街道居民共同使用。对生活用水井而言，使用水井的人越多，井水流动得就越快，水质就越好，越发清甜甘洌。使用的人越少，井水流动得越慢，水就有一股腥味。有些村民觉得本街道水井的水质不好，也会到其他街道去打水。他们不用向其他街道的任何人打招呼，等别人打完水后，就可以直接打水。其次，灌溉用的水井则由集资户共同使用。灌溉用水井上必须有水车，农户们浇地时，要把水车斗、水簸箕装到水井上才能浇地。石罢村灌溉用水井非常多，覆盖率也非常高，每家都用自家所集资的水井浇地，基本上不会到别家水井上借用，也不存在争抢水资源的问题。农户们浇地的时间都比较集中，大家轮流用牲口拉水浇地，谁来得早谁就先浇地，谁来得晚谁后浇。(2)借水规则。在干旱缺水年份，有些水井没有水无法浇地，农户们推着铁角车，上面挂满木桶，哪里有水就到哪里借水。农户们会到村东地的孔家井和双井中的南井去拉水，有些农户甚至到草店村拉水，不过，他们要等水井集资户们用过后，才能去拉水。

第五，水井的维护。不论是吃水井还是灌溉井，用得时间久了，井底会淤积许多泥沙，因此每隔3—5年，就需要下井掏泥沙。街上的热心人或者是爱管闲事的人会带头去淘沙。灌溉用井都有管理者，谁家地多谁看管水井。需要淘沙时，也是由集资户共同协助淘沙。

四、水患与救灾

(一)涝灾

第一，涝灾基本情况。石罢村地处伊河中下游，地势平坦开阔，容易河涨水发，水灾较为频繁。村民戏称，石罢村十年九涝。到了七八月份，若遇连阴雨天，伊河就进入了汛期，河堤北边的河滩地的庄稼经常被河水淹没。许多村民在河滩地种上"离水豆"，只要洪水不算太大，这种作物即使过水，仍有收成。若是接连下大暴雨，伊河水势过大，河滩地庄稼都会被冲毁。河堤抵挡不住洪水时，河水也会冲进村庄，毁坏房屋，双井地以北的田地也都会被水淹没。

表2-1 1949年前石罢村水灾情况

年　份	灾情与灾后
1912	洪水进村，集口水深2米
1918	房屋倒塌不计其数
1935	河堤被冲毁，洪水进村
1939	特大水灾，第二次修建的河堤又被冲毁
1943	洪水进村

资料来源：根据李孝良、徐建恒、闫章文、姬万锁等老人口述内容整理。

第二，村庄抗灾。由于石罢村以及下游的草店村、大庄村经常遭受水灾，三村联合修建伊河大堤，抗击水灾。三村联合修建大堤由乡里统一组织，三村保长分别下派任务，各村负责修一段。另外保长也组织村民修建护村堤，阻挡河水进村。伊河大堤和护村堤都是土堤，受河水常年侵蚀，堤坝不够坚固，在伊河发大水时会出现垮塌。每逢七八月份的连阴雨天，保里从每条街道派村民到河堤上看护伊河大堤，一旦发现漏洞或者垮塌，需及时通知保甲长，然后由保长组织全体村民护堤抗洪。许多村民也在院子的空地上用柱子搭一个台子，上面用篷布遮盖，一旦洪水进村时，人们就将干粮、衣物放到台子上，青年人去抗灾防洪，老人和孩子坐在台子上躲避洪水。

（二）灾害救济

第一，国家救济。遭遇天灾人祸时，官府对受灾的农户进行救济。石罢村没有义仓或者社仓，救济灾民的生活。发生水灾后，乡公所派人到村中勘察灾情，统计受灾情况，然后登记造册。凡是在册的灾民，就可以少缴或者免缴军公粮。乡公所确定救灾粮食的分配，然后由保长给灾民发放领粮食的条子。灾民带着领粮条到本村或庞村指定的粮行领粮食。保长会从中克扣一些粮食，所以村民只能得到很少一部分救济粮食。

第二，街坊邻居救济。有些家庭遇到天灾人祸时，村民也会捐资帮助其渡过难关。一般是本街的街坊邻居捐点粮食或者食物，给受灾的人家救救急。村民们一般救急不救穷，他们会救济那些遇急的农户，不会经常帮助穷苦的农户。即使对贫穷的农户们有救济，也是一条街上的民众在腊月里快过年时，街中绅士组织每家每户出点馒头、菜等帮助他们过年。

第三，亲戚救济。亲戚也会帮助受灾的农户维持生活。一般是近亲才会去帮忙，女儿女婿家、舅家、亲兄弟、叔伯家会给他们送些粮食，有些也会赶着车，带着农具前来帮忙种庄稼。有些弟兄之间有矛盾的，便不来帮忙，"弟兄不亲，不如近邻"。那些本门本族"一自己"中关系好的也会来帮忙，关系一般的不来帮忙。接受帮忙的灾民也都会记着帮忙人的恩情，只要有机会他们也会去报恩，帮对方做些农活，或者对方家有红白事时去做些杂事搭把手，还有些让家中妇女帮对方做些手工活等。

第四，灾民自救。灾民们有些外出逃荒，有些到亲戚家做工谋生活。灾民通常是带着一家人，逃荒到外地亲戚或者朋友家。这样就可以借助亲戚、朋友的关系在当地扎根生存。发生灾难时，石罢村民向西边逃荒，到陕西的多一些。逃荒的农户会把家中的钱财、房产地契带上逃到外地。

五、人与干旱、水利的关系

（一）水灾与村民

从清末到1949年，除了1942年旱灾外，其他都是涝灾。村民们不担心旱灾，他们只担心涝灾。伊河洪水进村会直接危及村民的房屋、财产。有些村民为应对洪水进村，在树上建设窝棚，并放上粮食、食物，以备不时之需。另外这也是保护家庭财产的重要措施。由于村中的房屋都是用土坯建成的，一旦洪水不能顺利排出，堵塞在村中，就会将房屋泡塌。一旦出现房屋坍塌，就会对家庭经济造成巨大的打击。建房是一笔巨大的开支，会将家庭数十年的积蓄消耗掉。房屋的重建对村民来说都是极其费钱、费力、费工之事。有些家庭的房屋被洪水冲塌后，在旧有塌陷的房屋旧址上搭建临时窝棚，一住就是数年。

（二）水灾与村庄

水患将古石罢村一分为三，又将在原址的石罢村分化成两个自然聚落点。古石罢村有20平方公里（约有3万亩田）。村东人做坐摊生意，码头上的货物多由东村人买进卖出，村西人多做流动生意，多从陆路往返于洛阳—石罢之间，运回急需产品，送出多余产品，后村人以工为主，开作坊造纸。村东、村西居民相互合作，与老村人和衷共济，相辅相成。康熙年间，由于河床淤塞，伊河在向南北两面来回滚动，使大片的土地塌入河中。为了躲避水灾，水进人退，后村向北迁，西村向西移动，伊河将古石罢村一分为三。另外伊河水患也将东石罢村由一变二。19世纪末期，一部分村民不堪水患侵袭，搬迁到老村东南方向地势较高之处，建临时住所，从而形成新的聚落点。

第三节　平原与麦作

1949年前，石罢村最主要的粮食作物是小麦、玉米和花生，除此之外还有豆类、谷子等作物。伊河平原平整的土地、便利的气候和水利条件，有利于小麦、玉米、花生等农作物的生长。种植小麦、玉米等农作物是当地历代农民适应自然和地理环境的结果。村庄的土地质量不等，田块之间以道路、界石等为间隔，土地的水利条件较好，根据与河水的距离分等级。

一、麦田

（一）田地分布

石罢村的田地都环绕在村庄居住点四周。村庄属于伊河流域，水源丰富，除了河滩地不用灌溉外，河滩地以南的麦田基本上能灌溉到。从整体上看，田地都位于新老两个聚落点的中间与两侧，呈大扇形。村内田地面积不定，由于伊河河床在南北两侧经常滚动，所以河滩地面积经常有变动。除河滩地外，石罢村田地面积最大的有20多亩，最小的有2—3分地。

距伊河的远近不同,导致土壤质地不同,从而形成不同等级的田地。村中的田地分为三类,分别是上头地、下湿地和河滩地。一等地是上头地,土质黏性大,适合种植小麦和玉米,是村中的高产田。村中共有上头地 2 000 多亩,位于老西寨周围以及老东寨以东。大多数家户都有上头地,有些富户有二三十亩,穷户还不足一亩,有的甚至没有上头地。上头地的收成非常好,一亩地能收 200 多斤小麦,玉米也能收 400—500 斤。半亩上头地就可以养活 1 口人,对于 6 口人家,若有 3 亩上头地,就能过上好生活。二等地是沙土各半的沙壤土地,这些田地也被称为下湿地,属于盐碱地、跑风地。下湿地地势低,水层浅,容易被水泡。伊河涨河时,若是不过大堤,盐碱地一般不会遭水淹,若洪水过大冲破大堤,也会遭水淹。每到冬季和春季,只见地上冒白,不见田中麦绿。田地上一层盐,这种田地虽然也是秋种小麦、夏种玉米,但是"拿不住苗",麦是"精稀不两根",秋是"窟窿秋",往往是种一葫芦打两瓢。若是收成好,一亩盐碱地能产 150 多斤小麦;若是收成瞎,一亩地只能打 60—70 斤小麦。盐碱地的玉米棒子都不大,若是秋天总下雨,土地水分大,一亩地能产 100 多斤玉米。若是没有水泡,一亩地能产 200 斤左右。盐碱地的棉花每亩产量 40 多斤。盐碱地的收成不高,10 亩盐碱地基本上能养活 4 口人。第三等地是河滩地,属于沙质土壤,位于伊河北边的北滩,伊河南边村庄东西两侧的东滩和西滩。沙质土壤沙多土少、不保墒,不适合种植小麦、玉米,小麦、玉米的产量非常低,但特别适合花生种植。每逢汛期伊河涨河时,虽然洪水将庄稼冲毁,但也为河滩地带来一层肥沃的淤泥。来年种植花生,必定会大丰收。1949 年前,村中的人戏称,"三年不涨河,狗儿都能娶媳妇"[1]。

石罢村的麦田基本上集中在一起,与其他村的麦田有道路相隔,没有交叉。村民可以在外村有记庄地,外村也可以在石罢村有记庄地。记庄地的产生通常是因为外村村民借了高利贷无法按期偿还贷款而抵押或者卖掉的。过去村内许多富户都有记庄地,主要在柿园、大庄、庞村等近邻村庄。记庄地的田主虽是本村村民,但是田地还在外村地界内,仍是外村的田地。两村之间的界桩是永远不动的,不会因为记庄地改变村界。

(二)田块边界

1. 村内地界与纠纷

(1)界石与灰橛

1949 年前,石罢村所有田地包括河滩地在内都有地界。地界是由两部分组成,上面是界石,下面是灰橛。界石都是 20—30 厘米高的长石头,四角各有一个,立在两邻

---

[1] 狗儿:村民的名字,该人憨傻,外号叫狗儿。

地界的田埂上。在界石下面是灰橛，在地的四角各有一个。灰橛是一根 50—60 厘米长的火箸，深深地扎在两邻地界上，沿着火箸边还洒有一圈白石灰。下地界的时候地邻居都必须在场，在地邻居的共同见证下扎灰橛、立界石。地界确定后，地邻居都按着界限耕种田地。地界尤其是地下的灰橛不能挪动，一旦挪动很容易就会被地邻居发现。地面的界石则可以挪动，若是有些人家把界石从田埂上挪到别人家田中，只要对方发现，两家就会闹矛盾。为解决纠纷，双方就要找灰橛，找到灰橛后，再在灰橛上方立界石。

地界是两家田地的界限，一旦确定后，两家就会在地界上修一道田埂，即是两家耕种田地的边界，也方便人们走路。地邻居们都可以使用田埂，但是不能踩踏邻居的庄稼，也不能过车时一边走田埂，一边走地邻居家的田地。地邻居们都不能在地界上栽树，树在成长过程中与庄稼作物争夺养分，树荫也会影响周边作物的光照，进而导致两家的庄稼都会减产。可以说，在地界上栽树对所有人都是得不偿失的。另外村民买卖土地时，买家也要找地界，尤其是要把地下的灰橛挖出来后，确定土地的准确面积，然后才能交易。

（2）地界纠纷

第一，地界变动纠纷。地邻居不能变动地界，也不能削地界上的田埂，一旦被对方发现有侵占田埂嫌疑，双方就会产生纠纷。田地是村民们不可侵犯的财产，双方一旦因侵占地界发生纠纷时，有可能吵架甚至打架。这种情况下，双方就要找出灰橛，重新扯线立田埂。分家时，兄弟俩要平分一块土地，也要在双方共同见证下，确定分割界限，然后在界限上下地界。因为有界石和灰橛，兄弟们是不会闹矛盾的。若是双方积怨过深，也会发生侵占地界、挪动地界的行为，因此而闹纠纷。这种纠纷是很难调解的，一般是舅舅或者其请叔伯做中人调解。调解不成的，双方也会因此翻脸打架甚至"打孽"。

第二，田埂过界纠纷。在石罢村，除河滩地没有地契外，其他庄稼地都有官府颁发的地契。地契上都标明了四至、面积。地邻居都是根据地契确定地界，地界下面有灰橛，田埂都修在两个地界的连线上。地邻居之间由于经常使用田埂而踩踏田埂，于是每年都要修复田埂，双方会因为田埂有意无意过界而产生纠纷。地邻居因田埂过界产生的纠纷，双方不需要找中间人说和，都拿出地契就可以自行解决。双方会先找地两头的地界，若是地界松动并发生挪移，就要找地界下面的灰橛。灰橛是一米多长的火箸，在地下扎得非常深，并且在火箸的四周灌上白灰，很难被随意挪动。双方找到灰橛后，用线绳将两头的灰橛点连在一起，然后在边界线上重新修田埂就可以了。

第三，踩踏田埂纠纷。在石罢村，田埂都是地邻居两家共用的，而且比较窄，基本上只能行人，不能过车。农户一般走共用的田埂，不会走地邻居家田内的田埂。有些农户在麦收或者秋收时，要从田埂上过车。由于田埂比较窄，所以只能一边走田埂，另一边走田里。地里长庄稼时，不能从对方的田里过；没长庄稼时，空车可以过，但重车不能过。有些农户不愿意车走自家的田地，就不经地邻居同意走邻居家的田地，踩踏地邻居的庄稼；或者拉着载满粮食的车走邻居家地，将邻居家的地压实影响庄稼生长，就会造成矛盾纠纷。

2. 村庄间地界与纠纷

村庄之间田地多以道路为界，比如与草店村的地界是三道草路，与柿园村的地界是柿园路，与大庄村的地界是大庄路，与袁付村的地界是袁付路。过去与各村分界的道路上栽种有树木，稳定道路以免被外人侵毁。树木都属于临路的田里的田主，待树木长大遮蔽庄稼时，就把树木砍伐掉，重新栽种树木。若是出现村界道路被毁的，两村人因此闹纠纷的，他们会告到乡公所中。乡公所有本乡的地图，以及各村田地的登记信息。乡长根据地图以及田地登记信息判断是非曲直。

（三）田块距离

第一，本村田块距离。上头地和下湿地距离村庄都是最近的，河滩地距离村庄最远。距离兴国寺最远的上头田地是新村的南地，需要步行将近2里地才能到田地中。距离兴国寺最远的下湿地是到草店村的田地。河滩地中北河滩的距离最远，村民需要乘船或者走木桥过河到河对岸种田。村民之间的田地都是比例相邻的。相邻农户的麦田之间有田埂为界，田地的四角都有界石和灰橛。每年种麦的时候，犁地耙地后都要重新修田埂。若是有农户认为田埂过界，他会和地邻居一同找灰橛，重新拉绳修田埂。

第二，外村记庄地距离。记庄地都在其他村中，有草店、大庄等村。外庄地离本村的距离取决于村庄之间的距离。一般来说，邻村的外庄地离本村比较近。偏远村庄的外庄地离石罢村就比较远。

记庄地是本村村民在外村拥有的田地。石罢村所在区域中，田地非常多的大户人家，在本村并没有太多田地，在外村有许多记庄地。记庄地的产生通常是因为外村村民借了高利贷无法按期偿还贷款而抵押或者卖掉土地。记庄地的地主拥有田地的地契，取得了记庄地的所有权。外庄耕地通常是交由外村村民耕种，土地所有者在麦收后只用派人到记庄地收租即可。记庄地的地主也可以派长工到记庄地耕种。记庄地可以买卖，但要按照土地买卖的流程进行交易。记庄地仍按照地在哪个村就在哪个村交差粮的原则出大差，佃户不用交，由地主交。记庄地的地主虽是石罢村民，但是田地还在外村的范围内。两村之间的界桩是永远不动的,不会因为记庄地改变村界。

二、麦田耕作体系

(一) 小麦作物

1. 小麦类型

小麦每年只能种一次,小麦生长期是8个月,从头一年10月份开始种植到第二年的5月底或6月初收割。1949年前小麦的品种较为单一,多是农户自家留种播种。上头地属于好土地,小麦的产量率比较高,下湿地小麦长势单薄,产量率不高。

2. 田间管理

(1) 留种

石罢村的家家户户都种小麦,年景好时,麦粒饱满,各家都会提前预留麦种。若是遇到灾荒年间,麦粒干瘪,只能与别人家换种。

第一,自家留种。1949年前,石罢村民都有自家的田地,都是一家一户进行小麦耕作,种子也都是从自家地里打出来的粮食中预留出来的。只要自己麦子种得好,年年都可以留种。农户在麦子收割前对自家麦子的情况都非常清楚,割麦的时候将地中长得肥壮的麦穗放在一起。打种的时候和其他的麦穗分开打,然后收拾干净,并专门保存起来,以备来年种麦子用。预留的麦种翻晒时,也要单独放在一片,不能与其他的麦子搅在一起。其他的麦子可以粜粮食、自家食用等等。

第二,与别家换种。自家小麦收成不好,麦粒干瘪就不会留种子。有些农户在麦田中没有精耕细作,或者是肥料上得不够,或者是天气干旱,都会使麦粒过于干瘪,不够饱满,不适合做种子。家中麦子不适合做种子,只能与别人家交换种子。谁家麦子好,谁家不好,割麦的时候大家到地里一看都知道,不用特意地打听。通常是先找那些关系非常好的街坊、邻居、朋友换,朋友家的麦种不好的,再找其他麦种好的农户换。通常是用麦子换麦种,10斤兑换10斤,也有6斤换5斤的。对方不会多要,也不会觉得吃亏。

(2) 犁地

种小麦之前必须要用犁耕地,把地翻得松软后才能把小麦耧进田里。村中有谚语:"耕地深一寸,顶上一遍粪。"一般是在播种小麦前10多天犁地,也就是在9月底犁地。有牲口的人家用牲口拉犁耕地,富户人家用骡子犁地,两头骡子配着,每天都能犁4—5亩;用牛、驴犁地一天能耕2—3亩地。村中部分人家只有一头牛,人和牛配着犁地。犁地后,还要在田地里施肥,农户是在日常生活中收集人畜肥料,有些人家还在门前或者后院挖粪坑,将生活垃圾沤制后,都可以做基肥。也有些人家把黑豆煮熟，经过沤发后，可以做肥料。在田中撒好肥料后，还要把地耙平整了。"犁深耙光，地能保墒。"没有耙的农户，可以到有耙的家去借，或者去给有耙的家帮工、换工。

（3）播种

"秋分早，霜降迟，寒露种麦正当时。"准备好种子后，用耧将麦种耩到地里。在传统时期，石罢村都是以家户为单位种麦。自己家没有耧的时候，就只能与别人家帮工合伙种麦。

第一，以家户为单位种麦。"秋分五，麦入土"，每年10月份是冬小麦的最佳播种时期。大家都要趁着这个时节种麦子，若是种得早，小麦分蘖不足，而且不耐冻，肯定会减产。若是到了11月才播种，麦子就算种得晚了，通常小麦出芽晚，麦苗瘦弱。播种小麦时，在当家人的安排下，家中劳动力共同到田里拉耧种麦。拉耧种麦需要3—5个人合作，3个人合作会累点，5人合作就比较轻松，一上午能耩5亩地。一亩地需用16斤麦种，这样麦子发芽后基本上不稀不稠。若麦子种得早，要少种1—2斤；种得晚，就要多种2斤。

准备耩麦时，村民们早上5点钟就要吃完饭，赶到地里，开始种麦。耩麦是个技术活，耧把子掌握着耧的苍眼，不大不小能放下指头算是刚刚好，这样种的麦子就能不稀不稠。另外拉耧深浅、快慢都有技巧，会拉的人能配合着耧把子把麦子种得正好。家中男劳动力多的或者家中有牲口拉耧的，妇女、老人、小孩子就不用下地拉耧。家中男劳动力少的，妇女也和牲口一起拉耧种麦。穷人家中有牲口的，妇女在前头牵着驴，男的在后面扶着耧，有些家中十二三岁的孩子也要配着下地拉耧。种麦用不了太长时间，有些有30—40亩田的大户人家，家中有长工短工，还有骡子，3—4天就能种完麦子。有耧的人家，只要家中劳动力够用，基本上10多亩田一两天就可以种完。

第二，帮工种麦。1949年前，并不是每个农户家都有耧，家中田多，生活富裕点的人家才会有耧，许多地少的穷苦人家是没有耧的。没耧的人家只能借用别人家的耧种麦子。

农户们同住一条街的，谁家有耧，大家都很清楚。种麦时，大家都挤在一起，都着急用耧。没有耧的人家在种麦前，提前到有耧的人家问，"家中的耧哪天不用，能否使唤一下？"一般是乡里乡亲，有耧的人家只要时间方便，都会将耧外借的。没耧的人家借了及时使用，不能耽误主家种麦，也不能将耧弄坏，若是弄坏要维修，维修不成的，就要赔偿新的耧给主家。一条街上，借用耧不用支付报酬，因为都有用得着街坊邻居的时候，不能什么事都讲钱。

关系好的两家连耧带人都借。有些关系好的两家种麦时，没耧的人家都会提前和对方说说，也会在对方劐麦的时候过去帮忙。等对方种完麦子后，再请对方帮自家种麦。比如甲、乙两家，甲家有耧，乙家没有耧。种植冬小麦之前，乙家就提前与甲家打声招呼，乙家出人帮甲家拉耧种麦，甲家小麦都种上后，给乙家种。种麦的时，乙家会为甲家准备饼子和水贴晌，若是到中午，还会为甲家准备午饭。

(4) 浇水

麦苗出来后，二月份和三月份要锄地、除草还要及时浇水。种上冬小麦后，还要及时浇水，村中有语"春天麦灌三四遍，夏季麦堆堆成山"。小麦在种上10多天后，要给麦子交踏墒水，这时浇水能够很好地造墒。开春后，先不急着给麦子浇水，以免出现春寒。到了4月中旬，要给小麦浇拔节水。浇过水后，待麦田墒情合适时要沿着麦陇锄遍地，这样可以保住墒。到了5月份，再给小麦浇一次灌浆水，然后等待小麦成熟。

(5) 割麦

小麦的生长周期是8个月，每年10月1日—10日播种，第二年的6月上旬收获。每年5月底，小麦逐渐变黄，到了6月初完全成熟。"麦收夹生，免遭天灾。"小麦还没有完全成熟的时候，就可以到地里割麦了。过去的农业生产都是一家一户进行的。家长统一安排家庭成员拿着镰刀到田中割麦，麦熟的季节都是夏季，大家都会起早，有的4点多就到地中割麦。由于妇女是小脚的，到地中也没法割麦，故此，都是家中的男劳动力到田里割麦。地多的农户中午都不回家吃饭，都等着家人送饭到地里。地多的人家或者劳动力较少的人家一般在小麦初变黄时割麦。劳动力多的农户家，一人一天都能割1亩田。除了用镰刀割麦外，还有的农户用手工制作的散麦器（一种类似收割机的割麦器具）割麦。用镰刀割麦，每人每天最多能割1亩麦。村民李孝良老人做了散麦器，割麦速度能快一些，每人每天能割三四亩地。地多的人家请地少的人家帮工，请工散麦必须提前跟散麦家打招呼，散麦工一天能散5亩，赚5升麦子。

(6) 捡麦

在石罢村，到别人家收割过的庄稼地中捡粮食也被称为"遛粮食"，捡麦子也被称为"遛麦"。庄稼收割后，地里还会有一些零散洒落的麦穗，老人和妇女带着孩子到田中遛麦子。妇女和儿童不能干重体力劳动的农活，就要去里遛麦子。老人们、妇女们起大早带着孩子或者和姐妯们一起遛麦子，先到自家地里捡，然后再到别人家已经割的庄稼地里捡。只要别人家的田已经收割完麦子，并且地里没有整捆的麦堆，就可以去遛了。若是别人家的地中还有整捆的麦堆，最好不要去遛，不然容易被人怀疑偷盗。别人家头天收割过的庄稼地，早点去就能遛到一些，否则去得晚了，别人就捷足先登了。即使遛粮时和妯娌们一起去，到了田中基本上也是各干各的，谁也不会给谁帮忙。大家都是憋足了劲，能多捡点就多捡点。一般来说，一天也能捡1升麦子。遛得少的，妇女们把粮食背回家，遛得多的，路上遇上有赶车的熟人就搭车回家。

(7) 打场

1949年前没有打麦的机器，一般是三五家一起合作碾场打麦。麦子收割之后，也要拉到打麦场中先垛成垛。晴天时将麦垛扒开，均匀摊在场上，并要翻搅几次，尽量弄虚一些，将麦子晾干，然后就可以套磙碾场打麦了。打麦要用石磙、杈、掠耙、推耙等农具。有牲口的人家套上牲口拉石磙碾麦，每天都能碾七八百斤麦。先要用杈将所碾麦子拍实，然后人拉着石磙碾过一遍后，就翻场，然后再碾一遍，就可以起场。起场时，先挑麦秸，然后将麦粒堆成堆，然后将场扬净，有风就趁风扬场打掠。顶风扬场需把粮食撒向上风头，这样糠会被吹向下风头。顺风打掠可以把落在粮堆上的糠掠出去。打掠时"会打一条线，不会打一糊片；会打打成鱼，不会打打成鳖"。一条线和打成鱼是将麦糠都打出去，一糊片和打成鳖是麦里有糠。村中打掠高手有李四、姬生和、徐正祥、姬长庚、李应有等。农户们把麦粒弄干净，装袋运送回家，储存到麦仓中。

(二) 玉米作物

1. 玉米概况

玉米是石罢村秋作物的主要品种，耕作面积占到秋作物的90%。石罢村的上头地和下湿地都适宜种植玉米，上头地的亩产达到300—400斤，下湿地的亩产150—200斤。玉米也是石罢村民重要的食物，几乎占村民口粮的一半以上。

2. 种植时间

"五黄六月抢墒种地。"玉米的种植时间一般是在麦收之后，1949年前，没有村民在麦田中套种玉米的情况。麦子收割后，不用犁地，趁着地里还有墒，直接在麦茬陇里点种玉米。玉米种子都是自己留的，只要种子不发霉，就不用跟别家换种子。村民们根据祖辈留下的经验，一亩田要预留五六斤玉米种子。种玉米时，全家男女老少齐上阵，大人们用锄头在麦茬陇里刨坑，孩子们丢玉米种。一家四口可以在一天内种2亩玉米。

3. 田间管理

玉米的田间管理要比小麦简单多了。种上玉米之后，农户基本上不需要特别管理。在玉米长有30厘米高时，农户要到玉米地里锄草，把麦茬根收拾到田埂上。锄草时，还要顺带间苗，一般是留两棵强壮的玉米苗，然后将多余的剔除掉。在玉米有50厘米高的时候，农户们还要到玉米地锄二遍，若是家中有粪肥，还要用粪肥围苗，为玉米苗提供营养。过了这个时候，农户就无法将粪肥运到地里。待下过雨后，玉米逐渐起身长高，待遮住草后，农户们就不用管理玉米苗了，直接等待收割即可。

4. 玉米收割

过了中秋节后，也就是在阴历八月二十左右，农户们就开始收玉米了。掰玉米的时候，学校会放秋假，学生们跟着家长到田里掰棒子。将所有的玉米棒掰掉运送到家中后，大人们就要用马镩刨玉米秆。用马镩刨玉米秆也是技术活，不能把根刨得太大，要不然玉米秆就太沉了，运出田地就太费劲了。玉米秆要在地里放半个月，等待晒干后，农户们赶着车将玉米秆拉回家当柴火用。玉米棒子运回家后，要将玉米的外壳剥下来，然后在院中搭上架子，将玉米吊成几串挂起来。为防止玉米被偷，村民们都将玉米串吊在家中。

待冬小麦种上之后，基本上到了11月份，农民们就闲下来，家家户户就开始给玉米脱粒。有些家直接用手将玉米粒从玉米棒子上脱下来，有些家做个刨子来脱粒。

5. 玉米储存

给玉米脱完粒后，还要在阳光充足的时候将玉米粒晒干。完全干燥后，才能收藏。若是潮湿，收藏起来很容易发霉变质。村民们通常把玉米粒存放到柜子、缸、圈里。村民们用石磨将玉米粒磨碎成玉米糁或者做成玉米面，当作日常的主食。

（三）豆类作物

豆类作物也是石罢村的秋作物，其种植面积要比玉米小许多，基本上10亩地里最多种2—3亩黄豆、黑豆、离水豆等豆类作物。豆类作物主要种植在下湿地和河滩地。

在石罢村，豆类都是在麦收后种植。有些农户家中地多，有麦地和秋地。若是秋地种豆，就可以提前种植，这样也能提前收割。农户种一亩地需要豆种10多斤，都用自家留的豆种。种豆也很简单，不需要翻地，用锄头刨个坑，然后丢种子。有些地多的农户直接用耧骉豆。种豆时，不能种太稠也不能种太稀，太稠了不结荚，太稀没产量。农户们把豆子种上之后不用浇水，出苗时地里有墒就不用锄地，没有墒用十指耙子拉一下就可以。当豆苗长出20厘米的时候，就要去锄地。等豆苗完全起身后就遮住草，然后就不需要再进行田间管理。

到了八九月份，豆子成熟的话就可以割豆子了。割豆前要先造场，若是农户在村边有地就在自家地里造场，没有地就和别人家搭伙做场。家中的妇女男子都要去割豆，用镰刀割完后拉到场里，垛成圆堆。等风把豆堆刮透刮干后，就可以打豆了。农户们会先把豆堆摊平用碌子碾一遍，然后再翻一下再碾一遍，最后用竹耙一拉就把豆子和豆荚皮分开。打豆时，农户们的豆子也都不多，都是各家打各家的。若是两家搭伙用场，谁家的场谁就先打，都打完后两家一起毁场。收了豆子以后，豆秆可以点火，豆荚皮还可以喂牲口。

（四）谷子作物

谷子也称为小米。1949年前谷子是石罢村的主要秋粮作物之一，上头地、下湿地和河滩地都适宜种植谷子。

1. 种植时间

几乎家家户户都会在秋地上种点谷子。谷子的产量不算太高，上头地一亩地谷子的产量在200—300斤，下湿地谷子的产量低一点，但也有100多斤。到了6月中下旬，村民们小麦收割后就可以种谷子了。农户们先要犁地耙地，然后趁墒种谷子。谷子的生长期在90—100天左右。种谷子是用耧耩，一亩地1—2斤谷子，耧耩过后，用碌子压一遍。压得非常瓷实才能保墒。

2. 谷子的田间管理

谷子都是耐旱作物，基本上不用浇水，靠天生长。在谷子没有起身前，差不多在20厘米左右的时候要锄草间苗。间苗时一般是留双颗，另外还要在有漏缺的地方补苗。"泥里秀穗，火里扬花。"谷子长穗的时候，要及时浇水。谷子抽穗后，穗头特别沉，遇到刮大风、下大雨的天气，特别容易倒伏。村中有谚语称"谷子倒青一把糠"，这是说谷子倒后，就会大大减产。

3. 谷子的收割

到了9月份，谷子基本上成熟了，这时可以收谷子。谷子秆比较粗，割起来要比小麦费劲多了，一般是家中的男性劳动力割谷子。割谷子时，需要连秆一起割下来，成熟的劳动力一天能割100多捆。家中的妇女们也要到谷子地里掐穗，谷子秆也被称为秆草，是喂养牲口上好饲料，要收拾到家中。掐完谷穗后，农户们要把谷穗拉到场里，用石碌在场里碾。有牲口的农户用牲口拉着石碌在谷穗上一圈一圈地碾，没有牲口的农户只能靠人力。

4. 谷子的储藏

谷子在场里碾好后，就可以储存到瓦罐或者缸里。谷子都是带壳保存，以免生虫、返潮。谷子只要带壳存放多年也不会烂掉，村民称"陈谷子，烂芝麻"，这些东西储存的年头久了也不会坏掉。谷子也要经常翻晒，至少要在夏季翻晒一次，保证谷子干燥，这样就可以保存更长时间。

（五）花生作物

石罢村的河滩地是沙土地，特别适合种植花生。1949 年前，东、西、北三块河滩地大部分地区都种上花生，面积达到近 3 000 亩。每当伊河涨河后，河滩上都会有一层厚厚的淤泥。来年的花生长势会非常好，产量也会很高。

1949 年前，石罢村的花生属于爬秧品种。农户们种的花生种子都是自家留的，将家中粒大饱满的花生挑出来，然后在腊月里剥花生种。到了来年四月份的时候就开始播种花生，播种玉米和大豆一样，都是点种花生，一个坑里丢两个花生粒，一般一亩地需要 20 多斤花生种。种花生时，上学的孩子们会向私塾先生请假，以帮家里种花生。大人负责刨坑，小孩负责丢种子。种上后，用磨子拉一遍，得拉平，一方面担心别人会偷，另一方面也避免乌鸦偷吃花生种。花生出苗时，有些家会到地里赶乌鸦，也有些家绑个稻草人或者绑个旗子赶乌鸦，免得乌鸦偷吃花生苗。

花生属于耐旱植物，种上后基本上不用浇水，而且河滩地也没有水井，都是靠天吃饭。到了阴历六月份，花生就开始结角。等冬小麦种上后，农户们就开始收花生。先用三指笆子把花生连秧带根都刨出来，然后把带花生的沙土过筛子，把花生都筛出来。有些家花生种得比较多，需要花好多天收花生，也有的请亲戚朋友来帮忙收花生，然后送他们一些花生作为谢礼。花生的产量非常高，一亩地能收 300 多斤。收完花生后，农户们会让地休息一下，不再在河滩地上种植其他作物了，等到来年 4 月份再种花生。

新出土的湿花生要放到场里晒干，基本上是各家各户单独看护。为了避免花生被偷，农户们白天让孩子们看护花生，晚上大人睡在花生场地里看护花生。晒干后的花生收藏到储物箱中，可以自家使用，也可以在腊月里做成炒花生运到庞村、李村、洛阳县城去卖。

第四节 集居与空间

传统时期，石罢村的聚落较为集中，家户相聚而居。随着村庄人口增加和家户分化，村庄按照棋盘式布局向外扩散。由于伊河洪水的影响，地处较低的农户在地势较高的农田中心建房，随着搬迁人口的增多，逐渐形成新的聚落点。农户在聚落中，以家族聚居为主，同姓同族人居住在同一片地方。因而，石罢村形成大聚居和同姓聚居的居住空间特点。

一、民居与村庄

（一）民居布局

1. 相聚而居

石罢村的民房位于村落的中心位置，家户房屋相连，鳞次栉比。这种聚居而生表现在村落布局和姓氏布局两个方面。首先，村落的整体布局呈现聚的特征。所有的家户都聚集在一片中，从一点开始向外逐渐扩散，房屋都坐落在道路两侧，最后逐渐连接成排。石罢村的房屋基本上没有单独在外，与任何一家都不相连的情况。几乎所有家户的房屋都与其他家户相聚而建。新分出的家户只能在原有片区的空地或者外围建房。

2. 棋盘式布局

村落内部的整体布局呈棋盘格式，村中道路基本上是正南正北、正东正西，其中南北走向的是村中大道、河口大道，东西走向的有东大街、西大街、东南街和西南街。这些街道纵横交错，家户的房屋前后左右相连，布局比较整齐。另外街道的两头都有栅栏门，主要用于村庄防御。

1949年前，石罢村民都居住在东大街、西大街、东南街、西南街和新街五条街道上。宅基地宽5—9米不等，有些有钱人家的宅基地会更宽一些，但长度大体上一致。房屋都比较拥挤，而且是相邻而建。过去石罢村土地面积窄狭，农户之间都有共墙。建房时，邻居到场，在双方的见证下，匠人在中边界线上扯上线，将砖垒在界线上。建设共墙的费用要有两家一起出。街道两侧都是一排排整齐的房屋，道路两侧房屋的临街墙基本上保持在一条直线上，没有人家会刻意突出出来，将门街的街面变窄。

3. 以南北朝向为主

道路两侧的房屋都是南北朝向，这样的房屋便于通风透光，接受日照的时间比较长。各家户都朝着沿街开门，道路两侧的房门都要错开，不能与对门邻居的大门正对上。一般要避讳对门邻居门对门，若是对门邻居的房门在左边，自家建房时，房门就会建在中间，或者右边。有些在侧街居住，房屋只能东西走向，但是这些人家都非常少。

（二）民居结构

1. 房屋布局

由于过去石罢村许多农户受经济条件影响，宅院比较窄狭，院落的结构比较简单，大多是一进院落。院落大门挨着临街房，临街房后面有一小片空地方，然后就是二门，二门后面是两侧对称的厢房，厢房后面就是过厅，过厅之后就是上房，在上房的后面是后路。临街房中住家中辈分较高的长辈。建临街房一般是为了防御和安全,这样可以防止盗贼进入家中,保护家中的安全。二门后的偏厦主要是女眷和孩子的活动场所,灶房在偏厦后面。盖上房的就在偏厦后面开一道门,然后建上房,主要供老人居住以及招待客人。上房中间是客厅,两侧可以住人。院落内房屋的功能分开,等级分明,不同房屋住着辈分不同的家庭成员。上房住着家中最高辈分的长辈,临街房住着低一级辈分的长辈,厢房主要住着儿子、女婿、姑娘们。

2. 建筑结构

1949年前,石罢村内家户的房屋都是土木结构。房屋的地基用土夯实后,垒上3—5层砖用于防水,然后上面用土坯垒墙。有些农户买不起砖的,就到河滩拉石头做墙基。

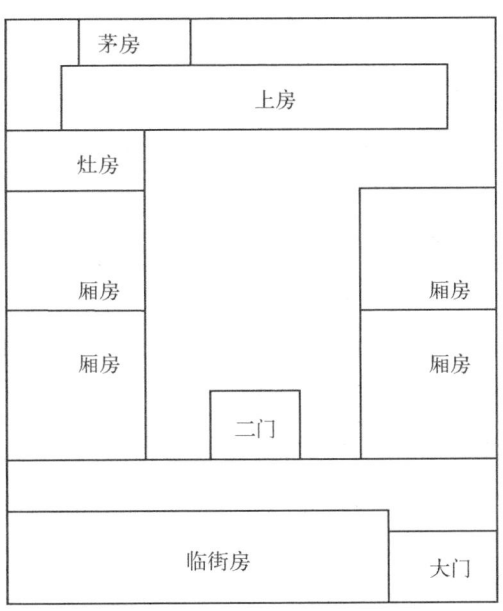

图2-2 1949年前石罢村李姓房屋结构示意图

砖或者石头都可以防止湿气进入房中。土坯都是泥土做成的,从自家田地中拉土打坯,土坯都是固定的规模,一般是30多厘米宽,50厘米长,10厘米厚。制作土坯有两种方式,打坯和托坯。制作土坯用的泥土都取自自家田中。打坯时,先把自家田地浇水,过两天后,将湿润的泥土放入打坯模子中,然后将泥土砸实,待晾晒干透之后,就算做成土坯。托坯是将田中的泥土运到家中,将泥土和麦秸秆搅和后,用水打湿,然后将带有麦秸秆的泥土放入坯模子中,夯实后晒干就可以使用了。不论是打坯还是托坯,一般自家人都可以制作,不用请泥瓦匠人。房顶都要有房梁,房梁都是木头搭建,并且上面要盖上瓦,这样可以有效防雨,另外也可以防止雨水侵蚀土墙。过去一年建房,十年备料,房梁的木头和瓦片成本非常高,是建房的主要开销。有些家买不起瓦的,就用麦秸秆和上泥土做成草房房顶。草房房顶不结实,使用一年以后要重新做,就比较麻烦。

(三)房界与纠纷

1. 共墙

1949年前,村民与邻居因房界产生的纠纷比较常见。石罢村内同姓家族居住较为集中,一般住在一条街上,或者某一片上,比如姬姓人家都居住在石罢村西边的西大街和西南街。"一自己"的亲戚若是住邻居,通常会因为房界发生纠纷。传统时期,许多穷人家建房都要共墙,有些家把玉米秆捆成捆,立在界线上当作院墙,也有些家用土墙做院墙。一方邻居要盖偏厦时,就要在两家院子的院墙上盖共墙。盖共墙,双方要确定中线,以及商议盖共墙的分摊费用。

2. 共墙纠纷

农户与邻居闹矛盾,多是因为修建共墙时中线的位置确定。修建共墙需要双方共同出钱,A方先盖房子B方不盖时,B方要出一半钱。若是当时不出,就什么时候盖房什么时候出,但是要补现时的钱。这是村民建房的潜在规则,有些邻居不愿出钱,或者对出钱多少有意见,双方都会闹矛盾。另外,在A方先盖好房子后,B方在三五年内盖房,盖房时将自家房子的高度盖得超过A家一砖。这种情况在石罢村被称为压气,意思是压人一头。A、B两家也会因此而闹矛盾。

因房界闹矛盾,不用请人来调解,只要拿出房契,找出房子的老根基,以老根基的中间为界线盖共墙。盖共墙时,双方都要在场,双方都认同后,匠人开始垒砖。若是因为建共墙和"压人一头"产生矛盾纠纷,就请说话有分量、做事公正的说事人进行调解。中间人说事时,是非都比较分明,说事人通常劝说挑事一方按理行事。一般情况下,挑事一方也会听说事人的劝说,若是不听劝说,中间人也不管。最后挑事的人感觉自己吃亏后,也会请人调解纠纷。闫章文大爷家盖房子时,与邻居商量共同建共墙。当时对方不出墙,后来闫章文大爷就只盖一半的共墙。在盖了不到一米高后,邻居又后悔了,于是请说事人帮忙调解。最后,邻居既出了一半钱,又在街上丢人。双方调解后,不用写协议,因为院墙就像石碑,建好后就是证据。

(四)血缘与民居

石罢村内同姓家族居住较为集中,一般住在一条街上,或者某一片上,尤其是姬姓、李姓和徐姓都集中在石罢村的某一片中。姬姓人家都居住在石罢村西边的西大街和西南街,李姓人家居住在东大街、东南街的东头靠近村中大道的位置,徐姓人家主要居住在东大街、东南街的东头。其他姓氏都是插花着散居在这些大姓中间,即使如此,他们也居住得相对集中。石罢村的各大姓氏都聚居在一定的片区中,姬姓居住在村中大道的西边的西大街和西南街,西大街有40户,西南街有70户人家。村中大道东边的东大街和东南街,从东向西分别居住着李姓和徐姓人家,其中李姓在东大街有14户、东南街9户,徐姓在东大街有24户,在东南街有22户。李、徐两大姓氏之间还穿插着孔姓、甄姓等姓氏。新村农户徐姓有24户,聚集而住;另外还有李、周、甄、张、孙等姓氏相邻建房。

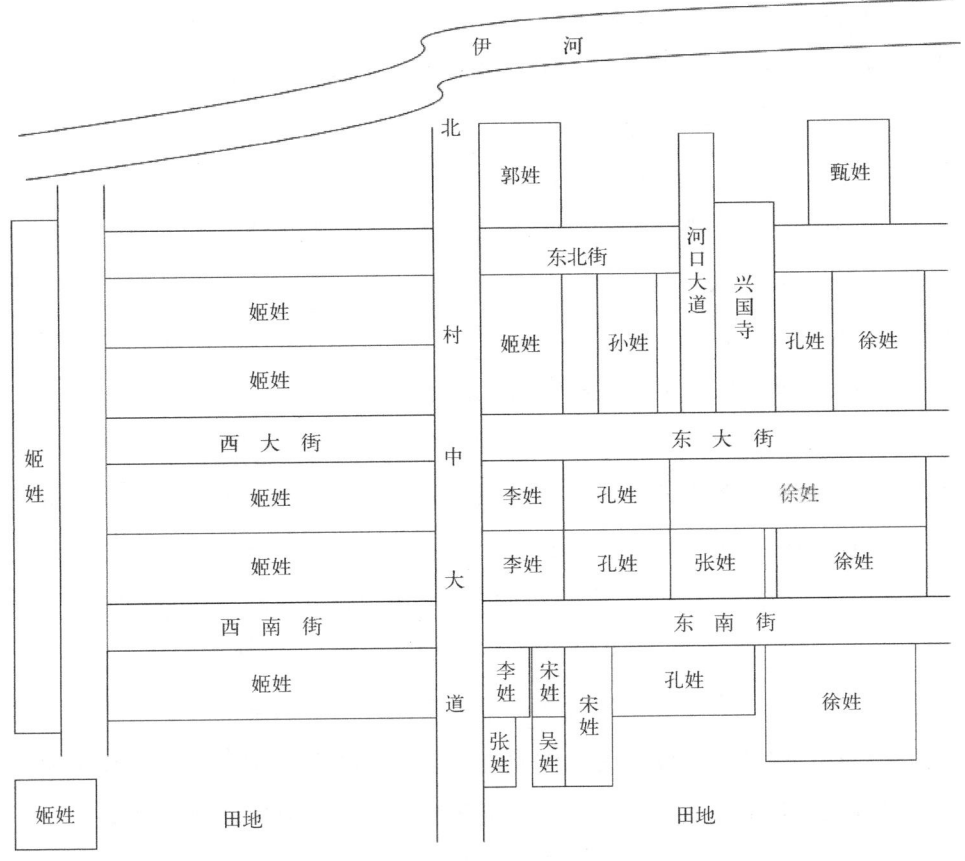

图 2-3 1949 年前石罢村血缘与居住分布图

（五）民居与防卫

1. 寨

在传统时期，修寨是防御土匪的重要措施。石罢村内的东、西两寨历史较长，相传修建于同治元年，主要用于躲避土匪的侵袭和掠夺。根据村中老人们的回忆，东、西两寨是以村中富户出资为主，其他村民自愿捐资为辅修建的。东西两寨的内部结构相似，外形基本相像。东寨南北长168米，东西宽96米，合计占地24.18亩。在清洗夯土结构，墙基厚8米，高6米，墙顶厚3米。东寨寨门向北，寨门外是东官路。东寨又称"万和寨"，寨门向北在门上方镶嵌着朝拱北辰的石匾，相传有150多年的历史。寨墙四角设有炮台瞭望哨，寨门宽高各丈许，安装有大铁门。寨门上有两间房，一间是晚上轮流值班的看守人员的休息场所，另一间是储藏室，里面储存有长矛大刀等武器。寨墙上每隔20米有一站一座，用青石垒砌，两侧放有片石、长矛、短刀片石，都是抗击侵略者的武器。寨墙外有5米宽沟壕，沟壕内终年有水，夏秋季水深4米，春冬季水深3米。在门外有吊桥和东关路衔接。人员出入必经吊桥，在门上有一大钟，钟声能传到村内。在内场有的住户12户都是有钱人家。在内搭有多间草棚,供人们躲避红胡子时使用。西寨寨门朝南,又被称为人和寨。寨门上方镶有人和寨和南应万安两块匾额。寨门前还有界碑上面写着东顺73号4尺3寸,北横68号另3寸。西寨的4个寨脚都有界石。村中老人据此估计,东寨长122米宽113米共占地20.8亩。寨内的结构和东寨差不多。有土匪来时村西的人向西寨跑,村东的人向东寨跑。西寨上面有观音阁和关爷庙,也有人烧香,寨内有许多房子,保里为每个村民分配一间屋子,以备躲避土匪时居住。西寨上面住着10多家人,有正林、长收和卢生等,都是些家境贫困的普通人家。寨中有井、碾,供寨中人生活所用。

东西寨建成后,为石罢村民提供了很好了防护,使村民免于土匪的侵袭和抢夺。白天寨门外有人值守,晚上瞭望哨有人放哨,侦察来往者的一举一动。为了防御土匪和红胡子,村内组织人员在各条路上放哨,一旦发现匪情,放哨人员就回村报信,东西两寨和兴国寺的大钟一起敲响,人们听到钟声会做好御敌准备,老弱病残者则躲在站内或兴国寺内。

根据老人们相传,当时有一股最凶悍最残忍的土匪,内部成员身份非常复杂,但都留了胡须并且染成红色,被村民们称为红胡子。这些人打家劫舍、滥杀无辜、无恶不作,老百姓深受其害,尤其是富户人家更是苦不堪言。据说红胡子来自南方,其也被称为南蛮子,还有人说红胡子是由本地土匪无赖组成。这些红胡子边走边抢,大都是亡命之徒,杀人不眨眼放火不心惊。他们分工明确,有人化装成做小生意的或玩把戏的,于白天到村里踩点,晚上到村中抢劫。村中东寨藏着许多富裕人家,在土匪的里应外合下,被攻破后彻底毁坏。许多藏在东寨的富裕人家被洗劫一空,一夜之间变得一贫如洗。西寨住着郭侯,红胡子们害怕飞刀郭侯,因此没有攻打西寨门。1949年前,西寨平安无事完好如初,上面还住着七八户人家。

2. 栅栏门

(1) 栅栏门的修建

栅栏门也是防御土匪的重要措施。虽然东寨、西寨是避难之所,但当土匪突然袭击时,村民们来不及躲避,也没法转移财产而遭受土匪的抢夺、伤害。东寨被攻破后,寨的防御能力也大大降低。为此,村里组织村民在各街口修建栅栏门,来防御土匪的突然袭击。每条街道的栅栏门都是在本街的绅士、大户带领下,街道住户共同捐资、捐物、捐工修建而成的。栅栏门一般为两层小楼,长宽各三米或者四米,底层有大门,白天供人出入,入夜闭门。人们都要早回家,关门后无特殊情况不得外出。晚上关门后,本街的青壮年劳动力轮流值班,值班人员在二层楼内集中居住,有大刀长矛护身御敌。东大街的栅栏门在徐文祥家门东、丁路家门西,西大街的栅栏门在姬氏祠堂门东、甄东奇门西,西南街的栅栏门在姬银珠门西、李申家后墙东,东南街的栅栏门在李天生门西、徐春生门东,南街的栅栏门在张春门南,新村的栅栏门在徐玉祥门西。

(2)栅栏门的功能

石罢村的栅栏门以防御功能为主,同时还具备娱乐、祭拜等其他功能。第一,具有防御功能。栅栏门修建后,栅栏门可以很好地防御土匪。栅栏门白天开放,晚上关闭,守卫人员遇到陌生人等,也会及时盘查,并阻止其进入街中。栅栏门楼上有炮台以及伪装的火炮,也可以起到威慑土匪的作用。栅栏门楼内有锣鼓钟,守卫的人员一旦发现匪情,就立即敲锣报信。即使人们在半夜听见钟声,也要赶紧起床带上家伙迎敌,所以土匪们也不敢轻易前来冒犯。第二,具备娱乐功能。栅栏门二层可以作为娱乐场所,和平时期,逢年过节庆祝丰收唱戏、说书、耍把戏等活动都可以在栅栏门二楼进行。第三,具备祭拜功能。栅栏门可以做神堂,在栅栏门楼设神位祭拜,省去了另盖神庙的人力和物力。石罢村多个栅栏门楼上,有观音菩萨、财神的、孔老夫子的塑像,供人们祭拜。第四,具备教育功能。栅栏门可以做学堂。民国前叫私塾。由于条件所限,建设面积大点的房子供学生学习是不可能的,便利用栅栏门楼做教室。栅栏门楼虽然简陋但也能用,学生可以在里面读书认字。第五,储藏功能。栅栏门还可以做储藏室。各条街道的神社都有许多板凳、锣鼓、盛器物的箱柜等,出社火时使用,日常不用时就可以存放在此处。有时私人物品也会存放在此,比如有些家拆房时,扒下来的林条房梁等无处可放,也可以存放在栅栏门楼上。

二、祖居与村庄

各姓氏的祖居位于各姓氏居住片区旁边。姬姓祠堂位于西大街靠近村中大道的位置,祠堂共有三间房,专门结构,坐北朝南。姬氏祠堂长 60 米,宽 30 米,占地 2.7 亩。李氏祠堂位于村中大道的西边,与李姓家族居住片区仅有一路之隔,也是三间房子,外围院墙被洪水冲塌;徐氏祠堂位于徐姓居住片区的东边,占地长 40 米,宽 20 米,占地 1.2 亩。徐氏祠堂建于 1930 年,坐南朝北,庙内有石碑一座。祠堂都是族人后来修建的,所以通常是在族人居住片区旁边,一般不在族人居住片区的中心位置,方便族人祭祀以及办理红白事。祠堂由族长管理,族长专门委派人义务掌管钥匙和打扫卫生,平日里祠堂都锁着门。每年从大年初一到初五、正月十四到正月十九,祠堂大门都打开,以便族人到祠堂中供奉先祖。有些族人家中办白事时,要到祠堂告知先祖请求照拂。

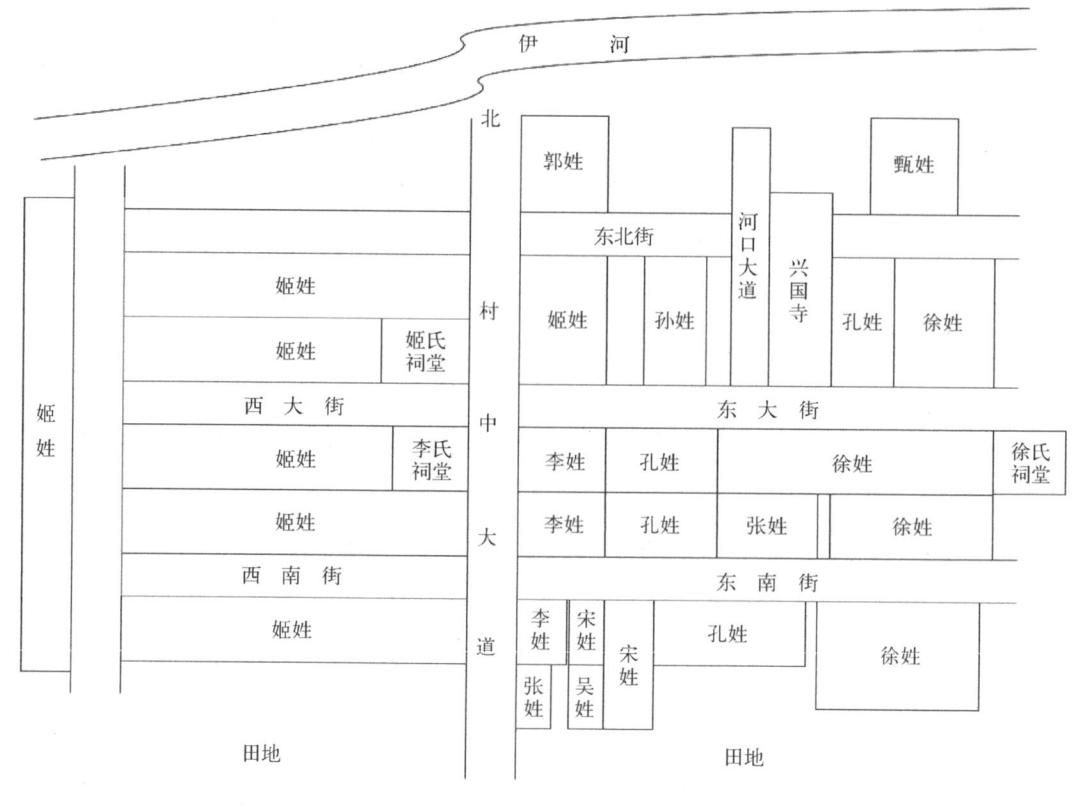

图 2-4 1949 年前石罢村祖居分布图

三、神居与村庄

村中的神庙基本上位于街道口。村中的神居主要有兴国寺、奶奶庙、土地庙、山神庙和河大王庙、关帝庙。除兴国寺位于东大街的中心外，其他的庙宇全部都在街道口，或者村庄的外围。几乎每条街道的出口之处都有奶奶庙，东大街东头、西大街西头、河口大道兴国寺北边，新街的东头都有一座奶奶庙。东南街的东头有一座土地庙，河口大道对着东大街的位置有一座土地庙。村民们将庙宇建在街道口，主要是为了期盼神灵能阻挡外面来的邪气、煞气。山神庙和河大王庙位于伊河边上，村民们希望这些神灵能保佑村庄平安，免遭水灾。

（一）兴国寺

石罢村的兴国寺，是敬奉佛祖的场所。兴国寺的大雄宝殿中有佛祖、十八罗汉、观音菩萨坐像。大雄宝殿的北边是水陆大殿，殿内也有一尊 2.8 米高的佛祖塑像，还有普贤菩萨和文殊菩萨的塑像。寺中曾有方丈住持，寺内僧人因伊河水患纷纷出走。1930 年前后，寺内僧人就剩下永健、永亮、永祥。后来永亮去世，葬在左家坟西，永祥、永健分别去了白马寺和少林寺。此后，很长一段时间内，兴国寺内再无方丈住持。

另外兴国寺内还建有火神殿和地藏王殿。火神殿修建于清乾隆元年，主要是由积功德之人以及四方信众捐资修建。殿内碑刻记载"孔君毓骏姬君文裔朱君膺佐甄君拨粮僧隆奇同心共力始建庙宇耐功果浩大弱力难支于是募化四方贵官长者善男信女同献善心共成奇事于是大功告成勒碑以垂不朽"的字样，以及功德主的捐赠银两。地藏王殿在兴国寺内，与火神殿并排，也是三间五檩房子。根据村中的传说，地藏王殿修建于火神殿竣工后第二年，于乾隆十三年时竣工。

火神殿有庙地，东大街的火神社有五六亩社地，西大街有四五亩社地，西南街的社地有两三亩。各街道神头负责经营管理各街道的社地，他们可以将社地出租给任何人。出租时，佃户要与神头签订租佃协议，写明租金以及租佃期限。一般情况下，每亩收租1斗麦子。社地所有收入由神头管理，或者神头找专人管理，并且还要清清楚楚地记账。社地收入主要用于每年正月十九的出社火活动中需要购置的衣服、物件等。社地的每笔开支都记载清楚，并且账目向所有成员公布。

兴国寺属于石罢村落，主要是本村人到寺中祭拜。外村的村民也有到寺庙中祭拜，有窑沟、柿园、袁付、大庄等村村民。村民更重视到火神殿和地藏王殿祭拜。每月的初一和十五，老人们都要到火神殿、地藏王殿烧香、磕头，附近村庄的村民不到殿中祭拜，他们会偶尔到殿中祭拜。老人自己舍不得花的养老钱，也会捐给火神当油钱。保长和绅士每逢过大节，比如八月十五和春节时候，都会到地藏王殿中磕头烧香。每年正月十九是火神出社日。保长、甲长、绅士等都会参与和协助组织社火。各条街道的火神社从腊月里就要排练节目。火神社的神头安排任务，没有人敢拒绝。只要神头一发话，或者让人把出社的用具放在村民家门口，村民们就要二话不说就要参与社火排练和表演。

（二）关帝庙

1949年前，石罢村也有不少村民到关帝庙祭拜关羽。村中有东西两座关爷庙，分别位于东西大街的两头。根据村中老人的代代相传，东、西关帝庙建立于清朝乾隆时期，东关帝庙在道光元年（1821年）修缮过一次，后又于光绪二年（1876年）再次重修。这两次重修都有碑刻记载。从东关帝庙的碑刻看，关帝庙有香火田12亩。香火田地的收入以及庙中的树木收入均用于关帝庙的修缮。修东关帝庙时，徐姓人家承头，带领村民捐资、捐工修缮关帝庙。西关帝庙已经没有碑刻记载，重修时间以及过程已不可得知。东西关帝庙都是三间五檩的房子，内有关帝爷塑像。每逢初一、十五，都要在老关爷的牌位前烧香磕头祭拜。有不少生意人家请个小型的关帝爷塑像，放在家中祭拜。

（三）观音堂

村民们在奶奶堂中祭拜送子观音，祈愿观音菩萨为儿媳送个孩子。观音堂也被称为奶奶堂，坐落在每条街的街头。石罢村的奶奶堂分别位于东大街西头，兴国寺的西北墙外，西大街的西头，新村的东头。根据村中的碑文记载，西大街的奶奶堂是在清乾隆年间由本街村民捐资、捐工、捐饭建成的，其他几个奶奶堂也是如此。观音堂没有社地，也没有集体筹办的祭拜活动。各街道的奶奶社自主组织祭拜活动。

祭拜奶奶堂也是石罢村民的日常信仰活动。观音堂内的祭拜都是本村人，很少有外村人到石罢村的观音堂祭拜。各街道的住户祭拜各自街道的送子观音。村中的老太太们会到奶奶堂中祭拜观音菩萨，年轻人和男性都不拜观音菩萨。每月的阴历十五、十六，村中的老太太们到奶奶堂中祈求娃娃。奶奶堂的香案上摆着泥制的男童女童，祈求娃娃的老太太们从中选择其一拿回家。凡是往年祈子应验者，要得一还二十，以供他人索要，有的还需要用猪羊、金钱等物还愿。

（四）土地堂

村中东南街的东头有一座土地台，上面只有土地公的牌位以及土地公的小像，供人们祭拜。土地庙比较小，长宽各有8尺，重修于咸丰九年（1859）。重修土地庙时，东南街住户捐资，请石匠、泥瓦匠修建。土地庙的修建不用通过保甲长，神头和绅士组织本街道的住户捐资修建。东南街的土地社有10多亩社地，社地是由东南街的住户共同捐资购买的，社地出租由神头负责，租金为1亩地1斗麦子。祭拜土地公的都是东南街的住户，他们还成立了土地社，每年正月十九也要出社火。每年的正月初一到十九要在土地庙四周点灯，街上住户可以到土地台前烧香祭拜。每月的初一和十五也要到土地台前烧香祭拜。

（五）河大王庙

1949年前，石罢村民也祭拜河大王。河大王也被称为河神，村民建造河大王庙来供奉敬拜河神。河大王庙位于去渡口的路西100米处，离河堤有3米远。村中流传着河大王刘瞎子的故事，河神刘瞎子管着杨湾至门庄一段伊河。人们祭拜河神是祈求河神能保佑石罢不受伊河洪水侵害。民国时期，石罢村经常遭受伊河水患，村民们对河大王的祭拜并不多，村中老人关于到河大王庙祭拜的记忆非常少。由于河大王庙经常被伊河洪水淹没，逐渐破败不堪，最后自行倒塌。

（六）山神庙

山神庙位于去河口的路东。光绪十年（1884年）重修山神庙，庙中有石碑记载了捐资的村民，共有20位徐氏族人。当时山神庙"南北长四弓三尺，东西横二弓一尺"。

根据村中传说，村民之所以修建山神庙，是因为早期的伊河荒滩中有许多野狼，危害村民的生命财产安全。为此修建山神庙一座，祈求山神管控豺狼虎豹。山神庙建成后，庙内一直没有神像，很少有村民到庙中祭拜，也无人专门管理。

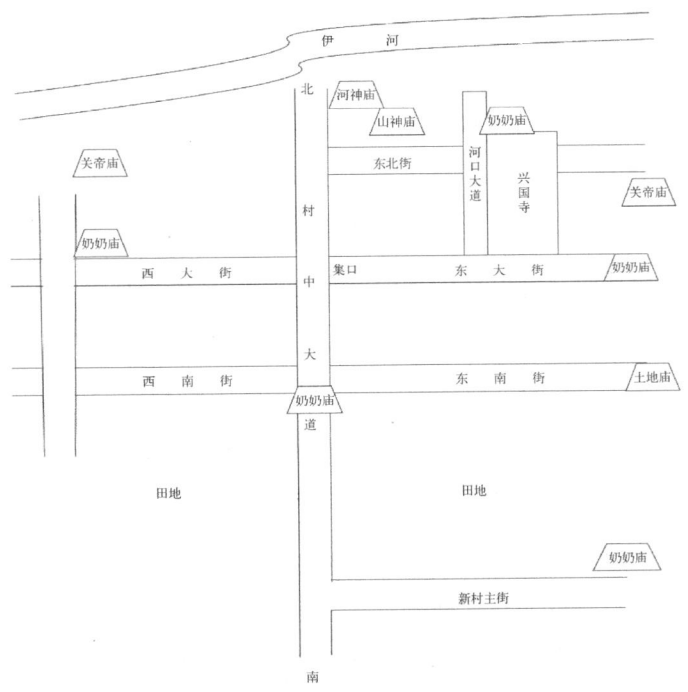

图 2-5　石罢村神居位置图

四、集市与村庄

（一）石罢集

石罢村集市比较悠久，一直持续到清末民初，集市搬迁到庞村镇。由于石罢村的渡口经常有买卖船通过，也使石罢集较为红火。石罢村的集市位于东大街的南、北两侧，有60—70米长。东大街的西边是门面房，有粮行、换行、布行、染坊、杂货铺、豆腐作坊、杀坊、饭铺、竹编铺、铁匠铺、药铺等。兴国寺的东边主要是小摊贩，都是附近村庄的人来买点蔬菜、生活用品等。石罢集市是村庄的中心，也是村庄的公共场所，村民们可以在集市上买卖货物，而且南来北往的货船也在石罢渡口停靠。在当时石罢集市是比较繁荣的商品集散地。石罢集市为村民提供了很大便利，村民们只需步行三五分钟就能够到集市。石罢集市每逢单日开集，开集时间比较早，早晨5点钟就有人赶来做买卖，上午10点左右收集。由于当时连年伊河水患的影响，许多商家不再到石罢集，石罢集市逐渐没落。

（二）物资交流会

除集市外，石罢村每年有6个物资交流大会。第一，正月十九兴国寺庙会。以庙会为契机，各商贩云集到石罢村做些小买卖。第二，四月十二日骡马大会。骡马大会举办的时间刚好是农忙之前，方便农户们提前买好牲口以便农忙时用。骡马大会上不仅有卖骡、马、牛、驴等牲口，也有马鞍、嚼头、马蹄等，这样农户可以在骡马大会上将牲口以及配套产品都置办齐全。第三，四月二十日农具购销大会。四月下旬后，很快就要进入麦忙了，农户们要准备好各种农具以备麦收时用。四月二十日的农具购销大会方便了农户们购买农具。有些时候四月十二日的骡马大会因天气原因与四月二十日的农会购销大会合并。第四，七月十五日庆祝丰收大会。七月初，农户们基本上收完麦子，也种上秋庄稼，人们有闲钱去购买生活必需品。七月十五日的集市上，人们可以购买生活必需品，来庆祝庄稼丰收。第五，十月十日搭桥会。石罢村渡口的桥墩是固定的，桥板是活动的。每年四月十五日，村民将桥板拆下放进桥房，汛期过后，于十月十日重新搭桥。搭桥时，石罢村民以及邻近村庄的村民也都到石罢渡口看热闹，商贩们也都在这一天集中到石罢渡口附近，趁着人多好做生意。最后，腊月二十置办年货大会。进入腊月后，石罢村就有了过年的氛围。腊月二十的年货大会上，人们可以购买过年所需的各种用品。

每逢会期，远近的商贩都要提前到村中占位置。凡是来占位置的商贩，都要向保里缴纳摊位费。保长派保丁根据摊位买卖的大小收取相应的费用，卖牲口骡马的商贩，缴的费用高一些，有10多元钱；卖包子、粉汤、小百货的，缴的费用少一些，5毛到1元。会上也有矛盾纠纷，做生意的人都要提前到会场占地方，放石头或者木棍等做标志。A家本来占的地方小，相邻的B家本来占地方大，第二天开集时，A家侵占B家的空间，从而引起双方矛盾。在每年的6个大会上，以及东大街的集市上，买卖双方进行交易时，也会因卖家缺斤短两引起矛盾冲突。

集市纠纷通常由东大街集口处的说事人调解。集口的说事人通常是村中的闲人、老人，他们闲来无事经常聚集在集口看热闹或者为人断理。集上发生矛盾时，矛盾双方相互吆喝着到集口请说事人说事。说事人先让双方摆明事由，然后根据双方事由，辨别是非曲直。集口说事人比较多，大家七嘴八舌对理亏方批评教育，对占理方夸赞劝说，把矛盾解决掉。矛盾解决后，占理方身上带有烟的话，给说事人发一些就可以了，不用再付给说事人报酬。

五、公共空间与村庄

（一）集口

石罢村的集口位于东大街西头到姬家祠堂的位置，村中闲来无事的老人都在此处聚集，冬天在集口晒太阳，夏天在集口乘凉。他们在集口聊聊家常、说说村庄奇闻轶事，谈谈赶集的道听途说。

集口即是老人、闲人休闲娱乐之地，又是村民吵架纠纷的评理之处。家中有矛盾，或者当事方因为买卖纠纷当街吵架，当事人都可以到集口说事，请集口的老人们说理。到了集口后，双方都把矛盾事由和各自理由陈述一番，然后由集口说事人来说事。集口的说事人都是年长之辈，他们基本上能按着公理来处理纠纷。集口人认为理亏方做事不合理，就会对他们一边批评、一边安抚，同时也会规劝占理的一方做点让步。在经过批评教育后，理亏方也认识到自己做得不合理，也会与对方和解。集口调解成功，双方和好后还会继续来往。若是觉得集口人调解不公正后，双方也会与调解人结仇。矛盾双方到集口说事时，纠纷人身上带有烟的，就随手给集口的老人们发一些，这样也好开口请集口人帮忙说理，除此之外，不用付给集口人其他报酬。

集口是石罢村的公共场所，是村中保甲公约的宣传地之一。保长命人将保甲公约写在集口处住户家的外墙上，这样足够显眼，方便村民们学习。

（二）石碾

1949年前，石碾是石罢村民日常生活的重要工具。村民碾小米、麦余，做麦仁、玉米仁、高粱米、碾馓等都需要用到石碾。石碾有碾盘、碾磙、磙框和碾轴四部分组成，碾盘和碾磙都是用石头做的，是请外村的石匠碥出来的，碾框和碾轴都是用木头做的。村民们用石碾磨粮食时，把碾框套到碾磙上，把碾轴插在碾盘中心上，然后再把推碾棍用绳子绑在磙框的外梆上，就可以推碾磨粮食了。石罢村各条街道都有好几盘石碾，几乎十多家就有一盘石碾。东大街的两盘石碾分别在李店家、徐文祥家门前，孔祥闹家的空地上，北街的在甄聚卿、甄火车门前，西大街的姬万欣家门前，后来挪到姬脉武门前，西南街的在姬凤秋、姬德安、姬振岳、姬学祥门前，东南街的吴孟科、徐爵门前，宋家胡同内也有一盘石碾，新村北街的在徐玉祥空宅处。

1949年前，没有自家买石碾的，都是由一条街的居住较近的邻居共同出资购置的。购买石碾时，不强制各家均摊，街道的邻里自愿出资，根据各家各户的能力，有多兑多，有少兑少，也有不兑的。一般人家都会对钱，只有极个别住户因家里太穷而无力对钱。石碾做成后，具体的安放位置由住户们协商，多是放在某家的空宅子中，或者是某家门口的空地上，一般选在大家使用起来比较方便的地方。石碾占用地方比较大，大概需要一间房子大的地方，有一面靠墙或两面靠墙，上面还要有棚子，下面还要有牲口拉石碾的空间。这些石碾都是永久性的，一旦安装上后，不能随意移动。石碾归集资的住户们共同所有，其是街上住户们共同置办的公益事物。

石碾归共同出资的用户使用。通常碾谷子的时候，各家轮流使用。住户们为了保存粮食，也不会把所有的粮食一股脑全部碾出来，每次碾的谷子不会太多，最多碾20—30斤谷子。碾谷子时，一般是由家中的男女主人或者孩子去推碾，一个上午就能碾完。若是碾得多的话，会拉自家的牲口去拉碾。使用完石碾后，要将碾盘清扫干净，方便下家使用。不是每家每户天天都需要用碾，大家都是碾二三十斤的粮食，吃完后再去碾。用石碾的人少时，几乎随到随用，用的人多时就需要占碾。住户们占碾时，把推碾棍绑在滚框上，或者拿一根象征性物件比如玉米秆放在滚框上，表示已经占下，别人见到后需要排队才能使用，不能贸然将别人占碾的物件去掉自己先用。占碾的人必须尽快碾粮食，不能占一两天不使用，这样会引起大家的不满。共同拥有石碾的住户们一般会打听占碾的人家使用石碾的情况，然后自觉安排用碾时间，这样就不会造成拥挤。除了集资户可以使用石碾外，外人也可以使用石碾。石碾只要空闲下来无人使用，其他人也可以前去使用。使用顺序通常要按照先本街再外街，先本村人后外村人的原则。本街集资户与外街的人同一时间用石碾时，本街人先用，然后才能轮到其他街道的人使用。外村人一般不会到石罢村使用石碾，本村人的外村亲戚串亲戚时会使用石碾碾粮食。

每个石碾都会有专人管理，东大街的李店家负责管理东大街西头的石碾。一般情况下石碾都不会坏，也不需要经常维修。石碾使用久了，碾磙上的凹槽会被磨平，需要碫碾。一般是谁管理，谁出钱碫碾。东大街的三旺家家庭条件好，负责管理街西头的石碾，需要碫碾时都是他主动去锻碾的。石碾的碾框和碾芯是木头做的，使用久了会被磨坏，就需要维修或更换。碾框和碾芯的维修都不需要花太多钱，若是本街有木匠，就请木匠免费修理一下或者新做一个就可以了。管理石碾是没有任何报酬的，但是可以收集石碾周边的牲口粪便作肥料。有些管理石碾的农户，在石碾附近修建厕所，用来收集肥料。李店家碾前就建了一个厕所，可以收集粪便。

尽管石碾是街上住户的公共用品，但是他们不会在石碾周边聚集聊天。村民碾谷子后，都是各回各家，毕竟各家都有自己的事情。另一方面，石碾的周边都是牲口的粪便，卫生条件非常差，所以也不方便大家在石碾周围聊天。

（三）水井

传统时期，石罢村的生活用水井基本上是3—5米的浅水井，几乎每条街道上都有一两孔水井，东大街在六喜、兴国寺门前，西大街在姬聚现家门前，西南街在姬全义、姬成乐、姬海朝门前；东南街在张志斌、张文兴门前，新村北街在陈壮门前。生活水井只有井眼，没有打水的辘轳。村民们打水时，只能用勾担挂着水桶去打水。大户们建的生活水井，都是由街道中的大户出资购料，街上的其他住户出人工，这样街上的住户都可以到井上打水吃。住在一条街上的许多住户都是本门本家的一自己,所以修建水井时也都积极参与。打井师傅进行分工,指挥这些青壮年劳动力挖井、放磨盘、熬井。挖井师傅和参与挖井的人都没有报酬,挖井师傅由街上绅士或者街中热心人管饭,其他参与挖井的人都回自家吃饭。

吃水井用的时间久了,井底会淤积许多泥沙,因此每隔3—5年,就需要下井掏泥沙。街上的热心人或者是爱管闲事的人带头去淘沙。过去村民们到水井旁主要是打水,他们很少聚在水井旁拉家常。水井旁都有井王爷的神龛,每逢初一、十五也有村民到水井旁磕头祭拜。

六、村庄空间结构关系

从石罢村落的居住格局看,民居都呈现集聚化,农户们聚片而居,而且村庄的格局呈棋盘格状。农户们居住在道路两侧,而且房屋相互趁墙,鳞次栉比。由于石罢村人多地少,粮食产量有限,所以村民节省用地,以棋盘格的方式安排村落布局。另外新村建设中,村民自发规整格局,道路非常整齐。祖居在各姓氏居住点的旁边,方便村民祭拜。神居则是分散的,分布在各条街道的路口或者是村庄的外围。神居的分布格局体现了村民希望神灵保佑的愿望。村民们认为街道口和村庄的边缘最容易进入煞气、邪气,在这些地方建神居,可以阻挡这些邪气,保佑村庄平安、百姓安康。村落中,各条街道都有水井、石碾,方便村民日常生活。田地都在村庄的外围,农户们沿

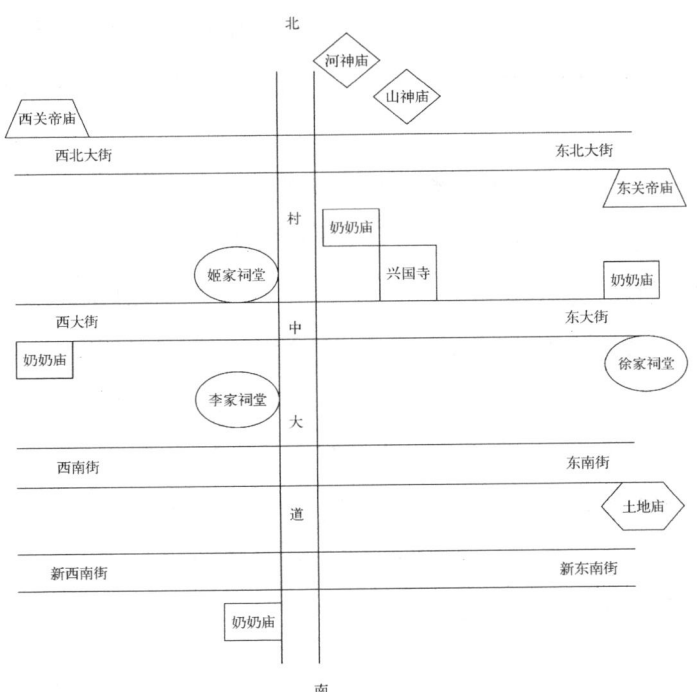

图 2-6 1949 年前石罢村村落、庙宇、祠堂结构示意图

着田中小路去耕作。村民们非常看重村中的民居和神居，民居涉及农户的居住，他们会保护自己的房屋；另外神居是为了保护村庄安全，村民在修缮神居时都会慷慨解囊，有钱出钱有力出力。

村落布局分为三大层次，其中中心区是民居，边缘区是神庙和祠堂，在外围区是东西寨。各区域结构不同，并承担不同的功能。

第五节 村庄自然变迁与实态

新中国成立之后，历经土地改革、合作化运动、改革开放等社会变革，伴随着国家力量的渗透，村庄治理水患力度加大，水利设施逐步完善，村庄土地得到改良，道路系统得到改造升级。随着人口的增加，村落规模在原有两个聚落基础上逐渐向外扩张。本节主要从水利设施、居住和交通情况三个方面呈现石罢村1949年后的村庄自然变迁和实态。

一、水利设施

（一）水灾与修堤

1949年后，每逢汛期来临，洪水过大时，就有可能出现洪水进村。1954、1975、1982年的三次洪水，非常凶猛。1954年伊河洪水将村东河堤冲塌，洪水将河滩地全部冲毁。1975年，伊河洪水淹没了石罢村堤北的河滩地。1982年，伊河再次爆发大洪水，河水漫过堤岸，冲毁堤两侧的庄稼。这三次洪水都给石罢村农业带来了巨大的损失。

在应对伊河水灾中，区政府组织村民修建堤坝。堤坝的修建分两个阶段，第一阶段是从1949年后到1975年之前。在这一阶段，洛阳县第九区政府两次组织村民修建伊河大堤，由县政府出资，伊河沿岸的各村都要派出劳动力共同参与，将伊河大堤的石罢段进行加固。1954年维修大堤时，区政府组织劳动力在塌陷的东、南、西堤内，修建了1 000余米的环形堤，被村民们称为退修堤，堤内有瓮池。但这两次修建的大堤都没有彻底解决伊河洪水进村的问题。第二阶段是从1975年开始。1975年洛阳县水利局出资修建从石罢村西至龙门以北伊河南岸的大堤。县水利局动员伊河沿岸的各个村庄，并将任务分解到各村，由各村承包本村段内的大堤修建工作。当时石罢生产大队从各生产小组中抽调社员参与修建大堤。为完成县水利局下派的任务，石罢大队党支部要求参与修堤的社员，每天早上6:30—8:00；上午9:00—12:00；下午1:30—5:30，晚上6:30—8:00四班制，一人不能少，一车不能少，一方不能少，有事必须请假。大队负责参与修堤坝社员的伙食，并且还要给这些社员记工分。到了 1976 年 1 月份，伊河大堤石罢段竣工，大堤南岸的 1 000 多亩土地都变成耕地，免遭小水小涝，大水大涝。受 1982 年特大洪水的影响，1983 年县水利局要求石罢村将村北 1 940 米的大堤全部加宽 2 米，加高 1 米。石罢村组织全体社员参加义务劳动，用铁锹和竹筐、架子车将河堤底部沙土运到堤上。至此，石罢村免遭了伊河洪水的祸患。

（二）灌溉系统

1949 年后，村中灌溉田地发生了从用水车到水泵的变化。在 1955 年之前，村民们灌溉田地仍使用过去的大口井和用水车抽水。到了 1956 年村民加入高级社后，村中引进了两种打井方法，井锥打井和大弓打井。运用这两种方法后，打成的水井都是透井，井水较深，用水车连续抽水，井水不会枯竭。1975 年以后，石罢生产大队出资打井，当时用机器打井，也被称为机井。当时还配有水泵抽水，大大节省了人力，为村民灌溉农田提供了极大便利。2008 年，村党支部获得上级政府支持，共投资 120 万元，新打机井 20 孔，铺设地下管道 2.5 万米，地埋电线 2 万米。同时还配备了机井设备，由专人负责管理。

二、居住概况

（一）村落规模

1949 年前，由于地理位置优越，水源丰富，石罢村已经发展成为当地规模较大的聚居村庄。石罢村已经形成了两个自然聚落点，即老村和新村。老村规模比较大，共有 305 户，新村形成时间比较晚，共有 52 户。随着经济的发展，石罢村到 2016 年已经发展成为有 1 131 户的大村。基于分家立户对居住空间的需求，老村的住户搬迁到新村，新村快速发展，其规模与老村相差不多。

徐建恒老人回忆，石罢村伊河北岸边河滩地划归北岸的村庄所有，南岸的部分河滩地卖给砂石厂。另外政府征地用于市政道路建设，现在村庄的面积已经比以前小多了。

（二）房屋布局

第一阶段：土改时期，对耕地、非耕地以及宅基地进行明确区分，严禁在耕地和非耕地上建造房屋。随着人口的快速增长，人与住宅匹配不均衡，很多人家弟兄们分家后同住一宅，一二十人住在三四分的宅基地上。人均住宅面积狭小，人—宅关系非常紧张。

第二阶段："四清"时，根据当时的土地政策，空宅基地一律收归集体所有，由大队统一安排空宅基地的使用。1965 年以后，社员可以向大队申请，只要符合条件，都可以无偿获得宅基地。当时第一批获得新宅基地的有 22 户。"文革"时期，村大队 1970 年划批宅基地 26 户，1972 年、1976 年、1980 年、1982 年又接连划批了四次共 169 户，基本上缓解了宅基地短缺的状况。

第三阶段，1983 年包产到户以后，各生产队的仓库、饲养院都被空置出来。为使这些空地、空院得到更好地利用，村委会决定划批宅基地时要收取一定的土地补偿金。村中共有饲养院 138 处，每分土地收取 300 元。凡是申请宅基地的农户，要按划批的宅基地面积上缴土地补偿金。

现今有许多村民外出打工，有些在新村建有新的院子，有些在市里购买房产，老村中的宅院基本荒废。在老村中，几乎每条街道都有些空置的土房子。而新村中院落都是彼此相连，比较密集，新村中房屋大多是后建的，基本上是两层小楼，居住率比较高，空置的房屋较少。

三、交通概况

传统时期，平原地区的道路基本上是土路，这是历代村民踩出来的，基本上很少修路。这些通往田间地头的小路和通往村外的道路，将村民与生产以及村外的交流连接起来。集体化时期，仍然是沿用传统的土路，基本上没有进行路面硬化。另外，曾经过河时的渡口和船只也都逐渐被废弃。

改革开放以后，村庄的交通主要依靠陆路，实现路面硬化成为基本需求。为加快村庄建设，村委抽取村办集体企业的利润用于修建村庄道路。1996 年，村委会召开集体会议，决定投资 10 万元，每平方米路面补助一袋水泥，用于各条街道的路面硬化。由于集体资金有限，村委会动员村民集资，各条街道的沙石和人工费用通过向住户平摊，集资支付。修路时，村委会任命街道负责人，由其组织本街住户修路，伙食自理。除了几条主要街道外，其他街道则是依靠私人出资以及国家资助的方式，通过市场化进行路面硬化。到目前为止，除了田间的生产道路外，其他道路都已经实现了路面硬化。另外在城市化推进中，基础设施建设逐渐加强，新村外的洛偃快速通道的修建以及汉魏大道项目逐渐竣工，石罢村民通往村外的交通更为便利。

2004 年秋，为适应福建开发商开发东河滩的需要，村委会以此为契机实现了到新村西东西大道的 500 米道路水泥硬化。另外，在国家村村通工程的支持下，新村实现道路的全面硬化。[1]

四、村庄的经济

改革开放以来，村庄经济形态逐渐呈现多元化，主要有农业、工商业和外出务工。

---

[1] 根据徐建恒老人口述内容整理。

其中农业仍然是农户的重要经济形态，主要用于粮食生产，维持家庭基本用粮需求。工商业是村庄的重要业态，主要包括村办集体企业。另外近年来，外出务工已经成为中青年劳动力的主要谋生之路。

第一，农业。全村共有耕地面积3 980亩，河滩地2 940亩。村中耕地主要种植小麦、玉米、大豆、花生等作物。在人民公社期间，由于使用了化肥，石罢村粮食产量快速增长。1976年的粮食突破了100万斤，是1971年的2倍，人均粮食产量达到784斤。到包产到户之后，各生产队人均分得口粮田也不等。村中的农田基本上是由50岁以上的老人在家耕种，年轻人很少在家种植庄稼。每逢农忙时期，青壮年劳动力返乡帮忙收割和耕种庄稼。近年来，随着城市化的进程，村中有1 000多亩的河滩地承包给挖沙场。另外因市政道路规划，也占用一部分田地。目前农业收入每亩小麦收入1 200元左右，其中成本包括收割100元，耙地70—100元，麦种50—60元，化肥150—200元，浇地100元。扣除成本后，每亩小麦收入600—700元。扣除各种成本之后，每亩玉米收入500—600元。由于当前各家各户耕地面积比较少，基本上农业收入3 000—4 000元。农业收入在家庭收入中的比重逐渐下降。

表2-1 不同时期石罢村粮食产量统计　　　　（单位：斤）

年　份	夏　粮	秋　粮	总　产
1960	341 240	464 000	805 240
1971	493 161	604 482	1 091 643
1976	1 266 399	915 882	2 182 281
1981	1 550 303	1 045 118	2 595 421

资料来源：石罢村志和徐建恒老人保存的会计资料。

第二，村办集体企业。1949年后，石罢村大队组织村民在农闲之余，开办副业，增加村集体收入。1958年"大跃进"期间，村民徐进和发明了土车子。于是石罢村大队成立了木业组和铁业组，合称"副业股"。两组成员均是村中木匠和铁匠的村民，大队任命李天照为副业股的负责人，管理副业股的生产与运营。副业股的营业收入都归集体所有，根据负责人李天照保留的副业股资料，副业股每月有500—600元的收入。石罢大队每年给村民发放3元补贴。到了1960年，由于订单减少，石罢村的副业股最后解体。

"文化大革命"期间，石罢大队又开始兴办副业。从1973年开始，石罢村大队从刚开始办油坊，到后来组织绣花小组、油漆小组等。这些集体副业每年都有5—6万元的收入，开拓了村庄的经济来源。各类副业的管理人员以及从业人员都是由石罢村大队党支部成员共同任命和组织。在绣花小组的基础上，石罢村成立了石罢棉织厂，业务从开始的纺纱织布发展到后来的纺织塑料窗纱。到了1980年，石罢村棉织厂更名为偃师县第一窗纱厂，仍然隶属于石罢村大队。石罢村窗纱厂，由村长和村支书负责窗纱厂的管理和经营工作。石罢村窗纱厂聘请山东人王长夫担任技术人员。从1976—1984年间，石罢村窗纱厂规模逐渐扩大，效益较好，在洛阳地区远近有名，并且为石罢村带来了巨大收益。1992年以后，窗纱厂每年上缴20万税金，上缴村委30万利润，另外每年春节分给每位村民10元，每户1 000响的鞭炮。1996年初，村大队从窗纱厂上缴的利润中抽出12万元，雇佣工程队，另外也组织村民将全村大小街巷的道路全部硬化。2004年，石罢村办窗纱厂倒闭。1988年，石罢村集体在党支部的领导下，建立了偃师县硅砖厂。党支部成员担任厂里的主要领导，管理硅砖厂的运营。后来由于管理不善，硅砖厂在运营不足两年之后就倒闭了，使村集体负债150万元。

表2-2 不同时期石罢窗纱厂的生产、收益相关统计数据

年 份	工人数	厂房价值（万元）	设备价格（万元）	产值（万元）	利润（万元）	上缴（万元）	自用（万元）
1976	32	5	5	8	3	0.1	2.9
1980	41	7	15	10	4	0.5	3.5
1982	41	7	18	15	4	0.8	3.2
1983	60	7	23	40	7	1.5	5.5
1984	105	7	23	70	16	3	13

资料来源：石罢村志和徐建恒老人保存的会计资料。

2000年以来，随着周边地区铁皮柜加工的逐渐规模化，石罢村有村民开办铁箱厂。村民姬聚太、姬志中、姬常喜、孙留中、徐红智、徐红召、姬占芳、李运奇、孙利国、姬红杰、姬合六、姬育锋、孙留香等人在村内、旁村或者外省开办铁箱厂。这些私营铁箱厂带动了村中数百人的就业，对石罢村的经济发展起到了积极推动作用。

3. 外出务工

目前外出务工人员逐年增多，他们主要到外地打工。外出务工人员的收入不等，有的在外开办铁箱厂，也有的在外打工。村民孙留中在兰州开办铁箱厂，另外还有姬姓村民在本村开办铁箱厂。有10—20位村民在庞村的铁箱厂打工等。越来越多的村民走出村庄，到其他城市甚至外省打工。在外打工的村民每年收入6万—7万元，也有

10多万元的。外出务工收入已经成为家户的重要经济来源。

五、耕地占有

村内土地分为肥沃耕地和河滩地。其中肥沃耕地的分配情况并不统一，队与队之间存在差异。由于土地位置差异存在等级，以队为单位进行分配时，就存在较大的差异。以官路为界，官路北为瞎（坏）地，官路南为好地。东半村种的土地都为瞎地，西半村种的土地都为好地。好地6分等于1亩，瞎地1亩等于6分。由于以队为单位分配土地存在差异，再加上人口流动和出生率的差异，不同队的村民人均分得土地是有差异的。但是队内分配相对平均，以18队为例，人均分得土地5分7厘8毫，其中2分2为好地，3分5厘8毫都是河滩地。近年来，由于伊河大堤、洛偃快速通道、牡丹工业园等项目占用村中耕地，村民人均土地面积逐渐减少。

第三章 村落经济形态与实态

1949年前，石罢村的经济形态是以家户为单位的农业为主。村落土地归私人所有，农户占有土地的数量和质量不等。村中土地按距离伊河河床的远近划分等级，靠近河床的盐碱地品质差，产粮率最低；远离河床的垆土地品质好，产粮率高。家户是农业经营的基本单元，家户内劳动力状况和土地数量直接影响家户的生产能力和经济水平。除此之外，家户中的剩余劳动力也可以在村庄渡口、村内做些零工，或者到村外扛长工、建房子赚取生活费用。村庄交易活动非常丰富，不仅有村内定期的市集，而且到李村、庞村的非集中性交易活动也比较多。农户主要围绕农业生产、生活展开各种交易。村庄丰富的生计活动增加了村庄内成员之间的生产生活交往，从而村庄内部的借贷、帮工、雇工、土地买卖，亲戚之间的帮扶以及家户内部的分家与继承等交往互动更频繁，使得家户与其他家户建立起联结，并形成稳定的生产生活样态。

本章从人与土地及其生产能力、产权关系、经营关系、分配关系、消费关系、交换关系、继承关系等方面来考察石罢村传统社会时期的经济形态，在此基础之上进一步考察和呈现石罢村的经济变迁过程与当下发展实态。

第一节 人与土地及其生产能力

1949年前，与邻村相比，石罢村人口规模较大，聚落比较集中。耕地总量较为充足，但是由于受洪水影响，滩涂地面积波动较大，且户均分配并不均衡。生产能力以人力和畜力为主，生产工具多是私有或者共用，在此基础上形成的生产能力维持石罢村的农业生产。本节将从人与土地的关系、人与生产能力的关系两个方面去考察1949

年前石罢村的经济形态。

一、人与土地的关系

（一）土地概况

1. 土地分等，河滩地经常变动

1949年前，石罢村的土地按距离伊河的远近分为上头地、下湿地和河滩地三种类型。其中上头地为好地，适合小麦、玉米的耕作；下湿地为盐碱地，也可以耕作，但小麦玉米的产量要远低于上头地；河滩地适合种植花生，花生产量高但小麦和玉米的产粮率不高。种植河滩地的风险较大，农作物有可能被洪水淹没。伊河洪水一旦水势过大导致河堤坍塌，洪水就近迈过河堤淹没河滩地。河床的来回滚动，导致河滩地变河床，河床变河滩地的情况时有发生。

2. 土地与聚落分开

村庄的土地和居住聚落是分开的。1949年前，石罢村人口规模达到1 985口人，比临近的袁付村、南塬等村的规模都要大。村民集中居住在离伊河河床数百米远，地势相对较高之处。土地在村庄聚落的四周，向外延伸，地势平整开阔。下湿地地势较低，地下水层前，土壤中盐碱成分高。老村最东边居民点地势低，洪水进村后排水不及时，容易导致房屋坍塌。后来老村东边的徐姓人家到村庄南部地势较高的田地中建房，后来逐渐形成新村聚落点。新村和老村的聚落点的外围均为耕地。

3. 土地购置所得，世代继承

除了河滩地外，村中上头地和盐碱地均需购置所得。由于石罢村也历经多次战乱重建，后有移民搬迁，家户的土地既有原住民祖先传下来，也有在大移民时期国家分配所得。传统时期，石罢村的土地并没有集中在少数农户手中，而是分散在大多数农户手中。土地是农户的主要生产资料，一般不轻易出卖土地，即使大姓家族也没有集中控制土地。村庄农户也有位于外村的记庄地，他们多是通过高利贷方式获得。

（二）人地关系

1. 好地不均，瞎地凑

石罢村的土地质量不等，以上头地为主的好地分配并不均衡。1949年前，村中农户有381户，共1 961人。村中共有上头地2 000多亩，人均1亩。各家户占有上头地数量不一，好地多为富户人家占有，有些富人家上头地有二三十亩。石罢村的中等农户和穷人家中也有上头地。多数穷人家的上头地不足一亩，有些甚至没有上头地。上头地收成好，一亩地能收200多斤小麦，玉米也能收400—500斤。0.5亩上头地就可以养活1口人，对于6口人家，若有3亩上头地，就能过上好生活。好地不仅土地平整,而且灌溉系统发达。只要风调雨顺,农户勤劳,上头地都能有好收成。上头地多为购买所得,且世代传承。

除了好地外,村庄临近河堤处有大量的下湿地,也被称为瞎地。下湿地经常过水,盐碱成分高,属于盐碱地。下湿地的收成比较差,据村中老人讲2.5亩盐碱地才可以养活1人。但是这些土地表层经常出盐,也有家户经常到地里搓盐。尽管盐碱地质量差,实为瞎地,但也是购买所得,且世代传承。

2. 洪水过后,抢占田

除河滩外,石罢村没有荒地,村民无荒可开。每逢伊河涨大水时,原有的河滩地占用格局清零,村民们需要重新到河滩插界标占田。水性好的农户趁伊河洪水快平息时,下河用树枝插界标。洪水退去后,河滩地就呈现出来。有权势、会泅水的农户占的河滩地比较多,多占那些地势平坦,较为开阔的河滩地。其他小户、没势力的人家只能在犄角旮旯且不太平整的地方开荒种地。在大户人家河滩地边上开荒种地的,也得与大户有点熟人关系,若是没什么关系,也会被大户赶走。河滩地在两次伊河涨水之时是可以在家户内部继承,河滩地不用承担税赋,也没有进入官府的土地登记造册中。

3. 土地稀少,去打工

过去家中田地不足以养家糊口的,可以租种地主家的田地,或者到地主家中扛长工,或者外出务工赚钱养家。农户根据自家的劳动力情况租种田地。一般来说,租种一亩地就可以养活一口人。农户租种的田地多是石罢村中地多人家的土地,通过中间人的介绍,才有可能租到地。除此之外,家中儿子多且地少的农户会让家中的青壮年劳动力到地主家中扛长工,既可以在本村,也可以在外村或者外县。家中有一口人到地主家扛长工,就可以养活两到三口人。另外,有些手艺的农户通过外出务工补贴家用。石罢村有许多泥瓦匠人,在农闲时期经常外出建房,可以赚到粮食或者食品作为家中的生计补贴。

(三)生产规模

1949年前,石罢村农户的土地占有情况较为不均,既有占地达到102亩的农户,也有一家5口人共占有0.3亩的农户。其中占有土地较多的农户占有好地(上头地)的面积一般不超过35亩。土地较多的周姓人家,共占有耕地102亩,其中河滩地有100亩;杨姓占地39亩,其中河滩地有36亩。除此之外占有土地较多的姬姓地主,其好地的面积达到33亩。对于大多数土地较少的农户而言,土地占有面积人均不足1亩。

二、人与生产能力的关系

(一) 劳动力

1. 劳动力观念

村内男女老幼都一样,都要下田做些力所能及的农活,凡是10岁到60岁之间的人都是劳动力。过去11—12岁的孩子就已经开始干一些力所能及的活,如捡柴火、捡粪等。等到了14—15岁,就可以到富户家中打短工。若是女性缠小脚的,不方便到田里干活,只能在家做家务活。没有缠小脚的,或者是放脚后长成半大脚的妇女,都要到田里劳动。村民孙明理家只有一头毛驴,犁地时一边驴子拉,一边是老婆拉。孙明理家地少,租种弟弟家的田。每年也要给弟弟交租。60岁以上的老人基本上干不动农活,他们不算是劳动力。老人只有生病不能动了,才能闲下来,否则就要一直干活,做些捡柴火、打杂的家务活。

过去家中子女多的,并不一定就田地多。田地都是从祖上继承下来,或者是购买的。有些家人口虽然少,但是从祖上继承下来的田地比较多。家中地少孩子多的,生活非常艰苦。村民徐改成家有9个孩子,4女5男,由于家中田地少,所以生活非常艰苦。若是孩子们成年后没有什么能力,也没学什么手艺,成家都非常困难。对于富户而言,多子多劳力,多子多福。富户家中田地多,能养活多个孩子,而且外面还有生意的,生活都非常体面。过去对于大多数农户而言种庄稼只能糊口不能发财,只有在外面做生意才能发家。有本事的人家,会打发孩子上学,将来谋取官职,或者可以经商。对于大多数穷人家而言,若是缺乏关系的,只能在家种田,去给富户扛长工。有关系的人家,可以跟着村内的高手匠人学建房子,这样有门手艺也可以养家糊口。在村中,泥瓦匠人、木匠、铁匠、开豆腐坊的、开染坊的等人家在村中要比一般的穷苦人家地位高。这些人家有手艺,别人都能用得着,所以一般要与这些人家搞好关系,方便以后请他们帮忙。另外手艺人家给孩子成家也要容易一些,毕竟有手艺能旱涝保收,可以养家糊口。另外村中那些有在外当官的、当兵的或者跟当官、当兵的有关系的农户,在村中地位也比较高。村民甄火兴为人活套、有勇有谋,他跟着洛阳县保安团团长高安当警卫兵。他们家在村中的地位比较高,不会被其他农户欺负,也一般不会被土匪抢劫。总的来说,村民认为当兵、当官的最好,其次是做大生意的,然后是匠人、做小生意的,最差的是种田。

2. 劳动力状况

(1) 基本情况

1949年前,石罢村中家户规模集中在3—8口之间,其中4口之家的最多,达到85

户,占总户数的22.3%;5口之家的达到62户,占总户数的16.2%。家中有牛的话,种1亩田有1个劳动力就够了。若是家中没有牛,种1亩田就需要2—3个劳动力。家中劳动力不够的,若是地多,可以轮茬种植。1949年前,李孝良老人家只有4口人,他的母亲是小脚,妹妹年龄小都不能下田劳动,只有他和父亲两人下田劳动。他们家经常是上头地每年都种,下湿地只能种一半歇一半。有些地多的农户,家中劳动力多而且还有牲口的,一般是自家种植。东南街的徐正祥有10多亩田,3个儿子,1头骡子,自家人都能种完,不需要雇佣人帮忙耕种。有些地多的富户家,把自家孩子打发出去到庞村、李村、关林、洛阳县城等地做生意,就雇佣长工种田。有些贫穷的农户,家中地少人多的,要把能干活的打发出去,有人到李村、也有人到孟津平乐等地扛长工。

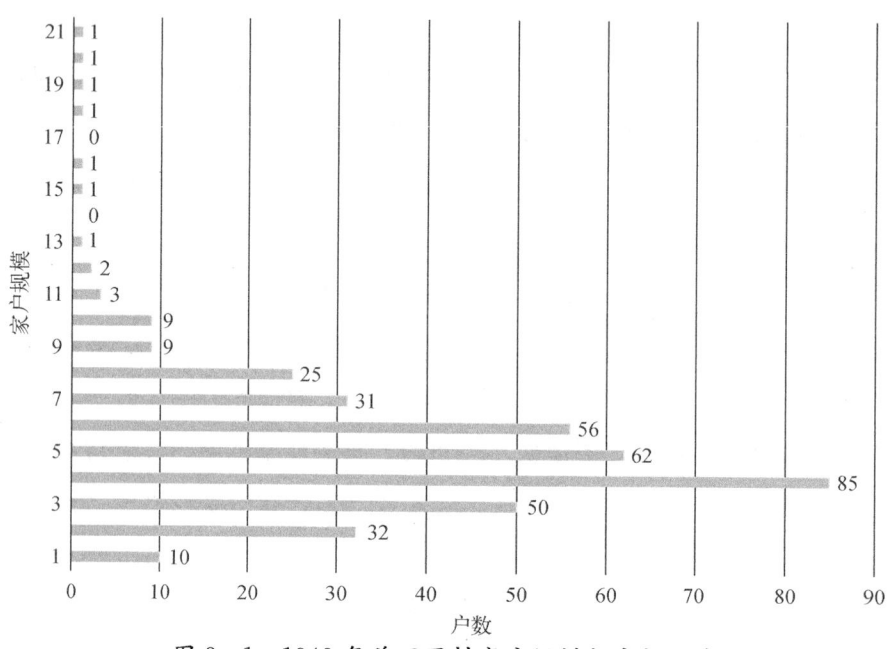

图3-1 1949年前石罢村家户规模与户数统计

3. 雇佣劳动力

(1) 雇工

1949年前,石罢村也有雇人干活的现象。有些农户家中比较忙的时候,会请人干活,并且要支付报酬。麦收的时候,地多的人家忙不过来时,请人"散麦"(农民自制的一种器具,一次性割倒一大片麦子)。有些村中大面积种植蔬菜,蔬菜成熟时忙不过来,就得请人帮忙收。村中地多的农户在河滩地种植大片的苎麻,待苎麻成熟后,就要割下来,还要剥麻洗麻,所以也需要请工。收麻都是在八九月份,还不到收玉米的时间,农户比较闲,可以出工。妇女们冬天没什么事的时候,也去给人织麻打绳赚工钱。出工的也都是村中老实巴交的农民，只会出苦力不会做生意的人才去做这些事。

请工时不用专门到农户家中去请，农户都是主动到请工人家那里找活干。村中老人李孝良大爷曾经去剥麻、洗麻。不用提前跟请工家打招呼，只要早晨四点多，到村中的沤麻坑处等着就可以了。等麻在水中泡好后，就可以直接剥，都是从早晨4点多钟开始，趁着天凉快干到上午10点多，基本上能剥40—50卷。有时是自己一人剥，有时是两人合伙剥。请工家不管饭，但要付报酬。待拨好后，到请工家去验收、算账，验收合格的，一捆麻一毛多钱，基本上一上午能赚四五元钱。验收不合格的，请工人家不给钱。有时是当天给工钱，有些是随后一起给工钱。麦收时给人"散麦"的报酬是一天5升麦子。散麦的工具都是出工人自己带的，用坏了就自己维修，请工人家不负责维修或者赔偿。

（2）长工

第一，请长工的。请长工的都是富户，自耕农不请长工，佃农也不请长工。请长工的都是家中有三四十亩以上、有骡子马、在外有生意、儿子出去做生意或者当官的富户。这些人家地多种不过来，才雇佣长工种田以及看家护院。石罢村地多的富户并不多，所以请长工的人家也不太多。村民徐建恒的爷爷家雇有2个长工。富户家中请长工时，也要通过中间人介绍，一般是长工介绍长工，或者是熟人介绍长工。富户请长工时有以下几个标准。第一是忠心。长工要对东家忠心，与东家一条心，时时处处为东家着想，为东家卖命干活。有许多东家常年在外做生意，长工就相当于一个管家，替东家管好家中各种事务。东家请到忠心的长工并不容易，他们也会善待忠心的长工。第二是勤劳能干，犁耧锄耙样样通。长工还必须要勤快，不能好吃懒做，做好各种庄稼活。第三是有眼色。在东家家中，长工还必须有眼色，要能看到活。长工到地里干完农活后，回到家中还要帮助推碾磨面，砍柴烧火等。

东家对长工一般比较好。长工只要与东家一条心，为东家拼命干活，都会得到东家的优待。东大街的李孝柯到门庄富户家中做长工，为人勤快、忠厚、老实。除了农活干得漂亮外，他还帮东家的太太们推碾磨面。东家人对他非常尊敬，都称他为伯、叔。农忙时期李孝可在东家干完庄稼活后，东家还让他牵上骡马回自家收割庄稼。每年到腊月二十三放假时，东家还会给他做一身新衣服。李孝良大爷认为"毕竟都是人，都长着心，长工对东家忠诚勤干，东家也会对长工好"。有些富户为人不太厚道，对家中长工比较刻薄。徐玉祥比较吝啬，对长工也是如此，克扣长工的工钱。有些长工到他家做了一年后，就不再继续做了[1]。

---

[1] 根据李孝良老人口述内容整理。

第二，当长工的。在石罢村，都是穷人家的孩子出去当长工。有点手艺的人不出去当长工，会做点小生意的人不出去当长工，能认识点字的人也不出去当长工。只有那些没有其他本领，只会卖劳力的人才出去当长工。据村中高龄老人们的回忆，以及徐建恒老人的统计，1940到1948年间，全村有26人外出当长工，其中扛长工10年以上的有22人，潘金和、姬遂中、姬永重、宋怀德、李双龙、李应灿、李应友、姬广照、宋太和、徐聚业、徐进宝、徐玉松、徐银章、徐法、孔庆福等等。这些人都是家中人多，地又特别少，家中生活非常困难，才出去做长工。徐进宝因为家穷外出当长工长达24年。姬永重当长工有17年，家中只有薄田0.8亩，兄弟3人。姬永重排行老三，从小过继给同族的叔父，没有上过学，继父继母也早早去世。姬永重25岁还没有结婚，只好外出给人打长工。最初在平乐朱庄给张姓财主打长工，后到平乐相庄由姓财主家打长工，最后到平乐黑王刘太忠家打长工。姬永重勤劳能干，耧犁锄耙、扬场打掠样样精通，深得地主的赏识。姬遂中，家中只有1亩田，草房3间，生活非常艰难，于是到杨河李家当长工。除了耕种主家地里活计外，还要喂养牲畜，放牛羊，也是庄稼活的好把式。外出当长工的都是男人，女人不做长工。有10来岁的男孩出去当长工，也有40多岁的中年人外出当长工。他们可以在本村或者外村做长工。

第三，不写文约。长工一般不签合同，双方商量好工钱就可以了。东家在过年后或者是麦收后给长工工钱，东家一般讲信用，他们爱惜自己的名誉。东家若不按照约定付给长工工钱，不仅长工不会再给他干活，而且这事传出去也没有人愿意到他家做长工了。长工在东家干活出色，深得东家的赏识，东家也会多给长工一些粮食。过年的时候还会给他们添一身新衣服，或者送给他们一些旧衣服。长工到家后，东家对长工的工作内容也没有明确规定，基本上是地里活和家中活都要干。长工有大把子和二把子之分，各有不同的分工，大把子专管骡马拉车、犁地，二把子干各种杂活。长工不会因东家没有规定而少干活、偷奸耍滑。另外长工的上工时间都是自己掌握，他们一般早早就下地干活。夏天时农活都要起早趁凉快干，晚上回来晚点。另外，半晌还要回来喂喂牲口。东家对长工的工作期限也没有明确规定，东家要先试用长工两个月，干得好就可以一直干，干不好就不会被东家留下来。

第四，长工类型。东家请的长工也有大把子、二把子之分。许多东家地非常多，家中也有两三头骡子，也要请专管牲口活的长工，称其为"大把子"。大把子技术性比较强，会管理、喂养牲口，这种人比较少，较难请到。东家对大把子也高看几眼，给大把子们开的工钱比较多，一年将近400斤麦子。二把子主要干杂活，地里的种麦、割麦，扬场打掠等活都要干。除地里活外，二把子还要在家中干活，推碾磨面，冬天还要用麻秆织簿子等。东家给二把子开的工钱要低一点，一年大约300斤麦子。

第五，上工与下工。长工每年的上工期是正月初十九。石罢村正月十九耍了社火后，长工就要到地主家中干活。长工上工没有什么仪式，跟东家打声招呼，该做什么就开始做什么。下工期是每年的腊月二十三。下工时，东家都要给长工算工钱，关系好的还会送给长工一些做好的年货以及旧衣服等。

第六，长工吃饭、居住、生病。长工在东家宅子里面吃饭，与东家吃一样饭，自己去盛饭就可以了。长工与东家不在一张桌子上吃饭。东家与自家家人吃饭，方便说点家里话。长工都是"没势"人，上不了台面，与东家在一张桌子吃饭的话，太碍事了。长工不与东家住在一处。许多东家都有好几处宅子，徐玉祥家中就有三处宅子。东家的住宅都是一宅一园，宅是住人的，园是住牲口、车辆、长工的。有些家的宅和园连在一起，也有些家的宅和园是分开的，或者对门，或者隔两三家。长工要喂养、看护牲口，通常都住在牲口附近。长工若是生了小病，东家拿钱治病，年终时也不扣长工的工钱。长工病好后，继续干活。长工若是生大病治一段时间好了，刚好的话，一般不允许去干活，待身体完全康复后，才可以去上工。长工生病耽误十天八天工，东家不会扣工钱，若是超过一个月则要扣工钱。久治不好的，东家就给长工结算工钱，然后把他们打发回去，让他们自己去看病。东家不能让长工死在地主家中，他们负不起责任。

第七，长工与东家的日常往来。长工与东家在日常生活中，也经常来往。东家家中有办红白事的，长工可以行礼，不行礼也可以，东家是不会计较的。长工要去帮忙，扫扫地、担点水等干点杂活。东家也会请长工吃酒席，把长工当伙计用，给他们发点烟等。过年时，东家家中有老人的话，长工在初二、初三的时候要带些"人事"去东家家中拜年，给老人磕头。东家也要给长工回礼。若是东家家中没有老人的，长工就可以不去拜年。有的长工与东家关系好，也会来事，让自家的孩子认东家为干爹，拉近两家关系。拉上干亲后，长工也可以涨点人势，这样在村中不用受人欺负。但是拉干亲后，亲戚是亲戚，工钱还是工钱，是要算清楚的。长工家中办红白事时，可以向东家请假回家。与地主关系好的长工，家中办红喜事时，东家随个礼份子，随礼都是按情分，多少代表心意；若是办白事，东家会送6尺布，够长工家做件衣服。若是长工家里人有病急需长工回去，也可以跟东家说一声；若急需用钱，也可以提前支取工钱。在家中要耽误时间长的话，就要提前告知东家，让东家做好准备。东家安置好后，就可以直接结算工钱，解除关系。长工过生日时，东家也会给长工包点饺子，改善一下生活。

（3）短工

在石罢村，有不少人到富户家中打短工。家有二三十亩田的农户，基本上会在农忙时节雇佣短工。甚至有些家中有 10 多亩田的，忙不过来的话，也会找短工。短工在夏季麦收到秋季种麦期间到东家干活，闲天时在自家干活。

东家找短工时，都会委托关系好的熟人帮忙介绍。东家找的短工多是本村人，或者是外村的穷亲戚。东家在本村找短工，都要找那些平时关系好的，为人忠厚、老实可靠的人。若是找外村的亲戚，有着这层亲戚关系，他们也会干活踏实。

当短工的人是在村中没有其他技能，只会出苦力的人。这些人也会到外面做生意，也没有一技之长。短工到东家家后，锄地、割麦、碾场、收秋等，各种活都要干。短工到地主家干活时，时间短的都要自己带工具，时间久的用地主家的工具。石罢村南街的一姬姓人家，有 10 多亩田，亲戚因家贫经常来帮忙，赚点糊口的粮食，类似于做短工。

短工的工钱都是双方协商，基本上一天 1 升麦子，然后按天计算，干几天就算几天。若是长期的话，就按月结算工钱。短工按天干活的，东家不管饭；按月干活的，东家就要负责管饭，早中晚饭都要管，都是些家常饭。

（二）劳动工具

1. 骡子

第一，骡子的产权关系。骡子是富户家非常重要的生产、生活工具。根据徐建恒老人对土改前家庭情况的统计，石罢村有 10 户人家有骡子 17 匹（见下表）。1949 年前，骡子的价格在当时是非常高的，有一对牙的骡马值 70 多块钱。购买骡子需要一大笔钱，不是一般农户能承担得起的，只有富户才能买得起。在石罢村骡子的产权只有一种，即为自家所有。能自家购买骡子的通常是村中的富户，家中拥有田地非常多，基本上在 20—30 亩左右。自家所有骡子的使用、租借、买卖等都由个体家户的当家人说了算。骡马是富户家非常重要的生产和交通工具，使用频率高，能给家庭生产、生活带来附加值。村中有话称"穷人家最怕死媳妇，富人家最怕死骡子马"。一旦骡子马死掉，对于富人家来说是一个巨大的损失。

表 3-1　1949 年前石罢村民拥有骡子情况　　　　　　（单位：头）

姓　名	骡　子	姓　名	骡　子
孔长水	1	孔德富	4
孔八十	2	徐正祥	1

续表

姓　名	骡　子	姓　名	骡　子
徐文正	1	徐督钦	1
姬长生	1	李应少	2
宋长久	2	孔六三	2

资料来源：根据李孝良、徐建恒、姬清和、姬万锁等老人口述内容整理。

第二，骡子的购买。买骡子时，买主邀请会看牲口的行家到骡马市场帮忙看骡子，然后通过骡马经纪完成骡子买卖、报税和上户口。传统时期，买主购买骡子时都要请会看骡子的行家帮忙相骡子，行家会首先看骡子的牙齿，一对牙的是个小骡子，四颗牙、六颗牙的都是成年骡子。富人家一般买成年或老年的骡子，可以直接下地干活。其次看骡子的脖子、蹄子、腿、腰和皮毛。买主相中骡马后，请骡马经纪商谈价格。骡马经纪与卖家都是在大衣襟下摸价格，外人都不知道，摸价时还嘴上讲着"便宜点""再加点"等。价格协商成后，由骡马经纪报税，上户口。石罢村中的骡马经纪有甄大栓、甄林忠，他们主要是做担保，商谈好价格后，买家可以牵走牲口，晚几天再交钱。牲口经纪的报酬由买方支付，按一定比例来收取的，通常是千分之几。买主不需要支付邀请的行家的报酬，只需要带包烟丝，请吃顿饭就行。

第三，骡子的使用。首先，在石罢村，农户家养的骡子在生产中作用非常大，农忙时节，把骡子套到农具上，牲口大把子赶着骡子就可以下地犁地、耙地、种麦、收秋等。除此之外，在农闲时候，牲口大把子把骡子套上车去赶集做买卖。其次，自家所有的骡子还可以为其他村民服务。将骡子套上铁脚儿车，在上面罩上棚子就可以做成轿车，用于村民嫁女娶妻。村中有办红事的农户，只要提前向车主打声招呼，再拿点粮食喂喂牲口，就可以将轿车和大把子都借走，事后要给车主封个红包送点"人事"。再次，自家骡子合伙用。有些农户不太富裕只能买一头骡子马，犁地、耙地需要两头，于是就与别人家合伙。农忙时节，尤其是种麦前犁地、耙地，有许多农户家没有工具，合伙使用的几家就联合起来做这项生意。两家合伙使用骡子时，赶车能手要驯养骡子，在骡子们相互配合、适应后，两家轮流赶骡子为其他农户犁地、耙地。犁一亩地要收六升麦子，犁地赚取的收入由两家平分。石罢村民闫章文与姬凤圈、姬凤仙、姬随和四家各买一头骡子，自己家的土地不多，开辟副业合伙做犁地耙地生意。农忙时犁地，农闲时给别人拉土盖房子，收入相当不错，平时都能吃上白馒头，牲口也都能吃上好饲料。

第四，骡子的借用。在石罢村，富户家中的骡子一般不轻易外借。家中的亲戚、关系好的朋友借用骡子时，通常是连骡子带上"大把子"一起借走使用，也不用支付任何报酬，只要给骡子割些青草，喂养好即可。另外，有些东家对家中的长工非常好，平时很尊敬这些长工，也会把骡子借给长工去干自家地里的农活。村民李孝可做过门庄富户家的长工，深得东家的喜爱。在农忙时节，只要把东家地里的活都干完，东家就会把骡子借给李孝可让他回家犁地耙地、种庄稼。

2. 牛

第一，耕牛的所有。与骡子相比，耕牛要便宜一点。截至1966年，石罢村有牛驴106头。大多数中等农户家可以买头耕牛，也有些农户家贫买不起牛但是又需要用牛犁地拉车、种地，于是就形成了两种产权形式：自养耕牛和伙养耕牛。第一，自养耕牛。耕牛归农户独家所有，耕牛的使用、租借、买卖也由当家人决定。耕牛的价格比较贵，并不是一般穷人家购买得起的，那些村中拥有10多亩田，手头相对宽裕一点农户才会去购买耕牛。1949年前村民李孝良家花了24块现大洋买了一头小牛犊，比成年牛便宜一点。买牛也要通过牲口经纪商谈价格、报税和上户口，具体流程和购买骡子一样。牛经纪要收取买家佣金，按照买牛价钱的千分之几来收。第二，伙养耕牛。伙养耕牛是几家联合起来对钱买牛，并共同享有耕牛的使用、收益的权利，买卖耕牛则由几家共同决定。其中任何一家都不能私自将耕牛卖掉，或者在不经他人允许的情况下，将耕牛借出去。

第二，耕牛的使用。用牛也是一个技术活，会用牛的人会用巧劲，使牛既能干活也能省劲，不会用牛的人只会打牛，牛也不使劲拉犁。用牛人必须了解牛的习性，还要爱惜、善待耕牛。对一般家庭来说耕牛是比较贵重的财富，当家人喂养、使用耕牛时都是非常仔细认真的，他们也会教导家中的妇女和孩子仔细喂养耕牛。耕牛要早中晚各喂养一次，并且中午还要休息。在使用耕牛时，将牛套到犁耙车上就可以下地干活。耕牛一天能干多少活，是有规矩的，1头牛一天能犁耙1.5亩地，干太多了也会把耕牛累到；两头牛配合着一天能犁地、耙地3亩多。了解牛习性的好把手在犁地时，知道牛什么时候累了，会让牛适当休息一下。据村民李孝良大爷讲"牲口需要人来心疼，要按照牲口的习性来用牛，甚至是要哄着耕牛干活。当牛口里开始吐白沫就说明牛累了，要停下来让牛休息一下，倒一倒白沫。犁地到田头时，赶牛人要让牛休息一下，然后再转弯继续犁地。夏天时，要起早去犁地，到上午10点多时赶牛回家，半晌时要给牛加一次草料，中午时还要让牛休息一下。"

第三，合伙买牛。① 伙买原因。1949年前，耕牛的价格非常高，一般人家单独买不起，与他人合伙在种地的时候买牛，种完地后再将牛卖掉。双方合伙买的都是老牛，价格比较便宜，两家合起来能负担得起。另外两家合伙买牛的时间都比较短，长时间合伙养牛会在喂养和使用上惹矛盾。为避免这些矛盾，两家种地时候买牛，种完地后就把牛卖掉，即使吃点亏，人们也不愿意因合伙养牛惹矛盾。② 伙买方式。两家合伙买牛前，将耕牛的价格打听清楚，双方准备好钱，到庞村和李村的牲口市场买牛。两家合伙买的都是老牛，价格相对便宜，不用借钱；而且老牛也会耕地，不用驯养，买回来后直接使用。两家到牲口市场上通过牲口经纪商谈价格，与卖家商谈妥当后，经由牲口经纪进行交易并报税、上户口。买牛的费用和牲口经纪的佣金均由两家平均分摊。③ 使用规则。两家买回牛后，经过协商轮流使用。两家买牛的时候都是农忙时节，但是两家的农活不一定都挤到一起，所以双方通过协商，尽量将用牛的时间错开，轮流使用。在使用期间，两家都要遵循谁使用谁喂养的原则。甲家先使用，就要由甲家喂养和照料耕牛。轮到乙家使用时，要由乙家喂养和照料耕牛。待两家都收完秋种上麦后，再把耕牛卖到牲口市场或者卖到翟镇进入屠宰场。对钱买的耕牛也都是老牛，继续养也没什么价值。另外，合伙养时间久了就会产生矛盾，牛吃得多了少了、用的时间长了短了、给牛看病花钱等等都会产生纠纷。

第四，耕牛的借用。1949年前，石罢村中没有租牛的，但是有借牛的。石罢村内经常有人家借别人家的牛耕地、拉车。① 亲戚家要借牛。只要耕牛闲着，主人也会同意借出去。亲戚之间借牛，通常是姑娘到娘家借，或者到直近亲戚家中借。村民们认为都是经常走动的、直近的亲戚，相互帮忙也是应该的。② 街坊邻居借牛。街坊邻居之间借牛的，通常是在一起关系非常好，经常相互帮忙的人家。有些家中没有牛的，眼头活、会来事，平时给有牛的农户多帮忙，庄稼活上搭把手，盖房子、红白事时当个伙计帮个忙，日常拉好关系，借牛时就比较容易了。③ 借牛带借人。农忙的时候大家都要用牛，所以不太好借用。没牛家与有牛家合伙打场、碾麦子，若是家中人多，也去给有牛家帮忙收割麦子，这样就可以请有牛家顺道帮个忙拉粮食。有牛家也愿意帮忙，都是人情往来。另外，喂牛和赶牛都是技术活，有牛的人家担心别人喂不好牛，也不会赶牛，所以只好连人带牛都去帮忙。帮个一天半天，几个小时都可以，也不用付报酬。借牛的人家要管饭，都是些家常便饭，另外还要给牛准备好草料。若是时间长，借牛家也会给点好处，不能让有牛家吃亏的。大家都要维持人情，不能让面子上过不去。村民李孝良家的小牛犊养大后，媳妇娘家亲戚来借。李孝良大爷担心亲戚不会喂牛、用牛，自己跟过去帮忙。

第五，耕牛的卖掉。耕牛在生活中非常重要，但是在以下几种情况下农户也会将耕牛卖掉。首先，牛老了后会被卖掉。牛老了后只吃草没力气干活，就变成家中的负担了，所以农户会卖掉老牛。其次，农户家中有急事急需用钱，又借不来钱时，也会将牛卖掉解决家中的要紧事。再次，因其他原因卖牛的。在1945年以后，村中各种出差比较多，有牛有车的家经常被派去出差。村民李孝良家中有牛，每回上头派下来有拉车的差事时，保长都会派他去。李孝良大爷经常到军屯出差，当时出差没有报酬，而且还要自带人畜的口粮。很多时候派差都赶在农忙时期，自家农活经常被耽误。李孝良大爷出差时还经常会听到空中传来的美国、日本飞机的轰鸣声，心中非常恐惧，也让家人提心吊胆。后来家里人觉得有牛就是一种罪，于是将牛卖掉。卖牛要到牲口市场通过牲口经纪卖掉，忙天时候卖贵，闲天时候卖贱。

第六，耕牛被盗。牛是一般农户家中最为贵重的财产，非常值钱，也容易被小偷们盯上。偷牛贼多是外村的赖皮，好逸恶劳，经常到村中小偷小摸。被偷的大多为人老实腼腆，家中也没有什么势力，老实巴交的农户。有钱有势的家庭，偷牛贼一般不敢偷。偷牛贼通常有很多内应，村中有人给这些偷牛贼介绍情况，引路踩点，里应外合把牛偷走。耕牛被偷后找回得少，丢牛家只能自认倒霉。若是知道谁是偷牛贼，农户们向官府报告后，乡公所也会派人下来管理。一般来说保里不管偷牛的事，乡公所也不管这些事。村民只能自己加强防御，晚上将大门落锁。也有的农户家牲口屋里都要住上人，晚上看着牛，以免被盗。

3. 驴

第一，驴子的所有。1949年前驴的价格相对于骡子和牛要便宜一点，能买得起毛驴的人家相对比较多。在石罢村，对毛驴的所有有两种形式：独自所有和几家共有。其中独自所有就是单个家户独自购买、占有、使用毛驴，收益也归自家所有。石罢村，有点田地的穷苦人家会买驴。另外，一些富户也会买驴，配着骡子一起耕作。据村中徐建恒老人对土改前家庭情况的统计，1949年前石罢村有牛、驴106头，其中驴至少占一半。村民孙明礼家中有两三亩田，买了1头小毛驴。几家共有的通常是两三家共同购买毛驴，驴子的饲养、使用、收益都归几家共有。村中几家共有毛驴的情况并不多。不管是独自所有还是几家共有，买家都要在本村的牲口会，或者是在李村或庞村的牲口集市上购买毛驴，都要通过牲口经纪谈成交易、报税和上户口，和买骡子、牛的手续都一样。买驴也要请村中的行家、牲口老把式帮忙看驴。看驴也是个技术活，一般人不会看，容易被忽悠。牲口老把式看驴时，先看驴的精气神，精神活泼的驴到地能干活。还要看牙齿的数量。毛驴两年出一对牙齿，可以通过看牙齿知道毛驴的年龄。看毛驴的身体，若是脊背和腰看上去平直，前胸宽深，肋骨拱圆，腹部充实，这样的驴就干活有劲。看毛驴的关节。关节强大而有力的毛驴，反应灵敏。看到合适的驴后，通过牲口经纪磋商价格，达成协议，并由牲口经纪负责报税和上户口。

第二，驴子的使用。对于穷人家而言，家中劳动力不足，地还比较多的时候，驴就成了主要的生产和运输工具。买回的毛驴若是小毛驴就必须先进行驯养，驯养一段时间后，毛驴才能下地干活。若是成年的、驯养过的毛驴，就可以直接下地干活。农忙时节，当家人给毛驴套上犁到地中去犁地、拉耧、种麦子。毛驴力气要比骡子、牛小一些，但要比用人力翻地强许多。毛驴犁地虽然比较慢，一天能犁1亩多地。有些家犁地时，和村中熟人家的牲口配对拉犁。也有些家犁地时，让人和毛驴配在一起拉犁。孙明理家中有2—3亩地，家中有头小驴，其妻经常和毛驴配着一起犁地。

第三，合伙养驴。1949年前，有些穷苦人家觉得买驴不划算，也会和他人合伙买驴。合伙养驴在村中并不多，因为在喂养和使用上容易闹矛盾。据姬清和老人讲，"合伙养驴的都是关系好的人，或者是'一自己'。一般不爱合伙买驴，怕惹矛盾，影响两家关系。但凡能自家养就自家养，不与他人合伙。"① 伙养对象。合伙养驴的都是关系好的人或者是"一自己"。两三家关系非常好，经常相互帮忙，也有很多人情往来，才会去合伙养驴。一自己的亲戚平时关系好的，两家为人处世也都差不多，也会合伙买驴。一般近亲不合伙养驴，大家都认为"亲戚不共财，共财两不来"。合伙养驴的有两家合伙，也有三家合伙。合伙人不能太多，否则农忙时用驴都集中在一块，更容易闹矛盾。② 伙养方式。合伙养驴的农户要轮流喂养驴。喂养毛驴时按照固定天数分配，你养几天，我也养几天，几家轮着来。村民A、B、C三家合伙买了驴后，就商定好一家养十天。A养10天后，送到B家，B养10天后，送到C家，C养10天后送到A家。除了喂养时间按固定天数分配后，怎么养驴，大家也都差不多。你给驴吃什么草料，我也给驴吃什么草料。你怎么喂，我也怎么喂。我喂得好，你喂得不好，以后我也不好好喂。③ 伙养的使用。合伙养的驴子，谁家有需要，谁就使用。谁的庄稼先成熟，谁就可以先用毛驴。中间有其他家要使用，大家商量一下，把用驴的时间都错开，基本上大家也能谈妥，不会有啥大矛盾。若是到了农忙时节，大家用驴的时间都挤到一起，双方协商后，可以你用一天，我用一天。两家根据用驴的时间调整自家农活的进度。也有的农户们商量排个固定顺序使用，比如A、B、C三家，若是大家在同一时间都急需要用，就按照A—B—C的顺序用驴。

3. 大车

第一，大车的所有。1949年前，石罢村中也有不少人家有大车。大车与牲口一样，属于大型农具，都比较贵重。当时一辆大车值二三十块钱，比较昂贵，农户们攒两年钱后，才能买个车。只有那些田地比较多，生活相对富裕一些的人家，家中有牲口的人家才会购买大车。地少家贫的小户人家一般买不起大车。石罢村中，大多数车是家户自有的，也有极少数是两家合伙购置的。因此，在石罢村大车有两种占有方式：家户所有和共同所有。家户所有就是有一家独立出资购买，车辆归家户所有，车辆的使用、维护、借用都由家户决定。共同所有是由两家共同购置、共同所有、共同使用。共同所有大车一般不是两家共同对钱购买全车，而是两家分工，一家买车脚，另外一家做车体。不论是家户所有还是共同所有，农户们都不能在集市上或者会上买全车，他们需要到在伊河北岸的石桥村购买车脚，请村中的木匠做车体，然后将车脚和车体组装在一起。

第二，大车的使用。车辆的使用范围比较广，既可以在农忙时拉庄稼、拉粪土，也可以在农闲时串亲戚、做生意、拉盖房用的砖、瓦、土等。有大车的农户，家中几乎都有牲口，把牲口套到车上，就可以下地干活或者做其他事情，这样既可以节省力气，也可以提高速度。赶车也是个技术活，必须掌握这种技巧才能赶车上路。若是赶不好，牲口受惊吓乱跑，也会撞到人，有时甚至也会翻车。一般是家中的男子们赶车，妇女、孩子和老人很少赶车。

第三，大车的维护。车辆经常要拉些重物，也会被磨损或毁坏，因此要经常维修大车，在车轴的三角铁上抹点油润滑，哪里该修补了就修补一下。若是车脚坏了，就要更换车脚。若是车体坏了，农户自己能维修的就修一下，若是自己不能维修，就请村中的木匠来修。若是车长时间在院子中遭受风吹雨淋日晒，也容易毁坏。有些人家在院里搭个草棚，专门放车。

第四，大车的借用。石罢村中，大车的借用有两种情况：第一种是趁车。拉庄稼时，若是有车家车上没放满，邻居就会跟有车家打声招呼，把庄稼放在车上，趁车把庄稼拉回家。第二种是借车。通常是两家关系非常好经常有来往，才会借车。有牲口的人家才去借车，没有牲口的人家不借车。借车时，要提前打声招呼，有车家不用车时，才能借用。若借骡马车，车主要派人过去帮忙，因为骡子马容易受惊吓，一般人很难驾驭它们。借车时间不能太长，差不多都是一两天。时间太长就不合适了，会影响有车家的家事。另外车主也担心借家会把车弄坏，或者撞人、翻车等。借车时，借方不用送"人事"，只要跟对方打声招呼，征得对方同意就可以了。

4. 水车

石罢村农地的主要灌溉工具是水车，都是统一标准制式，可以由人推也可以用牲口拉车水。石罢村的农田中，除河滩地外，水井非常多，据不完全统计，有58孔水井，几乎每个井上都有水车。

第一，水车的所有。水车比较大，也比较贵，农户们很难有能力单独置办，地少的人家独自买水车也不划算。通常是田地连在一起的七八家农户对钱买水车，浇二三十亩田。有些富户人家土地面积比较大，家中经济实力强，也可以单独置办一个水车，不用和别人家趁水车。1949年前，村民徐登蟾家在官路北有田三四十亩，田中有两口水井，也被称为双井，自己买水车车水浇地。水车都是标准制式，上面有大轮子、小轮子，还有水车斗。轮子由铁匠铺打，水车斗要到集市上买的。水车都是有农户们对钱买的，大家根据各自地的亩数按比例对钱。然后，由于合伙的农户中能办事的人负责购置。有些合伙的农户，觉得一口井不够用，在深井旁边再打一个浅水井，再买个小水车，一大一小水车一起车水。

第二，水车的使用。夏秋两季天旱时，庄稼需要浇水，大家就把水车装上，轮着集中浇地。用水车浇地时，通常要合伙拉水车，轮流浇地。首先，合伙拉水车。浇地时有骡子家可以用骡马拉水车，没有的只能两三家合伙推水车。推水车是两个成年男子一起推，中间还不能停。有些人家不厚道，别人浇地时，偷偷从自家地头开口子偷水。所以两家合伙浇地时，也派妇女或者孩子们去看陇道。其次，轮流浇地。浇地都是集中在一段时间，水井的几个股东轮着浇地，一般是地离水井近的先浇地，可以先洇湿陇道，地离得远的后浇地，陇道不会吃水太多。大家白天车水浇地，晚上不卸水车。晚上需要有人看水车，以免人偷水车斗，都是谁家浇地谁看水车。

第三，水车的维护。水车的股东们都浇完地后，就把水车斗、水簸箕都卸下，运到家中有棚子或者空屋子的人家收起来，由他们来保管。水车斗和水簸箕都是用木头做的，年头久了容易损坏，几家中会木匠活的修一修就可以了，也不用大家对钱。若是实在坏了不能修了，那就由水井的股东对钱购买。股东们每年开春时就要收拾一下水车斗和水簸箕，给它们油一遍漆。水车的大轮子，小轮子都是铁做的，非常重，需要七八个人才能抬走，基本上不会被偷走，所以不用收起来，放在井上就可以了。

第四，水车的被盗。村中仅出过一次水车被盗的情况。据村中老人徐建恒、闫章文等老人回忆，村民徐玉祥家有田地40多亩，三处宅院，属于村中的富户。但是徐玉祥却不买水车，他曾经偷盗六三井上水车的小轮子，被六三井的几个股东发现后，将小轮子还回去。徐玉祥让自家孩子徐铁院去说情后，才把事情平息。第二年春天恰逢春旱，小麦浇了两遍水还得浇第三遍水，各井上的水车一直在井上安着。徐玉祥一直借外村水车浇地，看着自家田里小麦又旱，非常着急。于是徐玉祥又打上了偷水车的主意。孟科井的股东在小麦浇完后，已是天黑，因为都太累了，就没有叫人卸水车，也没有叫人看守。徐玉祥当晚就组织了十个人将水车抬到自己井上，套上小毛驴，开始抽水浇地。当时孟科井的股东们发现水车丢失后，找到保里，保长也没有解决，后来他们四处寻找也没有找到。

第五，水车的借用。在石罢村中，几乎田地中的所有水井上都有水车，所以村子内很少有借用水车的情况。水车的大轮子、小轮子都是铁做的，非常沉重，装到水井上后就不再取下来。即使要取下来，也非常麻烦。水车斗和水簸箕都是木质的，也不值几个钱，能置办的人家也都置办了，不用借其他人家的。

5. 犁、耙

第一，犁、耙的所有。犁、耙是农耕作业的重要生产工具，经常用于翻耕土地。秋收之后，要将田犁一遍，再用耙将地耙平，才能种冬小麦。犁、耙是种庄稼的必备农具，但是并非所有的农户家中都有犁、耙。相对于其他农具而言，犁、耙算是大农具，并且还需要牲口拉，村中许多穷苦人家没有置办犁耙，只有那些生活相对富裕，田地比较多并且有牲口的人家才会置办犁、耙。犁由犁铧和犁辕两部分组成。犁铧是村民到铁匠铺购买，或者赶会的时候在会上购买。石罢村民焦春、孔豹两位铁匠打制的犁铧都非常锋利，也很好用，备受村民们欢迎。犁辕是村民们到酿庄的木匠铺里买的，然后由木匠师傅直接将犁辕投到犁铧上。农户置办一张犁需要花差不多两块钱，犁铧值一块多钱，犁辕也就值几毛钱。耙基本上不用花钱，都是村民自己制作的。

第二，犁、耙的使用。犁、耙主要是在农忙时节使用。种谷子、种冬小麦前都需要用犁和耙将田地翻耕、耙平，另外种植蔬菜以及其他经济作物时候，也需要用犁、耙翻耕土地。把犁、耙放在车上，夫妻两口子或者带着孩子赶着车到田中犁地、耙地。男子们负责赶牲口犁地，妇女和孩子们负责拾草、捡麦茬、挖地角等。等把地犁好后，男子们再用牲口拉着耙将地耙平，由于耙比较轻，有时就需要孩子们坐在耙上，这样耙就能扎到土地里，不容易脱落。

第三，犁、耙的维护。犁耙不需要农户特殊的维护。犁铧和耙齿是铁制的，最怕生锈，所以不能放在屋外风吹雨淋。使用完犁、耙后，农户们需要把犁耙上的土清理干净，然后放在屋子中就可以了。

第四，犁、耙的借用。在石罢村，村中有不少地少的穷苦人家没有犁、耙，所以他们在农忙时也会借用别人家的犁、耙。犁和耙不是那种天天使用的农具。只要主家使用过后，街坊邻居可以趁机去借用。借犁、耙不用给主家送礼，也不用请吃饭。毕竟都是街前街后的邻居，大家经常在一起干活，都非常熟悉，经常相互借用农具，相互帮忙。借用完犁、耙后，要将犁、耙上的泥土清理干净，再送给主家。若是没有清理干净，下次再借就没那么容易了。若是将犁弄坏，借家也需要赔偿或者负责维修。

除了街坊邻居借犁、耙外，也经常有亲戚借犁、耙的。来借的亲戚都是内亲和近亲，姑姑家、舅家、老丈人家、叔伯家等。亲戚来借犁时，主家只需把犁借给他们就可以了，不用再借人给他们。

6. 锄头

第一，锄头的购买。锄头是种庄稼必备的农具之一，农民下地干活都会带着。在石罢村几乎家家户户都有锄头，劳动力多的人家会多几个锄头。锄头是由家户购置的，产权归家户所有。锄头比较便宜，也就是几毛钱，不足一块钱。农户们都能买得起，无须两家合伙购买。农户们通常是在铁匠铺打制锄头，或者赶会时购买锄头，然后在给锄头配上木把，就可以直接使用了。

第二，锄头的使用与维护。种庄稼使用最多的就是锄头。农民一年四季到田里干活都会带着锄头。锄头的使用范围非常广，可以用于除草、浅翻地、划陇、堵水口、锄麦茬、打坷垃、种玉米、种黄豆、种花生等等。锄头也可以代替铁锹、三指耙子等农具。锄头使用起来比较简单，男女老幼都能很快掌握使用锄头的技巧。由于使用频率比较高，四五年就需要更换锄头。锄头是铁做的，不能放在外面风吹雨淋。平时不使用时，把锄头上的泥土清理干净，然后放在屋里就可以了。有些人家经常把锄头放在院子里，一旦刮风下雨，就会把锄头收拾到屋里。

第三，锄头的借用。农户们一般是使用自家锄头，自家锄头使用惯了，用起来比较顺手，借用别人家的锄头使用起来就没那么顺手，还会伤青苗。不过，村民们有时候也会借用别人家的锄头。家中来亲戚帮忙干活时，锄头不够用的话，就会到邻居家借用锄头。有时候到田里干活，忘记带锄头了，就会借用邻居家带的锄头。借用锄头时间都不会太长，一般是1—2个小时，或者半晌，最多一天，不会持续到三五天。使用完锄头后，要把锄头上的泥土清理干净，然后再归还给主家。若是还的时候，锄头上四处都是泥巴，对方就会不高兴。

（三）劳动分配

1. 劳动分工

男女分工。民国时期，家中的妇女有些是小脚，有些已经放脚成半大脚。小脚的妇女走路不方便，她们通常在家中做家务活，庄稼活做得少一些。妇女在家主要做家务，比如洗衣做饭，纺花织布，做衣服、鞋子等。日常家务也主要是妇女做，男子则要负责磨面、捡柴。若是已经放脚的或者是大脚的妇女，也要到田中干活。若是家中有牲口犁地的，妇女要在后面打土疙瘩，还要挖边角，捡玉米根等。若是家里牲口少的，妇女和牲口一起拉犁。过去种麦子时，要3个人拉一张耧，后面有人把着耧。家中男劳力不够的，妇女也要在前面拉耧。收麦时，妇女和男子也要一起到麦田割麦子，另外割完麦打完场后，还要带着孩子到别人家田里捡麦穗。带着孩子的寡妇，家中没有男劳力，一般要改嫁。没改嫁的，都有叔伯弟兄来帮忙种田、收割。

长幼分工。家中能干活的孩子，也要跟着大人到田里做一些利所能力的农活，除草、丢种子、捡麦穗等等。家中上学的孩子，有的需要到田里干活，有不用到田里干活的。李孝良老人是家里单传，父母心疼孩子，在他念书期间，基本上不用到田里干活。年龄大一些后，也跟着父亲下地干农活。

农忙时的分工。过去木匠、铁匠、泥瓦匠、做豆腐的、开染坊的农户家中都有田地，他们在农忙时，都要赶时间收种庄稼，一般不会外出干活。过去村里当兵、当官的在农忙时一般不回家收庄稼，经商的常年在外经商，做大生意的，基本上家中都雇长工种庄稼。读书的学生一般在附近，农忙时期也有假期，他们也要回家帮助收种庄稼。

2. 劳动时间

过去每年的阴历四月末到五月份要忙着收麦、种秋，到了八月十五左右就要收秋。秋收后要平整土地，然后紧接着要种冬小麦，过去有谚语"芒种忙，麦上场；秋分四五，麦籽入土"。除了这些日子外，其他时间都属于农闲时期。麦收时，农户们都要起五更到田中收割麦子，中午一般不回家歇晌，继续割麦，直到家中麦子都收割完毕才回家。中午时分，家人要送饭到田中。下毛毛雨，不影响种玉米、锄地的，还要继续在田中干活。下大雨了就不再干活了。过去除了忙收麦种秋、收秋种麦外，家中有河滩地的，还要在种麦之后收花生。过去有话讲，家有二亩沙，家人不在家，大人、孩子都要到田中帮忙收花生。到了农闲时期，勤快的农户也闲不下来，泥瓦匠人要外出建房子，木匠、开染坊的等都要继续经营。另外也有村民到外村换红薯，换鸡蛋、鸡、盐等，或者挑着担子到外去买菜、水果、吃食等。妇女们到了阴历七八月份最忙，"知了叫，懒老婆吓一跳"，她们要做衣服、鞋子，为家里人准备过冬用品。

3. 劳动活动

过去，正月时节过后到麦收之前，秋作物种上之后到收秋之前，然后是种麦以后，这些时间都是农闲时期。农闲时期，也有家户做些副业养家糊口。村中有人种青麻，到了收麻季节，就会雇佣村民帮忙剥麻，到了冬季还要雇人用麻秆织簿子，搓麻绳等。男性去剥麻、织簿子，女性主要是搓麻绳，时间都不长，十天半个月不等。过去有匠人手艺的，农闲时期做副业的时间比较长。比如泥瓦匠人，除了农忙时节外，只要接到活，基本上农闲时期都要到外面干活。

第二节 产权及产权关系

1949年前，石罢村土地产权归家户私有。村庄土地关系存在不均衡，但并没有发生严重的集中和极化现象。土改时期被划为地主的农户，他们的占地量并不特别大。村庄中普遍存在土地租佃、买卖、典当和置换等活动。本节主要从土地性质与土地所有类型、土地买卖与土地租佃考察石罢村的产权与产权关系。

一、土地性质与土地所有类型

（一）土地性质

1. 产权所属

（1）土地的产权所属

石罢村的田地有私田、庙田、族田、社田等四种类型。私田归农户所有，庙田归兴国寺所有，族田归各宗族共同所有，社田则归街道住户共同所有。村庄中的道路也有产权，东寨通往新村的道路，是由徐登蟾施舍出来的。道路所占土地的产权归徐家所有。东官路和西官路以及村庄的街道、麦田中的小路形成时期早，历史久远，其产权已经归全体村民共同所有。河滩地没有产权，由于经常被洪水冲毁，庄稼收成没有保障，而且每次被洪水冲毁后，都要重新占地，其所有经常变动，所以没有土地证明。其他土地都有官府颁发的房产土地所有证。

（2）水井的产权

第一，水井类型。传统时期，石罢村的水井有生活水井和农用水井两种类型。石罢村的生活用水井基本上是3—5米的浅水井，几乎每条街道上都有一两孔水井，东大街在六喜、兴国寺门前，西大街在姬聚现家门前，西南街在姬全义、姬成乐、姬海朝门前，东南街在张志斌、张文兴门前，新村北街在陈壮门前。生活水井只有井眼，没有打水的辘轳。村民们打水时，只能用勾担挂着水桶去打水。在庄稼地中，也有许多灌溉水井。除了河滩地外，在石罢村的上头地和下湿地都有农用水井，基本上是一20亩田就有一孔水井。农户们都可以在冬小麦和秋作物的成长期内，根据天气情况和农作物的生长情况及时给作物浇水，非常便利。农用水井也不深，都是浅水井，基本上也是3—5米深。石罢村坐落在伊河边，水资源非常丰富，地下水层也比较浅，基本上下挖3—5米就能出水。根据村中老人们的统计，1949年前村内河堤以南的耕地中有水井58孔。其中最古老的是村庄东地的孔家井，建于乾隆四十七年（1782年）三月。徐登蟾父亲家的田地中挖了两孔水井,他家的田地也被称为双井地。双井是洪水的界限,几乎每次涨河,河水都不会超过双井,所以双井以南的庄稼都比较安全,不会被洪水冲毁。

第二,水井的所有。水井产权有两种,私人所有和共同所有。就生活水井而言,有些水井是大户人家出资打的,有些水井则是由于一条街上的住户共同出资出力修建的。私人所有的生活水井,都是由街道中的大户出资购料,街上的其他住户出人工,这样街上的住户都可以到井上打水吃。住在一条街上的许多住户都是本门本家的一自己,所以修建水井时也都积极参与。共同所有的水井则是由街道上的住户共同捐资修建的,一般是大户人家多捐点,小户人家根据家庭情况捐,不对他们进行强制性摊派。农业灌溉井由土地相连的农户集资共建,建成后归集资户共同所有,共同使用。一般一口水井能灌溉周边的20多亩田。那么在这片区域中,这20多亩田的农户们就对钱挖井。若是离得太远,农户给田地浇水时,过水陇道太长,水流失太多,浇地就非常不划算,所以就不会参与对钱挖井。农户们对钱时,先估算一下挖井与水车的价钱,然后根据田地的多少按比例分摊,地多的多出点钱,地少的少出点钱。灌溉水井一般用井地主人的姓或名来命名,比如有杨家井、宋家井以地主的姓命名,六三井、六四井是以地主的名字命名等,另外也有特殊标志命名的,比如核桃树井、柴房井等。

第三,水井修建与维护。石罢村的水层浅,很容易打井,所以不用请专门的打井人挖井,村中有经验的打井人带着本街住户,或者田地邻居一起打成一孔井。先要请有打井经验的人根据地形、地貌选择井址,不管选到谁家门口、田头,住户们都不会拒绝。村内水井都没有人看护,也没有村民去破坏水井。饮用水井位于各条街道,灌溉水井都分散在田地,各有其用。不论是吃水井还是灌溉井,用得时间久了,井底会淤积许多泥沙,因此每隔3—5年,就需要下井掏泥沙。街上的热心人或者是爱管闲事的人带头去淘沙。灌溉用井都有管理者,谁家地多谁管井。需要淘沙时,也是由集资户共同协助淘沙。

2. 产权认定

家户私有土地在买卖时,都要通过地经纪报税、办理地契。土地经纪拿着老地契、协议、税钱、土地的相关数据到官府报税,土地交易的税钱一般不超过交易金额的百分之十。报税后,地经纪要为买卖双方办理地契变更手续。卖家原有的地契保留,官府在卖家地契上在已经卖掉的地块下面盖上注销章即可,不再颁发新的地契。另外,官府要给买家办理新的地契。官府颁发的地契文书是解决纠纷的依据。田地地界挪动发生纠纷的,双方拿出地契,请中间人重新丈量土地,就可以解决问题。庙地是庙中的主持管理的，庙地四周都有界石，一般没有人去挪动庙地的界石。社地、坟地、坟社地都有界石，这些田地也有地契。地契归私人名下，但是在官府颁发的地契上注明其用途。地契上都有四至，这些田地都是归集体所有的，一旦有人挪动地界，就会引起集体的不满。所以村中没有发生过挪动公田界石的事情。

3. 产权边界与纠纷

(1) 田地产权边界与纠纷

第一，地界概况。1949年前，石罢村所有田地包括河滩地在内都有地界。地界由两部分组成，上面是界石和下面是灰橛。界石都是20—30厘米高的长石头，四角各有一个，立在两邻地界的田埂上。在界石下面是灰橛，在地的四角各有一个。灰橛是一根50—60厘米长的火箸，深深地扎在两邻地界上，沿着火箸边还洒有一圈白石灰。下地界的时候，地邻居都必须在场，在地邻居的共同见证下扎灰橛、立界石。地界确定后，地邻居都按着界限耕种田地。地界尤其是地下的灰橛不用挪动，一旦挪动很容易就会被地邻居发现。地面的界石则可以挪动，若是有些人家会把界石从田埂上挪到别人家田中，只要对方发现，两家就会闹矛盾。为解决纠纷，双方就要找灰橛，找到灰橛后，再在灰橛上方再立界石。

第二，地界的使用。地界是两家田地的界限，一旦确定后，两家就会在地界上修一道田埂，既是两家耕种田地的边界，也方便人们走路。地邻居们都可以使用田埂，但是不能踩踏邻居的庄稼，也不能过车时一边走田埂，一边走地邻居家的田地。地邻居们都不能在地界上栽树，树在成长过程中与庄稼作物争夺养分，树荫也会影响周边作物的光照，进而导致两家的庄稼都会减产。可以说，在地界上栽树对所有人都是得不偿失的。另外村民买卖土地时，买家也要找地界，尤其是要把地下的灰橛挖出来后，确定土地的准确面积，然后才能交易。

第三，地界纠纷。地邻居不能变动地界，也不能削地界上的田埂，一旦被对方发现有侵占田埂嫌疑，双方就会产生纠纷。田地是村民们不可侵犯的财产，双方一旦因侵占地界发生纠纷，有可能吵架甚至打架。这种情况下，双方就要找出灰橛，重新扯线立田埂。分家时，兄弟俩要平分一块土地，也要在双方共同见证下，确定分割界限，然后在界限上下地界。因为有界石和灰橛，兄弟们是不会闹矛盾的。若是双方积怨过深，也会发生侵占地界、挪动地界的行为，因此而闹纠纷。这种纠纷是很难调解的，一般是舅舅或者请叔伯做中人调解。调解不成的，双方也会因此翻脸打架甚至"打孽"。

(2) 宅基地产权边界与纠纷

第一，房界的概况。房界是两家宅基地的边界线。1949年前，由于人多地狭，石罢村的各住户的宅院都是相连而建的，住户与左右"隔墙"邻居和"后顶墙"邻居的房界上都有界墙。界墙是两家共用的，也被称为共墙。界墙有砖墙、泥墙和玉米秆墙三种，有钱人家用砖垒界墙，一般是两家到河滩捡些大石头，拉回来做墙基，然后在上面把麦秆与泥浆搅匀后跺在石头上垒成界墙。穷人家实在无力做泥墙时，就用捆成捆的玉米秆做界墙。1949年前，石罢村住户们的房界是由官府颁发的土地证确定的。在土地证上有宅子的位置、面积和四至，都是一清二楚的。

第二，房界的确定。界墙都是两家共同出资出力修建的。若是有家要盖房屋，尤其是偏厦时，就需要把原来的临时界墙拆掉，重新用砖做墙基，然后在上面垒上泥坯做成山墙。建设山墙时要和邻居协商，一方面要让对方认可山墙就是建在两家宅基地的界限上，另一方面还要跟对方谈好要兑的墙钱。一般是两邻平摊山墙的料钱和工钱，若是一方不出钱，建房一方先垫钱建山墙，等到对方盖房子时，要按照现时的价码出钱。

第三，房界的使用规则。两邻可以共用房界。尤其是在建房时，两家可以共用山墙。共用山墙既可以降低成本，也可以增加屋内的面积。先建好偏厦的住户将共墙建好后，后建房的人家的房顶高度不能比邻居家的偏厦高一砖。比邻居家偏厦高一砖，被称为压气、高人一头，是犯忌讳的，也是要遭邻居阻拦的。邻居一般会要求建房者要么两家盖得一样高，要么就把房顶盖得高出三五个砖。两家不能在挨着界墙种树以及挖坑。挨着界墙种树，有进入他家偷盗的嫌疑，这是石罢人非常忌讳的。另外也不能挨着界墙挖坑，因为经常下雨坑中常有积水，会把界墙或者邻居家的房屋闷塌。

第四，分家时的房界。分家时，有钱人家会给儿子们一人一处宅子，不存在房界问题。穷人家分家时，基本上是插划着分，没法划定房界，也不能建设界墙。即使两兄弟有矛盾，也只能在一个院子里斗，有能力的兄弟到外面买宅子单独过生活。

第五，房界的纠纷。1949年前，若是不盖厢房，两家的共墙都是用捆成捆的玉米秆做的。因此在盖房子时，就需要找出两家宅子的界线。有些邻居因为界线问题发生矛盾，会拦阻主家建房子。两家发生界墙纠纷时，双方和匠人一起就要找出老房子的根基，在老根基的中间扯线盖共墙。另外还有邻居出于多种原因，不愿意对钱盖共墙，盖房的主家就请找中人帮忙调解说和，最后双方协商后再盖共墙。

（3）村落边界

村落之间通常是以路为界，比如与草店村的地界是三道草路，与柿园村的地界是柿园路，与大庄村的地界是大庄路，与袁付村的地界是袁付路。过去与各村分界的道路上都栽种有树木,来稳定道路以免被侵毁。树木都属于临路田里的田主,待树木长大歇住庄稼的,就把树木砍伐掉,重新栽种树木。若是出现村界道路被毁的,两村人因此闹纠纷的,他们会告到乡公所中。乡公所有本乡的地图,以及各村田地的登记信息。乡长根据地图以及田地登记信息判断是非曲直。

(二)土地所有类型

1. 土地类型

(1)土地种类

1949年前,石罢村的土地有常年耕种的土地,也有河滩地。常年耕种的土地有水井,并且在聚落的周围。河滩地面积大,没有水井,虽然也被开垦,但是由于经常遭受洪水灾害影响,所有权并不固定。从土地所有类型看,主要分为私有地、社地、坟地、庙地四种类型。私有地的所有权归农户所有,社地为各街道火神社或者土地社所有的土地,坟地为家族或者亲族所拥有的用于埋葬先人的土地,庙地主要是石罢村相国寺拥有的土地。

2. 地主土地

(1)本村落的土地

石罢村土地并没有集中在少数地主手中。地主所占有的土地并不特别多,扣除河滩地的话,地主所占的土地不超过35亩。1949年前,土地被称为"会下金蛋的老母鸡"。农户家中积攒钱粮就为购置土地。只有在婚丧嫁娶等重大情况下,才会卖掉土地。石罢村家户多,人口众多,除了极个别农户没有土地,大多数农户有一定数量的土地。由于村落的人口众多,人地关系失衡,有多数贫困农户无法靠所有土地养活家人,通过外出务工或者到地主家做长工,或者租种地主的土地维持生计。地主家的土地规模也都不大,一般是地主家中的劳动力在城里有兼业,才会雇佣少量长工或者短工耕种田地。有些并非地主的农户由于家中缺乏劳动力,会将土地租给其他农户耕种。这些农户在土地改革时期,由于存在雇佣劳动,也被划为地主。

表3-2 石罢村1949年前地主与富农占有土地情况表

地主	成分	耕地亩数	包括的河滩地亩数
甄建兴	地主	20.5	
李秀峦	地主	16.5	
皓平	地主	11.4	
张二娃	地主	12	

续表

地 主	成 分	耕地亩数	包括的河滩地亩数
姬朝阳	地主	24.8	
周玉凤	地主	102	100
杨铁	地主	39	36
马平西	地主	30.7	
姬中凡	地主	33	
姬中舟	地主	33	
姬庚银	富农	29.2	
姬庚堂	富农	29.2	
姬建堂	富农	29.2	
姬太民	富农	29.2	
姬东方	富农	30	18
姬顺实	富农	33.3	20
徐德顺	富农	23.3	
姬庚辛	富农	17	

资料来源：偃师县阶级成分登记簿李村公社石罢大队。

(2) 记庄地

记庄地是本村村民拥有的外村田地。石罢村附近有许多大户人家，在本村并没有太多田地，在外村有许多记庄地。记庄地的产生通常是因为外村村民借了高利贷无法按期偿还贷款而抵押或者卖掉的。记庄地的地主拥有田地的地契，取得了记庄地的所有权。记庄地的地主一般派长工到记庄地耕种，或者把记庄地租给外村村民耕种，麦收后只用派人到记庄地收租即可。记庄地通常交由外村村民耕种，土地所有者只用收租即可。记庄地也可以买卖，也要按照土地买卖的流程进行交易。记庄地的出大差仍按照地在哪个村就交给哪个村，佃户不用交，由地主交。记庄地的地主虽是石罢村，但是田地还在外村的范围内。不能因为记庄地改变村界，两村之间的界桩是永远不动的。

(3) 嫁妆地

在石罢村，嫁妆地也被称为"体己地"，只有村民宋四顺的媳妇孔某有13亩体己地。宋四顺家与其娘家门当户对，都算是富裕人家。其中宋四顺家有3—4头骡子，也有几十亩田，是村中最有钱的人家。宋四顺媳妇的娘家孔家也有4头骡子，几十亩田。虽然宋四顺的妻子还有三个哥哥，但父母特别疼爱女儿，在姑娘出嫁时，陪送了13亩体己地,以及全套嫁妆。孔家陪送的体己地在官路北边的孔家坟处,地中有井,水源丰富,属于村中的好地。体己地归宋四顺媳妇所有,宋家没有分家时,体己地的收益都归宋四顺及其妻子所有,分家时,宋家分家时不能分体己地,应刨除掉体己地后,在给宋四顺家另分田产。宋四顺家的体己地都归妻子管,田地的收益都归宋四顺家所有。

体己地也可以买卖。孔家在陪送体己地时,将地契文书交给其女儿。地契文书一直掌控在其女儿手中。但是宋四顺抽大烟,烟瘾非常大。宋四顺因抽大烟借了不少钱,最后无力偿还时,其妻子只好将体己地卖掉偿还债务。1949年前,宋四顺家的体己地全部卖光。

3. 自耕农土地

石罢村的土地多为自耕农占有。自耕农以家户为单位,耕种所有田地。自耕农的土地都为世代继承或者购置所得。继承土地的有地契为保证,地契中明确地亩数量、四至等信息。购置所得的,一般在土地买卖中,中人、地邻居都会到场,所以四邻都会清楚土地的基本情况。自耕农以家户为单位耕种土地,不雇佣短工,农忙时通常通过亲戚朋友、街坊邻居完成抢种抢收。自耕农自主管理田地作物,只有通过常年积累,或者种大烟,发浮财,才能购置土地,为子孙后代扩大家业。李孝良老人家中,因当时政府对大烟种植管制放松,通过种植大烟,才购买了两块田地。自耕农也可以在伊河洪水落潮时,通过插界标占有伊河滩的滩涂地。

自耕农拥有自家的宅基地。1949年前宅基地有三种方式,用自家田地做宅基地、购买、祖上继承。石罢村民的宅基地基本上是祖上传下来的,数代人都居住在同一个地方。大户人家宅院多,分家时会给每个孩子分一处宅子。小户人家分家时,弟兄们都仍住在一个院子中。1949年前,新村最早的住户都是从老村中搬迁出去的。伊河洪水导致东大街东头的有些家房屋倒塌,为避免再次出现这种情况,他们就在地势较高且不会被洪水淹没的村东南边自家地里盖上窝棚,后来逐渐建成了房屋,农用地就变成了宅基地。在自家农田中盖房子,然后就成了宅基地。所有的宅基地都有官府发放的地契,地契上面清晰地写着宅基地的面积、四至,以及盖有官府的公章。宅基地归家户共同所有,但只有当家人有权处置宅基地,其他成员无权处置宅基地。

农户可以在宅基地上建设房屋、栽树。传统时期,石罢村民的房屋结构基本上是前临街、后上放,两边是偏厦,临街旁边有出路,上房后面有后路。除了前临街的墙由户主自家修建外,其他三面墙都是共墙,要与"隔墙""后顶墙"的邻居共同建设。不论修建哪边的共墙,两家都要共同对钱。另外若是户主后建偏厦,偏厦的高度可以与对方一般高,但不能压对方一头,也就是不能仅超过一砖的高度。另外户主在自家的宅基地上栽树时,不能挨着墙边栽树,以免有偷盗或者偷窥的嫌疑。户主也不能在挨着共墙边的地方挖坑,以免因雨天积水把邻居房子泡塌。

农户家的宅基地是可以买卖的。过去村民都非常看重自家的宅院,一般不轻易卖宅子,甚至连置换宅院也都不太容易实现。李孝良家住在东大街的集口,徐姓人家做生意看中李家的房子,与李家协商置换宅院。徐家拿出更大的宅院外加两亩地也没有换成。李孝良的母亲非常看重自家的老宅,认为自家老宅位置好,拒绝置换宅院。只有那些抽大烟和赌博欠债的人才会卖宅基地。宅基地一般在本村买卖,很少有外村人来石罘村买宅基地。住在一个院子的亲兄弟要卖宅基地,必须卖给自家兄弟。因为分家时候,房屋都是交叉着分的,所以只能亲兄弟买,别人无法买。传统时期,卖宅子是不光彩的,见不得人的,所以都是在晚上偷偷摸摸地卖掉。买卖宅基地也通过中人协商,请地经纪丈量,请四邻也到场见证。双方签订契约后,由地经纪报税并办理宅基地证明。

自耕农也有在外庄购置坟地。在外庄的坟地也是家户共有的土地,主要用于埋葬家中死者。村民们之所以在外村购买坟地,是因为石罘村地下水层浅,土葬时棺材容易泡在水中。邻村人因此戏称石罘村是"活着水里跳,死了水里泡"。为此,石罘村中有钱的村民会到南边坡上村庄购买坟地埋葬死者,主要集中在李村以南的村庄如寇店、牛照、水泉村等。坟地面积都不大,差不多有1—2分。到外庄购买坟地,必须经过外村保里同意。村民们购买的坟地只有使用权,没有所有权。凡是村民家中有人去世,都可以埋葬到外庄的坟地。坟地不用出差,也没有地契。

4. 宗族土地

(1) 祠堂地

1949年前,石罘村有四个祠堂,分别是姬家祠堂、徐家祠堂、李家祠堂、孔家祠堂。孔家祠堂曾建在兴国寺的路西,因年久失修于1920年前成为废墟,后再无重建。李家祠堂建设年代久远,位于村中大道西侧,面积不大,有70—80多平方米,后来洪水进村后,祠堂的院墙冲塌,年久失修,破败不堪,于1949年后拆毁。徐家祠堂建于1930年,由徐家第六代人主持修建,位于东大街的东头,临近护村堤,占地约1.2亩。姬家祠堂位于西大街的东头,坐北朝南,长60米,宽30米,占地面积约2.7亩,祠堂大门正上方悬挂着姬氏宗族匾额。祠堂地通常是由那些在外做大生意或者做大官的人,为了光宗耀祖在村中购买的土地。或者是宗族中有权势的人出资一部分,其他族员捐资一部分,共同出资购买。祠堂地主要用于修建祠堂,不能挪作他用。祠堂地归全体族人所有,任何人无权对祠堂地进行买卖。祠堂地的地契登记在私人名下,姬家祠堂的地契登记在新村姬石林的名下。祠堂地的房产土地证明上标明了土地的用途。

(2) 坟地

第一，坟地的所有。在石罢村，坟地有两种类型，宗族共有坟地和家族共有坟地。宗族共有坟地也被称为老祖坟，埋葬着各姓氏的先祖。家族共有坟地归门支所有，只能埋葬五服内的族人。宗族共有的坟地归全体宗族成员所有，但宗族坟地基本上已经占满，不能再进棺材。李家祖坟在邙山上，有5亩左右。徐家祖坟位于在官路南北两侧，南边3亩，北边2亩，共5亩坟地。坟地上都种植柏树，并且四周都有旺撅作为界限。由于各宗族的祖坟都已经被占满，所以各门支需要另设坟地，一般是在自家地里请阴阳先生选坟地，然后就逐渐成为家族共有坟地。家族共有坟地都归家族成员所有，在坟地上家族内的各分支也有自己的位置。家族坟地都是上头地，有的一亩，有的半亩，面积都不太大。所有的坟地都不用出差，也不摊工。

第二，坟地的使用。只要宗族的坟地有空余之处，所有的家户都可以使用。宗族坟地中，各支各门都有自己的区域。在支、门的区域内，各家户可以在自家所属的门支区域内安葬。家族坟地在使用时也要遵循一定的规则，首先请阴阳先生看坟，位置确定后，父母的棺材先进入坟地，以男左女右的排序安放棺材。父母在上儿子在下，儿子们只能埋在父母的脚头，儿子多的先中间后两边，儿子少的，左为上右为下，依次排开。坟地类似阴宅，各家都有自己的位置，谁都不能过界、侵占。若是祖坟无地方再另添新坟，就只能另选坟地。另选坟地时也要请阴阳先生看风脉，都是看自家的田地。各宗族的祖坟地都种有许多柏树，一般情况下这些树是不能被随意砍伐的。需要砍伐时，族长与族中有身份的人商量后，才能砍伐。1935年，徐家修族谱需要资金，族里商议卖掉几棵柏树作为修谱资金。坟地由于无人耕种，荒草丛生，族长可以去割草喂牲口或者晒干后烧火，其他人不可到坟地上割草。

第三，坟地与寄埋。石罢村中有些家没有坟地时，可以先将老人寄埋在自家地里的地头，等有了坟地后再将老人埋葬。若是妻子先于丈夫去世，也只能寄埋。等两人都去世后，再一起办葬礼，一起下葬。若是孩子去世但父母尚在，也只能先随便寄埋到一个地方，等父母定住后，再起坟埋葬。

(3) 坟社地

第一，坟社地的概况。1949年前，石罢村的各宗族都有坟社地。坟社地的存在是为了宗族祭祖时经费开支，这样可以省去各家各户每年捐资的麻烦。坟社地可以在坟地的四周，也可以在其他地方，不一定都挨在一起。多数坟社地都是瞎地，可以种粮食，但产量都不高。姬家坟社地有10多亩，都在坟墓的周边。孔家坟社地2—3亩；

徐家有坟社地10多亩,李家坟社地在邙山上,也有5亩多。

第二,坟社地的所有。石罢村各家族的坟社地是由私人购买捐赠。购买坟社地时,也要通过地经纪,新买的土地也要报税,办置地契。所有的坟社地都有地契,都是登记在私人名下,但要到官府公证为坟社地。坟社地的地契都由族长掌管,即使丢失,可以到官府查证存根。姬家共买有10块坟社地,有10块地契。坟社地只能增加不能减少,宗族成员不能将坟社地卖掉。坟社地与一般地都有相邻,没有空隙。坟社地四周也有旺撅,上面是四棱的方石,下面灰橛。坟社地的地界上也不能栽树,不能影响种庄稼。坟社地也不用出差,也不用出工。

第三,坟社地的经营。坟社地由宗族族长统一管理,门长以及族长聘用的管账人协助族长管理坟社地以及宗族内事务。族长将坟社地出租出去,任何人都可以来承租。坟社地的租金是一亩一斗麦子。坟社地的收入主要用于宗族每年正月十九集体上坟活动,所有的贡品都从坟社地收入列支。除了做祭品外,族长还组织人用坟社地的粮食做成白馒头,到上坟时候分给族员。族长不公开坟社地的收入和支出,账目比较乱,都是一笔糊涂账。

5. 街道公共土地

1949年前,在石罢村东大街、西大街和西南街都有火神社地,东南街有土地社地。村中各条街道的社地都是街道上的个体住户捐赠的田地。街上某家有病人,家人到火神殿祈求并许愿捐钱或捐地。病人痊愈后,家人就要捐地还愿。经过数年的积累,各条街道的火神社都有一定的规模的社地。东大街的火神社有五六亩社地,西大街有四五亩社地,西南街的社地也有两三亩,东南街的土地社有10多亩社地。

各街道神头负责经营管理各街道的社地,他们可以将社地出租给任何人,不限于本族人。出租时,佃户也要与神头签订租佃协议,写明租金以及租佃期限。一般情况下,每亩收租1斗麦子。社地的所有收入由神头管理,或者神头找专人管理,并且还要清清楚楚地记账。社地收入主要用于每年正月十九的出社火活动中需要购置的衣服、物件等。社地的每笔开支都记载清楚,并且账目向所有成员公布。

村中各条街道的社地都无需向保里交大差,也不用摊工。村民捐赠社地的行为不受保里干涉,但是要到保里进行登记。社地只能增不能减,也就是说不能被卖掉。社地都有地契,清楚写明归属于火神社或者土地社。社地的四周也有地界,社地的四邻也不能侵占社地。社地的收入主要用于各社的社火组织,不能用于救济街道上的穷苦人家。

6. 庙地

1949年前，石罢村内只有兴国寺有庙地，关帝庙、奶奶庙、土地庙、河大王庙等都没有庙地。庙地是由村中有钱人家许愿捐赠或者外出做高官的人家捐赠的，另外，新国四内的方丈们用积攒的善男信女们捐赠的油钱去置地。经过长年的积累，兴国寺庙地有10多亩。庙地有官府颁发的地契，由庙中方丈保管，庙地除了一部分由寺内和尚耕种外，许多都出租出去。庙地的所有租金归方丈管理，主要用于方丈、主持、弟子的吃穿用度。庙地的收支账目也要记得清清楚楚。根据村民李孝良老人的讲述，民国初年，兴国寺有寺僧13人，受伊河水患的影响，到民国十九年（1930年），仅剩寺僧3人。寺僧永健、永亮、永祥三人管理兴国寺以及数百亩的庙地。后来由于伊河连年水患，寺庙收成欠佳，且屡次被淤泥覆盖，除永健圆寂外，永祥、永亮均转到其他寺庙，寺庙长期无人管理。民国三十一年（1942年）后，兴国寺再无和尚，处于无人管理状态。兴国寺庙地由永祥、永亮师傅以兴国寺的名义转卖给东大街、西大街的火神社。

二、土地买卖与土地租佃

（一）土地租佃户关系

在石罢村，土地租佃也被称为"扩地"，租种土地的被称为佃户，出租地的叫东家。石罢村上头地、下湿地以及河滩地水源都比较充足，东家都可以扩出去收租。

1. 土地租佃程序

（1）扩地方

传统时期，农民以耕作为生，耕种的土地越多，生活会越好一些。在石罢村，1亩上头地就可以养活2口人，下湿地至少需要一亩半到两亩半才能养活1口人，河滩地如果没有不发洪水，一亩田就能养活两个人。只要自家田地能养活家人，农户一般不会去扩地，毕竟扩地不太划算。村中多数有五六口人的家庭却只有一两亩田地，有的甚至不足一亩，这远不能维持家庭基本生活需求。因此，地少人多的农户必须向地多的农户扩地，一般是扩一两亩。另外，这些扩地的农户多数家中农具简陋，也没有牲畜。他们在农忙季节种植完庄稼和收完之后外出打工，将日常的田间农活交给家中妇女。村民孙明理家里非常穷，扩了亲叔叔家3亩地。租金每亩一斗麦子。东大街村民李孝珂，扩李孝良家1亩下湿地，扩了2年。由于两家关系非常好，租金都是每亩每年一斗麦子。

在外没有生意或没有手艺补贴家用的也要扩地。在村中有一定量的土地，尚不足以糊口，同时在村外也没有做生意补贴家用的人，这些人也要向地多的农户扩地。另外那些只会种庄稼、出苦力，没有其他赚钱手艺来补贴家用的农户，也只能向地多的农户扩地，维持家中的生活。

本村村民的亲戚也在村中扩地。扩地的人通常是本村人，大家都比较熟悉，也了解双方为人以及家庭情况，彼此都能信得过，这样地多的人家才放心将土地交给扩地人租种。另外，本村村民的亲戚也可以在石罢扩地，但是必须通过本村人牵线搭桥，出租方要看本村熟人的面子，才会放心将地交给外村人租种。村民姬进喜通过其姑娘的关系，在离石罢10多里远的莘庄村九女冢扩了2亩坡土地种红薯，红薯产量不高，地租也不高。

（2）出租方

1949年前，土地出租方有两类，地多的农户，各家族、各社中地多又种不过来的农户才将田地扩给其他农户。这些人家通常是村中的大户，而且家中有人在外做生意，或者做官，家中土地非常多，种不过来。有些出租田地的农户虽然不是村中大家，家中田地不多，但是家中缺乏劳动力，只能将田地扩给其他人耕种。村民林芳每天烧香发布施，有少量地但自己不种，出租给别人。村中各家族的坟社地也都要扩出去给他人租种，可以收租金。扩地都不会太多，有一两亩，也有三四亩的，扩五六亩、七八亩田的很少见。村民孙呼兰家有13亩田，都是好地，能收庄稼。孙呼兰扩地给"一自己"家，一家2亩，一家3亩多。但是孙呼兰非常懒，怕干活，家有良田，还需要出去讨饭。

（3）扩地时机

长期扩地都是在收秋之后，冬小麦种植之前进行的。短期扩地也要在庄稼"交茬"时进行。想扩地的农户一般在秋收前就要着手准备，扩地双方都在秋收前协商好。一旦秋收后，佃户就可以耕种扩到的田地。

（4）找中间人

没有中间人扩不了地。在石罢村，土地租佃不需要请地经纪，但是要请中间人，没有中人扩不了地。不管是同村人还是外村人，放租的农户和扩地的农户不会直接面对面商谈租种事宜。地少的人家想要扩地，必须找中间人从中牵线搭桥。想扩地的农户找本村、本街的中间人从中协调。这些中间人对双方情况都比较熟悉，比较负责任，也值得大家信任。跨村租佃土地时请的中间人是自家的亲戚。

在扩地时一般要请两三个中间人。中人通常是村中爱管闲事的人，村中富人都比较忙，没时间管这些事情，很少当中间人；中农当中间人的比较多，中农有点文化，也比较懂礼节；穷人可以当中间人，没有读过书，能识几个字，能说会道的也能当中间人；但是妇女当不了中间人。另外，村中做生意的人也可以做中间人，他们家的店铺通常是"人场"的地方，每天都有许多人到店铺中坐坐。这些做生意的人接触的人多，了解的信息也多，可以为扩地双方牵线搭桥。

中间人要先了解双方的租金诉求，然后从中协商，达到双方同意为止。在签订协议时，中间人还必须到场见证租佃协议的签订，还要在协议上签字画押。双方达成协议后，扩地方要给中间人拿点"人事"，表示感谢。

(5) 扩地条件

地多人家出租田地时，也会仔细考察佃户。只有那些勤劳诚实，庄稼种得好，并且在村中口碑不错的人才能扩到地。这些人租种田地后会善待田地，不会让田地荒废。最为重要的是收成有保障，收租金比较容易，没有太多麻烦事。若是佃户自家地都种不好，地主不会将土地租给他们。那些好吃懒做的人，平时也不好好对待土地，自家田地荒草丛生的农户，无法从地多的人家扩到地。地多人家担心这些人将田地荒废或者只打粮、不施肥使田地贫瘠化。

土地租佃由农户自主决定，家族、宗族、保甲长、四邻都不会干涉。扩地时，双方协商上头地和下湿地的租金，一般情况下，上头地一亩两斗麦子，下湿地少点，一亩一斗到一斗半，坟社地一亩一斗麦子。租金若是过高，佃户们就不租种田地，因为租地不划算。佃户出麦子能挣秋收。扩地的农户不用交差粮，也不用出工，出租方要交差粮，也要出工。

2. 土地租佃契约

扩地都需要写协议。租种土地时，双方不论关系好还是一般，都需要签订书面协议，很少有口头协议。协议是佃农种田的凭证，也是东家收租的依据。没有协议，收租时比较麻烦。协议是短期的合同，不用给公家交税。东家、佃户和中间人都可以写协议。村民孙学冬和孙进财租种社地时，都请人写协议。李孝良老人经常为他人写协议，契约基本上是标准化式样的。

佃田贴式[1]

立佃贴人某人，因无田耕种请愿凭中佃到某田主名下田若干，计租若干，其田每年秋收照数缴纳租（麦/钱），不致少欠。如遇水旱请田主临田踏看，除租均分（或有处业用约至秋收看场打，除种平坟不致少欠），如有荒芜田地，依数赔偿。恐后无凭，立此佃契存照。

---

[1] 资料来源：《青云集二卷一》。

协议的内容包括扩的田地的方位、名称、四至、亩数、租种人、租期和租金。地的方位要明确,写清楚具体位置、所在片区、名称,同时也要标明田地的四至。亩数也要写清楚,一般所扩的地不用再丈量,扩地方基本上清楚所扩地的亩数。若是外村人租地,佃户会提前用脚步丈量一下田地,估算所租的田有的亩数。租金是一亩几斗麦子,根据双方协商的结果确定。村民孙进财、孙学冬分别租种火神社地3亩3年,每年交租120斤,租种姬朝阳家土地1.1亩(一季),交租一斗。佃户也可以给钱,但是按协商的租金,将粮食以当时粮价折算成钱交给出租方。租期一般是二三年,多则三年,少者两年。东家都不愿意租期太短,一般半年或者一年的都不给扩,短期的话扩地人只收粮不养地,出租人觉得吃亏。租期两三年的话,扩地方既要种地,还要养地,东家觉得不吃亏。

签租佃协议时,出租方和扩地方都要到场,同时也需要有一两个中间人在场证明。协议签订可以在东家家中,也可以在佃户家中。签协议时,租佃双方和中间人都要在协议上立誓画押。租佃协议都是一式两份,双方各具一份。协议签订后,不用备桌请客。协议一旦签订后,双方都不能轻易毁约,除非其中有一方家中发生大事,出现天灾人祸。

3. 土地租佃规则

(1) 租佃行为规则

出租方要信守承诺。在租佃关系中,出租田地的东家要讲诚信,他们不能将有产权纠纷的土地租给佃户耕种,不能擅自改变租约将土地提前要回来,也不能随意提高地租。东家不遵守承诺,佃户就结束租佃关系,这样会影响东家在村中的声誉。

扩地方要合理经营土地。在石罢村,佃户通常扩的都是好地。佃户要经营好土地,做好田间管理,保障粮食生产。佃户不能在田地中随意拉土打坯,也不能将土地荒废,让土地长满野草。佃户不能破坏土地的边界,要保护好土地的边界以及田埂。除此之外,地主对佃户没有过多的要求,也会允许佃户种植其他作物。佃户一般不会让土地闲着,他们在麦收后,就立刻在田地中种上玉米,然后才会打麦。秋收后,如果佃户续租,他们也会抓紧时间耕地种麦。即使是租种地主家的土地,大多数佃户也会非常珍惜土地,他们通常会通过精耕细作,增加粮食产量。如果佃户不遵守约定,东家通常就会收回土地。双方一旦发生纠纷,东家就会收回土地。

(2) 租金规则

租金形式灵活。传统时期,地租有实物地租、货币地租两种形式,其中实物地租又可以分为固定地租和分成地租。实物地租主要交小麦,若佃户在所扩的地上种植经济作物，也可以交货币地租。佃户按照租佃协议上约定的实物地租，根据当时小麦的市场价格折算成钱交给地主。固定租金是双方根据土地的位置、质量、水源的远近等确定地租额。石罢村上头地的地租有一斗半或者两斗，社地的地租一般是每亩地交租一斗粮食。分成地租也有两种情况：佃户种佃户管理，按五五分成交租；东家种佃户管理，则按三七比例分成交租，租户三成，地主七成。租金通常比较稳定，一般不会增减，这都是当时的行规。租金的多少也与中间人有一定的关系。中间人若是村中的有用之人，能在关键事上将大事化小，小事化了的，东家会看中间人的面子少要点租金；或者中间人是有身份、有脸气的人，地主会少要点租金。东家认为这些中间人都是有用之人，可以趁机拉个关系，以后遇事时好办事。村中的教书先生或者医生做中间人时，地主都会少收点租金。

佃户交租只用交一季，要及时向地主交租。佃户交租通常是在麦收后，佃户和地主约定好时间，地主带着斗巴子到佃户家中收租。佃户不能在租粮中弄虚作假，也不能参糠搅土。若是佃户家中遇到天灾人祸或者其他急事，地主也会免租或者允许其下一年再交租金。

4. 主佃关系

(1) 生活关系。地主与佃户也是熟人关系，佃户为了扩地主家的地，在日常生活中也要与东家搞好关系。有的佃户很会巴结东家，只要知晓东家家中有事，不用东家人叫，就会主动到东家家中帮忙干活。东家办红白事，佃户也会提前几天去帮忙当伙计，甚至还会随礼。佃户去帮忙时，也是非常有眼色，把各样活干得漂漂亮亮的。家中的妇女们也会到东家帮忙做些家务活，纺花织布、做衣服、做被子等。有时候任凭自己家里的活不干，也要去别人家帮忙。逢年过节时，佃户也会到东家家中串门，给东家送一些地里出产的新鲜作物。东家的地养活佃户一家人，知恩不报就是仇人。佃户与地主关系好的，佃户家要办红白事，地主也会前去帮忙张罗，甚至在经济上提供一定的帮助。佃户家中遇急向地主借钱，地主也会同意借钱还不收利息，甚至在家中一时拿不出钱时，还会为佃户转借钱。有的佃户借得时间长了，虽然东家不收利息，佃户也会变相给地主家一些好处，不让东家吃亏。东家需要人手做3—5天活时，佃农也会义务去帮忙；若是时间长，即使佃户不说，东家也会主动给佃户报酬，一天一升麦子或者折算成工钱等，不会让佃户吃亏的。

(2) 生产关系。东家与佃户也是契约关系，双方存在潜在的约定。东家不能干预佃户在田中种植何种农作物，但不允许佃户种大烟。东家也不能随时收回租出去的田，若是需要收回，可以在作物"交茬"时收回，并且补偿佃户的损失。比如，佃户在地中撒过肥料、深耕过田地后,地主不能在佃户还没有收庄稼时就将田地收回。佃户种上麦子或秋作物后,地主也不能在还没有麦收或秋收时就将田地收回。

石罢村,村民一般不种植水稻,所以不存在将旱地改为水田的情况。佃户可以将田中的宽垄改为窄垄,但不会改变边界田埂。同时,租佃期限一般不长,佃户不会在土地上建立永久性的房屋,可以搭建一个临时鞍棚,看护庄稼或者其他经济作物。在遇到天灾人祸时,东家也会根据情况给佃户减租。除此之外,佃户要按期向地主交租。另外上头或保里下派的摊派、大差等不能转嫁到佃户身上。

5. 续租

佃户扩地租期到后,觉得扩的地收成好,粮食产量高,浇地方便,扩地比较划算,还可以向地主家提出续租申请。只要佃户为人实在,交粮及时,东家是愿意续租的。若有人参与竞争,必须私下给东家更多租金,才能租到田地。续租不需要签订新契约,只需在原来的协议上签上续期就可以了,也不用请中人见证。续租后,租金还是原来协商的数额,不会发生变动。地主若提高租金,佃户觉得不划算,就不会再续租了。续租后佃户一般不会反悔,即使反悔了只要不耽误种麦或种秋就可以了。在庄稼"交茬"时,双方也可以毁约的。不在交茬时间,东家不能毁约。

6. 欠租

风调雨顺的年头,佃户都能交上租粮,不会出现欠租情况。佃户家中重大变故、生老病死、办红白事时,才会欠地租。东家和佃户都是本村人,都住在门前门后,非常熟悉,家中有啥事也能知晓。东家一般是通情达理的,只要欠租原因合理正当,东家也同意欠租。佃户要提前跟东家说明情况,向东家说明欠租原因,然后在双方再协商交租时间。传统时期,若不是天灾人祸、生老病死,而是其他原因导致欠租的,地主会将土地收回。当然地主也会看佃户以往交租表现,以往交租及时,租粮质量好的,地主会同意欠租。佃户以往要是交租不及时,租粮质量不好,地主会将田地收回。佃户向地主提出欠租申请,都是家穷有急事、难事所致。

地主同意欠租后,租期不到的,佃户还可以耕种土地,从第二年的麦收中偿还欠租;若是租期到了,地主和佃户双方协商好续租的,佃户还可以耕种土地,然后从麦收中偿还欠租。租金还和以前一样,地主不会加息。第二年佃户还交不上租金,东家就不允许佃户再种田地,能再一再二不能再三再四地拖延。东家会将土地收回,在麦收时到佃户家中收租,腊月里要债。

地主不同意欠租的,佃户只能归还土地。有的佃户向亲戚朋友借钱或者卖掉田地和牲口交地租,但不会卖房偿还地租。有的佃户在自家姑娘说婆家时,多要点彩礼偿还地租。有的佃户到李村、庞村或者到洛阳县做些小生意或者打些零工偿还地租。地主不会逼着佃户借高利贷，都是乡里乡亲的，不能将事情做得太绝。

7. 免租

传统时期，遇到自然灾害，庄稼严重歉收的年头，许多地主可以免收佃户地租。1942年，河南地区发生旱灾和蝗灾，灾情非常严重，许多地主都免收佃户的租金。石罢经常出现的自然灾害是洪水灾害，若是洪水进村，导致佃户房倒屋塌，佃户家庭生活非常困难无以为继。东家与佃户都是一个村的，了解情况，也会根据佃户的家庭情况免除地租。免租之后，佃户还可以继续租种土地，第二年的租金还是按约定缴纳。

8. 收租

每年六月底就到了收租的时候。交租前，年景好坏、收成状况，地主坐在家里都知道，不用到地里去查看庄稼情况。佃户一般会对租用的土地进行精耕细作，只要是勤快的佃户，粮食产量都不低。采用固定地租的，年景好的不用多交，年景差的也不能少交。按比例分成交地租的，出租户要在割麦之前到田里查看收成情况。有时候，地主直接去看，或派管家、家中长工去看收成。看完土地的收成之后，会对每亩地的收成情况有个大概的估计，一般情况下估算的数值与实际的收成不相上下。

麦子收割后，佃户们把麦子整理干净，把麦余碾碾簸簸，收拾好后再把麦子晒干后收到家中，等待东家来收租。东家就会派长工到佃户家挨家挨户收租。长工、管事来收租时，咬咬麦子检验干湿，再看看麦子成色，然后用斗量好麦子，装车拉到东家粮仓中。许多东家在6月底收租，他们派家中的长工到村外记庄地收租，程序都一样。佃户缴的粮食干净、成色好，东家愿意佃户续租。佃户缴纳的粮食太差、参糠搅土，东家不会再让佃户继续租种土地。交租时佃户与东家发生矛盾后，东家也会结束租佃关系。

9. 减租

发生自然灾害或者佃户家中发生变故的时候，地主会减少当年租金。地主要根据灾情大小，决定减租数额。大灾多减点，小灾少减点，一般的旱灾也可以少减点。亲戚家租地，东家也会减少地租。麦子绝收的话，佃户就不用交租。减租通常是佃户提出来的，地主一般不会主动提出减租的。具体减租多少都是东家根据情况随心而定的，都不是固定的。佃户到地主家中说情，向东家申请减租。佃户家已经非常困难，不用在东家减租后请东家、四邻、保甲长吃饭。减租后，与东家关系好的佃户还可以继续租种土地，租金还是按照协议约定计算，不会另出新的规定。

除此之外，有些佃户地种得非常好，与地主一家有感情，有的甚至让自家孩子认地主做干爹，地主也会主动减少地租。

10. 转租

佃户家中有事或者急需外出，扩地租期还不到时，也可以将扩的田地转给他人耕种。佃户通常只能转给亲戚，本村的或者外村的亲戚。转租时佃户要跟东家说明情况，一般会得到东家同意的，东家要的是粮食，只要佃户交够租粮就可以了。转租时东家也会增加租金。东家不会同意佃户将土地转给非亲戚的人，东家会认为非亲戚的人不可靠。转租时地主不用再与承租方签协议，佃户也不用与承租方签协议，大家都相互信任。转租都是临时的，一般也就是一两年。租期到了后，地主就会收回土地。

11. 租佃关系的解除

在传统时期，石罢村租佃关系的解除主要有三个原因。第一，租期到后，双方可以自动解除租佃关系。根据协议，租佃到期后，佃户不愿意续租的，跟东家打声招呼，就可以解除租佃关系。东家在秋收之后，将田地收回即可。佃户有其他手艺能养家糊口后，也不愿意再扩地，毕竟扩地不太划算。第二，东家不愿意让佃户继续耕种。若东家发现佃户非因天灾人祸而欠租，或者连续两年交不上租粮的，也会将土地收回。第三，佃户不能很好地管理租种的田地，也不对其施肥翻耕，导致田地荒草丛生、土地板结。在这种情况下，即使租期没到，东家也可以收回土地。

(二) 土地买卖

1. 土地买卖契约

(1) 写契

买卖契约也称为"文书""协议"，都是格式化的行文。买卖双方在卖家请中人写卖地契约，将契约中所包含的内容写清楚，不能出现错误。

第一，写契的要求。买卖协议都是买方请有文化，懂礼节的中间人写。村民李孝良读过几年私塾和洋学，识文断字，经常被村里人请去写协议。土地买卖协议的文书要准确，不能出错，一旦有错误必须撕毁重新书写。中人写协议时，要将所应涉及的内容全部写入协议中。

第二，契约的内容。写协议非常重要，必须将关键的内容都写清楚。协议的内容包括谁卖地，为什么卖地，卖哪块地，在什么位置，叫什么名字，有多大面积，多少钱一亩，四址邻居是谁，水井在哪，出路在哪以及相关的责任都要写清楚。

立卖田契人某系某都某，因缺少钱粮无办法，请愿央中某人将自己祖遗民（官）田或续置若干亩（分）坐落某处某上名四址开后卖到某名下，业三面言定时值价银若干两，其银当日一并收足，并无货债准折短少候过大造任凭收户当差，不得留难如有重卖典当阻挠等，请卖主一面承当与得产人无干。恐后无凭，立此卖契，永远为照[1]。

四址开后：东址某处　西址某处　南址某处　北址某处

(2) 签订契约

第一，协议双方。传统时期，不论是在本村落内还是在外村落，买卖土地都要签订契约，"空口无凭，立字为证"。亲戚间的买卖也要签订协议，免得将来出现纠纷。村民们认为"亲戚不共财，共财两不来"。即使是亲兄弟买卖土地，也要签订协议，毕竟"亲兄弟也要明算账"。

第二，摸黑签协议。"卖家敲敲锣，买家怕人着。"买方都不希望有外人知道自家要买地，害怕被人半路"端掉"买卖。双方签署协议都是在天黑以后进行的。有外人知道买家出价，若是想买同一片地，也会到买家家中将卖家带走，并给出高价，取得土地。为避免这种情况发生，许多买家都是在天黑之后，摸黑签协议。签协议时，买卖双方、地经纪、中人、四至都要在场，买卖双方、中人在协议上签字画押，"立笔写，卧笔交"，协议和钱两讫，算是达成协议。协议要一式四份，买方、卖方、地经纪、中人各拥有一份。卖家在签字画押之前，可以反悔，一旦签字画押就不能再反悔了。

2. 土地买卖规则

(1) 亲兄弟优先

在石罢村，土地买卖不是随随便便想卖给谁就卖给谁，是要按照一定的顺序进行的。卖地时，卖地人要先紧着亲兄弟，亲兄弟不要的，就可以卖给其他任何人。

决定卖田后，主家要跟亲兄弟们打声招呼。亲兄弟若是要买地，必须卖给他们。亲兄弟买地要请中人，按照程序进行买卖。若没有事先跟亲兄弟打招呼，卖家直接将地卖给其他人的，就算双方签订了买卖协议，亲兄弟知道后不同意，双方签订的买卖协议也不算数。若是为此闹纠纷打官司，卖家也不占理。亲兄弟不想买后，卖家才能卖给其他任何人。不论田地卖给谁，"一自己"或宗族内其他成员都不能干涉。卖家将地卖给亲兄弟时，价格上会优惠一些，对其他人则是一视同仁。

(2) 出路在谁家，谁可以先买

农户在卖地时，若是田地的出路在别人家地里，要首先询问对方是否要买。若是对方不买，再卖给别人。卖地人还要请对方写个字据，立誓画押，确保不再反悔，另

---

[1] 资料来源：《青云集二卷一》。

外也能确保买地人买到田地后出路畅通。

(3) 卖地娶媳妇，倾心两愿

在石罘村，卖地就像娶媳妇一样，双方都同意才行。若是一方不同意，买卖也谈不成，不论卖家还是买家不能强买强卖。价格谈成是买卖，谈不成各走其路。公平买卖是正道，村中孔长水、孔八十、徐文正、姬长生等大户，家中都有二三十亩，也都有骡子、马车等。这些大户的家业之所以长久，都是靠省吃俭用、公平买卖得来的。那些通过强占土地成为大户的，一般不会不长久，有可能遭人"打孽"。石罘村曾有过强买房产的事情。根据村民李孝良、徐建恒老人的回忆，徐玉祥在石罘新村的三处宅院全都是通过强买获得的。徐玉祥家正院西墙外是褚久长的宅基地，共0.91亩，且不是正方形。徐玉祥为了获取相邻9米宽30米长的一段土地作为自己的新宅，费尽心机运用欺骗敲诈手段最后获取褚久长的宅基地。徐玉祥在村中的名声不好，1949年后成为打击的对象。

(4) 不能平坟

在土地买卖中，卖方土地中有坟，卖方不起坟，但是要给买方"除荒"，将祖坟所占的地扣除掉。买方不能将地中的坟头平掉，不能用离坟地10厘米的泥土打坯，不能把对方坟地的风脉挖断。另外，买方也不能在卖家坟头和四周建坟，若是要建坟，起码得10米之外。这些都是买卖土地的基本规矩。若是买方不遵守规矩，将卖家的祖坟给平了，双方就会闹矛盾，会打架，甚至还会拿刀动枪。

3. 土地买卖程序

(1) 买卖决定

传统时期，土地买卖牵涉到家中业产，是农户家的大事。农户的私有土地都可以买卖，不受保甲长以及宗族、族长的管束。坟社地等其他土地的买卖，情况则不同。

第一，村落内私人土地的买卖，由当家人决定。上头地和下湿地区域内的所有私人土地都可以买卖。有产权纠纷的土地是不能买卖的，没有产权的河滩地也无人买卖。买卖土地都需要经过当家人的同意。家中遇到急事、难事时，当家人发话卖地，儿子即使不同意也不能阻拦。当家人不同意卖地，儿子要卖地，买方一般不敢买，没有人愿意因买地打官司，惹麻烦。家中有人赌博、吸大烟欠债，背地里将田产卖给刀客、土匪的，家里其他人也没办法。

第二，跨村落的土地买卖，卖方要告知保长。本村到外村买的地被称为"记庄地"，外村人也可以在本村买记庄地。村中有些大户在本村并没有多少田地，在外村有许多记庄地。石罘村民将地卖给外村人作记庄地时，必须得到保长同意，保长不同意则不能卖。外村人到本村买地，多以亲戚的名义买地，一般是以女儿女婿或者舅舅的名义买地。对于这种情况，保里一般也不会干涉。

(2) 买卖原因

在石罢村，村民因家中天灾人祸、抽大烟、赌博等原因，需要着急用钱才会卖掉田地。买地的一般是村中富户或其他一般农户。

第一，卖田原因。村中有些穷苦人家卖地多是因为家中遭遇天灾人祸，或者家中有要紧事，实在无奈才会卖掉田地。比如家中要办红白事，急需用钱，又借不到钱，只能将田地卖掉来办这些事。若非这些急事、难事，村民都不舍得卖地。除这些正常原因外，还有其他一些因非正常原因导致的卖地，主要有以下几种情况。第一，因赌博、吸大烟等情况卖地的。村民宋四顺家是村中大户，有二三十亩地，并且有4头骡子。分家时，宋四顺也分到不少田产，而且其媳妇还有13亩体己地。宋四顺因吸大烟卖掉了家中的田产，甚至将媳妇的体己地也都卖掉了。最后全家生活没有着落，流浪到军屯村姑娘家过生活。第二，因借高利贷无力偿还贷款而卖地。有些农户向村中或者村外放贷的人家借高利贷，因无力偿还贷款，利滚利，越滚越大后，实在没办法了只能卖掉田地偿还贷款。第三，因土地抵押产生了土地买卖。有些农户因家中急需用钱，将土地抵押出去，抵押期限到后，还不上钱，只能将抵押合同变为买卖合同，将土地卖掉。

第二，买田原因。买地被称为置地，村民认为土地是"会下金蛋的母鸡"，长期收益非常大，最可靠也最能增值，有地就有业产，就能安身立命。只要手中有足够的钱，谁都可以买地。1949年前，一亩地的价格相当于一亩好地5年的小麦收成。石罢村的买地主要有以下几种情况。第一，富户在外做生意手中有钱，就在村中买地置业。有钱人家买地后，让自家长工耕种，或者将地扩出去。第二，穷苦人家必须勤俭持家，还要在外做点生意，才能攒够钱买地。李孝良大爷认为村民靠种庄稼是不可能攒钱买地的，通常是外出做生意赚一大笔钱，然后回村买地。第三，发"夜财"买地。有些村民做大烟生意，发了夜财后，也会在村中买地。民国时期国家不允许私人种大烟，后来日本人进驻洛阳后，当时基层管理非常松散，李纯东在自家田中种了一分地大烟。待大烟丰收后，李纯东将大烟卖掉赚了一笔大钱，然后用这笔钱买了两块地。

(3) 买地方

石罢村内买地基本上是一家单独买，也有两家合伙买地的。亲兄弟或者关系非常好的农户才会去伙买田地。关系一般的，不会去伙买土地，双方会因为土地的位置、价格等各方面因素闹矛盾。村民孔六三家，要卖掉一块5亩的田地。由于地块比较大，村民徐二匠和徐随匠两兄弟合伙买地，各家出一半钱，各得2.5亩地。两家随时买地，随时扎地界。合伙买时要按两块地写协议，一家一张协议，并且还要合作人在协议上共同签字画押。

(4)"卖田敲敲锣"

卖田时，必须先跟亲兄弟打招呼，确定他们不买后，就在村中"人场"的地方散播卖地的消息，或者告诉村中的爱管闲事、爱"跑烂鞋"的人，请他们帮忙牵线搭桥。

第一，到"人场"散播消息。卖田的农户到村中集口、兴国寺门口、各种做生意的店铺散播要卖地的消息，告诉在场的人们卖地意愿，要卖的田地的位置、面积等。在人场中一说，卖地消息就会一传十、十传百地在村中传开。就像敲锣一样，卖家希望知道的人越多越好。

第二，请村中爱"跑烂鞋"的人牵线搭桥。"跑烂鞋"是村民对爱管闲事人的戏谑叫法，这些人爱打听街上的各种事，消息比较灵通。卖田人跟这些爱管闲事的人说说，请他们帮忙牵线搭桥。买田人也经常托爱管闲事的人帮忙留意卖田的消息。爱管闲事的人就能为双方牵线搭桥。双方若未谈成，爱管闲事的人还可以继续向他人放话。双方谈成后，就不再向他人放话了。在买卖双方签协议、立誓画押之前，谁都可以前来将田截走。

(5) 中人介入

土地买卖是必须请中间人，不请中人谈不成买卖。哪怕是亲兄弟买卖土地也要请中人。买地方要请中人，卖方不用请中人。中人不是随便谁都可以做的，必须具有一定的资格，能在买方与卖方之间起作用。

第一，中人资格。没有中间人，一般是无法做成买卖的。不论是在本村买地还是到外村买地，买方请的中间人与买卖双方都能说上话，能被双方信得过的人。中间人可以是亲戚、街坊邻居或者朋友。中间人必须是人品好，不弄虚作假，且能办事、有文化、懂礼节的人。买卖土地过程中需要写卖地文书，并且要签字画押，所以请的中间人必须有文化。不识字的人也不能担任中间人，能说会道的穷人也可以担任中人，但是女性不能担任中间人。在土地买卖中，中间人通常是2—3个人，多是2个重要的、能忠心办事的人。中人不能太多，太多了就人多嘴杂，谈不成买卖。两三个中人，再加上买卖双方和地经纪、四至，"凑够一桌子，好吃饭"。

第二，中人作用。买卖土地中，没有中间人是办不成事的。中间人发挥着重要作用，首先，介绍合适的"口"。要买地时，村民会和中人说一声，"想买哪块地，有合适口帮我说说"。中人遇到合适的"口"，就将这个"口"告诉买方。其次，协商地价。

买卖土地时，买方根据土地的位置、出路、水路、地势、水源、四邻出价。买方出的价不一定与卖方的价格一致，就需要中人从中协商。再次，见证。双方签订土地买卖协议时，中人必须到场做见证，还要在协议上立誓画押。若是将来发生纠纷，中人还可以做见证。

第三，给"人事"。土地买卖意向达成后，卖方、买方要带点"人事"到中人家里表示感谢。"人事"通常是几包点心、果子、烟土等。除此之外，买卖双方也给要给中间人些许报酬，多少都可以，没有特别规定。

(6) 买田人看田

买田人在得知卖田消息后，会到地里看田，然后才能估算价格。本村人私下去看田。买田人是本村人的，都知道田块的大概位置，中人领着私下去看看就可以了。去看田的时候，买方不会带太多人，免得外人知道后把生意截走了。若是有外村人来买田，也要请中人私下领着去看田。看田时，主要看以下几方面：第一是田的位置。看看田地是上头地还是下湿地，上头地是好地，打粮多，价格高；下湿地是盐碱地，打粮少，价格低。第二，出路和水路。看看车、牲口进出田地是否方便。若是进出不方便，买了田后，要与四邻经常闹矛盾，就比较"麻缠"了。第三，水井。看田地离水井有多远。离水井远，浇地费时、费钱还费力。第四，地势。看看地势是否平整，高低不平的话，就比较难浇地。第五，四邻。看田地的四邻是否好打交道。要是四邻中有比较麻缠的人，种庄稼时就容易闹矛盾。要是四邻有几家人很懒，不及时除草，地里荒草湖泊的，也会影响别人家庄稼的生长。

(7) 谈价格

买方看田后，就要通过中人协商价格。买卖心不合，卖方希望多赚点，买方希望少给点，两方价格有差距。村内不同区域的土地价格也是不确定的，沙土地和盐碱地的价格要比黏土地的价格低一些，离水井近的地要比离水井远的地贵一些。卖方也可以根据土地的行情定价，但价格通常不会比行情高太多。毕竟村民都是在应对重大灾害、迫不得已的情况下才会卖地的。正因为卖地事出紧急，所以价格不会高于行情太多。中间人根据双方的诉求和行情居中说和，劝说双方都让点步，让卖方便宜点，买方再添点，将价格谈拢。"卖地娶媳妇，倾心两愿"，只要双方同意就可以。地中若是有青苗，不能按白地算价。买家要将一季庄稼的钱算上，一般是按当时庄稼收成与价格折算成钱，计入总价中。买家也同意购买，毕竟可以收庄稼，多掏点也是可以的。

(8) 请经纪

除了中人外，买方还必须请地经纪参与交易。经纪不到场，买卖谈不成。1949年前土地不能私下交易，必须向官府报税，才能拿到地契。买卖双方只有通过地经纪才能完成交易。地经纪是官府委任的人，要负责报税、办地契，并抽取佣钱。

第一，地经纪的资格。土地买卖要通过专门地经纪才能达成交易过户。不是任何村民都可以成为地经纪，只有那些有势力、并且获得政府委任状的村民才能成为地经纪。无权无势、目不识丁、家庭贫寒的人，以及妇女都是不能担任地经纪的。东柿园村村民杨七甲是附近有名的地经纪，此人主要从事馒头经营，家中有地有钱，人品周正，能说会道，跟绅士差不多。公家给杨七甲下委任状，管理柿园、武屯、发村、石罢村的土地交易。石罢村民姬庚林是教师、医生，接替杨七甲做地经纪。姬耕林为人忠厚老实，能说会算，有二三十亩田，并且与洛阳县保安团团长高安的护卫甄火兴是姻亲关系。通过这层关系，姬庚林得到这个差事。

第二，地经纪的责任。买卖双方签订协议后，买方请地经纪到场。首先，地经纪负责确定土地面积。买方请地经纪带着尺子到地中丈量田地。丈量土地时，在买卖双方、田地的四邻都到场的情况下，地经纪丈量田地的面积，丈量结果具有权威性，各方都认同。其次，办理报税和地契事务。地经纪拿着老地契、协议、税钱、土地的相关数据到官府报税，土地交易的税钱一般不超过交易金额的百分之十。报税后，地经纪要为买卖双方办理地契变更手续。卖家原有的地契保留，官府在卖家地契上在已经卖掉的地块下面盖上注销章即可，不再颁发新的地契。另外，官府要给买家办理新的地契。

第三，地经纪的佣钱。土地交易完成后，买方要支付地经纪的佣钱，佣金包括地经纪丈量土地的费用和报税费用。通常情况下，买方向地经纪支付买卖价格的千分之五六的佣金。除此之外，不再支付地经纪任何费用，买家在签订协议后，必须邀请地经纪一起吃饭。

（9）签协议

双方谈成价格，地经纪丈量土地后，就要签协议。签协议时，要请中间人、地经纪、四至邻居到场见证。立笔写，卧笔交，各方在协议上都要签字画押。在中间人见证下，买方接住文约才掏钱。土地买卖协议签订之前时，不需要缴纳定金。但是在签字画押时，买方必须把钱拿到现场，当着地经纪和中间人的面一手交钱，一手接协议。买卖双方在签字画押后，都不能反悔；没有签字画押前都可以反悔。过去买地有不少家抢地，在签字之前，若是其他人打听到价格，会多给卖家点钱，把土地截走。"买地怕人知"，为避免田地被他人截走，许多买家通常是天黑后，把卖方请到家中签协议。

（10）吃酒席

签协议时，买家就备好桌。签字画押后，双方都交接完文书和钱后，买卖算是达成了。买家就开桌请卖家、中人（2个）、地经纪、四至（3个）吃酒席。饭菜要比平时讲究些，与家中办红白事的请客规格一样，都是八碗四。吃饭时，座次是有讲究的。年龄长者坐上手位，卖家是贵客要坐上手位，地经纪年长的也坐在靠近上位的地方，其他人依次按着年龄坐，买家坐在下手位。

（11）告知保长

土地买卖谈成后，地经纪报税时，卖方要拿着协议和地契告知保长，进行土地变更信息登记，某地归张三所有，今后出差、摊工由张三承担。

（三）土地典当

1. 土地典当契约

典当契约也被称为"当契"或当地文书。土地典当都要写当契，由出当人请中人写当契。写当契时，中人要在当契上写明当地人、接当人是谁，为什么当地，当哪块田地，在什么位置，有多少亩，当期多长，当金多少，接当交口。中人要将关键的内容写得清楚、准确，不能出现任何错误。双方达成协议后，要在当地文书上签字画押。在当地文书的背面也要写上中人的名字、时间。当地文书一份即可，交由接当人保管。

2. 土地典当规则

1949年前，在石罢村一亩地能当500—600斤麦子，当地人不用出利钱。当地的期限一般是三年，不到三年不能提前赎回田地。另外，接当人可以在田中种植任何庄稼，但是不能从出当人的田地中拉土盖房子，也不能将出当人的田地撂荒。

3. 土地典当程序

（1）典当的土地

在石罢村，凡是有地契的私人土地才可以典当。当地人当出的土地都是好地，都能收庄稼，并且有水源浇地。下湿地也可以当，不过河滩地不能当，因为伊河洪水经常从河滩地过，庄稼被冲毁，收成没保障，所以无人愿意接当。村落内的坟社地、坟地、桥地、庙地不能典当，没人敢当，也没有人接当。另外，存在纠纷的土地也是无法典当的，除非纠纷解决，产权关系清晰，方可出当。当地人一般是典当一两亩或者两三亩，都不会太多，通常不是大块土地，也不是家庭拥有的全部土地。

（2）谁当田

1949年前，那些"急着用钱，但借不到钱，又不舍得卖地"的农户才会将土地典当出去。农户遭遇天灾人祸，或者家中办红白事等，着急用钱，才会将土地典当出去。

除此之外，农户们一般不舍得将田地当出去。

传统时期，只有当家人才有当地的权力，其他家庭成员没有当地权。因正常原因典当土地的，其他家庭成员不会拦阻。当家人在当地之前要与家庭其他成员商量商量，要征得大家的同意。儿子没有当家时，不能典当土地。若是儿子没有告知当家的，私下将土地当给他人的，当家人可以不承认当地文书的有效性。儿子不是当家人去当地时，对方会询问是否征得当家人的同意，或者要请家长出头。若是当家长不出头，没有人帮忙写当地契约，即使写了也不算数。当地无须告知族长，也不用征得族长、"一自己"、保甲长的同意。

（3）谁接田

接当人可以是村中有钱的大户，也可以是普通农户，多数是有点钱但买不起地的农户。接当人可以是亲戚，也可以是外人。接当人在接当交口接地，接当人家中有劳动力就可以自己耕种。若是家中劳动力缺乏，他们会请姑娘、女婿帮忙耕种。

（4）签当地协议

典当土地时，出当人不会直接找接当人典当土地，通常请关系好的朋友做中人介绍。出当人找的中人都是街上关系好的，为人可靠、做事公正、爱管闲事、有信用的人。中人为出典人着想，能被信得过。

中间人帮忙说成后，出当人和接当人要签订协议。在签协议之前，接当人不用交定金。签协议时，双方都要在协议上签字画押，中人要在当契的背面签字画押。接当人把钱当场交给中间人，由中间人转交给出当人，接当人要一次性付清当金。双方签订当契后，接当人请客吃饭，但是不用再给中间人报酬。出当人这时候要给中间人送点"人事"表示感谢。

4. 土地赎当

典当土地的当期为三年。对于接当人来说，在三年期内可以对土地施肥、耕作，能将投资都收回来，这样就比较划算。低于三年就不划算了，因为投入到田里的粪肥还没用完肥力。当期不到，当地人不能赎回土地。

典当土地不是卖地，当期到后，只要出当人能将当金还上，就可以赎回土地。当期结束后，超过80%的农户都能赎回土地。有些农户一时还不上，和接当人打声招呼，只要超过典期时间不太长，也能赎回土地。在当期结束后的一年内，还上当金的，出当人都可以赎回田地。若是实在无力偿还当金，就请中间人说和，让接当人再添点钱，将当地文约变成卖地文约就可以了。

（四）土地置换

1. 置换条件

在石罢村，土地置换也被称为换地。1949年前，有些农户有好几块田，分布在不同的片区，有的几分一块，有的一亩一块，还有的两亩一块，面积都不大，三五亩一块的非常少，而且地块之间的距离比较远，耕作起来非常麻烦。因此为了耕种方便，农户们可以通过换地将小块并成大块。双方换地要考虑几个条件：第一，田地的质量相当。上头地换上头地，下湿地换下湿地，上头地和下湿地之间不置换，河滩地也不在置换的范围内。第二，土地的面积相当。双方要置换的土地面积大小差不多，大块与小块之间不能置换。第三，灌溉条件相当。换地时，也要考察土地离水源的远近。远近差不多的，都方便浇地的，双方也会置换。

2. 置换程序

换地双方通常是本族本家的人，或者关系比较好的朋友。大家都比较熟悉，知根知底，这样换起来比较方便。换地双方不需要实地考察或者托人打听，因为要置换的土地相邻，田地质量都差不多。他们经常在一起种庄稼，大家相对熟识，可以说都是知根知底的。农户们也都想耕种方便一些，小块田犁地、拉耧种麦等都不如大块地方便。

（1）找中人。换地时，也要找中人去说。有中人能说成事，各方的条件和要求也都能直接说出口。中人与换地双方一说和，只要土地相当，基本上能说成。

（2）签文书。中人在双方之间说和成事后，有些人家不需要签订契约，有些也需要签订换地文书。双方都要在换地文书上签字画押，并且中人也要在换地文书上签字画押。契约一式两份，由换地双方当事人各保存一份。换地后，原有的契约还归各自保管，无需交换，也无需得到官方的认可。土地置换后，各交各的税粮。保里也不管，只要交够差粮就可以。

（3）请中人吃饭。在换地文书上签字画押后，双方也要请中间人吃饭。由于换地当事人关系比较好，不论谁请客，大家都不会计较。

3. 置换文书

换地文书和典当文书的内容相似，也要将重要的内容写清楚，包括换地双方是谁，为什么换地，哪几块土地调换，如何调换等。

第三节 经营及经营关系

1949年前,石罢村的生产经营是以家户为基本单位独立进行的。家户内实行家长负责制,由家长统一组织家庭成员劳作,按照分工的原则开展生产经营。在村庄内部,家户之间在生产和水利上相互合作,并且也存在一定的雇佣关系。

一、经营主体

(一)经营单位

1. 家户经营

家户是土地经营的基本单位。石罢村的家户有两种情况:有一对夫妻和子女组成的核心小家庭;也有夫妻与儿子、儿媳妇、孙子、孙女在一起的扩大家庭。家户规模在3—5人之间的共有198户,家户规模在6—9人之间的共有122户。村中家户规模超10人以上的共有2户。村民孔八十家中有13个男性,8个女性;张广星家有9个男性和7个女性。在这些人口规模较大的家户中,劳动力相对要充裕一些。家中除了老人和儿童外,只要有劳动能力的几乎都可以到田中劳动。麦作需要的劳动力相对要多一些,家中有牛的农户,犁地基本上2个人就可以完成。种麦拉耧则需要3—5人合作才能完成。秋作物种植比较简单,种玉米需要2个劳动力配合,掰玉米时1个劳动力也能完成。种豆子、花生等作物1—2个劳动力就能完成。收花生比较麻烦,需要劳动力多一些,"家有二亩沙,大人孩子都不在家"。过去种田都要靠劳力,劳力少的,还没有牛、田多的农户自家都忙不过来。尤其是收麦时节,需要劳力多才能及时将麦子收回家中。家中劳动力少的,通常要与街坊邻居多来往,帮助别人多了,别人也会来帮忙。另外,有些没牛的人家会与有牛有车的人家相互帮工,平时生活中经常来往,农忙时期也好相互帮忙。李孝良老人家中劳动力只有2人,他与东南街的徐正祥关系非常好,两家经常相互帮忙完成种麦、收麦。

2. 独立经营权

在自有土地和租佃土地上,农户都具有独立的经营权。农户们根据土地的性质、种植的时节确定种植作物的种类。农户们虽然有种植的自由权,但也不是想种什么就种什么。例如河滩地是沙土地,不长小麦,所以只能种花生。另外,佃户种植地主家的田地,一般要种麦子,因为过去收租都以麦子作为租金。当然佃户也可以种植其他作物,只要租佃契约上写明交多少麦子,等到麦收时,佃户按市价折算成钱给地主交租即可。地主不会限制佃户种植何种作物,但是他们会限制佃户不能在田中拉土打坯,也不能让田地荒芜，否则就要将田地收回来。

（二）经营分工

1. 家长负责

以家户为单位独立经营田地的，当家人拥有家户生产经营的决定权。在农业生产中，当家人决定家中土地耕种规划，如哪块地种小麦，哪块地歇息，哪块地种植经济作物，种多少，何时种，如何种，何时收、如何收等。在庄稼作物的种植与收割中，家长有权给家中所有成员分派任务，比如老人和媳妇负责做饭、送饭外还要负责捡洒落在地中的粮食，儿子们负责种植、收割、打场、翻晒、运送等事务，甚至小孩也要跟着大人到地里干一些力所能及的农活。在大家庭中，家长还可以决定儿子们的职业，有权根据家庭发展需要和儿子们的特长，分派他们从事不同工作。

家户各项收入都由家长负责保产和分配。每年麦收、秋收后，吃哪些粮食、粜哪些粮食，吃多少、粜多少，留种多少、交租等问题，都由家长说了算。儿子们外出经商、做长工、短工或者从事其他小手工业赚取的收入，也都要上缴给家长，由当家人统一支配。但是儿媳妇从娘家带来的钱财则由儿媳妇支配。家户的钱财是用于购买土地还是家庭开支也要由家长说了算。李孝良父亲用二分田（大约130 m²）种植大烟，收割后用卖大烟的钱在村中买了两块田，共计2.5亩，一块1.2亩，一块1.3亩。另外家长参与赌博、吸大烟支配家庭收入，或者在赌博期间发生的债务，其他家人成员必须承担。

2. 男女分工

在家庭土地经营中，男女都要下田劳动。若是妇女裹小脚的，到田地干活就少一些，主要做些家务活。若是妇女放脚后是半大脚的或者是大脚的，就要和男性一起到田里劳动。人口规模小的家户，男要下田相互配合着干农活。种玉米、种豆时，男的锄坑，女的丢种；间苗时，男女一样到田中间苗。犁地时，男的掌犁，女的在后面用锄头打土疙瘩，挖边角。割麦时，男女都要一起赶早到田中收割，然后运到晒场里。打场时，男性主要负责打场，女性在旁边做些杂活，另外还要做半晌吃的水饭汤。在农忙之外，男性外出做匠人活的，妇女在家主要做纺花织布，做衣服、鞋子等，照料孩子。过去孩子比较多，家务活也非常繁重，所以妇女一般不再做副业。不过也有些妇女到了冬天闲着的时候，为种麻的人家做麻绳赚钱。

二、经营关系

（一）生产合作

1. 换工

在石罢村中，也有换工的现象。有些事情村民A不能做，但是村民B能做时，A

与B换工，A到B家做些活，换B到A家做某事。

第一，啥工都可以换。在石罢村，通常是在农忙犁地、平地、种麦的时候，两家经常会换工。有些农户家中没有犁，犁地时就要与有犁的农户进行换工。有犁的农户带着犁去给对方犁地，没有犁的农户派人到有犁的农户家中锄地、平地，或者干其他的农活。换工的范围非常广，地里活可以换家中活，牛工可以换人工，男工可以换女工。有些家庭妇女手特别巧，缝补浆洗、做衣做鞋样样精通。她们可以用家中活与别人换地里活。家中没有犁、耧，若是需要犁地或者拉耧种麦时，也可以用女工换男工。还有些家有牛，用别人家牛犁地拉车时，也会把人换过去。有牛的农户连人带牛都与对方换工。

第二，换工两家经常走动。换工的两家平时关系都处得不错，都是一条街的，亲戚家也可以相互换工。农户们都对自家情况和别人家情况盘算得非常清楚。有些非常老实，只会出苦力的农户，经常巴结那些有点手艺，或者家中有全套农具的农户，平时多去对方家中帮忙，或者家中出啥新鲜瓜果蔬菜时，给对方送一些。维持人情是条路，平时都把各种路修好，在需要用到别人时，可以与别人家换工，也可以请人帮忙。农忙时，与人换工要提前跟对方说一声，必须要趁对方的时间。若是不提前打招呼，尤其是不与那些有犁、耧等农户打招呼，很难与对方换工。农闲时换工，尤其是技术工与人工换，也要提前与对方说好。

第三，换工不讲究吃亏沾光。换工的两家都不讲究吃亏沾光，但是大家心里都有杆秤。这回对方做的工比我的多，下回我就给对方做得多一些，或者出工少的农户给对方送点点心以及自家地里产的瓜果蔬菜。要礼尚往来，这样才能长期相处下去。换工一般不管饭，也都不在别人家吃饭。换工的工具都是自己带的，别人家的东西用起来不顺手。自己带的农具自己也会留心保管好。换工时，自己的农具或者工具用坏了，对方也会帮忙修理，或者买一个送去，但是不能强制对方买。

2. 水利合作

石罢村农地的主要灌溉工具是水车，都是统一标准制式，可以由人推也可以用牲口拉来车水。石罢村的农田中，除河滩地外，据不完全统计有58孔水井，几乎每个井上都有水车。水车比较大，也比较贵，农户们很难有能力单独置办，地少的人家独自买水车也不划算。通常是田地连在一起的七八家农户对钱买水车，浇二三十亩田。有些富户人家土地面积比较大，家中经济实力强，也可以单独置办一个水车，不用和别人家趁水车。1949年前，村民徐登蟾家在官路北有田三四十亩，田中有两口水井，也被称为双井，自己买水车车水浇地。水车都是标准制式，上面有大轮子、小轮子，还有水车斗。轮子由铁匠铺打,水车斗要到集市上买的。水车都是农户们对钱买的,大家根据各自地的亩数按比例对钱。然后,由合伙的农户中能办事的人负责购置。有些合伙的农户,觉得一口井不够用,在深井旁边再打一个浅水井,再买个小水车,一大一小水车一起车水。

夏秋两季天旱时,庄稼需要浇水,大家就把水车装上,轮着集中浇地。用水车浇地时,通常要合伙拉水车,轮流浇地。第一,合伙拉水车。浇地时有骡子家可以用骡马拉水车,没有的只能两三家合伙推水车。推水车是两个成年男子一起推,中间还不能停。有些人家不厚道,别人浇地时,偷偷从自家地头开口子偷水。所以两家合伙浇地时,也派妇女或者孩子们去看陇道。第二,轮流浇地。浇地都是集中在一段时间,水井的几个股东轮着浇地,一般是地离水井近的先浇地,可以先泅湿陇道,地离得远的后浇地,陇道不会吃水太多。大家白天车水浇地,晚上不卸水车。晚上需要有人看水车,以免人偷水车斗,都是谁家浇地谁看水车。

水车的股东们都浇完地后,就把水车斗、水簸箕都卸下,运到家中有棚子或者空屋子的人家收起来,由他们来保管。水车斗和水簸箕都是用木头做的,年头久了容易损坏,几家中会木匠的修一修就可以了,也不用大家对钱。若是实在坏了不能修了,水井的股东们就对钱购买。股东们每年开春时就要收拾一下水车斗和水簸箕,给它们油一遍漆。水车的大轮子小轮子都是铁做的,非常重,需要七八个人才能抬走,基本上不会被偷走,所以不用收起来,放在井上就可以了。

(二)市场雇佣

1949年前,石罢村也有雇人干活现象。有些农户家中比较忙,会请人干活,并且要支付报酬。麦收的时候,地多的人家忙不过来时,请人"散麦"(农民自治的一种器具,一次性割倒一大片麦子)。有些村中种植大面积蔬菜,蔬菜成熟时忙不过来,就得请人帮忙收。村中地多的农户在河滩地种植大片的苎麻,待苎麻成熟后,就要割下来,还要剥麻洗麻,所以也需要请工。收麻都是在八九月份,还不到收玉米的时间,农户都比较闲,可以出工。妇女们冬天没什么事的时候,也去给人织麻打绳赚工钱。出工的也都是村中老实巴交的农民,只会出苦力不会做生意的人才去做这些事。

请工时不用专门到农户家中去请,农户都是主动到请工人家那里找活干。村中老人李孝良大爷曾经去剥麻、洗麻。不用提前跟请工家打招呼,只要早晨4点多,到村中的沤麻坑处等着就可以了。带麻在水中泡好后,就可以直接剥,都是从早晨4点多钟开始,趁着天凉快干到上午10点多,基本上能剥40—50卷。有时是自己一人剥,有时是两人合伙剥。请工家不管饭,但要付报酬。待剥好后,工人到请工家去验收、算账，验收合格的，一捆麻一毛多钱，基本上一上午能赚四五元钱。验收不合格的，请工人家不给钱。有时是当天给工钱，有些是随后一起给工钱。麦收时给人"散麦"的报酬是一天5升麦子。散麦的工具都是出工人自己带的，用坏了就自己维修，请工人家不负责维修或者赔偿。

第四节 交换与交换关系

市场交换是满足石罢村村民日常生活所需的必要条件之一。村民通过村庄内部定期的集市、流动交易商以及到村外的赶会，就粮食、资金、农具、牲口进行交易。村民通过交易活动满足日常生产和生活所需，开拓个人的活动和交往的范围。本节主要从村庄的交易方式、交易内容两方面呈现石罢村的交换和交换关系。

一、交换活动

（一）村内交易

1. 流动的商品交易

（1）货郎

第一，货郎概况。1949年前，石罢村中经常有走街串巷的货郎在村中做买卖。这些货郎做的都是小生意，主要经营生活用品，有洋油、颜料、盐、针线、胭脂水粉等日常小杂货。货郎挑着杂货挑，一头是洋油桶，另一头是盘子，里面有各种日常用品。货郎摇着拨浪鼓，边走边吆喝，在村中的大街小巷游走。货郎每月不定时到村庄卖货，不需要向保长报告，也没有人向其收费。

第二，做货郎的人。传统时期，做货郎的都是那些家庭生活处于中等水平的人家，这样才能有本钱做货郎。做货郎的都是能说会道、爱做生意的人。石罢村做货郎的都是男性，没有女性做货郎。石罢村的东南街有两个货郎，他们的家庭都有田地，忙天的时候种庄稼，闲天的时候走街串巷做货郎，卖些针头线脑、袜子、手巾、颜料、洋油等。做货郎的人的名声要比种庄稼的好点，将来娶媳妇就比较容易。村民们认为货郎在外做生意，能学到不少知识，也算是文明人。货郎外出经常和人打交道，非常懂礼貌，也会办事。另外，货郎的生意收入也能养活3—5口人，生活能有保障。

第三，货物交易。货郎们从李村街或者庞村的马家街进货，根据经济能力，缺啥货就进啥。然后货郎经常挑着杂货担到村中卖，只要村里人听到后，就会出门买些家中紧缺的小商品。1949年前，石罢村庄比较大，有近400户人家，有时候货郎进一次村庄，基本上能把货物都卖掉。价钱商定后，村民要拿钱购买货郎的商品，货郎只收钱，不收粮食。这些杂货的价格都不贵，1毛钱就能买不少针头线脑。

第四，货郎与村民关系。有些货郎在村中信誉非常好，农户们就会把家中需要的东西攒起来，等着他们来了再买。家庭中有男性出去买，也有女性出去买，谁出去买谁去讲价钱。货郎与妇女们打交道多一些，冬天姑娘们出门外嫁，经常到货郎那儿买些针头线脑、胭脂水粉。外村的货郎经常到石罢村，大家都比较熟悉，会允许赊账。本村的货郎也允许村民赊账。货郎随身带着账本，将村民的赊账都记录下来，可以随时去要钱。都是些小钱，村民也不会欠太长时间，毕竟货郎也需要资金进货。

第五，货郎与村庄。货郎都是自带干粮解决午饭，若是村中有亲戚，也会到亲戚家吃完饭再继续卖。货郎进村卖货不用向保长汇报，可以自由进出村庄。另外他们也不用向保里缴纳保护费。

（2）以物易物

第一，换物的原因。1949年前，石罢村也有一些村民挑着货物到其他村换粮食以养家糊口。换货郎产生的原因有以下几个方面：1. 地少人多的穷苦人家要糊口。地少人多的穷苦人家，打的粮食不够吃。所以才会挑着自家多的东西到外村去换点口粮吃。2. 本村出产的稀有物品。石罢村水源充足，种植的萝卜产量非常高。南山或坡上地区比较干旱，种植的红薯产量非常高。本村人经常挑着萝卜到南山或者坡上的一些村庄换红薯或者玉米。3. 赚取收益。村中也有些人家到洛阳县里贩些盐，挑着盐到各个村中换鸡蛋或者鸡鸭，再将鸡蛋、鸡运到洛阳县里卖掉，然后再买盐换鸡蛋、鸡。也有些村民到李村街贩点红薯，然后卖到伊河北面的村庄，换回粮食（玉米、黑豆等），再把粮食粜到李村街的粮行。这样来回倒腾，赚点差价，养家糊口。

第二，换物的人。石罢村挑着货物到其他村换货的都是些家贫的人，换物郎们家中虽有田地，但地中出产的粮食不够吃，通过挑点货物到外村去换红薯当口粮。另外，那些有口才、喜欢做点小生意的人，也会做换物的事情。到外村用萝卜换红薯或者盐换鸡蛋、鸡，都需要换物郎与人打交道比较活套、能说会道。

第三，换物规则。传统时期，换物并没有明确详细的标准，大家都是根据货物的市场价进行等价交换的。蔬菜、红薯、盐、粉条等价格都比较稳定，两筐萝卜可以换一筐红薯、一斤盐可以换5个鸡蛋、一斤玉米换两三斤红薯等等。到了天快黑的时候，村民为了早点换完回家，也会便宜点将东西换掉。

2. 固定的商品交易

（1）豆腐坊

1949年前，石罢村最有名的豆腐坊是褚久长家的豆腐坊。褚久长家生产的豆腐硬实、耐嚼、好吃，备受村民的欢迎。褚久长豆腐坊生意红火、供不应求，后来因村民徐玉祥的算计而破产。随后村民孔无影、姬铁虎亮家也开了豆腐坊。这两家都是小户人家，弟兄多田地少，生活顾不住，开豆腐坊能养家糊口。

孔家和姬家的豆腐坊都是由家人独自经营，妇女们一起参与做豆腐，没有雇佣外人。豆腐坊夏天不做豆腐，冬天才做。冬天时每天半夜要起床开始制作，天亮的时候就要把豆腐做成。豆腐做成后，主家推着独轮车游街串巷地卖豆腐。石罢村庄比较大，一车豆腐在村中转一圈就基本上卖完了。当时村民们买豆腐不用钱，而是用豆子换，黄豆、黑豆、绿豆都可以用来换豆腐，通常是按一斤黄豆换一两斤豆腐的标准来换。有些家要过红白事，即使预定百八十斤豆腐，也是用豆子换的。石罢村种豆的人家比较多，村民们都有豆子去换豆腐来改善生活。村民们基本上隔两天就可以吃一顿豆腐，一周能吃个一两顿。豆腐坊概不赊账，只要村民拿来豆子，就给他们换豆腐。有时候豆腐坊也挑着豆腐到熟悉的村庄卖，村民们知道卖豆腐的人到村的时间，都在家中等着，一旦听到街上有"卖豆腐"的吆喝声，就走出家门换豆腐。做豆腐是吃苦的营生，也仅仅是顾口的小本生意，保里不向他们收税以及其他费用。

（2）铁匠铺

石罢村最有名的铁匠铺是焦春家开的。后来焦春离开石罢后，村民们经常到孔豹家的铁匠铺打制农具。孔豹家铁匠铺属自家所有，所有的铁器都是自家人一起做的，基本上是弟兄们一起做铁器。铁匠们家里都有田地，都是忙天时候种庄稼，闲天时候经营铁匠铺，而且年年都做。

铁匠们做些干庄稼活经常要使用铁器，比如锄头、三指耙子、十指耙子、铁锹等，然后挑着这些农具到各村去赶会卖农具。孔豹家的铁匠铺做的菜刀、锄头等用具做工精致，用着顺手，在村中非常有名。有不少本村村民到铁匠铺定做农具，甚至也有外村的村民到孔豹家的铁匠铺定制农具。村民到铁匠铺打制农具，都要用钱买，买新农具和补旧农具的价格不同。比如买锄需要一两块，罡锄的价格是买新锄头价格的 2/3。孔豹家的铁匠铺为了多做点生意多赚点钱，也允许村民赊账，但只能短期赊，不能时间太长。毕竟是做生意行当的，需要资金流动。

铁匠铺也收学徒，基本上是收 20 岁左右的年轻男子。若是学徒年龄太小，抡不起大锤，学不了打铁。做铁匠也是吃苦的营生，发不了财，所以也被称为"穷匠人"。保长不向铁匠铺收税以及其他费用，但会给他们派差、派工、派兵役。保长、甲长、绅士到铁匠铺打制小农具的时候，铁匠铺不收他们钱，算是给保里人的小恩惠。

(二)集市交易

1. 集市的位置

在平原地区，以陆路交通为主，规模大一些的村庄都会有定期的集市和会，比如石罢集市、庞村集市、李村集市、关林集市和洛阳县集市。村庄规模大，人口较多，附近还有不少小村，这些条件下就容易形成集市。集市都在道路两侧，四周交通都比较方便，进出非常容易，便于商品的集散。

2. 集市的类型

村民们去赶集时，会根据需要买卖的物品以及价格选择不同的赶集点。民国初期，石罢村也曾有集市，每逢阴历单日开集。由于石罢村的渡口经常有买卖船通过，也使石罢集市较为红火。虽然石罢村的集市不大，只从东大街到兴国寺门口，但有不少商家前来做粮食、蔬菜、生活用品的买卖。石罢集市为村民提供了很大便利，村民们只需步行三五分钟就能够到集市。石罢集的开集时间比较早，早晨五点钟就有人赶来做买卖，上午10点左右收集。由于当时受连年伊河水患的影响，许多商家不再到石罢集，石罢集市便逐渐没落。

石罢集市的商家搬迁到庞村后，就形成了庞村集市。庞村集市在东庞村的马家街，有半里长，每月的阴历初一、十一、二十一，七、十七、二十七开集。从石罢到庞村有6里路，村民们通常步行半个小时就能到庞村集市。村民们早上六七点去，到晌午就能够回家，来回比较方便，而且也不影响庄稼活。村民们经常到庞村集籴粮食、买布匹、买红薯以及其他日常生活用品。如果去卖东西要早一点，如果去买东西可以晚一点。庞村集不大，村民们可以在庞村集买些小东西，办些小事，要购买贵重一点物品就得到更远的李村集。

在石罢村所在的区域附近，李村集市规模算是最大的，从东到西有4—5里长，由东头至南寨，从西头到庄里（上庄村与下庄村之间）。李村集的东街和西街各有2里来长，东街是做小生意，有杂货、粮行、布匹、小吃等等，非常热闹；西街主要是做大生意，有大烟土、银圆、子弹等等，比较冷清。李村集每月的阴历初四、十四、二十四，九、十九、二十九开集。从石罢村到李村集有12里路，是到庞村集的2倍。村民去李村赶集，来回需要两个小时，所以也要早去早回。有些村民在农闲时，到李村集批发些红薯，运到滑庄、代角、黄庄等村换粮食。李村街集市不仅规模大，而且有大土匪在背后撑腰，比较安全。日本人在洛阳的时候，庞村、佃庄的集市都不安全，只有李村的集市比较安全。村民到李村集市上做生意，不用担心被抢劫。

关林集市历史悠久，是豫西地区远近闻名的大集市。关林集市距离石罢村有25

里,每月初三、十三、二十三开集。石罢村的一般小户人家很少到关林市场购买生活用品,因为关林市场路途遥远,一般人家没有骡马车是没法去的,村中的大户人家才会到关林集市购买骡子、马。大户人家有骡子拉车,去时套上骡子车就可以了,买回骡马后,两匹骡子一起套车就能把骡马赶回来。

洛阳县集市最为繁华,各种物品琳琅满目。村民们也会到洛阳县集市做买卖。洛阳县集市上的米、面价格比较贵,村民去洛阳县卖东西,能赚得多一些。另外村民们办大事,如红白事时,需要买些贵重物品,比如金柳子、金项圈等。这些东西在李村街的集市上卖得少,在洛阳县有许多卖家,而且款式多样。石罢村距离洛阳县有25里地,步行需要2个多小时。因此村民到洛阳县赶集时,都要五更去,才能在天黑前赶回家。

日本人来的时候,村中许多村民挑着秆草到洛阳县去卖给日本人。日本人要买许多秆草。其他人很少买秆草[1]。

3. 集市的管理

开办集市都要有官府的批准,选取势力比较强,规模大,能辐射到周边的村庄。集市基本上是分片布局,由专人管理的。以李村街为例,李村集的东街是做小生意的,非常热闹;西街主要是做大生意,比较冷清。李村街的铺子多为李村、庞村等附近的村民开的,石罢村人在李村街做生意的比较少。这些开铺子、做大生意的人家都比较有钱,而且还有官府人做靠山。

李村的集市上都有工商所和税所专门管理市场交易。凡是在集市上有矛盾纠纷的,可以到工商所去解决。凡是在李村街做生意的,都要向税所交税,每年交一次。做大生意的税比较高,如大烟土的生意一般要交1 000多块中央票。但从事大烟买卖的铺子都是家中有权势的人,他们都能逃税。一般情况下,凡是不按照规定交税的铺子,就会被税所查封且受到额外的处罚,因此各商家都会好吃好喝地招待税务员。

4. 赶集人

传统时期,石罢村成年男性、女性都可以去赶集,他们有时是单独去,有时是夫妻俩一起去。男的赶集是为置办做庄稼活用的农具,女的赶集是去购买家庭生活用品。很多村民赶集时,早晨四五更的时候就要出发,步行六七里才能达到集市,置办完东西后还要步行返回。大人去赶集时,一般不带孩子们去。赶集路程太过遥远,孩子们

---

[1] 根据李孝良老人口述内容整理。

都走不动，另外孩子们到集市上也会增加额外的开支。不论是村中有钱人家还是穷人家都会去赶集，穷人家赶集买东西的次数要少一些。村民们并不是每个集日都要去赶集，都是有东西要卖，或者有东西要买时才去赶集。他们提前把家中要买的东西梳理一下，然后到集日才去赶集，一个月最多去一两回。

5. 赶集原因

村民们有事才去赶集，除了到集市上卖粮食或者购买日常生活用品外，遇到婚丧嫁娶等大事，也都会赶集去置办物品。

（1）卖东西。生活遇到急事、难事或者红白事，家中急需用钱，村民就带点粮食到集市上卖来换钱。石罢的花生远近有名，到了冬天，村民们也会把花生炒干后带到集市上卖。也有些家挑着新鲜蔬菜、柴火到集市上去卖。村民们赶集卖东西有些是专门的，也有些是捎带手的。村民们赶一趟集非常不容易，不论是庞村集市、李村集市还是佃庄的集市都离石罢村较远，要走一两个小时才能到集市上，到洛阳县的集市基本上要走三个小时，所以去赶集买东西时都要先捎带点东西到集市上卖。村民有话称"价格在路上，买卖在事上"。在去赶集卖东西之前，村民们都要打听一下价格，了解一下行情，然后再决定去哪里卖。不管到哪个集市上，挑出去的东西一般能卖完，即使剩点，村民也会不论贵贱把东西都卖掉。

（2）买东西。除卖东西外，村民们也经常赶集去买东西。买东西分两种类型：第一是购买自家使用的物品。有些生活必需品、农具以及婚丧嫁娶用品等，村民们在村中买不到或者不划算，就会去赶集购买。洋油、布料、蜡烛等，集市上货物种类多，卖家也多，村民们可以货比三家后以合适的价格买到东西。第二是到集市上批发点东西，再运到各村去卖。村中的货郎到集市上批发日常生活用品，然后挑着货郎担子游街串巷去卖。有些村民在集市上批发点红薯，然后挑着红薯到各村中去换粮食。

（3）娱乐。传统时期，集市中有赌博、唱戏两类娱乐活动。村民去赶集买卖东西时，也会顺道去听戏，或者到赌场去押宝。集市中的宝摊比较多，有些对赌博感兴趣的村民会到宝摊去看别人押宝，或者直接下场参与赌博。李村街、洛阳县的集市上还有戏园子，有些家庭富裕点的村民赶完集后，如果时间还早，也会花个几毛钱去戏园子喝茶看戏。

6. 赶集中的买卖与支付

传统时期，石罢村民在集市买卖日常生活用品不需要找中间人，直接交易即可。交易时，由买卖双方直接谈价格，买卖都是"倾心两愿"，双方觉得合适就可以。但是买卖粮食则需要在粮行进行，即使买卖双方谈妥价格，达成交易，也要向粮行交佣钱。

买卖牲口则需要通过牲口经纪才能完成交易,并且还要向牲口经纪支付佣钱,然后由牲口经纪报税、上户口。

"行情在路上,买卖在市场上。"村民们去赶集买东西时,都在路上打听好价格,到集市上货比三家后再做决定。他们不一定选择到熟人那里买东西,熟人的东西可能会更贵一些,另外碍于面子也不好讲价钱。有些村民知道庞村街或者李村街有熟人卖东西,有时候都是绕道走,尽量不与熟人见面。

赶集时,买卖都要用钱结算,不能用粮食结算。结算时,一般是直接支付,一手交钱一手交货,基本不能赊账;若买卖双方是亲戚或者关系非常密切的熟人,则可以赊账。村中有这样的话"亲戚不共财,共财两不来""亲兄弟,明算账"。赊账时,卖家是不会允许口头赊账的,通常要记在账本上,写清楚时间和赊账的金额。买家赊一两个月是可以的,若超过半年时间就太长了,会影响卖家资金周转。买家手头有钱后,要及时还上。

二、赶会

传统时期,会和集都是商品交易的场所。某些村庄每月在固定的地方和固定的时间开集。每个村庄每年都有几次会,会期是固定的,已经成为村庄的一种传统。

1. 村庄的会期

(1)石罢村的会期。清末民初时,随着伊河洪水频繁进村,商户们渐将买卖挪移到东庞村的马家街,就此石罢集市没落消失,还剩下每年固定的六个会。第一,正月十九日的兴国寺庙会,以庙会为契机,各商贩云集到石罢村做些小买卖。第二,四月十二日的骡马大会。骡马大会举办的时间刚好是农忙之前,方便农户们提前买好牲口以便农忙时用。骡马大会上不仅有卖骡、马、牛、驴等牲口,也有马鞍、嚼头、马蹄等等,这样农户可以在骡马大会上将牲口以及配套产品都置办齐全。第三,四月二十日的农具购销大会。四月下旬后,很快就要进入麦忙了,农户们要准备好各种农具以备麦收时用。农具购销大会方便农户们购买农具。有些时候四月十二日的骡马大会可能因天气原因与四月二十日的农会购销大会合并。第四,七月十五日的庆祝丰收大会。七月初,农户们基本上收完麦子,也种上了秋庄稼,人们有闲钱去购买生活必需品。七月十五日的集市上,人们可以购买生活必需品,以此来庆祝庄稼丰收。第五,十月十日搭桥会。石罢村渡口的桥墩是固定的,桥板是活动的。每年四月十五日,村民将桥板拆下放进桥房,汛期过后于十月十日重新搭桥。搭桥时,石罢村民以及邻近村庄的村民也都到石罢渡口看热闹,商贩们也都在这一天集中到石罢渡口附近,趁着人多好做生意。最后,腊月二十的置办年货大会。进入腊月后,石罢村就有了过年的氛围了。腊月二十的年货大会上，人们可以购买过年所需的各种用品。

（2）外村的会期。基本上各村都有会，各村会期的时间是不同的。根据村中老人介绍，柿园村的会期在每年阴历九月二十，发村的会期在每年的阴历七月初二，大庄村的会期在每年的七月十七。周边的其他村庄每年也有固定的会期。村民们都可以在家门口买卖东西，非常方便。不管各村什么时间有会，所有的集会都是当天一天。

2. 会场的分布

常赶会的卖家都有一个会谱，按着会期到各村去赶会。每逢会期，各路商家齐聚石罢村，有卖牲口的、有卖农具的、有卖叉耙扫帚的、有卖小吃的、也有娱乐赌博的等等，几乎是门类齐全，应有尽有。在石罢村，阴历四月十二日的农具购销大会规模非常大，商家基本上占了四条街，东大街、西大街、西南街以及中街胡同。这四个地方集中着不同种类的摊贩。在东大街摆摊的有开经货棚的、卖铁货的、农具的、小吃的、赌博的，商家非常多，也非常热闹。在兴国寺西边的空地上主要卖骡马牲口，在兴国寺的门前广场上也有唱戏的。西大街属于背地方，主要是卖络子、叉耙扫帚等便宜货的。西南街主要是卖大家伙的，基本是大一点的农具。

3. 赶会人

（1）卖家。会上的卖家来自各个地方，有些是门庄、草店、寇店、东庞村、西庞村、李村的，也有些是外县的，比如会上耍猴的都来自鄢陵、扶沟等县。这些卖家都是流动的摊贩，他们都知道各村的会期，按着会期到会上摆摊。摆摊摊贩可以是男性，也可以是夫妻两口子，这些人都是家中有点田地，农忙时种田，农闲时出来摆摊。这些摆摊的卖家可以提前到会场上占地方，或者请村中的亲戚帮忙占地方，又或者是请常赶会的伙伴帮忙占地方。到了会期，他们推着手推车、赶着大车或者挑着担子到会场做买卖。卖饭的都要提前一天到会场，把摊位支起来，然后开始杀鸡宰羊。其他的摊贩都是当天起五更赶到会场。每个会场中，不同货物都在不同的片区，摊贩们也都自觉地遵守规矩，在各自所属的片区内占位置。摊贩们之间也会因为周边的邻居挤占到自家位置而发生矛盾。两家因此吵架时，其他摊贩们也都会前去说和，劝说双方各自让一步，和气生财。商贩们经常赶集，都彼此认识，所以一般也不会出太大的矛盾。

（2）买家。本村的村民可以在家门口赶会，购买生产用具和生活用品，非常便利。村民们只要家中没事，都会到会场上或者买东西，或者看热闹。家中的男女老幼也都可以到会场上。妇女们到经货棚买些颜料、撕些布匹或者购置一些日常生活中的小东小西等等，男子们到会上买些农具，孩子们可以到会上看耍猴的，老人们也可以到会上听戏。村中不论是有钱人家还是穷人家都会出来赶会，购置家中需要的生活用品或者生产用具。手头宽裕一点的村民也会在会上改善生活。"上会粉汤，下会包子"是村民总结出来的在会上既可以掏钱少，又可以吃得好的经验。

4. 赶会中的买卖

在会期，商家都比较多，村民们可以在家门口货比三家，精挑细选。一般会期都有一天，早上九点后开始上人，村民们都出来买东西。所有的买卖都必须用钱交易，不能用粮食来交易。另外，会上基本不赊账。

5. 赶会与村庄的关系

所有到村中来赶会的摊贩都要向保里缴纳摊位费。摊位费的多少与买卖货物的价值挂钩，做小生意的摊位费少一点，做大生意的如骡、马、牛、驴、农具等的摊位费要高一点。另外，石罢村中也有不少村民外出赶会做生意，他们在村中的地位比较高。村民们认为赶会的人懂礼貌、眼头活、会来事，这些人家容易娶到媳妇。

三、商品交易

（一）农产品交易

1. 粮行的概况

在伊河洪水将石罢集市冲毁之前，石罢村的东大街曾经是个集市。石罢的集市有三家粮行，都是做固定摊位的买卖。在东大街西头临近集口的是门庄人梁德福、石罢人姬无极、徐都钦三人合伙开的粮行。在东大街临近兴国寺的门口还有两家粮行。庞村集和李村集上都有许多家粮行。粮行主要从事小麦、玉米、豆类、小米等粮食作物的买卖，同时也为粮食买卖方提供一个第三方交易平台，村民们都在粮行粜粮、买粮。

2. 粮行的产权

石罢村的三家粮行都是租赁别人家的门面房，粮行所在房屋的产权归房屋所有人。东大街西头梁德福、姬无极和徐都钦三人合伙开的粮行，租赁了李孝良家的三间临街屋。梁德福、姬无极和徐都钦三人是朋友，并且都是生意人，家境比较富裕。徐都钦家有一二十亩田，还有1个骡子、1匹马，梁德福与姬无极家也都有10多亩田。此处门面房正处集口，位置极佳。徐都钦曾以大宅院外加两亩良田作为条件置换此处门面房，遭到了李家的拒绝。东大街对着兴国寺的两家粮行则是老板在自家门面房里开设的，产权归粮行老板所有。

3. 粮行的经营

经营粮行需要获得公家的许可，长期做粮行生意需要到庞公乡的工商局办理许可证。有了这些证件，粮行才能合法从事粮食生意。开粮行的多是大生意人家，明面上做粮食的买卖，从中抽取佣钱或者赚取买卖差价，暗地里也从事大烟土的贩卖生意。

粮行内都有个套间，门上挂着布帘子，布帘子上写着"闲人免进"的字样，凡是做大烟土生意都在套间内商谈。粮行烟土生意的收益非常高，远超粮食生意的收益。从事粮行生意的都是与上头有关系的人家，他们在村中非常有势力，被村民背地里称为"可意手"。粮行的经营者大多是自家人，一般不雇佣外人。合伙开办粮行也都是合伙人在经营，基本上不雇佣伙计。粮行做生意都是公平交易，很少有缺斤短两的。粮行有给的不够的，大家都可以拿秤再称，但是再过秤的情况非常少。官府每年腊月里要派管理工商的人到粮行中收税，粮行负责人也要准备好账本和税钱以备稽核、收缴税款之用。

4. 村民到粮行买卖粮食

村民们买卖粮食都要在粮行中进行。粜粮食的都是村中急需用钱的农户，当家人亲自去或者派孩子们带着粮食到粮行去粜粮。若是粜得少，比如50—60斤粮食，村民需要将粮食背到粮行去卖。粮行收益主要包括佣钱和差价。在粮行进行的任何一笔粮食交易，粮行都要从中抽取佣钱。卖家可以将粮食放在粮行等客人来买，由买卖双方商谈价格，然后在粮行过秤，最终完成交易。不管买卖双方以何种价位进行交易，粮行作为第三方都要根据双方的交易金额抽取佣钱。若是卖家的粮食没有卖完，粮行也可以把剩余粮食买下来，免得卖粮人再把粮食背回去，但依然会从中收取佣钱。佣钱抽取的比例不高，一般是10元钱的交易中可以抽2—3毛佣钱。除佣钱外，粮行也赚取粮食差价收益。卖家也可以直接将粮食卖给粮行，粮行根据粮食的市场价格以及粮食的品相定价格，并从中抽取佣钱。粮行一般屯迟卖快，以低价收，高价卖，以此赚取收益。

村民在粮行买粮食时，若是没有带钱或者钱不够，粮行也允许村民赊账。一般是粮行经营者的亲戚或者是本村关系非常近的熟人可以在粮行赊账，陌生人是不能在粮行赊账的。赊账也有期限，赊账人赊一两个月是可以的，但不能时间过长。

5. 村民卖粮食给粮行

要卖的粮食比较多时，村民就跟粮行打声招呼，请粮行的人到家中交易。在村内，要通过"斗把子"进行粮食交易。斗把子是专门用斗帮卖方和买方称粮食的人。过去，村民买卖粮食、交租等，要用斗来量。尽管家家户户都有升，但并不是家家户户都有斗，村中有斗的人家并不多。只有那些有斗的人家才可能出斗把子。石罜村的斗把子有孔栓柱、李绅等，他们都是村中的老好人。做斗把子必须得到公家的承认，并且还要向公家纳税。斗把子通过量斗收取卖粮食一方的佣钱，另外他们也做粮食生意，经常屯迟卖快，出九进十一。斗把子的报酬高，通常也能发家致富。

斗把子在买卖双方都在场时量斗。斗把子量斗是个技术活，采用不同的手法使卖家、买家吃亏或者沾光。大买家买粮食时，经常贿赂一下斗把子，让他把斗抖动几下，就可以用同样的钱多买些粮食。卖粮食时，斗把子的手艺也会让卖粮食的农户吃些亏。装斗时，斗把子将斗晃一晃就能多量出多半升麦子。斗把子用刮板平斗时，刮板平着刮与斜着刮就能差出许多麦子。量斗时，大家都不敢说什么，因为斗把子有不少手段惩罚那些提意见的卖家与买家。

（二）高利贷

1949年前，村民除了一般的借钱、粮外，还会因为家中遇急去借贷。村民通过中间人向家中有钱粮的富户借贷，偿还时要背负高额的利息。

1. 借贷的原因

对于石罢村民而言，借高利贷都是无奈之举，只有在万不得已又借钱无门的情况下才会去借高利贷。村民借贷的原因主要有以下几个方面：首先是因家中要办红白事。红白事的开销是村民的重要花费，也是一笔巨额开销。对于一般的穷苦人家而言，红白事是承受不起但又必须办的事。尤其是办白事，有些家已经为老人看病花了不少钱，实在是没有能力再置办葬礼，只能去借高利贷。其次，有些家遇到合适的买地机会却手头钱不够，又不想让别人知道自家买地，只能通过借高利贷的方式救急。再次，有些因天灾或其他原因需要修建房屋的，也会去借高利贷。村中有话称，"一年房屋，十年料"。有些家为给孩子娶媳妇，就要攒钱盖房子。盖房子花销非常大，会使家庭收不抵支，只能去借高利贷。根据李孝良老人讲，他家当时修了房屋后，家中已经没有粮食了，才去借了高利贷。另外，有些家遭遇灾害，粮食减产，交了差粮就没法生活了。尤其是在日本人进入洛阳后，面对名目繁多的杂差，有些农户实在无力应对。遇到这种情况的穷人家，一方面急需用钱，另一方面从街坊邻居、亲戚朋友那里借不到钱，就只能去借高利贷。根据李孝良老人讲，他家当时要出差粮，但是家中已经没有粮食了，于是就去借高利贷，借1斗还1斗6升。当时1斗麦子60斤，1升麦子6斤，利息是36斤。

2. 借贷的对象

若是两三升粮食，可以向街坊邻居或者亲戚朋友借。若是借的钱粮太多，大家拿不出来就只能向村中有粮的富户借贷。村中的富户放高利贷，都是私下偷偷进行。尤其是在1942年以后，土匪猖獗，即使是富户也担心别人知道家中有粮食而遭抢劫，所以他们不会大张旗鼓地告诉其他农户自家放高利贷。

富户在放贷时会考量借贷方的偿还能力，不是任何家想借高利贷就可以借到的。

对家穷、孩子多、无地,也没有外财的农户,富户是不会把钱、粮贷给他们的,担心借出去后对方还不起,就会找个借口把他们打发走。那些有地的农户才能去借贷,他们可以指地借贷。村民张万祥是斗把子,就是专门做这种生意的,若是对方还不上贷的钱粮,就把对方的田地收走。

3. 借贷的利息

贷款的利息包括固定利息和利滚利。固定利息有以下几种情况:借1斗麦子还1斗5升、借1斗麦子还1斗6升、也有借1斗杂粮还1斗麦子。有些富户放贷时,根据借贷人的情况和声誉选择利息方式。他们对那些还麦子利索、及早还、麦子质量好的农户,收1斗5升的利息,对那些还贷不利索、偷奸耍滑的农户,收1斗6升的利息。有些富户按统一的利息放贷,不管借贷方情况,都采用1斗6升的利息。村民曾到孔天翔、张万德、李文书家各借两斗麦子给李孝良,收取1斗6升的利息。有些富户放贷是按照借1斗杂粮还1斗麦子收利息的。村民李孝良曾到开杂货铺的张万祥家借粮食,过年时借了5升黑豆,麦收后还5升麦子。村民徐三须曾经为了度过饥荒,借高利贷5升玉米,2升大豆,用玉米和大豆掺搅后磨面吃,玉米和大豆比小麦价格低廉多了,四月借7升粗粮麦罢还7升小麦。

滚动利息是按照时间来计算的。1942年河南闹灾荒,在麦收前村中许多人家断炊,村民们只能向村中大户借粮度饥荒。当时大户们收取的利息就是按滚动利息计算的,四月初一借1斗陈麦,五月十五还1斗半新麦,晚还五天,加还1升,晚还十天,加还3升,晚还半月,加还5升。如果推迟到六月初一还,借1斗还2斗。

4. 借贷程序

借高利贷时不是直接到富户家中去借,即使知道某农户家有钱粮,直接去借也借不出来。借方要找个担保人,通过担保人担保才能将粮食借出来。若是没有担保人,对方是不会借给你的。担保人必须是与借方、贷方关系都比较好且可靠的人。有些两家关系好,借方人品可靠,经常有来往的,借贷也可以不请担保人,自己做主就可以了。担保人的价值与所借款项差不多一致,一旦借方还不起,担保人要能还得起。

在担保人的说和下,双方谈好利息后,借方与贷方需要签订协议。签协议的时候担保人也必须在场,并且在借贷协议上签字画押。若借的是钱,放贷方把钱交给担保人,由担保人点数后,借给借贷方。通常借贷协议只有一份,由贷方保管。借贷时间通常是一年,借贷中有抵押土地的,则抵押期限是三年。担保人不收取报酬,也不用借方管饭。

5. 还贷

借贷到期后,就要还上高利贷。借方在麦收后,直接将小麦装好,运到放贷方家中还贷。还贷时,担保人也要在场,按照双方说定的利息,量斗还贷。然后,由放贷方把借条还给借贷方。有些麦收后,还没有去还高利贷的,放贷方就会派人到借贷方家中收粮食。放贷人收贷时,自己带上斗,量好粮食后拉到家中。借贷都是"明借偷还",不论是借贷方到放贷方家中还贷,还是放贷方到借贷人家中收贷,都是在晚上进行的。

若是借贷人到期无力还贷的,就会利滚利,最后只能把地兑给放贷人。村中许多富户在柿园、大庄、庞村等的记庄地都是由此而来的。有些无力贷款的借贷人会跑路,村民姬富海欠钱多,最后业不抵债,就跑路到陕西一带。

(三)人口买卖

1. 买孩子的原因

传统时期,石罢村有买卖孩子的情况。村中之所以有人家买孩子,主要有以下两方面的原因:第一,家中缺孩子。有些家中,夫妻双方有一方不能生育,丈夫又无力娶"小婆"。遇到合适的机会时,就会买孩子。村民孔某、丁某就是从外乡买的。第二,买姑娘做儿媳妇的。有些生活条件差一些的,担心自家孩子娶不上媳妇,会买个姑娘给孩子做童养媳。

2. 卖孩子的原因

卖孩子的人家多是因为家中男人赌博、抽大烟欠债后,把孩子卖掉抵债。也有的是从外省、外县逃荒到石罢村,生活实在困难,无力养活孩子。为活命,将姑娘卖掉换点粮食来维持生活,另外也是为孩子找条活路。

3. 中间人

1949年前,村中有人专门做买卖人口的生意。村民孔某从事这种生意,既买卖妇女,也买卖孩子。但这种生意不是经常有,有些年景会比较多,在1945、1946年的时候买卖孩子的较多。村中因抓壮丁死人比较多,有些无法抱养孩子的家庭,就会想办法买个孩子。村民孔某就在各村打听,然后做买卖孩子的中间人,并从中收取佣金。孔某从东庞村介绍到石罢村三四个孩子。

4. 买卖孩子与家庭宗族的关系

村民买孩子都是因为家中无子,所以非常珍惜买来的孩子,把他们当作亲生孩子对待。买来的孩子多是不懂事的幼子,长大后也能跟养父母一条心。买来的孩子要跟养父母姓,并要到保里登记。买来的孩子要为养父母养老送终,并会继承养父母的家产。买来的孩子可以上族谱，但不能当族长。街坊邻居一般也不会将实际情况告诉买来的小孩，亲戚朋友都会对孩子守口如瓶，没有人拿这事开孩子的玩笑。

（四）牲口交易

1. 牲口交易市场

传统时期，牲口交易通常是在牲口市场上进行的。牲口市场不是单独成集市，是和其他买卖一起成集市的。开集时，牲口和其他货品分开而置，各成一片。一方面因为牲口交易主要卖骡马、牛、驴等，占地面积大，牲口的粪便影响其他人家做买卖。另一方面，集中到一片有利于管理、清扫垃圾，还方便买家看牲口，对比牲口。在各村的集市上，卖牛、驴的商户比较多，卖骡马的商户相对较少，许多农户买卖骡马都到关林的牲口市场进行交易。关林的牲口市场非常大，通常在每月的初三、十三、二十三开市，距石罢村有20多里路。李村的牲口集卖牛、驴等小牲口的比较多，而且离得近，是村民们买牲口的首选地。

2. 买卖牲口的原因

过去，买卖牛、驴子、骡子等牲口都是家中的大事。通常买卖牛、驴、骡子的人家田地比较多，生活较为富裕。地多的东家买牛、驴、骡子到田中干活，还可以在农闲时拉车干活。买牲口的人口也是因为田地比较多，家中劳动力少，农忙时期忙不过来，买头牛可以犁地、拉车。1949年前牛、驴、骡子都比较贵，一般人家都要攒许多年钱才能买得起这些牲口。

如果家中牲口使用起来非常顺手，能独犁独耙，一般人家不舍得将牲口卖掉。卖掉牲口通常是因为：第一，买回来的牲口用着不顺手，打着不走，干活偷奸耍滑；第二，牲口吃得少力气小，或者是只吃料，不吃草，没劲干活。

3. 牲口交易与经纪

买卖牛、驴、骡子等牲口都要通过牲口经纪才能完成交易。牲口经纪有大经纪和小经纪之分，大经纪主要负责骡、马买卖，小经纪主要负责牛、驴买卖。石罢村中大经纪有甄林重1人，小经纪有甄科、姬留定2人。

买牲口要经过牲口经纪才算合法交易。以买牛为例，买家要买牛，必须要攒够钱，有些即使钱没攒够找亲戚家借点也能买牛。买牛之前，要到牲口集市上转悠、打听，掌握行情以及牛的品相。钱凑齐后，提前与村中的牲口经纪打招呼，委托其在牲口集市上帮忙谈价等。决定买牛后，当家人或者家中懂行的孩子就会请一个自己这边的行家，帮忙到市场上转转看看。相中牛后，再请牲口经纪谈价格。当时牲口经纪与卖家谈价格时，都是在"大衣襟下摸价钱"，嘴上还说一些交易的行话。牲口经纪与卖方谈好价格后，就要说定"交口"，也就是买方交钱和卖方收钱的时间。然后买方在牲口经纪处报税，税钱中都包含着佣金。待牲口经纪开完税票后，买方就可以直接将牲口牵走，同时也要给卖方一个凭证以便收钱。若是三天内，牲口不吃不喝，买方可以退货。若是牵到牲口经纪处，牲口又吃又喝，则买方不能退货。除此之外，买家不能退货，买卖都是凭眼睛看，自负其责。交口时间到后，经纪要到买家取钱。卖方再到牲口经纪处取钱。一般是上会买，下会取。卖家要到牲口经纪下一个赶牲口集的地方取钱，不论远近。

在牲口交易中，牲口经纪也承担着巨大的风险。买卖牲口不是一手交钱一手交货，中间有个"交口"期。买家有可能在"交口"期内，将牲口牵走卖掉，然后跑路。这些买家通常是那些赌博人，欠钱眼急后，就想方设法骗钱还赌债。牲口经纪多是本村的，也都熟悉这些赌博人，不会帮赌博人谈买卖的。若是遇到这种情况，牲口经纪会到买家家中追债。若是买家实在拿不出钱，牲口经纪也只能自认倒霉。

第五节 分配与分配关系

石罢村的分配活动主要体现在国家与农户、村庄与农户、家族与农户、农户内部四个层面。在完成国家与农户的分配之后才进行其他三个层面的分配活动。村内的分配和家族的分配更多具有福利性和集体性，家户内部的分配具有公平性。村内四个层面的分配活动塑造着农民个体的生存特性。

一、村内分配

第一，社地概况。过去，村落中大多数土地为私人占有，也有部分土地归村庄共同所有。这些归村庄所有的土地被称为社地。石罢村东大街、西大街和西南街都有火神社地，东南街有土地社地。各街道的社地都是街道上的个体住户捐赠的田地。街上有人生病，家人到火神殿祈求并许愿捐钱或捐地。病人痊愈后，家人就要捐地还愿。经过数年的积累，各条街道的火神社都有一定规模的社地。东大街的火神社有5—6亩社地，西大街有4—5亩社地，西南街的社地有2—3亩，东南街的土地社有10多亩社地。

第二，社地的经营。各街道神头负责经营管理各街道的社地，他们可以将社地出租给任何人，不限于本族人。出租时，佃户也要与神头签订租佃协议，写明租金以及租佃期限。一般情况下，每亩收租1斗麦子。社地的所有收入由神头管理，或者神头找专人管理。社地收入主要用于每年正月十九的出社火活动中需要购置的衣服、物件等。社地的每笔开支都要记载清楚，并且账目向所有成员公布。

第三，社地与村庄的关系。村中各条街道的社地都无需向保里交大差，也不用摊工。村民捐赠社地的行为不受保里干涉，但是要到保里进行登记。社地只能增不能减，也就是说不能被卖掉。社地都有地契，清楚写明归属于火神社或者土地社。社地的四周也有地界，社地的四邻不能侵占社地。社地的收入主要用于各社的社火组织，不能用于救济街道上的穷苦人家。

二、族内分配

（一）坟地分配

过去，村庄中大姓宗族有公共坟地，这种坟地也被称为老祖坟，埋葬着各姓氏的先祖。宗族共有的坟地归全体宗族成员所有，但宗族坟地基本上已经被占满，不能再进棺材。李家祖坟在邙山上，有 5 亩左右。徐家祖坟位于在官路南北两侧，南边 3 亩，北边 2 亩，共 5 亩坟地。坟地四周有旺橛作为界限。宗族祖坟被占满后，各门支需要另设坟地，一般是在自家地里请阴阳先生选坟地，然后逐渐成为家族共有坟地。

各宗族的祖坟地都种有许多柏树，一般情况下这些树是不能被随意砍伐的。需要砍伐时，在族长与族中有身份的人商量后，才能砍伐。1935 年，徐家修族谱需要资金，族里商议卖掉几棵柏树作为修谱资金。坟地由于无人耕种，时间久了会长荒草，族长可以去割草喂牲口或者晒干后烧火，但其他人不可到坟地上割草。

（二）坟社地分配

1949 年前，石罢村的各宗族都有坟社地。坟社地的存在是为了宗族祭祖时的经费开支，这样可以省去各家各户每年捐资的麻烦。坟社地可以在坟地的四周，也可以在其他地方，不一定都挨在一起。多数坟社地是瞎地，可以种粮食，但产量一般不高。姬家坟社地有 10 多亩，都在坟墓的周边。孔家坟社地 2—3 亩，徐家有坟社地 10 多亩，李家坟社地在邙山上，也有 5 亩多。坟社地只能增加不能减少，宗族成员不能将坟社地卖掉。坟社地与一般地都有相邻，没有空隙。坟社地四周也有旺橛，上面是四棱的方石，下面是灰橛。坟社地的地界上不能栽树，不能影响种庄稼。坟社地也不用出差和出工。

坟社地由宗族族长统一管理，门长以及族长聘用的管账人协助族长管理坟社地以及宗族内事务。族长可以将坟社地出租出去，任何人都可以来承租。坟社地的租金是一亩一斗麦子。坟社地产生的收入主要用于宗族每年正月十九集体上坟活动，所有的贡品都从坟社地收入列支。除了做祭品外，族长还组织人用坟社地的粮食做成白馒头，到上坟的时候分给族员。族长不公开坟社地的收入和支出，账目比较乱，都是一笔糊涂账。

三、家庭内分配

（一）日常分配

1. 当家人的类型

在石罢村，当家人通常被称为"当家的""掌柜的"。有时候妻子会称呼当家的丈夫为当家的；平辈和晚辈按着身份称呼哥、弟、叔、伯等，外人则按照辈分称呼当家人。当家人通常由家中有本事（能力）的男性长辈担任，也可以由女性当家或儿子当家的。

（1）父亲是"当家的"。传统时期，石罢村中父亲当家较为普遍，不论是在小家庭，还是在尚未分家的大家庭。在小家庭中，父亲是理所当然的当家人，管理家中生产和生活的各项事务。在尚未分家前，子女上学、劳动、外出经商、婚姻都由父亲决定，甚至结了婚的儿子和媳妇走亲戚带的礼品也由当家人决定。若是父亲没有本领，即使当家权实际在母亲手中，对外父亲仍是名义上的当家人。在祖父母+父母+子女的大家庭结构中，通常是由祖父当家。祖父作为当家人决定家庭的吃穿用度、生产经营、人情往来等各项事务。只要祖父身体健康，则由祖父一直当家。如果身体条件不允许，则交由长子当家。长子若没有本事，则从众多儿子中选择有能力的儿子当家。儿子当家后，也会尊重老年人，对于家中大事，基本上会在听取老人意见后，再做决定。

（2）母亲是"当家的"。1949年以前，石罢村也存在女性当家的情况。在传统时期，母亲一般不管屋外事务，她们主要负责家务，包括洗衣做饭、缝补衣服、教育子女等，所以很少做当家人。只有在一些较为特殊的情况下，母亲才能成为当家人：第一，在父亲去世且家中儿子尚小不能管理家庭内外事的情况下，母亲可以成为当家人，管理屋内、屋外的事务。第二，若是父亲没本事，母亲有能力也可以成为当家人。但是母亲通常是在内当家，在外还要称父亲为当家人。徐建恒的父亲去世后，他的母亲成为当家人，他的二哥辅助母亲管理家庭各种事务。第三，在小户人家中，妻子有能耐、能管事，丈夫没什么本事，也可以当家。在小户人家中，十家有八九家都是妻子当家的。小户人家娶媳妇很不容易，只要男的老实，踏踏实实过生活，都会听媳妇的。若是不听媳妇的，或者遇事与媳妇说不通的，家庭容易产生矛盾，就没法过日子了。若是遇到吃喝嫖赌的丈夫，媳妇还当不了家，就只能活受罪。村里人称这是"蚂蚱拴在鳖腿上，飞跑不脱"。但大户人家的媳妇是当不了家的，因为大户人家的媳妇在家中影响不大。村里人称大户人家的媳妇是"墙上的泥坯，揭了这层，再换那层"。

（3）儿子是"当家的"。儿子当家通常分为两种情况：长子当家和非长子当家。在没有分家时，父亲年迈或者体弱多病不能再继续当家，会让长子当家。若是长子没有本事，或者常年在外经商或当兵等，父亲会经过长期充分地考察，在征得家庭成员同意后，选择有本事、能吃亏、有度量、会虑事、有头脑的儿子当家。父亲指定当家人后，还会扶持儿子做好当家人。如果长子不同意新的当家人，父亲就会着手分家，让儿子们单过。父亲去世时，如果儿子年纪尚小，则由母亲当家，待儿子有能力承担时，由儿子当家。根据村中李孝良老人介绍，石罢村的丁家有三个兄弟，老大丁铜火有货郎挑子，经常走街串巷做买卖。老二丁金火、老三丁聚火都是庄稼汉。家中由老二丁金火当家，因为他有本事、处事公正、没有私心。

（4）女儿是"当家的"。在传统时期，在有女无子的家庭中也会出现女儿当家的情况。家中没有儿子和过继儿，为女儿招了上门女婿。父母过世后，女儿就是当家人，管理家中田产和生活事务。女婿没有权力管理家中事务，也不能给亲生父母养老送终。有些无子有女的家庭中，过继儿在家中地位不高，在父母去世后，也会出现女儿当家的情况。村民李天生没有儿子，从其兄弟家过继儿子李长纪。李天生被打死后，由于其女儿李文环非常强势，她是实际当家人，管理着家中事务。

（5）"当家的"与保甲登记。当家人的变更不需要报告到保里，保里也不会进行当家人变更登记。分家后，父母不再当家，孩子们各自当家。一般来说，分家后，家中老人要拿着分单将地亩田产分配情况报告到保里，然后由保里的会计将分家后的土地变更情况登记在账册上即可。每逢征粮派差时，各个小家庭根据自家分到的田地交大差即可。

另外，当家人的变更也不需要变更门牌号。在传统时期，一个院子一个门牌号。门牌号上只有街道和牌号，不写当家人信息。大户人家宅院多的，分家后孩子们都能分到一处宅子。不论宅院属于谁，门牌号都是不变的。小户人家分家后仍旧在一个院子中居住，也不用变更门牌号。

2. 当家人的地位

传统时期，当家人需要管理家外和家内事务，家中大小事都由当家人说了算，当家人在家中权威非常大。当家人都很受累，不管是男人还是女人当家，都必须要将家中里里外外打理好。当家人不仅要吃苦耐劳，还得能吃亏、能受气。许多小户人家的当家人都是将就着过日子。

（1）财产处置。石罢村中，当家人拥有家户土地、房产、钱财、牲口、农具、粮食等财物的所有权，可以支配家中的所有财产。"当家的"无需家人同意，可以租售、典当、抵押家户土地和房产。家庭成员与其他村民签订的土地、房产的买卖、抵押、典当合同，必须由当家人同意并签字画押后方可生效。无当家人许可，土地、房产的典当、租售、抵押是没有人接手的。家中牲口、农具和粮食的购买与销售都由当家人说了算，这些财产的保管和处置也由当家人负责。家长也可以在不与家人商量的情况下借钱，其因赌博发生的债务也是有效的。

（2）生产经营。当家人拥有家户生产经营的决定权。在农业生产中，当家人决定家中土地的耕种规划。在庄稼作物的种植与收割中，家长有权给家中所有成员分派任务。在大家庭中，家长还可以决定儿子们的职业，有权根据家庭发展需要和儿子们的特长，分派他们从事不同工作。

（3）收入支配。家户各项收入都由当家人负责保产和分配。在石罢村，每年麦收、秋收后，吃哪些粮食、粜哪些粮食、吃多少、粜多少、留种多少、交租等问题，都由当家人说了算。儿子们外出经商、做长工、短工或者从事其他小手工业赚取的收入，也都要上缴给当家长，由当家人统一支配。这些钱财是用于购买土地还是家庭开支也要由家长说了算。

（4）家庭消费。由于家庭的所有收入都归当家人管理和支配，所以家庭的衣食住行、人事往来、走亲串戚等开支也都由家长负责列支。在大家庭中，当家人决定家庭成员每天吃什么、吃几样菜、哪些主要劳动力可以吃好点等。当家人掌握着粮仓和库房的钥匙，根据每天的伙食计划提供钱财和粮食。家庭成员买衣服和其他生活用品的开支也由当家人决定，当家人甚至将每个方面的细节开支都考虑进来。给家中哪些人添置新衣，给家长什么福利都由当家人决定。街坊邻居和亲戚朋友办红白事时的随礼，过年时给小孩子们的压岁钱也由当家人决定。除此之外，儿子结婚要准备的彩礼和结婚的香烟、酒水、肉菜等一切开支，以及请的伙计和客人也由当家人决定。各房媳妇走亲戚回娘家的四色礼或者其他礼品也要由当家人决定。另外，当家人总揽、负责家中白事的一切项目和各种花销。

（5）子女教育、婚姻安排等。子女的教育以及婚姻大事，看病、丧葬事务也都由"当家人"说了算。在有钱人家中，当家人基本上允许家中的适龄男童到村中的私塾或学校念书。在一般人家中，如果孩子比较多，家庭比较贫困，哪个孩子去上学，哪个孩子在家劳动，都由当家人说了算。子女的婚姻大事都是父母之命，媒妁之言。当家人决定子女的婚姻大事，请人说媒、托人介绍、哪家的姑娘、小伙等都由"当家的"说了算，子女不能决定自己婚姻。由于男女双方互不见面，所以都是由当家人为子女选定亲事，然后操办婚姻。

（6）对外代表功能。当家人对外是家户的代表，代表家户处理各种外部事务。外人到家中借用东西，就必须找当家的才行。没有当家人的参与或者许可，任何涉及家户外的事务都是无法开展的。在农业生产中,街坊邻居借用耕牛、车辆、钱粮等,必须由当家人许可。在农忙时合伙打场或者耕种时,需要由当家人出面与街坊邻居或者朋友商量妥当。在日常生活中,人事往来、请客送礼也必须由当家人出面并决定礼份子多少。家族祠堂的修建,以及本族上坟等事务也都由当家人出面参与。与街坊邻居发生纠纷时,由当家人出面邀请中间人说和。在村庄政务上,也由当家人出面向保甲缴纳钱粮,以及承接各种派差。在参与石罢村疏浚排水沟、修理河堤等村庄公共事务时,由当家人选派家庭成员。

(二) 分家分配

1. 分家原因

在石罢村,分家是不光彩的事,不会特意告知保长、甲长,只有少数族内自己人以及好友知晓。分家的原因主要有以下几个方面:

(1) 因妯娌矛盾导致分家。在儿子们多的家庭,儿子们婚后建立了自己的小家庭仍与老人住在一个院子中的。不论是穷人家还是富人家,妯娌之间经常会因为生活琐事、家务劳动发生矛盾,如果是小矛盾,老人们尽量调解,维持家庭团结。但是如果矛盾冲突激烈到无法和平共处时,老人们也会分家。分家可以由儿子直接提出,儿媳妇不能直接提出分家。也有些大户人家,孩子们多了后,家中开支大,用钱紧张。另外各家攀比、挤兑老人,都跟老人要钱花。老人实在领不住家了,就会给孩子们分家。石罢村民徐某家本来是一个大家庭,后来妯娌们因家庭日常劳务产生矛盾,最后不得不分家。

(2) 因家庭贫困导致分家。石罢村许多穷苦人家是因为家庭贫困才分家的。一般的贫困人家,家中人多了以后,因为生活太过贫穷,或者家庭遭遇灾难,当家人解决不了实际问题,也会决定分家,让儿子们各谋出路。

(3) 因待遇不均导致分家。在相对富裕的人家,家中规矩比较多也比较严格,各个儿子的待遇不同,甚至吃的饭菜也都不一样。在这种情况下,儿子们会消极怠工,最后老人不得不分家。

(4) 因老人去世导致分家。家中老人去世后,老大做当家人,当不了多久,也会因其他弟兄们闹矛盾,最后都要分家。做当家人必须能吃苦,大度能忍才可以管理好家庭。若是当家人不能做到能吃苦、能容忍、办事公平,再加上没有老人帮扶,很快会当不了家。徐文正家就是老人不在,大哥徐文正领着把家分开。徐文正种庄稼,老二是牲口把子,老三是军官,大家各过各的。

(5) 因争做当家人而分家。石罢村的一些大户人家,由于各个儿子都争抢着当家,就会产生矛盾而导致分家。做当家人的，必须能领导住兄弟们以及媳妇妯娌们。有些妯娌们偷奸耍滑，当家人又管不住，最后就会分家。

（6）因家中有孩子懒惰而分家的。家中有孩子勤快，有孩子懒惰，勤快的嫌弃懒惰的，最终也会导致分家。有些人非常老实，有些人好吃懒做，靠吃闲饭做闲活过日子，不管家中其他事。这些人多是懒汉，也没有上进心，遭弟兄们嫌弃抱怨。即使老人在世，这种家庭也会很快分家。

2. 分家参与者

在石罴村，父母将家产均分给儿子们，不分给女儿。分家时都要请舅舅、朋友等中间人做见证。

（1）分家中的分财产者。

第一，儿子们分得的家产都差不多，但也不可能绝对公平。分家时父母尽可能做到平均分配，使儿子们得到的家产基本差不多。但是有些媳妇比较强势，父母要求其他孩子为顾全大局吃点亏、让点步，把家分了。这种情况下，最终分配结果不可能平等。但只要财产分完后大家都没有意见，就算是公平的。

儿子多的家庭中分家有两种情况：其一是都结婚后再分家。儿子们都结婚后的分家要相对容易一些，因为每个儿子分得的家产基本上差不多。如果有儿子常年在外，即使不拿回财产，老人也要给其分配一部分房产，以便他们回来后有立足之地。分家时如果有儿子已经去世，那媳妇和孙子也要算一份财产。村中纳妾的家庭中，妾所生的儿子也要参与分家。分家时，父母会提前将家产分配好，由各个儿子自愿选择。另外不能被均分的牲口和车要作价，如果超出了平均值，得到牲口与车的儿子则要给其他兄弟返现钱。几个儿子争抢某一样家产的就采用抓阄解决问题。其二是结婚一个分一个。儿子结婚后，父母会将其分出去，通常要分出房屋、灶房和田地。父母根据家庭情况，将房屋和地产分配好，分出一份给已成家的儿子。没有结婚的儿子不请求分家，仍和父母同吃、同住、同劳作。这种分家模式容易产生养老纠纷，先结婚的儿子会觉得自己吃亏，不愿意养老，把养老的责任都推给小儿子。

第二，嫁出去的姑娘泼出去的水。在石罴村，外嫁的姑娘在分家时不能参与分家，也没有分得财产的权利。传统时期，村里人都认为姑娘应该为娘家奉献，不能到娘家索取。但是母亲的嫁妆要留给女儿，而且父母在日常生活中，也会经常私下补贴女儿。在没有儿子、也没有过继儿，只有女儿的家庭中，其中一个女儿要留在家中招上门女婿，这样的可以获得家产。

（2）分家请的中间人

分家都是在中间人见证下进行的。分家时，通常要请舅舅、叔伯、其他朋友做中间人，一般要请2—3个。请舅舅、叔伯或者其他比较有权威的人做中间人，一方面他们能镇住场面、压住事，另一方面能保证分家的公平、有效，避免有人反悔。通常舅舅主持分家的情况比较多，村民认为舅舅与外甥们的关系远近都一样，分家时比较公平。有的家庭儿子和妯娌们矛盾太多，他们分家时一般不愿意做中间人。分家后，不用给中间人报酬，老人通常会留他们在家吃饭。如果弟兄们将来因房产、地产产生纠纷，中间人负有作证的义务。中间人去世后，其儿子不再承担作证的义务。

分家时，村民们不请保长、甲长等做中人，也不请他们参与。村民认为分家是家务事，也不是件光彩的事，不愿意让太多的外人知道。除非族长非常有本事、德高望重，并且与家里关系密切时，才会被邀请做中人。

3. 分家程序

分家时，儿子、父母以及中间人等分家参与人都要到场，当面把房屋、田地、农具、物品等分配清楚，然后写分单，各方签字画押后，分家就算完成了。

（1）分家前的准备。在石罢村，分家前要做好三项准备工作。第一，分家前造好舆论。分家不是家庭的突然决定，儿子们有分家的意思后，一般会提前向父母透露意愿或者与兄弟们商量，制造出分家的氛围。等家庭成员们对分家都有充分的思想准备后，才开始分家。第二，分家前梳理、盘点家产。分家就要分产，父母需要提前对家中的房产、田产、牲畜、家具、农具、粮食等财产进行盘点梳理。然后根据儿子们的意向以及财产的价值分成相对均衡的若干份。通常老人居住的上房屋或者临街屋是不能分的，养老地也是不能分的。一些有钱人家，母亲嫁过来时有嫁妆地、嫁妆。母亲的嫁妆通常留给女儿作嫁妆，以及日后补贴女儿女婿的生活开支。有些穷人家的母亲没有什么嫁妆，也无法给女儿们贴补。村民李孝良在1949年前结婚，其妻子家境穷困，没有任何嫁妆。第三，提前请好中间人。分家时都要请中间人，无论家庭和睦恭顺还是矛盾丛生，只有老人而没有中间人是无法分好家的。当家人要提前邀请中间人，多数是请舅舅、叔伯或者关系好、有身份的朋友参与分家。若是家庭内部有矛盾比较严重，通常会请那些能压事、有本事、会说和的人做中间人。邀请中间人时不用带礼品，给中间人递包烟，把分家的事情跟他们说一声，告知中间人具体分家时间即可。

（2）到上房说事

上房或者临街房屋是家中的主屋，是老人居住的房屋。所有参与分家的成员都被叫到上房说事。中间人也被请到上房主持、见证分家。有些家庭中不允许媳妇参与分家，分家时会将媳妇们打发出去不准留在家中。不管最后的分配结果如何，只要兄弟们都同意，媳妇们不准埋怨。有些家庭中，媳妇也要到场参与分家。因为有些家庭是因为妯娌不和而分家，如果媳妇们不到场，她们对分家结果不满意，会闹矛盾。缺少任何一家都没法分好家。分家时，老人将梳理好的财产，按照好坏搭配分成若干均等份，然后在中间人的主持、见证下，兄弟们依次挑选。兄弟们可以根据自己的意愿私下调换分到的财产。若有儿子不同意，则需要中间人说和、劝导。

（3）分田地

田地是分家时大家最为看重的家产。村民拥有多块田地，有些是上头地，有些是下湿地，也会有些河滩地。上头地是好地，粮食产量高，旱涝都能保收；下湿地是盐碱地，粮食产量低；河滩地也能丰收，但是由于伊河洪水没保障。许多家的田地都是分散在多个地方。分田地时，若是儿子们都已经结婚，父母要留2亩养老田，其他土地分给儿子们，不给女儿分田地。若有儿子尚未结婚，也要为其留同等分量的土地。基本上所有的儿子都可以获得数量相对均等的上头地和河滩地，即使是常年在外打工的儿子也能获得一份田产。分土地时，通常是上头地和河滩地搭配着分，地块远近也要搭配着分。若是孩子们能接受老人分配的结果，也就相安无事；若是孩子有意见，就让孩子们抓阄，抓住什么就是什么。

（4）分房产

分房产时，家中所有的宅子和房屋都要进行分配。有钱人家房子比较多，有些是有几处宅院，有些是一处宅院中有许多房屋。如村民孔林照家中有三所宅子，李秀兰家有瓦房10间，另外还有草棚。大多数穷人家只有一所宅子。分家时，就把这一处宅子分给孩子们。

分房产时，一般是平均分，各个儿子分得的都差不多。有钱人家宅子比较多的，可以给孩子们一人一处宅子。孔林照家有四个孩子，老大在家种庄稼，老二开火车，老三在外有工作，老四过好后到西安做生意。老二当了几年火车司机后去世，就剩下兄弟三人。后来分家时，老人给剩下的三个儿子一家一所宅子。穷人家分房子时也是平均分的。大多数贫困家庭只有一处宅子，盖房子时房屋的基本结构都是前临街、后上房、两边是偏厦。分家时，上房不能分要留给父母居住，剩下的临街房、偏厦可以分给儿子们。各个儿子们房子的位置遵循着兄东弟西，哥南弟北的原则。分家时，儿子们都能分到一处灶房和住房。另外不管几个儿子在同一个院子中，都要前有出路，后有后路（厕所）。在同一个院子中，为避免有儿子将房屋卖给外人，父母在分家时通常交叉着分配住房，就是给儿子们分的住房和灶房不直接相连，而是彼此交叉。这样，若有儿子要卖房子时，他只能把房子卖给自己的兄弟，从而保证住宅的家庭完整性。

有些家庭中兄弟们比较和睦，相互都能担待的，也不一定均分房产。为了照顾那些家中孩子们多的兄弟，会多给他们分点房子。村民徐某家分家时，兄弟们都记着二哥二嫂对兄弟们的照顾的情分，同意给二哥家多分点房子。最后，二哥家分得 8 间房子，其他人都是 4 间房子。尽管分完后，妯娌们都有抱怨，但被丈夫们压制着，最后也只能接受分房产的结果。

（5）分物品

村民分家时，除了房产和田产外，还要分配牲口、车辆、农具（犁、耙、耧）、粮食、床、桌子、椅子、柜子等物品。粮食作物可以平均分割，分配给儿子们。对于其他无法平均分割的物品，父母会根据各个儿子的实际要求，相互搭配着分给儿子们。另外，一些关键的、不能分割的生产用品如牲口、车辆等，通常分给一个儿子。若是牲口、车辆的价值超过应得之份，就需要将物品作价，把超出的部分折现后返给其他弟兄们，或者拿其他东西如叉耙、扫帚等作补。这个添点、那个少点，最后达到差不多均衡就可以了。如果儿子们争着要某些物品，那么就通过抓阄解决问题。父母也要留出一部分家产给没有结婚的儿子和女儿，但留的份额并不多，没结婚的孩子们总是要吃点亏的。只要大家都不闹事，就算分配公平。子女比较多的，儿子分得的财物或多一点。有时候老人偏向哪个儿子，也会私下给他一些好处。分家后，各家要保管好自家的东西，但兄弟们也可以相互使用。

（6）分债务

债务被村民称为"饥荒"，饥荒通常是由办理红白事以及交差粮产生的。1949 年前村民家中过好，大多数人家负担不起，就需要借债过好。军公粮和杂差比较多的年份，有些家户没有钱粮可交，只能借钱粮给保里交差。

第一，逐个分家时的债务分配。因为孩子们结婚欠下的债务由老人们还。穷苦人家中老人给孩子们过好时，都会拉饥荒。父母要承担为老大娶媳妇所借的钱，老人和剩下未结婚的孩子们一起偿还债务。老人给老大娶了媳妇后，就把老大分出去，让他们单过。若是把债务分给老大，老大媳妇就不愿意，她会抱怨"添了孩子后日子就没法过了"，甚至还会去闹腾老人。老人好不容易给老大娶上媳妇，也不能让老大家散了，所以都不会把债务留给老大打发。轮到下面的儿子们也都是如此，到了最后，都是小儿子多吃点亏，他承担的债务要多一些。

第二，一次性分家时的债务分配。如果在分家之前老人欠下了债务，老人仍健在且尚能劳动，就由老人打发。若是老人已经丧失劳动能力，就会把欠下的债务平均分给孩子们，由孩子们共同打发。传统时期，村民们遵行"父债子还"的原则，孩子们偿还父亲的债务是天经地义的。即使是老人们欠下了赌博的债务，孩子也要照样偿还。

第三，为老人办葬礼后的债务分配。分家时，老人就会跟儿子们把后事说妥当，并且也会写在分单上。老人在去世之前，会把孩子们叫到一起商量这些事。一般来说养老家产是解决葬礼的关键，负责活着用、死了葬。孩子们可以用父母留下的养老家产偿还举办葬礼产生的债务。若是不能用养老家产来还债，则谁还债谁继承，不偿还债务的孩子不能继承老人的财产。如果没有养老家产，就将债务平均分给儿子们。儿子们要与债权人见面，商定还债事务。若是老人去世时尚未分家，老大要出去借钱为老人办葬礼，拉的饥荒由三个兄弟一起平摊。

（7）写分单

房产、田产、物品都分配妥当后，要写分家契约，当地人称之为"分单"。分单通常由村中有文化的村民按着标准的格式撰写。分家的当家人请专写分单的村民到家中写分单。村民李孝良识文断字，并且在丰李镇做过秘书工作，会写分单，所以经常被其他村民邀请。分单通常是格式化的，主要内容包括老人预留的养老地、养老房，各个儿子分配得到的房屋、土地的具体位置、长宽高等。一个分单写好几份，有骑缝的标注。然后沿着缝将一个分单撕成几份。分单上有分配的内容，另外还要中间人和分家人员的签字画押，并且还要按手印。分单都是一家一份，各自保管，以备将来起纠纷时打官司用。分单不需要交给保长，也不用到洛阳县里去专门备案。

（8）分家纠纷

分家时，经常会闹矛盾，村里人通常称之为"惹圪襊"（惹矛盾）。有中间人协调，一般不会闹出太大矛盾，最后也能顺利分家。没有分家说不成的事情，"猴不上杆子多敲锣，事没有说成是面子小，树出不倒是刨坑太小"。事说不了就换个与当家人关系好的中间人。中间人又能说理又能压事，基本上能调解纠纷。据李孝良老人讲，不管怎么分，其他孩子们都会有意见。小儿子跟着父母过，所以其他儿子会提意见，甚至都还不愿意养老。小儿子要承担养老责任，也会觉得自己吃亏。不过都是自家兄弟，自个爹妈，为不惹老人生气，大差不差就可以了。

（9）分家后吃饭

分家后，要请中间人在家中吃饭以表示感谢，另外还要给中间人拿人事，表示感谢。请中间人的时候，基本上是家中老人陪着。家庭条件好、弟兄们都比较和睦的人家，也会吃分家饭，做几盘菜，大家坐在一起吃。若是家中矛盾非常多，大家见面分外"眼黑"，恨不得吵架打架的，就不会吃分家饭，毕竟"一个槽上拴不住两个会叫的驴"。

（10）分家后的养老

分家前，老人都要留出 1—2 亩养老地。老人若还有能力种地，就自己种养老地。每年和孩子们一起向保甲交税。老人没能力种地的，就把地平均分给孩子们种。孩子们在过年或者给老人过寿时要给爹妈拿粮食，一般是每个孩子一二百斤粮食，可以是小麦也可以是玉米。另外孩子们还要给老人花销钱，每人出五到二十元不等。在外面做生意的孩子要多拿一些，其他在家务农的孩子可以少拿一些。有孩子在外面的，就会活套些，老人手头会比较宽裕。

老人在世时，能自己做饭就自己起炉灶，不能自己做饭，孩子们要轮流送饭。在石罢村，分家通常不分院，父母住在上房屋中，孩子们住在偏厦中。孩子们与父母同住一个院子，可以相互照顾。爹妈生病了或者生活不能自理，孩子们轮流照顾爹妈日常饮食起居。儿子多的，一年轮一次；儿子们少的，一年轮两次。出门的姑娘回娘家照顾爹妈多一些，条件好的经常给父母带点钱粮，条件一般的就多干活伺候爹妈。看病的花销由儿子们平摊。1949 年前，老人有大病没钱请大夫的就在家中拖着。老人去世后，先用养老田置办葬礼，如果还有剩余就儿子们平均分。老人去世前通常要交代养老房归谁，没有交代的，就由儿子们自己协商。

4. 分家与家庭成员关系

石罢村，一般人家分家后都还住在一个院子中。儿子们关系能过得去的，日常生活中也会相互帮忙。收麦、种秋时兄弟们也都能相互帮忙打场、碾麦、拉车、耙地、雺麦等。分家后兄弟们都是分灶吃饭，平时以及逢年过节基本上是各吃各的。有时候小孩子们也经常到叔伯家吃饭，叔伯家相互端碗饭也都比较常见。弟兄们在正月十九以及七月十五时，按照石罢村的传统风俗习惯一起到祖坟祭祀。一旦伊河洪水进村，冲垮房屋，或者房子失火，兄弟们不管平时关系好坏，都会相互帮助。若是弟兄们不帮忙，周围的街坊邻居会在背地里嘲笑他们。

兄弟们关系不好的，两兄弟会在院子中间盖上界墙，大家各过各的日子。因为相互的界墙是共墙，所以由双方共同出资建设。共墙的弟兄们在修缮房屋时，必须征得对方的同意。有些兄弟们矛盾非常深，也会像仇人一样欺负自家兄弟。石罢村有两兄弟分家时，父母将田地分成前后两块。由于两家关系非常僵，哥哥不让弟弟家的车马穿过他家的地。双方因为这事，最后弟弟就打孽把哥哥全家都打死。

四、赋税徭役分配

（一）完税粮

在石罢村，交税粮被称为出大差。大差是保长向农户征收的最重要的赋税，主要用于应对上头的要差以及保里的各项开支。

1. 交差标准

1949 年前，石罢村各家各户按照一亩地 5 升麦子的标准出大差。河滩地不出差，上头地和盐碱地都要交差，出差的标准一样。大差的征缴时间都在麦收之后，由保里统一组织收缴。

2. 交大差

到交大差时，保长安排保丁沿街敲锣，通知各家各户按照一亩地 5 升的标准出大差，限三五天内必须交齐。保里每年要收一次大差，都是趁麦收之后各农户粮仓里有粮食时征收。收大差时，甲长和保丁在街道的中央支点收差粮，其中东大街的收粮点在兴国寺门口。各家各户用麻袋将麦子背过去，人多的时候排队等候交大差。交大差时，交粮人要报上户主名字，还要与甲长核对应缴的份额，然后去过斗。过完斗后，会计要记上账，然后给交粮人开个条子，算是完成交粮手续。农户拿到条子后，算是完成交大差的任务。各家各户交的粮食由保里派大车统一拉到仓库中。据李孝良大爷回忆，80%—90%的农户都能交上大差，只有少数人交不上大差。村中的地主、富户和绅士都要按规定交大差，但村中绅士马思远经常不交大差，也有些地主和富户少交大差的，他们通常私下操作，明面上大家也看不出来。

3. 交大差中的其他关系

没按规定交上大差的，由甲长挨家挨户催缴。对那些催缴后仍不交的农户，甲长要向保里报告，由保长统一处置。保长派保丁下来抓人，抓到人后把他们关到保里，并通知其家人限期三天或者五天必须交齐差粮，否则保里不放人，还会打人。通常不能交上大差的是那些好吃懒做、怕干活的人家，也有些是家中办红白事，或者遇到生老病死等大事的家庭。交不起大差的农户，兄弟、近亲、宗族的人不会替他们交差，但可以借给他们粮食。也有些交不上大差的农户会赖账，长时间拖着。有些多年交不上大差的，只能把地卖掉，交钱到保里。村民孙发群被过继到"一自己"家中做嗣子，继承了 13 亩田地。他家算是村中田地比较多的人家，但此人好吃懒做不干活，基本上没有收入，还要乞讨要饭，更是交不上大差，后来把地卖掉交上大差。还有些交不上大差的人家只能到地多的人家家中借高利贷，或者到比较勤快、粮食丰裕的小户家中借高利贷交差。高利贷的利息有两种：1 斗麦子还 1 斗 6 升、1 斗麦子还 1 斗 5 升。对那些还麦子时比较利索，能尽早还上借粮的，放贷的农户就收 5 升的利息。对那些偿还不太利索的，放贷的农户就收 1 斗 6 升的利息。有些最终还不上贷款的农户，也会跑路。

4. 大差的减免

每逢灾年，上头也会减免差粮。庞公乡公所派人到村中查看，对受灾的地区登记造册。凡是登记在册的田地，可以少交或者不交大差。少交的份额不会太多，一般是减少1—2升麦子。对灾情特别严重，颗粒无收的农户，才有可能被免除大差。除此之外，保里是不会给农户们免除大差的。

（二）缴杂差

1942年以前，村民以交大差为主，很少交杂差。但自1942年以后，村民要交的杂差逐渐增多。保里以家户为单位征缴杂差，增加了农户的负担，也激化了官民矛盾。

1. 杂差的类型

村民要交的杂差中，既有国民党中央军下派的军公粮，也有村中自卫队下派的名目繁多的差赋。为抗击进入洛阳的日本人，国民党中央军向各地官府下派军公粮，要求各地各村及时缴纳军公粮。根据上头的要求，村民土匪孙发科借土匪毛竹邦之势，成立了石罢自卫团。孙发科手中有枪，巧立各种名目向百姓派粮、派枪、派钱，并且指明让村中有"头发"的农户（大户、富户）拿钱、拿粮，并且还要买枪。

2. 杂差的征缴

保甲长负责军公粮的征缴，不仅征缴麦子还征有玉米和钱。保长按田地给各家各户下派杂差任务，然后由甲长和保丁负责催缴。即使杂差负担非常重，大多数农户也尽量交纳，有些穷苦人家甚至把磨底的粮食都拿去交差。也有农户交不起杂差，这种多是因家中发生天灾、人祸等，或者家庭太过贫困。交不起杂差的农户，有些家即使借高利贷也不愿意得罪上头，有些交不起的就拖着，还有些甚至外逃出去。

孙发科征缴的杂差，基本上是向富户硬派。有势力的大户、富户可以少交或者免交，没什么势力的富户只能向自卫团交差。若是不能及时交差，就会受到自卫团的惩罚。根据村中徐建恒老人讲，石罢村富户孔六三家有5口人，2头骡子，也被孙发科派枪。孔六三没及时去买枪，惹恼孙发科，最后孙发科带人到孔六三家，打死了孔六三的娘，将其家中洗劫一空。

3. 交杂差中的关系

由于杂差名目繁多，村民负担过重，也激化了各种矛盾。甲长不断到各农户家中收缴钱粮时，引起住户的抱怨，甚至会被住户轰出门外。甲长若是不能及时收齐钱粮，也会遭保丁们的打骂。村民李孝良在担任甲长期间，有次向本甲的各家户收杂差钱时，有些家没有交钱，他也不好意思强要，最后没有把钱收齐。当他把收到的钱交给保丁时，保丁嫌钱不够，非常生气，还打了李孝良一顿。保丁不仅打了人，还恶人先告状。

当时保长比较信任李孝良，没有让李孝良被诬陷。否则，李孝良不仅挨了打，还要花钱请客消灾。孙发科向富户和绅士不断地派粮、派钱、派枪，最终惹起众怒，后来有村民组织人将孙发科打死在杨湾。

（三）摊工

1949年前，摊工也被派工。村中各种摊工还是比较多的，修河堤、拉粮食、建岗楼、挖城壕等，有到县里出工的、也有在村里出工的。

摊工有两种类型，轮流摊工和固定摊工。轮流摊工是有些上头派下来的差事或者本村的差事轮流谈到各家各户头上。轮流摊工时，都是挨家挨户出，富人家、穷人家都一样要出工，除教师和大夫外，手艺人、庄稼汉家都要出工。固定摊工主要是针对一些特殊任务，比如需要马车或者牛车的事务。遇到运送军公粮到军屯的差事，保长就只能向有牲口、大车的农户家摊工。村民李某家有牛，每次保里要运送军公粮，都将其和另一农户搭配起来派任务。

出工时，保长给村中的富户、有身份的人家派一些离家比较近的、轻松一点的事务，给那些老实人家派一些重的、离家远一点的任务。与保长关系好的农户被派的都是些美差，与保长关系一般的农户被派的都是苦差。石罢村曾多次接到洛阳县挖城壕的任务，保里每次都要派二三十个劳力去挖城壕。当时徐青明担任东保保长，比较看得起村民李孝良，两次派他做米面蔬菜的采买工作，一次到洛阳东关泰山庙，另一次是到洛阳的山西会馆。出工的都不白干，出去一天算一个工，可以抵消村内其他的派差。

面对上头的各种摊工、派差，保长都要执行。即使是不合理的摊工派差，保长也不会抵抗上级，村中的绅士富户同样不会出头。他们认为"维持人是条路，得罪人是堵墙"，都不愿意为百姓谋取利益而得罪上头当官的。

（四）抽壮丁

1. 抽丁对象

保里接到上头派的兵役任务后，就派保丁在村中抓壮丁。除了私塾先生和大夫不会被抓壮丁外，木匠、铁匠、泥瓦匠等手艺人，以及庄稼汉都会被抓壮丁，甚至体弱多病的人也会被抓壮丁。

被抓壮丁一般来自这样的家庭：第一，弟兄们多的家庭，孤子不用做壮丁。家中弟兄有2个以上的，会被抓走1个。顾及孤子家庭的传宗接代，保长不会派保丁到孤子家中抓壮丁。第二，在村中没有势力的人家。凡是那些在村中没有势力的人家的家中人非常软弱，在外面遇到事情没有人敢出头，容易受人欺负。这些人既没有亲戚在官府中做官，也没有与当官的拉上关系，他们通常是抓壮丁的首选。村中有些会来事的人通过贿赂保长，也可以使自己儿子免于被抓壮丁。有些眼头活、会来事的人家将孩子认给保长做干儿子，这样也可以不用被抓壮丁。第三，消息闭塞的人家。抓壮丁通常是保长与保丁们秘密商量好要抓的对象，偷偷进行的。凡是在保里或者在上头没有关系的人家，无法提前得知抓壮丁的消息，所以也无法及时应对。保里派人下来抓壮丁时，一抓一个准。据李孝良大爷回忆，村中被抓壮丁的有姬根生、孔水旺、徐跟立、甄呼兰、李忠祥、李崇志、李金志等。前面四人各家都是弟兄三个，除孔水旺家生活条件较好外，其他两家都比较贫穷。甄呼兰1947年在15岁时被抓壮丁。李崇志和李金志是亲弟兄，本来只出一人即可，但是后来李金志被抓来顶包。

2. 抽丁行动

保里抓壮丁都是秘密进行的。首先，保长接到兵役任务后，根据上头派下来的任务，秘密谋划抓壮丁的对象，然后由保丁负责抓壮丁。其次，保丁们接到任务后，趁村民们都不知情，或是白天或是晚上突然闯入农户家中将人抓走。东大街有5—6人都是被保里秘密抓壮丁送到军队中，村民姬留洛是在1943年被保里秘密抓壮丁的。

虽然保长派保丁抓壮丁都是秘密进行，但是抓壮丁也是有风险的。村中曾经发生过打死保长一事。当时担任保长的是村民姬蜡存，到农户家抓壮丁，村民某某被抓后从军队中跑回来，后又一次被抓，再次跑回来。后来村民某某与其他几位村民合伙打孽将姬蜡存打死。

保里将抓住的壮丁送到示管区中，即为完成兵役任务。保丁将被抓的壮丁捆起来送到洛阳县的示管区（壮丁仓库）。军队要人时就从示管区出壮丁，不会再直接到村庄要壮丁。

3. 躲壮丁

当壮丁都是出去送命的，在保里抓了几次壮丁后，不少村民让孩子们出去躲壮丁。家里有三个孩子的，有一个被抓壮丁后，父母会打发剩下两个孩子出去。后来凡是家中有男孩的，能跑则跑，能在外面的都不回村中。在1949年前，李孝良的表哥13岁时因躲壮丁跑到洛阳县，在大生意人家中当厨子，每次回家都是晚上回来，起五更走，偷偷摸摸地不见人。地主、富户、绅士的孩子们都在外面上学、经商、一般不会被抓。那些有势力的人家，保里不敢去抓壮丁，保长甚至还会提前给有势力的人家通风报信，让其孩子们尽快躲出去。

4. 壮丁补偿

1949年前被抓壮丁的农户家没有得到任何补偿。被抓壮丁的家庭，在交大差、摊工等方面都没有得到任何的优待。壮丁若在军队中死亡，上头会发放血金。血金通常被上头和保里截留，不会到壮丁家属手中。东大街的5—6个壮丁都死在外面，没有一家拿到血金。

5. 卖壮丁

后来保里抓不到壮丁后，就只能买壮丁。1945年—1948年期间，买壮丁的情况比较多。上面要几个，保里就要买几个壮丁。当时壮丁的市价是1 000多斤麦子，由保里统一组织买壮丁。保里买了壮丁后，将壮丁费按地分摊到各家各户。保长向甲长和保丁下达摊派任务，由甲长挨家挨户收粮食。大多数农户会交上粮食，交不上粮食的农户有的连夜跑路躲到外面，等风头过了再回村。

有买就有卖，村中有些穷人家专门卖壮丁。根据村民李孝良、徐建恒等回忆，1940—1948年间，由于生活所迫卖壮丁的有80人，其中有19人多次卖壮丁。卖壮丁的通常是家境贫困，不务正业。他们可以在本村卖，也可以到外村卖，甚至可以多次卖。多次卖壮丁的通常是从部队中逃跑回来的，成为兵痞子。村中有几个村民是专门卖壮丁的，他们跟保长打好招呼、排上队，一旦上面需要壮丁，保长就会优先买这些人的壮丁。徐三保在1938年18岁时卖壮丁到国民党部队。李德旺在1946年因家贫困而卖壮丁。

买卖壮丁时，卖壮丁的村民要与保里签买卖壮丁协议。保长将买壮丁的粮食放到本村或者其他村的粮行生意人家中，等示管区接到人并发来回信到乡公所后，才会通知粮行放粮食。卖壮丁的农户家人接到保里通知后，才能到粮行拉粮食。

第六节 消费与消费关系

石罢村民的消费以家户消费为主，也有少部分的社火、宗族上坟等集体性消费。家户消费主要以满足家庭日常的生产生活需要为主，其中婚丧嫁娶消费是家户消费的重要内容，家户的消费一般是量入为出，增加结余为主。石罢村民的消费活动也建立起相应的消费关系，连接这家户内部、家户之间、家户与村庄以及外村农户的关系。

一、村庄共同消费

（一）社火消费

社火是石罢村每年举行的最盛大的集体活动，正月十九各街道组织的社火表演从兴国寺出发绕街游行，供奉各路神灵。

1. 社火组织

石罢村有火神社,在火神社下东大街、西大街、西南街都有分社。各街道的火神分社都有神头,火神社的大神头由东大街、西大街、西南街三条道街的神头轮流担任。东南街是土地社,土地社神头不能担任火神社的神头。

大神头要带领大家做祭品。轮着谁做大神头,谁就要领着大家做祭品。做祭品的都是村中的巧人,只要神头发出邀请,他们都会义务去做祭品。大家都害怕火神,所以没有人敢拒绝神头的邀请,哪怕自家的事情不做,也要给火神爷做祭品。祭品有米面麻糖、长蒸馍、花红、"苹果"、"李子"、"西瓜"等,都是用面做的。祭品可以是全转,也可以是半转。全转是八大件,半转只有四大件。

大神头分派社火任务,各条街道的神头负责本街道的社火准备工作。在每一条街道设有火神分社,神头由街道的绅士担任,并且配有2—3名管事。他们在每年腊月就开始张罗社火事务,组织策划本街的社火节目、人员安排、节目排练,以及购买或修补本街道社火节目所需的用品。各街道的社火经费都来自社地租金,租金由神头交由执事管理。

2. 社火排练

石罢村的社火节目有耍狮子、走旱船、玩抬阁、双头驴、拉犟驴、窜席圈、踩高跷、排鼓队。每条街道都有三五个社火节目,从腊月开始就组织本街成年男子参与节目演练。正月里除串亲戚、拜年外,各街道的村民们几乎将所有空闲时间都用于排练节目。西大街的姬万锁是西大街社火节目的指导老师,负责教授社员们社火节目的动作排练。参与节目排练的人员要自理伙食,街道不负责提供。石罢村民非常敬畏火神,村中流传有许多不敬畏火神遭惩罚的故事。即使街道社里在排练时不提供伙食,社员们也都积极参与。节目预演是在正月十五的上午,各条街道的社火在本街彩排,为正月十九的社火表演做好准备。

3. 社火表演

正月十九进行火神祭拜和社火表演。各街道的神头带领管事,将彩旗、哨子棍等各种道具分到各家各户,并通知他们早吃午饭,于中午前集中赶到兴国寺广场祭拜。火神殿前搭好祭棚,准备好各种花样的祭品,然后神首、保长、绅士们开始祭拜,各街道神头带领本街社火在火神殿前朝拜。祭拜结束后,社火表演正式开始。从东大街开始,各街道社火绕着村庄的所有道路走一圈。社火巡街表演时,所有的村民都前来观看。石罢村正月十九社火规模非常庞大,临近的柿园村、袁付村、草店村、窑沟、寇店、大庄村、黄庄、相公庄、王疙瘩村等村的村民都会前来观看。出门的闺女和女婿、至近的亲戚在正月十八回村，正月十九上坟祭祖后，参观社火表演。

尽管石罢村的社火表演非常热闹，但在祭拜和表演过程中没有发生过纠纷。首先，参加社火表演的都是本村的村民，大家都彼此熟悉。其次，社火表演时，各街道的演出顺序由神头们抓阄确定。各街道社火的表演时间都差不多，都是小段戏。表演时间快到时，村中执掌令先旗的绅士就会挥动旗帜，意思是该轮到下一条街道进行社火表演。石罢村的狮子队到外村参加社火表演时，有可能与外村的社火发生冲突。因此在外出表演之前，狮子队要提前告知保里，保里会派人带着枪去保护狮子队。根据村民李孝良的回忆，石罢社火曾经到高龙火神凹表演，在耍狮子过程中，承担狮子尾巴的土匪的配枪露出来了，引起了外村土匪的注意。在外村土匪准备抢枪时，石罢派去保护本村社火的人都带着枪，一哄而上围了上去，最后保护住了本村的狮子队。

社火表演结束后，参与表演的群众各自回家吃饭。各街道社里剩余的钱粮由神头交管事保管，用于来年社火的各项开支。东南街的土地社社地比较多，经费相对宽裕，会给参与社火表演的社员每人发十来个馒头。其他街道的火神社基本上不发馒头，即使发也是给参与社火的本街骨干成员发馒头。

（二）宗族上坟消费

石罢村各家族都在每年正月十九集体上坟，到老祖坟祭拜先祖。正月十九的上坟活动由族长召集、组织，全体族人都要参加。除了因特殊情况不能回村的人外，其他在外工作的族人也要回村祭祖。上坟时的祭品由族长与管理小组统一安排，各门各支不需要带上祭品。宗族规模大的，许多子孙后代都不知祖先，也不知道与其他族人的关系。祭祖时，后辈们在父母的带领下可以认祖，也可以与其他族人攀谈交流。祭祖结束后，族长安排相关负责人给参与祭祖的成员们发放祭品、馒头等。族人们在祖坟上人声鼎沸，非常热闹。所以正月十九的祭祖活动也被称为"炒老坟社"。祭祖的费用由族长从坟社地的地租中列支，多余经费转入下一年的开支。

二、家户消费

（一）消费活动

过去生产都是以家户为单位，消费也是以一家一户为单位的。石罢村家户的规模从1人到21人不等，有核心小家庭也有扩大的家庭。扩大的家庭只要没有分家，也属于一家一户。

1. 消费权

由于家庭的所有收入都归当家人管理和支配，所以家庭的衣食住行、人事往来、走亲串戚等开支也都由家长负责列支。在大家庭中，当家人决定家庭成员每天的饮食。

当家人掌握着粮仓和库房的钥匙，根据每天伙食计划提供钱财和粮食。家庭成员买衣服和其他生活用品的开支也由当家人决定，给家中哪些人添置新衣，给家长什么福利都由当家人决定。街坊邻居和亲戚朋友办红白事时的随礼，过年时给小孩子们的压岁钱也由当家人决定。除此之外，儿子结婚要准备的彩礼和结婚的香烟、酒水、肉菜等一切开支，以及请的伙计和客人也由当家人决定。各房媳妇走亲戚回娘家的四色礼或者其他礼品也要由当家人决定。另外，当家人总揽家中白事的一切项目和各种花销。

2. 消费内容

家庭消费主要包括日常生活开支、生产开支、逢年过节开支、教育开支、养老开支、宴请宾客开支以及看病开支。家庭消费与家户规模以及家户的经济状况有关。就一般家庭而言，日常生活开支主要用于购买清油、盐、针线、布料，前三项一年到头也就花1—2元钱，扯布料的花费要多一些，3—5元钱。过年时要买肉、豆腐等，需要花费2—3元钱。农具一般比较耐用，置办一次用许多年。农具都是零星着买，锄头3—5毛钱，不超过1元钱。犁、耙要贵一些，农户置办一张犁需要花差不多20—30块钱，耙基本上不用花钱，是村民自己制作的。平时人情往来就没有具体数了。过去人情来往一般不拉街坊，过好的时候都是请亲戚，不待外客。若在街坊邻居拉人情，许多农户都拉不动。孩子到私塾上学，刚开始每年1—2元钱，后来涨到2—3元钱。看病花销也没有具体数据，过去没有医院，抓点中药，也都是几毛钱一包。在养老上，父母没有劳动能力的，孩子们就给点粮食。穷人家给老人钱少，有2—3块钱。也有些穷苦人家，没钱看病的，就硬拖着不看。过去家户在生活上非常节约，他们要把钱攒起来置地、盖房子。

3. 消费方式

过去不管是日常生活开销、生产开销，还是人情开销、教育开销、医疗开销，都要用钱结算，不用粮食结算。在人情来往中，红事花销要用钱，白事上要送馒头、点心等。村民们说这是当时"时兴（流行）"，都要用钱，不兴用粮食。

(二) 消费关系

1. 家户内部消费关系

(1) 家庭消费

过去家庭中生活消费，包括日常用品开支、逢年过节开支、宴请客人、养老消费、人情往来等开支。这些开支在小户人家一年到头也就60—70元钱，不会超过100元。弟兄们多的大家庭，生活开支要大一些，差不多会有200—300元。过去生活必需品都是从挑货郎、庞村、李村集市上购买。当时货郎经常挑着担子到村中卖货，每月不定时到村中，有时候来2—3次，有时来4—5次。农户们家中缺少油盐、针线的，可以及时补充。家中一时钱紧张的，若是与货郎比较熟悉，也可以赊账。货郎随身带着账本，将村民的赊账都记录下来，可以随时去要钱。村民们要买布等大件的商品，就要到集市上买。村民们并不是每个集日都要去赶集，都是有东西要买卖时才去赶集。他们提前把家中要买的东西梳理一下，然后等到集日去赶集，一个月最多去一两回。在集市上买东西，可以到熟人那里赊账，关系非常好的不用写条子，关系一般的就要打条子，然后按着条子上的日期还钱。一般不能用粮食还钱，除非对方愿意要粮食。

(2) 生产消费

在小麦种植上，只要家中农具齐全，基本没有开销。过去麦种都是农户自家留的，若是自家麦种不好的，可以与街坊邻居家换，一般是一斤换一斤。若是需要购买的农户，花销就会多一些。种麦子用的耧需要20—30元钱，在附近的集市有卖；犁需要20—30元，小牛犊需要20—30元钱，也可以到集市上或者石罢的会上购买。槐木铁角车需要70—80元钱，集市上没有卖现成的，只能到新村的老匠人家中制作。中农家庭中种庄稼非常细致的，都会置办使用起来顺手的农具。穷苦人家不会置办这些大型农具。若是买不起农具的，一般也不会借钱买，可以先和别人家趁着，等自家钱攒够了才去买这些农具。

过去村民在麦收前将陈麦卖到粮行，为新麦腾仓。平时生活一般的农户都不舍得吃麦子，他们以吃玉米为主。平时过年过节时，农户们才舍得磨点白面。过去许多农户家有石磨，可以在自家磨面，100斤能磨90斤白面，剩下的都是麸皮。若是家中遇急事要用钱时，就会把麦子运到粮行卖掉。石罢集市尚存时，集市上有粮行，村民可以直接将麦子运到本村的粮行卖掉。过去粜粮都是根据需要，有1—2斗的，也有3—5斗的。粜粮时，要经过粮行经纪。粮行经纪要按固定比例抽取佣金，一般是10元钱可以抽2—3毛佣钱。粮行经纪根据市场行情决定价格，可能会少一点，但绝对不会少太多。

(3) 家户养老

在石罢村，养老主要是儿子们的责任，通常女儿不负责养老。出门的姑娘回家看望父母，有能力的会给老人一些钱，没能力的就照顾老人。村中那些招上门女婿的无子家庭，女儿女婿负责养老。

第一，合着养老。在不分家的家庭中，家庭成员都是合着吃大锅饭。老人身体健康尚能干活时，要参与家庭劳动，平时在家中做饭、帮忙照看小孩，在麦收时节也会到麦田中捡拾麦穗。老人年老体衰不能干活时，由孩子们做好饭端给老人。有些家庭条件好点的，通常给老人做碗面贴补贴补。老人生老病死等各项开支，均由当家的统一列支。

第二，轮流养老。在儿子多的家庭中，父母在分家时除了分给儿子们土地外，还要留有1—2亩的养老地。另外，1949年前在石罢村分家不分院，老人住在堂屋中，儿子们住在偏房，并且分灶吃饭。在老人尚有力量种田时，可以种养老地，依靠养老地收益维持生活。红白事、逢年过节时，儿子们都要多少给父母孝老钱。一旦老人生病，各个儿子轮流到堂屋照顾父母，看病抓药等各项花费由儿子们共同平摊。若是还没有分配的，家庭和睦的人家就由儿子们协商后平均分配养老地。

第三，对钱粮养老。分家后，如果老人没有力量种地，把养老地分给了儿子们。儿子们就要在麦收时给老人交麦子，兄弟几人交麦子同样多。除粮食外，分家时在舅舅或者叔伯的见证下，父母和儿子们共同决定儿子们要交给老人多少生活费。每年过年或者老人过生日时，老大带领兄弟几个一起给老人交生活费，各家一样多，有钱的儿子可以私下多给父母些钱。老人生活能自理时分灶吃饭，儿子们要轮流给父母磨面、打水。老人生活不能自理后，由儿子们轮流为老人端饭。

第四，小儿子养老。在石罢村，有些家逐个给孩子们分家时，父母都要为小儿子多留一份家产为其娶媳妇。其他几个兄弟都认为小儿子沾光，在老人那里多捞了好处。为此，老大、老二都不承担养老义务。老人跟着小儿子一起过生活。待小儿子结婚后，小儿子要负责赡养老人，不能与老人再分开。若儿子结婚后依次分家的，在分家单过时就已经分配好田产、房产、和其他物品。老人和尚未结婚的小儿子一起居住的，老人去世后的养老房、养老田归小儿子所有，其他儿子不再参与继承。老人给成家后的儿子们分家后，有儿子不愿意养老，那就谁养老谁继承财产。

（4）结婚费用

第一，结婚费用的总体概况。过红事是农户家中的大事，每个环节都要花钱，总体花销非常大。1949年前，结婚费用各家不等，男方家条件越好越不用花太多钱，男方家条件越差就越要多花钱。若是男方带着丧妻留下的孩子就要多花些钱。各家情况不同，结婚的开支也不相同。有些家裹200斤麦子娶个媳妇，有些家端四盘菜就能娶个媳妇。娶妻花的钱要比纳妾的多一些。男方头婚娶的是大姑娘，花费要多一些。一般人家要攒四五年钱，才能给孩子娶上媳妇。再婚娶的是黄花大姑娘时，按头婚仪式办理的也要花不少钱。再婚娶的是寡妇时，就不需要花太多的钱，直接领进门就可以了。嫁姑娘一般不用花太多的钱，有钱人家可以给女儿多一些陪嫁，穷人家给姑娘少陪嫁一点。

第二，结婚各环节的费用。① 谢媒礼。"天上无云不下雨，地上无媒不成亲。"在传统社会，通过媒人说媒男女双方才能结亲。在石罢村说媒的不一定都是媒婆，也有亲戚、街坊邻居说媒的。媒婆为男女双方牵线搭桥，来回传递信息，"是媒不是媒，也得四五回"。"媒婆媒婆只为吃喝，不为吃喝谁当媒婆"，专做媒婆的人就是为了挣点跑腿费。在成婚前男女两家要招待跑腿的媒人，过好后，男方还要给媒婆一笔好处费，即为谢媒礼。谢媒礼一般由男方支付，若是男方到女方家做上门女婿，则由女方支付。主家给媒婆送谢媒礼时，要两包点心果子、一些吃食、一块肉、一些干货，外加一两块钱的红包送到媒人家中。谢媒钱不一定都是一两块钱，多少要根据主家的经济条件定，无论多少都要用红纸包好送过去。② 送聘礼。送聘礼是在男女双方过大契时进行。过大契被称为换姻帖，是订婚仪式。双方父母同意婚姻后，男女双方要交换庚帖。换庚帖时，男方要给女方送聘礼，主要有衣服、点心和食品等。女方也要给男方送双鞋、袜子、折扇等。③ 置办家具。双方过完大契后，在男女双方年龄都合适时，男方家就要做结婚准备，要花些钱收拾婚房，打制家具。男方家要把家中像样的屋子腾挪出来，然后重新糊上泥坯，粉饰一新。另外，男方父母还要为孩子们做一张新床、新桌子、新柜子。有些穷人家没钱为每个儿子收拾出来房子，就用一间屋子给几个孩子轮流结婚，老大结完婚后腾出来让老二结婚用。④ 送彩礼。彩礼是结婚中的一大开支。在确定结婚日期后，男方要到女方家中送彩礼。送彩礼时，男方母亲带着孩子到女方家中，主要给女方送衣裳、被面、袜子、香粉等。有些女方家庭还会要求男方送彩礼时除了送衣物外还要送钱。⑤ 迎亲费。男方到女方家接亲时要带上四色礼，主要是烟、酒、糖和连刀肉。另外男方还要给女方家送亲的个人发红包，也被称为封份，多是一两毛钱。过去迎亲的时候用花轿，到了女方家中，女方要给迎亲队伍封红包，主要给轿夫、赶车的、放炮的、唢呐班，一般是一两毛钱。迎亲队伍将新媳妇接回来后，拜天地时，男方母亲要给新媳妇封改口费红包，都是一两块钱。拜完天地后，要给唢呐班封红包，大户人家一般给两三块钱，小户人家给一块钱。⑥ 摆酒。过去摆酒席都是在家中自己做，要买肉菜、烟酒、鞭炮、红纸等各种婚礼用物，还要给司仪封个红包。另外主家还要犒劳伙计们，除了请伙计们吃酒席外，在婚事结束后还给伙计们送盘菜和几个馒头。

（5）丧葬费用

不同的家庭丧葬的规模不同，花费也不相同。富人家丧葬费会多一点，穷人家的丧葬费会少一点。富人不可穷葬，免得被人耻笑，穷人不可富葬，免得负担不起。有些家葬礼办 7 天，有些家办 21 天。办的时间越长花费就越大，时间短的花费就少点。

村民马世元去世之后，他的儿子没有钱为他办葬礼，后来等了三年，卖了一块地给村民姬八四后，才有钱办葬礼。有些穷人家办不起葬礼，会把棺材停放在家中的院子里。有些家会放四五个棺材，等到有钱的时候才会去办葬礼。

第一，棺木、寿衣消费。过去，老人们的棺材都是自己早早备好，不用时可以存放粮食，需要用时可以直接拿出来用。棺材基本上是请木匠做的，只要家中有木材，就可以请村中的木匠帮忙做棺材。棺材不占多少开支。寿衣也被称为送老衣，都是姑娘们出钱为父母准备的。女儿要出钱为老人买布料，和嫂子们连夜赶制好送老衣。送老衣做法比较简单，做起来也比较容易。

第二，阴阳先生的报酬。阴阳先生是传统时期办白事时邀请的重要人员。阴阳先生主要负责看卒时、查看是否有殃、根据逝者死亡时间推算重丧、看坟地等。主家要给阴阳先生封红包，一般是几块钱。主家给阴阳先生的红包要比给其他人的红包大得多。1949年前村中的阴阳先生有李银柱，谁家办白事都要请他去看。白事办完后，还要给阴阳先生送盘菜，带点果子表示感谢。

第三，请杠钱。村中有农户家中置办有专门用于抬棺材的杠，任何人家都可以去借。借杠也被称为请杠，主家去请杠时，要给杠主封个红包，包多少随行就市，一两毛、三五毛不等，然后才能将杠请走。请到杠后，主家会找个有责任心的伙计做杠头。杠头负责在伙计中点人抬杠，以及代表抬杠的伙计向主家要烟。

第四，抬杠费用。请到杠后，主家找说话有响声的人做杠头，杠头再根据主家的要求找伙计抬杠。主家要请抬杠的伙计们吃中午饭，要为伙计们备两桌子菜，让抬杠的伙计们吃饱饭好抬杠。吃过饭后，主家还要给伙计们发馒头，一般是一人两个馒头。主家还要给杠头烟，再由杠头发给伙计们，一般是一人几根，花费不多。

第五，摆酒钱。摆酒的花销是丧葬费用的主要花销。传统时期，白事的酒席都是在家中举行，因此要提前置办好酒席的各种原料以及烟酒。丧葬酒席的标准配置也是八碗四，也配有酒，但是大家都是意思一下就可以了，不会实打实地喝。主家买烟丝买得很少，一般是2—3片，值2—3毛钱。没有分家时都是掌柜负责，若是分了家，则由儿子们兑。通常是平均分摊，如果弟兄中有傻子，一般傻子是不用分摊的。除了酒席用品的开支外，还要给帮忙的伙计们发烟，以及要管伙计们饭。传统时期，村民去帮助邻居办红白事的积极性非常高，不仅可以吃到白馒头，甚至还可以抽烟。村庄里来帮忙办葬礼的，都是不需要给报酬的，大家都是相互帮忙，但是主家要管饭。

第六，立碑钱。死者的墓前有些有碑，有的没有。有条件的人家会在当年立碑，没条件的在若干年后，等有条件了再为死者立碑。立碑钱可以是由儿子们均摊，也可以是有钱的孩子独自出资。

第七，其他开支。在葬礼上，也要做一些花圈、纸扎、明镜等丧俗用品。这些丧俗用品的钱也要由姑娘出，有多个姑娘就姑娘们平摊。另外办葬礼时也要请响器、吹鼓手，这些开支也由姑娘出的。若是姑娘家贫，或者姑娘尚未出嫁，则可以不用出钱。孤寡老人的丧葬费用由赡养人出钱，没有人赡养且无人继承的，由保里出钱埋葬，死者的房产地产归保里所有。

(6) 家庭债务

为老人办葬礼后的债务分配。分家时，老人就会跟儿子们把后事说妥当，并且也会写在分单上。老人在去世之前，会把孩子们叫到一起再商量这些事。一般来说养老家产是解决葬礼的关键，负责活着用死了葬。孩子们可以用父母留下的养老家产偿还置办葬礼产生的债务。若是不能用养老家产来还债，则谁还债谁继承，不偿还债务的孩子不能继承老人的财产。如果没有养老家产，就将债务平均分给儿子们。

2. 家户外部消费关系

在石罢村，家户的外部消费主要是赶人情。赶人情被称为"随礼"或者"随礼份子"等。传统时期，走人情随礼是生活消费的重要内容。村民们非常看重人情关系，相互之间的人情往来比较多，你给我家随礼，我也得给你家随，基本上是相互的，这种消费比较均衡。

(1) 平时拉人情，遇事随个礼

在石罢村，各家各户都有许多人情往来。这些人情往来中，有亲戚、街坊邻居或者是关系好的。弟兄们多的大户或者富户，与村中的大绅士、家中有人在外做官的人家拉人情的比较多，与一般的穷苦人家拉人情的并不多。家中兄弟少的、在村中没有仗势的人家以及独门独户的人家，非常注重拉人情。他们会通过各种办法与有身份、有势力、有文化、有用的人家拉人情，经常去给别人帮忙。在人家地里忙不过来时搭把手，或者是给对方送点新收的花生或者新磨的玉米面等等。过八月节的时候，给有人情的农户送上一斤月饼等。拉人情的都是本街的住户，一般和其他街道拉的不多，除非是"一自己"的亲戚。石罢村比较大，没有在全村范围内都拉人情的现象。李孝良老人认为，人情往来是生活中必需的，但也不敢拉太多，因为付不起人情负担。欠别人的人情，是要想办法还上的，如果还不上心里总觉得挺亏欠的。

(2) 不能欠人情

拉上人情后，就要有人情往来。村民在婚丧嫁娶办红白事，孩子满月等方面都要走人情。家中办事邻居、朋友来，邻居、朋友家办事也得过去随礼，若是不去就是失礼，以后两家就很难来往了，甚至见面都会觉得尴尬。传统时期，别人来拉人情随礼后，要在心里或者在账簿上记着别人送的礼，对方家中有红白事时，要及时给对方还上，免得总得记着这些事。石罘村内随礼都是拿钱或者其他东西，都不拿粮食。

如果某家孩子要结婚娶媳妇，凡是平时拉上人情的农户都要去送礼份子，根据人情的远近确定礼份子多少。村民们也是根据礼份子钱来判断两家关系的远近。关系越近，送的礼份子钱就会多一些；关系远点的，送的礼份子钱就少一点。除了礼份子钱外，还要给要结婚的主家或者嫁姑娘的主家添箱，一般是送些衣服、布料或者床单、袜子等。关系一般的就送点点心作为交头。村民送礼份子钱时都要提前送，而且主家还要有账簿记录，不能打糊涂账。办白事时，走人情一般不送钱，都是送礼品，比如六尺布、撕个被面（1元多）、做件衣服（1元多），甚至买双袜子。若是家中为孩子办满月酒，有人情往来的人家通常要为主家"抓菜"。送了礼后，在主家办酒席当天，家中的男主人去吃酒席，媳妇孩子们都不去吃。

（3）你给我多少，我也给你多少

在人情往来中，你给我多少，我也给你多少，一般是对等的。大家心里都有杆秤，都会在心中衡量的。若是收了别人家的礼份子，不能对等还给人家，对方会觉得你太小气了，会非常不高兴的。甲家有四个孩子，乙家有两个孩子，乙家给甲家的四个孩子都随了一份礼，总共四份礼。甲家要还礼给乙家，给每个孩子两份礼。若是甲家只给乙家的两个孩子都只回一份礼，乙家就会觉得甲家太小气，不值得来往。有些家中孩子少的人家害怕会出现这种情况，一是担心负担不起人情开支，二是觉得自己会吃哑巴亏，以至于不敢与孩子多的家庭拉人情。还礼通常是在对方家中办红白事或者孩子办满月酒时还。若是人情没有及时送上，可在事后随礼，但是不能拖太久，都在一两天之内。过太久再送礼就不光彩了，会让对方觉得你没把他当回事，看不起他。

（4）亲戚比街坊的礼要重一些

随礼都是根据当时的行情随，没有统一的规定，多少都是点心意。一方面根据家中情况量力而行，另一方面看对方给的人情有多厚。

亲戚家给的礼要比一般的街坊邻居厚一点。若是给的礼薄，会让主家觉得亲戚还不如街坊邻居。亲戚中舅舅、姑姑、叔叔、伯父、外公、外婆、爷爷、奶奶都是最近的亲戚，给的礼要比一般亲戚给的礼要厚一点，不仅要行礼还要添箱。过去行礼都是几毛钱，对于一般人家来说，钱来得太难了，他们都是咬着牙出的。远一点的亲戚随礼会少一点，有的甚至送双袜子就来吃酒席。

第七节 继承与继承关系

在传统时期,继承主要发生在家户的内部,是家户积累财富在代际间传递的重要方式。家户继承通过分家、分产来实现,家户中的男性后代分家后获得所应分得的家户财富,女性后代一般没有继承权。家户财富依循平等原则以及其他的公平分配,通过代际财富的传递为家户后代的繁衍和发展提供物质条件。除此之外,村中的族产继承是发生在宗族内部的财富传承,并不进行分配。本节主要从财产继承和继承关系两个层面阐述石罘村的继承活动。

一、族产继承

宗族的财产主要是坟社地,属于全体宗族成员共同所有,人人有份。宗族的坟社地由族长管理,并且由族长将地契转交给下一任族长,但是族员不能平分继承。姬家坟社地有 10 多亩,都在坟墓的周边。孔家坟社地 2—3 亩,徐家有坟社地 10 多亩,李家坟社地在邙山上,也有 5 亩多。坟社地的收入主要用于宗族活动,结余部分则到下一年继续使用。坟社地的收入不能被族员平分,也不存在继承。

二、家产继承

(一)继承参与主体

1. 继承人

老人去世后尚有财产的,若是老伴尚在,财产归老伴所有。父母都去世后,财产由儿子、过继儿、孙子、侄子及"一自己"等继承。村中穷人家比较多,只要老人去世时家中有间破草棚,也有人继承。外嫁女没有继承权,只有在一些特殊的条件下,女儿才可以继承财产。

第一,儿子天生享有继承权。父死子继是村中财产继承的基本原则。不论家中有几个儿子,都拥有继承权。在老人去世前,通过分家让每个儿子继承部分财产;不分家,会将财产平分,每个儿子继承其中一部分。即使长年在外工作的儿子,也拥有继承权。过继儿也合法拥有继承权,在石罘村,将儿子过继到兄弟家的主要目的就是帮助养老和继承财产。但是在村中也有过继儿无法继承财产的情况。村中李姓人家过继叔伯兄弟家的儿子,待老人去世后,姑娘们非常强势,不让过继儿打幡抱盆,而是让另外一个非常强势的"一自己"打幡抱盆,最后硬生生剥夺过继儿的继承权。女儿没有继承权,父母不在时,尚未出嫁的女儿的嫁妆要从父母的遗产中出。

第二,女儿继承权。只有女儿没有儿子,并且没有过继儿的家庭,其中有招上门女婿的姑娘才拥有继承权。其他女儿都要外嫁，不能继承父母财产。除此之外，也有因照顾父母等原因，女儿可以继承财产的现象。村民闫章文的母亲嫁到邻近的武屯村后，因其外公外婆生病需要人照顾，母亲带领全家从武屯迁至石罢，并最后继承了家中的房产和田产。

第三，亲属继承权。生前没有儿女，也没有要过继儿的村民，去世时其兄弟的儿子有权继承，但亲兄弟之间不能继承。侄子继承时，必须按照顺序先从长门开始，然后再向下顺延。兄弟们因排序问题无法达成协议的，最后凭势力继承，也就是谁势力强谁继承。"活着取爱子，死了取哀子。"凡是继承死者财产的侄子，在死者下葬时要为死者打幡抱盆，承担一切丧葬的费用和仪式。若是没有本家的子侄，"一自己"也可以继承，先近门，后远门。

第四，村落处理权。无儿无女，在本村也无亲戚的老人，去世前若是邻居一直帮忙照顾，死后帮忙埋葬，街坊邻居们有目共睹的，邻居可以继承财产。若是无儿无女、无亲戚、又无人照料的老人去世后，由保长派人为其举办简单葬礼，然后就可以接收死者的财产。在石罢村，这种情况极为少见。只要有宅子，只有两间破草棚都会有人继承。

2. 继承见证人

在儿子多的家庭，父母去世前都会将家产分给儿子们，以免去世后儿子之间闹矛盾。父母去世后留下的财产，首先用于办葬礼，然后再由儿子们继承。继承财物时，必须有舅舅、叔叔和街坊邻居参加。请舅、叔及街坊四邻做见证人，继承事务办理完毕后，要请见证人吃饭。

（二）继承内容

石罢村民可以继承的财产有田产、房产、现金、粮食、财物等，另外债务也要继承。一般人家，在分家时候都会将这些事情说清楚，并且会写在分单上。老人去世后，大家按照分单上的分配结果进行继承。若是老人生前没有说清楚养老田以及上房屋的归属，孩子们都有权力继承，他们需要协商继承。不过老人去世时，总会留些东西，粮食、现金等先用于办葬礼之后，孩子们才可以继承剩余的。若是死者是女性，一般生前会将金银首饰等给自己的姑娘；若是没给姑娘，就由家中女性继承。家中的公共物品如石碾、石磨等，也由孩子们共同继承。除此之外，根据父债子还规则，儿子要继承死者留下的债务。

（三）继承规则

1. 公平继承

在石罢村，村民继承父母的遗产时，通常是遵循形式平等的原则。一般老人生病去世前，都会将财产给孩子们分配好。若是没有分配的，家庭和睦的人家就由儿子们协商后平均分配，公平继承。儿子们也会将养老地平均分配，上房屋归谁，谁给其他弟兄们补钱。

2. 养老继承

若儿子结婚后依次分家，并在分家单过时就已经分配田产、房产和其他物品，老人在和尚未结婚的小儿子一起居住的，老人去世后的养老房和养老田归小儿子所有，其他儿子不再参与继承。如果已成家的儿子们分家后，有儿子不愿意养老，就只能谁养老谁继承财产。

3. 过继继承

在没有儿子的家庭中，通常从叔伯兄弟家中过继儿子。过继儿为养父母养老送终，家中的所有财产归其所有。养父母的女儿们不能干涉过继儿的继承，若是干涉，叔伯兄弟都会前来主持公道，解决问题。

4. 协议继承

邻居可以通过协议继承财产。那些无儿无女或者无人照顾的老人，如果邻居经常照顾，基本上承担了养老责任，老人生前会写协议，将财产转赠给邻居。邻居在承担对老人活着养、死了葬的责任后，就可以按照协议继承财产。

（四）继承后果

不论是儿子们公平继承，还是养老继承、协议继承及过继继承，村中人都认可这些继承原则，本门本家、一自己的人，以及村中的街坊邻居也都认可这些规则。若是由多个儿子共同继承，还是亲兄弟，只要没有什么大矛盾，种庄稼的时候也会相互帮忙。自家田里的庄稼活忙完后，就会去帮助那些没有完工的弟兄。犁地时，共同用牛和其他犁地工具。一旦有弟兄因事耽误没有种上麦子或者玉米，弟兄们也会搭把手。

在生活上，若是弟兄们关系好，生活富裕点的弟兄也会拉一把那些日子过得艰难的弟兄。家中办红白事时，兄弟们通常会前来帮忙，不用特别通知，只要告诉一声，都会来帮忙。甚至有些没有告诉的，只要知道兄弟家有事，也都会前去帮忙。

在遭到各种灾害或遇急时，兄弟们都会前来帮忙。伊河洪水将房屋冲塌后，弟兄们会前去帮忙，送点粮食、衣物，还会帮遭灾的弟兄尽快建好房屋。兄弟遭灾时不去帮忙的弟兄，会被街坊邻居嘲笑。兄弟多的家庭，一般不受其他村民的欺压。受他人欺负时，兄弟们也会帮忙说和解决问题，但一般不会参与打架。村民徐某的亲侄子被打死了，其弟弟请他帮忙报仇。徐某没有为侄子打擂报仇，而是把对方请到家中设宴招待，最后事情和平解决，没有恶化到"你打我，我打你"的境地。

（五）继承纠纷

继承财产时，兄弟们商量妥当就可以。若是商量不妥，就请舅舅做主分配财产。舅舅主持分财产时，基本上保持公平。即使有些差池，多点少点，大家都不会说什么，毕竟都是亲兄弟，肉都烂到锅里。若是矛盾太大，舅舅也解决不了，弟兄们就会打官司。通常是有钱人家在继承财产的时候才会打官司。打官司要收费，村民认为衙门门朝南开，有理没钱莫进来。所以一般很少打官司，分配的合理就可以。

第八节 村落经济变迁与经济实态

1949年后，随着土地改革、合作化运动以及家庭联产承包责任制改革，石罢村的社会经济形态发生了巨大变化。村落内的人地关系、产权、经营、交换、消费和继承等方面发生了重大变迁，这将是本节考察的重点。

一、村落经济变迁

（一）1949年以前的传统经济形态状况

1949年以前，石罢人地关系紧张，人多地狭。村中大多数农户属于贫下中农，田地不足1亩，仅能糊口。村内的上头地缺乏肥料，粮食产量有限，盐碱地的粮食产量非常低。村中老人讲到，过去都是人养地，而不是地养人。许多家庭打出的粮食仅能糊口。地少的农户要租种地主家的田地才能维持生活，还有些家中无田的农户外出扛长工或者打短工。过去村内的土地有家户所有，也有宗族、街道及庙宇公共所有。村内也存在土地买卖，村民通常要攒多年的钱才去置地。过去田地的经营以家户为主，由家长统一领导家人共同劳动。家中劳动力少的或者缺乏生产工具的农户，会与街坊邻居或朋友帮工、换工。村内的上头地和盐碱地也有水井和水车，由田地相邻的农户共同集资修建。天旱需要浇地时，邻居之间相互合作，轮流灌溉。在日常生活中，村民需要买生产或生活用品时，要赶集、赶会或者向街上流动的商贩购买，遇到熟人可以赊账，关系一般的不允许赊账。家户的粮食和钱财都由家长统一支配。过去村里人不舍得吃小麦，粜粮后攒钱建房、置地或者给孩子娶媳妇。宗族和街道的上田地所收取的租金，主要用于宗族祭祀、社火。租粮多的，也会给成员发点馒头、油饼等做福利。一般家户的消费仅处于满足最低生活需要的水平，很少享受消费。每年到村中正月十九的社火时，会有许多共同的开支，开支节余可以给街道上的住户发放点福利。

父死子继，祖业世代相传。村内家户的财产继承以儿子为主，女儿不能继承财产。多个儿子的家户，由舅舅或者叔伯主持平分遗产，儿子们各取一份。在继承父辈的家产时,也要继承债务。过去讲"父债子还",即使父亲去世,债务无法消亡,儿子们不仅要继承财产,而且还要共同承担债务。宗族或者街道的共同财产不能被继承,世代相传,留给族人。宗族的坟地、坟社地,只能增不能减,由族长管理,并传给下一任族长。街道上的社地由街上的功德主捐赠以及住户们集资购置,这些地由街道神头管理。

(二) 1949年后石罢村村庄经济形态变迁

1. 土地改革时期的村落经济状况

1948年10月洛阳解放。1950年正月初,在上级带领下,石罢村农会开展了土改运动,没收地主多余财产。根据农会的统一研究,形成分田方案,将田地分给贫农。根据土改时的田地分配情况记载,人均分到田地1亩。到1950年进行办法土地证工作,由农会主席对各家各户的土地进行丈量和核对登记。土改前,全村中地无一分、橡无一根的农户有26户。另外,还有不少人家田地不足1亩。徐太平家0.9亩土地养活4口人,孔双三兄弟要用0.3亩地养活8口人。土地复查时,全村共有瓦房1 606间,草房81间,牛51头,驴57头,马、骡14匹,车21辆。土改时,地主、富农多余的田地、房屋、农具、家具等都分给了贫农。就新村而言,贫农共分得地主、富农的土地77.4亩,非耕地6.4亩,分得房屋29.5间,草房2.5间,牛驴各2头,除此之外还有其他的农具、家具等。

分田到户后,各家都按人口获得一定量的土地。田地由家户独立经营,家长带领家人共同耕种田地。由于土改的时候,生产资料非常缺乏,当时3—5户人家分一头牛,车也是几户人家一辆。当时有牛的农户没有车,有车的没有牛。在生产过程中,农户们自发组合起来,牛、车、犁相互帮助,共同耕种田地。土改之后,农闲之余,有手艺的农户做手艺活。土改后,由于家户都有田地耕种,除了向国家交粮外,其他的都归家户所有。另外家户的副业收入也都归家户支配。家长有权支配家户中的一切收入,并根据家人的需求分配家庭财物。

2. 集体化时期的村庄经济状况

从互助组到初级社、高级社,村内实现了土地、牲畜及大型农具的集体化。在人民公社、生产大队和生产队三级所有,以队为基础的管理体制下,石罢村的田地耕种、生产管理、分配消费等方面都发生了巨大变化。

田地调整与改造。集体化之后,生产大队按街道将农户分成生产队,并根据各生产队的人数给各生产队分田地。由各生产队根据生产大队的任务,组织本队的耕种与收割。到了1961年三年困难时期之后,为使社员能吃饱饭,生产大队实行四权下放,各生产队给社员都分了自留地作为保命田,由农户自主耕种。1964年"四清"运动开始以后,土地又全部收归集体经营,由生产大队和生产队统一组织、经营管理。四权下放时,各生产队都有好地、坏地,以致个别生产队地块数量多,位置不一,耕种非常不便。到1977年农业学大寨时,为做到公平分配,生产大队带领各生产队进行土地的合并调整。各生产队的土地每块基本在30亩以上,多达100亩,基本在5块左右。土地合并调整后,各生产队耕种便利,尤其适合机械化耕种。1973年生产队还组织社员进行抬田,将退修堤内的瓮池地、沼泽地全部抬平,填平沼泽地,使瓮池地变成可以耕种的田地。当时全村土地达到3 900多亩,有20多条道路,田地平整,阡陌方正,并有机井方便灌溉。

为了便利灌溉农田,村中除了原有的水井外,在伊河河口修建了提灌站。由于1959—1973年间雨水较少,东官路北边的田地没水灌溉,粮食产量极低。生产大队动员全体村民在冬小麦种植之后,耗时6个月在河口修建提灌站,并且还修建了1 500米长的灌溉渠。

生产管理。生产大队按公社下达的粮食任务量,种够一定量的小麦和玉米。除此之外,生产大队也可以种植其他作物,满足社员日常生活的需要。在小麦和玉米的种植上,生产大队采用新品种玉米杂交种,大大提高了玉米产量。生产队种植的作物除了小麦、玉米、花生、豆类等传统作物外,生产大队还带领社员种植水稻、棉花、烟叶、甘蔗、蓖麻、油菜籽等作物。1958年村中修建了跃进渠后,生产队学习外地经验,在村中种植500多亩水稻。另外每队还种植有几十亩的棉花,收获后按规定数额分配给社员,绝大部分还要卖给国家完成国家征购任务。全生产队种植烟叶达到120亩,每年产烟叶128 000斤。除此之外,其他作物种植面积比较少,而且还比较零散。

石罢村以生产队为单元进行粮食分配,各生产队的粮食产量不等,其分粮标准也有较大的差异(见表3-3)。从1966年各生产队的分粮标准看,第8生产队人均分得夏粮100斤,秋粮180斤,而12、13、16生产队的分粮标准较低。在生产队内按照人头与工分并举的分配方法,其中人头占60%,工分占到40%。这种分配方法既要照顾到位于年龄两端的村民,同时还要调动农户生产的积极性。除了粮食分配外,石罢村还有副业分红。到了1972年,有了副业部之后,村中也有一定的收入。1972年时,各生产队按人头平均分配,每位社员都有分红,各生产队社员分红不等。1972年,由于当时村中副业部门还比较少,各生产队分红有限,其中7队分红最多,人均得到26元;15队分红最少,人均只有6元。1973年后,村中的副业部油坊、绣花组、油漆组等纷纷上马,效益良好。到了1976年,各生产队的分红有了大幅度提高,其中7队的人均分红达到45元;15队分红最少,人均只有10元(见表3-4)。

表 3-3　1966 年各生产队的分粮标准

生产队	夏粮	秋粮	总计	生产队	夏粮	秋粮	总计
1	75	135	210	10	80	155	235
2	80	130	210	11	75	130	205
3	80	170	250	12	75	65	140
4	90	185	275	13	70	30	100
5	85	175	260	14	65	145	210
6	90	185	275	15	75	140	215
7	85	160	245	16	70	60	130
8	100	180	280	17	90	70	160
9	85	170	255	平均	81	151	232

表 3-4　1972、1976 年各生产队分红统计表

生产队	1972 年人均分红（元）	生产队	1976 年人均分红（元）
1	15	1	23
2	24	2	40
3	12	3	18
4	14	4	22
5	11	5	20
6	19	6	30
7	26	7	45
8	25	8	36
9	11	9	17
10	10	10	20
11	11	11	22
12	19	12	28
13	7	13	13
14	7	14	11
15	6	15	10
16	11	16	17
17	13	17	25

二、石罢村经济实态

1982 年石罢村开始实行包产到户，以家户为单位发展农业生产，提高家庭生活质

量。分田到户后，村民自主负责承包责任田的生产管理，仍然是以种植小麦、玉米、花生等农作物为主。除此之外，村庄积极发展集体经济，村办的窗纱厂在包产到户后，干部更有精力抓窗纱厂的生产管理，使窗纱厂一度效益良好，为村集体带来了巨大收益。近年来，在庞村铁箱厂产业的带动下，村中有私人开办铁箱厂，生产办公家具，创造了巨大收益，也为村民提供了非农就业的机会。村民们可以就地打工，也有的到庞村的铁箱厂打工，有人做一线工作，也有人从事销售工作。村民收入水平连年不断提高，收入结构发生了改变，农业收入的比重在不断下降，外出务工收入的比重逐渐提高。现今，种田的农民多为村庄的留守老人，继续种田打粮食。一方面是因为就有的土地观念，不愿意因生产成本提高而撂荒土地；另一方面种庄稼打粮食主要是为了自家食用。

在家庭消费和分配上，消费和分配的单元基本上是核心家庭，而且家庭规模逐渐缩小，基本上以3—5口之间的居多，很少出现三代同堂的情况。在家庭消费上，以教育消费、建房消费、日常消费、人情消费及疾病消费为主。其中子女的教育消费所占的比重比较大，这与传统时期有较大的差别。随着社会的发展，村民们在教育投资上的规模逐渐增加。一方面男孩和女孩都有权利进入国家的教育系统学习；另一方面村民们的教育观念发生转变，农户们更重视子女教育对家庭经济、社会地位的改变作用。建房消费也是村民家庭的重要开支。随着村民收入的增加，改建房屋成为改善居住环境，提升社会地位的重要举措。尤其是在新村，几乎家家户户都建成二层砖房。村庄开办了多家超市和杂货铺，供村民日常消费所需。近年来，随着洛偃快速通道的建成，交通设施的便利化，越来越多的村民到洛阳市城区购置生活用品。

第四章 村落社会形态与实态

传统时期，石罢村的社会形态丰富。当前，随着社会的发展与变迁，石罢村的社会实态发生了变化。以下从社会关系、社会交往、社会流动、社会分化、社会冲突与社会保护六个方面，对传统与当前石罢村的社会状况进行解析。

第一节 血缘与血缘关系

血缘是传统石罢村落社会的主要特征，在此基础上形成了宗族、家门、家庭、亲戚与拟血缘五种社会形态，这些社会形态共同塑造了石罢的村落共同体。

一、宗族

第一，宗族规模。石罢村落的姓氏繁多，宗族规模不等。1949年前，石罢村共有27个姓氏，其中姬姓、徐姓来自共同的先祖，发展成村落最大的两个宗族，姬姓宗族有129户，徐姓宗族有73户。石罢李姓源自两个祖先，源自洛阳县的李姓发展迅速，1949年前发展到有30多户的宗族。另外孔姓宗族的规模也达到30户，张姓宗族有23户，甄姓、孙姓、宋姓宗族都有10多户人家。除此之外的马姓、周姓、郭姓、丁姓等12个姓氏的规模都不大，只有2—6户人家，另有8个姓氏是单门独户。

第二，族人。在石罢村内，除李姓外，其他姓氏的宗族都源自共同的祖先，他们共用同一个姓氏，具有血缘关系。石罢李姓中的一支来自洛阳县八角楼，另外一支李姓来自偃师。这两支李姓不同源，不属于同一宗族。来自偃师的李姓人家不参与来自洛阳县八角楼的李姓的宗族活动。

第三，居住。传统时期，大姓宗族姬姓、徐姓、李姓，其族人居住得较为集中，都在一个片区中。姬姓居住在西大街和西南街,李姓居住在东大街和东南街的西头,徐姓人家居住在东大街和东南街的东头以及新街。其他姓氏都插划着居住在这些大姓之间。大姓族人的四邻都是本宗族的人家。李孝良老人家的左邻右舍和后顶墙都是李姓族人。

第四,族人之间的关系。族人之间关系比较松散,出五服的同族人都不算是亲戚,平时很少有来往,逢年过节、红白事也不相互走动。三代以外,五服之内的族人,平时关系好的,会在生产和生活中相互帮助;关系一般的,逢年过节基本上不走动。办白事时,还要给五服以内的同族人送孝布。

第五,宗族与族人的关系。石罢的宗族比较松散,内部没有组织结构和规章制度。宗族对族员不具有约束力,也不命令族员的生产和生活。宗族成员家中办红白事,也不寻求宗族的帮助。成员家中有难,宗族也不出面救济。石罢宗族的主要功能是组织成员统一祭祖。

二、家门

村中姓氏在 10 户以上的有姬姓、徐姓、李姓、孔姓、张姓、甄姓、宋姓和孙姓。徐姓有 73 户人家,姬姓有 129 户、孔姓 30 户、张姓 23 户、甄姓 15 户、宋姓 14 户、孙姓 11 户都是来自同一祖宗。同一祖宗之下,随着分家,发展成多个家门。石罢中来自洛阳县八角楼的李姓宗族有 3 个门。徐姓在石罢村规模逐渐扩大,枝繁叶茂,发展出多个门支。随着世代繁衍,门下又繁衍出支,宗族规模逐渐壮大。

三、家庭

(一)家庭类型

传统时期,核心家庭是石罢村的主要家庭类型。核心家庭由一对父母和未婚的子女组成。核心家庭的规模不等,有四口人,也有五六口、六七口人,甚至规模更大。其中,有 3—5 个孩子的家庭居多。一对男女只要结婚后与父母分家,繁衍后代,就能成立核心家庭。夫妻所生的孩子自然成为核心家庭的成员。即使夫妻不能生育,通过过继和抱养等方式也能建立自己的家庭。过继和抱养的孩子也自然成为核心家庭成员。在传统时期,保里对户口并不特别强调,会派专人登记村中人口的情况。除此之外,不再进行户口登记。户口登记与核心家庭成员的身份获得并没有关系。

另外,村中也有主干家庭、混合家庭和单亲家庭等。主干家庭在石罢村并不多见,因为基本上大多数人家都有多个儿子,只有少部分人家仅有 1 个儿子。孤子的家庭中,儿子结婚后与父母一起生活,构成主干家庭。混合家庭是一种过渡形态,几乎很少有人家能长期维持混合家庭。那些有多个儿子的家庭,儿子结婚后仍与父母住在一起的只有少数几家。最终,大多数混合家庭要分解为核心家庭。小户人家基本上要给儿子们分家,大户人家维持混合家庭的时间长一些,但是最终都要走上分家的道路。单亲家庭也很少,基本上是因为丈夫被抓壮丁死在外面,或者因其他原因而不在的,就剩下寡妇和孩子们一起生活。只要寡妇能嫁人,基本上要改嫁。若是寡妇不能再嫁,就只能和孩子们一起生活。

(二)家庭成员

传统时期,石罢村民对家人的理解有狭义和广义之分。狭义上的家人也被称为"一家人"。在儿子们尚未结婚时,家由一对父母和子女组成,家中的所有成员都成为"一家人"。儿子们婚后尚未分家,仍与父母在一起的,这种家被称为大家。大家中所有的成员都是一家人,大家就是个利益共同体,一家人都要维护大家庭的利益。在大家中,儿子们自己的家就是小家,小家成员是最为亲密的一家人,也称大家中的其他成员为"一家人"。总的来说,狭义上的家人即"一家人",在未分家时包括父母、兄弟、子女和夫妇;在分家后包括父母、子女和夫妇。在石罢村,只要是夫妻关系,"小婆"以及所生的孩子也属于家人。未分家时,在外地当兵或者做生意常年不回家的兄弟,也属于"一家人"。外嫁的姑娘如"泼出去的水",就不再属于"一家人"了。过继的孩子属于养父母的"一家人",就不再视亲生父母为"一家人"。上门女婿都要承担养老义务,与媳妇的父母常年居住在一起,共同生产、共同享受,他们也是"一家人"。

除狭义的家人外,石罢村民称"一家人"外的有血缘关系的人为家人。这种广义的家人又衍生出许多不同的叫法。分家后,妻子称丈夫的父母家为"公婆家",将公公、婆婆、未结婚的小叔子和小姑子归为"公婆家人"。妻子称自己的父母家为"娘家",将父母、兄弟姐妹、叔伯、侄子和侄女归为娘家人。夫妻俩称丈夫的哥哥家为"哥家",称丈夫的弟弟家为"弟家",称丈夫的近堂兄弟的家称为"本家",称五服以内的远堂兄弟家是"一自己"。

(三)家庭关系

1. 家庭内部关系

1949年前,石罢村民认为家人,尤其是"一家人"是利益相关、休戚与共的共同体。"一家人"之间关系密切,唇齿相依。

(1)"一家人"内的关系。"一家人"之间要在当家人的带领下,相互合作,共同捍卫"一家人"的利益。第一,一家人的内部关系。从生产生活上看,当家人所做的生产、生活、教育等方面的安排,要综合考虑家庭的情况和家庭成员的意见。一旦作出安排后，家庭成员都要服从当家人的领导和指挥。家庭成员之间在生产上要相互合作，在生活中要相互体谅、宽容和担待。只要当家人做事公道，对孩子们能一碗水端平，大家也都不会起太大矛盾。村民徐建恒老人家，其父亲安排老大外出当家，老二、老三和老四在家种田、念书。在外的大哥离家远，不能照顾父母和弟妹，就在钱上给予补偿。在家的兄弟也不过多计较，积极承担照料老人的义务。尽管有些时候，家庭成员并不总能和谐相处，但是在大体上还都有捍卫"一家人"利益的意识。儿子们结过婚后，为了各自小家的利益，妯娌之间会经常闹矛盾，有时也会损害"一家人"的利益。第二，"一家人"的对外关系。一旦家庭成员受到外部的威胁时，"一家人"要为其提供庇护。若是亲兄弟受到外人欺负，其他家庭成员都要为其讨回公道。若是分家后，弟兄家有事，其他几位弟兄也都伸手帮忙。

（2）大范围内家人关系。就前述的延伸"家人"的范围来看，公婆家、娘家、亲兄弟家、本门、一自己与"一家人"的关系呈现差序性。处在第一阶梯的是公婆家与娘家，他们与"一家人"的关系最为密切。一旦家庭在生产和生活上遇到困难，"公婆家"和"娘家"都会伸出援手，提供帮助。姑娘到娘家去借牛，娘家一般不会拒绝。娘家种庄稼时要借牛，姑娘和女婿都会义不容辞前去帮忙，甚至连人带牛一起去帮忙。处在第二阶梯的是亲兄弟家，亲兄弟家在生产和生活中需要帮忙时，只要两家没有矛盾，大家都会相互帮忙。甚至一家有难，其他几个弟兄家都会联合起来解决苦难。弟兄们多的家庭，在村中比较有势力，外人不敢随意欺负。处在第三阶梯的是本门，本门的人在血缘上近一些。在生产生活中，邀请帮忙时，不会推三阻四。但是本门人不会主动来帮忙。处在第四阶梯的是"一自己"，关系更远。虽在五服以内，但是日常生产生活中交往并不多。除非两家关系好，在生产生活中才会相互帮忙。家中办红白事时，娘家人和兄弟家不用打招呼，都会来帮忙，还会随礼。去邀请本门的人和"一自己"的话，他们也会来帮忙。

2. 家庭与宗族关系

1949 年前，石罢村的大姓家户基本上居住在宗族片区内。与宗族成员相邻、相近而居，在日常生活、生产中可以相互照应。一旦有宗族成员家中遇急事，其他宗族成员可以前去帮忙。有些宗族成员在其他村庄或者到洛阳县居住，有家户需要帮忙的，只要找到门上，也都会帮忙。另外宗族中，血缘关系比较近的家户之间可以过继儿子，帮助其延续后代香火，避免绝嗣。另外家中无子女的本族孤寡老人，同族人也会帮其料理后事，继承财产。

3. 家庭与亲戚关系

亲戚之间代多了,就逐渐不亲了。在亲戚中,"一表两表还是表,出了三表就拉倒",表亲到了第三代就不再做亲戚了。红白事时,基本上可以邀请对方参加。但男性五服以内的都算是亲戚,三代以内是近亲,关系密切,逢年过节要经常走动,遇事要相互帮助。三代以外,五服以内的关系就淡多了,都是"一自己",逢年过节就不再走动,但家中办白事时还要给对方送孝。出五服的就不算是亲戚,五服以内都要送孝。

4. 家庭与国家关系

家户是国家税收、征粮派差的基本单元。家户是田地的拥有者,国家在征粮派差时,以田地为基准计算差粮,具体出差单位则是家户。另外保甲抓壮丁时,以家户为单位进行抽丁。抓不到壮丁要派壮丁粮时,也以家户为单位进行摊派。除了征粮抓壮丁外,保甲也有不少摊工,其中轮流摊工就要挨家挨户出。

四、亲戚

(一)近亲

1. 近亲的层次

在石罢村,凡在五服以内的都是近亲。近亲中近的程度不同,也有不同的叫法。(1)三代以内的近亲。村民称三代以内的亲人为"至亲",关系非常密切,交往频繁,并且在生活中可以相互扶持与帮助。三代以内的近亲主要有父系近亲和母系近亲。三代之内父系近亲包括父母、兄弟、姐妹、堂亲。三代以内的母系近亲包括父母、兄弟、姨舅、外甥、外甥女表亲。母系近亲多居住在外村,三代以内关系比较亲近,经常走动。堂亲和表亲尽管都是三代以内的近亲,但是堂亲比表亲更近。石罢村的葬礼中有"破孝"一说,也就是家中老人去世,必须给父系的堂亲送孝,但是不用给母系的表亲送孝。在这些近亲中,姑娘婆家、媳妇娘家是至亲中关系最近的亲戚。媳妇在婆家的生活状况直接牵连着娘家爹妈。没分家时,一旦家中有事,姑娘婆家和媳妇娘家都是最先要通知的人。

(2)三代以外五服以内的近亲。三代以外五服以内的近亲被称为"一自己"或者是"关紧自己"。据李孝良老人讲,就父系亲戚而言,三代以内是至亲,五服以内是"关紧自己",五服之外是"远门自己"。家中办红白事时,不需要请五服以外的远门自己。办白事时,主家也不需要为远门自己破孝。

石罢村除李姓有两支外,姬、徐、孔等姓氏基本上是由山西洪洞县迁来的一支发展繁衍而来。村中姬、徐、李三大姓氏在村中居住的相对集中,三大姓氏各占据较为集中的一片,其他小姓插划着住在大姓中间。居住在西大街和西南街的是姬姓人家,他们都是亲戚。就村中的老人姬万锁而言,西大街和西南街的姬姓人家中有他家的近亲,也有远亲。李姓居住在东大街、东南街的西头,大部分是亲戚。东大街的李孝良家东西南北邻居都是李姓人家,西侧邻居已经出了五服,算是远亲,东侧邻居刚好在五服里面,南侧的邻居也在五服以内。徐姓人家住在东大街东头、东南街的东头以及东大街通往东南街的胡同两侧。他们都有共同的祖先,然后通过分家不断分化出来。这些徐姓人家有些出五服是远亲,有些在五服以内是近亲,有些更长。

2. 近亲关系

在石罢村,母系、父系近亲联系较频繁,在日常生产和生活中经常走动,相互帮助。

(1) 至亲关系。第一,生产关系。在庄稼种植与收割过程中,家中因人手不足忙不过来时,通常是到叔伯、舅姨家寻求帮助,只要情况允许,他们都会前来帮忙割麦、耙地、拉耧、打场等。至亲之间借牲口、大车都很容易,只要家中的牲口、车闲置着,连人带车都会前去帮忙。第二,生活关系。首先,逢年过节时,至亲之间都要相互串亲戚,还要携带较为厚重的礼品。过中秋节前,要携带2斤月饼或者13—15个枣花馒头、半斤月饼和麻糖,到叔、伯、姨、舅家串亲戚。叔、伯、舅、姨家要管中午饭,还会回礼。其次,家中遇红白事或者吃满月酒时,都要到叔伯舅姨家送信,并且邀请他们前来吃酒席。叔伯堂亲通常不用送信,都会在吃酒席前帮忙张罗各项事务。再次,在家庭遇难时,不论是天灾还是人祸,还是各种征粮派差,通常会向叔伯堂亲、舅姨这些近亲寻求帮助。近亲之间借钱或者粮食通常不需要打借条,也不需要中人担保。最后,发生矛盾纠纷时,兄弟之间的吵架或闹纠纷通常是请舅舅而不是叔伯前来帮忙调解。大家认为舅舅与外甥们远近都一样,所以调解得最为公正。堂兄弟姊妹之间发生矛盾时,通常请本门本族中有地位有威望的老人前来调解。兄弟与外人产生纠纷时,弟兄们会请街上的绅士帮忙协调解决纠纷;若是打伤他人,也要请中间人说和,用钱解决纠纷。如果弟兄或者其家人因"打孽"被人打死,有近亲找人"打孽"报仇的,也有不参与其中的。

(2) 关紧自己的关系。三代以外五服以内的关紧自己之间关系不太密切。在生产中,关系好的会相互帮忙种庄稼,关系一般的各顾各的事情。在生活中,五服以内的近亲不能结亲。逢年过节时,关紧自己一般不再相互串亲戚。生活上遇到苦难时,关紧自己一般不会主动帮忙,只有两家关系好的,才会去帮忙。家中办白事时,五服以内要破孝,必须给五服以内的关紧自己送孝布。与外人发生矛盾纠纷时,关紧自己一般不会多管闲事。

（二）远亲

在石罢村，五服以外的同族人只能算是远亲，也被称为远门自己。在石罢村，姬、徐、李三大姓氏在村中远亲比较多，也有远亲住在柿园、草店、袁付、大庄等附近村庄。村中的远亲以父系的远亲居多，也有少量母系远亲，只有那些内嫁的本村姑娘才会在村中有母系远亲。村民李孝良、姬清和、李孝良家在石罢村的远亲有很多。

石罢村内，远亲基本上不怎么交往，家中过红白事时，都不邀请远亲。远亲不交往后，就不再算作亲戚了，甚至有些远亲的子孙后代都不怎么相互知晓了。出五服的远亲，两家可以结亲。同族远亲在正月十九会聚在一起认识祖先，聊聊家常。除此之外，逢年过节很少相互串亲戚。红白事或者吃满月酒，远亲一般不参加。村内远亲太多，大家也都拉拢不起。只有那些平时关系较好、相互帮忙的远亲才会前来帮忙和吃酒席。住得比较近的远亲在日常生活中交往多了，也会在农作和生活中相互帮忙。李孝良家西侧邻居已经出五服，平时来往不多，但是在李孝良家有事时，也会来帮忙。

（三）姻亲

在石罢村，姻亲是因婚姻而形成的一种主要的社会关系。只要两家结亲，两家的近亲之间就具有姻亲关系。

1. 姻亲的层次

姻亲是由两家结亲而产生，男女双方家的直系血亲和旁系血亲之间都具有姻亲关系。姻亲关系也分为远近两个层次，近姻亲和远姻亲。近姻亲只涉及两代，姑娘的娘家和媳妇的婆家。一对夫妻的近姻亲包括公公、婆婆、大伯哥与嫂子、小叔子与弟媳、小姑子与姑丈、岳父、岳母、娘家兄弟与娘家嫂子、娘家妹子以及女婿。远姻亲的范围比较大，包括两家的旁系血亲。近姻亲之间存在直接的利害关系，原姻亲之间并不存在直接的利害关系，即使有影响也不会太大。

2. 姻亲的范围

1949年前石罢村民多数与外村结亲，也有在本村内结亲的。其一，与外村结亲形成的姻亲。石罢村的姑娘大多数嫁到庞村、李村、武屯、柿园、大庄、草店、门庄、袁付等村庄，较少嫁到外乡。就娶媳妇而言，主要娶庞公乡的前述村庄的姑娘，外乡的少一些，外县的更少。徐建恒老人的母亲就是窑沟村的，李孝良老人的妻子是西庞村的。有些上门女婿是从其他地方逃荒而来的，有些是从邻村那些家境贫寒、儿子较多，而且不容易娶到媳妇的家庭中招来的。村民们的姻亲主要集中在庞公乡及其附近的各村庄中。其二，本村结亲形成的姻亲。1949年前，村中有20多户人家结成亲家。这20多户亲家中有同姓结亲，也有异姓结亲。同姓结亲时男女双方必须在同辈之间以及五服以外。

3. 姻亲交往

在姻亲中，远姻亲基本上不走动。在一个村子内的远姻亲会参加红白事，但是如果不在一个村子中，远姻亲就不会参加红白事。

只有近姻亲会相互走动，近姻亲的交往主要是女儿女婿到岳父岳母串亲戚。逢年过节时，姑娘和女婿要回娘家，并且要带上四色礼。在大家庭中，公婆要在春节、五月端午及八月节等时候为媳妇、儿子准备回娘家的礼品，每个儿子和媳妇要相同，不能多少不一，否则媳妇们会闹矛盾。姑娘和女婿返回时，娘家爹妈要给回礼。姑娘女婿家与公公婆婆分家后，娘家爹妈能住姑娘家。没有分家时，娘家爹妈一般很少到姑娘家。岳父岳母家也是一家人，也有自家事情，所以一般不到姑娘家住，有事才会到姑娘家。在姑娘生孩儿坐月子期间，娘家爹妈会到女儿家中探望女儿、外孙或外孙女，娘家妈还要照看姑娘坐月子。若是婆婆照顾的好，娘家妈一个月去两三回就可以了。摆满月酒时，娘家爹妈和连襟、条串都要前来吃酒席。双方亲家父母因为孩子们的关系也会惹矛盾，一般来说关系好的少，不好的多。

在石罢村，一般两亲家之间不会轻易借钱。姑娘、女婿单独过日子生活艰难时，媳妇回娘家寻求帮助，借钱粮也不用给父母打借条，也不用中间人说和。如果媳妇在婆家受到不公平对待，娘家爹和哥哥主要是娘家哥会前来为其主持公道。

五、拟血缘

（一）过继

1. 过继原因

1949 年前，石罢村中有不少过继情况。没有儿子的家庭从他人家中要了一个男孩就被称为过继，将儿子给到他人家中的则被称为出继。通过过继，无儿家庭有儿子养老送终，同时也代表有香火延续。过继的家庭挑选过继儿时，通常是"活着取爱子，死了取关系最近的"。过继家庭与出继家庭商量妥当后，按照一定的程序和仪式完成过继。从徐氏族谱上，石罢徐氏十一世中，徐登甲过继二儿子徐廷和给同母的弟兄徐登奇为儿。十二世中，徐铁旦无子从他人家过继儿子；徐来贵无子从他人家过继儿子（徐明理）。李氏族谱、姬氏族谱中也有许多过继的记载。李氏族谱中，石罢李氏七世李永言无子，从李永康家过继纯东为嗣子。除此之外，还有许多其他的出继、嗣子的记载。

2. 过继条件

出继，通常出生的家庭与过继的家庭生活水平一致的，也有差异的，穷富不一样。出继的家庭生活都比较困难,儿子也比较多。这种家庭愿意将孩子出继到"一自己"兄弟家中,或者本族本家中的其他兄弟家中。这样可以减轻负担,也使兄弟、亲戚家后继有人。出继家庭生活较好的,将儿子过继到生活困难的兄弟家中时,也可以给儿子分田地,以及盖好房子。石罢村中贫穷人家比较多,儿子多的家庭无力为孩子们盖房结婚,所以只要对方家中有房,都有人愿意将孩子出继到对方家中。

3. 过继形式

过继有形式过继与实质过继两种。实质过继是将儿子出继给亲兄弟或者本门本家的其他堂兄弟家,要担负养老义务,并享有财产继承权利。形式过继是仅在族谱上将儿子出继给兄弟或者本门本家的其他堂兄弟们,人并不到兄弟家或者堂兄弟家,也不承担养老义务,也不继承业产。在石罢村,形式过继仅在族谱上显示,表示后继有人。形式过继通常表现为一门两继,儿子只是名义上过继到叔伯或者堂叔伯家中,实际上孩子在自己的家中。在李氏族谱中,李孝良的父亲是一门两继,在族谱上也写在其叔父名下,延续两家香火。这种情况通常是在老人去世后,将过继儿名字写在其名下,告知后人,此人也有后代。

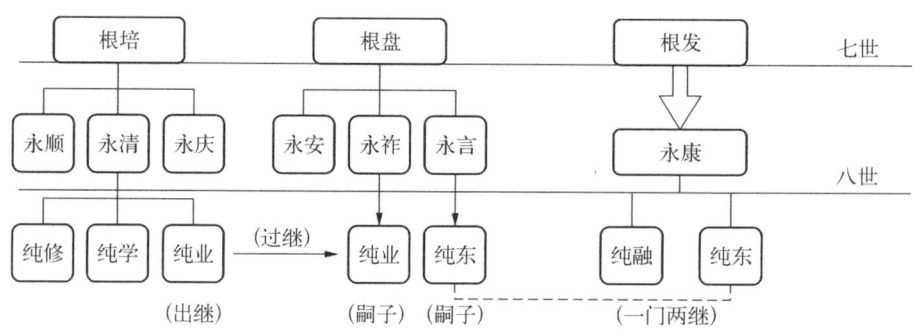

图 4-1 李家过继示意图[1]

4. 过继原则

在石罢村,过继时要遵循依序原则和关系原则。在家族内的过继要按照一定的过继顺序进行,先亲兄弟间过继,然后是近门自己间过继,最后是远门自己间过继。亲兄弟比较多的,要按长幼顺序依次过继。亲兄弟之间不能过继的,需从近门自己中要过继儿。近门自己间不能过继的,才轮到远门自己进行过继。在顺序原则中,也有些人家不按照过继顺序要过继儿,他们不要亲侄子做过继儿,却要本族本家其他堂兄弟的儿子做过继儿。这种情况多源于要过继儿的家庭势力薄弱,选择本族本家中有势力的人家要过继儿来拉拢关系。

---

1 资料来源:李氏族谱。

不论是从亲兄弟家还是从近门自己、远门自己家要过继儿，都要考虑两家的关系。若与老大兄弟关系交恶，也可以选择过继其他兄弟家的儿子。另外，"活着取爱子"，要过继儿的家庭通常选择过继儿时有主动权，他们会选择自己喜欢的孩子做过继儿。有钱有势的家庭要过继儿子时，会有许多家来争抢，他们都希望自己得到富户家的业产。这种情况下产生的矛盾，就需要请族长或绅士来调解。

5. 过继程序

过继时，通常是过继和出继双方家庭商量妥当，就能完成过继。若出继方不同意，则不能过继。出继方同意，过继方不同意，也不能完成过继。过继不用签订协议或契约，仪式比较简单，甚至有些家庭根本不要什么仪式。有些大户人家比较讲究，就请族长、家族中有威望的长辈或者本街道的绅士做见证，过继儿在养父母前行跪拜礼，然后还要宴请出继家庭以及见证人。一般人家通常是两家商量好后，坐在一起，让孩子行个跪拜礼就可以了。有些人家没有过继仪式，只要两家商量好后，过继儿被领回去就行了。

过继时，过继方不用给出继方钱粮。出继方已经得到好处，一方面能减轻抚养负担，另一方面出继的儿子可以获得过继方的业产。出继方也不给过继方钱财或粮食。有些亲兄弟之间关系非常好，过继时若弟兄家条件比较差，出继方会给出继的儿子一些田产或者房产，总之是不会亏待出继的儿子。

6. 过继与村庄的关系

过继的双方通常是亲兄弟，或者同姓的本门本族的兄弟，过继儿不用改姓。若过继的是亲兄弟家的儿子，两家会亲上加亲，相互扶持。过继儿不再给亲生父母养老送终，也不能分财产或者继承财产。

若过继儿不孝，是可以更换的。过继儿能进祠堂祭拜先祖，但是过继儿不能当族长，也不能点主，不能为自己养父母或者在其他逝者的牌位上点主。养父母去世后，过继儿要为其养父母打幡抱盆，还要继承养父母的遗产。

（二）认干亲

1949年前，石罨村内有人家结干亲的。结干亲也被称为"认干亲"，男孩、女孩都可以认干亲。只要两家同意，就可以结为干亲，既可以是一家认，也可以是两家相互认。在干亲戚中，干儿子被称为"义子"，干女儿为"干闺女"。

1. 结干亲的双方

1949年前，结为干亲的两家关系比较好，平时来往密切。村民可以与本村人结干亲，也可以与外村人结干亲。结干亲的双方可以经济地位相等，也可以不相等。双方地位均等的，可以相互认干亲；地位不等的，地位低的认地位高的为干亲。也就是说，穷人家的孩子可以到富人家认干爹干妈，在村中没人势的人家的孩子可以到有权有势的人家认干爹干妈。穷人家做干爹干妈的不多，由于干亲戚礼比较多，有些穷苦人家承担不起这份人情交往，所以通常不愿意拉干亲戚。只有那些家庭富裕一点的，才有条件去当干爹干妈。

在石罢村中结干亲的，大多数是在孩子两三岁的时候认干亲，也有些是在孩子还没有出生时就认干亲。村中也有成年人认干亲的情况，比如村民孔某的姨就认洛阳县保安团团长高安的娘为干娘。村中的巫医张某的娘，在外村也认了许多成年的男女为干姑娘、干儿子。结干亲形成的亲戚关系只限于结亲的两家，与双方的近亲、姻亲不形成亲戚关系。

2. 结干亲的原因

从石罢村结干亲的情况看，两家结干亲的原因可以归纳为以下几个方面：

（1）维持关系。平时两家关系非常好，能说上话，在生产生活中经常来往。双方通过结干亲，逢年过节经常走动，使这种关系稳定化、长期化。村中姬、李两家都曾经生活在船上，两家的关系非常好，就相互认干姑娘、干儿子。

（2）相互增势。有些家在村中是独门独户，或者是小姓人家，人势都比较单薄，在村中容易受欺负。因此，两家为了增强势力，结为干亲戚联合起来。

（3）好养活孩子。为了让孩子随群好养活，有些儿子少的人家将儿子认到子女比较多的家庭做干儿子。村民李孝良与徐正祥年轻时关系十分密切，李孝良将其大儿子李建芳认给徐正祥做干儿子，两家结为干亲戚。

（4）立脚。有些流浪到石罢村的外地人，通过认干亲戚，得以在石罢安家。

（5）借势沾光。结干亲也可以发生在地位不相等的村民之间，地位低的为了借势，能多沾点光，少吃点亏，就与地位高的人家结为干亲。有些长工把自己孩子认给地主做干儿子，这样就可以得点好处，沾点光。有些甲长眼头活、会来事，得到保长的器重，也会把自家儿子认给保长做干儿子。有些普通村民将自家孩子认给保长的，村中丁某擅长唱曲拉弦，与东、西两保长交往多，关系非常密切，将自家的两个侄子分别认给东、西两保长。认保长为干爹的，可以不用被抓壮丁，另外保里要出差、摊工时也可以捞个美差，遇事时也能得到保长的庇护。村民孔根柱的姨认洛阳县保安团团长高安的娘为干娘。村民孔根柱被抓到庞公乡机动队，由于孔根柱是家中独子，其家人非常担心，托其亲姨请了干娘帮忙。高安的娘到庞公乡一说明关系，乡长就将孔根柱放了回来。

3. 结干亲的仪式

有意结为干亲的两家要行认干亲仪式，然后双方才能成为干亲。村民们称结干亲的认亲仪式为"烧生"。烧生可以在孩子过生日时进行，也可以在过年、过节时进行。有些人家在孩子尚未出生就有意要结为干亲的，就在孩子百天时行结干亲仪式。这时的结干亲仪式被称为"烧百生"。

"烧生"时，干儿子或者干女儿与自己的母亲带着四色礼到干娘家。到了干娘家后，先要在老灶爷的神位前上炷香，然后磕三个头。祭完神后，干儿或干女要给干爹干娘磕三个头。然后，到院中放鞭炮。待干娘收住礼以后，要请干儿或干女一家人吃饭。吃完饭后，还要给干儿或干女一家回礼，回礼通常是炸麻花。这样"烧生"仪式就算完成了，两家从此结为干亲。

4. 干亲的维持与终结

（1）维持。双方一旦结为干亲戚，在逢年过节时就要以亲戚的名义走动，干儿或干女要带着礼品瞧干爹、干妈。过年时，干爹干妈要给干儿或者干女发压岁钱。干儿或者干女过生日时，干爹干妈还要给其"烧生"，一直烧到12岁。到了12岁时，干爹干妈还要为干儿或者干女举行成人礼，送给他们成人礼的礼品。12岁生日当天，干儿子的母亲要置办一份厚礼，有肉、麻糖、枣花馒头等，带着孩子到干爹干娘家"烧生"。为庆祝孩子们已经长大，干娘给干儿、干姑娘们买衣服、锅碗瓢勺等成人礼的礼品。另外，干娘还要做一桌好菜，双方成为"亲"。过了成人礼后，就不再烧生。等干姑娘出嫁或者干儿子娶媳妇，干娘还要为他们做被子，还要在结婚的当天行厚礼。

除此之外，村里的干亲戚之间在日常的生产生活中，还会相互帮忙，携手共进。农忙时节，都会互派孩子们或者大人直接去帮忙。若是双方家中会办红白事，干爹干妈也要参与，并且还要随礼。若是干爹或干妈去世，干儿子也要在葬礼上行与孝子相同的礼节，在灵棚下跪，招待宾客。

（2）终结。干亲戚是露水亲戚，时间久了，两家一产生矛盾就会立刻断裂，就不成干亲戚了。前述的姬、李结为干亲，后来两家发生矛盾，孩子还没有到12岁时，两家就不再拉亲戚了。有些两家虽然没有矛盾，但因为干亲戚的人情开支比较多，双方到孩子12岁的时候就不再拉了。也有些干亲戚等到干女儿出嫁或者是干儿子娶媳妇后，就不再拉亲戚了。

（三）抱养

1. 抱养的原因

1949年前，东大街抱养孩子的比较多，因为被抓壮丁，许多壮丁死在外面，家中人只能去抱养孩子延续香火。也有些家庭抱养孩子是因自家没孩子或孩子少,从亲戚、朋友家或者外人那里,抱养身体健康、相貌正常的婴幼儿。村民李长兴的姑娘就是其父母从亲戚家中抱养来的。也有家庭抱养弃婴,村民李木就是被抱养的弃婴,不过这种情况极少。

2. 抱养的中间人

抱养孩子时要请亲戚做中间人介绍,一般是在外村的姑、舅、姨等直近亲戚。亲戚们都知道抱养家的难处,会尽量帮忙解决问题,更重要的是会为这事保密。抱养孩子的家庭不想让别人知道,这事都是偷偷摸摸做的。尤其是那些因不能生育抱养孩子的更是如此,他们甚至编造谎言告诉外人孩子是自家生的。抱养成功后,抱养方不用给中间人报酬,也不用请他们吃饭,会给亲戚送点点心和果子来表达谢意。

3. 抱养的过程

抱养牵涉的两家既可以是本村的,也可以是外村的。抱养的孩子多是婴幼儿,有月里的孩子,也有一两岁的孩子。孩子小的时候被抱养走,交由养父母抚养长大,这样孩子长大后能与养父母一条心。

抱养时,先要通过中间人进行牵线介绍,双方同意后,抱养方必须给对方粮食或者钱,差不多是二三百斤麦子、玉米或者小米。抱养方家庭条件好一些,对方才会放心把孩子给过去。若是家庭条件太差,对方会担心孩子过去不能好好生长,也不愿意将孩子给出去。抱养孩子时,双方需要签订抱养协议,写明双方姓名、抱养事由和抱养费用。抱养方把孩子抱回来后,在保里腊月登记人口时给孩子办理登记。

4. 抱养儿与村庄的关系

抱养儿要随养父母的姓氏,由养父母起名,要称养父母为娘、爹。按照辈分和亲戚关系称其亲生父母,抱养的孩子不能再回到其亲生父母家中。若双方是亲戚,也要逢年过节到亲生父母家按亲戚礼仪走动。由于抱养儿在中间,两家更是亲上加亲。

凡是抱养回来的孩子,家人都比较娇惯,将他们当亲生孩子对待,所以抱养儿也与养父母一条心。抱养的多是女儿,不用给养父母养老送终,在养父母去世后,要为养父母披麻戴孝。

街坊邻居都会支持抱养的孩子在保里上户口,毕竟抱养的人家没孩子也是非常可怜的。另外,街坊邻居对这些事一般不会声张,也不会开抱养儿的玩笑,不拿抱养儿不是亲生的这个事实来打趣孩子。

(四)招上门女婿

石罢村,入赘是男方到女方家做上门女婿。男方入赘的通常是家中有女儿没有儿子，又没有要过继儿的家庭。在独生女家庭中，父母会直接为独生女招上门女婿。但在多个女儿的家庭中，父母需与女儿们充分商量，通常让家中老大或老小招上门女婿。入赘做上门女婿的男方多为家庭条件差、娶不到媳妇的人。入赘的男方必须是机灵、踏实、能干之人。在招赘的家庭中，女儿当家，女婿没有说话权，他们共同养老，也可以继承财产。入赘的男方不需要改姓，所生的孩子要跟女方姓，在得到女方认可后，也可以有孩子随父姓。入赘的男子基本上不承担原来父母的养老义务，即使要管原来的父母，也不能明面上管，只能暗地里管。1949年前，村中招上门女婿的人家非常少。招上门女婿后，女儿女婿就可以继承财产，这样叔伯弟兄家的孩子们就不能通过过继来继承财产。所以女方家亲叔伯为争财产都不愿意侄女招上门女婿。若是招了上门女婿，就要受亲叔伯、一自己，甚至街坊邻居的欺负。有些男方即使做了上门女婿，待为岳父岳母养老送终后，就带着媳妇离开石罢村。

入赘的另一种形式是招夫养子。招夫的通常是寡妇，因丈夫去世留下的子女尚小，生活艰苦，一人无力将子女抚养长大，所以通过招夫来抚养子女，维持家庭。所招的丈夫有些是没结过婚的，也有些是妻子去世且无子女牵挂的，他们愿意到女方家行继父之责。村里人通常把招的这个丈夫称为"假某某"。若是两人有了孩子，孩子跟女方姓。孩子的名字中有男方姓。招夫养子的家庭要比招上门女婿的好一些，不会受到同门自己的欺负。

第二节　地缘与地缘关系

石罢村是由两个集中的村民聚落形成的规模较大的村落，村内有老村和新村两个自然聚落基于地域关系形成的乡村社会。在村庄的地域空间内，村民在农业耕作和日常生活中相互联系，形成了较为稳定的地缘关系。本节主要考察石罢村的地缘和地缘关系。

一、邻里

1. 邻居称呼

在石罢村，村民称邻居为"隔墙""隔边""后顶墙""一门儿（谐音）"。1949年前，石罢村民居住相对密集，房屋相连，共用公墙。村民对处在不同位置的邻居有不同的叫法。村民把自家房子的左右住户称为"隔墙"或"隔边"，称自家院子后面的住户为"后顶墙"，称路对面的人家为"对门"，称对门两侧的住户为"斜对门"，称同住在一条街道上的住户为"一门儿"或者是"一街"，称同村的住户为"一村"。

自己院子左右两三家以内的住户、后顶墙、对门、斜对门的住户被称为近邻，在同一条街上的住户只能被称为"街坊邻居"。在石罢村包括近邻在内的一条街上的住户都共用一口吃水井、一个石碾。在日常生活中，近邻交往比较多，相互借东西也比较频繁，关系非常密切。

2. 邻居位置

1949年前，石罢老村中大姓村民都住得比较集中，西大街和西南街主要居住姬姓人家，东大街的西头和东南街的西头主要居住着李姓人家，东大街的东头和东南街的东头主要居住着徐姓人家（见下图），其他小姓都分散在这些大姓居住的区域中。新村则住得比较杂乱，姬、徐、李、孔等都有人家搬到新村居住。住得比较集中大姓人家的邻居，有的是五服以内的近亲，有的是已经出五服的远门自己。散居在各条街中的小姓人家也多是与自家兄弟或者本门本家的人相邻而居。与自家人做邻居，一方面是源于弟兄分家，另一方面是同姓人家买宅子时买在一起，这样可以相互照应。石罢村各条街道的房屋都是鳞次栉比，非常密集。邻里之间都相互趁墙，中间仅一墙之隔。

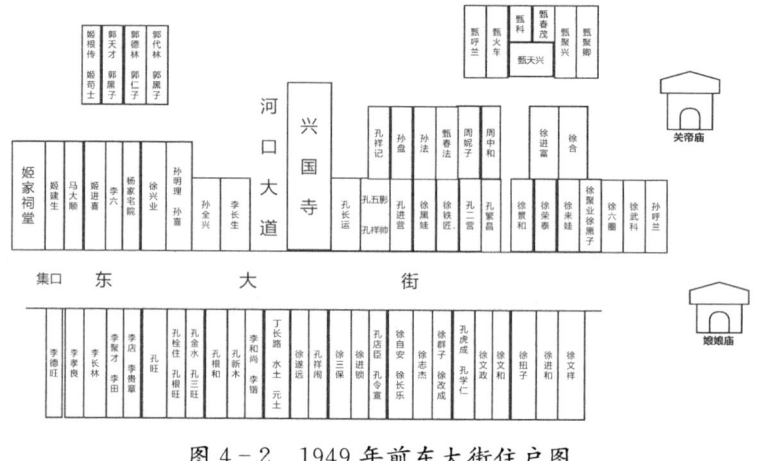

图4-2 1949年前东大街住户图

3. 邻里职业

1949年前，石罢村的住户基本上都有田地，农忙的时候种庄稼，农闲时外出做匠人活或者从事其他营生。村民的营生有许多种，有铁匠、木匠、做豆腐的、卖饭的、教书先生、泥瓦匠、船工、唱戏的、扛长工等等。村民李孝良家西侧邻居是种庄稼的，东侧第一家是扛长工的，第二家是开饭铺的，食客多为普通村民、保长以及保丁等人。李孝良家"后顶墙"是李二刚家和李三刚家，李二刚家做小生意常到孟津铁榭倒卖饭锅，李二刚1949年前曾做过教书先生。另外居住在东南街的几位李姓远门自己是开木匠铺的，做小手艺赚钱养家。在李氏家族中，有不少人家会泥瓦匠手艺，他们常在农闲时期到附近村庄盖房子。出去做匠人活时，匠人头头都要联合六七个人一起出去，他们可以是一条街上的，也可以是其他街道上的。

4. 邻里关系

（1）相互帮忙。种庄稼时，邻里经常相互帮忙。有些人家农具不全，就会到邻居家借用农具。李孝良家农具比较齐全，耧犁锄耙、牲口车辆都有。街坊邻居需要用时，只要家中的农具闲着，他就会借给邻居使用，有些时候人也前去帮忙。李孝良是街中的"耧把子"，耩麦技术非常熟练，每年都有不少街坊邻居来打招呼请他帮忙。

日常生活中，谁家有事，邻居都会前去帮忙。邻居间的帮忙都是帮工而非雇工。有家要修房子时，需要两三个匠人，一般既要请亲戚家的泥瓦匠，也要请街邻居中的泥瓦匠人一同来帮忙。泥瓦匠人去帮工的话，有的要去十天半月，或者是去一个月，也都不收取任何报酬。房主要管匠人们一天三顿饭，房主都是拿出最好的饭菜招待匠人们。房子盖好后，房主都会送一篮"麻糖"表示感谢。只要是住在一起的邻居，不论是穷人家还是富人家，关系都差不多。大家觉得都有用得着的时候，"维持人是修路，得罪人是堵路"。富人家有啥事需要帮忙，穷邻居也会积极去帮忙，毕竟关系好了，遇事时对方也会帮个忙。穷人家有事，若是能被富人看得起，也会得到对方的帮忙。

家里遇急时，邻里也会积极帮助。家中要办红白事时，经常到邻居家借东西。1949年前，办红白事摆酒席都在自己家里，因此需要许多桌椅板凳、锅碗瓢盆，就需要到邻居家去借。邻居都会把自家的桌椅板凳借出去救急。另外，主家也会请邻居到家中帮忙做伙计，参与喜事的各种事务。若是家中遭灾，邻居也会伸手拉一把。伊河洪水进村时，有家房屋倒塌，邻居们都会送点吃的、喝的，帮助他们渡过难关。

（2）参与合作。买卖房屋时，都要有四邻参与做见证。四邻不到，买卖双方是无法达成协议的。盖房屋时，除了临街外，盖偏厦或者上房时，都要请邻居到场，商量共墙修建事宜，一般是两家共同对钱建共墙。

5. 邻里纠纷

（1）墙界纠纷。1949年前，若是不盖偏厦，两家的共墙都是用捆成捆的玉米秆做的。因此在盖房子时，就需要找出两家宅子的界线。有些邻居因为界线问题发生矛盾，会阻拦主家建房子。两家发生界墙纠纷时，双方和匠人就要一起找出老房子的根基，在老根基的中间扯线盖共墙。另外还有邻居出于多种原因，不愿意对钱盖共墙，盖房的主家就会请中人帮忙调解说和，经过双方协商后再盖共墙。在石罢村，两家相互趁共墙建房的，后建房的邻居不能"压人一头"，就连房顶也不能比先建的高一砖。若有人不遵守这一规则，邻居就可以直接阻拦。建房的房主就要请中人帮忙调解，最后，两家要么一样高,要么比邻居家高三五砖。

(2)日常纠纷。由于邻居通常是本门本家的,会经常发生矛盾纠纷。有些人家比较强势,会欺压那些老实的邻居。有时越是近亲,欺负得越厉害。有些人家招的上门女婿,会受到住在一起的亲兄弟叔伯的欺压。只有姑娘没有男孩的住户,若是招了上门女婿,姑娘、女婿就要继承业产,这是叔伯兄弟们不愿意看到的。叔伯兄弟都盯着他们的业产,更希望他们从自家要过继儿而不是招上门女婿,这样自家的负担就会减轻许多。有时候,两邻居家小孩在一起玩耍时,闹矛盾或者打架。有些家比较护短,会因此与邻里吵嘴闹矛盾,导致双方日常都不来往。

二、熟人

1. 熟人条件

在石罢村,关系很好、交往密切的两户才算是熟人。农户之间之所以能成为熟人通常是因为双方对脾气或者兴趣相投,在一起能说着话。有些村民外出做泥瓦匠活,也能遇到投脾气的,从而逐渐成为熟人。还有些人因为从事相同的事情,比如都对记账感兴趣,在一起围绕着记账能聊得来,也能成为熟人。李孝良与徐正祥就是在学校时关系很好,而且两人都做过记账的工作,尽管不在一条街上,他们也成为熟人。还有些人经常下象棋,遇到脾气相投能说着话的人,也能成为熟人。成为熟人的农户在日常生活中经常打交道、共事,来往非常密切。在一个村或者一条街上,尽管住户们都认识,平时见面也都会打招呼,但是日常生活中很少来往,也不能算是熟人。不住在一条街上的熟人,尽管平时来往要走得远一点,他们也愿意到熟人家说说话,聊聊家常。熟人的亲密程度非常高,甚至比街坊邻居、亲兄弟要高得多。有些农户虽然是邻居,两家也都很熟悉,但平时不经常来往,所以不算熟人。亲兄弟、近亲都住在附近,但是并不一定能投脾气,平时有事时,可以去邀请来帮忙,但是不一定经常串门、聊天、共事。

2. 熟人的范围

熟人的范围非常广,可以是本街的,也可以外街的,甚至可以是外村的。在村内的熟人,不一定是同姓氏的,可以是其他姓氏的。李孝良、徐建恒、姬清和等老人们的熟人非常多,其中有许多是其他姓氏的农户。有些村民在外当兵,也因战友关系成为熟人。也有些经常在外面赶会,与常赶会的外村人逐渐建立熟人关系。熟人通常在同性之间建立关系,没有异性之间成为熟人的。熟人也可以是身份地位不同的,丁铜火是一般百姓,因为经常拉弦唱曲,他与石罢东、西两保保长一来一往就成为熟人。穷人和富人也可因投脾气,能说着话而成为熟人。另外熟人也不限年龄,有些尽管年龄差距较大，但只要双方能说着话聊得来，也可以成为熟人。

3. 熟人职业

1949年前，石罢村民主要以种庄稼为生。即使有村民从事其他营生，他们有田地的，也要种庄稼。许多农户的熟人是庄稼汉，也有其他职业的。徐建恒的熟人中有农民、有教师等，李孝良的熟人中除了庄稼汉外，也有不少泥瓦匠。李孝良是泥瓦匠，他经常与村中的其他泥瓦匠打交道，这样就可以经常与高手匠人一起外出建房。有些同行的未必能成为熟人，毕竟同行是冤家。

4. 熟人关系

(1) 熟人与合伙。在石罢村，合伙买牲口、大车的情况非常少，但是也有一些农民合伙买驴、牛、大车的。一般人家不会合伙，甚至是亲兄弟也很难合伙。双方会因为喂养不一样，或者使用多少不一而闹不愉快。只有关系好的熟人才能在一起合伙。大家要相互照顾面子，不能做得比对方差，这样能维持熟人这层关系。李孝良家与徐正祥家关系非常不错。两家都有十多亩田，徐家有一头骡子，李家有一头牛，两家经常合伙种庄稼，把两头牲口套在一个辕上，共同去犁地。阎章文老人讲，过去熟人之间还能让牲口合在一起出去帮工。阎家与村中另外三家关系非常好，各买了一头骡子，两头骡子配个犁，农忙时做合伙犁地的生意。

(2) 熟人与农具借用、帮忙。1949年前，石罢村民普遍都比较穷，许多家不能置办全套农具。种庄稼时，就要去借农具。贵重一点的农具如犁、耧等，一般人家不太能借到。熟人之间借就非常容易，只要农具闲着，都能借去使用，甚至连人也会前去帮忙。

农忙时期，有些家中人手少地多，庄稼收割不过来。家家户户都集中在一段时间收割庄稼，左邻右舍也腾不出手来帮忙，甚至是亲兄弟自己农活没干完时，也没法相互帮忙。只有熟人才能抽人、抽空挤时间去帮忙。熟人家若是人多，会主动派人来帮忙。另外，只要自家能腾开手，也会主动来帮忙割麦、收蜀黍等。农忙时节，李孝良家人少地多，经常忙不过来。徐正祥家人多，有时候全家都来帮忙。李孝良有泥瓦匠手艺，经常去给徐家修补房子。

(3) 熟人与外出谋生。农闲时候，村民经常到外面做工赚钱。到外县或者外村做工时，都是熟人才在一起干活。熟人关系亲密，大家相互信任，做事都比较放心。据李孝良老人讲，他在农闲的时候，经常到本街和外街的熟人家串门。这些熟人都是泥瓦匠人，通过串门聊天，可以获取外出做工的信息，同时也为了能跟熟人一起干活而打声招呼。一般一个泥瓦匠班子要六七个人。匠人头头都会带些会泥瓦匠手艺的熟人出去干活，不用担心匠人们到主家私自拿东西，或者做出一些其他出格的事情。

（4）熟人与日常生活。平时闲着无事时，熟人之间经常串门，在一起聊天下棋等。到熟人家中串门不用拿礼，有时候对方还会管饭。李孝良与徐正祥两人关系非常好，有时候到对方家中串门时，会在对方家中吃饭。李孝良到灵宝干活时，徐正祥从东南街到东大街帮李家担水、磨面。家中有红白事，对方知道后，即使没有邀请，也会主动来帮忙。离得近的熟人，若是家中有事，不用去叫都会来帮忙。熟人来帮忙都是自愿的，不用付报酬。1949年前石罢村的房子都是土房子，每隔几年都要维修一番。泥瓦匠人给熟人家帮忙修房子，有时候一去十多天，也没有报酬。农闲时，匠人们帮熟人忙都很积极主动，毕竟平时吃不上白馒头，去给熟人家帮忙时，主家都会用白馒头招待。房子盖完后，主家还做"八碗四"宴请匠人们。除此之外，主家还会送盘菜外加六个白馒头表示感谢。李孝良经常帮街坊邻居修补或者建造房屋，街上许多人都欠着他的人情。李孝良自己盖房子，他的熟人们还有街坊邻居都会主动来帮忙，也不用付给来帮忙的熟人工钱，只需要热情招待就可以了。

（5）熟人与干亲。在石罢村，熟人间才会结干亲。两家是熟人，为稳固这层关系，把孩子认给对方做干儿子或干姑娘，这样两家可以长时间拉拢着，都能相互照应。李孝良的大儿子就认徐正祥做干爹。

5. 熟人纠纷

熟人之间也会因利益计较而闹矛盾。有些邻居虽然是熟人，但也会做一些出格的、损害两人关系的事情。比如收秋时掰玉米，先掰玉米的人家有时会把别人家田埂边的玉米棒子掰走。下过雨后，有些地邻居不走自家地，专走别人家地。这样两家就会闹矛盾。除此之外，熟人因为一起外出做工，有些人家会因为利益分配不均而闹矛盾。熟人甲觉得是熟人关系应该多得到点，熟人乙觉得因为对方是熟人关系就要吃点亏，两家心不合，就会闹矛盾。熟人之间也有邀请帮忙主持分家，因为做事不太合理而闹矛盾的。

熟人之间闹矛盾后，疙瘩大的就很难解开，双方以后就少来往。若是疙瘩不大，双方有误会，请与双方关系都不错的中间人来说和，大家坐下来都说说误会，也能把疙瘩解开，以后还能继续相处。

三、乡亲

（一）乡亲概况

1. 乡亲的划分

第一，划分标准。过去，住在同一乡中临近的村庄的民众要相互认识，才能称为乡亲。同村中，村民除了熟人、街坊邻里外，也都认识其他村民，与这些村民都算是乡亲。有些与邻村村民认识，能叫上名字，也算做乡亲。有些外村的人在石罢村有记庄地，这些外村人也会和属于石罢村的邻居打交道，他们也都算是乡亲。石罢村民在外村有记庄地的，也要与外村打交道，这样也就称为乡亲。过去村民的活动都集中在石罢村中，除赶集外很少到村外去，所以乡亲主要集中在本村，以及邻近村庄。

第二，划分类型。按地域分，有本村的乡亲和外村的乡亲。本村的乡亲，村民都知道对方姓甚名谁，平时交往不多，算是点头之交，见面会打声招呼。外村的乡亲都是源于偶然事件，共同赶集时路上遇到，大家相互交谈，知道都是来自一个地方的，也就称为乡亲。按交情分，有交情深和交情浅的乡亲之分。交情深的，大家共过事；交情浅的，只限于相互认识，见面只有点头之交。

2. 乡亲的规模

经常外出做工的人，认识的乡亲多一些；不经常外出的，认识的乡亲就会少点，仅限于本村人。各村民结识的乡亲规模不同，只会种田的村民结识的多为本村乡亲，懂点技术的经常要到村外干活的，结识的乡亲就会多一些。1949年前李孝良老人经常和本村的泥瓦匠人一起外出建房，他认识的邻村人比较多，结识的本村、外村的乡亲有200多户。但还是以本村居多，除东大街外，西大街、东南街、西南街的许多住户基本上相互认识。另外货郎经常到邻村走街串巷卖货，结识的乡亲要多一些。

（二）乡亲关系

乡亲并不都是邻居和熟人，平时交往比较少，大家都是点头之交，共事不多。路上遇到难题时，只要是认识的乡亲，都会来搭把手，帮个小忙。乡亲不是亲戚，家中办红白事的，基本上不会请乡亲来参加。乡亲家中有事，有交情的乡亲会去帮忙，没有交情的乡亲一般不会帮忙。

第三节 业缘与业缘关系

在处理村落内外的共同事务时，石罢村内形成了一系列的业缘组织，有慈善、革命、防卫、商业和公共性等五类社会组织。村民们在日常的社会生活中，在处理村落共同事务中开展交往活动，进而形成特定的业缘社会和业缘关系。本节主要分析石罢村的业缘和业缘关系。

一、慈善组织

（一）奶奶社

1. 成立目的

传统时期，石罢村成立了许多奶奶社，几乎每条街道都有奶奶社。奶奶社主要是祭拜"送子奶奶"的地方，为家中求子孙。另外成立奶奶社也是为了联络感情，成员通过拜神联络感情，拉拉家常，使关系更加亲密。

2. 内部人员

奶奶社是由同条街道上平时关系非常好的8家农户组织成立的。奶奶社之所以是8家农户，是因为八仙桌只有八个位置，多一家就没有办法"破桌"了。各条街道的奶奶社都是如此。奶奶社的成员们都是8家的老太太或者家庭主妇。奶奶社中有头头，各成员轮流担任一年。头头主要负责组织每月阴历初三的祭拜活动，以及每年正月十四至十七的敬神、破桌和转神头的事务。

3. 组织活动

1949年前，每年正月十四，供奉奶奶像的人家在自家门洞下搭上棚子。奶奶社的成员们在正月十五、正月十六敬神，烧香、念词、唱曲来供神。正月十七时，大家要破桌，转神头。每年在正月十四之前，大家共同兑钱，由搭棚供奉的农户家准备酒宴，到正月十七时，奶奶社的老人们聚在一起吃酒席，就是所谓的破桌。吃完桌后，将奶奶像转到下一家。由下一家准备奶奶社的祭拜活动和破桌活动。若是大家兑的钱，破桌的时候吃不完，就积攒起来，交由社中爱管事、有责任心的老太太管理，到下一年再使用。若是积攒得多了，奶奶社还会给每个社员发放福利。在李孝良的母亲加入奶奶社时，奶奶社盈余比较多，就为每家做了一张桌子。

（二）八官社

1. 成立原因

1949年前，石罢村有"八官社"的组织，是由村内老百姓自发组织而成的。八官社是一个敬神组织，八官社有一个"轴子"，轴子上画着8位神，八官社的成员就是敬奉这8位神明。八官社组织是个临时性的组织，收成好的年头才成立八官社，举办完活动后就解散了，然后过3—5年后再举办一次。八官社也是为了庆祝丰收，只有在丰收年间才成立八官社，灾荒年间没有八官社。另外八官社也是带有慈善性质的组织，举办活动时，设置流水席，让穷苦的人们饱餐一顿。

2. 内部人员

八官社的核心成员基本上是村中诚心敬神，在村中能说话算话，影响力非常大，深受群众拥护的人，以老年人居多。八官社的管事人都是在举办活动时，由核心成员临时推荐。八官社具有开放性，只要交1升麦子，任何人都可以参加八官社，外村人只要交了麦子也可以入社。八官社内部没有清晰的组织结构，也没有明确的规章制度，是一个松散的开放性的组织。

3. 组织活动

丰收年间，基本上大家的庄稼都丰收的时候，才开始组织活动。八官社的组织活动主要是敬神、吃桌和唱戏。八官社的管事人们商量具体组织活动的时间，并且预约戏班子，然后在村中显眼的地方贴上告示，写明八官社某月某日至某日在某地举办活动，邀请民众前来参加。村民们看到告示后愿意参加八官社，在举办活动时带上1升麦子就可以前去参加。把麦子交给八官社的管事人后，到八官社的"轴子"前磕头敬拜，然后就可以去吃流水席。八官社的头头们抵垫资金请厨师来做流水席，最后将收到的麦子卖掉，补偿给对钱的管事人们。管事人们最后往往收不抵支，大家都是敬神的，吃点亏也都不去计较。流水席从早晨开始到晚上，只要来参加的凑够8个人，就可以开桌吃酒席。来参加的村民们吃完酒席后，就可以去看戏。吃完桌，看完戏后，参加八官社的村民还能得1个长蒸馍和2个米面麻糖。

二、革命性社会组织

（一）农会

1. 农会的成立

农会的全称是农民协会，是在村党委的领导下建立起来的。1949年后，基本上每个村都有农会。1948年4月在区党委的支持下，石罢村成立了农会。根据村党支部的意见，姬连生担任农会主席，发动广大贫苦农民加入农会。李聚才担任村长，孙黑冬担任村会计。在农会成立之始，凡是向农会递交申请书的，都可以加入农会。村中的地主、富农也递交了申请，加入了农会。后来在清算历史时，地主和富农都被清算出农会。

2. 组织结构与成员

农会的成员基本上是贫下中农和民兵，其中民兵是农会的骨干，并且还被配上了枪，保护新政权，打击土匪。农会吸收妇女参加，中青年的妇女也都成为农会的积极分子，主要承担妇女解放和文化教育工作。

农会有农会主席，具体担任人选都是由上级党组织直接任命。除主席外还有副主席、会计，村民李孝良曾经担任过农会的会计。农会内部也有妇女主任一职，由村中参与村庄建设和妇女工作的积极分子担任。农会内部下设有生产、民政、文教、公安、民兵五个部门，其中生产部门主抓农业生产和收粮食工作，民政部门主要负责群众纠纷的调解工作，文教部门主抓学校教育以及宣传工作，公安部门负责整理土匪恶霸的材料，民兵部门负责抓捕地富反坏右。五个部分各司其职，按章办事。农会设有明确的规章制度，要求成员严格遵守纪律，不得有违法乱纪行为。

3. 农会的职能

成立农会的目的是改造村政权，建立党的村庄政权组织，并且有效地组织农民开展生产。为实现这个目的，农会的具体职能是：第一，让老百姓诉苦，划分阶级成分。让贫下中农诉说地主的剥削和压迫，并在村中划分阶级成分，将地主、富农与贫下中农区分开来。第二，要公平公正地为老百姓分土地、分财产，让耕者都有其田。第三，颁发土地证。为村中百姓颁发土地证，让老百姓能够安心种庄稼、搞生产。第四，交公粮、管理学校等公共事务。农会还要组织群众在麦收和秋收之后交公粮，管理村中的学生教育以及文盲识字、修桥补路等工作。第五，打击和抓捕地富反坏右。农会指挥村中民兵抓捕回村的土匪、恶霸，同时还要打击地主和富农，整理土匪恶霸的材料，肃清地富反坏右分子。

三、防卫性社会组织

（一）自卫团

自卫团都是在日军侵华以后成立的，主要是为了防御日本人，看护村庄安全。每个村都有自卫团，各负其责，后来都变成土匪窝。石罢村的自卫团由孙发科带领组织并担任团长，孙发科自立为团长。孙发科的自卫团是在发村的土匪毛竹帮的扶持下建立的。自卫团有成员七八十人，都是村中二三十岁的年轻小伙子，有好人，也有坏人。自卫团的经费主要靠搜刮村中的富户和绅士，以及"起票子"绑架勒索。当时自卫团的成员并不都有枪，于是孙科向村中的富户人家派枪、派粮、派钱。村中谁与自卫团有矛盾就打死谁。富户孔六三家有5口人，2个骡子，孙发科让孔六三买枪。但是孔六三没有买到枪，后孙发科带人到孔六三家，打死了孔六三的娘，并将家中洗劫一空。保里很多人都害怕孙发科，没有因此惩罚孙发科，庞公乡对此事也是不管不问。孙发科的自卫团名义上护卫村庄，实际上搜刮村庄。由于孙发科向富户、绅士派差，惹起众怒。1943年他的表哥派人在杨湾将孙发科打死。孙发科死后，自卫团就解散了，有些人回家，有些人到外村当土匪。

（二）红枪会

1942年，日本人来了之后，石罢村成立红枪会，主要负责维持村庄治安。红枪会由保里管理，与自卫团并存。红枪会的头人是张三贵，会给人看病、念经。所有红枪会的人员都是自愿参加的，只要与头头打声招呼就可以，他们要自配红缨子枪。红枪会的参与成员有徐继儿、李应少、李周等二三十个人，这些人都是村庄的老好人，从不做坏事危害百姓，也不给百姓摊派。红枪会的成员，早晨起来练枪，白天做庄稼活，晚上吃过饭后,到头头张三贵家中盘腿烧香、念咒语。

临近的柿园、武屯、新民、杨湾村的红枪会,都会在村口站岗放哨、沿街巡逻。但石罢村的红枪会是形式上的,不起什么作用。当时保丁张春生在相国寺召开会议,商议解散红枪会。张春生当时拿着子弹枪,枪走火打伤自己后,就把红枪会解散了。

红枪会解散后,张三贵等人继续烧香看病。姬万锁的父亲在渡口撑船,有土匪过河时将姬万锁的父亲打伤。姬万锁的父亲被送到张三贵家中诊治,后来恢复健康。张三贵等人给人看病不收钱。

四、商业性社会组织

石罢村的商业性社会组织主要是船帮。清末民初时期,石罢村的渡口有二十几条船,其中渡人的船有七八条,其他的都是商船,也就是买卖船。为使渡口有秩序,各船家不发生冲突,这些船家就组成了一个船帮。船帮是一个相对松散的组织,船帮中有船帮头头,也被称为船老大,由经营渡船时间最长、年龄最大及资格最老的人担任。船帮头头并不是一个实质性的领导,只起到协调作用,解决船主之间的小纠纷、小矛盾,安排一些生意,以及接送一些来往客商等。船老大没有固定的报酬,也不向船主摊派。逢年过节时,船主们可以带上点心、水果、牛肉、猪头等送给船老大表示感谢。若需要与各船主商量事宜,船老大就组织船主在兴国寺的水陆大殿开会,一是希望得到神明保佑,二是每个人的言行都可以得到神明的见证。

船帮的存在对于船主的行为起到了一定的规范作用,各船主秉承"生财有道"的信条,在船老大的协调下,石罢渡口秩序良好。后来由于伊河经常发洪水,石罢渡口的客船和买卖船逐渐减少。到了1930年后,渡口仅剩下一两条船,船帮也就不复存在了。

五、公共性社会组织

村中的公共性社会组织主要是桥社。石罢村每年的阴历十月初十到来年的四月十五为非汛期,村民们会在渡口处搭建木桥,为此村中专门成立了桥社。桥社中有桥首和执事专门管理桥务。桥首主要负责搭桥、拆桥的组织、协调工作,以及搭桥工具和物料的保管工作。兴国寺内有桥房三间,盛放建桥物料,另外还有五间走廊式水陆大殿,用于船工议事,超度丧生于伊河中的亡灵。每逢农历十月初十搭桥大会时,桥首、执事以及村中的绅士名流到岸边选定桥位,然后祭奠河神和桥神,祈求神明保佑,使渡口能够兴旺发达。搭桥时,除了上述人参与外,保长还要派村中的木匠、泥瓦匠人等参与搭桥。木匠和泥瓦匠参与搭桥时没有报酬的,但是干活算工,由保里会计记着,可以抵消摊工。桥社有土地数十亩,桥社地全部出租给佃户租种,收取租子,所得收入主要用于搭桥、拆桥中的物料、购买工具以及其他开支。

第四节 信缘与信缘关系

传统时期，受自然、社会的限制，遭遇天灾人祸后，村民们需要寻找依靠，于是石罢村就逐渐形成了较为丰富的信仰体系。在这一体系中，有兴国寺的信仰单元，有神庙的信仰单元，如土地神、观音、关爷、河神和山神等，另外还有家神。这些信仰塑造了村民的行为及其关系。

一、兴国寺内信仰

（一）兴国寺的神灵信仰

1. 佛信仰圈

石罢村的兴国寺在明朝时期香火非常旺盛，石罢所在区域的村民经常到寺院中烧香拜佛。根据村中明朝以来的碑刻，兴国寺在当地是远近闻名的寺院。清朝乾隆年间重修过兴国寺，另外村中有传说，1895年光绪皇帝随慈禧西巡至洛阳龙门石窟时，途经石罢村，遂到寺内烧香拜佛。帝王到寺内烧香拜佛也使兴国寺的香火更为旺盛。寺内的佛祖、观音菩萨、弥勒佛、四大天王等掌管人间疾苦与善恶惩罚，吸引四方来客朝拜。根据村民李孝良、徐建恒、徐清和等老人的介绍，庙中佛祖公正、扶危济困、教化众生，来寺中拜佛许愿、还愿的人非常多。寺庙的信仰圈覆盖石罢村周边的多个乡镇，距离石罢村有近40公里远的窑沟村村民也到庙中拜佛许愿。另外庙中主持会治病解忧，更是吸引四面八方民众前来拜佛。

> 嘉庆年间窑沟一陈姓人在朝做官，官至户部侍郎，因遭陷害被贬还乡，积郁成疾。其妻也因邪气攻心，寝食不安，八方求医也不见好转。这年正月十九，家人劝其到兴国寺进香，散心解闷。陈氏夫妇上香、磕头、上供。夫妇二人从大雄宝殿走过时，恰遇兴国寺住持。住持见陈举止不凡却愁在眉梢，然后就问其原因。陈某就将其心中烦闷事项的前因后果，详陈细数，告知住持。一番话语打动住持，住持为其望闻问切后，给其开十剂药方。陈氏夫妇服药后，病体痊愈，遂到兴国寺感谢住持。住持向夫妇二人宽心析冤，陈氏夫妇谨遵住持之言，并向方丈许诺若官复原职，必将重金修庙。翌年陈某官复原职，还愿以重金将兴国寺各大殿重修一番。[1]

---

[1] 根据徐建恒老人口述内容整理。

2. 祭拜活动

第一，日常祭拜。兴国寺的大门"三门"每天都开放，村民们每天都可以到寺中拜佛，不受时间限制。村民的日常祭拜都是各拜各的，很少集合其他村民一起到庙中祭拜。他们因不同事由到不同的佛像前祭拜，若是无事拜佛的，就到各佛像前烧香祭拜。信众到佛像前烧香、磕头，默声许愿。一旦愿望达成，信众就要到寺中还愿。

> 村民徐亭家大业大，子孙满堂。虽三个孙子均已结婚，但家中并未添男丁，遂于1930年正月十九率三孙子到寺中求子许愿，待愿望达成后，徐亭为兴国寺捐赠香炉一座，放置在观音菩萨塑像之前。[1]

第二，水陆法会。寺中和尚每年要在水路大殿做法事。由于每年都有人因河水死于河中，因此，兴国寺要为死去的亡灵做法事，超度六道。做水陆法会时，寺内和尚在主持带领下为死去的亡灵念经超度。法会也不讲经布道，一般村民不参加这种法会。

（二）神的信仰单元

1. 神的信仰圈

清朝以前的兴国寺内是没有其他神的，到了清朝乾隆元年，在兴国寺内修建了火神殿和地藏王殿，火神殿中造有火神、药王和瘟神塑像，地藏王殿中造有地藏菩萨和十大阎君塑像。自清以来，石罢村的火神信仰非常旺盛，村中流传着许多关于火神赏善罚恶的传说。村民李孝良老人口述了火神火烧潭头，教训秦家、教训孔姓、李姓等村民的故事。这些故事在村中广为流传，是父母教育孩子行善勿作恶，不可得罪火神爷的教本。地藏王殿中绘制着阴间牛鬼蛇神采用的各种残酷的惩罚措施，教导村民在世要多做好事，不做坏事，免得遭受阴间惩罚。1949年前，几乎所有的村民都信仰火神、药王、瘟神、地藏菩萨和十大阎君。本村嫁到外村的姑娘回娘家后，外村的亲戚到石罢走亲戚时，也会到火神殿、地藏王殿祭拜。

2. 神的祭拜活动

第一，日常祭拜。火神殿和地藏王殿都在兴国寺内，每逢初一、十五，村中许多中老年妇女到庙中焚香祭拜，上布施。有些老年香客不舍得用平时子女们给的孝敬钱，就都捐到庙中。有些有事需要求神的村民，也可以直接到寺中的火神殿或者地藏王殿烧香、祭拜、许愿。一旦愿望实现，也要到殿中向神还愿。

第二，社火。正月十九的社火是火神殿最为热闹繁华的活动。石罢村是一个大火

---

[1] 根据徐建恒老人口述内容整理。

神社,有神头组织筹办社火活动,东大街、西大街、西南街有自己的火神分社,东南街有土地社,新村的住户还要回老村原来所住街道参加社火表演。各条街道都有社地,社地收入用于购置社火表演用具,以及其他开支。各街道的社火由街道神头组织,他们负责安排街道住户的具体职责。对于他们的安排布置,街上的住户没有人敢反对。凡是对安排有不满的,神头就会批评他们"你不怕火神爷惩罚?",村民都敬畏火神,没有不服从的。凡是参加社火表演的,要从头年腊月就要开始排练,一直到正月十九表演结束。所有参与社火表演的村民都没有报酬,他们日常排练时伙食自理。东南街的土地社社地比较多,收入也比较多,正月十九节目表演完毕后,会给本街参与表演的村民每人2—3个白馒头。

(三)兴国寺神灵信仰与国家关系

兴国寺祭拜、法会和社火等活动,都是在保甲长的支持之下进行的。保长是国家在基层的权力象征,保长虽然不主持、统管兴国寺内的祭拜活动,但基本上参与这些活动。每年兴国寺的火神出社时,保长要先在火神殿焚香祭拜,然后社火才在各街道巡演。

二、庙神信仰

(一)观音庙信仰圈

第一,观音庙概况。石罢村民称观音庙为"奶奶堂"。石罢村每条街道都有观音庙,东大街、西大街、兴国寺西北墙外、南栅栏门上、新村各有一座奶奶堂。东南街和西南街的住户到东南栅栏门上的奶奶堂祭拜。除西大街的奶奶堂外,其他奶奶堂的面积比较小,有14—15平方米,都是一间屋子。

> 西大街的奶奶堂南北宽20米,东西长40米,占地有800平方米,合计1.2亩,四周围墙有2.5米高,山门面东,正对西大街中。山门后是一面迎壁墙,墙后有三间观音大殿,青砖绿瓦,红门蓝窗。[1]

奶奶堂是由街道村民捐资修建的,村民们根据自家情况捐钱,多少不限。还有一座碑,记载着乾隆三十七年时重塑观音菩萨塑像的捐赠名单。捐赠名单中,以姬姓人士居多,许多都是有身份地位之人,如祀生、府刑生、承书、监生、化生等;另外除了男性捐资者外,还有不少本村、外村的女性捐资者。另外,在兴国寺西北角的观音堂修建中,共有360人参与捐钱、捐工、捐饭,有86个姓氏,另外还有30多个生意

---

[1] 根据李孝良老人口述内容整理。

堂号。

第二，观音堂活动。每月的初一和十五，家中娶媳妇的中老年妇女会到奶奶堂中烧香祭拜，祈求奶奶赐予他们子孙后代。男性和年轻妇女都不去祭拜。去祭拜时，都是各自去各自的。即使遇到一起，也是各自拜各自的，相互不趁香。正月十五时去祭拜的信众比较多。奶奶堂的香案上有不少男女泥娃娃，信众可以根据自家愿望取泥娃娃。凡是祈求应验者，就要以1还20个，送20个泥娃娃到奶奶堂。有些有钱人家，还有用猪、羊还愿的。

（二）土地庙信仰圈

第一，土地庙概况。土地庙也被称为土地台，村中东南街的东头有一座土地台，上面只有土地公的牌位，以及土地公的小像，供街道村民祭拜。土地庙比较小，长宽各有8尺，重修于咸丰九年（1859年）。重修土地庙时，东南街住户捐资，请石匠、泥瓦匠修建。土地庙的修建不用通过保甲长，神头和绅士组织本街道的住户捐资修建。

第二，土地庙活动。每年的正月初一到十九要在土地庙的四周点灯，村民们可以到土地台前，烧香祭拜。每月的初一和十五也有人到土地台前烧香祭拜。祭拜土地公的都是东南街的住户，他们还成立了土地社，每年正月十九要出社火。东南街的土地社10多亩庙地，由本街住户捐资购买。社地收入主要用于本街社火材料的购置以及给本街住户分发社火福利。

（三）井神信仰圈

石罢村民供奉的井神就是龙王。对井神龙王的祭拜通常以街道为单位。过去石罢村每条街道都有一两孔吃水井，供村民们生活用水。这些水井都是一条街上的村民对钱或者富人出钱，其他人兑工修建的，大家共同使用。在井旁边用8个砖盖一个小龛，每逢过节，就在小龛内贴上"供奉清泉龙王之位"，本街道的住户在自家常用的水井上烧香祭拜龙王。

（四）其他庙神

第一，概况。除了观音庙、土地庙外，村中有东西关帝庙两座、河大王庙和山神庙各一座。① 关帝庙。东西关帝庙分别位于东北大街、西北大街两头，庙中供奉着关圣帝君关羽。根据村中老人的代代相传，东、西关帝庙建立于清朝乾隆时期，东关帝庙在道光元年修缮过一次，后又于光绪二年再次重修。这两次重修都有碑刻记载。从东关帝庙的碑刻看，关帝庙有香火田12亩。香火田地的收入以及庙中的树木收入均用于关帝庙的修缮。西关帝庙已经没有碑刻记载，重修时间以及过程已不可得知。② 河大王庙。河大王庙中主要供奉河神刘瞎子，村民期盼其能管控伊河，使石罢村免遭伊河水患。河大王庙修建时间以及如何修建已经不可得知，庙中没有任何石碑。③ 山神庙。山神庙位于去河口的路东。光绪十年重修山神庙，庙中有石碑记载了重修捐资的村民，主要是徐氏族人。另外，当时山神庙的概况是"南北长四弓三尺，东西横二弓一尺"。根据村中口口相传，石罢村民之所以修建山神庙，是因为早期的伊河荒滩中有许多野狼，危害村民的生命财产安全。为此修建山神庙一座，祈求山神管控豺狼虎豹。河大王庙和山神庙都没有庙地，也无人专门管理。

第二，日常祭拜。传统时期，村民们对关帝爷、河大王、山神的祭拜非常虔诚，日常生活和过年时候，都要到这些庙中祭拜。每月的初一十五，村中有香客到庙中烧香，基本上是村中老人。年轻人很少到庙中烧香祭拜。另外每逢大年初一早晨，村民们都会带着供品到逐个庙中敬神，要祭拜所有庙中的神明。

（五）庙神信仰与村庄关系

石罢村神庙的布局呈包围式，神庙基本上修建在街口，以及村庄四周，村民都居住在神明保护圈之内。神明的主要功能就是保护村民，抵挡妖魔鬼怪。村民们认为街口是邪气入村之处，需要神明来阻挡。村庄的绅士、名流主持修建庙宇，他们组织村中有钱的出钱，有力的出力，共同建庙，供奉神明。

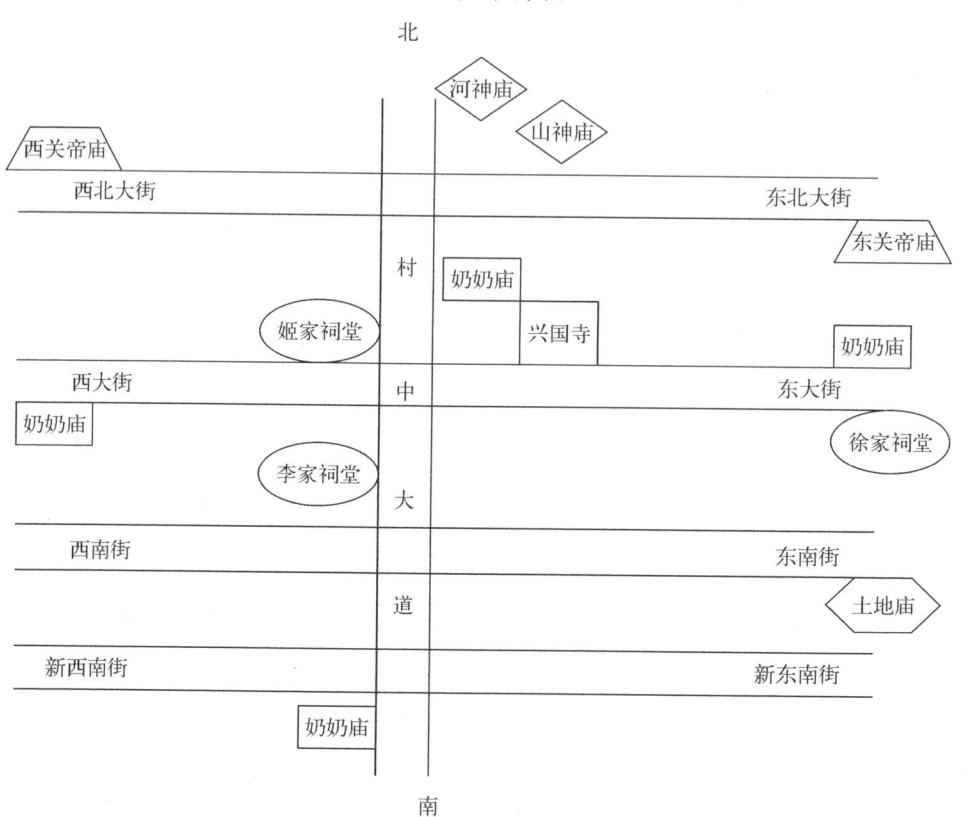

图 4-3 1949 年前石罢村庙宇分布图

三、家神信仰

在石罢村,家神主要有土地爷和灶王爷。村民们在自家贴上土地爷的牌位,或者在家中的墙上嵌入一个土地爷的神龛在家中祭拜。灶王爷也是老灶爷,在石罢村几乎家家户户灶房的土坯墙内都放一个小龛,里面贴上"供奉灶君之位"的牌位。在灶王爷的小龛外面贴着对联,写着"二十三日去,初一五更回","上天言好事,回宫降吉祥"的字样。每月的初一、十五,人们都在灶王爷的神龛前烧香祭拜。每年的正月初一,当家人也要在灶王爷神龛前烧香祭拜。

为避免祭拜时遗漏神灵,有村民在家中挂上画有火神、关爷、祖师爷、奶奶、土地、阎王等神明的轴子。也有些村民在家中贴张红纸,上面写着全神的牌位。全神主要也是教育村民为人子女不能不孝,不能打骂公婆,不可有不道德行为等等。供奉全神的村民们在每月的初一和十五,在全神牌位前烧香磕头,有的摆上供品"刀势",表达敬虔之意。村中老人认为若是不做好人、好事,给全神磕头、供奉也无用。

第五节 交往与交往关系

在既有的自然环境和技术条件的限制下,石罢村的村民们为满足生产和生活所需,以家户为基本核心,以村庄为基本场域开展交往活动。交往主体的空间位置、职业、财富、关系等差异,形成了不同的交往偏好、交往内容和交往形式,塑造了不同的交往关系。本节主要考察石罢村的交往与交往关系。

一、交往特征

(一)互助性

过去村民遇到苦难时,如果不能依靠宗族,自己单家独户又无能为力,就只能依靠自己的社会交往圈子。所以社会交往都是为了生产、生活中的互助。例如,村中有些没有牲口的人家要找机会与有牲口的人家交往,不论是耕地种田或是办红白事,都去给对方帮忙,一来二去,关系就建立起来了。还有一些在村中没有势力的小姓人家,为抬高自家势力,他们相互之间结为干亲,壮大势力,免得被他人欺负。

(二)选择性

1. 邻近原则。村民们在选择交往对象时,通常会选择居住比较近或者田地相近的邻居。村民们经常与左邻右舍、一条街道上的住户交往,相互串门比较方便,有事时帮忙也比较便利。另外与地邻居交往比较多,田地都在一处,农忙时耕地、割麦、打场等都有相互帮助的可能性。

2. 相当原则。第一，性别相同、年龄相当。1949年前，村中同性交往非常多，异性交往比较少。男女都有不同的圈子，男子不到女子圈中交往，女子也不到男子圈中交往。年龄相近的村民有较多的共同话语，平时交往要多一些。儿童、年轻人、老年人都跟自己年龄相仿的人交往，否则说不上话。第二，兴趣相投。有相同兴趣，能说得上话，交往多一些，平时关系也会比较好。泥瓦匠人与泥瓦匠人交往，大家相互打听，互通消息，外出盖房子时也经常一起。丁姓村民会拉弦子，当时保长对拉弦子唱戏有兴趣，丁姓村民就让自家的侄子认保长为干爹。李孝良与徐正祥两人上学时是同学，后来都对打算盘、算账有兴趣，两人生活中经常来往，相互串门、帮工。第三，财富相当。石罢村中有钱的人家也不算太富，地少孩子多的人家就特别穷。财富相当的人交往起来比较方便，不用欠人情，所以不会不笑话对方。穷人家与富人家都拉不起关系，平时逢年过节礼都出不起，没法走动。有钱人家不到穷人家中串门，因为对方没啥招待。穷人家也不到富人家中串门，不然会被人看不起。穷人家地位低，根本站不到人前头，在街面上说话都是底气不足的。富在山中有远亲，贫居闹市无人问。有钱的人家走到哪里都被人高看，穷人家总是会被人瞧不起。第四，地位相当。地位相当的人家交往会多一些。绅士与绅士交往多一些，当官的与当官的交往多一些。西大街的马思远是村中有名的绅士，先在孟津县衙当过师爷，后在洛阳县衙当差，见过大世面。马思远才学渊博，当过教师，还研究过医理。他回乡后，在村中做礼宾司仪，还给人看病抓药。马思远在村中地位非常高，与其平时来往比较多的都是村中的绅士。

二、交往圈

村民的社会交往圈主要集中在本村落和周边村落，由于受经济、交通等各种因素的限制，石罢村民的交往圈逐渐形成了三个圈层：邻居圈、熟人圈和乡亲圈。首先是邻居圈。在邻居圈内，村民和四邻交往非常密切。远亲不如近邻，家中有急事时，隔着院墙一吆喝，邻居就会前来帮忙。另外，由于共用水井、石碾、庙，以及共同参与社火排练等，村民们与本街道的住户的交往也比较多。邻居圈内的社会交往已经超越了甲，村民在多个甲内形成交往关系。石罢各大姓氏居住较为集中，四邻和在一条街道上的人多为同族人，族人与邻居之间产生交叠。其次是熟人圈。熟人圈以本村为主，同时也包括邻村。石罢村中泥瓦匠人比较多，农闲时期都要到外村建房，从而将熟人圈扩大到外村。村中焦铁匠、吴木匠、褚豆腐三人手艺非常好，做出的产品非常有名，将生意扩展到周边村庄，他们的熟人圈也跟着扩展到周边村庄。第三是乡亲圈。乡亲圈内大多是认识的人本村和外村人，平时没有什么来往。

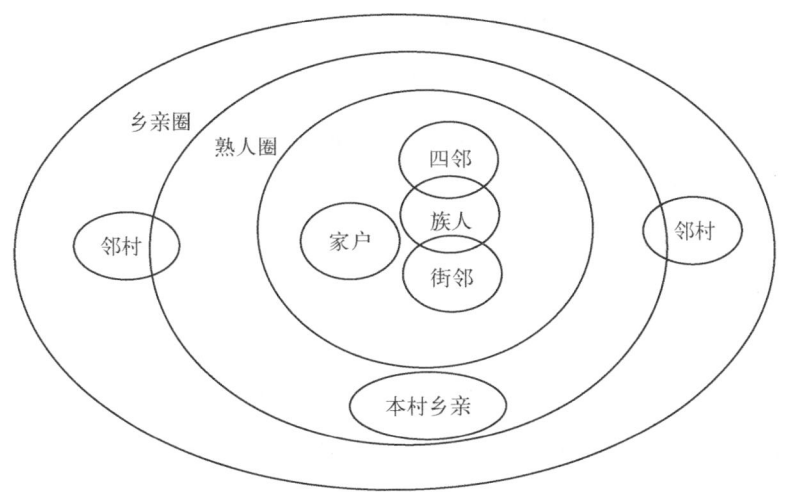

图 4-4　石罢村民社会交往圈

三、交往类型

（一）家庭交往

1. 生产交往

不论是种田还是收割庄稼，若农户家中有点田地，但劳动力少，孩子多，忙不过来，就会请人帮忙，先请同村亲戚，然后再请关系好的邻居、同村朋友，然后才是外村的亲戚、朋友。弟兄们关系好的，若是田地相邻，自家农活干完后若其他弟兄家还没有忙完，顺手就去田里搭把手，帮个忙。弟兄关系不好的，谁也不会去帮助对方。有时候自家农活忙不过来，在村中不太好找人帮忙的，就到丈母娘家、妹子家叫人来帮忙，谁住得近就叫谁来帮忙。自家有牛，亲戚来借的，连人带牛都过去帮忙。丈母娘家劳动力少的，农忙时丈母娘和老丈人不用来叫，女儿、女婿都会来帮忙。割麦子通常在"焦麦头天"，必须要抓紧时间割麦打场。农户们都要忙收麦子，顾不上别人家。只要自家麦子收得差不多，能腾出人手，亲戚家来叫的，就到亲戚家帮忙。小麦打场时，和平时关系好的农户约定一起打场。打场时，几户人家相互帮忙，你帮我打场，我帮你打场，共同把麦子收拾干净。

2. 红白事交往

过红喜事时，包括结婚、过寿和满月宴，基本上由本村亲族和街坊邻居进行筹办。过红喜事的主家要派人通知亲戚朋友，邀请伙计来帮忙。亲兄弟以及"一自己"的亲戚会帮忙筹办，帮忙跑腿买东西，借桌椅板凳，布置宴请场所。宴请当天，还要管烟、酒发放，招待赴宴的亲戚朋友。若是村中亲兄弟、"一自己"亲戚不多的，就要邀请街坊邻居、朋友熟人来帮忙。家中要办红事，孩子结婚，妇女生孩，平时拉家常时街坊邻居都会问道，"孩子啥时候办事"，这样主家就会把消息散播出去，同时也会请街坊邻居来帮忙。来帮忙的邻居、妇女们帮厨，负责择菜剥葱，收拾碗筷；男子们当伙计，借桌椅板凳、布置会场、端送酒菜、招待客人。另外来帮忙的亲戚、街坊邻居、朋友，还要在婚礼当天给主家上礼。丈夫来帮忙的，妻子就来上礼。直到主家把宴席办完，帮忙的亲戚和伙计才各回各家。

过白事时，本族本家和街坊邻居共同参与筹办。一旦老人咽气后，家人就会放大悲声哭嚎，这样街坊邻居就会知道有人过世了。主家亲自或者派长子请阴阳先生，主管白事礼仪以坟地风水和出殡时间。主家还要请"伙计头"，帮忙筹办白事，还要让本家人或者关系非常亲密的"一自己"管理柜上财物发放。"伙计头"和阴阳先生有分工，要配合阴阳先生，办白事的各项事务。管柜上的亲族人要听从伙计头的安排，另外还要为主家掌管好馒头、丸子、烟、酒等物品的发放。街坊邻居到家中看逝者时，也到主家帮忙。有要请的伙计，主家去请，不能穿孝服，到对方家中，要先磕头才能说事。伙计头总管伙计，给伙计分派报丧任务，以及搭灵棚、做酒宴、借抬杠、抬棺材等事务。凡是接到报丧信息的亲戚朋友，当天都要到主家见逝者最后一面，去时不用带礼品。主家要告知亲戚朋友出殡的时间，邀请他们来参加宴席和出殡。出殡前一天，管事组织伙计搭灵棚，还要准备宴席的酒菜。出殡当天，亲戚朋友、关系好的街坊邻居要来参加宴席，并且还要根据关系远近上礼。宴席过后，主家回礼后，关系远的亲戚就回家，不需要送逝者到坟上。三服以内的亲戚，包括女儿女婿、儿子、孙子、侄子等都要随着送葬队伍将逝者"送到坟上"。逝者下葬后，伙计们要将借的东西都还回去，伙计头将回礼后剩余的馒头、丸子分给伙计一些，这样才能结束帮忙。

3. 过节交往

逢年过节时，到亲戚走、干亲戚家走动，是家户节日的主要交往方式。三服以内的直近亲戚都要相互走动，一般是相互之间派孩子走动。过节时候都要带礼品，礼品都是根据关系远近安排的。比如中秋节，节前姑娘就要回娘家，要带上2斤月饼，20个枣花馒头，还有枣糕。其他关系一般的亲戚带1斤月饼就可以了。中秋节当晚，街坊邻居之间也要相互送月饼。有的村民是给关系近的街坊邻居送月饼，有些村民甚至也给关系不太好、发生过矛盾摩擦的街坊邻居送月饼。其他节日时，街坊邻居之间不相互走动，也不用送礼。

（二）宗族交往

1. 祭祖交往

石罢村各家族都在每年正月十九集体上坟，到老祖坟祭拜先祖。正月十九的上坟活动由族长召集、组织，全体族人都要参加。除了因特殊情况不能回村的，其他在外工作的族人都要回村祭祖。上坟时的祭品统一由族长与管理小组统一安排，各门各支不需要带上祭品。宗族规模大的，许多子孙后代都不知祖先，也不知道与其他族人的关系。祭祖时，后辈们在父母的带领下可以认祖，也可以与其他族人攀谈交流。祭祖结束后，族长安排相关负责人给参与祭祖的成员们发放祭品、馒头等。族人们在祖坟上人声鼎沸，非常热闹。所以正月十九祭祖活动也被称为"炒老坟社"。祭祖的费用由族长从坟社地的地租中列支，多余经费转入下一年的开支。

2. 修谱交往

1949 年以前，石罢村姬、徐、李、孔等大氏都有族谱，都是只有一份。族谱不一定都在族长手中，通常是在编家谱的人手中，普通家族成员是没有族谱的。族谱可以由族长组织编写，也可以由家族中有文化的人编写。姬家家谱在村民姬凤圈的手中，保存得非常完好，其中记载着姬姓的历史，以及石罢姬姓历代族人的姓名。石罢李家是从洛阳县老城的八角楼分出来的，老族谱都在洛阳县老城的李氏手中，石罢李氏的族谱由私塾先生李孝连收藏。

族谱一般是由族中爱管闲事的读书人、热心人编写制作，并归他们所有。编写族谱的人家世代保管族谱，族长基本上不保管族谱。其他族人可以去翻阅族谱，但不能将族谱随意拿走。族谱修订时间不确定，长短不一，可以隔五六年修订一次，也可以一二十年后修订一次。修订族谱时，都是热心的族人参与，其他人不参与。编族谱的人要到各家去收集信息，然后将新成员上谱。只有男性有资格上族谱，另外，姑娘不上族谱，干儿子不上族谱。媳妇可以上族谱，徐氏家族族谱上都有媳妇的名字以及籍贯。族内成员之间有过继情况的也要在族谱中明确标注。徐氏家族于 1935 年修订过一次，是由族长组织修订的。修族谱时，坟社地的钱不够用，资金缺乏。于是族人卖了几棵坟地的柏树才凑够钱修谱。修族谱的人没有报酬，出的都是义务工。

3. 修祠交往

修建祠堂也是家族的重大的事务。祠堂修建都是由族中的大户人家、有身份的人家领头，其他族员参与。若是没有大户领头，祠堂是修建不起来的。修建祠堂时，族人是有钱出钱，有力出力，各尽其能。

祠堂修好后，由族长负责管理。族长专门委派人义务掌管钥匙和打扫卫生。平日里祠堂都锁着门，每年从大年初一到初五、正月十四到正月十九，祠堂大门都打开，以便族人到祠堂中供奉先祖。有些族人家中办白事时，要到祠堂告知先祖请求照拂。

（三）街道交往

村内的许多公共事务是以街道为单位组织的，石罢村民与街道上住户的交往比较频繁。挖水井、造石碾、耍社火以及组织其他活动等，都是一条街道的住户共同参与。挖水井和造石碾都是街上的村民共同捐资建造的，有多给多，没多给少，实在没钱的住户就多出点人工。水井和石碾的维护也由街上的住户共同参与，给水井掏沙时，家中有青壮年劳动力的，每家出一人，相互配合着到井下掏沙。石碾用的久了，碾上的齿磨秃了后，要找石匠破碾，就需要各家各户出钱。水井和石碾维护后，大家都可以使用水井和石碾。村中街道的社火排练，各家各户要出人，一起排练。奶奶社每年的敬神、吃桌也是由街道上平时关系非常好的8家共同参与。

1949年前保里每年冬天时要组织村民晚上打更，在其他季节不用打更。每年到了11月份，保长将打更任务布置到各街道，每条街道挨家挨户轮流出人在本街道打更，基本上一人一晚上。打更人每到一个时点就沿街敲锣，报告时间。打过更后，打更人晚上都聚在一个专门的地方值班。打更人没有报酬，一般是向每条街道的住户收点净面，不收粗粮，以供半夜做碗面条当夜宵吃。收的净面放在街道上为人正直、爱管闲事的人家中，由他们专门管理。打更人除了打更外，还要到街道上转转。村中也有不少赌博人，有些人赌博输急眼了，就会在村中小偷小摸。遇到小偷，打更人吓唬对方，把他们赶跑，但也不敢真抓他们。

（四）村庄交往

1. 徭役交往

第一，村内的摊工。在村内的徭役有修河堤、建岗楼等。村内的摊工有的是挨家挨户都要出人，有些是家户轮流出人。每年汛期，保长要组织村民到伊河大堤护堤抗洪。到了连阴雨天的七八月份，保长下派看堤任务，每个甲都要出人，到河堤上看护大堤，一旦发现险情要及时报告保甲长。保长命令锣夫沿街敲锣，传达保长指示。收到消息，村民们就拿着铁锹到河堤上护堤。不论是穷人家还是有钱人家，都要出人到河堤上护堤。村民经常说，伊河发洪水时，别村人都向坡上跑，石罢村民都向堤上跑。1931年修建的护村堤，保里也向村民摊工，家家户户都有份。凡是村民出的摊工，保里都命令会计登记造册。这样这次出劳役的，下次就不用再出。另外村里修建岗屋，用于侦察日军、美军飞机上跳下来的伞兵。岗屋的修建费用由保里出，最终还是分摊到各家各户头上。保长组织村中的泥瓦匠人盖岗屋，要给他们报酬，一天一升麦子。

第二，到县里服徭役。遇到运送军公粮到军屯的差事，保长就只能向有牲口、大车的农户摊工。村民李某家有牛，每次保里要运送军公粮，都将其和另一农户搭配起来派任务。分派徭役时，保长也会区别对待村民，给有钱的、有身份的农户派一些离家比较近的、轻松一点的事务，给那些老实人家派一些重的、离家远一点的任务。与保长关系好的农户被派的都是些美差，与保长关系一般的农户被派的都是苦差。石罢村曾多次接到洛阳县挖城壕的任务，保里每次都要派二三十个劳力去挖城壕。当时徐青明担任东保保长，比较看得起村民李孝良，两次派他到做米面蔬菜的采买工作，一次到洛阳东关泰山庙，另一次是在洛阳的山西会馆。出工的都不白干，出去一天算一个工，可以抵消村内其他的派差。

（五）官府交往

1. 大差交往

在石罢村，交税粮被称为出大差。大差是保长向农户征收的最重要的赋税，主要用于应对上头的要差以及保里的各项开支。大差每年交一次，按一亩地5升麦子征收。河滩地不出差，上头地和盐碱地都要交差，出差的标准一样。大差的征缴时间都在麦收之后，由保里统一组织收缴。到交大差时，保长安排保丁沿街敲锣，通知各家各户按照一亩地5升的标准出大差，限三五天内必须交齐。保里每年要收一次大差，都是趁麦收之后各农户粮仓里有粮食时征收。收大差时，甲长和保丁在街道的中央支点收差粮，其中东大街的收粮点在兴国寺门口。各家各户用麻袋将麦子背过去，人多的时候排队等候交大差。过完斗，收到交差条子后，才算完成交粮手续。

> 基本上80%—90%的石罢村农户都能交上大差，只有少数人不能交上大差。村中的地主、富户和绅士都要按规定交大差，但是村中绅士马思远经常不交大差，也有些地主和富户少交大差，他们通常私下操作，明面上大家也都看不出来。[1]

没按规定交上大差的，由甲长挨家挨户催缴。对那些催缴后仍不交的农户，甲长要向保里报告，由保长统一处置。保长派保丁下来抓人，抓到人后把他们关到保里，并通知其家人限期三天或者五天必须交齐差粮，否则保里不放人，还会打人。有些交不上大差的农户会赖账，长时间拖着。有些多年交不上大差的，只能把地卖掉，交钱到保里。还有些交不上大差的人家只能到地多的人家家中借高利贷，或者到比较勤快、粮食丰裕的小户人家中借高利贷交差。

> 村民孙发群被过继到"一自己"家中做嗣子，继承了13亩田地。他家算是村中田地比较多的人家，但此人好吃懒做不干活，基本上没有收入，还要

---

[1] 根据李孝良老人口述内容整理。

乞讨要饭,更是交不上大差,后来把地卖掉交上大差。[1]

2. 杂差交往

1942年以前,村民以交大差为主,很少交杂差。但自1942年以后,村民要交的杂差逐渐增多。保里以家户为单位征缴杂差,增加了农户的负担,也激化了官民矛盾。村民要交的杂差,既有国民党中央军下派的军公粮,也有村中自卫队下派的名目繁多的差赋。为抗击进入洛阳的日本人,国民党中央军向各地官府下派军公粮,要求各地各村及时缴纳军公粮。

保甲长负责军公粮的征缴,不仅征缴麦子还有玉米、钱。保长按田地给各家各户下派杂差任务,然后由甲长和保丁负责催缴。即使杂差负担非常重,大多数农户也都尽量交纳,有些穷苦人家甚至把磨底上粮食都拿去交差。也有农户交不起杂差,这些多是由于家中发生天灾、人祸等,或者家庭太过贫困。交不起杂差的农户们,有些家即使借高利贷也不愿意得罪上头,有些交不起的就拖着,有些交不起的就外逃出去。

> 村民土匪孙发科借土匪毛竹邦之势,成立了石罢自卫团。孙发科手中有枪,巧立各种名目向百姓派粮、派枪、派钱,并且指明让村中有"头发"的农户(大户、富户)拿钱、拿粮,并且还要负责买枪。孙发科征缴的杂差,基本上是向富户硬派。有势力的大户、富户可以少交或者免交,没什么势力的富户只能向自卫团交差。若是不能及时交差,就会受到自卫团的惩罚。[2]

由于杂差名目繁多,村民负担过重,激化了各种矛盾。甲长不断地到各农户家中收缴钱粮时,引起了住户的抱怨,严重的会被住户轰出门外。甲长若是不能及时收齐钱粮,也会遭保丁们的打骂。

> 村民李孝良在担任甲长期间,有次向本甲的各家户收杂差钱时,有些家没有交钱,他也不好意思强要,最后没有把钱收齐。当他把收到的钱交给保丁时,保丁嫌钱不够,非常生气,还打了李孝良一顿。保丁不仅打了人,还恶人先告状。当时保长比较信任李孝良,没有让李孝良被诬陷。否则,李孝良既挨了打,还要花钱请客消灾。孙发科向富户和绅士不断地派粮、派钱、

---

[1] 根据李孝良老人口述内容整理。
[2] 根据徐建恒老人口述内容整理。

派枪，惹起众怒，后来被人打孽打死在杨湾。[1]

四、交往形式

传统时期，村民日常生产生活中的交往是非常频繁的，村民通过走人情、帮工、串门、娱乐的形式维持交往关系。这些交往形式产生了不同的行为模式。

（一）走人情

传统时期，各家各户都有许多人情往来。这些人情往来中，有亲戚、一自己的、街坊邻居或者是关系好的。有人情关系的农户之间逢年过节、红白事时相互走动，随礼份子，来维持人情关系。

1. 拉人情

在石罢村，弟兄们多的大户或者富户，与村中的大绅士、家中有人在外做官的人家拉人情的比较多，与一般的穷苦人家拉人情的并不多。家中兄弟少的、在村中没有仗势的人家以及独门独户的人家，非常注重拉人情。他们会通过各种办法与有身份、有势力、有文化、有用的人家拉人情，经常去给别人帮个忙，地里忙不过来时搭把手，或者是给对方送点新收的花生或者新磨的玉米面等等。过八月节的时候，给有势力的农户送上一斤月饼等。这样来往多了，就把人情关系拉上了。拉人情多以本街住户为主，其他街道拉得不多。石罢村比较大，没有全村范围内都拉人情的现象。李孝良老人认为，"人情往来是生活中必需的，但也不敢拉太多，因为付不起人情负担。欠别人的人情，总要想办法还上的，若还不上心里总觉得挺亏欠的"。

2. 走人情

拉上人情后，就要有人情往来。村民在婚丧嫁娶办红白事，孩子满月等，都要相互走人情。若是不去走人情就是失礼，以后两家也都很难来往了，甚至见面都会觉得尴尬。

办红事时，凡是平时拉上人情的农户都要去送礼份子，礼份子钱的多少取决于关系远近。舅舅、姑姑、叔叔、伯父、外公、外婆、爷爷、奶奶都是最近的亲戚，给的礼比一般亲戚给的礼要厚点，还要送些衣服、布料或者床单做添箱。过去上礼都是几毛钱，对于一般人家来说，钱来得太难了，他们都是咬着牙出的。远一点的亲戚随的礼会少一点，有的甚至送双袜子就来吃酒席。办满月酒，基本上有人情往来的人家要为主家"抓菜"，一般是菜、鸡蛋、面。关系近的，送礼分量多一些，关系远的送礼分

---

[1] 根据李孝良老人口述内容整理。

量少一些。办白事时，走人情一般不送钱，都是送礼品，比如六尺布等，撕个被面（1元多），或者做件衣服（1元多），甚至买双袜子。村民随礼时都要提前送，而且主家还要用账簿记录或者心里记着，不能打糊涂账。对方家中有红白事时，要及时给对方还上，免得心里有亏欠。石罢村内随礼都是拿钱或者其他东西，都不拿粮食。

3. 人情往来对等

在人情往来中，你给我多少，我也给你多少，一般是对等的。若是收了别人家的礼份子，不能对等还给人家，对方会觉得你太小气了。有些家中孩子少的人家害怕会出现这种情况，一是担心负担不起人情开支，二是觉得自己会吃哑巴亏，以至于不敢与孩子多的家庭拉人情。还礼时，通常是在对方家中办红白事或者孩子吃满月酒时还。若是人情没有及时送上，可在事后随礼，但是不能拖太久，都在一两天之内。过太久再送礼就不太光彩了，会让对方觉得你没把他当回事，看不起他。

（二）帮工

在石罢村，农户之间经常相互帮工。农忙的时候，有的农活需要各干各的，有的需要相互帮忙。麦收都在五月底六月初，大家都赶着割麦子，谁也没法帮谁。只有地少人多的农户在收完自家麦子后给他人帮忙。通常是兄弟之间或者是日常关系好的农户之间相互帮忙。村民李某与徐某两家关系非常好，徐某家人多，在自家麦子割完后，派家中的孩子到李某家帮忙。割完麦后，打场时合伙的几家分工合作，共同造场，然后各家的麦子拉到场里轮着打。打完后，有牲口的农户还会帮没有牲口的农户拉粮食。

种庄稼时，有些农户家贫，没有置办全套家具，所以要请人帮忙犁地、拉耧。李孝良老人家有耧，而且他用耧耩麦的时候是个好把式。四邻和平常关系好的人家都会请他去帮工。李大爷帮工时，也不收工钱，对方送点干粮贴个晌即可。传统时期的帮工都是如此，农户们觉得都是乡里乡亲，都有用得着的时候，不会计较太多。

（三）串门

串门是村民社会交往的主要形式之一。农闲时期，村民们会到居住得比较近的街坊邻居家，或者其他街道上的朋友家串门。串门有两种功能，其一是娱乐功能，大家闲来无事消磨时光；其二是可以打探消息。村中泥瓦匠人之间经常串门，打探哪里有活可干，请对方帮忙带着一起去。过去串门的通常是男性，妇女们大门不出二门不迈，主要是因为家务活比较多，所有较少出去串门。去串的门都是平时关系不错，能说上话的农户的门，关系一般的，就不怎么串门。去串门时，不用拿礼，也不用提前打招呼，直接过去。串门的人一般不在对方家中吃饭，他们在饭点之前都会离开，有些关系好的，也会在对方家中吃饭。串门聊天中，双方发生口角的，当时各退一步，当场就能解决。若口角比较激烈,关系闹僵了,以后就少串门了。

> 李孝良在农闲的时候,经常到本街和外街的熟人家串门。这些熟人都是泥瓦匠人,通过串门聊天,可以获取外出做工的信息,同时也为了能跟熟人一起干活而打声招呼。他与徐正祥两人关系非常好,有时候到对方家中串门时,会在对方家中吃饭。李孝良到灵宝干活时,徐正祥从东南街到东大街帮李家担水、磨面。两人谈话时发生争执后,一说和,就没什么矛盾了。[1]

(四)娱乐

冬天到街上晒太阳、打牌也是村民社会交往的方式。过去,石罢村民农闲时经常到集口或兴国寺门口晒太阳,还一起谈天说地,说古道今。到集口、兴国寺门口晒太阳的多是老人,老人到集口乘凉、晒暖,不需要提前约定,东大街、西大街离集口近的,就直接到集口坐着,其他人出了家门,看到集口有人,就会慢慢聚到集口。在集口晒太阳的人经常说说保里大事,谈谈各家小事,有时也会说说赶集遇到的奇闻轶事,有时还会为争吵的买卖双方、妯娌、弟兄断断道理。爱打牌的、要钱的人经常到牌场去打牌,他们通过打牌交往。晚上打过牌,赢家都要请输家吃饭。打牌的人都是酒肉朋友,在一起吃吃喝喝,不做正经事。

五、交往频度

就传统时期村民的交往圈而言,从邻居圈—熟人圈—乡亲圈,交往频度呈由高变低之势。首先,邻居圈的交往频度要高一些。街坊邻居都住得比较近,吃饭时大家端着碗到家门口吃,可以边吃边聊,另外早晚串门不用担心走远路,非常方便。远亲不如近邻,邻里之间生产生活上交往比较多。其次是熟人圈,村内的熟人会有交往,住得近的,来往会多点;住得远的,来往就会少一些。外村的基本上很少有交往。最后是乡亲圈。乡亲圈内的交往不太频繁,乡亲之间大多是点头之交,不走人情,也不帮工、串门等。

六、交往空间

村民的社会交往总是在一定的空间场域中发生的,这种空间场域包括私人空间和公共空间。村民在不同的空间中与不同的对象交往,处理不同的事务。

(一)私人空间

家是亲戚、朋友、邻居之间交往的主要空间。过去凡是亲戚来走访的,基本上要

---

[1] 根据李孝良老人口述内容整理。

到家中吃住。主家会将亲戚请到上房屋里说话吃饭。若是儿媳妇的娘家人，到上房屋跟老人打过招呼后，就在儿媳妇的屋中说话。朋友、邻居之间相互串门也是到家中，一般是谁的朋友到谁屋中。有时候，街坊邻居也会3—5个人聚在某家门口谈天说地。打牌人也在农户家中，没有专门的牌场。

（二）公共空间

集口与兴国寺门口是村民常去晒太阳、闲聊的地方。石罢村的集口位于东大街西头到姬家祠堂的位置，村中闲来无事的老人都在此处聚集，冬天在集口晒太阳，夏天在集口乘凉。集口地方比较宽敞，经常有7—8个老人聚在那里说话。年轻人也可以到集口去，妇女基本上不去集口。集口即是村民们休闲娱乐之地，也是村民吵架纠纷的评理之处。家中有矛盾，或者当事方因为买卖纠纷当街吵架，当事人都可以到集口说事，请集口的老人们说理。

兴国寺门口即是村民们闲来无事，谈天说地的地方，也是保长办理公事的地方。兴国寺门口非常宽敞，冬天时村民们会到寺门口晒太阳，聊聊天，也有要卖地的人家到兴国寺门口散布卖地消息。另外兴国寺门口也是村里人交差粮的地方，各街道村民把差粮都拉到兴国寺门口，排着队交差粮。

七、交往关系

（一）交往与国家关系

保长是国家权力在村庄中的象征，在村中具有很强的权威性。保长分派的各项任务，村民都要服从。不论是交差粮、服徭役，村民都要按期、按量缴纳。家中没有粮食的或者抱怨差粮多的村民也没有起来反抗。到1949年前，村中没有发生过告保长的事，村民认为过去都是官官相护，民告官啥时候也不会告赢。村民们平时见到保长也会打声招呼，按着辈分称呼他们。村中一般人家不会给保长家干农活，逢年过节也不去给保长送礼。

（二）交往与村庄关系

村庄内通过社火，修堤坝、挖水沟等进行社会交往，村民的村庄意识比较强。每到汛期，伊河发洪水时，石罢村民都是往堤上跑，大家都会带着铁锹到堤上护堤，保护村庄。另外，到李村、庞村赶集或者洛阳县赶集时，遇到有困难的本村人，也会伸手帮一把。石罢村的社火形式比较多，有时也到外村去表演，与外村发生冲突时，本村人也都会前去帮忙。

第六节 流动与流动关系

明清时期的移民政策，导致外地人陆续迁入村庄。石罢村的原住民和外来移民在村庄安家落户后，很少向外迁徙。只有在遭遇灾荒、躲避赋税和兵役时候，才会迁出村庄，谋求稳定的生活。总的来说，传统时期的村民流动不频繁，规模较小。本章从个体和家户流动的层面展现传统时期石罢村的社会流动情况和流动中的关系。

一、社会流动

（一）迁出

石罢村中流传着"秦半边、郭半沿"的说法。郭家仍有后代在村中居住。但是秦家在石罢村已经没有后代，根据东柿园村的秦氏族谱的记载，柿园村先祖秦新德（1853年）出生后，就一直住在杨湾村的舅舅家。清朝时期，秦家因天灾人祸，已经败落，秦家田地已经易主，村中于是再无秦氏族人。虽然秦家在石罢村已经无后，但村中仍有秦家坟地，以及河口路以西秦家旧宅的墙。另外，村中仍流传着火神爷教训秦家的传说。

> 根据秦氏家谱记载，东石罢村（石罢村）先祖们当年是从山西洪洞县移民中与郭氏家族同时定居东石罢村的，是这里的最早居民。经过先祖们的努力奋斗，艰苦创业，得到了长足发展，人丁兴旺，家业丰厚。先祖曾有讳"秦百二"之称，即有田地一百二十顷……东石罢直近流传着"秦半边，郭半沿"的佳话。后来或许是天灾人祸，东石罢如今没有一户秦氏族人[1]。

除秦家外，其他姓氏中因家贫、逃荒而迁到外地，基本上迁到洛阳附近的地方。姬姓族人迁到陕西宝鸡、河南三门峡、洛阳栾川等地；李姓有一支与1880年迁入袁付南村；徐姓有人迁入李村南街、草店村；另外振兴有一支迁入汝州夏店甄窑居住。在1942、1943年期间，河南省遭受"水、旱、蝗、汤"四大灾害，石罢村因为有水井，可以灌溉，所以外出逃荒的人不多，只有少数村民到外地逃荒。这些逃荒到外地的村民，不用经过保长同意，也不用在保里登记。外出逃荒并且有少量田地的农户，都带着地契去逃荒，将家里的田地转给"一自己"或者亲族人耕种，税赋则由种田人交到保里。

---

[1] 秦氏族谱之家谱（2006年印）后序。

村民姬根山带着全家人逃荒到陕西宝鸡，在逃荒的路上，将女儿卖掉换取粮食。到了宝鸡落脚后，姬根山在当地为儿子娶了媳妇，后来带着一家人重新返回石罢村。村民姬武三逃荒到陕西宝鸡，是做生意出去的。土改时，包括姬武三在内的许多在外逃荒的村民都返村参与分地[1]。

（二）迁入

1949年前，石罢村的23个姓氏中，左、周、孔、郭姓为石罢村的老住户。孔姓是元朝时期为躲避洛阳孔姓的一支为躲避动乱，定居到石罢村。"若问古今兴废事，请君只看洛阳城"。朝代更迭，洛阳地区经常兵荒马乱，死伤无数。明清时期，在国家移民政策下，陆续有姓氏迁入石罢村。姬、徐、孙、李、张、甄、王姓都是从山西迁入洛阳，定居在石罢村。其他姓氏都是在清末民国时期，通过联姻、住亲戚家、买地等方式从邻近村庄迁入石罢村。自明朝以来迁入的姓氏中，姬、徐、李、张、甄等逐渐发展壮大起来，成为村中的主要大姓。孔姓由于迁入的时间比较早，成为继姬、徐、李之后的又一大姓。

当时迁入到石罢村的各姓氏先祖，有官府分地，也有的是后来购买田地，在石罢村居住的。凡是在石罢村中有田地，有房产的，都逐渐成为石罢村民。他们也都在保里的户口登记册上，并且按照标准缴纳差粮、服徭役和兵役。

二、流动关系

第一，流出的关系。从石罢村迁出的农户，基本上是迁到亲戚所在地。秦家败落后，其子孙秦新德居住在杨湾舅舅家，后来在东柿园村买地定居。东柿园村与石罢村一路相隔。秦家后人每逢正月十九祭祖时，还要到石罢的秦家坟地上坟。后来迁出村庄的姬姓、徐姓、李姓等村民，大多是因为买地、做上门女婿、住舅家、当长工等原因，而定居到外村。这些村民的迁出年代不一，到了民国时期，村民迁出村庄，要到保里办理迁移手续。迁到外村后，也要报告外村保长，购置田地、房产后，也要到保里进行登记。

第二，流入的农户与村庄的关系。从明清时期迁入石罢村的姓氏，有些姓氏逐渐地发展壮大，成为村中的大姓，如姬、徐、李、孙、张等，其他一些姓氏规模不大，在村中属于小姓。还有一些民国时期迁入村庄的姓氏，户数比较少，如石、田、肖、杨、闫、胡、高等姓，都只有2—3户人家。民国时期迁入石罢村的，都要办理相关手续，要到保里进行人口信息登记。一些小姓为提升自家势力，通过姻亲、结干亲等方

---

[1] 根据李孝良老人口述内容整理。

式与大姓攀关系。

> 村民闫章文与父母曾经居住在临近的柿园村，后来因其在石罢村的外祖父生病需要照顾，全家随母亲搬迁至石罢，并且继承了外祖父的遗产，后来就成了石罢人。传统时期，保里每年年底也要对保中人口信息进行登记。当时户口管理比较松散，凡是在村中有地、有房产的都会被登记到保里的人口账簿中，这些人都是石罢人。[1]
>
> 村中丁某擅长唱曲拉弦，与东西保长交往多，关系非常密切，让自家的两个侄子分别认东、西两保保长为干爹。认保长为干爹的，可以不用被抓壮丁，另外保里要出差、摊工时可以捞个美差，遇事时也能得到保长的庇护。[2]

第七节 分化与群体关系

1949年前，石罢村民主要以农耕为生，但是由于人多地狭，土地收成有限，不少农户从事多种职业来养家糊口，维持生计。因此，石罢村民中出现了职业分化，进而产生了村民的阶层分化。由于各姓氏迁入时间早晚不一，发展规模不同，也出现了血缘分化。本节重点考察石罢村内的社会分化以及分化后的群体关系。

一、职业分化

（一）职业分化类型

1. 农业

传统时期，石罢村民都以务农为生，大多数住户有田地，尽管数量不一。只有少部分人家几乎没有田地。1965年土改复查时，全村总人口2262人。其中地主11户，占有土地322.9亩，富农8户，占有土地220.4亩，下中农129户，中农118户，贫农192户。土改之前，新村共有268户人，共有土地352.4亩，人均土地1.315亩。其中地主、富农人口19人，拥有土地99.9亩，人均拥有土地5.258亩；其他成分的249人共拥有土地252.5亩，人均拥有土地1.014亩。地少的穷苦人家，种田基本上是仅能糊口，生活非常艰苦。地多的人家，收的粮食比较多，余粮可以买地，也可以去放贷，生活条件要高一些。由于石罢村水源比较丰富，村民们除了种田外，有些人家还种植

---

[1] 根据闫章文老人口述内容整理。
[2] 根据徐建恒老人口述内容整理。

蔬菜，收成比较好，"一亩园等于二亩田"。在石罢集市还在村时，经常有农户挑着蔬菜到集市上卖，来补贴家用。

2. 商业

石罢村河口路通往渡口。石罢渡口是周边地区最大的渡口。清朝时期，石罢建制为镇时，渡口规模非常庞大，有渡船20多条，船工数名。伊河涨水时，沿河的各渡口均停渡，只有石罢渡口仍能运送货物以及行人。石罢渡口上非常繁忙，从下游巩义来的日常生活用品，以及从上游栾川、嵩县下来的木料、山货等都在此交易。渡口的繁荣带动了石罢商业的发展。石罢村的东大街是石罢的商业街，街道的南边都是门面房，有粮行、花行、布行、染坊、杂货铺、豆腐作坊、杀坊、饭铺、竹编铺、药铺等。

到了民国时期，由于伊河连年涨河，河水经常进村，石罢集市逐渐萧条，最后挪移到庞村。后来石罢村再无集市，一直到1949年前，村内有4家饭店，分别是李锁乾、李宣、姬随富、孙全生4家；卖凉粉的有徐生、徐改元2家，卖包子、馒头的宋太河家，卖布的吴玉西家，开杂货铺的褚天来、张七星2家。除此之外，还有其他做小生意的，根据村民徐建恒老人的统计，村中做生意的共有48人。这些开商铺的人家，家中也有田地，做的都是小生意，能达到中等生活水平。这些人家在村中的地位比较高，孩子们比较容易说媳妇。另外，这些做小生意的商铺与保里打交道比较多，保长、副保长、保丁经常到饭铺吃饭，另外接待上面来的官员也都是在饭铺吃饭。

3. 手工业

（1）泥瓦匠

第一，泥瓦匠的概况。1949年前，石罢村也有些村民从事小手工业。由于石罢村经常受伊河水患侵袭，房屋倒塌时有发生，有不少村民在不断地建房、修房中成为泥瓦匠。村中泥瓦匠人有80多名，基本上是成年男性，没有女性做泥瓦匠人。这些泥瓦匠人每年在农闲时节就到村外建房，养家糊口。

第二，泥瓦匠的出身。石罢村中的泥瓦匠人基本上是穷苦人家出身，他们口才差，不会做生意，也没有其他技能，只会出卖劳动力。泥瓦匠的工作特别劳累，村中的富户、有本事的人家不会让自己孩子做泥瓦匠人。许多泥瓦匠都是十六七岁开始拜师做匠人，有的是父母托付那些成熟的泥瓦匠人帮忙带着，有的是自己直接找泥瓦匠人学艺。年龄太小的，力气不足，不能跟着师傅学。一个师傅一般带两个徒弟，一个成熟一点，一个新一点，这样老的带新的，师傅能有精力手把手教他们。村民李孝良20多岁时，向本族的李姓高手匠人学习手艺，随后经常跟着师傅外出建房。

第三，泥瓦匠的收入。泥瓦匠人的收入与他们的级别有关。泥瓦匠人有三级，学徒工、小工和大工。学徒工专做打杂工作，在初学的三年内，由师傅管伙食但不拿工资。小工是水平一般的匠人，负责一些重体力劳动的工作，比如搬土坯、红砖等。小工的工资要比大工少点。其中大工是成熟匠人，也被称为高手匠人，能熟练掌握建房所有关键性工作的技巧，每天能赚一块钱，差不多也是一天 1 升麦子。盖好房子后，大工还能收到房主额外的谢礼。谢礼通常是馒头、油条、麻糖等吃食。

(2) 其他手工业

为服务于农业生产的需要，以及村民日常生活的需求，石罢村中还有铁匠、木匠、豆腐匠和染布匠。其中铁匠有焦春、孔豹、西南街的苗新有和卢明圈、西大街的姬常山和姬士旺、东南街的徐根生。木匠有吴冬、徐玉祥，豆腐匠有褚久长，染坊匠有李春三父子等。这些从事手工业的匠人都出身自贫苦人家，外出学艺学成后，在村中做些手工制品。技术水平越高，生意就越多。这些匠人都是有手艺的人，能靠手艺养活家人，收入比种田要高。这些村民都算是村中有用之人，农户们都愿意与这些人家搞好关系，这样方便修理农具、制作家具等。这些手艺人在村中地位比较高，他们家的子女结亲比较容易。另外保里也不向手艺人收保护费，手艺人也会与保长搞好关系，这样保长在派差时，会给他们一些好处。

4. 服务业

(1) 船工

第一，船工的概况。1949 年前，石罢村在伊河有渡口，姬姓两户人家有船，经常来往于伊河两岸。一条小船上需要 3 个船工，一个扶舵，两个撑船；大船需要 4 个船工。过去当船工的一般是穷人家，父子一起干，很少雇佣外人撑船。船工必须懂水性、会洑水。村民姬万锁的爷爷当家时期家中买了条船，和姬万锁的父亲一起在船上做船工，后来村民李某也到船上做船工。

第二，船工的收入。石罢村的渡口是伊河中下游一个相对较大的渡口，来往坐船的客人比较多，船主收入非常可观的。本村人过河不掏钱，邻村人过河也不掏钱，但是要收粮食。每年麦收、秋收的时候，撑船的要到各村的保里收粮食，都是公家出，一般是一二百斤麦子。麦子收回来后，撑船的几家人将其共同分配。除此之外，其他人过河也要收费，一次差不多是一毛两毛。石罢村民姬金土和姬东海家的客船一次能坐 30 人，中间有不少外乡人，他们也向船主掏过河费。另外，谁家过好要用船时，要提前与船主打招呼，还要给船主送点礼，通常是送块肉。姬姓甲家雇佣的船工李某没有报酬，因为船主经常帮助李某，照顾李某儿子吃住，为李某儿子主持婚事等。根据村里老人李孝良、姬万锁讲，撑船摆渡生意都是好生意，家中啥时候都不缺钱花，而且还能吃到白馒头。所以后来也有不少村民相继买船在渡口摆渡，如李孝科、姬八四、李孝旭、孔全水、姬连生、李应有、姬石成等人。

（2）唱戏人

第一，唱戏人概况。1949年前，石罢村中有一二十人经常在村内、村外唱戏。5—6人搭成一个戏班子，就可以唱戏了。村中也有不少村民跟着师傅学戏的，另外也有人专门请剧团到村中教戏。各个年龄段的人都可以去学戏。村民李银柱爱好唱戏，经常到邻近村庄唱戏。村民李长江是洛阳县非常有名的唱戏人，李长江的戏场场都是观众爆满。

第二，唱戏人的出身。传统时期，基本上是男的出去学戏，许多唱戏人都是穷苦人家出身。村中孔祥吉、周金聚、李三生、孔太火、张六安、孔周金、李长江等都是家庭非常困难，学唱戏还可以赚点口粮。很少有富裕人家唱戏的，不过也有些富户爱好唱戏。徐玉祥属于村中的富户，此人爱好唱戏，当保长期间也经常唱戏。

第三，唱戏人的收入。村中的大多数唱戏人家中也有田地，平时都以种庄稼为主，只有农闲的时候才去唱戏。在正月里临近各村都有庙会，外村的社里经常到石罢村请戏班子，石罢村也邀请外村的戏班子到村中唱戏。社里管戏班子饭，摆酒席好好招待，不再另外给钱。石罢村的唱戏人基本上没有什么收入，他们唱戏是兴趣爱好，并不以赚钱为生。

富户为家中老人祝寿时，请本村或外村大一点的戏班子到街上唱三天大戏。戏班子有名气，唱得好的，主家要给戏班子掏戏价。石罢村唱戏人李长江在洛阳县内非常有名气，有很多戏迷。不论他到哪个村唱戏，都有戏迷给他送吃、送喝、送穿的。

（二）职业分化与群体关系

1949年前，农业、商业、手工业和服务业中，各群体在村中的地位不同。由于农业收入比较有限，村中地多的东家，只要有条件的，都会让儿子们出去做生意。有些地少的农户，能说会道，家中有本钱的，也会去做点生意，也有些学点手艺，太老实的就只能在家种田，或者给地多的农户扛长工、打短工。在石罢村中，老实巴交，只会种田的农户在村中的地位比较低，种田收入少，生活困难，很难为儿子结亲。会做生意，以及做泥瓦匠、铁匠、木匠，或者做船工、唱戏的人，只要有本事能赚钱，都能达到中等生活水平。他们不算大富，也不太穷，平时吃杂粮比较多，但是也能吃上白面。这些人家都有手艺，能养家，他们家的儿子结亲比较容易，媒婆非常愿意为这些人家介绍。另外这些人家都是有用之人，都能被人用得着，所以村民们会高看他们，会按照辈分称呼他们。村民也会让自家孩子跟着这些匠人、手艺人做学徒，学会手艺来赚钱养家。

村中做生意的店铺基本上是赚保里的钱，他们也会给保长、副保长、保丁一些好处，这样就可以多记些账，多赚点钱。手艺人外出干活，或者唱戏人在本村或者外村唱戏，都不需要报告保长、甲长，也不用向保里交税。但是这些手艺人仍然出工，保里需要修建学校、庙宇、桥等，也会给这些人派差。另外，手艺人、做生意的人家只要符合规定，也会被保里抓壮丁。

二、血缘分化

在石罢村中，姓氏群体呈分片集中居住之势，大姓的分片集中居住最为明显，其中姬姓最为典型，姬姓族人都居住在西大街和西南街，占据了村庄聚落的西半边。李、孔、张、徐都集中在村庄聚落的东半边。小姓散落在大姓中间，同样是由点向外扩散，形成小片。以血缘为纽带的居住格局，一方面源自分家，另一方面也是为了能相互照应。

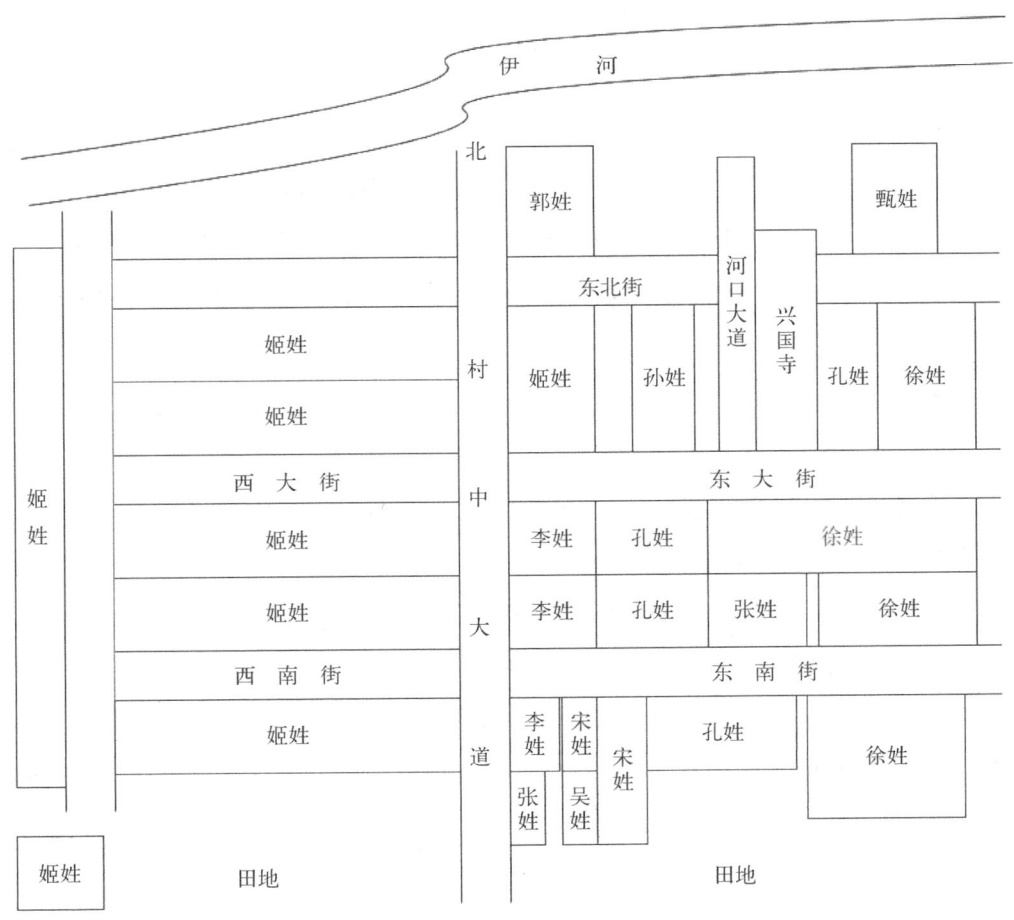

图 4-5 1949 年前石罢村主要姓氏居住分布图

石罢村中，各姓氏血缘群体在居住以及财富上的分化，形成了特殊的群体关系。首先，村庄治理权力的姓氏化。石罢村东（九）西（十）两保的保长基本上由大姓村民担任，小姓村民都没有担任过保长。九保的保长主要由徐姓村民担任，1940—1948年间，保长先是徐文祥，后是徐秋明、徐明理、徐进和、徐银东、徐平和。十保保长则主要由姬姓村民担任，1940—1948年间，保长先后为姬文生、姬学韦、姬四柱、李应少、张春、姬崇节。其次，村庄手工业的姓氏化。为应对伊河水患对房屋的破坏，石罢村出了不少泥瓦匠人。这些泥瓦匠人，也呈现血缘分化。徐姓、李姓的泥瓦匠人非常多，张姓、孔姓、郭姓也有少量的泥瓦匠人。借助血缘关系，亲族内可以跟着手艺好的泥瓦匠人做学徒，这样亲族之间相互帮带，使匠人群体逐渐集中在徐姓、李姓中。

第八节 冲突与冲突关系

传统时期，石罢村村民居住较为集中，人口规模较大，且阡陌相连，百姓生产、生活中的交往较多。经过长期生活经验的积累与沉淀，村庄形成能有效调解村民关系的乡村规则，维持了村庄秩序的基本稳定。迁入的移民家户逐渐适应村庄的交往规则，融入村落社会中。村民在日常的生产生活交往中也会产生冲突，在解决冲突关系中积累出不同的经验。本节主要从村民的地界房界冲突、日常生活冲突考察石罢村的社会冲突与冲突关系。

一、冲突类型

（一）家庭冲突

1. 婆媳冲突

婆媳矛盾的发生。不论是大户人家还是小户人家，婆媳之间都可能发生矛盾。婆媳矛盾通常是由家中事务引起的，在儿子多的家庭中，由于各个儿子能力、性格不相同，必然会遭到母亲的差别对待。对于这种差异，媳妇认为是婆婆不能一碗水端平，不能公平对待各个儿子家。另外，媳妇们也会抱怨偏向有本事的儿子、媳妇以及家中的孩子，对老实没啥本事的儿子、媳妇和家中孩子们不好。媳妇觉得婆婆重男轻女，特别优待生孙子的儿子家，将好吃的都留给孙子；对生孙女的儿子家不公平，也不分给孙女好吃的。还有些媳妇抱怨婆婆给妯娌们分配的家务多少不一样，帮这个不帮那个等。诸如此类事情都会导致婆媳之间发生矛盾纠纷。

婆媳矛盾也可以请门前门后的说事人调解。婆媳矛盾的调解一般是婆婆请街上理明的老太太或者是三四十岁理明的中年妇女帮忙调解，不请男性说事人调解。婆媳矛盾都是家丑，一般在家中调解，不会公开地在人场上调解。老公公与婆婆站在一边，儿子与媳妇站在一边。因为儿子离了娘能过日子，离开媳妇不能过日子。但是调解婆媳矛盾时，老公公与孩子们都不参与其中。说事人一般劝说双方以和为贵，对双方都劝解一番。婆媳矛盾能调解好的，双方仍亲如一家；若是不能调解好的，婆婆就给孩子们分家单过。分家后，婆媳基本上不来往，但是儿子还要孝敬父母。

2. 妯娌冲突

1949年前，大家庭在没有分家前，妯娌们也经常闹矛盾。妯娌矛盾和婆媳矛盾经常相伴而生。妯娌们多因家务分配、相互攀比、计较而心生怨怼，也会因为公婆的区别对待而矛盾丛生。妯娌矛盾有时候明面化，在家中公开吵架、甚至打架，有时候在背地里做些手脚。

妯娌矛盾先由婆婆解决，然后再请街上的会说事的妇女调解。婆婆在分配家务时尽量做到一碗水端平，对待孙子孙女们尽量公平，以免惹下祸根。若是妯娌之间有其他矛盾，婆婆私下里逐个劝解，或者给那些不太讲道理的媳妇多点好处，来维护家庭和睦。有些时候婆婆解决不了媳妇间的矛盾，就也会请街中关系较好、明理的老太太从中帮忙调解纠纷。能调解好的，就还能亲如一家人；若无法调解，只能分家。村民李某的妻子比较强势，嫉妒嫂子生活好，经常在院子中骂架，有时甚至殴打嫂子。老人在中间无法劝解，最后只好分家分院。

村民徐某家弟兄四个中有三个在家种庄稼，三个媳妇做家务时因做饭时间、多少，厨具清洗不干净等问题闹矛盾。时间久了，妯娌们闹得不可开交，婆婆从中调解也无济于事，请人调解也解不开纠纷，最终婆婆只好给孩子们分家，让他们单过分灶吃饭。分家后，妯娌们各过各的，矛盾会减少许多，但仍住在一个院子中，也会因为鸡毛蒜皮小事产生口角。婆婆会出来规劝双方，媳妇们听劝的会和解；若媳妇们不听劝，婆婆也没有办法，就不管了任媳妇们在院子中骂架。弟兄们一般不参与妯娌之间的矛盾纠纷，妯娌在院中吵架，丈夫们批评自家媳妇，不会批评嫂子或者弟妹。

3. 夫妻冲突

在石罢村中，只要男人干正事、挑担子顾家，夫妻俩就不会有太多矛盾。1949年前，石罢村穷人多，很多都娶不上媳妇。好不容易娶到媳妇的，都会非常珍惜媳妇，一般也不会与媳妇闹矛盾。即便如此，夫妻之间也会因为一些观念差异而发生口角。除此之外，丈夫赌博、有外遇，或者是好吃懒做不顾家也可能发生纠纷。妻子批评丈夫，丈夫不听，两人就会吵架。村民孔某赌博成瘾，经常晚上外出赌博。妻子管不住丈夫，与丈夫经常吵架。婆婆也来帮忙，尝试用各种办法阻止儿子赌博，但儿子还是经常外出赌博。婆婆经常因此事大骂妻子不能管住丈夫。

夫妻之间的矛盾，很少有外人参与调解。通常是家中老人或者妻子娘家人来调解，批评丈夫，劝解妻子。若是夫妻双方闹到不可开交，矛盾无法解决，妻子忍受不了丈夫，也会改嫁，但丈夫休妻的比较少。

4. 父子冲突

在石罢村，有谚语，"妻贤夫祸少，子孝父心安"。在勤劳本分的人家中，只要儿子孝顺，父子之间就没有什么矛盾，父亲也会给孩子们安排好建房、娶媳妇等各种事务。父亲在家中地位非常高，掌握着家中的各种生产生活资源。在没有分家时，父子矛盾纠纷主要由于父亲管教太严，或者父亲赌博，挥霍家产，或者父亲特别懒惰，孩子们看不惯，双方就会闹矛盾。

父子之间的冲突纠纷通常请家中有威望的叔伯来调解。叔伯可以对父子双方批评规劝，缓和双方的关系。在孩子还没有结婚时，即使父亲管教过严，孩子们也必须听父亲的，毕竟依靠父亲生产、生活、娶妻、建房；若是不听父亲，老人不管儿子娶妻，儿子也没有办法。在儿子结婚后，父子有矛盾，就分家各过各的。不过，儿子照样需要赡养老人。

5. 弟兄冲突

亲兄弟之间一般很少直接闹矛盾，兄弟矛盾多是因为媳妇之间闹矛盾，时间久了，兄弟之间也会起冲突。弟兄纠纷通常由父母从中调解，或由舅舅从中调解。相对于叔伯而言，舅舅与各个外甥远近相同，做事比较公正。舅舅在调解时，说话非常"当家"，弟兄们都听舅舅的，要不然就会与舅舅家闹矛盾，以后就很难去走亲戚了。若是调解不成的，就只能由父母和舅舅主持分家。分家后，弟兄们各过各的，基本上也就没有什么矛盾。但是弟兄分家后，通常住在一个院子里，也会产生矛盾。村中徐姓两兄弟分家前妯娌之间就闹矛盾，双方也是积怨很深。分家时，两兄弟的田产是前后分开，出路和水路在分单上都写得一清二楚的，但是哥哥不让弟弟用出路，两家为此经常吵架，甚至打架。弟弟家中有枪，在村中也算是"刻意手"，为此将哥哥一家全部打死。

（二）家族冲突

1. 家族内冲突

1949 年前，家族内的成员的居住点相对集中，都在一条街上，或者一片区域内。"一自己"亲戚中，大家对脾气就能经常来往，不对脾气的就很少来往。石罢村家族内纠纷多与房界有关系。房界纠纷基本不请族长调解。村中家族观念已经淡泊，族长基本是有名誉的。除非担任族长的村民在村中非常有势力、有脸气、说话有响声，他们会以私人的名义参与纠纷调解。房界纠纷的调解过程参见后文叙述。

2. 家族外冲突

在石罢村，家族内成员与家族外村民通常是因争风吃醋、赌博打架、欺男霸女等发生矛盾，也有双方因房界、地界发生矛盾纠纷的。第一类纠纷很难通过调解来解决，一般通过"打孽"或者私下的暴力来处理。第二类可以通过调解来解决，多是纠纷双方找说事人进行调解，可以请街前街后的说事人，也可以请村中的大绅士。

对于家族外的纠纷，双方家族一般不出面解决问题，族长不会代表家族从中调解，当然有时也会有"一自己"的亲戚打抱不平帮忙解决。1942年以后，采取"打孽"解决第一类家族外纠纷的比较多。邻村的大庄村民周姓人家搬迁到门庄王姓表哥家。其王姓表哥是个土匪，因外人挑事非传言表弟与嫂子有染，在门庄河滩将其表弟打死。后来门庄又来了一拨土匪，在梁某的带领下，将前述表哥、与其弟弟、弟媳、母亲全部打死。王姓一自己亲戚将王某全家埋葬后，决定召集家族成员为王某报仇，便组织人依靠洛阳专区保安团团长高安的武器支持，花钱找彭店的大土匪帮忙，将梁某全家打孽打死。

（三）产权边界冲突

1. 房界冲突

1949年前，村民与邻居因房界产生的纠纷比较常见。石罢村内同姓家族居住较为集中，一般住在一条街上，或者某一片上，比如姬姓人家都居住在石罢村西边的西大街和西南街。一自己的亲戚若是邻居，通常会因为房界发生纠纷。传统时期，许多穷人家建房都要共墙，有些家把玉米秆捆成捆，立在界线上当作院墙，也有些家用土墙做院墙。一方邻居要盖偏厦时，就要在两家院子的院墙上盖共墙。盖共墙，双方要确定中线，以及商议盖共墙的对钱事宜。有些家因为中线的位置会与邻居闹矛盾。修建共墙需要双方共同出钱，A方先盖房子B方不盖时，B方要出一半钱。若是当时不出，就什么时候盖房什么时候出，但是要补现时的钱。这是村民建房的潜在规则，有些邻居不愿出钱，或者对出钱多少有意见，双方都会闹矛盾。另外，在A方先盖好房子后，B方在三五年内盖房，盖房时将自家房子的高度盖得超过A家一砖，这种情况在石罢村被称为压气，意思是压人一头。A、B两家也会因此而闹矛盾。

"一自己"因房界闹矛盾，不用请人来调解，只要拿出房契，找出房子的老根基，以老根基的中间为界限盖共墙。盖共墙时，双方都要在场，双方都认同后，匠人开始垒砖。若是因为建共墙对钱和"压人一头"产生矛盾纠纷，就请说话有分量、做事公正的说事人进行调解。中间人说事时，是非都比较分明，说事人通常劝说挑事一方按理行事。一般情况下，挑事一方也都会听说事人的劝说，若是不听劝说，中间人也不管。最后挑事的人感觉自己吃亏后，也会请人调解纠纷。闫章文大爷家盖房子时，与邻居商量共同建共墙。当时对方不出钱，后来闫章文大爷就只盖一半的共墙。在盖了不到一米高后，邻居又后悔了，于是请说事人帮忙调解。最后，邻居既出了一半钱，又在街上丢人。双方调解后，不用写协议，院墙就像石碑，建好后就是证据。

2. 村落边界冲突

两村庄因地界发生纠纷时，通常是通过打官司解决矛盾。石罢村曾与柿园因巡逻边界发生纠纷，并且惊动了庞公乡和洛阳县衙。当时问题非常严重，保长组织村中绅士到兴国寺开会，商讨解决办法。最后村中能人马思远出主意，让各街道的绅士回家拿量地的弓，然后记到大庙的旧账本上。双方拿着旧账本到庞公乡公所与柿园村打官司。石罢村能拿出证据，而柿园村却拿不出非常有利的证据。石罢村民马思远在庞公乡是有名的大绅士，影响力非常大。最终，石罢村赢得了官司。

3. 田埂过界冲突

在石罢村，除河滩地没有地契，其他庄稼地都有官府颁发的地契。地契上都标明了四至、面积。地邻居都是根据地契确定地界，地界下面有灰橛，田埂都修在两个地界的连线上。地邻居之间由于经常使用田埂而踩踏田埂，于是每年都要修复田埂，双方会因为田埂有意无意过界而产生纠纷。

地邻居因田埂过界产生的纠纷，双方不需要找中间人说和，都拿出地契就可以自行解决。双方会先找地两头的地界，若是地界松动并发生挪移，就要找地界下面的灰橛。灰橛是一米多长的火柱，在地下扎得非常深，并且在火柱的四周灌上白灰，很难被随意挪动。双方找到灰橛后，用线绳将两头的灰橛点连在一起，就是地的边界，然后在边界线上重新修田埂就可以了。

4. 踩踏田埂冲突

在石罢村，田埂都是地邻居两家共用的，由于比较窄，基本上只能行人，不能过车。农户一般走共用的田埂，不会走地邻居家田内的田埂。有些农户在麦收或者秋收时，要从田埂上过车。由于田埂比较窄，所以只能一边走田埂，另一边走田里。地里长庄稼时，不能从对方的田里过；没长庄稼时，空车可以过，但重车不能过。有些农户不愿意车走自家的田地，就不经地邻居同意走邻居家的田地，踩踏地邻居的庄稼；或者拉着载满粮食的车走邻居家地，将邻居家的地压实影响庄稼生长，就会造成矛盾纠纷。在踩踏田埂上发生纠纷时，受害农户一般会告诉对方，也会直接骂人。对方理亏的话，以后也不敢在走地邻居家的田地。

（四）社会冲突

1. 打牌冲突

在石罢村的集会上、庞村、李村、水磨头村的集会上都有押宝赌博的摊点，参与的押宝的有押家和抵家。押家输钱多了，急红眼了，也会与抵家闹矛盾。这种打牌纠纷，由其他参与赌博的村民做中间人进行说和，最后赢家吃点亏，输家少输点了事。

2. 集市冲突

石罢村，集市纠纷主要有两类，一类是商贩占位置闹纠纷，另一类是买卖双方之间的纠纷。石罢村每年有6个定期大会，在每年的6次大会开集之前，做生意的人都要提前到集会点占地方，放个石头或者木棍等做标志。A家本来占的地方小，相邻的B家本来占地方大，第二天开集时，A家侵占B家的空间，从而引起双方矛盾。在每年的6个大会上，以及东大街的集市上，买卖双方进行交易时，也会因卖家缺斤短两引起矛盾冲突。

集市纠纷通常由东大街集口处的说事人调解。集口的说事人通常是村中的闲人、老人，他们闲来无事经常聚集在集口看热闹或者为人断理。集上发生矛盾时，矛盾双方相互吆喝着到集口请说事人说事。说事人先让双方摆明事由，然后根据双方事由，辨别是非曲直。集口说事人比较多，大家七嘴八舌对理亏方批评教育，对占理方夸赞劝说，把矛盾解决掉。矛盾解决后，占理方身上带有烟的话，给说事人发一些就可以了，不用再付给说事人报酬。

二、冲突关系

（一）冲突与村庄关系

村民之间发生的纠纷，不论是家庭内部冲突，还是家族冲突、产权边界冲突以及其他的社会冲突，都会影响到邻里、街坊的和睦关系。有些冲突并不严重，或者并不急需解决的，比如邻居之间或者街坊上的住户发生口角，吵架时，可能有人拉架，平息后两家关系会变淡，互不来往。冲突若涉及切身利益，并且非要解决不可，主要通过调解来解决。分家时弟兄、妯娌的冲突、产权边界的冲突等，当事人请第三方如舅舅、叔伯、村中的绅士帮忙调解。中间人对利益冲突各方进行开导、批评教育，最后将矛盾解决掉。长辈和绅士都有权威，他们做事比较公道，而且也能"压事"，基本上能将冲突调解开。冲突解开后，当事人双方在平时的生产生活中帮个忙，中秋节时送个月饼，久而久之后，两家关系慢慢融洽。

1940年，日军侵略洛阳后，基层社会管理逐步涣散。尤其是1945年以后，石罢村处于无人管的状态，土匪横行、打孽成风。有些村民之间难以解决的矛盾纠纷就会引发"打孽"。打孽的原因有很多，抢夺、放火、强奸等都有可能诱发打孽，有时也会因得罪土匪而遭打孽。有邻居之间打孽的，也有亲兄弟之间打孽的，也有一条街上、一个村内的人打孽的。打孽的双方有的是因为积怨已久、仇长恨深难以调解，也有的素来无怨，平时无恨，只是因为几句闲话闹矛盾。受害人家家中有人势或者有钱势，就会请外村的土匪去将仇家打死。也有些打孽的人手有土枪，或者有土匪、恶霸在背后撑腰，或者是村中的"可意手"。根据村中老人的不完全统计，1948年前，村中共有14人因打孽而死，其中姬姓有9人，孙姓有2人，徐姓、李姓、杨姓各1人，另外还有1人是到石罢卖盐的盐商。由于当时乡公所、县政府基本瘫痪，所以打孽后也没有追究凶手责任。据李孝良大爷回忆，当时打死人就像打死小鸟一样平常，大家日子过得胆战心、苦不堪言。

1940年后，石罢村社会混乱，尤其是在日本军队进驻洛阳后，石罢村处于无政府状态，打孽风盛行。村内大户为争当保长，拉拢、贿赂村中绅士，相互倾轧、打孽。村内有两兄弟，父母分家时将田地分成前后两块，由于两家矛盾多，关系非常僵，哥哥不让弟弟家的车马穿过他家的地，最后弟弟就打孽把哥哥全家都打死。打孽的手段非常残忍，会把对方家斩草除根，除了姑娘外，对方家中的男丁全部被打死，甚至是襁褓中的婴幼儿。只要是男孩就被打死[1]。

（二）冲突与保甲关系

村中大多数私人冲突，房界地界纠纷、宗族矛盾、家庭矛盾、打牌纠纷等，都是通过调解解决，保长一般不管理，不插手这些事情。只有在村中发生偷盗、杀人事情后，保长才插手，将案件报给上级官府。甲长更是不参与矛盾纠纷的调解，他们既没有权力，也没有威望，即使参与调解，冲突当事人也不一定服从。石罢村内保长更迭频繁，有的一年，有的两三个月，谁都不能长期掌握权力。所以他们一般不惹事，做事不得罪人，因为他们害怕得罪人后，一旦自己下台，对方会打孽。

（三）冲突与官府关系

在洛阳沦陷之前，保里向乡公所上报杀人、伤人案件，乡公所也会派人到保里查

---

[1] 根据李孝良老人口述内容整理。

案，一旦抓住嫌疑人，也会将其拘留，并根据情况对其进行处罚。但在洛阳沦陷后，乡公所基本瘫痪，无力再管村中事务。村中因打孽被打死的受害者家人，即使告到乡公所，乡公所也会拖着不解决。

第九节 保护与保护关系

传统社会中，威胁、困难既有针对个体家户的，也有针对村庄整体的，因此石罢村形成了解决家户困难的保护体系，以及抵御村庄外来的威胁的防卫体系。本节对家户的保护体系以及村庄的防卫体系进行阐述，说明石罢村家户、亲族、村庄在应对困难时候形成的保护关系及其行为规则。

一、家户的保护体系

（一）自家保护

当家庭成员面临的困难尚能在家户范围内解决时，自家成员就会提供保护机制。这些困难有保里到家户抓壮丁，子女与邻居或乡亲发生矛盾，家庭成员欠债等。面对这些威胁或困难，父母与子女会相互提供保护。1949年前石罢村抓壮丁比较频繁，刚开始时，一两年出一次壮丁，1940年以后，村庄每年要多次出壮丁。很多家14—15岁的孩子都会被抓去做壮丁。为了保护孩子们，父母会在孩子年龄尚小时，将孩子送到洛阳县的亲戚家，或者送到洛阳县托关系让孩子在县里学手艺，通过这些途径逃过服兵役。村民李某家早早地就将儿子送到洛阳县，孩子每次回来探望父母都是天黑后才敢进村，第二天天不亮就要出村。当子女们在外与邻居吵架或者打架时，父母都要出面解决问题，既要保护子女，还要教育子女。子女也负有保护父母的义务。在石罢村，父亲在外欠赌债，儿子要为父亲还赌债，并且还要照料父亲。父母有抽大烟欠账的，儿子要还债，甚至把田地卖掉给老人还烟债。不论哪位家庭成员生病，其他家户成员都要为其请大夫看病抓药。家庭成员遇到困难，父母或者子女不提供保护的，会被村里人嘲笑。

（二）亲戚保护

当家户面临的困难是自家所难以解决的，如火灾或者水灾导致房屋坍塌等，或者承担不起保里繁重的杂差，或者在村里与其他姓氏族人发生冲突难以解决的，就要寻求亲戚的保护。石罢村受伊河洪水侵害，当村庄防洪不力时，河水进村，就有可能导致有家户的房屋被洪水冲塌。另外过去的房屋大多是土木结构，秋冬季节容易发生火灾。一旦发生灾害，叔伯兄弟就要前来帮忙。他们要帮忙灭火，还要给遭灾的亲戚送去食物、棉被等帮助他们救急。另外，他们还要帮助亲戚重建房屋，若是自家房屋宽裕的，要为亲戚提供临时住所。家中粮食不够吃的，需要用钱的，找那些钱粮比较宽裕的亲戚家借。媳妇娘家宽裕的就到媳妇娘家借，若是叔伯弟兄宽裕的，就到叔伯弟兄家借。村民若是与街坊邻居发生口角，亲兄弟们即使分家了，也要站出来保护自家弟兄。有的直接参与打架，也有的参与调解。亲兄弟不出头帮忙解决的，会被村里人嘲笑，"这人真无情，自家一家子的人，还不帮自己弟兄"。有些弟兄之间有矛盾的，也不来帮忙，"弟兄不亲，不如近邻"。

（三）宗族保护

同族中的孤寡老人，生活没有着落的，族人会出头帮忙照料他们。一般是近门自己才会帮忙，远门自己都不帮忙。若孤寡老人有田产的，帮助他的族人在老人去世后可以继承老人的田产和房产。

（四）村庄保护

第一，街坊邻居的保护。凡是遇到天灾人祸的，比如火灾、水灾将房屋毁坏的，街坊邻居都会来帮忙。过去房屋都是土木结构，并且家家户户房屋相连，一旦一家失火会引燃其他家的房屋。所以一旦有家户发生火灾，街坊邻居都会来帮忙灭火。若是因水灾、火灾导致房屋倒塌，财产损失的，街坊邻居也会送来食物和衣物，帮助他们渡过难关。家里地少孩子多，生活实在困难的农户，也能得到街道上的人的救济。在腊月里快过年时，街面上的绅士带头，街上的每家每户出点馒头、菜等帮助他们过年。

第二，官府的保护。每逢发生水灾时，针对遭受天灾的农户，乡公所派人到村中统计受灾情况，然后确定救灾粮食的分配，由保长给灾民发放领粮食的条子，由灾民到本村或旁村中指定的粮行领粮食。另外单门独姓，又无子女亲戚的孤寡老人，保里要救济他们。逢年过节时，保里会给这些孤寡老人送些粮食、钱和衣裳，冬天时，还会给他们提供棉衣。保里给他们提供的钱粮都是非常有限的，只能稍微给他们一点补助，也不是长期的。去世无人管的，保里会给做个棺材匣子，派人将死者葬入乱葬坟。

二、村庄的防卫体系

（一）防卫对象——土匪

民国时期，土匪侵扰石罢村时有发生，为此村内修建了防御工事，组织民众积极防御。但是到了1942年以后，土匪非常猖獗，并且土匪团伙之间经常发生械斗，保里防御能力弱化，甚至保长们也与土匪有勾连。土匪牵涉到上头官员的利益时候，也会受到镇压。官、匪之间联系与制衡，形成了传统时期石罢村的权力格局。

1. 土匪概况

民国时期，石罢村所在的地域有土匪出没，也有在各地流窜的土匪抢劫石罢村。日本人进入洛阳后，许多地方都成立自卫团，后来这些自卫团都变成了土匪窝。庞村、门庄、大庄、军屯、百草坡、窑沟、掘山村等都有土匪窝。石罢村的自卫团在孙发科死后，有的回家，有的去当土匪。这些土匪在村中横行霸道、欺压乡里，都佩戴着枪，村民们背地里称这些土匪为"可意手"，也都非常害怕这些土匪。村民都不敢说这些土匪的坏话，都得对他们毕恭毕敬的，要不然有人传话，就会惹祸上身。那些有钱人家或者是粮食多的人家，都把东西藏起来，不愿意别人谈论，以免被土匪惦记上遭抢劫。

2. 土匪的抢夺与抢劫

土匪抢劫之前都在村中踩好点。村内有人给土匪提供消息，谁家有钱，谁家家有粮食，在什么地方住，都提前告诉土匪。土匪到农户家中抢粮食和钱财，不会让农户把粮食或者钱送到土匪那儿。土匪在石罢村中经常干的事儿就是"起票子"。起票子就是绑架。有些富裕人家，给家中的长工都配上枪，有些家晚上睡觉时把孩子藏到棚顶上，以防土匪半夜跳入家中把人带走，还有一家将孩子们都打发出去，家中只剩下老人。有的家庭将值钱的东西埋在地里或埋在墙里头，免遭土匪抢劫。

据村中李孝良老人讲，当时社会很混乱，土匪很猖獗，村中两个姬姓一老一少被土匪起了票子。家里人跟洛阳县保安团团长高安家有关系，由庞公乡出面将老人和孩子解救出来。若是一般人家没有办法解救家人，就只能按照土匪的要求把钱或者粮食送给土匪。刚开始土匪要粮食，后来嫌粮食不好拿，就只要钱了。若是不给钱，就直接撕票。大家都不敢惹土匪，一句不合，就遭土匪当街灭口。

村民孙发科就是个土匪，日军入侵后，在门庄土匪毛竹邦的扶持下，在石罢村组建了自卫团。孙发科还请毛竹邦到石罢村住了几个月，树立自己的威信。自卫团的经费一方面靠搜刮，另一方面靠"起票子"。自卫团有七八十人，都是村中的小伙子，有些成员有枪，有些没有。于是，孙发科向各个大户派抢、派钱、派粮。有些大户没有按照规定买枪，就直接被孙发科派人打死。当时在村中，谁与自卫团有矛盾就打死谁。孙发科的行为激起民愤，孙发科的表哥联合其他几个人把孙发科打死了。

3. 土匪与保长、绅士、富户的关系

在1949年之前，土匪进村抢劫或者起票子，农民们向保甲长报告，基本上不管用，报告到庞公乡里也不管用。尤其是在1942年以后，当地政府也控制不住土匪，甚至有些官员也与土匪有来往。不过土匪还是害怕当地政府的。有一次，庞村的土匪绑架了石罢村人，此人与上头关系很强硬，后来上面下死命令，要求庞公乡必须解决。

庞公乡的乡长派人给土匪捎信，若是再不放人，就要将土匪全部灭掉。后来土匪把人放回来了。

土匪一般不惹保长，但他们也不把保长们放在眼里。甚至有些保长与土匪都有关联，伙同土匪欺压乡里。村中的富户经常是土匪们洗劫的对象，在东寨中曾经躲着十几家富户，后来东寨被攻破后，那些富户被洗劫一空。所以富户们对土匪也是深恶痛绝，普通老百姓更是苦不堪言。据村内老人李孝良大爷讲，土匪横行的日子非常吓人。而且当时是打死人不偿命，土匪打死人就像打死只鸟一样。

（二）家户为单位的防卫体系

家户对土匪的防御体现在房屋布局和日常安排上。在房屋布局上，过去石罢村许多家都要盖临街房，而且街面同一侧的住户的临街房都是相连的，只要大门一关，土匪就难进入家中。在日常生活安排上，为避免土匪进入家中起票子，有些富裕的农户在夜晚将孩子送到房屋的棚上睡觉，这样土匪进入家中找不到孩子，也就离开了。有些有牛的人家，为了保护耕牛不被土匪盗走，经常睡在牛棚中看护耕牛。

> 由于是老来得子，所以父母对我倍加珍惜和保护。在土匪经常进村时，母亲经常带着我和妹妹到屋中的棚子上睡觉，到了白天再下来。[1]

（三）街道为单位的防卫体系

1. 打更

1949年前，保里每年组织人在冬天时打更，在其他季节不再打更。每年冬天时，保长布置各街道打更事务。每条街道挨家挨户轮流出人打更，基本上一人一晚上。打更人每到一个时点就沿街敲锣，报告时间。打过更后，打更人晚上都聚在一个专门的地方值班。打更人没有报酬，一般是向每条街道的住户都收点净面，不收粗粮，以供半夜做碗面条当夜宵吃。收的净面放在街道上为人正直、爱管闲事的人家中，由他们专门管理。打更人除了打更外，还要到街道上转转。村中也有不少赌博人，有些人赌博输急眼了，就会在村中小偷小摸。遇到小偷，打更人吓唬对方，把他们赶跑，但也不敢真抓他们。

（四）村庄为单位的防卫体系

1. 东西寨

在传统时期，修寨是防御土匪的重要措施。石罢村内的东、西两寨历史较长，相

---

[1] 根据李孝良老人口述内容整理。

传修建于同治元年，主要用于躲避土匪的侵袭和掠夺。

(1) 东西寨的修建

根据村中老人们的回忆，东、西两寨是以村中富户出资为主，其他村民自愿捐资为辅修建的。东西两寨的内部结构相似，外形基本相像。东寨南北长168米，东西宽96米，合计占地24.18亩。墙基厚8米，高6米，墙顶厚3米。东寨寨门向北，寨门外是东官路。东寨又称"万和寨"，寨门向北在门上方镶嵌着"朝拱北辰"的石匾，相传有150多年的历史。寨墙四角设有炮台瞭望哨，寨门宽高各丈许，安装有大铁门。寨门上有两间房，一间是晚上轮流值班的看守人员的休息场所，另一间是储藏室，里面储存有长矛大刀等武器。寨墙上每隔20米有一站一座用青石垒砌，两侧放有片石、长矛、短刀片石，都是抗击侵略者的武器。寨墙外有五米宽沟壕，沟壕内终年有水，夏秋季水深四米，春冬季水深三米。在门外有吊桥和东关路衔接。人员出入必经吊桥，在门上有一大钟钟声能传到村内。在内场有住户12户都是有钱人家。在内搭有多间草棚，供人们躲避红胡子时使用。西寨寨门朝南，又被称为"人和寨"。寨门上方镶有"人和寨"和"南应万安"两块匾额。寨门前还有界碑上面写着东顺七十三号四尺三寸，北横六十八号另三寸。西寨的四个寨脚都有界石。村中老人据此估计，东寨长122米宽113米共占地20.8亩。寨内的结构和东寨差不多。有土匪来时村西的人向西寨跑，村东的人向东寨跑。西寨上面有观音阁和关爷庙，也有人烧香，寨内与许多房子，保里为每个村民分配一间屋子，以备躲避土匪时居住。西寨上面住着10多户家人，有正林、长收和卢生等，都是些家境贫困的普通人家。寨中有井、碾，供寨中人生活所用。

(2) 东西寨的防护

东西寨建成后，为石罢村民提供了很好了防护，使村民免于土匪的侵袭和抢夺。白天寨门外有人值守，晚上瞭望哨有人放哨，侦察来往者的一举一动。为了防御土匪和红胡子，村内组织人员在各条路上放哨，一旦发现匪情，放哨人员就回村报信，东西两寨和兴国寺的大钟一起敲响，人们听到钟声会做好御敌准备，老弱病残者则躲在站内或兴国寺内。

根据老人们传说，当时有一股最凶悍最残忍的土匪，内部成员身份非常复杂，但都留了胡须并且染成红色，被村民们称为红胡子。这些人打家劫舍、滥杀无辜、无恶不作，老百姓深受其害，尤其是富户人家更是苦不堪言。据说红胡子来自南方，还有人说红胡子是由本地土匪无赖组成。这些红胡子都是亡命之徒，他们边走边抢，杀人不眨眼放火不心惊。他们分工明确，白天有人化装成做小生意的、玩把戏的到村里踩点,晚上到村中抢劫。许多藏在东寨的富裕人家被洗劫一空,一夜之间变得一贫如洗。西寨住着郭侯,红胡子们害怕飞刀郭侯,因此没有攻打西寨门。

2. 栅栏门

(1) 栅栏门的修建

栅栏门也是防御土匪的重要措施。虽然东寨、西寨是避难之所,但当土匪突然袭击时,村民们来不及躲避,也没法转移财产而遭受土匪的抢夺、伤害。东寨被攻破后,寨的防御能力也大大降低。为此,村里组织村民在各街口修建栅栏门,来防御土匪的突然袭击。每条街道的栅栏门都是在本街的绅士、大户带领下街道住户共同捐资、捐物、捐工修建而成的。栅栏门一般为两层小楼,长宽各三米或者四米,底层有大门,白天供人出入,入夜闭门。人们都要早回家,关门后无特殊情况不得外出。晚上关门后,本街的青壮年劳动力轮流值班,值班人员在二层楼内集中居住,有大刀长矛护身御敌。东大街的栅栏门在徐文祥家门东、丁路家门西,西大街的栅栏门在姬氏祠堂门东、甄东奇门西,西南街的栅栏门在姬银珠门西、李申家后墙东,东南街的栅栏门在李天生门西,徐春生门东,南街的栅栏门在张春门南,新村的栅栏门在徐玉祥门西。

(2) 栅栏门的防御

栅栏门修建后,栅栏门可以很好地防御土匪。栅栏门白天开放,晚上关闭,守卫人员遇到陌生人等,也会及时盘查,并阻止其进入街中。栅栏门楼上有炮台以及伪装的火炮,也可以起到威慑土匪的作用。栅栏门楼内有锣鼓钟,守卫的人员一旦发现匪情,就立即敲锣报信。即使人们在半夜听见钟声,也要赶紧起床带上家伙迎敌,所以土匪们也不敢轻易前来冒犯。除此防御之外,栅栏门还具备娱乐、祭拜和教育功能。栅栏门二层可以作为娱乐场所,和平时期,逢年过节庆祝丰收唱戏、说书、耍把戏都可以在栅栏门二楼进行。栅栏门可以做神堂,在栅栏门楼设神位祭拜,省去了另盖神庙的人力和物力。石罢村多个栅栏门楼上,有观音菩萨、财神的、孔老夫子的塑像,供人们祭拜。栅栏门可以做学堂。民国前叫私塾。由于条件所限,建设面积大点的房子供学生学习是不可能的,便利用栅栏门楼做教室。栅栏门楼虽然简陋但也能用,学生可以在里面读书认字。栅栏门还可以做储藏室。各条街道的神社都有许多板凳、锣鼓、盛器物的箱柜等,出社火时使用,日常不用时就可以存放在此处。有时私人物品也会存放在此,比如有些家拆房时,扒下来的林条房梁等无处可放,也可以存放在栅栏门楼上。

3. 红枪会

1942年,日军入侵之后,石罢村成立红枪会,主要负责维持村庄治安。红枪会由保里管理，与自卫团并存。红枪会的头目是张三贵，会给人看病、念经。所有参与红枪会的人员都是自愿参加的，只要与头头打声招呼就可以，他们要自配红苗子枪。红枪会的参与成员有徐继儿、李应少、李周等二三十个人，这些人都是村庄的老好人，从不做坏事危害百姓，也不给百姓摊派。红枪会的成员，早晨起来练枪，白天做庄稼活，晚上吃过饭后，到头头张三贵家中盘腿烧香、念咒语。

临近的柿园、武屯、新民、杨湾村的红枪会都会在村口站岗放哨、沿街巡逻。但石罢村的红枪会都是形式上的，不起什么作用。当时保丁张春生在相国寺召开会议，商议解散红枪会。张春生当时拿着子弹枪，枪走火打伤自己后，就把红枪会解散了。

红枪会解散后，张三贵等人继续烧香看病。姬万锁的父亲在渡口撑船，有土匪过河时，将姬万锁的父亲打伤。姬万锁的父亲被送到张三贵家中诊治，后来恢复健康。张三贵等人给人看病不收钱。

4. 自卫团

自卫团都是在日本人来了以后成立的，主要是为了防御日本人，看护村庄安全。每个村都有自卫团，各负其责，后来都变成土匪窝。石罢村的自卫团由孙发科带领组织并担任团长，孙发科自立为团长。孙发科的自卫团是依靠发村土匪毛竹帮的扶持建立的。自卫团有成员七八十人，都是村中的二三十岁的年轻小伙子，有好人，也有坏人。自卫团的经费主要靠搜刮村中的富户和绅士，以及"起票子"绑架勒索。当时自卫团的成员并不都有枪，于是孙发科向村中的富户人家派枪、派粮、派钱。村中谁与自卫团有矛盾就打死谁。富户孔六三家有5口人，2个骡子，孙发科让孔六三买枪。但是孔六三没有买到枪。最后孙发科带人到孔六三家，打死了孔六三的娘，并且将家中洗劫一空。保里很多人都害怕孙发科，庞公乡对此事也是不管不问。孙发科的自卫团名义上护卫村庄，实际上是搜刮村庄。

第十节 村落社会变迁

1949年后，随着政治制度的变迁，国家推行土地改革、集体化以及家庭联产承包责任制的一系列改革，石罢村的经济基础和社会形态发生了巨大变迁。本节先总结1949年前石罢村落社会状态，在此基础上阐述1949年后经济制度变迁中不同时期的村落社会状况。

一、1949年以前的传统社会形态

1949年石罢村的传统社会形态主要表现在以下几个方面：

第一，家户是石罢村落社会关系的基本单元。村落社会内的业缘组织、社会信仰、社会交往、社会流动以及社会分化、冲突等都是以家户为基础的。以家户基础发展起来的宗族的力量与功能并不突出，但是在宗族之下的门支作用比较明显。门支是以家户为单位形成的较为亲密的血缘团体，在家户的社会交往、流动、冲突等方面都发挥着重要的支持功能。当家庭遇到困难，遭遇天灾人祸时，家户会向同属一门支的"一自己"求救。在地缘关系中，家户是与邻里、熟人、乡亲交往的主体。家长代表家庭成员参与街道上的事务，家长代表家户形成地缘关系网络，家庭成员利用其中的关系资源。在信缘关系中，家户也是祭拜的基本单元，不论是捐资修缮寺庙，还是日常的祭拜，都是以家户为单位进行的。石罢村内不论是迁入还是迁出，基本上以家户的血缘关系为纽带进行社会流动。村庄中的社会冲突多是以家户为单位发生的，村内没有发生过不同姓氏宗族、不同业缘组织的冲突。

（二）街道—村庄在村落社会中发挥着重要功能

石罢村农户社会交往的主要场域是街道。街道两侧的房屋大多通过共墙相连，农户在街道中与街坊邻居经常打交道，他们与街坊邻居形成信缘组织。每年的社火表演都是以街道为表演单位。另外，一旦有农户家中遭灾，街道上的住户在绅士带领下，自发组织救援，提供救济。每条街上的水井和石碾等公共物品也是以街道为单位集体提供的。村庄在社会保护中发挥重要的作用，为有效防御土匪，石罢的村长以及后来的保长组织村民修建东西寨、栅栏门，组织红枪会，保护农户的生命、财产安全。

（三）村落社会分化明显

1949年前，石罢村内出现了农、商业、手工业与服务业的职业分化，也有血缘分化和财富分化。职业和财富的分化，导致了社会阶层的分化。不同的社会阶层在社会交往上出现分化。穷人与穷人、富人与富人走人情、认干亲、相互串门或者相互打牌。另外，在结亲上也是讲究门当户对，同一阶层之内结亲非常多。穷人与富人之间虽然也有交往，但是相对较少。

（四）绅士主导的社会治理

保甲的主要功能在于征粮派差、提供村庄公共防御。其中的社会事务基本上要依靠绅士进行治理。保甲并不负责解决村内的矛盾纠纷，这些纠纷要绅士通过个人权威进行调解。另外绅士还主导着村庄的权力更迭，任何村民想要当保长，必须由绅士举荐。

二、1949年后的社会形态

（一）土地改革时的村落社会形态

1950年的正月初，石罢村开展了土地改革运动。根据石罢村土改复查的登记资料分析，土改时，石罢村共有 381 户，总人口 1 985 人。当时划分阶级成分的标准是，每人土地不足 1 亩的为贫农，1.1—2 亩的为中农，人均超过 2 亩且雇有短工的为富农，雇有长工或者多余土地用于出租专门收租的为地主。当时根据这一标准，全村有贫农 160 户，中农 211 户，富农 8 户，地主 11 户，其他成分有 5 户。土改时没收地主田产、房屋、牲口、农具和家具，并将其分配给贫下中农。

土改时期，石罢村的社会发生了巨大的变迁，以前按照血缘、地缘和业缘形成的社会形态逐渐地被以国家权力为主导的社会所取代。社会成员的财产均等，社会地位被拉平，过去处于社会底层的贫困农民地位提高，翻身成为村庄治理的主体。村民在社会交往中，更关注阶级成分，贫下中农是当权者，地主、富农是批斗对象。同阶级成分的村民之间交往多一些，他们相互帮工、赶人情、串门、结亲。贫下中农基本上不与地主、富农交往，平时也不赶人情、串门，而且也不与地主富农子女结亲。土改后，人人有田，家家户户都有土地和房产，村中没有人再迁到村外，曾经到外省逃荒的农户也都返回村中。

(二) 合作化时期的村落社会状况

土改之后，到了 1954 年石罢村共成立 18 个互助组，成员自愿参加，大家相互帮忙，团结互助。1955 年，石罢村成立农业生产合作社，除了社长孙黑冬是贫农外，其他社员均是中农。1957 年孙黑冬领导的石罢第一农业生产合作社和其他所有小社合并成为高级社，吸收地主、富农等愿意入社的社会成员。到了 1958 年，石罢全体农户都加入高级社。在寇店人民公社正式成立后，石罢农业生产合作社管理委员会正式更名为寇店人民公社石罢大队管理委员会。

在合作化期间，地主、富农等成分高的村民也被吸纳进生产大队，并要接受生产大队的统一领导。全体村民都被整合进国家权力体系中，村民的日常生活和社会关系基本上被重新建构。在石罢生产大队下，1958 年按街道将村民划分成 8 个生产队，1965 年为 18 个生产队，1975 年为 17 个生产队。生产队成为村民社会交往基本单元，农耕钱粮分配、生活都由生产队配置。由于生产队是按街道划分的，农户的社会交往圈以街道为主。在人民公社时期，村民没有财富分化，也没有明显的职业分化，却存在明显的权力分化。过去，村庄权力都集中在大姓家族手中，但现在都集中在贫下中农手中。村民都被固定在生产队中，不能随己意迁入迁出村庄。社员外出都要向队长申请，获得队长的批条后，才能外出。在生产大队的上工制度下，社员都由生产队长统一管理，社员之间冲突不大，即使发生冲突，也能通过生产小组长调解。

(三）包产到户后的村落社会状况

根据国家的包产到户的政策方针，1982年石罢村分田到户。石罢生产大队在原来各生产队土地基础上，在不改变原来各生产队田地界限的基础上，按人口平均分配田地。农户承包土地，但要向国家上缴农业税，其他收入都归农户所有。农业上的投入都由农民自己负责，农田的灌溉系统均由各生产队动员队员集资，进行升级改造。生产大队和生产队不再统一领导、指挥农户的田间管理。根据包产到户新形势的需要，1985年，石罢村新设3个生产队，共有20个生产队。根据《中华人民共和国村民委员会组织法》的相关规定，石罢村生产大队转变为村委会后，村委会要负责村庄道路的修建、贫困户、五保户的社会救济，以及做好集体财产的管理工作。在集体化时期成立的石罢窗纱厂，仍由村委会干部管理，村办企业的投资与收益都由全体村民承担和分配。在包产到户后，村民获得了生产、生活自主权。随着工业化、城市化的发展，越来越多的村民外出打工，或者开办铁箱厂等，村民之间的财富分化非常明显，村中既有资产上千万元的企业老板，也有生活无助的贫困村民。村民的社会流动逐渐增多，有不少农户迁到外地。到2016年，全村共有102户525人搬迁到洛阳市及周边县，河南省的其他城市，以及北京、上海、四川、陕西等地。

第十一节 村落社会实态

包产到户以后，村民个体自由激发生产活力，个体工商业得到快速发展，村中开办了5—6家代销点，另外新村临路开办了7—8家饭店，有6多位村民在本村、庞村或者外地开办铁箱厂。由于农业收益有限，越来越多的村民外出打工，甚至撂荒田地，非农收入成为农户收入的主要部分。社会的发展变迁使石罢村的血缘、地缘、信缘、社会交往、流动、分化等具有新形态。

家户的规模发生变化，过去6—8口人的家户较多，现在则是4口人的家户居多。家庭结构由以前的大家庭变为小家庭，子女结婚后，都要搬到外面另建新房。父母单独过日子或者跟着一儿过日子。随着全民养老的推进，子女的养老负担减轻，只要父母生活能自理的，子女就不用太多照顾。随着人口的流动、村民外出打工，血缘纽带逐渐松动，父系的亲戚三服以内叔伯、弟兄、一自己仍有走动，母亲的亲戚基本上到了二表就不再来往。家中有急难事时，一般找自家兄弟或者叔伯帮忙。

地缘中的街道的功能已经弱化，不再是村民的主要社交圈子。随着商业的发展，自来水、燃气已经进村入户，村民可以到超市直接购买粮食，红白事逐渐地由饭店承办,村民们已经不需要依靠街坊邻居办这些事情。除了街道上留守的老人会在街面上拉家常,大多数的村民已经不在街上活动。由于中青年人外出打工,街道已经无力阻止街坊邻居参加社火排练,只能由村庄组织在村的中老年人参与社火。每年正月十九,村庄的社火逐渐没落,规模逐渐缩小,由过去的每条街巡演到现在的只在兴国寺内表演。

随着城市化的进程,越来越多的村民子女走出村庄接受高等教育,并且在外地工作、安家;另外村中的青壮年劳动力外出务工,有的也在外地安家。村中外流的农户增多,老村中每条街道都有一些无人居住的、破败的空院子。这些走出去的村民,他们的社会交往圈发生了变化,由以前的村内交往,转变为业缘交往,同学、同事是他们的主要交往对象。

"文化大革命"时期,村中开展"破四旧"运动,村内的许多姓氏的家谱被烧,祠堂全部被拆毁掉,兴国寺、观音堂、土地堂等寺庙中的神像也被拉倒。改革开放后,随着国家宗教政策的松动,寺庙中的祭拜再次恢复起来,村民捐资重新塑造了神像,并且还重修了兴国寺的火神殿和地藏王殿。每年的社火也得到恢复,但现在的规模远不如从前,只有部分老年人参与,中青年人很少参与。

第五章 村落文化形态与实态

在长期的生产生活实践中,坐落于伊河边的石罢村游走在伊河的水利水患中,形成了适应自然与社会环境的生存、生活方式,进而形成了独特的村落文化。本章从崇拜、信仰、思维、态度、习俗、规训以及文娱几个方面,考察传统时期石罢村的文化形态,进一步展现1949年后村落在上述方面的发展变迁。

第一节 崇拜与崇拜关系

1949年前,石罢村民对先人崇拜的仪式和活动即是对先人感情的表达,同时也是对家庭伦理秩序的传承。对先人崇拜包括外化的物质载体和日常行动,表现出了代际之间的伦理关系。本节从祠堂、祖坟、族产、族谱、孝道等方面考察传统时期石罢百姓的崇拜与崇拜关系。

一、先人崇拜

(一)祠堂

1. 村内祠堂

在石罢村,祠堂地主要用于建造祠堂。祠堂也被称为家庙,是先辈及家庭祭祀活动的场所,由同族人集资修建。1949年前,石罢村有四个祠堂,分别是姬家祠堂、徐家祠堂、李家祠堂和孔家祠堂。李家祠堂建设年代久远,位于村中大道西侧,面积不大,有70—80多平方米,后来洪水进村后,祠堂的院墙冲塌,年久失修,破败不堪,于1949年后拆毁。徐家祠堂建于1930年,由徐家第六代人主持修建,位于东大街的东头,临近护村堤,占地约1.2亩。姬家祠堂位于西大街的东头,祠堂大门正上方悬挂着姬氏宗族匾额,坐北朝南,长60米,宽30米,占地面积约2.7亩。祠堂均位于各个家族居住较为集中的地方,方便族人祭拜。徐家祠堂就在徐家的地里;姬家祠堂在姬姓人家集中的西大街的东头;李家祠堂与李家集中居住的地方仅一路之隔;孔家祠堂曾建在兴国寺河口路的西边,丁水土家的东边。

2. 祠堂的修建

祠堂通常是由那些在外做大生意或者做大官的人,为了光宗耀祖在村中买地修建而成。也有的祠堂地是由家族成员共同捐资购买的,有钱人家多捐点,一般人家少捐点,穷人家不捐钱但会捐工。徐家祠堂地以及祠堂的修建都是由徐家族人捐资建设的,祠堂地归全体族人所有,任何人无权对祠堂地进行买卖。祠堂地的地契登记在私人名下,姬家祠堂的地契登记在新村姬石林的名下。祠堂地的房产土地证明上标明了土地的用途,族人不得更改祠堂地的用途。

3. 祠堂的使用

祠堂地上只能用来修建祠堂。祠堂通常是一个院子,外有院墙,内有房屋,方位均为坐北朝南。姬、徐、李三家祠堂都有三间,除李家祠堂是五檩外,其他两家都是六檩走廊式建筑。祠堂内放置有纪念碑和老祖宗的牌位,每逢过年时,族长要开门供族人祭拜。家族成员办白事要到祠堂去"朝祖"。朝祖是孝子到祠堂磕头烧纸,告诉先祖亡人已走的形式。有钱人家在朝祖时,聘请丧葬乐器班子。另外,祠堂还可以停放棺材。凡是"外丧"的人,尸体不能进自家院子,只能是装入棺材后停放在祠堂中。除此之外,祠堂还可以收留外乡的逃荒人暂住其中。姬家祠堂在1949年前还曾经做过夜校。

4. 祠堂的维护

各家祠堂都由族长管理,族长自己打扫或者派人定期打扫祠堂,保持祠堂的干净整洁。姬、徐、李、孔四家祠堂建成后均没有修缮过。孔家祠堂因年久失修,1920年时成为废墟,后人未再重建过。

(二) 祖坟

1. 祖坟的所有

在石罢村,坟地有两种类型,宗族共有坟地和家族共有坟地。宗族共有坟地也被称为老祖坟,埋葬着各姓氏的先祖。家族共有坟地归门支所有,只能埋葬五服内的族人。宗族共有坟地归全体宗族成员所有,但宗族坟地基本上已经占满,不能再进棺材。由于各宗族的祖坟都已经被占满,所以各门支需要另设坟地,一般是在自家地里请阴阳先生选坟地,然后就逐渐成为家族共有坟地。家族共有坟地归家族成员所有,在坟地上家族内的各分支都有自己的位置。家族坟地都是上头地，有的一亩，有的半亩，面积都不太大。所有的坟地都不用出差，也不摊工。

2. 祖坟的使用

宗族的坟地基本上已经占满，即使有空地可以进棺材，也都是有户主的。家族的坟地在使用时也要遵循一定的规则，首先请阴阳先生看坟，位置确定后，父母的棺材先进入坟地，以男左女右的顺序安放棺材。父母在上儿子在下，儿子们只能埋在父母的脚头，儿子多的先中间后两边；儿子少的，左为上右为下，依次排开。坟地类似阴宅，各家都有自己的位置，谁都不能过界、侵占。

各宗族的祖坟地都种有柏树，一般情况下这些树是不能被随意砍伐的。需要砍伐时，族长与族中有身份的人商量后，才能砍伐。1935年，徐家修族谱需要资金，族里商议卖掉几棵柏树作为修谱资金。坟地由于无人耕种，时间久了会长荒草，只有族长可以去割草喂牲口或者晒干后烧火，其他人不可到坟地上割草。

3. 祖坟的维护

宗族的坟地由族长统一管理。宗族的坟地都是老坟地，不能再添加新坟。族长主要负责清理祖坟上的杂草，以及维护祖坟，看是否有坍塌等。若是发现有坍塌，要及时告知族人进行修缮。若是族人发现自家祖先的坟有漏洞时，也会去给祖坟培土堵上漏洞。

（三）祖产

1949年前，石罢村的祖产主要是各姓氏家族的坟社地。坟社地的存在是为了宗族祭祖时的经费开支，这样可以省去各家各户每年捐资的麻烦。坟社地可以在坟地的四周，也可以在其他地方，不一定都挨在一起。多数坟社地都是瞎地，可以种粮食，但产量一般不高。姬家坟社地有10多亩，都在坟墓的周边；孔家坟社地2—3亩；徐家有坟社地10多亩；李家坟社地在邙山上，也有5亩多。

石罢村各家族的坟社地由私人购买捐赠。购买坟社地时，也要通过地经纪，新买土地也要报税，办置地契。所有的坟社地都有地契，都是登记在私人名下，但要到官府公证为坟社地。坟社地的地契都由族长掌管，即使丢失，也可以到官府查证存根。姬家共买有10块坟社地，有10块地契。坟社地只能增加不能减少，宗族成员不能将坟社地卖掉。坟社地与一般地都有相邻，没有空隙，地界上也不能栽树，不能影响种庄稼。四周会有旺橛，上面是四棱的方石，下面是灰橛。

坟社地由宗族族长统一管理，门长以及族长聘用的管账人协助族长管理坟社地。族长将坟社地出租出去，任何人都可以来承租，租金是一亩一斗麦子。坟社地的收入主要用于宗族每年正月十九集体上坟活动，所有的贡品都从坟社地收入列支。除了做祭品外，族长还组织人用坟社地的粮食做成白馒头，到上坟时候分给族员。族长不公开坟社地的收入和支出，账目比较乱，都是一笔糊涂账。

（四）族谱

1949年以前，石罢村姬、徐、李、孔等大氏都有族谱，都是只有一份。族谱不一定都在族长手中，通常是在编家谱的人手中，普通家族成员是没有族谱的。姬家族谱在村民姬凤圈的手中，保存得非常完好。石罢李家是从洛阳县老城的八角楼分出来的，老族谱都在洛阳县老城的李氏手中，石罢李氏的族谱由私塾先生李孝连收藏。

族谱可以由族长组织编写，也可以由家族中有文化的人编写，一般是由族中爱管闲事的读书人、热心人编写制作，并归他们所有。编写族谱的人家世代保管族谱，族长基本上不保管族谱。其他族人可以去翻阅族谱，但不能将族谱随意拿走。族谱修订时间不确定，可以隔五六年修订一次，也可以一二十年后修订一次。修订族谱时，都是热心的族人参与，没有报酬，都是义务工。编族谱的人要到各家去收集信息，将新成员上谱。只有男性有资格上族谱，姑娘不上族谱，干儿子不上族谱，媳妇可以上族谱，如徐氏家族族谱上都有媳妇的名字以及籍贯。族内成员之间有过继情况的也要在族谱中明确标注。

（五）孝道

1949年前，村中人都比较重视孝道。过去家业都是由祖辈人创下的，后代人要继承和发展祖业。后裔思先，感恩祖辈的生养传承之恩。另外母亲生孩如墙上跑马，过鬼门关，子女焉能不孝。

1. 孝敬老人

第一，养老。过去分家时，父母与子女都要说清楚养老责任分配，并且写在分家的分单上。父母有劳动能力的，分家时要为老人预留养老田，养老粮；若是父母没有劳动能力，但生活能自理的，就自己做饭吃，儿子们每年要给父母交粮食和养老钱，还要轮流给父母磨面、打水；父母生活不能自理的，儿子就要养着老人，由儿子们轮流为老人端饭。一旦老人生病，则由各个儿子轮流照顾，看病抓药等各项花费由儿子们共同平摊。

第二，日常敬老。在日常生活中，要尊敬父母，尊重长辈，在父母面前不能大声说话。孩子们平时从地里回家后，要跟老人说说话，然后再进自己屋。吃饭时，请父母先上桌，然后孩子们才能上桌。父母不动筷子，孩子们也不能动筷子。平时家中都是吃粗茶淡饭的，老人想吃啥时，孩子们会在外出赶集时买点好吃的给老人补贴。

1949年前,许多农户家都是吃黄馍,给老人单独做点白馒头贴晌。村中有话称"活着叫老人吃碗面,胜过死后摆全馔"。马思远的儿子马宣非常孝敬老人,每天早晨都和媳妇到父母屋里问安,即使在家中没钱时,也会借钱给母亲买馒头吃。

> 村中有孝敬老人的传说:村民姬京合(1889—1962),生前一直务农。其父亲在25岁时撇下妻子儿女到西安闯荡,先后在西安、平凉、张掖、乌鲁木齐等地闯荡。后来与几位河南老乡到哈萨克斯坦共和国闯荡,由于水土不服、疾病缠身,最后客死他乡。同行的信阳人将其埋葬,并在其坟头种上柏树,以示纪念。信阳人返回家乡后,告诉姬京和其父亲的死讯。1937年姬京合在家种完小麦后,背上行囊,踏上寻父之路。最后历尽千辛万苦,终于找到其父在哈萨克斯坦的坟墓,并于1939年将其带回,与母亲合葬。之后姬京合的孝顺故事传遍石罘村的大街小巷。

第三,过节敬老。逢年过节时,孩子家中收到礼品,会先把好的给父母送去。过节包好饺子后,先给父母端碗饺子,然后自家再吃。过年时,孩子们要为老人办置年货,给老人买衣服、做过年的油货、清扫院子等。另外,孩子们还要给老人一些花销钱,让老人给孩子们发压岁钱。大年初一时,孩子们要在早晨吃过早餐后按着长幼顺序给老人磕头。中午时,家中做好八碗四后,要先请父母做上首位,然后其他子女按着长幼顺序依次坐席。

第四,过寿敬老。60岁以前,父母过生日,都是由姑娘回娘家与弟兄们一起给父母端碗饺子,以表祝福,没有其他更多的仪式。老人60岁时,孩子们就要为其过大寿,一般人家为父母过60大寿时,姑娘、女婿以及在外的儿子们都要回家为老人庆贺。在自家做七八碗菜,全家人老小围坐在八仙桌旁,进行庆祝,有钱的人家则要为老人做件新衣服。过了60岁以后,每年都是子女们和老人在一起进行小庆做寿;活到80岁才算高寿,孩子们要为老人过80岁大寿,规模较大,亲朋好友都会前来祝寿,并且会邀请戏班子搭台唱戏。

2. 不孝行为

1949年前,村中也有不孝敬父母之人,但非常少。不敬老表现为不赡养老人;说话不尊敬老人,甚至骂老人;日常不关心老人,不对老人嘘寒问暖;生活中不给补贴,也不给老人花销钱。村中有几位老人年龄大了以后,孩子们都不管,让老人们单独过生活,也不帮老人拾柴拉火。有些兄弟几个轮流养老的,老人在轮换节点上去世后,出现上家不要，下家不接的局面。还有些人家不为老人油漆棺材，头七时也不允许葬礼的纸扎放到家中。

对于不孝顺的人，家族内的叔伯、舅舅以及长辈都会去批评教育。若是对方知道好坏，也会听劝。若是孩子们不给老人办葬礼，街坊邻居的老人都会出来批评。即使批评也不是当着面说他们的是非。过去村中也没有人愿意管这些不孝敬老人的闲事，告诉外人，外人也不会参与。不孝敬父母的村民在村中名声不好，其他村民不愿意与不孝的人打交道，不愿意帮助他们，也不愿意与他们结成亲家。这些不孝的人家娶媳妇、找亲戚时，村民们还会给他们搭坏腔。

二、崇拜关系

在石罢村，对祖先的祭拜也是宗族每年最为重要的事情。对祖先的祭拜一般是在祖坟上，也有些人家在家中挂上老爷奶奶轴子，平时在家中祭拜。对祖先的祭拜体现了家庭在宗族中的地位以及相互关系。

（一）祖坟祭拜

每年正月十九，在族长的带领下全族人准点到家族的老坟聚集，给祖先献祭。在正月十九当天，全族几十人或者上百人聚在一起，拿上祭祖礼品，到老坟、老老坟去祭祀。祭祖时，要按照祖先的顺序，后代们长幼有序依次祭拜。全族祭祀是为了让族中去世的老人知道族中现状，也让其他的家族成员认识祖宗，以及相互认识。凡是去祭祖的家族成员都能分到一些吃食。祭祖的所有开销都由坟社地收入列支，无须族员对钱。石罢村民清明节时基本上不上坟，在阴历七月十五时，孝子女和家人也到父母的坟头烧纸、上香祭拜，并且还要检查老人的坟墓是否被雨水冲出窟窿，还要给坟头培土。村民正月十九和七月十五都可以上坟，若是正月十九上坟，就不能在七月十五上坟，上坟不能上两回。若是家中有人去世时，三年内，孝子女们都要在周年当天穿着孝服到坟上祭拜。三周年祭拜后，孝子女们才可以脱掉孝服，在过年时贴上红色对联。

（二）家祭

在石罢村，长子家中的上房屋或临街屋中放着祖先的牌位或者挂着老爷奶奶轴子，其他儿子家则张贴着红纸写的老爷奶奶牌位，以便孩子们平时供奉先祖。

1. 家祭对象

1949年前，在村且排行老大的村民家中都放有祖先的牌位，或者挂上写着历代先祖姓名的老爷奶奶轴子。不论是老爷奶奶轴子或者是老爷奶奶牌位都放在上房屋中。上房屋通常是接待亲戚朋友、家庭议事的场所，是家户的门面，也是建设最为豪华气派的屋子。将老爷奶奶轴子或者老爷奶奶牌位放在上房屋是对列祖列宗的高度的尊重。有些人家没有上房只有临街屋，老爷奶奶轴子就挂在临街房屋中正对门口的墙上，不能放偏。

老爷奶奶轴子是标准制式，轴子长1.1米左右，高1.7米，在集市上有售卖。老爷奶奶轴子顶端有楣联，两侧有对联。由于老爷奶奶轴子的空间有限，在轴子中间只能写已过世的本门先祖中祖爷祖奶、老爷老奶、爷爷奶奶、父母的名字，不再写一门不同支的过世亲人的名字。各家在自家的轴子上写上先祖名讳，各自供奉。老爷奶奶牌位比较简单，用一张写着纪念某氏历代宗亲位的宽25厘米、长30厘米的红纸代表。村民们要在老爷奶奶轴子或者牌位前放一张香案，上面摆着香炉，以便家人逢年过节以及日常生活中祭拜。

2. 家祭的时间

日常生活中，每月的初一和十五，父母要带着小孩都要在祖先牌位或者老爷奶奶轴子前祭拜，将家中大小事务告知祖先，祈求列祖列宗保佑家中平安、孩子健康成长、万事如意。家中过红白事时，家中父母也要在祖先牌位或轴子前上香磕头，告知祖先。外嫁的姑娘在结婚前要在老爷奶奶轴子前演礼仪，以免在拜天地时出丑。年三十晚上，全家人要在老爷奶奶轴子前插上三炷香磕头祭拜。大年初一早晨，家长带着全家人到祖先牌位或老爷奶奶轴子前摆上供品，磕头祭拜，其他的兄弟也要前来祭拜。

李孝良老人家的临街房屋中，正对门口的墙上挂着一幅老爷奶奶轴子，灰色的轴子顶端画着牌位，轴子中心写着是李氏六、七、八、九世祖先的名讳。轴子两侧和顶上是对联，上联为祖宗功德乾坤大，下联为子孙孝敬日月长，顶上写着"孝思堂"。轴子前有一张四方形的桌子，上面摆着香炉和两束花。香炉已经不是传统记忆的形象，李孝良老人用一个白碗盛放一些泥土做成了简易香炉，祭祖时也会向先祖上炷香，聊表怀念。

第二节 信仰与信仰关系

传统时期，石罢村的信仰较为复杂，既包括佛教信仰，也包括中国传统的神明信仰。信仰活动和信仰关系嵌入在石罢村民的日常生活中，村民通过日常的祭拜活动和祭拜仪式寻求解决生产和生活问题之道。本节主要从神明、鬼怪、信仰次序等方面考察石罢村传统时期的信仰和信仰关系。

一、信仰对象

（一）庙神信仰

1. 神灵的功能与神庙位置

信仰的神灵分工各不同。1949年前，石罢村的神佛信仰非常丰富，村内有兴国寺、关帝庙、观音堂、土地庙、河大王庙、山神庙11座寺庙，其中关帝庙有东、西两座，观音堂有五座，其他寺庙各有一座。其中兴国寺位于东大街的中部，河口大道的东边。东关帝庙位于东大街的东头，西关帝庙位于西大街靠北的地方。观音庙位于各条街道口，山神庙和河神庙位于村中达到通往伊河的位置。各庙中所供奉的神灵分管的事务不同，村民根据自家的需要到相应的神庙中祭拜。在石罢村的寺庙中，兴国寺的规模最大，有佛像、观音菩萨像，还有火神、瘟神、药王、地藏菩萨和八大天王。村民们

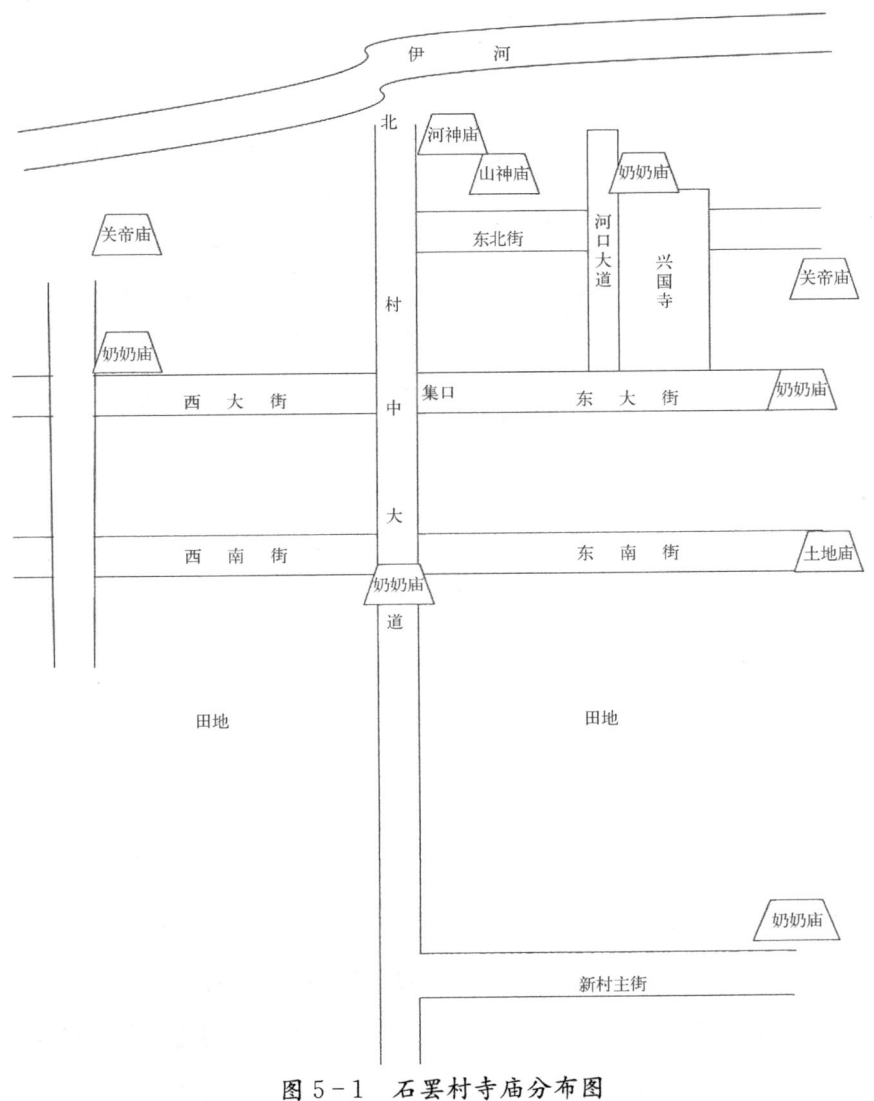

图5-1 石罢村寺庙分布图

每年过年时都要到兴国寺的神、佛前祭拜。村民非常信仰火神，村中流传着许多关于火神的传说。在正月十九时，跟随保长、绅士到火神殿祭拜。关帝庙中祭拜的关爷是财神，做生意的人家都要到关帝庙中祭拜；求子的村民都要到观音堂中祭拜；土地庙中的土地爷是保佑一方平安的，当时修建土地庙是因为东南街的住户接二连三发生不幸，为保本街道的平安，才修建土地庙。由于伊河经常发生水患，每到汛期村民们会到河神庙祈求河神管控伊河，不要发洪水。由于石罢的伊河滩有野狼出现，威胁村中人身与牲畜的安全，所以村民们还会到山神庙祭拜山神，祈求山神管住野狼，不要出来伤害村民和牲畜。

2. 信仰单元

对神灵的祭拜都以街道为单位。由于各条街道都有庙，村民们都在本街的神庙中祭拜。比如观音庙就是如此，各街住户在本街的观音堂中祭拜送子观音，一般不到其他街的观音堂中祭拜。只有东南街的村民在本街的土地庙祭拜，其他街道的村民在自家中祭拜土地爷。过去几乎家家户户都有土地爷的神龛，在墙中凿出一个小方格，然后将土地爷的神龛嵌入进去，就是家中的土地庙。东西关帝庙分别位于村中大道的东西两侧，分属于东西两保。各保村民都在本保的关帝庙中祭拜。兴国寺、山神庙、河大王庙属于全村人共同所有，被全村人信仰。兴国寺的香火非常旺盛，全村人都会去供奉。由于山神、河大王无法实现村民的愿望，伊河还是经常发洪水，渐渐地也就没有村民再去庙中祭拜。另外这两座庙离伊河比较近，庙经常被水淹，也无人管理，后来就逐渐变得破败不堪。

3. 神灵祭拜

1949 年前，石罢村民对神明非常虔敬，到庙宇中祭拜成为他们生活的重要内容。民众的祭拜有两类，一类是每年大年初一祭拜和正月十九出社时的祭拜活动，第二类是每月的初一、十五的烧香祭拜活动。每年的大年初一，村民们带着供品去祭拜神明，沿着街道到各个庙中摆上供品焚香祭拜。去祭拜的通常是家中的老人带着孩子们，大多数妇女不去，在家中准备饭菜。

每月的初一、十五时的祭拜，人们会根据自己偏好到庙中祭拜，不一定所有的庙都要拜到。做生意的村民非常热衷祭拜关帝爷，每月的初一和十五都会到庙中烧香祭拜。甚至有些家还把关帝爷的小像请到家中祭拜。村中的老太太们主要到观音堂烧香祭拜，她们口中念诗文，手中敲打着法器，向观音菩萨表达敬意。东南街的住户主要敬奉土地爷，老人们经常在每月的初一和十五时到土地庙中烧香祭拜丢油钱。老人们到庙中祭拜都是非常虔诚的，他们宁肯自己不舍得吃、穿，也要把孩子们给的养老钱捐到庙里，祈求神明保佑家人平安。

4. 庙宇的维修

村中仅有关于兴国寺、东关帝庙、东奶奶堂、土地庙修缮的记录，没有其他几座庙宇修缮的记录。根据村中发现的石碑看，兴国寺曾于明景泰元年（1450年）修缮过，东关帝庙、东奶奶堂、土地庙在清朝时期曾被修缮过，民国时期没有再修缮过各座庙宇。

从碑文中看，寺庙的修缮都是由民众捐资、捐工而完成的。既有本村民众捐资，也有外村、外乡、外县的人们捐资，捐资人的姓名和钱额都镌刻在功德碑上。兴国寺的规模最大，每次修缮捐资的金额最多，而且修缮的时间也最长。关帝庙的规模也比较大，东西关帝庙规格一致，占地规模也比较大，各自都是东西长35米，南北宽42米，占地面积1470平方米。东关帝庙在光绪时期的修缮，历时5年。观音堂规模比较小，主要由村民集资修缮。在观音堂的功德碑上除了记载捐资人和钱额外，还记载着村民捐工的情况。土地庙则是由东南街的住户们共同捐资修建的，规模比较小，长宽各8尺。传统时期，村民对神明非常崇拜，对于修缮庙宇都非常的积极。不仅村中的保长、绅士、名流积极捐资，普通百姓也都积极捐资捐工，都希望得到神明的保佑。

（二）家神信仰

拜灶王爷。灶王爷也是老灶爷，在石罢村几乎家家户户灶房的土坯墙内放一个小龛，里面贴上"供奉灶君之位"的牌位。在灶王爷的小龛外面贴着对联，写着"二十三日去，初一五更回"，"上天言好事，回宫降吉祥"的字样。每月的初一、十五，人们都在灶王爷的神龛前烧香祭拜。每年的正月初一，当家人也要在灶王爷的神龛前烧香祭拜。

拜全神。全神是石罢村民对各路神明的总称。有些村民为将各路神明都拜到，便在家中挂上画有火神、关爷、祖师爷、奶奶、土地、阎王等神明的轴子。也有些村民在家中贴张红纸，上面写着全神的牌位。全神主要也是教育村民为人子女不能不孝，不能打骂公婆，不可有不道德行为等等。供奉全神的村民们在每月的初一和十五，在全神牌位前烧香磕头，有的摆上供品、"刀势"，表达敬虔之意。村中老人认为若是不做好人好事，给全神磕头也无用。

（三）鬼怪信仰

1. 叫魂

石罢村有神家专门负责叫魂。叫魂通常源于"掉魂"，多发生在小孩身上，成年人没有掉魂的情况。小孩掉魂表现为小孩白天傻焉焉的、精神恍惚；被放炮声吓着后不吃不喝不说话，癔症一般；有些小孩因不明原因一直哭泣，家中人无法应对等，这些情况都被称为"掉魂"。因此为了让孩子还魂，家里人请人叫魂。

在石罢村叫魂人被称为"神家"，神家可以是女性也可以是男性。村中的"神家"，基本上是中老年人，家中都有田地。农忙时候也要下地干活，一旦有村民来请帮忙，就去为掉魂的小孩叫魂。村民将"掉魂"的孩子送到"神家"后，神家就开始在神像前烧香，然后把"法裱"纸点着，嘴上念着经，开始求告神。待祈祷完毕后，在小孩子的头上抚摸几下，就把孩子的魂叫回来了。叫魂后，小孩掉魂的家人要给"神家"封红包，一般是几毛、一块不等。等孩子回去好了以后，家人就要去神家上供品，根据石罢村的风俗，要收拾假鱼、丸子、粉条等几碗菜，到"神家"的神像前供香谢神，然后把供品留给"神家"。村中老人讲，这些"神家"经常吃供品，也算是改善生活了。

2. 驱鬼

村民觉得家中不干净，家人心神不安时，都会认为家中有鬼搅扰。为求得家人的平安，村民会请村中的驱鬼人到家中驱鬼。1949年前，村中流传着许多鬼上身、鬼火的传说。村民中相信有鬼的人比较多，他们认为鬼上身会导致家中出现怪事，比如家中有人出现疯魔症状，或者家人行为异常等等。

> 军屯村有位老太太，家中开油坊。有一天，老太太早起到地里燃烧麦秸秆来"防霜"。本来老太太很快就能回到家，但是过了好长时间也没回家。于是家人就四处找人，后来发现老太太跌倒在一个渠沟中，吃了满嘴土。当时村里人都认为老太太是被鬼附身。[1]

石罢村民也称驱鬼人为"神家"。石罢村内的神家有7—8个，村民请驱鬼人的时候，必须在阴历每月的三、六、九、十三、十六、十九、二十三、二十六、二十九日去请，其他时间不能去请。村民去请驱鬼人时，要把家中情况与驱鬼人说清楚。有时候"神家"独自去，有时候"神家"觉得鬼比较厉害，会叫上一两个"神家"一起去家中驱鬼。他们到家中后，带着桃木剑、天子剑，先烧香念经，最后再放鞭炮。"神家"要到被鬼缠绕的村民家中驱鬼，只去一次，不会再去第二次。

村民请驱鬼人驱鬼时，就要给"神家"封红包上供。村民根据家庭情况、自己心愿封红包。除此之外，去时还要带上供品，也是假鱼、丸子、粉条等做几碗。村民在

---

[1] 根据李孝良老人口述内容整理。

神像前供香后，把供品留在"神家"家中即可。村民家里一切安好后，就不用再给"神家"送人事了。

村民们认为"神家"非常有用，都很尊敬他们。在村中遇到女性神家时，通常是按着辈分称呼他们，不能直接喊她们"神婆"。若是遇到男性"神家"，要称他们为先生。有些人家为了与"神家"建立好关系，还将自家孩子认给"神家"做干儿子、干女儿，以求保佑子女一生平安。据村中老人们讲，张姓老太非常善于驱鬼，在外村中有许多干儿子、干姑娘。"神家"把病人治好后，病人家属非常感谢他们，不仅要给他们送供品，还会带着家中牲口、犁帮他们犁地、建房等。

也有村民不相信"神家"，认为他们是骗子。有些人认为没事可以不信，家中遇到这种事后，就必须相信了，否则日子就过不成了。保长、甲长也会相信"神家"，若是家中出现这种事后，他们也会去请"神家"帮忙驱鬼。"神家"自家人是相信他们的，因为都能得到好处，可以吃到别人送来的供品。

二、信仰关系

（一）信仰次序

在庙神、家神和鬼怪中，村中最相信的是庙神和家神，村民们都会到庙中烧香祭拜，也会在每月的初一、十五，以及逢年过节时祭拜家神。村民对鬼怪的信仰度远不如庙神和家神。有些神家、巫婆将人治死也给鬼怪信仰带来负面影响。村民们都信仰庙中供奉的神灵，他们最相信的火神，其次是送子娘娘，其他的神灵都是陪衬。不同的神灵管不同的事务，村民们根据自家情况求神。到庙中拜神的多是家中的中老年人，年轻人都忙着种田，或者到外面务工做活，基本上不到庙中。有时大年初一，村民们要将各路神灵都祭拜到。祭拜过庙神后，也要在家中祭拜家神，先祭拜家中的全神，然后再祭拜灶王爷、土地爷。在所有的神灵中，村民对火神最为敬畏，到火神殿祭拜都要毕恭毕敬的。因为村民们都害怕火神惩罚，有时街坊邻居之间有纠纷，一旦有人主张到火神爷神像前说理，理亏的一方就会赶紧认错。

村民在拜神时，大多是专门去祭拜的。家里遇到天灾人祸，没法解决时，才会专程去拜神。有时候亲戚来家做客，或者姑娘回娘家，他们有难事时，会顺道到庙中祭拜。村中的各神庙除了正月十九社火外，没有其他的活动。每逢出社火时，也有小商贩到村中卖东西，家长会为孩子们买点小玩具或者小零食。社火表演时间不长，一般下午1个多小时，社火就要在各街道表演巡演。看热闹的人非常多，保里要维持好秩序，人们跟着社火演员走，场面比较乱，即使遇到熟人，相互打个招呼，大家也不会谈事情。

（二）信仰关系

1949年前，村民信仰神灵非常自由，一人可以信多个神灵。村民基本上是"见庙都拜，见神都磕头"。不论保长、亲族，还是父母长辈都不会限制他人的信仰自由。村中的神灵都不冲突，所以村民也不会因为信仰差异而发生冲突。信神的村民不相信鬼怪，也会否定那些叫魂、驱鬼的神家，说这些人神神叨叨，都不灵。但是他们不会干预那些信鬼怪的人家请神家叫魂、驱鬼。村民们请神婆叫魂、驱鬼不灵验的，病人被治死的，不会因此去神婆家闹事，他们会觉得这都是命不好，只能认命。

村中的信仰组织都是地缘性的，以街道为单位组社。每条街道中信仰送子观音的，为了共同祭拜送子观音，成立奶奶社，一条街道可以有2—3个奶奶社。东大街、西大街、西南街的火神社，东南街的土地社，都是本街的全部住户统一参加。参加火神社或土地社并不会增进成员的关系。因为火神社、土地社除了社火巡演外，平时没有活动，信众的日常来往也并不多。

第三节 思维与思维关系

传统时期，石罢村在适应自然环境的生产生活中形成独特的思维方式。这种思维方式塑造着世代村民的行为方式和社会样态，同时这种思维方式也随着行动的改变而发生变化，在石罢村民的社会生活实践中不断地累积和沉淀，进化成新的思维方式。环境的锤炼、历史的累积，塑造石罢村民独特的经验思维、务实思维、循环思维、中庸思维、平均思维。本节主要从上述几个方面呈现传统时期石罢村民的思维方式以及思维关系。

一、经验思维与关系

（一）持家经验与关系

石罢村中，持家的经验都是祖祖辈辈积累、传承下来的。不论是男子还是妇女都要勤俭持家，在过日子上要精打细算，才能将日子过好。在吃穿住用方面，祖辈都会传下来许多经验。在吃上要多吃玉米、大豆等杂粮，少吃小麦，麦子省下来遇急时果了换钱。过年才可吃白面，平时少磨一点，偶尔可以改善一下。村中老人常讲，"家有万贯，不如陈谷子一圈"。家庭主妇做饭要按量，不能剩饭，若有剩饭也不能倒掉。凡是新媳妇到家，婆婆都要教媳妇掌握做饭量，做到不多不少正合适。村民们纺花织布做衣服，家中孩子们多，棉花有限，所以在穿上也要节俭，有古话讲"新三年，旧三年，缝缝补补又三年，踢踢踏踏再三年"。过去的衣服都是土布，基本上不可能穿十二年的，但是家中妇女也要想办法提高布料的利用率。老大穿小了就给老二，老二再给老三，一个接一个地穿。另外，衣服实在不能穿的，就拆掉做成鞋穿。妇女们要管吃穿，男人要管房屋。过去房子都是土木结构的瓦房，土墙的外皮容易脱落，若是不维护，很快房子就会烂掉，家中成年男子都要经常维护土墙，基本上一年要抹上一层墙皮。村中有话称"盖起不漫，一下子住到烂"。另外在用上也要节俭，家中的车、犁、农具等，要经常检修维护，才能延长使用寿命。村民们要买东西时，都要多方打听市场行情，哪里东西便宜到哪里买。不过赶集都要花钱，所以村中有话称"闲赶会，活受罪，黑老看戏不如睡"。除了生活上要节约开支外，村民还要勤快，村中有话讲，手勤饭饱，手不闲，肚不饥。农闲时期到外面干活，打短工、给人剥麻、纺线织布织麻。村民对那些懒汉，总会嘲笑看不起他们，说懒汉们都是"槽上吃食，橛上瘙痒"。

在日常生活中，村民们也都是按着祖辈经验过日子，除此之外，他们也会吸收外来的经验。对于别人新观点和想法，村民们先去考量这些想法、观点是否实用，若实用能解决问题，基本上也能接受。过去都是靠种田养家糊口，有人到村外做泥瓦匠赚到钱后，村里其他人也跟着出去干活，石罘匠人规模越来越大，而且也是远近闻名。

(二) 处世经验与关系

在为人处世上，祖辈也传下来不少经验。李氏家谱、徐氏家谱、秦氏家谱、姬氏家谱中，都有许多教育后代与人相处的祖训。在家庭中，要长幼有序，兄弟互助，相互提携，不得锱铢必较。在宗族中，对族中长辈，要谦恭逊顺，不得傲慢无礼，也不可挟富贵，而厌贫贱，恃强众，而凌寡弱者。宗族者，乃利害与共，休戚相关，一视同仁。在与外人交往时，要慎重交友，要选择那些志同道合者、信者、善者为朋为友。村中有谚语讲，跟着好人学好人，跟着死（巫）婆子下假神。与外人共事时，不要总想占便宜，"吃亏人常在，占便宜死得快"。村民认为小亏可以吃，但是大亏不能吃的。若是邻居建房时超过房界，就不能忍让；种田时挪动地界，也不能忍让。与街坊邻里有矛盾纠纷时，要换位思考，"要想公道，打打颠倒"，还有做事要讲良心，"人立名，树立影。人没良心，球没有肋巴骨"。

> 李氏族谱中记载："兄弟姊妹同气连枝，父母左提右携，前襟后裾，亲爱无间，且一本所生，同胞共乳，除却兄弟姊妹，更有谁亲？且从父母分形而来，子女之身来自父母，若兄弟姊妹相戕，是戕父母矣。念及父母安忍戕兄弟姊妹乎。勿听他人离间撺掇。兄弟姊妹中纵有不是，大家逊让些何妨？若锱锱铢铢计较多寡，彼此相戕，则父母之心不安，死亦不能瞑目。诗云：兄

弟既翕，合乐且耽。凡我族人念之。"除此之外，在与人交往中有祖训言"志同者为友，道合者为朋。交友以信为先，信者相通，守望相助。既诺勿欺，订交勿苟。然宜谨慎，择善而握。与善者交如入馥香之室久而自香，直谅多闻，尤宜亲厚。善乎平仲，相敬耐久"。

对于祖辈的处世经验，都是父子相传，通过言传身教，授予子女。子女践行这些古训，但是他们也会在自己的生活中摸索处世经验，他们也会接受别人的观点和想法。有些人家在为人处世上极为自私，就会与他人产生矛盾。对于这些人，即使有长辈批评，他们也选择不接受。但是不敢当面顶撞长辈、族长、绅士，也不会当面让他们下不来台。

(三) 生产经验与关系

石罢村以种植冬小麦和玉米为主，是一年两熟制。村民们在种植时间、播种要求、田间管理、收割、储藏等方面都有很多经验。何时种，如何田间管理，何时收，如何收等，在这些方面积累的经验都通过谚语的形式来表现。他们通常是按照这些经验来判断庄稼未来的收成的。"秋分种高山，寒露种平川，霜降种夹河滩"；"秋分早，霜降迟，寒露种麦正当时"。也就是说，寒露前后就可以种植冬小麦。晚一点也可以，只要"三（星）不落，地不冻，有籽种，只管种"。一般到了这个时节，村民们都要赶着种冬小麦。种冬小麦前后可以持续差不多一个月，只要在10月底种上就可以了。若是麦子种得太晚了，就会出现"大雪不离母，小雪不出土"，小麦就不发芽，或者发芽也不出土。种麦子要选好种子，种子不好，收成也不行，"种子瘦苗黄，种子肥苗胖"。种小麦前，要施足粪肥，"地壮人勤，不用问人"，"冬天粪满坑，秋天粮屯尖"。播种小麦时，"不稀不稠，搁下指头"，耧眼要不大不小，正好能放下大拇指。用这种方法种小麦，出苗后不稀不稠，能保证丰收。小麦种上以后，要及时灌溉，"麦收八、十、三场雨"。"打春一百，磨镰割麦"，"蛤蟆打哇哇，四十五天喝疙瘩"。到了这个时间，麦子就成熟了，村民就要赶紧割麦。麦子收割要快，否则天太热，麦子太熟会炸穗，麦粒落田，一旦下雨麦子就会变黑发霉，所以割麦是"麦熟一晌，蚕老一时，龙口夺食"。割麦可以赶早，但不能赶晚，不能等到十成熟再割，"九成熟十成收，十成熟一成丢"。麦子收割后，要及时种玉米。村民们在种植玉米上也积累了一些经验，"春争日夏争时，五黄六月争回耧（种玉米），处暑不出头，割了就喂牛"。到了六月份，就要赶紧把玉米种到田里，过了处暑还不出头，玉米就不结棒子了。种玉米要把控稀稠，"稀谷子大穗，稠玉米棒小"。在田间管理上，"头遍深，二遍浅，三遍不锄也增产"。

除了小麦、玉米外，村民们也尝试种植其他粮食作物和蔬菜等经济作物。1949年前，村中也有种植荞麦、大麦、谷子、黑豆、高粱、红薯、棉花、烟叶、花生、青麻等。这些作物在什么季节种，都有固定的时间，这些都是祖辈们摸索出来的经验。"谷雨前后，种瓜种豆"，"立秋萝卜，处暑白菜，头伏萝卜，二伏芥菜，三伏里头种白菜"。

村民们不敢轻易改变耕作方式和耕作物。过去总结的种植经验，不论是在耕作方式、播种时间、田间管理、收割等方面，这些经验都能保证粮食的高产。过去由于要交大差，还要糊口，村民主要种植产量较高的作物。石罢村人多地狭，农户们田地都不多，种植作物的范围很受限制。他们一般不会去种植产量低，销路不广的作物。1949年前，村里也有人家种植棉花，差不多都是种两三分，最多一亩多点地。当时棉花产量不高，一亩地才能产几十斤皮面棉，而且种植、田间管理、收获都比较复杂。种植棉花不划算，所以即使市场上棉花价格高一些，也没有大面积种植。

二、务实思维与关系

（一）务实思维

1. 勤劳致富思维

村民们信奉勤劳就能致富。石罢村内有"一粒米，十滴汗，一担米，十担汗"的谚语，想要多打粮食，就要多付出。庄稼活也是个细致活，有很多工序，所以也要到时节就要到田间管理，该除草时就除草，该浇水时就浇水。只有把活都干到了，庄稼才能长势好。想要吃饱饭，就要多流汗，只有在田地里多付出了，才能有更好的收获。若是种庄稼打忽悠，不认真细致，就是"人哄地一时，地哄人一季。"不论是种冬小麦，还是种玉米，都是如此，一旦不认真，一季收成就瞎了。另外干庄稼活要赶早，"早起三光，晚起三慌"。农户们夏天时天不亮就到地割麦，天热回家休息。村民会嘲笑懒惰的人，也会在背地里批评那些懒人不珍惜田地。地多的人家也不愿意将田地租给懒汉种，认为他们会祸害田地。手勤才能饭饱，人懒就没食吃，村中有话称"猪懒长肉，人懒就瘦"。李孝珂是村中勤奋的典范，眼里有活，干完这个做那个，手从来都不闲着，到东家当长工备受欢迎，他的事情也经常被农户用来教育子女。勤劳种庄稼只能糊口，要想发家致富，必须要做生意。村中的许多东家之所以有钱，除了在村内有田外，还在外面有生意，正如不得外财不发财。

2. 合作互利思维

村民们为了保护自身利益进行合作，如在栅栏门上站岗放哨，合种庄稼、打场等。村中的这些合作，都是村民基于对利益的考量。在石罢村东西寨被土匪攻破后，村民们在各街口修筑了栅栏门楼。门楼下面是大门，白天有人出入，夜晚关门；二楼站岗放哨,一旦土匪来犯,就通知街道上的人反击。在栅栏门上站岗放哨的都是本街道的青壮年,家家户户都要轮流出人站岗放哨,守护村庄安全。除此之外,到麦收时,几家要合伙做麦场,合伙打场。谁家打场,其他人家都要来帮忙,这样大家轮流打场,将麦子收拾干净运送回家。打完场后,几家人还要合伙会场,不影响田主种秋庄稼。

(二)务实思维关系

村内的农户们虽重视眼前的实在利益,但他们更重视长远利益。过去单家独户能力是非常有限的,尤其是穷苦人家,家中少吃没喝,没有牛、农具也不齐全,种田必须要与别人合作。他们经常到有牲口的人家帮忙干活,妇女们帮忙干家里活,男子们帮忙干庄稼活,以及帮忙办红白事。不论帮忙天数多少,都不会太过计算,毕竟有用得着对方的时候。过去,村内农户建房,要请村中关系好的泥瓦匠人帮忙。另外,在生活中,家家都会轮着办红白事,都需要请许多街坊邻居来帮忙。平时相互帮忙,遇事时对方也会来帮忙。若是平时不维护好关系,只计算眼前得失,这样就没法与人来往,以后家中有事也没人帮忙了。村民徐玉祥爱占小便宜,名声非常差,村里人都不太愿意与他家来往。村中有话称"吃亏人常在,占便宜人死得快","精精不得儿赢,死了变成毛毛虫"。

> 我是东大街的泥瓦匠人,街上住户要修房时,都会请我去帮忙。有时候去帮忙半个月,也不向对方要工钱。他认为都是街坊邻居,这次我帮他,下次我遇到事,他就会来帮我。[1]

在生产中,当有看得见的、很明晰的长远利益时,村民们也敢于去尝试。1949年前,有许多农户没有牲口,种冬小麦时,与其他农户搭不上伙,或者对方田多,犁地时间长的,麦子就种得晚,影响来年的产量。这样就有村民买骡子,合伙犁地赚钱。闫章文老人讲,过去熟人之间还能让牲口合在一起出去帮工。闫家与村中另外三家关系非常好,各买了一头骡子,两头骡子配个犁,农忙时做合伙犁地生意。

三、循环思维与关系

(一)循环思维

在农业生产中,村民的耕作种植都是根据节气播种、田间管理和收割的。这方面的谚语有很多,比如芒种忙,麦上场;秋分四五,麦籽入土;清明前后,种瓜种豆;秋分早,霜降迟,寒露种麦正当时;小满十八天,(麦子)不熟也青干;打春一百,镰刀割麦;白露头割谷,白露尾摘枣;处暑不出头,割了就喂牛(秋作物);大雪不离

---

[1] 根据李孝良老人口述内容整理。

母，小雪不出土；立秋萝卜，处暑白菜，头伏萝卜，二伏芥，三伏里头种白菜。这些谚语都体现了节气与生产之间的规律。这种生产规律都是祖辈通过经验摸索出来的，以谚语的方式进行传承。村民根据这种生产规律开始周而复始的农耕循环。

在生活中，石罢村离伊河非常近，在与伊河洪水的多年奋战中，村民也摸索出了伊河洪水的规律。每年汛期时，只要有连阴雨，伊河就会河长水发，村里就要组织村民严守河堤。过了汛期，伊河就变平静，村庄也就安全了。每次一旦伊河发大水，来年河滩地必定会有大丰收。另外，村民们根据伊河汛情的规律，在汛期过后十月十日搭桥，到了第二年的四月十五日将拆桥，每年都是如此。

村中的集会也体现了循环思维。根据耕作和生活的需要，村中形成了6个物资交流大会，分别是正月十九兴国寺庙会，四月十二骡马大会，四月二十杂货大会，七月十五庆丰收大会，十月十日搭桥会，腊月二十年货大会。其中四月十二和四月二十的大会和七月十五的集会都与耕作有关，搭桥会、年货会、兴国寺庙会都与村民的生活需求有关。这些集会形成之后，就周而复始、年复一年地举办。这些大会与农耕规律和生活规律结合起来，极大地方便了村民的生产和生活。

（二）循环思维关系

在生产中遇到天灾时，村民也会想办法克服。遭逢旱灾时，他们并不是只是求雨，而是会团结起来，组织抗旱。旱情不太严重时，村民会在田地的水井合伙车水浇地。若是旱情非常严重，比如1942年大旱，关系好的地邻居就会组织起来一起推着铁角车，到外村拉水抗旱。除了抗旱外，石罢村还要防涝。每到汛期，伊河经常河长水发，保里也组织村民修筑伊河大堤和护村堤。连阴雨天时保甲派村民到堤上巡查水情和大堤情况，一旦发现大堤有漏洞，就要组织村民下河护堤。所以经常是"外村人下雨往家里跑，石罢人下雨往地里跑"。

生活中的礼尚往来也体现了村民的循环思维。在日常生活中，村民之间相互帮忙，我家有事你来帮忙，你家有事我去帮忙。这样你来我往，两家关系就越来越亲密。若是不来帮忙，关系就可能会断掉，两家就不再来往。另外办红白事时，经常来往的街坊邻居、朋友会相互上礼，上的礼主家都会记清楚，等到对方家里办事时，还是要还回去的，一般是只能多不能少。若还回去得少，就会被认为小气，会影响两家的关系。

四、中庸思维与关系

（一）中庸思维

1. 家庭生活的中庸

在家庭生活中，村民们很注重家事不可外泄，有谚语"家丑不可外扬，家富不可声张"。家内的事务都要在家内解决,不能拿到外面让人看笑话。"有儿不可夸,送到坟上苦到家。"这一谚语教育那些有儿子的家庭要谦虚谨慎,不可夸夸其谈,更不要骄傲。在儿子多的家庭,父母在处理事情、分配家产时,要"一碗水端平",不能偏这个向那个,否则会引起家庭矛盾。另外日常过生活时,也要"财不露白",不可声张家中财富。过去有些有钱人家也不敢显摆,衣服穿得和穷人一样破烂,免得被人看出有钱后,被土匪"起票子"(绑架)。石罢村的东寨曾经修得非常结实,有钱人家都住在东寨。后来被人告密,东寨被土匪攻破,寨中富户被土匪洗劫一空。

2. 处世上的中庸

在村庄社会中,村民们在为人处世上讲究中庸。在房屋建造上,讲究中庸,与邻一致。临街房的位置要与街上其他住户保持一致,不能超出其他住户;另外,厢房的高度也要与邻居保持一致,不能高出别人一头。在与街坊邻居、朋友、乡亲打交道时,要"逢人说话留三分",言语上不得罪别人。另外还要处好关系,"维持人是条路,得罪人是堵墙"。对于村里的事情,村民抱着"出头的橼子先烂,枪打出头鸟"的态度,一般不去惹事。遇到别人家有矛盾纠纷,关系一般的,就不要插手去管事。村民们也会讽刺那些爱出风头的人,如"越是说你有狐臭,越是跑到上风头"。过去在村庄的公共事务上,在保甲制之前,村民们都不愿意当村长,觉得当村长麻烦事多。后来实在无人愿当村长,就让每条街道的富户轮流当村长。实行保甲制之后,有些富户就争抢着当保长,为了能获得好处,还不用出壮丁。但是这些人的任期都不长,许多人因为争当保长被打孽打死。

(二)中庸思维关系

藏拙、不显摆,与其他村民保持一致,是村民的基本态度。在生产上,收粮食时,不会一起把麦子从晒场运回家,通常要分几批运,免得被人看出家中打的粮食多,在村里人知道后告诉土匪。就村民李孝良家来说,他家收麦子时,有时趁天黑将麦子运送回家,有时是分几批将麦子运送回家。他认为不能让别人知道自家财富,一旦被人知道后,就容易遭土匪抢夺。洛阳沦陷后,李家在自家麦田中种了一分大烟,四周是麦子,中间是大烟,这样别人不容易发现。另外,在收割大烟时,每回都是偷偷摸摸去收,不让别人知道。回到家街坊邻居问候时,还要假装种的大烟比较瞎,没有啥收成。在生活上,那些生活过于高调,穿得溜光水滑的人,村里人会说男的"烧包",女的"耍风流"。

五、平均思维与关系

（一）平均思维

1. 生产生活中的平均思维

第一，家庭生活中的平均。分家之前，父母要公平对待儿子们以及孙子们，不能有偏向，否则就会引起妯娌矛盾，兄弟矛盾。分家时，家中的房产、田产、农具都要公平分配。不能均分的大农具，要折算成钱，谁要农具，谁就给其他弟兄拿钱。在养老上，也讲究均等。老人丧失劳动能力后，儿子们都要给父母拿相同数量的粮食和养老钱。老人生病后，儿子们要轮流照顾，并且还要均分医药费。老人去世后，儿子们要共同对钱为老人置办葬礼。

第二，交往中的平均。平均可以是短时的对等，也可以是长期的对等。在农户相互帮忙上，他们重视长期的对等，并不太过计较一时的不对等。泥瓦匠帮街坊邻居修房子，有时候修半个月，也都不收费。主家只要管饭，再送给匠人们人事就可以了，不用付工钱。主家欠着匠人人情，一旦匠人家有事，主家就会去还人情。关系好的家庭，在红白事都相互上礼，上礼要讲究对等，一方送多少，另一方也要还多少。哪怕是家中钱紧张，也要给对方还对等的礼。

第三，生产中的平均。在合伙养驴和伙买耕牛上，村民们也讲究平均，两三家合伙的，就平均分摊，一家出一份。牲口买回来后，在喂养上也要平均，一家喂养10天，其他家也是喂养10天。牲口卖掉后，大家平均分钱。

第四，村庄事务上的平均。村内修河堤、护村堤、清理渠道淤泥，保里都要给出差的村民进行登记，这次出差的村民，下次就可以不用出差。这样大家轮流出差，谁也不吃亏。

2. 平均次序

在家庭内部的事务上，村民们比较看重数量上的平均。分家时，由舅舅主持，将家中的财产平均分给外甥们。分房产时，兄东弟西，哥南弟北，分房要分得公平。在与他人交往中，他们比较看重长远的平均，不太在乎某一次的利益得失。只要总体上，双方付出与收获相对等，就算平均。若是在家中受到不公平对待，儿子或者儿媳妇也会向老人提意见，甚至弟兄们闹矛盾，妯娌们吵架。老人也会请孩子舅舅来调解劝说，劝说不成的就会分家。

在村中事务遇到不公平对待的，村民们也没有办法申诉。过去派差时，保长会给有身份，有关系的人派近处的闲差，给穷人、老实人派远差、苦差。抓壮丁时，本来三丁抽一，有些家庭比较老实，本来出一个，后来被保长派两个。他们也没有办法，只能被抓去当壮丁。村民对保甲长的不公平对待敢怒不敢言。

第四节 态度与态度关系

传统时期，石罢村民在独特的自然和人文环境下形成的思维方式，塑造他们对待生产、生育、生活、人生、社会和政治的态度。生育态度关系到家户的世代延续，生产态度关系到家户的兴衰，生活态度和社会态度、政治态度关系到家户内部，家户与家户、家户与国家的关系。本节主要呈现传统时期石罢村民的态度以及态度关系。

一、生育态度

（一）生育观念

1. 生育功能

结婚后，生儿育女是家庭的头等大事。对于家庭而言，生育子女可以为家中增添劳动力，另外还可以"养儿防老"。过去农业生产需要劳动力，家中劳动力多就好做庄稼活。不管是犁地、拉车、拉耧、收割、打场，都需要3—4个劳动力共同协作才能完成。子女多了，自家人就可以干完农活，不用请外人帮忙。自家孩子少，劳动力不多的，就得找人帮忙。过去养老都是家庭养老，主要依靠儿子来养。若是没有儿子，到了晚年生活就没有着落。对于妇女而言，生儿育女是天经地义之事，是其主要职责。如果不能为丈夫生养子女，或者没有儿子，妇女不仅在家中地位低下，甚至在村中也觉得低人一等，抬不起头。

2. 生育倾向

第一，生男孩最重要。在石罢村，男性是传宗接代之根本，没儿子就断了家中香火，有儿子才能延续香火，另外还要多生儿子为家族开枝散叶。村民们更倾向于生男孩，一方面男孩是赡养父母的主要义务人；另一方面男孩是家中主要劳动力，且能"顶门事"，处理各项对外事务，不会被街坊邻居欺负。因此，对于妇女而言，只要有男孩就能保住她们在家中的地位，至于生多少个女孩都无所谓。有些家庭不生出男孩誓不罢休，村民孔某家有5个女儿，直到儿子出生，媳妇才不再生育。生男孩的渴望也体现在女孩的姓名中，石罢村内不少女性名字中带有改、变、婷（停）、换等字样，还有女孩叫"招弟""连弟""代弟"等。据村内老人不完全统计，带有上述字样的村民有近百人。在家庭中，妇女生男孩后地位不一定提很高，但不生男孩地位必定不高。她们在族中地位也不高，族内的其他弟兄经常会对她们冷嘲热讽。若家中没有儿子的，会受到其他村民的嘲讽，甚至还会被称为"绝户头"。

第二，生女孩会不招人待见。村里人认为姑娘是给别人养的，是赔钱货，不太希望要女孩。妇女生第一个孩子是女孩后，不会立刻受歧视。但是若后面生的都是女儿，虽不会被送人或者溺婴，但会被婆家人轻视。有些家婆婆比较厉害，会经常挑媳妇的是非，在媳妇坐月子期间也不好好伺候。有些没有公公婆婆，丈夫人好，也不会抱怨媳妇。富裕人家中，媳妇不能生育，或者没生男孩，丈夫可以纳妾。

第三，男孩女孩有差异。首先，男孩出生后，奶奶要到观音堂为孙子还愿。1949年前，为求子，婆婆、媳妇到奶奶庙前烧香磕头许愿，若媳妇生儿子，第二年的正月十五婆婆就要到奶奶庙中还愿，有捐泥塑娃娃，也有捐猪羊的。若媳妇生了女儿，婆婆就不会再到观音堂还愿。其次，只为男孩办满月酒。父母不会为所有新生的男孩办满月酒，只会为第一个出生的儿子办满月酒。孩子的父亲向亲朋好友报喜，去时无须带礼品。亲戚朋友、街坊邻居得到消息后，都会带着礼品前去探望。主人家要办满月酒，答谢前来道喜探望的亲朋好友。满月宴基本上是八热四凉，荤素搭配。至于其他孩子出生后，除娘家人探望外，街坊四邻和朋友都不再前去探望。村内没有人家为姑娘办满月酒，只是姑娘出生后，要告知岳父岳母。岳父岳母以及娘家的亲戚会来给外孙女抓菜。再次，男孩才有机会去上学。1949年前，村内所有适龄男童都有机会到私塾上学，女孩则不行。后来石罡村开办义务学校之后，男孩、女孩都可以报名上学。若是家中几个孩子都要去上学，穷苦人家要先紧着男孩上学，不让女孩去上学。一些富裕、开明家庭，也允许女孩到学校念书。村民徐荣华、徐宣荣家都是文明家庭出身，父母开明允许女孩上学，她们成为1949年前石罡村较早接受文化知识的女孩。村中绝大多数女孩没有受教育的机会，在家中帮父母干活。

3. 生育数量

传统时期，村民们认为多子多福，孩子们多了家里势力就比较大，亲戚多，外人不敢欺负。富裕人家认为孩子多了是福气，可以将孩子们派出去做官、做生意，来光大门楣。但也有村民认为穷人家多生男孩未必是福气，他们认为"多儿多女多冤家"，"孩子多了受累大"。

石罡村民认为生7个孩子最好，5男2女最理想。村民认为理想的生活是家中5个男孩各有分工，有外出当兵、做官的，有做买卖的，有在家种田的。另外人均一亩地，还要有一头牛、一套车、有宅有院。这样的家庭规模和基本的生产条件最为理想，生活既不困难，还能在村中有势力，不会受到其他村民的欺负。村中农户拥有5—6个孩子的居多，7—10个孩子的也有。在传统社会，婴儿成活率低于生育率，很多小孩夭折。总体上来说，男少女多的人家比较多。

(二)生育关系

1. 生育仪式

(1)怀孕。在石罢村,怀孕的妇女也要干家务活或者农活。在一般人家,怀孕妇女也要在家做家务,做针线活、饭菜等。在农忙时节,怀孕的妇女也到庄稼地做一些较为简单的农活,比如捡麦穗、除草等。地主家的媳妇怀孕,也要到地里干活,不过都是干一些轻松的活,帮忙照看庄稼。

(2)接生。孩子出生时,公公婆婆找前后街的接生婆帮忙接生。接生婆也被称为"包孩子老婆",都是村中四五十岁的老太太。村中的孩子都由接生婆接生。接生婆们胆大,敢下手,用的都是些土办法,也伤了不少大人和孩子。接生个男孩,家里人高兴就给接生婆多封点红包,为他们做顿饭表示感谢。

(3)办满月酒。孩子出生满一个月后,家里要办满月酒。家里人只会为出生的第一个男孩办满月酒,不为其他男孩和女孩办满月酒。首先,女婿在孩子出生后,要到丈母娘家报喜。女婿要选择阴历的三、六、九、十三、十六、十九、二十三、二十六、二十九日去给女方的岳父岳母以及其他重要亲戚报喜。到岳父、岳母家报喜时,女婿带肉去表示生了男孩,拿油条去表示生了女孩。公公婆婆要给叔伯兄弟、关系好的街坊邻居报喜。岳父岳母接到女婿报喜,岳父岳母到姑娘家为外孙"抓菜"。第一次去时带上鸡蛋、红糖;第二次去时也要带上鸡蛋、红糖和饼馍;第三次去时要带上小米、面、银饰、六尺布、鸡蛋、红糖和带根的葱、白菜、菠菜、香菜。到吃满月酒时,岳父岳母要带上菜篮、米篮、面篮。叔伯兄弟和街坊邻居来"抓菜"时,也要带上一块布、鸡蛋、红糖和菜。街坊邻居来"抓菜"时,带个小篮子,里面放着布、鸡蛋、红糖和菜。最后,吃满月酒席。到孩子满月当天时,家中要摆满月酒席招待女方的亲戚,一般要做八碗四。吃完酒席后,公公婆婆和女婿还要给来的女方亲戚回礼,送上不同数量的红点馒头、一碗假鱼丸子、油疙瘩。主家给最为贵重的亲戚回12、16个馒头,给一般的亲戚回6、8、10个馒头不等。除此之外,主家也要给来抓菜的男方亲戚和街坊邻居回礼,给街坊邻居都是一碗菜,6个馒头,给叔伯兄弟会多一些,一碗菜加8—10个馒头。

2. 生育态度与评判

在石罢村,那些没有儿子的农户都算是"绝嗣"。这些人家在街面上说话不气势。若是为人不好的,还会被人背地里说是上辈子没做好事,这辈子没孩子。只要有过继儿,也算是家中有后,村里人也不会瞧不起他的。对于没有生育的媳妇,婆婆一般不会当面揭短,但是会旁敲侧击地骂媳妇,也不会给媳妇好脸色看。

3. 过继

(1) 过继原因

1949年前,石罢村中有不少过继情况。没有儿子的家庭从他人家中要一男孩被称为过继,将儿子给到他人家中的被称为出继。通过过继,无儿家庭有儿子养老送终,同时也代表香火延续。过继的家庭挑选过继儿时,通常是"活着取爱子,死了取关系最近的"。过继家庭与出继家庭商量妥当后,按照一定的程序和仪式完成过继。从徐氏族谱上,石罢徐氏十一世中,徐登甲过继二儿子徐廷和给同母弟兄徐登奇为儿。十二世中,徐铁旦无子从他人家过继儿子;徐来贵无子从他人家过继儿子(徐明理)。李氏族谱、姬氏族谱中也有许多过继的记载。李氏族谱中,石罢李氏七世李永言无子,从李永康家过继纯东为嗣子,除此之外还有许多其他的出继、嗣子的记载。

(2) 过继条件

通常出继的家庭与过继的家庭生活水平有一致的,也有差异的,穷富不一样的。出继的家庭生活都比较困难,儿子也比较多。这种家庭愿意将孩子出继到"一自己"兄弟家中,或者其他本族本家的其他兄弟家中。这样可以减轻负担,也使兄弟、亲戚家后继有人。出继家庭生活较好的,将儿子过继到生活困难的兄弟家中时,也可以给儿子分田地,以及盖好房子。石罢村中贫穷人家比较多,儿子多的家庭无力为孩子们盖房子结婚,所以只要对方家中有房,都有人愿意将孩子出继到对方家中。

(3) 过继形式

过继有形式过继与实质过继两种。实质过继是将儿子出继给亲兄弟或者本门本家的其他堂兄弟家,要担负养老义务,并享有财产继承权力。形式过继是仅在族谱上将儿子出继给兄弟或者本门本家的其他堂兄弟们,人并不到兄弟家或者堂兄弟家,也不承担养老义务,也能请业产。在石罢村,形式过继仅在族谱上显示,表示后继有人。形式过继通常表现为一门两继,一个儿子只是名义上过继到叔伯或者堂叔伯家中,实际上还在自己的家中。在李氏族谱中,李孝良的父亲是一门两继,在族谱上也写在其叔父名下,延续两家香火。这种情况通常是在老人去世后,将过继儿名字写在其名下,告知后人,此人也有后代。

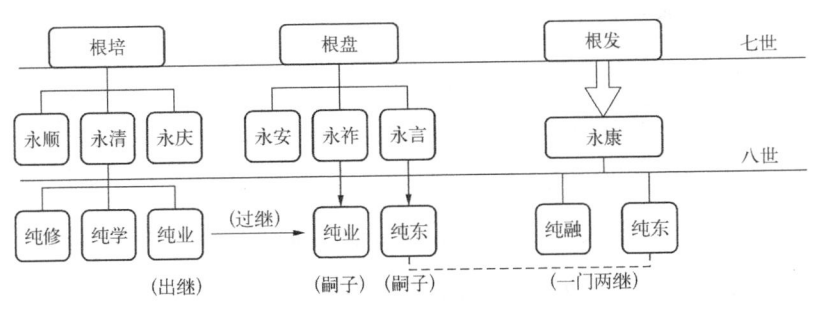

图 5-2 李家过继示意

（4）过继原则

在石罢村，过继时要遵循依序原则和关系原则。在家族内的过继要按照一定的过继顺序进行，先亲兄弟间过继，然后是近门自己间过继，最后是远门自己间过继。亲兄弟比较多的，要按照长幼顺序依次过继。亲兄弟之间不能过继的，从近门自己中要过继儿。近门自己间不能过继的，才轮到远门自己进行过继。在顺序原则中，也有些人家不按照过继顺序要过继儿，他们不要亲侄子做过继儿，却要本族本家其他堂兄弟儿子做过继儿。这种情况多源于要过继儿的家庭势力薄弱，选择本族本家中有势力的人家要过继儿来拉拢关系。

不论是从亲兄弟家还是从近门自己、远门自己家要过继儿，都要考虑两家的关系。若与老大兄弟关系交恶，也可以选择过继其他兄弟家的儿子。另外，"活着取爱子"，要过继儿的家庭通常选择过继儿时有主动权，他们会选择自己喜欢的孩子做过继儿。有钱有势的家庭要过继儿子时，会有多家来争抢，他们都希望自己得到富户家的业产。这种情况下产生的矛盾，就需要请族长或绅士来调解。

（5）过继程序

过继时，通常是过继和出继双方家庭商量妥当，就能完成过继。若出继方不同意，也不能过继。出继方同意，过继方不同意，也不能完成过继。过继不用签订协议或契约，仪式比较简单，甚至有些家根本不要什么仪式。有些大户人家比较讲究，就请族长、家族中有威望的长辈或者本街道的绅士做见证，过继儿在养父母前行跪拜礼，然后还要宴请出继家庭以及见证人。一般人家通常是两家商量好后，坐在一起，让孩子行个跪拜礼就可以了。有些家没有过继仪式，只要两家商量好后，过继儿被领回去就行了。

过继时，过继方不用给出继方钱粮。毕竟出继方已经得到好处，一方面减轻抚养负担，另一方面出继的儿子可以获得过继方的业产。出继方也不给过继方钱财、粮食。有些亲兄弟关系非常好，过继时若弟兄家条件比较差，出继方也会给出继的儿子一些田产或者房产，总之是不会亏待出继的儿子的。

（6）过继与村庄的关系

过继的双方通常是亲兄弟，或者同姓的本门本族的兄弟，过继儿不用改姓。过继的是亲兄弟家的儿子，两家会亲上加亲，相互扶持。

若过继儿不孝，是可以更换过继儿的。过继儿能进祠堂祭拜先祖，但是过继儿不能当族长，也不能为自己养父母或者其他逝者的牌位上点主。养父母去世后，过继儿要为其养父母打幡抱盆，继承养父母的遗产。

4. 抱养

（1）抱养的原因

1949年前，东大街抱养孩子比较多，因为被抓壮丁，许多壮丁死在外面，家中人只能去抱养孩子延续香火。也有些家庭抱养孩子是因自家没孩子或孩子少，从亲戚、朋友家或者外人那里，抱养身体健康、相貌正常的婴幼儿。村民李长兴的姑娘就是其父母从亲戚家中抱养来的。也有家庭抱养弃婴，村民李木就是被抱养的弃婴，不过这种情况极少。

（2）抱养的中间人

抱养孩子时要请亲戚做中间人介绍，一般是在外村的姑、舅、姨等直近亲戚。亲戚们都知道抱养家的难处，都会尽量帮忙解决问题，更重要的是都会为这事保密。抱养孩子的家庭不想让别人知道，这事都是偷偷摸摸做的。尤其是那些因不能生育抱养孩子人家更是如此，他们甚至编造谎言告诉外人孩子是自家生的。抱养成功后，抱养方不用给中间人报酬，也不用请他们吃饭，会给亲戚送点点心、果子来表达谢意。

（3）抱养的过程

抱养牵涉到的两家既可以是本村的，也可以是外村的。抱养的孩子多是婴幼儿，有月子孩子，也有一两岁的孩子。孩子小的时候被抱养走，交由养父母抚养长大，这样孩子长大后能与养父母一条心。

抱养时，先要通过中间人的牵线介绍，双方同意后，抱养方必须给对方粮食或者钱，差不多是二三百斤麦子、玉米或者小米。抱养方家庭条件好一些的，对方才会放心把孩子给过去。若是家庭条件太差，对方会担心孩子过去不能好好成长，也不愿意将孩子给出去。抱养孩子时，双方需要签订抱养协议，写明双方姓名、抱养事由和抱养费用。抱养方把孩子抱回来后，在保里腊月登记人口时给孩子办理登记。

（4）抱养儿与村庄的关系

抱养儿要随养父母的姓氏，由养父母起名，要称养父母为爹娘，按照辈分和亲戚关系称其亲生父母。抱养的孩子不能再回到其亲生父母家中。若双方是亲戚，也要逢年过节到亲生父母家按亲戚礼仪走动。由于抱养儿在中间拉着，两家更是亲上加亲。

凡是抱养回来的孩子，家人都比较娇惯，将他们当亲生孩子对待，所以抱养儿也与养父母一条心。由于抱养的多是女儿不用给养父母养老送终。养父母去世后，也要为养父母披麻戴孝。街坊邻居都会支持抱养的孩子在保里上户口的，毕竟抱养家没孩子也是非常可怜的。另外，街坊邻居对这些事一般不会声张，也不会开抱养儿的玩笑，不拿抱养儿不是亲生的事实来打趣孩子。

5. 买卖孩子

（1）买孩子的原因

传统时期，石罢村也有买卖孩子的情况。村中之所以有人家买孩子，主要有以下两方面的原因：第一，家中缺孩子。有些家中，夫妻双方有一方不能生育，又无力娶"小婆"。遇到合适的机会时，也会买孩子。村民孔某、丁某都是从外乡买的。第二，买姑娘做儿媳妇的。有些家生活条件差一些的，担心孩子娶不上媳妇，会买个姑娘给孩子做童养媳。

（2）卖孩子的原因

卖孩子的人家多是因为家中男人赌博、抽大烟欠债后，把孩子卖掉抵债。也有从外省、外县逃荒到石罢村，生活实在困难，也无力养活孩子，为活命，将姑娘卖掉换点粮食，维持生活，另外也是为孩子找条活路。

（3）中间人

1949年前，村中有人专门做买卖人口的生意。村民孔某从事这种生意，既买卖妇女，也买卖孩子。但这种生意不是经常有，有些年景会比较多，在1945、1946年的时候买卖孩子的比较多。村中因抓壮丁死人比较多，有些无法抱养孩子的家庭，就会想办法买个孩子。村民孔某就在各村打听，然后做买卖孩子的中间人，并从中收取佣金。孔某从东庞村介绍到石罢村三四个孩子。

（4）买卖孩子与家庭宗族的关系

村民买孩子都是因为家中无子，所以非常珍惜买来的孩子，把他们当作亲生孩子对待。买来的孩子多是不懂事的小孩子，长大后也能跟养父母一心。买来的孩子要跟养父母姓，并要到保里登记；要为养父母养老送终，并且也要继承养父母的家产；可以上族谱，但不能当族长。

二、生产态度

（一）生产态度

1949年前，石罢村中家户是主要的生产单元。过去以户为单位进行生产经营，家庭是一个利益共同体，全体成员共同参与所创造的收益，大家共同享受。家庭是血缘共同体，家长与家庭成员都以血缘为纽带连接在一起，相互之间的权利义务更有利家庭成员的团结与协作。在庄稼作物的种植与收割中，家长有权给家中所有成员分派任务，比如老人和媳妇负责做饭、送饭外，还要负责捡洒落在地中的粮食。儿子们负责种植、收割、打场、翻晒、运送等事务，甚至小孩也要跟着大人到地里干一些力所能及的农活。若家户劳动力少的，会与其他农户相互帮工，但是这种帮工是临时的，随机的，帮忙的对象是不固定的。

种田时，家长根据生产规律自主决定家中土地耕种规划，如哪块地种小麦、哪块地歇息、哪块地种植经济作物，种多少、何时种、如何种、何时收、如何收等。家户庄稼种植只受天气、土地性质等因素的影响，不受其他人为因素干扰。即使是租种别人家的田地，也是想种什么就种什么，只要给田主交够地租就可以了。田主不会控制佃户种何种作物，不论是大烟还是蔬菜，他们都不会干预的。

在石罢村，农户们交了赋税或者地租外，余粮就是自家的。农户可以自主支配余粮。每年麦收、秋收后，交完赋税或者地租外，吃哪些粮食、粜哪些粮食，吃多少，粜多少，留种多少等问题，都由家长决定。过去由于缺少肥料，土地的生产能力有限。要多劳多得，就要不仅种好田，还要巧种田。要种好田，就得多捡粪、攒粪，"冬天粪堆满，秋天粮囤尖，冬天粪堆高，秋天粮堆高"。粪肥上足了，田间管理到位了，才能多劳多得。

（二）生产态度关系

种庄稼不能懒，必须要勤快，"手勤才能饭饱"。种庄稼不仅播种要及时，而且田间管理也要跟得上，这样才能有好收成。庄稼人必须勤快，按着生产规律播种、收割小麦和玉米以及其他作物，这样丰收才能有保障。种冬小麦时，犁地耙平后，要及时种上，这样地里也能保墒，有利于小麦发芽。若是不播种时间太晚，就会影响小麦的发芽和分蘖。村民李孝珂、李孝良、姬永重等都是种田勤快人，他们不仅及时播种、收割、田间管理，而且做出来的农活都非常细致。勤劳的人家一般是受父母影响，子女跟父母是见样学样，父母勤快的，孩子就会学得勤快；父母懒惰的，孩子会跟着学懒惰。有些人家勤快是为生活所迫，地多、劳动力少、孩子多的人家必须得勤快，孩子们都等着父母喂养，父母不勤快就养活不了一家人。有些家穷地少的农户，必须想法赚钱，只要一年四季手不闲着，就会持续有收入，就能满足糊口需要。

1949年前，村中也有懒人，凡是经常赌博耍钱的，都不干庄稼活。村民孔拴住、肖根宝、姬根山、宋呼兰都是出了名赌徒，他们经常聚在姬家祠堂赌博耍钱，把庄稼活都撂下不干。村里人看不起懒人，一般不愿意与这些懒人打交道。懒人家里遇事，街坊邻居都不借给他们钱，亲戚们也都远离他们，族人也不会理他们。

三、生活态度

第一，节约开支，谨慎花销。在家庭日常消费中，基本上是多挣少出多攒钱。平常吃穿用度都能体现出农户的勤俭节约，东西坏了能修补的就先修补，只要能对付使用,一般不会买新的。过去村民们很少记账的,许多人家都不识字,平时也没有什么花销。即使有开销,也都是买些生活必需品,都不会浪费,所以也不用记账。即使平时不记账,也都清楚一年到头的总开支。村民们平时很少赶集,家里有要买的东西,才去赶集。通常是家中的欠缺都攒着,到集会上一起买。去赶集时,也是心里清楚,脑子里有计划。平时家中常用的针头线脑,油盐等都是快用完了,货郎挑着担子到街上游街时才去买。家中的锄头、铁锹等,农户基本上是用到不能用的时候才去买新的。过去种田收入有限,做零工赚的钱也非常有限,要养活一大家子人,只能靠节俭度日。

第二,生活节俭,精打细算。村民们日常生活中的节俭主要表现在吃穿住用上。农户们把玉米换成红薯,平时多吃玉米、黑豆、黄豆等杂粮,少吃小麦,逢年过节才舍得吃小麦。吃上不浪费,按量做饭不剩饭,也不乱扔食物。凡是乱扔食物的,都被批评为"败家子"。在穿上,衣服都是自家织的粗布,送到染坊去染,然后再做成衣服。农具是大多数农户家里的一大开支,要是坏了,主家就请木匠、铁匠先修理,只要能对付使用,一般不换新的,实在不能用才会买新的。地少的人家不买犁、耧、车等大农具,借用别人家的。村民之所以在日常生活精打细算,极为节俭,是因为过收入太有限了,他们必须在生活中一分一厘地抠,才能攒下钱来买地、买牲口、过红白事,送孩子上学。过去村中穷人多,村民都是这样过日子,非常勤俭,过去不在家吃饭,经常到饭铺吃饭,衣服经常穿新的,这些行为都会被视为铺张浪费。村中除了赌博耍钱的人经常胡吃海喝外,一般人家都没有这种铺张浪费行为。他们与这些人家平时有来往,但是不会借给他们钱粮。亲戚们知道他们的秉性后,也不会借钱给他们。

第三,办红白事,大方但不浪费。在家中办红白事时,村民们表现得非常大方。一般情况下,盖房子、办红白事都是家中的大事,开支比较大。平时过日子俭省,节约下来的钱粮,可以用来盖房子、办红白事。请匠人到家中盖房时,尽管不用付工钱,但是要管匠人伙食。主家就要割肉、买粉条,自己平时不舍得吃,也要让匠人吃好饭。过红白事时,村民们比较大方,平时过日子要节省,招待客人要奉承。过事时,首先要请很多伙计来帮忙,若招待伙计不周,被认为小气,伙计也不会尽全力帮忙,就可能导致事情办不好。招待客人时也要周全,凡是来参加酒宴的客人都上礼了,若是酒宴做得太差,被客人批评小气,会影响主家与客人之间的关系。所以在红白事上,都要尽可能做到周全大方。办红白事中的大方不是铺张浪费,最多就是礼节多一些。过去穷人家,老人在去世前都会交代儿子,"穷儿不可富葬"。但是儿子们一般不会听从老人,而是按着正常程序办葬礼,他们也要叫响器、请阴阳先生、搭灵棚,买纸扎等,也要给父母风风光光地送走。

四、社会态度

第一，与自身利益有关的公共事务，村民会积极参与。村民在参加村落共同组织的活动中，行动的积极性与活动的利益有关联。不论是保里组织的公共活动，还是村庄组织的活动，凡是与村民的切身利益有关的，他们都会积极参与。保里组织的公共活动有修河堤、修护村堤、在栅栏门站岗放哨、搭桥、出社火等，这些活动都涉及村民的人身、财产的安全，村民参与的积极性比较高。清同治元年，洛阳地区流窜一群"红胡子"土匪，打家劫舍、滥杀无辜、奸淫妇女、无恶不作。为了防御土匪的侵袭和掠夺，村中的绅士号召村民捐钱、捐工修建东西寨。村里的绅士和头人派村民轮流到寨墙上站岗放哨。每到汛期守护伊河大堤，石罢村民都非常积极。有时候汛情非常危险，村民们也会聚到大堤上抗洪护堤。若是保里组织的共同活动与自身利益没有关系，他们就不会积极参与。比如乡公所下派任务，要求各村修建岗屋，村民们对这种事情就不太积极，最后一般是保里出钱请泥瓦匠人修建。

第二，宗族祭祖事务，村民们也会积极参与。1949年前，村中的宗族活动就是祭祖。每到正月十九，族人在当天上午到祖坟祭祖，祭祖后还要炒老坟社。徐氏宗族有坟社地，每到祭祖时，族长用坟社地的收入做些馒头、点心作为供品。祭祖结束后，族长把供品、点心发给族员，大家边吃边说话，场面非常热闹。平时不舍得吃白面馒头的，也可以趁机多吃几个白面馒头。李氏宗族祭祖要到洛阳县城，头天去，第二天祭祖，祭祖后还能吃桌宴席，另外还可以看唱戏。每到祭祖时，石罢村的李氏族人都积极参加。

第三，街上的社会事务，村民一般不参与。邻里纠纷、通奸、不孝敬老人等涉及具体家庭的事情，大多数村民不愿意去管。村民认为这些都是闲事，不能乱管闲事。尤其是孙发科在村中成立自卫团后，管闲事招惹自卫团的人，很有可能被打孽。1944年，孙发科强娶民女徐某时，新村人徐书元对此不满，在言语上为徐某打抱不平，随后就被孙发科打死在自家门前。村民姬某因管其堂弟媳妇与人通奸的闲事，被人打孽打死。

五、政治态度

在1944年之前，村民们认为当官的还是能办事的。村中有杀人放火的，乡公所的人也会派人下来侦查，抓住凶手也会由他们进行惩罚。保安团团长高安的护卫甄景生也能为民除害，村民们对他赞叹有加。到1944年洛阳沦陷以后，村民对官员的看法非常消极。当时政局动荡，日本军队、国民党、共产党三方都在洛阳，乡公所基本瘫痪。保里发生事情上报到乡公所后，乡公所也不派人下来处理。除了交差粮、摊工、服兵役外，村民基本上不与官府打交道。村民有话称"交完粮，就是自在王"。只要不犯事，也不用害怕官府的人。村民们也渴望自家孩子能当上大官，这样家族就能得到庇护，在村里也不会受人欺负，而且也不用担心被土匪起票子。

石罢村民认为，凡是能当上官的都是有本事、家里有势力、有关系的人，穷人是当不上官的。九保、十保的保长都是由村中的大户担任。曾担任东保保长的徐文祥，在徐氏家族中地位比较高，是村中的大户，家中有田20多亩，家有4—5个儿子。甲长是轮流当的，村民们不太尊重甲长。甲长到农户家中催缴粮款，还会遭农户们谩骂。村民们也不太看重族长，族长是由村中年龄中最大的人担任的，除祭祖外不起什么作用。村民们更愿意当保长，保长有权力，管着征粮派差，抓壮丁。当了保长后，自家孩子就不用出壮丁，也不用出差粮，还受村民尊敬。

六、人生态度

石罢村民对这样的生活最满意：孩子们干啥的都有，有种田的为家里攒粮食，有做买卖的赚钱可以为家里买地，有当兵的、做官的，家里遇到啥事，孩子们都能出面解决。村民李孝良大爷认为自己的人生还是很幸福的，1949年前他一家四口人，有父母和妹妹。他家里有将近10亩田，家中还有门面房出租，另外父亲还经常到村外做生意，家里不愁吃不愁穿，经常能吃到白面馒头。过去，只要能安稳过日子，有吃有穿有房住，就算是好日子，他很少想去改变这种生活。李孝良念过书，也有机会去当官，但由于是家中独子，要继承家业，为父母养老送终，最后就没有去当官，后来也就不再想去当官的事了。

第五节 习俗与习俗关系

石罢村民在长期的生活实践中，就村民生活中的婚丧嫁娶、逢年过节等日常行为，自然形成了一套相对稳定的传统习俗和礼仪。这些习俗和礼仪规范着村民的日常生活行为方式，并且世代相传，在生活实践中不断地发展演变，形成了石罢村独特的习俗。本节主要从婚丧习俗、节庆习俗、日常习俗三个方面展现石罢村1949年前的习俗与习俗关系。

一、婚姻习俗及关系

（一）婚姻概况

在石罢村，姻亲是因婚姻而形成的一种主要的社会关系。只要两家结亲，两家的近亲之间就具有姻亲关系。

1. 姻亲的层次

姻亲是因两家结亲而在男女双方家的直系血亲和旁系血亲之间产生的一种社会关系。姻亲关系也分为远近两个层次,近姻亲和远姻亲。近姻亲只涉及两代,姑娘的娘家和媳妇的婆家。一对夫妻的近姻亲包括公公、婆婆、大伯哥与嫂子、小叔子与弟媳、小姑子与姑丈、岳父、岳母、娘家兄弟与娘家嫂子、娘家妹子以及女婿。远姻亲的范围比较大,包括两家的旁系血亲。近姻亲之间存在直接的利害关系,远姻亲之间并不存在直接的利害关系,即使有影响也不会太大。

2. 姻亲的范围

1949年前石罢村民多数与外村结亲,也有在本村内结亲的。其一,与外村结亲形成的姻亲。村民们的姻亲主要集中在庞公乡及其附近的各村庄中。石罢村的姑娘大多数嫁到庞村、李村、武屯、柿园、大庄、草店、门庄、袁付等村庄,较少嫁到外乡。就娶媳妇而言,主要娶庞公乡前述所提村庄的姑娘,外乡的少一些,外县的更少。徐建恒老人的母亲就是从窑沟村娶过来的,李孝良老人的妻子是从西庞村娶来的。有些上门女婿是从其他地方逃荒而来的,有些是从邻村那些家境贫寒、儿子较多,不容易娶到媳妇的家庭中招来的。其二,本村结亲形成的姻亲。1949年前,村中有20多户人家结成亲家。这20多户亲家中有同姓结亲,也有异姓结亲。同姓结亲时男女双方必须在同辈之间以及五服以外。

3. 姻亲交往

姻亲中,远姻亲基本上不走动。在一个村子内的远姻亲会参加红白事,而只要不在一个村子中,远姻亲就不会参加红白事。

只有近姻亲才相互走动,近姻亲的交往主要是女儿女婿到岳父岳母家串亲戚。逢年过节时,姑娘和女婿要回娘家,并且要带上四色礼。在大家庭中,公婆要在春节、端午节、八月节等为媳妇、儿子准备回娘家的礼品,每个儿子和媳妇要相同,不能多少不一,否则媳妇们会闹矛盾。女儿女婿回家时,娘家爹妈要给回礼。姑娘家与公公婆婆分家后,娘家爹妈能住姑娘家;没有分家时,娘家爹妈一般很少到姑娘家。娘家爹妈也有一家子人,也有自家事情,所以一般不到姑娘家住,有事才会到姑娘家。在姑娘生孩坐月子期间,娘家爹妈会到姑娘家中探望女儿、外孙或外孙女,娘家妈还要照看姑娘坐月子。若是婆婆照顾好,娘家妈一个月去个两三回就可以了。摆满月酒时,娘家爹妈和连襟、条串都要前来吃酒席。双方亲家父母因为孩子们的关系也会惹矛盾,一般来说关系好的少,不好的多。

在石罢村,一般两亲家之间不会轻易借钱。姑娘、女婿单独过日子,生活艰难时姑娘就回娘家寻求帮助，借钱粮也不用给父母打借条，也不用中间人说和。如果姑娘在婆家受到不公平对待，娘家爹和哥哥主要是娘家哥，会前来为其主持公道。

(二) 结婚条件

传统时期，男女双方结婚首先要达到一定的年龄。村中女孩子嫁人的好年纪是17岁，男孩子结婚一般在17岁或21岁。村中有话称"十七不娶妻，单等二十一"。17岁和21岁都是结婚的最佳时候，错过了这两个时间点，就不太好说亲了。对一般人家来说，女孩17、18岁就有媒人来说媒，男孩20多岁可以去提亲。有些富裕人家，男孩15、16岁就有媒人来说亲，通常说的是穷人家年龄大一点的姑娘，以便结婚后照顾家庭。也有姑娘14岁就嫁人的情况，村民姬某、李某的媳妇都是14岁的时候嫁过来。对于一般家庭而言，男女双方年龄不能相差太大，一般是女小男大。不过，村内也有些特殊情况，石罢新村的徐某、宋某，家庭相对富裕，都是在12岁时候娶了个17岁的媳妇。

男女结婚时也要看双方的家庭条件。条件好的家庭能给孩子娶上媳妇，家里穷的娶媳妇比较困难。除了年龄、家庭条件外，结婚的双方还不能有狐臭、白癜风等。另外，出于优生优育的原因，近亲是不能结婚的，村中五服以内的男女不能结亲。根据村内李孝良、徐建恒两位老人讲，近亲结婚家庭的孩子容易出现痴呆蔫傻，另外不同辈分的同姓家庭结成亲家，容易导致称呼混乱，令人尴尬。

(三) 结婚仪式

1. 媒人说媒

村中有话称，"天上无云不下雨，地上无媒不成亲"。男女双方都要有媒人从中说媒，才能成亲。媒人可以是村中媒婆，也可以是街坊邻居、亲戚朋友。媒人说媒的范围比较广泛，基本上是绕着石罢村方圆20里的村庄中，有本村的，也有邻近的武屯、柿园、大庄、柿园、庞村、草店等村。街坊邻居、亲朋好友在外村有朋友的，就可以从中牵线搭桥。除此之外，还有为外乡、外县的青年说媒的。本村的泥瓦匠到外乡、外县建房，认识外县的人家，就可以为本村的小伙子牵线拉媒。本村的姑娘主要嫁在本乡，基本上很少嫁到外乡、外县。灾荒年间，外省、外县的人家逃荒到石罢村，若家中有姑娘就嫁到石罢村。

2. 相亲、决定婚事

经媒人说合后，男女双方家长都要相互打听对方是否有缺陷。双方均认可后，才会进行下一步的看亲或者相亲。男方先提出到女方家看看，就在媒人陪同下到女方家拜访，这就是看亲、相亲。看亲、相亲是决定婚事的重要环节。相亲的日子都是由媒人预先定好并通知男女双方家庭的,让双方都做好准备。看亲时,男方父母要带上烟、酒、点心,带着儿子到女方家中拜访,双方交谈了解情况。相亲后,男女两家就会通过媒人传达是否愿意结亲的信息。1949年前,子女们的婚事都是父母决定,只要父母同意,就能确定婚事,一般孩子们是没有什么意见的。

3. 订婚

订婚也被称为"换姻帖",后来被称为"过大契"。男女双方相亲后,觉得彼此中意,就要履行订婚手续。换姻帖前,双方要将生辰八字送给对方,然后请算命先生推算,看双方的生辰八字是否相合。合过生辰八字后,双方父母同意结亲,然后交换庚帖。庚帖中是亲家姓名、孩子们的生辰时日、双方籍贯、三代人姓名、年龄、媒人姓名,以及男方给女方的聘礼——衣物、点心、食品等。庚帖是双方结亲的证书,双方交换过庚帖后,两家婚事就算正式确定下来,双方都不能轻易毁约。如果男方毁约,提出退亲,不能向女方索要聘礼,若女方悔婚,则要把聘礼全部退回给男方。姻帖是打官司的重要物证,若是毁约的女方不退还彩礼,男方可以拿着姻帖去打官司,女方是会输掉官司的。

4. 看好

在石罢村,好就是婚期,看好就是请看好先生根据男女双方的生辰八字决定婚期在哪一天最合适,不犯任何忌讳。1949年前石罢村民都请阴阳先生李纯一看好。男方先看好,然后把好期告知女方,然后女方再请先生审查,若没有异议便将好期定住;若女方有异议,另行协商后重新定好期。

5. 送好

好定住后男方要拿上婚帖选择吉日,正式送给女方。送好一般选在六月六或八月十五,趁串亲戚时把婚帖放在礼品中间。这时送好,一般是下半年举行婚礼。若是婚礼在上半年举行,一般在春节前串亲戚时将好送给女方。除此之外还要将好送给亲朋好友。男女双方的亲朋好友接到好后要参加婚礼外,也要添箱。与女方关系近的都是添些衣物、布料床单等;关系一般的送两包点心做交头。

6. 送彩礼

送彩礼是过好前的重要事务。送彩礼一般是两家换过姻帖后,孩子都到了结婚的年龄了才进行的。男方一旦送了彩礼后,基本上就该过好了。1949年前,彩礼种类比较多,可以是衣裳、粮食和钱。有些家送了几件衣服,就把媳妇娶到手。也有些家送了2升黑豆,也娶上了妻子。有些家是送钱,花20—30块钱,才把媳妇娶到手。富人家几乎不用送彩礼,因为有许多人巴结他们,排着队把姑娘嫁过去。越是穷人家,彩礼反而要送得多一些。有些人家太贫穷，为给自家儿子说媳妇，就卖姑娘给儿子置办彩礼。有些是姑娘嫁人时，多要点彩礼，为儿子娶媳妇。也有些人家为了给孩子娶媳妇，卖地置办彩礼。

7. 送红布

过好前几天，选择吉日，媒人携带用红布包着的烟酒糖饮料，两把梳子，两块香皂等送到女方家中。送红布的目的一是进一步确定好的时期，二是看看女方还有什么要求，确保婚礼当天不会出什么差错。

8. 迎亲、成婚

在过好的前一天，男方家中要做好待客的各种准备，酒菜、婚联、执事伙计等一切就位。过好当天男方要派迎亲队伍，抬着花轿去迎亲。女方家离得比较近的要4个轿夫，离得比较远的就需要8个轿夫，特别远的要12个或者16个轿夫。过去抬轿迎亲，有迎亲的亲戚伙计，鼓乐队一路吹吹打打，在太阳出来前必须赶到新娘家。到新娘家后，新娘家要招待迎亲队伍，要为抬轿的伙计们准备好饺子吃。新娘上轿前，要给父母行礼，以谢养育之恩。新娘还要准备好红包，里面装一角钱，路上遇到别人家的迎亲队伍时，要扎住轿，双方交换红包。若是没有准备红包，双方要交换手帕。姑娘上了花轿后，轿夫们抬着新娘和嫁妆到男方家中，男方家门口有接亲的亲戚、朋友和伙计，看到新娘的花轿后，放长鞭、点喜草，迎接新媳妇下轿，迎接女方送女客。在礼宾先生的主持下，在亲戚朋友、街坊邻居的见证下，在天地桌前拜天地结为夫妇。

9. 瞧姑娘、回门

新婚第二天，新娘的父亲要携带点心到亲家瞧姑娘。在石罢村有一个规矩，瞧姑娘的点心谁遇到都可以拦下吃掉，因为在过去两亲家很少来往，岳父摸不着女婿家的门，吃点心的人必须将新娘的父亲送到男方家中。

婚后第三天新娘要回娘家，这叫"回门"。回门时，娘家弟弟要很早到男方家迎接新娘。新郎也要到岳父家拜见长辈，女方要设宴款待新郎。下午女儿女婿回家时，女方父母要将所带之礼换成明眼火烧。新人回到家后，新娘的婆婆要将明眼火烧赠送给街坊邻居中的老人吃，祝愿老人都能眼明心亮。

（四）其他婚姻形式

1. 童养媳

石罢村内有多例童养媳，尽管没有统计过，村内的老人们也能数出好几例，比如姬苟四、徐太平、路森等人的媳妇都是童养媳。

做童养媳的女孩既有来自当地贫苦人家的，也有来自外地逃荒人家的。她们多因家庭贫困，被卖到石罢村中相对富裕家庭做其儿子未来的媳妇。大多数做童养媳的女孩都在12、13岁左右，太小的一般不要。她们既能在夫家干活，也能照顾小丈夫，等到女孩15、16岁时候就圆房成婚。

富人家多用麦子或钱买童养媳。童养媳的价格不等，也没有具体规矩，通常根据姑娘的漂亮程度确定价格。另外，还要办理一定的手续，双方写童养媳协议，并且中人和买卖双方都要在协议上签字画押。

童养媳到夫家后，需要做各种力所能及的活计，做饭、刷碗、捡柴火等，还要照看小丈夫。童养媳一般要受虐待，晚吃饭、吃剩饭、吃糟糕的饭。即便受各种委屈，童养媳在婚前不能回家，甚至也无法回家。因为有些童养媳是跟随父母逃荒来到石罢村，父母走后无家可回。到15—16岁时，童养媳和丈夫结婚成为正房妻子，婚后可以回家探望父母。石罢村民姬苟四9岁时，就娶了15岁的姑娘做童养媳，1949年后离婚。

2. 指腹婚

指腹为婚通常发生在男女双方父母关系密切的家庭中。两家家庭条件都比较好的，才会结为娃娃亲。当双方妻子同时怀孕时并指腹约定，都生男娃结为兄弟，都生女娃拜为姊妹，一男一女则结为夫妻。村民丁水土就是娃娃亲，两家先口头约定，等孩子们年龄大了后，就要换姻帖。换姻帖时，男方要为女方买衣服、袜子、香粉等，然后要与女方交换更贴。双方换过庚帖后，婚事就算定住了。男女双方等到年龄合适后，就按着结婚的程序成亲。

3. 娃娃婚

在石罢村，娃娃婚也被称为娃娃亲。男女双方都是幼年或者少年时由媒人或亲戚牵线搭桥，约定长大后结为夫妻。经媒人说媒后，双方也要换姻帖。换过姻帖后，婚事就算确定下来了，双方就成为亲家，逢年过节也要相互走动。日常生活中，男方还经常到女方家帮忙干些农活，也可以与女方见面。1949年前，石罢村中有23对娃娃亲。村民某某某14岁时，父母为其结娃娃亲，女方9岁，来自柿园村。村民徐某8岁时，亲戚将坡上一6岁女孩与他结为娃娃亲。双方于1949年更换姻帖。

4. 换亲

换亲是两个家庭通过协商互换女儿作对方的儿媳妇。如张家女嫁给李家男，张家男娶李家女。换亲也可以发生在多个家庭中，这种情况也被称为转亲，有三家或者四家转动成圆满的婚姻。如张家女嫁王家男，王家女嫁李家男，李家女嫁赵家男，赵家女嫁张家男。通常是家境贫穷，父母都比较老实，或者子女有残疾、名声不佳的人家才去换亲。换亲时,两头的男女青年面貌德行都不一样,有时候是一头值一头不值。1949年前,石罢村中没有换亲的。1949年后,地主富农家会与贫农家换亲。

5. 入赘

石罢村,入赘是男方到女方家做上门女婿。招男方入赘的,通常是家中只有女儿,又没有过继儿的家庭。在独生女家庭中,父母会直接为独生女招上门女婿。但在有多个女儿的家庭中,父母需与女儿们充分商量,通常让家中老大或老小招上门女婿。入赘做上门女婿的男方多为家庭条件差,娶不到媳妇的人。入赘的男方必须是机灵、踏实、能干之人。在招赘的家庭中,女儿当家,女婿没有说话权,他们共同养老,也可以继承财产。入赘的男方不需要改姓,所生的孩子要跟女方姓,在得到女方认可后,也可以有孩子随父姓。入赘的男子基本上不承担原来父母的养老义务,即使要管原来的父母,也不能明面上管,只能暗地里管。1949年前,村中招上门女婿的人家非常少。招上门女婿后,女儿女婿就可以继承财产,这样叔伯弟兄家的孩子们就不能通过过继来继承财产。所以女方家亲叔伯为争财产都不愿意侄女招上门女婿。若是招了上门女婿,就要被亲叔伯、"一自己"甚至街坊邻居欺负。有些男方即使做了上门女婿,待为岳父岳母养老送终后,就带着媳妇离开石罢村。

入赘的另一种形式是招夫养子。招夫的通常是寡妇,因丈夫去世所留子女尚小,生活艰苦,一人无力将子女抚养长大,所以通过招夫来抚养子女,维持家庭。所招的丈夫有些是没结过婚的,有些是妻子去世且无子女牵挂的,他们愿意到女方家行继父之责。村里人通常把招的这个丈夫称为"假某某"。若是两人又有孩子,孩子跟女方姓,孩子的名字中会有男方姓。招夫养子的家庭要比招上门女婿的好一些,不会受到同门自己的欺负。

6. 续弦

续弦主要是男方再娶,发生在妻子去世后,在1949年前较为普遍。发妻因故去世后,父母通常会支持孩子续弦,并且找媒人或亲戚为孩子说媒续弦。续弦无须征得族长的同意,但续弦对象仍需父母之命,媒妁之言。大户人家续弦更为容易,媒婆、亲戚朋友甚至在妻子尚未死亡时,说媒的人就络绎不绝。然而小户人家就没有这么多的机会。续弦时也要看男女双方的属相,属相要相和不能犯冲。大户人家家道殷实,续弦时候能娶上大姑娘。贫穷人家续弦时则不一定能娶上大姑娘,有时也娶带孩子的寡妇。

大户人家续弦,通常是娶大姑娘,在白天举行续弦仪式。续弦的结婚流程、仪式与头婚基本相同,也要经过提亲、订婚、送好、迎娶等环节,不同的是新娘脖子上要戴铜箍，轿顶也要用筛子晃一下以避邪。小户人家续弦，一般是男方年龄大，女方寡妇比较多。男方晚上把媳妇领回家就成为一家人了，然后双方看个日子，通知最近的亲戚朋友，请两桌客人。小户人家续弦对外不说是娶媳妇。石罢村民徐得聪妻子武氏死亡后，后妻刘氏父亲委托媒人到徐家说媒，将其17岁的女儿嫁到徐家。徐得聪与刘氏结婚前育有1子，婚后又有4个儿子2个女儿，共7个子女。这7个子女按照长幼顺序相互称呼。刘氏对这7个孩子一视同仁，不分厚薄。5个儿子在继承家产和养老上权利、义务均等。

7. 纳妾

纳妾在石罢村中也被称为娶"小婆"。村里人称第一任妻子为"大婆"，称小妾为"小婆"。1949年前，村民娶小婆多是因为大婆不能生育。1949年前，石罢村因不能生育和报恩纳妾的有6家，其中5家是因大婆不会生育才娶了小婆，另有一家是女方为报恩主动送上门做妾的。村内徐某于1926年结婚，婚后8年无子女。在征得父母、妻子同意后，徐某娶了小婆，连生二子二女。因不能生而纳妾是被允许的，纳妾的对象多为丈夫从远处找的，有外县的也有外省的，比如村民丁路娶的小妾就是从汝州来的。村民李某，1946年结婚，夫妻关系良好，相敬如宾。1947年冬，李某挑两筐萝卜到坡上换红薯，路上救了一位躺在路中的老汉。李某不顾自己的买卖，将老汉送其姑娘家中。老汉姑娘随后将萝卜全部买下，给其两大筐红薯。李某回家时，不想占便宜，仅留下一筐红薯，将多余的归还李家姑娘。几天后，老汉带着二姑娘到李某家，要和李某喜结连理，不介意女儿做小老婆。在李某和家人的再三拒绝下，也无济于事，最后只好举行了简单的婚礼，也没有仪式。

除了上述两种情况外，有些"耍枪人"也有两三个小老婆。当时村里流行着这样的说法，"吃好的，穿光的，不如跟着耍枪的"。有些家为了能吃饱肚子，也把姑娘给土匪当小妾，有土匪罩着，家里会增门势，不用担心受村中人欺负。

8. 悔婚

1949年前，男女双方过了大契后，两家的婚事就算正式确定下来了，是不能轻易悔婚的，但是也并非完全不能悔婚。男女双方都可以悔婚，通常女方悔婚的多一些。女方悔婚通常是因为嫌弃男方家贫生活条件太差，或者嫌男方年龄太大，或者是男方家遭遇天灾人祸而家道败落。女方悔婚的，要将彩礼如数返还，但是通常不会如数返还。若是男方悔婚的，则不能向女方家索回彩礼。女方悔婚后，名誉多少都会受影响。若是女方家做事太昧良心，在村中名誉就会比较差；若是其他客观原因，女方名誉也不会受到太大影响。

9. 休妻

在石罢村，休妻的人家很少，村中也鲜有听到村民休妻的事情。1949年前，穷人娶媳妇并不容易，即使妻子不能生育，丈夫也不会休妻，他们会要个过继儿解决养老和财产继承问题。对于那些娶妻比较容易的富裕家庭而言，若是妻子不能生育，他们可以娶小婆，也不会轻易休妻。村民认为，休妻是对妻子及其娘家的极大侮辱。因休妻而被送回娘家的妇女不能再嫁，而且会连累娘家在村中抬不起头，甚至有些妇女会因此而自杀。另外，休妻要请人写休书，因为写休书是破坏他人婚姻，是做缺德事，所以无人愿意为他人写休书。即使家中长辈对儿媳妇不满意，也不能要求儿子与媳妇解除婚姻关系。妻子遭受丈夫及其家人的虐待，也不能与丈夫解除婚姻。

10. 改嫁

寡妇改嫁在石罢村比较常见。一般丈夫去世后，媳妇就可以改嫁他人，有些是因日子过不下去主动改嫁，也有些是被迫改嫁。寡妇主动改嫁的，通常由娘家做主。若是其娘家没人做主，或者家贫做不了主，寡妇可能会被婆家强迫改嫁，甚至也会被土匪卖掉。村中有一家，男人出去当兵死在外面，留下媳妇和一个孩子。婆婆诬陷儿媳妇与人有私情，逼着儿媳妇把孩子留下改嫁他人。石罢村土匪孙某，为人凶狠，经常干卖寡妇赚钱的缺德事。改嫁再婚通常在晚上进行，仪式比较简单，男方直接将女方接回家中，就成为一家。女方孩子随母亲到男方家中，被称为"带犊"，女方尚在怀孕期间，被称为"带肚"。女方改嫁后，让"带肚"的孩子冠夫姓，但不会让"带犊"的孩子改姓。

11. 冥婚

在石罢村，冥婚也被称为鬼婚、阴婚、配干骨。父母为了让未婚的男女死后有个伴侣，为其配干骨，办冥婚，只为了却儿女愿，成就父母心。冥婚多是父母为去世的未结婚的男孩配干骨的。配干骨通常不讲究穷富、八字，只讲究年龄大小。双方只要年龄差距不大都可以配，一般男方二三十，女儿一二十。若是男方比女方大太多，女方家就不愿意配了。过去为男方配干骨的人家较多，有些家好多年也给孩子配不上干骨。于是就有人专门贩卖干骨，甚至到女方坟里偷干骨。女方家人必须看护好自己的干骨，免得被人偷走。

配干骨时，通常街坊上有专门的跑腿人去说和这事。男方父母不能亲自去女方家中为孩子配干骨。有钱人家为孩子找到合适的干骨后，要按照办白事的仪式配干骨。不论穷人家还是富人家，都要摆设宴席。不过与正式过好的相比，宴席比较简单。

配干骨后，两家就成了亲戚。拉亲戚的时间长短不一，有些拉的时间短，有些要拉一辈子的亲戚。在拉亲戚期间，每年春节和八月节，都要相互串亲戚。走亲戚时，按辈分称呼对方家人，也要带上礼品。另外，女方家要在第一年的正月十九或者是七月十五，到坟上为女儿上坟，以后就不用再去了。

二、丧葬习俗及关系

1. 丧事类型

在石罴村，如果家中有人去世，人们通常说不在了、不中了、走了、去世了等，避讳说"死"。人活60岁为够寿，不足60岁为早丧，年轻人死亡叫少丧，死在家外叫外丧。少丧者，随死随装殓、打墓、埋葬。既少丧又外丧者，尸体不准进家，若家族有祠堂则在祠堂装殓，家族无祠堂的则在墓地搭临时庵棚停尸装殓、下葬。少丧外丧者的葬礼非常快，一两天就能办理完毕。60岁以上够寿者即使外丧，子女也要按全套丧葬礼仪办理丧事，过了头七后才下葬。

2. 丧事准备

在石罴村，村民都要提前为家中在世的老人准备棺材以及送老衣。老人在世时，棺材主要盛放粮食。寿衣都是老人在世时缝制，女性的寿衣都是自己缝制、男性的寿衣则由妻子缝制，也有子女为父母缝制寿衣的。人死亡后，子女要为父母净身，并在尸体变僵硬之前，为其穿上寿衣。子女为去世的老人穿上寿衣后，将尸体移到正房中的草铺上。草铺前竖风门，紧靠风门摆一供桌，供桌上放三碗汤、一个香炉、点一盏油灯或蜡烛，香应一根接一根点燃，香火不断，蜡烛长明，为逝者开拓阴路，指明方向。草铺前置新瓦盆，俗称聚宝盆，在里面焚烧纸钱。完成小殓停尸后，家长要请村中阴阳先生定卒时，确定是否有殃，以及是否在自家、邻居或者亲戚犯重丧。

有些家的死者入殓后，当时并没有办葬礼的，会等待若干年后办葬礼。村民马思远在去世之后，他的儿子没有钱为他办葬礼，后来等了三年，卖了一块地后才有钱办葬礼。有些穷人家办不起葬礼，会把棺材停放在家中的院子里。有些家会放四五个棺材，等到有钱的时候一起给死者们办葬礼。

3. 报丧

安排好尸体入殓等事务后，子女就在家中大声哭丧。街坊邻居听到哭声就知道内情了。同时本家人在逝者生前经常探望，了解老人情况，所以无需特意通知就知道家中人已"走了"。小殓后，家中长子亲自或派人在最短时间内告知亲朋好友，报丧时都是根据远近亲疏依次报丧，同时也是顺路报丧。他们不用向村长、保长、甲长报丧，除非他们是本家中的亲戚。报丧者不用带礼，但不能穿孝服进入亲戚、朋友家门。

4. 请伙计与请杠

在报完丧后，孝子们请伙计到家中帮忙丧葬事宜。孝子们通常邀请街中关系比较好的街坊邻居来帮忙。请伙计时，孝子们到对方家中磕头邀请，不用带礼。前来帮忙的伙计主要负责抬尸体，给棺材油漆，入殓、搭设灵棚、做饭菜等。另外，当家的还要去请杠。村内有人家准备杠，专供村民抬棺材使用。当家的去请杠时，要带上一两盘酒菜或者带上几盒烟。请到杠后，主家找个有责任心的伙计做杠头。杠头负责找伙计抬杠，还要代表抬杠的伙计们向主家要烟。通常有8人抬杠，或者16人抬杠。条件好、有讲究的家庭会用16人的龙头凤尾杠抬棺材，一般的家庭用8人抬棺材。抬杠的伙计将棺材送到坟上后，还要帮棺材下葬等其他事宜。

除请杠外，还要在死者下葬的头一天下午搭灵棚，然后由伙计们把棺材从上房屋挪移到灵棚的后位。伙计一般是"一自己"的人，也有妇女到家中帮忙做孝衣、裱鞋等。伙计们帮主家忙都很积极，一方面是与主家平时关系都比较好，另一方面也可以在主家吃上白馒头。主家不用给伙计们带礼，只需要给伙计们发点烟，让他们吃上白馒头和酒席就可以了。

5. 奔丧

亲戚朋友接到丧事消息后，要在当天前去见逝者最后一面。街坊邻居在听到哭丧声后，也会前去见逝者最后一面。当天不能赶来的远处的亲戚，会在第二天前去见逝者最后一面。在所有的亲朋好友、街坊邻居见过逝者最后一面后，伙计们在当天晚上就要将棺材钉住。当天前来吊丧的亲戚不用带礼，也不在逝者家中吃饭。出门的姑娘要留在家中过夜，为逝者守灵。在客人走之前，当家的还要告知客人下葬时间，以便亲朋好友、本门本族人前来吊唁。

6. 吊丧

在石罢村，一般来说少丧者，2—3天就能办理完毕。60岁以上够寿的逝者要过头七后才能下葬。够寿老人的尸体要在家中停放一七。父母尚有一方在世，六天算一七；如果父母都不在，七天算一七。有些家庭怀念老人将老人的尸体停放五七，甚至更长。村中绅士马思远因抽大烟家道没落，儿子在其死后无钱置办葬礼，将尸体放置家中长达三年。最后，其儿子卖了一亩地，为其置办葬礼。在下葬的头一天，要在家门口的街道上搭设灵棚，然后伙计们移灵，将棺材抬到灵棚中。灵棚后部放棺材，前边放置花圈和逝者的牌位。子女要在移灵的当天晚上为父母守灵。女眷在后边守着棺材，男眷在前面守候。

下葬当天，孝子、干儿子们要在灵棚中招待前来吊唁的亲戚朋友。亲戚朋友在逝者的牌位前磕头或作揖。辈分低的要在逝者的牌位前磕头，同辈的在牌位前作揖。一般辈分高的亲戚不亲自去吊唁，而是打发儿子们前去吊唁。如果哥哥去世，弟媳妇不去吊唁。如果逝者是地主家的长工，那么地主要以自家人身份拿重礼前来吊丧。长工长期生活在地主家，为地主家干活、操劳，地主家人称他们为叔、伯、爷等，把他们当作自家人。若逝者为短工，地主不会前来吊丧。因为地主与短工只是简单、短暂的雇佣关系，并没有深厚的感情，不会参加短工的葬礼。除非村长、保长与主家有亲戚、朋友关系，否则他们不会主动来参加葬礼。

孝子、干儿子要在灵棚中磕头答谢前来吊唁的亲戚朋友。来吊唁的亲戚朋友都要带上礼品，通常是馒头、六尺白布、烟等。主家要请前来吊唁的人入席吃饭，并且还要回菜（回礼）。一般亲戚带 24 个馒头；关系近的要带 30 个馒头，15 个麻叶；姑娘和娘家舅要带 60 个馒头。主家回礼时要三七开，10 个馒头中要留 7 个，回 3 个。回菜时主家根据来礼的多少，回装 6、8、12、24 个馒头不等，外加一两盘酒菜。

7. 出殡

待亲戚朋友吊唁完毕后，主家要安排厨师准备酒菜招待客人吃饭。在下午起灵前，当家人还要请"点主官"在神主上点主。然后孝子们要捧着神主到祠堂或者长门家祭拜祖先，告知祖先家中有人上路，请祖先保佑。祭拜祖先后，孝子和亲友再一次对逝者进行四叩首礼。当灵柩抬出灵棚后，不抬杠的伙计们把灵棚落下，有"孝子回头不见棚之说"。出灵时，老大儿媳妇抱盆，长子长孙拿着招魂幡，其他家人和直近亲戚护送灵柩到墓地下葬。家中承受业产的后代才有资格抱盆打幡，儿子多的人家由长媳、长子、长孙抱盆打幡，过继儿的媳妇、儿子也可以抱盆打幡。

在下葬途中，要有鼓乐队吹响器，子女哭灵，一路护送灵柩到墓地。沿途还要有路祭。由于逝者生前都在老宅居住，或者在老大家居住，所以葬礼灵棚都在老家和老大家搭建，路祭就是其他孝子或者直系亲属或亲朋好友在自家门前摆桌祭典，桌上摆放糖果点心、食品烟酒，逝者灵柩到此，一是行祭拜礼，表达对逝者的感恩和怀念，二是让逝者和为逝者服务的人员（抬杠的、乐队）稍作休息，烟酒就是为伙计们准备的，表达对他们前来帮忙的感谢之情。

灵柩下葬后，行妥灵礼，孝子用衣袖将灵柩抹干净，查看位置是否合适。再行塞穴礼，将所有墓里存放的镇物安放在适当的位置，然后匠人砼墓。墓砼好后，行封丘礼，即孝子女绕墓穴向墓里填土，然后伙计们将封丘拢起，将幡放在坟头中央位置，哀仗和花圈放在坟周围的适当位置。然后子女们扶山，绕坟墓正三圈、倒三圈将土抛向招魂幡。在下葬和圈墓过程中，孝女不准靠近墓穴，孝子女不准哭丧。扶山后孝子女回家行安土礼，将神主放到家中适当位置。

洒扫是葬礼当天的最后一道礼仪。逝者入土前，要先在大门上贴白方块纸，意即让各路神仙暂时回避。逝者入土为安后，应请各路神仙归位执政。洒扫一般在葬礼当天进行，也可以是在三五天以内进行，视逝者家属的忙闲情况而定。

8. 丧葬后的安排

葬礼结束后第二天，孝子们要答谢亲友，凡事通知来参加葬礼的亲戚去家中磕头感谢。如果逝者是家中妇女，当家人要带上厚重礼品，到妇女的娘家答谢。

在家的孝子要将逝者的灵牌放在大儿子家中堂屋的八仙桌上，并不进入家族的祠堂中。过节时早上带领家人上香。石罢村，有五七时，有"女儿买个鸡，让阎王爷吃"的说法。除此之外，孝子女们要带上纸扎，带着供品到坟上看磕头祭拜。十七以及百天时，孝子女们也要带上纸扎和供品，到逝者的坟头上香磕头。死者的牌位不进祠堂，都放在自己家中。爹娘的灵牌都在老大家放。后代不愿意保存牌位时，可以将牌位埋到坟上，但是不能烧毁。

除此之外，村民家中有人去世时候，第一年春节贴蓝色对联，第二年春节贴紫色对联，第三年春节贴绿色对联。三周纪念过后，方可以贴上红色对联。老人去世后的第一年，儿媳妇到初六才能回娘家，除此之外，其他时间都可以去串亲戚。

9. 丧葬开支

在石罢村，子女根据家庭经济情况确定丧葬的规模和开支。如果家境贫穷，老人在世时，就会交代子女"穷儿不可富葬"，一切量力而行，不可铺张浪费。许多穷苦人家都是举债为老人办葬礼，葬礼一切从简，甚至不搭灵棚。村民姬富海为老人办丧事规模过大，形式隆重，向亲戚朋友借了许多钱，后来因还不起债而跑路。富裕人家都会为老人厚葬，否则其他村民会认为子女不孝。村民李长生有手艺，家庭条件比较好。但其家中老人去世后，孩子们都不愿意出钱办葬礼，就把老人放在屋中三年后才埋葬。埋葬时，孩子们也没有为其举办葬礼，惹得村民一阵嘲讽。

丧葬的主要开支包括棺材、送老衣服、破孝（不同人有不同的孝）、纸扎、打墓、酒菜等。如果老人有养老地，丧葬的开支主要依赖养老地。在1949年前四五十、七八十元就可以办一个很好的葬礼。葬礼的大部分开支由儿子们承担，出嫁女承担一小部分。出嫁女儿要出钱为在世的父母购买寿衣布料，还要出钱购买纸扎和雇吹鼓手。如果女儿家太穷，也可以不出钱，但是在五七时还是要出钱买鸡。未出嫁的姑娘不用拿钱。其他开支则有儿子承担。葬礼的开支由儿子们平摊，若是弟兄们关系比较好的，他们会照顾那些生活比较艰苦的弟兄，让其少承担一些。若是办葬礼欠下债务，也要由儿子们平均分担。

三、节庆习俗及关系

（一）春节

春节是石罢村民一年中最为重要的节日，是当长工的村民回村与家人团聚的节日，也是穷苦人家改善生活的节日。在石罢村，春节是从腊月初八开始的。洛阳地区有歌谣云："腊八、祭灶，年下来到，闺女要花，小子要炮"。腊月初八到正月十九这段时间，石罢村都沉浸在春节准备以及欢庆春节的气氛中。

1. 春节准备

尽管石罢村在腊月初八之后就进入春节的准备，但正式的过年准备是从腊月二十三开始。腊月二十三也被称为小年，从这一天开始村民就进入了春节。村民都不再从事生产劳动，长工也都放假回家，外出建房的泥瓦匠人陆续回村，与家人共同准备春节事宜。过了小年后，村民开始置办年货，烹饪各种过年食物，打扫庭院，迎接新年。在腊月二十四，家中的妇女将房屋的墙壁、房顶、窗户打扫干净。如果当天没有打扫干净，就会遭到街坊邻居的嘲笑。从腊月二十五开始，家长要到石罢村、庞村、李村的集市购买豆腐、枣、粉条、肉等年货。购置齐全后，家庭主妇们在家中制作枣花馒头、油炸食品、烹制肉类等。村民一般在腊月二十九贴春联；有些欠债的人家，腊月二十五六就要贴上春联防止债主要债；有亲人过世的家庭则按照习俗贴不同颜色春联。

2. 小年上香

家族成员通常在特定的时间到祖坟祭祖，腊月二十三过小年时，村民无需到祖坟祭祖，可以在家中的老爷奶奶轴子前祭拜。老爷奶奶轴子是记载家谱的卷轴，通常悬挂在长子家中的临街或者上房的屋子中。李孝良老人家的老爷奶奶轴子宽1.1米，高1.7米，上面记着李大爷的祖爷祖奶、太爷太奶、爷爷奶奶、父亲母亲的名字。老爷奶奶轴子前有张供桌，摆放着供品和香炉。过小年时，李孝良老人带着家中老小在老爷奶奶轴子前焚香磕头，祭拜祖先。其他兄弟家中只能摆放老爷奶奶牌位。弟兄多的人家，祖先的牌位都放置在老大家中，若是老大不在村中居住，就放在老二家中。过小年时，弟兄们要带着家人到祖先牌位或者老爷奶奶轴子摆上贡品，焚香祭拜。

3. 初一祭拜

大年初一石罢村各家各户到祖坟、祠堂、庙宇祭拜。初一早晨天还未亮时，各家各户就在家中放鞭炮，有100响或500响不等。然后，男主人带上孩子去祭拜，妇女在家做饭。小孩提着灯笼，跟着家中成年男子到家族祠堂祖宗牌位前摆上供品，焚香磕头祭拜。在家庙祭拜完后，带上供品从家庙出发，依次到村中关帝庙、火神庙、土地庙、奶奶堂、兴国寺的神像或者牌位前焚香磕头祭拜。然后回到家中，在老爷奶奶轴子或者老爷奶奶牌位旁摆供品，焚香磕头祭拜。祭拜结束之后，人们围在一起汇年疙瘩，等待新年第一顿早餐。

4. 吃饭与拜年

年夜饭通常是家人一起吃饺子。住在同一栋房屋和同一院落内的亲戚，也都是各吃各家年夜饭。初一早晨通常吃饺子，饺子都是年三十晚上包好，初一早晨由妻子或者婆婆煮熟即可。若是分家的，儿子们要将煮好的饺子给父母送一碗，然后家人再一起吃。吃饭时，家庭成员按照长幼顺序依次排坐围在八仙桌旁，待饺子上桌后，由家中老人或者家长发话开席。席间，大家彼此说些新年祝福话语，并且向吃到铜钱饺子的家庭成员表示祝福和庆贺。早饭过后，家长带着孩子到同宗同族的亲戚家中向长辈磕头拜年，长辈要给小孩一两毛压岁钱。除此之外，还要给五服以内的爷爷奶奶、叔叔婶婶、伯父伯母行磕头礼，他们也要给孩子们发放压岁钱。新媳妇在婚后第一个春节的初一当天，由婆婆陪同回到同族长辈家里拜年，长辈也要给新人见面礼。另外，佃户要到地主家拜年，给地主家中的老人磕头。关系比较密切的朋友和邻居也会彼此拜年。关系一般的，则无需去拜年。与保长、家长、绅士关系密切的，也要在大年初一给他们拜年。通常是初一上午到"一自己"家拜年，下午到街坊邻居、朋友家拜年。

初一中午的饭菜由丈夫下厨做，通常要做好几碗庆祝新年。平时省吃俭用，过年时准备丰富的饭菜让大家过个饱年。富裕的人家通常做八碗四，有八个热菜四个凉菜，有粉条、假鱼丸子，还有一些肉菜。

大年当天有语言、行为上都有禁忌，语言禁忌主要是不能说一些晦气话，比如火灭了、不行了、饿死了等；行为禁忌包括不能动刀和动剪子，不能清理大年初一早晨的鞭炮垃圾。村民认为动刀动剪子这一行为不吉利，清理鞭炮垃圾会将福气清理走。

大年初二开始走亲戚，初二当天，姑娘、女婿和孩子带着四色礼（礼肉、果子、点心和13个馒头）回娘家探望父母。初三时媳妇带上四色礼跟着婆婆去婆婆的妈妈家拜年。然后初四、初五开始到舅、姑、姨家走亲戚，不需要带四色礼，村民根据家庭情况、远近亲疏，确定礼品多少。走亲戚时，老人们留在家中招待来的女儿、女婿，年轻人带着孩子串亲戚。儿子们没有和父母分家时，礼品由父母准备，多少由父母确定。走亲戚也是一笔很大的开支，有些穷苦人家甚至不走亲戚。李孝良大爷曾因春节没钱没粮，借钱买了5升黑豆过年，所以在那一年，他家没有走亲戚。

5. 春节庆典

正月十九，石罢村有火神出社活动庆祝新年。石罢村是一个火神社，东大街、西大街、东南街、西南街、新村成立分社，其中东南街为土地社。基于对火神的敬畏，农户都会积极参与本街的社火节目。街道的神头和管事将任务分派到各家各户，村民们都会积极参与，他们都惧怕火神惩罚，没有人敢不承担社火任务。经历十多天的练习后，各街道神头于正月十五组织彩排，在本街道进行社火表演。

正月十九上午，村民们在大神头的带领下搭设祭棚，摆上祭品。中午时分，各街道神头带领本街道社火陆续到火神殿前朝拜。在放过数丈长的鞭炮后，庆贺游春的出社活动正式开始。东大街、西大街、东南街、西南街、新村的火神社依次出场，从兴国寺出发，绕着全村所有的街道进行社火表演。凡是没有参与社火节目的村民都会涌到大街上观看社火表演，也有不少临近村的村民前来观看。社火结束后，有些街道会给参加社火的村民发放白馒头，有些街道也不会发馒头、果子，村民们也不会因此而抱怨。

（二）端午节

端午节又被称为五月端午。石罢村民认为五月是夏天的开始，魑魅魍魉猖獗之时，会给小孩带来灾难和祸患。在这一天村民们要给孩子消灾、防病、祈福，因此端午节又被称为"小孩节""娃娃节"。在端午节前，村民们做一些油炸食品比如糖糕、油条等。过节时，还要带上油炸食品到娘家、舅家、姑家、姨家走动，相互问好。

端午节当天要在家门两侧插上艾蒿、柏枝，或者在大门上贴上"艾虎"钟馗的头像，除妖辟邪。端午节当天，姑娘要回娘家。姑娘要带上糖糕、油条、麻糖、粽子、油角子各10个。没结婚的姑娘，未婚夫在端午节当天到姑娘家走亲戚，去的时候要带上糖糕、油条、麻糖、粽子、油角子各20个，装满一大篮子。姑娘回家或者未婚的女婿回家时，父母要回礼，要将各样礼品每10个回3个。姑娘或者未婚女婿走后，父母要将各种礼品送给街坊邻居，关系密切的送4—5个，关系一般的送2—3个，通常送双不送单。

在洛阳地区，端午节以走亲戚为主，并不举办群众集体活动。石罢村在1949年前主要以走亲戚为主，村中没有集体活动。

（三）六月六

阴历的六月六日，被称为望夏节、洗晒节。家家户户要做一种特殊的食品——干饼，是一种非常有助于消化的食物。望夏节里，1949年前人工收割，扁担运输，牲畜或者人力拉石磙碾场，多家使用一个打麦场，所以打麦时间很长，有时整个五月才结束。六月六以前，出门的女儿要带上礼物去娘家串亲戚，叫"收完麦、打完场、好闺女，瞧他娘"，给父母送祝福。六月六新女婿必须去看望岳父、岳母，而且礼物特别厚重,有油角子,糖糕、虚麻糖、红糖、白糖等,这些被称为望夏礼。未婚女婿这一天送去结婚的帖子,叫作"送好",或者先打个招呼,或者与岳父岳母商量婚期。另外,还有"六月六,看谷秀",农民要去地里观察庄稼长势。如果长势好,则是丰收年;如果长势不好,则会埋怨老天不睁眼。

(四) 中秋节

中秋节是石罢村民众的大节,是仅次于春节的一个大节。在中秋节之前,晚辈要去看望长辈,基本上外公外婆、舅家、姑家、姨家、祖父母、伯、叔、弟兄家都要走到。走亲戚时,携带的礼品主要是月饼、枣花馒头、枣糕等,礼品多少根据远近亲疏确定。姑娘回娘家要带2斤月饼,20个枣花馒头,还有枣糕。其他关系一般的亲戚带1斤月饼就可以了。村中的大户人家,没有分家时一般由家长为各个儿媳准备一样的礼品。村民们通常从阴历八月十一开始走亲戚,过了八月十五就不再走亲戚,以免被对方嫌弃是拿剩东西来羞臊人。

中秋节当天,新婚女儿、女婿或者订过婚的准女婿都要带着厚礼看望女方父母。岳父岳母则要做八碗四招待女儿女婿。通常是家中的长辈坐上手席位,其他人依据地位依次就坐。女儿、女婿或者准女婿回家时,父母也要回礼,一般是对半回,比如两斤月饼回一斤,每10个枣花馒头回3个。

中秋节当晚,街坊邻居之间也要相互送月饼。有的村民是给关系近的街坊邻居送月饼,有些村民甚至也给关系不太好、发生过矛盾摩擦的街坊邻居送月饼。中秋节当晚最重要的活动就是,家中女性带着小孩去"愿月"。家中主妇在院中的桌子上放上供品、焚纸、烧香、磕头、放鞭炮,然后对着月亮许愿,祈求来年能够风调雨顺,土地丰收以及家庭成员健康等。家中的男性不参加愿月活动。

(五) 十月一

十月一被称为"寒衣节",是中国的鬼节之一。村民在这一天为家中去世的祖宗烧纸,意为祖宗增添避寒冬衣,即为烧寒衣。寒衣节烧纸表达村民对已故亲人的缅怀和牵挂。寒衣节时,子孙要到坟上给已故父辈、祖辈烧纸。兄弟姐妹比较多的家庭,可以各自到祖坟烧纸,不用像正月十九上坟那样要等所有的家庭成员到齐才能到祖坟烧纸祭奠。外嫁的闺女也可以在阴历九月二十八、二十九、三十去祖坟上烧纸。除在祖坟上烧寒衣外,村民们也多于黄昏时在家门外烧寒衣,就用草木灰为已故的亲人撒上圆圈,以表纪念。除给自家已亡亲人烧纸外,村中的一些好心人还在路口给没有人管的"亡灵"烧纸,或者到村头、荒坟、绝坟上烧寒衣。在伊河石罢渡口,撑船船工要到伊河放河灯,祭奠河神和龙王以及在河中的"亡灵"。

寒衣节当晚的习惯饮食是饺子。饺子煮好后，先送到坟头给已故的先祖享用，然后生者才能享用。村民家晚上吃饺子时，先给家中老人端上饺子，然后其他人才能食用。吃饺子时，没有全家人围在八仙桌前吃饭的要求。

四、日常习俗及关系

（一）日常习俗内容

1. 禁忌类习俗

村民生活中有许多禁忌类的习俗，主要集中在红白事、孕产妇、建房上。办红事时，也要忌讳娶女客的大相，若是与新娘子大相不合，不能去娶新娘。妇女怀孕后，不参加街坊邻居的酒席。生孩子时，也有很多禁忌，不能在娘家生，也不能在别人家生。即使怀孕时住在娘家或者别人家，到了临产时，也要搬出去。婴儿满月前，产妇忌出大门，更不能到别家串门。过去在丧葬上也有很多禁忌，少丧、外丧者，尸体不准进家门，只能放到祠堂中。报丧时，不能穿着白衣进入别人家中报丧。孝女在出殡时不能打幡，其名字也不能写在神主上。过继儿不能为自己养父母或者其他逝者的牌位点主。外人在谈论死者时，要用"走了、不在、百年了、老了"等词语替代。盖房子时也有一些忌讳，厢房的高度不能超过临街房，上房最高，其次是临街房，最后是厢房。另外在房屋的前后种树也要注意，前不栽桑，后不栽柳，正当院不能栽鬼拍手。看病人时，不能下午去，必须上午去。归还别人家的中药罐子时，要放点东西，不能空着还。

2. 敬老习俗

村民孝敬老人体现在过寿上。由于村中许多人家都比较穷，为老人包顿饺子、做碗面条是祝贺老人生日的主要方式。父母过生日时，姑娘要回娘家与弟兄们一起给父母端碗饺子，以表祝福。除此之外，没有其他仪式，也不宴请其他亲戚。

生日年年都要过，但是祝寿只有在 60 岁以后才能举行。在石罢村，不足 60 岁不能算够寿，若是不足 60 岁就不在了，神主上只能写"享年"。60 岁才叫够寿，算是抓住寿。所以在老人 60 岁时，孩子们要为老人过大寿。一般人家为父母过 60 大寿时，姑娘、女婿以及在外的儿子们都要回家为老人庆贺。在自家做七八碗菜，全家人老小围坐在八仙桌旁，庆祝老人 60 大寿。手头宽裕的人家在老人 60 大寿时，都要为老人做件新衣服。过了 60 岁以后，每年都要做寿，都是子女们和老人在一起进行小庆。村里有话称"七十三、八十四，阎王不叫主动去"。老人们过生都非常忌讳这两个年龄，所以都不过 73 岁、84 岁生日，在当年也不说自己的年龄。

80 岁算是高寿，老人们过 80 岁大寿时，儿子们要设宴摆酒邀请亲戚朋友为父母大庆。村中有身份的人家还会请戏班子到场为寿星唱大戏。80大寿时，家中的近亲、远亲、朋友们都会前来为老人祝寿，并献上贺礼。在礼宾先生的主持下，老人穿着新衣服，坐在家中上房屋的八仙桌旁，孙男弟女为老人献花，孩子们依次为老人磕头，亲戚和朋友们来向老人鞠躬。中午时分，宾朋们开始吃桌，老寿星坐首席上位，宾客们按着长幼尊卑坐席。席间，孩子们还要给老人敬酒。酒席结束后，祝寿仪式正式完成。家中邀请的戏班子在家门口搭好的戏台上唱戏，一般唱三天大戏。村中的百姓都可以前去看戏。小户人家也为老人过80大寿，仪式比较简单，也不请太多人，只请那些最近的亲戚如姑舅姨叔伯等，坐够两桌就可以。另外小户人家不请戏，一是家贫请不起，二是唱戏时人多容易出乱子，还要承担责任。大户人家或者有身份的人家都派人护场，基本上不用担心有人闹事。

3. 病患习俗

第一，请大夫。从清咸丰年间到1949年前，村中共有4位大夫，西大街的姬耀南、东大街的孔庆恩、东南街的徐镒基、西大街的马思远。村民若有头疼脑热，就到大夫家中看病。大夫诊治过后，直接开药方在自家药铺抓药。若是家中有重症病人，病人家属可以请大夫到家中看病。不论是穷人家还是富人家，大夫都会登门诊治。大夫诊治过后，刚好到了饭点，病人家里会管大夫碗饭。待大夫用完饭后，病人家属要恭恭敬敬地送大夫出门。若是请远处的大夫到家中看病，天黑了也会送大夫回家。传统时期，病人是最相信大夫的，认为大夫和教师一样都是奉献的，是最没有私心的。对于那些重症的病人，大夫号出绝脉后，就会直接告诉病人家属，该安置就安置，他们不会为了钱而开药。村民也不会因为大夫没有看好病而与其发生纠纷，大家都相信生死有命，不会将责任推给大夫的。过去大夫给人看病不收诊费，即使上门看病，也只收药费。这些中医大夫家中都有药房，村民看病后要在大夫家的药房抓药。要是村民没钱看病，就先记上账欠着钱，到过年的时候再把欠的钱还上。每年进入腊月，大夫家就要派人拿着账本在村中收账，很多人家都在大夫那里欠有账。大夫到各家各户收账时，只收钱不收粮食。若是没钱不能及时还上，也要跟大夫说个时间，请大夫届时再来收。若是今年还不上，也要跟大夫打声招呼，推到明年再还。

第二，请巫医。在石罢村，巫医也就是下神的人，也被称为神老头和神老婆。通常那些得疯魔病的人家请神老头、神老婆看病的比较多。有些村民家中不论什么人生病，不论得的是什么病，都会请神老头或者神老婆看病。村中最有名的巫医是宋忠奎，在十里八乡都是远近闻名。还有4—5个年轻人做他的徒弟。除此之外，村中还有10多个神老婆，比如孙华生的媳妇和李孝柯媳妇等。巫医的收入都来自于病人的布施。为求病人得到医治，就要给巫医多上布施，布施越多越平安。村民宋忠奎的手下有很多信众，他派信众出去甚至远到孟津、嵩县、登封化缘。他家房子都是通过化缘盖起来的，来帮忙盖房子的人从伊河边到南山都是免费来帮忙的。村中相信巫术的人非常迷信他们，每逢阴历三、六、九日都要到宋忠奎家烧香磕头。宋忠奎不仅在村中为人治病，而且经常被请到外村治病。治不好病，病人家属也不敢闹事。宋忠奎为村民孔豹治病，组织了18个寡妇烧了18口大锅水，最后孔豹还是死了，孔豹家里人也没有因此而闹事，大家都觉得生死由命。

（二）日常习俗关系

村中的日常生活习俗，父辈都会在日常生活中告诉孩子们。村民们基本上遵照这些习俗行事。若是有人不讲究日常习俗，会使对方觉得比较晦气，影响两家关系。例如妇女若是在娘家临产孩子，兄嫂或者弟媳都会当面指责，所以怀孕的妇女只能在自家生孩子。若是归还药罐子时不添点东西，主家下次就不会再借出去，另外也会当场黑脸。那些不讲究禁忌的村民，也会招人厌烦，街坊邻居会说这些人不懂事，不太愿意与他们打交道。

村中的日常生活习俗就是处世规则，共同遵守这些风俗，村民之间的关系就会比较融洽。村民都会自觉遵守这些规则，父母也会教导子女遵守这些规则。村中没有组织去引导村民学习风俗，这些都是在家庭中进行教育的。这些生活习俗不仅属于石罢村，还属于洛阳县地区的，几乎洛阳县的乡村社会都会遵照这些习俗行事。生活风俗发生效力源于社会，若是不遵守这些习俗，就会遭到其他社会成员排挤。

第六节 规训与规训关系

1949年前，石罢村的村民通过家庭教化、学校教化和社会习俗对个人进行教化与规训，通过言传、身教将为人处世的行为准则传递给后代。本节主要从家庭和学校两个方面，考察石罢村民在1949年之前的规训和规训关系。

一、规训主体

（一）家庭教化与规训

1. 家规内容

传统时期，村民家中的家规都是口头的，基本上没有书面的。父母对子女以口传心授、言传身教的方式，将自己学到的为人处世经验传递给孩子们。这种口头的家规也是祖辈代代相传下来的，对孩子们的行为起到规范约束作用。家规涉及生活中的方方面面,包括为人处世、人情往来、孝敬父母、待人接物等。有些家有人势,也会教孩子们仗势欺人。但大多数家庭还是教育孩子做个好人,要讲究仁义礼智信。父母教育孩子出门在外少惹事、少闯祸,不要与别人闹矛盾,不占别人便宜,学会吃小亏,但不吃大亏,遇事要讲道理等。这些道理让孩子们知道如何为人处世。另外在人情往来上,父母经常教育孩子们"待客要奉承,过日子要俭省",要厚往薄来。在孝敬父母方面,父母经常教育孩子们要学会感恩,感谢父母生养之恩。在待人接物上,父母教育孩子们要礼貌、谦虚谨慎。徐家家规是对外要宽,对内要严,对外要有个好名声。

除了为人处世的规矩外,有些大户人家在家庭管理上也有许多规矩。村中大户姬中仁家有几十口人,当家的治家非常严格,制定了许多规矩,比如所有人的吃穿花销都有明确规定,子女串亲戚、媳妇回娘家都要向家中汇报等等。

2. 家规教育

母亲在家庭中承担着对孩子们家规教育的职责,尤其对女孩子的教育要承担的多一些。父亲也参与家规教育,通常父亲教育男孩子们多一些。在日常生活中,父母就将各种道理教给孩子们,他们并不会在固定的时间、地点对孩子们进行家规教育,如有需要随时都可以教导孩子们。逢年过节时,带着孩子们到地里干活时,父母都可以教育孩子们。

除了口头说教外,父母也会直接通过行动来教育孩子。比如有些家担心孩子闯祸,晚饭后就不让孩子们出门。为了教导孩子们守礼节,父母让孩子们在过红好前,到老爷奶奶轴子前烧香磕头后演礼,免得在婚礼典礼时出丑。另外,别人家过红白事时,父亲也会带着孩子到别人家帮忙,顺便教孩子学习别人家过事的经验。

3. 家规执行

由于家规都是口头的,没有书面的具体条款规定,石罢村各家户执行家规都不太严格,较为松散随意。父母认为孩子做得不对,或者在外闯了祸,都会对其进行惩罚。若是有违背家规而闯祸的,大人要带着孩子先去解决问题。问题解决后,也要对孩子进行惩罚,通常是打一顿。若是犯的错误影响不严重,孩子们要受到家长的批评教育。不孝顺的孩子,叔伯、舅舅也会批评他们,甚至逼着他们到父母那里认错。徐建恒、李孝良、姬万锁、姬清和老人讲,过去没有人家在子女犯错误时惩罚他们跪祠堂的事例。孩子们犯了大错误,可以由官府来抓,父母是不会把孩子送到衙门的,"有狠心儿,无狠心老",能包庇孩子们就包庇。若是孩子在外办了大生意或者帮助他人,父母都是口头表扬。做了大买卖的孩子也能得到父母的金钱奖励。若是做了大官成了名人,能光宗耀祖，也会被写入家谱的。

(二) 学校教化与规训

1. 私塾教育

(1) 私塾情况。1924—1931年，石罢村有5个私塾，当时没有其他的公立学堂，儿童上学要到私塾中去学习。私塾是按家族、街道、家庭的贫富和邻里亲朋相处的关系自由组织成立的，自聘先生，并且按户分摊学费作为先生的薪水和办学费用。村中老人讲，石罢村的私塾先生姬苗、姬四贵在西南街、孔学在东大街、马思远在西大街、毛振东在东南街、徐金章在新村的私塾中任教。

(2) 私塾的教学。当时的私塾先生以"天子重英豪，文章教尔曹，万般皆下品，唯有读书高"为教学宗旨，教学生读四书五经，学生以读为主，能背会最好，不求甚解，能识字为就好。私塾先生还要教学生写字、写周记、写文章。根据李孝良老人回忆，私塾中每天都有晨课，学生六点钟到私塾念书，七点多的时候回家吃饭。饭后还要到私塾学习上午的课业，中午有午休，下午以练字为主，到五六点的时候才能回家。私塾先生对地主家和穷人家的孩子一样对待，凡是不认真念书、不能按时完成作业的学生就会受到私塾先生的惩罚，但家长们不会因此找私塾先生抱怨。家长们对私塾先生都抱有很多期望，希望在私塾先生的教导下，孩子们都能有出息。有的家长希望孩子能通过读书知道天下事，懂得道理，考取功名。有的家长们希望孩子们在私塾中能多学点文化，将来好做生意。为此，家长们都非常尊重私塾先生，甚至还要请私塾先生对孩子们严加管教。私塾中的课程是分阶段进行的，从《三字经》《百家姓》《论语》《中庸》《大学》到《孟子》，逐级推进。村中近80%的孩子都在私塾上过学，但大多数孩子因为家贫，念了五六年后，尚未读到《孟子》就不再继续读了。只有少部分有钱人家的孩子能够读到《孟子》，学到《孟子》以后就可以考秀才了。

(3) 私塾的解体。辛亥革命带来的教育新风使村民们接触到了新的教育观念。洛阳县督学对私塾课程进行强制性改革，要求废除四书五经的教授，改授国语、算术、三民主义等新课程。到了民国二十年（1931年），私塾被县里强行解散。后来在洛阳沦陷后，村中的私塾又重新开办起来，但是持续时间并不长，到了1946年后被彻底取消。

2. 学校教育

(1) 学校的开办。在1931年私塾被强行解散后，石罢村在兴国寺内开办义务学校。义务学校面向全村招生，不限年龄，以报名为准，以学堂的方式对学生进行集中授课。1939年，石罢村遭遇严重水灾，兴国寺房屋倒塌。马思远腾出家中的瓦房，将学堂迁入自己家中。1941年在徐登高的主持下，村民们修建了二层楼房四个教室。1946年，石罢村义务学校更名为"洛阳县庞公乡第九、十保国民小学"。1948年洛阳1949年后，石罢村国民小学又更名为石罢小学，学堂仍旧设在兴国寺内。从1931年的义务学校到1948年的石罢小学，学校都是由政府开办，县里统一制定课程，将全村学生集中起来进行授课，保里负责校舍建设和教师工资。

（2）教师。义务学校教师由县里统一任命。县督学对私塾先生进行统一考试，任命成绩合格者担任义务学校教师。石罢村被正式录用的教师有马思远、孔繁昌、王福龙、李雪静四人。到了1936年，学校成立了校董会，姬四九为学董会的总负责人，徐登高、徐登椿、徐逢学担任学董。学校校长为潘文波是信阳人，由保里聘任。教师为丁丙戌、李荣轩、宫四贵、孔学，有来自本村的，也有外村聘来的。1946年，学校董事会重新成立，聘请西干村李伟然为校长，张济华、孔繁昌、孔留、姬学勤、姬保中为教师。学校的老师均需要获得县督学的认定，才有资格担任教师。在开办学校期间，教师由保里统一支付工资，并且还由学生家轮流管饭。另外教师们还有节假日，每周休息一天，每年有麦假、秋假和年假。教师在村中地位非常高，受村民们尊敬与爱戴。村中的保甲长对教师也非常尊敬。教师在保里不用出工，也不用被抓壮丁。普通村民家办红白事时，会请教师帮忙写对联，还要宴请老师。

（3）学生接受学校教育的情况。石罢村义务学校开办之际，报名上学堂的学生非常多，有120多人。到了1940年石罢村闹灾荒，学生由120人减少到80人。到了1945年后，学生又增加到150人。义务学校开办后，所有到义务学校念书的学生都不用交学费，但需要轮流管老师们伙食。许多家庭都把孩子送到学校念书，甚至女生也可以到学校念书。1946年春，村民徐桂花、徐宣荣、徐巧娥、姬春环等女生也到学校念书，她们是最早到学校念书的女生。这些女生家庭都是文明家庭，父母有文化，比较开明。家里孩子多的，但家庭条件好的，父母会让孩子去念书，孩子们会认字、会算术，这样可以做点生意，也不会被人骗。在学校不好好念书的孩子，读一两年后就会被叫回家。父母会让聪明的孩子念书，让那些念书不灵光的孩子读一两年，等到能干农活的时候就会让孩子回家干活。

（4）学校教育内容。当时村中报名上学堂的有120人，学校根据年龄大小、学龄长短、识字深浅，将学生分为五个班级。马思远担任五册书先生，孔繁昌任四册书先生，王福龙任三册书先生，李雪静任二册书先生，甄正理任一册书先生。学生的课业有国语、算术、三民主义、音乐和体育等课程。义务学校期间，学校不再教旧式的儒学经典，教授比较实用的知识，引导学生更为务实，更能适应日常生活的需要。

二、规训关系

（一）规训方式

在石罢村，家教、家规、家训都不是以正规教育的方式传给子孙，基本上在日常生活实践中以言传身教的方式教导子女。母亲主要负责对子女进行家规教育，因为母亲承担着照料未成年子女的重要责任。另外在儿子们年龄大一些之后，父亲也会带着儿子参加街坊邻居家的红白事，在具体的红白礼仪活动中教导儿子。孩子们在外与人打架、吵嘴，产生冲突的，父母也要管教孩子，进而教育孩子在与人交往中讲究仁义，不能占便宜等。子女们接受父母的教导，慢慢适应村庄社会。若是不接受教导就会遭到惩罚，父母都会打骂孩子，但一般不会将他们赶出家门。

私塾先生马思远并不教学生学习乡规民约，也不会在上课之前要求学生背诵乡规民约。凡是在私塾中完不成课业的学生，都会遭到私塾先生惩罚，直接打板子或者打屁股。到了民国二十年石罢村成立义务学校后，按年级分班教导学生。学校也不负责教学生学习乡规民约，他们主要教导学生学习语文、算术等新式教学内容。教师也可以体罚那些没有完成学习任务的学生，基本上由任课教师体罚，没有专门的机构或人员对学生进行体罚。

（二）规训结果

家庭教育和学校教育形成了子女服从父母、学生服从教师的服从关系。在这种服从关系的延伸中，又逐渐形成长幼、尊卑的等级关系。这种等级关系在日常生产活动中，主要体现为子女对父母的顺服、对长辈的尊敬，以及对兄弟姐妹的权利义务。孩子们服从父母对其的职业、教育安排。到田里干活时，子女都要听从父母安排。父亲安排儿女们干什么农活，他们都要听从。孩子在街面上路遇长辈也按着辈分称呼他们，做事也要讲尊卑等，否则就会被人批评"少家识教""不懂事"。村中有姬姓人家，媳妇不孝敬公婆，被堂兄弟打了一顿，还被拉着到父母面前磕头认错，其丈夫在整个过程中也不敢吭声。另外分家，或者家中有矛盾冲突，舅舅或者叔伯来调解的，孩子们一般会听从，即使有些不情愿，也要看舅舅和叔伯的面子。邻里之间发生纠纷的，请街上的绅士帮忙调解，也要按辈分称呼他们。绅士调解纠纷一边讲道理，另一方面也要压事，最后双方都会接受调解方案的，毕竟他们要看绅士的面子，要尊重绅士。在家庭和学校教育中形成的等级关系，将村民都置入在等级关系链条中，形成了伦理上的服从义务。这种服从义务有利于村落社会的治理，村民们对绅士、保甲长权威很少反抗。

第七节 文娱与文娱关系

1949年前,基于独特的自然环境和人文社会环境,在生产劳动之余,逐渐发展出村庄独特的文娱活动。石罢村民的文娱活动包括日常娱乐和节庆娱乐两类。这些文娱活动多是由村民自发举行的,也有节日村庄集体组织的文娱活动。正月里的社火表演是石罢村民每年最为重要的集体文娱活动,参与的人众多,并且还吸引邻村村民的参与热闹。这些文娱既打发生产劳动之余的闲暇,同时也是对村民的社会动员。

一、文娱活动

(一)社火

社火是石罢村每年举行的最盛大的集体活动,正月十九各街道组织的社火表演从兴国寺出发绕街游行,供奉各路神灵。

石罢村有火神社,东大街、西大街、西南街都有火神分社,每个社都有各自的神头。神头每年腊月里就开始张罗社火事务,组织策划本街的社火节目、人员安排及节目排练。节目预演是在正月十五的上午,各条街道的社火在本街彩排,为正月十九的社火表演做好准备。正月十九进行火神祭拜和社火表演,各街道的神头带领管事,将各种道具、彩旗,哨子棍分到各家各户,并通知他们早吃午饭,于中午前集中赶到兴国寺广场祭拜。火神殿前会搭好祭棚,准备好祭品,首先是神首、保长、绅士们祭拜,然后各街道神头带领本街社火在火神殿前朝拜。祭拜结束后,社火表演正式开始,节目有耍狮子、走旱船、玩抬阁、双头驴、拉犟驴、窜席圈、踩高跷、排鼓队。社火表演结束后,参与表演的群众各自回家吃饭。即使在排练时不提供伙食,社员们也都积极参与。

石罢正月十九社火规模非常庞大,临近的柿园村、袁付村、草店村、窑沟、寇店、大庄村、黄庄、相公庄、王疙瘩村等村的村民都会前来观看。出门的闺女和女婿、至近的亲戚在正月十八回村,正月十九上坟祭祖后,参观社火表演。

(二)听戏

由于传统时期缺乏娱乐活动,听戏成为石罢村一项较为高级的文化娱乐活动。石罢村有戏班子在村中唱戏,同时也有邻近村、镇、县的戏班子到石罢村唱戏。村民常听的戏曲有豫剧和曲剧两种,他们在农闲时节可以在村内听戏,也可以到外村听戏。

传统时期,石罢村每年正月十九社火表演结束后,以及七月十五庆丰收大会时,都有戏班子在兴国寺前的广场上搭台唱戏。另外,村中有钱人家老人过八十大寿时,会邀请戏班子在家门口唱三天大戏表示庆贺。家中老人去世后三周纪念时，孝子们也要邀请戏班子到家门口搭台唱戏。除此之外，村中较为隆重、规模较大的大会上都有戏班子唱戏。石罢村有 5—6 个戏班子，他们也可以在村中的一些集会或者活动时，搭台唱戏。

不管是看村里组织的戏，还是有钱人家的戏都不用花钱。村中男女老幼只要想去看的，都可以前去观看。夫妇二人可以结伴去看戏，也可以邀请关系密切的街坊邻居或者朋友一起前去观看。当时看戏通常是站着的，没有带板凳的。去得早就可以站在前面，去得晚就站在后面。看戏时，通常是男女分开站，不能交叉混合。在节目开始前，大家会聚在一起聊聊家常、谈谈曲目或者侃侃戏班子等。石罢村民看戏热情非常高，只要是在农闲时节，几乎每一场戏都有许多村民前去观看。李孝良老人年轻时会带着妻子去离石罢 16 里远的高隆看戏，来回步行 32 里，也不觉得辛苦。日本人占据洛阳后，石罢村民看戏热情不减，即使戏台周围都站着端着机枪的土匪，也有许多村民前去看戏。

石罢村民李长江，生于清朝末年，是西大街人，他在洛阳县的戏剧圈子内都非常有名。宣统元年正月十九社火结束后，东大街、西大街、东南街、西南街四条街道各请一台戏，四台戏对唱斗戏。西大街请的戏在第一天的时候就唱砸了，观众们都跑到别的街道听戏了，甚至西大街做生意的小商贩也想离开。班主和西大街的神头都非常着急，于是决定请李长江回来救急。但李长江当时正在演出，无法脱身，于是只好让人牵了毛驴回去，并吩咐他们牵着他的毛驴绕村转一圈，并且拴在戏台的一角。村里人听说李长江回村唱戏，纷纷又聚到西大街的戏台子下，等待李长江出场表演。最后，尽管李长江没有回村表演，西大街依然赢得了斗戏的胜利。

二、文娱关系

1. 文娱交往

村民的文化娱乐活动大多是在农闲时期，是繁忙劳动之后的身心调节，同时也可以通过文化娱乐加强与街坊邻居的情感联络。参加社火、赌钱通常是家中单个成员，听戏通常是一家人一起去的，大人们带着孩子到兴国寺前面的广场上听戏，有些爱听戏的会跑到外村听唱戏。村内的唱戏多是保里组织的，正月十九的社火表演之后，也要唱一天大戏，求雨的时候也会请戏。神头或者领头的绅士去请，费用由保里出。唱戏时，村民不用去请保长、甲长、绅士们，他们都会去看戏。

2. 文娱合作

在社火表演中，各街道的社火节目需要本街道村民合作。社火节目比较多，有耍旱船、踩高跷、骑毛驴、玩抬阁等，需要参与的人很多，基本上要动员全街道的青壮年男子、妇女参与。这种集体性的表演需要参与人员协调配合，一起排练节目。每条街道都有导演，专门教参与的成员动作、姿势等，他们要引导成员相互协调配合。

3. 文娱纠纷

正月十九社火后，兴国寺会有庙会。每逢庙会，总有2台或者4台戏斗戏。若是请的戏班子名气小，村民都会到别的街道的戏台下听戏。几个戏班子斗戏，看哪个戏班子能吸引人。这种斗戏一般是各凭本事，不会产生太大的矛盾纠纷。听戏的村民发生矛盾纠纷，在场的听戏人都会帮忙说和。唱戏时，保长会安排保丁维持秩序，一旦遇到村民纠纷的，由保丁出面解决。

4. 文娱中的小农私性

去听唱戏一般是自家去，有时候去叫上关系好的一起去。耍社火时，平时关系好的，或者关系不好的，只要参加社火节目排练，都要听从导演的安排。导演都是本街的老师，知道本街住户的关系，也不会把平时有矛盾的村民安排在一个节目上。

第八节　村落文化变迁

1949年后，受土地改革、集体化运动以及改革开放的影响，石罢村的文化形态几经变迁，发生了明显变化。村落的文化活动在保留了传统的文化形态的基础上，增加了适应时代的文化内容和活动形式。

一、崇拜与信仰变迁

1949年以前，石罢村的崇拜和信仰是自由的，崇拜和信仰活动是以家户为单位，只有正月十九的祭祖是以宗族为单位进行的。到了1949年后，在破除封建迷信的政策号召下，石罢村内有些寺庙、祠堂陆续被拆除掉，神像都被打倒，庙中的碑刻也被推到用于修桥、铺路。1953年东、西关帝庙被拆掉，房梁、檩条、椽子以及砖瓦都被运到兴国寺建成教学楼。1957年西观音堂被拆掉，庙内的神像也被毁掉。1956年河大王庙由于无人管理，破败不堪，最后自行倒塌，檩条、椽子都已沤烂，被村民捡去做烧柴。山神庙也由于无人管理，破败不堪，最后也被拆除掉。1964年兴国寺内的火神殿和地藏王殿也都被石罢大队拆掉。除了寺庙外，祠堂、家谱、老爷奶奶轴子等都被作为"四旧"毁掉，坟社地都被收归集体所有。李家祠堂于1958年被拆毁，拆毁时李家祠堂已无院墙，其内的三间房子破败不堪。徐家祠堂在1949年后被征用做第二生产队的饲养院，后来又被改作仓库。1984年生产队解散时，被划为宅基地，庙碑也被埋在地下。姬家祠堂在1958年时曾作为大队副业部，1960年被改作六队饲养院，后来一直做仓库。1984年生产队解散时，姬家祠堂地被划做宅基地，祠堂地被宅基地户主拆掉。当时各家族的坟地没有被平，仍然保留。村民仍然可以按着节日到祖坟祭拜。除了对神、佛以及家神祭拜外，1949年后，许多农户都在家中贴上毛主席像，把毛主席作为崇拜和信仰对象。

包产到户以后，国家放松了对村民崇拜和信仰的管制，村民们的信仰、崇拜活动又逐渐恢复。西观音庙于2001年由西大街人共同捐资重新修建，并且重塑了送子菩萨的塑像。兴国寺内的火神殿和地藏王殿于2002年由村民共同捐资3万元进行重建。目前村内只有兴国寺1座，观音堂3座，土地堂2座，其他神庙都没再重建。当前仍是老年人到庙中祭拜，年轻人很少到庙中祭拜。每年正月十九的社火表演不再以街道为单位组织，而是以村庄为单位进行组织，规模也大不如从前。正月十九的祭祖活动仍然进行，但参与祭祖的只有在村的村民。村民家中的老爷奶奶轴子也在过年时重新挂起来，家中的全神神位、土地神、灶王爷也都被村民请回来，只有留守家中的老人平时祭拜。另外有些"破四旧"时没有被烧掉的家谱，又重新被村民制作成册，留给族人。另外，改革开放后，村中也有了基督教，到目前为止村中有基督徒30—50人，村中没有教堂，信徒们在私人家中，或者到邻村做礼拜。

二、村落习俗变迁

1949年前，婚丧嫁娶都是家中的重大事务。婚丧嫁娶都要经过许多程序，以红事为例，从提亲、相亲、订婚、看好、送彩礼、娶亲、拜堂、宴请的每个环节都有许多讲究，也比较复杂。红白事的宴请都是在农家请厨师在家中做，主家要办好婚宴，要请族人、街坊邻居、朋友来帮忙。逢年过节时，姑娘回娘家、亲戚们相互走亲戚，都要带上馒头、点心等。日常生活中也有许多讲究，村民们也都遵守这些日常的习俗。1949年以后，村落习俗的内容没有发生太大变化，但是实现方式发生了变化。红白事的礼俗被简化，没有过去那么讲究，但是该走的环节还必须走，只是方式有变化。尤其是包产到户以后，红白事上的流程虽没有大变化，但是已经不在家中举办，基本上是邀请客人到饭店去吃酒席，而且各种开销也逐渐增加。在日常生活中，也还有不少禁忌，但也都没有太多的讲究。

三、教育变迁

1949年前，村落内的教育经历了从私塾到国民小学的发展。从教学方式、教师任职、教学内容等方面都发生了较大的变革。在教学方式上由分散式的私塾教学转变为集中式的学堂教学。村中的学生都被集中到兴国寺，统一进行教学。教师的任职由私塾时期的无管理到学堂时期的统一管理。在1931年私塾被解散后，建立石罢国民小学,所有的教师都要通过县督学举办的统一考试,才能被任命为教师。教学内容上也有传统的儒家经典转变为新式教学内容。国民小学时期,学堂的教学内容为国语、算术、三民主义等新式内容。学生的入学率也大幅度提高,1931年全村有120名学生到学堂念书。

1949年后,石罢村的教育在教学机构、学生入学情况、师资队伍等方面都有较大变迁。1948年洛阳1949年后,村中的原国民小学改名为洛阳县第九区石罢小学。学校教师由洛阳县政府统一组织培训考核来选拔、分配,分配到石罢小学的有校长1人,教师4人。凡是愿意读书识字者,不分性别、年龄大小,都可以报名到学校上学,当时学校学生有近200人,学生年龄大小不一,有已婚的妇女也到学校念书。学校开设的课程有语文、算术、音乐、体育、以及自编的乡土教程。1950年开始,按照国家"教育要向工农开放"的方针,凡是18岁以下的男女青年,都可以到学校插班学习。县人民政府又下派了5名教师到石罢小学,配合扫盲工作。学校为18岁以上的村民开设识字班、速成班,在街头、地头、村头设立识字岗,对村民进行扫盲。1952年,在校的学生人数达到250人。到了1956年以后,在原有的四年制小学的基础上,石罢村又办起了高小班。教师和学生队伍的规模都在迅速扩大,当时全校6个年级,每个年级有1班,每班70多人,共有学生400多人。在"文化大革命"期间,村中教学秩序混乱,教师之间相互批斗,学生串联。1968年以后,学校逐渐稳定,教学秩序逐渐恢复。到1978年,学校共有学生618人,有17个教学班,27名公办教师。

改革开放以后,由于伊河洪水的侵袭,石罢村大队决定集资在新村筹建学校。由村大队出资一部分,村民们集资一部分,共同修建了石罢小学的东院。1999年又再次由村委会出资和村民捐资,共同修建了石罢学校的西院。初中部正式命名为李村镇第五初级中学,除了本村的学生在初中部上学外,东柿园村的学生也到石罢初中上学。到2002年,石罢小学和初中又重新合院,当时共有小学、初中生618人,17个教学班,36名教师。此时,民办教师中除了已经转为公办教师的外,其他没有转正的民办教师全部都回村务农。2002年以后,石罢村的初中部被逐步砍掉,仅剩下小学部。

四、文化娱乐变迁

1949年前,村民们的主要娱乐活动是看戏、打牌、耍社火。农闲时期,村民们通过这些娱乐方式来调节身心,联络感情。除了耍社火是由村庄统一组织外,看戏、打牌都是村民自由选择。石罢村内有戏班子,也有不少唱戏的村民,李长江和朱十五都是村中有名的唱戏人,经常到十里八乡唱戏。除此之外,石罢村中还成立了高跷社,徐玉祥、周金聚、李应少等人都是高跷社的成员。逢年过节时,高跷社都要在石罢村以及周围村庄表演。1938年,石罢高跷社改名为石罢曲剧社,共有8—10名成员,编排节目19首。曲剧社在农闲时节就聚在一起排练,经常在村内以及外村表演节目。

1949年后,石罢村内的群众娱乐活动多是由村集体组织的。石罢曲剧社改为曲剧团,由村民自愿参加,当时参加曲剧团的村民有20多人。到了人民公社时期,曲剧团成员平日不上工时,排练节目,在村中或者村外表演节目,由大队记工分。1976年"文化大革命"结束后,曲剧团不要表演样板戏,表演相对自由,节目非常丰富。曲剧团的开支都由大队支付,从1976—1983年间,剧团开支达到5万元。到了1986年,由于大队经费紧张,石罢曲剧团解散。到了1995年以后,村民开始自发组织曲剧团,在石罢和周边村庄表演。除曲剧团外,听河洛大鼓书也是村民的娱乐方式。村民甄春法、徐改姓、姬苟士不定期给村民说河洛大鼓书。到了1955年以后,寇店乡人民公社成立电影放映队,三个月或半年到各大队演出一场,丰富群众的文化娱乐生活。到了1978年,石罢村自费购买电影放映机,由徐清儒、张建臣负责为各生产队放映。当时大队规定半个月放映一次,从1队到17队轮流放映,电影租片费用全部由大队负责。农户家办红白事或者给老人祝寿时,也可以邀请放映队为其放电影。农户只用付租片费即可,由大队给放映员记工分。包产到户后,农户们经济条件提高。到了改革开放以后,村民的娱乐活动逐渐个体化、自由化。1985年以后,慢慢地有农户购买了电视机,收看电视成为村民的主要娱乐方式。另外除了老年人看戏外,年轻人和儿童很少再去看戏。村中的社火表演虽然在改革开放后再次恢复,但是规模已经远不如从前那么大,参加的人员和节目的数量逐渐减少,年轻人很少再参与村中的社火表演。

五、思维与态度变迁

1949年以前,村民们都是按照传统经验种庄稼,通过勤劳耕作创造财富,过着勤俭节约的生活。当时多子多福,养儿防老的传统观念主导着农户的生育状况。1949年以后,这些观念都在发生变化,村民们逐渐相信科学种田,通过在村大队中掌握科学种田的知识,提高小麦、玉米产量。在集体化时期,尤其是在实行平均主义大锅饭时期,磨洋工现象比较明显,如在村集体劳动中,村民会出现干活偷懒的情况。由于当时国家并没有对人口进行控制,而且新生儿都可以分到粮食,养育和教育都由村集体负责,当时出生率非常高。实行包产到户后,田地都分给农户进行承包,农民们种田除了交农业上的税费外,余下的都是自己的,这时村民生产的积极性非常高。到了1980年代后期,农业收入比重在下降,农户家庭收入结构开始逐渐多元化,有村民到邻近村庄打工赚钱。虽然村民们相信勤劳能致富,但是已无法再依靠农业发家致富了。村中有不少村民开办铁箱厂,或者外出务工。除了在村的有劳动能力的老人种田外,基本上青壮年人都外出务工。实行计划生育后，石罢村内计划生育工作抓得比较严，许多家庭只有1—2个孩子，很少再有4—5个孩子的家庭。村庄中重男轻女的思想也有改善，男女同样都办满月宴，在实行义务教育后，都有权利到学校上学。

第九节　村落文化实态

改革开放以后，随着工业化程度的提高，以及城市化进程的加快，石罢村村民迅速融入现代化的进程中，村庄的文化发生了变迁，形成了有异于传统时期的村落文化实态。

在先祖崇拜上，姬、徐、李、孔、甄五大姓重新修编了家谱。姬、徐、李、孔、甄的家谱由宗族成员捐资，族中热心人士群策群力，编制出族谱，以供后人知其祖宗源流。五大姓氏并没有重新修建祠堂，但是在正月十九到祖坟祭祖的传统仍然保留。由于土改时期坟地和坟社地都被分给私人，集体化时期又重新收归集体所有，尽管有些祖坟的坟头、墓碑仍保留，但已经无法再建新坟，各家各户只能在自家田中扎坟立碑。每到大年初一、正月十九、清明节、寒衣节等，村民们都要到祖坟和家坟烧纸、上香祭拜先祖。除此之外，记载本门祖先的老爷奶奶轴子、牌位也在农户家中挂起来，一般是在长兄家中挂着。每年过春节时，弟兄们都要到老爷奶奶轴子前烧香、磕头祭拜。

改革开放以后，村民的信仰自由不再受干涉，村民集资重新修建了兴国寺以及寺内的火神殿和地藏王殿，另外东西大街的观音堂也由街道人出资修缮，并且重塑神像。除此之外，其他在1949年后被拆毁的神庙都不再重建。村民在每月的初一、十五可以到庙中烧香祭拜。兴国寺内目前也有常住寺院的住持管理和维护寺庙。兴国寺与东西观音堂的香火虽大不如从前，但是还有村民到庙中祭拜。另外，村中仍有神婆，有些村民家中孩子或者大人有疯魔病症的，还会去请神婆下神、叫魂。病人没有痊愈的，村民们还要送病人到医院去。村中也有村民信仰基督教，新老村的信众有30多个，由于村中没有教堂，村民们都在私人家中或者到邻村教堂做礼拜。

少生、优生是村民们的主导生育思想。在计划生育政策下，村大队严控村民的生育数量，大力推广只生一个好。农户们在计划之外生育的，缴纳超生罚款，基本上20世纪80年代后的新婚夫妻都有1—2个孩子。许多家户都期盼有儿有女，但是有女没儿的家庭也不再过继或者抱养男孩来顶门立柱。随着教育开支以及婚姻成本的上升，以及不分男女都有养老责任，很多一胎是儿子的家庭就不再生育二胎，女儿多的家庭反倒被村民羡慕。

传统的文化娱乐活动在逐渐落寞,虽然村中还有正月十九社火表演,但形势大不如从前,参加表演节目的人员和观看的人员逐年减少,现如今只在兴国寺内表演,就不再巡街表演。看戏、打牌等活动逐渐私人化,村民在自家就可以看戏。村中有些农户开办了棋牌室,村民可以到棋牌室打牌。除此之外,村中也出现了一些新兴的文化娱乐活动,比如广场舞、打太极等。在国家公共文化服务政策下,开展的文化下乡活动如送图书下乡、送戏下乡等也逐渐丰富了村民的文化娱乐活动。

第六章　村落治理形态与实态

1949年前，石罢村的治理主要是在保甲制度下运行。村庄的治理主体以保长、甲长为主，并且围绕保甲长形成基层的治理组织。除此之外，村庄还有中人、绅士以及宗族、会社等社会治理主体。村落治理内容包括征缴税粮、分摊杂差、摊工、抓壮丁、村庄治安、治水、纠纷调解等公共事务。本章主要从政权治理、村落治理、亲族治理和家户治理四个层面，集中呈现石罢村在1949年前后的治理形态和实态。

第一节　政权治理与治理关系

1949年前，在保甲制度下石罢村被分为东、西两保。保甲长是国家治理权威在基层社会的代表，保甲长主要负责完成上级下派的征缴税粮、分派杂差、摊工、抓壮丁等事务，除此之外，还参与维护村庄治安、治理伊河水患、村庄文化活动等公共事务。

一、政权治理主体

（一）政权治理单元

1949年前，石罢村隶属于庞公乡，庞公乡下有10个保。石罢自然村由于规模比较大，被分为两个保，九保和十保，九保主要负责村中大道以东的农户，十保主要管辖村中大道以西的农户。因此，九保、十保也被村民成为东保、西保。石罢村东保有225户，西保有156户。一般每10户为一甲，按片划分。东大街内有9个甲。根据居住情况，有些甲可能有11—12户。同一甲中的农户住在同一条街上，且房屋相连。

（二）保长

1. 保长概况

在 1935 年洛阳县推行保甲制之后，石罢村划归袁付乡管理。石罢村保长的产生经历了两个阶段。第一阶段，1935—1940 年大户轮流当保长。甄光景卸任村长后，村中许多大户、富户都不愿意担任保长。经村民推荐，东大街的徐文祥，东北大街孙来虎、西大街姬文生、东南街孔八十、西南街姬长生、姬四九等大户，轮流坐庄担任保长，其他人都相当于街道的甲长。大户轮流坐庄的次序由抓阄排定，每人负责半年，若遇特殊情况不能履职者，由后者替补。坐庄者对外是照头人，对内是召集人，对上面的指示和外部的情况了解后，召集大户予以传达，不负责处理和解决具体问题和事务，具体事务由各条街道的大户办理。第二阶段，1940 年后村内大户争当保长。1940 年石罢村划归庞公乡管辖，村内设九保、十保。九保管辖东大街、东南街、东北街，西保管辖西大街和西南街。新村的住户从哪条街道出来还归哪条街道管辖。轮流担任保长的局面已经不复存在，村中大户开始通过贿赂、拉拢、相互倾轧等手段担任保长。

2. 保长资格

保长不是一般人能担任的，必须具备一定的任职资格。第一，这些人必须是村中的能人。比如 1920—1930 年间，担任石罢村保长的孔德富，就是村中的能人，有一定的文化，手腕强，能说会道，会笼络人心。第二，这些人还需是村中的大户，田产比较多，生活相对富裕，儿子也比较多，家族势力强大。担任保长的徐文祥、姬文生等人都是村中的大户，并且分别有徐氏家族和姬氏家族的支持。第三，担任保长的人还得是村中有"脸气"的人。这些人或者是自家有人在外做官，或者是做土匪，或者是与大官有关系。这样他们在村中才有威望。

3. 保长的产生与更换

村民担任保长必须要由绅士举荐和乡公所认可才行。绅士在官府中有关系，他们有资格举荐保长人选。村中有权势、能办事的大户，必须得到绅士的举荐才有机会当保长。若是得不到绅士的举荐，即使有能力也当不上保长。乡公所基本上认可绅士们举荐的保长人选，并且颁发保长委任状。村民得到保长委任状后，就可以走马上任。有些保长干不下去，乡公所也可以临时任命。

保长的更换没有固定的时间，可以是 3 个月、1 年或 3 年。1940 年后，石罢村社会秩序混乱，尤其在 1942 年日本军队进驻洛阳后，石罢村处于无政府状态，社会秩序更为混乱。村内大户争当保长，拉拢、贿赂村中绅士，相互倾轧、打擊，以至于保长任期都不长。1940 年到 1948 年间，九保保长屡次更换，先是徐文祥，后是徐秋明、徐明理、徐进和、徐银东、徐平和。任期不定，长短不一，徐进和担任保长仅有三个月。十保保长先后是姬文生、姬学韦、姬四柱、李应少、张春、姬崇节等。他们的任职时间也都是长短不一，有些人干了一段时间保长，实在干不下去，就直接撂挑子不干了。姬学韦和李应少都是在别人无法担任下去的情况下，被乡公所临时任命为保长。保长更换的原因有多种，有些是上级不让干，有些是自己不愿意干。上级不让干的原因多是不能很好完成上头派下来的各种任务，自己不愿意干的多是因为自觉担任保长出力不讨好，不愿意得罪村民，所以主动辞职。村民李应少担任保长一年就辞职不干，因为实在不愿意逼村民交各种杂差，只能卖了自家一亩田才把账目中的亏空填补上。

（三）副保长

1940年以后，村中才有副保长。副保长是由保长任命的，都是保长信得过、看得起并且是有能力的人。许多副保长与保长属于同一家族。1946年8月，村民徐银冬接替徐文祥担任东保保长后，任命徐新照担任副保长。（参阅徐敏卿回忆录《忆往昔峥嵘岁月稠》）副保长协助保长完成征粮、派差、抓壮丁等各种事务。副保长有报酬，能享受到不纳粮、不担差、家中不出壮丁的好处。

（四）甲长

1. 甲长资格与任用

保下设甲，每8—12户为一甲，其中东保有10多甲，西保有七八甲。每甲中有一位甲长，甲长在保长命令之下，管理从事征粮、派差等各种具体事务的人员，他们直接与住户打交道。民国时期，甲长没有任职资格要求。据李孝良老人回忆，甲长人选比较随意，那些有点文化，能跟保长说上话的人都能当上甲长。但是很多村民都不愿意当甲长，认为当甲长出力不讨好。无人愿意担任甲长时，便由各家户轮流派人担任甲长，或者由保长直接任命。

2. 甲长职责

甲长要对保长负责，是公粮的催缴者和保长的传话筒。一旦某村民不缴公粮，甲长要向保长汇报，并将村民交予保长处理。

如果甲长不能按时完成粮款催缴任务，自己有可能挨打；或者甲长需要将不缴钱粮者报告给保长。保长会扣押不缴钱粮的百姓2—3天，在获得百姓的缴纳粮款承诺后才会放人，有时保长也会连带扣押甲长。甲长没有报酬，都是出义务工。李孝良老人当过一段时间的甲长，认为甲长两面受气，催缴公粮时，受街坊邻居的责骂，不能缴齐公粮时，受保长的责骂。李孝良老人担任甲长期间，因没收够欠款而挨了保丁一顿打。

3. 甲长与其他主体的关系

(1) 甲长与保长的关系。甲长必须服从保长的指挥，执行保长的命令。与保长关系一般的甲长，日常生活中很少与保长来往，也不邀请保长参加家中的红白事、满月酒宴等。

与保长关系一般的甲长必须按照规定缴纳税赋。那些与保长关系好的甲长，以及在村中比较有身份的甲长，保长"看得起"这些人，会为其减差负。有些甲长为了与保长拉拢关系，经常到保长家中帮忙或者走人情。有些甲长将自家儿子认到保长家中当干儿子，或者将自家姑娘嫁到保长家做媳妇。

(2) 甲长与绅士的关系。在传统时期，绅士比甲长有权势，在村中地位也比甲长高。日常生活中，甲长们非常尊敬绅士，关系好的来往就会多一些，关系一般的，打交道的机会不会太多。甲长有事情处理不了的时候，以私人身份请绅士帮忙。

(3) 甲长与农户的关系。甲长是与农户打交道最多的基层管理者。保里有事要下派给农户时，甲长要负责通知他们。甲长根据保长指示，通知甲中农户按时交钱粮，分派各种差事，协助保长组织农户修护河堤。甲长与农户处在同一条街道，抬头不见低头见，所以催缴粮食的时候不能太狠，做事不能太过。农户没有按时缴纳粮食时，甲长不能对其进行惩罚，只能把情况上报保长，由保长处理。即使差事过重，甲长也不代表本甲住户向保长请愿。一个甲的农户与甲长是街坊邻居，平时在生产、生活上都相互帮忙，他们一般也不为难甲长。

(五) 保丁

1. 保丁资格

保丁是保长手下的打手，村民经常称他们为狗腿子。村中担当保丁的通常是保长的侄子、外甥等亲戚。村中的许多保丁是地痞流氓，好逸恶劳。这些人下手比较狠，唯保长马首是瞻，跟着保长混吃混喝。

2. 保丁职权

保丁是保长手下的打手和走卒，保长雇佣他们专门维护村中治安，抓未按时缴纳差粮的农户。村中抓壮丁、要小赋、杂差跑路等都是保丁的事情。保丁是保长自己家的亲戚，一心忠诚于保长。

(六) 乡公所

国民党的中央军驻扎在洛阳时就有了乡公所。许多乡公所在寺庙或者学校。石罢村归庞公乡乡公所管辖。庞公乡乡公所在庞村的丁字口，那里曾经是做生意的地方，做生意的挪走后就成为乡公所办公地点。乡公所有两处大宅子，内部有一二十间房子。

乡公所管理地方事务，处理地亩田产，打架斗殴、下派差事、兵役等事务。乡公所的领导是乡长，是上面委任的，工资是上头发的。根据徐敏卿老人的《忆往昔峥嵘岁月稠》记述，1946年担任乡长的是宋镶，有护卫兵保护其安全。宋镶每天接触的都是地方上的土豪劣绅。乡长手下有写办事人员和乡丁。庞公乡有乡丁30多人，每人都配有枪。乡丁在乡公所当差，负责通知各村的保长，主要是向各保催粮催款，并了解各保的情况，每个乡丁负责一个村。乡丁到村中的饭铺吃饭不付钱，由保长收了大差后打发伙食费。乡丁的工资由乡公所负责。本村姬安平在乡公所里有关系，才能到乡公所里做乡丁。

二、政权治理内容

（一）征缴税粮

在石罢村，交税粮被称为出大差。大差是保里向农户征收的最重要的赋税，主要用于应对上头的要差以及保里的各项开支。1949年前，石罢村各家各户按照一亩地5升麦子的标准出大差。河滩地不出差，上头地和盐碱地都要交差，出差的标准一样。大差的征缴时间都在麦收之后。

交大差时，保长安排保丁沿街敲锣，通知各家各户按照一亩地5升的标准出大差，限三五天内必须交齐。保里每年收一次大差，趁麦收之后各农户粮仓里有粮食时征收。收大差时，甲长和保丁在街道的中央支点收差粮，其中东大街的收粮点在兴国寺门口。各家各户用麻袋将麦子背过去，人多的时候排队等候交大差。交大差时，交粮人要报上户主名字，还要与甲长核对应缴的份额，然后去过斗。过完斗后，会计要记上账，然后给交粮人开个条子，算是完成交粮手续。农户拿到条子后，算是完成交大差任务。各家各户交的粮食由保里派大车统一拉到仓库中。

没按规定交上大差的，由甲长挨家挨户催缴。对那些催缴后仍不交的农户，甲长要向保里报告，由保长统一处置。保长派保丁下来抓人，抓到人后把他们关到保里，并通知其家人限期三天或者五天必须交齐差粮，否则保里不放人，还会打人。通常不能交上大差的是那些好吃懒做、怕干活的人家，也有些是家中办红白事，或者遇到生老病死等情况。交不起大差的农户，兄弟、近亲、宗族的人不会替他们交差，但可以借给他们粮食救急。还有些交不上大差的农户会赖账，长时间拖着。有些多年交不上大差的，只能把地卖掉，交钱到保里。村民孙发群被过继到"一自己"家中做嗣子，继承了13亩田地。他算是村中田地比较多的人家，但此人好吃懒做不干活，基本上没有收入，乞讨要饭，更是交不上大差，后来把地卖掉交上大差。还有些交不上大差的人家只能到地多的人家家中借高利贷，或者到比较勤快、粮食丰裕的小户人家中借高利贷交差。

每逢灾年，上头会减免差粮。庞公乡乡公所会派人到村中查看，对受灾的地区登记造册。凡是登记在册的田地，可以少交或者不交大差。少交的份额不会太多，一般是减少1—2升麦子。灾情特别严重，颗粒无收的农户，才可能被免除大差。除此之外，保里不会给农户们免除大差。

（二）分摊杂差

1942年以前，村民以交大差为主，很少交杂差。但1942年以后，村民要交的杂差逐渐增多。保里以家户为单位征缴杂差，增加了农户的负担，也激化了官民矛盾。村民要交的杂差中，既有国民党中央军下派的军公粮，也有村中自卫队下派的名目繁多的差赋。为抗击进入洛阳的日本人，国民党中央军向各地官府下派军公粮，要求各地各村及时缴纳。根据上头的要求，村民土匪孙发科借土匪毛竹邦之势，成立了石罢自卫团。孙发科手中有枪，巧立各种名目向百姓派粮、派枪、派钱，并且指明让村中有"头发"的农户（大户、富户）拿钱、拿粮，并且还要买枪。

保甲长负责军公粮的征缴，不仅征缴麦子还有玉米、钱。保长按田地给各家各户下派杂差任务，然后由甲长和保丁负责催缴。即使杂差负担非常重，大多数农户也尽量交纳，有些穷苦人家甚至把磨底上的粮食都拿去交差。也有农户交不起杂差，多是因家中发生天灾、人祸等，或者家庭太过贫困。有些交不起杂差的农户即使借高利贷也不愿意得罪上头，还有些交不起的就拖着或者外逃出去。孙发科征缴的杂差，基本上是向富户硬派。有势力的大户、富户可以少交或者免交，没什么势力的富户只能向自卫团交差。若是不能及时交差，就会受到自卫团的惩罚。

由于杂差名目繁多，村民负担过重，激化了各种矛盾。甲长不断地到各农户家中收缴钱粮，会引起住户的抱怨，甚至会被住户轰出门外。甲长若是不能及时收齐钱粮，会遭保丁们的打骂。村民李孝良在担任甲长期间，有次向本甲的各家户收杂差钱时，有些家没有交钱，他也不好意思强要，最后没有把钱收齐。当他把收到的钱交给保丁时，保丁嫌钱不够，非常生气，打了李孝良一顿。保丁不仅打了人，还恶人先告状。当时的保长比较信任李孝良，没有让李孝良被诬陷。否则，李孝良既挨了打，还要花钱请客消灾。

（三）摊工

1949年前，摊工也被称为派工。村中各种摊工比较多，修河堤、拉粮食、建岗楼、挖城壕等，有到县里出工的，也有在村里出工的。

摊工有两种类型，轮流摊工和固定摊工。轮流摊工是有些上头派下来的差事或者本村的差事轮流摊到各家各户头上。轮流摊工时，都是挨家挨户出，富人家、穷人家都一样要出工,除教师和大夫外,手艺人、庄稼汉家都要出工。固定摊工主要是针对一些特殊任务,比如需要马车或者牛车的事务。遇到运送军公粮到军屯的差事,保长就只能向有牲口、大车的农户摊工。村民李某家有牛,每次保里要运送军公粮,都将其和另一农户搭配起来派任务。

出工时,保长给村中的富户、有身份的人家派一些离家比较近的、轻松一点的事务,给那些老实人家派一些重的、离家远一点的任务。与保长关系好的农户被派的都是些美差,与保长关系一般的农户被派的都是苦差。石罢村曾多次接到洛阳县挖城壕的任务,保里每次都要派二三十个劳力去挖城壕。当时徐青明担任东保保长,比较看得起村民李孝良,两次派他做米面蔬菜的采买工作,一次到洛阳东关泰山庙,另一次是在洛阳的山西会馆。一般出工的都不白干,出工时间都要算工,出去一天算一个工,可以抵消村内其他的派差。

对于上头的各种摊工、派差,保长都要执行。即使是不合理的摊工派差,保长也不会抵抗上级,村中的绅士富户都不会出头。他们认为"维持人是条路,得罪人是堵墙",都不愿意为百姓谋取利益而得罪上头当官的。

(四)抓壮丁

兵役是上头向石罢村下派的参军任务。到军队中服兵役的村民被称为壮丁。1942年之前,上头要壮丁的人数相对较少,保里便到农户家中抓壮丁。1942年后,上头要的壮丁多了,村中实在无人可抓,保里就组织买壮丁。

1. 壮丁出身

保里接到上头派的兵役任务后,就派保丁在村中抓壮丁。除了私塾先生和大夫不会被抓壮丁外,木匠、铁匠、泥瓦匠等手艺人,以及庄稼汉都会被抓壮丁,甚至体弱多病的人也会被抓壮丁。

被抓壮丁一般来自这样的家庭:第一,弟兄们多的家庭。家中弟兄有2个以上的,会被抓走1个。照顾到孤子家庭的传宗接代,保长不会派保丁到孤子家中抓壮丁。第二,在村中没有势力的人家。凡是那些在村中没有势力的人家,家人非常软弱,在外面遇到事情没有人敢出头,容易受人欺负。这些人家既没有亲戚在官府中做官,也没有与当官的拉上关系,他们通常是抓壮丁的首选。村中有些会来事的人通过贿赂保长,可以使自己儿子免于被抓壮丁。还有些眼头活、会来事的人家将孩子认给保长做干儿子,这样也可以不用被抓壮丁。第三,消息闭塞的人家。抓壮丁通常是保长与保丁们秘密商量好要抓的对象,偷偷进行的。凡是与保里或者上头没有关系的人家,无法提前得知抓壮丁的消息,所以无法及时应对。保里派人下来抓壮丁时,一抓一个准。据李孝良大爷回忆，村中被抓壮丁的有姬根生、孔水旺、徐跟立、甄呼兰、李忠祥、李崇志、李金志。

2. 抓壮丁

保里抓壮丁是秘密进行的。首先，保长接到兵役任务后，根据上头派下来的任务，秘密谋划抓壮丁的对象，然后由保丁负责抓壮丁。保丁们接到任务后，趁村民们都不知情，或是白天或是晚上突然闯入农户家中将人抓走。东大街有5—6人都是被保里秘密抓壮丁送到军队中，村民姬留洛是在1943年被保里秘密抓壮丁的。

虽然保长派保丁抓壮丁是秘密进行的，但是抓壮丁也是有风险的。村中曾经发生过因抓壮丁打死保长一事。当时担任保长的是村民姬蜡存，到农户家抓壮丁，村民某某被抓后从军队中跑回来，后又一次被抓，再次跑回来。村民某某就与其他几位村民合伙将姬蜡存打死。

保里将抓住的壮丁送到示管区中，即为完成兵役任务。保丁将被抓的壮丁捆起来送到洛阳县的示管区（壮丁仓库）。军队要人时就从示管区出壮丁，不会再直接到村庄来抓壮丁。

3. 躲壮丁

当壮丁都是出去送命的，在保里抓了几次壮丁后，不少村民让孩子们出去躲壮丁。家里有三个孩子的，有一个被抓壮丁后，父母会打发剩下的两个孩子出去。后来凡是家中有男孩的，能跑则跑，能在外面的都不回村。在1949年前，李孝良的表哥13岁时因抓壮丁跑到洛阳县，在大生意人家中当厨子，每次回家都是晚上回来，起五更走，偷偷摸摸地不见人。地主、富户、绅士的孩子们都在外面上学、经商，一般不会被抓。那些有势力的人家，保里不敢去抓壮丁，保长甚至还会提前给有势力的人家通风报信，让其孩子们尽快躲出去。

4. 买卖壮丁

后来保里抓不到壮丁后，就只能买壮丁。1945年—1948年期间，买壮丁的情况比较多。上面要几个，保里就要买几个壮丁。当时壮丁的市价是1 000多斤麦子，由保里统一组织买壮丁。保里买了壮丁后，将壮丁费按地分摊到各家各户。保长向甲长和保丁下达摊派任务，由甲长挨家挨户收粮食。大多数农户会交上粮食，交不上粮食的农户有的连夜跑路躲到外面，等风头过了再回村。

有买就有卖，村中有些穷人家专门卖壮丁。根据村民李孝良、徐建恒等回忆，1940—1948年间，被生活所迫卖壮丁的有80人，其中有19人多次卖壮丁。卖壮丁的通常是家境贫困，不务正业的人。他们可以在本村卖，也可以到外村卖，甚至可以多次卖。多次卖壮丁的通常是从部队中逃跑回来的,成为兵痞子。村中有几个村民是专门卖壮丁的,他们跟保长打好招呼、排上队,一旦上面需要壮丁,保长就会优先买这些人的壮丁。1938年,18岁的徐三保被卖壮丁到国民党部队当兵。李德旺在1946年因家贫困而卖壮丁。

买卖壮丁时,卖壮丁的村民要与保里签买卖壮丁协议、画押。保长将买壮丁的粮食放到本村或者其他村的粮行生意人家中,等示管区接到人并发来回信到乡公所后,才会通知粮行放粮食。卖壮丁的农户家人接到保里通知后,才能到粮行拉粮食。

5. 壮丁补偿

1949年前被抓壮丁的农户家没有得到任何补偿。凡是被抓壮丁的家庭,在交大差、摊工等方面都没有任何的优待。壮丁若在军队中死亡,上头会发放血金。血金通常被上头和保里截留,不会到壮丁家属手中。东大街的5—6个壮丁都死在外面,没有一家拿到血金。

(五) 村庄治安

1949年前,为应对村庄中偷盗钱粮、保护庄稼等治安需求,村庄组织打更、看青、看雁等活动,维持村庄的基本秩序。村庄秩序在日本人进驻洛阳之前基本良好,在此之后较为混乱。

保里每年组织人在冬天打更,其他季节不再打更。每年冬天时,保长布置各街道打更事务。每条街道挨家挨户轮流出人打更,基本上一人一晚上。打更人每到一个时点就沿街敲锣,报告时间。打过更后,打更人晚上都聚在一个专门的地方值班。打更人没有报酬,一般是向每条街道的住户收点净面,不收粗粮,以供半夜做碗面条当夜宵吃。

在石罢村,看清也被称为看滩。1949年前,保里统一组织人员在夏天时到庄稼地看滩,以防庄稼被盗。村中有五六个村民是固定的看滩人,他们东西北各负责一片,在负责的区域搭个鞍棚,两两搭伙,相互帮忙看护庄稼。看滩人都是村中穷人,家中也就两三亩田,兄弟比较多,生活比较穷苦。看滩得比较厉害并且是说话算话、非常硬气的人。看滩属于轻体力劳动,是个美差,只有那些与保长有点关系的人才能去看滩,没有关系的穷人得不到看滩差事。看滩人白天四处转悠,晚上轮流守住堤口。看滩人主要看的是村中的穷人和胆子小的人,这些人家境贫寒,会到庄稼地里偷偷摸摸。石罢村每年看滩一般有2个月,在麦收和秋收两个时期。麦收半个月或20天,从五月下旬到六月上旬。秋收一个半月,从九月底到十一月初,主要看玉米、大豆等农作物。看滩人的报酬由民众分摊,看滩人看护哪片地区的粮食,就向哪片地区的人收粮食，都是按地收粮。保里派人挨家挨户征收看滩粮，然后再统一发工资，基本上每个看摊人能收200多斤粮食。另外，有些看滩的人也监守自盗，顺带偷点麦子或者玉米带回家中。看滩人吃自己家的饭，保里不管他们的伙食；保里也不给看滩人配枪、刀，他们一般拿着棍子。看滩人听到有人偷庄稼，会吓唬他们，抓住偷盗的人后，会打他们。妇女去拾庄稼，连拾带偷，看滩人抓住她们后一般打两下。村民姬富海看滩，铁面无私，亲姐姐到地里偷庄稼，把姐姐打了一顿。村里人都知道这件事，觉得姬富海看滩可靠，所以每年看滩都有姬富海的份。

每年到麦收时节，空中有许多大雁到河滩边的麦田中偷吃麦子，多的时候达到200—300只，一晚上就能吃干净一片麦田。为了保护麦田，保里派人在河滩地附近看雁。打雁是个技术活，一般人不会打雁，是做不了这个工作的。村民徐六圈会用霰弹枪打大雁，几十年来一直负责村中的看雁工作。徐六圈打死大雁既可以改善家里生活，还能得到保里给的报酬，每年看雁也能得到上百斤麦子。

(六) 村庄公共事务

1. 修建堤坝保护村落安全

石罢村地处伊河沿岸，经常遭受水患。在1918年之前，伊河的石罢段是没有河堤的，河水离石罢村的护村堤的最近处有二三十米远。1918年伊河发大洪水，使石罢人深受其害，并且也波及下游的草店、门庄等村。其中门庄村地势低，洪水聚集难以排放，许多家庭房屋倒塌，灾情非常严重。为保护村庄的安全，石罢村村民在保长带领下与下游的草店、门庄村联合修建河堤。

修筑河堤是保护村民生命、财产的第一道安全网。石罢、草店、门庄三村联合修建河堤。从石罢村到门庄村的河堤总共修了三次，屡毁屡修。河堤一般是上游出的问题多，下游的小店和门庄段一般不出问题。上游河堤一旦出问题，三个村都要遭水患，下游受害最严重。1921年，三村人第一次修建河堤，门庄人王柏川带领门庄、草店、石罢人修建伊河大堤，东至草店，西至后石罢村。当时的河堤有八九里长，一两米高，有坡度。由于当时技术、材质都不行，大堤抵挡不住洪水的轮番侵袭。到了1935年，伊河洪水将王柏川带头修的大堤全部冲毁，并且主河道向南迁移500米。当时门庄人王德福在洛阳县水利局工作，其父亲在石罢村开皮匠铺。在王德福父亲的倡议下，石罢、草店、门庄三村第二次修造大堤。王德福从洛阳县水利局争取到粮款作为三村修河堤的补贴。到了1940年，第二次修造的大堤又一次被伊河洪水吞没。1940年，王德福还在任上，石罢、草店和门庄的村民第三次修建伊河大堤。在这三次修堤中，庞公乡乡公所在石罢、草店和门庄村的负责人中指定对公共事业负责的人担任河堤长，协调石罢、草店和门庄三村河堤的修建。河堤长的工资由庞公乡乡公所支付,保里不再负责。在河堤长带领下,三村各负责一段,按村内人口多少分配修堤的长度。石罢村人口相对比较多,所以修的河堤要比其他两村长得多。各村保长要组织本村村民修建各自负责的堤坝段。在河堤长与各村保长分配完任务后,石罢村保长命令村中锣夫沿街敲锣,通知各家各户要出人到堤上修堤。村民们听到锣声后,都要带上自家铁锹到本村的河堤段修堤。

修筑护村堤坝是保护农户生命财产的第二道安全网。随着伊河河床逐年升高,每到汛期,河水经常出槽上岸,冲进村庄,房屋倒塌,良田被淹没。徐登蟾施路碑记载"伊河逐年淤浅,20余年来,秋潦水涨,滂伊村落多土圮于水,石罢亦然罹其害"。民国二年(1913年)洪水进村,集口处水深达两米,东北街、东大街、东南街受害更严重。民国七年(1918年)洪水又一次进村,这次洪水冲塌了不少村民的房屋。为防止洪水再次进村,石罢村于民国八年(1919年)开始修建护村堤。村中流传下来的说法是,村中负责人统一组织村民修建护村堤,各家各户都要出工。村民们由于深受伊河洪水的危害,都非常积极地参与修建护村堤。为表示公正,撒灰线人被蒙住双眼,绕村一圈,线洒到哪里堤修到哪里。村民们拿自家工具去修建护村堤,还要回家解决午饭和晚饭。所有修建护村堤的村民都没有报酬,都是出苦力。1919年修建的护村堤又低又窄,若遇连连暴雨,洪水仍然可以冲进村庄,损害庄稼和房屋。民国二十年(1931年)全村人再次出动,同时还雇用了四五十个黄河北岸的农民修建堤坝,最终将大堤加高到两米。保里要为雇工支付工钱,对于本村人则算是摊工,由保里统一记账核算。最终,修建好的护村大堤全长2 358米,虽抵挡不住大洪水,但能起到抵御小洪水的作用。

加强日常维护,防患于未然。伊河大堤建好后,石罢村还要负责河堤的日常管理工作,要及时检查河堤的情况。若是发现有地方出现小问题需要修补,石罢村保长派人给草店、门庄村送信,然后由各村修补各村的漏洞;若是发现有大问题,三村要联合行动。每年七八月份伊河进入汛期,东西两保保长都要安排村中的青壮年们轮流到堤坝上看堤,既要防止牛羊扒堤,还要防止有人在堤坝上挖土,同时还要检查、修补河堤上的老鼠洞、蛇洞。大堤上每隔50米都有一个土牛(土台子),涨河时,看堤人每晚都要到土台子上观察河水以及大堤情况,及时向保长汇报情况。一旦发现有险情,就要鸣枪、敲锣。听到枪声后,保长要带领着全村的青壮年劳动力带着铁锹到堤坝上护堤。看堤人以及到堤上护堤的村民都没有报酬,出的都是义务工。尽管大家出的都是义务工,但为了使村庄安全,村民们都积极参与。

2. 村内灾害救济

1949年前,村庄经历过水灾、蝗灾、旱灾、冰雹灾等灾害。灾害影响了村民的日常生活,对家户带来巨大的打击。遇到天灾人祸时,官府、街坊邻居、亲戚朋友对受灾的农户进行救济。石罢村没有义仓或者社仓,救济灾民的生活。官府救济主要针对遭受天灾的农户,乡公所派人到村中统计受灾情况,然后确定救灾粮食的分配,由保长给灾民发放领粮食的条子,由灾民到本村或旁村中指定的粮行领粮食。保长会克扣一些,所以村民拿不到全部救灾粮。

村民们通过互助,相互扶持渡过难关。本街的街坊邻居捐点粮食或者食物,给受灾的人家救救急。村民们一般是救急不救穷,他们会救济那些遇急的农户,不会经常帮助穷苦的农户。即使对贫穷的农户们有救济,也是一条街上的民众在腊月里快过年时,街中绅士组织每家每户出点馒头、菜等帮助他们过年。除此之外,没有其他的救济。

亲戚也会帮助受灾的农户维持生活。一般近亲才会帮忙,女儿女婿家、舅家、亲兄弟、叔伯家会给他们送些粮食,有些近亲会赶着车带着农具前来帮忙种庄稼。有些弟兄之间有矛盾的,便不来帮忙,"弟兄不亲,不如近邻"。那些本门本族"一自己"中关系好的也会来帮忙,关系一般的不来帮忙。接受帮忙的灾民也都会记着帮忙人的恩情,只要有机会他们便会去报恩,帮对方做些农活,或者对方家有红白事时去做些杂事搭把手,还有些让家中妇女帮对方做些手工活等。

三、政权治理方式

(一)以教化治理

民国时期,实行保甲制度后,村中各条街道显眼的地方的墙壁上写着保甲公约。东大街的保甲公约写在村民马进让家的外墙上。保甲公约由上头制定,有一二十条,主要是关于保里治安的相关规定。根据村内李孝良老人的不完全记忆,保甲公约的内容有"本保住户有事报告甲长,家里来人也要报告甲长。家中有枪支必须上报,不允许窝藏罪犯"等。

保长要求每家每户都要背诵保甲公约,并且还要不定时抽查村民背诵保甲公约的情况。若有不会背诵的家户,保甲长不会对其进行惩罚,但是要求他们务必会背诵。另外,学校老师也让学生背诵保甲公约。保长让百姓背诵保甲公约,实际上就是教育百姓不违反保甲公约,做个良民。

大多数农民能遵守保甲公约,若有亲戚犯罪到家中避难,他们会将亲戚打发走,否则会因为窝藏罪犯受到牵连。但是老百姓也不一定都能严格遵守保甲公约,若是违反保甲公约出大事了，就由官府来处理。村中老人认为保甲公约都是针对良民制定的，管不住村中那些恶霸、有势力的人。他们都与官府有勾连，即使违反了保甲公约，其他村民也不敢向保甲长汇报。

（二）依法治理

在共墙边挖窟窿、偷盗邻居家或者其他村民家财物，都算犯法。通常偷盗财物的都是石罢村以及邻近村庄游手好闲、好逸恶劳的人。他们经常在村民家中无人，或者半夜时，到村民家中偷盗财物。若小偷被抓住后，主家可以对小偷进行惩罚，通常是将他们暴打一顿，但是不能将他们打伤打残。村中一户人家在姑娘结婚前嫁妆被偷，后来家人在东观音庙中找到嫁妆。主家根据相关线索抓到盗窃犯，是本村人，打了他一顿就把他放了。主家也可以将小偷交给保里，由保长处罚。保里秉承民不告、官不究的原则，若是村民没告状，保里不会主动派人下去查案；若是村民前来告状，他们也会处理。保里根据盗窃财物的情况，既可以自行处理，也可以把事情报告到庞公乡公所，由乡公所派人下来处理。保里自行处理时，保丁将犯法的村民抓到保里对其批评一番或者打一顿，就算惩罚了，但是也不能将小偷打伤打残，否则要承担赔偿责任。若是保里将小偷交给上头处理，庞公乡乡公所会根据小偷的罪行对其进行惩罚。不过保长一般也不愿意把小偷交到上头，毕竟他们不愿意得罪这些人家，担心若是以后不当保长，两家会惹仇气。

日本人进驻洛阳以后，石罢村附近区域的土匪非常猖獗，时而有土匪进入村民家中抢劫钱财。村中的富户是土匪抢劫的主要对象，那些家中没有做官的人、可依靠的权势，就会遭土匪抢劫。一旦土匪得知某位村民家中有大烟土、银圆等贵重物品，他们就会里应外合到村民家中抢劫。这些土匪进村抢劫通常是在晚上，在村内人踩好点后，翻入农户家中入室抢劫。被抢劫的农户告到保里后，保长基本上不会管这些事情，他们都知道是土匪干的，不会尽全力去搜查。他们都不愿意得罪土匪，以免不做保长后，遭土匪打擊报复。保里会将事情上报到乡公所，乡公所会派人下来查看，最终都不解决问题，不了了之。共产党来了以后，土匪的入户抢劫之风才被彻底止住。

四、政权治理关系

（一）国家治理

在推行保甲制之后，村民们都被整合进东、西两保中，并且按照十户一甲的方式进行组织。在保甲制度下，实行联保制度，让村民相互监督，确保保甲内的安全和稳定。联保制度对于打击村落中的犯罪、盗窃行为起到了积极作用，维护了村庄的基本秩序。在处理与外村落的纠纷时，保长代表村民利益处理矛盾纠纷。在石罢村与草店村的村界纠纷处理上，保长带领马思远等绅士到庞公乡乡公所与草店村进行交涉，在乡公所的主持下，依据石罢村、草店村各自拿出的证据，最后在石罢村证据的支持下，石罢村赢得了官司。乡公所在处理这起纠纷中，根据证据事实依法公正判断。村里人认为只要证据确凿，乡公所会秉公判案。若是保内发生偷盗，村民只要有证据告到保里，保里要对犯人进行处罚。保里在处理盗窃犯罪事件上还是被认为比较公正的。在征缴差粮以及摊工上，村中绅士、大户等少缴纳税粮，另外还可以在摊工上获得好处，比如可以在近处出工，干一些比较轻松的活等。穷苦人家、老实人家、与保长关系一般的人家就会被派到远处出工，还要干一些重体力活。在征粮派差上，保长的做法被认为不太公道。村中李孝良等老人认为，在洛阳沦陷之前，石罢村的保长在维护村庄秩序和安全方面确实发挥了重要作用，但是在洛阳沦陷以后，保长更换频繁，社会秩序混乱，保甲制度丧失了功能。

对于村民而言，他们能接触到的是乡公所和保长。这些人被他们看作官，是有权对他们进行处罚的人，并可以领取报酬。甲长并不被看作官，甲长不用乡绅举荐，只用保长任命，没有实权，也没有报酬。在石罢村，村民还是比较害怕保长的。在抓壮丁上，保长有权决定轮到谁家出壮丁。过去农户们都不愿意出壮丁，所以他们平时也都不敢得罪保长。村民并不害怕甲长，甲长只是送信、催缴粮款，并不能惩罚农户。有时，交差粮、摊派比较多，甲长去收钱粮时，还会被村民骂。保长代表国家行使权力，凡是在征粮派差中不遵守保长命令的，保长有权对村民进行惩罚。村民们都要在保长的命令下，按时缴粮，按时出工。村民基本上服从保长，没有组织过反对保长的事情。即使在征粮派差上遭遇不公正对待，村民们也不会去告保长。另外家户之间的矛盾冲突只要不是杀人放火，一般不告到官府。村民们认为"过去都是官官相护，哪有村民告赢当官的"，所以是"饿死不做贼，屈死不告状"。不过村中流传着姬之章为民请命告御状的传说。据村中老人讲，康熙十年前后，伊河连续三年涨大水，河水进村导致房倒屋塌、庄稼被毁。当时石罢村村民主要是依靠河滩地养家糊口的，河滩地庄稼被毁后，官府还要征收税粮，搞得民不聊生。村民姬之章写上状子，到洛阳县告御状。历尽辛苦，终于得见县官，将诉状递上。县官派人下来调查实情，然后上报朝廷。最后朝廷免除了石罢村村民河滩地的差粮。

第二节　村落治理与治理关系

在1929年保甲制度实施之前，村庄由村中大户和绅士轮流治理。实施保甲制度后，保甲长主要承担上级下派的行政管理事务。村内绅士、中人、家族等权威主体协调和处理村庄公共事务和社会事务。村庄公共事务主要包括搭桥、求雨、修庙建学校、治理水患、村庄文娱活动等。村庄公共事务多以街道为单位展开，街道中的社会组织对街道成员进行统一组织，维系街道内的基本秩序。

一、村落治理

（一）村落治理主体

1. 村长

在实行保甲制之前，村内曾实行自治，由村长负责管理村庄内的公共事务。石罢的建制曾为镇，镇中有集市。后来到了清末民初，由于伊河连年发洪水，石罢镇多番遭受洪水侵袭，后被撤镇为村，集市也被迁移到了东庞村。据村中老人回忆，撤镇复村后，村长、士绅、有钱人带领村民到县府请愿。请愿无果后，石罢村曾经有10多年没有村长。村中的事务由公民选出的临时负责人办理，重大事务由乡公所直接派人办理。后来这种情况难以为继，1920年孔德富被士绅举荐担任村长，在石罢村担任村长达10年。1931年甄光景接任孔德富担任村长，并且由孙虎担任副村长协助其办理村庄事务。

村长都是由绅士和村民们共同推荐的有本事的人。村长都是从村中的大姓出的。在孔德富之前，村长是由姬姓、徐姓中有本事的人担任。后来石罢集被迁走、镇被撤掉后，姬姓、徐姓中的能人都不愿意再担任村长。孔德富是村中的能人，他当村长得到了姬姓、徐姓以及其他大姓和富户的支持。他既能办好上面交代下来的任务，也能维护村庄的利益。继任者甄光景也是在村中有势力、有本事的人。甄姓是村中的大姓，而且甄光景本人也是非常有能力之人。村长有报酬，他们可以免缴差粮，另外每年还能获得3斗小麦，麦子从村中收缴的税粮中抽。

村长由绅士举荐，他们都是村中的能人，而且也有宗族的支持。绅士将他们举荐为村长后，只要上报到官府，获得批准就可以了。村长的任职期限不定，孔德富担任村长10年，甄光景担任村长5年。只要他们有能力、愿意继续担任村长，就可以一直担任村长。在1935年实行保甲制后，村长就改为保长。当时无人愿意当保长，于是就由各大街的富户轮流担任保长。

2. 中人

在石罢村，中人是村民办理许多事务的中介，许多事情离开了中人基本上就无法办理。需要中人参与的事务有土地买卖、典当、抵押、借贷、纠纷调解、分家、说媒等等。可以说，中人深度参与到村民的日常生活中。中人可以是熟人或者亲戚们，也可以是村中那些有钱有势、能说会道的人。中人必须是有点本事，有身份的人。穷人家和妇女都做不了中人。

在石罢村，中人是分层次、分等级的，低层次的中人解决小纠纷以及容易处理的矛盾，中层次的中人解决大一点的矛盾和纠纷，高层次的中人解决大矛盾和难处理的纠纷。村民们根据要处理的问题去请中人，村中有话称"树刨不倒是坑太小，事没有说成是面子小"。只要请到合适的中人，基本上能解决问题。做中人的人都是人上之人，说话是非常管用的。请中人说事就是把处理问题的权力交给中人，通过中人中间说和、协调，形成最终的解决方案。中人在协调时能压事，他们作出的决定非常有权威性，双方都要服从。若是有一方不服从，就是不给中人面子，中人就会整治、压量不服从的一方。中人调解矛盾、主持分家、说合生意等都不要报酬。说事时，主要给中人递上烟，恭恭敬敬地对待中人，到饭点时要给中人做碗白面条。事情说成后，主家还要给中人送些人事，一般是点心、麻糖、油角子等。另外有些中人也可以得到手艺人的优待，能免费做点物件等。

3. 绅士

1949年前，绅士是石罢村的重要人物，基本上每条街道都有绅士，比如东大街的大绅士徐督钦、西大街的大绅士马思远在村中最有名气，还有徐登高、徐登蟾等。村民对绅士非常尊重，但不敢当面称他们为绅士，只是在背地里称他们为绅士。石罢村的绅士没有功名在身，但也不是一般人能当上的。一般来说，以下几种人可以成为绅士。第一，为人蛮横不讲道理，处事上能耍赖的人。起初，其他村民不敢惹他们，这样他们慢慢地就成为村中绅士。处理问题时，不管有理没理，他们说怎么解决就怎么解决，没有人敢反对。第二，能说会写的人也能成为绅士。这些人有文化能说理，能秉公处理村民的矛盾，让大家心服口服，慢慢地也成为绅士。第三，家中曾经出过绅士，并且在村中有钱有势的人也能成为绅士。有钱有势的人在村中能够镇得住事儿，说的话都能算话，或者说他们说的话"占地方"，其他人不敢不听。

绅士参与村庄治理，首先，他们要负责举荐保长。凡是当保长的人，若是没有被绅士举荐，就没有资格担任保长，也不会被乡公所任命。其次，绅士也参与解决村中的矛盾纠纷。绅士参与的矛盾都是大纠纷，一般的中人解决不了，只能请绅士帮忙调解。不牵涉到绅士利益时，他们能公正办事。若是牵涉到绅士家的利益时，绅士通常能用势压住对方。绅士一方面是用势力压人，一方面是跟你说好话，"你与人家闹矛盾没有什么好处，消消气，让一步把问题解决了"。

（二）村落治理内容

1. 村庄公共事务

在实行保甲制度之前，村长主要负责村中差粮的收缴，护堤防洪、上报灾情，下发救灾粮等。实行保甲制之后，村长（保长）也是承担上述任务，每年上头收大差时，保长向甲长分派任务，催缴粮款。对于那些不按时交大差的村民，保长可以派保丁将其抓到保里，拘留几天，待家人缴了大差后，才会将村民放回家。除上述事务外，村内的其他公共事务、社会事务则由绅士和中人处理，如搭桥、求雨、修庙建学校、耍社火等基本上由绅士们组织。村中每年十月十日的搭桥会和四月十五日的拆桥会，除了桥首以外，要有村中的绅士共同参与协助。若是没有绅士的参与，搭桥和拆桥的仪式是无法进行下去的。另外村中正月十九的社火表演，保长和绅士在兴国寺的火神殿祭拜过后，才开始巡街表演。有绅士参与其中，负责维持社火秩序。一旦各街道社火为表演次序和时间发生争吵，绅士就及时参与调解。

绅士参与学校的管理以及寺庙与学校的修建。1936年成立洛阳县第五区石罢义务学校后，学校成立了校董会，校董会的成员由绅士担任。当时姬思九、徐登高、徐登椿、徐逢学任董事，管理学校的校舍、后勤等事务。1939年秋石罢村遭受罕见水灾，河水进村，致使兴国寺不少房屋倒塌，寺内的学堂也被迫停课。1941年秋，绅士徐登高动员村民捐资，并主持修复了兴国寺，修建了2层楼房，4个教室。

在数伏天，天气干旱，久不下雨。街道上的绅士们就会到兴国寺的火神大殿一侧的龙王爷塑像前求雨，老头老太太也参与求雨，没有道士、和尚参与求雨。绅士带着村中老人们到火神殿的龙王爷塑像前烧香磕头，然后向白龙王许愿，若是能下雨，就在阴历的十月初十请戏班子到村中唱戏。绅士求雨许愿后，要向保长汇报，由保长出钱请戏班子到石罢村唱戏。

2. 村庄的社会事务

除了参与村庄公共事务外，绅士和中人也会参与村内的社会事务，如矛盾纠纷的处理、达成买卖交易等。绅士一方面协助村长处理与邻村的矛盾纠纷，另一方面也参与调解家户之间的大矛盾。在石罢村与草店村之间村界纠纷的解决上，绅士马思远发挥了重大的作用。当时保长没办法解决，就请马思远出谋划策，最终在乡公所赢得了官司。另外，绅士一般不参与村民之间的矛盾纠纷。若是纠纷方请别人解决不了，才请绅士出面调解。绅士一方面说理，另一方面还能压事。最终双方都会按绅士的调解解决矛盾，谁也不愿意因为不听从绅士的调解而开罪绅士。中人们则主要是调解些小矛盾，以及为村民之间的交易做见证人、协调人。一般村里买卖典当土地、借高利贷等都要请中人参与才能进行。

（三）村落治理方式

村内没有成文的乡规民约，但是在买卖土地、修建房屋、借用钱粮等方面都有一些不成文的规定。这些不成文的规定都是祖辈世代传下来的，体现在生产生活的许多方面。在生产中，土地买卖要先紧着亲兄弟，亲兄弟不要后才能卖给别人家。田地的出路在谁家，土地就要先紧着对方，若对方不买，别人才能买。在生活中，相邻两家建房屋时，后建的趁墙的厢房不能比先建的高一砖；村民在五服以内不能结亲，同族不同辈分的不能结亲；父债子还，贴上春联后不能讨债等等。这些不成文的规定都是由父母在日常生活中，通过言传身教传递给下一代。这些不成文规定与保甲公约、国法、族规基本上不相冲突。这些不成文的规定和家法、族规一样具有约束力，教育村民要按照规定处事，否则就会与邻里产生矛盾纠纷。对于这些不成文的规定，村民们不论其身份、财富、年龄都是自觉遵行的。遵行这些规定的村民不会得到奖励。若有村民不遵照执行，村中不会有人对其进行惩罚，但是村民们可以对其进行舆论谴责。另外，不遵守这些约定，会引起矛盾。若是买地不先询问弟兄，或者不先询问出路所在地的农户，或者建厢房时，比共墙的邻居高一砖，两家就会产生矛盾纠纷，对方可以出面阻挡交易的进行、房屋的建造。

习俗通常以家规、家训、谚语的形式呈现出来。村民们遵循这些习俗规则处理街坊邻居的关系。李氏家谱中记载了20条族规，教育李氏后人要按照族规谨言慎行。另外村中的生产谚语、生活谚语等代表了村民生产、生活规则。若是村民们不遵循这些生产生活规律，不仅自家受亏损，而且会受到舆论谴责。若是犯了错误，家长对子女进行教育、惩罚，其他人一般不会代替家长教育孩子们。村民们遵守这些习俗，家规、家训行事，得到村中舆论的赞赏。马思远的妻子为人善良，经常周济那些穷苦人家；徐登蟾从自家田地中让出一亩多地，为新村人施路；李孝珂是村中勤劳的典范，马亭宜是孝顺的典范，这些村民在村中的地位非常高，村民们很赞赏他们。

二、村落治理关系

（一）村长权威

在实行保甲制之前，村里人并不怕村长。村长是有本事、有能耐的人，他们能处理好上下关系，既能履行好职责，也能笼络人心。村民们非常敬畏他们，见面时以爷、叔伯、哥来称呼。另外伊河发洪水时，村长既要抗洪，还要安置好百姓。孔德富和甄光景都是一心为村之人，村民们都敬重他们。过去族长是由村中的辈分最高、年龄最大的人担任，孔、甄二人都不是族长。村中的族长都是名义上的，没有什么实权。与族长相比，村长更有权力，村民们更听村长的话。

村长不是乡绅，但是担任村长要得到绅士的支持和举荐。孔德富担任村长时，得到了姬、徐、李、孔等大姓中绅士、富户的支持。孔德富是在石罢村有近10年无村长的情况下担任村长的，绅士们举荐孔德富担任村长，处理村内的公共事务，所以都支持孔德富的工作。村长和绅士的权力都比较大，他们之间并不发生矛盾冲突，绅士也不干涉村长的村内事务。

（二）村民与村落治理

在实行保甲制之前，通常村庄面临重大事务时，村长都会和绅士们商量，听取绅士们的意见。除了伊河发洪水，修建河堤时，村长会召集村民、分派任务、共同护堤，除此之外很少召集村民开会。村长在催缴税粮时，一般会派锣夫敲锣通知村民。村民们按亩交税，在规定的时间内交足差粮即可。交上差粮的多，交不上差粮的少。只有极少数的农户才交不起差粮，但是村长不会给这些农户垫付，也不会帮他们交。绅士不管保中催缴赋税、征粮派差，以及抓壮丁。若是有村民缴不起粮款，绅士、中人们也不会帮村民缴纳。若是遇到村民与保甲长当街闹冲突，绅士会出来为村民说句求情的话，但不会帮他们垫付。若是村民因交不起税粮到外地逃难，绅士、中人也不会阻拦。这些都是村民个人的事情，绅士一般不参与。

绅士们会参与街道内的事务，修水井、打石碾、组织社火、救济穷人等。只要绅士发话，街坊邻居都会服从，有钱出钱，没钱出力。村民们都要买绅士的面子，不能得罪绅士。1949年前，绅士参与村庄的公共事务。修筑河堤、搭桥、拆桥、耍社火，或者是解决与邻村人的矛盾纠纷，保长都要请绅士们参与。绅士们都很有威望，他们能动员村民积极参与。有些事情保长解决不了的，绅士会出面帮忙协调。在石罢村与草店村的地界纠纷中，西大街的绅士马思远为解决纠纷找证据，最后帮助村里打赢了官司。

（三）村落治理与国家治理的关系

1949年前，石罢村内国家治理与村庄治理并存。国家治理主要体现在征缴税赋、派差、执行兵役等方面，主要通过保甲体系来执行。另外国家治理也深入到公共事务中，伊河大堤的守护与修建，村民财产安全等事务也都是由保长统筹的。村庄治理主要是通过绅士、中人来实现，主要针对村庄内的社会事务，街道上的事务等。

1949年前，村中如有杀人放火的，保长接到报案后，可以直接找乡长，基本上没有找县长的，县里官员很少下村。庞公乡曾属于洛阳县第五区，县官府有命令时，都会直接下到区里，然后由区里下到乡里，最后由乡长派乡丁通知到各保。过去，保甲长一般不敢违抗上级命令，1944年后，上头派的军公粮非常多，村民们敢怒不敢言，保长也还是继续派甲长、保丁征缴钱粮。

保长对绅士们是非常客气的，因为保长的任职需要绅士的举荐。绅士们在乡公所都是有登记的，得到乡公所的认可。在日常生活中，保里的各种公事由保长说了算，绅士不干涉保长履行公职。有些保长解决不了的事儿，还需要绅士来解决。绅士能解决的事情保长不一定能解决。过去"看谁棚子大，光棍儿朋友架"，有些绅士在各个村都有很多朋友，一旦打架能叫来很多人。保长和绅士有些也是勾结在一起，保长有什么难事儿，会求绅士来帮忙解决。逢年过节或办红白事时，绅士和保长经常来往、相互走动。若保长得罪绅士，就会被绅士赶下台，由其他人接替他们担任保长。绅士们甚至不交粮、不承担派差。在1943年后，不管谁担任保长，马思远从来不缴纳公粮。在村中许多重大事务和矛盾纠纷上，保长都要请马思远出面解决。

绅士与甲长来往不多，甲长都是些小人物，没什么权势，只是为保长跑腿办事，在街面上也没有什么威望和权势。绅士"是不会把甲长往眼里拾的"。若是绅士与甲长关系好的，家中办红白事时，也会邀请甲长参与，关系一般的，就不邀请。若是在一甲内有人违法，谁违法谁承担责任。若是有甲内其他农户包庇犯人的，也要受到惩罚，其他成员则不受惩罚。

第三节　家户治理与家户关系

1949年前，家户是石罢村最基本的生产和自主管理单元。在家户内部，家长拥有管理权威，有权决定家中土地、粮食等资源的交易，有权管理家中收入和支出；同时还拥有决定子女教育、婚姻等事务的权力。家户按照家规家法进行内部治理，同时也要遵守村庄长期以来形成的生活习惯、文化习俗以及保甲制度的相关规定。

一、家户治理

（一）家户治理单元

在保甲时期，村落内的户与家之间重合交叠。家中儿子结婚后未分家的，儿子儿媳与父母即为一家，同为一户；分家后，儿子们就要各自立户。过去只要分家后，家长就会拿着分单到保长处进行登记，保中文书将分家的情况进行登记，为分出去的儿子立户，并且还要进行土地登记。儿子们立户后，就各自负责征粮派差、摊工任务。过去许多家分家后，孩子们都还住在一个院子中，共用一个门牌号。若是分家后，各自又新建院子的，则要有门牌号。门牌号上只登记街道和住户的号码，没有其他的信息。

儿子成家后与父母尚未分家的，就还是一家人。若是分家后，就各自分灶吃饭。儿子称呼父母家，叫作"爹娘家"，父母称呼儿子家叫作"老大家、老二家、老三家等"。过去的家并不是以居住地为划定标准的，只要分家，父母和儿子家虽然名义上还是一家人，但已经不是一个利益共同体了。儿子家就成为一个小共同体，利益共联，福祸共享，责任共当。家内的成员不一定都具有血缘关系，也可以是抱养、过继等拟血缘关系。

（二）家长

1. 家长的类型

在石罜村，家长通常被称为"当家的""掌柜的"。妻子会称呼丈夫为当家的；平辈和晚辈按着身份用哥、弟、叔、伯等称呼当家人，外人则按照辈分称呼当家人。当家人通常由家中有本事（能力）的男性长辈担任，也可以由女性当家或儿子当家。一般来说，父亲是自然的当家人，只有当父亲健在，但已经年迈或体弱多病不能再继续当家时，才会让儿子当家。这种情况在石罜村并不太多。只要父亲身体硬朗、头脑清醒，且尚未分家的，就一直担任当家人。若是父亲不能再当家，一般由儿子接任当家人。父亲会选择有能力、做事成熟老练的儿子当家。过去由于各家户情况比较复杂，也会出现多种当家类型。

（1）父亲是"当家的"。传统时期，石罜村中父亲当家较为普遍，不论是在小家庭，还是在尚未分家的大家庭。在小家庭中，父亲是理所当然的当家人，管理家中生产和生活的各项事务。在尚未分家前，子女上学、劳动、外出经商、婚姻都由父亲决定，甚至结了婚的儿子和媳妇走亲戚带的礼品也由当家人决定。若是父亲没有本领，即使当家权在母亲手中，对外父亲仍是名义上的当家人。在"祖父母＋父母＋子女"的大家庭结构中，通常是由祖父当家。祖父作为当家人决定家庭的吃穿用度、生产经营、人情往来等各项事务。只要祖父身体健康，则由祖父一直当家。如果身体条件不允许，则交由长子当家。长子若没有本事，则从众多儿子中选择有能力的儿子当家。儿子当家后，也会尊重老年人，家中大事基本上会在听取老人意见后，再做决定。

（2）母亲是"当家的"。1949年以前，石罜村也存在女性当家的情况。在传统时期，母亲一般不管屋外事务，她们主要负责家务，洗衣做饭、缝补衣服、教育子女等，所以很少做当家人。只有在一些较为特殊的情况下，母亲才能成为当家人。第一，在父亲去世且家中儿子尚小不能管理家庭内外事的情况下，母亲可以成为当家人，管理屋内、屋外的事务。第二，若是父亲没本事，母亲有能力也可以成为当家人。但是母亲通常是内当家，在外还要称父亲为当家人。徐建恒的父亲去世后，他的母亲成为当家人，他的二哥辅助母亲管理家庭各种事务。第三，在小户人家中，妻子有能耐、能管事，丈夫没什么本事，也可以当家。在小户人家中，十家有八九家都是妻子当家的。小户人家娶媳妇很不容易，只要男的老实，踏踏实实过生活，都会听媳妇的。若是不听媳妇的，或者遇事与媳妇说不通的，家庭容易产生矛盾，就没法过日子了。若是遇到吃喝嫖赌的丈夫，媳妇也当不了家，只能活受罪。村里人称这是"蚂蚱拴在鳖腿上，飞跑不脱"。但大户人家的媳妇是当不了家的，因为大户人家的媳妇在家中影响不大。村里人称大户人家的媳妇是"墙上的泥坯，揭了这层，再换那层"。

（3）儿子是"当家的"。儿子当家通常有两种情况，长子当家和非长子当家。在没有分家时，父亲年迈或者体弱多病不能再继续当家，会让长子当家。若是长子没有本事，或者常年在外经商或当兵等，父亲会经过长期、充分考察，在征得家庭成员同意后，选择有本事、能吃亏、有度量、会虑事、有头脑的儿子当家。父亲指定当家人后，还会扶持儿子做好当家人。如果长子不同意新的当家人，父亲就会着手分家，让儿子们单过。父亲去世时，儿子年纪尚小，则由母亲当家，待儿子有能力承担时，由儿子当家。根据村中李孝良老人介绍，石罢村的丁家有三个兄弟，老大丁铜火有货郎挑子，经常走街串巷做买卖。老二丁金火、老三丁聚火都是庄稼汉。家中由老二丁金火当家，因为他有本事、处事公正、没有私心。

（4）女儿是"当家的"。在传统时期，有女无子的家庭中也会出现女儿当家的情况。家中没有儿子和过继儿，为女儿招上门女婿。父母过世后，女儿就是当家人，管理家中田产和生活事务。女婿没有权力管理家中事务，也不能给亲生父母养老送终。有些无子有女的家庭中，过继儿在家中地位不高，在父母去世后，也会出现女儿当家的情况。村民李天生没有儿子，从其兄弟家过继儿子李长纪。李天生被打死后，由于其女儿李文环非常强势，成为实际当家人管理家中事务。

2. 家长更换

过去老掌柜在选定当家人时是非常慎重的，他们会长期考察孩子们，根据孩子们的能力、性格、为人处世的表现来选择当家人。另外，选当家人是大事，老掌柜要与家庭成员充分协商，才确定当家人人选。一旦选定当家人之后，一般不会更换。过去，石罢村内各姓氏宗族都没有什么实权，他们不管族员各自的家务事，族员家中当家人更换也不需要上报族长。

当家人的变更不需要报告到保里，保里也不会进行当家人变更登记。分家后，父母不再当家，孩子们各自当家。一般来说，分家后，家中老人要拿着"分单"将地亩田产的分配情况报告到保里，然后由保里的会计将分家后的土地变更情况登记在账册上即可。每逢征粮派差时，各个小家庭根据自家分到的田地交大差即可。另外，当家人的变更不需要变更门牌号。在传统时期，一个院子一个门牌号。门牌号上只有街道和牌号，不写当家人信息。大户人家宅院多的，分家后孩子们都能分到一处宅子。不论宅院属于谁，门牌号都是不变的。小户人家分家后仍旧在一个院子中居住，也不用变更门牌号。

（三）家户治理内容

1. 家户内部事务

传统时期，当家人需要管理家外和家内事务，当家人在家中权威非常大，家中大小事都由当家人说了算。当家人很受累，不管是男人还是女人当家，都必须要将家庭内外事务打理好。当家人不仅要吃苦耐劳，还得能吃亏、能受气。许多小户人家的当家人都是将就着过日子。

（1）家户财产

财产处置。石罢村中，当家人拥有家户土地、房产、钱财、牲口、农具、粮食等财物的所有权，可以支配家中的所有财产。当家的无需家人同意，可以租售、典当、抵押家户土地和房产。家庭成员与其他村民签订的土地、房产的买卖、抵押、典当合同，必须由当家人同意并签字画押后方可生效。无当家人许可，土地、房产的典当、租售、抵押是没有人接手的。家中牲口、农具和粮食的购买与销售都由当家人说了算，这些财产的保管和处置也由当家人负责。当家人可以在不与家人商量的情况下借钱，他们因赌博发生的债务也有效。

家户各项收入由当家人负责保产和分配家产。在石罢村，每年麦收、秋收后，吃哪些粮食、粜哪些粮食，吃多少、粜多少，留种多少、交租等问题，都由当家人说了算。儿子们外出经商、做长工、短工或者从事其他小手工业赚取的收入，也都要上缴给当家人，由当家人统一支配。这些钱财是用于购买土地，还是家庭开支也要由当家人说了算。李孝良父亲用二分田（大约130平方米）种植大烟，收割后用卖大烟的钱在村中买了两块田，共计2.5亩，一块1.2亩，一块1.3亩。另外当家人参与赌博、吸大烟支配家庭收入，或者在赌博期间发生的债务，其他家人成员必须承担。

（2）家户公共事务

第一，安排子女教育、婚姻。子女的教育以及婚姻大事，看病、丧葬事务也都由当家人说了算。在有钱人家中，当家人基本上允许家中的适龄男童到村中的私塾或学校念书。在一般人家中,如果孩子比较多,家庭比较贫困,哪个孩子去上学,哪个孩子在家劳动,由当家人说了算。子女的婚姻大事是父母之命,媒妁之言。当家人决定子女的婚姻大事,请人说媒,托人介绍,哪家的姑娘、小伙等,由当家的说了算,子女不能决定自己的婚姻。由于男女双方都不见面,所以是由当家人为子女选定亲事,然后操办婚姻。

第二,安排生产经营。当家人拥有家户生产经营的决定权。在农业生产中,当家人决定家中土地耕种规划,如哪块地种小麦,哪块地歇息,哪块地种植经济作物,种多少,何时种,如何种,何时收,如何收等。在庄稼作物的种植与收割中,当家人有权给家中所有成员分派任务,比如老人和媳妇负责做饭、送饭外还要负责捡洒落在地中的粮食,儿子们负责种植、收割、打场、翻晒、运送等事务,甚至小孩也要跟着大人到地里干一些力所能及的农活。在大家庭中,家长还可以决定儿子们的职业,有权根据家庭发展需要和儿子们的特长,分派他们从事不同工作。

第三,由于家庭的所有收入都归当家人管理和支配,所以在石罡村家庭的衣食住行、人事往来、走亲串戚等开支也都由当家人负责列支。在大家庭中,当家人决定家庭成员每天吃什么,吃几样菜,哪些主要劳动力可以吃好点等。当家人掌握着粮仓和库房的钥匙,根据每天伙食计划提供钱财和粮食。家庭成员的衣服和其他生活用品的开支也由当家人决定,甚至当家人会将每个方面的细节开支都考虑进来。给家中哪些人添置新衣,给家长什么福利都由当家人决定。街坊邻居和亲戚朋友办红白事时的随礼,过年时给小孩子们的压岁钱也由当家人决定。除此之外,儿子结婚要准备的彩礼和结婚的香烟、酒水、肉菜等一切开支,以及请的伙计和客人也由当家人决定。各房媳妇走亲戚回娘家的四色礼或者其他礼品也要由当家人决定。另外,当家人总揽、负责家中白事的一切项目和各种花销。

(3)家户人口

对于家中子女的矛盾,当家人多是进行批评教育,或者分家来解决。子女们年龄小的,则由家长和母亲以及家中其他长辈进行批评教育,犯小错误的,就口头批评,犯大错误的,就打一顿。子女犯错后,家长是不会将子女驱逐出家的;即使子女犯法,违反保甲公约,家长仅仅将有罪的子女送到亲戚家躲避惩罚,并不会把子女驱逐出家。儿子们成家后,若在一个院子中,妯娌们经常吵架闹红脸的,家长就会分家。

2. 家户外部事务

当家人对外是家户的代表,代表家户处理各种外部事务。外人到家中借用东西,必须找当家的才行。没有当家人的参与或者许可,任何涉及家户外的事务都是难以开展的。

在农业生产中，街坊邻居借用耕牛、车辆、钱粮等，必须有当家人的许可。在农忙时，合伙打场或者合伙耕种时，由当家人出面与街坊邻居或者朋友商量妥当。在日常生活中，人事往来，请客送礼必须由当家人出面并决定礼份子多少。家族祠堂的修建，以及本族上坟等事务由当家人出面参与。与街坊邻居或者地邻居发生纠纷时，由当家人出面邀请中人说和。在村庄政务上，也由当家人出面向保甲缴纳钱粮，以及承接各种派差。在参与石罡村疏浚排水沟、修理河堤等村庄公共事务时，由当家人决定选派家庭成员。

（四）家户治理规则

1. 家户决策规则

在家户中，母亲掌管着对家中日常生活的决策权，主要有做饭、给孩子们做衣服、做鞋子等家务杂事的决定权。家长拥有对家中生产、经营、收益分配的决策权。当家人能决定家中的田地如何种、田间管理等，决定家户的一切收入的支配和使用，以及子女们的婚嫁。在田地种植、子女婚嫁、收入花销等事务上，父亲在做决定前，都会与母亲、子女商量，听取他们的意见。没分家时，儿子、儿媳都要听从当家人的安排。若是分家后，父母就不再管儿子家中的事情。若是有儿子实在不成器的，父母就会插手。

2. 家户治理规则

（1）家规内容

传统时期，村民家中的家规都是口头的，基本上不是书面的。父母以口传心授、言传身教的方式，将自己学到的为人处世经验传递给孩子们。这种口头的家规也是祖辈代代相传下来的，对孩子们的行为起到规范约束作用。家规涉及生活的方方面面，包括为人处世、人情往来、孝敬父母、待人接物等。有些家庭有人势，会教孩子们仗势欺人。但大多数家庭还是教育孩子做个好人，要讲究仁义礼智信。父母教育孩子出门在外少惹事、少闯祸，不要与别人闹矛盾，不占别人便宜，学会吃小亏，但不吃大亏，遇事要讲道理等。另外，在人情往来上，父母经常教育孩子们"待客要奉承，过日子要俭省"，要厚往薄来。在孝敬父母方面，父母经常教育孩子们要学会感恩，感谢父母生养之恩。在待人接物上，父母教育孩子们要礼貌、谦虚谨慎。徐家家规是对外要宽，对内要严。

除了为人处世的规矩外，有些大户人家在家庭管理上也有许多规矩。村中大户姬中仁家有几十口人，当家的治家非常严格，制定了许多规矩，比如"所有人的吃穿花销都有明确规定，子女串亲戚、媳妇回娘家都要向家中汇报"等等。

（2）家规教育

母亲在家庭中承担着对孩子们家规教育的职责，尤其对女孩子的教育承担的要多一些。父亲也参与家规教育,通常父亲教育男孩子们多一些。在日常生活中,父母就将各种道理教给孩子们,他们并不会在固定的时间、地点对孩子们进行家规教育,如有需要随时都可以教导孩子们。逢年过节,带着孩子们到地里干活时,父母都可以教育孩子们。

除了口头说教外,父母也会直接通过行动来教育孩子。比如有些家长担心孩子闯祸,晚饭后就不让孩子们出门。为了教导孩子们礼节,父母让孩子们在办红事前,到爷爷奶奶轴子前烧香磕头后演礼,免得在进行婚礼时出丑。另外,别人家过红白事时,父亲也会带着孩子到别人家帮忙,顺便教孩子学习别人家过事的经验。

3. 家户治理方式

过去,家户都是依家规管理家内事务。各家户家规都不是严格的条款,没有对违规人员的明文惩罚。父母认为孩子做得不对,或者在外闯了祸,会对其进行惩罚。若是有违背家规而闯祸的,大人要带着孩子先去解决问题。问题解决后,也要对孩子进行惩罚,通常是打一顿。若是犯的错误影响不严重,孩子们会受到家长的批评教育。不孝顺的孩子,叔伯、舅舅会批评他们,甚至逼着他们到父母那里认错。根据徐建恒、李孝良、姬万锁、姬清和老人,过去没有人家在子女犯错误时惩罚他们跪祠堂的事情。孩子们犯了大错误,可以由官府来抓,父母是不会把孩子送到衙门的,"有狠心儿,无狠心老",能包庇孩子们就包庇。若是孩子在外办了大生意或者帮助他人,父母都是口头表扬。做了大买卖的孩子能得到父母的金钱奖励。若是做了大官成了名人,能光宗耀祖,会被写入家谱。

二、家户治理关系

(一)家长与成员关系

1. 家长权威

1949年前,家长权力比较大,在生产、生活中都有较大的权威。过去村内许多户人家都有八仙桌,共有8个位置。逢年过节家中宴席开席时,家长之上还有长辈的,就由长辈坐上位;若家长辈分最高,家长坐上位,母亲坐上位侧边。家长没上桌时,其他人是不能上桌吃饭的。另外在家长动筷子之后,家人才能吃饭。在生产管理、生活开支安排上,家长都是在与家人充分协商后才做决定。

2. 成员间关系

第一,夫妻关系。在家庭事务中,丈夫有最终决定权。就李孝良老人家,他的妻子持家有方、精打细算。丈夫在决定种什么庄稼、让哪个孩子上学、给儿子说媳妇等事情上，会和媳妇协商。①纳妾。在石罢村丈夫纳妾被称为"娶小婆"。村民称妻子为"大婆"，称小妾为"小婆"。对于一般人家而言，妻子不能生育时，丈夫才会去"娶小婆"。村内徐某于1926年结婚，婚后8年其妻子未怀孕生子。在征得父母、妻子同意后，徐某娶了小婆，连生二子二女。因不能生而纳妾是被允许的，纳妾的对象多来自外县或者外省，村民丁路娶的小妾就是从汝州来的。洛阳沦陷后，有些"耍枪人"也有两三个小老婆。当时村里流行着这样的说法，"吃好的，穿光的，不如跟着耍枪的"。有些人家为了能吃饱肚子，也把姑娘给土匪当小妾。另外，有土匪罩着，家里会增门势，不用担心被村中人欺负。②休妻。在石罢村，休妻的人家很少，村中也鲜有听到村民休妻的事情。1949年前，穷人娶媳妇并不容易，即使妻子不能生育，丈夫也不会休妻，他们会要个过继儿解决养老和财产继承问题。对于那些娶妻比较容易的富裕家庭而言，若是妻子不能生育，他们可以娶小婆，也不会轻易休妻。村民认为，休妻是对妻子及其娘家的极大侮辱。因休妻而被送回娘家的妇女不能再嫁，而且会连累娘家在村中抬不起头，甚至有些妇女会因此而自杀。另外，休妻要请人写休书，因为写休书是破坏他人婚姻，是做缺德事，所以无人愿意为他人写休书。即使家中长辈对儿媳妇不满意，也不能要求儿子与媳妇解除婚姻关系。妻子遭受丈夫及其家人的虐待，也不能与丈夫解除婚姻。在1949年前，村中也没有将小妾休掉的，1949年后实行一夫一妻制，小妾才离家另嫁。

第二，父子关系。儿子当家后，父亲一般不再管家中事情，生产、经营、消费等事务全部交由儿子处理。在种田上，基本上按着生产规律种植，一般不需要再请父亲做决定。对于复杂的比较难处理的事情，儿子才会去请父亲出主意，然后做出最终的决定。过去即使父亲不当家，做儿子的也要赡养父亲，若父亲赌博要钱输了，儿子也没有办法，只能想办法给父亲还钱，并不会不管父亲或者惩罚父亲。

第三，兄弟姐妹关系。在父亲还是当家人时，长子也可以管弟弟妹妹。若弟弟妹妹不遵守家法，长兄会批评弟弟妹妹。若是父母去世的，长兄就要负责照管弟弟妹妹，过去"长兄如父，长嫂如母"，他们要承担起父母的责任，管教弟弟妹妹，还要为弟弟妹妹娶妻嫁人。若是父母健在，弟弟能当上家长，是在与长兄充分沟通协商后决定的。弟弟当上家长后，给长兄安排任务，长兄要服从。若是不服从，最后就会分家单过。

3. 家户与成员关系

第一，团结关系。在当家人的带领下，家庭成员要团结合一。若家户比较富裕的，结婚的儿子很多愿意与父母一起过。1949年前村内富户分家并不多。除非有特殊情况，一般成员不会自行决定脱离家户。只有在穷苦人家，儿子结婚后，父母才会将其分出去单独过日子。

第二，分工合作关系。在没有分家时，当家人所做的生产、生活、教育等方面的安排，要综合考虑家庭的情况、家庭成员的意见。一旦作出安排后，家庭成员都要服从当家人的领导和指挥。家庭成员之间在生产上要相互合作，在生活中要相互体谅、宽容、担待。只要当家人做事公道，对孩子们能"一碗水端平"，大家也不会有太大矛盾。村民徐建恒老人家，其父亲安排老大外出当家，老二、老三、老四在家种田、念书。在外的大哥离家远，不能照顾父母和弟妹，就在钱上给予补偿。在家兄弟也不过多计较，积极承担照料老人的义务。尽管有些时候，家庭成员并不总能和谐相处，但是在大体上有捍卫"一自己"利益的意识。儿子们都结过婚后，为了各自小家的利益，妯娌之间会经常闹矛盾，有时也会损害"一自己"的利益。

第三，互助关系。弟兄们分家后，都要各过各日子，有多用多，没多用少。但若是弟兄家日子过不下去，其他兄弟要帮助他。若是有弟兄家遭遇天灾人祸的，弟兄们也要前来帮忙。一旦家庭成员受到外部的威胁时，"一自己"要为其提供庇护。若是亲兄弟受到外人欺负，其他家庭成员要为其讨回公道。若是分家后，弟兄家有事，其他几位弟兄也要伸手帮忙。弟兄不帮忙的，会被街道上的人嘲笑。

（二）家户治理与国家治理

1. 家法与国法

过去，家法在国家、保甲公约之下，与国法不产生冲突。若是家庭成员杀人放火违背国法，会有乡公所来抓人。家里人不会主动报官，也不会将犯法的孩子送到官府受惩罚。家里人会批评犯打骂犯法的孩子，但毕竟是血肉之亲，打折骨头连着筋，家长是不会主动报官的。根据李孝良老人回忆，石罢村内没有发生过将儿子从家谱中除名的事情，也没有发生过家长将妻子和孩子打死的事情。过去小户人家娶媳妇都比较困难，一旦娶上都不会轻易失去，村中有话称"富人家怕死骡子，穷人家怕死媳妇"。若公公打儿媳妇而被告官，官府基本上不管。孔振江打儿媳妇，儿媳妇带着孩子回娘家。妻子将其告到官府，官府不愿意管，觉得这些都是家务事。街坊邻居们多是议论一番，并不会过问这些事情。

2. 家户与国家

过去保甲开会一般是征粮派差、修筑河堤等，对老百姓来说，都不是什么好事。保甲开会时，会让锣夫沿着街道敲锣。老百姓们都要去听会，听听上面究竟又派下什么任务。若老百姓不去，保长就会骂人，最后全村人都会去开会。

第四节 亲族治理与治理关系

1949年前,石罢村村内亲族结构较为复杂,包括规模加大的大姓宗族和数量众多、规模较小的小姓亲族。大姓宗族内族长和宗族管理小组统一组织宗族内的祭祀、修坟祭祖、修族谱、维护祖坟和修建祠堂等事务。大姓宗族运用祖传的家谱和族规来约束宗族内的成员。

一、亲族治理

（一）石罢村亲族概况

1949年前,石罢村共有381户。其中姬、徐、李、孔、张是村中的五个大姓,姬姓迁入时间早,户数最多,达到129户。其他的甄、孙、宋、郭、周、王、丁、马、卢、吴、左、石、田、肖、杨、闫、胡、高、武、朱、褚、陈都是小姓。

表6-1 石罢村各姓氏亲族基本状况

姓氏	迁入年份	祖籍	户数	居住位置
姬姓	1403年	山西省河东夏县	129	西大街、西南街、新村少量
徐姓	1520年	山西省洪洞县	73	东大街东边、东南街、新村
李姓	清乾隆年间	山西省洪洞县佃庄镇西大郊村	37	东大街西边、东南街、新村少量
孔姓	唐宪宗年间	山西省洪洞县	30	东大街中部、东南街、新村少量
张姓	明末清初	山西省洪洞县	23	东南街、新村少量
甄姓	清康熙年间	山西省洪洞县	15	东大街南面、新村少量
孙姓	1450年	山西省洪洞县	11	东大街中部、新村少量
宋姓	1900年	李村南街	14	西南街
郭姓	相传石罢老户		6	西大街南面、东大街、新村
周姓	相传石罢老户		4	新村
王姓	1920年	偃师县门庄村	2	东大街
丁姓	1750年	偃师老城南	4	东大街、新村
马姓	1900年	洛阳马坡	5	西大街
卢姓	1860年	偃师董庄	3	西南街
吴姓	1620年	洛阳吴家街	4	西大街、东南街
左姓	相传石罢老户		3	西大街中部、西大街西头、西南街
石姓	1930年	偃师南寨	1	新村

续表

姓 氏	迁入年份	祖 籍	户 数	居住位置
田姓	1900年	偃师袁付村	1	西南街
肖姓	无谱可考	无谱可考	1	西大街
杨姓	1900年	偃师柿园村	4	东大街、西南街、新村
闫姓	1920年	偃师武屯村	2	东南街、西南街
胡姓	1920年	偃师西庞村	1	西南街
高姓	1880年 1930年	偃师高沟村 偃师掘山村	3	西南街、西大街
武姓	无谱可考		1	西大街
朱姓	无谱可考		1	西大街
褚姓	无谱可考		1	西大街
陈姓	无谱可考		1	新村

村中大姓居住较为集中，小姓插划居住在大姓中间，较为分散。五大姓氏的人口居住相对集中，左邻右舍基本上是本族人。最远的就是新村的族人，离老村有2里路远。族人之间平时有来往，一般是左邻右舍，住在同一条街道的来往多一些。同街道的邻居在日常生活中相互帮助，有难事叫一声，邻居都能及时赶过来，正所谓"远亲不如近邻"。有时候，邻居也会帮忙种田、收割、打场。同族中也有合伙一起外出做活的，李孝良老人年轻时跟着族中一位叔父学做泥瓦匠，平时来往就会多一些。

村民们的姻亲基本上在周围10里的附近村庄，有寇店、庞村、草店、武屯等，离得近方便照顾，另外这些村中也有亲戚，亲戚连亲戚相互方便照应。姑娘与娘家会经常来往，逢年过节会看望父母，农忙时节会来帮忙，父母生病了会来照顾老人。在村内，徐姓五服以内的亲戚有很多，也有些是出五服的亲戚。大家都住得比较近，集中居住在东大街、东南街的东头，以及新村。徐姓、姬姓等都有在村内结亲的，但是在本族内结亲的人家不多。李孝良老人讲，过去不兴在同族内结婚，尤其是五服以内的同族人禁止结亲。

（二）亲族政治责任单元

过去亲族的政治责任单元都是以独立的家户为单位，亲族不承担连带责任。① 亲族不负责保甲的缴粮、摊派等事务。每到交差粮时，保长派锣夫或者保丁在全村敲锣，通知各家各户交粮时间、地点和标准。一般是指定到兴国寺门口交差粮。村民们按时间要求交粮，若没有按时交粮，保长就会派甲长到农户家中催缴。若是农户不缴差粮的，甲长会报告到保里。保长派保丁将农户抓到保里进行惩罚。对那些交不起差粮的农户，保长不会因此去找其亲戚。过去日子过得都很苦，农户们经常交差，各家过各家日子，谁都负担不起别人家。对那些交不起粮食的农户，甚至是亲兄弟也不敢插手，只要插手一次，以后就会被依靠上。过去家户交不起差粮的，就会跑路。②亲族成员间没有罪责牵连。亲族中有人犯法的，就由犯人自家承担，不连累其他亲族家户。若是杀人放火后，其他亲族人员为其提供庇护，帮其躲藏起来，就要受到牵连，保里按包庇罪处理。他们会被抓到保里，被保丁暴打一顿。洛阳沦陷后，由于打孽风盛行，亲族之间也不敢包庇，若是包庇就会被连带打孽。1944年，姬某与姬甲发生矛盾，后姬某将姬甲和其孙子打死，后来又将姬甲的弟弟姬乙与一个儿子打死。过去叔伯弟兄之间也不敢参与打孽之事，一旦参与就会被对方打孽致家毁人亡。

（三）亲族治理主体

1. 宗族治理制度

（1）族长

传统时期，宗族基本上是名义上的组织，村民们的宗族观念比较淡薄。在宗族内，仍有族长，族长由族人推举产生，负责家族内的共同事务。1949年前，石罢村姬、徐、李、孔等几个大姓人家都有族长。除李氏族长在洛阳县老城外，其他大家族的族长都在石罢村。族长的任职具有以下条件：第一，族长必须由家族中辈分最高者中年龄最大的男性担任。这是宗族默认的规则。第二，族长人选与威望、学识、钱财无关，没什么能耐的普通人可以当族长。第三，女性和非一脉传承的后代不能担任族长。本族本家的姑娘都要外嫁，本族中的媳妇是外来姓氏人员，没有资格担任族长。过继儿、抱养儿也没有资格担任族长。

第二，族长按规则自然传续。石罢村中各家族的族长只有一个，没有副族长。族长是由族人推举产生。族长任职没有期限，只要在世就可以一直担任下去。只有在老族长去世后，下一位辈分最高、年龄最长者才能成为新族长。

第三，族长职责。1949年前，族长主要承担祭祖、坟社地、祠堂的管理工作，同时也参与族内其他一些事务。一是族长主要承担每年正月十九组织全族人员到祖坟祭祖的工作，除此之外，不再组织族员到祖坟上坟。二是族长还要管理本宗族的坟社地，负责坟社地的出租、收租，以及坟地上的栽树、砍伐与看护工作。三是族长本人或者安排其他人管理祠堂钥匙，打扫祠堂，安排族员办白事时使用祠堂的事务。四是修订族谱。有的族长参与族谱修订工作，有的族长不管理族谱修订工作。五是族长也可以在宗族内做中人。姬、徐、李、孔等宗族内部成员关系松散，族长一般不解决，也不愿意解决内部、外部矛盾纠纷。

第四，族长地位。由于宗族都是名义上的组织，所以族长在宗族中的地位并不高。对于族人而言，族长都是挂名的，只有名义功能，没有什么实际权力。族长不为族人提供庇护，亲族人犯罪，族长不组织营救。族长也不代表族人与官府交往，即使是赋税过重，也不会代表族人与官府、保长谈判。族人也都不会特别尊敬族长，不会邀请族长参与自家的红白事、满月酒或者分家、过继、继承仪式等。只有那些有势力、有身份、敢为族人做主的族长，才能得到族人的尊重，才会被族人邀请参加各种仪式和宴请。

(2) 宗族管理小组

族长会在族内请 3—5 个族人组成管理小组，协助组织管理祭祖、修建祠堂、修订族谱等事务。管理小组的成员通常是有点文化、会记账算账、能张罗事的族人。他们对族内事务非常热心，爱管闲事，为人可靠，深得族长信任。管理小组要协助族长做好坟社地、租粮的管理工作，在祭祖时要组织族人制作祭品。在正月十九祭祖时，要到祖坟上摆放供品，给族人发放供品。

2. 亲族

在石罢村内，亲族都是五服以内的亲戚。这些亲戚又因为远近不同，被分为三代以内的近亲、三代以外和五服以内的近亲。不同层次的近亲，具有不同的关系和行为规范。

(1) 近亲层次

在石罢村，凡在五服以内的都是近亲。近亲中近的程度不同，也有不同的叫法。

第一，三代以内的近亲。村民称三代以内的亲人为"至亲"，关系非常密切，交往频繁，并是在生活可以相互扶持与帮助的亲人。三代以内的近亲主要有父系近亲和母系近亲。三代之内父系近亲包括父母、兄弟、姐妹、堂亲。三代以内的母系近亲包括父母、兄弟、姨舅、外甥、外甥女表亲。母系近亲多居住在外村，三代以内关系比较亲近经常走动。堂亲和表亲尽管都是三代以内的近亲，但是堂亲比表亲更近。姬徐李三大姓氏中，三代以内的近亲都居住在一起，左邻右舍一般是自家近亲。

第二，三代以外五服以内的近亲。三代以外五服以内的近亲被称为"一自己"或者是"关紧自己"。据李孝良老人讲，就父系亲戚而言，三代以内是至亲，五服以内是"关紧自己"，五服之外是"远门自己"。李姓居住在东大街、东南街的西头，大部分是亲戚。东大街的李孝良家东西南北邻居都是李姓人家，西侧邻居已经出五服了，算是远亲；东侧邻居刚好在五服头，南侧的邻居也在五服以内。

（2）近亲状况

居住在西大街和西南街的是姬姓人家，他们几乎都是亲戚。就村中老人姬万锁而言，西大街和西南街的姬姓人家中有他家的近亲也有远亲。徐姓人家住在东大街东头、东南街的东头以及东大街通往东南街的胡同两侧。他们都有共同的祖先，然后通过分家不断分化出来。这些徐姓人家有些出五服是远亲，有些在五服以内是近亲。

（3）近亲关系

在石罢村，母系、父系近亲联系较频繁，在日常生产、生活中经常走动，相互帮助。

第一，三代以内近亲关系。① 生产关系。在庄稼种植与收割过程中，家中因人手不足忙不过来时，通常到叔伯、舅姨家寻求帮助，只要情况允许，他们都会前来帮忙割麦、耙地、拉耧、打场等。至亲之间借牲口、大车都很容易，只要家中牲口、车闲着，连人带车都会前去帮忙。② 生活关系。首先，逢年过节时，至亲之间要相互串亲戚，还要携带较为厚重的礼品。过中秋节前，要携带2斤月饼或者13—15个枣花馒头、半斤月饼、麻糖，到叔、伯、姨、舅家串亲戚。叔、伯、舅、姨家要管中午饭，还要回礼。其次，家中遇红白事或者吃满月酒时，都要到叔伯、舅姨家送信，并且要邀请他们前来吃酒席。叔伯堂亲通常是不用送信都会在吃酒席前帮忙张罗各项事务。石罢村的葬礼中有"破孝"一说，也就是家中老人去世，必须给父系的堂亲送孝，但是不用给母系的表亲送孝。在这些近亲中，姑娘婆家、媳妇娘家是至亲中关系最近的亲戚。媳妇在婆家生活状况直接牵连着娘家爹妈。没分家时，一旦家中有事，姑娘婆家、媳妇娘家都是最先要通知的人。再次，在家庭遇难时，不论是天灾还是人祸，还是各种征粮派差，通常会向叔伯堂亲、舅姨这些近亲寻求帮助。近亲之间借钱或者粮食通常不需要打借条，也不需要中人担保。最后，发生矛盾纠纷时，兄弟之间吵架、闹纠纷通常请舅舅而不是叔伯前来帮忙调解。大家认为舅舅与外甥们远近都一样，所以调解得最为公正。堂兄弟姊妹之间发生矛盾时，通常请本门本族中有地位有威望的老人调解。兄弟与外人产生纠纷时，弟兄们会请街上的绅士帮忙协调解决纠纷；若是打伤他人，也要请中间人说和，用钱解决纠纷。如果弟兄或者其家人因打孽被人打死，有近亲找人打孽报仇的，也有不参与其中的。

第二，三代以外五服以内的近亲关系。三代以外五服以内的"关紧自己"之间关系不太密切。在生产中，关系好的会相互帮忙种庄稼，关系一般的都是各顾各事情。在生活中，五服以内的近亲不能结亲。逢年过节时，"关紧自己"一般不再相互串亲戚。生活上遇到苦难时，"关紧自己"一般不会主动帮忙，两家关系好的，才会去帮忙。家中办白事时，五服以内要破孝，必须给五服以内的"关紧自己"送孝布。与外人发生矛盾纠纷时，"关紧自己"一般不会多管闲事。

（四）亲族治理内容

过去宗族主要管理组内事务，不管其他事务。族员与外姓村民发生矛盾，或者在保甲之内有违规行为，族长不负责解决。宗族族长管理的内部事务主要包括上坟祭祖、修缮族谱、维护祖坟以及修建祠堂。

1. 上坟祭祖

石罢村各家族都在每年正月十九集体上坟，到老祖坟祭拜先祖。正月十九的上坟活动由族长召集、组织，全体族人都要参加。除了因特殊情况不能回村外，其他在外工作的族人要回村祭祖。上坟时的祭品由族长与管理小组统一安排，各门各支不需要带上祭品。宗族规模大的，许多子孙后代都不知祖先，也不知道与其他族人的关系。祭祖时，后辈们在父母的带领下可以认祖，也可以与其他族人攀谈交流。祭祖结束后，族长安排相关负责人给参与祭祖的成员们发放祭品、馒头等。族人们在祖坟上人声鼎沸，非常热闹。所以正月十九祭祖活动也被称为"炒老坟社"。祭祖的费用由族长从坟社地的地租中列支，多余经费转入下一年的开支。

2. 修缮族谱

1949年以前，石罢村姬、徐、李、孔等大氏都有族谱，都只有一份。族谱不一定都在族长手中，通常是在编家谱的人手中，普通家族成员没有族谱。族谱可以由族长组织编写，也可以由家族中有文化的人编写。姬家家谱在村民姬凤圈的手中，保存得非常完好，其中记载着姬姓的历史，以及石罢姬姓历代族人的姓名。石罢李家是从洛阳县老城的八角楼分出来的，老族谱在洛阳县老城的李氏手中，石罢李氏的族谱由私塾先生李孝连收藏。

族谱一般是由族中爱管闲事的读书人、热心人编写制作，并归他们所有。编写族谱的人家世代保管族谱，族长基本上不保管族谱。其他族人可以去翻阅族谱，但不能将族谱随意拿走。族谱修订时间不确定，长短不一，可以隔五六年修订一次，也可以一二十年后修订一次。修订族谱时，热心的族人参与，其他人不参与。编族谱的人要到各家去收集信息，然后将新成员上谱。只有男性有资格上族谱，姑娘不上族谱，干儿子不上族谱。媳妇可以上族谱，徐氏家族族谱上有媳妇的名字以及籍贯。族内成员之间有过继情况的也要在族谱中明确标注。徐氏家族族谱于1935年修订过一次，是由族长组织修订的。修族谱时，坟社地的钱不够用，资金缺乏。于是族人卖了几棵坟地的柏树才凑够钱修谱。修族谱的人没有报酬，出的都是义务工。

3. 维护祖坟

宗族的坟地由族长统一管理。宗族的坟地都是老坟地，基本上不能再添加新坟。族长主要负责清理祖坟上的杂草，以及看祖坟是否有坍塌等，若是发现有坍塌，及时告知族人进行修缮。若是族人发现自家祖先的坟有漏洞时，也会去给祖坟培土堵上漏洞。

4. 修建祠堂

修建祠堂是家族的重大事务。祠堂修建是由族中的大户人家、有身份的人家领头，其他族员参与。若是没有大户领头，祠堂是修建不起来的。修建祠堂时，族人有钱出钱，有力出力，各尽其能。

祠堂修好后，由族长负责管理。族长专门委派人义务掌管钥匙和打扫卫生。平日里祠堂都锁着门，每年从大年初一到初五、正月十四到正月十九，祠堂大门都打开，以便族人到祠堂中供奉先祖。

（五）亲族治理规则

传统时期，各大宗族都有族规、族训，记载在族谱上。这些族规、族训都是历代祖先积累后流传下来的教育、治理本族成员的规则。这些族规族训为家族成员安身立命、为人处世提供了基本准则（参见李氏家训）。在李氏家族的家训中，有关于宗族、夫妇、子孙、日常生活的相关规定。各大家族都没有组织过族员到祠堂学习族训，也没有对族员进行专门教导。父母对子女进行言传身教，将族规内容以潜移默化的方式教给子女们。

家训是笼统的规定，并没有具体违规行为以及相应惩罚的规定。各大家族没有家法，也没有惩罚族人的特殊工具。族员犯错误时，族长不能对其进行直接惩罚，父母以及亲叔伯可以对他们进行惩罚，但是不会被驱逐出宗族。家训中也没有奖励措施，子女做了为家族争荣誉的事情，仅得到祖辈的口头赞扬，没有什么实质性的奖励。

李氏家族家规家训

一、敬祖宗。物本乎天，人本乎祖。子孙之身，祖宗之所遗也。犹木有根无根则枯，如水有源无源则涸。子孙永世得享，承国乐利之泽，祖宗积庆之所至也。不敬祖宗则忘本，忘本则枝叶不昌。故岁时祭祀，晨昏香火，必敬必恭，无懈无慢。至于立身修德，无忝所生，此尤敬祖宗之大本大原。凡我族人念之。

二、敦孝悌。父母之恩，天高地厚，恩情罔及人伦。十月怀胎，三朝乳哺，推干就湿，保抱抚摸，忧疾病，闻饥饱，调寒暑，父母受尽万苦千辛，方得子女成人长大。为子女者即幸遇父母有寿，急急孝养，难报天恩。人生时日限也，万一错过，殁后即披麻戴孝，三牲五鼎，竟亦何裨？孝则天佑，不孝则天谴，吖敢拂违，自罹罪罟。凡我族人念之。

三、睦宗族。宗族者，同宗共祖之人也。虽有亲疏贵贱之别，即始同出于一人之身，故尧典曰亲睦九族，周室则大封同姓宗亲之谊，由来重矣。今世俗薄淡间，有挟富贵，而厌贫贱，恃强众，而凌寡弱者，独不思富贵强众，皆祖宗身后之身耶？观于此，而利与害共，休戚相关，一体同视可也。倘有博众以暴寡，借智以欺愚者，当睦宗族为念，凡我族人戒之。

四、端伦常。尊卑有别，长幼有序，乃定于天人，忤长上乃乱天伦也。须坐则让席，行则让路，口勿乱宣，事不乱传，智不敢先，富不敢加。谦恭逊顺，绝去骄傲放肆之态，方是为伦常之理。先贤云，幼而不事长，贱而不事贵，不孝而不事贤，谓之三不详。子弟者不肯安分循理，任情居傲。行不让路，坐不让席，揖不低头，言不逊顺，曾不思尔将来也。做人尊长，尔做窳劣示人，亦不降忤尔忤人，实所以自忤。凡我族人念之。

五、友昆仲。兄弟姊妹同气连枝，父母左提右携，前襟后裾，亲爱无间，且一本所生，同胞共乳，除却兄弟姊妹，更有谁亲？且从父母分形而来，子女之身来自父母，若兄弟姊妹相戕，是戕父母矣。念及父母安忍戕兄弟姊妹乎。勿听他人离间撺掇。兄弟姊妹中纵有不是，大家逊让些何妨？若锱锱铢铢计较多寡，彼此相戕，则父母之心不安，死亦不能瞑目。诗云：兄弟既翕，合乐且耽。凡我族人念之。

六、和夫妇。夫妇为人伦之始，夫和其妇，妇敬其夫。夫以修身齐家是为本，妇以人伦道德情操为重，同事耕耘理家创业，夫妇协同，修身齐家治国平天下，休戚与共，百年好合，白头偕老，共建和谐家庭，万事兴矣。凡我族人念之。

七、教子孙。家之盛衰，不在田地多寡，帛金有无；且看子孙何如耳。古云：未看山前土，先观屋下人。子孙我不肖也，眼前富贵不足恃；子孙果贤也，眼前贫贱不必忧。然人未有生而节能贤者也，当其幼时不可失教。禁其骄奢，戒其淫逸，出外亲正人，闻正言则心胸日开，聪明日起，久之易理明白事务通晓，只能担事，振家声，光大门楣。人非同类且不可令子弟往来。

古语云：蓬生麻中，不扶自直，白沙在泥，不染自黑。又云：与善人亲，如入芝兰之室，久而不闻其香，与之化矣；如入鲍鱼之肆，久而不闻其臭，与之化矣。时时求教育先生长者，故子弟不易避宾客，若一味回避，偶接正人必至如樵夫牧竖，手足无所措，大为人所鄙也。家有一贤子孙，则家门声色，子孙不孝则家门遗羞。故为父母者，且不可不教子孙。有不如教便当责训。至若女子，以尚且当教他亲兄弟，勿教以节孝廉耻。为女者，兼悉三从四德，纺绩针指，厨爨井臼，则长大适人，必成贤妇。如或不教，则儿女不才，有辱门庭。凡我族人念之。

八、尚勤俭。俭可助贫，勤能补拙。勤俭者，起家之本，传家之宝，立业之基，人生当务也。勤而不即俭，则财流于奢，俭而不勤，则财终于困。人世间见名门世族，以祖靠勤俭为成立之本，下代之福，因子孙奢侈而败家之业。盖俭则富贵长保，家计不难振兴。倘若男不耕作，女不事内，好逸恶劳，鲜衣美食，一旦娇惰，习惯俯仰无资，将祖资财一败而空，拖衣漏食。节俭者治家之要义也。饮食莫嫌蔬食，衣服莫嫌布素，房屋莫嫌湫隘，婚娶莫竞妆奁，死丧莫竟斋醮。宴客伏腊有时，不可常时群饮，设席数肴成礼，不必杯盘狼藉，多一事不如省一事，费一文不如节一文。当务勤俭，凡我族众念之。

九、恤孤寡。鳏寡孤独，天下最苦，无告之人也。无家产者，朝不能保暮，饥不能谋食，寒不能谋衣；有家产者，鳏寡不能自行，孤儿幼弱不能自主，凡百家事，皆听于人。我族有此种种苦愁，谁诉？亲房伯叔族中当秉公代为经事，阖族尊长俱宜加意怜悯，竭力扶持，庶穷于天下者不致颠连失所，仃伶无靠矣。凡我族人念之。

十、戒唆讼。人之好讼，虽其人之无良，总起于无赖者之教唆。人无赖之徒，专以人之告状为酒肉之窟，为张威称钱之门，故或两人本无甚怨，装出剖腹之情，而构成大嫌。本人尚可含容，捏作骑虎之势，而使之先发插名作证，便作主盟。两家索贿，反复颠倒，弄讼者于掌股之上，搅得邻里缭乱，鸡犬不安。渔讼者之财，破讼者之家。即讼者事后懊悔，亦摆他不去。若而人者，国法之所不容。即逃得国法，以皇天之所必诛者也。凡我族人念之。

十一、安生理。士农工商者，然是其天赋择业，士者实去读书，农者实去耕耨，工者实去造作，伤者实去经营。若生而愚鲁，不适读书，家道贫寒，无田可种，又无本钱做买卖，又不会做手艺，便与人佣工，与人苦力，也是生活。只要勤心鬻力，安分守己，此中稳稳当当，便有无限受用。至若妇女，亦要勤纺绩，务针指，操井臼，协同丈夫，共承家业，方是贤夫。凡我族人念之。

十二、勿非为。非为者，或包揽金帛，侵欺花费，终者竟要卖产赔补不足，殃及子孙，甚而危及性命，或摊场赌博，或群聚酗饮，倾败家业，因而陷死妻儿老小。或掇拐掏摸，或抢夺吓骗，或争斗撒泼，或毁廊侵坟，或占人田土，或伪造货币，伙横行乡里，或挟制政府，或嘱托赞刺，此皆亡身破家之举，受祸不浅。凡我族人戒之。

十三、忌毒染：世人蠢蠢，吸嗜烟毒！日久难收，体魄渐削，形若骷髅，力莫能举，处不能事，名声泯灭。终朝烟雾缭绕，男女混杂，晨错夕颠，典当家财，帛金散尽，绝嗣戕年，全无利益，自取尤怨。堕其术者，凡我族人绝禁之。

十四、慎嫁娶。男婚女嫁者人伦之始，联婚不可不慎。男大当婚，女大当嫁，古之常情。值得为首男女婚姻不能包办代替嫁女择佳婿，娶媳求贤女，嫁女勿计厚奁，勿取重聘，勿贻误族女。时下婚嫁，多寻财俗见，或厚赀以耀聘，或竭财以侈是妆名。为争门面，则败家产而为。昔者有云：婚姻几见闻丽华，金佩银饰众口夸，转眼经年人事变，妆奁卖与别人家。则女之适人，必戒而行，娶妇事翁姑，经事理，执妇道。凡我族人宜知之。

十五、勉诵读。崇师道，习圣贤之书，明君臣父子之大伦，忠孝仁义之大节。人不读书，大伦大节何由而知？子弟颖悟者少，迟钝者多。必须延贤师，访益友，涵育熏陶，终归有成。为弟子者，当体父兄之心，交相劝勉，勿恃聪明，勿安愚昧，勿沽名钓誉，勿勤始而怠终，随其性之敏钝，以为读书多寡总要细心体认，着意研习，刻刻不忘于久之，隅坐向难析疑。勿生厌薄，勿可荒嬉，耳提面命敬而听之，自有融会贯通处，亦得以所学训子弟开愚蒙诵读之益大矣。我族子弟勉之。

十六、重交游。志同者为友，道合者为朋。交游以信为先，信者相通，守望相助。既诺勿欺，订交勿苟。然宜谨慎，择善而握。与善者交如入馥香之室久而自香，直谅多闻，尤宜亲厚。善乎平仲，相敬耐久。凡我族人念之。

十七、谨丧祭。丧祭者，慎终追究远之大事也。丧尽其礼，祭尽其诚。父母在生之时，尽力供养，事后要从简治丧，勿须无财大操大办。丧事从简，也不能俭而不顺民情。当谨慎治丧执事。凡我族人切记之。

十八、远酗酒。酒浆之酿就，非以为祸，冠香丧祭，礼用清酌，洗爵尊彛，献筹交错。委彼贪夫。不知节制。终日醉乡，癫狂失措，耗所损精，形骸脱落。贪杯误事者，不胜数也。烦我族人远之远之。

十九、出异教。邪教惑众蔑国，触逆国法律条，邪说诬民，法所不允。更有甚者无赖之徒，往往假凶祥福祸之事，以售荒诞无稽之谈。实则诱取资财，阳窃向善之名，怀不轨之计。一旦发觉惩逮株连，遗祸无穷，凡我族人应出其异教，以正家风。

二十、省自身。遵圣训，洁身自律，日当三省，常思己过，莫论他人是非，切不得自甘自戕，辱没家族声望，保其永世清白，修身、齐家、治国、平天下，乃人生要意。则家风正耶。享用斯人，永利后世。凡我族人切记之。

——摘自《李氏族谱（七修谱）》

二、亲族治理关系

（一）亲族成员关系

1. 亲族内纠纷

1949 年前，家族内成员的居住点相对集中，都在一条街上，或者一片区域内。"一自己"亲戚中，大家对脾气就能经常来往，不对脾气的就很少来往。石罢村家族内纠纷多与房界有关系。房界纠纷基本上不请族长调解。村中家族观念已经淡薄，族长基本上是名誉的。除非担任族长的村民在村中是非常有势力、有脸气、说话有响声，他们会以私人的名义参与纠纷调解。

2. 亲族外纠纷

在石罢村，家族内成员与家族外村民通常是因争风吃醋、赌博打架、欺男霸女等发生矛盾，也有双方因房界、地界发生矛盾纠纷。对于第一类纠纷很难通过调解来解决，一般通过"打孽"或者私下的暴力来处理。第二类可以通过调解来解决，多是纠纷双方找说事人进行调解，可以请街前街后的说事人，也可以请村中的大绅士。

对于家族外的纠纷，双方家族一般不出面解决问题，族长不会代表家族从中调解，当然有时会有"一自己"的亲戚打抱不平帮忙解决。1942 年以后，采取"打孽"解决第一类家族外纠纷的比较多。邻村的大庄村民周姓人家搬迁到门庄王姓表哥家。其王姓表哥是个土匪，因外人挑事非传言表弟与嫂子有染，在门庄河滩将其表弟打死。后来门庄又来了一拨土匪，在梁某的带领下，将前述表哥与其弟弟、弟媳、母亲全部打死。王姓"一自己"亲戚将王某全家埋葬后,决定召集家族成员为王某报仇,便组织人依靠洛阳专区保安团团长高安的武器支持,花钱找彭店的大土匪帮忙,将梁某全家"打孽"打死。

(二)亲族与成员关系

1. 治理主体权威

在石罢村,族长和亲族并不一定都受人尊敬,族长仅是辈分高,年龄长,他们不一定有能力,也不一定有权势。只有那些有能力、有本事的族长、亲族人员才会受尊敬。平时见面,村民要按着辈分称呼族中长辈。要称呼他们爷、奶、叔伯、婶娘等,村民不能直呼其名,会被认为是没家教。由于日常经常来往,一般不会叫错称呼,若是叫错称呼的,亲族人会直接纠正他们。若是辈分高的人年龄小,辈分低的人年龄大,在辈分高的人成年后,也要按照辈分称呼对方,在其未成年时,可以直呼其名。

在宗族的正月十九祭祖活动时,族长要带领族员行祭拜礼。族长站在最前面,然后按着辈分往后排。在祖坟前,族长祭拜过后,其他族员按着辈分逐一祭拜。任何族员不论财富、地位都要按着辈分祭拜祖先。逢年过节时,与族长不是近亲的,一般不去看望族长。亲戚之间很少有集体活动,逢年过节时,亲族成员都是逐一串门走亲戚,很少有集中在一起的。春节、八月节时,要将所有的亲戚都走到。走亲戚时,要带上礼品,有馒头、点心等,主家一般不用回礼,但是主家要回节。一般来说,亲族中有能力、官位高的人通常最受族人敬重。族人遭遇急难事时,会找他们帮忙。

2. 治理认同与背叛

族长不会对族员进行批评,一方面族长不一定是有本事、有能力、有脸气的人,另一方面,族长也不会去管别人家的闲事。宗族是个松散的组织,不会对族员进行惩罚。修族谱、修祠堂时,族员家穷没有捐资的,族长也不会批评他们。家穷的族员都会捐物、捐工。若有村民不孝敬老人的,亲族人员会去批评,一般是说理,不能强迫对方去孝敬老人。

村内没有改姓的情况,姬、徐、李、孔、张、甄等宗族成员都没有发生过改姓的事情。一般情况下,本宗族人与外宗族人发生冲突时,族长不会去管。发生冲突的两家会请中间人、绅士去说理。亲族成员之间发生矛盾的,就互不来往。若是亲族成员与外族人发生矛盾的,本亲族人员知道后会去帮忙。在洛阳沦陷后,村内打孽风盛行,亲族之间不敢管闲事。若是管别人家的事,有可能被打孽打死。

(三)亲族与国家关系

族长在村中除组织族员祭祖外,没有什么实权。在征粮派差、摊工、修河堤等事务上，保长通过甲长、保丁下派任务，并不通过族长派任务。在日常生活中，保长也不会与族长经常来往。保长不干涉宗族内的祭祖、修坟、修祠堂、家谱等活动。另外保长也不得向宗族的坟地、坟社地征缴差粮。坟地、坟社地不缴粮纳差是村内的传统。族内祭祖时，若保长是本族的，也要参加集体的祭祖活动。担任族长的村民不会以其族长身份邀请保长参加家中的红白事，若与保长关系好，逢年过节或者办红白事时，会互有邀请。

第五节 信缘治理与治理关系

1949年前，石罢村的信缘治理主要包括家户、街道和村庄三个层级的信缘活动以及治理关系。家户成员在家长带领下逢年过节祭拜家中供奉的各路神灵，街道内成员在街道庙宇中供奉神灵，包括自发组织的祭拜活动，如村内每年统一组织的社火和寺庙祭拜活动。村庄的祭拜活动均为村民自发组织，按照历史形成的惯习组织村民参与信缘活动。

一、信缘治理

1949年前，村中的信缘治理分为三个层次：以家户为单位的信缘治理、以街道为单位的信缘治理和以全村为单位的信缘治理。在不同层次的信缘单元，信缘主体形成了独特的关系和行为特征。

（一）家户信缘治理

在以家户为单位的信仰中，村民家中都供奉着门神、土地爷、灶王爷以及其他包括在全神内的神灵。这些神灵的位置各不同，门神主要守护大门；大门口应对的厢房的墙壁上有土地爷的神龛；灶房中供奉着灶王爷；上房或者临街房的正屋对门的墙壁上供奉着全神。在家户中，家中的祖母、婆婆等女性长辈祭拜神灵，儿媳妇、女儿们也有祭拜的。一般在每月的初一、十五、大年初一、正月十九等都要给各路神灵焚上一炷香，磕三个头。平时的祭拜不用摆供品，过年和正月十九的祭拜不仅要焚香、磕头，而且还要摆上供品，通常是馒头、假鱼丸子等，主要是给全神摆上。祭拜灶王爷是希望他能"上天言好事，回宫降吉祥"。他的神位有用红纸写的，也有专门买的年画。在腊月二十三当天撕掉，代表将灶王爷送上天，到了年三十再贴上，摆上供品迎接灶王爷。腊月二十三祭灶时，给灶王爷的供品比较多，有"油疙瘩"、祭灶火烧、芝麻糖。祖母、婆婆和媳妇们祭拜时，要烧香、烧阁（纸）、磕头、祈祷。烧阁时，旧的灶王爷年画或者神位也要被烧掉，然后放鞭炮、撒草料。年三十晚上，就要安神。到了大年初一，给土地爷烧香、祭拜后，婆婆也要给全神烧香摆供品，带领着全家人磕头。村民家中供奉的神灵代表了村民的期盼和愿望。在旧社会中，村民会祭拜神灵，希望神灵能保佑家宅平安、财源滚滚等。另外，祭拜全神代表了村民们希望将一切神灵都祭拜到位，保佑家中平安亨通。

（二）街道信缘治理

奶奶社是以街道为单位的信缘治理。每条街道都有多个奶奶社，祭拜"送子奶奶"，为家中求子孙。另外奶奶社的成立也是为了联络感情，拉近关系，它是由同条街道上平时关系非常好的8家农户组织成立的。奶奶社之所以是8家农户，是因为八仙桌只有8个位置，多一家就没有办法"破桌"了，各条街道的奶奶社都是如此。奶奶社的成员们都是来自8家的老太太或者家庭主妇，社中有头头，各成员轮流担任一年。头头主要负责组织每月阴历初三的祭拜活动，以及安排每年正月十四到十七的敬神、破桌和转神头的事务。

每年正月十四，供奉奶奶像的人家要在自家门洞下搭上棚子，因为奶奶社的成员们会在正月十五、十六敬神，并且烧香、念词、唱曲来供神。正月十七时，大家要破桌，转神头。所以每年在正月十四之前，大家要共同兑钱，由搭棚供奉的农户家准备酒宴，到正月十七时，奶奶社的老人们聚在一起吃酒席，就是所谓的破桌。吃完桌后，将奶奶像转到下一家，由下一家准备奶奶社的祭拜和破桌活动。若是大家兑的钱破桌的时候吃不完，就积攒起来，交由社中爱管事、有责任心的老太太管理，到下一年再使用。若是积攒的多了，奶奶社还会给每个社员发放福利。李孝良的母亲加入奶奶社时，奶奶社盈余还比较多，她就为每家做了一张桌子。

奶奶社通过拜神联络感情，平时来往较多的8家在一起拉家常、吃宴席，关系变得更加亲密。成员们通过奶奶社联结起来，除了平时的共同祭拜外，在日常生产中如种田、犁地、打场等事务上也相互帮忙。另外在生活中，谁家要办红白事，社员也会前去帮忙。

（三）村庄信缘治理

村庄信缘治理是全体村民都参与的信仰崇拜活动，代表了全体村民对神灵的敬畏和期盼。在全村信缘治理中，火神社是规模最大、最有动员能力的信缘组织，它以村民的名义组织全体村民向火神献上崇拜。除此之外，八官社虽是临时组织，但全体村民都可以参与。

1. 火神社

（1）祭拜的神灵

1949年前，石罢村民祭拜火神的氛围非常浓厚。在兴国寺内的火神殿中，有火神、瘟神和药王三座塑像,共同接受村民的朝拜。据村内老人们称,火神是司火之神,长着三头六臂,三只火眼金睛,脚踩火轮,手持火球、火弓、火箭。他耳聪目明,时刻观察着人间的动静,认真倾听百姓的呼声,护佑善男信女,惩治歪门邪道。村中有许多火神显灵的传说,村民讲起这些故事传说都是活灵活现的,孩子们也都知道这些关于火神的故事。几乎所有村民都信仰火神,都希望得到火神的保佑,免受惩罚。在每月的初一和十五,村中的老人们都要到火神殿烧香、磕头,自己舍不得花的养老钱,会捐给火神当油钱。

(2) 社火的组织

全村对火神最隆重、最盛大的祭拜仪式是每年正月十九的社火。为组织好社火,全村人组成一个大的火神社,在村火神社下面的东大街、西大街、西南街都有火神分社。各街道的火神分社都有神头,东南街是土地社,土地社神头不能担任火神社的神头。每年腊月里,各街道的神头聚在一起,确定本年的大神头。在大神头确定后,各街道的神头就要给本街道村民下派任务。保长、甲长、绅士等也会参与协助组织社火,一方面他们要参与敬神,另一方面也要维持社火的秩序。

大神头要带领大家做祭品。做祭品的都是村中的巧人,只要神头发出邀请,他们都会义务去做祭品。因为大家都害怕火神,所以没有人敢拒绝神头的邀请,哪怕自家的事情不做,也要给火神爷做祭品。祭品有米面麻糖、长蒸馍、花红、"苹果"、"李子"、"西瓜"等,都是用面做的。祭品可以是全转,也可以是半转,全转是八大件,半转是四大件。

大神头分派社火任务,由各条街道的神头负责本街道的社火准备工作,神头一般由街道的绅士担任,并且配有2—3名管事。他们在每年腊月里就开始张罗社火事务,组织策划本街的社火节目、人员安排、节目排练,以及购买或修补本街道社火节目所需用品。各街道的社火经费都来自社地租金,租金由神头交由执事管理。

(3) 社火排练

每条街道都有三五个社火节目,从腊月开始就组织本街道成年男子参与节目演练。到正月里除串亲戚、拜年外,各街道的村民们几乎将所有空闲时间都用于排练节目。西大街的姬万锁是西大街社火节目的指导老师,负责教授社员们社火节目的动作排练。参与节目排练的人员要自理伙食,街道不负责提供,社员们也都积极参与其中。节目预演是在正月十五的上午,各条街道的社火会在本街彩排,为正月十九的正式表演做好准备。

(4) 社火表演

正月十九进行火神祭拜和社火表演。到了这一天,东凹、西凹、南凹、北凹的火神社都要来参与，东凹离石罢村有 20 里路，西凹有 25 里路，南凹、北凹都有 12 里路。火神殿前已搭好祭棚，准备好各种花样的祭品，神首、保长、绅士们开始祭拜，之后各街道神头带领本街社火在火神殿前朝拜。祭拜结束后，社火表演正式开始。从东大街开始，各街道社火绕着村庄的所有道路走一圈，所有的村民都会前来观看。社火表演结束后，参与表演的群众会各自回家吃饭。各街道社里剩余的钱粮由神头交管事保管，用于来年社火的各项开支。东南街的土地社社地比较多，经费相对宽裕，会给参与社火表演的社员每人发十来个馒头。其他街道的火神社基本上不发馒头，即使发也是给参与社火的本街骨干成员发馒头。

(5) 社火中的纠纷

石罢村的社火表演非常热闹，但在祭拜和表演过程中从来没有发生过纠纷。首先，参加社火表演的都是本村的村民，大家彼此相熟；其次，社火表演时，各街道的演出顺序由神头们抓阄确定，表演时间也都差不多，都是小段戏。当表演时间快到时，村中执掌令先旗的绅士就会挥动旗帜，轮到下一条街道进行社火表演。但石罢村的狮子队到外村参加社火表演时，就有可能与外村的社火发生冲突。因此在外出表演前，狮子队要提前告知保里，保里会派人带着枪去保护。根据村民李孝良的回忆，石罢社火曾经到高龙火神凹表演，在耍狮子过程中，耍狮子尾巴的村民配枪露出来了，引起了外村土匪的注意。在外村土匪准备去抢枪时，石罢派去保护本村社火的人带着枪一哄而上地围了上去，最后保护住了本村的狮子队。

2. 八官社

1949 年前，石罢村有八官社，是由村内老百姓自发组织而成的。八官社是一个敬神组织，有一个轴子，轴子上画着 8 位神，八官社的成员都要敬奉这 8 位神明。八官社是个临时性的组织，只有收成好的年头才成立八官社，灾荒年间没有八官社。一般八官社举办完活动后就解散了，然后过 3—5 年后再举办一次。另外，八官社也是带有慈善性质的组织，举办活动时会设置流水席，让穷苦的人们饱餐一顿。

八官社的核心成员基本上是村中诚心敬神、说话算话、影响力大、深受群众拥护的人，以老年人居多。八官社的管事人都是在举办活动时由核心成员临时推荐。八官社具有开放性，只要交 1 升麦子，任何人都可以参加，外村人要是交了麦子也可以入社。八官社内部没有清晰的组织结构，也没有规章制度，是一个相对松散的组织。

到丰收年间，大家的庄稼都丰收时候，才开始组织活动。八官社的活动组织主要是敬神、吃桌和唱戏。管事人们会商量具体组织活动的时间，并且预约戏班子，然后在村中显眼的地方贴上告示，写明"八官社某月某日至某日在某地举办活动，邀请民众前来参加"。村民们看到告示后，愿意参加八官社的活动就带上1升麦子前去参加。在把麦子交给八官社的管事人后，到八官社的轴子前磕头敬拜，然后就可以去吃流水席了。八官社的管事人们会自垫资金请厨师来做流水席，最后将收到的麦子卖掉，补偿给对钱的管事人。管事人们最后往往都是收不抵支，但大家都是敬神的，吃点亏也都不去计较。流水席从早晨开始一直到晚上，只要来参加的人凑够8个人，就可以开桌吃酒席。来参加的村民们吃完酒席后，就可以去看戏。吃完桌，看完戏后，参加八官社的村民还能得1个长蒸馍，2个米面麻糖。

二、信缘治理关系

在信缘治理中，村民的信仰是自由的，他们可以自由选择祭拜的神灵。另外，村民的信仰也是功利的，他们会根据自家日常生活需求，祭拜不同的神灵。在街道的奶奶社中，村民都是自愿加入，既是为了求子，也是为了相互帮助、获得福利。在全村火神社中，全体村民自然就成为社中一员。对于社火的参与，并不是自主结合，有主动加入，也有被动加入。各街道被分配的社火节目需要大量的人员参与才能完成，除了主要表演人员外，其他的协助人员都是被分配任务的。只要神头将"梢子棍"放在某家门口，该家就要出人举"梢子棍"，为本街道的社火助威。谁若不愿意参加，神头就会说"你不怕火神惩罚你吗"。村民出于对火神惩罚的恐惧，不管是否愿意都会参与。神头的地位并不比村民们高，在日常生活中，村民们都会按着辈分称呼他们，如某某爷、某某叔伯等，但不可以直呼其名。除了各火神社的社地收入外，神头也会命管事到各家募捐。管事们走家串户，拿着财神爷的神像，说一些吉利话来募捐，各家户给多少他们就要多少，基本上没有不捐资的。

传统时期，奶奶社、八官社、火神社的成立都不需要向官府报告。官府也不管村民们的信仰行为，他们认为这些都是民间事务。奶奶社举办活动不需要报告保甲，八官社和火神社举办活动还会得到保长明里暗里的支持。保甲长也可以参加村里的各种信缘组织，但他们在其中很少有任职的。村中的这些组织仅仅是信缘组织，不承担政治责任。保长不向信缘组织征粮派差，也不通过他们向社员催缴粮款。信缘组织基本上是组织村民顺天安命的，他们不反抗保长，也不反抗官府。

第六节 业缘治理与治理关系

1949年前，石罢村以农业为主，由于其特殊的地理位置，商业、手工业也有一定发展，形成了看青会、船帮、桥社、泥瓦匠班子等业缘组织。本节围绕这些业缘组织考察石罢村的业缘治理以及治理关系。

一、船帮

清末民初时期，石罢村的渡口处有二十几条船，其中渡人的船有七八条，其他的都是商船，也就是买卖船。为使渡口有秩序，各船家不发生冲突，这些船家就自发组成了一个船帮。船帮是一个相对宽松的组织，船帮中有船帮头头，也称为船老大，由经营渡船时间最长、年龄最大、资格最老的人担任，石罢村的船老大一直由李姓村民担任。船帮头头并不是一个实质性的领导，只起到协调作用，解决船主之间的小纠纷、小矛盾，安排一些生意，以及接送一些来往客商等。船老大没有固定的报酬，也不向船主摊派。逢年过节时，船主们可以带上点心、水果、牛肉、猪头肉等送给船老大表示感谢。若需要与各船主商量事宜，船老大就组织船主在兴国寺的水陆大殿开会，一是希望得到神明保佑，二是保证每个人的言行都可以得到神明的见证。

船帮的存在对于船主行为起到了一定的规范作用。各船主秉承"生财有道"的信条，在船老大的协调下，石罢渡口秩序良好。后来因伊河经常发洪水，石罢渡口的客船和买卖船逐渐减少。到了1930年后，渡口仅剩下一两条船，船帮也就不复存在了。

二、桥社

石罢村每年的阴历十月初十到来年的四月十五为非汛期，村民们要在渡口处搭建油木桥，为此村中专门成立了桥社。桥社由保长管理，具体事务由桥首和执事负责，桥首主要负责搭桥、拆桥的组织协调，以及搭桥工具和物料的保管工作。桥社没有内部规定，但桥社的成员都要服从桥首的安排，由桥首统一指挥执事搭桥。兴国寺内有桥房三间，盛放建桥物料，另外还有五间走廊式水陆大殿，用于船工议事，超度丧生于伊河中的亡灵。每逢农历十月初十搭桥大会时，桥首、执事以及村中的绅士名流就到岸边选定桥位，然后祭奠河神和桥神，祈求神明保佑，使渡口能够兴旺发达。搭桥时，除了上述人参与外，保长还要派村中的木匠、泥瓦匠人等参与搭桥。木匠和泥瓦匠人参与搭桥时是没有报酬的，但是干活算工，由保里会计记着，可以抵消摊工。桥社有土地数十亩，桥社土地全部出租给佃户租种，收取租子，所得收入主要用于搭桥、拆桥中物料、工具的购买以及其他开支。本村村民过桥不收过桥费，外村村民过桥要收费。伊河东南边的村民要到洛阳县城去，必须从石罢渡口过桥。因此附近村庄的保长与石罢保长提前协商，一年付3—4斗麦子作为过桥费，麦收之后收取，如此，这些村庄的村民过桥就不再收取费用。若是外地人或者远处人过桥的，就要收取过桥费，过一次收一次，每次收取1毛钱。收取的过桥费和麦子，用于支付看桥人报酬，桥首和执事的报酬也从桥社的社地收入以及过桥收入中支取，其他的结余就由保长支配。

三、看青会

看青也被称为看滩。1949年前，石罢村土地比较多，为有效保护农业生产秩序，保里统一组织人员在夏天时到庄稼地看滩，以防庄稼被盗。石罢村每年看滩一般有2个月，在麦收和秋收两个时期。麦收半个月或二十天，从五月下旬到六月上旬。秋收一个半月，从九月底到十月初，主要看护玉米、大豆等农作物。村中有五六个村民是固定的看滩人，他们东西北各负责一片，在负责的区域搭个鞍棚，两两搭伙，相互帮忙看护庄稼。看滩属于轻体力劳动，是个美差，只有那些与保长有点关系的人才能去看滩，没有关系的穷人得不到看滩差事。看滩人白天四处转悠，晚上轮流守住堤口，他们主要看的是村中的穷人和胆子大的人，这些人家境贫寒，会到庄稼地里偷偷摸摸。

看滩人的报酬由民众分摊，看滩人看护哪片地区的粮食，就向哪片地区的农户收粮食，都是按地亩数收粮。保里派人挨家挨户征收看滩粮，然后再统一打发工资，基本上每个看滩人能收200多斤粮食。另外，有些看滩人也监守自盗，偷点麦子或者玉米带回家中。看滩人都吃自己家的饭，保里不管他们的伙食，也不给他们配刀、枪，他们一般拿着棍子看护庄稼。看滩人听到有人偷庄稼会吓唬他们，抓住偷盗的人后打一顿，有些也直接送到保里，交由保长处罚。妇女去拾庄稼时，连拾带偷，看滩人抓住她们后一般打两下，杀一儆百。村民姬富海看滩，铁面无私，亲姐姐到地里偷庄稼，把姐姐打了一顿。村里人都知道这件事，都觉得姬富海看滩可靠，所以每年看滩都有姬富海的份。

看青会对庄稼安全起到了维护作用。过去由于穷人家多，到了青黄不接的时候，就会有一些小偷小摸。此外，过去也有人家将猪、羊放出来，去吃别人庄稼，看青会就会赶走猪羊，保护庄稼，也对那些小偷小摸的村民起到威慑作用。另外对于农户们而言，他们希望有看青会帮他们看护庄稼，这样他们也可以放心地外出务工。

四、泥瓦匠人班子

第一，匠人班子概况。由于石罢村经常受伊河水患侵袭，房屋倒塌时有发生，有不少村民在不断地建房、修房中成为泥瓦匠。1949年前村中至少有泥瓦匠人80多个，都是成年男性，没有女性做泥瓦匠。外出建房，通常需要多人配合，所以关系比较密切，手艺好的人就会拉几个匠人组成一个班子。村中这样的匠人班子有很多，徐玉祥、徐曾、李登高、郭天才、孔天祥、张万德等各领一个匠人班子外出建房。村中的泥瓦匠人不论姓氏，只要技术过关、愿意做的，跟村中的高手匠人打声招呼，要是对方愿意带着，就可以加入班子。过去匠人班子规模都不大，有7—8个人。班子中有四类匠人，技术水平高的匠人通常叫工头或师傅，负责揽活、策划和组织工作；成熟（高手匠人是大工，会打坯、垒墙、搭房梁等关键性工作；水平一般的匠人是小工，负责做一些重体力劳动的工作，比如搬土坯、红砖等；另外还有1—2个学徒工，学徒工打杂，在头两年学习期间不拿工资，但是伙食由匠人班子负责。匠人们只要性格相投，干活时能相互配合，组建的班子就比较稳定。

第二，匠人班子的报酬分配。匠人班子揽活通常是靠亲戚、客户介绍。口碑好的匠人技术好、忠诚老实，能接到很多活。匠人班子一般在邻村建房，通常白天去晚上回。若是去较远的村庄建房，他们一般会住在主家家里。工头按照市价与主家协商好工钱，然后按大工每人每天1.5—2元，小工每人每天1元的标准，支付大工、小工的工钱。在房屋建成后，主家按"礼势"付给匠人班子报酬，一般会多给些工钱。工头收到工钱后，会把多给的工钱还回去。主家还会额外给工头一个红包作为谢礼，给大工一些馒头、油条、麻糖等吃食做谢礼。匠人班子成员不会抱怨工头和大工能多得好处，觉得这是他们应得的。

第三，匠人班子的内部治理。在匠人班子中，工头负责承揽业务。工头根据主家的要求，与大工一起设计建房方案。建房的人都要懂得搭建房梁的技术，工头必须邀请大工共同拿主意。小工和学徒工都不参与决策，他们按照大工的安排做些搬土坯、背砖、和泥巴等杂活。匠人班子内部有一些不成文的规定，"不拿主家一针一线，做事认真专注；建房时在房顶上不能随意乱看；不能随便缺席；不能迟到早退；不能在没有完工前退出，要与他人一起干到底"。匠人们都要按规行事，按章办事，若有人违反规则，既要被扣工钱，后续还不会被工头再邀请了。另外，匠人若是打人、与人通奸，都会被主家惩罚。村民李登高父亲带领匠人班子在马庄盖房子期间，因与人通奸被发现，遭到主家毒打，后被抬回石罘村。由于此人建房技术水平高，本质不坏，这件事后本分老实了许多，还是有人请他建房。

第四，匠人班子与成员。匠人班子的存在为村民们提供了外出赚钱的机会。匠人们都是自愿加入工头带的匠人班子的，因大多是穷苦人家出身，生活都比较艰难，只要有活，都愿意跟着工头出去赚钱。李孝良老人曾是泥瓦匠，经常跟建筑队出工，每天可以赚到6升粮食，这样可以勉强维持家庭的生计。农闲时期，李孝良会经常到工头张万德家串门，拉拉家常，也打听一下对方手头是否有活，并且表达想跟着出去干活的意愿。张万德与李孝良脾气相投，两人也能说着话，只要有活，都会带着李孝良外出建房。

第五，匠人班子与村庄。匠人班子的组建与外出干活都不需要得到保长同意，不用登记备案，也不用向保里缴纳费用。保长也不管匠人班子，认为他们都是做点小生意养家糊口,不必干涉。另外保里经常会修庙、修岗屋、修学校等,保长也会给匠人们摊工,但是不会给匠人班子摊工。

第七节 村落治理变迁与治理实态

1949年后,随着政治制度的变迁,国家推行土地改革、集体化以及家庭联产承包责任制等一系列改革,使石罢村的村落治理发生了变迁。本节先总结1949年前石罢村落治理状态,在此基础上阐述1949年后经济制度变迁在不同时期的村落治理状况。

一、村落治理变迁

（一）1949年以前传统治理形态状况

在1935年实行保甲制之前,石罢村以绅士、大户为主推行治理。这种治理机制也随着石罢村由镇变村的建制变革,经历了由有序到混乱再到有序的过程。在清朝时期,石罢的建制为镇,镇中有集市、渡口,是石罢商业贸易繁荣发展的基础。到了清末民初,由于伊河洪水多次进镇,淹没集市,石罢集市的商铺陆续迁移到东庞村。以至于后来石罢无集,且由石罢镇变为石罢村,归庞公乡管辖。在石罢村成立后,原镇中的镇长以及镇中的工作人员都不再继续任职,由于不满石罢镇被撤,石罢有10余年没有村长。村中的事务基本上是由村民举荐的大户办理,征粮派差等重大事务则是由庞公乡公所直接派人入村办理。后来孔德富被村中富户、绅士举荐为村长,负责管理村内各种事务。孔德富担任村长10年后,由甄光景继任。在孔、甄二人的管理下,石罢村秩序稳定。

1935年实行保甲制之后,石罢村划归袁付自治乡管理,甄光景不再担任村长。石罢村为一个保,保长由各街道富户轮流担任。富户们抓阄排定担任保长的顺序,每人担半年,不担任保长的富户就任街道上的甲长。乡公所一旦下派任务,保长就召集甲长共同商议,并将具体事务交给甲长（富户）去办理。1940年石罢村划归庞公乡管辖,乡公所在石罢村内设九保、十保。两保以村中大道为界,东边为九保,也被称为东保;西边为十保,也被称为西保。保下按十户一甲设置甲,甲长则由甲内农户轮流担任。在1944年洛阳沦陷后,石罢村内保甲体制仍然继续有效,但由于打孽风盛行,保长更迭频繁,任职期限都不长。

家户仍然是村落治理的基本单元,家户以血缘为纽带在生产、生活中发挥着重要作用。亲族是家户的延伸,用以维持家户社会关系生产。亲族与家户的联系密切,是家户抵挡生产生活风险的主要保障。村内大姓的父系亲族基本上都相对集中住在一起,母系亲族都在邻村。一旦家户生产、生活上有困难，母系和父系的亲族都能提供帮助，帮助他们渡过难关。宗族对于家户而言，距离非常远，宗族成员基本上已经出五服。出了五服就不算亲戚，大家只是顶着一个姓而已。除了修坟祭祖等事务外，宗族在家户的生产生活中并不发挥任何作用。村中的信缘组织是联络村民，动员村民的重要手段。奶奶社、八官社的信缘活动，为村民提供生活福利，同时也在一定程度上增加了家户间的生产生活联系。火神社每年的社火调动了大量村民参与其中，在培养村民的村庄共同体意识上实现了全体村民的大动员。

（二）1949年以后村庄治理形态变迁

1948年洛阳1949年后，徐新照自荐为村长，村中党支部尚未公开。秋收后，石罢村成立农会，农会主席为姬连生，村长由李聚才担任。到了1950年初，在土改工作组的带领下进行查田定产、没收地主多余的土地财产、划定阶级成分、分田到户。当时农会主席负责管理村中的土地改革，并且还进行了颁发土地证的工作。1951年民主建乡时石罢、大庄为一个乡，即为石罢乡。土改之后，生产资料分配到户，但是由于当时生产资料有限，几户分一头牛，另外几户分得一辆车，有牛的农户们没有车，有车的农户们没牛。为了方便生产，村民之间自发成立互助组织。1951年，根据《中共中央关于农业生产互助合作的决议》，村中成立互助组8个，东大街、西大街、东南街、西南街、新村各有1—2个互助组。每个互助组有8—12家农户，由组长统一领导、相互合作、完成农业生产。互助组的成员都是自愿结合、请人帮忙或者帮助他人不计报酬、没有章程和制度、没有统一领导、有组长在组员间进行协调，但不负责安排组员的生产活动。另外互助组只在生产上互助，各家所收的粮食仍归各家。到1954年，全村互助组达到18个。

1953年《关于农业生产互助合作的决议》发布后，石罢村成立了第一个农业生产合作社，共有22户农户入社。入社的社员除社长1人为贫农外，其他的都是中农。当时入社农户的土地、牲口、大型农具均作价入社，按入社生产资料的占比分红，并且还要评定劳动等级，由社长统一指挥作物种植、劳力分配、收入、支出分配等。1956年全国掀起农业合作化高潮后，1957年全体村民入社，原来的石罢第一农业生产合作社和其他的小社合并，成立了石罢村高级农业生产合作社。为方便生产管理，高级社以街道为主，将社员分成8个生产队。高级社时期，农田种植由全社统一领导、指挥，各生产队组织本队社员的劳动生产，按劳动记工分，凭工分分配钱粮。1958年寇店人民公社正式成立，石罢农业生产合作更名为寇店人民公社石罢大队。一切财物都归公社所有，公社有权对各生产大队进行一平二调。1960年在《关于农村人民公社当前政策的紧急指示信》中,确定了人民公社、生产大队、生产队三级所有,以生产队为基础的农业经济体制。石罢大队内设有党支部委员会、管理委员会、民政委员会、治安委员会、文教卫生委员会。大队干部有职数、大队长副大队长、大队会计、治安员、妇女主任、民兵营长、团支书。1965年时,全村共有18个生产队,到1975年时,调整为17个生产队。这种三级所有、队为基础的生产体制一直持续到1984年。在生产大队中,家户的所有劳动力都要凭劳动赚工分获得粮食,妇女也走出家门参加到生产队的劳动中。由于生产队实行集中生产资料,集中统一劳动的运转模式,其中孩子多、粮食不够吃的农户就到生产队借粮食,亲族之间的互助合作被生产队取代。在生产大队的统一带领下,除了农田种植外,生产大队在大跃进时期组建了木业组、铁业组,"四清"之后开办磨坊,1973年后陆续开办油坊、绣花小组、油漆小组、窗纱厂进行创收。这些业缘组织都是在生产大队的统一领导下开展生产的,他们所创造的收入都归集体所有,个人劳动折算成工分,参与分粮、分钱。

1982年石罢大队进行分田到户,到1983年大队缩减各生产队干部,各队只保留1个正队长,一片留一个联队会计。联队会计由公社统一考试,合格后由生产大队决定任用。1984年,李村公社正式改为李村乡,石罢大队管理委员会也改为石罢村委会,隶属李村乡。到1985年时,石罢村共有20个生产队。但生产队不再管农业生产,队长主要负责管理本队队员生产中的灌溉、修渠等公共事务。

二、村落治理实态

人民公社体制解体后,1984年石罢村成立村委会。根据1987年国家颁布的《村民委员会组织法》的规定,按照民主选举、民主决策、民主管理、民主监督的自治原则,在村内推行村民自治。石罢村两委是村庄治理的唯一合法主体,经过选举程序,积极推进石罢村的村民自治。村两委在村庄治理中发挥着重要的作用,一方面执行上级的各种惠农政策,另一方面发展村庄经济带领村民发家致富。截至2016年,石罢村共有20个村民小组,村民4 624人,比1949年增加了2 639人。全村肥沃耕地有3 980亩,河滩地2 940亩。2009年,大队党支部党员共计102名,积极开展政治生活会,协商村庄发展等重大事务。

村两委积极组织发展村庄集体经济。在人民公社解体之后,村委领导干部开办石罢村窗纱厂。1980年,在对原有石罢锦织厂改造后,成立了偃师县第一窗纱厂。从1980年以来到1984年,窗纱厂的生产规模逐渐扩大,产值增长速度非常快,为村中创造了丰厚的利润。1984年,窗纱厂上缴利润16万元。到了1995年,窗纱厂经营到了鼎盛时期,当时生产的窗纱总产量达到270万米,产值400万元,销售收入360万元,上缴税金33万元,利润60万元。职工人数达到140万人,全年工资总额达到60万元。在村两委干部和窗纱厂干部的努力下,石罢窗纱厂效益良好,为村庄集体增收做出了巨大贡献,还为村庄道路、学校等基础设施提供资金保保障。1996年后,窗纱厂开始走下坡路,产量、产值、利润、税收等都大幅度下滑。到了2004年,窗纱厂彻底破产。

近年来领导干部结合国家的下乡项目积极推进村庄公共产品和服务的供给。改革开放后,兴国寺于1982年被洪水淹过一次,所以村委会决定将石罢学校迁至新村。1987年在新村修建石罢学校的东院,1999年修建了西院。东西两院共占地6 650平方米,建筑面积达到2 690平方米。2008年春,村党支部筹资30 000元,雇工程队修建了学校教学楼房顶,加固了地基和墙体,并且为学校配备了各种体育健身设施。党支部向上申请项目,获取国家农田水利项目补助120万元,打机井20眼、铺设地下水管25 000米、地买电线20 000多米;获得国家环境治理拨款95万元,购置4辆垃圾清运车,清理垃圾,改变村庄环境,修建沼气池,节约能源;获得上级修路拨款32.4万元,将村内的道路进行水泥硬化,花费15万元将村中12条生产路约1.4万米全部整修加宽。此外村委还进行了直接福利救济:针对生病的、鳏寡孤独老人死后无人办后事的等,这些福利救济工作都由村委会来做;对于遇到急事、难事的农户,村民们也会捐助钱或者日常帮助他们。村民姬少田、周荣玲、姬小芳等,都因为得急病,而得到村民们的捐助。其中姬少田1989年患脑梗死,村民们为其捐助资金4 892元。这些捐资的村民,有些与姬少田认识,并且还有来往,有些几乎都不认识,平时也没有来往。周荣玲、姬小芳分别获得村民捐款1 980元、889元。石罢村民遇到共同的难事时,都会寻求村委会解决,比如村中的田地纠纷,以及收割困难等难题。2016年,村委会帮忙联络小麦收割机20余部,帮助村民收割小麦,共收割2 500多亩;帮忙调解16组的田地纠纷,解决了持续19年的土地问题。

附录一

石罢村调查小记

黄河区域村庄调查是我开始博士学习的第一课，是我从课堂转向田野的第一步。相较于我之前参与的短期、问卷式的定量调查，黄河区域村庄调查是时间长、内容全、详细深入的定性调查，调查难度也是前所未有的。面对具有巨大挑战性的深度调查，我压力倍增。好在能在家乡展开调查，不存在语言、关系、交通等障碍，也使我感到一丝安慰。调研过程由选村前的一波三折，到选村后的艰难走访，再到找到关系人后的渐入佳境。

一、选村之路

因没有深度调查的经验，我特地向经验丰富的同学请教选村、进村和调查各项工作开展的方法和技巧。同时也在调查前明确调查目的、学习调查提纲，明确调查要求。在完成上述准备工作后，我踏上了选村之旅。第一站先到洛阳市档案局，但是并没有获得太多有价值的信息。随后在友人的推荐下拜访洛龙区档案局马正标局长，在交谈中得知马局长对洛龙区各乡镇情况十分熟悉，也对洛阳地方民俗有较为丰富的研究，并出版等一系列图书。在征得马局长同意后，在档案阅览室翻阅了郊区志、白马寺志、关林镇志、陈李寨村志等，对洛龙区村庄的整体情况有了把握。在翻阅村志时，重点阅览了村庄的历史、村庄的公共性实态、村内人物情况。掌握了这些情况后，我将选村范围缩小到陈李寨、茹凹、潘寨、焦寨、石罢、安乐等村。从目前的资料看，这些村庄历史悠久，是平原聚落、麦作地区，且公共性良好，基本符合村调的要求。

根据马局长的推荐,我首先考察陈李寨村,联系了负责编撰村志的王书记。在王书记的带领下了解村庄的基本情况。在传统时期村庄经济以麦作为主,村庄的灌溉主要依靠村庄南部开挖的渠道。村民主要由陈李两大姓氏构成,村庄为共同防御修寨。村内符合调查要求的老人资源比较丰富,曾经撰写村志的老人仍然健在,而且走访的老人中有地主、富农和贫农成分的。除此之外,我还获赠陈李寨村志,这对于我开展调查大有帮助。唯一美中不足的是,陈李寨村随着城市化的推进已经被纳入城市中,已经实行村改居,而且也没有耕地,农民已不再从事农耕作业。之后的几天我又走访到茹凹、潘寨、焦寨、石罢、安乐,在基本了解了村庄情况后,根据村庄形态和村庄老人的情况进行逐一排查,最后拟走访石罢村。

二、选定村庄

在马局长的热心帮助下,我拜访了石罢村村委会主任姬红星,并向村委会领导说明了调查的目的和意义。在获得村委会的认可后,姬主任帮我联系了石罢村志编撰者徐建恒,老人出身于中农家庭,1949年后曾经担任大队的会计和村办企业的厂长。老人对村庄历史了如指掌,对大跃进时期以及人民公社时期的村庄事务如数家珍。同时老人也带我走过新村与老村的每一条街道,查看旧寨墙墙址与护村堤的旧址,查看了村庄的麦田和伊河滩的滩涂地。同时在老人的带领下,我走访了村庄符合调查要求的李孝良、闫章文、姬万锁、姬青合、孙松茂5位老人,这些老人身体健康状况良好,耳聪目明,对1949年前的事情较为了解。尤其是村庄的李孝良老人,出生于1925年,中农成分。闫章文老人在1949年后担任村庄民兵连连长,姬万锁十分了解渡口事务,因为其父亲曾经是石罢渡口的船老大,另外他还担任石罢村的社火指导员,对村庄的文化信仰活动非常了解;姬青合、孙松茂两位老人参与村志编纂。另外还有几位符合调查年龄要求老年女性,但这些妇女并不了解情况。此外,我还获赠石罢村志,大大有助于我掌握村庄的具体情况。总体上看,石罢村在村庄形态和老人资源上都比较符合调查要求。在汇报了石罢村试调查的情况下,选村结果得到了邓老师和徐老师的认可。在接到老师们的反馈信息后,一颗悬着的心总算落地,可以进村调查了。

三、进村调查

选定村庄是村调的第一步,但进村调查仍然是一个技术活。由于没有开展质性访谈的经验,我在选村间隙学习了王宁老师的访谈指导课,同时还向调查经验丰富的同学请教学习。总的来说主要包括四个方面:处理好外围关系、熟悉调研提纲、练习采访技巧、把控采访节奏。首先在访谈前要处理好与老人子女关系。石罢村接受采访的老人大都单独生活,子女虽然在同村,但住得都比较远。尽管如此,在遇到被访老人的子女时，也要尽可能说明情况，获得他们的支持。其次，每天访谈前提前与老人预约，虽然已经跟老人说明了调查的时间和任务量，但是在每次采访前都要提前电话联系，以免扑空。好在老人的作息都比较固定，访谈一般是上午八点半开始，中午十一点半结束，下午两点半开始，五点半结束。这样的节奏老人比较能适应。熟悉当天的访谈资料，这样在访问过程中，尽管老人话题会出现跳跃，也能够灵活地开展问题调查。在调查一段时间后，接受采访的几位老人基本上适应了调查的节奏，调查基本上比较顺利。在调查进程中，我不断收到老人提供的村庄资料和家谱、地契、分单等宝贵的原始资料。每天我都收集大量的调查资料和音频资料，晚上要及时将音频资料整理出来，同时还要撰写当天的调查日记。调研任务虽然比较繁重，但每天收获丰富。有时候也会劳累，但每次听到大爷热情地问"明天还调查吗"，又使我鼓起勇气继续调查。

四、离村之情

村庄调查持续开展了两个月，在这两个月中，徐建恒、李孝良、姬万锁等接受采访的老人都让我十分感动，一方面感动于他们对我调查的无偿支持，在炎炎夏日牺牲休息娱乐时间接受采访，另一方面感动于他们对我的热情招待。另外，在采访的过程中，我也从他们身上看到了对生活的坚持不懈、坚忍不拔的精神，即使受到身体的诸多限制，仍然坚强地面对生活。在离开村庄之际，我们建立了深厚的友谊，即使村调结束，我与他们的友情也将持续下去。

附录二

石罢村调查日记（节选）

7月12日　星期四　晴转阴

上午到学校参加本学期最后一次会议，做好了试卷等收尾工作。下午3点钟，顶着炎热到洛阳市档案局查阅资料。不巧的是，遇到了档案局周四下午召开例会，市志办和县志办同事都不在办公室。于是，索性骑着小电动车，到洛龙区档案局碰运气。作为洛龙区的一分子，对洛龙区政府不甚熟悉。在区政府大楼迷宫般的格局中东转西转后，仍找不到档案局具体位置。后来在路人介绍下，在定鼎门社区服务站找到了洛龙区档案史志局。办公室工作人员介绍，领导接连召开两次会议，第二次会议正在进行中，结束时间不清楚。周四真是一不巧的日子。

7月13日　星期五　中雨

晨起依旧细雨霏霏，驱车前往洛龙区档案史志局拜访马正标局长。马局长在档案史志局工作多年，对洛龙区的村庄情况熟稔于心。在获悉我们的村庄调查背景、缘由后，马局长非常支持村调，认为只有进入农村进行细致周密的调查，才能了解农村、理解农村、领会农耕文明。马局长介绍到河洛地区是中华文明的发祥地，河洛地区的村庄大都历史悠久、形态丰富、文化底蕴深厚。在白马寺、关林镇可以看到庙宇文化；在安乐村可以看邵雍故居，品读洛河文化；在水磨村可以看到宋代以来的文化；在茹凹可以看明朝以来的发展变迁；在东白碛可以看白居易后代的发展；在三官庙可以看到明清以来的碑刻。在这些村庄中,有的已经写完村志,有的尚在撰写,有的还未开始撰写村志。

地方志为选择村庄提供了有效资料。在征得马局长同意后,在档案阅览室翻阅了郊区志、白马寺志、关林镇志、陈李寨村志等,对洛龙区村庄的整体情况有了把握。在翻阅村志时,重点阅览了村庄的历史、村庄的公共性实态、村内人物情况。掌握了这些情况后,我将选村的范围缩小到陈李寨、茹凹、潘寨、焦寨、石罢、安乐等村。从目前的资料看,这些村庄均坐落在洛河或伊河两岸,历史悠久、平原聚落、麦作地区,且公共性良好,基本符合村调的要求。

走出档案室后,顿感轻松许多。早晨来时的紧张和压力,在经过一天的听取建议、翻阅资料后,有所释放。此时,一阵急雨悄然而至,但喜悦的心情分毫未减。

7月15日　星期天　晴

在听了此次村庄调查的基本诉求后,洛龙区档案局马正标局长推荐我到陈李寨村走访调查。与村委霍纪森书记预约后,于15日上午8点30在村内的服务站见面详谈,并引荐了撰写村史的王麦立老师。霍书记和王老师得知我的村调目的后,详细介绍了陈李寨村的基本情况和发展历史。王麦立老师年逾60岁,热情满满,讲述村庄故事如数家珍。作为主编之一,王麦立老师拿着沉甸甸的村志,讲述了撰写过程中的辛酸,表达了出版发行后的快乐。陈李寨村村志2012年开始着手策划,历经五年时间,终于与2017年4月付样。在这五年间,王老师多次走访村内多位老人获取资料,反复思考求证,力求数据和事件真实正确,最终呈现了一本高质量的村志。陈李寨村村志的出版,得到了洛龙区档案局的高度认可与肯定。

随后王老师带领我到村内寻找80岁以上老人。村内80岁以上老人有30多位,但能说清过去历史的只有5—6位。80岁以上老人中,妇女居多,男性较少。5位老人身体状况良好,都能清晰回忆1949年以前的历史。男性王姓老人,身体状况一般,但历史记忆仍然清晰,说起1949年前的事情头头是道。4位女性都是从邻村嫁过来的,能说清楚村庄的情况。5位老人上午10点左右以及下午4点以后在老槐树下纳凉。

在征得王老师的同意后,借阅陈李寨村村志。背着沉甸甸的村志,顶着炎炎烈日回到家中,迫不及待地翻阅了村志。村志中资料非常详实,各种契约、证书、会计账簿等清晰规整。村志规范的体例、清晰的叙述、明快的语言堪称洛龙区村志的标杆。

下午4点30,再次到陈李寨村,与85岁的王姓老人了解村庄历史。老人多年来腿疼,不能长时间走路,骨瘦如柴,但精气神还行。王大爷被划为贫农,讲述了一些

1949年前后陈李寨村的故事。就在这时,一位老奶奶介绍了远处正在健身的穿月白背心的王姓大爷。在介绍了来意后,大爷爽快地带我到家里座谈。王大爷1929年出生,身体健康,耳聪目明,精神矍铄。1944年参加国民党的青年远征军,在206师做迫击炮手。后来正确认识到共产党好(党风、党纪好,为人民服务)后,退出远征军。1948回到洛阳,由于能识文断字,向洛阳地区政府写工作申请,附带自传,欲谋得教师一职。因教师分配已过,被分到农村教书。工作一年多后,被抽调到区举办的讲习班培训教师。淮海战役后,自愿报名到部队做文化教员,并且跟随部队过长江。在出发前,王大爷和其他两位年轻人回家探亲,欲回部队遭到家人阻止,最后没有跟随部队过长江。随后,王大爷返回到洛阳县政府任职,负责土改工作。土改工作结束后,被调到洛阳粮食局。由于工作表现突出,调到河南省粮食厅工作。1959年又在组织安排下,到新成立的三门峡市粮食局工作。在工作之余,自学中医,能为领导干部诊脉看病,在机关中较为出名。随后又到卫生局工作,工资22级,月薪53元。后来因为家中大哥被判为"反革命",王大爷工作受到影响,调到三门峡中医院,师从老中医继续问诊看病。后又因历史问题,调到三门峡支建煤矿医院上班。1961年,从煤矿医院回到洛阳,在农村开诊所,一直做赤脚医生。

由于对当地政府缺乏信任,村民秉承着"屈死不告官,饿死不做贼"的古训,处理问题很少寻求政府的帮助。陈李寨村有一家兄弟6人,属于村内恶人。夏季西瓜成熟时,他们到别人的瓜地,随便吃且顺手带走,从不付瓜钱。这种恶霸行为惹恼了种瓜的10多位农户,大家敢怒不敢言。后来这10多位农户联合起来,谋划将这6兄弟分而骗至家中,将他们砍死。本来这10多户人家决定将该吃霸王餐的李某全家杀完,但最后一位媳妇苦苦哀求,并许诺不告状,才将其放走。后来这位寡妇回到娘家后,反悔了,在家人的帮助下,将状子递到县政府。县政府派人到村中带走10多名嫌疑者。经过严厉审讯后,有5名村民认罪,有5名村民不认罪。县政府决定枪毙5名认罪村民,其他人无罪释放。李某家尚存的两个在外的男丁不敢回家,直到1949年后才回到村中。

7月16日　星期一　晴转阴

早晨8点钟,带着老父亲和孩子,驱车到洛阳市伊滨区李村镇石罢村。在村委会的大院中,虽然没有见到村主任,但获悉了村志主要作者的基本信息。在工作人员的带领下,见到了主要作者徐建恒老师。徐老师,1940年出生,除了左耳朵听力稍有障碍外,身体较为健康。徐老师介绍了石罢村志的由来。2005年,《洛阳晚报》上的"乱世修寨，盛世修史"激发了老人写村志的心志。徐老师是个土生土长的石罢人，对石罢村有着浓厚的感情。在他和老干部姬凤圈与村里领导干部商量后，村里成立了以徐老师为首的8人写作小组，负责村志资料的收集、整理、写作工作。

村志写作小组获得了各方的大力支持。村两委大力支持他们的村志撰写工作，为老人们材料的收集、走访提供各种便利。村内老人听说徐老师写村志后，不仅为村志写作小组提供了大量珍贵的历史资料，而且将他们心中的历史不厌其烦地讲述给村志写作小组。村志小组走访档案馆、博物馆等，详细查阅各种相关资料，力求信息准确可靠。

村志撰写困难重重。在村志撰写过程中，由于缺乏资金的支持，徐建恒老先生最开始用收集来的广告纸写作。在一张张广告纸上仅有的空隙中，充满了徐老先生的思考和撰写得密密麻麻的文字。为找到真实可靠的历史资料，村志写作小组的老先生们徒手挖掘石碑，用肩膀将石碑挑到兴国寺中。在初稿写成后，又经历了5次艰难的纸质修改和订正。稿件改好后，还要转换成电子稿。对这群年近70岁的老人来说是个很大的挑战。带着石罢人不服输、不怕困难的精神，电脑盲徐老先生60多岁开始学电脑、学打字，带着厚厚的老花镜，一点点地将稿件输入电脑中。为此徐老先生两次住院，甚至在病榻上还念念不忘书稿的修改工作。

"宝剑锋自磨砺出，梅花香自苦寒来。"近十年的辛苦付出换来了"飘香梅花"，沉甸甸的93万字的《石罢村志》于2018年5月付梓。徐老先生看着自己主编撰写的村志，激动之情溢于言表。他们为石罢村的子孙后代留住了历史，使子孙后代在现代的发展中不忘石罢的根和魂。

7月17日　星期二　晴

晨起天气预报说多云，哪知今天如此热。早上8：30驱车入村做试调查，中途绕道洛龙区档案史志局查阅资料，于上午10点钟到达伊滨区李村镇石罢村。因为昨天已经委托李村镇许镇长向石罢村主任和书记介绍调查情况，所以到村后徐红智主任已经组织好村志人员准备座谈。在介绍了村庄调查的背景和意义后，四位老人打开了话匣子，开始讲述村庄的来历、历史、家族等。

四位老人均为村志写作人员，分别为徐建恒、孙、孔、李。现将他们的介绍总结如下：

首先，石罢的最早记载。在石罢村，释道安的碑刻被发现，上面有提到石罢。根据《中国名僧传》的记载，释道安生于公元312年。由此可以推测石罢村已经存在

1700年左右。后来又发现了唐代的八棱碑刻,明代碑刻、金代碑刻。这些碑刻中有的提到石罢村,有的有关于兴国寺的记载。甚至宋太宗也来到洛阳村,这些碑刻说明了石罢村历史久远。

其次,石罢的兴国寺。兴国寺是现今石罢保存最好,且尚在使用的寺庙。寺内从南到北的建筑有火神殿、地藏殿、东观音庙、西观音庙、大雄宝殿、水陆大殿。水陆大殿做法必须要240位和尚,由此说明兴国寺曾经也是远近闻名的大寺庙。

再次,涝灾后的石罢。民国十八年(1929年)和民国二十年(1931年),石罢发生了两次大水灾,房倒屋塌,人们流离失所。后来为了避免水灾影响,村庄修建了护村堤,有了护村提的保护后,石罢村民过上了相对安定的生活。1982年伊河再次发大洪水,水势高涨,情况紧急,石罢村危在旦夕。就在村民们准备在堤坝上开口泄洪时,伊河北岸大堤决口,洪水很快泄去,石罢村幸存下来。徐建恒老生说起这次水灾,说天佑石罢。1982年后,为了避免水患,石罢村重新规划新村,允许百姓从老村中迁出,在新村规划区内建房。由于石罢十年九涝的村情,许多村民在新村规划区内获批宅基地,建上了结实的新房。由于石罢村经常遭遇水患,需要经常建房,所以石罢村村民基本掌握了建房技术。改革开放后,石罢村民走出村庄,为其他地方的村民和企业建房。

最后,石罢村的人口。据几位村志作者的描述,石罢曾经有两个大户,秦家和郭家,又有"秦半边、郭半沿"的说法。秦家有地120公顷,占有石罢村一半以上的土地。秦家儿子起名叫秦百二。从秦百二开始,秦家家道败落,后百二住舅舅家,后迁入石罢南面的柿园村,现今有100多口人。后来由于1976—1977年间,嵩县修建陆浑水库,需要搬迁村民,石罢村接收了部分移民。因而,石罢的姓氏出现多元化,目前有31个姓氏,其中姬、徐、李、孔、郭为5个大姓,最大的为姬姓,达到1000多口人。

下午3点钟,从学校出发,再次达到石罢村。尽管天气非常炎热,徐老先生和孙老先生仍然带领我参观了石罢村。在两位老先生的带领下,我们沿着石罢老新村、新新村、老村的路线逐一参观。参观了老新村中徐老先生家庭旧址以及曾经的大门的建筑风格。然后跟着徐、孙两位老先生走到老新村的边界。最早的老新村只有8户人家,随后逐渐增多。新新村的建设在20世纪80年代后,九连排房屋,每排18户。在老村中,我们参观了石罢村的奶奶庙和著名的兴国寺。石罢村的奶奶庙有3座,均坐落于老村。兴国寺离护村提有25米远,兴国寺的最早历史要追溯到释道安时,早先的兴国寺有观音堂、水陆堂等。最后参观了护村堤旧址，有1米多高，南侧护村堤上建有奶奶庙，北侧护村提已经拆除，荒草一片。护村堤在防止石罢水患上起到了很大作用。

一寸日光一寸黑。在石罢村待了一天，人整个黑了一圈。尤其是下午，天气特别热，徐老先生和孙老先生陪我走了石罢的新村和老村。回来后一直惶恐不安，不晓得老人情况如何，是否中暑。徐老师和邓老师再三强调天热，要注意老人的健康问题，今天下午的考察将这一点疏忽了。

图1　徐建恒老先生与1930年建的老房子

图2　老家的大门

图3　徐、孙二老站在老新村的界限上

图4　老新村20世纪80年代建的房屋

图5、图6、图7　老村的奶奶庙

图8、图9　老村的兴国寺

图10、图11　护村堤旧址

7月18日　星期三　晴

今早5：30起床后，我再一次阅读了黄河区域的村调提纲。等到7：40后，抓起电话，赶紧询问徐老先生的身体状况。在得知老先生身体无恙后，轻松了许多。

今天先不到老人家里做调查，准备在学校认真研读《石罢村志》。尽管是洛阳人，我也仅是曾经风闻有石罢，从没有近距离观察过石罢村。快速进入调查场景也要从熟悉村庄开始，快速熟悉石罢就要查看村志。昨天谈起调研提纲的内容，老人总在说一句话，"你看村志多少页，这些内容村志中都有"。尽管我知道做深度村庄调查，不能仅依赖一本村志，但是只有掌握村志，才能熟悉村庄，才能尽快与访谈对象形成共识，进而快速进入访谈场景。

石罢村志的撰写是从2005年7月开始的，到2014年冬天完成样稿，中间历经近10年。土生土长的石罢人，才能写出有滋有味的石罢志。村志写作体例没有陈李寨村的规范，但胜在内容丰富、案例较多、数据精准。在内容上，村志讲述了村庄的发展与演变、庄内姓氏、水利、工业、教育、卫生、金融、商业、生活、礼仪、传统节日、寺庙，照顾到了方方面面。村志中案例较多，提升了可读性。编委们将老人讲述的村庄的人物故事纳入其中，为我们展示了石罢村一个又一个有血有肉、生动鲜活的历史人物。村志中数据精准，增加了可信度。村志中村庄人口统计、粮食产量统计、村小组领导干部的统计、姓氏统计等数据都颇为精准，均有当时的资料佐证。村志中的相关统计信息为学术研究提供了准确的数据材料。尽管村志中添加了编委会成员的主观评价，但只要带着批判的眼光审视和分析，还是能从中纵览石罢村的发展与变迁。

7月19日　星期四　晴

洛阳最近几天持续高温，滚热的空气砸在皮肤上，如火烤一般。获悉老人每天早晨7点钟都吃过早饭开始散步，我于7：40与老人约定今天的访谈。老人爽快地答应了我的请求，于是带着解暑的西瓜驱车奔向石罢村。徐老奶奶总是那么的热情温和，一见我进门就笑眯眯地说，"你徐爷爷在客厅等你呢！"

上午对村庄来历进行分析和探讨。由于对《河南府志》和历代碑文中的"里"有存疑，以及对村志有疑惑，再次拜访徐老先生。问题一：河南府志中的陈昌保中石壩里是否就是石罢？问题二：村内是否有石坝旧址或者历史记忆？徐老先生非常确信地说石壩里就是石罢里，且村内或者伊河上没有石坝的旧址，在任何碑文中都没有关于伊河上修建石坝的记载。老先生指出《河南府志》中对洛阳县下分区的撰写并不严谨，存在误写，因为在陈昌保和碑楼保中两次出现水磨头村。老人认为《河南府志》所写石壩里中的里就是村的意思。至于为何从乾隆年间的石壩里变为道光时期的东石罢村仍不得而知。除了分析清楚问题外，我按照调查提纲开始访问石罢村的形成与当下情况。

石罢村是河洛地区的古村落，因缺乏史料记载，村庄如何形成已经没有历史记忆。村庄最早的记载主要与兴国寺有关。兴国佛院出土了东晋时期造像碑，以及碑文中对住持释道安的记载，因此可以推测兴国寺已有 1600 年多的历史。有寺必先有村，因此石罢村的形成更为久远。石罢地处伊河下游，地势较为平坦、土质肥沃，灌溉方便，易于生长庄稼，这可能是形成村庄聚落的原因之一吧。

石罢村位于伊水之滨的东侧，村庄沿伊河而建临近伊河渡口。石罢包括两个自然村：老村和新村。老村位于石罢的西北方，离河堤较近，地势低；新村位于东南方，离河堤较远，地势高。从村民提供的村庄地图看，庄内房屋沿着东官路依次建造。房屋相连，面南背北，也有房屋东西朝向，面对伊河形成村庄聚落。东官路两侧建有房屋，村内四角有观音庙等庙宇。由于石罢村离伊河较近，经常受水患侵扰，村民开始搬迁，一部分人向西迁移，建立了西石坝；一部分向东迁移，建立了东石罢（今天称为石罢）；最后一波迁移，建立后石坝。现今东石罢、西石坝、后石坝三村村民尚有同村的认知，他们之间都不以官方的名称称呼，而是用东村、西村、后村彼此相称。石罢因伊河涨水分裂为三个村庄后，没再合并过。同时石罢村没有再根据目前的行政区划，分别隶属于不同地区，石罢村归李村镇管辖；后石坝归寇店乡管辖；西石坝位于伊河北岸，归李楼镇管辖。

村内的居民最早有记载的是周姓和任姓。目前村内还有周姓人家，大概 10 户 60 人。最早有记载的周姓人家是周三，曾卖地给兴国寺，可以说周姓人家也至少有 1600 多年历史。任姓人家已经搬迁到西石坝，都不在石罢村内居住。

石罢周姓和任姓。村中有记载的原住民可能是周姓和任姓。从兴国寺发现的明代碑看，碑的右侧刻有卖地文契，"河南府洛阳县偏桥保二里住人周三今为缺少正统元年……债凭保人将自己的祖业院庄白地一段三件上下土木相连该地一并出卖于本县兴国寺常住永远为业，东至李得山，南至街，西至寺，北至寺。分明三言议定低价钱大明宝钞一千三百头正立契之日一并交定外无欠少（空缺）如有迪内有人手……恐后无凭证故立契为照用者寺内……洛阳县兴国寺常住用价钞一千三百头买到本县偏桥保主人将自己院地一段计地一段，三间上下土木相连右付兴国寺常住准此。"由此碑文内容可以推断出，当年石罢村属偏桥保，且现兴国寺所用土地为周三所有。

石罢秦、郭、丁姓。石罢村内有"秦半边、郭半沿"的说法。明成祖年间，受政府移民政策影响，秦郭两家来到石罢。根据近东柿园村秦氏家谱的记载，东石罢先祖们当年是从山西洪洞县移民中与郭氏家族一起受捆绑着来到东石罢村定居的。后来由于秦、郭两家发展迅速，尤其是秦家占地120顷，占有石罢村一半的土地；郭家也曾是石罢的大地主，也占有石罢一半的土地，因此有了"秦半边、郭半沿"的说法。丁家进入石罢源于秦家。丁家先祖曾是秦家长工，由于得到主人的恩宠，有一处磨坊，从此扎根石罢。

石罢左姓。在石罢也有"左半边"的说法，且无据可考。左家何时来到石罢尚无记载，村民们晓得曾经的左家家主是因为口碑不好，借粮给村民时缺斤短两，后遭到官府惩罚，羞愤迁走。至于迁至何地，目前尚不清楚。目前村内尚有左姓5户27人，由左村迁入。

石罢姬、徐、李、张、孙、王等姓。姬、徐、李、张、孙、王等姓均是明朝从山西洪洞迁移过来。明朝期间的多次移民使石罢村的姓氏结构逐渐多元化。姬姓、徐姓、李姓、张姓等快速崛起，成为石罢的大户。就目前石罢的姓氏结构看，姬姓最大，419户，1548人；徐姓其次，265户，1001人；李姓第三，116户，422人。

石罢其他小姓。石罢还有一部分姓氏，如王姓、卢姓等1949年后自嵩县陆浑库区移民至此；除此之外，还有一部分小姓是招女婿入赘石罢。

1949年以前的住户有23个姓氏，共有367户，1985人，其中男987人，女998人。这些姓氏之间有存在姻亲、租佃关系。

下午主要了解石罢村的建制沿革。黄昏时分我参观了徐登蟾所建的路，双井中南井和北井，提灌站旧址、东官路、蔡状元家庭住址、李密放马的三道槽道和草场、提灌站、跃进渠、五片区。

7月20日　星期五　晴

真期盼能来一场雨可以缓解一下洛阳炎热的天气，可惜这一切都是妄想。太阳依旧，高温依旧。因为老人身体不是特别好，担心老人会对昨天一天的采访吃不消，因此今天上午在家整理材料。下午出门采访了老人。打电话预约的时候，他很爽快地答应了，而且也很希望和我交流。听老人电话中的语气，似乎很喜欢与人交流。这才算是进入了场景，可以与老人很畅快地交流了。我们约定下午4点天气不太热的时候访谈。

尽管老人在前面的访谈中，一直告诉我石罢灾情中最普遍的是涝灾，自古有十年九涝说法。他认为石罢旱灾较少，几乎没有这方面的记忆。由于上午在家查阅了一些资料，获悉河南在1942年曾发生过大规模的旱灾，死亡的灾民达到300多万。以此为切入点，引导老人回忆当时的旱灾情况。老人说到1942年出现了四种灾害"水旱蝗汤"（"汤"指汤恩伯的部队），当时旱灾确实影响小麦产量，再加上水灾蝗灾和汤恩伯的横征暴敛，百姓民不聊生。后来查阅了历史档案，在1942年间，石罢灾情比较明显，主要是麦收前。当时旱灾并不会导致粮食绝收，但是蝗灾就很可怕，蝗虫所到之地庄稼几乎全被啃光。当时百姓生活较为艰难，但不至于完全绝收，还有一点粮食勉强维持生活。村内也没有多少人外出逃荒，仍旧留在村庄。

为缓解旱情，群众自发组织抗旱。群众利用村内水井打水浇地。石罢水井较多，从徐老先生提供的石罢地图看，大概有40—50口水井。这些井分散在庄稼地中，每一片区都有一口井，并且井上都有水车。当年的水车有两个轮子，大轮直径2米，200多斤重；小轮直径1.5米，有100斤左右。三人共同推着转轴，用小轮带动大轮，水进入大轮上带着的水车斗，水车都连着水簸箕，水簸箕有个簸箕嘴。水通过簸箕嘴流进人工开凿的陇道中。由于水车井比较重，需要至少3人推动，一水车斗能带水20斤。这样充足的水井和水车在一定程度上可以缓解旱情。当时，学生也参与抗旱。学校放假，并动员学生回家参与抗旱。老先生回忆说，他记得当时自己还小，就跟着父母推着铁水车，到大庄水井拉水回来浇地。

此次抗旱，村民们没有得到政府的帮助。当时蒋介石政府一方面有意忽略灾情，另一方面还要在河南征粮，老百姓生活是雪上加霜。地方上的保长、甲长并不组织抗旱。他们都有地，他们参与与自家土地相连片区的水井的开挖和灌溉工作。打井、修理水车、换水车斗等由村民根据土地多少分摊。水井在谁家地中，以谁家姓氏命名，比如有孔家井、王家井等。有关当年旱灾的情况仍需要重复调查。

1949年以前，百姓吃水不靠伊河，而是打水井。石罢的每条街道上都有水井。打水井的选址，都是由村内会打井的人决定，不管选到哪家，当家家主一般不会不同意。当时百姓公心较强，大家都不会斤斤计较。开挖时街道百姓积极参与，共同出资买井砖。石罢水层浅，挖3米左右就可以出水；水质也很好，非常清澈，微甜。新嫁进来的妇女首先要学会打水，要不然会被村里人嘲笑为"笨媳妇"。

当时伊河也归洛阳县水利局管理，1918年伊河发洪水，石罢、草店、门庄深受其害，尤其是门庄村处低洼之地，洪水聚集难以排放，房屋倒塌不计其数。1921年门庄人王百川带领门庄、草店、石罢人初修伊河大堤，大堤从村北向东北方向延伸。1935年伊河又发大洪水，王百川带领修的大堤被毁。后来在洛阳县水利局工作的王德福的暗中努力帮助下，第二次修建大堤。1940年河堤又被冲毁，王德福还在任上，三村人第三次修建伊河大堤。1950年到1951年洛阳县第九区政府组织本区各村劳动力将第三次修建的大堤加高加宽,并隔50米修土牛一个,土墩一个,土牛是后备用途,土墩是防汛时搭庵子用地。1954年7月的洪水再次将村东的大堤冲塌一半,区政府再次组织修堤,并建成了瓮池。1975年伊河洪水最为严重,河滩地颗粒无收,使得堤内庄稼减产。县水利局采取大动作,动员沿河村民,奋战一个冬天,从石罢村西到龙门以北河南岸大堤全部修筑成功。

村内排水渠的修建。由于伊河经常有水患,所以需要做好村内排水工程。沿着东官路到小店都有排水沟。排水沟有3.5米宽,400多米长,解决东官路北土地的排水问题。1949年以前排水沟的修建都有保长、家长负责,保丁肖生一敲锣,村民都要去挖排水沟,村内的有2米宽,300—400米长。水顺着护村堤外的排水沟都向东北方向流去。排水沟对大家都有利,所以村民都愿意参与挖排水沟。

7月21日　星期六　晴

清风无力屠得热,落日着翅飞上山。上午在家完成调研写作,下午才出门。顶着夏季酷暑,冒着满头大汗,到达徐老先生家。徐老先生真是热心,每一次去,他都非常热情,从不厌烦。并非源于许镇长的介绍,徐老先生是发自内心地热爱村庄,热爱文化事业。老先生曾经是偃师高中的学生,学习成绩优异,由于身体原因,不能为梦想展翅高飞。最后回到村庄做了教师,后又做了15年的村干部,担任会计。徐老先生做事认真严谨,有想法,一心为公,得到村民的认可。后来从村干部职位退下后,一直在村务农。他做村会计期间工作认真细致,做了大量详细准确的记录。他将其中的阶级成分划分的资料捐献给华中师范大学中国农村研究院,供学院老师学生研究。

老先生带着我拜访了村内的93岁高寿老人李孝良。李大爷1925年生,身体健康,耳聪目明,对1949年之前的历史有着较为清晰的记忆。当我提起1942年的河南大旱时,他说石罢也受到影响,但影响不大,因为石罢临近伊河不缺水,所以干旱对庄稼影响不大。从调查的几位老人的谈话中了解到石罢人最担心的不是干旱,而是涝。在那一年,坡地麦收由平常的100多斤减少到五六十斤,而且还要给国民党交差,交完差后,基本上没有余粮。所以后来有不少老百姓去逃荒,差不多走了百十号人,基本上逃到陕西。逃荒的难民没钱买票,都爬到火车顶上,过山洞的时候,很多人被挤死或挤残。土地改革后,有些逃荒的本村人从陕西回到家乡,大概有二三十户。老人没有政府组织抗旱的记忆,他认为当时的国民政府虽然发放了救济粮,但这些粮食都没有发给百姓。1942年的7月份,坡地基本绝收。

今天下午老人讲述了石罢村1949年以前的治理状况。石罢归庞公乡管辖，分两个保九保和十保。他所在的九保有十多个甲长，一个甲长管理十四五户人家。在1943—1948年间，石罢村最乱，基本上处于无政府状态。国民党、日本和共产党都没有建立起政府，村庄治理异常混乱。内部纠纷主要靠打孽，找帮派和土匪打对方，最残酷的是打死对方的所有男丁。很多人担任保长也是通过打孽得到的。在他眼中乡丁、保长、保丁等在村内都是名声狼藉。今天下午，我向李大爷询问了保长和甲长等治理主体的职责和履职情况。

7月22日　星期天　晴

上午到徐老师家围绕平原与麦作主题进行调查访谈。徐老师拿出曾经绘制的地图，分析石罢村麦田情况。石罢村的耕地主要是堤内地和河滩地。河滩地有三块：西河滩、东河滩、北河滩；堤内地呈扇形坐落在老村的周围。这些土地也是有等级之分的，最差等是河滩地、盐碱地、平地和水井地。水井地旱涝保收，收成好时有200—300斤，平地能收150斤左右，盐碱地能收60—70斤，河滩地没有保障，不发洪水时，适宜种植花生、甜瓜、西瓜等作物，能有好收成；一旦发大水，庄稼全被冲走，颗粒无收。

土地关系村民生存，土地边界自然得到高度重视。为确保界限清晰，不仅有地上界桩，而且还有地下界桩。这上下界桩确保土地边界多年以后仍能清清楚楚，避免村民之间产生纠纷。村庄之间的土地是以道路为分界线的，但是石罢村、大庄、草店、柿园等村存在交叉种地的情况。交叉种地源于村民之间的借贷关系，一旦借款还不上，就只能将地抵给借方。

村庄与麦田距离较近，最近有1里远，最远有3里远。石罢的田块相连，这一点符合平原地形的基本情况。另外石罢的麦田耕作一年两季，春作小麦，芒种收麦；秋作玉米，十一收玉米。

由于徐老师孙子回村，不便继续采访，于是便前往李孝良大爷家进行采访。李大爷热情地招待了我，天气很热，他打开了空调降暑。他继续讲述了石罢村的平原与麦作情况。

下午没有进村，在办公室整理资料。

7月23日　星期一　晴

上午9点到徐老师家，询问1949年以后村庄的干旱、水患、水利灌溉、麦作的问题。徐老师将互助组、合作化时期的情况逐一详细介绍。由于昨晚睡眠不足，上午访谈质量较差。下午3点，过了洛阳的最高气温点，徐老师带我到李大爷家采访。我们采访的专题是农村的治理形态。由于洛阳于1948年才解放，在此之前一直都实行保甲制。之前是没有村长的。

1948年3月17日和4月5日，解放军两次解放洛阳，最终洛阳进入新社会。

保甲制下村庄各种苛捐杂税、差役等繁多，人民生活苦不堪言，没有安全感。过去的历史让老人恐惧、伤心、害怕，现在的社会让老人感到幸福。老人言辞之间对党充满着赞美与热爱。

7月24日　星期二　晴

根据天气预报，今天是今年洛阳最热的一天，温度高达40摄氏度。于是在看完今天的访谈提纲后，便早早出门到石罢村采访。今天访谈的主题是家族内的治理情况。由于李大爷在石罢村独门独户，并非一个大家户，所以今天先不与他访谈。在与徐老师商量后，我们与徐老师的二哥（85岁老人徐建次）在其家中进行访谈。老人家院落较大，新盖没多久的两层小楼，外墙都贴有瓷砖。在石罢村，这样的住房算是有钱人家了。老人骨瘦如柴，皮肤黝黑，双眼无神。虽然能听懂我说的话，但对话情绪不是很高。当时感觉今天的访谈不会太顺利。

按提纲开始就家族内的治理情况进行访谈，感觉老人似乎能听到，又似乎不能听到。徐老师在旁边在翻译，但老人并不怎么想回答。在谈到惩罚问题时候，老人说到他曾经挨过打，另外还谈论了婚姻自主权与家长权威的关系，老人回答了几句。其他问题似乎都不想回答。没谈多久，老人感觉身体不适，就回家了。我们又回到徐老师家中，徐老师将他得知的家族内部的治理情况一一讲解给我听。

7月25日　星期三　晴

上午9点半到徐老师家中，徐老师陪着我到李孝良老先生家。徐老师非常热心，虽然我多次婉转地表达了不用陪伴的意思，但徐老师还是陪着我去找符合要求的老人。

我围绕1948年4月5日洛阳1949年后的村庄治理情况，再次询问老人。老人回忆道1948年春，徐新照在村内党支部的任命下担任村长一职。徐新照是村中的绅士，在明处主持村内工作，党支部在暗处主持全村的工作。由于1949年后，我党政权不太稳定，所以支部工作的开展仍然是地下进行。后续的徐敬业、姬连生、孙黑冬都是通过村党支部任命而担任村长。他们当村长都不是通过村民选举。党组织直接任命后，获得区政府的认可。百姓都同意他们担任村长。村中的村民选举在20世纪50年代时在姬家祠堂进行过一次。

在李大爷家中，姬家的姬万锁老先生也是村志的编委成员之一。他给我带来了姬家的族谱，厚厚的两大本，给我完成村调提供了宝贵的资料。我围绕家族治理问题与三位老先生进行座谈。尽管三位老人在场，可能影响访谈进度，但是他们之间提供的不同的信息，使我更好地了解了石罢村的家族治理情况。

村庄中的家族治理中，族长担任仲裁者的角色。一般情况下，家庭内部发生纠纷，或者要分家时，均需要请族长主持调解纠纷，或者写分单（分家契约）。

在亲族中，请舅舅出面组织分家。因为舅舅与家族内部成员关系一样，这样就能公平主持分家工作。家庭成员与舅舅没有矛盾，但是与叔伯就会有矛盾，或者有远近亲疏之分。所以舅舅主持分家工作，更具有权威性。

家长拥有权威，但这种权威也并非绝对的。在家庭经济事务、内部事务的管理上，家长都拥有权威。尤其是在规模较为庞大的家族中，更是如此。家长都会按照家规严格管理家庭事务，决定家庭内部的吃穿住用行。家庭成员必须服从家长的规定，走亲戚串门子都需要向家长汇报，带的礼物也由家长统一配置。从徐老先生的叙述中可知，他的几个大娘串亲戚时，三祖爷给她们分配相同的礼物，不偏不倚。

但是家长的权威也是相对的，在家庭重大决策上，他一般会征求家庭成员的意见。他在决策之前，会召集家庭成员，宣布决定，请大家都考虑一下，合适的话，就这样，如果不合适，就需要再做调整。意见确定之前，决策时具有商议民主的特色。

对于家庭的财产，家长（掌柜）不在家时，其他人都不能擅自处理。在大户人家中，家长负责交税，其他人则是吃饭干活，类似生产队的管理方式。

如果要交税，一般是家长负责。大户人家，内部有财，一般不会存在拖欠税赋的情况。保丁对这些家庭也比较尊敬，不敢胡来。所以家长不在，保丁不会乱抓人。小户人家，如果家长不在，则会抓媳妇或孩子。家长有权借钱，一般媳妇无权借钱。

有的家长能力不行，在家内也需要与媳妇商量。家外则还是男人出面负责。

在石罢，大户人家一般不会太富有，不会有类似刘文彩那样非常富有的地主。因为石罢经常遭水患，这样的自然条件，不会孕育出大地主。

孩子们的婚姻，是由家长当家做主的。因为在石罢，1949年前男女双方都没有见过面，彼此不相认识，都是由父母做主。

过白事时，也是家长说了算。但是一般家长都会请人办事（有专门理白事的人），这些人组成理事机构，他们策划整个白事的流程。

分家后，父母是否管孩子们，则根据情况有不同。老人有能力就照顾一下孩子们，如果没有能力，只能指导他们如何生活。即使老人有能力帮困难的孩子，也只能偷偷摸摸地帮，不能直接管。所以分家对于家户而言，都是非常重要的事情。老人对于"分"的解释：用刀将人劈开。分开后，父母不直接管小家的事务。这里所谓的分主要是分家不离户，同在一个院子内住，不在一个锅子中吃饭。就是所谓的分灶吃饭。

家内没有家法。徐、姬、李是村内的三大姓氏，且均有祠堂。但徐老师、姬老师、李大爷都说没见过家法。老人对孩子的教育以口头为主，也有体罚，孩子犯罪严重时，也没有送到官府或者衙门，能包庇则包庇。乡间有话言"有狠心儿，无狠心老"。

家长对孩子们的表扬以口头表扬为主，并不是当面表扬的，而是在街坊邻居的交谈中，通过攀比表扬孩子。

丈夫纳妾，一般不和媳妇商量。没有媳妇能容忍丈夫纳妾。媳妇不愿意，他们会抱怨，但是他们也没有办法。村内需叔（音）的例子：大媳妇已经为需叔生了孩子，而且还有男孩。但是需叔仍要娶小老婆（小老婆年轻貌美）。后来小老婆听说能分地，带上孩子就回汝阳老家了。后来在几位老人都过世后，大儿子凤秋将两个弟弟从汝阳接回石罢。在石罢娶小妾的还有徐子杰、爵四，这些人都是耍枪的人，他们有机会娶小妾。一般人娶不了小妾。

1949年前，家长休妻或者休小妾的不多。因为能写休书的识字人都不愿意做这件事。人们认为写休书是干缺德事。第一，破坏别人的婚姻；第二，被休后，女人无法再嫁，是对妻子及其家族的最大的羞辱。有人传，村内曾有一个写休书的人，后来他家的土地不长庄稼。

在家庭内，家庭大小事都要夫妻两人商量。有权有势的媳妇，人们都会高看一眼，而且说话非常有分量。

儿子要娶小妾，老掌柜也没有办法。既然儿子要娶妾，就说明老掌柜对儿子管教不严，家规不严，所以儿子敢找小妾。老掌柜的权力大小与其能力有关。

村中纳妾者除了那些带枪当兵的人外，还有一例是忠厚人纳妾。村中居民李凤仙年轻时，挑了萝卜到坡上去换红薯。河边（石罢）丰产萝卜，坡上丰产红薯。路上，他遇到一位姑娘倒在地上，当即救起，并将其送回姑娘家中。姑娘的父母千恩万谢后，用两篮子红薯换两篮子萝卜。按当时的市价，两篮萝卜只能换一篮子红薯，李凤仙为人实在，不多要红薯。姑娘的家人看这小伙为人忠厚老实，过了几天，到李凤仙家提亲，在得知他已经结过婚后，让姑娘做小妾。直至1949年后，国家规定一夫一妻制，小妾改嫁他人。

家长如果让孩子休妻或者休妾都要好好掂量的。弄不好会出人命的。马清晨的母亲要其休妻，但马夫妇二人关系良好。家法大，孩子不听，最后孩子自杀，媳妇改嫁。

7月26日　星期四　晴

今天早晨8点30到徐老师家，徐老师带着我去找李大爷，他还去找了村志的编委姬万锁老师。姬老先生是石罢村西大街社火的主要组织者，熟知石罢村火神祭典仪式。

三位老人都认为1949年前族长作用不大，除了参与本族本家娶媳妇、过继儿外，一般不参加其他活动。族长的权威并不取决于身份，而取决于本事（能力）。族长或者族内成员在需要时，也会找本村同姓出身的政府官员帮忙。家族组织活动时，一般不需要保长的同意。

姬万锁大爷给我讲解村庄的信缘组织，介绍了村庄的庙宇，以及村庄每年举办的社火。他是社火的指导员，讲到激动的时候，随口就是一段清唱。村内人对火神信仰比较虔诚，村庄流传着较多的有关火神的故事。老一辈的人至今对火神充满着敬畏。

图12　姬万锁大爷

7月30日　星期一　晴

因家中有事，所以中间三天没有进村调查。今天下午进村后直奔李老先生家。下午的访谈主题是崇拜与崇拜关系。祠堂是重要的崇拜场所，1949年后这些场所都归村集体所有。随着人口的增长，村民对住宅的需要，这些祠堂难逃被拆除的命运，最后都变成了居民住宅。祖坟是族人先祖崇拜的重要地点。几大家族的祖坟规模较大，土改后，也被分给农户了。村内有六大姓氏拥有族谱，李老先生拿出了他们家族的族谱给我研究。李大爷讲述了屋内老爷奶奶轴子的来历、作用。

7月31日　星期二　晴转大雨

今天天气好多了，阵阵凉风，晨起早早做好准备，8点10分准时到达徐老师家中，在徐老师家了解徐家家谱、祠堂问题。徐老师1941年出生，从小得到父母的宠爱，经常跟随父母参与祭祖事务，目前也是徐氏一门的关键人物。徐老师熟知徐氏家谱和祠堂事务，并且正在撰写本门的家史，掌握许多家族一手资料。因此向徐老师请教关于家族治理的相关内容。徐姓是石罢村的大姓之一，影响着石罢村的村庄治理。1949年后，徐家有多人出任石罢村干部以及生产小队的负责人。根据徐老师的讲解，在石罢村，宗族的功能主要体现在祭祖、中间人、纠纷调解的功能。宗族内部关系相对松散，成员之间联系有限。本门宗亲来往密切，承担本门内祭祖事务，其他社会事务承担不多。就内部职能而言，宗族相对松散，对内部家户缺乏有效的约束和服务，并非一个有机整体。就外部职能而言，宗族缺乏代表性，不会为宗族的利益与权力机构进行博弈。但是在选举过程中，潜在的家族利益促使族内成员选举徐氏候选人。石罢的其他宗族与姬姓、李姓、甄姓、孔姓家族存在类似的情况。（这一情况还需要向甄姓人、孔姓人了解。）不同支家族内部联系紧密，并且群体利益的意识较强。家族内部的治理依据家训、家内伦理纲常进行管理。

下午，在访谈过程中，突然下起了暴雨。我们讨论了村内人们的信仰情况。1949年前，石罢村各类神明的信仰有火神、观音菩萨、土地神、门神、灶王爷等。火神是石罢村的集体信仰，有许多传说。老一辈人非常相信这些传说，并且为庆祝火神于每年的正月十九组织大型的出社活动。石罢村每条街都有火神社，共六个火神社。每个社都有神头、管事、社地，全村有一个总神头。为迎接正月十九的出社，街道神头动员每条街的居民参与到出社活动中。正月十九当天的社火也非常的隆重，规模庞大，周边村民都来参观。除火神社外，还有奶奶社、土地社。奶奶社是由街道上关系较好的家庭组成，成员是家中的老年女性。奶奶社没有社地，每年组织一次活动，也是在正月十九当天跟随火神出社。土地社只存在于东南街，也是在正月十九当天跟随火神出社。奶奶社、土地社的影响力都不如火神社。

8月6日　星期一　小雨

上午8点10分，我和徐老师一道到李孝良大爷家做访谈，主要访谈习俗与习俗关系。

丧葬礼仪是对亡者送灵的礼节。几乎每一位亡者都在这种仪式中被至亲送到坟墓中。尽管也曾参加过葬礼，但从没有认真思考和分析丧葬环节中礼仪的内涵与意义。今天的调查确实让我对丧葬礼仪有了更深的理解。去之前我做足了功课，查阅了洛阳地区的丧葬仪式。

徐老师和李大爷周末参加了一场葬礼。周六中午他们的朋友去世，下午就入殓，他们搭建灵棚，有条不紊地组织葬礼。周日上午亲朋好友祭拜后，16位杠夫抬着逝者的灵柩在亲人的哀哭声中走向坟墓。也许老人感动了天地，上午在下葬时下起了倾盆大雨。在大雨中，死者入土为安。从老人去世到下葬只有一天的时间，葬礼逐渐被简化了。

1949年前的葬礼被称为大好，是逝者家庭中的重大事件。从去世到下葬短则7天，最长的达到3年之久。从为逝者入殓停尸、搭建灵棚招待客人、守灵，到过好下葬，回家后洒扫，每个环节都体现社会关系的处理原则。逝者入殓穿衣时间、衣服厚薄等都有讲究。一般在逝者刚死亡时，要尽快给逝者穿上对襟棉衣。因为这样的衣服首先好穿，其次，厚实一点的衣服代表家人希望老人在阴间能够抵抗寒冷。入殓后，在所有的子女和至近亲属见过逝者最后一面后，钉上棺材。然后家人要处理好与客人的关系。孝子、孝侄在灵棚招待客人，在客人磕头行礼后，向客人回礼。妻子、女儿、儿媳则在后堂为逝者守灵，并且与来探望的客人共同哀悼逝者。要处理家中子女的关系，确定好抱盆、打幡的人员，以及拉灵人员，送葬时候家人跟随棺材的次序。下葬后还要做好送逝者的最后仪式，以及为坟墓培土。最后还要处理好家中各位神灵的关系，洒扫院落后，请各路神仙归位。葬礼结束后，子女穿孝服100天，为父母守孝三年，三年内不得结婚。丧葬的礼仪代表了子女与父母、子女与亲戚朋友、子女与各路神灵之间的关系。

下午在姬清河老师家就村庄的礼仪问题进行访谈。大家总结了石罢村的各种节庆习俗和日常习俗。姬清河老师讲解了石罢村建房的风水习俗，徐老师和李大爷讲解了婚姻、家庭生活、人际交往等方面习俗。这些习俗是村民生活的约定俗成的规定，规范和引导村民的行为。

8月7日　星期二　多云

上午在徐建恒老师家访谈1949年以后村庄文化的发展状态。徐建恒老师对1949年后村内事务了如指掌。他曾经在村内小学做过教师，后来到村内做会计。在做会计的15年间，勤勤恳恳兢兢业业，为村庄和村民办实事，恪守廉洁奉公纪律，在党员和村民中获得大家的一致好评。在摸清1949年以前村庄文化状态后，向徐老先生了解土地改革、集体化、现代社会的村庄文化。总体上来看，石罢的村庄文化具有延续性，但随着时代变迁也在发生变化。石罢村庄的信仰文化、娱乐文化、生育、教育等发生了变化。

信仰呈现多元化。民众从1949年前祭拜火神、关帝、菩萨、土地神等各种神，到1949年后信仰毛主席共产党以及基督教。其中传统信仰和对共产党的信仰是石罢村的两种主要信仰，有强大的群众基础，对基督教的信仰规模相对较小，群众基础薄弱。

娱乐文化时代化。石罢村民以种粮为业，农忙时间集中在麦收和秋收时节，其他时间相对清闲。1949年前村民娱乐活动以出社火、听戏、大鼓书为主，1949年后传统的娱乐活动还继续保存，同时也增加了学生演出、政治学习、样板戏、放映电影等新内容。

生育观念发生变化。受男尊女卑文化的影响，生男孩是家庭的迫切诉求。在生育结构上，男女搭配是理想状态，5男2女是最圆满的状态。在生育数量上，人们追求多生，但并不认为多子就可以多福，甚至有人认为多子多苦难，多子多冤家。子女发展状况决定了生育的价值。改革开放后，家庭仍然渴望生男孩，但能逐渐接受只生女孩的事实。在计划生育政策下，生育数量有所减少。

有重视教育的传统。1949年前，农户家中的男孩都会接受教育。1949年后的识字班开课后，男女都接受学校教育。石罢村历来重视子女的学校教育。对于那些培养出大学生的家庭，村民们交口称赞。

8月8日 星期三 晴

在李孝良老人家了解石罢村的经济形态问题。

上午，与闫张文、姬清河老人还有两位年轻人在李孝良老人家聊天。多个老人在场比较难以进行实质性的访谈，上午就早早结束访谈。下午，姬清河老师拿出清云集给我看，里面主要记载一些礼俗。晚上，对比邓老师走访东北地区的调查发现东北和河南村庄的差别。河洛地区的村庄受儒家文化的影响较深，村庄中人情关系对生产、生活影响非常大。

8月10日 星期五 晴

今天在李孝良老人家了解石罢村的土地经营情况和工商情况。

1949年前，李孝良老人家所在街道是个集市，每天早晨5点开市，8点收市。集市规模不大，基本上以经营日常生活用品为主。本村和邻村的村民到集市上进行交易。另外村中还有6个大型的集会。这些大型集会的交易内容有牲口、农具、布匹等，方便了人们的生产、生活。

8月13日 星期一 晴

在周日已经约好了访谈时间，今天早晨7点15分到李孝良老人家访谈，主要调查村落内部的借贷关系和交换关系。村内借钱是较为普遍的现象。小农经济在应对红白事和疾病时缺乏保障能力。

农业生产的保障能力极为低下，仅能满足人们基本生存需求。一旦遇到红白事和疾病等重大事项时，家庭就会陷入经济危机。为了应对危机，家庭会采取一些应对措施，借钱、贷款、抵押。借钱对象通常是村内关系非常好的熟人。只有这种熟人才肯鼎力相助，甚至转借帮忙。但是借钱方如果家庭太过贫穷，通常借不到钱。也即关系良好的熟人是在评估借钱者的还款能力的基础上作出借钱决定的。如果关系要好的熟人都是穷人，借钱者也会选择贷款。贷款关系的产生通常通过中间人介绍并做担保。中间人与借贷双方都是熟人，并且为借方担保，借贷关系才能产生。借贷双方要有借贷文约，围绕借贷双方、时间，并且有借贷方、担保人的签字画押，至此借贷关系才能成立。贷方在放出款项后，要按照行规收取一定的利息。在一年贷款期限到期仍无法还款，则由中间人代为还款。抵押也是解决家庭经济危机的重要措施。抵押通常是抵押人通过第三方寻找债权人。抵押土地的期限一般为三年，不得提前赎回土地，只有满三年后才能赎回土地。三年后如果仍无法赎回土地，则更换抵押文书为卖地文书，变抵押土地为买卖土地。

交换关系中，买卖双方都有博弈权。当然这种博弈能力取决于供求关系、价格、信息掌握情况、买方口碑、粮食品相、价格预测等因素。交易中既要讲究人情，同时也追求收益。在买卖关系中，为了在博弈中取得优势，双方都需要主动获取信息，最终形成合理的价格。在传统社会的交换中，人们更看重买卖双方的信誉，他们为了形成长期稳定的交易关系，一定会维护好各自的信誉。

除了日常的交易活动，人们还有其他的娱乐活动。喝茶、听戏、走亲戚、赶庙会都是人们在生产之余的重要娱乐活动。李大爷非常喜欢听戏，只要得知何处有唱戏，即使路途再遥远，也会前去听戏。

就产品分配与分配关系上，从老人的描述中，家长具有绝对的权威，拥有支配家中财务的权力。当然这种权力并非绝对的，是建立在衡量家庭成员需求的合理性和必要性的基础上。另外家庭开支都有预算，按照预算划拨各项开支。在产品的分配上，对于自耕农而言，差粮是重要的支出部分。对于佃农而言，地租则是重要的支出部分，缴地租可以不缴差。除此之外，余粮都由家户支配。这些余粮一小部分留作种子，一部分用作口粮，一部分卖掉用作其他生活开支。在家户现金收入中，外出做生意的子女在未结婚时候所有收益都上缴家长，婚后会留一部分用作小家的开支。公共开支都由家长列支，非公共类、共同的开支则由小家庭列支。

8月15日　星期三　晴

上午我与李大爷和姬老师谈论家庭中的继承问题。在继承权上，女性从来都不在考虑范围之内。传统中国，出嫁的女性就是泼出去的水，没有继承家产的权利。只有儿子才拥有继承权。尽管儿子拥有继承权，媳妇也在其中有颇大影响。千百年来，社会的发展已经演化出解决各种问题的举措。不管是否有儿子，继承都能沿着人伦进行下去。

继承的通常是不动产，动产可以在儿子和女儿之间分配。遗产通常是在老人去世之前已经做好了分配。分配的结果不能达到绝对公平，也能达到相对公平。家产的分配不只是数字计算，更关乎兄弟情谊和家族的和谐。

家庭的分化是自然的过程。一旦儿子成家就会产生利益小团体，尽管还与大家庭枝叶相连。尽管他们依然服从大家庭的管束，但小家庭在利益冲动下，会产生强烈的分裂诉求，尤其是老大。因老大需要照顾弟弟妹妹，需要为家庭作出更多的牺牲。公共利益与私利之间的矛盾冲突，必然导致家庭的分化。家庭在逐步分化后，只剩下年迈的父母，在丧失劳动能力后，等待子女的赡养。

见证下的家庭分化。分家都是需要中间人的见证和约定文书的。父母为了让每个儿子都能得到良好的照顾和公平的对待，确保分家后不再反悔，必须要三人为证的契约。即使在分家过程中产生了纠纷，能调解的尽量调解，不能调解的才需要到官府打官司。但是打官司的结果就不得而知了。传统社会中，对打官司有很多负面的谚语："衙门门朝南开，有理没钱莫进来。""大盖帽两头翘，吃了原告吃被告。"

下午15：00—17：30

访谈时间越久，老人越愿意打开话匣子讲述村庄的历史故事。下午到大爷家，访谈1949年后的村庄经济发展状况。从旧社会到新中国，石罢村从乱到治，从贫穷落后走向逐步富裕。

1949年前的石罢的经济状况以1943年日本人到洛阳为分界，之前的石罢稳定、和谐有序。村民主要从事农业生产、外出打工、做生意等。除少数人外出做生意外，大部分农民以农业生产为主，农闲时做点手工匠活动。农业生产收益与土地面积有关，除缴粮纳差外，仅能糊口。农民无法通过种庄稼维持家庭的基本生活需求，因此在农闲时期，石罢村民凭着盖房子的手艺外出建房赚钱补贴家用。从整体上看，石罢村不是个富村，与周边村庄相比，石罢还是个穷村。在饮食结构、居住方式、生产方式上，有钱人与穷人之间存在明显的差异。但是不可否认的是，石罢村内的有钱人与穷人都过着相对节俭的生活。那些有钱人家多是通过做生意赚得外财，仅靠农业生产是无法发家致富的。1943年日本人进入洛阳后，石罢村的政权结构发生变动，村庄治理处于无政府状态。村民处于极大的动荡不安之中，还要承担逐渐繁多的税赋和差役。频繁的税、差、抓壮丁和打孽的普遍化打破了石罢村原有的稳定与秩序，民不聊生。

土改时期，分田到户，每家每户都有土地，人民的生活有了着落，村庄社会秩序逐步趋向稳定。村内流传"庄稼交了粮，就是自在王"。

集体经济时期，由于存在各种公共工程，又经历了大炼钢铁和"大跃进"，农业生产秩序被打乱，生产周期也被打破，曾经一度出现庄稼烂在地里无人收的状态。1959年下半年到1960年上半年，村民一度饥饿到吃树皮、玉米芯的地步。1960年下半年开始分给村民自留地，粮食收入增加，村民的生活才有所好转。

包产到户后，村内集体企业窗纱厂每年带来的收益为村庄公共服务的供给、村民福利的发放奠定了基础。村民有了农业生产的自由，生产力得到释放，生活得到了较大的改善。另外村民还可以自由到外地打工获取收益。总之，石罢村的经济活力得到释放，村民和村庄都相对富裕。

8月16日　星期四　多云转小雨

上午 8：00—11：10　下午 15：00—17：20

访谈对象：李孝良　闫张文

访谈内容：血缘与血缘关系

石罢村中有三大姓氏，分别是姬、徐、李。这三大姓氏都是从山西洪洞县移民至石罢，并且在先祖带领下经过勤苦劳作发展起来的。根据老村的住宅布局，从西到东分别居住着姬姓、李姓、徐姓家族，其他家族的都是零星分散在这些大家族的住宅区域中。在石罢村中，只有那些地多、有骡马、生活富裕的家庭才被称为大家庭。在家庭的分化中，只要分灶吃饭、经济独立就可以算是小家庭。分家后的小家庭在每年的保里户口登记的时候，成为独立的缴纳税粮的单元。一般来说石罢村的核心家庭的规模多在4—5人左右。规模越大，家庭分化就越早。村内不同姓氏之间通婚的状况较多，同时也存在出五服的同姓通婚现象。李大爷家的近亲都居住在石罢，其他两大家族的近亲多留在石罢。村内有多例收养义子和干儿子的情况，通常收养义子是为了养老送终，收养干儿子多为了建立亲戚关系。

亲戚关系的维持受经济条件的影响。越穷的人家，相互走动的亲戚范围就越窄，反之亦然。岳父岳母家是一等的、必走的亲戚，其他的都是二等的可走可不走的亲戚。办理红白事时，家中掌柜都要邀请一等二等亲戚，男方家的近亲也要邀请。通常男方的近亲集中住在一个片区，所以只需通知一声，大家都会帮忙并参加宴席。送礼是传统农村过红白事的基本礼节。凡是得到邀请的娘家亲戚，以及本家的最近的亲戚都要送上礼品。亲戚根据远近、家庭条件、基本礼节备礼，主家还要还礼。礼尚往来是传统中国社会交往的基本礼仪。亲戚之间的纠纷一旦产生，就会造成不良影响，甚至断绝交往。即使后续有人调解，关系也不能恢复到完好如初。娘家的亲戚通常是家庭求助的主要对象，除此之外，村民多向最近的朋友借钱，或者关系非常好的亲戚借钱。

李大爷家的左邻右舍都是亲戚，左边的邻居已出五服，右边的邻居尚在五服。左邻右舍的房屋都紧密相连。从东大街到东南街，李姓家族的人家都集中居住在此片区的西部。房屋鳞次栉比没有空地，这是中原地区建筑的主要特色。李大爷的邻居都以农业为生，农闲时外出做泥瓦匠，教师、医生、官员不多。

8月18日　星期六　阴

昨天李大爷家有事，没有采访。立秋之后，没有了往日的炎炎燥热，在阵阵凉爽的微风中赶到石罢，8点15分开始"地缘与地缘关系"进行正式访谈。

俗话说远亲不如近邻，一旦家中有急事，邻居是非常重要的求助的对象。石罢村的居住状况比较特殊，老村从西到东居住着姬、李、徐三大姓氏。左邻右舍都是同姓的家族成员，兄弟常常相邻而居。这种居住状况产生的原因有二，其一是分家，将一个大院分成一个小院，并用界墙隔开；其二是相互照应，并形成家族势力。尽管诉求如此，但如果兄弟之间矛盾重重，相邻而居反而更易于制造问题，成为熟悉的陌生人。

熟人尤其是朋友在村民的日常生活中扮演着重要角色，他们是消防员、中间人、助推器。在生产中，他们形成互助联盟，彼此帮忙，共同度过麦收、秋收等关键的农作时刻。在生活中，他们出钱、出人，互帮互助。可以说熟人比邻居更深地介入村民的生产和生活中。熟人圈超越血缘，基于兴趣爱好、性格特征、个人特长等形成。熟人圈是个体在成年后最重要的生活地带。有些家庭甚至通过相互认亲这种拟血缘关系来稳定熟人圈子。

乡亲是基于地缘关系形成的半熟人圈子。乡亲之间相互知道，但并非完全了解。他们生活中来往并不多，多为点头之交，相互之间所知事务也多是道听途说。尽管这种点头之交对生产生活并未产生多大影响，但往往可以成为获取商品交易信息的重要渠道。俗话说，买卖在事上，行情在路上，村民可以在赶集途中随时向遇到的乡亲了解市场行情。

在生活生产中，亲戚、朋友是借钱、帮工、办酒、生产合作的主要对象，街坊邻居以及同行业的匠人是他们的串门对象。非亲戚朋友的街坊邻居之间一般不存在借钱、帮工、办酒和生产合作。由于小农生产力受家庭规模的限制，乡村社会的家庭及其成员逐渐形成了利益交往规则，并用这些规则指导他们的日常生活。

本卷后记

经过精细的筹划、调查、写作与编排，《中国农村调查》（总第57卷·村庄类第26卷·黄河区域第7卷），终于与读者见面了。2015年初，在徐勇教授、邓大才教授的统筹规划之下，华中师范大学中国农村研究院正式启动了村庄调查、家户调查和口述史调查三大"世纪工程"。在徐勇教授和邓大才教授的主持下，三大工程同时启动，而村庄调查是三大调查中最复杂、最庞大、最深入的调查。新版中国村庄调查以"村"为调查单位，主要围绕"村庄形态与实态"展开，以1949年之前的村庄形态为调查起点和主要内容，同时调查1949年之后到当下60多年的村庄变迁与实态，涵盖村庄由来、自然、经济、社会、文化、治理等六个方面。通过2—3个月的驻村调查，调查员们与农民同吃、同住、同劳动，在田野调查中搜集了大量的、翔实的、第一手的文献资料、访谈资料、视频资料、录音资料与图片资料，并在此基础上撰写了村庄形态与实态调查报告。本卷就是在众多调查报告中，选录了两本质量较高的调查报告，合体编辑而成。

2016年9月正式启动"黄河区域村庄调查"项目以来，中国农村研究院有70多位老师、博士生走进陕西、山西、河南、河北、山东、安徽、江苏等省的多个地级市的村庄，访谈村庄明白人，与老人们聊天交谈，走进乡镇与县政府档案部门查询资料，撰写调查日志，然后进一步撰写调查报告。正是调查员们深入扎实的调查，中期不厌其烦的整理，后期认真仔细的写作，使得本卷能收录到较为完美的调查报告。在后期，调查员们已经返校，便通过电话与村民们反复核实，这使得本卷的文本表述更加准确。在此，感谢各位调查员认真负责的态度以及为学术执着求索的品质。

本卷的问世，首先要感谢为调查员们提供调查支持与帮助的区市政府及其所属职能部门的各位领导。同时，更要感谢接受调查员们访谈并为之提供支持的农民朋友：你们耐心地为调查员们详细讲解1949年之前的小农形态，你们热心地为调查员们翻箱倒柜找资料，你们将调查员们视为自己的家人，使其在调查中感受到了家的温暖。有的调查员成为你们的干儿子、干女儿，有的调查员成为村民们的知心人，有的调查员则与村庄融为一体，成为村庄一分子……正是你们的热心、好客、慷慨、无私，鼓舞了我们的调查员，使他们每每在调查低谷中有所发现、有所收获，最终完成驻村调查与报告写作。如果说田野是我们调查员的第二课堂，那么村庄的农民朋友则是我们调查员的老师。以农为师，方能深入田间地头，深耕、深挖与扎根，而这离不开你们的帮助与关怀。

调查员王章基在深州市调查。首先，要感谢深州市民政局李学勇局长给予的大力支持，感谢深州市民政局老龄办李建忠、桂玲凤的热情接洽与悉心帮助，感谢清辉头村委孟亚玺书记、李铁洲秘书长提供的住宿及其调查帮助，感谢曹连虎、冯谦妹的调查向导；其次，要感谢何运章、李建文、杨占恒、李志勋、王庚凯、张祥、何小忙、张群福、杨义成、杨栋才、王海波、孟大雷、郭建佳、郭书强、李伦、李俊峰、孟宪林等人的无私奉献接受访谈并无私地提供丰富而宝贵的文献资料；最后，要感谢深州市方志办、深州档案馆老师提供宝贵的方志资料和档案材料。

调查员肖静在洛龙区调查。首先，要感谢洛阳市委员纪检委李永旺，洛龙区档案局局长马正标、办公室孙明玉，李村镇镇长丁延峰，镇志办刘西照，石罢村村委会主任姬红星、徐红星对调研工作的支持与帮助，感谢洛龙区档案局、李村镇政府、石罢村村委会提供的文字资料和数据资料；其次，要感谢石罢村徐建恒、李孝良、姬清合、姬万锁、闫章文、孙松茂、李丰君等多位老人热心接受调查员的访谈；最后，要感谢石罢村村委会为调查员协调解决食宿问题。

要特别指出的是，徐勇教授和邓大才教授为本卷的写作、审稿、编排等倾注了极大的心血。从调查的筹划布局到提纲的设计修改，从调查培训到调查开展，从调查指导到调查汇报，从材料使用到报告写作，两位老师都全程参与，并悉心指导调查员们写作、修订、完善报告。酷暑当头，两位老师深入村庄，开展现场教学，指导调查员们调查；在百忙之中认真阅读各位调查员的调查汇报，及时予以指导；在报告写作阶段认真审阅报告并及时纠正错误，有时在车上微信指导调查员，有时直到凌晨还在审阅……正是两位老师的辛勤付出与孜孜不倦的教诲，本卷才得以迅速、高质量地完成。

本卷收录了两份村庄调查报告。一是王章基的《水井社会：平原干旱村落的社会底色与治理——黄河区域清辉头村调查》，共计35万字。二是肖静的《官推民治：平原易涝村落的治理与轶序——黄河区域石罘村调查》，共计30万字。

最后，非常感谢凤凰出版传媒集团总编辑徐海，江苏人民出版社社长王保顶、副总编杨建平对黄河区域卷书稿出版工作的支持，感谢杨健编审在文稿的校对、编辑、排版与印制等方面所付出的细心工作。本卷的审稿、统稿、编辑与校对等工作由李华胤负责，内容核实与修改等工作由各位调查员负责，在此一并表示感谢。

由于编者的水平有限，错漏之处难以避免，敬请专家、学者及读者批评指正，我们将在今后的编辑中不断改进和完善。

编者谨记